NICHOLAS BOYLE

GOETHE
DER DICHTER IN SEINER ZEIT
BAND I

NICHOLAS BOYLE

GOETHE

DER DICHTER IN SEINER ZEIT

BAND I
1749–1790

Aus dem Englischen übersetzt
von Holger Fliessbach

VERLAG C.H.BECK

Der Übersetzung liegt folgende Ausgabe zugrunde:
Nicholas Boyle, Goethe – The Poet and the Age
Volume 1: The Poetry of Desire (1749–1790)
© Nicholas Boyle 1991
Clarendon Press Oxford 1991

Mit 37 Abbildungen im Text

Die Deutsche Bibliothek – CIP-Einheitsaufnahme
Boyle, Nicholas:
Goethe : der Dichter in seiner Zeit / Nicholas Boyle.
Aus dem Engl. übers. von Holger Fliessbach.
– München : Beck.
Einheitssacht.: Goethe ⟨dt.⟩
ISBN 3 406 39800 6
Bd. 1. 1749–1790. – 1995
ISBN 3 406 39801 4

ISBN 3 406 39800 6 für beide Bände
ISBN 3 406 39801 4 für diesen Band

Für die deutsche Ausgabe
© C. H. Beck'sche Verlagsbuchhandlung (Oscar Beck) München 1995
Satz: Fotosatz Janß GmbH, Pfungstadt
Druck und Bindung: Parzeller, Fulda
Gedruckt auf säurefreiem, aus chlorfrei gebleichtem
Zellstoff hergestelltem Papier
Printed in Germany

Inhalt

Fünftes Kapitel

Günstling des Hofs (1775–1780)

Sechstes Kapitel

Der Baron (1780–1786)

Siebtes Kapitel

Endlich nach Italien (1786–1788)

Achtes Kapitel

Die Wasserscheide (1788–1790)

Anhang

Vorwort

Wahrscheinlich wissen wir über Goethe mehr als über irgendeinen anderen Menschen. Im ausgehenden Zeitalter der handschriftlichen Hinterlassenschaft erscheint Goethe als dessen vornehmster Zeuge. Er hat nicht nur mehr getan und gedacht als die meisten Menschen – es sind auch mehr schriftliche Spuren seines Wirkens auf uns gekommen. Sicher, es sind auch andere Zeugnisse von ihm überliefert: es haben sich fast 3.000 Zeichnungen von ihm erhalten, dazu das «Römische Haus», das er gebaut, das Schloß, an dessen Wiederaufbau er tatkräftig mitgewirkt, der Park, den er gestaltet hat. Er hat eine beachtliche Sammlung von Gesteinsproben, von geschnittenen Steinen, von Drucken und Zeichnungen zusammengetragen, und wenn seine Handbibliothek nicht besonders umfangreich war, dann deshalb, weil er die Bestände – und die finanziellen Mittel – einer der größten deutschen Hofbibliotheken nutzen konnte, die er sein Leben lang weiter ausbaute. Er stand drei Jahre an der Spitze eines Herzogtums, war 25 Jahre lang Theaterdirektor und leitete noch länger eine Universität und eine Kunstakademie. Ein geistreicher Zeitgenosse sah seine bedeutendste Leistung in der hingebungsvollen persönlichen Führung seines acht Jahre jüngeren Landesherrn, den er zu einem der aufgeklärtesten deutschen Duodezfürsten erzog und der zum Vorbild für seinen Nachbarn und Verwandten Albert von Sachsen-Coburg-Gotha, den englischen Prinzgemahl der Königin Viktoria, wurde. Goethe verdient seinen Ehrenplatz am Albert Memorial. Was aber heute zählt, sind natürlich seine Schriften.

Mit 24 Jahren war Goethe eine nationale Berühmtheit, zwölf Monate später eine europäische. Danach blieb er bis zu seinem Tod im 83. Lebensjahr angesehen und zeitweise auch so mächtig, daß jeder, der ihn kennenlernte, den Wunsch hatte, seine Worte aufzuzeichnen, und jeder, der mit ihm korrespondierte, die Briefe überliefern wollte. Für die Zeit seit der Übersiedelung nach Weimar ist die Chronik von den täglichen Geschäften Goethes, die Robert Steiger jetzt zum erstenmal in sieben dicken Bänden unter dem Titel *Goethes Leben von Tag zu Tag* vorgelegt hat, praktisch lückenlos, zumal Goethe 1796 begann, regelmäßig Tagebuch zu führen. Die verschiedenen Gespräche mit Goethe – ohne die berühmte Eckermannsche Sammlung – belaufen sich auf rund 4.000 Druckseiten; erhalten sind ferner über 12.000 Briefe von ihm und etwa 20.000 Briefe an ihn. Seine amtlichen Schriften füllen vier Bände; in drei weiteren Bänden sammelte Wilhelm Bode den Klatsch der Zeitgenossen über ihn, indem er Tagebücher und Briefe Dritter auswertete (*Goethe in vertraulichen Briefen seiner Zeitgenossen*). Es mag Parallelen zu dieser Dichte der Dokumentation eines einzelnen Lebens geben, aber wohl die wenigsten lassen

sich über einen so langen Zeitraum verfolgen – vielleicht bei Voltaire oder
Gladstone, gewiß nicht bei Napoleon. Das offensichtlich Einzigartige an Goethe sind die Fülle, die Bedeutung und die Eigenart seiner literarischen und
naturwissenschaftlichen Schriften, die das Interesse an ihm bei den Zeitgenossen erst weckten und die, durch den breiten Strom der Reflexionen über Ereignisse und Absichten seiner äußeren Laufbahn, unsere potentielle Kenntnis
seines inneren Lebens unendlich erweitern. Die wichtigsten schriftlichen
Zeugnisse zu Goethe sind jene literarischen Werke, in denen er versucht hat,
den einzelnen Anlässen seiner individuellen Existenz einen allgemeinen Sym-
bolcharakter abzugewinnen, dessen Bedeutung sich dem Leser offenbaren
sollte – zunächst dem Leser seiner zeitlichen und räumlichen Umgebung, in
späteren Jahren zunehmend dem Leser anderer Zeiten und anderer Räume.

Diese individuelle Existenz hatte ihre Absonderlichkeit – nicht zuletzt deshalb, weil es eine deutsche Existenz war. Gleichviel – dieses Buch erscheint
in einem historischen Moment, der auffordert, daran zu erinnern, daß die
Mitte Europas – wenn man als dessen Eckpunkte Lissabon und Moskau annimmt – irgendwo zwischen Frankfurt am Main und Weimar liegt. Wenn
Deutschland heute wieder aus der Randposition aufgetaucht ist, in die es seit
dem Ende des 16. Jahrhunderts durch die überseeische Expansion der westeuropäischen Mächte und deren unversöhnlich reichsfeindliche Politik, speziell das ständige Wiederaufflammen des Dreißigjährigen Krieges nach 1630,
gedrängt worden war, dann hat eine erste Etappe auf diesem Weg zur europäischen Mittellage gegen Ende des 18. Jahrhunderts begonnen. Es kam in
Deutschland – vielleicht weil das Verhältnis zwischen Staatsmacht und Mittelschicht anders war als in den übrigen westeuropäischen Ländern – zu einer
Religionskrise, deren Sprengkraft, geleitet durch das einzigartig ausgedehnte
deutsche Universitätssystem, zu einer Reihe geistiger und kultureller Neuerungen führte, die in der Folge nachhaltigen Einfluß auf den europäischen –
und nordamerikanischen – Geist des 19. und 20. Jahrhunderts hatten. Bibelkritik, historische und altphilologische Gelehrsamkeit, hermeneutische
Theologie, idealistische (und letzten Endes materialistische) Philosophie,
Soziologie, klassizistische Kunst und Architektur, Ästhetik und die wissenschaftliche Beschäftigung mit moderner Literatur wurden entscheidend
beeinflußt, ja überhaupt erst von dieser deutschen Kulturrevolution hervorgebracht, die um 1790 begann und zu deren letzten Resultaten im späteren
19. Jahrhundert das Werk von Marx, Nietzsche und Freud gehörte. Wohl
nicht zufällig war dies auch die größte Zeit der deutschen Musik. Ein erster
Grund Goethe zu lesen und zu studieren ist der, daß seine literarischen Werke
das Medium sind, durch das ein überragend gebildeter und ungewöhnlich
günstig postierter Beobachter diese tiefgreifenden Verwerfungen im Urge-
stein des geistigen Europa aufnahm und verarbeitete, Veränderungen, die sich
teils schon zu seiner Zeit, teils später in Eruptionen entluden.

Dazu kommt, daß Goethe ein Dichter war. Er war der geborene Poet und
Prosaiker; *Faust* wirkt heute auf ein deutsches Publikum – wie *Hamlet* auf

ein englisches – wie ein Zitatenschatz, und es gibt kaum eine Ausgabe einer seriösen deutschen Zeitung, die nicht immer wieder – bewußt oder unbewußt – Anspielungen auf Goethe enthielte. Er hatte eine natürliche Affinität zum Rhythmus der deutschen Sprache und brachte sein Leben lang – für ihn selbst unerwartet, aber mit geradezu traumwandlerischer Anmut – lyrische Gebilde hervor – einzigartig in ihrer Form und Eigenart. Viele von ihnen sind durch spätere Vertonungen (die freilich hie und da das spezifisch poetische Moment des Originals verdecken) international bekannt geworden. *Faust* ist ohne Zweifel das größte Poem der neueren europäischen Literatur, und es war der *Faust* Goethes, nicht der Marlowes, der zu den zahlreichen weiteren Behandlungen des Stoffes in den 150 Jahren seit dem ersten Erscheinen des *Faust* angeregt hat. Aber Goethe war nicht nur *ein* Dichter – für die jüngere Generation in Deutschland, England und sogar Frankreich war er *der* Dichter schlechthin, und durch seinen Einfluß auf diese Generation prägte er alle späteren Vorstellungen von dem, was ein Dichter ist und was Dichtung bewirkt. Als 1797 die frühromantischen Bewegungen begannen, war Goethe längst eine Autorität, ein Muster für Kompetenz und Erfolg, dessen Treue gleichwohl allein und ausdrücklich der Kunst galt. Goethe war der erste Dichter, der allein seiner Dichtung, und nicht wegen seiner erhabenen Thematik oder seiner persönlicher Gelehrsamkeit als Weltweiser gelten konnte. Es wäre kaum übertrieben, zu sagen, daß Goethe mit dem achten Band seiner *Schriften*, der 1789 erschien und eine Auswahl seiner kürzeren Gedichte enthielt, das Genre einer lyrischen Dichtung geschaffen hat, wie es noch heute praktiziert wird: den Gedichtband mit kürzeren Stücken, die nicht in erster Linie unter formalen oder thematischen Gesichtspunkten, nach ihrem Erbauungswert oder ihrer Eignung für die Vertonung zusammengestellt sind, sondern zurückgehen auf einzelne Anlässe im Leben des Dichters, «Gelegenheitsgedichte», wie er selbst sie genannt hat. Sie geben wieder, was er sieht und liest, fühlt und denkt, und gewinnen ihre Bedeutung nicht aus einer transzendenten Ordnung, sondern aus ihrem expliziten oder impliziten Bezug auf das Ich des Dichters und seine Tätigkeit des poetischen Schaffens. Nur Petrarca bietet eine vergleichbare Konzentration auf seine Individualität und ihre Schicksale; Goethe unterscheidet sich von ihm durch den ganz und gar säkularen Zusammenhang seines Denkens und Empfindens. Gewiß gab es unmittelbare Vorgänger – Klopstock, Gray und vor allem Rousseau –, aber sie lieferten nur Teile zu dem Ganzen, das Goethe als erster in eine Synthese faßte und das er dem 19. Jahrhundert und späteren Zeiten vermacht hat.

Wer Goethe richtig verstehen lernen will, muß sein Verständnis der modernen Literatur – ihres Ganges und ihrer Herkunft – und sein Verständnis Europas – und der Stellung Deutschlands darin – korrigieren. Goethes Name ist von deutschen Nationen, die nach seinem Tod entstanden und auf der Suche nach ihrer Identität waren, viel gebraucht – und mißbraucht – worden. Eine der grundsätzlichen Schwierigkeiten bei dem Bemühen, zu einem leidenschaftslosen Urteil über den Kampf Deutschlands um nationale Identität und die Rolle Goethes dabei zu gelangen, liegt darin, daß das wichtigste kritische Instrument zur Analyse ideologischer Verblendungen, die marxistische Gesellschaftstheorie, selbst ein Produkt jenes Prozesses ist, der der Analyse bedarf. Die Alternative zu den offenkundigen Unzulänglichkeiten der marxistischen Goetheforschung war seit 1945 in der Bundesrepublik – und später, aus anderen Gründen, auch in der DDR – ein programmatisch unpolitischer Ansatz, der zwar wahre Wunder der Edition, Kommentierung und Anhäufung von Quellenmaterial vollbracht, sich aber nicht immer der Herausforderung der Interpretation gestellt hat.

Das vorliegende Buch wurde in der Überzeugung geschrieben, daß eine biographische Studie über Goethe und sein Werk, die so wenig Vorkenntnisse über ihren Gegenstand wie nur möglich voraussetzt, zwei Bedürfnissen entgegenkommen kann. Auf der einen Seite sollte der Leser in diesem Buch genügend Informationen finden, um Goethes Leben in seiner Zeit und seine Dichtung im Kontext seines Lebens sehen zu können. Auf der anderen Seite werden jene, die mit Goethes Werk schon vertraut sind, vielleicht Gewinn daraus ziehen, daß sie dieses Werk vor seinem eigenen biographischen, sozialen, historischen und philosophischen Hintergrund dargestellt und, soweit möglich, in streng chronologischer Reihenfolge erörtert finden. Weder der eine noch der andere Gesichtspunkt hat im großen und ganzen die Synopsen zu Goethes Leistung gekennzeichnet, die seit 1945 erschienen sind – auch nicht Emil Staigers dreibändige, ebenso autoritative wie einfühlsame Studie. Das soll kein Ausdruck von Undank sein; die vorliegende Arbeit ist überhaupt erst durch die großartige Goetheforschung der letzten fünfzig Jahre möglich geworden. Mehrere kommentierte Ausgaben und Auswahlen, Femmels *Corpus der Goethezeichnungen*, Flachs und Dahls Ausgabe von *Goethes amtlichen Schriften*, die Leopoldina-Ausgabe der naturwissenschaftlichen Werke, E. und R. Grumachs neue Sammlung der *Begegnungen und Gespräche*, Staigers «dokumentarische Chronik» sowie verschiedene andere, unterschiedlich weit gediehene Projekte bilden die Grundlage dieser Studie – allerdings, wie hinzugefügt werden muß, neben dem unentbehrlichen Vermächtnis früherer Generationen, so vor allem der Weimarer Ausgabe von Goethes Werken und Briefen (der sogenannten «Sophien-Ausgabe») und den vielen Bänden, in denen Wilhelm Bode seine unvergleichliche Kenntnis der literarischen und sozialen Welt Weimars im ausgehenden 18. Jahrhundert ausgebreitet hat.

Was ich zu bieten habe, ist eine Synthese von Synthesen, und der Wert der Kompilationen, auf denen meine Arbeit fußt, wird diese selber lange überdauern. Wenn aber eine solche Synthese nicht von Zeit zu Zeit, und für eine bestimmte Zeit, unternommen wird, wozu sind dann die Kompilationen gut? Die Sekundärliteratur zu Goethe ist schon längst derartig angewachsen, daß kein einzelner Mensch mehr hoffen kann, sie ganz zu überblicken. Mit den Primärquellen ist es nicht viel anders. So ist die Zeit gekommen, innezuhalten

und diese außerordentliche Erscheinung, die Goethe war, in jenen weitest-
möglichen Zusammenhang einzuordnen, in den sie ihrer ganzen Natur nach
gehört.

Dem Fachmann mag der vorliegende Band einen neuen Blick auf eine souveräne literarische Präsenz eröffnen: auf einen freien Mann, der auf die sozialen, spirituellen und geistigen Anforderungen der Moderne in dem Maße reagierte, wie sie sich in seiner Umwelt artikulierte. Dem Nicht-Fachmann
verheißt das Buch eine neue Bekanntschaft: ein Mann, beschränkt und gewiß
sogar schrullig, wie wir alle, aber groß und tief und reich, wie es niemand von
uns ist und wie es wenige unserer Vorväter waren. Ich hege die Hoffnung, daß
die folgenden Seiten auch Leser in Deutschland ansprechen mögen; wurden
sie doch in der Überzeugung geschrieben, daß die Bundesrepublik nicht nur
für das steht, was das Beste – und Älteste – in den politischen Traditionen der
Nation ist, sondern auch für das, was dem Geist Goethes am nächsten kommt,
und daß es für das übrige Europa an der Zeit ist, hierfür zu danken.

Goethe zugänglich zu machen – dem breiten Publikum wie dem Studenten
oder dem Goetheforscher – war mein Leitgedanke bei dem Aufbau und der
Niederschrift dieses Buches. Es ist bis zu einem gewissen Grad als Begleit-
lektüre zu der von Erich Trunz edierten *Hamburger Ausgabe* konzipiert, da
diese Auswahl aus Goethes Werken und Briefen (letztere in der Edition von
Karl Robert Mandelkow) dem Studenten am ehesten zugänglich sein dürfte;
wo immer es möglich war, wurden daher Goethes Texte nach dieser Ausgabe
zitiert. Wo dies nicht möglich war, wurde in den Kapiteln 1 bis 3 auf die neue
Ausgabe von Hanna Fischer-Lambergs *Der junge Goethe* zurückgegriffen,
im weiteren auf die Weimarer Ausgabe. Die Texte werden so zitiert, wie sie
in der jeweiligen Ausgabe vorgefunden wurden; es schien aussichtslos – und
außerdem zwecklos –, die verschiedenen Editionsprinzipien zu vereinheitli-
chen. Der Text ist (fast) frei von Fußnoten und Verweisen; dafür wurden
Quellennachweise und wichtige Fakten oder Ergänzungen am Ende des Buches zusammengefaßt und durch Seitenzahl und einige Stichworte identifiziert.

In jedem Kapitel dieses Buches wechseln sich die Abschnitte, in denen
Goethes Leben im Vordergrund steht, mit denen ab, die sich mit seinen Werken beschäftigen. Nicht, daß man beide Bereiche trennen könnte – im Gegenteil; es ist gerade ein Hauptanliegen dieses Buches, zu zeigen, daß man sie
nicht trennen kann. Aber um die Orientierung zu erleichtern und die biographische Erzählung flüssiger zu gestalten, schien es mir besser, die literarische Erörterung größerer Werke eigenen Abschnitten vorzubehalten. Die
biographischen Abschnitte enthalten immer noch manche Ausführungen
über kleinere Werke, etwa lyrische Gedichte, und über die naturwissenschaftlichen Interessen Goethes sowie seine Zeichnungen – genug, wie ich hoffe,
um das allgemeine Prinzip der Untrennbarkeit von Geist und Materie zu
bestätigen. Bei Werken, deren Entstehung sich über einen langen Zeitraum
erstreckte, habe ich, soweit wie möglich, den Gang ihrer Entwicklung be-

trachtet. Bei Goethes Œuvre hat der biographische Ansatz große hermeneutische Kraft, und vom fortschreitenden Prozeß des künstlerischen Schaffens
zu abstrahieren, wäre der sicherste Weg, in jene ideologischen Vorurteile und
konventionellen Meinungen zurückzufallen, die ich gerade zu beseitigen versuche. Die Kolumnentitel und das Werkregister sollen dem Leser helfen, die
wichtigsten Stellen zu einem bestimmten Werk ohne große Mühe aufzufinden.

Es ist immer eine Freude, über Goethe zu schreiben, und natürlich ist es
auch eine Freude, sich jenen Menschen dankbar zu erzeigen, die einen hierzu
befähigt haben. Danken möchte ich Stephen Brook, der mich, vor über zehn
Jahren, als erster dazu angeregt hat, dieses Buch zu schreiben, sowie Virginia
Llewellyn-Smith und Catherine Clarke von der Oxford University Press, die
mir Mut gemacht haben, mein Vorhaben weiterzuführen. Ein Stipendium der
Alexander-von-Humboldt-Stiftung ermöglichte es mir, unter der wohlwollenden Leitung von Professor Dr. Albrecht Schöne einen ersten Entwurf der
Kapitel 1 bis 3 zu schreiben – die Großzügigkeit dieser bemerkenswerten
Institution verdient wärmste Anerkennung in diesen kalten Zeiten. Sehr er-
leichtert wurde mir die Arbeit durch die Hilfsbereitschaft des Personals der
Niedersächsischen Staats- und Universitätsbibliothek zu Göttingen und in
der Cambridge University Library sowie durch das langfristige Ausleihen
vieler Bände der Beit Library in der Faculty of Modern and Medieval
Languages in Cambridge. Dankbar bin ich meinen Kollegen, besonders Dr.
J. Cameron Wilson vom Jesus College in Cambridge, der während meines
Studienurlaubs bereitwillig meine normalen Lehrverpflichtungen übernahm,
sowie Wolfgang und Rosemarie Bleichroth, die die liebenswürdigsten Gastgeber waren. Sie und Paul Connerton bewiesen eine unerschütterliche Toleranz gegenüber meinen goethozentrischen Gesprächen und haben dadurch
meine Darstellung in weiten Teilen geprägt. Ein willkommenes Bücherge-
schenk von Anneliese Winkler – der ich alles an Geläufigkeit im Deutschen
verdanke, was ich etwa besitzen mag – hat mir die späteren Phasen meiner
Arbeit erheblich erleichtert. Dr. M. R. Minden hat mir freundlicherweise eine
Reihe von Büchern aus der Bibliothek von Trevor Jones überlassen; ich denke, daß der Gebrauch, den ich von ihnen gemacht habe, den Beifall Jones'
gefunden hätte. Besonders danken möchte ich allen, die Zeit und Aufmerksamkeit daran gewendet haben, Teile des Manuskripts im Laufe seiner Entstehung zu lesen und zu kommentieren – häufig ausführlicher, als ich mit Fug
und Recht erwarten durfte: Professor J. P. Stern, Professor J. C. O'Neill und
Frau, Professor T. J. Reed, Dr. E. C. Stopp sowie meinem lieben Kollegen,
dem verstorbenen Professor U. Limentani, der mir unschätzbare Hilfe bei
Kapitel 7 zuteil werden ließ. Sie alle haben mich vor vielen Irrtümern, Unklarheiten und Fehlurteilen bewahrt, die dem Leser unsichtbar bleiben. Alle,
die er sehen kann, sind mein eigenes Werk.

Den Herausgebern von *German Life and Letters* danke ich für die Erlaubnis, in Kapitel 3 Material abzudrucken, das zuerst in ihrer Zeitschrift erschie-

nen ist. An dieser Stelle ist auch ein generelles Wort des Dankes an alle jene angebracht, die mir Bildmaterial besorgt und die Genehmigung zu seiner Verwendung in diesem Buch erteilt haben. Sie sind im Abbildungsverzeichnis im einzelnen aufgeführt.

Ein Unternehmen wie dieses geht zwangsläufig durch die Hände vieler Schreibkräfte, die es verdienen, dankbar genannt zu werden: Rosemary Baines, Marion Lettau, Nicholas und Deborah Hopkin und vor allem meine Frau Rosemary. Sie hat die Kapitel 4 bis 8 nicht nur abgeschrieben, sie war auch deren strengster Kritiker. Ihrer unermüdlichen Unterstützung, vor allem in kritischen Stunden und Tagen eines Vorhabens, das belastender war, als man ihm jetzt hoffentlich anmerkt, habe ich es zu verdanken, daß dieser erste Band nun abgeschlossen ist und die Aussicht besteht, daß der zweite in absehbarer Zeit erscheinen wird. Meine Schwiegereltern haben weder Zeit noch Mühe gescheut, meine Frau und mich bei Kräften zu halten und einen Haushalt zu versorgen, in dem sich, ungeachtet zweier kleiner Kinder von nicht einmal drei Jahren, zu Zeiten alles um einen Mann zu drehen schien, der seit 150 Jahren tot war. So ist dieses Buch auch ihr Werk, und darum sei es ihnen gewidmet.

N. B.

DICHTUNG
DES VERLANGENS

Erstes Kapitel

Deutschland im 18. Jahrhundert

Goethezeit?

Als Johann Wolfgang Goethe am 28. August 1749 in der Freien Reichsstadt Frankfurt am Main geboren wurde, hatte die hl. römische Kaiserin Maria Theresia nach knapp zehnjährigem Krieg ihr Herrschaftsrecht über Österreich, Ungarn und Böhmen sowie, durch ihren Gatten Franz I., den nominellen Souverän Frankfurts, über die Territorien des Deutschen Reiches erkämpft – ein Recht, das sie in den folgenden dreißig Jahren behaupten sollte. Friedrich II. von Preußen war noch nicht «der Große»; er sonnte sich im Besitz des soeben rechtswidrig annektierten Schlesien, und noch fast vierzig Jahre als «erster Diener seines Staates» lagen vor ihm. Ludwig XV. hatte die Hälfte seiner sechzigjährigen Herrschaftszeit über ein reiches, aber schlecht verwaltetes Frankreich hinter sich, das gleichwohl noch immer die führende Macht Europas war. Kurfürst Georg II. von Hannover war der letzte englische König, der seine Truppen persönlich ins Gefecht führte, und zwar 1743, auf der Seite Maria Theresias und gegen die Franzosen, in der Schlacht bei Dettingen (auf die Händel dann das «Dettinger Tedeum» komponierte); drei Jahre später wurde bei Culloden, in der letzten offenen Feldschlacht auf britischem Boden, Georgs eigener Thron erfolgreich verteidigt. Es lebten noch Menschen, die sich an einen katholischen König in England erinnern konnten und an die Belagerung Wiens durch die Türken. 1749 waren die nordamerikanischen Kolonien Britannien noch treu ergeben; Quebec und Louisiana gehörten zu Frankreich. In Indien rivalisierten Clive und Dupleix miteinander; Australien war praktisch unbekannt. Die Post von London nach Edinburgh brauchte über eine Woche; Moët und Chandon nahmen den Export des jüngst erfundenen Champagners auf; eine Ananas kostete ebensoviel wie ein Reitpferd. 1749 war Alexander Pope fünf Jahre tot, Dr. Johnson hatte die Veröffentlichung seines *Dictionary* begonnen, aber noch nicht abgeschlossen, Voltaire hatte noch nicht Potsdam besucht und wieder verlassen, Rousseau noch nicht dem sittlichen Nutzen der Zivilisation abgeschworen, und Mozart war noch nicht geboren.

Als der im Jahre 1782 in den Adelsstand erhobene Geheimrat von Goethe am 22. März 1832 in Weimar starb, gab es das Heilige Römische Reich schon seit einem Vierteljahrhundert nicht mehr; Frankreich hatte soeben seine zweite Revolution hinter sich und wurde von einem Bürgerkönig regiert; in England war die Emanzipation der Katholiken durchgesetzt, und man war dabei, das Parlament zu reformieren. Napoleon, Beethoven und Hegel waren tot, Walter Scott und Jeremy Bentham – 1748 geboren und damit fast genau gleichaltrig mit Goethe – sollten auch 1832 sterben. Im Jahr von Goethes Tod bereiste Alexis de Tocqueville, um die Demokratie zu erforschen, das Amerika des siebenten Präsidenten, Jackson, während der frühere Geistliche Ralph Waldo Emerson auf einer Reise durch Europa religionshistorische Forschungen anstellte. Niepce und Daguerre hatten die ersten Photographien gemacht; der erste dampfgetriebene Personenzug verkehrte zwischen Liverpool und Manchester; seit nahezu vierzig Jahren schon erschien die *Times*. Otto von Bismarck studierte in Göttingen, wo Gauss und Weber gerade den ersten elektrischen Telegraphen konstruierten, und Dr. Arnold war Rektor von Rugby, der Heimstatt einer nicht ganz so nützlichen Erfindung. Das University College in London hatte einen ordentlichen Lehrstuhl für Deutsch, und auch an den Antipoden wurde deutsche Philosophie gelehrt. Tolstoi war drei, Baudelaire war elf Jahre alt; Wagner war neunzehn und komponierte seine erste Oper. In den nächsten fünf Jahren erschienen die *Sketches by Boz* – Dickens' Erstlingswerk; Victoria wurde Königin von England. Damit war die Personalunion mit dem Kurfürstentum Hannover beendet; der britische Raj vertrieb die Ostindien-Gesellschaft; auch in Deutschland verkehrte nun, zuerst zwischen Nürnberg und Fürth, eine Eisenbahn; und Karl Marx schrieb sich an der Universität Berlin ein. Erst 1906 starb der wohl letzte Mensch, der, als Erwachsener, Goethe noch gekannt hatte: die Frau eines Gastwirts.

Die Welt, in der Goethe starb, ist uns nah; dafür könnte uns die Welt seiner Geburt um so ferner erscheinen. Betrachten wir Goethes Leben von seinem Ende her, scheint er an der Schwelle der Moderne zu stehen; wenden wir uns dagegen seiner Kindheit und Jugend zu, rühren wir gleichsam an die Grenzen eines normalen historischen Bewußtseins. Die Scheidelinie zwischen Goethes Anfängen und seinem Ende bildet jenes Ereignis, das, wenige Wochen vor seinem vierzigsten Geburtstag, genau in seine Lebensmitte fiel – ein Ereignis, das den modernen Staat und das moderne politische System der Nationen präformierte und keinen Zeitgenossen unbeeindruckt ließ: die Erstürmung der Bastille durch das Volk von Paris, fast von Stund an als «Französische Revolution» bezeichnet. Sie ist die wesentliche Ursache unserer Entfremdung von Goethe. Wenn dem nichtdeutschen Leser Goethes Werke und überhaupt die deutsche Literatur der sogenannten «Goethezeit» schwer zugänglich sind, ist einer der wichtigen Gründe hierfür, daß man einer Zeit, in die der Einschnitt eines so gewaltigen Ereignisses fiel, kaum den Charakter einer einheitlichen Periode zuzubilligen vermag.

Es gibt noch weitere Gründe. Für den nichtdeutschen Leser kommt erschwerend hinzu, daß er nicht auf eine vertraute zeitgenössische Literatur zurückgreifen kann, die zu Vergleichen einladen würde; denn die Epoche der größten kulturellen Blüte Deutschlands – die Zeit etwa von 1780 bis 1806 – fiel mit einer relativ unergiebigen Periode etwa in der englischen und begreiflicherweise auch in der französischen Literatur zusammen. Der englische Leser ist nicht gewohnt, literarische Fülle und beispielhafte künstlerische Sensibilität mit der Zeit zwischen dem Tode Johnsons und dem jungen Keats, oder auch nur zwischen Grays *Elegy* und dem Tode Byrons, zu verbinden: Vor seinem geistigen Auge mag 1798 als das Jahr der *Lyrical Ballads*, als Augenblick eines Neubeginns, einer literarischen Revolution im Gefolge der politischen, präsent sein; in Deutschland aber bezeichnet dieses Jahr den Höhepunkt einer kulturellen Reformbewegung, die sich seit Jahrzehnten angebahnt hatte und das Werk reifer Männer war. Dazu kommen Probleme der literarischen Gattung. Die «klassische» Literatur des modernen Deutschlands entstand im Zeitalter Cowpers und Crabbes, und das gibt dem englischen Leser zwar eine Orientierungshilfe in der Frage der Stillage; aber die bevorzugte Form jener Literatur war das Drama – und welchen möglichen Vergleichsmaßstab hat da der englische Leser? Die absolut vergessenen Dramen der Della Cruscans? Die Verstragödien der Romantiker, die fast ebenso verdientermaßen niemals gespielt werden: *Otho the Great, The Borderers,* ja sogar *Cain*? Umgekehrt ist für den Leser, der von der Kenntnis der englischen Literatur herkommt, das frappierendste Merkmal der deutschen Klassik im 18. Jahrhundert ihr Unvermögen, auch nur ein einziges lesbares Exemplar jener Gattung hervorzubringen, die im 18. Jahrhundert in England die literarische Form par excellence war: des Romans. Wenn Goethe im Lauf des stürmischen Vorspiels zur Klassik den Roman *Die Leiden des jungen Werthers* (1774) schrieb, ein weit verbreitetes Buch, in dem es nur eine einzige durchgezeichnete Gestalt gibt, und wenn er im Lauf des langen, romantischen Ausklangs jener Bewegung einen weiteren Roman, *Die Wahlverwandtschaften* (1809) verfaßte, der in seinem schwebenden Irisieren bald an Blake erinnert und bald an Jane Austen, dann bestätigt das nur die Schwierigkeit, Goethe und seine Zeit mit jenen literarischen und historischen Konzeptionen zu erfassen, die für das übrige Westeuropa taugen.

Es gehört zu den Prämissen des vorliegenden Buches, daß schon der Begriff «Goethezeit» das zutreffende Verständnis Goethes selber ernstlich behindert. So etwas wie die «Goethezeit» hat es niemals gegeben. Zunächst einmal ist unsere intuitive Einschätzung richtig, daß Goethes ungewöhnlich langes literarisches Wirken eine große Kluft nicht nur in der europäischen, sondern speziell auch in der deutschen Geschichte überbrückt. Zwar ist Deutschland von dem Erdbeben so spät erfaßt worden, daß hier paradoxerweise nach 1790 eine Zeit höchster geistiger Leistungen zusammenfallen konnte mit der Epoche gewaltiger politischer Erschütterungen im übrigen Europa. Aber dieser Schein einer weltentrückten Ruhe darf nicht darüber hinwegtäuschen, daß das Jahr 1806, in dem Preußen unterging und neu geboren wurde, für *ganz* Deutschland, nicht nur für die Schicht der Intellektuellen, den Beginn eines neuen Zeitalters bedeutete. Diese tiefe Krise mit einem Konzept wie «Goethezeit» zu fassen, ist reiner Obskurantismus. Deutschland ist nicht so anders, daß es nicht auch seine Revolution gehabt hätte – es war eine Revolution eigener und unauffälliger Art, gewiß, aber der politische und kulturelle Unterschied zwischen 1780 und 1820 war in der deutschsprachigen Welt fast ebenso groß wie in Frankreich und jedenfalls größer als in England. Was Deutschland in der Tat unterschied, war der Umstand, daß das, was in Frankreich durch ein intellektuelles Bürgertum erreicht worden war, in Deutschland von intellektuellen Beamten ausgelöst wurde. Waren nach 1790 die deutschen Revolutionäre Literaten und Gelehrte, vor allem von den Universitäten, so daß im damaligen Deutschland die literarischen und philosophischen Schulen einander mit der Geschwindigkeit französischer Führungscliquen ablösten, so sehen wir in der nächsten Generation die Schüler dieser Männer – oder diese Männer selbst – in neuen Rollen – nicht nur als die Reformer, sondern als die neuen Herren des Staatsapparats in Preußen, Sachsen, Bayern und, in minderem Maße, auch in Österreich. So waren die preußischen Revolutionäre Männer wie Gerhard von Scharnhorst (1755–1813), der Reorganisator des preußischen Heeres, Carl August von Hardenberg (1750–1822), der Reformer des gesamten politischen und administrativen Apparates, Wilhelm von Humboldt (1767–1835), der Begründer des (heutigen deutschen) Bildungssystems, und Friedrich Schleiermacher (1768–1834), nicht nur Theologe, sondern wichtige Triebkraft bei der Einigung der protestantischen Kirchen Preußens. Ihr Werk überdauerte, wie das der spektakuläreren Revolutionäre in Frankreich, ihre mitunter nur kurze Beamtenlaufbahn. Indes darf der Umstand, daß in Deutschland eine große, unblutige Veränderung durch Männer bewirkt wurde, die auf Frankreich als ihr Vorbild blickten, nicht zu der Annahme verleiten, die Veränderung sei von gleicher Art gewesen oder durch dieselben Kräfte ausgelöst worden wie in Frankreich. Dem Namen nach «Liberale», waren die großen Reformer in Wahrheit die Begründer jener bürokratischen Autokratie, die, nicht zuletzt durch die politische Expansion Preußens, den Charakter der deutschen – und letztlich nicht allein der deutschen – Gesellschaft bis weit ins 20. Jahrhundert, ja vielleicht bis auf den heutigen Tag, bestimmen sollte. Die deutsche Revolution war die Überführung eines monarchischen in einen bürokratischen Absolutismus, eingeleitet und begleitet von einer geistigen Explosion, teilweise bestimmt durch Vorgänge in Frankreich (zu denen natürlich auch die gewaltsame Intervention Napoleons gehörte), zugleich aber und weithin eigenständig. Das *ancien régime* verschwand in Deutschland, und durch deutsches Handeln. An seine Stelle trat eine Gesellschaft, die ebenso unverwechselbar deutsch war wie unverkennbar nachrevolutionär: die bürgerliche Welt des Biedermeier, eine Art Viktorianismus, aber (bis zur Mitte des 19. Jahrhunderts) ohne Industriekapitalismus.

Es macht Goethes einzigartige Größe aus, daß er geistig und in Form der literarischen Produktion auf jede einzelne Phase dieser – für einen Zeitgenossen kaum erfaßbaren, von Goethe «dämonisch» genannten – Metamorphose reagierte. Bei jeder neuen Geburtswehe der Moderne, speziell in Deutschland, aber auch generell in Europa, empfand er selbst den Schmerz, sammelte und faßte sich wieder, gelangte zum Verstehen und brachte das auch zum Ausdruck. Seine Anfänge sind ohne revolutionären Chiliasmus, sein

Ende ist frei von reaktionärer Nostalgie, und doch hat er in über sechzig Jahren literarischer Produktion (die Standardausgabe seiner Werke und Briefe umfaßt 138 Bände) sich niemals ernstlich wiederholt. Er war immer vorsichtig und ist doch immer gewachsen. Wenn er dadurch einem Erleben Sinn, ja vielleicht sogar Einheit verliehen hat, das in dieser tiefen Gebrochenheit heute nicht mehr möglich wäre (das 20. Jahrhundert hat größere Katastrophen zu bieten als das 18., aber keine größeren Revolutionen), so ist das seine persönliche Leistung. Es liegt in der Natur dieser Leistung, daß ihr Sinn und ihre Einheit Goethe selbst angehören und nicht den verschiedenen Zeiten, in denen er gelebt hat. Es anders sehen, heißt, den Menschen verkleinern und die Zeit verkennen – seine Zeit und die unsere.

Zweitens vermittelt der Ausdruck «Goethezeit» ein ganz irreführendes Bild von Goethes rastlos tätiger Auseinandersetzung mit der geistigen und literarischen Kultur seiner deutschen Zeitgenossen. Vielleicht mit Ausnahme der ersten fünf Jahre seiner öffentlichen literarischen Wirksamkeit war Goethe niemals das Vorbild einer ganzen Generation, dem es nachzueifern gegolten hätte. Auf der anderen Seite war er auch niemals der typischste Vertreter einer bestimmten literarischen Bewegung. «Die Leute wollen immer, ich soll auch Partei nehmen, nun gut, ich steh' auf meiner Seite», meinte er 1831. Noch 1880 gehörte Nietzsche zu den wenigen, die verstanden, was er meinte:

Nur für wenige hat [Goethe] gelebt und lebt er noch: für die meisten ist er nichts als eine Fanfare der Eitelkeit, welche man von Zeit zu Zeit über die deutsche Grenze hinüberbläst. Goethe, nicht nur ein guter und großer Mensch, sondern eine Kultur, Goethe ist in der Geschichte der Deutschen ein Zwischenfall ohne Folgen: wer wäre imstande, in der deutschen Politik der letzten 70 Jahre zum Beispiel ein Stück Goethe aufzuzeigen! (während jedenfalls darin ein Stück Schiller, und vielleicht sogar ein Stückchen Lessing tätig gewesen ist).

Abgewogener, und zugleich gerechter, hat T. S. Eliot geurteilt: «Goethe ist für seine Zeit so wenig repräsentativ, wie ein genialer Mensch es nur sein kann.» Doch läßt Größe sich nicht beliebig weit von ihrer Zeit isolieren, und so gering Goethes Einfluß auf die Zeitgenossen gewesen sein mag, ihr Einfluß auf ihn war konstitutiv, und mußte es sein: «der Künstler muß eine Herkunft haben, er muß wissen, wo er herstammt», sagte Goethe 1831 in demselben Gespräch, und: «nichts für ungut, ich bin auch ein Vereiner».

In einer solchen Anwandlung des «Vereiners» schrieb er 1798 in verständlichem Wunschdenken im ersten Heft der (kurzlebigen) Zeitschrift *Die Propyläen*:

[. . .] und meistens wird sich der Künstler gern darnach bequemen, denn er ist ja auch ein Teil des Publikums, auch er ist in gleichen Tagen und Jahren gebildet, auch er fühlt die gleichen Bedürfnisse, er drängt sich in derselbigen Richtung, und so bewegt er sich glücklich mit der Menge fort, die ihn trägt und die er belebt.

Wenn die Zeit dem Dichter nicht das Thema vorgibt, werden seine eigenen Mittel ein dürftiger Quell bleiben. Vielleicht war es das verspätete Erkennen eines verwandten Geistes, was Eliot schließlich das wahre Verhältnis Goethes zu den Torheiten, Ketzereien und Überschwängen seiner Zeit begreifen ließ, die der Dichter hatte nutzen müssen, weil es etwas anderes nicht gab: «Je mehr ich über Goethe lerne, . . . desto schwerer fällt es mir, ihn mit seiner Zeit gleichzusetzen. Ich finde ihn mitunter vollkommen im Gegensatz zu seiner Zeit – so ganz und gar, daß er vielleicht ganz mißverstanden worden ist.» «Goethezeit» ist nicht zuletzt darum eine verfehlte Bezeichnung, weil in Goethe neben den enormen Kräften der Anverwandlung, mit denen er so häufig und überraschend und in jeder Phase seines Lebens an das Verständnis seiner Zeit heranging, ein Widerspruchsgeist von einer Unerbittlichkeit lebte, für die es in der Literatur von zeitloser Größe kein Beispiel gibt, die aber Goethe zum authentischen, zum klassischen Dichter der Moderne macht. «Goethezeit» heißt nichts anderes als die Reihe der literarischen und geistigen Versuchungen, denen Goethe widerstanden hat. Die Reihe mag ihre eigene Logik haben, aber es ist nicht diese Logik, die sie berechtigt, den Namen Goethes zu tragen. Goethes Verbindung mit ihr beruhte auf dem Zufall, den das unverdiente Glück des Genies darstellt, und Goethes Interesse an ihr war im wesentlichen polemischer Art.

Aber sogar Goethes Einmaligkeit hatte ihre Wurzeln: Goethe wußte, woher er kam, und hat es nie verleugnet, auch wenn er endlich zu dem Schluß kam, daß er sein Lebenswerk nur vollenden konnte, wenn er für immer von zu Hause fortging. «Wenn mich jemand früge, wo ich mir den Platz meiner Wiege bequemer, meiner bürgerlichen Gesinnung gemäßer, oder meiner poetischen Ansicht entsprechender denke, ich könnte keine liebere Stadt als Frankfurt nennen.» Um das von Abhängigkeit und Distanz zugleich geprägte Verhältnis Goethes zur einheimischen Literaturtradition verstehen zu können, werden wir uns später mit Goethes Stellung als Frankfurter Bürger befassen müssen. Um aber Frankfurt verstehen zu können, müssen wir uns zunächst mit dem Verhältnis zwischen der zivilen und der poetischen Kultur im übrigen damaligen Deutschland befassen.

Fürsten, Pietisten, Professoren

Im 18. Jahrhundert war «Deutschland» nicht einmal ein geographischer, sondern bestenfalls ein sprachlicher Begriff. Weder eine natürliche Grenze noch gar eine einheitliche politische Struktur verband die Menschen, die verschiedene Dialekte deutscher Zunge sprachen. Sie lebten, in unterschiedlicher Dichte konzentriert, vom Elsaß bis zur Wolga und zum heutigen Rumänien (wo es noch immer eine deutschsprachige Zeitung gibt), vom Finnischen Meerbusen bis zu den Schweizer Alpen und der Adria verstreut. Selbst wenn wir unsere Aufmerksamkeit auf jene Gebiete beschränken, die 1914 vom Deutschen Reich und von der österreichischen Monarchie (ohne Balkangebiete) repräsentiert werden sollten, finden wir nicht die Spur eines nationalen

Rahmens oder gar eines Nationalbewußtseins. Verfassungsrechtlich gesprochen, zerfielen diese Gebiete, in denen Ende des 18. Jahrhunderts 20 beziehungsweise 27 Millionen Menschen lebten (zu einer Zeit, als Frankreich 24 Millionen Einwohner hatte, aber England und Wales kaum 10 Millionen) in drei unterschiedliche, einander jedoch teilweise überschneidende Gebilde, die man mit den Kurzbezeichnungen Reich, Preußen und Österreich belegen könnte. Das Heilige Römische Reich Deutscher Nation erhob den Anspruch, in der direkten Nachfolge nicht nur des Imperiums Karl des Großen, sondern auch des alten Rom zu stehen – ein Anspruch, der sich in der Etymologie des Wortes «Kaiser» (von Caesar) niederschlug. Es bedeckte ungefähr das Territorium der heutigen Staaten Österreich, Belgien, Deutschland und Böhmen (der halben Tschechoslowakei) – bedeckte sie sozusagen mit seiner Konfusion. Im Norden und im Süden dieses geographisch und verfassungsrechtlich unglaublich komplizierten Puzzles aber traten im 18. Jahrhundert zwei Staaten hervor, die auf der europäischen Bühne etwa in demselben Sinn als selbständige Größen agieren konnten wie Frankreich, England, Schweden oder Portugal. In beiden Fällen setzte sich ein wesentliches Kernstück auf dem Territorium des Reiches in einem «Schwanz» von Ländern fort, der sich über die Reichsgrenze ostwärts erstreckte. Der österreichische Schwanz, namentlich Ungarn, Slowenien und Galizien, sowie die italienischen Satelliten brauchen uns hier weiter nicht zu kümmern, da die damaligen deutschsprachigen Untertanen der Habsburger – etwa ein Viertel der Gesamtbevölkerung – im wesentlichen innerhalb der Grenzen des Reiches lebten. Der preußische Schwanz jedoch, rund um die Ostsee bis nach Königsberg (Kaliningrad) und Memel (Klaipeda) reichend, war deutsches Siedlungsgebiet, ursprünglich des Deutschen Ordens, von 1226 bis zur Vertreibung 1945 und sollte für die kulturelle Entwicklung ganz Deutschlands enorme Bedeutung erlangen. Denn die Kurfürsten von Brandenburg expandierten im 17. Jahrhundert in das nur halb zum Reich gehörende Pommern und das gar nicht zum Reich gehörende Herzogtum Preußen und verlagerten so den Schwerpunkt ihres werdenden Staates auf ein (heute einen Teil Polens und Rußlands bildendes) Gebiet riesiger Latifundien, auf dem eine arrogante Adelsschicht, die Junker, autokratisch über eine verstreute Bevölkerung überwiegend slawischer Leibeigener herrschte. So bekam das Regime in Berlin einen Zug von osteuropäischem Agrardespotismus, der schlecht zu den Traditionen ständischer Freiheit in den zum Reich gehörenden Städten und Kleinfürstentümern Westdeutschlands paßte, die in den nächsten zwei Jahrhunderten von dem neuen Riesen geschluckt werden sollten. Die Könige, die seit 1701 auf die Kurfürsten folgten, wählten denn auch bewußt ihren Titel nach ihren unabhängigen «preußischen» Domänen im Osten und nicht nach ihrem historischen Ursprung in der Mark Brandenburg, die in der Theorie ein Lehen des österreichischen Kaisers blieb.

Das Reich selbst, die deutschen Kernlande, beschreibt man besser als äußerst lockeren Bund von Staaten sehr ungleicher Größe und Bedeutung. Im

18. Jahrhundert gab es neun Kurfürsten (sie hatten die im wesentlichen zeremonielle Funktion, den Kaiser und den Thronerben, den römischen König, zu «küren»), 94 weltliche und geistliche Fürsten, 103 Reichsgrafen, 40 Prälaten und 51 freie Reichsstädte (darunter Frankfurt); sie alle waren souveräne Herrscher über ihr Territorium und lehensrechtlich nur und direkt vom Kaiser abhängig. Dazu muß man rund 1.000 Ritter rechnen, die bei der Herleitung ihres Machtanspruches ebenfalls auf ihre «Reichsunmittelbarkeit» pochten, insgesamt aber kaum mehr als 200.000 Untertanen hatten. Aber nicht nur das Reich als ganzes war fragmentiert; die Fragmente selber zerfielen wieder in Fragmente. Daß sämtliche Besitzungen, die einem bestimmten Fürstenhaus unterstanden, geographisch zusammenhingen, war eher die Ausnahme als die Regel. So herrschte Brandenburg-Preußen seit dem 17. Jahrhundert über verschiedene Gebiete am Unterlauf des Rheins, nahe der holländischen Grenze, und über ein weiteres Territorium in Württemberg. Der Erzbischof der am Zusammenfluß von Main und Rhein, stromabwärts von Frankfurt, gelegenen Stadt Mainz war zugleich Herr des dreihundert Kilometer weiter östlich, am Rande des Harz gelegenen Eichsfeld, das bis zum heutigen Tag eine Exklave des Katholizismus geblieben ist. Das Herzogtum Weimar bestand zu Goethes Zeiten aus vier getrennten territorialen Einheiten mit einer Gesamtfläche von rund 1.800 Quadratkilometern. Wie kompliziert unter diesen Umständen Grenzverläufe, Zollsysteme und Verkehrswege waren, kann man sich unschwer ausmalen.

Außer der Person des Kaisers gab es nur wenige vage Institutionen, die dieses prachtvolle Chaos zusammenhielten. Der Reichstag zu Regensburg bestand zwar aus drei Kammern – Kurfürsten, sonstige Fürsten und freie Reichsstädte (die Ritter waren nicht vertreten) –, war aber eher eine ständige Botschafterkonferenz als eine parlamentarische Versammlung. Debatten fanden nicht statt, anfallende Geschäfte wurden schriftlich erledigt. Das Reichskammergericht, seit 1693 in Wetzlar, nordwestlich von Frankfurt, ansässig, war sehr teuer – allein die Gebühr für das Einlegen einer Berufung betrug 1.500 Gulden – und arbeitete langsamer als die Kanzlei bei Charles Dickens: Mitte des 18. Jahrhunderts harrten noch mehr als 16.000 Fälle der Erledigung. Der Reichshofrat in Wien war ein konkurrierendes Berufungsgericht von nie genau geklärter Kompetenz. Schließlich standen einzelne Städte in einer besonderen Beziehung zum Reich: Die Kronjuwelen wurden in Aachen und Nürnberg aufbewahrt, während Wahl und Krönung eines neuen Kaisers in Frankfurt stattfinden mußten – nach einem ausgeklügelten Zeremoniell, das in der Goldenen Bulle von 1356 niedergelegt war. Auf der anderen Seite gab es kein reichseinheitliches System der Besteuerung (nicht einmal der Währung) und erst recht kein stehendes Reichsheer. Natürlich gab es auch keine alleinige Staatskirche. Im Westfälischen Frieden, der 1648 den grauenvollen Verheerungen des Dreißigjährigen Krieges ein Ende gemacht und den Besitzstand der drei Kirchen – der lutherischen, der calvinistischen und der katholischen – im «normativen Jahr» 1624 bestätigt hatte, war der Grundsatz «cuius regio, eius religio» festgelegt worden: In jedem Territorium sollte die Religion des jeweiligen Herrschers gelten, während die anderen beiden sozusagen in beschränktem Umfang verfolgt werden durften.

Es wäre indessen falsch, das Heilige Römische Reich als Farce zu betrachten, bloß weil es nicht die Merkmale eines modernen Nationalstaats aufwies. Es lieferte einen geschichtlichen, emotionalen und rechtlichen Rahmen, der allein im 18. Jahrhundert acht große Kriege auf deutschem Boden überdauert hat, und selbst auf politischer Ebene bot es einen diplomatischen Mechanismus, durch den ein gewisses notwendiges Gleichgewicht der Kräfte aufrechtzuerhalten war. Denn es fehlte in «Deutschland» weder an ehrgeizigen und daher rivalisierenden Kräften, die auf die Errichtung just eines solchen modernen Staates abzielten, noch an Kräften, die diese Bestrebungen vereiteln wollten. Neben Preußen und dem Österreich Josephs II. (seit 1765 Kaiser neben Maria Theresia und von 1780 bis 1790 Alleinherrscher) gab es die Kurfürstentümer Sachsen und Bayern, das Herzogtum Württemberg und die Landgrafschaft Hessen-Kassel als gewichtige Mächte, die ihre eigene Einigung, Expansion und Bereicherung im Auge hatten. Die kleineren Länder, die Ritter und die freien Reichsstädte waren die Karpfen oder Elritzen in dieser Welt der Hechte. Ihr einziger Schutz waren die Macht des Reiches und die historische Ordnung, die das Reich verbürgte. Friedrich der Große war natürlich gern bereit, dem Rat der Stadt Frankfurt in seinem Streit mit dem Kaiser um Verfassungsfragen beizustehen, aber wie er über die traditionellen Freiheiten der Stadt in Wirklichkeit dachte, machte er deutlich, als er durch seinen Frankfurter Spitzel den durchreisenden Voltaire verhaften und um gewisse kompromittierende Manuskripte erleichtern ließ. Der alte Kaiser und das brüchige Reich waren die natürlichen Verbündeten jener, die nichts zu hoffen hatten von der Expansion der sich eifrig zentralisierenden aufgeklärten Autokratien mit ihren prachtvollen neuen, geometrischen Palästen und Parks. Solche dominierenden Prunkbauten des Absolutismus gab es in den unfreien Residenzstädten, in Berlin, München, Dresden, Stuttgart und – am brutalsten, was Stadtgestaltung und Herrscherhaus betraf – in Kassel. Kassel liegt in einem breiten Tal, das an einem Ende von einem steilen Berghang begrenzt wird. Auf halber Höhe dieses natürlichen Schutzwalls steht mächtig und düster der Landgrafenpalast: von seinem Hauptportal ausgehend, durchschneidet schnurgerade eine Schneise die Stadt und das ganze Tal. Hinter dem Palast steigen, in derselben Fluchtlinie, die Terrassengärten auf; sie gipfeln in einem steinernen Turm, der kilometerweit sichtbar ist und von einer riesigen Statue überragt wird, die (nach dem Namenspatron verschiedener hessischer Herrscher) Herkules darstellt – mitsamt der Keule.

Um die Besonderheit von Goethes Erziehung und seine natürlichen Loyalitäten zu verstehen, muß man sich klarmachen, daß der Hauptstrom der deutschen Kultur lange Zeit entscheidend von der despotischen Struktur der großen Staaten geprägt worden ist, die in kulturellen wie in allen anderen Belangen um den Hof und die Person des Fürsten zentriert waren. Seit der

Mitte des 17. Jahrhunderts hatten ständiger verheerender Krieg und fortgesetzte Wirtschaftskrise zum unaufhaltsamen Niedergang von Handel, Ban-
ken und Gewerbe in den großen deutschen Bürgerstädten des 15. und
16. Jahrhunderts geführt – 1800 war Nürnberg erst wieder halb so groß wie
1600, und andere Städte wie Augsburg, Köln, Ulm und sogar Frankfurt hatten ähnliche, schwere bis katastrophale Verluste erlitten (im Durchschnitt
betrug der Verlust ein Drittel der ursprünglichen Bevölkerung). In der noch
immer keineswegs friedlichen Zeit, die auf den Westfälischen Frieden folgte
– gegen Ende des Jahrhunderts stürzten die größenwahnsinnigen Feldzüge
Ludwigs XV. das westliche Deutschland in Zustände, die an den Dreißigjährigen Krieg erinnerten –, waren es nicht die Unternehmer, die den sozialen
und wirtschaftlichen Wiederaufbau in die Hand nahmen, sondern die Fürsten, deren demobilisierte Heere einer zunehmend dirigistischen, absolutistischen Ordnung der Dinge politisches Gewicht und – da sie ernährt, gekleidet
und ausgerüstet werden mußten – wirtschaftlichen Impetus verliehen. Die
Städte, die jetzt ihre Blüte erlebten, waren eben jene Residenzstädte, in denen
der lokale Herrscher sein Klein-Versailles erbaute, in denen die traditionellen
Rechte der Bürger unterdrückt wurden und wo Dienstleistungen bei Hofe
die ursprüngliche Handwerker- und Kaufmannswirtschaft ersetzten. Das
kulturelle Muster aus der bürgerlichen Periode Deutschlands – der örtliche
Meister einer lokalen Kunstform (wie der Nürnberger Meistersinger Hans
Sachs [1494–1576]), der Kunsthandwerker, der Aufträge für jeden zahlungs-
willigen Kunden ausführte (wie der große Holzschnitzer Tilman Riemen-
schneider [um 1460–1536]), der reisende Humanist, der sich an jedem Ort
niederließ, der ihn aufnahm (wie Sebastian Brant [1457–1521], der Autor des
Narrenschiffs) – dieses Muster war um 1660 fast gänzlich verschwunden. Zu
den letzten Vertretern dieser Kultur gehören einige der bekanntesten Autoren des deutschen «Barock» (ein Begriff, der leider keinen Unterschied zwischen bürgerlicher und Adelskunst macht), so der realistische Romancier
Hans Jacob Christoffel von Grimmelshausen (1620 oder 1621–1676), der zugleich Bürgermeister des Dorfes Renchen war, und der Lyriker und Dramatiker Andreas Gryphius (1616–1664), der als Stadtschreiber von Glogau
(Glogów) amtierte. In den nächsten beiden Jahrhunderten blühten in
Deutschland die darstellenden Künste, die weitgehend oder völlig von einem
fürstlichen Gönner abhängig waren und der Verherrlichung des Fürsten dienten: Baukunst, Maskenspiel und Oper. Von der deutschen Literatur aber kann
man ohne Übertreibung sagen, daß sie zwischen 1675 und 1725 schlicht und
einfach zusammenbrach. Ein Mittelstand mit literarischen Interessen war
praktisch nicht mehr existent. Die Renaissancetradition der Pflege und Verschönerung der Muttersprache wurde nur mehr von einigen gelehrten
Sprachgesellschaften aufrechterhalten, deren Hervorbringungen sich, von
voluminösen theoretischen Werken abgesehen, im wesentlichen in einer es-
kapistischen Schäferliteratur erschöpften, die bis heute einen gewissen ver-
blichenen Reiz bewahrt. Ansonsten wuchs literarisches Talent nur heran, um

in seiner Blüte geknickt zu werden. Davon zeugen die kurze Laufbahn des
Menantes (C. Hunold, 1680–1721), des Verfassers satirischer und «galanter»
Romane, ebenso wie das verzweifelt frühe Ende des schlesischen Dichters
Johann Christian Günther (1695–1723): Oft als ein zu früh geborener Goethe
bezeichnet, könnte Günther auch ein zu spät geborener Gryphius genannt
werden. Denn der Mittelgrund war nun verschwunden, den einst Bürger und
Humanisten eingenommen hatten; jetzt tat sich eine Kluft auf zwischen der
populären und der höfischen Literatur, zwischen den am laufenden Band
produzierten, schlecht gedruckten Liebesromanen auf der einen Seite und
den Prestigeproduktionen der Hofdruckereien, den Folio-Anthologien mit
schmeichelhaften Gedichten und den tausendseitigen fiktionalen Handbü-
chern der Staatskunst auf der anderen Seite. Noch krasser sichtbar wurde die
Kluft im Bereich des Dramas, wo den fahrenden Theatertruppen, die nicht
mehr als Schwänke oder gar Puppenspiele zu bieten hatten, die Hoftheater
gegenüberstanden, die Tragödien in französischer und Opern in italienischer
Sprache aufführten. (Auf diese Polarisierung aus der Zeit um 1700 geht letztlich jene Unterscheidung zwischen «Kunst» und «Kitsch» zurück, die in der
deutschen Literaturkritik bis heute eine wichtige Rolle spielt.) Der Mittelstand, oder das, was von ihm übrig war, begnügte sich, gehorsam, einge-
schüchtert und zutiefst verunsichert, mit Andachtsliteratur, mit Gesangbü-
chern und schließlich mit moralisch erbaulichen Wochenschriften – nach dem
Vorbild von Addisons *Spectator*, aber viel ernster. Um die Wende des 17. zum
18. Jahrhundert war für die deutschen Mittelschichten an die Stelle der Literatur die religiöse Erweckung getreten. Es war ein Zeichen der Zeit, daß die
Frankfurter Bürger um 1690 bereit waren, als Preis für eine strengere religiöse
Zensur auf einen wesentlichen Teil der Buchmesse zu verzichten und diese
an den uralten Rivalen Leipzig abzutreten.

Von Frankfurt ging denn auch einer der großen Impulse der religiösen
Erweckung aus, und zwar von Philipp Jacob Spener (1635–1705), der von
1666 bis 1686 an der Spitze der Frankfurter lutherischen Kirche stand. In
dieser Stellung und danach in ähnlichen Ämtern in Dresden und Berlin sowie
durch einen sehr ausgedehnten Briefwechsel wurde Spener, der geistliche Berater, neben dem weltklugen August Hermann Francke (1663–1727), dem er
mißtraute, zum Wegbereiter jener radikalen Form lutherischer Frömmigkeit,
die als Pietismus bekannt ist und in den folgenden beiden Jahrhunderten für
das religiöse Leben Deutschlands enorme Bedeutung erlangen sollte. Eine
besondere Eigenart des Pietismus ist seine natürliche Affinität zum staatlichen Absolutismus; das macht ihn für uns interessant. Eine Religion, die
angstvoll, um nicht zu sagen hypochondrisch, auf jene inneren Regungen der
Leere oder der Fülle, der Verzweiflung oder des Gottvertrauens starrt, an
denen der Einzelne den Zustand seiner unsterblichen Seele ablesen kann; eine
Religion, deren Anhänger sich nicht öffentlich versammeln, sondern sich
privat in Konventikeln um eine charismatische Persönlichkeit scharen, die nicht
einmal ein ordinierter Geistlicher zu sein braucht; eine Religion, die alle

irdischen (und insbesondere alle kirchlichen) Rangunterschiede ablehnt und ihre vornehmste Aufgabe in der sichtbaren Welt in einem wohltätigen Wirken sieht, das sich so harmonisch wie möglich in die herrschende Ordnung einfügt (wie etwa Franckes berühmtes Waisenhaus in Halle, zu dessen Funktionen die Rekrutierung preußischer Feldkaplane gehörte): eine solche Religion war maßgeschneidert für ein Staatssystem, in dem jedermann, ungeachtet seines Ranges, in gleichem Maße Diener des einen Zweckes zu sein hatte; in dem antiquierte Rechte und Unterschiede abgeschafft werden sollten; und in dem kirchlicher Widerstand besonders unwillkommen war, ob er nun von selbstsicheren Prälaten kam oder von lautstarken Schwärmern, die ihr religiöses Leben nicht für sich behalten konnten. Es war kein Zufall, daß Spener und Francke nach Preußen tendierten, dem aktivsten und revolutionärsten der neuen absolutistischen Staaten und größten Feind der kaiserlichen Ordnung, und daß unter Friedrich Wilhelm I. (König von 1713 bis 1740) der Pietismus praktisch zur preußischen Staatsreligion wurde. In Frankfurt hingegen hinterließ Spener wenig Spuren – er war enttäuscht von der Stadt, seine Herde zog sich in die Privatheit zurück, sein Amt wurde nicht wieder mit einem Pietisten besetzt, und der lutherische Klerus hielt bis Ende des 18. Jahrhunderts starr an seiner Orthodoxie fest.

Die Versöhnung des Individuums mit einer einheitlichen rationalen Ordnung durch rein innerliche Deutung des menschlichen Lebens war auch das Thema der Philosophie von Gottfried Wilhelm Leibniz (1646–1716), dem einzigen überragenden Genie, das das geistige Deutschland in der Zeit des Übergangs von der bürgerlichen zur absolutistischen Kultur hervorgebracht hat. Leibniz war Mathematiker, Logiker, Erfinder, Jurist, Diplomat, Theologe, Philosoph, Historiker, Hofmann und Bibliothekar, und sein Denken ist wenigstens so facettenreich wie sein ereignisreiches Leben. Er selbst betrachtete das Verhältnis zwischen dem Individuum und dem «Kontinuum», wie er es nannte, als eines der beiden Hauptprobleme der Philosophie (das andere war das Problem des freien Willens); besonders lagen ihm die praktischen Folgen am Herzen, die seine Antwort auf diese metaphysische Frage für die deutsche Gesellschaftsordnung haben konnte. Wie kann ein Ding eine eigene Identität haben und doch zugleich einer größeren Ordnung angehören, zum Beispiel so starke Wirkung durch andere Dinge erleiden, daß es ein Bestandteil dieser Dinge ist oder wird? Leibniz' Antwort auf diese Frage zeichnet sich durch drei charakteristische Merkmale aus, die sie zu einer prophetischen Exposition der gesamten deutschen Weltsicht des 18. Jahrhunderts machen. Erstens sind für Leibniz die konstituierenden Bestandteile der Welt nicht Dinge, sondern *Kräfte* – Kräfte jedoch mit einer Identität, «substantielle Formen», wie er sagt, oder «Monaden», und sein Musterbeispiel für eine Monade ist die menschliche Seele. Es liegt in der Natur einer solchen Kraft oder Monade, andauernd ihren Zustand zu verändern, sich ständig zu entwickeln: Ihre Identität beruht nicht in einem bestimmten Zustand, sondern in dem Entwicklungsgesetz, das alle ihre Zustände beschreibt wie die eine algebraische Formel, die alle Positionen eines Punktes beschreibt, der sich entlang einer Krümmung bewegt. Zweitens: Obwohl eine Monade, etwa eine menschliche Seele, durch ihre verschiedenen Zustände scheinbar mit dem übrigen Universum, das heißt mit den anderen Monaden, zu tun hat, so daß sie mit diesen in Kontakt zu kommen, Wirkung auf sie auszuüben oder von ihnen zu erleiden scheint, sind doch nach Leibniz alle diese Veränderungen nicht zu verstehen als das wechselseitige Einwirken verschiedener Monaden aufeinander, sondern als die autonome Entwicklung jeder einzelnen Monade für sich, die isoliert von allen anderen das Gesetz ihrer Entwicklung erfüllt. Jede *Veränderung ist innerlich*; so etwas wie Beziehungen zwischen den Dingen gibt es nicht. Daß es Beziehungen zu geben scheint, daß Monaden Wirkung aufeinander auszuüben scheinen, ist das Ergebnis einer «prästabilierten Harmonie», die bewirkt, daß die verschiedenen Seinsgesetze aller verschiedenen Monaden so vollkommen aufeinander abgestimmt sind, *als ob* sie Wirkung aufeinander ausübten: Darius wird nicht von Alexander besiegt, vielmehr sind die Lebenslinien von Darius und Alexander so harmonisiert, daß in ein und demselben Augenblick Darius die Schlacht verliert und Alexander sie gewinnt. Die Bewegungen des Körpers verursachen nicht die Bewegungen der Seele oder umgekehrt, sondern die beiden Reihen von Bewegungen sind so harmonisiert, daß ihre Beziehung eine solche von Ursache und Wirkung zu sein scheint. Drittens glaubt Leibniz, daß jede Monade in jedem Augenblick den Zustand aller anderen Monaden widerspiegelt, allerdings von ihrem eigenen *Blickwinkel* aus (und Leibniz war nach Pascal der erste, der den Begriff des «Blickwinkels» in die Philosophie einführte). Das heißt: jeder von uns spiegelt in sich selbst die Weltordnung und in seiner eigenen Entwicklung die Fortentwicklung des Ganzen wider. Freilich ist unser eigener Blickwinkel eine sehr einseitige Sache, und die Folge ist, daß vieles im Universum uns schief erscheint; aber wenn wir die Welt aus einer absolut zentralen Perspektive – sagen wir: aus der Perspektive Gottes – erblicken könnten, würde uns alles in vollkommener Ordnung zu sein scheinen. Mehr noch: da die Welt, die Gott sieht, nicht verschieden ist von der Welt, die wir sehen, ist diese vollkommene Ordnung bereits in dem enthalten, was wir, wenn auch verzerrt und verkürzt, jetzt schon sehen. Unsere Pflicht, und unsere Natur als sich entwickelnde Kraft, ist es, das Potential an Einsicht zu entfalten, das bereits in uns liegt, uns selbst – und das heißt: die Welt, die wir widerspiegeln – immer besser zu verstehen und uns so immer mehr der Perspektive Gottes anzunähern, die dennoch, da das Universum unendlich ist, immer unendlich fern bleiben wird, so umfassend und groß unser Verstehen auch sein mag.

Dieses eindrucksvolle und inspirierende System erhebt sich auf der schmalsten aller Grundlagen – auf der Überzeugung von der absoluten Integrität, der logisch garantierten Unversehrbarkeit der Identität, das heißt des menschlichen Ichs. Die besondere Stärke dieses Systems – aber natürlich auch die Ursache für seine schwerwiegende Ambiguität – liegt in der Fusion dieser atomistischen, ja anarchistischen Überzeugung mit dem Glauben an eine universelle Ordnung, wodurch die Welt eines rationalen Gesamtzusammenhangs den Anschein erweckt, *als ob* sie wirklich wäre. In Wirklichkeit gibt es nur fensterlose Monaden, die ihre private Bestimmung erfüllen; aber scheinbar und bis ins kleinste Detail funktioniert alles so, als ob es durch das Prinzip von Ursache und Wirkung erklärbar wäre. Ja, jene Fusion ist noch inniger; denn jede private Bestimmung ist eine Darstellung der Bestimmung des Ganzen – im Miniaturformat und entsprechend einem besonderen perspektivischen Gesetz.

In diesem metaphysischen Kompromiß erkennt man unschwer eine Parallele zu dem sozialen Kompromiß, der den Mittelschichten der absolutistischen Staaten Deutschlands gegen Ende des 17. Jahrhunderts aufgezwungen wird: ein öffentliches, ein politisches, ein eigenständiges Wirtschaftsleben (ein Leben der Ursache-und-Wirkung-Interaktion) wird ihnen vorenthalten, aber dafür haben sie eine dreifache Entschädigung: erstens, daß ihr privates, persönliches (vielleicht ursprünglich religiöses) Leben, das sich nach keinem anderen als seinem eigenen inneren Gesetz entwickelt, geschützt und keinen Gefahren ausgesetzt ist; zweitens, daß das ihnen vorenthaltene Leben ohnehin als «bloßer» Schein abgewertet wird; und drittens, daß zwischen dem einfachsten Bürger und dem totalen Staatsapparat vorgeblich eine vollständige, wenn auch nicht immer offenkundige Identität der Interessen waltet; der Grenadier oder das Waisenkind in Halle trägt den preußischen Staat in sich und lebt dessen Leben, nicht anders als Friedrich Wilhelm I., nur unbekannter. Umgekehrt wird das Leibnizsche System den beiden Grundsätzen aufgeklärter Despoten gerecht: daß ein Staat in Übereinstimmung mit der Vernunft eingerichtet werden kann (denn wenn auch der rationale Gesamtzusammenhang aller Dinge Schein ist, ist es ein «wohlgegründeter» Schein, und die prästabilierte Harmonie kennt keine Dissonanzen) und daß der Staat am vollkommensten auf das (recht verstandene) Interesse seines Souveräns ausgerichtet wird. Besonders die Metapher des Blickwinkels, der «Perspektive», ist hier ungemein machtvoll; denn sie ist vom Absolutismus abgeleitet und verstärkt dessen sichtbare Praxis. Wer aus den Fürstenfenstern im ersten Stock des Schlosses von Versailles oder seiner deutschen Gegenstücke in Herrenhausen, Ludwigsburg oder Nymphenburg blickt und die Blumenbeete, die Buchsbaumhecken und die farbigen Kieswege, die zu ebener Erde bestenfalls wie ein mutwilliges Puzzle wirken, von oben zu einem geometrischen, ornamentalen oder heraldischen Muster sich fügen sieht; oder wer in der Fürstenloge eines «Barock»-Theaters sitzt, direkt gegenüber dem perspektivischen Fluchtpunkt und damit an dem einen Punkt im Saal, von dem aus beim damaligen Stand der Bühnentechnik die vom Proszenium eingerahmte Illusion perfekt war: der versteht, was Leibniz mit dem göttlichen Blickwinkel meinte, von dem aus der Gang der Welt als vollkommen rational und alles zum Besten bestellt erscheint. Und was Leibniz in seinen eigenen popularisierenden Schriften zusammenfassend als politische Implikationen seiner Philosophie aufzählte – die Zufriedenheit mit dem eigenen Stand, das eifrige Trachten nach der eigenen, zumal geistigen Entwicklung und das Vertrauen, daß der Fürst, mögen die Dinge den Untertanen auch noch so verworren erscheinen, alles zum bestmöglichen Ende lenken wird –, das mag zwar eine Vergröberung seines Systems gewesen sein: eine Verfälschung war es nicht.

Ein Satz, der von Spener hätte sein können, in Wahrheit aber von der hl. Teresa von Avila stammt, kennzeichnet für Leibniz die Lage des Menschen: «Die Seele sollte oft daran denken, daß es in der Welt nur sie und Gott gibt.» Spirituelle Einsamkeit ist natürlich kein deutsches Monopol, und es lohnt einen literarischen Abstecher ins damalige England, um Parallelen und Gegensätze aufzuzeigen. *The Life and Strange Surprizing Adventures of Robinson Crusoe*... waren 1719 erschienen, und bis 1740 gab es allein in Deutschland neun verschiedene Übersetzungen, die erste 1720, sowie zehn Nachahmungen, die alle häufig nachgedruckt wurden. Der ungeheure Erfolg, den Defoes Roman in ganz Europa hatte, spiegelt natürlich die generelle Aufgeschlossenheit der Zeit für die Erfahrung der Isolation (was ja wörtlich «auf einer Insel ausgesetzt sein» bedeutet), aber ebenso natürlich ist die Geschichte von Robinson Crusoe und seiner Reaktion auf sein Schicksal eine Geschichte von einem und über einen Engländer des 18. Jahrhunderts. Vergleicht man Defoes Roman mit seiner literarischen Vorlage, Henry Nevilles Roman *Isle of Pines* (1668), in dem der Erzähler ein Schiffsjunge ist, den es, glücklicherweise mitsamt einer Reihe von Damen, auf eine Insel verschlägt, erkennt man sogleich, daß Crusoes Isolation vollständig und ganz und gar unerotisch ist. Hierin ähnelt *Robinson Crusoe* einer früheren Nachahmung Nevilles, der *Continuation* von Grimmelshausens *Simplicius Simplicissimus* (1668), wo der Held ein Einsiedler wird, der nurmehr seinen Andachtsübungen lebt. Wie Grimmelshausens Simplicissimus, und wie Leibniz' Monade, hat Crusoe anfänglich nur Gott zur Gesellschaft. Defoe aber, anders als seine Vorgänger, doch ähnlich seinem Zeitgenossen Leibniz in dem Drang, die monadische Einsamkeit zu durchbrechen, zeigt uns einen Helden, der sich danach verzehrt, in die Gesellschaft der Menschen – oder wenigstens der Engländer – zurückzukehren. Die erotische Potenz, in der Isolation brachliegend, wird nicht einfach, wie bei Grimmelshausen, zu religiöser Inbrunst sublimiert. Sie kommt auch zum Ausdruck in dem liebevoll detailgetreuen Blick und dem sinnlichen Interesse für die materiellen Gegenstände und materiellen Gegebenheiten in Crusoes kleiner Welt; in dem energischen, aggressiven Geist, womit Crusoe seine Insel ausbeutet und zugleich gegen jene Art von menschlichem Kontakt befestigt, die nicht Rettung, sondern Störung bedeutet; und in der bewegenden, ebenso wohlwollenden wie herablassenden Beziehung zu Freitag, der zwar ein Fremdling, aber keine Gefahr, sondern Gegenstand frommen pädagogischen Bemühens ist. Damit zeichnet *Robinson Crusoe* exakt die Einstellung der Briten des 18. und 19. Jahrhunderts zur materiellen Welt, zu persönlichen und internationalen Beziehungen und zum überseeischen Empire vor. Crusoes Ich ist ebenso abgesondert, ebenso theozentrisch wie jede Monade, aber die Absonderung wird, soweit sich das als möglich erweist, auf jene partielle, lieblose, aggressive, sinnliche, erfinderische, zwanghafte, konstruktive, pflichtbewußte und gütige Art überwunden, mit der die Briten ein Weltreich gründeten und beherrschten, während sie in Wirklichkeit immer nur nach Hause wollten. Möglich, daß diese Lösung nur einem seefahrenden Volk offenstand. Jedenfalls atmet der Leser in der bezeichnendsten und erfolgreichsten deutschen Nachahmung Defoes, auch wenn sie fast ebenso prophetisch künftige Entwicklungen deutscher Empfindsamkeit schildert, nicht den Salzgeruch des offenen Meeres. Im Gegenteil, der beherrschende Eindruck, den Johann Gottfried Schnabel (1692– nach 1750) mit der _Insel Felsenburg_ (1731–1743) bei seinem Leser hervorruft, ist der der Enge, der Fäulnis und der Verderbtheit all jener europäischen Salons und Hütten, Galeeren und Folterkammern, aus denen er die Ruhelosen rekrutiert, die seine Inselutopie bevölkern. Auf der Insel Felsenburg werden, wie in Preußen, mit offenen Armen die Verfolgten aus jedem Winkel Deutschlands und von weiter her aufgenommen und für ein rational geordnetes lutherisches Patriarchat vereinnahmt. Daß dieses auf einer Insel in der Südsee liegt, mag auf den ersten Blick nur als dichterische Freiheit erscheinen. In Wirklichkeit haben wir es jedoch mit einer echten Lokalvariante des Robinson-Crusoe-Themas zu tun – was wir vor uns haben, ist jener spezifisch deutsche Kompromiß zwischen Isolation und Engagement, den Leibniz so scharfsinnig antizipiert hatte. Crusoes Isolation ist ein Schicksal, zu dessen Überwindung es in der Tat aller seiner Kräfte bedarf, und doch hat er nur teilweise Erfolg – was er nicht überwinden kann, muß er einfach hinnehmen; er geht keine Kompromisse ein, sondern scheitert. Der rundum erfüllten Utopie der _Insel Felsenburg_ hingegen haftet von Anfang an – und in fast jeder Hinsicht – etwas Halbherziges an, wenn wir sie mit ihren literarischen Vorläufern vergleichen. Im Gegensatz zu dem katholischen Grimmelshausen gibt es, bei der von Anfang an gemischten Natur der Inselgemeinschaft, keine erotischen Frustrationen und damit keine einsiedlerische Jenseitigkeit. Im Gegensatz zu Neville aber gibt es auch keine erotische Anarchie, da alles in den Grenzen lutherischer Schicklichkeit bleibt. Im Gegensatz zu Defoe gibt es keine Härte des Schicksals; denn die Isolation von Schnabels Reisenden ist entweder gewollt oder wird, wenn sie auf Zufall beruht, bereitwillig angenommen. Vor allem aber und im Gegensatz zu allen drei Autoren ist die Isolation in Schnabels Felsenburg selbst ganz unrealistisch, und zwar nicht nur deshalb, weil immer dann, wenn die Folgen der Abgeschlossenheit bedrohlich zu werden scheinen, der Kontakt mit der Außenwelt wieder hergestellt wird – sei's durch einen Schiffbruch an den Klippen der Insel, sei's durch eine Expedition der Inselbewohner selbst –, sondern auch deshalb, weil gerade jene Probleme, welche die Inselbewohner am stärksten bedrängen und auf deren Lösung sie den meisten Teil ihrer Zeit verwenden, ein derartig differenziertes soziales Geflecht voraussetzen, daß die analytische Kraft des Mythos von der einsamen Insel – was ist menschliches Leben, wenn es reduziert wird auf seine einfachsten Elemente? – kaum noch erkennbar ist. Die Probleme, mit denen die Felsenburger sich befassen, sind: Wie lassen sich Mischehen zwischen den verbotenen Verwandtschaftsgraden verhindern? Wie ist die apostolische Nachfolge ihrer Geistlichen zu sichern? Sobald diese Fragen befriedigend beantwortet sind, verschließt die Felsenburg sich vor der Welt. Aber eine so beschaffene Isolation kann ebensowenig mehr Isolation genannt werden wie der Zustand einer Leibnizschen Monade, die zwar unversehrbar ist, aber ihre eigene Ordnung identisch weiß mit der Ordnung der Welt als ganzer, oder wie der Zustand einer pietistischen Seele, die allein mit Gott ist, aber in Harmonie mit dem Willen des preußischen Königs lebt. Es fällt schwer, in dem Kompromiß eines Schnabel beziehungsweise eines Leibniz oder des Pietismus etwas anderes zu sehen als einen klassischen Fall von *mauvaise foi*, von Unaufrichtigkeit: die Felsenburger sind weder ihrer Insel treu, denn sie trachten nach allen Vorteilen Europas, die für sie wichtig sind, noch sind sie Europa treu, denn sobald sie haben, was sie wollen, ziehen sie sich zurück; und auf ähnliche Weise ist Leibniz' idealer Untertan weder dem Bereich des Öffentlichen treu, denn dieser hat für ihn nur als inwendige Modifikation seines unversehrbaren Ichs Realität, noch besitzt er auf der anderen Seite das innere Leben eines besonderen Individuums, denn er erkennt keine Disharmonie zwischen sich und der allgemeinen Ordnung an. Defoes Robinson Crusoe wie Grimmelshausens Simplicissimus ziehen ihre Kraft als Individuum aus dem Konflikt mit einer äußeren Ordnung, der sie dennoch, solange es geht, das Beste abgewinnen; eine solche Kraft war in den aufgeklärten deutschen Despotien des 18. Jahrhunderts nicht gefragt.

Das streng monadische Element im Denken Leibniz' zeigt, daß der Philosoph, der selber kein Pietist war, obgleich er mit Spener korrespondierte, einen Weg verfolgte, der dem des Pietismus mit seinem Kult der «Innerlichkeit» entsprach. In der Version des Leibnizschen Denkens hingegen, die Christian Wolff (1679–1754) mit ungeheurem Erfolg verbreitete und popularisierte, dominierten das rationalistische Element und der enzyklopädische Überbau. Wolff hielt an dem traditionellen Dualismus von Leib und Seele fest und erblickte den Wert der «prästabilierten Harmonie» vor allem darin, daß sie eine Lösung der Probleme bot, die mit diesem Dualismus verbunden waren. Da das Denken Wolffs die monadische, das heißt spirituelle Grundlage des Leibnizschen Kompromisses nicht völlig in sich aufnimmt, hat es auch nicht die vereinheitlichende Kraft dieses Kompromisses, und das geistige Leben Deutschlands in der ersten Hälfte des 18. Jahrhunderts wird daher von dem paradoxen Schauspiel einer Fehde zwischen Wolffianern und Pietisten beherrscht: Beide Lager repräsentieren unterschiedliche Aspekte der Leibnizschen Gesamtvision, unterschiedliche Aspekte des bürgerlichen Kompromisses mit dem Absolutismus. Am erbittertsten wurde diese Fehde in Preußen ausgetragen, was nicht verwundert, wenn man bedenkt, daß das effektive Endziel, das beide Bewegungen anstrebten, die Legitimation des preußischen Systems war. Die Universität Halle, 1694 unter der Aegide Spe-

ners gegründet, um dem neuen Staate im neuen Geist gebildete Diener zuzuführen, und die bis etwa 1780 beherrschenden Einfluß auf die deutsche
Theologie ausübte, war der Schauplatz dieses ebenso hartnäckigen wie ergebnislosen geistigen Bürgerkrieges: Zwar konnte Wolff hier 1707 Professor
werden, doch sorgten die Pietisten dafür, daß Friedrich Wilhelm I. ihn 1723
wieder entließ (sie behaupteten, Wolff vertrete den Determinismus und es
folge aus dieser Lehre, daß Deserteure aus der preußischen Armee nicht bestraft werden dürften). 1740 kehrte er im Triumph zurück, heimgeholt von
dem jungen freidenkerischen König Friedrich II.: Ihm war ein rationaler
Staatsdiener lieber als ein religiöser. (Derselben Gesinnung verdankte ein
Frankfurter Großonkel Goethes, der heterodoxe Johann Michael von Loen
[1694–1776], 1752 die Berufung auf einen Posten in der preußischen Verwaltung.) Fünf Jahre später wurde Wolff in den Adelsstand erhoben. Zu diesem
Zeitpunkt waren fast alle deutschen Lehrstühle der Philosophie mit Wolffianern besetzt.

Ganz abgesehen von seinen Verdiensten als Philosoph und akademischer
Lehrer sowie als sprachlicher Erneuerer hat Christian Wolff gezeigt, daß man
philosophische Abhandlungen in einem einfachen, klaren Deutsch schreiben
kann, und er hat einen großen Teil des deutschen mathematischen und philosophischen Wortschatzes selber erfunden. So ist Wolff zu einer herausragenden Gestalt in der Entwicklungsgeschichte der deutschen Gesellschaft geworden. Er ist der erste Vertreter einer Gattung, die auch im 20. Jahrhundert
noch nicht vom Aussterben bedroht ist: der Professor, zumal der Philosophieprofessor, der durch seine Schüler ein Imperium errichtet, das viele Universitäten umfaßt, und der in den Augen der Öffentlichkeit die Rolle eines
weltlichen Predigers spielt, eines Praeceptors der Nation. Nach Wolff hat
dieses Muster sich über Kant bis zu Habermas erhalten; denn von allen deutschen Institutionen haben die Universitäten sich in den letzten 300 Jahren
am wenigsten verändert. Der phänomenale Aufstieg des Gerbersohns Christian Wolff zu Ruhm und Reichtum kündet von einem neuen, typisch deutschen *modus vivendi* zwischen mobiler Mittelschicht und absolutem Staat
und von der Heraufkunft einer Zeit, in der nicht mehr städtische Ratsversammlungen, sondern die Universitäten das Rückgrat der nationalen Kultur
bilden. Die Karriere Christian Wolffs beweist, daß das deutsche Bürgertum
die kulturelle Lähmung überwunden und wieder zu sich selbst gefunden hat
– als Klasse von Staatsbeamten.

Die für Philosophie, Theologie und Literatur wichtigste Folge der despotischen Verfassung weiter Teile Deutschlands im 18. Jahrhundert war die Tatsache, daß der Beamtenstand sich praktisch nicht nur mit der politisch bedeutsamen Mittelschicht (Wörter wie «Geschäfte» und «Geschäftsmann» bezogen sich für gewöhnlich nicht auf eine Handels –, sondern auf eine
Beamtentätigkeit) deckte, sondern auch mit der Schicht der Intellektuellen.
Das galt vor allem für das protestantische Deutschland, wo Lehrer und Geistliche vom Staat bestellt wurden und eine Krypto-Beamtenschaft bildeten, die

ihre Ausbildung in denselben Institutionen empfing wie die «Kameralisten», die Studenten der Rechts- und Verwaltungswissenschaften. Im absolutistischen System hatte die Universität eine entscheidende Rolle als Instrument der Rekrutierung und Reglementierung des Dritten Standes zu spielen. Deutschland hatte über fünfzig Universitäten oder ähnliche weiterführende Einrichtungen zu einer Zeit, als England deren zwei besaß, aber dieser Reichtum war eher Ausdruck der politischen Fragmentierung als einer interesselosen Liebe zur Bildung. Territorialfürsten, allen voran die Kurfürsten bzw. Könige von Preußen, unternahmen immer wieder den Versuch, ihren Landeskindern das Studium an einer anderen als der eigenen Landesuniversität zu verwehren. Die Fakultäten kannten keine Selbstverwaltung, sondern unterstanden einem universitätsfremden Bürokraten. Alle Professoren wurden vom Staat bestellt, alle legten einen Treueid auf den Monarchen ab. Viele von ihnen waren Verwaltungsbeamte gewesen oder gingen später in die Verwaltung, oder sie kamen, wenn es Theologen waren, aus der Kirchenhierarchie. Ein ehrgeiziger junger Mann, ohne Perspektiven in der erstickenden Enge der Stadt, gewann begrenztes Selbstvertrauen auf der Universität oder, durch die Universität, auf der Kanzel, im Schulzimmer oder in der Amtsstube. Mit Recht ist gesagt worden: «Mehr als alles andere hat dieses Vorwalten des Akademisch-Bürokratischen die deutsche Kultur im 18. Jahrhundert ausgezeichnet.» Es war keine Kultur für Robinson Crusoes. Der deutsche Intellektuelle des 18. Jahrhunderts war in einem eindimensionalen System gefangen: wohin er sich auch wandte, begegnete er dem Staat. Weder die Universität noch die Kirche bot ihm die Möglichkeit der Unabhängigkeit, selbst wenn er sie gesucht hätte, und die wirtschaftliche Struktur des Landes ließ nicht erwarten, daß er auf eigene Mittel zurückgreifen konnte. Ein unabhängiges Leben als Literat zu führen war sogar für die Leitfigur des freien Denkens, Gotthold Ephraim Lessing (1729–1781), eine kaum zu bewältigende Aufgabe, und noch gegen Ende des Jahrhunderts war es für einen Mann von geistiger Integrität ein hoffnungsloses Unterfangen, wie die tragischen Schicksale Heinrich von Kleists (1777–1811) und Friedrich Hölderlins (1770–1843) beweisen. Gewiß, das relativ reiche Angebot an Beamten- und Universitätsstellen bot mehr Möglichkeiten, sich eine gesicherte und gleichwohl intellektuelle Existenz zu schaffen, als es außerhalb Deutschlands der Fall war – aber diese Sicherheit war, wie wir sehen werden, teuer erkauft.

Der literarische Kontext bis 1770

Nicht zufällig machten die ersten Gärungen einer neuen literarischen Ordnung in der deutschsprachigen Welt sich seit 1720 in der Schweiz und in Hamburg bemerkbar. Die Schweiz lag wie Hamburg an der Peripherie des Reiches; durch den Rhein beziehungsweise das Meer und durch religiöse Verwandtschaft standen sie der von Holland und zunehmend auch von England beherrschten, merkantilen Welt des puritanischen Nordeuropas näher – den freidenkerischen, auf Raubdrucke spezialisierten Buchhändlern Amsterdams und den Philosophen und Dichtern im London Popes. Um so wichtiger waren wohl die deistischen Elemente der englischen Kultur für den Hamburger Senator und Naturdichter Barthold Hinrich Brockes (1680–1747), auch wenn er der Verfasser eines Passionstextes ist, den Händel, Telemann und Bach (in der *Johannespassion*) vertont haben, und auch für den Schweizer Dichter und Naturforscher Albrecht von Haller (1708–1777), einen schwierigen, gespaltenen Charakter, der von vielen Spannungen im Denken und Fühlen des frühen 18. Jahrhunderts gezeichnet war. Die Züricher Kritiker und Philologen Johann Jacob Bodmer (1698–1783) und Johann Jacob Breitinger (1701–1776) schätzten an England vor allem Miltons Epik und den *Spectator*, der von ihnen hochgelobt, analysiert, übersetzt und nachgeahmt wurde, als Beispiel dafür, daß es möglich war, religiöse und moralische Wahrheiten gefälliger und säkularer zu vermitteln als durch die Predigt oder die theologische Abhandlung. In diesen beiden Enklaven eines sich selbst verwaltenden Bürgertums im Süden und im Norden förderte das englische Vorbild die Anfänge einer literarischen Kultur, deren Grundlage das säkulare Buch war, das dank seines biblischen oder religiösen Inhalts um so leichter die Bibel verdrängte und zu Hause gelesen, ja möglichst im Familienkreise vorgelesen wurde. Das Drama war in der calvinistischen Welt wenig bekannt und noch weniger sanktioniert, Shakespeare beeinflußte in dieser Phase weder die Theorie noch die Praxis des Theaters, und der Roman, als Prosaerzählung über nichtbiblische Gegenstände, konkurrierte zu unmittelbar mit der Heiligen Schrift, als daß er für diese stark klerikalen Gesellschaften akzeptabel gewesen wäre (1762 gab es in Zürich 382 Geistliche). Doch obgleich die Schweiz infolge ihrer sozialen, politischen und geographischen Randlage für nichtdeutsche Einflüsse besonders aufgeschlossen war, konnte sie aus eben diesem Grund nicht den entscheidenden Anstoß zur Wiederherstellung der deutschen Nationalliteratur geben. Der deutsche Buchhandel erlebte im 18. Jahrhundert eine rasche Expansion, er war besser organisiert als der englische, er bediente einen Markt, der potentiell vier- bis fünfmal größer war, und seine Großunternehmer waren gegen Ende des Zeitraums schon erkennbar Industriekapitalisten nach Art des 19. Jahrhunderts. Man hätte daher erwarten sollen, daß das deutsche Buchwesen sich sogleich als Bundesgenosse bei der Entdeckung des säkularen Buches durch das Schweizer Bürgertum anbot, und das tat es auch; aber die hieraus hervorgegangene Literatur konnte nicht Ausdruck jenes nationalen Bestrebens sein, das für das Lesepublikum einer Sprache innewohnte, die ihm gemeinsam war und die 1692 das Lateinische als die Sprache verdrängte, in der mehr als die Hälfte aller deutschen Bücher gedruckt wurden. Denn Deutschland war nicht einfach eine kommerzielle Über-Schweiz. Eine Literatur, die für die mittleren Stände des Deutschen Reiches und seines preußischen Anhängsels den Realitäten des Lebens gerecht werden wollte, mußte der Tatsache Rechnung tragen, daß das politische und wirtschaftliche Schicksal der Nation nicht in ihren eigenen Händen lag. Der entscheidende Anstoß zu dieser Literatur kam denn auch aus Leipzig, aus der Handelskapitale eines der mächtigsten deutschen Fürstentümer, dem geographischen Herzen des Reiches und Mittelpunkt des deutschen Buchhandels, und von einem preußischen Emigranten (wegen seiner riesigen Statur hatte er vor den Rekrutierungsoffizieren fliehen müssen), der nach sechsjährigem Kampf das Ziel einer Professur an der Kurfürstlich Sächsischen Universität erreichte, deren Rektor er später mehrmals war. In dieser wie in anderer Hinsicht gilt der Fortsetzer des Werkes Wolffs in der literarischen Welt, Johann Christoph Gottsched (1700–1766), anfangs außerordentlicher Professor der Poesie, sodann ordentlicher Professor für Logik und Mathematik und über dreißig Jahre lang ein geehrter, gefürchteter und zuletzt verlachter Tyrann der Kritik, zu Recht als Initiator der modernen Epoche der deutschen Literatur, oder doch dessen, was man ihren «offiziellen» Zweig wird nennen müssen.

Die Schlichtheit von Gottscheds Rezept – in seinem *Versuch einer Kritischen Dichtkunst für die Deutschen* (1730) gibt er in der Tat Anweisungen zum Verfertigen eines Gedichts in Rezeptform: «Zu allererst wähle man sich einen lehrreichen moralischen Satz, . . . Hierzu ersinne man sich . . .» – war geeignet, die Komplexität seiner Leistung zu verstellen. Hinter Gottscheds Grundsätzen, daß die Natur ganz und gar vernünftig sei, daß der Dichter ein geschickter Nachahmer der Natur sei; daß ferner bei den Modernen die Vollkommenheit einer vernünftigen und damit natürlichen Dichtkunst im klassischen französischen Drama des 17. und 18. Jahrhunderts anzutreffen sei und daß daher allein dieses Drama künftig das Muster für das Schreiben in deutscher Sprache abgeben dürfe – hinter diesen Grundsätzen steckt mehr, als es auf den ersten Blick den Anschein hat. Viele verschiedene Stränge der nationalen Kultur mußten zusammenkommen, damit dieser Mann an diesem Ort diese Grundsätze formulieren konnte, so banal sie uns heute auch vorkommen mögen.

Erstens war Gottsched Wolffianer. Um die ordentliche Professur zu erlangen, verfaßte er ein zweibändiges Kompendium des Leibniz-Wolffschen Systems; er übersetzte Leibniz' Theodizee ins Deutsche; er schrieb einen Nachruf auf Christian Wolff und erklärte, in dessen Philosophie seinen Seelenfrieden gefunden zu haben; und der Wolffsche Rationalismus ist die Grundlage seiner Theorie der Dichtkunst. Schon hier erkennen wir in ersten Ansätzen zwei Besonderheiten der späteren deutschen Literatur: ihre ablehnende Haltung gegen den christlichen Pietismus (1730 hätte kein Pietist seine leidenschaftliche Liebe zur Dichtkunst bekennen können, wie Gottsched es tat, dessen Frau 1736 eine französische Satire auf die Jansenisten übersetzte und sie auf die Pietisten ummünzte) sowie eine Verquickung von Philosophie und Literatur, die auf ihrem Höhepunkt, in den Jahren nach 1790, inniger war als jemals im cartesianischen oder auch im existentialistischen Frankreich. Zweitens nahm Gottsched mit der Sorge um eine deutsche Nationalliteratur und der Konzeption der deutschen Sprache als einer nationalen Muttersprache, ungeachtet aller politischen Fragmentierung, bewußt die Tradition der «Sprachgesellschaften» wieder auf, jenes dünnen Fadens, der das frühe 18. Jahrhundert mit seiner großen Barockvergangenheit verband. Einer dieser Gesellschaften, 1697 gegründet, gehörte er seit seiner Leipziger Zeit als führendes Mitglied an, und ein beträchtlicher Teil seines Lebenswerks war (auch hierin eine Fortsetzung des Wolffschen Werks) der Reinigung und Reglementierung der deutschen Sprache gewidmet: er verfaßte eine Grammatik, gab Kommentare zum Sprachgebrauch heraus und schrieb Musterdramen und -gedichte. Indem Gottsched aber drittens mit allem Nachdruck die Nachahmung des klassischen französischen Dramas propagierte, tat er den entscheidenden Schritt – einen Schritt, der unabdingbar war, sollte das zahme und lahme Bürgertum zum kulturellen Leben zurückkehren –: er erkannte den Geschmack des Hofes als verbindlich an. Gottscheds *Versuch einer kritischen Dichtkunst* bezeichnet den Augenblick, in dem der deutsche Mittelstand sich damit abfindet, sich seine geistigen und kulturellen Institutionen nicht selber geben zu können, sondern die Institutionen seiner absoluten Herrscher nutzen und, letztlich, vielleicht usurpieren zu müssen. Es ist der Augenblick, in dem das Drama als Deutschlands Alternative zum Roman auftaucht, die Alternative also zu jener literarischen Form, in der das zunehmend selbstbewußte Bürgertum Englands im 18. Jahrhundert lernt, sich für sich selbst darzustellen und zu deuten, und für die es im damaligen Deutschland schlechterdings keine soziale Grundlage gab. Durch den bedeutenden Abschnitt über die Tragödie in seiner *Kritischen Dichtkunst*, durch die Zusammenarbeit mit den wandernden Theatertruppen Caroline Neubers (1697–1760) und Johann Friedrich Schönemanns (1704–1782) – erbitterten Rivalen um die Bestallung als Hofschauspieler in Dresden – sowie durch seine sechsbändige *Deutsche Schaubühne nach den Regeln der alten Griechen und Römer eingerichtet* (1741–1745), eine Sammlung von Übersetzungen, Nachahmungen und eigenen Stücken, tat Gottsched mehr, als nur die höfischen Tugenden der Schicklichkeit und Regelgerechtheit für ein Theater zu empfehlen, das sich einstweilen nur durch Ungeschliffenheit und Improvisation auszeichnete. Zugleich und vor allem bestimmte er das Drama, eine literarische Form, die das Volk ansprach, deren volle Entwicklung aber nur an den Höfen und durch deren Subvention möglich war, als einigenden Brennpunkt für mehrere verschiedene nationale Ambitionen: die sittliche und geistige Erbauung aller, die Hebung der deutschen Sprache und die Errichtung einer nationalen Literatur von europäischem Zuschnitt. Gottscheds Werk kündigt an, daß die institutionelle Grundlage der kommenden kulturellen Erneuerung nicht der rasch expandierende kommerzielle Buchmarkt sein wird, sondern das subventionierte Theater. Und daher verkörpert Seine Magnifizenz Professor Dr. Gottsched zuletzt auch den «offiziellen» Charakter der neuen Kultur – wenigstens in zwei Bedeutungen dieses Wortes. Literatur und Philosophie werden sich, wie die Theologie und andere, noch offenkundiger vom Hof ab-

hängige Künste, dadurch auszeichnen, daß sie von Beamten für Beamte pro-
duziert werden: die Schicht der Lehrer, Pastoren, Verwaltungsbeamten sowie
der Universitätsprofessoren (auf deren Konto eine weitere deutsche Besonderheit gehen wird, nämlich vor dem Staat den Wert der offiziellen Kultur
durch Literatur- und Kunst-*Theorien* zu beweisen). Die hieraus resultierende
Literatur ist noch in einem anderen Sinne «offiziell»: eng verbunden mit den
Bestrebungen nach Nationwerdung, sowohl im deutschen Sprachgebiet als
ganzem als auch in einzelnen, größeren Staaten dieses Gebiets, ist sie, auch
wo sie in die Opposition tritt, gekennzeichnet durch eine Aura des Seriösen
und Autoritativen: eine Anleihe beim wohlwollend despotischen Staat, der
bezahlt, und also bestimmt. Unter diesen Umständen kann die Komödie
nicht gedeihen. Vor allem aber verdient die von Gottsched begründete literarische Tradition die Bezeichnung «offiziell» darum, weil der größere Teil
dessen, was an der deutschen Literatur originell und für andere Völker reizvoll ist, außerhalb dieser Tradition geschaffen wurde.

Natürlich gibt es im späteren 19. Jahrhundert auch eine niedergelegte, offizielle Geschichte der offiziellen deutschen Literatur nach Gottsched. Diese
Version lautet ungefähr wie folgt. Gottscheds unnatürliches Vertrauen in
französische Vorbilder, so heißt es, wurde bald verdrängt durch einen englischen Einfluß, der dem deutschen Nationalcharakter kongenialer war. Seit
1740 wurde Gottsched von Bodmer und Breitinger angegriffen, weil er das
Genie Miltons ebensowenig anerkennen mochte wie später das des deutschen
Milton-Imitators Friedrich Gottlieb Klopstock (1724–1803), des Verfassers
des religiösen Epos *Der Messias* (1748–1773). Den Todesstoß empfing die
Herrschaft Gottscheds und seines Eideshelfers Corneille 1759 durch die er-
barmungslose Polemik Lessings, der statt dessen Shakespeare zum Muster
erhob und die Aufmerksamkeit seiner Landsleute auf die Möglichkeiten
lenkte, die die Geschichte von Doktor Faust dem nationalen Drama bot. Nun
erfaßte alle die Begeisterung für die Errichtung eines deutschen National-
theaters, und während des kurzlebigen Versuchs, diese Idee in Hamburg zu
verwirklichen, gab Lessing der Aristotelischen Theorie der Tragödie eine
neue Deutung in der *Hamburgischen Dramaturgie* (1767/68).

Lessings eigene Theaterstücke, zum Teil zur Veranschaulichung seiner
Theorien geschrieben, sind «bürgerliche Trauerspiele» oder «Dramen» in
Prosa (was sie mit Shakespeare zu tun haben sollen, bleibt schleierhaft) und
die ersten Denkmäler der «klassischen» deutschen Literatur – ein Konzept
von großer Bedeutung für die offizielle Sichtweise. Nach einer allzu überschwenglichen Periode der Shakespeare-Nachahmung in der Zeit des Sturm
und Drang nach 1770 trug die literarische Erneuerung schließlich Früchte in
den reifen Dramen Goethes und Friedrich Schillers (1759–1805), auf die das
Beispiel der griechischen Antike seinen mäßigenden Einfluß ausgeübt haben
soll. Das 19. Jahrhundert sieht dann im Theater Kleists, Grillparzers und
Hebbels die Fortsetzung dieser Tradition, zu deren letzten Vertretern der
spätere, nicht-naturalistische Gerhart Hauptmann gehört – der bereits ein

Zeitgenosse unseres hypothetischen «offiziellen» Literarhistorikers ist –. (Daß diese Tradition in Wahrheit im Musikdrama Richard Wagners gipfelte, wird für gewöhnlich übergangen.) Daneben bildeten, zu Beginn bzw. um die Mitte des 19. Jahrhunderts, die Romantik und der Poetische Realismus eine Art loyaler Opposition; ihre hauptsächlichen Leistungen liegen in den ergänzenden Gattungen der lyrischen Dichtung und der Novelle.

An dieser «offiziellen» Version ist nichts auszusetzen, außer daß sie Goethe und Kleist sowie den Österreicher Grillparzer für das «Klassische» vereinnahmt und daß sie die großen Außenseiter, wie etwa im 19. Jahrhundert Heine, Büchner und den frühen Gerhart Hauptmann, ebenso unterschlägt wie einige der wichtigsten Faktoren in der Entwicklung der offiziellen Literatur selbst. Französische Einflüsse hörten mit Gottsched nicht auf, und englische Einflüsse kamen nicht nur von Milton (der eigentlich für niemanden außer Klopstock ernsthaft von Bedeutung war) oder von Shakespeare (der sehr wenig mit dem zu tun hatte, was Lessing oder der Sturm und Drang, und übrigens auch Gerstenberg, Wieland oder Herder, in seinem Namen praktizierten). Ein ebenso wichtiger Gegner Gottscheds wie der polemische Lessing war der sprichwörtlich sanfte Christian Fürchtegott Gellert (1715–1769), der Verfasser von Fabeln, Stücken, einer mustergültigen Korrespondenz und eines kurzen Romans. Gellerts Verteidigung des neuen «bürgerlichen Trauerspiels» war ebensosehr französischen Moden verpflichtet wie englischen; und wenn Lessings dramatische Praxis Shakespeare so wenig verdankt, dann deshalb, weil sein wahrer Mentor Diderot hieß. Zudem bleiben zwei machtvolle Impulse aus dem England des 18. Jahrhunderts, zusammen mit ihren eigenen Konsequenzen in Deutschland, in der offiziellen Darstellung weithin oder völlig unberücksichtigt: die große Begeisterung für die Romane Richardsons, und später Sternes, und die damit einhergehende Bewegung der Empfindsamkeit – die wir an anderer Stelle in diesem Kapitel noch erörtern werden –, sowie, in ihren Auswirkungen auf die gesamte Struktur des deutschen Geisteslebens noch folgenreicher, eine Welle des religiösen Zweifels, in der die englischen Deisten und Freidenker der ersten Jahrhunderthälfte eine bedeutende Rolle spielten. Zu diesen beiden Entwicklungen trug auch Frankreich erheblich bei: die Romane Rousseaus nährten die Flamme der Empfindsamkeit wie die der Skepsis; und die Befreiung von den Ketten der Religion war das erklärte Ziel Voltaires, des literarischen Despoten Europas.

Daß die von John Toland, Anthony Collins und Matthew Tindal verkörperte skeptische Bewegung der Bibelkritik in Deutschland zu einem religiösen und kulturellen Aufruhr führte, während sie in England bis zum Ende des 19. Jahrhunderts einfach vergessen wurde, lag im wesentlichen an der Eindimensionalität des sozialen und politischen Systems in Deutschland. Ein Kampf, den in England ein paar freischaffende Autoren und Exzentriker in Form etlicher Scharmützel austrugen, konnte im deutschen Universitätsbetrieb zu einem wahren Feldzug organisiert werden, zu einer theologischen, historischen und philologischen Schule, die seit etwa 1770 unter der Flagge der «höheren Kritik» segelte. Auch war weltlichen Herrschern vom Schlage Friedrichs II. eine derartige Subversion nicht unbedingt unwillkommen. Es lag entschieden im Interesse einer absoluten oder absolut sein wollenden Staatsmacht, den aufgeklärten Zweifel an der historischen oder philosophischen Legitimität einer jeden Partei – ob Kirche oder Juden oder Ratsversammlungen oder Zünfte – zu stärken, die ein unveräußerliches, ja womöglich gottgegebenes Existenzrecht unabhängig von der staatlichen Politik beanspruchte. Andererseits gab es auch Grenzen: Die Verfassung, ja die Identität der meisten deutschen Staaten war 1648 an eine bestimmte Konfession gebunden worden, der loyal anzugehören ein Zeichen der Zuverlässigkeit und sogar die Voraussetzung für ein Amt sein konnte. Im ganzen 18. Jahrhundert war Theologie das bestdotierte Fach an allen Universitäten. So brachte dieselbe Institution Theologen hervor, die zugleich die Kritik an den geistigen Grundlagen der Theologie förderte. Aber der absolute Staat erzeugte dieses Dilemma nicht nur: Er sorgte auch dafür – durch die beschränkten Möglichkeiten einer bürgerlichen Karriere außerhalb der Beamtenlaufbahn und durch die erhöhten Anforderungen an die akademische Qualifikation von Beamten – daß immer mehr Studenten in dieses Dilemma gerieten. Nur derjenige, dem ein Staatsamt gleichgültig war und der sein Brot nicht aus einer der vielen Hände des Staates empfangen mußte, entging der aus jenem Dilemma resultierenden, sozusagen offiziell verordneten Gewissenskrise: der Verortung der eigenen Position auf der Skala zwischen Orthodoxie und Unglauben, in dem Bewußtsein, daß eine derartige Standortbestimmung von ganz unmittelbarer praktischer und sogar materieller Bedeutung war. Nur wenige gab es, denen eine solche Krise glücklich erspart blieb – zu ihnen aber gehörte Goethe. Von den Literaten seiner Zeit war er nahezu der einzige, welcher der Kirche nichts und der Universität praktisch nichts zu danken hatte – weder durch seine Familie noch finanziell oder sozial –, und dieser Umstand entfernt ihn ganz entschieden von der offiziellen Tradition der deutschen Kultur. Seit 1740 ist diese Tradition in zunehmendem Maße eine der «Neudeutung», die sich zwar nominell zum «Christentum» oder wenigstens zur «Religion» bekennt, in Wahrheit aber vorlieb nimmt mit irgendeinem Ersatz für die verlornen Gewißheiten, dem nun der imposante Name «Christentum» verliehen wird: so kommt es zu den Theologien, die «das Wesen des Christentums» verkünden, und Philosophien, die das Terrain einer «Religion innerhalb der Grenzen der bloßen Vernunft» abstecken, es kommt zu den Bildungs-, Kunst- und Sporttheorien, die die Errichtung einer neuen Humanität verheißen, und zu der «klassischen deutschen Literatur», die «diese humanistische Religion in neuen Symbolen ausdrückt». Herbert Schöffler zählte 120 deutsche Literaten (ohne Philosophen), die, zwischen 1676 und 1804 geboren, Theologie studierten oder aus einer Theologenfamilie stammten: «Seit 1740 ... drängen scharenweise Geistliche, die Söhne von Geistlichen und überhaupt junge Theologen in die Literatur, deren Charakter sich daher seit der Jahrhundertmitte stark verändert.» Wenn gegen Ende des

Jahrhunderts Johann Gottlieb Fichte (1762–1814) in dem modernen Philosophen den wahren Protestanten erblickte, der die Ablösung der Kirche durch den Staat vorbereitet, und die romantischen Denker Novalis (Friedrich von Hardenberg, 1772–1801) und Friedrich Schlegel (1772–1829) einer Verschmelzung von Poesie und Politik den Namen «Religion» gaben, dann prophezeiten sie damit nicht so sehr eine neue Ordnung, als daß sie die Bilanz einer Bewegung zogen, die zwei Generationen alt war und die der Göttinger Orientalist Johann David Michaelis (1717–1791) nüchterner analysiert hatte: Das plötzlich enorm gestiegene Interesse der Studenten an Theorie und Praxis der Bildung führte er zurück auf «die Furcht vor den symbolischen Büchern, an deren Unterschrift sich jetzt manche, die Theologie studiert haben, stoßen». Die emotionalen Extreme, zwischen denen die offizielle literarische Kultur Deutschlands im späten 18. und frühen 19. Jahrhundert sich bewegt, sind Angst und Heuchelei, Verzweiflung und Fanatismus: von alledem war Goethe, durch die glückliche Fügung seiner Herkunft, wunderbar frei. Natürlich wurde er von jener historischen Umwälzung in den Grundlagen des Offenbarungsglaubens, die im 18. Jahrhundert das geistige Europa erfaßte, tief getroffen – wäre es anders gewesen, so wären seine Schriften von geringer Tragweite für die Geschichte der Literatur. Aber seine individuellen Umstände gaben ihm die Freiheit, sich der Krise allein und in vollkommener persönlicher Integrität zu stellen; sein Geist war weder der Kirche noch dem Staat verpflichtet, und so mußte er sich bei beiden nicht durch Neudeutung und Relegitimation ihrer Machtstrukturen anbiedern, als der Offenbarungsglaube zusammenbrach. (Hierin liegt zweifellos der Grund für die Affinität, die Nietzsche zu Goethe empfand.) Statt dessen konzentrierte er sich auf die Folgen der Krise für das, was in seiner eigenen Verantwortung lag: die Entscheidungen, die er in einem Leben zu treffen hatte, das weit weniger als das vieler Zeitgenossen materiellen Zwängen unterworfen war, und die Dichtung, die in erster Linie der Ausdruck seiner Freiheit war. Nur einmal, um 1788, finden wir Goethe in stillschweigendem Einverständnis mit den öffentlichen Glaubenssubstituten, an denen die deutsche Kultur so reich werden sollte. Der Rat, den er im September 1824 William Emerson gab, dem älteren Bruder Ralph Waldo Emersons, stützte sich auf seine lebenslange Beobachtung der verheerenden Folgen, die eine religiöse Krise in einem geschlossenen sozialen System mit sich bringt: Er rechnete nicht mit der Möglichkeit, daß die Freiheit, die er selbst ausnahmsweise und privat genossen hatte, in einer anderen Ordnung der Dinge Allgemeingut werden könnte; aber schließlich war Goethe, wie ein weiterer amerikanischer Besucher bemerkte, der dem großherzoglichen Geheimrat das amerikanische Wahlrecht erläutert hatte, «ebensowenig allfühlend, wie er allwissend war». E. W. Emerson, der Sohn des amerikanischen Weisen, schreibt:

Die deutsche Philosophie und die Bibelkritik erschütterten [Williams] Glauben an die Formen und Lehren der Religion, in denen er aufgewachsen war. . . . Aber William, in Göttingen von bösen Zweifeln heimgesucht, besann sich darauf, daß nur achtzig Meilen von ihm entfernt, in Weimar, der weiseste Mann des Zeitalters lebte. Unverzüglich machte er ihn ausfindig, wurde freundlich empfangen und breitete seine Zweifel vor ihm aus. . . . Der Rat, den er erhielt, lief darauf hinaus, . . . in seinem Berufe zu verharren, den üblichen Formen zu entsprechen, nach seinem besten Vermögen zu predigen und weder seine Familie noch seine Hörer mit seinen Zweifeln zu behelligen. An diesem Scheidewege, wo der große Geist der Zeit die Rolle des Versuchers spielte, wandte der Jüngling zu seinem Glück sich ab und lauschte wieder der inneren Stimme. Er gab den Weg seiner Ahnen auf, ließ im Alter von 24 Jahren den Lebensplan fallen, zu welchem er sich mit Fleiß und Opfersinn gerüstet hatte, und studierte die Rechte.

«Amerika, du hast es besser», schrieb Goethe 1827 in einem kleinen Gedicht: William Emerson konnte sich während seines zweiten Studiums durch literarische Arbeiten über Wasser halten und wurde ein erfolgreicher Wall-Street-Jurist; sein Bruder aber, dessen geistige Laufbahn so viel Ähnlichkeit mit der so mancher junger deutscher Theologen fünfzig Jahre früher aufwies (die von der Rednertribüne predigten, was nicht von der Kanzel gepredigt werden konnte), wußte in jener behaglichen Unabhängigkeit zu leben, die für einen deutschen Literaten des 18. Jahrhunderts, ohne den Rückhalt eines offiziellen Amtes und in Ermangelung eines Urheberrechts, kaum denkbar war.

Es gibt insbesondere zwei wesentliche Merkmale der sich entwickelnden deutschen Literatur in der Epoche von Goethes Jugend – sagen wir: bis 1770 –, die dadurch interessant sind, daß sie, bei aller ihrer historischen Bedeutung (die in den offiziellen Darstellungen gewöhnlich übergangen wird), gerade *nicht* bestimmend waren für die originäre Entfaltung von Goethes einzigartigem Talent. Das eine Merkmal ist das früheste Beispiel für die Übertragung einer religiösen Terminologie auf einen säkularen Geltungsbereich: die Ausbildung der ästhetischen Theorie in Deutschland (als die Ex-Theologie einer Ex-Klerisei), die Etablierung der Begriffe «Literatur», «Kunst» überhaupt, «künstlerisches Genie» und vor allem «künstlerische Schöpfung» – ein religiöser Ausdruck, der ein dreißigjähriges Philosophieren wie in einem Brennspiegel zusammenfaßte. Breitingers Betonung des theoretischen Primats der *Wirkung* eines Gedichts (um 1740); Gellerts und Klopstocks Konzentration auf die Rolle des Dichters selbst als des Mittlers, der auf die Gefühle seiner Zuhörer wirkt (um 1750); die Reflexionen der Philosophen Johann Georg Sulzer (1720–1779) und Moses Mendelssohn (1729–1786) über ästhetische Probleme – dies alles wird zu einer Synthese zusammengefaßt und neu geordnet in Lessings *Laokoon: oder Über die Grenzen der Mahlerey und Poesie* (1766), einer Abhandlung, die, im Gefolge des französischen Theoretikers Charles Batteaux (1713–1780), den Begriff der ästhetischen Erfahrung als eigener Wissensform begründet, von der die verschiedenen «Künste» Untergattungen sind. Den ganzen Vorgang kann man sich aus zwei Schritten bestehend denken: der Interpretation der Kunst in Begriffen der psychologischen Wirkung und der Ableitung einer Psychologie aus Leibniz' ursprünglich rein logischer Theorie der Beziehung zwischen jeder einzelnen Monade und dem gesamten Universum (von ihm als «Perzeption» bezeichnet). Wenn also seit 1760 die Beschreibung des Künstlers als eines «Schöpfers» modischer Jargon wird, erleben wir lediglich die eingeschränkte, aber explizite Neuanwendung eines Vergleichs, der im Leibnizschen Schema, vorsichtig implizit, von Anfang an enthalten war. So heißt es in § 83 der Leibnizschen *Monadologie* (1714),

daß die Seelen im allgemeinen lebende Spiegel oder Abbilder der Kreaturen-Welt sind, die Geister dagegen auch noch Abbilder der Gottheit selbst oder des Urhebers der Natur. Sie sind fähig, das System des Weltgebäudes zu erkennen und etwas davon in architektonischen Probestücken nachzuahmen, da jeder Geist in seinem Bezirk gleichsam eine kleine Gottheit ist.

In England blieb Shaftesburys Begriff vom «second Maker, a just Prometheus under Jove», folgenlos, da er weder von einem Leibnizschen Gedankenklima noch von einer allgemeinen Säkularisierungsbewegung getragen wurde. In Deutschland konnte er sich mit dem Einfluß Leibniz' verbinden, der 1765, als die *New Essays on Human Understanding* erschienen, wieder sehr stark – und nicht mehr durch Wolff vermittelt – war; und in den nächsten beiden Jahrzehnten stand der Begriff des «schöpferischen» Künstlers auf seinem Höhepunkt.

Ohne Zweifel war es nicht Lessings Absicht, dieser Entwicklung Vorschub zu leisten. *Laokoon* ist erklärtermaßen nur an der Unterscheidung zwischen Malerei und Dichtkunst interessiert. Aber warum sollten zwei so unterschiedliche Betätigungen wie Malen und Dichten überhaupt der Unterscheidung bedürfen? Schon der Akt der Unterscheidung impliziert ja eine zugrunde liegende Affinität. Durch seinen Rückgriff auf das nicht völlig neue Argument, daß die Malerei gleichzeitige Ereignisse darstellt, während die Dichtung chronologisch verfährt, reduzierte Lessing beide Künste auf denselben Status: beide sind unterschiedlich selektive Darstellungen von Bestandteilen ein und derselben zugrunde liegenden Erzählung, jener alles umfassenden Abfolge von Gruppen gleichzeitiger Ereignisse, die wir «Erfahrung» nennen. Im Endeffekt macht Lessing damit die Malerei zu einem Zweig der Dichtkunst; denn er macht sie zu etwas, das nach Maßgabe des Dargestellten gelesen und gedeutet werden muß, gleichsam als ob es uns, wie ein Buch, dazu einlüde, uns etwas anderes vorzustellen als die Zeichen, die es unseren Sinnen darbietet. Goethe wird eines Tages mit dieser Annäherung der visuellen Künste an die Literatur streng ins Gericht gehen, aber *Laokoon* zeigt uns Lessing höchst zuversichtlich in seinem Kampf für die Bücher, für jenes öffentliche – und kommerziell veröffentlichte – Medium, durch das allein der deutsche Mittelstand seine eigene Kultur unabhängig von fürstlicher Bevormundung errichten konnte – zu sehr waren die visuellen Künste Zutat und Schmuck der reichen Höfe. Lessing war der freieste der Freidenker und sogar bereit, sich einen Spinozisten zu nennen – seinerzeit gleichbedeutend mit dem Bekenntnis zum Atheismus –, und er hatte kein Interesse an reinterpretativen Kompromissen mit der Religion und dem alten Regime, es sei denn als taktisch notwendiger Zwischenschritt auf dem Weg zur vollständigen Befreiung; aber die soziale Wirklichkeit in Deutschland war gegen ihn. Die Literatur, die Welt des gedruckten öffentlichen Geistes, konnte nicht die Autonomie und Vorherrschaft erlangen, die er für sie erhoffte, er selbst mußte Kompromisse schließen und eine Position als Empfänger einer staatlichen Pension akzeptieren, und seine für gewöhnlich hoch tendenziösen und polemischen Theorien mußten den Interessen der nachreligiösen Frömmigkeit dienen, etwa der Idee, daß die unterschiedlichen Formen der «Kunst» alle in gleichem Maße Manifestationen des «schöpferischen Genies» seien. Einstweilen verschwand jener Teil seiner Ästhetik, der die Kunst als eine Form der Erkenntnis verstand, in der Versenkung, bis er von Kant wiederentdeckt und modifiziert wurde.

Den vollen Impetus aber erhielt die religiöse Kunstkonzeption durch einen anderen Geist, dem bei weitem originellsten und am wenigsten abstrakten dieser Ästhetikergeneration und Hauptzielscheibe von Lessings Kritik im *Laokoon*: Johann Joachim Winckelmann (1717–1768). Oft als Begründer der modernen Kunstgeschichte betrachtet, ist Winckelmann der lebende Beweis für die qualvolle emotionale und geistige Enge in den deutschen Despotien, zumal in seiner Heimat Preußen, dem «Sparta des Nordens». In äußerster Armut geboren, erhielt er durch das preußische Bildungssystem die Möglichkeit, sich emporzuarbeiten – Voraussetzung war natürlich das Theologiestudium. Er lernte alle Entbehrungen kennen, die auf eine unabhängige und unkonventionelle Sinnesart warteten. Sie hatte sich in seinem Fall in die Literatur der alten Griechen verliebt. Unfähig, sich in die ihm vorgezeichnete Laufbahn zu fügen, mußte er Demütigungen aller Art auf sich nehmen, zunächst als Privatlehrer, dann fünf Jahre lang als Junglehrer in einer Volksschule, dann im wissenschaftlichen Frondienst eines adligen Gönners. Endlich hatte er genug: Armut, Kälte und Spott, die chronische Schlaflosigkeit (er mußte doch die Nacht nutzen, um seine Griechen zu lesen), Religiosität, Unterwürfigkeit, «Innerlichkeit» und lutherische Schicklichkeit – er ließ alles hinter sich. Seine Übersiedlung nach Rom 1756, seine Konversion zu einem Katholizismus der reinen Zweckmäßigkeit, seine Homosexualität, seine Verehrung für die Überreste – jetzt namentlich die Skulpturen – einer entschwundenen Zeit, die er in verführerischer Idealisierung malte – alles im Leben des älteren Winckelmann war das denkbar deutlichste «Nein» zum Land seiner Jugend und den Umständen seiner Erziehung, zu den erstickenden Kompromissen eines Felsenburg-Deutschlands. Einem aber hielt er bis fast zuletzt die Treue: der deutschen Sprache. Mit der Prosadichtung seiner «Ekphrasen», in denen er den Geist einzelner Werke der antiken Kunst beschwor, leistete er den paradoxesten, und vielleicht den einflußreichsten Beitrag zur neuen ästhetischen Theorie: Die Sprache der pietistischen Selbsterforschung und der religiösen Entrückung, in der er aufgewachsen war, stellte er in den Dienst eines sensualistischen Heidentums, der Anbetung einer heidnischen Kultur, von der ihn nicht der metaphysische Abgrund trennte wie den Pietisten von seiner Gottheit, sondern die Mißgunst des Geschicks. So viel konnte das offizielle Deutschland von Winckelmann vertragen, als die Säkularisierung begann, und es war das, was von ihm am wichtigsten war.

So steht Winckelmann in einem eigentümlich ambivalenten Verhältnis zu den beiden deutschen Traditionen, als deren Begründer er gelten kann – des künstlerischen Heidentums und der Altertumswissenschaft, zumal der archäologischen –, einer Ambivalenz, die in der Rätselhaftigkeit seines Endes noch einmal zusammengefaßt wird: Einen geplanten Triumphzug durch Österreich und Deutschland brach Winckelmann ab, als ihn panischer Abscheu vor der nördlichen Landschaft erfaßte, durch die er noch einmal reiste; und als er in Triest auf ein Schiff wartete, das ihn zurück nach Italien bringen sollte, wurde er von einem homosexuellen Zufallsbekannten ermordet, dem es seine goldenen Medaillen angetan hatten. Winckelmanns Leben, Werk und Ende scheinen wie geschaffen als Symbol der modernen deutschen Sinnesart, und als solche entgingen sie nicht der Aufmerksamkeit Thomas Manns, der hier eine der Quellen zum *Tod in Venedig* fand. Von Winckelmann, der unter den in seiner Jugend berühmten Ästhetikern allein stand, von diesem Mann, der «Nein» sagte, war Goethe mehr als ein halbes Jahrhundert lang fasziniert. Die Theorien Lessings hat Goethe aktiv bekämpft.

Der zweite große Strang der deutschen Literatur zwischen 1740 und 1770 entspringt noch unmittelbarer als der erste einem Gefühl der sozialen Einschränkung und führt das Thema der *Insel Felsenburg* fort, das Thema der Isolation. Zwar gilt diese Zeit für gewöhnlich als die Periode der Aufklärung par excellence, des Vertrauens in das Vermögen der Vernunft, sowohl die Wahrheit zu erreichen als auch die Wahrheit bei den Vielen zu verbreiten; und in der französischsprachigen Berliner Akademie Friedrichs II., in dem Kreis um den jungen Lessing, Moses Mendelssohn und den Buchhändler und Schriftsteller Friedrich Nicolai (1733–1811), in Professoren wie Christian Garve (1742–1798), dem jungen Immanuel Kant (1724–1804) oder dem liberalen Göttinger Historiker Ludwig August Schlözer (1735–1809) sowie in den populäreren moralistischen Schriftstellern wie Gellert oder dem harmlosen «Satiriker» Gottlieb Wilhelm Rabener (1714–1771), ganz zu schweigen von einer schier unübersehbaren Fülle von Zeitschriften politischer, praktischer oder unterhaltender Art, schien Deutschland eine Bewegung zu haben, die nach Größe und Zielsetzung mit der der französischen Enzyklopädisten vergleichbar, wenngleich minder polemisch in ihrem Stil war. Aber in der unmittelbar vorrevolutionären Periode verlor sich der Geist dieser Bewegung; die Hoffnung auf eine allgemeine Aufklärung durch die Druckerpresse wurde verdrängt durch ein eher verzweifeltes Vertrauen auf die gärende Wirkung von Geheimgesellschaften, namentlich die um 1740 in Deutschland eingeführten Freimaurer, denen nach 1770 praktisch die gesamte deutsche Intelligenz angehörte. Dieses Abflauen der öffentlichen Stimmung war auch nicht nur eine Folge der zunehmenden Rigidität der absolutistischen Verfassung, die um 1780 eine gesamteuropäische Erscheinung war. Betrachtet man die im engeren Sinne literarischen Produkte der Aufklärungszeit, so stellt man fest, daß sie von Anfang an vom Leibnizschen, das heißt vom Wolffisch-pietistischen, Kompromiß geprägt sind – indem sie die Bedeutung des Gefühls, der «Empfindung», in den Mittelpunkt rücken, setzen auch sie ihre Protagonisten auf der Insel Felsenburg aus. Die Dichter, eher Seismographen denn Gesetzgeber der Nation, wissen, daß jene Öffentlichkeit, welche die Aufklärer durch den Buchmarkt ansprechen, in Deutschland weder eine institutionelle noch eine ökonomische Basis hat – sie ist keine Versammlung freier Menschen. Die Menschen – Männer wie Frauen –, die diese Dichter uns zeigen, sind nicht Bewohner jener gemeinsamen Welt, die man «die Sphäre des Umgangs» genannt hat: eher entsprechen sie dem Leibnizschen Bild von der in sich geschlossenen, autonomen Seele. Um die Mitte des 18. Jahrhunderts wurde die europäische Literatur beherrscht von einem Gefühlskult, der sowohl Reaktion auf eine materialistische und mechanistische Tendenz in der Philosophie wie mitunter deren versteckte Fortsetzung war («fühlen» ist schließlich ein Vermögen des Körpers, nicht der Seele). Wird aber ein Verhältnis, wie etwa die Liebe, schlicht auf eine Sache des Fühlens reduziert, besteht die Gefahr, daß es aufhört, Verhältnis zu sein. Durch ihre sozialen Umstände wie durch ihr philosophisches Erbe waren deutsche Schriftsteller dazu prädestiniert, diese dem fühlenden Ich angeborene, «sentimentale» Tendenz zur Isolation ins Extreme zu treiben.

Der deutsche Name für den Kult der Empfindung oder Sinnlichkeit – «Empfindsamkeit» – ist, anders als der wenig einnehmende englische Begriff «sentimentality», spezifischer und ganz und gar literarischer Herkunft. Er ist von dem Adjektiv «empfindsam» abgeleitet, das Johann Joachim Christoph Bode (1730–1793) nach einer Anregung Lessings für die Übersetzung des Titels von Laurence Sternes *Sentimental Journey . . .* (1768) erfand oder wieder zum Leben erweckte. Bodes Version des Buches (1768/69) hatte in Deutschland einen womöglich noch größeren Erfolg als das Original in England, und sie reizte zu vielen Imitationen, wenngleich sie, wie es in der Kulturgeschichte oft geschieht, chronologisch gesprochen eher am Ende jener Entwicklung stand, der sie den Namen gab. Sternes Geschichte, die Miss Lydia Languish sich zusammen mit Mackenzies *Man of Feeling* und Baculard D'Arnauds *Tears of Sensibility* aus einer Wanderbücherei in Bath entlieh (sie mußte die Bücher schnell verstecken, als plötzlich Mrs Malaprop hereinkam), zeigt Empfindsamkeit in höchster Verdichtung und Stilisierung. Eine Reihe von locker miteinander verbundenen und ergebnislosen Abenteuern des Herzens («Es hat stets . . . eine von den eigentümlichen Glückseligkeiten meines Lebens ausgemacht, daß ich fast jede Stunde in irgendeine Frau bis über die Ohren verliebt war») wird von «Yorick» in einer sprunghaften Sprache erzählt, die zwischen Schrulligkeit und Suggestion oszilliert. Die Gefühle und Motive, die das unbedeutendste Vorkommnis begleiten – das Mieten einer Kutsche, den Kauf eines Paars Handschuhe, das Spenden eines Almosens an einen Bettler –, werden zum Gegenstand einer humorvollen Mikroskopie, die dem Leser des *Tristram Shandy* vertraut ist. In ernsthaften eloquenten Momenten (und etwas anderes als Momente gibt es in diesem Buch kaum) wird deutlicher, warum das moderne Wort «sentimental» die ihm eigenen Konnotationen hat:

> Ich setzte mich dicht neben sie, und Maria ließ mich die niederfallenden Tränen mit meinem Taschentuch wegwischen. Dann tauchte ich es in meine eigenen, und dann in ihre, und dann in meine, und dann wischte ich wieder die ihrigen ab, und während ich das tat, fühlte ich so unbeschreibliche Empfindungen in mir, die man ganz gewiß nicht aus irgendeiner Verbindung von Materie und Bewegung erklären kann.
>
> Ich weiß ganz sicher, daß ich eine Seele habe; und alle Bücher, mit denen die Materialisten die Welt heimgesucht haben, können mich nicht vom Gegenteil überzeugen. . . .
>
> Teure Empfindsamkeit! Unerschöpfliche Quelle alles dessen, was köstlich in unseren Freuden und kostbar in unserer Traurigkeit ist! . . . Ewiger Brunnen unserer Gefühle . . . dies ist deine Göttlichkeit, die sich in mir regt . . . daß ich noch uneigennützige Freuden und uneigennützige Sorgen, die nicht mir selbst gelten, empfinden kann. Alles kommt von dir, großes, großes Sensorium der Welt . . .

Gott, Seele und Unsterblichkeit: trotz materialistischer Philosophie und Wissenschaft wird ihre Existenz in jener des Gefühls gefunden oder aus ihr abgeleitet – der Fähigkeit zu jenen unbeschreiblichen Emotionen, welche Tränen begleiten – oder ein Erröten, oder eine Berührung, oder einen Blick –, vor allem aber Tränen.

Wenn Sterne die Fähigkeit zum Fühlen als das echt göttliche Element im Menschen preist, bestimmt er sie als die Fähigkeit, Freuden und Sorgen «über mich selbst hinaus» zu empfinden. Nichtsdestoweniger gibt es in seinem Kult der Empfindsamkeit – wie in jedem Kult – eine starke Neigung zur Egozentrik. Die Gefühle mögen Gefühle der Sympathie, der Mitmenschlichkeit und Liebe sein: die fühlende Mitte, aus der sie hervorgehen, ist eine, unteilbare, einzige. Yorick und Maria mögen ihre Tränen mischen: die unbeschreiblichen Gefühle sitzen in Yorick, während Maria keine Gefühle zugetraut werden, weder beschreibliche noch andere. Es trifft zwar zu, daß in der englischen Literatur der Empfindsamkeit zum Beispiel die Geschichte des Pfarrers von Wakefield (Goldsmith, 1766) oder von Harley, dem «man of feeling» (Henry Mackenzie, 1771), ebensosehr Geschichten über die Welt sind, an der eine außergewöhnliche Empfindsamkeit sich reibt, wie Geschichten über diese Empfindsamkeit selbst. Dennoch ist auch bei diesen Autoren die Versuchung einer exzessiven Subjektivität unverkennbar. Goldsmith beklagt in der Elegie *The Deserted Village* (1770) die Auswirkungen der neuen Agrarpolitik auf das ländliche Leben, aber nur mit Mühe konzentriert er seine Aufmerksamkeit auf die sichtbare Verwüstung des Dorfes. Das ganze Ausmaß des Geschehenen wird großenteils an dem Preis gemessen, den es Goldsmiths eigene Empfindsamkeit gekostet hat, ganz so, wie es von dem Dorfprediger heißt:

He watch'd and wept, he pray'd and felt, for all;

so als sei das persönliche Fühlen die höchste, die kulminierende Form des Engagements. Trotzdem betont der Kult der sympathetischen Gefühle paradoxerweise die Verschiedenheit dessen, der fühlt, vom Gegenstand seiner Sympathie.

Da wir keine unmittelbare Erfahrung von dem haben, was andere Menschen fühlen, können wir davon, wie sie affiziert werden, keine andere Vorstellung bilden als dadurch, daß wir uns überlegen, was wir selber in der gleichen Situation fühlen würden,

schreibt Adam Smith in der *Theory of Moral Sentiments* (1759). Goldsmith ist nicht der leidende Einwohner Auburns, er ist der heimkehrende Besucher. Er schreibt mit Leidenschaft über das Elend der Dorfbewohner – nicht, weil er ihr Schicksal teilen würde, sondern weil er eine lebhafte Fähigkeit zum Mitgefühl hat.

Auch Thomas Gray beweist in einem der bekanntesten empfindsamen Gedichte, der *Elegy Written in a Country Churchyard* (1751), diese Tendenz, dem fühlenden Herzen, nicht dessen Gegenstand, den Vorzug, ja den Vorrang einzuräumen. Klimax des Gedichtes ist der Übergang vom Schicksal der «unhonour'd dead», mit denen der Dichter sympathisiert hat, zum Schicksal des Dichters selbst. Vorgeblich geht hier das Los des Dichters in dem der einfachen Dorfbewohner auf: wie ihr Leben, so wird auch sein vergängliches Leben, «to fortune and to fame unknown», vergessen werden. Tatsächlich aber endet das Gedicht mit der Darstellung des Dichters als eines Menschen, der, recht genau sogar, *erinnert* wird; sein Gedächtnis lebt in einer Grabschrift fort, die weit entfernt ist von den «uncouth rhymes», die alles sind, was von den Dorfbewohnern bleibt. Mit anderen Worten: der Dichter ist nicht Gleicher unter Gleichen, er ist etwas Besonderes.

Mitte des 18. Jahrhunderts entsteht nicht nur ein Gefühlskult, sondern eine Gefühlsproblematik. Ist das Gefühl ein Medium, das mich mit Dingen und Menschen «über mich selbst hinaus» verbindet? Oder ist die Fähigkeit, zu fühlen, einfach ein Bestandteil meiner Persönlichkeit – sondert mein Herz Gefühle ab wie meine Tränendrüsen Tränen? Wenn dem so wäre, böte das Fühlen nicht die Möglichkeit, meiner eigenen Identität durch die Kommunikation mit anderen Identitäten zu entrinnen, sondern wäre einfach die freundlich bemalte Innenseite meines Gefängnisses. Diese Fragen sind in der deutschen empfindsamen Literatur klarer erkennbar als in der englischen, auch wenn sie natürlich der Grund für die Ambiguität des Tons sind, die uns bei Gray, Sterne oder Mackenzie begegnet. In Britannien (denn «England» wäre im Zeitalter der Schottischen Aufklärung ein zu enger Begriff) und in Deutschland entspringen die Wurzeln der Empfindsamkeit einem Nährboden aufkeimender Vorstellungen und Meinungen, die ebensosehr philosophischer wie literarischer Natur sind. Aber in Britannien wird die philosophische Tradition, der beispielsweise Adam Smith angehört, von Locke beherrscht, während die entsprechende deutsche Tradition von Leibniz beherrscht wird. Englische Empfindsamkeiten entwickelten sich vor dem

Hintergrund der philosophischen Frage nach der Kenntnis, die unsere Sinnlichkeit von Dingen und Gedanken außerhalb unserer selbst haben kann –
die deutsche Empfindsamkeit vor dem Hintergrund der philosophischen
Frage nach der Einheit der Seele. Beiden Spielarten der Empfindsamkeit gemeinsam sind die Betonung der Fähigkeit des einzelnen zu (tränenreichem)
Mitgefühl und die daraus erwachsende Tendenz zur Egozentrik. Doch konzentriert die deutsche empfindsame Literatur sich weniger auf die offenen
Manifestationen der Sensibilität, auf ihre Folgen und ihre Nachteile in der
Gesellschaft, sondern mehr auf ihre inneren Prozesse und – letztlich – ihre
Selbstzerstörung. Die Voraussetzung der Leibnizschen Psychologie erklärt –
wenigstens teilweise – den engeren, und übersichtlicheren, Horizont der
deutschen Empfindsamkeit und ihre stärkere Verbundenheit mit dem Thema
der Isolation in der Literatur und, wie wir sehen werden, mit dem Kult des
heroischen Genies in der Ästhetik.

Ein gutes Beispiel für die Leibnizsche Tendenz in der deutschen Empfindsamkeit bietet die Heldin (und Ich-Erzählerin) in Gellerts Roman *Das Leben
der schwedischen Gräfin von G. . .* (1747/48), der nach dem Willen seines
Autors denselben Reiz wie ein Roman Richardsons, aber eine erbaulichere
Wirkung haben sollte. Die Gräfin lebt ein Leben, dessen stille Mitte unberührt bleibt nicht nur von den Schicksalsschlägen, die das Fatum zu ihrer
Prüfung sendet, sondern auch von dem Sturm der Gefühle, den diese Schick-
salsschläge in ihr auslösen, und sogar von ihren eigenen sittlichen Unvoll-
kommenheiten. Aus der ein wenig trockenen Distanz, mit der sie ihr Leben
erzählt, nehmen alle Dinge, sogar ihre eigenen Gefühle und Handlungen, sich
einfach wie Gedanken aus, die ihr kommen. «Es kann uns nichts geschehen
als Gedanken», sagt Leibniz, wir sind «vor allem Äußeren absolut geschützt»: die Lebensgeschichte der Gräfin ist die einer fensterlosen Monade.
Aber Gellert war nicht der einzige Bewunderer Richardsons in Deutschland.
Die geistige Komplexität Lessings, der als junger Mann vor der Theologie
floh, um sein Glück auf der Bühne zu versuchen, und dann der erste und
größte deutsche Publizist wurde, geht aus der Tatsache hervor, daß Isolation
dennoch das Los aller Hauptfiguren in seiner ersten großen Tragödie, *Miss
Sara Sampson* (1755), ist. Als der Versuch – so seltsam es klingen mag –, im
Rahmen eines fünfaktigen Dramas und mehr oder weniger unter Wahrung
der drei Einheiten die Themen, Charaktere und Schauplätze abzuhandeln,
für welche Richardson vielbändige Romane brauchte, ist dieses Stück die logische Fortsetzung von Gottscheds Projekt eines Kompromisses mit der höfischen Form des Theaters. Lessing versucht, in diese Form den modernsten
Selbstausdruck eines Mittelstandes zu gießen, dessen wirtschaftliche und politische Umstände immer mehr entfernt sind von denen seines deutschen Pendants, und so ist es kein Wunder, daß das Ergebnis von Unwahrscheinlich-
keiten strotzt. Das Stück demonstriert auch die Schwierigkeiten der Leibnizschen Aufklärung, die Existenz des Bösen und des Irrtums in einer Welt zu
erklären, die zumindest von einem Blickwinkel aus vollkommen geordnet ist.

Die Isolation der Charaktere ist die natürliche, wenn auch paradoxe Folge des Umstands, daß sie alle mit einem schier grenzenlos aufnahmefähigen Herzen begabt sind. Für jeden von ihnen verlagern sich daher alle seine Beziehungen zu den anderen Charakteren hinter die Gefängnismauern des eigenen Ichs. Sie alle sind in so hohem Maße außerstande, einander mißzuverstehen, einander nicht ohne Zögern zu vergeben oder einander wehtun zu wollen, daß sie im Endeffekt unfähig sind zu irgendeiner dramatischen Interaktion miteinander. Alles, was sie können, ist leiden, das heißt, «Gedanken» haben. Soweit das Stück einen Plot enthält, muß er durch eine böse Frau eingeführt werden, deren physische und metaphysische Beschaffenheit sie so absolut von den übrigen Hauptfiguren unterscheidet, daß sie nichts Menschliches mehr hat. Das heißt: Lessing kann eine nicht wiedergutzumachende Katastrophe, einen Gegenstand der Trauer und Reue, nur um den Preis eines Bruchs der dramatischen und der Weltordnung motivieren. So genau stimmen die übrigen Charaktere Lessings, ungeachtet ihrer unterschiedlichen Blickwinkel, in ihrer Auffassung von dem, was ist und was lohnt, überein, und so schwierig ist es für ein Drama, im Gegensatz zu einem realistischen Roman, die materiellen Hindernisse zu schildern, die ihrer glücklichen Eintracht entgegenstehen, daß ein zeitweiliges Mißverständnis den einzigen Konflikt bildet, der zwischen ihnen möglich ist.

Nicht anders liegen die Dinge in Lessings letztem, feinem Stück, der Blankverskomödie oder, wie er es nannte, dem «dramatischen Gedicht» *Nathan der Weise* (1779), das die letzte Phase in Gottscheds historischem Kompromiß einleitet: Die deutsche Literatur spezialisiert sich schließlich auf die philosophisch nachdenkliche Verstragödie, die zwar auf der Bühne spielbar ist, ihre größte Wirkung aber als Buch entfaltet. *Nathan der Weise*, das erste klassische Drama Deutschlands, das diesen Namen verdient, wird oft als Plädoyer für religiöse Toleranz verstanden, das heißt, mit katastrophalen Folgen mißverstanden. Die Vertreter der drei großen Religionen – Judentum, Christentum und Islam – werden hier nicht in der gegenseitigen Toleranz ihrer Unterschiede gezeigt; denn nur ein zeitweiliges Mißverständnis hindert sie an der Erkenntnis, daß sie alle gleich sind: Vielmehr werden sie alle als Bekenner einer vierten, geheimen, Religion des agnostischen Humanismus vorgeführt, zu dessen Propagierung Lessing das Stück schrieb, nachdem ihm sein Arbeitgeber und Landesherr, der Herzog von Braunschweig, verboten hatte, sich weiter jenen theologischen Streitschriften zu widmen, in denen letzten Endes sein wahres, ungemein fintenreiches Genie lag. Zwischen den beiden Landmarken, die Anfang und Ende seines Weges als großer Dramatiker bezeichnen, schrieb Lessing zwei Stücke, die das Thema der Isolation fortführen und und zugleich auf deren soziale und politische Wurzeln verweisen. *Minna von Barnhelm*, während der chaotischen Zustände am Ende des Siebenjährigen Krieges spielend, ist eine realistischere Komödie als *Nathan der Weise*, allerdings auch steifer, und in ihr herrscht eher Unversöhnlichkeit der Standpunkte als Identität, was uns aber natürlich einer Interaktion nicht näherbringt. Die Quelle der Unversöhnlichkeit liegt jedoch nicht in der Psychologie der Charaktere, sondern in der absoluten Unvereinbarkeit der brutalen Militär- und Finanzpolitik Friedrichs II. (der höchst verstohlen als komischer Franzose karikiert wird) mit Anstand und Moral. In Lessings Mustertragödie *Emilia Galotti* (1772) könnte die Konfliktvermeidung bei der Auflösung kaum deutlicher sein: Mit einem absoluten Fürsten konfrontiert, der es darauf abgesehen hat, eine junge Frau zu entehren, ermordet der Held, ein Mann des Mittelstands, auf dessen Geisteshaltung und Entscheidung unsere ganze Aufmerksamkeit konzentriert wird, nicht den Tyrannen, sondern seine eigene Tochter. Lessing, listig wie immer, tut bewußt, was seine Nachfolger für ein zwingendes Erfordernis der Kunst selbst hielten: Er läßt den Schluß seines Stückes als tragisch erscheinen, oder als das, was seine Zeit unter tragisch verstand, um zu verbergen, daß es revolutionär war. Das «bürgerliche Trauerspiel», das zu einer der charakteristischen Gattungen der neuen deutschen Literatur zu machen Lessing so bemüht war, konzentriert sich auf den inneren Konflikt im Mittelstand, oder in dessen einzelnen Vertretern, nicht auf die Klassenkonfrontation und deren Mechanismen. *Emilia Galotti* wirft diese Fragen unübertrefflich auf, fegt sie aber klüglich vom Tisch durch einen Schluß, der, mit einer steinernen Ironie, die subtiler ist als die Brechtsche, den Skandal einer politischen Verfassung als Tragödie einer individuellen Entscheidung präsentiert und Mord als raffinierte Form des Selbstmords.

Lessing begriff zuletzt die eisernen Notwendigkeiten, die die Verhältnisse deutscher Intellektueller diktierten, und rettete in dem unausweichlichen Kompromiß seine Selbstachtung durch bittere, durchtriebene Ironie. Klopstock kann als Beispiel des neuen «offiziellen» Literaten des kaiserlichen Deutschlands gelten, dem dieses Maß an Realismus und Selbsterkenntnis fehlte und in dessen Werk die Tendenz, Beziehungen auf innere Modifikationen des Ichs zu reduzieren, bis zur Selbstdestruktion des Inhalts getrieben wird. Als Sohn eines Hofbeamten geboren, war Klopstock, streng in der klassischen Bildung erzogen, seit dem 26. Lebensjahr Nutznießer diverser fürstlicher Stipendien, verweigerte aber in seiner Dichtung «höfisches Lob . . ./ Halbmenschen, die sich in vollem dummen Ernst für höhere / Wesen halten als uns». Den Widerspruch löste er dadurch, daß er für den Dichter, den «Barden», eine privilegierte Stellung beanspruchte und sich statt dessen dem Lobe Gottes widmete. «Die Würde des Gegenstands erhöhte dem Dichter das Gefühl eigner Persönlichkeit», war der trockene Kommentar des älteren Goethe, und in der Tat war Klopstock nicht erhaben über einen gewissen Kult um seine Person: Er scharte Cliquen von Freunden um sich, die gemeinsam zum Schwimmen oder Schlittschuhlaufen gingen, einander in Gedichten besangen (die sie auch veröffentlichten) und sich bewußt altdeutsche Pseudonyme zulegten. Doch obwohl er schließlich als erster und repräsentativster Vertreter einer neuen Spezies, des unabhängigen Literaten, galt, und sich selber so verstand, machten, wie man errechnet hat, Klopstocks Einkünfte aus

seinen literarischen Arbeiten in seinem Leben nur 17 Prozent seiner Gesamtverdienstes aus. Er verkörperte in seiner Person jene Illusion, die grundlegend war für die «offizielle» Literatur: daß sie, wiewohl vom Staat bezahlt,
die Stimme freier Menschen sei. Sein Hexameter-Epos in zwanzig Gesängen,
Der Messias, war dennoch – und vielleicht eben darum – das wichtigste, gewiß aber war es das umstrittenste Werk der deutschen Literatur des 18. Jahrhunderts. Die Wahl der Gattung, der Form und des Themas war bezeichnend; sie war geprägt von einer gewissen Realitätsvermeidung. Wer es unternahm, ein Miltonsches Epos zu schreiben, folgte wohl der Analyse Bodmers
und Breitingers über das, was im Schweizer Kontext angemessen war – in
Deutschland hieß es, der Herausforderung der Verhältnisse: der Entscheidung, oder Vermittlung, zwischen dem Roman oder dem Drama, aus dem
Wege zu gehen. Der Entschluß, dieses Epos in deutschen Hexametern zu
schreiben, einem Medium, das kaum erprobt und in der Tat großenteils Klopstocks Erfindung war, bewies zwar große Kühnheit und beachtliche Originalität; doch als Versuch einer Schöpfung *ex nihilo* bedeutete er wiederum
einfach ein Vorbeisehen an den Probleme der deutschen Literaturtradition,
die zwar defekt und sporadisch, gewiß aber nicht inexistent war. Der Entschluß, ein geistliches Thema zu behandeln, war die schwerstwiegende Entscheidung, und Klopstock dachte gründlich und öffentlich über sie nach. Die
Frage, worüber man schreiben solle, wurde im 18. Jahrhundert infolge eines
neuen historischen Bewußtseins für Autoren in ganz Europa äußerst dring-
lich. Die Staatsmänner und Helden, ja sogar die Dichter und Philosophen
der klassischen Antike, die seit der Frührenaissance die zeitlosen Muster einer säkularen menschlichen Psychologie und Moral abgegeben hatten, schienen jetzt der modernen Zeit ebenso weit entrückt, wie es in der geistlichen
Geschichte, durch den Einschnitt der Erlösungstat Christi, die hebräischen
Patriarchen und Propheten des Alten Bundes schon immer gewesen waren.
«Was geht mich, so interessant sie auch ist, . . . die Geschichte der Griechen
und Römer an?» fragte Klopstock in seiner Besprechung von Winckelmanns
Gedanken über die Nachahmung der antiken Kunst. Das Reservoir an über-
kommenen Themen und Gestalten, an das Gottsched noch zuversichtlich
glaubte, war, für den Denker, um die Jahrhundertmitte erschöpft. In einem
bemerkenswerten schöpferischen Akt fand der europäische Geist jener Zeit,
seiner säkularen Vergangenheit beraubt, ein neues säkulares Material für seine
Literatur in der Gegenwart, in sich selbst, und er erfand für die Befassung
mit diesem Material zwei neue Formen, die zwei Jahrhunderte lang die Literatur beherrschen sollten: den Roman, der sich mit dem zeitgenössischen
sozialen Leben befaßt, und das subjektive lyrische Gedicht, das sich mit dem
Ich befaßt. Legten England und Frankreich die Grundlage für die erstge-
nannte dieser Formen, so kann Deutschland in Goethe vielleicht den frühesten und jedenfalls zu seiner Zeit den führenden Exponenten der anderen
Form für sich reklamieren. Klopstock indessen, und andere Visionäre, die in
gewissem Umfang von ihm lernten, wie Hölderlin und Blake, sahen das ge-

genwärtige Zeitalter als ein wesentlich christliches und die Aufgabe der Literatur daher darin, eine neue geistliche Dichtung zu schaffen, die der neuen
historischen Vision angemessen war: «Die heilige Geschichte ... und die Geschichte *meines* Vaterlandes», sagt er, als Antwort auf Winckelmann, sollten
sein Thema sein. Die Geschichte seines Vaterlandes indessen blieb in Klopstocks Behandlung stets die schattenhafte, halb mythische Angelegenheit von
Tacitus und Arminius, von tugendhaften Germanenstämmen – die sich kaum
von Skandinaviern und Kelten unterschieden – im Ringen mit der korrupten
Macht Roms, und alles mit Bedacht weit entfernt von der politischen Realität,
in der der Dichter lebte. Ein ähnliches Widerstreben gegen das Erfassen des
Wirklichen kennzeichnet sein Erfassen der geistlichen Geschichte im *Messias*:
Die Hauptakteure sind jedenfalls Engel, die viel Zeit in der Sonne oder anderen Gegenden des Himmels verbringen, Menschen werden, wenn nötig,
durch ihren Schutzengel oder einfach als «Seelen» dargestellt, Ereignisse auf
Erden nehmen wenig Raum ein, verglichen mit den Gefühlen, die sie im
Dichter oder den engelhaften Beobachtern auslösen sollen, selbst Gott-Vater
ist damit befaßt, uns von der Heftigkeit seiner Gefühle zu erzählen, und insoweit die Ereignisse um das Leiden und die Auferstehung Christi berichtet
und nicht besungen werden, geschieht es um ihrer Wirkung auf den meditie-
renden Abbadona willen, einen gefallenen Engel, der zuletzt erlöst wird. Der
hartnäckige Dualismus dieses Versgedichts, das der physischen und geschichtlichen Welt weit weniger Beachtung schenkt als der angeblich unsichtbaren und übernatürlichen Welt, in deren Schatten jene steht, wird am greif-
barsten und fragwürdigsten bei der Behandlung Christi, dessen irdische Existenz einfach eine Maske ist, die vor Menschen und Dämonen sein
transzendentes, allmächtiges und allwissendes göttliches Ich verbirgt, das aus
dem am Kreuze hängenden Leib davonschwebt und im Augenblick seines
Todes Zwiesprache mit Gott hält. Welche eigentlichen – wahren – Verdienste
oder Schwächen eine solche Theologie nun haben mochte, in einer entscheidenden poetischen Hinsicht war sie weit entfernt von der Realität: Sie enthielt
nicht die Spur einer Auseinandersetzung mit jenen Vorgängen im zeitgenössischen Geistesleben, die jede Behauptung der Göttlichkeit Christi zunehmend erschwerten. 1773, als gerade die letzten Gesänge des *Messias* erschienen, erklärte Theophilus Lindsey seine Konversion zum Unitarismus und
wurde im folgenden Jahr an die erste offizielle unitarische Kirche Londons
berufen. Die bleibende Bedeutung des *Messias* sowie der Klopstockschen
Oden in klassischen Versmaßen lag nicht in ihrem Beitrag zu einer neuen
geistlichen Dichtung, sondern in ihrem Gefühlskult und ihren stilistischen
Neuerungen, namentlich in der von ihnen ausgehenden Ermutigung zum ungereimten freien Vers. Doch obgleich Klopstocks Schriften reich bewegt sind
– in seinen Neologismen, angehäuften Verben der Bewegung, Interjektionen
und Adverbien der Richtung –, zeigen sie doch ein weithin freischwebendes
Verfahren; eher Reflex als Unmittelbarkeit, metaphorisch eher als deskriptiv,
hektisch eher als kraftvoll.

Das extreme Beispiel – Goethe selbst nannte es «bizarr» – eines von jeder Beziehung isolierten Gefühls ist ein Theaterstück, in dem die Einsamkeit zur Obsession wird, so daß es sich wie eine Vorwegnahme der Nicht-Dramen Samuel Becketts liest. *Ugolino* (1768) von Klopstocks Schüler Heinrich Wilhelm von Gerstenberg (1737–1823) wird von Literarhistorikern oft zu den ersten Dramen des Sturm und Drang gerechnet. Doch enthält es, außer seiner verzweifelten Schrillheit, nichts, was nicht bereits in der Literatur der vorangegangenen zwanzig Jahre implizit, oder sogar explizit, vorhanden gewesen wäre. Die fünf Prosaakte, welche die Einheit der Zeit, des Ortes und der Handlung gewissenhafter wahren als viele klassische Tragödien, zeigen uns einen Vater und seine fünf Söhne, die in einem Verlies verhungern (die Begebenheit stammt aus dem XXXIII. Gesang von Dantes *Inferno*). Andere Figuren gibt es nicht, und es geschieht fast nichts. Es gibt einen erfolglosen Ausbruchversuch, und Ugolinos Schergen bringen den Leichnam seiner Frau in den Kerker. Im übrigen gibt es nur Rede: Rede, um Zuneigung, Verzweiflung, Furcht, Wut und Schmerz auszurücken – und dann einfach nur Rede, und manchmal Schweigen. Die physische und mentale Einengung ist unerbittlich und ausweglos: Die fast völlige Unmöglichkeit irgendeiner Handlung verwehrt es den Charakteren, sich anders als in der Wahnwelt eines zunehmend hysterischen Gefühls auszudrücken. Das Haus der fensterlosen, aber empfindenden Monade wird hier in krassester Wörtlichkeit als Gefängnis vorgeführt. Und in dieser Wörtlichkeit gewinnt *Ugolino* zuletzt doch die Konturen eines Protestes. Seine Neurasthenie ist der Panik eng verwandt, welche, im Jahr seines Erscheinens, Winckelmann von deutschem Boden fort- und in den blutrünstigen Tod trieb.

Die Frage drängt sich auf: Gab es also keine fundamentale Opposition gegen die offizielle Literatur einer säkularisierten Religiosität und kompromittierten Isolation? Das despotische System war zwar mächtig, aber total war es nicht, und konnte es im fragmentierten Deutschland nicht sein. Gewiß lassen sich Zellen des Widerstands finden? Sie lassen sich finden, aber sie sind nicht zahlreich, und sie sind – das ist das Grausamste am «offiziellen» System – per definitionem exzentrisch.

Vieles hing vom Wohnort ab. Georg Christoph Lichtenberg (1742–1799), geschützt vielleicht durch seinen Beruf als Naturwissenschaftler und durch Hannovers und seine eigenen Verbindungen nach England, erwies sich in seinen posthum veröffentlichten «Sudelbüchern» als lebenslanger bissiger Beobachter, der die Torheiten der deutschen Öffentlichkeit von seinem Standort in Göttingen aus verfolgte, und als Deutschlands größter Aphoristiker. Die «anakreontische» Dichtung des Hamburger Geschäftsmanns Friedrich von Hagedorn (1708–1754) und die ironische, psychologische und erotische Prosa und Lyrik des ruhelosen jungen Christoph Martin Wieland (1733–1813), den Lichtenberg sehr bewunderte, zeigen Geister, die nicht gewillt waren, das materielle Hier und Jetzt einer metaphysischen Unversehrbarkeit zu opfern. In Wielands einflußreichstem Roman, der *Geschichte des Agathon* (1767), hat man später den ersten Bildungsroman erblickt, eine typisch deutsche Spezies, die das Thema Isolation noch in dieser gesellschaftsbezogensten aller Gattungen festhält; doch hat *Agathon* nicht wenig mit *Candide* gemein. Die Geschichte der Abwendung des jungen Helden von seinen anfänglichen idealistischen Höhenflügen, die Parallelen zu Wielands eigener Abwendung vom Pietismus aufweist, wird auf eine Weise erzählt, die beträchtliche Sympathie mit der subversiven Lehre des Materialismus erkennen läßt, der nach außen hin als eine der Versuchungen dargestellt wird, denen Agathon zu widerstehen hat. Gab es irgendwo in der deutschen Welt einen Ort, dem diese Einstellung liberaler Ironie kongenial sein mochte? Wieland schrieb, während der kurzen Zeit seiner Philosophieprofessur in Erfurt, den politischen Roman *Der goldene Spiegel* (1772) in der Hoffnung, von dem aufgeklärten Joseph II. einen Ruf nach Wien zu erhalten: Der einzige Erfolg war das Angebot einer Hauslehrerstelle am benachbarten, ziemlich verarmten Hof der Herzogin Anna Amalia, Regentin von Sachsen-Weimar; aber die Folgen dieser Einladung waren glücklicher für Weimar, für die deutsche Literatur und vielleicht auch für Wieland selbst, als es jeder Wechsel nach Wien hätte sein können, das in seiner Art genauso despotisch war wie Berlin.

Eine prinzipienfestere, bewußtere Opposition als die Lichtenbergsche, zwar ohne dauerhaften Einfluß auf die allgemeine Richtung des Denkens, aber doch von verändernder Wirkung auf die Haltung Johann Gottfried Herders (1744–1803), Goethes und Georg Wilhelm Friedrich Hegels (1770–1831), bildete der Kreis von Freunden und literarischen Bekannten der katholischen Fürstin Gallitzin (1748–1806) in Münster. Das einigende Kennzeichen des Kreises war seine, unterschiedlich begründete, Feindschaft gegen die herrschende aufgeklärte Philosophie der Religion. Der holländische *philosophe* Frans Hemsterhuis (1722–1790) und der Romancier und Philosoph Friedrich Heinrich Jacobi (1743–1819) hätten dem Kreis nicht als einzige sein Gewicht und Gepräge gegeben, aber mit Johann Georg Hamann (1730–1788) und Matthias Claudius (1740–1815) gehörten ihm literarische Persönlichkeiten von erheblicher Bedeutung an. Hamann, ein Zollbeamter aus Königsberg, der schon lange im Briefwechsel mit den übrigen Mitgliedern des Kreises stand (er starb während eines Besuches in Münster), wurde während einer Reise nach England 1757 zum biblischen Christentum bekehrt und verbrachte den Rest seiner Tage damit, polemische Feuerwerke gegen die geistigen Tendenzen seiner Zeit abzubrennen. Insonderheit erkannte er klar, was er in seinen Streitschriften unendlich dunkel formulierte: den Zusammenhang zwischen Bibelkritik, der Zunahme eines ästhetischen Heidentums, der Klopstockschen Bardolatrie und einer allgemeinen Entwurzelung der Gefühlskultur. Matthias Claudius, der Herausgeber der Zeitschrift *Der Wandsbecker Bote*, der mehr Poesie im Baden seiner Kinder fand als in Klopstocks Aufschwüngen ins Empyreum, behauptete vierzig Jahre lang seine unbestechliche geistige Unabhängigkeit und schrieb dabei einige der erlesensten und bekanntesten lyrischen Gedichte in deutscher Sprache.

Claudius erkannte als einer der ersten die Qualitäten der überzeugendsten Oppositionsbewegung, jener komplexen literarischen Erscheinung nach 1770, die als «Sturm und Drang» bekannt ist. Die Bewegung, ihrem ursprünglichen Antrieb nach als Versuch zu verstehen, eine nationale, politisch liberale und vor allem realistische Literatur nach englischem Vorbild zu schaffen, brach schnell zusammen – zum Teil, weil sie auf zu schmaler Basis stand, um der Macht des absolutistisch–bürokratischen Deutschlands etwas entgegenzusetzen, zum Teil, weil sie, vor allem durch den Begriff des künstlerischen «Genies», selber zu sehr den Traditionen der «offiziellen» Literatur verhaftet war. In Goethe aber, einem Mitbegründer des Sturm und Drang, auch wenn er nur halb zu der Bewegung gehörte, erwuchs ihr ein Vertreter, der in den fünfzig Jahren nach ihrem Zusammenbruch immer wieder auf ihr ursprüngliches und zentrales Ziel zurückkam: eine Nationalliteratur aus dem Geist der Opposition gegen die herrschenden Formen des nationalen Lebens und Denkens zu schaffen. Es ist nur natürlich, Goethe als prädestiniert für diese Aufgabe anzusehen, weil er in einer Stadt geboren wurde und aufwuchs, deren Interessen und Loyalitäten in vieler Hinsicht in Widerspruch zu denen der neuen Ordnung standen. Dennoch ist auch der Ehrgeiz des Sturm und Drang hervorzuheben, für die Nation, für alle Menschen deutscher Sprache zu wirken: Er brachte dadurch eine gewisse Sympathie für das Streben der aufgeklärten Autokratien nach Staatlichkeit auf, auch wenn er sich gegen deren despotische Strukturen, Methoden und Ideologien auflehnte. Der Sturm und Drang war nicht nur der Protest von kleinen Welten gegen ihre Vereinnahmung durch die großen. Goethes Herkunft aus Frankfurt machte aus ihm noch nicht einen konservativen Partikularisten wie Justus Möser (1720–1794), der in seiner Vaterstadt Osnabrück ein Muster der ursprünglichen und natürlichen Form menschlicher Vergesellschaftung erblickte, beherrscht von Präzedenz und Tradition, und der jene Ordnung des Reiches für zeitlos hielt, die in Wahrheit 1648 errichtet worden war und auch die Freiheiten und Pflichten seiner Heimatstadt bestimmte. Wer im 18. Jahrhundert ein Bürger Frankfurts war, mußte nicht einfach ein selbstzufriedener oder aggressiver Lokalpatriot sein; überdies war Goethes Verhältnis zu seiner Heimatstadt nicht so ungetrübt, wie man aus einigen seiner liebevolleren Bemerkungen über sie vermuten könnte. Gerade durch die Komplexität dieses Verhältnisses war Frankfurt die ideale Wiege für ein poetisches Talent, das in sympathetischer Opposition zum nationalen Bewußtsein gedeihen sollte, distanziert *und* abhängig von ihm zugleich. Goethes Werk verdankt seinen klassischen Status in Deutschland und den Anspruch, von der Welt beachtet zu werden, der Fusion *aller* emotionaler Möglichkeiten, die den Menschen deutscher Sprache zu seiner Zeit offenstanden: Es ist ein Mittelweg zwischen dem Offiziellen und dem Marginalen, zwischen Establishment und Opposition, zwischen Klopstock und Lichtenberg, Schiller und Claudius; seine Substanz und seine Verwurzelung zieht es aus der widerspenstigen Treue zu einer Welt, die älter, freier und fruchtbarer war als die der aufstrebenden bürokratischen

Despotien; seine Weite, seine Modernität und die bevorzugten Formen aber nimmt es von der offiziellen nationalen Literatur, die durch die neue Ordnung geschaffen wurde. Einen solchen Mittelweg zu finden – und dabei die ganze Spannung einer originären literarischen Produktion auszuhalten –, erforderte nicht nur Klugheit und eine immense innere Kraft, sondern auch ein angeborenes Gleichgewicht, ein intuitives glückliches Urteil, das seine erste Formung durch die Ambivalenzen des Lebens in Frankfurt erfuhr, an denen es sich auch zuerst erprobte.

Zweites Kapitel

Anfänge eines Dichters

Frankfurt und die Goethes

Als wohlhabende Freie Reichsstadt mit besonderer, in der Goldenen Bulle niedergelegter Beziehung zu den Institutionen des Kaisertums war Frankfurt im 18. Jahrhundert gleichzeitig Provinzstadt und Metropole, von radikal deutschem und zugleich von selbstbewußt internationalem Gepräge. Die Stadtmauern mit ihren Bastionen und 55 Wachtürmen mochten wohl den Blick auf die vier Kirchtürme verstellen und dem sich nähernden Besucher den Eindruck behäbiger bürgerlicher Durchschnittlichkeit vermitteln: Der gedrungene kleine Dom, in welchem die Kaiser gekrönt wurden, brachte aber den Reichsgedanken in seiner ganzen Abstraktheit besser zum Ausdruck als das Schaugepränge von Wien. Indessen waren die eigentlichen Symbole der Stadt die beiden großen Stadtkräne auf der Werft und die vierzehnbogige alte Brücke über den Main, die mehr war als nur eine Verbindung zum alten Vorort Sachsenhausen. In Frankfurt trafen sich nicht weniger als 26 große Landstraßen; die Stadt lag weit genug mainaufwärts, um dem Landreisenden den beschwerlichen Weg durch das gebirgige Rheinland zu ersparen, und doch noch in bequemer Nähe zum Rhein, der wichtigsten Wasserstraße Nordeuropas zu einer Zeit, als Flußreisen stromabwärts noch die schnellste Form des Transportes zu Lande darstellten. Vor allem aber verband Frankfurt die Straßen aus dem Osten, aus Franken, Thüringen, Sachsen und Schlesien, mit der großen Nord-Süd-Route, die von Italien über die Schweiz in die Niederlande, nach Amsterdam und bis zur Nordsee führte und unterwegs große westliche Nebenstraßen von Lyon und Paris und aus Lothringen aufnahm. So war um ein Gemeinwesen von Handwerkern, das sich nicht vom Kern so mancher anderen deutschen Stadt unterschied, eine Stadt der Kaufleute und der Bankiers gewachsen, aber auch der – nicht minder international gesinnten – Gastwirte, die gut ein Hundert zählten – bei einer Bevölkerung von 36.000 – und zum Teil sehr wohlhabend waren. Der Textilhandel, zumal mit englischen Woll- und Baumwollstoffen und mit französischer Seide (und das einschlägige Gewerbe der Schneider, von denen es zu Goethes Zeiten 200 gab), sowie der alte Gewürz-, Metall- und Weinhandel hatten den Grund zu so manchem Familienvermögen gelegt; später trat noch der Handel mit Farbstoffen, Kolonialimporten und Porzellan hinzu. Natürlich florierte das Bankwesen, und seit der Zeit des Dreißigjährigen Krieges, den die Stadt besser als die meisten anderen überstanden hatte, war Frankfurt nicht nur das große militärische Rekrutierungs- und Verproviantierungszentrum Deutschlands, sondern auch der Geldmarkt, auf dem die Könige ihre Kriege finanzierten.

Im 18. Jahrhundert wuchs der Wohlstand der Stadt langsam aber stetig, und in der zweiten Hälfte des Jahrhunderts gab es in Frankfurt 183 Familien mit einem Vermögen von 300.000 Gulden und mehr, darunter acht Millionäre. (Auf die Kaufkraft dieser Summen kommen wir weiter unten zurück.) Die Reichen waren in Frankfurt genauso kosmopolitisch, wie es ihre Interessen waren: Den Handel mit England betrieben zu einem guten Teil die Nachfahren holländischer Immigranten oder Hugenotten, die Ludwig XIV. vertrieben hatte; der Handel mit Südfrüchten hatte eine kleinere Schar von Italienern hierhergeführt; und im Bankwesen taten sich jüdische Familien hervor, die sich, nach ihrer Vertreibung aus Städten wie Köln oder Nürnberg, vorzugsweise hier angesiedelt hatten. Zweimal im Jahr, bei der Oster- und der Michaelimesse, entfaltete die Stadt den ganzen Fächer ihrer europäischen Verflechtungen: 350 zusätzliche Stände wurden aufgeschlagen, und der Gesamtwert der ausgestellten Waren belief sich auf schätzungsweise 15 bis 20 Millionen Gulden.

Der Bewohner Frankfurts erlebte die ganze Heterogenität seiner Heimatstadt, das Gegeneinander von Heimeligkeit und Internationalismus, sowohl in der Sprache, die er sprach, als auch in der Religion, zu der er sich bekannte. Das Frankfurterische war im 18. Jahrhundert, und ist zum Teil noch heute, einer der robustesten deutschen Dialekte, mit eigenen, ungenierten Besonderheiten der Aussprache und des Wortschatzes, von denen Goethe einige bis zuletzt nicht ablegte (im *Faust* reimte er noch 1829 «Tage» auf «Sprache», so wie er 1774/75 «genug» auf «Besuch» gereimt hatte, und der Vers «Das wäre mir die rechte Höhe», 1831 entstanden, ist waschechtes Frankfurterisch). Im Dialekt verband sich die umständliche Förmlichkeit, die einer alten Republik anstand – die korrekte Anrede der Stadtväter umfaßte nicht weniger als elf ehrfurchtsvolle Adjektive –, mit bildkräftiger, ja frecher Derbheit (reiche Kaufleute hießen «Pfeffersäcke» und «Tonnenjunker») und der Vorliebe für Sprichwörtliches sowie mit einem oft respektlosen Rückgriff auf Bibelzitate (auch Mephistos sentenziöse Anspielung auf die Weinherstellung, womöglich sogar auf den «Äppelwoi», in *Faust* II.6813/14 enthält lauter Anklänge an das Frankfurterische). Der gebildete Frankfurter war zwar nicht genötigt, sich die lokale Dialektform seiner Muttersprache abzugewöhnen, wie es unter vergleichbaren Umständen in Frankreich oder England mit ihren kulturell dominierenden Hauptstädten erforderlich gewesen wäre; doch kam er mit einer ganzen Reihe anderer Sprachen in direkten Kontakt. Um die Mitte des 18. Jahrhunderts war das Lateinische noch immer das internationale Idiom der Gelehrten (Dr. Johnson sprach in Paris lieber Latein als Französisch), während die Kenntnis des Französischen für jedermann eine ebenso unentbehrliche Fertigkeit im wirtschaftlichen, diplomatischen und gesellschaftlichen Verkehr war, wie es heute die des Englischen ist. Durch die Hugenottenbevölkerung und die geographische Lage war Französisch in Frankfurt vielleicht wichtiger als anderswo: Während des Siebenjährigen Krieges stand die Stadt vier Jahre lang unter französischer Besatzung. Die besonderen

Eigenarten Frankfurts aber waren die starke Orientierung nach Süden – die erste lebende Fremdsprache, die Goethe und seine Geschwister lernten, war nicht Französisch, sondern Italienisch –, die Offenheit nach Norden – durch den Handel mit England kam die englische Sprache rheinaufwärts – sowie eine große jüdische Gemeinde (rund 2.500 Menschen), die Jiddisch sprach – bei der Hochzeit von Goethes Onkel Johann Jost Textor 1756 wurde auch ein Glückwunschgedicht auf jiddisch vorgelesen.

Auch die religiöse Vielfalt spiegelte, wie die sprachliche, die Zusammensetzung von Frankfurts Bevölkerung. Die Juden hatten ihr eigenes religiöses Leben im Judenviertel (200 Häuser und eine Synagoge), dessen zwei Tore bis 1796 jeden Abend geschlossen wurden. Die christlichen Konfessionen waren alle drei vertreten, wenngleich auf unterschiedliche Art: In Frankfurt, so pflegte man zu sagen, hätten die Katholiken die Kirchen, die Calvinisten das Geld und die Lutheraner die Macht. In der Tat bildeten die Lutheraner die große Mehrheit – die beiden anderen Konfessionen brachten es jeweils auf zwei- bis dreitausend Gläubige –, und als Religion des Establishments monopolisierten sie die Verwaltung der Stadt. Es gab zwei Andachtshäuser für protestantische Frauen, aber die nüchterne und hausbackene Orthodoxie der zwölf lutherischen Pastoren der Stadt sowie das Fehlen jeglichen Gemeindelebens begünstigten die Gründung schwärmerischer Privatkonventikel, von denen aber keiner weiter ging als die pietistische Herrnhuter-Gemeinde im nahegelegenen Marienborn. Wie Goethe erzählt, interessierte die neugierige Jugend sich mehr für den katholischen als den protestantischen Gottesdienst und für die Gebräuche der Juden. Die Katholiken ihrerseits, teils kleine Handwerker, teils wohlhabende Immigranten aus dem Süden, repräsentierten die Religion des Kaisers: nicht allein durch ihren Dom (der damals noch schlicht St. Bartholomäus hieß), sondern auch durch drei gewichtige lokale Gründungen, die Häuser von sechs externen Klöstern und vier verschiedenen Orden (bei den Dominikanern Männer und Frauen) und die Palais aller drei Kirchenfürsten, der Kur-Erzbischöfe von Trier, von Köln und von Mainz; in die kirchliche Zuständigkeit des letzteren fielen die Frankfurter Katholiken. So gab es paradoxerweise in Frankfurt mehr aktive katholische als lutherische Geistliche, und wenn das katholische Gemeindeleben auch öffentlich nicht sehr in Erscheinung trat, so war doch das Schaugepränge einer Kaiserwahl und -krönung (so jene Josephs II. zum römischen König im Jahre 1764, als Goethe 14 war) im wesentlichen katholisch geprägt. Die Calvinisten hingegen, hauptsächlich die eingewanderten Kaufmannsfamilien holländischer und hugenottischer Abstammung, besaßen in der Stadt kein Recht auf Religionsausübung und mußten sonntags in einer Prozession prachtvoller Kutschen nach Bockenheim hinausfahren – eine Demonstration des weltlichen Segens der Vorherbestimmung, welche die Lutheraner in ihrer strikten Ablehnung jeglichen Zugeständnisses an diese gefährlichen Konkurrenten nur noch bestärkte. So waren es die durch das Stadtrecht von öffentlichen Angelegenheiten ausgeschlossenen calvinistischen Kaufleute, bei denen das Freimaurertum hauptsächlich Fuß faßte; 1742 wurde Frankfurts erste Loge gegründet.

Frankfurt war stolz auf seine Freiheiten, aber es waren die Freiheiten der Privilegierten. Der Eid, den jeder neue Bürger ablegen mußte, enthielt ausdrücklich die besondere Verpflichtung, sich nicht in den Dienst «fremder Potentaten, Churfürsten oder Herren» zu stellen und dadurch seine Treueverpflichtungen zu kompromittieren: die erste Pflicht galt dem Kaiser, die zweite dem Rat der Stadt und den Bürgerkollegien. Doch war diese stolze Autonomie weder leicht noch billig zu erwerben. Mitte des 18. Jahrhunderts waren vielleicht 8.000 Einwohner Frankfurts bloße «Beisassen», ohne Recht auf Bodenbesitz und uneingeschränkte Gewerbefreiheit und dem doppelten Steuersatz unterliegend. Von den Vollbürgern hatten nur die Lutheraner das Recht auf einen Sitz im Stadtrat oder auf eine der 500 städtischen Beamtenstellen. Der Rat selbst war indessen keineswegs eine Repräsentativversammlung. Von den drei Bänken zu jeweils 14 Mitgliedern war die dritte und unterste Bank ausgewählten Mitgliedern bestimmter Handwerkszünfte vorbehalten (an der Verteilung hatte sich seit 1315 nichts geändert, und einige Handwerke waren inzwischen ausgestorben); die zweite und die erste Bank bestanden aus Angehörigen des «Graduiertenkollegiums» (das heißt ganz einfach: aus Bürgern mit Universitätsabschluß), einigen wenigen Kaufleuten sowie der wahren Führungsschicht Frankfurts, den alten Adelsfamilien wie den von Uffenbachs und von Klettenbergs, die sich zu den beiden exklusiven Adelsverbänden des Hauses Frauenstein und des Hauses Alt-Limpurg zusammengeschlossen hatten. Die erste Bank, die Bank der Schöffen, der höchsten Richter der Stadt, setzte sich aus rechtmäßigen Mitgliedern der zweiten zusammen und wählte aus ihren Reihen den Ersten und den Zweiten Bürgermeister. Dreiundvierzigstes Mitglied des Stadtrats war der Schultheiß, der oberste Beamte der Stadt und Stellvertreter des Kaisers. Schultheiß von 1747 bis 1771 war Dr. Johann Wolfgang Textor, der Großvater Goethes mütterlicherseits. Die Exklusivität der Frankfurter Oligarchie wurde nach einem von 1705 bis 1732 währenden Verfassungsstreit beschnitten, in dem der Kaiser die Partei der nicht repräsentierten Bürgerschaft ergriff; er führte zur Einrichtung einer Reihe von Bürgerkollegien, die parallel zur Stadtverwaltung existierten und deren Arbeit überwachten und prüften. Damit erhielten die Kaufleute und andere minder privilegierte Bürger der Stadt einen gewissen Anteil an der Macht, und die finanziellen Angelegenheiten der Stadt wurden während des ganzen 18. Jahrhunderts korrekt und effizient verwaltet.

Waren in der politischen Pyramide der Stadt nur die wenigsten Bewohner Frankfurts vertreten, so unterlagen ausnahmslos alle der offiziellen Gliederung der Gesellschaft in fünf Klassen. Zur ersten Klasse gehörten der Schultheiß, die Stadträte der ersten und zweiten Bank, Universitätsdoktoren, die führenden Juristen sowie Angehörige von Adelsfamilien, die länger als hundert Jahre in der Stadt ansässig waren. Zur zweiten Klasse gehörten Stadträte der dritten Bank sowie die besten Bürger und Großhändler mit einem Vermögen von wenigstens 40.000 Gulden. Die dritte umfaßte Notare, Künstler und Einzelhändler, die vierte Kleingewerbetreibende und Handwerker, die fünfte Tagelöhner, Fuhrleute, Dienstboten und alle sonstigen. Es gab Aufwandgesetze, die diese Klassenunterschiede betonen sollten, aber sie wurden im 18. Jahrhundert kaum mehr beachtet.

Schwerer zu definieren ist ein anderer Komplex Frankfurter Lebens. Man vergißt nur zu leicht, daß Goethe ein Stadtkind war, auch wenn der Begriff «Natur» lange Zeit eine wichtige Rolle in seinem Denken gespielt hat. Nicht Einsamkeit war sein erster Eindruck, nicht die elementare Einfachheit von Wald und Berg oder die strenge Abfolge der Jahreszeiten, sondern eine wimmelnde, selbstgelenkte, vieldeutige Menschenwelt, in der materiellen Dingen der Stempel menschlicher Tätigkeit, menschlicher Entscheidungen und menschlicher Vergangenheit aufgeprägt war. Allein die Form und Größe von Frankfurts 3.000 Häusern – manche Fronten waren kaum 5 m breit, der Durchschnitt lag bei 7,5 m – spiegelte nicht nur den unterschiedlichen Wohlstand der Bewohner und die Beengtheit des Lebens innerhalb eines Befestigungsringes wider; sie zeugte auch von bitteren Kämpfen mit und in dem Rat der Stadt um Dinge wie die Höhe des Hauses (die Bestimmungen erlaubten nicht mehr als drei Stockwerke, wurden aber häufig übertreten), die Vorkragung der oberen Stockwerke in die Straße hinein (im Mittelalter waren Vorkragungen bis zu einem Meter erlaubt, was bei einer Breite der meisten Frankfurter Nebenstraßen von kaum vier Metern den Lichteinfall um die Hälfte einschränken konnte) sowie die Dachform (seit dem 18. Jahrhundert mußte die Traufseite zur Straße zeigen, damit das abfließende Regenwasser mithelfen konnte, die Küchenabfälle durch die Abflußrinne in der Straßenmitte wegzuschwemmen). Viele dieser Bestimmungen, etwa die Vorschrift einer Feuermauer zwischen den Fachwerkhäusern, gegen die Goethes Vater um eines zusätzlichen Fensters in seiner Bibliothek willen verstieß, datierten von der furchtbaren Feuersbrunst am 27. Juni 1719, der 400 Häuser im Norden der Stadt zum Opfer gefallen waren. Das Feuer war die Naturgewalt, von welcher der Städter am meisten zu fürchten hatte, und alle Bürger, mit Ausnahme jener der ersten Klasse, mußten, mit Handpumpe und Ledereimer bewaffnet, beim Löschen helfen, sollte in ihrem Viertel Feuer ausbrechen. Goethe machte in seiner Jugend nicht unbedingt vorteilhaft von sich reden, als er, unter anderem, auf sein Klassenprivileg verzichtete und sich freiwillig in die Löschkette einreihte. Ansonsten aber, von einer Mainüberschwemmung abgesehen, die eine traumhafte Erinnerung an ein Umherfahren zwischen Fässern im elterlichen Weinkeller hinterließ, präsentierte die Welt der Dinge sich dem jungen Dichter in gebändigter, vermittelter Form, nämlich als Garten: freilich nicht als geometrischer städtischer Garten, den, bei der Begehrtheit von Boden innerhalb der Stadtmauern, nur die reichsten Familien in den neuesten und größten Häusern sich leisten konnten, sondern in Form von Grundstücken vor den Toren der Stadt, deren die Familie Goethe drei besaß. Zwei davon waren bewaldet und galten mithin als reine Kapitalanlage; das dritte aber, vor dem Friedberger Tor im Norden der Stadt, war ein echter Nutzgarten von etwa 40 Ar Größe, von einer Mauer umgeben, von einem Gärtner gepflegt, mit Weinstöcken, Spargel und anderem Gemüse. Die Traubenernte und die anschließende Weinzubereitung im Kreise der Familie bot hier Gelegenheit zu großen Festlichkeiten unter freiem Himmel. Zwischen den Dörfern der Umgebung, wohin die Stadtbewohner abendliche Vergnügungsfahrten unternahmen, lagen Eichen- und Buchenwäldchen, in denen der 15jährige, wie er sich ein halbes Jahrhundert später erinnerte, sich nach jener unendlichen Wildnis und Einsamkeit sehnen konnte, welche diese allzu gesittete, allzu menschenreiche Parklandschaft ihm nicht zu bieten vermochte. Trotzdem kann man sich schwer vorstellen, daß er, an einem solchen Sommerabend des Jahres 1764 nach Hause zurückkehrend – in der gebotenen Eile, um anzukommen, bevor um halb neun die Stadttore geschlossen wurden und Nachzügler vier Kreuzer (den fünfzehnten Teil eines Guldens) für den Einlaß erlegen mußten –, nicht das heimliche, wenn auch ungute Gefühl verspürte, hierherzugehören.

Alle Besucher Frankfurts stimmten darin überein, daß das erste, was einem an der Stadt auffiel, ihr Geruch war, und die materiellsten Bindungen sind erfahrungsgemäß die festesten: Die dünnen mineralischen Gifte, die heute die Luft in Frankfurt wie in jeder anderen verkehrsreichen Kosmopolis der Welt schwängern, wecken bei keinem Menschen Emotionen. Wenn der junge Goethe rechtzeitig zur Stelle war, um das Friedberger Tor zu passieren, mußte er zunächst durch ein Viertel mit lauter Gaststätten gehen, denn dies war die Hauptfrachtroute nach Norden, mit scharf riechenden Ställen, großen offenen Kisten mit Hafer und dem rauchigen, behaglichen Dunst von röstendem Malz für das Faßbier. Wahrscheinlich schaute er beim Eingang zum Ghetto vorbei, wo der Verkauf von getrocknetem Fisch und Pökelfleisch sich konzentrierte – Gerichte, die dem Christen des 18. Jahrhunderts den Magen umdrehten –, und schlenderte dann die Zeil hinunter, mit ihren dreißig Metern die breiteste Straße Frankfurts, die zwar vom täglichen Viehmarkt verunreinigt war, gleichwohl aber die elegantesten Hotels der Stadt aufwies. Nach dem scharfen Duft des Kaffeehauses und dem kalten klaren Wachsgeruch aus der lutherischen Katherinenkirche stieß er auf ein ganzes Bukett trockener exotischer Aromen aus den Lagerhallen Bellis, des größten Gewürzhändlers der Stadt. Überall roch es beißend nach dem Rauch von Holz, vielleicht auch harzig nach frischem Brennmaterial, das (wie damals üblich) auf der Straße gehackt wurde; denn auch im Hochsommer mußte man in den Küchen kochen, mußte Brot gebacken werden. Doch der graue, unentrinnbare Unterton all dieser häuslichen Gerüche, penetranter als je an dem warmen Abend eines heißen Tages, war der schale Gestank, der aus den Abflußrinnen in den Straßen aufstieg, aus der mittelalterlichen Kloake, in die hinein die Aborte der besseren Häuser – auch des Goetheschen – sich entleerten, und von dem Fluß, in welchen sich zuletzt praktisch alles ergoß, was an Abwässern aus Frankfurt kam, sei es durch die Kloake, sei es direkt von der

1. O. May:
Catharina Elisabeth
Goethe

2. J. P. Melchior:
Johann Caspar Goethe (1779)

Brücke herab, wo es eigens eine Rampe für das Entleeren von Karren und Wagen gab. Doch blieb einem hier, im Nordwesten der Stadt, in der Neustadt aus dem 16. und 17. Jahrhundert, der penetrantere widerliche Gestank erspart, der einem aus den Gerbereien am Südufer des Mains und aus dem berüchtigten Pestilenzloch entgegenschlug, einer schwarzen, offenen Jauchegrube, die keinen Abfluß hatte und, zwischen dem Gefängnis und dem Waisenhaus gelegen, an die Stadtmauer stieß. Hier darbten, kümmerten und starben, eingesperrt in wohlmeinender oder strafender Verwahrung, die eigentlichen Nicht-Bürger Frankfurts.

In den Kleinen und den Großen Hirschgraben einbiegend, befand Goethe sich unmittelbar am Rande der verwinkelten, mittelalterlichen Altstadt Frankfurts; denn diese Straße, deutlich breiter als üblich, verlief über und in dem einstigen Stadtgraben. Die Häuser am Hirschgraben, wie etwa das Goethesche – dessen illegales Bibliotheksfenster schon zu erkennen war, vielleicht auch das Gesicht des Vaters, der nach seinem Sohn Ausschau hielt –, waren folglich nicht nur größer, als es der Norm in der Innenstadt entsprach, sie hatten auch zwei Kellergeschosse. Der riesige Vorrat an Wein in Fässern, den diese Keller bargen, darunter auch noch solche des legendären Jahrgangs 1706, war rund ein Drittel des Gesamtwertes des Hauses wert und schwängerte das ganze Gebäude mit einem süßen Duft, der es von der stinkenden Welt draußen abhob und anheimelnd machte. Trotz der wesentlichen Erweiterung und Modernisierung des Hauses 1755, bei der man die Eingangstür mit zwei Empfangszimmern flankiert hatte, herrschte im Erdgeschoß, wo es heiß und fettig war und nach der alles beherrschenden Küche roch, bereits Dämmerung, und die selbstgezogenen Kerzen brannten; hier erinnerte noch vieles an das enge und düstere Haus aus der frühesten Kindheit des Dichters, zumal noch immer dieselbe große Standuhr die Stunden schlug. Im ersten Stock jedoch, in den großen Wohnzimmern, kamen die eleganten Fronten der breiten, modernen Fenster, die der Vater hatte anbringen lassen, so recht zur Geltung. Auch die Luft war hier frischer: Die großen Wandschränke am Geländer des kunstvollen neuen Treppenhauses (dessen eiserne Balustrade die Initialen von Vater und Mutter zierten) enthielten einen riesigen Vorrat an sauberem Leinen, denn nur dreimal im Jahr war Waschtag, und es war nicht ungewöhnlich, wenn ein Mann dreihundert Hemden besaß. Im zweiten Stock, wo Goethe geboren war und wo das Schlafzimmer seiner Schwester Cornelia (1750–1777) lag, herrschte eine privatere Atmosphäre: Hier befand sich auch die Bibliothek mit ihren rund 1.700 Bänden. Im dritten Stock schließlich, vom Abendlicht durchflutet, gelangte Goethe an der Ostseite in die Räume, die er bewohnte, bis er mit 26 Jahren endlich Frankfurt verließ, und an der Westseite, wenn er sich an dem fauligen Geruch der Seidenraupen vorbeitraute, die sein Vater züchtete und die mit Maulbeerblättern zu füttern Aufgabe der beiden Geschwister war, zu den Fenstern, von welchen der Blick über den Hof des elterlichen Hauses, die Überreste des alten Grabens und weiter über die blumenreichen Hintergärten der wohlhabenden Häuser an

3. Das Goethehaus in
Frankfurt. Zeichnung nach
Reiffenstein, vor 1755

4. Das Goethehaus in
Frankfurt nach dem Umbau,
Druck nach F. W. Delkeskamp,
1823

der westlichen Fortsetzung der Zeil bis hin zu den Wachtürmen an der Stadtmauer, zu den fernen Bergzügen des Taunus und zu der untergehenden Sonne
ging. Noch 1817 konnte Goethe sich an diese Augenblicke der Befreiung aus
der erstickenden Umarmung seiner Vaterstadt erinnern:

Mit kindlichem, jugendlich-frischem Sinn, bei einer städtisch-häuslichen Erziehung,
blieb dem sehnsuchtsvollen Blick kaum eine andere Ausflucht als gegen die Atmosphäre. Der Sonnenaufgang war durch Nachbarshäuser beschränkt, desto freier die
Abendseite, wie denn auch der Spaziergang sich wohl eher in die Nacht verlängert, als
daß er dem Tag zuvorkommen sollte. Das Abglimmen des Lichtes bei heiteren Abenden, der farbige Rückzug der nach und nach versinkenden Helle, das Andringen der
Nacht beschäftigte gar oft den einsamen Müßiggänger.

Die Wahrheit ist, daß die Goethes in Frankfurt eigentlich Außenseiter waren.
Der Dichter wird häufig als Patriziersohn beschrieben, aber in einem sehr
entscheidenden Sinn war das keineswegs der Fall. Die eigentlichen Patrizier
Frankfurts, mit ihrem verfassungsmäßig garantierten Sitz im Rat der Stadt,
waren die alten Adelsfamilien aus dem Hause Frauenstein und vor allem dem
Hause Alt-Limpurg. Ein öffentlicher gesellschaftlicher Verkehr zwischen
diesen Familien und einem Emporkömmling wie dem Vater Goethes war
völlig ausgeschlossen. Johann Caspar Goethe (1710–1782) war der Sohn eines
thüringischen Schneiders von bäuerlicher Herkunft, der nach Wanderjahren,
die ihn eine Zeitlang auch nach Paris und Lyon geführt hatten, in Frankfurt
erst nach der Aufhebung des Edikts von Nantes (1685) ansässig geworden
war und hier ein Vermögen gemacht hatte, zunächst durch sein Schneider-
handwerk und dann durch seine zweite Ehe, mit der Witwe eines Gastwirts,
dessen Geschäft er danach übernommen hatte. Johann Caspar Goethe, das
einzige überlebende Kind aus dieser zweiten Ehe, war zweifellos ein reicher
Mann: Neben seinem Haus, den Grundstücken, Bildern, Büchern und dem
Silber sowie dem von seiner Mutter ererbten Weinkeller, der zwar kein Einkommen brachte, nach seiner Schätzung im Jahre 1770 aber 42.500 Gulden
wert war, besaß er Geldanlagen in Höhe von weiteren 65.000 Gulden, die ein
jährliches Einkommen von rund 2.700 Gulden abwarfen. Diese Summe war
anderthalbmal so groß wie das Gehalt seines Schwiegervaters, des Schultheißen Textor, des höchstbezahlten Frankfurter Beamten, und sechsmal so groß
wie die Aufwandsentschädigung für seinen Halbbruder, den Handwerker
Hermann Jakob Goethe (1697–1761), der als Stadtrat der dritten Bank angehörte. Ein Landpastor konnte damals bestenfalls mit 250 bis 520 Gulden
rechnen, ein Volksschullehrer mit nicht mehr als 190, während das Gehalt,
das Schiller 1790 bei seiner Berufung als Professor der Geschichte nach Jena
erhielt (eigentlich eine Rente, da es sich um eine außerordentliche Professur
handelte), 400 Gulden plus Hörergeld betrug. Für einen Gulden mußte ein
Bauarbeiter drei Tage arbeiten; man konnte damit, wie aus Caspar Goethes
minuziöser Buchführung hervorgeht, zehn Pfund Schweinefleisch (en gros)
kaufen oder sechs Pfund Butter oder zwei Pfund Zucker oder ein Pfund
Kaffee oder ein halbes Pfund Tee oder (in der entsprechenden Jahreszeit)

tausend einzulegende Gurken. Bei Manufakturwaren gingen die Preise steil
in die Höhe. Eine kupferne Teemaschine kostete Johann Caspar Goethe 8$^{1}/_{2}$
Gulden und eine silberne Zuckerdose 20 Gulden, was (neben Kost und Logis
und den herkömmlichen Geschenken) dem Jahreslohn seines ältesten Dienst-
mädchens entsprach. Besonders kostspielig war Kleidung. Annähernd 20
Gulden kostete ein einfacher schwarzer Mantel für Johann Caspar Goethe,
während der Anzug, in dem sein Wolfgang die Universität bezog, über 34
Gulden gekostet hatte, und wenn seine Frau ihr neues scharlachrotes Kleid
und den polnischen Mantel mit Pelzbesatz anlegte, trug sie zehn Jahres-Bar-
einkommen ihres Mädchens oder das Jahres-Gesamteinkommen eines geschickten Maurers am Leib. Doch wenn Johann Caspar Goethe einer höheren sozialen Klasse angehörte als sein älterer Halbbruder, dann nicht aufgrund dieses beträchtlichen Wohlstands. Seine Position in der höchsten
Klasse, in der ihm die Distanz zur herrschenden Oligarchie nur um so
schmerzlicher bewußt wurde, verdankte Goethes Vater der Mitgliedschaft im
Graduiertenkollegium – dem Umstand, daß er als Müßiggänger und einziger
Sohn seiner Mutter (einer imposanten Frau, die bis 1753 lebte und in ihrem
Enkel noch Erinnerungen hinterließ) Jura am Reichskammergericht in Wetzlar und an den Universitäten Leipzig, Straßburg und Gießen hatte studieren
können, woselbst er 1738 seinen Doktor machte. Der Vorsatz, die enge Welt
des Handwerks, in die er hineingeboren war, hinter sich zu lassen, wird schon
in den Coburger Internatstagen sichtbar, als er die Schreibung seines Familiennamens Göthe in jener Weise veränderte, die sein Sohn, hierin wie in
allem dem Vater pflichtschuldigst gehorsam, weithin bekannt machen sollte.
Daß er sich später ein Wappen zulegte, in dem drei Leiern von seinem Trachten nach höheren Zwecken kündeten, war Ausdruck desselben Ehrgeizes,
ebenso der Umbau und die Neuanlage seines Hauses, die er erst in Angriff
nahm, als seine Mutter tot war.

Ebenfalls ein Schritt des sozialen Aufstiegs, doch auch von größter Bedeutung für seine persönliche und später für die Entwicklung seines Sohnes, war
1739 und 1740 seine große Bildungsreise über Regensburg und Wien nach
Venedig (wo er die Vermählung des Dogen mit dem Meer miterlebte), Rom,
Neapel, Mailand, Paris und in die Niederlande. Über diese Reise führte er
ein umfassendes, methodisches Tagebuch, das er dann ins Italienische übersetzte, und später wurde er nicht müde, von der Pracht der italienischen Städte zu erzählen und seine Drucke mit italienischen Ansichten zu erklären. Bei
besonderen Anlässen durfte sein kleiner Sohn sogar mit der Nachbildung
einer venezianischen Gondel spielen, die zu seinen wertvollsten Erinnerungs-
stücken gehörte. 1742 aber, nach seiner Rückkehr nach Frankfurt, verführte
sein Ehrgeiz ihn zu dem schwerstwiegenden Fehler seines Lebens. Er verschmähte den langsamen und ungewissen Weg zur Ehre, der einem Mann
von seinen Fähigkeiten in der Stadtverwaltung vielleicht offenstehen mochte,
und versuchte, unter Frankreichs Marionettenkaiser Karl VII., dem Rivalen
Maria Theresias, der in Frankfurt residierte, auf direkterem Weg zu einem

Amt zu kommen: Auf Vermittlung einflußreicher Freunde verlieh ihm Karl VII. den Titel eines Kaiserlichen Rats, der eigentlich den verdientesten Beamten der Stadt vorbehalten war. Mit dem Tode Karls im Jahre 1745 und der Wahl von Maria Theresias Gatten zu seinem Nachfolger als Franz I. hatte Johann Caspar Goethe keine Aussichten mehr in der kaiserlichen Verwaltung und sah sich mit einem Rang belastet, der zu hoch war, um ihm ein Amt oder viel Liebe in Frankfurt einzutragen. Dazu kam, daß er seit 1747 durch die Präsenz seines Halbbruders auf der Dritten Bank nicht mehr dem Rat der Stadt angehören konnte, wo extrem strenge Bestimmungen gegen Vetternwirtschaft galten. Sein sozialer Aufstieg endete 1748, als er Catharina Elisabeth Textor (1731–1808) heiratete, die älteste Tochter des Schultheißen. In dieser Ehe verbanden sich, schicksalhaft und fruchtbar, nicht nur mit den Ehepartnern zwei Generationen, sondern auch mit ihren Familien zwei verschiedene Einstellungen zur Gesellschaft; denn auch die Textors traten auf der Stelle, obgleich freiwillig. Der Schultheiß hatte auf die Erhebung in den Adelsstand, die mit seinem Amt normalerweise verbunden war, in der zutreffenden Erkenntnis verzichtet, daß seine Töchter durch die Nobilitierung für eine adlige Verbindung zu arm und für eine bürgerliche zu vornehm werden würden. Im übrigen waren die Textors, auch wenn sie länger in Frankfurt lebten und geachteter waren und dadurch als weniger parvenühaft erscheinen mochten, als Familie von den Goethes nicht grundsätzlich verschieden: Auch sie waren von Osten her, aus Franken, eingewandert, allerdings nicht als Handwerker, sondern als Juristen, und nicht gegen Ende, sondern Mitte des 17. Jahrhunderts. Wäre Johann Caspar Goethe jener Karrierist gewesen, als der er bis dahin erscheinen mochte, so hätte er jetzt von Frankfurt wegziehen können, wie es der Schwager des Schultheißen, Johann Michael von Loen, getan hatte. Statt dessen ließ Goethes Vater sich nun, nach der Geburt seines ersten Sohnes, den er zu Ehren seines Schwiegervaters Johann Wolfgang taufte, zu einem langen Leben des Müßiganges nieder, das er der Verwaltung seines Vermögens, dem Ausbau seiner Sammlung von Büchern und zeitgenössischen Gemälden, dem Verkehr mit Mitgliedern des Graduiertenkollegiums und der Sorge für seine Familie widmete, besonders ihrer Bildung. Durch Bildung war er geworden, was er war, und er hatte den festen Vorsatz, daß seine Kinder einmal etwas Besseres werden sollten.

Wie marginal die Position Johann Caspar Goethes, wie bitter seine Enttäuschung war, kann man an seinen politischen Ansichten ermessen, die Johann Wolfgang über die Loyalität des Kindes hinaus beeinflußt haben. Mit seiner üblichen Genauigkeit beim Formulieren von Ambivalenzen erinnert sich der 62jährige Autobiograph, wie er während des Siebenjährigen Krieges (zwischen England und Preußen einerseits und Frankreich, Österreich und Rußland andererseits) natürlich auf der Seite seines Vaters stand: «Und so war ich denn auch preußisch oder, um richtiger zu reden, fritzisch gesinnt: denn was ging uns Preußen an.» Mit einer Beurteilung der europäischen oder gar deutschen Machtpolitik hatte die Verbundenheit mit Preußen kaum etwas zu tun, weshalb sie sich um so leichter als Bewunderung allein der Persönlichkeit Friedrichs des Großen ausdrücken konnte. Sehr viel aber hatte sie mit der Stellung der Goethes in Frankfurt zu tun, weshalb sie – wie der Dichter selber sagt – zu bitterem Familienhader und zur Entfremdung von den Textors führte. Johann Caspar Goethe war der hochrangige Bürger einer Freien Reichsstadt, deren ökonomischen und konstitutionellen Besonderheiten er in weltlicher Hinsicht alles verdankte: er hatte ebensowenig Interesse wie die Textors oder alle anderen Angehörigen der Frankfurter Oberschicht an der Expansion einer aggressiv reichsfeindlichen Macht, die darauf aus war, derartige Besonderheiten, wo immer sie ihr begegneten, abzuschaffen. Doch 1756 schien Preußen von Frankfurt aus in weiter Ferne zu liegen, jedenfalls in den Augen der Kurzsichtigen, und als Friedrich mit der Verhaftung Voltaires mitten in Frankfurt bewiesen hatte, wie weit sein Arm wirklich reichte, war Johann Caspar Goethe derselben Meinung gewesen wie alle vernünftigen kaiserlichen Bürger, die geschworen hatten, keinen fremden Potentaten zu dienen: Immer wieder erzählte er seinem Sohn die Begebenheit, als Beispiel, daß es nicht ratsam sei, die Nähe von Fürstenhöfen zu suchen. Er billigte nicht den Entschluß von Loens, in die Verwaltung Friedrichs einzutreten, und die Zeitungen, die er hielt, waren vehement preußenfeindlich. Doch bei allem, was er dem Reich verdankte, bei allem Respekt vor dessen Institutionen und Traditionen: Wie konnte er sich für die Sache Maria Theresias und Franz' I. begeistern, wenn der Sieg dieser Sache 1745 seine eigenen Karrierehoffnungen zerstört und ihn für immer den Textors nachgesetzt hatte, denen er doch, nach eigener Einschätzung, nicht unterlegen war? «[Mein Vater] konnte sich nicht in das Unvermeidliche ergeben», schreibt der Sohn über eine Episode während der (im Januar 1759 beginnenden) Besetzung Frankfurts durch die Franzosen, bei der alle diese Emotionen zum Ausbruch kamen. Johann Caspar Goethe hatte nicht einmal die alte Enttäuschung verwunden, und als der französische Zivilgouverneur von Frankfurt, Graf von Thoranc, in seinem Hause einquartiert wurde, muß ihm zumute gewesen sein, als hätten seine Feinde – unter ihnen auch die Textors – noch seine letzte Zuflucht erobert. Die Störung durch Thoranc fiel rücksichtsvoller und weniger beschwerlich aus als viele andere Einquartierungen, ja sie brachte entschiedene Vorteile mit sich, zum Beispiel die französische Küche (mit dem bisher unbekannten Speiseeis). Gleichwohl ist Johann Caspar Goethes Ausbruch von Zorn und Enttäuschung, womit er gegenüber dem ungebetenen Gast seinem Herzen Luft machte, als die Franzosen am Karfreitag, dem 13. April 1759, bei Bergen die Preußen besiegt hatten, begreiflicher, als sein Sohn zugesteht, der von Thorancs unendlicher Rechtschaffenheit und von seiner Weisheit im Umgang mit dem eigenen depressiven Charakter beeindruckt ist. Thorancs Argument, die Franzosen seien in Frankfurt, um die Interessen der Kaiserin und des Kaisers von Frankfurt zu verteidigen, konnte in den Augen eines Mannes nur als heuchlerisch erscheinen, der fünfzehn Jahre zuvor dieselben Franzosen gegen Maria Theresia hatte kämpfen und, o Ironie, eben jene Marionette unterstützen sehen, der er seinen Titel verdankte. Die einzige Macht, die konsequent auf «seiner» Seite – und gegen das Frankfurter Establishment – gestanden hatte, war die preußische gewesen, so wünschenswert es ihm auch scheinen mochte, Despoten in sicherem Abstand zu halten.

Johann Caspar Goethe war ein tüchtiger Mann in einer Situation, die zu kompliziert war für seine starken, aber unkultivierten Emotionen. Seine Loyalität galt von Natur aus, nach Interesse und Tradition, dem Reich und der Frankfurter Verfassung, und doch konnte er kein Anhänger der herrschenden kaiserlichen Dynastie sein, und in Frankfurt war er von aristokratischen Kreisen ausgeschlossen – durch das «unmenschliche Vorurtheil», wie er es in seinem Reisetagebuch nannte –, während er in Amtskreisen beargwöhnt und zugleich ein wenig bemitleidet wurde. Als Lutheraner der ersten Gesellschaftsklasse konnte er sich nicht einmal mit der inneren Opposition Frankfurts identifizieren, den kaisertreuen Bürgern, die den großen Verfassungskonflikt mit der Oligarchie ausgetragen hatten; denn diese waren vornehmlich Calvinisten und gehörten der zweiten Klasse an. Die abstrakte Unterstützung Preußens drückte seine Entfremdung von Frankfurt aus, die Ablehnung von Höfen und Höflingen seine fundamentale Treue zu Frankfurt. In dieser Atmosphäre vielfach gebrochener Distanzierung wuchs Johann Wolfgang Goethe auf, und er wußte sie angemessener als durch Übellaunigkeit auszudrücken. Dem Geiste Frankfurts aber blieben beide – der Vater und der Sohn – treu, bei aller Distanziertheit. Frankfurt besaß – und förderte in seinen einzelnen Bürgern – dasselbe Selbstbewußtsein wie Hamburg, aber es war überzeugter konservativ und dem Reich, zumindest als Institution, treuer ergeben. Wie jede freie Reichsstadt lebte auch Frankfurt von der Opposition gegen geschlossene Grenzen, außerhalb wie innerhalb Deutschlands. Dem Geiste Frankfurts treu zu sein, konnte gewiß heißen, für das Wachsen einer deutschen Nation einzutreten, nicht aber für Kleinstaaterei und nicht auf Kosten der Völkergemeinschaft. Des Vaters streitbares Preußentum und die Übersiedlung des Sohnes nach Weimar stellten in bezug auf diese Grundsätze keinen Kompromiß dar. Die soziale Außenseiterstellung, die die Verhältnisse des einen vergiftete, überwand der andere dadurch, daß er einfach fortging. Das Verhalten beider konnte zwar verhehlen, aber nicht darüber hinwegtäuschen, daß sie unerschütterlich am Besten der lokalen Tradition festhielten, auch wenn sie von den lokalen Repräsentanten gemieden wurden. Jene europäische Revolution, die der tiefste Einschnitt in Goethes Leben war, betraf genau das Veralten dieser Tradition, mit allem, was sie möglich machte, auch wenn die Stadt 1792 hochmütig erklärte, daß General Custine mit seinen vorrückenden Truppen keine Freiheit, Gleichheit oder Brüderlichkeit bringen könne, die Frankfurts Bürger nicht schon längst besäßen. Trotzdem hielt Johann Wolfgang Goethe bis 1817 an dem formellen Status eines Bürger seiner Vaterstadt fest.

«Mehr Plapperwerk als Gründlichkeit»,
1749–1765

Johann Caspar Goethe wandte seinen ganzen enttäuschten Ehrgeiz an die private Welt seiner Familie und die Förderung der beiden Kinder, die das Erwachsenenalter erreichten: Wolfgang und Cornelia. Wie der Vater Montaignes hatte er eigene dezidierte Vorstellungen über «richtige» Erziehung, und leider auch die Muße und die Mittel, sie in die Tat umzusetzen. Die daraus resultierende Mischung aus Sturheit, individueller Vorstellung und leichter Überspanntheit bezeichnete sein Sohn später und nicht eben freundlich als «Dilettantismus», der ihn bedauern ließ, niemals irgend etwas regelmäßig und systematisch gelernt zu haben. Johann Caspar Goethe hatte kein Zutrauen zu den öffentlichen Bildungseinrichtungen Frankfurts – vielleicht mit Recht, wenn man bedenkt, daß es in der Stadt nur 30 Lehrer für 3.000 schulfähige Kinder gab. Seine Kinder wurden, außer in den allerersten Jahren, zu Hause unterrichtet – allerdings oft gemeinsam mit anderen Kindern –, und zwar von Privatlehrern. Die erste Lehrerin Wolfgangs, von seinem dritten Lebensjahr an, war Maria Magdalena Hoff, eine Calvinistin, die das unterhielt, was man heute einen Kindergarten nennen würde, und sich durch ihre Mißachtung der lutherischen Behörden schon einige Gefängnisstrafen eingehandelt hatte. Auch Johann Schellhaffer, der Leiter der Volksschule, die Wolfgang und Cornelia während der Renovierung des Elternhauses besuchten, war durch die Liberalität seiner religiösen Unterweisung in heftige Fehden mit den städtischen Behörden verwickelt. Noch außergewöhnlicher war die Wahl, die Goethes Vater in den folgenden Jahren bei den insgesamt acht Privatlehrern seiner Kinder traf: Sie scheint bewußt den Zweck verfolgt zu haben, Wolfgang und Cornelia durch Konfrontation mit den unterschiedlichsten Einflüssen, die das internationalistische Frankfurt zu bieten hatte, zu stimulieren. Der Lateinlehrer war ein Türke, der nach dem Tod seines Vaters in Kriegsgefangenschaft geraten und im christlichen Glauben erzogen worden war: er studierte Theologie und brachte es bis zum stellvertretenden Leiter des städtischen Gymnasiums (die Disziplin bei ihm war schlecht). Den Italienischunterricht erteilte von 1760 bis 1762 ein ehemaliger Dominikanermönch aus Neapel, der, von Glaubenszweifeln geplagt, Italien verlassen hatte und zum Calvinismus übergetreten war; den Französischunterricht ein Emigrant, der ebenfalls konvertiert war, allerdings wohl aus weltlicheren Gründen. Ein weiterer Konvertit, ein früherer jüdischer Schreiber, brachte dem jungen Wolfgang auf seinen besonderen Wunsch Jiddisch bei; von hier aus war es ein natürlicher Schritt zum Studium des Hebräischen – und wohl auch der anderen alten Sprachen – bei Johann Georg Albrecht (1694–1770), dem Leiter des Gymnasiums, einem von den Zeitgenossen als «Igel» bezeichneten Individualisten, der Schulbücher überflüssig fand und von der obersten Kirchenbehörde Frankfurts sagte: «Das Konsistorium befiehlt; ich aber tue, was ich will.» Daneben fanden sich Lehrer für Englisch (ein junger Mann, der eben von einem mehrmonatigen Aufenthalt in England zurückgekommen war), Zeichnen, Griechisch, Geschichte, Geographie, Schönschrift (Goethe hatte zeitlebens eine feste, klare Handschrift) und Musik (beide Kinder erlernten das Klavierspiel, Wolfgang später auch das Cello). In den meisten Fächern erteilte auch Johann Caspar Goethe persönlich seine Instruktionen: Im Zeichnen aber, wo er sich unzuständig fühlte, das seines Erachtens jedoch unentbehrlich war, sollte Wolfgang vollen Nutzen aus seiner späteren Bildungsreise ziehen (die Photographie war ja noch nicht erfunden), saß er im Unterricht neben den Kindern, um ihnen zu zeigen wie man lernt. Persönlich erledigte er alle unvollendeten Zeichnungen seines Sohnes, im Glauben an die Kraft des gnadenlosen Beispiels, so wie er ihm später seine Briefe zurückgab: nach gründlicher Korrektur aller Fehler. Tanzunterricht gab er, indem er die Flöte spielte, während Wolfgang und Cornelia zusammen übten. Das Regiment der Hauslehrer dauerte – unterbrochen nur von den üblichen Kinderkrankheiten, von denen die schlimmste ein Pockenanfall 1758 war, der Goethes Teint vergröberte – bis zum Herbst 1762, als Wolfgang 13 war. Seine hauptsächliche schulische Verpflichtung waren nun die Privatstunden bei Albrecht; denn schon dachte Johann Caspar Goethe daran, daß es notwendig sei, ihn auf die Universität vorzubereiten.

Die Kinder brachte die Verbindung von Zuneigung mit strenger Unbeugsamkeit beim Vater gewiß zur Verzweiflung; der Außenstehende aber, der auch das Originelle an diesem Erziehungsplan zu erkennen vermag, findet sie gewinnend und letztlich wohl auch angemessen, jedenfalls für den Sohn. Denn bald wurde sichtbar, daß Wolfgang ein ausnehmend begabtes Kind war. Er machte rapide Fortschritte in allen Sprachen bis auf das Hebräische (wo er an der Vokalisation scheiterte) und bewies ein bemerkenswert aufnahmefähiges verbales Gedächtnis; so war er imstande, ganze Predigten Wort für Wort zu wiederholen. Auch besaß er von Anfang an eine ganz unkindliche Gewandtheit im Verfassen von Versen: Zwar ist das erste von ihm erhaltene Gedicht, ein Neujahrsglückwunsch zum Jahre 1757 an den Schultheißen, beginnend mit den Worten «Erhab'ner Großpapa», ersichtlich nicht das Werk eines unangeleiteten 7jährigen Kindes, aber schon mit 12 schrieb er deutsche Alexandriner, die kaum schlechter waren als jene Gottscheds. Etwas später begann er, einen Briefroman in sechs Sprachen zu schreiben, vollendete ein biblisches Prosaepos über das Josephsthema und stellte im Winter 1763/64 dieses Epos, nebst einer Sammlung seiner Verse, zu Vermischten Gedichten zusammen, die er seinem Vater schenkte; denn Johann Caspar Goethe ließ gerne seinen ordnenden Blick auf dem Fortschritt seine Sohnes ruhen. Anders aber als der 7jährige Mozart, den Goethe 1763 sah, wie er, die Hände unter Filzstoff verborgen, Klavier spielte und die von Uhren und auf Gläsern erklingenden Töne bestimmte, war Wolfgang Goethe kein Wunderkind – er war lebhaft, von überschäumendem Temperament und eigensinnig, aber ohne Tiefgang; er brauchte Ballast. In einer Schule hätte er wahrscheinlich mit mehr System gelernt als bei seinem Vater, aber er hätte weniger gelernt, und bestimmt wäre er nicht froh gewesen. Goethes Kindheit, wie seine Familie, war mitunter eigenartig belastet, aber nichts deutet auf etwas anderes als vollkommene emotionale Geborgenheit.

Doch war er wohl das, was man heute «schwierig» nennen würde. Er genoß zwar das Privileg eines ältesten Sohnes: die uneingeschränkte Liebe einer tatkräftigen und glücklichen Mutter, aber man vergißt häufig, daß die Familie Goethe nicht klein war. Sechs Kinder kamen nach Wolfgang zur Welt, darunter eine Totgeburt. Cornelia war nur 15 Monate jünger als ihr Bruder, der vom dritten Lebensjahr an bis zum Alter von 9 eines von wenigstens drei Kindern war, davon dreieinhalb Jahre eines von vieren. Erst seit 1761 waren Wolfgang und Cornelia allein. Doch nur eines der übrigen Kleinkinder wurde älter als drei, nämlich der nach seinem Onkel benannte Hermann Jakob, der im Januar 1759, wenige Wochen nach seinem 6. Geburtstag, starb. Wolfgang vermerkt in seiner Autobiographie, daß die beiden Brüder sich kaum verstanden, und seine Mutter erinnerte sich, daß er bei Hermann Jakobs Tod hauptsächlich Unmut über den Kummer der Eltern empfand. Als Antwort auf die Frage der Mutter, warum er seinen Bruder nicht geliebt habe, zog er unter dem Bett einen Stoß Blätter hervor, die er für Hermann Jakob zum Lernen vollgeschrieben hatte. Die Nachahmung des Vaters, die fortan sein Gefühlsleben kennzeichnen sollte, hatte begonnen, und zwar, nicht ungewöhnlich, als Antwort auf das Problem geschwisterlicher Eifersucht. Doch selbst nach Hermann Jakobs Tod darf man sich den Goetheschen Haushalt nicht klein vorstellen, gab es jetzt auch niemanden mehr, der die einzigartige Position des ältesten Sohnes bedrohte: Es gab zwei Hausangestellte, eine Köchin und einen Diener, es gab den Hausgast Heinrich Philipp Moritz, einen Frankfurter Diplomaten, dem Goethes Vater, nach dem Abzug Thorancs, den ersten Stock seines Hauses vermietet hatte, in der Hoffnung, vor weiteren Einquartierungen verschont zu bleiben, und es gab Caspar Goethes Mündel, den verwirrten Dr. Johann David Balthasar Clauer, der nach dem Studium in geistige Umnachtung gefallen war und dreißig Jahre lang in der Familie lebte. Er nahm gern Diktate des jungen Wolfgang auf, wie dieser ihm wohl gerne diktierte. Irgendwann zwischen 1768 und 1770 zeichnete Wolfgang ein – von einem Zeichenlehrer stark korrigiertes – Porträt Clauers, wie er schwermütig in einem Morgenmantel dasitzt. Rechnen wir dazu die zahlreichen Privatlehrer, das Kommen und Gehen während der Einquartierung Thorancs, Johann Caspar Goethes vierzehntägige Treffen mit Gelehrten und Sammlern und den Kreis der Freundinnen seiner Frau, so wird klar, daß ein Goethekind, obwohl es nicht die Schule besuchte, in einer offenen und geselligen Atmosphäre aufwuchs, auch wenn es sich hauptsächlich mit Erwachsenen unterhielt. Mit seinen Altersgenossen stand Goethe, wenn wir der Schilderung in *Dichtung und Wahrheit* glauben dürfen, im allgemeinen nicht auf gutem Fuße; anders als die ältere Generation, die seine muntere Frühreife goutierte, fanden seine Kameraden, vielleicht sogar der künftige Theologe Johann Jakob Griesbach (1745–1812), ihn zu altklug, zu gespreizt und zu kühl, auch wenn es schließlich doch einige tüchtige Raufhändel gab (bei denen Wolfgang vorzugsweise den Unparteiischen spielte).

Ein junger Mann, der sich von seiner Mutter jeden Morgen drei verschiedene Garnituren Kleider bereitlegen läßt, um in Ruhe seine Auswahl treffen zu können, wird in keinem Jahrhundert besonders beliebt sein. Aber zu ein oder zwei Menschen wuchs doch eine enge Freundschaft, namentlich zu Johann Adam Horn (1749–1806) und vor allem zu seiner geliebten Cornelia. Bruder und Schwester hatten bedingsloses Vertrauen zueinander und erstatteten sich sogar Bericht über ihre Studien und über die Bücher, die sie lasen. Bei der Erörterung ihrer Beziehung im Lichte der späteren, unglücklichen Ehe Cornelias mit dem elf Jahre älteren Johann Georg Schlosser (1739–1799), dem jüngeren Sohn einer Frankfurter Juristenfamilie, betont Goethe in *Dichtung und Wahrheit*, wie wenig an solchen Dingen «das Mitteilbare» und wie vieles «zwischen diese Zeilen hineinzulesen» sei. Er scheint sagen zu wollen, daß die ehelichen Schwierigkeiten seiner Schwester weder von ihrem unschönen Aussehen und ihrem schlechten Teint herrührten, auf die er wiederholt zu sprechen kommt, noch auch von ihrem vollkommenen Mangel an Sinnlichkeit, wie er es nennt, sondern daher, daß es nur einen einzigen Mann in der Welt gab, den sie lieben konnte: den einzigen Mann, den sie nicht lieben durfte, ihren Bruder. Gewiß hat wohl keine Intimität ihres späteren Lebens herangereicht an den Kindheitszauber der gemeinsamen heimlichen Lektüre von Klopstocks *Messias*, die der Vater, laut *Dichtung und Wahrheit*, mit der Gottschedschen Begründung verboten hatte, was sich nicht reime, sei keine Dichtung.

Man fragt sich, ob Caspar Goethe wirklich ein solcher Feind Klopstocks war. Im allgemeinen scheint er mehr auf Fleiß, Ordnung, gutes Beispiel und positive Führung gesetzt zu haben als auf Einschränkung und Verbot, und als sein Sohn ins Jünglingsalter kam, durfte er im großen und ganzen nach Belieben in der Stadt umherstreifen. Bis zum Abzug der französischen Garnison nach dem Friedensschluß zu Hubertusburg, der Anfang 1763 den Siebenjährigen Krieg beendete, gab es ein französisches Theater in der Stadt, und Großvater Textor schenkte Wolfgang ein permanentes Freibillett. Man führte Komödien wie Tragödien auf, was für die Französischkenntnisse des jungen Goethe sehr von Vorteil war, und in den Amateurdarbietungen, die der Freund seines Vaters, der Jurist und künftige Bürgermeister Johann Daniel Olenschlager (1711–1778), gerne von seinen Kindern zu Hause aufführen ließ, spielte er in Racines *Britannicus* den Nero. Das Jahr 1763 war eine Zeit der Selbstfindung für Wolfgang, der an Ostern konfirmiert wurde. Er und Johann Adam Horn waren bald der Mittelpunkt einer Gruppe von Freunden mit literarischen Interessen, die entweder zu Hause oder, sonntags, im Auditorium des Gymnasiums zusammentrafen, um sich ihre Werke vorzulesen – und Erfrischungen zu sich zu nehmen, deren Kosten Caspar Goethe übernahm und sorgfältig in seine Bücher eintrug. Der jüngere Goethe begann indes um diese Zeit, aus seinen Talenten kommerziell Profit zu schla-

gen, indem er auf Bestellung jene Gelegenheitsverse schrieb, die ein nicht
unwichtiger Bestandteil des deutschen Gesellschaftslebens – eher als des englischen – waren und sind. Durch diese Aufträge, und die mit ihnen bezahlten
Vergnügungen, wuchs sein Bekanntenkreis über die familiären Verbindungen hinaus und stürzte ihn mit 14 Jahren in sein erstes Liebesabenteuer, das
in seiner Autobiographie ausführlich beschrieben wird und ganz harmlos
gewesen wäre, hätte es nicht eine Gruppe mit betroffen, die sich gewisse
Amtsvergehen in der Stadtverwaltung hatte zuschulden kommen lassen. Ob
es zu dieser Zeit wirklich eine feste Bindung an ein Mädchen gab, ob sie
wirklich Gretchen hieß, ob man den umständlichen Einzelheiten von Goethes Erzählung irgend Glauben schenken darf und ob insbesondere die Auf-
deckung des Skandals wirklich mit der Krönung Josephs II. am 3. April 1764
zusammenfiel – das alles ist mehr oder minder stark zu bezweifeln. Sicher
ist jedenfalls, daß von Herbst 1763 an alles, was Goethe und irgend jemand
sonst in Frankfurt tat, schon von der Erwartung der bevorstehenden Feierlichkeiten überstrahlt war. Die einleitenden diplomatischen Verhandlungen
im Januar; der stolze Ernst, womit die Frankfurter Bürger sich auf ihre traditionelle Rolle als Gastgeber und Hüter des großen Ereignisses rüsteten;
die Ankunft der prächtig gekleideten Kurfürsten oder, bei weltlichen Fürsten, denen man nicht zumuten durfte, persönlich zu kommen, ihrer Botschafter; die Wahl selber, eine reine Formsache, bevor Kaiser Franz I. und
sein Sohn in einer goldenen Kutsche inmitten einer stilvollen Prozession in
die Stadt einzogen; die Feierlichkeit des Krönungstages; der Anblick der
Kronjuwelen, die eigens zu diesem Anlaß aus Aachen und Nürnberg überbracht worden waren; das unerhörte Menschengewimmel in der Stadt; die
Festlichkeiten und Illuminationen, der gebratene Ochse und die kostenlosen
Würste, der Genuß des ältesten Familienweins – dies alles summierte sich
zu der denkwürdigsten öffentlichen Veranstaltung in Goethes Leben, jedenfalls der bezeichnendsten für das alte kaiserliche Deutschland, dem er angehörte; und insoweit ist der symbolische Charakter, den Goethe ihr in *Dichtung und Wahrheit* verleiht, durchaus gerechtfertigt. Daß sie wohl mit einer
Herzensaffäre zusammengefallen sein mag, ist aus der Zuneigung zu schließ-
en, die Cornelia Anfang 1764 zu einem durchreisenden Engländer namens
Harry Lupton faßte; es wäre nur natürlich gewesen, wenn das jüngste Beispiel ihres Bruders Cornelia diese Zuneigung eingegeben hätte. Es gibt Anhaltspunkte dafür, daß im Mai jenes Jahres in der Tat eine offizielle Untersuchung gewisser Unregelmäßigkeiten von der Art begann, wie Goethe sie
beschreibt, und sein persönlicher Ruf scheint durch jenen Vorfall gelitten zu
haben, der für den Enkel des Schultheißen peinlich war, auch wenn er sich
anscheinend kein schlimmeres Vergehen hatte zuschulden kommen lassen,
als die ganze Nacht hindurch aufzubleiben und Kaffee zu trinken. Ende Mai,
und vielleicht auf Betreiben des Vaters, bewarb Goethe sich um Aufnahme
in eine literarische Geheimgesellschaft vornehmer junger Frankfurter, die
«Arcadische Gesellschaft zu Phylandria», wurde aber mit der Begründung

abgewiesen, «daß er der Ausschweifung und . . . andern . . . unangenehmen Fehlern . . . sehr ergeben sey».

Die Bewerbung selbst ist interessant, weil sie zum erstenmal von dem Reiz zeugt, den geheime Bruderschaften für Goethe noch lange Zeit haben sollten – ein Reiz, der wenigstens teilweise von der sozialen Randstellung seiner Familie herrührte, aus der sich sowohl die Bewerbung bei den Arkadiern als auch ihre Ablehnung erklären mag. Dieser erste erfolglose Versuch, ebenfalls ein «Vereiner» zu sein (um den Ausdruck von 1831 zu gebrauchen), ist aber auch darum interessant, weil die mit ihm verbundene Korrespondenz im wesentlichen erhalten geblieben ist. Aus ihr wird deutlich, wie unterschiedlich der Eindruck war, den Goethe, damals und später, auf die Menschen machte, die ihn kannten. Daß er reden konnte, daß er schreiben konnte, daß er für jede Überraschung in Wort und Tat gut war, daß er wußte, was von ihm erwartet wurde, und ebenso imstande war, es zu tun, wie es zu unterlassen, daß er, wenn er wollte, alles genießen konnte, sogar harte Arbeit, und daß man es mit ihm genießen würde, wenn man tat, was er wollte: soviel war auf eine knabenhafte, halbgare Weise bereits klar über diesen frühreifen 15jährigen. Aber was sollte man davon halten? Die gestrengen Arkadier, Alexis, Amintas, Myrtilus, wie ihre Übernamen lauteten, waren anfangs beeindruckt von Zitaten aus Rabener und selbstbewußter Kritik an ihren Theateraufführungen; aber im September kamen sie doch zu dem Schluß, sie hätten es mit «hochtrabenden Reden» und einem «listigen» Wortgeklingel zu tun und Goethe besitze doch «mehr ein gutes Plapperwerk als Gründlichkeit».

Im August 1764 stellte Goethe seine bisherigen literarischen Versuche zu einem 500 Seiten starken Quartband zusammen und behielt drei Jahre lang die Übung bei, auf diese Weise den Monat seiner Geburt zu begehen. Das war seine Art, die methodische Disziplin des Vaters zu übernehmen, der sich nun anschickte, seinen Sohn für das nächste Jahr auf das Studium der Rechte in Leipzig vorzubereiten, und begann, mit ihm die grundlegenden juristischen Lehrbücher durchzuarbeiten. Wolfgang entwickelte auch ein gewisses Interesse an der Philosophie, zumal an bestimmten eher spekulativen als verständlichen Aspekten Plotins. Doch waren soziale Fertigkeiten ebenso wichtig wie geistige: Die literarischen Fähigkeiten Wolfgangs durfte man als gegeben annehmen; die 1763 aufgenommenen Klavierstunden waren zwar langweilig, wurden aber noch ein Jahr lang fortgesetzt; nun war es ernstlich an der Zeit, die studentischen Künste des Fechtens und Reitens zu erlernen. Der junge Mann war jedoch weder stark noch gelenkig, im Frühling lag er krank darnieder, die Reitstunden waren nicht sonderlich erfolgreich, und das Tanzen lehnte er kategorisch ab, unter Berufung auf seine gefühlsmäßige Abneigung gegen dieses Vergnügen seit seinem unglücklichen Liebeshandel. Caspar Goethe mochte ahnen, daß seinem Sohn das Erlebnis einer ungebundeneren Existenz in der Welt gut tun werde, und nahm ihn im Juni auf eine Reise in das Kurbad Wiesbaden und nach Mainz mit. Irgendwann besuchte man auch Worms: Einige der frühesten Landschaftszeichnungen Goethes datieren wahrscheinlich von diesen Exkursionen. Als die Michaelimesse heranrückte und mit ihr der Beginn des neuen akademischen Jahres, verlangte es den 16jährigen Goethe immer ungeduldiger hinaus aus seiner Heimatstadt und nach einem neuen Leben in Sachsen, dem «Land wo man die schönste und beste Verse macht», wie Horn, der später selbst in Leipzig studierte, das Land in einem Abschiedsgruß beim letzten Treffen ihres literarischen Zirkels beschrieb. Rückblickend betrachtet, hatte die viertägige Fahrt in der Kutsche, vom 30. September bis 3. Oktober, auf immer schlechter werdenden Wegen und in Begleitung eines Frankfurter Buchhändlers, der die Messe besuchen wollte, für Goethe etwas «Fluchtartiges» – «Einbildung, man könne sich in der weiten Welt verbergen. Sich ablösen von den Menschen», bemerkte er.

In den folgenden drei Jahren war Wolfgang Frankfurt und der Familie entzogen, und so wird man an dieser Stelle eine Reflexion über sein Verhältnis zu den Eltern einschalten dürfen. Schon zu Lebzeiten ist Caspar Goethe von den Freunden seines Sohnes diffamiert worden, vor allem von dem sarkastischen Johann Heinrich Merck (1741–1791), dem er vielleicht kein Geld geliehen hat; im schlechtesten Falle hat man ihn als tyrannisch und geizig hingestellt, im besten Falle als magenkrank und phantasielos, das Verhältnis zu seinem Sohn aber als belastet und gespannt, im Gegensatz zu dem Sonnenschein, den die Mutter verbreitet habe. Das sind schwerwiegende Irrtümer, die es auszuräumen gilt. Caspar Goethe mag durch seine schwerfällige und methodische Art und im Vergleich zu seiner jungen, lebhaften Frau, die von ihrem Alter her den Kindern näherstand als ihrem Mann, auf Wolfgang und Cornelia ebenso pedantisch gewirkt haben, wie er sie ohne Zweifel manchmal zur Raserei brachte. Aber ein Pedant hätte nicht die vielleicht übertrieben interessante Schar von Hauslehrern ausgewählt, die Caspar Goethe für seine Kinder fand, oder sich so exklusiv wie er auf das Sammeln von Bildern *lebender* Maler spezialisiert, und die Melancholie, in die er zunehmend verfiel, war nicht die Krankheit eines Phantasielosen. Die Sanftmütigkeit seiner Natur offenbart sowohl der Eintrag, den er nach einem großen Fest in Venedig für den verkrüppelten Prinzen von Sachsen seinem Reisetagebuch anvertraute – daß die ganze Pracht des Balles nur eine Quelle des Schmerzes für denjenigen sein könne, welcher von der Teilnahme ausgeschlossen sei –, als natürlich auch die Betreuung des geisteskranken Clauer. Es war nicht phantasielos, dem Jungen ein Puppentheater zu schenken und damit, nach des Sohnes eigenem Eingeständnis, seine Leidenschaft für das Theater zu wecken; wohl aber war es der böseste Dienst, den Wolfgang dem Ruf seines Vaters erweisen konnte, dieses Geschenk nicht ihm, sondern der Großmutter zuzuschreiben. Die Leiern in Caspar Goethes Wappen, ganz abgesehen von dem Stellenwert der Musik und des Zeichnens in seinem Lehrplan, sollten ausreichend deutlich machen, daß die angelegentliche Sorge um die Erziehung seines Sohnes sich nicht auf die Vermittlung von Buchwissen oder die Grundlegung einer soliden akademischen Laufbahn beschränkte. Er vergötterte seinen Sohn, er lebte für ihn und in ihm, und das betraf auch seine literarische Betätigung – von den Tagen, wo er ihn mit den ersten Gedichten und Übungsheften beauftragte, bis in sein Alter, wo er mit Wolfgang die ersten Akte des *Egmont* diskutierte und ihn zur Beendigung des Stückes antrieb. Welch anderer Grund als die Anpassungsfähigkeit der Liebe vermag zu erklären, daß er noch als Mann von Mitte sechzig, der den Reim bevorzugte, seiner Bibliothek die Werke der Frankfurter Sturm-und-Drang-Autoren einverleibte und für deren Festivitäten in seinem Hause aufkam, oder gar, daß er 1777 mit seiner Frau eine öffentliche Lesung aus Klopstocks *Messias* besuchte? Hätte er nach 1770 die Schriftstellerei seines Sohnes nicht für wichtiger gehalten als dessen juristischen Übungen, er hätte ihm kaum einen Sekretär gehalten, um ihn vom täglichen Schriftkram zu entlasten. Unbegründet ist insbesondere der Vorwurf des Geizes: In der Zeit von Wolfgangs Universitätsausbildung, zwischen 1765 und 1773, gab sein Vater durchschnittlich 1.000 Gulden pro Jahr für ihn aus, zuzeiten fast die Hälfte seiner jährlichen Einkünfte. Zwar bewirtete er selten Gäste, aber wenn er es tat, dann immer verschwenderisch. Wenn sein Sohn, der mehr als einmal von den eigenen Werken als Fragmenten spricht, vom Vater sagt: «Was das Vollbringen betrifft, darin hatte [er] eine besondere Hartnäckigkeit», so ist das offenkundig keine Untugend. Und auch für seine Geduld sei ein gutes Wort eingelegt; nicht nur sein Unterricht zeugt von ihr, sondern auch der Umstand, daß wir aus keiner Quelle etwas von willkürlicher oder irrationaler Disziplinierung eines Jugendlichen hören, der zuzeiten über die Maßen unausstehlich gewesen sein muß. Wenn überhaupt, war das Verhältnis zwischen Vater und Sohn besser, als es gewöhnlich der Fall ist, und es gibt absolut keine Rechtfertigung dafür, Johann Caspar Goethe als den typischen deutschen Haustyrannen hinzustellen, den man aus den verkappten Vatermord-Dramen eines Schiller oder Hebbel kennt. (Das dichterische Werk seines Sohnes ist von dieser speziellen Obsession seiner Zeitgenossen mit ihren Komplikationen völlig frei; die Beziehungen zwischen Eltern und Kindern in seinen Theaterstücken, Gedichten und Romanen werfen ganz andere, natürlichere Probleme auf.)

Ein junger Freund, der 1772, als der Dichter noch nicht bekannt war, nach Frankfurt kam, schrieb in sein Tagebuch: «Wir gingen in Goethes Haus; die Mutter war nur zu Haus und empfing uns, auch mich auf das bey ihr alles geltende Wort des Sohnes. Der Vater bald hernach, damit war es eben so; ich unterhielt mich mit ihm.» Und 1775, als er bereits berühmt war, wurde Goethe einer der wichtigsten Frauen seines Weimarer Lebens, Charlotte von Stein (1742–1827), aus der Ferne mit den Worten empfohlen: «O . . ., wenn Sie beobachtet hätten, wie dieser große Mann gegen seinen Vater und seine Mutter der ehrbarste und liebenswürdigste Sohn ist, so hätten Sie, ah! wahrlich so hätten Sie sich viel Mühe geben müssen, um ihn nicht 'durch das Medium der *Liebe*' zu sehen.»

Was Goethe seinen Eltern verdankte, faßte er – in einem Epigramm über seine eigene *Un*-Originalität – in einigen berühmten Zeilen zusammen, die von dem schönen Gleichgewicht zeugen, das er in der Zuneigung zu beiden gefunden hatte:

> Vom Vater hab' ich die Statur,
> Des Lebens ernstes Führen,
> Von Mütterchen die Frohnatur
> Und Lust zu fabulieren.

Freilich darf man sich von den blendenderen Gaben, die Goethe dem Einfluß seiner Mutter zuschreibt, nicht zu der Ansicht eines späteren Besuchers verleiten lassen, der über Catharina Elisabeth sagte: «Nun begreife ich recht gut, wie Goethe Goethe ward.» Ihr überschwengliches, aber mütterliches Temperament, ihre Liebe zum Theater und zum Theaterspielen (und zu Schauspielern und Autoren), ihre Verbindung von praktischer Häuslichkeit (die sich nicht auf das Finanzielle erstreckte) mit offener Gemütswärme, ihr genuines Erzähltalent und ihr beweglicher und unglaublich heterographischer Briefstil, ihr ungespielter Mangel an Respekt vor Persönlichkeiten, ihre Bereitschaft, jeden in die Arme zu schließen, sei's eine Herzoginwitwe, sei's ein mittelloser Skribent, der ihr Nachrichten von ihrem Sohn überbrachte, ihr altmodischer Glaube an die Vorsehung statt an eine spezifisch christliche Hoffnung und ihre Ungeduld mit theologischen Neuerern – das alles sind Eigenschaften, die in ihrem Sohne fortleben, auch wo sie durch eine größere Nähe zum Vater gedämpft oder in ihr Gegenteil verkehrt sind, und es sind Eigenschaften, die auf deutsche Literaten ihrer eigenen wie späterer Generationen höchst reizvoll wirkten. Das Goldene Zeitalter ihres Lebens war die Periode des Sturm und Drang in Frankfurt nach 1770, als ihr Haus, wie sie sich ausdrückte, «von oben bis unten mit schönen Geistern vollgepfropft» war, die oft die halbe Nacht aufblieben, schwatzten, stritten, lasen, improvisierten. Wieland, Merck, Lavater, sie alle waren ihr «lieber Sohn» für sie, denn sie alle waren Freunde ihres einzigen Sohnes, und sie war für alle «Mutter Aja», nach der Mutter der vier Haimonskinder in der volkstümlichen deutschen Version dieser alten französischen Romanze. (Daß Johann Caspar Goethe diesen Spitznamen auch in seinen Geschäftsbüchern benutzte, ist ein weiteres Zeichen für seine liebevolle Empfänglichkeit.) Vielleicht kann man in ihrem phantasievollen Gemüt und ihren künstlerischen Neigungen Spuren ihrer Abstammung von Lucas Cranach dem Älteren erkennen. Ihre überwältigende Liebe und Bewunderung begründete fraglos das prachtvolle Selbstbewußtsein ihres Sohnes, muß aber nicht leicht zu ertragen gewesen sein, und sobald er das Erwachsenenalter erreicht hatte, gefährdete es eben jene Autonomie, die es gestiftet hatte. Goethes Beziehung zur Mutter darf nicht einfach zum Idyll stilisiert werden. Nachdem er Frankfurt verlassen hatte, besuchte Goethe seine Mutter in dreißig Jahren nur noch dreimal – allerdings dauerte der lebhafte Briefwechsel zwischen ihnen an – und lud sie auch niemals ernst-

haft nach Weimar ein: das war seine Welt, und es beweist die Stärke eines
ansonsten vielleicht allzu demonstrativen Charakters, daß Catharina Elisabeth das Los der Mutter akzeptierte, zurückzubleiben.

Mütterliche Briefe aus Frankfurt mit der Ermahnung, sich ja im Winter
warm anzuziehen, oder, bei Diskussionen über Politik, der aufreizende «Vaterton» (den Goethe in einer der wenigen Äußerungen seines Unmuts über
den Reichsrat beklagt haben soll) – sie störten beide den Ehrgeiz des Sohnes,
wie sein Vater zu werden. Dieser Ehrgeiz aber konnte kaum zum psychologischen Melodram ausarten, weil er von Anfang an von Johann Caspar
Goethe selbst geteilt und genährt worden war:

> Meinem Vater war sein eigner Lebensgang bis dahin ziemlich nach Wunsch gelungen
> [überall in *Dichtung und Wahrheit* spielt Goethe die Bedeutung herunter, die für sei-
> nen Vater und für die ganze Familie die Enttäuschungen der 1740er Jahre hatten]; ich
> sollte denselben Weg gehen, aber bequemer und weiter. Er schätzte meine angeborenen
> Gaben um so mehr, als sie ihm mangelten: denn er hatte alles nur durch unsäglichen
> Fleiß, Anhaltsamkeit und Wiederholung erworben. Er versicherte mir öfters, früher
> und später, im Ernst und Scherz, daß er mit meinen Anlagen sich ganz anders würde
> benommen, und nicht so liederlich damit würde gewirtschaftet haben.

Der Weg, den Johann Caspar Goethe vorgesehen hatte und von dem ihn kein
Bitten und Betteln des Sohnes abbringen konnte, war folgender: Jurastudium
in Leipzig, Promotion an einer der anderen Universitäten, die der Vater besucht hatte, praktische Ausbildung an einer der Institutionen des Reichs,
etwa dem Reichskammergericht in Wetzlar, und irgendwann die große Bildungsreise nach Italien, die der Höhepunkt seines eigenen Lebens gewesen
war und in seinen Augen erst den kultivierten Mann ausmachte (der wohl
dann, wie er selbst, gerüstet für den Eintritt in die Ehe war). Das ist auch
wirklich, mit Verzögerungen, Kehrtwendungen und kürzeren oder längeren
nicht vorgesehenen Pausen, der Weg, den Goethes Bildung nahm, selbst nach
dem Tode seines Vaters. In der späteren Deutung durch das Genie erhalten
sowohl die Auflehnung gegen den väterlichen Willen als auch endlich der
Gehorsam gegen ihn einen überindividuellen Sinn, der sich in Werken der
Literatur manifestiert. Im Falle des ersten Schrittes, nach Leipzig, war dieser
Willenskonflikt nicht sehr gravierend. Goethe behauptet in seiner Autobiographie, sein eigener Wunsch sei gewesen, Geschichte und Klassische Philologie in Göttingen zu studieren, der Hochburg der modernen Gelehrsamkeit.
Aber die Begründung für diesen Wunsch beweist, daß er sich noch nicht
wirklich von dem Lebensplan seines Vaters emanzipiert hatte. Er hatte, mit
Recht, den Eindruck, daß das Leben in Frankfurt – zumal seines Vaters Leben
in Frankfurt – damals weit entfernt war von der stärksten Strömung im nationalen Leben Deutschlands. Er wollte, soweit er es vermochte, seiner Nation dienen, aber er hatte, wiederum mit Recht, den Eindruck, daß die meisten seiner Altersgenossen, die demselben Ideal anhingen, es dahin bringen
würden, diesem Ideal durch das Studium der neuen Wissensgebiete an der
neuen Universität nahezukommen, und durch jene Karriere, zu der dieses

Studium voraussichtlich führte: «einer akademischen Lehrstelle . . ., welche mir das Wünschenswerteste schien für einen jungen Mann, der sich selbst auszubilden und zur Bildung anderer beizutragen gedachte.» Aber was war dieser Wunsch anderes als die Hoffnung seines Vaters auf ein Leben im Staatsdienst, die der Tod Karls VII. vereitelt hatte? Und wenn die Zwecke letzten Endes nicht von denen des Vaters differierten, war es dann nötig, über die Mittel zu streiten? Goethe behauptet, er habe sich mit Leipzig versöhnt, indem er den festen Entschluß faßte, das Fach zu wechseln, sobald er dort angekommen war; aber als es soweit war, leistete er keinen großen Widerstand und oblag drei Jahre lang dem Jurastudium – wenn auch ohne besonderen Eifer.

Ein ausgebrannter Fall?
1765–1770

Leipzig, wo Goethe mitten im Trubel der Michaelimesse 1765 ankam, war nicht so verschieden von Frankfurt, daß es als Stadt völlig fremd gewesen wäre, aber doch aufregend genug für einen jungen Mann, der zum erstenmal auf sich gestellt und gesonnen war, sich von Leipzigs Spitznamen «Klein-Paris» beeindrucken zu lassen. Was Leipzig von Frankfurt unterschied, war natürlich die Universität – ein neuartiger Aspekt in der ansonsten vergleichbaren Atmosphäre mochten für ihn die Klagen der ärmeren Studenten in billigeren, meist ebenerdigen Wohnungen sein, die für diese zwei Wochen in Dachkammern umziehen mußten, um den Händlern Platz zu machen – sowie, wichtiger noch und damit zusammenhängend, der Umstand, daß es keine Freie Stadt war. Die Wahl des etwa 100 Kilometer entfernten Dresdens zur kurfürstlich sächsischen Residenzstadt hatte zwar den Bürgern Leipzigs freiere Hand gelassen, als sie beispielsweise die Bürger Münchens genossen, aber die Spuren eines absolutistischen Barockregimes waren doch nicht zu übersehen und waren auch nicht durchweg unsympathisch. Die alte Stadt mit den hohen, rot und hellgrün gestrichenen Häusern, rings um einen Marktplatz von einer Geräumigkeit, die in Frankfurt undenkbar war, hatte zwar nur ein Drittel der Fläche von Goethes Heimatstadt, aber die Einwohnerzahl war mit 30.000 fast genauso groß; denn frei von der Notwendigkeit des Stadtstaates, stolz auf seine militärische Unabhängigkeit zu pochen, hatte Leipzig seine Befestigungsanlagen geschleift, und seine eleganten, gärtenreichen Vororte waren ins Grüne hinausgewachsen. An der Stelle der alten Mauern verliefen nun baumgesäumte Alleen, ein beliebter Spazierweg für die vornehme Welt, wenn der sommerliche Staub es zuließ, und im alten Schloß leitete Professor Adam Friedrich Oeser (1717–1799) die «Zeichnungs- Malerey- und Architektur Akademie», wo er (wiederum formuliert es *Dichtung und Wahrheit* äußerst exakt) «das Evangelium des Schönen, mehr noch des Geschmackvollen und Angenehmen» predigte, das von seinem bedeutendsten

Schüler, Winckelmann, auf ihn gekommen war. Oeser war wegen seiner pastoralen, allegorischen und mythologischen Innenausstattung öffentlicher und höfischer Bauten sowie privater Villen sehr gefragt. Das gestrenge Frankfurt beherbergte nach dem Abzug des französischen Theaters nur sporadisch Wanderschauspieler, wie etwa jene, welche während Goethes Abwesenheit 1767 (am 250. Jahrestag der Reformation) derartig viel Anstoß mit ihrer Darbietung über *Das lastervolle Leben und erschröckliche Ende des weltberühmten Erzzauberers Doctoris Joannis Fausti, professoris theologiae Wittenbergensis* erregt hatten, daß der Rat der Stadt sich bei der theologischen Fakultät der Universität Wittenberg für die Aufführung entschuldigen mußte. Leipzig aber, ebenso gut lutherisch wie Frankfurt, erfreute sich regelmäßiger Gastspiele der offiziellen Theatertruppe des (katholischen) Hofes zu Dresden, die seit dem 18. Oktober 1766 über ein ständiges Schauspielhaus verfügte, in dem man weniger umstrittene Stücke aufführen konnte, von Autoren wie Lessing (*Miss Sara Sampson* und später *Minna von Barnhelm*), Lillo (*The London Merchant*) und Otway (*Venice Preserv'd*). Die jährliche Subvention der Truppe in Höhe von 12.000 Gulden ermöglichte niedrige Eintrittspreise, die so manchen Studenten verlocken mochten, aus dem 30 Kilometer entfernten, pietistischen Halle herüberzureiten. Das Fehlen des Hofes war also der wesentliche Einfluß, der für den Ton in Leipzig, für die dortigen Moden und Vergnügungen ausschlaggebend war; vom Leipziger Stutzer hieß es gar, er habe einen typischen, gestelzten Gang. Davon blieb auch die Universität nicht unberührt, die doch von Dresden aus verwaltet wurde. Der satirische Rabener nannte als die wichtigsten Fächer, die man im galanten Leipzig studierte, das Frisieren, das Lackieren, das Reinigen der Wäsche von Tintenflecken und den Scherenschnitt. Gellerts lebenslanger Kreuzzug für die Schicklichkeit spiegelte gewiß eine geistige Höfischkeit: eine weltlichere Spielart hiervon war die Höfischkeit des Höflings und Professors Rat Johann Gottlob Böhme (1717–1780), dessen Arbeiten als Historiograph ihm eines der bekanntesten Landhäuser der Gegend (mit Deckengemälden von Oeser) eintrugen, auf einem Grundstück, das eine halbe Fahrstunde vor der Stadt lag. Caspar Goethe, für den nur das Beste gut genug war, sorgte dafür, daß Goethe bei seiner Ankunft in Leipzig der Obhut des Rats Böhme empfohlen wurde, der sich seiner ersten Pflichten barsch und unverblümt entledigte, indem er von dem geplanten Wechsel des Studienfachs nichts wissen wollte. Die vage Aussicht, später immer noch zur Altphilologie übergehen zu können, wenn er es wollte, war ausreichend, den jungen Goethe für das Studium der Rechte zu retten. Immerhin rang er Böhme die widerstrebend gegebene Erlaubnis ab, die Vorlesungen Gellerts über Literatur und sein Praktikum besuchen zu dürfen. Und mit oder ohne Erlaubnis – die er freilich bei der Einstellung des Vaters in dieser Frage kaum brauchte – war der angehende Jurist in den reichlichen Mußestunden, die drei bis sechs Vorlesungen und eine Übung ihm ließen, ein gewissenhafter Schüler an Professor Oesers «Zeichnungs-Akademie». Goethe hat sein Leben lang gezeichnet, vorzugsweise mit Bleistift,

Kohle, Kreide und kolorierter Tinte – es ist vielleicht zu bedauern, daß er so wenig in Aquarell arbeitete. Seine ersten erhaltenen Zeichnungen sind brauchbar ausgeführte, wenngleich etwas überzeichnete Porträts von Köpfen und einige überladene Theaterszenen. Die ersten ernsthaften Landschaften erscheinen als Kopien von Vorlagen, die Oeser ihm gab, und in den wenigen frühen Radierungen in konventioneller, aber schon andeutungsweise malerischer Manier. Seine besonders hervortretende Eigenschaft, in einigen rasch hingeworfenen Skizzen erkennbar, ist ein ausgeprägter Sinn für Haltung und Bewegung, der ihm denn auch den Weg zu künftigen Leistungen wies. Das alte Schloß, in dem er viele dieser ersten Versuche unternommen haben muß, war zugleich ein wichtiger Treffpunkt der Gesellschaft, und Oeser und seine Familie wurden bald enge Freunde dieses reichen und begabten jungen Dilettanten mit den glänzenden Beziehungen.

Goethe war in seinem ersten Jahr in Leipzig erregend und auftrumpfend, zaghaft und verletzlich, wie es erste Semester fast immer und überall zu sein pflegen. Begeistert berichtete er nach Hause von den neuen Eindrücken – «sie können nicht glauben was es eine schöne Sache um einen solchen Professor ist . . ., ut nullos praeter honores Professurae alios sitiam [mich dürstet nach keinen anderen Ehren als denen einer Professur]» – und erkundigte sich bei seinen Frankfurter Freunden an anderen Universitäten nach ihren Erlebnissen, während er zugleich mit den eigenen prahlte: Er gewöhnt sich ans Biertrinken; er hat Gellert gesehen und Gottsched, der mit 65 eine 19jährige geheiratet hat, die drei Fuß kleiner ist als er; was das Essen betrifft, wird ihm jetzt nichts so Gewöhnliches wie Rind- oder Schweinefleisch vorgesetzt, jetzt speist er Gänse, Schnepfen oder Forellen im Haus des Medizinprofessors Christian Gottlieb Ludwig (1709–1773), der, nach der üblichen Praxis deutscher Universitäten, einen Mittagstisch unterhält, an dem Goethe (auf eigene Kosten) ißt. Es gab auch so viele geistige Anregungen: Vielleicht unter dem Eindruck der vielen Studenten der Medizin und Naturwissenschaft an Professor Ludwigs Mittagstisch beschloß Goethe, die Mathematik- und Physikvorlesungen Johann Heinrich Wincklers (1703–1770) zu besuchen, in denen er zum erstenmal einige klassische Experimente aus der Newtonschen Optik sah. Daneben gab es Gesellschaften, Konzerte und das Theater, von Schauspielerinnen ganz zu schweigen. 1766 sah er eines der großen Leipziger Talente, die Sängerin Corona Schröter (1751–1802), die er später auch persönlich kennenlernte, und begegnete einem neuen Genre, das im kommerziellen (nicht im höfischen) Theater immer beliebter wurde, dem Singspiel, einer rein deutschen Form der Oper, die wenig Bühnenaufwand erfordert und in der der gesprochene Dialog von Liedern unterbrochen wird. Hatte er sich anfangs vorsichtig dagegen verwahrt, ein «Stutzer» werden zu wollen, so veräußerte er Anfang 1766 seine gesamte Frankfurter Garderobe und kleidete sich statt dessen etwas weniger aufwendig, aber modischer ein. Zugleich blieben die Bindungen an zu Hause sehr stark: Der zuversichtliche Überschwang seiner erhalten gebliebenen Leipziger Briefe, hauptsächlich an die Schwester,

scheint sich in anderen Briefen nicht niedergeschlagen zu haben, zumal nicht
in denen an Horn, die er vernichtete, als sie ihm 1828 in die Hände fielen.
Im Grunde war es ein einsames Jahr, ohne feste Freundschaften, und wenngleich die Böhmes freundlich zu ihm waren, so bereitete es ihm doch unverkennbar Vergnügen, im Geiste in Frankfurt zu sein, indem er seinen Großeltern, wie seit vielen Jahren, ein Neujahrsgedicht schrieb – auch wenn dieses,
auf das Jahr 1766, satirisch gefärbt war, wie das von einem geistreichen jungen
Kopf zu erwarten war – und zur Hochzeit eines Onkels ein mit mythologischen Figuren wohlversehenen Hochzeitsgedicht verfaßte. Noch in Frankfurt hatte er, in Alexandrinern, vier Akte seiner kunstgerecht Gottschedi-
schen Bibeltragödie *Belsazar* verfaßt, und in Leipzig griff er dieses Projekt
wieder auf. Allerdings beschloß er seltsamerweise, den fünften Akt in jenen
Blankversen abzufassen, den fortschrittliche, von Gottsched unbeeindruckte
Autoren als überaus dramentauglich empfanden und den Goethe in englischer Form im März 1766 durch die Lektüre von William Dodds Anthologie
The Beauties of Shakespeare kennenlernte. Doch fand dieses Festhalten an
kindlichen Orientierungen im Mai abrupt ein Ende, als sein Hochzeitsgedicht einem strengen Verdikt des Professors Christian August Clodius (1738–
1784) verfiel, in dessen Stilpraktikum – einem Parallelkurs zum Gellertschen
– Goethe es zur Diskussion gestellt hatte: da «entfiel mir aller Muht», wie
Goethe sagte, und ein halbes Jahr lang schrieb er überhaupt keine Verse mehr.
Etwa zu derselben Zeit kam jedoch Johann Georg Schlosser aus Frankfurt
herüber, um die Ostermesse zu besuchen, und nahm Goethe eine Weile unter
seine Fittiche (gemeinsam machten sie einen Höflichkeitsbesuch bei Gottsched, der sich ihnen zuliebe in seiner Allongeperücke zeigte). Dank dieses
Besuches machte Goethe zwei neue Bekanntschaften, die seinem Aufenthalt
in Leipzig einen ganz anderen Aspekt gaben, und die Anpassung an diese Veränderung mag das sechsmonatige Schweigen Goethes vielleicht ebensosehr
erklären wie Clodius' herbe Kritik. Schlosser führte Goethe in einen Kreis
ein, der jeden Mittag in dem hauptsächlich von Frankfurter Bürgern besuchten Gasthof des Wirtes Christian Gottlob Schönkopf (1716–1791) speiste.
Goethe empfand die neue Gesellschaft als so angenehm, daß er den Mittagstisch bei Professor Ludwig aufgab und ganz in den Schönkopfschen Haushalt
wechselte. Hier begegnete er Ernst Wolfgang Behrisch (1738–1809) und Anna
Catharina («Käthchen») Schönkopf (1746–1810), der Tochter des Hauses.

In den nächsten zwei Jahren bestimmten diese beiden Menschen Goethes
Leipziger Dasein und teilten sich dieses sozusagen untereinander auf. Zum
erstenmal erkennen wir in dieser Zeit an Goethe eine eigentümliche Dualität,
die für sein ganzes Leben und sogar für seinen posthumen Ruf kennzeichnend war. Wer ihm ferne steht oder ihn nur flüchtig kennt, ist von seinem
scheinbar gefühllosen Hochmut abgestoßen. Wer ihm nahesteht, wird unwiderstehlich angezogen von der Wärme und dem Schwung einer unabhängigen und unverfälschten Persönlichkeit. In einer gewissen Weise tat Goethe
sich unter seinen 600 Altersgenossen auf die übliche Studentenart hervor: Er

kleidete sich auffallend, war ein vernichtender Widersacher im Gespräch, gehörte zu den Haupträdelsführern des üblichen Klamauks vor den Vorlesungen, verkehrte in zweifelhaften Lokalen und umwarb eine (nicht näher bekannte) Dame der Gesellschaft von lockerem Lebenswandel. Behrisch aber gab dieser öffentlichen Charaktermaske die besondere Note: die Verachtung des Höflings für das Publikum, vor dem er agierte. Denn der sardonische und launenhafte Behrisch, der in Leipzig Goethes bester Freund wurde, war gar kein Student, sondern Hofmeister des Grafen Lindenau, des Sohnes des Oberhofstallmeisters in Dresden, und er zeichnete sich vor der akademischen Welt durch die ironisch zur Schau gestellte Exquisitheit seines Geschmacks in Dingen der Literatur, der Etikette und der Mode aus, speziell aber durch seinen Abscheu gegen Gedrucktes und das Gedrucktwerden: Er schrieb eine schöne Handschrift und machte seinen Kult der Kalligraphie zum Vehikel einer ihm selbst in ihrer sozialen Bedingtheit wohl nicht bewußten Feindseligkeit gegen die mittelständische Leipziger Welt, die Bürger wie die Professoren. In einer Hinsicht freilich konnte der junge Goethe fast nicht umhin, Aufsehen zu erregen: Mit einem monatlichen Wechsel von 100 Gulden verfügte er wenigstens über doppelt soviel Geld, als ein Student auch an den teuersten Universitäten benötigte. So sind Urteile wie die folgenden nicht zu verwundern: «Er war zu unserer Zeit in Leipzig und ein Geck»; «habe ich ... ihm ... nichts weniger zugetraut, als daß er einmahlen das geringste Aufsehen bey der Litteratur machen würde»; «er ward ungemein aufgeblaßen»; «Ich war zwar nicht so glücklich, in die Zahl seiner auserwählten Freunde zu gehören, aber ich ... sah manche seiner Jugendstreiche und ärgerte mich oft, wenn ich seine bisweilen abenteuerlichen Einfälle von den Commilitonen, als ein Non plus ultra von Witz, belachen und beklatschen hörte.» Doch wenn Behrisch nicht gewesen wäre, wüßte man kaum anzugeben, woher Goethes wenig beneidenswerter Ruf in der Gesellschaft rührte: Getreu den väterlichen Instruktionen, mied er das Glücksspiel; tanzen mochte er nicht, weil seine Ungelenkheit ihm peinlich war; in einem Brief schreibt er einmal die offenkundige Unwahrheit, er sei «besoffen wie eine Bestie»; und die Reit- und Fechtstunden, die er in den letzten Monaten in Frankfurt genommen hatte, trugen wenig Früchte: Wir erfahren nur von einem einzigen, ganz harmlosen Duell und davon, daß er einmal von einem scheuenden Pferd fiel, oder besser gesagt: absprang. Der Mut, den er hierbei bewies, ist aufschlußreich, und Goethes eigene Schilderung seines Leipziger Lebens, die er Cornelia nach einem Jahr Aufenthalt in der Stadt gibt, beweist, daß an diesem jungen Spund mehr dran war, als seine Kommilitonen merkten:

Nichtsdestoweniger lebe ich so vergnügt und ruhig als möglich, ich habe einen Freund an dem Hofmeister des Grafen von Lindenau, der aus eben den Ursachen wie ich, aus der großen Welt entfernt worden ist. Wir trösten uns mit einander, indem wir in unserm Auerbachs Hofe, dem Besitztume des Grafen [wo es in der Schankstube des Erdgeschosses Bilder des auf dem Weinfaß davonfliegenden Doktor Faustus aus dem 17. Jahrhundert gab], wie in einer Burg, von allen Menschen abgesondert sitzen, und ohne Misantropische Philosophen zu seyn, über die Leipziger lachen, und wehe ihnen, wenn wir einmahl unversehens aus unserem Schloß, auf sie, mit mächtiger Hand, einen Ausfall tuhn.

In Leipzig, und in der Person Behrischs, lernte Goethe zum erstenmal das Verführerische einer höfischen Kultur kennen, welche die Privatsache weniger Auserwählter war, die sich über die anonyme Masse der Öffentlichkeit erhoben – und diese Öffentlichkeit war, wie Leipzig besonders deutlich demonstrierte, das Werk häßlicher mechanischer Geräte wie der Druckerpresse, die laut Behrisch ihren Benutzer verkrüppelte, oder des niederen Treibens von Handel und Gewerbe.

Über den anderen Aspekt seines Lebens nach Ostern 1766 bewahrte Goethe strengstes Stillschweigen. Nicht einmal Horn, der um diese Zeit, zu Beginn des Sommersemesters, nach Leipzig kam, wurde eingeweiht, und bald war ihm der Ruf des liederlich Stutzerhaften, der Goethe in der Öffentlichkeit vorauseilte, dermaßen zuwider, daß er mit dem Freund brechen wollte. Nun, im Herbst, zog Goethe ihn ins Vertrauen, und erleichtert schrieb Horn einem gemeinsamen Bekannten,

daß wir an unserm Goethe keinen Freund verlohren haben, wie wir es fälschlich geglaubt. . . . Er liebt, es ist wahr, . . . Allein nicht jene Fräulein, mit der ich ihn im verdacht hatte. Er liebt ein Mädgen das unter seinem Stand ist, aber ein Mädgen das . . . du selbst lieben würdest, wenn du es sähest; . . . Denke dir ein Frauenzimmer, wohlgewachsen, obgleich nicht sehr groß, ein rundes freundliches, obgleich nicht außerordentlich schönes Gesicht, eine offne sanfte einnehmende Mine, viele Freimüthigkeit ohne Coquetterie, einen sehr artigen Verstand ohne die größte Erziehung gehabt zu haben. Er liebt sie sehr zärtlich, mit den vollkommen redlichen Absichten eines tugendhaften Menschen, ob er gleich weiß daß sie nie seine Frau werden kann.

Horn mußte zu dem Schluß gelangen, daß die beklagenswerte Figur, die Goethe in der Öffentlichkeit abgab, bewußte Täuschung war, um die Welt über seine Mésalliance im unklaren zu lassen. Im wesentlichen hatte er recht; aber doch nicht ganz. Die Liebe zu Käthchen Schönkopf, sein erstes ernsthaftes Liebesverhältnis, band Goethe an eine Frau, die nach Charakter und Stand Ähnlichkeit mit der Frau hatte, die er einmal heiraten sollte. Aber ebenso wie jene viel spätere Beziehung setzte die Liebschaft mit Käthchen ihn bei seinen Standesgenossen in ein schiefes Licht und vertrug sich nicht mit der Rolle und den Manierismen des Hofmannes, auf die er einen Teil seiner Persönlichkeit zugeschnitten hatte. Es war, als müsse er in sich selbst, in seinem eigenen Leben, ein Gegengewicht zu jenen Kräften schaffen, die in der Welt rings umher, bei Hofe, im Bürgertum, an der Universität am Werke waren: «Je partagerai mon hiver en trois parties égales», schrieb er Behrisch im Oktober, «entre Vous, entre ma petite et mes études [meinen Winter werde ich dreiteilen, zwischen Ihnen, meiner Kleinen und meinem Studium].» Im Herbst und Winter 1766 erfuhr der private, bürgerliche Teil von Goethes dreigeteilter Existenz eine glückliche Bereicherung durch die Bekanntschaft mit den Verlegern Gottscheds, Bernhard Christoph Breitkopf (1695–

1777) und seinem Sohn Johann Gottlieb Immanuel Breitkopf (1719–1794) (Gottsched selbst, der bei den Breitkopfs wohnte, starb im Dezember), und mit dem Kupferstecher Johann Michael Stock (1737–1773), der Anfang 1767 in das Obergeschoß eines neuen Hauses zog, das die Breitkopfs sich als Kapitalanlage neben ihrem alten Haus errichtet hatten. In diese private Sphäre, in Familien wie die Böhmes und die Oesers, die Breitkopfs und die Stocks wurde Goethe häufig und herzlich aufgenommen, zumal von den weiblichen Haushaltsmitgliedern. Frau Böhme gab sich alle Mühe, ihm das Kartenspielen beizubringen, und Frau Stock nannte den jungen Besucher, auch wenn er ihren Mann oft von der Arbeit abhielt und in irgendein Bierhaus entführte, ihren Frankfurter Struwwelpeter, dem sie gerne die Daunen aus den langen braunen Haaren kämmte (die gewöhnlich zu einem Pferdeschwanz zusammengebunden waren). Die Töchter des Hauses neckte Goethe monatelang dadurch, daß er Süßigkeiten immer nur für den kleinen Hund ihres Vaters, aber niemals für sie selber mitbrachte, um nicht ihren Zähnen oder ihrer Stimme zu schaden. Zum Ergötzen Goethes und Stocks und zur Verzweiflung der Damen vertilgte das verzogene Tier schließlich an Weihnachten das Zuckerchristkind in der Krippe. Von Stock erlernte Goethe die Grundlagen des Radierens; für die Firma Schönkopf entwarf und druckte er ein Etikett, das vielleicht für ihre Weinflaschen bestimmt war. Natürlich aß er jeden Tag bei den Schönkopfs, und an Sonntagen ging er nach dem Mittagessen ins Breitkopfsche Haus und blieb dort von 4 bis 8 Uhr. In den behaglichen Heimen jener Familien, die die Hauptlast der preußischen Kontributionen während des Siebenjährigen Krieges hatten tragen müssen – das Thema der *Minna von Barnhelm*, die 1767 herauskam und von welcher Goethe auch eine Liebhaberaufführung leitete –, lernte er endlich die in Leipzig herrschende, allgemeine Feindschaft gegen Friedrich den Großen verstehen und legte für eine Weile sein ziemlich theoretisches «Fritzisch-Gesinntsein» ab. Noch bevor er selbst die Ruinen des 1760 bombardierten Dresden gesehen hatte, schrieb er Cornelia: «Ich glaube, es ist jetzo in ganz Deutschland kein so gottloser Ort als die Residenz des Königs in Preusen.»

Die Aufgabe, ein literarisches Medium zu finden, das diese Existenz der Muße in geborgener Häuslichkeit verschmolz mit der Pose des höfischen Lebemannes, der über dem studentischen Durchschnitt stand – diese Aufgabe war schwer, und so ist es nicht verwunderlich, wenn Goethes Muse einige Monate lang schwieg. Aber etwa seit September 1766 begann er, in einem neuen Ton zu schreiben: leichte, erotische Gedichte im anakreontischen Stil, deren Thematik vage die Schwärmerei für Käthchen umspielte, deren zynische Art aber recht genau die Freundschaft mit Behrisch widerspiegelte, das Trachten nach der höfischen Weise, das Gefühl der Distanz zu den Kommilitonen. Diese Gedichte «An Annetten» entstanden langsam – zwischen September 1766 und Mai 1767 waren es nur fünfzehn –, und in der Zwischenzeit arbeitete Goethe verbissen an seinem alten Plan des *Belsazar* weiter, der erst im Frühjahr fertig wurde. Noch immer hatte er weitere Bibeltragödien vor, aber sein sich ändernder Geschmack und seine wachsende Originalität kamen deutlicher in dem Schäferstück *Die Laune des Verliebten* zur Geltung, das im Februar 1767 begonnen wurde und erkennbarer als die Gedichte an Annette von den Gefühlen getragen war, die die Beziehung zu Käthchen Schönkopf in ihm weckte. Im Juli 1767 brach Goethe mit der Gewohnheit, alle Werke des vergangenen Jahres zu einem einzigen Band zusammenzustellen, und las statt dessen in einer kleinen Klausur, wahrscheinlich vor Behrisch und Horn und vielleicht ein oder zwei weiteren Freunden, alles vor, was er bisher in Leipzig geschrieben hatte; man kam zu dem Ergebnis, daß nichts veröffentlicht werden sollte als ein Dutzend der Gedichte an Annette, von denen Behrisch ein einziges, kalligraphisches Prachtexemplar herstellen wollte. Im Oktober zog Goethe die logische Konsequenz aus dieser Entscheidung und verbrannte alle seine so praktisch gebündelten Jugendwerke sowie alles, was er in Leipzig geschrieben hatte, bis auf die «Annette»-Gedichte und *Die Laune des Verliebten*. Er bedaure zutiefst, schrieb er Cornelia, in das Brandopfer nicht auch sein erstes veröffentlichtes Werk einbeziehen zu können, die Auftragsarbeit *Poetische Gedanken von der Höllenfahrt Jesu Christi*, das 1765 in Frankfurt entstanden und in dem darauffolgenden Jahr ohne seine Genehmigung gedruckt worden war. Aus dem Bedauern mag Behrischs Ablehnung alles Druckenlassens überhaupt klingen, aber es deutet auch auf das, wovon Goethe sich befreit fühlen mußte, als seine literarische Vergangenheit in Flammen aufging: Gedichte, die auf Bestellung anderer, als schmückendes Beiwerk gesellschaftlicher Anlässe geschrieben wurden; Gedichte in der Gottschedschen Manier und überfrachtet mit dem mythologischen Apparat, den Clodius kritisiert hatte; und vor allem vielleicht Gedichte über religiöse und biblische Themen: «Dahin den auch Joseph wegen der vielen Gebete die er Zeitlebens getahn hat verdammt worden ist. . . . Es ist ein erbauliches Buch, und der Joseph hat nichts zu tuhn als zu beten. Wir haben hier manchmal über die Einfalt des Kindes gelacht das so ein frommes Werck schreiben konnte.»

Schon 1755, so erfahren wir von Goethe, hatte das furchtbare Erdbeben in Lissabon, das 40.000 Menschenleben gefordert hatte und dessen man in Frankfurt mit einem besonderen Gebetstag gedachte, seinen Gottesbegriff verdunkelt. Er behauptet auch, in seiner Kindheit aus mineralogischen Stücken einen Altar für eine Naturgottheit errichtet zu haben, aber die Theologie des 16jährigen in den *Poetischen Gedanken von der Höllenfahrt Jesu Christi* ist noch von einer gnadenlosen Orthodoxie. Als Goethe in Leipzig zum erstenmal allein war, bewogen ihn, wie er sagt, die Skrupel über seine eigene Unwürdigkeit, dem Abendmahl fernzubleiben, und er entfernte sich allmählich von der Kirche; jedenfalls bemerkte ein Zeitgenosse: «Schon . . . ließ er besondere Denkungs Arten in der Religion merken.» Wie diese ausgesehen haben mögen, erfahren wir von einer der Töchter Stocks: Sie erinnerte sich, daß Goethe, mit ihrem Vater an einer Radierung arbeitend, häufig anwesend war, wenn ein vertrockneter Magister der Theologie den Mädchen Unterricht im Vorlesen aus der Bibel erteilte:

Einmal traf es sich nun [fährt sie fort], daß wir eben mitten aus einem, ihm [Goethe] für junge Mädchen unpassend erscheinenden, Kapitel des Buches Esther laut vorlesen mußten. Ein Weilchen hatte Goethe ruhig zugehört, mit einem Male sprang er vom Arbeitstische des Vaters auf, riß mir die Bibel aus der Hand und rief dem Herrn Magister mit ganz furioser Stimme zu: Herr, wie können Sie die jungen Mädchen solche H . . .-Geschichten lesen lassen? Unser Magister zitterte und bebte, denn Goethe setzte seine Strafpredigt noch immer heftiger fort, bis die Mutter dazwischen trat und ihn zu besänftigen suchte. Der Magister stotterte etwas von: 'Alles sei Gottes Wort' heraus, worauf ihn Goethe bedeutete: Prüfet Alles, aber nur was gut und sittlich ist, behaltet. Dann schlug er das neue Testament auf, blätterte ein Weilchen darin, bis er, was er suchte, gefunden hatte. Hier Dorchen, sagte er zu meiner Schwester, das lies uns vor, das ist die Bergpredigt, da hören wir alle mit zu. Da Dorchen stotterte und vor Angst nicht lesen konnte, nahm ihr Goethe die Bibel aus der Hand, las uns das ganze Kapitel laut vor und fügte ganz erbauliche Bemerkungen hinzu, wie wir sie von unserm Magister niemals gehört hatten.

Aus diesen «besonderen Denkungsarten» spricht offensichtlich nicht der Unentschiedene oder der Heide, sondern der Mensch, der entschlossen ist, in der Religion ebenso wie in anderen Dingen seinen eigenen Weg zu gehen. Zumindest in einer Hinsicht bezeichnete das Autodafé vom Oktober 1767 eine entscheidende Wende: Goethe griff künftig in großen literarischen Werken niemals wieder auf biblische Themen zurück. Diese Entscheidung, ob bewußt oder unbewußt getroffen, war auf jeden Fall mutig – eine Absage an das Vorbild Klopstocks, des größten lebenden Dichters Deutschlands, und eine Geste der Solidarität mit dem Widersacher Klopstocks in der Kontroverse der 1750er Jahre um das angemessene Thema moderner deutscher Literatur, dem Renegaten und Heiden Winckelmann. Jeder Schüler Oesers war 1767 mehr denn je zuvor mit Winckelmann beschäftigt; denn erst ein Jahr zuvor hatte Lessings *Laokoon* sich als Generalangriff auf das Kunstverständnis Winckelmanns präsentiert. Als Lessing im Mai 1768 nach Leipzig kam, wurde er von der gesamten Akademie, auch von Goethe, geschnitten; dafür konnte man im Sommer desselben Jahres kaum die Ankunft des Meisters selbst erwarten, den sein Triumphzug auch nach Leipzig führen sollte. (An dem Tag, als Winckelmanns Ermordung bekannt wurde, schickte Oeser alle Besucher fort.) Es war aber keineswegs so, daß das Verbrennen seiner frühen Gedichte eine besonders irreligiöse Phase in Goethes Leben eingeleitet hätte. Im Gegenteil: die nächsten drei Jahre waren die einzige Zeit seines Erwachsenenlebens, in der man ihn beinahe einen Christen hätte nennen können.

Das letzte akademische Jahr in Leipzig begann für Goethe krisenhaft. An die Vernichtung der Jugendwerke schloß sich unmittelbar das Abschiedsessen für Behrisch, der seine Hofmeisterstelle in Leipzig gegen eine vornehmere beim Fürsten von Anhalt-Dessau, 60 Kilometer weiter nördlich, vertauscht hatte; und in der Beziehung zu Käthchen stand eine besonders gespannte Zeit bevor. Die Briefe, die Goethe jetzt Behrisch schrieb, bieten uns zum erstenmal die Möglichkeit, dem sprunghaften Gang dieser Romanze zu folgen, denn in den Briefen an Cornelia hatte er davon wenig erwähnt; dabei gibt es keinen Grund für die Annahme, in den vorangegangenen anderthalb Jahren habe sich die Geschichte wesentlich anders abgespielt. Es ist eine Geschichte, bestehend aus heftigem Flirten in Gesellschaft, gelegentlichen Stunden seliger Zweisamkeit, Paroxysmen der Eifersucht auf seiten Goethes und stürmischen Versöhnungen. Johann Adam Horn erkannte unbewußt die Quelle aller Reibungen, als er, in das Verhältnis eingeweiht, schrieb, Goethe verhalte sich vollkommen tugendhaft gegen das Mädchen, «ob er gleich weiß daß sie nie seine Frau werden kann». Sogar im leidenschaftlichen Alter von 18 Jahren und ganz im Gegensatz zu dem ihm vorauseilenden Ruf des Lebemannes vertrat Goethe die gesetzte, elterliche Meinung, daß Liebe und Ehe nicht zu trennen seien. Da er – wohl nicht nur aus finanziellen und sozialen Gründen (immerhin war er selber der Enkel eines Gastwirts) – nicht bereit war, die Ehe mit Käthchen in Betracht zu ziehen, war diese Beziehung für beide Teile eine sinnlose Quälerei. «So leb ich», berichtete er Behrisch im November, «fast ohne Mädgen, fast ohne Freund, halb elend; noch einen Schritt und ich binns ganz.» Die heimliche Flucht aus diesem Wirrsal im Januar oder Februar des neuen Jahres – er verbrachte zwei Wochen in Dresden, um die Gemälde der kurfürstlichen Sammlung zu besichtigen, an denen *Laokoon* sein Interesse geweckt hatte – war verständlich, gab aber auch das Muster so mancher künftigen Flucht ab, die nicht immer so folgenlos blieb. Im April 1768 beschloß man in beiderseitigem Einvernehmen ein Ende der schmerzlichen Liaison; aus der Geliebten wurde die «beste Freundinn». Goethe fand sich mit dem Verlust nicht ab und unterhielt, nach seiner Abreise aus Leipzig in demselben Jahr, eine klägliche Korrespondenz mit Käthchen, die immer jammervoller wurde, je näher Käthchens Verheiratung rückte: 1770 heiratete sie einen achtbaren Leipziger Juristen, Dr. Christian Karl Kanne, der später Vizebürgermeister von Leipzig wurde. Im Grunde genommen war Goethe in die Liebe verliebt: Käthchen war für ihn mehr eine Möglichkeit denn eine Person. Seine sexuelle Unerfahrenheit beim Weggang von Leipzig steht so fest, wie diese Dinge nun einmal feststehen können.

Unter diesen verworrenen Umständen war es dem Nachfolger Behrischs als Hofmeister des jungen Grafen Lindenau, Ernst Theodor Langer (1743–1820), ein leichtes, die «besondere Denkungsart» Goethes in der Religion auf ein spezifisch christliches Suchen, wo nicht auf den christlichen Glauben selbst, zu lenken. Langer war zwar kein Pietist – Goethe lernte ihn im Winter 1767/68 in Oesers Akademie kennen –, doch stand er den minder dogmatischen Erweckern des inneren Lichtes nahe. Sein religiöser Standpunkt scheint demjenigen Hamanns ähnlich, aber weniger bestimmt gewesen zu sein; er glaubte daran, daß die Bibel auf einzigartige Weise für alle Menschen verbindlich sei und daß man sich dem Übernatürlichen durch Analogie zum Natürlichen zu nähern habe – ein Glaube, mit dem er weder im deistischen noch im orthodoxen Lager Freunde gewann, und ein Glaube, den Goethe mit gelegentlichen Unterbrechungen sein Leben lang vertrat, nachdem er ihn von allen christlichen Implikationen gereinigt hatte. Vorderhand hielt Langer diese christlichen Implikationen jedoch für eine notwendige Konsequenz, und so steckte er seinen inoffiziellen Schüler – denn wie bei Behrisch, unterwarf Goethe sich willig der Führung des Älteren – mit dem Geist der religiösen Suche an. 1768 war Goethe für einen solchen Reiz – auf eine bedenkliche, hektische Art – empfänglich. Fast mit Sicherheit hatte er sich eine Tuberkulose zugezogen, möglicherweise bereits in Frankfurt, und seine geistige Erregung steigerte sich in dem Maße, wie seine körperlichen Kräfte verfielen. In den wenigen Tagen im Oktober 1767, in denen Behrischs Zukunft sich entschied, hatte Goethe drei lange «Oden an meinen Freund» geschrieben; das Bemerkenswerte an ihnen war weniger die Klopstocksche Manier des freien Verses, mit namentlicher Anrede des Freundes und (später auf Behrischs Wunsch getilgter) Verwünschung der Fürsten, als vielmehr das Fehlen jeder Klopstockschen Frömmigkeit und das direkte Eingehen auf die starken Gefühle des Autors für einen bestimmten Menschen. Das waren bedeutsame neue Schritte, vergleicht man die Oden mit dem, was von Goethes früheren Schriften bekannt ist, ja selbst mit den «Annette»-Gedichten. 1768 waren die Fortschritte noch rapider, und es entstanden einige kurze Gedichte, in denen das liedähnliche Versmaß der «Annette» sich verband mit der neuen Freiheit und der neuen Thematik der «Oden». Zwar kommen sie noch nicht ganz ohne eine sich selbst bespiegelnde anakreontische Geistreichelei aus, aber sie zeigen zum erstenmal einen melancholischen Zug – vielleicht als Abglanz englischer Vorbilder –, und sie spielen ernsthaft auf die Möglichkeit des nahen Todes an. Ende Juli erlitt Goethe einen schweren Blutsturz. Seine vielen Freunde pflegten ihn einen Monat lang mit rührender Hingabe, vor allem Oesers Tochter Friederike (der er aus Dankbarkeit eine kleine Sammlung seiner jüngsten Gedichte widmete); aber es war klar, daß er nach Hause zurückkehren mußte. Am 28. August, seinem 19. Geburtstag, brach er nach Frankfurt auf und ließ, mit zerrütteter Gesundheit und ohne akademischen Grad, Leipzig hinter sich. Der erste große Wendepunkt in seinem Leben – körperlich, emotional, religiös, literarisch – war erreicht.

Sie sind so lustig, sagte ein sächsischer Officier zu mir, mit dem ich den 28. Aug in Naumburg zu Nacht aß; so lustig und haben heute Leipzig verlassen. . . . Sie scheinen unpäßlich, fing er nach einer Weile an. Ich binn's würklich, versetzt ich ihm, und sehr, ich habe Blut gespien. Blut gespien, rief er, ia, da ist mir alles deutlich, da haben sie schon einen grosen Schritt aus der Welt getahn, und Leipzig mußte ihnen gleichgültig werden, weil sie es nicht mehr genießen konnten. Getroffen, sagt ich, die Furcht vor dem Verlust des Lebens, hat allen andern Schmerz erstickt.

Der andere Schmerz war natürlich der Verlust Käthchen Schönkopfs, aber nicht dieser Wunde, sondern der Todesfurcht und der drängenden Unmittelbarkeit der letzten Fragen verdankt die Zeit, die Goethe nun in Frankfurt verbrachte, ihren eigentümlich ernsten Ton. Zunächst ließ sich alles recht gut an. Goethe wurde in den sonnigen Räumen Cornelias einquartiert, und durch die Ruhe begann der Lungenschaden bald zu heilen. Während Goethes Abwesenheit in Leipzig hatte man Kontakte zu gemäßigt pietistischen Kreisen geknüpft, vor allem durch eine alte Freundin der Familie, Susanna von Klettenberg (1723–1774), eine angeheiratete Verwandte von Goethes Mutter. Fräulein von Klettenbergs Arzt, Johann Friedrich Metz, von den Pietisten um seiner alchemistischen Kenntnisse willen geschätzt, behandelte eine wahrscheinlich tuberkulöse Lymphdrüsenschwellung am Hals des Patienten zunächst mit Korrosiva und dann chirurgisch, was mehr Unbehagen als Schmerz verursachte. Spaziergänge und Ausflüge waren erlaubt, Freunde aus Leipzig kamen zu Besuch, und Goethe machte die Bekanntschaft des jungen Frankfurter Malers Georg Melchior Kraus (1733 oder 1737–1806), der soeben von einem Studienaufenthalt in Paris nach Frankfurt zurückgekehrt war und von dem Cornelia sich ein Porträt ihres englischen Freundes Harry Lupton erhoffte. Goethe begann auch, die Versammlungen der Pietisten zu besuchen: Eine neue Richtung schien sich abzuzeichnen, wenngleich Goethe gegenüber Langer sein Verhältnis zu den Gläubigen mit dem Verhältnis Abbadonas, des reuevollen (aber 1768 noch nicht gebesserten) Teufels bei Klopstock, zu dem Kreis der Engel um Golgatha verglich. Er war sich nun im klaren darüber, daß er, wenn er am Leben blieb, zum Schriftsteller bestimmt war, und verbrachte Mitte November zwei Wochen mit dem Entwurf eines neuen Stückes, *Die Mitschuldigen*, einer Komödie, die in Leipzig spielte: Ihm war aufgegangen, daß er die Last unmittelbar vergangenen Erlebens abschütteln konnte, wenn er sie in Literatur verwandelte. Aber die Wunde war tiefer, als es den Anschein hatte: Am 6. oder 7. Dezember erkrankte Goethe erneut sehr schwer, und erst Ende des Monats schien die Gefahr gebannt. Es ist anzunehmen, daß dieser Zusammenbruch nicht auf ein erneutes Auftreten der Leipziger Krankheit zurückging, sondern der erste dramatische Ausdruck von zwei Zuständen war, die Goethe für den Rest seines Lebens zu schaffen machen sollten: einer chronischen latenten Mandelentzündung und einer bei Patienten mit neurotischer Disposition besonders ausgeprägten Tendenz zur Bildung von Nierensteinen (Kalziumoxalatsteine). Der Januar brachte einen Rückfall, und erste ab Mitte Februar 1769 setzte eine stetige, aber quälend langsame Genesung ein.

«‹Wo ist er denn jetzt?›» schreibt Goethe in einem Brief an Professor Oeser vom 14. Februar 1769 über sich selbst. «Seit dem August in seiner Stube, bey welcher Gelegenheit er biss an die grosse Meerenge, wo alles durch muss, eine schöne Reise gethan hat.» Und in der Tat war es eine Zeit gewesen, in der es ums Ganze ging und der Finger Gottes in jeder neuen Wendung der Ereignisse sichtbar wurde. Goethes Mutter hatte in ihrer Verzweiflung zur Bibel gegriffen und sie bei dem tröstenden Wort aufgeschlagen: «Du solt widerumb Weinberge pflantzen an den bergen Samarie/pflantzen wird man/vnd dazu pfeiffen» (Jeremias 31, 5 in Luthers Übersetzung). Fromme Freunde waren die einzigen Besucher am Krankenbett des Jünglings gewesen, und sie waren unerschütterlich in ihrem Glauben geblieben – wofür ihnen Caspar Goethe, ansonsten kein Freund der Schwärmerei, für immer dankbar war, so daß er den Brüdern für eine Versammlung und ein Liebesfest sogar sein Haus überließ –, und ein geheimnisvolles Mittel des Dr. Metz scheint die entscheidende Wende zum Besseren gebracht zu haben. Kein Wunder, daß der Kranke in seiner Errettung das Walten eines höheren Zweckes sah: «Mich hat der Heiland endlich erhascht», schrieb er Langer im Januar. Doch in demselben Brief berichtet er uns, daß seine Seele sehr still ist, und beklagt die Schwäche seines Glaubens. Die erklärte Bindung an das Christentum dauerte 18 Monate oder weniger, doch die spirituelle Bedeutung der Reise an die große Meerenge hielt ein Leben lang vor: «das Leben bleibt immer das erste, ohne Leben ist kein genuss», hatte der sächsische Offizier in Naumburg zu ihm gesagt, und dieses Credo, zu dem er sich am 31. Januar 1769 gegenüber Käthchen Schönkopf bekannte, und nicht die Rettung durch den Heiland, von der er Langer schrieb, war der feste Glaube, der ihn in den kommenden Jahren trug. Mochte der Himmel die Absicht haben, ihn nicht, wie seinen kleinen Bruder Hermann Jakob, im Nichtsein untergehen zu lassen – seine eigene Absicht war es allemal. Seine beiden chronischen Zustände würden dafür sorgen, daß seine Gesundheit nie ganz unangefochten war, und er vergaß nie, daß er dem Tod ins Auge gesehen hatte und daß er dem Rettenden, was immer es gewesen sein mochte, sein Leben und allen Genuß verdankte. Literarische Folgen aber konnte Goethes Rückkehr aus dem Reich der Schatten erst haben, sobald er begann, seinen Dank an einen anderen, oder etwas anderes, als den Erlöser zu richten.

In dem Jahr von Goethes Genesung war freilich noch wenig von dem Genuß zu sehen, den das Leben bot. Von dem Augenblick seiner Heimkehr im Herbst 1768 sehen wir ihn ständig über Frankfurt lamentieren: Die Stadt ist «zu sehr Antithese von Leipzig . . . um viel Annehmlichkeiten für ihn zu haben», ihr fehlt die vornehmste höfische Tugend, der «goût». Johann Adam Horn, der mit seinem Studium in Leipzig ebenfalls zu Ende war, schrieb der Familie Schönkopf im April 1769: «Göthe . . . sieht immer noch ungesund aus und ist sehr stipide [lethargisch] geworden. Die Reichslufft hat ihn schon recht angesteckt.» Zudem war dieses Jahr das einzige seines Lebens, das Goethe in einer unbestreitbar gespannten und unfrohen Familienatmosphäre zubringen mußte. Sein Großvater Textor, der Schultheiß, hatte im August 1768, mitten in einer Ratssitzung, einen schweren Schlaganfall erlitten und dämmerte bis zu seinem Tode 1771 in halber Bewußtlosigkeit dahin. Belastender war ein häuslicher Streit: Das erste, worum die Mutter den heimkehrenden Sohn gebeten hatte, war die Vermittlung in dem schwelenden Konflikt zwischen der 17jährigen Cornelia und ihrem Vater gewesen, von dem Cornelia sich, wie alle 17jährigen Mädchen, zu Hause eingesperrt fühlte. Doch auch die Beziehungen zwischen Wolfgang und Johann Caspar Goethe verschlechterten sich, als Wolfgangs Gesundheit immer wieder Rückschläge erlitt und die Genesung nicht näherzurücken schien. Verletzende Worte fielen von seiten des verbitterten Vaters, dem endlich doch der Geduldsfaden riß, wie von seiten des präpotenten, stutzerhaften und frömmelnden Sohnes, den eine geängstigte Mutter, eine aufsässige Schwester und ein Schwarm gottgefälliger

Frauen hegten und pflegten. Aber wenn Wolfgang harte Worte gebrauchte, dann nicht zuletzt aus Wut und Scham über die eigene Schwäche: Mehr als einmal verglich er sich mit dem Fuchs bei Äsop, der seinen Schwanz einbüßt – ein Vergleich, bei dem zumal im Deutschen auch der Gedanke an Kastration mitschwingt. «Mann mag auch noch so gesund und starck seyn», schrieb Goethe im August 1769, «in dem verfluchten Leipzig, brennt man weg so geschwind wie eine schlechte Pechfackel. Nun, nun, das arme Füchslein, wird nach und nach sich erholen. . . . Es geht uns Mannsleuten mit unsern Kräfften, wie den Mädgen mit der Ehre, einmal zum Hencker eine Jungferschafft, fort ist sie.» Und Johann Caspar Goethes finstere Stimmung hatte eigene, komplexe Ursachen; in ihr äußerte sich nicht nur die Enttäuschung des Pädagogen über den unrühmlichen Abgang seines Sohnes von einer Universität, an der er selbst glücklich und erfolgreich gewesen war, nicht nur Ressentiment gegen das Eindringen der Religion in seinen Haushalt – die Bitterkeit entsprang auch tiefer Furcht; denn seine eigenen älteren Brüder waren mit 19 bzw. 23 Jahren gestorben. Die Angst, nicht die Eitelkeit, machte ihn reizbar. Das Jahr 1769 war für die Familie Goethe das schwierigste. Es gefährdete aber nicht ihr emotionales Fundament: Die Geschwister wuchsen noch enger zusammen («ich leide keinen Schwager», schrieb Wolfgang), und der Vater entzog ihnen trotzdem nicht seine Liebe, oder wenigstens nicht das Taschengeld, dessen pünktliche und regelmäßige Auszahlung am ehesten seiner Art entsprach, Zuneigung zu beweisen.

Zunächst hinderten weder die Rekonvaleszenz noch die Eintrübung der häuslichen Atmosphäre den jungen Goethe an geistiger Betätigung. Er las weiter die neuere Literatur, manches davon mit Zustimmung – beispielsweise Wielands freizügige Erzählung *Idris* (1768) sowie, mit Einschränkungen, Gerstenbergs *Ugolino* –, aber ohne innere Anteilnahme an den modernsten Strömungen. Er verfolgte die Kontroverse um Lessings *Laokoon*, in die nun auch Herder eingegriffen hatte, und schrieb selber über Lessings Ansichten einen kritischen Versuch, der jedoch verloren ist. Zur Vorbereitung dieses Versuchs reiste Goethe – deutlicher Beweis für die wiedererrungene körperliche und geistige Kraft – Ende Oktober 1769 nach Mannheim, um die umfangreiche kurfürstliche Sammlung von Abgüssen antiker Skulpturen, darunter auch der Laokoon-Gruppe, zu studieren; der polemische Kern seiner Argumentation dürfte gewesen sein, daß Lessing keine praktische Erfahrung mit Werken der visuellen Künste besaß und daher die Ansprüche der Dichtkunst übertrieben hatte. Seine einzigen wahren Lehrer, erklärte Goethe Anfang 1770, seien Oeser (hinter dem natürlich Winckelmann stand), Wieland und «Schäckespear», von dem er bis dahin nicht nur Wielands Übersetzungen, sondern auch einige Stücke (mit Sicherheit *As You Like It* und *The Winter's Tale*) im Original gelesen hatte. Dieser sehr sinnenfrohe Kanon unterscheidet ihn von den ideologischen Vorkämpfern einer nationalen Literatur, von den Quasi-Christen und Deisten der leibnizschen, offiziellen Kultur – von Klopstock, Lessing (für den Shakespeare eine Parole, aber kein lebendi-

5. Goethe: Selbstbildnis (?)
in seinem Frankfurter
Mansardenzimmer (1768/70)

6. J. L. E. Morgenstern:
Cornelia Goethe (um 1770)

ger Dichter war) und auch von Gellert. Das Ungestüme seiner republikanischen Gesinnung, meint Goethe, sei in Leipzig gemäßigt worden, aber er
wird diese Gesinnung nicht verleugnen, und sie wird ihn daran hindern, in
den Chor der Bewunderung über vermeintliche Barden- und Skaldenoden
einzufallen. Diese Erzeugnisse sind fraglos sehr deutsch, aber es sind rein
verbale Gebärden, denen es an Konkretheit der Phantasie, des Denkens oder
Fühlens fehlt und deren historisierender Gestus angelernt und unnatürlich
ist. Goethes eigene literarische Betätigung zu dieser Zeit sah ganz anders aus:
Er bereitete eine Auswahl der in Leipzig entstandenen Gedichte für den
Druck vor – die *Neuen Lieder* erschienen 1769 anonym bei Breitkopf, der
(als Erfinder einer beweglichen Type für den Notendruck) mehr an den
Kompositionen seines Sohnes als an den Werken Goethes interessiert war –;
und er vollendete *Die Mitschuldigen*, die er Anfang Januar 1769 umschrieb.
Doch nach dem zweiten Zusammenbruch und der entscheidenden Umorientierung auf das Christentum scheint er den bemerkenswerten raschen und
sicheren poetischen Zugriff, den er in dieser Verskomödie bewies, verloren
zu haben, so als regten die allmählich wiederkehrenden Lebensgeister sich
nicht in der Literatur, sondern in religiöser Betätigung und Reflexion. Zwar
hat Goethe in diesem Jahr der allmählichen Erholung viel geschrieben, vor
allem Theaterstücke, aber es scheint nichts abgeschlossen worden zu sein,
und Anfang 1770 veranstaltete er «ein großes Haupt-Autodafé» und verbrannte alles. Goethe urteilte später über die vernichteten Werke: «Sie schienen mir kalt, trocken und in Absicht dessen, was die Zustände des menschlichen Herzens oder Geistes ausdrücken sollte, allzu oberflächlich.» Alle
Formulierungen dieses Verdikts entstammen der Sprache der religiösen, speziell der pietistischen Innenschau.

Damals gab es in Frankfurt, nach ihrer eigenen Schätzung, rund 250 «erweckte Seelen», die sich in vier locker organisierten Gruppen zu Gebet, Gesang, Landspaziergängen und gegenseitiger Erbauung versammelten. Durchweg von lutherischem Bekenntnis, unterschieden sie sich durch die Stärke
ihrer theoretischen und praktischen Verbundenheit mit dem radikalen Pietismus des Grafen Zinzendorf und der Herrnhuter Brüdergemeine. Der
Kreis, dem der Goethesche Haushalt zuneigte, war sozusagen der respekta-
belste und den Herrnhutern am fernsten stehende; versammelte er sich doch
um den Stadtpastor D. A. Claus. Gleichwohl untersagte das Konsistorium,
das Claus des Sektierertums verdächtigte, ihm schließlich das Predigen. Der
Kontakt des jungen Goethe zu dieser Gruppe war der typische Akt einer
gemäßigten Opposition, die den offenen Bruch vermied und ebensosehr von
der Außenseiterstellung seiner Familie gegenüber dem Frankfurter Establishment wie von der eigenen Unzufriedenheit mit der «Reichslufft» seiner
Heimatstadt zeugte. Gewiß umgab auch der Reiz des Freimaurerischen diese
kleinen, halb geheimen Gesellschaften, die zwar über die Städte verstreut waren, aber durch ein dichtes Netz persönlicher Empfehlung zusammengehal-
ten worden. Die Familie Goethe hatte mit dem Kreis um Pastor Claus meh-

rere Berührungspunkte: Dr. Metz; den Hausgast Heinrich Philipp Moritz, dessen Bruder im September 1769 Goethe die Herrnhuter Gemeine in Marienborn zeigte; und Susanna von Klettenberg. Der Umgang mit dieser Frau wurde 1769 besonders eng und war für Goethe bedeutsamer als das Verhältnis zu den anderen Mitgliedern der frommen Bruderschaft. Susanna von Klettenberg war es, die meinte, ihn vor dem Zustand seiner Seele warnen zu müssen, und wenn er auch weder ihre auf Jesus fixierte Frömmigkeit noch auch ihre Überzeugung von ihrer eigenen und seiner Sündhaftigkeit teilte, sah er doch bis zu ihrem Tode 1774 zu ihr auf, als seiner Ratgeberin in weltlichen wie in geistlichen Dingen: «Sie wußte den rechten Weg gewöhnlich anzudeuten, eben weil sie ins Labyrinth von oben herabsah und nicht selbst darin befangen war.» Fräulein von Klettenberg war ein kluger, fröhlicher, ja humorvoller Mensch, doch ihre Jenseitigkeit wurzelte tief: in der patrizischen Herkunft aus einer der ältesten Familien Frankfurts, in einer schweren Krankheit in früher Kindheit, die ihre Gesundheit für immer untergraben hatte, und natürlich in ihrer religiösen Veranlagung, die sie bestimmt hatte, mit 20 Jahren eine Verlobung zu lösen und ganz der «Christ in der Freundschaft» zu werden – ein Thema, über das sie 1754 ein Buch herausgebracht hatte. Seit etwa 1757 festigte sich in ihr die Überzeugung einer besonderen Nähe zum Erlöser, und sie schloß sich enger den Herrnhuter Pietisten an, die sie bisher gemieden hatte. Gleichwohl bewahrte sie sich ihre geistige Beweglichkeit: Als sie Marienborn sah, gefiel es ihr nicht, und in ihren letzten Lebensjahren ließ sie sich gar vom Sturm und Drang beeinflussen. Ein ganzes Leben, geweiht der Beobachtung der menschlichen Seele, ihrer Wege und Abwege, einer Beobachtung aber, die keinen wesentlichen Unterschied gelten ließ zwischen Gefühlen und Handlungen und die alles, was ihr begegnete, auf ein Bewußtsein bezog, das über sich selbst und sein ewiges Wohlergehen reflektierte: das war es, was Goethe die Augen öffnete für das «Kalte, Trokkene und Oberflächliche» seiner ersten literarischen Versuche, und auch der unnachahmliche, wenngleich im Grunde einseitige Tiefsinn seiner späteren Werke hat hier seinen Ursprung. Er konnte jene großzügige Sympathie mit den Bestrebungen und Taten seiner Landsleute, zu der er von Natur aus fähig war, nicht aufbringen, er konnte ihre Welt der seinigen nicht anähneln, solange er sich nicht zuerst jenem Kult der «Innerlichkeit» geöffnet hatte, der in unterschiedlicher Spielart, teils pietistisch, teils aufgeklärt, das bezeichnende Merkmal der «offiziellen» Nationalkultur war.

Fräulein von Klettenberg konnte Goethe natürlich nicht verraten, was es rein literarisch bedeuten würde, sich von dieser Seite dem Hauptstrom der deutschen Gefühlskultur zu nähern. Das wurde ihm erst deutlich, als er in der von Winckelmann bereits vorgelebten Weise die Innerlichkeit von einem christlichen Gehalt freigemacht hatte. Aber Susanna von Klettenberg konnte ihm zeigen, wie man sich an eine nationale Bewegung anlehnte, ohne ihr zu verfallen, und wie man es fertigbrachte, ex-zentrisch zu leben. Wie ein Blick auf ihre verschiedenen religiösen Halb-Bindungen lehrt, war Susanna von

Klettenberg von Natur aus heterodox. Sie war es, die Goethe eine neuartige Lektüre erschloß, die seit Herbst 1769 sein Interesse von den jüngsten literarischen Entwicklungen abzog, die er bis dahin genau verfolgt hatte: die Randgebiete von Naturwissenschaft, Philosophie und Geschichte, Gottfried Arnolds kompromißlos individualistische Geschichte der Ketzer aller Konfessionen, vereinigt nur im Widerstand gegen das kirchliche Establishment, seine *Unparteiische Kirchen- und Ketzerhistorie* (1699–1715), sowie Bücher über Magie, Alchimie und wenigstens dem Ruf nach neuplatonische Kosmogonie, wie etwa Georg Wellings *Opus mago-cabbalisticum et theosophicum* (1735). Goethe war kurze Zeit fasziniert von diesem Gedanken eines geheimen Wissens – einem Gedanken, der auf unzulängliche Weise überindividuelle Wahrheit und individuelle Schau vermengt. Er richtete sich sein eigenes kleines alchimistisches Laboratorium ein und versuchte sich stundenlang an Kompassen, konzentrischen Kreisen, den Hierarchien der Engel und dem Höllensturz Luzifers. Es ist auch denkbar, daß er um diese Zeit zum erstenmal den Gedanken faßte, selber ein Stück über jenen Zauberer und Ketzer Doktor Faust zu schreiben, den Lessing bereits zum Nationalhelden auserkoren hatte. Dann würden diese Sympathie für den Mann, der Gott abschwor, um die Welt zu gewinnen, sowie seine Spekulationen über die Größe und Schöpfungskraft Luzifers vermuten lassen, daß Abbadona nicht länger Aufnahme in den Kreis der Engel begehrte. Arnolds *Ketzerhistorie* war ein machtvolles Gegengift gegen jede Ekklesiologie, auch die eines pietistischen Konventikels, und als Goethe am 1. Januar 1770 sein erstes Tagebuch begann, ein Sudelbuch mit dem Titel *Ephemerides*, hatte er nicht im Sinn, seine Fortschritte in der Erkenntnis des Lichts zu protokollieren, sondern wollte sich ganz prosaisch einige Notizen zu seiner Lektüre machen, aus der man bereits eine zunehmend zweifelnde Haltung gegenüber jedem Glauben erkennt, der von Vielen geteilt wird und damit potentiell etwas Wahnhaftes hat. Von der unparteiischen Geschichte von Ketzereien ist es nur ein Schritt zu Voltaires ausführlich zitierter Einschätzung religiöser Dogmen als «d'absurdes chimères», zu welchen Goethe, wie andere Stellen belegen, auch Theorien über eine Erbsünde und das Schicksal ungetaufter Kinder gerechnet hätte. Ein langes Zitat des Inhalts, daß Gott und Natur ebensowenig getrennt gedacht werden können wie Leib und Seele, oder die Bemerkung, daß den (wie Goethe) im Zeichen der Jungfrau Geborenen Gewandtheit im Schreiben eigen sei, lassen auf einen Menschen schließen, der seine Bestimmung in der natürlichen, nicht in der übernatürlichen Ordnung suchte. Die im März 1770 vorgenommene, sorgfältige Untersuchung der Gründe, die der jüdische Wolffianer Moses Mendelssohn (1729–1786) für den Glauben an die Unsterblichkeit der Seele vorbrachte, zeugt eher von den Zweifeln eines Mannes, der erst vor kurzem die Sterblichkeit des Leibes erfahren hat, als von den Gewißheiten eines Menschen, der zum ewigen Leben wiedergeboren wurde. Die körperliche Krise vom Dezember 1768 und Januar 1769 hatte mit besonderer Dringlichkeit die Frage gestellt: wollte Goethe leben, und wenn ja, wofür? Und sie hatte klar gemacht, daß jede Antwort auf diese Frage wenigstens ebensoviel Ernst, wenigstens ebensoviel Vertrautheit mit dem inneren Leben verraten mußte wie die Frömmigkeit der Herrnhuter. Aber die Krise verdunkelte auch für einige Zeit die Erkenntnis, die Goethe schon früher gegenüber Langer ausgesprochen hatte: «meine Bemühung und ziemlich gegründete Hoffnung, mit der Zeit ein guter Autor zu werden, sind jetzt, daß ich aufrichtig rede, die wichtigsten Hindernße an meiner gänzlichen Sinnesänderung.»

Wolfgang Goethe konnte auf die Dauer nicht mit einem Leben zufrieden sein, das er ziellos mit Alchimie, Zeichnen, Radieren, unvollendeten Stücken und den inneren Bewegungen der Seele vertat, und Caspar Goethes Geduld war ohnehin längst erschöpft. Nach der vorübergehenden – und unverzüglich im Keim erstickten – Hoffnung, nun doch nach Göttingen gehen zu dürfen, hatte der Sohn sich im Herbst 1769 wieder einmal den Plänen seines Vaters gebeugt. Im Frühjahr 1770 sollte er beginnen, sich auf sein Doktorexamen an der Universität Straßburg vorzubereiten, an der der Vater ebenfalls studiert hatte und die durch eine lange Tradition mit Frankfurt verbunden war. Das Hochgefühl des Neubeginns führte zu jenem zweiten «Haupt-Autodafé» seiner Jugendwerke. Die Erfahrungen, die vor ihm lagen, sollten ihn seinen Glauben kosten und durch eine Beinahe-Katastrophe die Pläne seines Vaters ein zweites Mal zunichte machen, aber sie sollten für ihn eine neue Art des Lebens und der Dichtung bestimmen, sie sollten seine Leugnung des Todes zum Ausdruck bringen, und sie sollten, durch seine Annäherung an den Hauptstrom der deutschen Literatur, deren Gang verändern.

Erste Schriften

Mit 17 hat Goethe behauptet, seit seinem 10. Lebensjahr Gedichte geschrieben zu haben, und alles deutet darauf hin, daß er sehr viel geschrieben haben muß. Aus dem wenigen aber, das die beiden großen Verbrennungen von 1767 und 1770 überlebt hat, wird ersichtlich, daß Goethe kein Rimbaud war. Er emanzipierte sich nur langsam von den literarischen Erwartungen seiner Zeit, besser gesagt: der Zeit seines Vaters. Doch wenn die Befreiung auch langsam vonstatten ging, so begann sie doch früh: Praktisch von Anbeginn war seine Dichtung eine Dichtung der Spannungen. Ferner ist bemerkenswert, daß sie nur sporadisch die gängige nationale Avantgarde – Klopstock, Gerstenberg oder auch Lessing – imitierte. Trotz seiner erklärten und aufrichtigen Lust am «Vereinen» war es Goethe doch dringender, seinen eigenen Weg zu finden. Das aber bedeutete, auszugehen vom Geschmack des Vaters, von den literarischen Vorlieben einer altmodischen Frankfurter Kindheit, in der, vom Ausnahmefall des *Messias* abgesehen, das einzige Werk der modernen deutschen Literatur, das eine bedeutende Rolle spielte, die *Insel Felsenburg* war, das natürliche Lieblingsbuch der Kinder (das neben Homerübersetzungen,

Tausendundeiner Nacht und Fénélons *Télémaque* gelesen wurde). Das bei
weitem wichtigste Buch war natürlich die Bibel. Der Begriff von ernsthafter
weltlicher Literatur bildete sich am klassischen französischen Drama, namentlich an Molière und Corneille, vielleicht auch – bei Caspar Goethes italienischen Neigungen – an Übersetzungen aus Torquato Tasso sowie an den
Grundsätzen der Gottschedschen Reform: Lyrische Dichtung mußte klar
und vernünftig sein und sich reimen, dramatische Dichtung mußte in Alexandrinern geschrieben sein, die drei Einheiten beobachten und ein klares moralisches Thema haben. Alles, was der junge Goethe ernst nahm, demonstrieren die *Poetischen Gedanken über die Höllenfahrt Jesu Christi* sowie die wenigen erhaltenen Bruchstücke der biblischen Tragödie *Belsazar*, die
offenkundig allen Gottschedschen Regeln entsprochen hat – bis auf den letzten Akt, der, in Blankversen abgefaßt, verriet, daß in Leipzig die kindlichen
Gewißheiten nichts mehr galten. In seinem ersten Studienjahr fand Goethe
sich mit Gellerts näselndem Organ um des Vorzugs willen ab, das breite
Frankfurterisch seiner Essays mit roter Tinte ins Sächsische verbessert zu
sehen, und als Schlosser kam, besuchte er mit ihm zusammen Gottsched und
brachte diesem seine halb ernst gemeinte Huldigung dar. Doch dieser Besuch
war der Anlaß, daß Goethe, im Schönkopfschen Haus, mit der neuen und
unerwartet schwer zu zähmenden Energie des sexuellen Begehrens in Berührung kam, und da dies mit Clodius' vernichtender Kritik an seinem dichterischen Stil zusammenfiel, ließ es ihn doppelt unsicher zurück: Er zweifelte
an seinem persönlichen Wert und an seinen Hoffnungen auf Dichterruhm.
Diese doppelte Enttäuschung auf der Suche nach Identität drückt, mit der
Unverhülltheit, die eine Fremdsprache erlaubt, ein Gedicht des jungen Polyglotten aus, das sich in einem Brief an seine Schwester vom Mai 1766 findet,
kurz nachdem er Käthchen zum erstenmal seine Liebe erklärt hatte. Zumal
für den englischen Leser hat es den Reiz des Kuriosen.

A SONG OVER THE UNCONFIDENCE
TOWARDS MYSELF
To Dr. Schlosser

Thou knowst how heappily they [thy] Freind
    Walks upon florid Ways;
Thou knowst how heaven's bounteous hand
    Leads him to golden days.

But hah! a cruel ennemy
    Destroies all that Bless [Bliss];
In Moments of Melancholy
    Flies all my Happiness.

Then fogs of doubt do fill my mind
    With deep obscurity;

I search myself, and cannot find
  A spark of Worth in me.

When tender freinds, to tender kiss,
  Run up with open arms;
I think I merit not that bliss,
  That like a kiss me warmeth.

Hah! when my child, 'I love thee', sayd
  And gave the kiss I sought;
Then I – forgive me tender maid -
  'She is a false one', thought.

She cannot love a peevish boy,
  She with her godlike face.
Oh, could I, freind, that tought destroy,
  It leads the golden days.

An other tought is misfortune,
  Is death and night to me:
I hum no supportable tune,
  I can no poet be.

When to the Altar of the Nine
  A triste incense I bring;
I beg 'let poetry be mine
  O Sistres let me sing'.

But when they then my prayer not hear,
  I break my whispring lire;
Then from my eyes runns down a tear,
  Extinguish th'incensed fire.

Then curse I, Freind, the fated sky,
  And from th'altar I fly;
And to my Freinds aloud I cry,
  'Be happier than I'

– Verse, die Goethe selbst mit den Worten kommentiert: «Are they not be-
autifull sister? Ho yes! Senza Dubbio.»
  [Übersetzung: «Lied über das fehlende Zutrauen zu mir selbst, an Herrn
Dr. Schlosser». – Du weißt, wie froh dein Freund auf Blumenpfaden geht;
du weißt, wie ihn des Himmels gütige Hand in goldene Tage leitet. – Doch
ach, ein grausamer Feind zerstört alle Wonne; in Augenblicken der Schwermut flieht mich alles Glück. – Dann erfüllen die Nebelschwaden des Zweifels
meinen Sinn mit tiefer Dunkelheit; ich erforsche mich selbst, und ich kann
kein Funken Wert in mir finden. – Wenn zärtliche Freunde zu zärtlichem
Kuß die Arme breiten, dann glaube ich, daß ich diese Wonne nicht verdiene,

die wie ein Kuß mich erwärmt. – Ach! als mein Schatz zu mir «ich liebe dich»
sagte und mir den Kuß gab, den ich begehrte; da dachte ich – vergib mir,
süßes Kind! –: «Auch sie ist falsch.» – Sie kann den mürrischen Knaben nicht
lieben, sie mit dem göttergleichen Angesicht. Oh könnte ich, Freund, diesen
Gedanken töten; er beschwert die goldenen Tage mit Blei. – Und auch dieser
Gedanke ist Unglück, ist Tod und Nacht für mich: ich singe keine gefällige
Weise, ich kann kein Dichter sein. – Wenn ich an den Altar der Musen trete
und meinen traurigen Weihrauch darbringe; dann flehe ich: «Laßt mein die
Dichtkunst sein! O Schwestern, laßt mich singen!» – Doch wenn sie mein
Gebet nicht erhören, zerbreche ich die lispelnde Leier; dann rinnt mir von
den Augen eine Träne hernieder und löscht die Weihrauchflamme. – Dann
fluch' ich, Freund, dem unseligen Himmel und fliehe den Altar; und meinen
Freunden rufe ich weinend zu: «Seid glücklicher, als ich war.»]

Die Erregung enttäuschten Begehrens vibriert in allen erhaltenen literarischen Hervorbringungen Goethes aus seiner Leipziger Zeit, trotz der Konventionalität ihrer Form. Übersieht man diese Konventionalität und damit
das Posenhafte in der müden Prätention des Dichters auf Weltklugheit und
Abgeklärtheit, kann man die anakreontischen Verse dieser Zeit leicht für
bloßen Schmutz halten. Denn nicht Käthchen Schönkopf selbst, die völlig
unsichtbar bleibt, sondern die unpersönliche körperliche Liebe ist fast, wenn
auch nicht ganz ausschließlich das Thema der Gedichte, die Goethe nach
halbjährigem Schweigen im Herbst 1766 zu schreiben begann; viele von ihnen wurden im August und September 1767 von Behrisch aus dem Zyklus
«An Annetten» abgeschrieben und entgingen, stilistisch für hinreichend neu
befunden, im Oktober den Flammen. Fast immer aber wird diese Liebe, die
direkt oder indirekt als das eigentlich begehrenswerte Ziel erscheint, entweder durch einen Anfall von Tugend auf der einen oder anderen Seite beendet
oder durch unüberwindliche Entfernung unmöglich gemacht oder durch
Heirat, Eifersucht oder Abstumpfung um jeglichen Zauber gebracht. Äu-
ßerstenfalls geleitet Amor uns bis zum Brautgemach und bedeckt dann in
den letzten Zeilen die Augen. Diese *erotica interrupta* lösen oder dämpfen
einen Konflikt nicht nur zwischen Begehren und Hemmung, sondern auch
zwischen der unpersönlichen Einengung durch ein konventionelles Genre
(der Pornographie) und einer literarischen Einbildungskraft, die bestrebt ist,
aus einem Gedicht die Antwort auf einen persönlichen Zustand des Dichters
zu machen (in diesem Fall seine Frustration) – die mit anderen Worten bestrebt ist, das *Gelegenheitsgedicht* wiederzuentdecken, das Goethe in seinem
späteren Leben «die erste und echteste aller Dichtarten» nennen sollte und
das, wie er behauptete, nur von einer Gesellschaft geschätzt werden konnte,
die, anders als die deutsche um die Mitte des 18. Jahrhunderts, die hohe und
freie Berufung des Dichters zu würdigen wußte. Das andere Thema, das von
Zeit zu Zeit in diesen frühesten Schriften anklingt, ist der Wunsch, solch ein
hoher und freier Dichter zu sein und der Nation zu dienen, durch Nachfolge
wo nicht Klopstocks, so doch kleinerer Lichter wie Karl Wilhelm Ramler

(1725–1798) und Justus Friedrich Wilhelm Zachariä (1726–1777), den Goethe
1767 in Leipzig kennenlernte und an den eines der Gedichte an Annette gerichtet ist. Die zweifache «unconfidence» aus der Ode an Schlosser kehrt, in
einer trotz des frivolen Tons doch komplexeren und ernsthafteren Form,
auch in der Ballade «Pygmalion» wieder; die Galanterien dieses Gedichts
verdecken ein großes Symbol, das für Goethe sein Leben lang von Bedeutung
sein sollte – die Skulptur, zu der eine menschliche Liebe möglich ist –, und
ein großes Thema, das ihn in den nächsten 25 Jahren beschäftigen sollte – die
Spannung zwischen Dichtung und dem Stillen des Begehrens, prosaischer
gesagt zwischen Kunst und Ehe. Dieser Pygmalion von 1767, der die Frauen
im Fleisch verschmäht und statt dessen für seine Kunst gewonnen hat, ent-
brennt in körperlicher Liebe zu seinem eigenen Werk, und soweit ist an seiner
Geschichte nichts Neues. Dann aber nimmt die Ballade eine doppelte unerwartete Wendung. Es geschieht *kein* Wunder, die Statue wird nicht lebendig,
statt dessen überzeugt ein Freund den Künstler davon, daß es besser ist, das
Atelier zu verlassen und eine reizende Sklavin aufzusuchen -

> Ein Mädgen, das lebendig ist,
> Sey besser als von Stein

– und damit, könnte man meinen, hat der Rokokospaß sein Ende (Hagedorn
etwa hätte an dieser Stelle aufgehört). Aber die zweite Wendung in der Kon-
klusion des Gedichts läßt uns in einer merkwürdigen Schwebestellung zwischen dem Reizenden und dem Belehrenden zurück: Der Dichter scheint
zwar zu wissen, daß das Leben aus Lust wie aus Ernst besteht, aber er scheint
nicht zu wissen, wo er beides ansiedeln soll, ob in der Kunst, in der Liebe
oder in der Ehe. Denn Pygmalion begeht nun das, was der Erzähler als seine
zweite Dummheit betrachtet: Von der Torheit geheilt, die Liebe durch die
Kunst ersetzen zu wollen, genießt er nicht einfach sein «Mädgen, das lebendig ist», sondern er heiratet sie. Der Frauenfeind Pygmalion wird nicht einfach, wie in der klassischen Erzählung, durch eine unnatürliche oder maßlose
Leidenschaft bestraft, noch wird er bloß vom Einsiedler zum gesunden Sen-
sualisten bekehrt; er wird bestraft – aber mit einer Frau:

> Drum seht oft Mädgen, küsset sie,
> Und liebt sie auch wohl gar,
> Gewöhnt euch dran, und werdet nie
> Ein Thor, wie jener war.

> Nun lieben Freunde, merkt euch diß,
> Und folget mir genau;
> Sonst straft euch Amor ganz gewiß
> Und giebt euch eine Frau.

An sich scheint die amoralische Pointe nicht mehr als eine modische Konvention zu sein. Als dritte mögliche Konsequenz aus Pygmalions ursprüng-

licher entschlossener Keuschheit jedoch fängt sie für einen Augenblick die ambivalente Empfindung eines jungen Mannes ein, der, im Gleichgewicht zwischen Lebenslust und Lebensernst, sich in keiner der ihm augenblicklich vorstellbaren künftigen Identitäten befriedigend befestigt sieht. In dieser Ambivalenz werden die ersten Umrisse einer neuen Art von Dichtung erkennbar, die gerade von der Unbestimmtheit der persönlichen Identität des Dichters lebt. Die interessanteste Gestalt in «Pygmalion» ist der Erzähler des Gedichts. Was will der Erzähler für sich selbst? Er will weder die steinerne Unempfindlichkeit einer Kunst, die reine Form ist, noch die restlose sexuelle und soziale Erfüllung in einer Lebensform – der Ehe –, die für keinen Wandel, kein Streben nach Höherem mehr offen ist. Das eine wie das andere ist für ihn komisch. Irgendwo dazwischen liegt eine dritte Möglichkeit: eine Kunst, die vom Begehren beseelt ist, einem Begehren aber, das niemals im Besitz seines Gegenstandes ausruht; ein Leben, das die Befriedigungen der Schönheit verheißt, sich aber niemals in der Endgültigkeit einer einzelnen Form einrichtet. Ungewöhnlicherweise scheint der Erzähler bereits zu wissen, daß diese dritte Möglichkeit ihren Preis hat, auch wenn in der Ballade selbst Pygmalion ihn nicht bezahlt und demgemäß mit dem Absturz ins Prosaische bestraft wird, und dieser Preis ist ein Leben in Untreue.

In ihren ersten jugendlichen Anfängen ist Goethes Dichtung kompromißlos erotisch, das heißt, sie befaßt sich ganz direkt mit der machtvollsten Quelle des individuellen Wollens und Fühlens, und sie ringt darum, diese Energie in Verbindung zu bringen mit einem kohärenten Ichgefühl (der Erzähler im «Pygmalion» hat ganz entschieden einen Standpunkt – worin dieser besteht, ist freilich schwer zu sagen) und mit einem objektiven und formalen Kontext, in den dieses Ich gestellt ist (der Erzähler nimmt die mehr oder weniger komisch-didaktische Pose eines Mannes ein, der seinen Standpunkt mit seinen «lieben Freunden» teilen will). Bei einem so radikalen Unternehmen konnte er von den literarischen Zeitgenossen wenig Hilfe erwarten. Das erste vollständige Stück Goethes, das dem Feuer entging, wurde geschrieben, als gerade Lessings *Hamburgische Dramaturgie* erschien, aber es zeigt keine Spur von den beiden neuen Entwicklungen, an denen Lessing mitwirkte: der theoretischen Neubewertung Shakespeares und dem Aufkommen der neuen Gattung des «bürgerlichen Trauerspiels». *Die Laune des Verliebten*, 1767 begonnen und im folgenden Jahr beendet, ist eine Schäferkomödie in neun Szenen und rund 500 Alexandrinern, angesiedelt in einer Welt, die Oeser gemalt haben könnte. Die wesentliche Spannung in dem Stück ist unverwechselbar Goethisch und mit der seiner gleichzeitigen lyrischen Dichtung identisch: der Versuch, in einer alten Form, beträchtlich älter als die Gottschedsche Tragödie, die objektive Entsprechung für ein persönliches, erotisch getöntes Gefühl zu finden. Die persönlichen Belange sind nicht mehr so verborgen wie in den Gedichten: In dem Schäfer Eridon, dessen Liebe zur Schäferin Amina durch seine Eifersucht unglücklich ausgeht, erkennt man unschwer den Goethe der Liebesaffäre mit Käthchen Schönkopf, und sei es nur deshalb, weil das Problem darin wurzelt, daß Eridon sich schämt, selbst zu tanzen, und daher eifersüchtig auf Amina-Käthchens Tänzer ist. Man könnte nun meinen, die Lösung bestehe darin, daß Eridon Tanzunterricht nimmt. Weit gefehlt: Das Happy-End erwächst aus einer gemilderten Form jenes amoralischen Gleichgewichts zwischen Bindung und Unabhängigkeit, das für die anakreontischen Gedichte kennzeichnend ist: Eridon und Amina können in Eintracht miteinander leben, sobald auch Eridon zur Untreue verführt worden ist. Oder wie es die *Neuen Lieder* von 1768 ausdrücken:

> Du junger Mann, du junge Frau,
> Lebt nicht zu treu, nicht zu genau
> In enger Ehe.
> Die Eifersucht quält manches Haus,
> Und trägt am Ende doch nichts aus,
> Als doppelt Wehe.

Doch das treibende Gefühl in diesen Zeilen, wie in der Komödie, ist nicht die Pein der Eifersucht – das ist die konventionelle Hülle –, sondern die Furcht vor der «Enge», der Eingeschränktheit der Ehe und vielleicht jedes fixierten Zustands. Deshalb ist das Thema des Stückes Eridons Laune und nicht der Umstand, daß ihm ein Tanzlehrer fehlt: Das Stück selbst ist ein erster, unklarer Versuch, das dramatische Äquivalent für eine Stimmung zu finden, und dies macht das Werk, bei allem archaischen Äußeren, innovatorischer, zumindest in dem, was es verheißt, als alle Stücke Lessings.

Obgleich die *Neuen Lieder* im großen und ganzen die anakreontische Manier der *Annette*-Gedichte festhalten, verraten sie gelegentlich doch, daß sie bis zu zwei Jahre später geschrieben wurden, im Schatten der Trennung von Käthchen Schönkopf und der Erkrankung und zu einer Zeit, als sich in Goethes Briefe Rousseausche Wendungen und Anspielungen auf Shakespeare einzuschleichen begannen. Bei diesen Gelegenheiten, zum Beispiel in dem Gedicht *Die Nacht*, ist zu sehen, wie es Eros danach drängt, sich in eine Stimmung zu verwandeln, während es sich dann als schwierig erweist, das dichterische Ich, das sich dabei formuliert hat, in einen objektiven, sozialen Kontext, das heißt in eine einzige, konventionelle Gattung einzufügen – das Resultat ist eine abrupte und unaufgelöste Dissonanz:

> Gern verlass' ich diese Hütte,
> Meiner Schönen Aufenthalt,
> Und durchstreich mit leisem Tritte
> Diesen ausgestorbnen Wald.
> Luna bricht die Nacht der Eichen,
> Zephirs melden ihren Lauf,
> Und die Birken streun mit Neigen
> Ihr den süßten Weihrauch auf.

Schauer, der das Herze fühlen,
Der die Seele schmelzen macht,
Wandelt im Gebüsch im Kühlen.
Welche schöne, süße Nacht!
Freude! Wollust! Kaum zu fassen!
Und doch wollt' ich, Himmel, dir
Tausend deiner* Nächte lassen,
Gäb' mein Mädchen eine mir.

Der Sprecher verläßt «gern» die Hütte, weil die körperliche Liebe, die eigentlich in einer solchen ländlichen Szenerie vollzogen werden sollte, jedoch, wie immer in diesen frühen Gedichten, unerfüllt bleibt, statt dessen die Natur verklärt, die ihm zum Anlaß jener Freude und Wollust wird, die er am Busen seines Mädchens nicht fühlen darf. Doch ist der Sprecher sich nicht sicher, was für eine Figur er macht, wenn er in einer erotischen Beziehung zu einem konventionellerweise unerotischen Gegenstand steht: Wie soll er das Selbst, das an dieser emotional belasteten Begegnung beteiligt ist, in eine Beziehung zu seiner Pose als dem «Ich» bringen, das einem Publikum von seinem Tun erzählt? In welche Gattung gehört sein Gedicht? Wie soll es aufhören? Diese Fragen werden durch den forschen Rückzug auf eine vertraute Haltung gelöst, die die Arbeit der Übertragung und Sublimierung im ersten Teil des Gedichtes zunichte macht und uns auf die schlichte Formel vom frustrierten Eros zurückführt, in dem die komplexe Stimmung ihren Ursprung hatte, die damit praktisch als Illusion abgetan wird. Man wird nicht erwarten, daß eine derartige Antwort auf lange Zeit als befriedigend empfunden wird.

Am deutlichsten zeigen Goethes Briefe das Ringen um die Verschmelzung eines revolutionären Selbstbewußtseins mit dem gleichermaßen machtvollen Bedürfnis nach allgemein zugänglichen, ja allgemein anerkannten Formen des Ausdrucks. Goethe war einer der größten Briefschreiber der Welt, was die Kraft und den Erfindungsreichtum des Stils und das vollkommene Eingehen auf den Empfänger und das Thema angeht. In einem gewissen Sinne war der Brief, dessen Intimität nur knapp, aber immer knapp an der Grenze zur Einsamkeit steht, für ihn die natürlichste literarische Form. «Mein Brief hat eine hübsche Anlage zu einem Werckgen», schreibt er Behrisch mitten in einem ausführlichen Bericht über eine Krise in der Beziehung zu Käthchen, und mit dem *Werther* sollte später ein derartiges Werk Wirklichkeit werden. In der ersten Hälfte seines Lebens erwuchsen Gedichte aus seinen Briefen, und seine Briefe wurden zu Gedichten, während er im Alter eine Theorie der Literatur entwickelte, die praktisch alle seine Werke in Briefe verwandelte – Briefe an die Nachwelt. Es wäre nicht unmöglich, daß man die frühesten von ihm erhaltenen Gedichte und Stücke läse, ohne den unter der Oberfläche wirksamen originellen Geist zu bemerken. Wohl aber ist es unmöglich, seine

---

* Ursprünglich hieß es, noch ichbewußter, «solcher».

Briefe aus derselben Zeit zu lesen, ohne zu bemerken, daß man es mit einer ganz außergewöhnlichen Persönlichkeit zu tun hat: mitreißend, fest und tief. Man denke etwa an den Anfang seines ersten Briefes aus Frankfurt an die Familie Schönkopf in Leipzig, geschrieben am 1. Oktober 1768. Lebhaft, ohne aufdringlich zu sein, leistet er alles, was der gesellschaftliche Anstand erfordert – bezaubernd, aber nicht schmeichlerisch, weil er nicht unterscheidet zwischen gesellschaftlichem und persönlichem Taktgefühl:

Ihr Diener Herr Schönkopf, wie befinden Sie sich Madame, Guten Abend Mamsell, Petergen guten Abend.

NB. Sie müssen sich vorstellen daß ich zur kleinen Stubentühre hereinkomme. Sie Herr Schönkopf sitzen auf dem Canapee am warmen Ofen, Madame in ihrem Eckgen hinterm Schreibetisch, Peter liegt unterm Ofen, und wenn Käthgen auf meinem Platze am Fenster sitzt; so mag sie nur aufstehen, und dem Fremden Platz machen. Nun fange ich an zu discouriren.

Ich binn lange Aussen geblieben, nicht wahr? fünf ganze Wochen, und drüber dass ich Sie nicht gesehen, daß ich Sie nicht gesprochen habe, ein Fall der in drittehalbjahren [= zweieinhalb Jahre] nicht ein einzigmal passirt ist, und hinführo leider offt passiren wird. Wie ich gelebt habe, das mögten Sie gerne wissen. Eh das kann ich ihnen wohl erzälen, mittelmäsig sehr mittelmäsig.

Apropos, daß ich nicht Abschied genommen habe werden Sie mir doch vergeben haben. In der Nachbarschafft war ich, ich war schon unten an der Türe, ich sah die Laterne brennen, und ging biß an die Treppe, aber ich hatte das Herz nicht hinaufzusteigen. Zum letztenmal, wie wäre ich wieder herunter gekommen.

Ich tuhe also jetzt was ich damals hätte tuhn sollen, ich dancke Ihnen für alle Liebe und Freundschafft, die Sie mir so beständig erwiesen haben, und der ich nie vergessen werde ...

Das ist bereits reifer als alles, was in Leipzig selbst geschrieben wurde: Die Briefe, die Goethe dort unmittelbar nach seiner Ankunft schrieb, 1765 und 1766, waren entschieden erregter, fast unerträglich viel erregter, wenn auch genauso individuell. Ein Brief vom 30. Oktober 1765 an einen Frankfurter Freund, mit ersten Impressionen vom Universitätsleben, ist in Prosa und drei verschiedenen Versformen geschrieben, darunter deutschen Hexametern als Satire auf Gottscheds Gestelztheit. Die Briefe an Cornelia sind mitunter auf komische Weise didaktisch, wenn sie ganz unverkennbar, wenngleich nicht selten mit einem erfrischenden Anflug von Ironie, Belehrungen weitergeben, die dem Lehrmeister selber eben erst zuteil geworden sind; aber wenn Goethe über Fragen des Stils beim Briefeschreiben schreibt, spricht aus ihm bereits der Meister seines Handwerks. Doch der Drang, in Versen zu schreiben, und insbesondere – wie in vielen Leipziger Briefen –, in fremden Sprachen zu schreiben, ja beides miteinander zu verbinden und in französischen und englischen Versen zu korrespondieren, entspringt nicht einfach einer unbezähmbaren Virtuosität: Es ist der Drang, in einen extremen Formalismus zu flüchten, in die Realität oder den Anspruch einer absolut gebändigten sprachlichen Übung – genau als Kompensation oder als Abwehr jener ungehemmten Selbstdarstellung, die die Briefe so faszinierend macht. Es ist kein Zufall, daß

die unmittelbarste persönliche dichterische Äußerung Goethes aus der
Leipziger Zeit jenes Gedicht ist, in dem das Wort «ich» der Bedeutung des
Wortes «ich» in seinen Briefen am nächsten kommt: «A Song over The
Unconfidence towards myself». Fraglos ist es diese Direktheit der Aussage,
die dieses «Lied» – abgesehen von seinen sprachlichen Unzulänglichkeiten –
zu einem schlechten Gedicht macht. Die Geburtsstunde von Goethes einzigartigem literarischen Genie (im Gegensatz zu dem gewandten Talent,
das er offenkundig schon besitzt) wird in dem Moment schlagen, wo Ich
und Form nicht einfach nur gegeneinander ausbalanciert werden, sondern
die Synthese einer neuen Einheit eingehen, in der das Ich nicht mehr unmittelbar, sondern vermittelt ausgesprochen wird und die Form nicht mehr eine
äußere Kunstübung, ein Wahren des Scheins ist, sondern sich den Erforder-
nissen der jeweiligen Gelegenheit fügt. Dieser Moment ist in dem Gedicht
«Die Nacht» schon nahe, ebenso in der *Laune des Verliebten* und in dem
Brief an die Schönkopfs, der bemerkenswerterweise auch beinahe ein Drama
ist.

Die Rückkehr nach Frankfurt 1768 änderte nach außenhin nichts an Goethes literarischen Orientierungen, soweit er solche hatte. Leipzig hatte ihm
die Verlockungen des Höfischen enthüllt: Es hatte sich als wichtiger Kanal
für seine emotionalen Energien erwiesen und trotz der Zunahme anderer
Einflüsse seinen Reiz für ihn nicht verloren, auch wenn die literarische Welt
jetzt mehr auf Klopstock und Lessing, Gerstenberg und Ossian hörte. Goethe bestätigte seine bewußte Distanz zum Hauptstrom der zeitgenössischen
Literatur, als er zugab, die Leipziger Komödie, die er im November 1768
entworfen hatte, stamme «aus der Zeit Ludwigs des vierzehnden» und sei
«ietzt auf allen Parnassen contrebande». Aber *Die Mitschuldigen*, von denen
eine zweite Fassung wahrscheinlich im Frühjahr 1769 fertig wurde, sind weit
mehr als jenes Flickwerk aus Reminiszenzen an Molière, Shakespeare und
Wieland, als das die Kritik sie gerne abtut (obwohl allein diese Kombination
schon originell genug wäre). Technisch gesehen ist dieses Stück eines der besten, die Goethe geschrieben hat, auch wenn die Auflösung schwach ist: Es
bezeichnet einen wichtigen Schritt auf Goethes Weg zur Entdeckung einer
literarischen Kunst, die gleichzeitig autobiographisch und objektiv ist. Ja, indem er zum erstenmal aus Charakteren und Umständen des eigenen Lebens
das Thema wählte, das ihm seit dem großen Autodafé von 1767 gefehlt hatte,
machte er den entscheidendsten Fund seiner gesamten literarischen Laufbahn, auch wenn er diesen Fund noch nicht ganz zu nutzen verstand. Und
trotz der Alexandriner, in denen es geschrieben ist, und anderer konventioneller Elemente der klassischen Farce enthält das Stück Momente, die in ihrem zeitnahen Realismus lebendiger sind als irgend etwas anderes in der deutschen Literatur der Zeit, *Minna von Barnhelm* nicht ausgenommen. Diese
Qualitäten sind hauptsächlich das Verdienst des ersten Aktes, der Anfang
1769 hinzukam und den Hauptunterschied zwischen der ersten und der
zweiten Fassung ausmacht.

Der Plot ist in beiden Versionen derselbe. Der vornehme Lebemann Alcest ist im Gasthaus einer Stadt abgestiegen, um seine alte Freundin Sophie wiederzusehen, die Tochter des Wirts, die nun mit Söller verheiratet ist. Eines Nachts hat Sophie ein Stelldichein mit Alcest in dessen Zimmer, doch bevor es zu spät ist, entwindet sie sich seinen Armen. Unterdessen dringen in das Zimmer nacheinander der Wirt, der von Politik besessen ist und, in Alcest einen wichtigen Mann vermutend, dessen Briefe lesen will, und Söller, der Alcests Geldschatulle stiehlt, dabei aber glaubt, miterlebt zu haben, wie er zum Hahnrei gemacht wird. Am nächsten Tag fällt der Verdacht, den Diebstahl begangen zu haben, auf den Wirt und auf Sophie, doch Söller, von dem eigenen falschen Verdacht gegen Alcest umgetrieben, offenbart die Wahrheit. Das Stück endet damit, daß alle Mitschuldigen einander vergeben.

Die erste Fassung, vom November 1768, ist nicht in Akte eingeteilt, sondern beginnt sogleich mit der Szene des mitternächtlichen Stelldicheins, die daher mit notwendiger Exposition belastet werden muß, was mitunter störend wirkt. In dieser Form ist das Stück einfach Goethes Rache an den Leipziger Umständen, die er gerade hinter sich gelassen hat. Er stellt sich vor, wie der Schönkopfsche Haushalt aussehen wird, wenn die gefürchtete Heirat stattgefunden hat, und stellt sich selbst als den zurückkehrenden Kavalier dar, Käthchen als das leidende Weib und den armen Dr. Kanne als nichtsnutzigen Grobian Söller. Die Beziehung zwischen dem erfolglosen Wüstling Alcest und seiner tugendhaften Freundin Sophie ist eine Neuauflage der Konstellation in den anakreontischen Leipziger Gedichten, während der dubios moralische Schluß an die *Laune des Verliebten* erinnert. Die farcenhaften Elemente sind weithin mechanisch, der Versuch einer Milieuschilderung wird kaum unternommen.

Goethes Arbeit von 1769 am ersten Aufzug, mit der auch weitreichende Eingriffe in das vorhandene Material verbunden waren, aus dem nun die Aufzüge II und III wurden, ist das erste Beispiel für seine Begabung, Wesen und Qualität eines literarischen Werkes einfach durch dessen Erweiterung zu verändern – eine Begabung, die nirgends deutlicher wird als in der sechzig Jahre währenden Fortentwicklung des *Faust*. Der neue erste Aufzug entfaltet und verknüpft die verschiedenen Themen des Plots mit einer Subtilität, die der ersten Fassung in jeder Hinsicht überlegen ist. Die bemerkenswerteste Leistung ist indes die Entwicklung oder Erzeugung einer poetischen Atmosphäre, die bedrückend und sogar zynisch ist, aber lebt. Vor dem Hintergrund der Karnevalszeit, aktueller Meldungen aus den Zeitungen und eines Gasthofs verlieren die Spannungen zwischen Vater und Schwiegersohn und zwischen Mann und Frau das Typische der Farce und bekommen auf eine erschreckend plausible Weise etwas Spezifisches. Goethes Interesse an dem Thema geht über die rückwärtsgewandte Bosheit der ersten Fassung hinaus und gilt dem Versuch, zwei ihn gegenwärtig bedrängende emotionale Probleme zu schildern und sich damit von ihnen zu entlasten: die unglückliche Atmosphäre in einer entzweiten Familie und, als natürliche Folgerung hieraus, die Furcht vor dem Käfig der Ehe. Zwei Jahre in die Zukunft blickend, schreibt er Käthchen Schönkopf: «Ich habe ein Haus, ich habe Geld. Herz was begehrst du? Eine Frau!» Aber wenn Söller recht hatte:

Denn zwischen Mann und Frau redt sich so gar viel nicht,

dann mochte der junge Hausstand, den Goethe für 1771 voraussah, nicht viel besser sein als der alte, jetzige, von 1769:

Dies ist nun alle Lust, und mein [Sophies] geträumtes Glück!

In dieser zweiten Fassung gelingt es Goethe, in der Beziehung zwischen Söller und Sophie ebenso wie in der zwischen Sophie und Alcest seine eigenen Sorgen widergespiegelt zu sehen: Der Wirt erhält Züge von Goethes Vater, und Söller wird etwas liebevoller und seine Ehe mit Sophie sehr viel glaubhafter. Die Identifikation Sophies mit Käthchen bleibt zwar bestehen und wird durch Hinweise auf ihr Alter und den Zeitpunkt ihrer Affäre mit Alcest sogar noch verstärkt (die Zeit der Handlung wird anscheinend in den Winter 1770/71 vorverlegt), aber die farcenhaften Elemente des Stückes fungieren jetzt nicht als Mittel der persönlichen Aggression (in dieser späteren Version wird Sophie nicht mehr die Schuld am ursprünglichen Bruch mit Alcest gegeben), sondern als verzweifelte Abwehr gegen das Gefühl des Katzenjammers, das durch nicht wiedergutzumachende falsche Entscheidungen hervorgerufen wird.

Der versöhnliche Schluß der *Mitschuldigen* ist in der zweiten Fassung natürlich viel zu leichtgewichtig für das realistische Dystopia, womit das Stück beginnt. Allgemeine Vergebung paßt als Schluß nur zu einem Stück, in dem es um geistige Beziehungen geht. Aber das Merkwürdigste am ersten Akt der *Mitschuldigen*, angesichts der späteren Entwicklung Goethes, ist, daß dieses Stück – anders als *Die Laune des Verliebten* – eine Stimmung präsentiert, ohne den Geist zu präsentieren, in dem diese Stimmung lebt. Trotz der Anspielung auf *Le Misanthrope* in dem Namen des Alcest fehlt in den *Mitschuldigen* eine dramatisch relevante Innenschau. Und dieser Umstand hindert uns daran, in dem Stück einen Anfang neuer Art zu sehen: Trotz der beispiellosen Bedeutung seines autobiographischen Gehalts und der Verwendung zeitgenössischen Materials zur Erzeugung einer emotional aufgeladenen Atmosphäre lebt es noch von dem formlosen Ineinanderspiel divergierender und unverbundener Elemente, in denen die Anfänge des reifen Dichters lagen. Wäre es Goethe möglich gewesen, auf diesem Weg weiterzugehen, hätte er ein bemerkenswerter Romanschriftsteller werden können. (Er hätte auch zum Produzenten modischer Massenware werden können.) Daß dieser Weg für ihn nicht möglich war, können wir aus zwei Tatsachen erschließen: daß *Die Mitschuldigen* keine Reaktion auf seine Begegnung mit dem Tod enthalten und daß die Niederschrift dieses höchst untranszendentalen Stückes in eine Zeit fiel, als er sich im übrigen stark mit religiösen Fragen zu befassen begann. Beides bedingt eine extreme mentale Polarisierung, von der nicht zu erwarten war, daß Goethe sie lange würde aushalten können. Gewiß steckt etwas Tödliches in der Begrenztheit der Welt, in der Sophie und Söller leben; aber die Kraft in Goethe, welche die definitive Gefangenheit des Menschen leugnete, drückte sich 1769 nicht in seinem Stück, sondern in seinem Glauben aus.

Über die zahlreichen Dramenfragmente, die Goethe zwischen Februar 1769, nach der Neufassung der *Mitschuldigen*, und März 1770 geschrieben hat, wissen wir so gut wie nichts; es ist anzunehmen, daß sie dem Autodafé von 1770 zum Opfer gefallen sind. Mochten sie vielleicht bei der Behandlung des menschlichen Herzens jene Wärme und Tiefe vermissen lassen, die ein Pietist erwartete, so ist doch anzunehmen, daß sie in der aus Molière und Wieland kombinierten Manier fortfuhren, die mit den *Mitschuldigen* begonnen hatte, und daß sie nichts zur Auflösung jener Polarisierung der Gefühlskultur beitrugen, die dieses Stück impliziert. Im Laufe des Jahres gibt es Anzeichen dafür, daß bei einer jeden solchen Auflösung die Welt und nicht der Heiland die Oberhand behalten werden: Wenn im Februar 1770 Wieland als einer der drei wahren Lehrer aufgeführt wird, dann rühmt Goethe an ihm besonders das Geschick als Satiriker des modernen *Denkens*, so als sei er bereits zu dem Schluß gelangt, daß der Pietismus nicht ein Monopol darauf hat, «des Menschen Herz und Sinn» zu verstehen. Ein leichtes Gedicht, das wahrscheinlich aus dieser Zeit datiert, «Rettung», scheint sogar zu besagen, daß nach der Reise an die große Meerenge auch andere Formen des Lebens als die religiöse möglich sind: Ein junger Mann an der Schwelle des Selbstmords begegnet einem Mädchen namens Käthchen, erzählt ihr von seinem Schmerz, sie küssen sich – «Und vor der Hand nichts mehr vom Tod» ist die letzte Zeile des Gedichts. Natürlich ist schon die Tatsache, daß Goethe so vieles verbrannte, was ihm kalt und oberflächlich schien, Beweis genug für die große Geltung, die das pietistische Vorbild der Innenschau noch immer für ihn hatte. Aber für einen Kenner der Arnoldschen *Ketzerhistorie* gab es kaum Grenzen für Überzeugungen und Einstellungen, die mit der Zugehörigkeit zur wahren Kirche vereinbar waren. Vielleicht erkundete Goethe ein Jahr lang einfach die Grenzen dessen, was das pietistische Christentum aushielt. Wenn er zu dieser Zeit wirklich erstmals daran gedacht haben sollte, ein Stück über Faust zu schreiben, dann wohl in diesem Geist des theologischen Wagemuts; denn er hätte sich fast mit Sicherheit ein Stück vorgestellt, das mit der Erlösung nicht nur Fausts, sondern auch des Teufels und aller Bewohner der Hölle endete. Die Vorstellung von einem universalen Heil ist nicht nur in Wellings *Opus mago-cabbalisticum* zu finden, sie wurde auch, als auf Origenes zurückgehend, von den achtbarsten Vertretern der Aufklärung (Leibniz, Haller, Lessing) allgemein diskutiert, und der Nachdruck, mit dem die gegenteilige Lehre in den *Poetischen Gedanken über die Höllenfahrt Jesu Christi* vertreten wird, läßt vermuten, daß schon der 16jährige Goethe seine bestimmten Zweifel hegte. Und fast mit Sicherheit wäre es Goethe auch noch nicht eingefallen, mit der Geschichte Fausts den sensationellen Fall der

Catharina Maria Flindt zu verknüpfen, von dem die Leipziger Presse während seiner Universitätszeit berichtete: Wegen Mordes an ihrem unehelichen Kind zum Tode verurteilt, war sie von ihrem Geliebten aus dem Gefängnis befreit worden, hatte sich aber, von ihrem Gewissen gepeinigt, freiwillig der Hinrichtung gestellt. Der wahre Entstehungsmoment der spezifisch Goetheschen Version der Faust-Thematik ist der Augenblick, in dem diese beiden Themenstränge zusammengeführt werden. Bis zu diesem Augenblick sollten noch drei bis vier Jahre vergehen, und es gibt keine Anhaltspunkte dafür, daß Goethe zu diesem frühen Zeitpunkt irgendeinen seiner Gedanken über Faust zu Papier gebracht hätte.

Drittes Kapitel

Der entfesselte Prometheus
1770–1775

Die Erweckung
1770–1771

«Nach Italien Langer! Nach Italien!» ruft Goethe seinem Mentor in einem Brief vom 29. April 1770 entgegen; drei Wochen vorher ist er in Straßburg eingetroffen, wo er Quartier bei einem Kürschner am alten Fischmarkt genommen hat. «Nur nicht über's Jahr.» Der junge Advokat weiß, daß er an dieser, kulturell am weitesten westlich gelegenen der alten deutschen Universitäten, die seit 1679, zusammen mit dem restlichen Elsaß, von Frankreich verwaltet wird, mehr sucht als seine berufliche Qualifikation: Mit der Übersiedlung hierher hat er einen Schritt in die internationale, französischsprachige Welt getan, einen ersten Schritt auf der großen Bildungsreise, die sein Vater ihm immer zugedacht hat. Marie Antoinette, die Tochter der Kaiserin Maria Theresia, wird auf dem Weg zu ihrer Vermählung mit dem Dauphin, dem künftigen Ludwig XVI., in Kürze durch Straßburg reisen, und in dem auf einer Rheininsel gelegenen Pavillon, der zu ihrem Empfang errichtet und ausgeschmückt worden ist, erhascht Goethe einen ersten Eindruck von Rom: Wandteppiche, die nach Motiven von Raffaels Kartons für die Sixtinische Kapelle und seine Fresken in der Segnatura gewirkt waren. Aber wie so oft teilt Goethe zwar die Begeisterung des Vaters, dämpft sie aber durch ein ehrgeiziges Zögern. «Das ist mir zu früh; ich habe die Kenntniße noch nicht die ich brauche», und er fährt fort:

es fehlt mir noch viel. Paris soll meine Schule seyn, Rom meine Universität. Denn es ist eine wahre Universität; und wenn man's gesehn hat hat man alles gesehn. Drum eil ich nicht hinein.»

Gesundheit, Kraft und Ehrgeiz kehren wieder. Aber er will nicht glauben, daß die Fülle dessen, was das Leben ihm zu bieten hat, so prosaisch nahe und so schnell ausgeschöpft sein soll wie das nächste Jahr. Erst jüngst dem Tode entronnen, getragen nun auch von der Gewißheit, in Gottes Hand zu stehen (einer Gewißheit, die vielleicht dauerhafter ist als die religiösen Überzeugungen, auf denen sie ruhen soll), sucht Goethe nach seiner Berufung und zögert doch, die naheliegenden, aus den Umständen erwachsenden Angebote der Identitätsstiftung zu akzeptieren. Am Tag seiner Ankunft in Straßburg (wahrscheinlich dem 4. April 1770) schlägt er eine Sammlung pietistischer Losungen auf und stößt auf Jesaja 54, 2– 3: «Mache den raum deiner Hütten weit/vnd breite aus die teppich deiner Wonung/spare sein nicht/Dehne deine

Seyle lang/vnd stecke deine negel feste. Denn du wirst ausbrechen zur rechten vnd zur lincken . . .» Wohin er sich wenden, welches Leben er führen,
mit wem er es verbringen soll, das alles sind Fragen, auf die es noch keine
Antwort gibt und die er nun, mit 21, bedrängend findet – herrlich bedrängend. Irgendwer und irgend etwas in dieser zunehmend mannigfachen und
interessanten Welt muß ihm als Bestimmung offenbar werden – aber noch
nicht jetzt. Frommen Sinnes übersetzt er seine Gefühle in Philosophie und
katechisiert einen jüngeren Bekannten aus Frankfurt, der im Begriff ist, sein
Studium aufzunehmen, mit den Worten: «Dabey müssen wir nichts *seyn*,
sondern alles *werden* wollen.»

Straßburg mit seinen rund 43.000 Einwohnern, davon etwa die Hälfte Protestanten, war größer als Frankfurt: Wie Leipzig war es hinausgewachsen
über die Gassen und Märkte der mittelalterlichen Altstadt, die eine französische Verwaltung erst nach und nach mit einem rationalistischeren Straßen-
netz überzog, blieb aber beherrscht von der wuchtigen Masse seines im wesentlichen aus dem 13. Jahrhundert stammenden Münsters. Mittelpunkt von
Goethes gesellschaftlichem Umgang in der Straßburger Zeit war das Haus in
der Knoblochgasse, wo er seinen Mittagstisch hatte, zusammen mit einem
Dutzend anderer Personen, die meisten von ihnen, wie in Leipzig, Medizin-
studenten. Mit einem von ihnen, Friedrich Leopold Weyland (1750–1785),
freundete er sich besonders an, ferner, nach dessen Ankunft im Juli, mit dem
mittellosen Theologiestudenten Franz Lersé (1749–1800) aus dem Elsaß, einem trefflichen Fechter und witzigen Kopf; und an das älteste Mitglied der
Tischgesellschaft, einen Aktuar namens Johann Daniel Salzmann (1722–
1812), schloß er sich an wie einst an Behrisch und Langer. Selbstwertgefühl
und Zusammenhalt der Studentengruppe wurden durch das Bewußtsein gefördert, eine deutsche Enklave an einer nominell französischen Universität
zu bilden; freilich war das sanft bewegte, fruchtbare Land rings umher stark
von deutscher Sprache und Sitte geprägt, ja es sah hier ganz so aus wie in
Deutschland. Goethe war indessen entschlossen, nicht wieder in die Fehler
der Leipziger Zeit zu verfallen, und fand ohne Mühe Kontakt zu einem breiten Kreis von Bekannten aus beiden Sprachgruppen; freilich handelte er sich
mit seinem buntscheckigen Französisch, das die klassische Sprache eines
Montaigne und Racine mit dem Landserjargon des Siebenjährigen Krieges
vermengte, regelmäßig kühl herablassend erteilte Korrekturen ein. Sogar als
einer der bestgekleideten und herausgeputzten Studenten Straßburgs fand
Goethe noch kleine Möglichkeiten der Selbstvervollkommnung: Er nahm
endlich Tanzstunden, er erlernte das Whistspiel, und er überwand seine Hö-
henangst, indem er sich mehrmals zwang, längere Zeit auf der obersten (un-
gesicherten) Plattform des Münsters zu verweilen. In akademischer Hinsicht
schien die Universität mit ihren rund 500 Studenten der Leipziger Hochschu-
le nachzustehen: «Ich hörte nichts als was ich schon wusste», meinte Goethe,
und sein Korrepetitor bereitete ihn auf die Prüfungen vor, indem er ihn Fragen und Antworten auswendig lernen ließ, die Goethe zumeist schon aus

dem Unterricht bei seinem Vater 1764/65 kannte. Infolgedessen machte er bequeme Fortschritte und hatte, namentlich im zweiten Semester, Zeit in Hülle und Fülle: Es gab zwar kein reguläres Theater wie in Leipzig, aber von durchreisenden Truppen konnte er Werke von Corneille und Racine aufgeführt sehen, und eine deutschsprachige Theatergesellschaft spielte das Melodram *Dr. Faust*, zu welchem, nach 150 Jahren auf deutschen Wanderbühnen, Marlowes Tragödie heruntergekommen war. Goethes medizinische Freunde nahmen ihn mit in Chemievorlesungen sowie in den Sezierkurs des berühmten Chirurgen Professor Johann Friedrich Lobstein (1736–1784), dessen Spezialität Augenoperationen waren; und als Ende Juni eine dreiwöchige Unterbrechung des Sommersemesters eintrat, unternahm Goethe zusammen mit Weyland und einem anderen Studenten, der soeben sein Examen gemacht hatte, zu Pferd eine Exkursion durch die Vogesen bis nach Zabern und Saarbrücken, bei der man nicht nur die am Weg liegenden großen Häuser besichtigte, sondern auch Bergwerke und Industrieeinrichtungen, die in Wäldern und Bergen versteckt lagen. Im Konzept eines Briefes aus Saarbrücken vom 27. Juni hält Goethe zum erstenmal den tiefen Eindruck fest, den eine Naturlandschaft auf ihn macht, etwas, das außerhalb des menschlichen und städtischen Kreises steht, in dem er sein Leben bisher zugebracht hat:

Gestern waren wir den ganzen Tag geritten, die Nacht kam herbey und wir kamen eben aufs Lothringische Gebürg, da die Saar im lieblichen Thale unten vorbey fliesst. Wie ich so rechter Hand über die grüne Tiefe hinaussah und der Fluss in der Dämmerung so graulich und still floss, und lincker Hand die schweere Finsternis des Buchenwaldes vom Berg über mich herabhing, wie um die dunckeln Felsen durchs Gebüsch die leuchtenden Vögelgen still und geheimnisvoll zogen; da wurds in meinem Herzen so still wie in der Gegend und die ganze Beschweerlichkeit des Tags war vergessen wie ein Traum, . . .

Es ist ein Augenblick, der zeigt, daß Goethe endlich in schöpferische Berührung mit dem empfindsamen Strom der deutschen Kultur gekommen ist: Die Klimax des bildkräftigen und beschwörenden Satzes ist nicht eine weitere Besonderheit der Landschaft, sondern eine Bewegung im Herzen des Betrachters, eine Bewegung aber, die, was ihr Subjekt wie ihr Objekt betrifft, ohne jeden religiösen Bezug ist. Welcher Art die Energien sind, die in diesem Herzen aufgespeichert liegen und nun vielleicht freigesetzt werden, deutet sich einige Zeilen später an, wenn Goethe, an das verlorne Käthchen zurückdenkend, schreibt:

Wenn ich Liebe sage, so versteh ich die wiegende Empfindung, in der unser Herz schwimmt, immer auf einem Fleck sich hin und her bewegt, wenn irgend ein Reitz es aus der gewöhnlichen Bahn der Gleichgültigkeit gerückt hat. Wir sind wie Kinder auf dem Schaukelpferde immer in Bewegung, immer in Arbeit, und nimmer vom Fleck.

Goethes zunehmend gekräftigte, aber im Grunde großzügige Subjektivität war dabei, sich ein geeignetes Objekt zu suchen. War Straßburg bis zu diesem Zeitpunkt nur allzu sehr wie Leipzig gewesen, so wurde im Herbst 1770 endlich doch eine Bestimmung, eine Berufung offenbar.

Wieder in Straßburg, schreibt Goethe: «Ich lebe etwas in den Tag hinein, und dancke Gott dafür, und manchmal auch seinem Sohne wenn ich darf, daß ich in solchen Umständen binn die mir es aufzulegen scheinen.» Zunehmend entfernte er sich jetzt von der zentralen Gestalt der christlichen Religion. Anfangs habe er bereitwillig die Pietistengemeinde in Straßburg aufgesucht, berichtete Goethe Ende August Susanna von Klettenberg, aber dann habe er sie so engstirnig und phantasielos gefunden, so kirchenfromm und feindlich gegen den Herrnhutischen Gedanken, aber auch «so von Herzen langweilig wenn sie anfangen, dass es meine Lebhafftigkeit nicht aushalten konnte». Für diese Entfremdung mag auch die rationalistische, ja voltairesche Religionsauffassung Salzmanns verantwortlich gewesen sein; jedenfalls nahm Goethe, soweit wir wissen, zum letztenmal am 26. August das Abendmahl. Fast nahtlos aber ging die fromme Schwärmerei in eine weltliche über. In einem Brief an Horn, der damals entstand, aber mittlerweile verloren ist, «sprach sich», wie wir durch Eckermann und aus Goethes späterem Briefwechsel wissen, «ein junger Mensch aus, der von großen Dingen eine Ahndung hat, die ihm bevorstehen»: «Freylich ist . . . noch keine Spur von *woher?* und *wohin? von woaus? woein?*» Die Leere, welche die Religion in Goethes Gefühlsleben zurückließ, sollte durch andere Quellen bald ausgefüllt, ja mehr denn ausgefüllt werden. Er fühle sich nun kräftig genug, um in Maßen seiner akademischen Arbeit nachzugehen, erklärte er Fräulein von Klettenberg taktvoll, wenn auch angesichts seiner jüngsten Strapazen nicht eben wahrheitsgetreu. Am 25. und 27. September unterzog er sich den mündlichen Prüfungen für das juristische Lizentiat, die er mit Auszeichnung bestand, so daß er vom weiteren Vorlesungsbesuch befreit war und die Erlaubnis erhielt, selbständig die zweite Etappe seines Studienganges vorzubereiten: die – in der Regel 20 bis 40 Druckseiten lange – Doktordissertation. Das Wintersemester 1770/71 versprach, wenig anstrengend, aber interessant zu werden. Es brachte auch neue Gäste an den Mittagstisch in der Knoblochgasse. Johann Heinrich Jung (1740–1817) war ein frommer Pietist aus dem Westfälischen, der später ein bekannter Augenarzt wurde und unter dem Pseudonym Heinrich Stilling eine hervorragende Autobiographie verfaßte. Goethe nahm den neun Jahre Älteren anfangs vor allerhand Hohn und Spott in Schutz; für Jung-Stilling war er ein «vortrefflicher Mann» mit «großen hellen Augen, prachtvoller Stirn und schönem Wuchs», der wie selbstverständlich, aber ganz unbewußt die Gesellschaft dominierte. (Wie viele andere Beobachter erwähnt auch Jung-Stilling nicht die Asymmetrie von Goethes Gesicht, die ausgeprägte Überentwickeltheit der linken Schädelseite, die fraglos zu dem frappierenden Eindruck beitrug, den Goethe machte.) Später im Semester kamen weitere junge Männer mit einer Ahnung der großen literarischen Taten, die vor ihnen lagen: Heinrich Leopold Wagner (1747–1779) aus Straßburg selbst, der in seiner kurzen literarischen Laufbahn doch wenigstens ein bemerkenswertes Werk hervorbrachte, *Die Kindermörderin* (1776), und Jakob Michael Reinhold Lenz (1751–1792), ein Theologe vom anderen Ende der deutschen Welt, aus Livland (dem heutigen Lettland), Privatlehrer und Begleiter zweier junger Barone, die als Offiziere in französische Dienste zu treten gedachten. Sein knabenhaftes Gesicht und seine scheue, aber leidenschaftliche Art kündeten vielleicht schon im Frühjahr 1771 nicht nur von dem neben Goethe originellsten und produktivsten Talent der bevorstehenden literarischen Bewegung, sondern auch von dem Wahnsinn, der ihn zerstören sollte. Im September und Oktober 1770 freilich waren es für Goethe nicht seine Kommilitonen und Tischgenossen, in denen die Forderung, etwas zu «seyn» und nicht bloß zu «werden», endlich Gestalt gewann, sondern Johann Gottfried Herder und Friederike Brion.

Herder kam am 4. September nach Straßburg, und Goethe stellte sich ihm irgendwann in der darauffolgende Woche vor. Obgleich fünf Jahre älter als Goethe und 1770 literarisch bereits eine ziemliche Berühmtheit, hatte Herder erst kürzlich begonnen, dieselben persönlichen Fragen zu lösen, die das Leben für Goethe parat hielt. Seine unmittelbare Belastung durch Probleme, welche Goethe kaum erst bewußt wurden, der Unterschied in Alter und im Ansehen, ganz zu schweigen von Herders enormer Bildung und seiner schneidenden Verachtung für alles Erreichte, einschließlich der eigenen Leistung – dies alles muß ihm den Anschein einer beeindruckenden Reife in den Auge eines (wie Herder fand) «spatzenmäßigen» Goethe gegeben haben, der ohnedies dazu neigte, die Billigung und Förderung durch Männer zu suchen, die älter waren als er. Ein Jahr, nachdem sie Bekanntschaft geschlossen hatten, schrieb Goethe ihm, er werde weiter mit ihm ringen, wie Jakob mit dem Engel des Herrn gerungen habe, aber er sei bereit, Herders Planet zu werden, ein Mond, der sich um seine Erde drehe, wenn es not tue. Die Straßburger Periode war in der Tat für beide Männer eine Zeit der Entscheidung. Herders achtmonatiger Aufenthalt in Straßburg – bis zum April 1771 – war wegen einer von Professor Lobstein vorgenommenen langwierigen, schmerzhaften und letzten Endes erfolglosen Behandlung des Verschlusses einer Tränendrüse notwendig – trauriges Resultat eines über einjährigen ziellosen Umherirrens. Im Juni 1769 hatte Herder Riga verlassen, wo er bereits ein prominenter Kirchenmann war, wo seine Schriften, namentlich *Über die neuere deutsche Literatur* (1766/67) und *Kritische Wälder* (1769), ihm Ruhm, aber auch Mißtrauen eingetragen und wo ihn von der Kirche und aus dem Schulbereich die verlockendsten Angebote erreicht hatten, um ihn zum Bleiben zu bewegen. Im Verlauf seiner langen Reise, zu Schiff durch die Ost- und die Nordsee nach Frankreich und von dort über Holland zurück nach Deutschland, war er abwechselnd in Euphorie und in Niedergeschlagenheit verfallen bei dem Gedanken an die Möglichkeiten und Wirklichkeiten in Riga, wohin ganz gewiß zurückkehren zu wollen er sich versprach. Ein revolutionäres Bildungssystem mit einem modernen, praxisnahen Lehrplan; ein Livland, das, seiner mittelalterlichen Privilegien ledig, unter Herders Führung ein loyaler Diener der russischen Krone werden würde; das Projekt einer Geschichte der gesamten menschlichen Kultur, die er schreiben wollte; eine literarische Expedition, um «Funken zu schlagen, zu einem neuen Geist der Litteratur», der ganz Deutschland verjüngen würde – das waren nur einige der Phantasien, die Herder in dieser bewegten Zeit seinem Tagebuch anvertraute. Egoistisch formuliert, wie sie sein mochten, waren diese Phantasien erfüllt von dem leidenschaftlichen, ja religiösen Wunsch nach dem – aufklärerischen, nützlichen – Dienst an seiner Heimat und an den Männern seiner Zeit («Jünglingen, die mich für ihren Christus hielten!» wie er in einem Brief über die Jugend Rigas schrieb). Aber welches war seine Heimat? Am Ende seines Straßburger Aufenthaltes hatte Herder sich entschieden. Im Mai 1771 übernahm er ein Kirchenamt – nicht in Riga oder in Rußland, sondern in Bückeburg in dem kleinen norddeutschen Fürstentum Schaumburg-Lippe. Er war zu dem Schluß gekommen, daß er keiner existierenden politischen Macht die Treue zu halten hatte: weder Preußen, wo er aufgewachsen war und das er zeitlebens verabscheute, noch Rußland, in das er so große und erstaunliche Hoffnungen setzte, noch auch einem großartigen eigenen Projekt. Er würde jener Gemeinschaft dienen, für die er schon immer gedacht und geschrieben hatte – bisher an ihrem äußersten geographischen Rand, künftig fast in ihrer geographischen Mitte –: der Gemeinschaft derer, die deutsch sprachen. Es war ein Entschluß, bei dem Lessings Übersiedelung nach Wolfenbüttel Pate gestanden haben mochte und der gewiß auch das Denken Goethes beeinflußte. Ein weiterer Umstand ist zu erwähnen, der Herder bewog, seine Unschlüssigkeit zu überwinden: 1770 hatte er am hessischen Hof zu Darmstadt, südlich von Frankfurt, Caroline Flachsland, die Schwägerin eines wichtigen Ministers, kennengelernt, die 1773 seine Frau werden sollte. Nicht zuletzt ihretwegen unterzog Herder sich der Operation, die ihn nach Straßburg führte: Zumindest in einer Hinsicht war Herder wirklich reifer als Goethe.

Herder war nicht untätig in diesen Monaten des Mißbehagens, die er größtenteils in einem verdunkelten Raum zubringen mußte. Die Königliche Akademie zu Berlin hatte 1769 einen Preis für die beste Abhandlung über die vieldiskutierte Frage ausgeschrieben: «Haben die Menschen, ihren Naturfähigkeiten überlassen, sich selbst Sprache erfinden können?» – die Alternative hierzu war der Spracherwerb durch unmittelbare göttliche Eingebung (eine Auffassung, der die Orthodoxen den Vorzug gaben). Das Thema war wie gemacht für Herder, und so vollendete er in seiner Straßburger Zeit die *Abhandlung über den Ursprung der Sprache*, mit der er den ausgesetzten Preis errang. Goethe las jeden Abschnitt der Arbeit, sobald er fertig war –: eine Begegnung der Geister, so schicksalhaft wie nur irgendeine während ihrer langen Gespräche.

Die Bedeutung der Sprache, zumal der Muttersprache eines Menschen, für die philosophische, pädagogische und literarische Theorie, war der früheste charakteristische Gegenstand des Herderschen Denkens und sein spezieller Beitrag zu der kritischen Debatte nach 1760 gewesen. Die Fragmente *Über die neuere deutsche Literatur* teilen das Anliegen, das in den zurückliegenden vierzig Jahren alle deutschen Intellektuellen hatten, mochten sie auch so verschieden und so gegensätzlich sein wie Gottsched und Lessing: Wie waren eine deutsche Nationalliteratur und insonderheit ein deutsches Drama zu schaffen, die den Vergleich mit den Literaturen des übrigen Europas, den gegenwärtigen wie den früheren, nicht zu scheuen hatten? Herder erweitert diese Fragestellung, und zwar in doppelter Hinsicht. Das, worum es geht, ist, wie er sagt, keine Angelegenheit nur der Literatur, der Vorbilder und Regeln und Gattungen und Rezensionen, sondern der nationalen Kultur in ihrer Gesamtheit; denn keine Literatur ist von den eigentümlichen und nationalen Umständen ihrer Entstehung zu trennen. Und daher geht es Herder, zweitens, nicht nur um die formalen Qualitäten literarischer Werke, um ihre Originalität und ihr Verhältnis zur Tradition der Bücher, sondern auch um die persönlichen Qualitäten der Literaten, um *ihre* Originalität und ihr Verhältnis zu ihrer Zeit und ihrer Nation. Beiden Erweiterungen der bekannten Fragestellung ist Herders Interesse an der nationalen Sprache gemeinsam. Geist oder Genie einer Sprache, so behauptet er, sind nicht zu trennen von dem Geist oder Genie einer Nation (was am deutlichsten an den Idiotismen und Redewendungen sichtbar wird, die eine Sprache mit keiner anderen gemeinsam hat und die unmittelbar der Lebensweise und der vertrauten Erfahrung ihrer Sprecher entspringen). Sprache ist ein Medium, das alle Teile des nationalen Lebens durchdringt und sie mit ihrem einzigartigen, einmaligen Charakter erfüllt. Und daher ist für Herder die Notwendigkeit einer literarischen Wiedergeburt Deutschlands nur Teil der umfassenderen Notwendigkeit einer sprachlichen Wiedergeburt. Das Bewußtsein der hierzu erforderlichen Arbeitsteilung ist von einem fast verschrobenen Ernst:

Wird es bald seyn, daß ihr eure Sprache durch Untersuchungen, ihr Weltweisen! durch Sammlung und Critik, ihr Philologen! durch Meisterstücke, ihr Genies! zu derjenigen macht, die nach dem Plinius, ‹alten Sachen Neuheit; neuen das Ansehen des Alterthums; ... allen aber Natur› verschaffen kann?

Eine derartige nationale Sprache ist nur durch eine nationale Erneuerung zu erreichen; fremde Muster und fremde Sprachen können per definitionem nicht hilfreich sein. Gestützt auf seine Rigaer Erfahrungen, geißelt Herder den Lehrplan der deutschen Schulen, der ein so großes Gewicht auf das Lernen und Schreiben des Lateinischen legt. Und er verspottet gewisse Zeitgenossen, die auch beim Schreiben in der eigenen Sprache den Ehrgeiz haben, der «deutsche Horaz», der «deutsche Homer» oder gar der «deutsche Psalmist» zu sein. Die nationale Literatur muß sich aus ihren eigenen Quellen erneuern – beispielsweise durch das deutsche Gegenstück eines Unternehmens wie Bischof Percys Sammlung von alten englischen und schottischen Balladen und Volksliedern unter dem Titel *Reliques of Ancient English Poetry* (1765) oder wie James Macphersons vorgebliche Übersetzungen der gälischen Dichtungen des Ossian (seit 1765), die trotz ihrer handlungsarmen Emotionalität – wild und nebelumflossen wie ihr Schauplatz auf den Hebriden, zwischen Wolkenfetzen, kahlen Felsen und dem sternbeglänzten Meer

– zumal in Deutschland den Eindruck erweckten, authentische Fragmente eines nordischen Barden zu sein, ebenbürtig dem Homer.

Was für eine ganze Literatur gilt, gilt auch für den einzelnen Autor: «Ein Originalschriftsteller im hohen Sinne der Alten ist . . . beständig ein Nationalautor.» An einem Schriftsteller ist nichts so wichtig wie seine nationale Sprache, die lebendige Sprache seiner gegenwärtigen Welt, und so fragt Herder, «ob jemand . . . in einer todten Sprache ein Pindar oder Horaz, und in einer andern als seiner Muttersprache, ein Shakespear seyn könne?» In Passagen, die Goethe, wie er dem Autor sagte, als er sie im Juli 1772 las, «mit warmer heiliger Gegenwart durch und durch belebt» fand, verknüpft Herder die für wahre Dichtung kennzeichnende Einheit von Gedanke, Gefühl, Anlaß und Ausdruck mit der Notwendigkeit des Dichters, seine Muttersprache zu bilden: Gerade weil die Sprache seine eigene ist, hat er die Freiheit, in ihrer Behandlung originell zu sein; es «muß seinem Boden getreu bleiben, der über den Ausdruck herrschen will».

Goethe kannte diese Gedanken bereits achtzehn Monate, bevor er *Über die neuere deutsche Literatur* las; denn sie werden schon in der *Abhandlung über den Ursprung der Sprache* entwickelt, und zwar in einer Richtung, die Goethes Situation noch mehr entgegenkam. Die Zeit in Straßburg sollte für Goethe die Zeit des Heranreifens seiner eigenen poetischen Sprache werden, die Zeit der persönlichen Hingabe an das Deutsche als ein literarisches Medium, wie er uns in *Dichtung und Wahrheit* berichtet. Anders als Goethe, sah Herder 1770 einen Zweck vor sich; er kannte «die Forderung der Zeit» – Originalwerke der deutschen Literatur –, aber sein Zweck ging über diese Forderung hinaus: Sein Zweck war der Dienst an der Nation durch Dienst an ihrer Sprache, und Dienst an der Sprache durch Männer von überragender Erfindungskraft. Dieser zuversichtliche Missionar einer erst halb ausgebildeten Sache verstand sich auf die Erleuchtung und Begeisterung einer ungebildeten Jugend, in Straßburg wie in Riga. Ohne Zweifel hat nur Goethe die deutsche Literatur auf den Weg führen können, den sie seit 1770 nahm, aber in einem entscheidenden Moment war es Herder, der Goethe zeigte, in welcher Richtung dieser Weg liegen mochte, und ihm auch zeigte, daß es ein Weg war, den er persönlich mit Gewinn gehen konnte. In der *Abhandlung über den Ursprung der Sprache* wird die Preisfrage der Akademie mit der Theorie «beantwortet» – falls «Antwort» das richtige Wort ist –, daß Humanität, Rationalität und Sprachvermögen synonyme Begriffe sind, daß die Menschheit und die menschliche Sprache gleichzeitig entstehen, daß der Mensch ganz einfach das sprechende Tier *ist* und als Mensch nicht ohne Sprache vorgestellt werden kann. Der Mensch kann über die Natur, die ihn in seinem Urzustand umgibt, nur durch ein System von «Merkmalen» nachdenken, das anfangs die Laute der Natur selber liefern. Die ersten Worte sind Interjektionen, exklamatorische Nachahmungen von Naturlauten. Die Bedeutung dieser Ausrufe liegt nun darin, daß sie nicht ein Ding, sondern eine Handlung bezeichnen – wenn ein Mensch das Blöken eines Schafes nachahmt, beschreibt oder meint er nicht einen Gegenstand, sondern er imitiert die Entstehung dieses Lautes, und darum ist der eigentliche und ursprüngliche Teil der Rede das Verbum:

Führet keinen Merkur und Apollo, als Opernmaschinen von den Wolken herunter – *die ganze, vieltönige, göttliche Natur ist Sprachlehrerin und Muse! . . . tönende V e r b a sind die Ersten Machtelemente. . . .* Das erste Wörterbuch war also aus den Lauten aller Welt gesammlet. . . . Das Kind nennet das Schaaf, als Schaaf nicht: sondern als ein blöckendes Geschöpf, und macht also die Interjektion zu einem V e r b o.

Die Sprache ist daher nicht nur das Menschlichste und Rationalste, was es gibt, sie wirkt auch durch sich selbst und ist gleichzeitig das unmittelbarste Band zwischen dem Menschen und der ihn rings umgebenden überwältigend wirkenden Welt der Natur. Und so liegt es im Wesen der Sprache, sich zu verändern und weiterzuentwickeln. Insonderheit wird sie, als Mittel der Verständigung zwischen Menschengruppen (ursprünglich zwischen Familien), in dem Maße in verschiedene Sprachen zerfallen, wie diese Gruppen sich gegeneinander abgrenzen. Aber auch innerhalb der einzelnen Gruppen wird die Sprache «mit jedem neuen originalen Autor, ja mit jedem Kopfe, der neuen Ton in die Gesellschaft bringt», neu erschaffen; denn was ist Sprache anderes als «eine Summe der Würksamkeit aller Menschlichen Seelen»? Eine einzelne Sprache ist einerseits eine Tradition, die verkörperte Anstrengung aller, die sie bisher gesprochen haben; andererseits wird sie erneuert und am Dasein erhalten durch die Erfindungskraft jener, die sie heute lernen und adaptieren. Der erste Mensch, der erste Sprechende, «hat zu erfinden angefangen; wir alle haben ihm nacherfunden». Die «Kette der Bildung», die die Völker der Menschheit verbindet, ist eine Kette, deren Glieder Originalitäten sind. Herders Theorie der Sprache rechtfertigt die Propagierung einer in der Volkssprache sich verkörpernden nationalen Kultur, die sie zum Bestandteil einer natürlichen und allgemeinen menschlichen Sache macht, und regt zugleich die individuelle, sprachlich-literarische Spontaneität als Mittel zur Förderung dieser großen Sache an.

Das Elsaß war ein guter Ort, um diese dramatische Erweiterung der Ambitionen der offiziellen deutschen Literatur zu erproben. Tag für Tag hatte Goethe in dem gotischen Meisterwerk des Straßburger Münsters das Denkmal einer von Millionen von Menschen jahrhundertelang verehrten religiösen und baukünstlerischen Tradition vor Augen, die seine eigene Zeit dennoch verachtete oder ignorierte – einer Tradition, die auf einen Menschen wartete, der sie wieder zum Leben erweckte. Und draußen auf dem Lande konnte er noch immer relativ unverdorben die deutsche Sprache und die deutschen Sitten antreffen, die in der Stadt durch die herrschenden französischen Gebräuche zurückgedrängt wurden – eine Sprache, die ebenfalls ihres individuellen Erlösers harrte? Wie weit Herder ihn bereits auf seine Seite gezogen hatte, kann man aus den Exkursionen ersehen, die Goethe auf Herders Anregung in der ersten Jahreshälfte 1771 unternahm, um alte Lieder und Balladen zu sammeln, die in den ländlichen Gegenden des Elsaß noch immer gesungen wurden. Das Ergebnis dieser Expeditionen (die Goethe zu einem der allerersten Feldforscher der deutschen Volkskunde machen) war eine Sammlung von zwölf Liedern «der ältesten Müttergens», deren Enkel, wie in solchen Fällen üblich, nur modische Sachen ohne regionalen Wert kannten. Goethe sandte Herder seine Trophäen mit den Worten: «Sie waren Ihnen bestimmt; Ihnen allein bestimmt; so dass ich meinen besten Gesellen keine Abschrift auf's dringendste Bitten erlaubt habe.» In demselben Brief versprach Goethe die Übermittlung von Ossian-Übersetzungen, an denen er gerade arbeitete. Das Eingeständnis der Jüngerschaft könnte kaum deutlicher sein. Drei der Balladen aus dem Elsaß bildeten den Kern des deutschen Teils in Herders Sammlung von Volksliedern aus vielen Ländern, die von 1778 an erschien. Einige wurden auch von Matthias Claudius im *Wandsbecker Boten* veröffentlicht – ein Indiz dafür, daß Herders Erweiterung der offiziellen Literatur der inoffiziellen Opposition sehr nahe kam.

Es steckte etwas von dem reinen Mitgefühl mit einem Kranken in Goethes fast täglichen Besuchen bei Herder im Winter 1770/71 – andere Mitglieder seines studentischen Kreises kamen ebenfalls, aber Goethe war der bei weitem regelmäßigste und, obgleich Herder keine Komplimente austeilte, der bei weitem willkommenste –; vor allem aber waren sie ein höchst bedeutsamer Teil von Goethes Bildungsgang, nämlich praktisch ein Privatissimum über moderne Literatur und Kunstkritik vom bestinformierten aller denkbaren Lehrer. (Freilich war Herder ein allzu formidabler Kritiker, als daß Goethe seine eigene literarische Produktion mit ihm diskutiert hätte, und als Herder im April 1771 nach Bückeburg aufbrach und, über Darmstadt und Frankfurt reisend, unterwegs auch Goethes Elternhaus besuchte, war er vom Umfang dieser literarischen Produktion überrascht.) Goethe wurde in die Werke Hamanns und Mösers eingeführt; ausgiebig wurde Shakespeare gelesen und dabei die Wielandsche Prosaübersetzung von einem Gelehrten kritisiert, der noch sprachgewandter war als Lessing; Herder ermutigte Goethe zur Lektüre nicht nur Ossians, sondern auch, in Übersetzung, der *Edda* und spornte ihn an, wieder einmal sein Griechisch am Homer zu messen; die Fortschritte, die Goethe in diesem Punkt machte, verdankte er allerdings der griechisch-lateinischen Ausgabe Samuel Clarkes. Am entscheidendsten aber war Herders Einfluß wahrscheinlich auf dem unbestimmten Grenzgebiet zwischen Literatur und Religion. Mit der Lehre von der Dreieinigkeit nahm er es nie sehr genau, und in seiner Bückeburger Zeit sollte er erfolglos um Versöhnung seiner universalistischen kulturellen Sympathien mit dem orthodoxen Insistieren auf der historischen Einmaligkeit Christi ringen. Selbst wenn Goethe nicht bereits im Begriff gewesen wäre, sich von der pietistischen Herde zu entfernen, hätten seine zögernde Konversion und seine matte Spiritualität derartigen gelehrten Verführungen, noch dazu durch einen Geistlichen, kaum widerstehen können. Herders Theorie des schöpferischen Individuums, das durch Sprache mit seiner nationalen Kultur verbunden ist,

war ein machtvolles Gegenmodell gegen das lutherische Muster der individuellen Erwähltheit und Erlösung innerhalb der Kirche, und seine Ablehnung jeder übernatürlichen Erklärung für den Ursprung der Sprache – und
damit erst recht jeder übernatürlichen Erklärung für die minder geheimnisvollen Merkmale der menschlichen Geschichte – kam Goethes eigener Vermutung entgegen, daß Gott und Natur, Leib und Seele Synonyma seien und
nicht verschiedene und unabhängige Kräfte, die einander gelegentlich ins Ge-
hege kamen. Sogar die Bibel selbst, die Goethe noch im April als Stimme
jener providentiellen Macht befragt hatte, die sein Leben leitete, mußte vor
diesem Angriff auf das Wunderbare zurückweichen: Zweifellos hatte Goethe
schon seine eigenen Ahnungen, aber Herder muß in seiner – erst später im
Laufe der 1770er Jahre veröffentlichten – Fortentwicklung der von Robert
Lowth (1710–1787) propagierten, literarischen Betrachtung des Alten Testa-
ments bereits große systematische Stringenz bewiesen haben, wenn er die
Heilige Schrift als Werk nicht des einen göttlichen Fingers, sondern vieler
menschlicher Hände behandelt, als eine dem Homer vergleichbare poetische
Leistung. Die Ablösung der Religion durch die Literatur als Medium der
Goetheschen Selbstverständigung vollzog sich 1770 und 1771 unter bemerkenswert geringen theoretischen Schmerzen, da für Goethe weder Beruf
noch Lebensunterhalt auf dem Spiel standen; es ging allein um die Frage: Mit
welchen Mitteln sollte er seine marginale Zentralität, seine loyale Opposition
gegen Deutschlands sich entwickelnde Nationalkultur ausdrücken? Der
Herrnhuter Pietismus konnte zwar zutiefst das Ich ergreifen, aber er hatte die
Phantasie nicht beflügelt: Nun aber bot Herder eine Alternative von scheinbar unerschöpflicher Vielgestaltigkeit. In seinem späteren Leben legte Goethe
besonderes Gewicht auf Herders Propagierung seiner eigenen modernen
Lieblingsautoren Swift, Sterne und Goldsmith, dessen *Vicar of Wakefield* er im
Dezember 1770 und Januar 1771 seinen Besuchern abschnittweise vorlas. Die
«ironische Gesinnung», die Goethe vor allem in Goldsmith und in Sterne entdeckte, war wesentlich für die wichtigste Lehre, die diese Autoren ihm seines
Erachtens zu geben hatten: daß es möglich sei, literarische Werke zu schreiben, die zwar die eigenen Gefühle und Erfahrungen des Autors verkörpern,
jedoch als Ganzes die «Gesinnung . . . einer poetischen Welt» ausdrücken,
die derlei Zufälle des Lebens und des Glücks transzendiert. Die theoretische
Formulierung gehört natürlich dem späteren Goethe an, der gesteht, daß er
sich 1771 die magnetische Kraft von Goldsmiths Buch noch nicht erklären
konnte, aber das Geständnis kann als Hinweis darauf gelten, daß Goethe mit
21 dabei war, den Prozeß der literarischen Darstellung als die vollständig
säkularisierte Manifestation jenes autonomen und unversehrbaren Ichs zu
empfinden, das im Mittelpunkt der Aufmerksamkeit des Leibnizianismus
wie des Pietismus stand und das ihn befähigen mochte, die Leidenschaften
seiner Zeit zu teilen und sich doch reflektierend von ihnen fernzuhalten.

In seiner Autobiographie macht Goethe sich ganz bewußt, ja unverhohlen den *Vicar of Wakefield* zunutze, um einen idyllischen Schimmer um die

Geschichte seiner Liebe zu Friederike Elisabeth Brion (1752–1813) zu breiten, der jüngeren Tochter des Pfarrers von Sesenheim, eines Dorfes, das –
noch für Goethe – eine Tagesreise von Straßburg entfernt lag. (Goethe
schreibt «Sesenheim»; richtiger wäre «Sessenheim».) Die ländliche Umgebung, das altertümliche Pfarrhaus zu Sesenheim, der ein wenig schrullige
(dabei aber nicht ganz weltfremde) Vater, die gutherzige Mutter, welche auf
Besuch weilende Jünglinge an ihren Busen drückt, die schönen und doch
praktischen Töchter in ihrer altmodischen Bauerntracht, Goethe selbst als
der elegante, vielleicht unzuverlässige Freier aus der Fremde – die Parallelen
sind nur allzu offensichtlich. Chronologisch freilich ist die Assoziation, wie
Dichtung und Wahrheit sie beschreibt, unmöglich: Goethe wurde durch
seinen Freund Weyland, dessen Schwester mit Frau Brions Halbbruder verheiratet war, Mitte Oktober 1770 in Sesenheim eingeführt, also mindestens
zwei Monate, bevor Herder ihm aus Goldsmith vorzulesen begann, und es
gibt keine zeitgenössischen Hinweise darauf, daß die Parallele einer der Parteien aufgefallen wäre (Goethe mag sie denn auch *in pectore* gezogen haben).
Die gesamte Schilderung jener ersten Begegnung mit Friederike, die Goethe
in *Dichtung und Wahrheit* gibt, ist nachweislich frei erfunden, und viele der
folgenden Einzelheiten sind so irreführend, wie es von dieser irreführend-
sten aller Autobiographien zu erwarten ist, wenngleich vielleicht nicht so
irreführend wie manche späteren Spekulationen über die Affäre. Unbezwei-
felbare Tatsache ist, daß Goethe sich unmittelbar nach der Begegnung mit
Friederike, am 15. Oktober 1770, zu einem geschickten und charmanten
Brief an seine «Liebe liebe Freundinn» bemüßigt fühlte, in dem er die zuversichtliche Hoffnung auf ein Wiedersehen ausdrückte; daß es im November und Dezember zu diesem Wiedersehen kam; daß auf Goethes – nicht,
wie *Dichtung und Wahrheit* glauben machen will, Friederikes – Initiative
ein Briefwechsel begann; daß es wohl weitere Besuche in Sesenheim in den
ersten Monaten des Jahres 1771 gegeben hat; und daß Goethe die Zeit vom
18. Mai bis 23. Juni 1771 bei den Brions verbrachte, möglicherweise, um
Architekturzeichnungen vom Pfarrhaus anzufertigen, das restauriert und erweitert werden sollte. Aus den wenigen erhaltenen Briefen, vor allem von
Goethe an Salzmann, aus den späteren Erinnerungen der Familie Brion und
aus den zuverlässigeren Partien in *Dichtung und Wahrheit* ergibt sich das
Bild eines selbständigen, tüchtigen, humorvollen, mit beiden Beinen auf der
Erde stehenden 18jährigen Mädchens und eines hochintelligenten Studenten
der Rechte – in der Öffentlichkeit natürlich noch unbekannt und der Familie des Pfarrers sozial ebenbürtig, beinahe wie ein Vetter aus der Stadt –,
der sich beliebt machte durch seine Munterkeit und Hilfsbereitschaft, durch
die Märchen von Rittern und Prinzessinnen, die er in kleinem Kreis in der
Scheune improvisierte, und durch seine bemerkenswerte Fertigkeit, alle
Tischgespräche in Verse zu gießen; wir erhaschen einen Blick auf Namen,
die in Rinden geschnitten werden, auf ein Picknick am Rhein, das einem
Mückenschwarm zum Opfer fällt (wie viele Menschen, die empfindlich ge-

7. Goethe: Pfarrhof Sesenheim (1770/71)

gen Zudringlichkeit sind, scheint Goethe eine besondere Abneigung gegen
stechende Insekten gehabt zu haben), und auf ein Pfingstmontagsfest, auf
welchem Goethe, trotz eines Hustens und trotz einer Erkrankung, die Friederike ans Bett fesselt, von zwei Uhr nachmittags bis Mitternacht tanzt (die
Leipziger Tage, da ihm seine eigene Ungeschicklichkeit peinlich war, sind
wirklich und wahrhaftig vorüber). Es wird eine bizarre Anekdote erzählt,
die für manche ähnliche aus den nächsten Lebensjahren Goethes stehen
mag; verrät sie doch jene Mischung aus Verve, Humor und Befehlsgewohn-
theit (nebst verschwenderisch ausgeteiltem Vermögen), mit der er sich Zuneigung und Treue bis zur Hingabe erwarb und die ohne Zweifel ihre Wirkung auf Friederike nicht verfehlte.

Die Bursche des Dorfes [Sesenheim] machten, wie jedes Jahr, hinter der Kirche zuweilen im November ein Feuer und belustigten sich, mit Stangen drüber zu springen. Der
‹Herr Goethe› war auch einmal bei einem solchen Anlaß zugegen und bemerkte unter
den Zuschauenden sechs Weiber mit alten zerrissenen Strohhüten. Da sagte er dem
Bauer Wolf, er solle die Strohhüte in's Feuer werfen. Der that's auch gleich, nur eine
ließ sich den Strohhut unter keiner Bedingung nehmen. Als nun die fünf Strohhüte
lichterloh brannten, zog der Herr Goethe seinen Geldbeutel hervor und gab jedem der
fünf Weiber, die ziemlich verdutzt dastanden, zwei Thaler [insgesamt also fast ein Viertel seines monatlichen Unterhaltsgeldes]; jetzt verkehrten sich die sauern Mienen in
frohen Jubel; die sechste aber bot nun freiwillig ihren Strohhut an; als ihr Goethe gar
keine Aufmerksamkeit schenkte, warf sie voll Verdruß ihren Hut selbst in's Feuer,
erntete aber auch für diese heroische Äußerung ihrer Unzufriedenheit nichts als den
Spott des ganzen Dorfes. Als Moral dieser Geschichte setzte der Bauer Wolf, der
mir dieselbe erzählte, hinzu: Einem so vornehmen Herrn muß man eben Zutrauen
schenken.

Doch die heitere Stimmung in Sesenheim konnte rasch umschlagen – «Es
regnet draussen und drinne, und die garstigen Winde von Abend rascheln in
den Rebblättern vorm Fenster, und meine animula vagula ist wie's Wetter
Hähngen drüben auf dem Kirchturm», schrieb er Salzmann im Juni 1771,
«dreh dich, das geht den ganzen Tag.» Zu Beginn der paar Urlaubswochen
im Frühsommer quälte ihn das Gefühl, mit seinen Gedanken und seinem
Verhalten der großzügigen Aufnahme in Sesenheim nicht wert zu sein –
«conscia mens, und leider nicht recti, die mit mir herumgeht» –, vielleicht
war aus diesem Grund das «ganze *mich* in das Tanzen versunken», und am
Ende gestand er sich ein, daß man nicht immer bekommt, was man erwartet
hat, wenn man bekommt, was man gewollt hat: «Sind nicht die Träume deiner
Kindheit alle erfüllt? . . . Sind das nicht die Feengärten nach denen du dich
sehntest? – – Sie sinds, sie sinds! Ich fühl es lieber Freund, und fühle dass
man um kein Haar glücklicher ist wenn man erlangt was man wünschte. Die
Zugabe! die Zugabe! die uns das Schicksaal zu ieder Glückseeligkeit drein
wiegt!» (An Salzmann, 19. Juni) Es ist anzunehmen, daß Goethe Sesenheim
zum letztenmal im August 1771 besuchte und daß er erst durch einen Brief
aus Frankfurt, nach seinem Abgang von der Universität in demselben Monat,
zu verstehen gab, daß es kein Wiedersehen geben werde. Friederike hatte sich

vielleicht noch immer nicht von ihrer Erkrankung erholt, und nach dem Schock dieser Trennung ging es mit ihr besorgniserregend bergab; zwar kam sie schließlich wieder zu Kräften, doch blieb sie zeitlebens unvermählt.

Man muß sagen, daß die ganze Episode Goethe wenig Ehre macht. Der lange Aufenthalt in Sesenheim im Mai und Juni sowie der Umstand, daß er und Friederike mit ziemlicher Sicherheit bei dieser wie vielleicht schon bei früheren Gelegenheiten längere Zeit allein gelassen wurden, lassen vermuten, daß man ihn, süddeutscher Gepflogenheit entsprechend, zu diesem Zeitpunkt als den Verlobten Friederikes betrachtete, und in diese Rolle hatte er sich, durch sein Verhalten, vielleicht auch durch seine Worte, allerdings nicht durch eine feierliche Erklärung, unbestreitbar selbst hineinmanövriert. Unter diesen Umständen bedeutete der Bruch mit Friederike eine schwerwiegende Kompromittierung ihrer gesellschaftlichen Stellung – von ihren Gefühlen ganz zu schweigen –, und Weyland, der später in Frankfurt eine Arztpraxis eröffnete, wollte mit Goethe fortan nichts mehr zu schaffen haben. Es war Verrat, und verglichen damit war es unerheblich, wie weit die sexuelle Intimität der Partner vor der Trennung gediehen war: Ob sie bis zum letzten ging oder nicht – und die Anstrengungen, die die Familie Brion im 19. Jahrhundert unternahm, einen bestimmten Brief Goethes an Salzmann unveröffentlicht vernichtet zu sehen, sprechen für sich –, es ist höchst unwahrscheinlich, daß Friederike, wie gelegentlich behauptet worden ist, ein uneheliches Kind von Goethe zur Welt gebracht hat. Wäre das der Fall gewesen (und es gibt absolut keinen Beweis für diese Behauptung), wäre es kaum vorstellbar, daß Goethe noch einmal nach Sesenheim zurückkehren und eine Nacht im Pfarrhaus verbringen konnte, wie er es 1779 tat, als er bereits berühmt und Geheimrat war, und daß er so aufgenommen wurde, wie es offenbar geschah. Er beschreibt in einem Brief, wie warm er willkommen geheißen wird, wie er vermutet, daß von ihm noch von Zeit zu Zeit gesprochen wird, wie die Nachbarn hereingerufen werden und alle sich einig sind, daß er jünger aussieht, wie man gemeinsam sich der guten Zeiten von vor acht Jahren erinnert und verschiedene Stätten von einst aufsucht. Es scheint wirklich keinen Grund zu geben, an der Einschätzung Goethes in diesem Brief zu zweifeln: Es war alles ein schmerzlicher und wenig schmeichelhafter Vorfall gewesen, ein Vorfall aber, den Menschen, die liebevoller waren als er und denen weniger an der Behauptung oder dem Verlust ihrer Selbstachtung lag, verzeihlich finden konnten:

Die Zweite Tochter vom Hause hatte mich ehmals geliebt schöner als ichs verdiente, und mehr als andre an die ich viel Leidenschafft und Treue verwendet habe, ich musste sie in einem Augenblick verlassen, wo es ihr fast das Leben kostete, sie ging leise drüber weg mir zu sagen was ihr von einer Kranckheit iener Zeit noch überbliebe, betrug sich allerliebst mit soviel herzlicher Freundschafft vom ersten Augenblick da ich ihr unerwartet auf der Schwelle ins Gesicht tratt, und wir mit den Nasen aneinander stiesen dass mir's ganz wohl wurde.

In der ersten Jahreshälfte 1771 entfernte Goethe sich immer weiter vom Christentum. Nur «die Hand der Vorsicht», nicht Christus wird in einem Beileidsbrief erwähnt, den er nach dem Tod des Schultheißen Textor am 6. Februar seiner Großmutter schrieb, und Jung-Stilling, dessen ernster und schlichter Glaube Goethe vielleicht klar machte, wie wenig sie gemeinsam hatten, fühlte, wie er meinte, als einziger «Enthusiasmus für die Religion» in einem «Zirkel», der aus ihm selbst und Goethe, Lenz und Lersé bestand, die aller «freier dachten», auch wenn sie keine «Spötter» waren. In Sesenheim besuchte Goethe natürlich die Gottesdienste, die Pastor Brion zelebrierte, und behielt wahrscheinlich für sich, was er über dessen Predigten dachte. Das wäre nicht heuchlerisch gewesen, sondern entsprach seiner allgemeinen geistigen Entwicklung zu einem völligen religiösen Individualimus. Im Dezember 1770 begann er ernsthaft mit der Arbeit an seiner Dissertation, zu deren Niederschrift sein Vater, der mehr von ihm im Druck sehen wollte, ihn unablässig gedrängt hatte und die eher theologischen als juristischen Charakters war, da sie das von Herder Gelernte ebenso widerspiegelte wie sein eigenes, immer freieres Denken. Im Frühjahr 1771 war die Arbeit fertig; soweit wir wissen – denn eine Abschrift von ihr ist nicht erhalten – handelte es sich um eine Untersuchung über die weltlichen Ursprünge des Kirchenrechts, des Judentums und wahrscheinlich auch des Christentums (das laut Goethe «nichts anderes als eine gesunde Politik» sei, wie ein Bericht referiert), die in den bewußt hintergründigen, aber brav lutherischen Grundsatz mündete, daß die Regelung der religiösen Observanz ganz und gar Sache des Staates, der religiöse Glaube selbst hingegen ganz und gar Privatsache sei. Dieses absichtlich unerhörte – aber nicht unbedingt originelle – Stück aufgeklärter Entmythologisierung wurde von der Universität abgelehnt; es war ihr für eine Veröffentlichung unter ihrem Namen zu heterodox. Goethe mußte sich nun in aller Eile auf die andere Möglichkeit der Erlangung des Lizentiats einrichten, nämlich auf die öffentliche Disputation über eine Reihe vorher gedruckter lateinischer Thesen – darunter, als These 42, auch die entscheidende Schlußfolgerung aus seiner Dissertation.

Es ist schwer zu beurteilen, wie ernst diese Thesen als Hinführung zu den damaligen juristischen und politischen Auffassungen Goethes zu nehmen sind. Ihr Zweck bestand schließlich darin, dem Kandidaten die Möglichkeit zu geben, sein forensisches Geschick zu demonstrieren; Goethe war ohne Zweifel sehr zufrieden mit sich; hatte er doch das Universitätsestablishment – und seinen Vater – überlistet, indem er sie zwang, eine Dissertation zu unterdrücken, mit deren privatem Druck er nun drohen konnte; einer seiner Opponenten bei der Disputation war sein Busenfreund Lersé, der es genossen haben soll, die Schraube noch weiter anzuziehen; und in *Dichtung und Wahrheit* vermerkt Goethe, die Disputation am 6. August sei «mit großer Lustigkeit, ja Leichtfertigkeit» geführt worden. Bei Goethes bisheriger akademischer Laufbahn ist These 41 sicherlich mit einem Augenzwinkern abgefaßt worden (*Studium juris longe praestantissimum est*, «Das Studium der Rechte ist das bei weitem vorzüglichste»). Viele Thesen beziehen sich auf technische Fragen, die eine überzeugende Demonstration der Kompetenz des

Kandidaten erlaubten, doch werden auch einige elementare Grundsätze der Jurisprudenz in einer Form aufgestellt, die Goethe nötigen, den Standpunkt eines extrem «fritzisch» gesinnten Absolutisten zu verteidigen: «Das Wohl des Staates soll oberstes Gesetz sein» (*Salus republicae suprema lex esto*, These 46), «Nicht die Tradition, sondern das Interesse jeder einzelnen Nation ist Grundlage des Völkerrechts» (*Non usus sed utilitas gentium jus gentium constituit*, These 47), «Jede Gesetzgebung obliegt dem Fürsten» (*Omnis legislatio ad Principem pertinet*, These 43), «Ebenso die Auslegung des Gesetzes» (*Ut & legum interpretatio*, These 44). Durchgängige Tendenz aller dieser Thesen ist es jedoch, unter dem Deckmantel höchster Staatstreue die Prätentionen des Juristenstandes (oder der Kirche) zurückzuweisen, und bei einer derartigen halb boshaften Zielsetzung können sie nur partiell als Ausdruck der Ansichten Goethes verstanden werden. Nicht eine einzige These geht auf das Feudalrecht ein, das in Deutschland darüber entschied, wer oder was «Fürst» oder «Staat» sein sollte und das durch Goethes Möser-Lektüre neue Aktualität bekommen haben muß. Das Bedeutsamste an seinen wesentlicheren Thesen ist, daß sie das gründliche Nachdenken Goethes über seinerzeit umstrittene Fragen im Zusammenhang mit der absoluten Herrschaft beweisen; dasselbe gilt für die Themen aus dem Bereich des Bürgerlichen und des Strafrechts, auf die er sich vorbereitet hatte: Bei zwei Thesen, die heftig diskutiert wurden, vertrat er konservative Positionen (*Poenae capitales non abrogandae*, «Die Todesstrafe soll nicht abgeschafft werden», These 53; *Servitus Juris naturalis est*, «Die Sklaverei ist Bestandteil des Naturrechts», These 56); bei zwei anderen behauptete er lediglich, die Frage sei umstritten (rechtmäßiger Gebrauch der Folter und Todesstrafe für Kindesmörderinnen). Der ganzen Prüfung haftete ein Hauch des Burschikosen an.

Obgleich Goethe damit sogleich in den fragwürdigen Ruf eines verrückten voltaireschen Alleswissers geriet, der «in seinem Obergebäude einen Sparren zuviel oder zu wenig haben» mußte, scheinen die Universitätsbehörden ihn mit ungewöhnlichem Wohlwollen angefaßt zu haben, und es war sogar die Rede von einer akademischen Zukunft, falls er diese anstrebe. Doch in den sechs Jahren, seit er zuerst in Leipzig nach diesen Ehren gedürstet hatte, war vieles anders geworden – nicht zuletzt war er Herder begegnet. Er verzichtete auf die Möglichkeit, auch den Grad eines Doktors zu erwerben (zumal in Deutschland herkömmlicherweise der Inhaber eines Lizentiats ebenfalls mit dem Titel «Doktor» angeredet wurde), nahm halbherzig und nicht ganz ehrlich Abschied von Friederike und verließ Straßburg am 9. August. Er besuchte zum zweitenmal Mannheim, um die Abgüsse antiker Skulpturen zu besichtigen, an denen Herder sein Interesse erneuert haben dürfte, war am 14. wieder in Frankfurt – glücklicher, gesünder und erfolgreicher als bei vergleichbarer Gelegenheit drei Jahre zuvor –, und vierzehn Tage später, an seinem Geburtstag, beantragte er seine Zulassung als Rechtsanwalt in Frankfurt. Indem Goethe das Elsaß verließ, alle Pläne fallenließ, in Paris weiterzustudieren, nach Frankfurt – «meinem Vaterlande», wie er in dem Gesuch an das

Frankfurter Schöffengericht schrieb – zurückkehrte und unverzüglich den in der Familie liegenden Beruf ergriff, folgte Goethe dem Beispiel, das Herder bereits gegeben hatte. Er kehrte der polyglotten, internationalen Welt Straßburgs und der großen Bildungsreise den Rücken und wandte sich seiner Muttersprache und der Tradition zu, in die er hineingeboren war und die neu zu erwecken Aufgabe aller Talentierten war. Im Herbst und Winter 1771/72 blieb Goethe brieflich in engem Kontakt mit Herder, und schon im Dezember schrieb er Salzmann, daß er der Advokatenrolle herzlich überdrüssig sei, die er nur weiterspiele, um den Schein zu wahren. Alles in allem bearbeitete er in knapp vier Jahren nur 28 Fälle, wobei ihm vieles der Schreiber Johann Wilhelm Liebholdt (1740–1806) abnahm, der auch für Johann Georg Schlosser tätig war und von Goethes Vater bezahlt wurde. Es ist klar, daß Goethe von Anfang an seine Karriere als Anwalt weit weniger wichtig war als die Berufung, jener Sache zu dienen – wahrscheinlich als Schriftsteller –, die Herder mehr als jeder andere ihm vor Augen geführt hatte: Die Frankfurter Gerichte jedenfalls dachten so und rügten 1772 offiziell den rhetorischen und aufreizenden Ton seiner Eingaben. (In einem Brief an Langer von 1773 schrieb er die Wahl «der Wissenschafften und Künste» anstelle des Berufslebens seinem Gesundheitszustand zu – immer eine gute Entschuldigung, wie es scheint, wenn man an die Frommen schreibt.)

Der Überschwang der letzten Straßburger Wochen und der Rückkehr nach Hause scheint noch etwa zwei Monate angehalten zu haben. Im September bereitete Goethe, der noch immer in regelmäßigem Briefverkehr mit Salzmann und seinem «Zirkel» stand, für den 14. Oktober, nach protestantischem Kalender der Namenstag aller Wilhelme, eine Feier zu Shakespeares Gedächtnis vor, die gleichzeitig im Hause seiner Familie in Frankfurt und bei seinen Freunden in Straßburg stattfinden sollte. In Frankfurt erwarteten die zahlreichen Gäste Reden über Shakespeare und Ossian, für die Goethe sorgte, sowie Getränke und Musik, für die Goethes Vater sorgte und die er sich mehr als sechs Gulden kosten ließ. Etwa gleichzeitig begann Goethe, ein eigenes Drama über Julius Cäsar zu entwerfen, und erwarb eine Abschrift der Autobiographie des fränkischen Raubritters Gottfried (Götz) von Berlichingen aus dem 16. Jahrhundert, die ihn ebenfalls mit unbändiger Lust erfüllte, ein Stück zu schreiben, auch wenn seine Schwester Cornelia ihn damit neckte, daß er nie die lebhaften Szenen zu Papier brachte, die seine Phantasie vor sie hinstellte. Doch Mitte Oktober änderte sich die Stimmung Goethes abrupt. Aus Frankfurt hatte er den vielleicht recht sorglosen Brief geschrieben, der die Beziehung zu Friederike Brion beendete, und er scheint geglaubt zu haben, die Affäre könne auf ähnliche Art wie die Liaison mit Käthchen Schönkopf fortleben, welcher er als seiner «besten Freundin» weiterhin Briefe schreiben konnte, in denen er von seinen neuen Interessen und Gefühlen erzählte und ihr vierzehn Seiten Übersetzungen aus dem Ossian, ja sogar das melancholische Gelegenheitsgedicht anläßlich ihrer Trennung schickte. Doch einige Zeit nach den Shakespeare-Feiern erhielt er Friederikes

Antwort auf seinen originellen Absagebrief und mit ihr vielleicht die Nachricht von ihrem gesundheitlichen Zusammenbruch, und er war erschüttert wie nie zuvor in seinem Leben: «Ich fühlte nun erst den Verlust, den sie erlitt, und sah keine Möglichkeit ihn zu ersetzen, ja nur ihn zu lindern . . ., und, was das Schlimmste war, ich konnte mir mein eignes Unglück nicht verzeihen.» An eine Fortsetzung des Briefwechsels war nicht zu denken, und in eben diesen Wochen spielte sich vor Goethes Augen in Frankfurt ein Beispiel dafür ab, was mit jener Frau hätte geschehen können – was mit ihr in emotionaler Hinsicht geschehen war –, die ihn zu sehr geliebt und die er verlassen hatte. In der zweiten Oktoberwoche wurde eine ledige Mutter, die ihr Kind getötet hatte, Susanna Margareta Brandt, Dienstmagd in einem Frankfurter Gasthaus, einem peinlichen Verhör über ihr Verbrechen unterzogen, bevor der Prozeß gegen sie begann. Sie wurde nur 200 Meter von Goethes Haus entfernt inhaftiert, und ihre öffentliche Hinrichtung am 14. Januar 1772 legte das Leben in der Stadt lahm. An allen Stadien des Verfahrens waren Verwandte und Bekannte Goethes beteiligt – Susanna Brandt wurde regelmäßig von Goethes eigenem Arzt Dr. Metz untersucht, und Schlosser war Rechtsvertreter des Henkers, der sich aus Altersgründen außerstande sah, die Delinquentin mit einem Streich zu enthaupten, und die Verantwortung seinem Sohn überlassen wollte.

Mit der plötzlichen Einsicht in das, was er Friederike angetan hatte, die moralischen Implikationen seines Verhaltens als gräßliche Karikatur tagtäglich vor Augen, begann für Goethe, was er in seiner Autobiographie «die Epoche einer düsteren Reue» nennt; «hier war ich zum erstenmal schuldig.» Mit dem Eingeständnis einer Schuld, die nicht getilgt oder auch nur gelindert werden konnte, betrat Goethe ein Terrain, das der moralischen Sinnesart der rationalistischen Aufklärung bislang fremd war; für sie waren sinnliche Wünsche nur eine undeutliche Form von rationalen Wünschen, Enttäuschung nur eine undeutliche Form der Erfüllung und das einzige schlechthin Böse das zeitweilige Mißverständnis. Das war nicht die Art, wie für die schwedische Gräfin oder Miss Sara Sampson Liebesaffären zu Ende gingen. Auf der anderen Seite hatte Goethe sich nun bewußt vom christlichen Erlöser getrennt, der die nicht zu tilgende Schuld hilfloser Menschen sühnte. Goethe war jetzt allein und mußte in der Finsternis selbst seinen Weg finden. Er hatte das in gewisser Weise schon einmal getan, als er sich von dem lastenden Druck seiner Leipziger Erfahrungen befreit hatte, indem er sie zu einem Stück verarbeitete, den *Mitschuldigen*. Und jetzt, Anfang November 1771, begann er, diese Kur zu wiederholen. Diesmal jedoch war das Stück, das er schrieb, um soviel komplexer, als es sein Leben und seine Persönlichkeit in den drei Jahren seither geworden waren. Diesmal war das Stück bis zu einem gewissen Grad autobiographisch, wie es *Die Mitschuldigen* gewesen waren, und reich, viel reicher, an objektiven Entsprechungen der Stimmung – aber es enthielt auch, wiewohl nur unvollkommen integriert, weil auf zwei Hauptfiguren verteilt, die symbolische Darstellung eines Ichs, das sich seinen Weg in dieser

prachtvoll objektiven Welt sucht. Da diese Konstellation das Grundmuster
aller großen Werke Goethes in den kommenden zwanzig Jahren bilden sollte,
war sie ein noch wichtigerer Aspekt des neuen Stücks als der Umstand, daß
es nach Form, Thematik und Material ohne den Einfluß der Straßburger Begegnung mit Herder kaum denkbar gewesen wäre. Unvermittelt begann
Goethe, jene Szenen niederzuschreiben, von denen er Cornelia bisher nur
gesprochen hatte. Binnen sechs Wochen, noch vor Jahresende, hatte er ein
ausgewachsenes, ja überlebensgroßes Prosadrama vollendet, die *Geschichte
Gottfriedens von Berlichingen mit der eisernen Hand, dramatisirt*. Das erste,
was er mit dem fertigen Manuskript tat, war, es Herder zur Begutachtung zu
senden: «weil ich[s] taht um Sie drüber zu fragen», schrieb er in dem Begleit-
brief. Der wahre Anlaß aber für die Erweckung von Goethes dichterischem
Genie war die Begegnung mit Friederike, und die Trennung von ihr.

Leben und Literatur:
Werke, 1770–1771

Die Koinzidenz der Loslösung Goethes vom christlichen Glauben mit seiner
für kurze Zeit glücklichen Begegnung mit Friederike hatte weitreichende
Folgen. Während er eine der mächtigsten Strömungen der nationalen Kultur
in ihrer ganzen Stärke erfuhr, machte er gleichzeitig eine persönliche moralische Erfahrung, die dank ihrer Intensität deutliche thematische Spuren in
fast allen seinen großen literarischen Werken des folgenden Jahrzehnts hinterließ – erst 1779, bei seiner Rückkehr nach Sesenheim, ward das Gespenst
gebannt. Diese Koinzidenz intensivierte die überaus persönliche Art seiner
Reaktion auf die religiöse Krise: Frei von der Sorge um Anpassung an die
Staatsmacht durch philosophische Umdeutung der kirchlichen Lehren und
Institutionen, konzentrierte er sich statt dessen auf Fragen des individuellen
Glaubens und Hoffens und verknüpfte daher das Religionsmotiv mit der
Kraft des Eros, des persönlichen Begehrens. Sobald jedes separate Gefühl
einer persönlichen religiösen Berufung in dem Gefühl der persönlichen Berufung zur Literatur aufgegangen war – eine Entwicklung, die sich öffentlich
und definitiv mit der Einfügung der Shakespeare-Feier in den liturgischen
Kalender ankündigte –, war der Weg frei für jene eigentümliche, ja einzigartige Symbiose von Leben und Kunst, die Goethes Lebensbahn fortan auszeichnet. Dieses Muster wurde erstmals durch die persönlichen und literarischen Ereignisse von 1771 fixiert.
    Obgleich die gewollte Anähnelung der Sesenheimer Episode an das Vor-
bild des *Vicar of Wakefield*, die Goethe in *Dichtung und Wahrheit* vornimmt,
keine historische Grundlage hat, verweist dieser poetische Kunstgriff doch
auf einen realen und wichtigen Aspekt der Affäre: ihre Künstlichkeit. Sie
gründete in der Tat auf einem Vorbild, aber es war nicht das Vorbild Goldsmiths: Das alte Pfarrhaus inmitten seiner Äcker und Wiesen, die elsässische

Landschaft und ihre bäuerliche Bevölkerung, deren deutsche Sprache und Sitte abstachen gegen die französische Stadt, die Weihnachtsvorbereitungen an den langen Herbstabenden, die Tänze und Feste des Sommers, dies alles hatte den Reiz, ein lebendiges Abbild dessen zu sein, was Herder unter «Volk» verstand. Hier war die deutsche Nation, geformt und definiert durch ihre Sprache, hier war die ursprüngliche, echte Kultur, deren poetische Denkmäler in Form von Volksliedern Goethe sammelte, und in Friederike war sie in einem einzelnen Menschen verkörpert, in den er sich verlieben konnte. Selbst die wenigen zeitgenössischen Dokumente, die es über die Affäre gibt, lassen uns zweifeln, ob, bei allen gediegenen Qualitäten Friederikes, die Sesenheimer Romanze ihre Verpflanzung in eine Frankfurter Anwaltskanzlei überlebt hätte – und Goethe geht dieser Frage explizit in *Dichtung und Wahrheit* nach, wo freilich der Familienbesuch in Straßburg, der dazu Anlaß gibt, eine Erfindung sein dürfte. Zum großen Teil entbrannte seine Leidenschaft in dieser Herzenssache, laut *Dichtung und Wahrheit*, gar nicht in Sesenheim, sondern in den dreißig oder mehr Briefen, die er aus Straßburg an das Sesenheim schrieb, das ihm geistig vor Augen stand. Und doch war Friederike kein Phantom: Auch wenn sie und ihre Umwelt in das vorgegebene Herdersche Muster paßten, war sie ein Mensch von soviel Reiz und Charakter, daß Goethe sie lieben konnte, und sie ihn lieben konnte und auch liebte. Mit ihr zusammen konnte Goethe, vielleicht sogar in einem physischen, auf jeden Fall aber in einem emotionalen Sinn für einen kurzen Augenblick die verzauberten Gärten betreten, in denen Träume und Begehren sich wirklich erfüllen. Bei Friederike erlangte Goethe, was er wollte, weil er sich selbst, aber auch sie und ihre Familie, auf eine Weise von seiner Absicht, sie zu heiraten, überzeugte, wie er vor seiner Krankheit, als das Leben noch lang schien, sich niemals von der Absicht hatte überzeugen können, Käthchen Schönkopf heiraten zu wollen. Denn solange er diese Absicht hegte, liebte Goethe nicht eine bloße Möglichkeit, wie Käthchen es gewesen war, auch nicht eine literarische Phantasie, wie Friederike es vielleicht zu Anfang gewesen war, sondern einen anderen, gleichberechtigten Menschen. Für die Dauer dieses Augenblicks überwand Goethe die Grenzen der monadischen Seele und stand in einer moralischen und literarischen Welt, die die meisten seiner Zeitgenossen kaum erraten konnten. Doch mit der Erfüllung schwindet das Begehren, und die Quintessenz von Goethes Genie, die ursprüngliche magnetische Kraft seiner Dichtung wie seiner Persönlichkeit ist das Begehren – von keinem Menschen, von keiner Monade dürfte man mit mehr Wahrheit sagen, er sei nicht Substanz, sondern wirkende Kraft. Besitz, Festigkeit, war etwas, wofür 1771 weder sein Charakter noch seine Kunst reif genug war. Man kann rein pragmatisch erklären, warum Goethe Friederike verließ: Es muß seinem Ehrgeiz klar gewesen sein, daß er, als 22jähriger Ehemann und Familienvater und selbst unter der Voraussetzung, daß er, wie es sein Vater planen mochte, innerhalb von dreißig Jahren das großväterliche Amt des Schultheißen übernahm, in seiner Heimatstadt nicht die Chance haben würde, jene breiten Erfahrungen in der zeitgenössischen Gesellschaft und mit politischen Angelegenheiten zu sammeln, die ihm auf diese Weise zuteil wurden und die er in einem gewissen Sinne erhofft haben muß. Goethe selbst bietet in seiner Autobiographie nach außen hin nur unmittelbar greifbare Gefühle als Erklärung: Die Affäre war eine Schwärmerei und verzehrte sich selbst wie ein Feuerwerk. Doch im Lichte der allmählich bestimmteren literarischen Ambitionen Goethes kann man erkennen, warum die Schwärmerei entstand und warum sie endete: Sesenheim gefiel vor allem, weil es einem literarischen Modell entsprach, und Goethe scheute vor der Ehe mit Friederike zurück, weil das Festgestellte einer solchen Bindung unvereinbar war mit der einzigen Dichtung, die er schreiben konnte, einer Dichtung des unablässigen Begehrens. Das war denn auch die Interpretation, die Lenz sich zu eigen machte, als er 1772 ebenfalls den Weg zu dem alten Pfarrhaus suchte, Friederike auf seine Weise den Hof machte und zu dem Schluß kam, Goethe habe Friederike seinem Genius geopfert. Doch ist Lenzens Interpretation ihrerseits abhängig von seiner Lektüre der Gedichte, die Goethe im Jahr zuvor für Friederike geschrieben hatte, und greift psychologisch wie moralisch zu kurz. Wahrer wäre es noch, zu sagen, die Sesenheimer Affäre sei der erste Ausdruck der von Goethe in den kommenden zwanzig Jahren immer wieder bewiesenen Fähigkeit, Vorkommnisse, die in einem anderen Leben banal oder nur halb beabsichtigt wären, schon im Augenblick ihres Geschehens und vor allem durch das Mittel der Dichtung zu objektiven Symbolen für zentrale Wahrheiten über sich, Goethe, selbst zu transformieren. In einem landläufigen Sinne war Friederike ein Opfer – das Opfer von Goethes emotionaler Unfähigkeit, eine feste Beziehung einzugehen –, doch machte Goethe sie zu einem Symbol, zu der realen Erfüllung seiner dichterischen Prophezeiung im «Pygmalion» und in *Die Laune des Verliebten*, daß die Voraussetzung für das dauernde Gleichgewicht seiner Sinnlichkeit und für das Überleben seiner Kunst Untreue war. Im Laufe der Zeit wurden Friederike und alle ihre literarischen Reinkarnationen bis zum Gretchen im *Faust* zu einem Symbol für alles, dem Goethe untreu werden mußte, wollte er das Leben führen und das Werk schreiben, worein er sich nach dem Entschluß, Friederike nicht zu heiraten, gestürzt hatte. Gleichgültig, ob es einen Kausalzusammenhang zwischen diesem Entschluß, den Prophezeiungen davor und den Ereignissen danach gab oder nicht, Goethe stellte rückblickend einen solchen Zusammenhang im übertragenen Sinne her. Für diese Gewohnheit des Auswählens, Entwickelns und im Geschehen Formens solcher Züge seines Lebens, denen im Lichte früherer Gedankengänge Bedeutsamkeit zugesprochen werden konnte, prägte er später die Begriffe «simbolisch[es] . . . Daseyn» und «poetische Antizipation». Sein Leben sollte keine unstrukturierte und absichtslose Abfolge von Episoden sein; vielmehr sollte jedes größere Ereignis in ihm, ob vorhergesehen oder nicht, im Rahmen eines neu gedeuteten Ganzen erwogen werden und seinen Platz erhalten. Der hauptsächliche, aber nicht der einzige Ort dieser unablässigen Selbstdeutungen war Goethes literarische Produktion.

Wo lag der Ursprung für diesen plötzlichen Ausbruch von sinnschaffender Kraft? Es ist gewiß nicht schwer, ihn in der gleichzeitigen bewußten Loslösung Goethes vom religiösen Glauben zu sehen. Befreit von der Nachfolge des Erlösers und damit von jeder besonderen Verpflichtung, Christus «nachzuahmen» oder sich die großen symbolischen Taten Seines Lebens oder die symbolischen Riten, die die Kirche zur Strukturierung jedes Menschenlebens aus ihnen ableitet, zu eigen zu machen, steht es der sich selbst bewegenden monadischen Seele frei, ihre eigenen heiligen Zeiten und Orte und Handlungen zu bestimmen, die Stadien ihres endlosen Begehrens, ihrer «Appetenz», zu markieren. Der Mechanismus der Konstruktion von Sinn bleibt der christliche – ein Leben der symbolischen Episoden, eine Literatur, die auf dieses Leben prophezeiend und in rückblickender Deutung sich bezieht –, wird aber der Seele erst nutzbringend verfügbar, wenn Christus aus Seiner privilegierten Stellung verdrängt wurde: Die Seele hat ein eigenes, sinnvolles Leben nur insoweit, als sie *nicht* die Nachfolge Christi anstrebt – sie steht Seinen rivalisierenden Ansprüchen zwangsläufig feindlich gegenüber. Die Ablehnung eines so machtvollen und eingeführten Vorbilds wirft jedoch das auf, was man ein Objektivitätsproblem nennen könnte. Die bedeutenden Ereignisse im Leben Christi wurzeln in der weltlichen Geschichte und sind die Erfüllung des Gesetzes und der Propheten, während das Predigen und die Sakramente, welche die Kirche auf das Vorbild dieses einen Lebens stützt, für das Leben von Millionen verbindlich sind. Welche Zuversicht kann Goethe haben, einen ähnlich wohlbegründeten Sinn in seiner nicht-christlichen Vita und Literatur und Reputation zu finden? Was garantiert ihm, daß seine permanent erneuerten Bemühungen um Selbstverständigung wirklich die Wahrheit zutage fördern, daß er nicht bloß endlos wandel- und vermehrbare Geschichten über sich selbst erzählt, nicht bloß die Wände seines empfindsamen Kerkers bemalt? Sogar zur Zeit seiner Affäre mit Friederike drückt sich Goethes Vertrauen auf das Vorhandensein einer solchen Garantie in dem Glauben an bindende Momente der Erkenntnis aus. Dieser Glaube markiert die Grenzen, die Goethes Einverständnis im Hinblick auf die offizielle, emotional solipsistische Kultur seines säkularisierenden Zeitalters gezogen sind, das ihm eine unbeständige Wetterfahne als Seele angehängt hat – gefährlich für ihn selbst wie für die Menschen in seiner Nähe. Einen Augenblick lang, wenngleich nur einen Augenblick lang, glaubt Goethe, daß dem Begehren Erfüllung werden und so seiner scheinbar endlosen Suche ein Ziel gesetzt werden kann; einen Augenblick lang kann die Monade aus ihrer Einsamkeit heraustreten und im Kontakt zu einer anderen, die wie sie selbst ist, ihre Identität bekräftigt finden; einen Augenblick lang kann die regsame Tätigkeit der Sinngebung der heiteren Betrachtung der Wahrheit weichen. Diese Bekräftigung, daß es Festigkeit, Solidität und Wahrheit im Leben gibt, kann nur Augenblicke währen; denn der Zustand, der betrachtet wird, steht im Widerspruch zu dem Prozeß, der ihn herbeigeführt hat; aber sie reicht hin, die einsame, sich sehnende Seele, sobald sie die lange Mühsal des Verstehens wie-

der aufnimmt, mit der Hoffnung auf einen anderen Augenblick oder der Erinnerung an den letzten zu stärken. Der Augenblick, und die Erinnerung an
ihn, sind nicht unbedingt erfreulich. Das Gefühl, das viele literarische Arbeiten Goethes zwischen 1771 und 1779 erfüllt und das beweist, daß er nicht
meint, allein auf der Welt zu sein oder die Welt harmonisiere vollständig mit
seinen Wünschen, ist Reue, hervorgerufen durch die Trennung von Friederike. Ihren ersten unzweideutigen Ausdruck findet sie in *Götz von Berlichingen*; doch schon die Gedichte, die Goethe 1770 und 1771 für Friederike
schrieb, auch wenn sie einen jener privilegierten Augenblicke verkörpern, in
denen die Tätigkeit des Begehrens ebenso ausgesetzt ist wie die der Sinngebung, enthalten Andeutungen auf die Zerbrechlichkeit dieses Augenblicks.

Im Herbst 1770 war bereits einige Zeit vergangen, seit Goethe Gedichte
geschrieben hatte, doch nun kamen sie in dichter, rascher Folge. Hauptsächlich waren es Gelegenheits-Ergießungen in Briefen an Friederike, von der
Familie gesammelt und später von Lenz abgeschrieben (und durch eigene
Interpolationen ergänzt) – doch erklingt in allen ein neuer und unverhohlen
persönlicher Ton, und einige von ihnen sind Werke von bemerkenswerter
Originalität. In «Erwache, Friederike», befreit von den Lenz'schen Zutaten
(in der längeren Fassung die Strophen 2, 4 und 5), erkennt man, wie das
anakreontische Vokabular sich verändert, wenn sein Gegenstand nicht mehr
eine Phantasie oder eine Formel ist, sondern ein Mensch, in diesem Fall ein
Mensch, der verschlafen hat:

> Die Nachtigall im Schlafe
> Hast du versäumt,
> So höre nun zur Strafe,
> Was ich gereimt.
> Schwer lag auf meinem Busen
> Des Reimes Joch:
> Die schönste meiner Musen,
> Du, schliefst ja noch.

Weil Goethe mit seinem Humor sich selbst und Friederike neckt, sind beide
Seiten gleichermaßen stark in dem Gedicht präsent. In dem etwas früheren
Fragment eines Briefromans, *Arianne an Wetty*, findet sich noch immer die
uns vertraute, selbstgefällige Vorstellung einer Liebe, die Erfüllung kennt,
aber keine persönliche Einschränkung nach sich zieht. Jetzt endlich aber begegnet Goethe einer Wirklichkeit, nicht mehr einer bloßen Möglichkeit, einem Menschen, ebenso solide wie er selbst, der daher auch ihm Solidität
verleiht. Und wenn dieses neue Gefühl von der Wirklichkeit des poetischen
Gegenstandes sich in der neuen poetischen Welt entfaltet, die Herder eröffnet
hat, ereignet sich eine Art von Revolution.

> Es schlug mein Herz. Geschwind, zu Pferde!
> Und fort, wild wie ein Held zur Schlacht.

Der Abend wiegte schon die Erde,
Und an den Bergen hing die Nacht.
Schon stund im Nebelkleid die Eiche
Wie ein getürmter Riese da,
Wo Finsternis aus dem Gesträuche
Mit hundert schwarzen Augen sah.
Der Mond von einem Wolkenhügel
Sah schläfrig aus dem Duft hervor . . .

(An dieser Stelle bricht die Handschrift ab.) Mit dieser Serie von Interjektionen, welche die Stelle von Verba vertreten, mit dem ossianisch-homerischen Bild des in die Schlacht fortziehenden Helden und mit solch ossianischen Wörtern wie «Nebelkleid» scheinen diese wenigen Zeilen – vielleicht aus einem Brief, der möglicherweise einen Ritt von Straßburg nach Sesenheim beschrieb – alles zu leisten, was der Verfasser der *Abhandlung über den Ursprung der Sprache* von einer literarischen Erneuerung erwarten durfte. In der gewagten Personifizierung der weiteren Zeilen ist «die ganze, vieltönige, göttliche Natur» des Dichters Muse. Das Tätige und Abwechslungsreiche des Rhythmus verrät jene innige Vertrautheit mit der deutschen Sprache, die, einmal errungen, die Verskunst Goethes in den nächsten sechzig Jahren auszeichnen wird. In der Begegnung mit Friederike scheint Goethe nicht nur gelernt zu haben, daß er jemand *ist* (wenn auch noch nicht, *wer* dieser Jemand ist); er scheint auch gelernt zu haben, daß es schließlich doch in der Welt bei weitem mehr für ihn zu tun gibt, als er ein Jahr zuvor, bei seiner Ankunft in Straßburg, befürchtet hatte. Goethe beging keine Fälschung, wenn er Sesenheim in seiner Autobiographie an eine so prominente Stelle rückte.

Doch auf diese Begegnung folgte der Rückzug. Goethe scheint stets der Überzeugung geblieben zu sein, daß er seine beste Freundin verlassen «mußte», und irgendwann, wahrscheinlich 1771, obgleich schwer zu sagen ist, ob vor oder nach der Trennung von Friederike, schrieb er «Es schlug mein Herz» zu Ende – entweder als gequälten Rückblick oder, und wahrscheinlicher, als unheilvolle Andeutung. Die Fortsetzung lautet:

Die Winde schwangen leise Flügel,
Umsausten schauerlich mein Ohr.
Die Nacht schuf tausend Ungeheuer,
Doch tausendfacher war mein Mut
 Mein Geist war ein verzehrend Feuer,
Mein ganzes Herz zerfloß in Glut.

Ich sah dich, und die milde Freude
Floß aus dem süßen Blick auf mich.
Ganz war mein Herz an deiner Seite,
Und jeder Atemzug für dich.
Ein rosenfarbes Frühlingswetter

Lag auf dem lieblichen Gesicht
Und Zärtlichkeit für mich, ihr Götter,
Ich hofft' es, ich verdient' es nicht.

Der Abschied, wie bedrängt, wie trübe!
Aus deinen Blicken sprach dein Herz.
In deinen Küssen welche Liebe,
O welche Wonne, welcher Schmerz!
Du gingst, ich stund und sah zur Erden
Und sah dir nach mit nassem Blick.
Und doch, welch Glück, geliebt zu werden,
Und lieben, Götter, welch ein Glück!

Der phantasievolle Aufschwung der einleitenden Zeilen wird mit einer Begegnung belohnt: Der zerfließenden Glut des Dichters entspricht die zerfließende Zärtlichkeit der Geliebten, ja sie ist mehr als eine Antwort oder eine Belohnung, sie ist etwas, dessen spontane Großmut ihn beschämt: «conscia mens, und leider nicht recti». Seine mächtigsten Hoffnungen haben sich erfüllt, trotz aller selbst erschaffener Schrecken, die sie begleitet haben (und die in den zuerst geschriebenen Zeilen beschworen wurden), aber gerade in ihrer Erfüllung erweist sich die ganze unwürdige Selbstbezogenheit dieser Hoffnungen. Die Großmut, womit er empfangen ward, ist jedoch so überwältigend, daß sogar im Augenblick der Trennung, so peinlich und unerfüllt er sein mag, ein ganz und gar gemeinsames und verbindendes Gefühl geleistet wird; das Bedrängte und Trübe des Augenblicks gehört dem Mann wie der Frau gleichermaßen, und die nächste Zeile spricht *über* das Kommunizieren. Wir bemerken die Ungewißheit über die Art dieser Trennung und auch darüber, wer schuld ist – beide Seiten handeln als Individuen, aber sie handeln gemeinsam. Die Dichtung der Begegnung hat die Dichtung der Sehnsucht abgelöst. Und doch ist unmöglich zu verkennen, daß die sprachliche Spannung des Gedichtes sich auflöst, sobald es an den Punkt kommt, wo aus dem Traum Wirklichkeit wird, wo die Schrecken der Nacht dem rosenfarbenen Licht des Frühlings weichen, und diese Spannung wird erst in den letzten beiden Zeilen des Gedichts wiedergewonnen, nachdem die Trennung bekräftigt und angenommen worden ist. Das Wunder, von Friederike aufgenommen zu sein, hat ein bis dahin nacktes, anonymes Begehren in die Erkenntnis seines «Gegenstandes» gekleidet. Aber selbst wenn die Umstände am günstigsten scheinen, selbst wenn der Zweck des Lebens am klarsten hervortritt, selbst wenn Goethe in der Begegnung mit einem anderen wahrhaft unabhängigen Wesen sich selbst gefunden hat und die ganze Welt seine Gefühle zu teilen und auszusprechen scheint, kann die Dichtung des Sehnsucht doch nur für einen Augenblick Geben und Empfangen darstellen; dann muß die Monade sich, es koste, was es wolle, in eine Gesondertheit zurückziehen, die entweder neues Begehren erlaubt oder die reuevolle Erinnerung an ein Gefühl, das Vergangenheit ist.

Die Einbindung dieses schmerzlichen Augenblicks der Selbstentdeckung in das von Herder vorgegebene literarische Muster gelang am vollkommensten in einem Gedicht, von dem keine exakte Fassung erhalten ist. Das «Heidenröslein» entstand vor dem Juni 1771 und wurde von Herder 1773 gedruckt, allerdings nur aus dem Gedächtnis, wie er behauptet (so als kenne er das Gedicht nur aus mündlicher Überlieferung): Die heute verbreitete Fassung geht auf eine Überarbeitung zurück, die Goethe 1788/89 vornahm und die einen signifikant anderen Schluß hat. Der Unmöglichkeit, ein echtes Volkslied zu schreiben, hätte Goethe kaum näherkommen können. Das Material, das er im Elsaß gesammelt hatte, noch in den Ohren, nahm er ein oder zwei Zeilen aus einem deutschen Liederbuch des 17. Jahrhunderts und schrieb eine Geschichte, die so stark an den knappen, bildhaften Stil der ihm aus Percys *Reliques* bekannten schottischen Balladen erinnerte, daß Herder sie wirklich für ein Volkslied mit unbekanntem Verfasser gehalten haben mag und sie jedenfalls als solches druckte. Doch die verworrenen Emotionen der letzten Strophe, in welcher ein Anflug von anakreontischer Wunscherfüllung den Eindruck eines sexuellen Kontaktes zwischen fast Gleichen verstärkt, ohne das schuldbeladene Bewußtsein von Gewalt und bevorstehendem Schmerz aufzuheben – eben solche Emotionen würde man von Goethe zu einem Zeitpunkt kurz vor der Niederschrift des Endes von «Es schlug mein Herz» erwarten, sagen wir im Mai 1771, kurz vor oder bei Beginn seines langen Aufenthalts in Sesenheim. Eine persönliche Beichte wird hier der gemeinsamen Sprache und dem kollektiven literarischen Besitz eines «Volkes» bis zu dem Punkt anverwandelt, wo sie wahrscheinlich erfolgreich vor eben jenem Mann verhehlt wird, der Goethe auf die Möglichkeit dieser innigen Verbindung von Genie und Tradition aufmerksam gemacht hatte. Oder aber man könnte sagen: Hier subsumiert der Dichter rücksichtslos die Auseinandersetzung mit einer Frau einer intellektuellen Gebärde, einer vorübergehenden literarischen Mode:

> Es sah' ein Knab' ein Röslein stehn,
> Ein Röslein auf der Heiden.
> Er sah, es war so frisch und schön,
> Und blieb stehn, es anzusehn,
> Und stand in süßen Freuden.
> > Röslein, Röslein, Röslein rot,
> > Röslein auf der Heiden!
>
> Der Knabe sprach: ich breche dich,
> Röslein auf der Heiden.
> Das Röslein sprach: ich steche dich,
> Daß du ewig denkst an mich,
> Daß ichs nicht will leiden.
> > Röslein, Röslein, Röslein rot,
> > Röslein auf der Heiden!

Jedoch der wilde Knabe brach
Das Röslein auf der Heiden.
Das Röslein wehrte sich und stach.
Aber er vergaß danach
Beim Genuß das Leiden.
Röslein, Röslein, Röslein rot,
Röslein auf der Heiden!

Die bemerkenswerteste Frucht von Herders Konzeption der Volksliteratur, zugleich Goethes erste ausführliche Verwendung des Reuemotivs, war das Stück, das er im November und Dezember 1771 schrieb, um Herder «drüber zu fragen»: *Geschichte Gottfriedens von Berlichingen mit der eisernen Hand, dramatisirt.* Herders Meinung über das Stück, in einem Brief formuliert, der nicht erhalten ist, scheint nicht ungünstig, aber sarkastisch gewesen zu sein – zu viel Shakespeare, zu viel «bloß Gedachtes» –, und er pflichtete der Einschätzung Goethes bei, das Werk brauche eine «radikale Wiedergeburt», um lebensfähig zu sein. (Für die Veröffentlichung im Juni 1773 wurde es denn auch gestrafft, aber nicht wesentlich verändert.) Der moderne Leser, zumal der englische, mag ob solcher Kritik zunächst verblüfft sein: Wenig Gedachtes, so scheint es, und noch weniger Shakespeare, es sei denn *Heinrich VI.*, steckt in dieser verworrenen Geschichte von Schlachten, Brandschatzungen und Belagerungen, Schwüren und Giftmorden, Zigeunern, Mönchen und Femegerichten im Südwesten Deutschlands zu Beginn des 16. Jahrhunderts. Aber Shakespeare, damals erst in deutsche Prosa übersetzt, bedeutete mehr als die Vielzahl von Szenen und Verwicklungen, wodurch er sich am offenkundigsten vom klassischen französischen Drama wie auch vom französischen oder deutschen bürgerlichen Trauerspiel unterschied und worauf Herder mit seiner negativen Kritik zweifellos anspielt. Shakespeare ist für Herder, wie wir aus einem Essay über dieses Thema ersehen können, an dem er damals schrieb, auch das Muster eines Schriftstellers, der eine nationale Literatur dadurch erschafft, daß er sich der vergangenheitsbezogenen Traditionen eines Volkes bedient. Bewußt in Analogie zu Shakespeares Historien enthält Goethes Stück ursprünglich das Wort «Geschichte» in seinem Titel, und als Tableau deutschen Lebens im Spätmittelalter hat *Götz von Berlichingen* – Goethe änderte den Titel im Zuge der Überarbeitung – in der Tat für deutsche Zuschauer eine ähnliche Funktion erfüllt, wie sie Shakespeare für englische Theatergänger erfüllt hat, die mit dem Herzog von Marlborough bekennen, diese Stücke seien «die einzige englische Geschichte jener Zeiten, die ich je gelesen habe». Wenn Herder *Götz von Berlichingen* überhaupt als Shakespeare-Stück sah, dann sah er ihn im Licht jener Entdeckung der Volksliteratur und der nationalen Kultur, der «charakteristische[n]» Kultur, um mit Goethe zu sprechen, die er selbst Goethe in Straßburg offenbart hatte. Schon in der Situierung des Stückes – in Franken, weit östlich des Rheins und damit unverfälscht deutsch, doch auf demselben Breitengrad wie Straßburg, im mittleren oder, wie der Soziologe Riehl es nennt, «individualisierten» Deutschland gelegen – erkennen wir ein Zeichen des Elsaß-Erlebnisses. Die Entdeckung der Nation, ihrer Gegenwart und ihrer lebendigen Vergangenheit als Thema der Literatur war der revolutionärste Zug des deutschen Dramas nach 1770, und sie war im wesentlichen Goethes Werk. Klopstocks Engagement für die «Geschichte meines Vaterlandes» gewann eine völlig neue Bedeutung – weit suggestiver und anspruchsvoller als die Konzentration auf die halb märchenhafte, barbarische Periode des Arminius. Es war eine Alternative geschaffen zur Schäfer- oder Ritterthematik, zu mythologischen, klassischen oder religiösen Stoffen, eine Alternative, die unter anderen Umständen eine Tradition des realistischen Romans hätte begründen können. (Was sie, unter anderen Umständen, auch wirklich tat, und zwar durch Walter Scott, zu dessen ersten schriftstellerischen Versuchen eine Übersetzung des *Götz* gehörte.) Gleichzeitig, wenngleich im *Götz* zunächst noch zaghaft, stellte es sich heraus, daß auch das Ich Gegenstand moderner Literatur sein könne, und verdrängte einer säkularisierteren Generation die «heilige Geschichte», die für Klopstock die Ergänzung der nationalen gewesen war. Überdies war die Revolution, die den Namen Shakespare zur Devise erhob, nicht nur eine literarische. Das Interesse Goethes, Anfang der 1770er Jahre, an Geschichte, Sprache und Kunstformen des deutschen 16. Jahrhunderts, an dem Deutschland Luthers, Fausts und Dürers, des Paracelsus und Hans Sachs, an dem Deutschland des Bänkelliedes und des Holzschnitts, erklärt sich nicht allein aus seiner eigenen Suche nach dem modernen Material der Literatur oder aus dem Einfluß von Herders Theorien, sondern auch aus dem Wunsch nach Identifikation mit und Heimkehr zu einer bürgerlichen deutschen Kulturtradition, die unabhängig wäre von höfischem Absolutismus und dessen geistigen Stützen, dem Pietismus und der Leibnizschen Aufklärung.

Doch hatte Shakespeare für Herder und Goethe damals noch eine andere Bedeutung – er stand für das dichterische Genie, und dieser Umstand vermag letzten Endes den kritischen Einwand zu erklären, vieles am *Götz* sei verfehlt und «bloß gedacht». In Goethes Rede zur Shakespearefeier am 14. Oktober wird Shakespeare zuvörderst als der große Mensch präsentiert, dessen Gedächtnis, anders als das der meisten von uns bedeutungslosen Wesen, unsterblich ist, und auch, wo seine Werke angesprochen werden, besteht ihr Hauptvorzug darin, die «prometheische» Natur des «Kolosses» zu demonstrieren, der sie geschaffen hat. Dies sind Ausdrücke, wie sie ähnlich nicht nur Herder in seiner eigenen, zu dieser Zeit entstandenen Abhandlung über Shakespeare gebrauchte, sondern wie sie auch in den gleichzeitigen Abschnitten von Goethes Preislied auf Meister Erwin, den Baumeister des Straßburger Münsters, auftauchen, die, mit Zusätzen versehen, Ende 1772 unter dem Titel *Von deutscher Baukunst* erschienen. In beiden Prosahymnen Goethes droht jenes Band gekappt zu werden, das in Herders Theorie der Sprache das erfinderische Individuum, das originale Talent, mit der Tradition verbindet, die es erneuert. In den ersten Abschnitten der Abhandlung *Von deutscher Bau-kunst* steht wenig über das Münster selbst, in dessen Schatten Goethe über ein Jahr gelebt hatte, so wie in der Rede zum Shakespeare-Tag wenig über den Inhalt von Shakespeares Stücken steht, von denen er mittlerweile die meisten gelesen hatte. In der Tat sagt Goethe von den Stücken, sie handelten im wesentlichen von «Charakteren», die selber verhinderte «Kolosse», das heißt: verhinderte Shakespeares sind, erreichen sie «den geheimen Punkt (den noch kein Philosoph gesehen und bestimmt hat), in dem das Eigentümliche unsres Ichs, die prätendierte Freiheit unsres Wollens, mit dem notwendigen Gang des Ganzen zusammenstößt.» Das wirft zwar wenig Licht auf Shakes-peare, sagt aber viel über *Götz von Berlichingen*, der Goethe zu dieser Zeit beschäftigte und den er bald zu schreiben begann. Unverkennbar ist dieser Begriff des Kolossalgenies tiefer verwurzelt als in Herders Theorie der Kul-tur, die dadurch, daß sie Platz für diesen Begriff gefunden hat, lediglich for-muliert hat, wie es möglich sein könne, sich neben einer so machtvollen und fremden künstlerischen Potenz zu behaupten. Diese Wurzeln sind eher dem «Eigentümlichen unsres Ichs» benachbart und werden uns noch beschäfti-gen. Für unseren gegenwärtigen Zweck der Untersuchung des *Götz von Ber-lichingen* ist wichtig, daß die Vorstellung von Shakespeare als dem «Koloß», dem Schöpfer von Charakteren, die nach der Unsterblichkeit trachten, aber der Vernichtung geweiht sind, in Widerspruch steht zu der Vorstellung von Shakespeare als dem Erben und Erneuerer der eigenen heimischen Tradition und Sprache. Genie, das Herders Theorie zufolge der Folklore das Gegen-gewicht hält und sie befruchtet, droht nun, sie auszulöschen.

Götz von Berlichingen ist ein Werk, dessen Wildwuchs prachtvoll erfri-schend wirkt, vergleicht man ihn mit den kleinlich monothematischen Stük-ken, welche die offizielle deutsche Literatur von Lessing bis Hebbel und dar-über hinaus beherrschen. In der Tat hat Goethe nur in seinem *Faust* noch einmal diese Verbindung einer offenen dramatischen Form (in der ursprüng-lichen Fassung 59 Szenenwechsel) mit einer einheitlichen dichterischen Vi-sion gewagt – in diesem Sinne, in seiner Offenheit für das Leben, in dem, was Emil Staiger den fehlenden Rahmen nennt, ist das Stück echt shakespearisch. Privatim, allerdings nicht gegenüber Goethe, äußerte Herder die Ansicht, daß kein anderes modernes Drama mit dem *Götz* zu vergleichen sei. Trotzdem ist der Vorwurf der mangelnden Geschlossenheit nicht unbegründet. In einer bestimmten, naheliegenden Hinsicht ist *Götz von Berlichingen* ein Stück, das aus zwei Stücken besteht. Die Hauptgeschichte handelt von Götz selbst, ei-ner historischen Gestalt (samt eiserner Hand und allem), aus deren Lebens-beschreibung Goethe schöpfte. Götz ist ein Ritter, ein Territorialherr, der nur dem Kaiser selbst Lehnstreue schuldet, auch wenn das Land, das er be-herrscht, kaum größer ist als seine Burg Jaxthausen. Das Stück spielt in der Zeit kurz vor und kurz nach der Auflehnung Luthers gegen die Kirche 1517; Luther selbst hat einen kurzen Auftritt als Bruder Martin, ein junger Mönch, der in Götz «einen großen Mann» erkennt und der, was hiermit vielleicht angedeutet werden soll, später selbst ein großer Mann wird. Damals zerfiel Südwestdeutschland in Dutzende solcher Miniaturstaaten, und Goethe zeigt sie im Kampf um die verlorene Sache ihrer Territorialhoheit, gegen die bürokratisch-zentralisierten Staaten, die wachsen, indem sie ihre kleineren Nachbarn schlucken – im Stück verkörpert sie der Kirchenstaat Bamberg, doch ihr Vorbild sind unverkennbar säkulare absolutistische Staaten des 18. Jahrhunderts wie Preußen. Die politische Problematik des Stückes ist denn auch durchgängig die von Goethes eigener Zeit, nicht die der Zeit Götz von Berlichingens: Wie in der Verfassungstheorie Justus Mösers, mit dessen Werk Goethe in Straßburg durch Herder bekannt gemacht worden war, erscheinen die machtgierigen Autokratien als Spätlinge und Perversion der natürlichen Ordnung. Gleichwohl sind sie es, die den Sieg davontragen. Die Szenen, die Götzens politische Niederlage festhalten, ergeben eher ein Tableau als einen Plot, aber sie sind lebendig und sehr vielgestaltig. Wir sehen Götz in der bescheidenen Häuslichkeit seiner Burg, wir sehen den Respekt und die Treue, die seine Bediensteten und die wenigen Untertanen ihm erweisen, denen er natürliche und unbestrittene Gerechtigkeit zuteil werden läßt. In der Fehde mit der Stadt Nürnberg sehen wir an seiner Seite andere Ritter, seine alten Freunde (der treueste von Götzens Waffengefährten heißt Lerse, nach dem Straßburger Bekannten Goethes). Wir sehen, in einer Reihe besonders kraftvoller Szenen, die Belagerung seiner Burg, den verräterischen Bruch des ihm zugesagten sicheren Geleits bei seiner Kapitulation und die neuerliche Aufnahme des Kampfes. Die berühmteste Szene des Stückes, die dessen Titel in Deutschland zum geflügelten Wort gemacht hat, zeigt Götz, wie er das Fenster, durch das er das Friedensangebot vernommen hat, zuschlägt, nicht ohne dem Boten die Worte zuzurufen: «Sag deinem Hauptmann: Vor Ihro Kaiserliche Majestät hab ich, wie immer, schuldigen Respekt. Er aber, sag's ihm, er kann mich im Arsch lecken.» Götz aber, bisher geschützt durch den Kaiser – selber kein Freund der ihm nominell untertanen größeren Mächte –, muß schließlich sein Wort geben, Frieden zu halten. Alles könnte gut ausgehen, würde er sich nicht in den Bauernkrieg hineinziehen lassen – Vorwand für neue pittoreske Theaterturbulenz –, um, wie er sagt, Blutvergießen zu verhüten; doch hat er die Massen nicht in der Hand und wird, nunmehr ehrlos geworden, in seiner Burg unter Arrest gestellt. Hier verzehrt er sich endlich vor Gram (das Stück verschweigt, daß der historische Götz noch fast vierzig Jahre zu leben hatte); ohne Freiheit gibt es für ihn nichts mehr, was das Leben lohnte.

Doch das ist nur das halbe Stück. Es gibt praktisch einen zweiten Protagonisten in der Gestalt des Adelbert von Weislingen. Seine Geschichte hat einen wichtigen politischen Aspekt, ist aber im übrigen rein privat, und die ihn betreffenden Szenen sind über weite Strecken Kammerschauspiel. Weislingen, von kleinauf mit Götz befreundet, ist ebenfalls Ritter, aber er hat die Gemeinschaft mit Götz und seinen Verbündeten verraten und ist in die Dienste des bischöflichen Hofes zu Bamberg getreten; seine Unabhängigkeit ist der Preis für größere Macht und ein umfassenderes Betätigungsfeld. Weislingen ist es, der vom Kaiser den Auftrag erhält, Götz zur Raison zu bringen; einmal hält er Götzens Todesurteil in der Hand. Sein Drama ist damit im wesentlichen ein persönliches; der freundschaftlichen Bindung an Götz und der Treue gegen die eigene Vergangenheit wirkt sein politischer Ehrgeiz entgegen, vor allem aber die Leidenschaft für Adelheid, eine Schönheit des Bamberger Hofes und die fatalste aller *femmes fatales*. Für kurze Zeit wird Weislingen wieder zur Unabhängigkeit bekehrt: Götz hat sein besseres Ich und ihre Kindheitserinnerungen beschworen, und Weislingen verlobt sich mit Marie, Götzens Schwester. Adelheid, nicht zufrieden damit, Weislingen zum Bruch des Verlöbnisses und zur Ehe mit ihr verleitet zu haben, verführt daneben noch einen anderen von Götzens Rittern und gleichzeitig Weislingens Knappen, den sie schließlich zum Giftmord an seinem Herrn anstiftet. Sie selbst wird für ihre Verbrechen von einem geheimen Femegericht verurteilt und getötet.

Weislingens Unentschlossenheit und Adelheids Intrigen ergeben eine dünne und ziemlich zeitlose Sensationsgeschichte, die scheinbar schlecht zu der handfesten und farbigen Chronik paßt, welche die um Götz zentrierte politische Thematik vorantreibt. Dennoch ist sie letzten Endes nicht von Götzens Geschichte zu trennen, und offenkundig hat sie Goethe viel bedeutet. Als er Salzmann bat, ein Exemplar der gedruckten Fassung des Stückes nach Sesenheim zu schicken, bemerkte er: «Die arme Friedericke wird einigermassen sich getröstet finden, wenn der Untreue [Weislingen] vergiftet wird.» Weislingens Verrat an Marie, offenkundig als Reflex von Goethes eigenem Akt des Verrats gedacht, wiederholt auf der Ebene des Persönlichen jene Treulosigkeit im Politischen – gegenüber allem, wofür Götz steht –, die vielleicht ebenfalls Parallelen in Goethes eigenem Leben hat. Götz und Weislingen sind in gewisser Weise zwei verschiedene Aspekte ein und derselben Person, repräsentieren zwei verschiedene mögliche Reaktionen auf dieselbe Bedrohung der Lebensweise, in der sie groß geworden sind: Götz leistet der Bedrohung Widerstand, Weislingen kollaboriert mit ihr, so wie Goethe selbst das Anziehende sowohl der Herderschen Opposition gegen die offizielle Kultur als auch der empfindsamen Kooperation mit ihr fühlte. Götz wie Weislingen lassen also auf unterschiedliche Art erkennen, wie «das Eigentümliche unsres Ichs» mit dem «notwendigen Gang des Ganzen» zusammenstoßen kann: Götz durch seine Identifikation mit der entschlossenen Verteidigung eines partikularen, äußerlich und konkret definierten politischen Interesses; Weislingen durch die Preisgabe einer äußerlichen Konsistenz, um die Kontinuität einer inneren Identität zu wahren. Das große nicht gelöste Problem des Stückes ist die Integration dieser beiden Darstellungen des Ichs: einer Innen- und einer Außendarstellung. Auf der narrativen Ebene wird eine Art von symbolisch angemessener Einheit durch die Figur der Adelheid erreicht, die, direkt oder indirekt, für den Sturz beider Protagonisten verantwortlich ist. In *Dichtung und Wahrheit* berichtet Goethe, die Weislingen-Handlung sei deshalb so umfänglich geraten, weil er sich selbst in Adelheid verliebt habe – wieder einmal einer seiner nützlichen, aber trügerischen Hinweise.

Ein weniger liebenswürdiger Mensch als Adelheid ist kaum vorstellbar; sie ist der Inbegriff des intiganten Weibes. Darin aber liegt sicherlich ihre Bedeutung, wenn wir in dem Stück nach biographischer Bedeutung suchen. Adelheid entspricht ganz und gar jenem Bild des Weibes, welches das unheimliche Lied der Zigeuner zu Beginn des 5. Aktes beschwört – sie ist ein Werwolf, und wenn Goethe, anders als Götz und Weislingen, seine Identität vor ihr bewahrt hat, dann deshalb, weil er sich, wie widerstrebend auch immer, ihren Künsten entzogen hat und ihr entronnen ist. Man kann nur hoffen, daß Goethe, als er Friederike das Stück sandte, nicht genau sah, was für eine Karikatur er gezeichnet hatte.

Götz von Berlichingen gibt also, neben einer Fülle von Material aus Goethes persönlicher und sozialer Erfahrung, nicht nur eine, sondern zwei konfligierende Darstellungen der möglichen Haltung des Ichs zu dieser Erfahrung. Das ist zwar eine ganz entscheidende Neuerung, wenn wir *Götz von Berlichingen* mit den *Mitschuldigen* vergleichen, und doch mangelt es dem Stück auf einer tieferen als der rein narrativen Ebene an Geschlossenheit, wofür eine Disharmonie der dramatischen Sprache den Schlüssel liefert. Alles in allem wird Götzens Geschichte eher «gezeigt» als «erzählt» – die Charaktere sagen uns nicht, was sie tun oder fühlen, vielmehr sehen wir sie es tun und erschließen für uns ihre Gefühle – sofern sie wichtig sind. Es fällt auf, wie oft eine sekundäre physische Handlung abläuft, während die Charaktere hauptsächlich von etwas anderem reden und dabei zum Beispiel Schach spielen, Wein einschenken, Blei zu Kugeln gießen: Sie zeigen sich nicht von ihrer besten Seite, sie werden belauscht. Diese «dokumentarische» Methode ist am auffälligsten in der Art, wie die Charaktere sprechen. Man sehe etwa diese – kurze, aber vollständige – Szene aus dem 3. Akt; sie spielt in der Burgküche von Jaxthausen (selber wohl ein ganz neuartiger Schauplatz für ein ernstes Drama), nachdem die Belagerung begonnen hat:

GÖTZ: Du hast viel Arbeit, arme Frau.

ELISABETH: Ich wollt, ich hätte sie lang. Wir werden schwerlich lang aushalten können.

GÖTZ: Wir hatten nicht Zeit, uns zu versehen.

ELISABETH: Und die vielen Leute, die ihr zeither gespeist habt. Mit dem Wein sind wir auch schon auf der Neige.

GÖTZ: Wenn wir nur auf einen gewissen Punkt halten, daß sie Kapitulation vorschlagen. Wir tun ihnen brav Abbruch. Sie schießen den ganzen Tag und verwunden unsere Mauern und knicken unsere Scheiben. Lerse ist ein braver Kerl; er schleicht mit seiner Büchse herum; wo sich einer zu nahe wagt, blaff! liegt er.

KNECHT: Kohlen, gnädige Frau!

GÖTZ: Was gibt's?

KNECHT: Die Kugeln sind alle, wir wollen neue gießen.

GÖTZ: Wie steht's Pulver?

KNECHT: So ziemlich. Wir sparen unsere Schüsse wohl aus.

Im Gegensatz zu der Sprache der Sturm-und-Drang-Dramatiker Müller und Klinger, für die der *Götz* eine Art Quellenbuch war, ist diese Sprache weder besonders verknappt und atemlos noch besonders derb und brutal. Und im Gegensatz zur Sprache des englischen Dramas der Romantik, das deutschen Vorbildern direkt oder indirekt viel verdankt, ist sie überhaupt nicht archaisierend. Es ist verdichtete, aber zeitgenössische Umgangssprache: Manche Wendungen («Was gibt's?», «Die . . . sind alle») kann man durchaus auch heute noch in Deutschland hören. Dieser Effekt, unterstützt durch bequeme Satzlänge, anspruchslose (aber nicht inexistente) Syntax und das Fehlen metaphorischer Ausschmückung, war eine ziemlich bemerkenswerte Leistung in einer Zeit, als die dramatische Norm noch Stücke in französischen oder deutschen Alexandrinern waren. Das Geschenk des Rhythmus, Goethe in Sesenheim zuteil geworden, zeigt sich hier in Prosagestalt. Soweit es Verkürzungen gibt, suggerieren sie eher die phonetische Undeutlichkeit sorglosen Sprechens als den Versuch, das emotionale Tempo zu beschleunigen. Soweit es Eigentümlichkeiten des Wortschatzes gibt («zeither» statt «seither», «verwunden», «auf der Neige»), suggerieren sie entweder jene Dialektschattierungen, die für die anheimelnde und persönliche Einfärbung des gesprochenen Deutsch so wichtig sind, oder Herders geliebte «Idiotismen», oder einfach eine lebhafte, wenngleich nicht reflektierende Stellungnahme zum Geschehen. Sie suggerieren keine – poetische oder archäologische – Anstrengung.

Als Kontrast hierzu können wir eine Szene aus dem 2. Akt heranziehen, die zwar relativ lang ist, in der aber nur Adelheid und Weislingen auftreten.

ADELHEID: Scheltet die Weiber! Der unbesonnene Spieler zerbeißt und zerstampft die Karten, die ihn unschuldiger Weise verlieren machten. Aber laßt mich Euch was von Mannsleuten erzählen. Was seid denn ihr, um von Wankelmut zu sprechen? Ihr, die ihr selten seid, was ihr sein wollt, niemals, was ihr sein solltet. Könige im Festtagsornat, vom Pöbel beneidet. Was gäb eine Schneidersfrau drum, eine Schnur Perlen um ihren Hals zu haben, von dem Saum eures Kleids, den eure Absätze verächtlich zurückstoßen!

WEISLINGEN: Ihr seid bitter.

ADELHEID: Es ist die Antistrophe von Eurem Gesang. Eh ich Euch kannte, Weislingen, ging mir's wie der Schneidersfrau. Der Ruf, hundertzüngig, ohne Metapher gesprochen, hatte Euch so zahnarztmäßig herausgestrichen, daß ich mich überreden ließ zu wünschen: Möchtest du doch diese Quintessenz des männlichen Geschlechts, den Phönix Weislingen zu Gesicht kriegen! Ich ward meines Wunsches gewährt.

In der späteren Fassung des Stückes wird Weislingen leidenschaftlicher, und die Anrede wechselt vom «Ihr» zum vertraulicheren «Du»:

WEISLINGEN: Könntest du mich lieben, könntest du meiner heißen Leidenschaft einen Tropfen Linderung gewähren! Adelheid: deine Vorwürfe sind höchst ungerecht. Könntest du den hundertsten Teil ahnden von dem, was die Zeit her in mir arbeitet, du würdest mich nicht mit Gefälligkeit, Gleichgültigkeit und Verachtung so unbarmherzig hin und her zerrissen haben –

Die bedeutend größere Länge und Kompliziertheit der Sätze, einschließlich rhetorischer Wiederholungen und Häufungen, das Fortspinnen reichlich künstlicher Metaphern bis zur Undurchdringlichkeit, und, wenn diese ausgehen, der Rückgriff aufs Fadenscheinige («meine heiße Leidenschaft»), die befangene Selbstbespiegelung im Vokabular für das, was man sagt, und vor allem für das, was man fühlt (kulminierend in Weislingens Andeutung von dessen Unsagbarkeit) – dies alles suggeriert nicht die Sprache einer anderen gesellschaftlichen Schicht in derselben Welt, die auch Götzens Burgküche enthält, es suggeriert eine völlig andere Welt, ein ganz und gar anderes Stück. Die gelegentlichen Wendungen, welche die Kontinuität mit Götzens Welt herstellen sollen («laßt mich Euch was von Mannsleuten erzählen»), sind auf peinliche Weise fehl am Platze. Das Disparate der Sprache ist hier noch ausgeprägter als zwischen den früheren und den späteren Strophen von «Es schlug mein Herz». Wie um alles auf der Welt soll man dieses abstrakte, nach innen gewandte, moralisierende Gefühls- und Identitätsdrama in Zusammenhang bringen mit Götzens Jaxthausener Kampf gegen reichere Nachbarn, überlegene Kräfte und knapper werdende Rationen?

Götz von Berlichingen: das sind zwei mögliche Dramen, mit zwei möglichen Helden, entsprechend den beiden möglichen Rollen, die Goethe für sich im Leben Deutschlands erkennen konnte: Erlöser der Nation, Vorkämpfer von Deutschlands besten, ältesten und schöpferischsten Traditionen; und Gefühlsmensch, seiner Aufgabe nicht gewachsen, ein Verräter an der Sache, an seinen Freunden und an sich selbst. Die Dualität des Plots spiegelt das kulturelle Dilemma einer ganzen Generation wider: Die außerordentliche Originalität von Götzens Geschichte, formal und thematisch ohne Vorbild, doch mit unterirdischen Bezügen zur aufkeimenden Kunst des europäischen Romans, muß irgendwie in Zusammenhang gebracht werden mit Weislingens Drama des Schwankens und des Selbstzweifels mit seinen Bezügen zum bürgerlichen Trauerspiel der «offiziellen» deutschen Literatur, in dem so viel «erzählt» und so wenig «gezeigt» wird; in der Tat hat Weislingen eine gewisse Ähnlichkeit mit Mellefont, dem Helden und Verführer in Lessings *Miss Sara Sampson*, und Adelheids Redeweise mit jener der Gräfin Orsina in seiner *Emilia Galotti*. Die Lösung, die Goethe für ein gleichzeitig persönliches und nationales Problem findet, ist nicht völlig überzeugend, wenn sie auch richtig vorhersieht, daß es in dem kommenden Konflikt die durch Götz vertretene Seite sein wird, die den kürzeren zieht.

Goethes Lösung – allem Anschein nach eher instinktiv als in bewußter Überlegung gefunden – besteht darin, die Götz-Handlung selbst zu problematisieren, in sie reflexive Momente einzubringen, die mehr für die Weislingen-Handlung bezeichnend sind. Zunächst einmal wird Götzens politische Stellung als anomal vorgeführt – anomal übrigens auf genau dieselbe Weise, wie es Caspar Goethes «Fritzianismus» war. Götzens Feinde sind nicht nur die Despoten und ihre Höfe – damit wäre jeder Frankfurter Bürger einverstanden gewesen –, sondern auch die selbstzufriedenen, knickrigen Kaufleute der Freien Reichsstadt Nürnberg – die genausogut Frankfurt heißen könnte. Diese doppelte Gegnerschaft ist jedoch in sich nicht unschlüssig; wenn wir davon ausgehen, daß Goethe die kaiserliche Atmosphäre in seiner Heimatstadt nicht durch ihre Verfassung, sondern durch ihre Stagnation, ihre Ferne vom Zentrum des nationalen Lebens erstickend fand, können wir in *Götz von Berlichingen* und der durch ihn für kurze Zeit inspirierten literarischen Bewegung die Verbindung von Gefühlen sehen, die für den liberalen Nationalismus Deutschlands im 19. Jahrhundert kennzeichnend waren. Doch aus dem Ringen eines Götz, dessen politische Loyalitäten etwas ebenso Imaginäres haben wie Caspar Goethes Kult um die Person, nicht die Regierungsform Friedrichs des Großen, kann nicht ein so klares Ideal hervorgehen, wie es das geeinte, nicht-autokratische Deutschland war. Jaxthausen ist als Gebilde viel zu rudimentär, um irgendein politisches oder soziales Interesse verkörpern zu können. Ganz klar kämpft Götz um seine Unabhängigkeit, aber überhaupt nicht klar ist, was er mit dieser Unabhängigkeit, sobald er sie einmal errungen hat, anderes anfangen will als den Kampf fortzusetzen. Die sozialen Ideale, zu denen er sich bekennt, heißen Friede und gute Nachbarschaft – weil sie seiner Ansicht nach diese Ideale nicht respektieren, sind Nürnberg und Bamberg seine Feinde. Aber im Falle der Kaufleute von Nürnberg scheint gute Nachbarschaft darin zu bestehen, daß man Raubrittern wie Götz den Spaß erlaubt, gelegentlich eine Kutsche zu überfallen. Aus dieser beträchtlichen politischen und moralischen Konfusion sucht der letzte Akt uns herauszuhelfen. In dem Blutvergießen und Brandschatzen und dem sozialen Aufruhr des Bauernkrieges sehen wir Götzens Freibeuterexistenz in ein offenkundig unannehmbares Extrem getrieben. Götzens Lebensschwung ist schließlich gebrochen, seine Ehre verloren, und die Treue zum Kaiser, bis dahin seine einzige konkrete politische Überzeugung und die Stütze seiner Selbstachtung, wird untergraben durch die logische Erweiterung eben jener Grundsätze, nach denen er bisher gelebt hat und die der in den ersten vier Akten erzählten Geschichte Festigkeit und Ziel verliehen haben. Das hat den Effekt, und soll ihn vermutlich haben, daß die endliche Tragödie Götzens, sein Tod als geschwächter Mann, der sich im wesentlichen selbst zugrunde gerichtet hat, erstaunliche Ähnlichkeit mit der Tragödie Weislingens aufweist.

Das Spiel endet mit einer Verurteilung des Zeitalters sowie der Nachwelt (das heißt des 18.Jahrhunderts), die keinen Raum für einen Götz hat. Eine solche Verurteilung wäre der gegebene Schluß einer Chronik gewesen, die das Scheitern einer unzweifelhaft guten oder doch vertretbaren politischen Sache – etwa der Erhaltung des alten Reichs – an der Übermacht äußerer Kräfte zeigt. Götzens Geschichte wäre dann ausgegangen wie die Belagerung der Festung Alamo oder die Verbrennung Njals. Oder, selbst in Ermangelung einer erkennbaren politischen Sache, hätte der sterbende Götz unsere Sympathie dadurch gewinnen können, daß er bis zuletzt der unentwegte Außenseiter geblieben wäre, in dem wir dennoch einen moralisch nicht zu duldenden Anachronismus erkennen. In diesem Falle dürften wir freilich die Gesellschaftsordnung, die für einen Götz keinen Platz hat, nicht verurteilen, sondern müßten sie unterstützen. In beiden Fällen, gleichgültig, ob wir uns mit Götzens Stellung gegen die Gesellschaft oder mit der Stellung der Gesellschaft gegen Götz einverstanden erklärt haben, könnte man von uns – und das heißt: vom Stück, mit allen seinen Mitteln der theatralischen und sprachlichen Spannung – die Konzentration auf die äußeren Beziehungen Götzens zu seiner Zeit und auf das Tableau seines Zeitalters erwarten, wie es in der Tat in den ersten vier Akten geschieht. Wir sollten nicht erwarten, uns auf Götzens «Charakter» und dessen innere Widersprüche konzentrieren zu müssen. Genau hierzu aber sehen wir uns in den letzten Szenen des Stückes genötigt.

Wenn wir Herders Kritik des «bloß Gedachten» auf die Weislingen-Intrige anwenden können, so muß sie auch auf die letzten Phasen von Götzens Leben anwendbar sein. Der Sinn dieser Kritik könnte sein, daß im *Götz* das Interesse an der Darstellung des nationalen und lokalen Lebens und an der Pflege und Fortführung der nationalen Traditionen abgelöst wird von dem Interesse am Genie, am Ich, am «kolossalischen» Charakter. Weislingen sucht bewußt die Größe, Götz – wie die Bewunderung Bruder Martins oder Lerses zeigen soll – verkörpert sie unbewußt. Aber wenn die Sprache der Charaktere vom kraftvoll Umgangssprachlichen in die Rodomontade verfällt, dann obsiegt nicht das Wesen von Größe (das Vorbild von Shakespeares Stücken), sondern das bloße Trachten nach Größe (das Vorbild des Menschen Shakespeare). Mit dieser stilistischen Verschiebung geht eine Verschiebung in der Handlung einher; der Akzent verlagert sich vom äußeren Konflikt, der uns «gezeigt» wird, auf den inneren Selbstwiderspruch, von dem uns «erzählt» wird. Es ist die Verschiebung von einem Stück, das sich um Götz dreht, zu einem Stück, das sich sowohl um Götz als auch um Weislingen dreht; denn am Ende gerät auch die Götz-Handlung in den Umkreis des Weislingen-Themas. Dadurch wird eine Art Einheit erreicht. *Götz von Berlichingen* kommt, mehr als alles, was Goethe bisher geschrieben hat, der Verschmelzung des Persönlichen mit dem Objektiven, der Eigenart Goethes mit der herrschenden offiziellen Kultur nahe; und doch ist die Verschmelzung nicht vollkommen. Die Götz-Intrige der ersten vier Akte wird mit der glückhaften Objektivität der zweiten Fassung der *Mitschuldigen* erzählt, obwohl der Stoff im Sinne der Literaturpolitik jener Zeit eine wahrhaft revolutionäre Neuerung ist. Die Weislingen-Intrige überschattet den Schluß des Stückes mit einer Verbindung der Themen und Formen, wie sie für das offizielle «bürgerliche» Trauerspiel und die Theorie des Genies kennzeichnend sind. Trotzdem bleiben beide Intrigen weitgehend isoliert voneinander, ebenso wie die beiden «Helden». Außerstande, sein Stück um eine nationale, öffentlich akzeptierte Identität zu organisieren, die Götzens Revolte entweder stützen oder sie verwerfen würde (das ist einerlei), übernimmt Goethe die genau gleichzeitige Lösung Lessings in *Emilia Galotti* und versucht eine Reorganisation um die leere Mitte seiner vermeintlichen individuellen «Innerlichkeit». Indessen ist

Götz selbst die Verkörperung des Widerstandes gegen alle jene sozialen und politischen Faktoren, die diese leere Mitte haben sich bilden lassen. Sein Widerstand gegen Weislingen ist nicht damit beendet, daß er Weislingen seine Seele überläßt. Der abschließende Absturz des Stückes in die Ich-Bewußtheit (der Hinweis auf das 18. Jahrhundert in seinen letzten Worten) ist nicht eine Synthese dieser Gegensätze, sondern ein Abbild ihres fortdauernden, ungelösten Konflikts.

Bei allem Unerledigten ist *Götz von Berlichingen* das Werk, in dem das Talent des 22jährigen Goethe sich aus bloßer Frühreife zu einzigartiger und dauerhafter Leistung erhebt. Ende 1771 hatte er, auch wenn es praktisch noch niemand wußte, die Zukunftsperspektiven der deutschen, ja der europäischen Literatur verändert. Er hatte auch das Muster etabliert, nach dem er – mit oder ohne Einbeziehung der Öffentlichkeit – in den folgenden zwei Jahrzehnten, und in mancher Hinsicht sogar noch länger, leben und schreiben würde. Grundlegend für sein Leben wie für seine Kunst würde, wie seit den frühesten erotischen Dichtungen der Leipziger Zeit, die außergewöhnlich starke und unermüdliche Begierde nach einem angemessenen Objekt bleiben, einem niemals vollständig identifizierten, stets mehr oder weniger fernen Objekt. Doch 1771 war die kritische Entscheidung gefallen – oder allmählich erkennbar geworden –, daß diese Suche zwar in einer vom Christentum geprägten Kultur, jedoch ohne geistige und moralische Unterstützung durch das Christentum stattfinden würde. An die Stelle eines von christlichem Sinn erfüllten Lebens, wie es die Herrnhuter Brüder führten, würde ein Leben der Suche nach vollkommener, diesseitiger Erfüllung treten, akzentuiert und interpretiert von Symbolen, die aus dem Stoff des Lebens selbst hervorgingen. Eine symbolische Existenz würde allmählich wachsen, in der Namen und Daten und Orte sowie gewichtige Entscheidungen und Ereignisse durch Assoziation oder Koinzidenz aufgeladen würden mit Bedeutung aus dem eigenen und für das eigene Leben, vielleicht analog zu den symbolischen Taten Christi und dem kirchlichen Kalender, aber ohne Bezug oder Rückgriff auf den christlichen Heilsplan. Schon 1771 waren der 28. August und der 14. Oktober auf diese Art geheiligt worden. Sesenheim war zu einem Bild der literarischen Erfüllung verklärt worden, und Friederike ward nicht nur ein Opfer, sondern durch ihr Schicksal auch ein Symbol der ruhelosen Sehnsucht. Gleichzeitig würde eine neue Kunst entstehen, die im vornehmsten Sinne des Wortes autobiographisch genannt werden könnte: literarische Werke, die ihre Bedeutung nicht einem äußerlichen Bestand von Themen und Figuren und Prinzipien, nicht der Darstellung einer gesellschaftlichen oder religiösen Ordnung verdankten, sondern der Wechselbeziehung von Symbolen – aufgefunden in den Werken selbst und in dem nicht-literarischen Material, welches aus dem von ihnen gedeuteten Leben hervorwächst – für das Ich, das nach seinem vollkommen adäquaten Objekt dürstet. In der ersten Fassung der *Mitschuldigen* entdeckte Goethe, wie aus den Krisen des eigenen Lebens Literatur zu machen sei. In der zweiten Fassung entdeckte er, wie die Schilderung der ihn umgebenden zeitgenössischen Welt zur Erzeugung einer Stimmung zu benutzen sei. Im *Götz von Berlichingen* vollendete er das Muster, an das er sich in den kommenden Jahren halten sollte, indem er in diese objektiv geschilderte, aber stimmungshafte Welt die Doppelgestalt des Götz-Weislingen einführte, ein Bild des eigentümlichen Ichs, das, gleichzeitig sowohl Charakter als auch Bewußtsein, die kreative und reflexive Mitte jener Welt bildet. *Götz*, und die Gedichte, die Goethe für Friederike schrieb, zeigen jedoch auch die Konflikte und Dilemmata auf, denen Goethe sich dadurch aussetzte, daß er eine äußere, religiöse Ordnung der Dinge zugunsten eines symbolischen Lebens und einer autobiographischen Kunst aufgab. Im tiefsten stellte sich die Frage nach der Objektivität: Ist ein derartig autonomes Ich überhaupt in der Lage, ein Objekt zu erkennen? Wird es jemals den geheimnisvollen Punkt erreichen, wo es durch eine äußerliche Notwendigkeit gehemmt wird? Gibt es für unersättliches Begehren eine Erfüllung? Gibt es jenseits der Symbole des Lebens und der Kunst eine Wahrheit, auf die diese Symbole verweisen? In einem gewissen Umfang wurden diese Fragen auch durch den konkreteren und sichtbareren Konflikt der kulturellen Loyalitäten aufgeworfen: Wo stand Goethe in dem Konflikt zwischen subversivem Realismus und unterwürfiger Innerlichkeit, zwischen dem oppositionellen und dem offiziellen Strang in der Literatur eines zunehmend absolutistischen Gemeinwesens? Und dieser Konflikt wiederum warf die allerpraktischste und unmittelbarste Frage auf: Wo sollte Goethe sein Publikum finden, und wie sollte er es ansprechen? Sollte er in dem engen höfischen Kreis verharren, den Behrisch vorzog, und danach trachten, sich in Manuskriptform wenigen ausgewählten, aber möglicherweise einflußreichen Gönnern zu empfehlen? Oder sollte er sich für die anonyme und bürgerliche, öffentliche und kommerzielle Welt des Gedruckten einsetzen, und wenn ja, wie? Durch Zeitschriften, durch Bücher? Und wenn durch Bücher, durch was für Bücher? Seit der Fertigstellung des *Götz von Berlichingen* hatte Goethe in Ansätzen einen literarischen Ruf, und damit wurden alle diese Fragen, von der elementarsten bis zur unmittelbarsten, bedrängender und bedrohlicher.

Zwischen Empfindsamkeit und Sturm und Drang:
1772–1774

Georg Schlosser war ein ernster Mann. Zehn Jahre älter als Goethe, besaß er bereits eine gutgehende Anwaltspraxis in Frankfurt, wo sein Großvater Bürgermeister gewesen war, aber er sann auf Besseres, und nicht nur um seiner selbst willen. In seiner Zeit als Hofmeister in Pommern hatte er aus erster Hand die Lage von Deutschlands ärmster und ungebildetster Bauernschaft kennengelernt; als er den jungen Goethe in Leipzig besuchte, schrieb er bereits an seinem *Anti-Pope*, einer moralisch, aber anti-rationalistisch, christlich begründeten Abrechnung mit dem Optimismus des *Essay on Man*; und 1771

publizierte er die ersten Früchte seiner lebenslangen Sorge um die Volks-
schulbildung der Armen, seinen *Katechismus der Sittenlehre für das Land-
volk.* In der literarischen Welt hatte er bereits gute Beziehungen, war mit
Herder bekannt und stellte Goethe im Dezember 1771 einem anderen seiner
Freunde vor, einem hohen Beamten im nahegelegenen Darmstadt: Es war
Kriegsrat Johann Heinrich Merck, «dieser eigne Mann», bemerkt Goethe in
seiner Autobiographie, «der auf mein Leben den größten Einfluß gehabt».
Seit Januar 1772 hatte Merck auf Bitten des Frankfurter Verlegers Johann
Conrad Deinet, der wenige Häuser von den Goethes entfernt wohnte, die
Redaktion eines dahinsiechenden Rezensionsorgans zu übernehmen, der
zweimal wöchentlich erscheinenden *Frankfurter Gelehrten Anzeigen*, und
Merck war dabei, einen neuen Stab von Mitarbeitern aufzubauen, unter ihnen
der Gießener Juraprofessor Ludwig Julius Friedrich Höpfner (1743–1797),
Herder und Schlosser.

Wenn Goethe Merck einen solchen Einfluß auf seine Entwicklung zuschrieb, dann nicht nur deshalb, weil Merck ihn Ende Februar 1772 gebeten
hatte, sich in die Schar seiner Rezensenten einzureihen, die gleichzeitig als
Herausgebergremium fungierten – dieser Einsatz für die *Frankfurter Gelehrten Anzeigen* war Goethes hauptsächliche und wahrscheinlich einzige literarische Betätigung in diesem Jahr. Merck war auch der letzte jener scharfzün-
gigen älteren Männer, deren geistige Führung Goethe in seiner Jugend gesucht hatte – «ein Kerl von Leder», wie er ihn nannte. Mercks Witz war
allerdings viel grausamer als der eines Behrisch oder Salzmann, geschweige
denn eines Langer, und seine Fähigkeiten waren von ganz anderem Rang. Er
hatte ein vielseitiges administratives Talent, war fruchtbar an fortschrittlichen
und wohltätigen Projekten, jedoch in der Durchführung weniger sicher; er
besaß umfassende und gründliche naturwissenschaftliche Kenntnisse und die
Verbindungen des erfolgreichen Höflings; vornehmlich Essayist, hatte er
auch Verse und erzählende Prosa geschrieben und eine scharfsinnige kritische
Einsicht in die Faktoren gezeigt, die die deutsche Literatur von der englischen
und französischen unterschieden und ihre Entwicklung vom realistischen
Roman wegführten; er war persönlich mit Voltaire bekannt und hatte seiner
Frau, einer Schweizerin, stets in einem Französisch geschrieben, das viel besser war als das, was damals international üblich war. In einer entscheidenden
Hinsicht aber übertraf Merck als Mentor sogar Herder: Literarische Erfahrung und literarisches Verständnis befähigten ihn, wie Herder, die Qualität
von Goethes Schriften zu erkennen, doch wurde seine Schätzung nicht durch
jenes Element des Superkritischen, ja Neidischen beeinträchtigt, das es Herder erschwerte, unzweideutige Ermutigung zu geben. Einer der Gründe dafür, daß Goethe als Autor im Jahre 1772 relativ untätig blieb, lag in dem
langen Zuwarten Herders mit der Kommentierung der ersten Fassung des
Götz von Berlichingen und in der recht gemischten Natur dieses Kommen-
tars, als er schließlich im Juni oder Juli eintraf. Mercks sarkastische Ermahnung, endlich zu Stuhle zu kommen und in Gottes Namen anzufangen, gab

Goethe den entscheidenden Anstoß nicht nur zur Publikation des *Götz*, sondern auch zur Entscheidung für die literarische Laufbahn.

Anfangs freilich standen Goethes Beziehungen zu Merck unter einem anderen Zeichen. Der Landgraf von Hessen-Darmstadt hatte keine kulturellen Interessen, aber seine Gemahlin, die auf die vertrauliche und sehr kostspielige *Correspondance littéraire* abonniert war, mit der Baron Melchior Grimm (1723–1807) die Höfe Europas über literarische Entwicklungen in Frankreich informiert hielt, begönnerte einen kleinen Kreis von Schöngeistern, unter ihnen Merck, Herders Verlobte Caroline Flachsland, ihre Schwester und ihr Schwager, und der Hofmeister des Kronprinzen, Franz Michael Leuchsenring (1746–1827). Leuchsenring verstand sich als Apostel der Empfindsamkeit; er lehrte die Welt, oder doch ausgewählte Seelen, das Weinen und hielt einen ausgedehnten Briefwechsel lebendig, in dem seine Adepten sich miteinander über ihre Gedichte und Reisen, ihr Sich-Finden und Scheiden und die zitternden Regungen ihres Herzens austauschten – zu seinem Kreis gehörten Wieland in Erfurt und später Weimar; Sophie von La Roche (1731–1807), Wielands Cousine und einstmals seine Verlobte, nach 1771 hervorgetreten als Verfasserin des Briefromans *Geschichte des Fräuleins von Sternheim*; Johann Georg Jacobi (1740–1814), poeta minor und älterer Bruder des Romanciers und Philosophen Friedrich Heinrich Jacobi in Düsseldorf; und Johann Georg Jacobis spezieller Freund Johann Wilhelm Ludwig Gleim (1719–1803), Sekretär des Domkapitels und Kanonikus des ökumenischen, lutherisch-katholischen Stifts Halberstadt im Harz, der sich, neben und nach Klopstock, als Gönner des jungen literarischen Talents in Deutschland fühlte – seine eigenen Verse waren verschwommen anakreontisch, mit einem Anflug von preußischem Patriotismus – und der schon früh in seinem langen und kultivierten Leben den Beinamen «Vater Gleim» erhalten hatte. In *Dichtung und Wahrheit* gibt Goethe eine bewußt prosaische Erklärung für diese Blüte des empfindsamen Briefwechsels im damaligen Deutschland: die hervorragende Qualität der Postzustellung in ganz Europa durch das Haus Thurn und Taxis sowie das völlige Freisein der Briefe von politischen Inhalten, die nur die Aufmerksamkeit des Zensors erregt hätten. 1771 kam Gleim nach Darmstadt und weinte, Caroline Flachsland zufolge, «eine Freudenthräne» darüber, daß er in jenem kleinen Kreise weilte, der sich selbst scherzhaft – aber nicht allzu scherzhaft – als «Gemeinschafft der Heiligen» bezeichnete. Der Kreis hatte bereits gezeigt, wohin er kulturell tendierte, indem er, in begrenzter Auflage von 34 Exemplaren, eine der ersten Sammlungen der Oden Klopstocks drucken ließ, die bis dahin in Zeitschriften verstreut waren oder nur als Manuskript zirkulierten. Klopstocks eigene, überarbeitete Ausgabe dieser Gedichte erschien einige Monate später, im Herbst 1771, und wahrscheinlich hat Goethe sich anfangs die spätere Fassung von Klopstocks Ode auf das Schlittschuhlaufen vorgesagt, als er im Winter 1771/72 mit dieser Sportart begann, die durch Klopstock plötzlich Mode wurde. Im Februar 1772 jedoch kamen Merck und Leuchsenring nach

Frankfurt, Goethe lernte den Missionar der Empfindsamkeit kennen, und Ende des Monats begleitete er Schlosser nach Darmstadt, zu einem fünftägigen Aufenthalt, der ihn in Leuchsenrings Zirkel einführte und ihm die Einladung Mercks zu Rezensionen für die *Frankfurter Gelehrten Anzeigen* und damit den Eintritt in das bescherte, was der Verleger Deinet mit der «unsichtbaren Kirche» meinte.

Anfang April wanderte Goethe trotz regnerischen Wetters die rund 25 Kilometer von Frankfurt nach Darmstadt, wo er eine Woche blieb und sich durch seine Zähigkeit den anspielungsreichen Beinamen «Wanderer» verdiente, einen Namen, den er in seiner Rede zum 14. Oktober bereits auf Shakespeare angewendet hatte, und damit ein Indiz, daß er vorzüglich als Schüler Shakespeares galt, zumal er dem Kreise jetzt Szenen aus *Götz von Berlichingen* vorlas. Caroline Flachsland – in der Gruppe als «Psyche» firmierend – war Goethe sogleich zugetan, und zwar nicht nur wegen seiner Zuneigung und Loyalität zu ihrem künftigen Gatten – er rezitierte auswendig Herders Übersetzungen englischer Balladen und von Shakespeares «Under the greenwood tree», letzteres, als sie alle während eines Waldspaziergangs Zuflucht vor dem strömenden Regen suchten –, sondern auch, weil sie in ihm «eine gewisse Ähnlichkeit im Ton oder Sprache oder irgendwo» mit Herder fand. Mitte April brachen Goethe und Merck gemeinsam von Darmstadt zu einem «voyage de fou» (wohl wieder zu Fuß) nach Homburg, knapp zwanzig Kilometer nördlich von Frankfurt, auf. Hier wurden sie vom Landgrafen von Hessen-Homburg persönlich empfangen, der ihnen nur allzu gern seinen neu angelegten Landschaftsgarten zeigte, und besuchten zwei andere Hofdamen des Zirkels, die kränkelnde Henriette von Roussillon aus Darmstadt, genannt «Urania», und Luise von Ziegler (1750–1814) aus Homburg, genannt «Lila», die sich von der Beengtheit des Lebens an einem noch kleineren Hofe als es Darmstadt war, in ihrem am Waldrand gelegenen Privatgarten erholte, wo sie sich ein Lamm hielt und bereits ihr künftiges Grab geschmückt hatte. Goethe schien es gegeben, das Vergnügen jeder Begeisterung mit Lust zu teilen. Merck berichtete seiner Frau brieflich von Goethe, «in den ich ernstlich verliebt zu werden anfange», und auf dem Rückweg durch Frankfurt, wo sie Sophie von La Roche besuchen sollten, die er dann nach Darmstadt begleitete, blieb Merck als Caspar Goethes Gast im Haus der Familie. «Unser vom Himmel gegebener Freund Goethe» war von Ende April bis zum 7. oder 8. Mai erneut in Darmstadt, wo mittlerweile «Urania» und «Lila» zu «Psyche» gestoßen waren, und alle drei Frauen empfingen von Goethe klopstockische Hymnen in freien Versen auf ihre Gefühle und Gedanken und so frohe kleine Ereignisse dieser Tage wie Goethes Aufstieg auf einen unbezwinglichen Felsen, in den er seinen Namen grub. «Wenn Goethe von Adel wäre», schrieb Caroline an Herder, «so wollte ich, daß er sie [Lila] vom Hof wegnähme, wo sie auf die unverantwortlichste Weise verkannt wird. . . . Goethe ist ein äußerst guter Mensch, und sie wären sich beide wert.» Eine leise Andeutung in *Dichtung und Wahrheit* läßt den Schluß zu, daß Goethe nichts von derlei Träumen bemerkte, wohl aber «Lila». Männer, so scheint es, durften zwar die Sprache der Empfindsamkeit sprechen, brauchten sie aber nicht unbedingt allzu ernst zu nehmen.

Herder indessen war alles andere als erfreut darüber, daß Goethe Gefühle, und sogar einen Abschiedskuß, mit seiner künftigen Frau teilte, und schickte Caroline eine giftige Parodie auf die Zeilen «An Psyche». Weder er noch Merck – und gewiß nicht Schlosser – konnten sich wirklich wohlfühlen in der überhitzten Atmosphäre des Leuchsenring-Kults, ja von allen Beiträgern der *Frankfurter Gelehrten Anzeigen* scheint nur Goethe ganz und gar imstande gewesen zu sein, beide Welten in sich zu fassen, und auch das nur auf Kosten seiner persönlichen Kohärenz. Denn der neue Schwung in Deinets Zeitschrift war der ungewisse Beginn einer neuen Bewegung, die, wie Goethe in seiner Autobiographie bemerkte, niemals theoretisch Rechenschaft über sich selbst ablegte, sich praktisch aber durch ihre Opposition gegen die rationalistische Aufklärung wie gegen die Empfindsamkeit definierte. Es ist vielleicht nicht überraschend, daß der Rezensent Goethe die ästhetischen Schriften Johann Georg Sulzers (1720–1779) ablehnte, eines Schülers der Schweizer Kritiker Bodmer und Breitinger, der jedoch in Berlin lehrte. Goethe bestritt die Prämisse, die Sulzer mit Lessing, und mit Batteux vor ihm, vertrat, daß «die Künste» generell vergleichbare Phänomene seien, und erst recht, daß sie alle auf ein einziges, lehrbares Prinzip zurückgeführt werden könnten. Noch wesentlicher war jedoch, daß er Zweifel an einem Dogma hegte, das den Wolffianern wie den Empfindsamen gleichermaßen heilig war: dem Dogma von der Güte und Zuverlässigkeit der Natur (deren ursprüngliche Schönheiten nach Sulzer durch die Künste zusätzlich geschmückt werden). Die Natur, so protestierte Goethe mit einer Roheit, die vielleicht aus seinem eigenen Ringen mit dem Tod geboren war, ist gleichgültig gegen menschliche Leiden oder Gefühle, und das künstlerische Genie schmückt sie nicht, sondern verdrängt sie. Etwas von der robusten Einstellung Robinson Crusoes gegen seine natürliche Umgebung klingt in diesen Zeilen wider. Es herrscht ein stark pragmatischer und empiristischer Ton in den *Frankfurter Gelehrten Anzeigen*, wie er in deutschen Kontroversen bisher nicht vernommen wurde: «Gott erhalt unsre Sinnen, und bewahr uns vor der Theorie der Sinnlichkeit», ruft Goethe aus. Seine erste Rezension war wahrscheinlich (alle Besprechungen erschienen anonym, ihre Zuordnung ist noch immer großenteils Sache von Vermutungen) eine sarkastische Erledigung der zweiten Lieferung von J. G. Schummels Sterne-Imitation *Empfindsame Reise durch Deutschland* (1771); eine seiner letzten war ein skurriler Angriff auf Johann Georg Jacobi und dessen angeblich effeminierten Briefwechsel mit Gleim. Die Beiträger wollten offenbar mehr über den politischen Zustand Deutschlands sagen, als in dem sporadischen und im wesentlichen höfischen Briefwechsel der Empfindsamen möglich war, und sie wollten in dem, was sie sagten, nüchterner sein als Klopstock, von dessen «Vaterlandsgefühl» Goethe später meinte: «[Es] fand . . . keinen Gegenstand, an dem es sich hätte üben können.» Aber wo war die Nation, von der die jungen Journalisten sprechen sollten? In gesellschaftlicher Hinsicht, so erkannte Goethe anläßlich der Besprechung eines englischen Buches, das sich die Charakterisierung der verschiedenen Nationen Europas vorgenommen hatte, war der Charakter Deutschlands etwas Bürgerliches, das man nicht entdeckte, wenn man mit den «schönen Herrn und Damen» sprach; beobachten mußte man vielmehr «den Mann in seine[r] Familie, den Bauern auf seinem Hof, die Mutter unter ihren Kindern, den Handwerksmann in seiner Werkstatt, den ehrlichen Bürger bei seiner Kanne Wein, und den Gelehrten und Kaufmann in seinem Kränzchen oder seinem Caffeehaus». Politisch aber ärgerte es ihn, daß «das Dichter- und Philosophenvolk» unfähig war, zu «begreifen, daß der Adel noch ganz allein dem Despotismus die Waage hält», oder daß die wesentliche Rolle des Adels «nach unserer Verfassung» keinen Spott verdiente, da alles, was er brauchte, «eine bessere erleuchtetere Erziehung» war, vermutlich um eine Funktion wie die seines englischen Äquivalents zu erfüllen, das, durch Verbündung mit den mittleren Ständen im Parlament, die despotischen Vollmachten des Staates in Zaum hielt. Die Opposition von Deinets Rezensenten gegen alle konventionellen Weisheiten des Tages führte, sobald religiöse Werke geprüft wurden, zum Konflikt mit den Frankfurter Kirchenbehörden; Merck übertrug Mitte 1772 die Herausgeberschaft Schlosser; und die gesamte neue Rezensentenmannschaft trat Ende des Jahres zurück und übergab ihr Amt an zwei Professoren der Universität Gießen, darunter der berühmt-berüchtigte rationalistische Theologe Carl Friedrich Bahrdt (1741–1792). In ihrem einen Jahr als Journalisten freilich hatten die Rezensenten auf ihre Weise, wie Lessing in demselben Jahr mit der *Emilia Galotti*, dazu beigetragen, das lesende Publikum, laut *Dichtung und Wahrheit*, zu ermutigen, sich selbst und seine Meinung als den wahren Gerichtshof zu betrachten und über die Taten von Fürsten und ihren Beamten zu richten; und für den älteren Goethe waren die Resultate dieses Vorgangs letzten Endes, und in Frankreich, wahrhaft revolutionär. Später allerdings sah Goethe die Antriebe seiner Mitrezensenten «aus Poesie, Sittlichkeit und einem edlen Bestreben zusammengeflossen», und seine Einschätzung ihrer Bemühungen als «zwar unschädlich aber doch fruchtlos» ist ein in seiner Genauigkeit und Prägnanz schwer zu übertreffendes lapidares Urteil über die ganze Bewegung, die als Sturm und Drang bekannt wurde und in der Politik der *Frankfurter Gelehrten Anzeigen* von 1772 ihren ersten Ausdruck fand. Nichts weniger als die Anziehungskraft einer machtvollen kulturellen Gegenströmung vermag wohl die in den nächsten zweieinhalb Jahren sichtbar werdende Feindschaft Goethes gegen einige der prominentesten Vertreter der Empfindsamkeit zu erklären, gegen die Brüder Jacobi und gegen Wieland, dessen Originalität und Feinheit Goethe einst bewogen hatten, ihn, als einen seiner Leitsterne, neben Shakespeare zu stellen.

Mitte Mai 1772 bezog Goethe, den Gedanken an Paris und Italien neuerlich aufschiebend, Quartier in Wetzlar, rund 50 Kilometer nordwestlich von Frankfurt und unweit der hessischen Universitätsstadt Gießen gelegen, um jenen Teil des väterlichen Ausbildungsplans zu absolvieren, der ihn juristische Erfahrungen am Reichskammergericht sammeln sah. Wetzlar war eine schmutzige kleine mittelalterliche Freie Reichsstadt, nichts als Stufen, Fachwerkhäuser und Misthaufen, von denen manche, wie man sagte, bereits so lange wuchsen wie der Rückstand an unerledigten Fällen beim Reichskammergericht, der obersten Justizbehörde, die 1693 hierher verlegt worden war. Dem schönen gotischen Dom zu Wetzlar scheint Goethe keine Beachtung geschenkt zu haben, trotz seines Hymnus auf die Baukunst des Straßburger Münsters. Wetzlar hatte nur 5.000 Einwohner, halb so viele wie Darmstadt, und das Reichskammergericht, mit allen dort tätigen Rechtsvertretern der streitenden Parteien aus dem ganzen Reich, steuerte noch einmal 900 bei. Weitere 300 Beamte kamen seit 1766 hinzu, nachdem der Reformkaiser Joseph II. eine Visitation des Gerichts angeordnet hatte, um seiner erschreckend schleppenden Arbeit sowie kursierenden Korruptionsgerüchten auf den Grund zu gehen – allerdings war gerade im Sommer 1772 diese Visitation zeitweilig ausgesetzt worden, und Goethe bekam von ihrer Arbeit nichts mit, erhaschte aber etwas von der durch sie erzeugten Atmosphäre der Furcht und Intrige und fühlte sich von der Juristerei mehr denn je zuvor abgestoßen. Die laufenden Geschäfte des Gerichts wurden ausschließlich in Schriftform erledigt, aber sämtliche Dokumente, auch alle Beweisvorlagen, mußten verlesen werden, und einige Fälle dauerten bereits über zweihundert Jahre. Einige Vorlesungen und praktische Übungen wurden eigens für die Praktikanten abgehalten, von denen es, mit Goethe, achtzehn gab, aber jene reichen oder adligen jungen Anwälte, die sich einen Aufenthalt in Wetzlar leisten konnten, verfolgten damit hauptsächlich den Zweck, nicht nur die Feinheiten der Reichsverfassung, sondern auch einander kennenzulernen; waren sie doch die aufstrebende neue Generation der deutschen Diplomaten und Staatsbeamten. In den ersten paar Jahren nach Abschluß der Universität, wenn die einzelnen Karrieren noch nicht endgültig festgelegt waren, lebten Freundschaften und Gepflogenheiten der Studentenzeit noch für einige Zeit, verblassend, fort. Goethe fand sich als Mitglied einer rund zweidutzendköpfigen Gruppe von jungen Leuten, die sich zum Mittagstisch im Gasthof «Zum Kronprinzen» trafen und zu einem humorigen Ritterorden zusammengeschlossen hatten, mit Zeremonien und Namen aus den alten Ritterromanen, der sich hauptsächlich auf ein französisches Stück mit mittelalterlichem Thema stützte, das im Jahr zuvor in Wetzlar aufgeführt worden war. Goethe wählte natürlich den Namen Götz von Berlichingen. Der Übersetzer dieses französischen Stückes, Friedrich Wilhelm Gotter (1746–1797), der 1769 in Göttingen zusammen mit Heinrich Christian Boie (1744–1806) ein literarisches Jahrbuch, den *Göttinger Musenalmanach*, gegründet hatte und einer der bekanntesten Autoren von Singspiellibretti werden sollte, war zu jener Zeit noch als Vertreter seines Herrn, des Herzogs von Sachsen-Gotha, in Wetzlar und fungierte als Meister des «Ordens». Gotter folgte in dieser Rolle dem Erfinder des ganzen Spieles nach, dem mystischen, oder mystifizierenden, Freimaurer August Siegfried von Goué (1743–1789), der seines Postens in der Wetzlarer Delegation des Herzogs von Braunschweig-Wolfenbüttel wegen Untätigkeit enthoben worden war. Goués Nachfolger in diesem offiziellen Amt war ein anderes Mitglied der Tischgesellschaft, Karl Wilhelm Jerusalem (1747–1772), ein grüblerischer, begüterter junger Mann, Sohn eines berühmten Theologen und mit Lessing befreundet. Er und Goethe hatten in Leipzig flüchtig Kontakt gehabt und sich nicht gut verstanden; in Wetzlar hatte Goethe kaum mehr mit ihm zu tun.

Goethe war jedoch alles andere als ein eifriger Praktikant am Kammergericht. Es gibt keinerlei Belege für eine juristische Betätigung in seiner Wetzlarer Zeit; seine geistige Beschäftigung scheinen Homer, Pindar, die Übersetzung von Goldsmiths *Deserted Village* sowie weitere Rezensionen für die *Frankfurter Gelehrten Anzeigen* gewesen zu sein. Anfang Juni machte er die Bekanntschaft Johann Christian Kestners (1741–1800), der seit 1767 der Delegation aus Hannover angehörte; er war acht Jahre älter als Goethe, hatte an demselben Tag wie dieser Geburtstag und war ein gefestigterer Charakter als viele, mit denen Goethe umging. Kestner hatte mit Gotter einen Spaziergang von Wetzlar nach dem Dorf Garbenheim unternommen, wo sie Goethe unter einem Baum auf dem Rücken fanden, wie er sich mit einem Stoiker, einem Epikureer (Goué) und einem Aristoteliker unterhielt. Kestners spätere Schilderung Goethes in dieser Zeit beruhte auf genauer Kenntnis:

Er besitzt, was man Genie nennt, und eine ganz außerordentlich lebhafte Einbildungskraft. Er ist in seinen Affekten heftig. Er hat eine edle Denkungsart. . . . Er liebt die Kinder und kann sich mit ihnen sehr beschäftigen. Er ist bizarre und hat in seinem Betragen, seinem Äußerlichen verschiedenes, das ihn unangenehm machen könnte. Aber bei Kindern, bei Frauenzimmern und vielen andern ist er doch wohl angeschrieben.

Er tut, was ihm einfällt, ohne sich darum zu bekümmern, ob es anderen gefällt, ob es Mode ist, ob es die Lebensart erlaubt. Aller Zwang ist ihm verhaßt. . . . so hält er viel von Rousseau, ist jedoch kein blinder Anbeter von demselben.

Er ist nicht, was man orthodox nennt. Jedoch nicht aus Stolz oder Caprice oder um was vorstellen zu wollen. Er äußert sich auch über gewisse Hauptmaterien gegen wenige, stört andere nicht gern in ihren ruhigen Vorstellungen.

Er haßt zwar den Scepticismum, strebt nach Wahrheit und nach Determinierung über gewisse Hauptmaterien, glaubt auch schon über die wichtigsten determiniert zu sein, soviel ich aber gemerkt, ist er es noch nicht. Er geht nicht in die Kirche, auch nicht zum Abendmahl, betet auch selten. Denn, sagt er: ‹Ich bin dazu nicht genug Lügner.› . . .

Vor der christlichen Religion hat er Hochachtung, nicht aber in der Gestalt, wie sie unsere Theologen vorstellten.

Er glaubt ein künftiges Leben, einen besseren Zustand.

Er strebt nach Wahrheit, hält jedoch mehr vom Gefühl derselben als von ihrer Demonstration. . . .

Aus den schönen Wissenschaften und Künsten hat er sein Hauptwerk gemacht oder vielmehr aus allen Wissenschaften, nur nicht denen sogenannten Brotwissenschaften.

Der Hinweis auf Rousseau deutet an, daß zu Goethes damaliger Lektüre auch *La Nouvelle Héloïse* gehörte, die für ihn und Kestner während der Ereignisse des Sommers zu einer Art Leitmotiv und literarischem Vorbild werden sollte, in derselben Weise, wie, zumindest rückblickend, *The Vicar of Wakefield* das literarische Symbol der Sesenheimer Episode gewesen war.

Goethes Großvater Textor hatte zehn Jahre in Wetzlar verbracht und in einer örtlichen Juristenfamilie seine Frau gefunden. Deren jüngste Schwester, Goethes Großtante Susanne Marie Cornelia Lange, lebte noch immer hier, zusammen mit ihren drei Töchtern aus zwei Ehen, und Goethe nahm natürlich am gesellschaftlichen Leben der Familie teil. Am 9. Juni fuhr er in der Kutsche seiner Großtante auf einen ländlichen Ball – zwölf Männer und dreizehn Frauen – in einer Jagdhütte in dem Weiler Volpertshausen, und war unterwegs und während des bis vier Uhr morgens dauernden Festes in der erfreulichen Gesellschaft von Charlotte Buff, blauäugig, 18jährig und Tochter des Amtmanns der Wetzlarer Liegenschaften des Deutschen Ordens. Als er ihr am folgenden Tag einen Höflichkeitsbesuch in ihrem Hause abstattete, entdeckte er sie im Kreise von zehn Brüdern und Schwestern (eine weitere Schwester, Helene, war gerade nicht da), denen sie die im Jahr zuvor verstorbene Mutter ersetzte. Das Häusliche ihres Charakters zog Goethe ebenso an wie die wuchtigen, weitläufigen Bauten des «Teutschen Hauses», die einen Bauernhof umgaben und auch von einem Rechtsvertreter des Deutschen Ordens mit seinen zwanzig Kindern bewohnt wurden. Allerdings mußte Goethe nun erfahren, daß bereits seit 1768 ein heimliches Verlöbnis zwischen Charlotte Buff und Kestner bestand und daß er, Goethe, zwar ein willkommener Gast im Menschengewimmel des Teutschen Hauses war, sich aber keine weiteren Hoffnungen machen durfte. Es war ein schöner Sommer, die bisher längste Zeit, die Goethe wirklich auf dem Lande gelebt hatte. Jeden Samstagnachmittag verbrachte er bei der Familie Buff, so wie er ihn in Leipzig bei den Breitkopfs verbracht hatte, und da es für ihn nichts Besonderes zu tun gab – die Gerichtsferien begannen Mitte Juli, was aber an seiner Zeiteinteilung wahrscheinlich wenig änderte –, saß er oft bei den Buffs und schälte Erbsen, schnitt Bohnen oder spielte mit den Kindern.

Das Verhältnis zwischen Kestner und Goethe in den folgenden Monaten war herzlich – gemeinsam unternahmen sie lange Spaziergänge und sprachen über Gott und die Welt –, aber naturgemäß nicht ganz ungezwungen. Kestner, tagsüber im Dienst, zeigt sich in seinem Tagebuch verärgert über die fortgesetzten Besuche des Dr. Goethe bei Lotte, «meinem Mädchen», und seine Unterhaltungen unter vier Augen mit ihr. Etwa am 13. August vermerkt er aber: «Kleine Brouillerie mit Lottchen»; es ging um einen Kuß, den sie, vermutlich Goethe, gegeben hatte, und Kestner meinte nun, ihr schreiben und die Freiheit anbieten zu müssen: «Denn was ist Zuneigung, was Liebe aus Pflicht?» Die Sache ward unverzüglich entschieden – Goethes Besuche an den folgenden beiden Tagen sowie sein kleiner Wildblumenstrauß wurden «gleichgültig» aufgenommen, und nicht ohne begreifliche Genugtuung notiert Kestner am 16. August, Lotte habe Goethe frank und frei erklärt, «daß er nichts als Freundschaft hoffen dürfe»: «er ward blaß und niedergeschlagen». Danach verbrachte Goethe einige Tage in Gießen, wo er mit Merck und Höpfner und anderen der nur zwanzig Professoren dieser Universität, die sich durch das Rowdytum ihrer Studenten auszeichnete, über die Zukunft der *Frankfurter Gelehrten Anzeigen* verhandelte. Auch über Lotte wurde mit Merck gesprochen, der durch Goethes Briefe alles über sie wußte, und Goethe lag sehr viel daran, sie Merck vorzustellen, als sie zusammen mit Kestner zu ihnen stieß. Merck fand alles bestätigt, was Goethe über Lotte gesagt hatte, erkannte aber die Hoffnungslosigkeit der Lage und riet Goethe nur zur Abreise, wobei als Anreiz vielleicht die keineswegs willkommene Neuigkeit diente, daß Schlosser in Goethes Abwesenheit Cornelia einen Heiratsantrag gemacht hatte und erhört worden war: Wäre er nicht in Wetzlar gewesen, dachte Goethe auf einmal voller Eifersucht, so hätte sein Freund es bei Cornelia nicht so weit bringen können. Da es Merck gleichwohl nicht gelang, Goethe zur sofortigen Heimreise zu bewegen, vereinbarte er mit ihm wenigstens, daß sie gemeinsam mit Cornelia im September Sophie von La Roche in Koblenz besuchen wollten.

Goethe mag sich eingeredet haben, nur bleiben zu wollen, um seinen und Kestners Geburtstag zu feiern. Aber am 27. August wurden im Teutschen Haus bis Mitternacht Bohnen geschnitten, Tee wurde gekocht und unter Glückwünschen herumgereicht, und Goethe fuhr immer noch nicht ab. Er hatte allerdings angekündigt, daß seine Abreise plötzlich sein werde: Wahrscheinlich wartete er auf den «rechten», symbolisch bedeutsamen Augenblick, und am 10. September war es soweit. Der Sommer ging zu Ende, Goethe hatte endlich beschlossen, abzureisen, und als die drei Freunde an diesem Abend unter dem Sternenhimmel saßen, begann Lotte ein Gespräch über den Tod und das Leben nach dem Tode. Ein Gefühl der Endgültigkeit überwältigte Goethe, der Gedanke an die Räume, die er nicht mehr betreten, an Lottes Vater, der ihn zum letzten Mal zum Tor begleiten würde, und an den Schluß des kleinen Spruches aus der *Nouvelle Héloïse*, der ihn, beim Obstpflücken bei der Küchenarbeit, bei den Landpartien, durch den Sommer begleitet hatte: «heute, morgen und übermorgen ... et toute sa vie». Bevor sie alle in dieser Nacht auseinandergingen, schrieb Goethe eine Widmung in Kestners Exemplar von *The Deserted Village* – einen Privatdruck von Merck «for a friend of the Vicar», wie es auf dem Titelblatt heißt, also für Goethe. Die wenigen Zeilen drücken die ganze prekäre Wärme ihrer Beziehung aus:

> Wenn einst nach überstandnen Lebens Müh und Schmerzen,
> Das Glück dir Ruh und Wonnetage giebt,
> Vergiß nicht den, der – ach! von ganzem Herzen
> Dich, und mit Dir geliebt.

In seinen Räumen schrieb Goethe kurze Mitteilungen an Kestner und Lotte – «Er ist fort Kestner wenn Sie diesen Zettel kriegen, er ist fort» –, und um

sieben Uhr früh waren seine wenigen Sachen verstaut, und er ritt das malerische Lahntal hinunter. Großtante Lange war empört, daß er sich nicht korrekt von ihr verabschiedet hatte, und sagte, sie werde seiner Mutter schreiben
und sich über sein Verhalten beschweren.

Goethe, wieder einmal der einsame Wanderer, hatte vielleicht drei Tage
Zeit, sich zu fassen. Nach einem Aufenthalt in Ems, wo er in den Quellen
badete, erreichte er am 14. September das verschachtelte Städtchen Thal, am
Fuße des Ehrenbreitstein, gegenüber Koblenz, wo die Lahn in den Rhein
fließt. Hier lebte, in einem riesigen Haus mit prächtigem Blick aus jedem
Fenster, Georg Michael Frank von La Roche, ein freidenkerischer, welterfah-
rener Katholik, Geheimrat des Fürstbischofs von Trier und angeblich ein natürlicher Sohn des Grafen Stadion, des extravaganten, aufgeklärten Ministers
des Erzbischofs von Mainz, zusammen mit seiner klugen protestantischen
Frau, die so eigenartig gefaßt war wie die schwedische Gräfin von G., und
seinen vier hübschen Kindern: Besonders der älteren der beiden Töchter, der
16jährigen Maximiliane, galt Goethes Aufmerksamkeit, denn Cornelia war
nun doch nicht gekommen, sondern in Frankfurt geblieben. Merck jedoch
war wie vereinbart zur Stelle und erwies sich als kongenialer Gesprächspartner für Herrn von La Roche, und sei es nur darum, weil er stets eine uner-
bauliche persönliche Bemerkung anzubringen wußte, wenn das Gespräch
sich irgendeiner Koryphäe der Empfindsamkeit zuwandte, und so verging
eine Woche milden Sonnenscheins erfreulich genug mit Spaziergängen in Koblenz und Umgebung. Etwa am 20. September fuhren Goethe, Merck und
dessen Frau rheinaufwärts und gelangten, vorbei an einigen der spektakulär-
sten Landschaften Deutschlands, die beide Männer fleißig zeichneten, zurück
nach Frankfurt und Darmstadt.

Wieder zu Hause, wurde Goethe in die Welt der Empfindsamkeit gezogen,
über die er gleichzeitig in den *Frankfurter Gelehrten Anzeigen* höchst bissige
Artikel schrieb. Im Juni, während seiner Abwesenheit, war eine entfernte
Verwandte, Johanna Fahlmer (1744–1821), von Düsseldorf nach Frankfurt
übersiedelt: Sie war keine Schönheit, aber sie war intelligent und verfolgte
eifrig die zeitgenössische Literatur. Sie hatte auch eine Halbschwester mit
zwei Kindern, die älter waren als sie selbst: die Brüder Georg und Friedrich
Jacobi. Goethe begann, ihr Englischstunden zu geben, damit sie ihre literarischen Interessen pflegen konnte, und faßte bald Vertrauen zu ihr. Zwar muß
er sich zum Thema ihrer beiden Neffen ausgeschwiegen haben, aber wenn er
sie «Tante» Fahlmer nannte, benutzte er eine Bezeichnung, die aus ihrer Verwandtschaft nicht mit ihm, sondern mit den Jacobis resultierte. Eine Satire
über die Düsseldorfer Gruppe, die er in Angriff genommen hatte, bevor er
Johanna Fahlmer kennenlernte, und in der diese ebenfalls vorkam, «Das Unglück der Jacobis», vernichtete Goethe, als sie durch die Freundschaft mit ihr
untragbar wurde. So hatte Goethe indirekt eine Verbindung zu den Jacobis
und, durch Sophie von La Roche, zu Wieland hergestellt, und Mitte November begab er sich nach Darmstadt, um einen Monat im Dunstkreis Leuch-

senrings zu verbringen. Natürlich suchte er Freundschaft und Trost, nachdem sein einmalig fruchtloser (und kostspieliger) Aufenthalt in Wetzlar so vernichtend geendet hatte, aber wenn er beides fand, dann mehr durch das Abwechslungsreiche von Mercks energischer Gesellschaft als durch den Austausch von Gefühlen. Aus Darmstadt schrieb er an Kestner:

Es hat mir viel Wohl durch meine Glieder gegossen der Aufenthalt hier, doch wirds im Ganzen nicht besser werden. Fiat voluntas. Wie wohl es euch ist, und nicht erschieserlich . . ., hab ich aus eurem Briefe ersehen, und geliebt es Gott, also in Saecula Saeculorum.

Mit Kestner, und in geringerem Umfange mit Lotte, entwickelte sich nach Goethes Weggang von Wetzlar ein Briefwechsel; denn das Verhältnis blieb herzlich. Ende September gab es ein warmes und unerwartetes Wiedersehen mit Kestner, der zur Michaelimesse nach Frankfurt gekommen war, und vom 6. bis 9. November reiste Goethe in Begleitung Schlossers, der dort zu tun hatte, nach Wetzlar, wo er bei den Buffs blieb. Obgleich die drei Freunde praktisch die ganze Zeit zusammen waren und Goethe mit so viel Wärme und Liebe aufgenommen wurde, als er nur hoffen konnte, war der Besuch kein reiner Erfolg, und Goethe lag die letzte Nacht auf dem Diwan und hatte «rechte hängerliche und hängenswerte Gedancken». (Aus diesen riß ihn auf dem Rückweg ein kurzer Besuch bei «Lila» in Homburg.) Diese wiederholten Anspielungen auf Selbstmord, oder doch das Nichtbegehenwollen von Selbstmord, in seinen Briefen kamen nicht ganz von ungefähr. Am 30. Oktober hatte der stille Jerusalem – Goethe und Kestner, wie erinnerlich, nur flüchtig bekannt und, wie sich nun herausstellte, keinem Menschen mehr als flüchtig bekannt –, unter dem Vorwand einer langen Reise, Kestners Pistolen geborgt und sich erschossen. Man sprach von einer hoffnungslosen Liebe zu der Frau eines Freundes: ganz Wetzlar war entgeistert, Goethe zutiefst erschüttert. Die Parallele zu seiner eigenen Situation ließ Jerusalems Tat als Menetekel erscheinen, als Warnung, was hätte gewesen sein können oder noch immer sein konnte, so wie die Hinrichtung der Susanna Brandt eine Warnung vor dem gewesen war, wohin die Episode mit Friederike hätte führen können. «Der arme iunge! wenn ich zurückkam vom Spaziergang und er mir begegnete hinaus im Mondenschein, sagt ich er ist verliebt. Lotte muss sich noch erinnern dass ich drüber lächelte.» Goethes Reaktion war heftig, und instinktiv führte er den Selbstmord auf jene Kräfte zurück, die in seinem eigenen Leben wirksam waren: enttäuschte Liebe, innere Einsamkeit und die Frustration der persönlichen und spirituellen Sehnsüchte durch eine etablierte Religion, an die er nicht glauben konnte – war nicht Jerusalems eigener Vater deren Apologet gewesen?

Aber die Teufel, welches sind die schändlichen Menschen die nichts geniessen denn Spreu der Eitelkeit, und Götzen Lust in ihrem Herzen haben, und Götzendie[n]st predigen, und hemmen gute Natur, und übertreiben und verderben die Kräffte sind schuld an diesem Unglück an unserm Unglück. . . . Gott weis die Einsamkeit hat sein Herz untergraben.

8. A. Graff: Herder
(1785)

9. H. Strecker: Merck
(1772)

«Sie klagen über Einsamkeit!» schrieb Goethe Sophie von La Roche, als er die fürchterliche Nachricht mit ihr diskutierte: «Ach dass das Schicksaal der edelsten Seelen ist, nach einem Spiegel ihres selbst vergebens zu seufzen»; und noch einmal brachte er Jerusalems Tat in Zusammenhang mit dem Ringen um eine nicht-religiöse Moral, indem er die Worte eines Wetzlarer Kollegen zitierte: «. . . ‹das ängstliche Bestreben nach Wahrheit und moralischer Güte, hat sein Herz so untergraben, dass misslungne Versuche des Lebens und Leidenschafft, ihn zu dem traurigen Entschlusse hindrängten.'» Vielleicht war Goethes Besuch in Wetzlar durch den Wunsch veranlaßt worden, mehr über diese Gestalt im Schatten herauszufinden, die für ihn auf einmal ein weiterer toter Bruder geworden war. Kestner verfertigte über Jerusalems Persönlichkeit und die Umstände, die zu seinem Tode geführt hatten, einen umfassenden schriftlichen Bericht, der Goethe im Dezember in Darmstadt erreichte und im dortigen Kreis der Trauernden zirkulierte. Als Goethe ein Jahr später daran ging, den *Werther* zu schreiben, übernahm er aus Kestners Darstellung viele Einzelheiten und Wendungen.

Wenn Jerusalems Tod fürs erste nur als unerledigte Gefühlsangelegenheit in Goethes Geist gegenwärtig blieb, dann aus demselben Grund, aus dem die Hinrichtung der Susanna Brandt noch nicht ihren literarischen Ausdruck gefunden hatte: Nicht nur benötigte Goethe einen gewissen Abstand von dem Ereignis, um seine Bedeutung ermessen zu können; es war auch seine literarische Kunst noch nicht bis zu dem Punkt gediehen, wo sie von einem derartig explosiven Material Gebrauch machen konnte. Im November und Dezember begann Goethe in Darmstadt, unter dem unmittelbaren Einfluß Mercks, eine Umorientierung seiner Kräfte, und binnen einiger Monate reifte seine schöpferische Phantasie zu einer nie wieder übertroffenen Produktivität heran. «Da ihm doch alle Tugenden fehlten, sagte er, so wollte er sich auf Talente legen. Aus *dem* Kopf könnte da was werden», schrieb Caroline Flachsland am 5. Dezember ihrem Verlobten. Goethe zeichnete eifriger denn je zuvor und erteilte Merck Unterricht («Es ist bei Merck eine Akademie»), doch sein Freund hatte nur Augen für die Literatur. Nach dem Rücktritt von der Redaktion der *Frankfurter Gelehrten Anzeigen*, deren Kämpfe mit den Kirchenbehörden zeigten, daß es keine leichte Sache war, die öffentliche Meinung zu bilden, hatte Merck sein Interesse mehr der Privatpresse gewidmet, die er sich in einem Dorf in der Nähe von Darmstadt eingerichtet hatte. Nach dem Nachdruck von *The Deserted Village* unternahm Merck einen zweibändigen Nachdruck des Ossian, mit einer von Goethe gezeichneten und gestochenen Vignette auf der Titelseite, und im November hatte er, in Zusammenarbeit mit Deinet, eine Broschüre herausgebracht, den Aufsatz *Von deutscher Baukunst*, an dem Goethe seit den Tagen in Sesenheim gearbeitet hatte. Falls man Goethe überreden konnte, war jedoch eine viel gewichtigere Originalausgabe möglich: Merck teilte nicht die Vorbehalte Herders gegen die *Geschichte Gottfriedens von Berlichingen* und war bereit, für die Druckkosten aufzukommen, wenn Goethe das Papier bezahlte. Zunächst freilich mußte

Goethe dazu gebracht werden, die Überarbeitung vorzunehmen, deren Notwendigkeit er im Juli, als Reaktion auf Herders Kritik, eingesehen, die er aber bisher nicht in Angriff genommen hatte. Es ist nicht bekannt, was Merck ihm in dieser Angelegenheit in Darmstadt gesagt hat, aber vier Tage nach seiner Rückkehr nach Frankfurt schrieb Goethe an Kestner, er werde seine Arbeit an den *Frankfurter Gelehrten Anzeigen* einstellen und, nach Abfassung einer Nachrede, um sich vom Publikum zu verabschieden, «ein recht honettes Stück Arbeit» vornehmen, nämlich sein Stück umschreiben. Es war die Ankündigung vom Ende einer Epoche, von der Goethe sagt: «Ich verlor mich ... da mir, in dieser Zerstreuung, keine ästhetische Arbeiten gelingen wollten, in ästhetische Spekulationen», und vom Beginn des bewußten Versuchs, in der Kunst die Kompensation für Begierden zu finden, die im Leben unerfüllt blieben: «ich ... gehe mit neuen Plans um und Grillen, das ich all nicht tuhn würde hätt ich ein Mädgen.»

Das ganze Jahr 1773, mit Ausnahme von vierzehn Tagen in Darmstadt Ende April, war Goethe in Frankfurt: erst im Alter war er wieder so lange so unbeweglich, und nie wieder war er so erfindungsreich. Es war, als sei Frankfurt ein Druckgefäß, das eine außerordentliche literarische Chemie beschleunigte: Erinnerungen an ein ähnliches Jahr des Eingeengtseins, 1769, mögen dabei eine Rolle gespielt haben. Während Goethe sich still hielt, veränderte sich das Leben rings umher, und jede Veränderung schien die Einsamkeit einer *edlen Seele, die nach ihrem Spiegel seufzt,* nur noch drückender zu machen. Es war das Jahr, in dem er mehr als in jedem anderen jene Gefangenschaft des Ichs erfuhr, zu der die Haupttradition der «offiziellen» deutschen Kultur die sensiblen Seelen verurteilte, die sie hervorbrachte, und diese Erfahrung befähigte ihn, die neue Art Literatur zu vervollkommnen, die im *Götz* und in den Sesenheimer Gedichten ihren Schatten vorausgeworfen hatte.

Drei Heiraten standen 1773 in Goethes unmittelbarem Kreise bevor; von ihnen war es die Ehe Schlossers mit Cornelia, die sein Leben am meisten zu berühren versprach. Ihr Zeitpunkt war auch der ungewisseste: Schlosser mußte zunächst seine Abmachungen mit dem Markgrafen von Baden bezüglich einer Stellung im Dienst des Fürsten treffen, die ihm ein ständiges Einkommen sicherte, und diese Verhandlungen erwiesen sich als unerwartet mühsam. Erst im September wurde er schließlich auf einen Posten berufen, von dem aus er den Aufstieg in den Rang eines Geheimrats erwarten durfte, und damit war Caspar Goethe zufrieden. Die ausgehandelte Mitgift Cornelias bestand aus einem Kapital von 10.000 Gulden, wovon sie anfangs nur die Zinsen haben sollte, einer großzügigen Aussteuer und 1.350 Gulden in bar; die Verlobung fand am 13. Oktober statt, und die Hochzeit wurde auf den 1. November festgesetzt. Als Cornelia packte, um ihren endgültigen Umzug nach Karlsruhe am 14. November vorzubereiten, schrieb Goethe Johanna Fahlmer: «ich sehe einer fatalen Einsamkeit entgegen. Sie wissen was ich an meiner Schwester hatte –» Das ganze Jahr verging in der immer mehr zur

Gewißheit werdenden Erwartung dieses argen Augenblicks. Wenigstens der
Termin für die Hochzeit von Kestner und Lotte stand fest – Ostersonntag,
11. April –, doch kam Ende Februar die neue bittere Nachricht, daß die beiden Ende Juni ganz aus der Gegend wegziehen würden, damit Kestner seine
neue Stellung als Archivar in Hannover antreten konnte. Goethes zahlreiche
Briefe an Kestner in der ersten Hälfte des Jahres – durchschnittlich jede Woche einer – enthielten hauptsächlich freundlichen Klatsch über sein eigenes
sowie Kestners und Lottes Treiben und über andere Angehörige der Familie
Buff und ihre Nachbarn, versäumten aber nie, Lotte an seine Liebe zu erinnern, und ergingen sich, wie auch die Briefe an Käthchen Schönkopf zur Zeit
von deren Verlobung, mit gelegentlich peinlicher Freimut in Eifersucht und
Selbstmitleid. Als die Hochzeit näher rückte, wurden sie übersteigerter im
Ton und fragwürdiger im Inhalt. Kestner wußte – und konnte tolerieren –,
daß Lottes Silhouette in Goethes Zimmer an der Wand hing, zuerst neben
der Tür und dann über dem Bett, aber es muß seine Geduld doch arg strapaziert haben, zu erfahren, daß am Karfreitag vor der Hochzeit das Bild abgenommen und in einem heiligen Schrein verwahrt wurde und erst dann auferstehen sollte, wenn Lotte ein Kind zur Welt gebracht hatte. Daß Goethe
darauf bestand, die Eheringe für die Kestners anfertigen zu lassen, und sich
angelegentlich um Lottes Nachthemd und Umstandskleider kümmerte, muß
unangenehm gewesen sein. Eine dämonische Anwandlung in einem Brief, der
auf schüchterne Vorhaltungen Kestners reagiert, erinnert uns daran, daß Goethe mit seinen unberechenbaren Energien und gewaltigen Talenten mitunter
ein beängstigender Mensch gewesen sein muß: «und das sag ich euch, wenn
ihr euch einfallen lasst eifersüchtig zu werden so halt ich mirs aus euch mit
den treffendsten Zügen auf die Bühne zu bringen und Juden und Christen
sollen über euch lachen.» Zwar hatte Goethe versichert, er werde nicht zur
Hochzeit kommen, aber wer konnte wissen, wozu er imstande war? Es ist
verständlich, daß Kestner und Lotte ihm ein Schnippchen schlugen und eine
Woche früher heirateten, als er erwartete, am 4. April.

Die Vermählung Herders mit Caroline Flachsland am 2. Mai war als solche
emotional weniger belastend als die Heirat Cornelias bzw. Lottes und bot
Gelegenheit zu einer Wiederbegegnung mit Herder, den Goethe zwei Jahre
nicht gesehen hatte. Gleichwohl bedeutete sie, daß Caroline dem Frankfurter
Raum verloren ging, und als Goethe am 16. April, die Reste von Lottes
Brautstrauß am Hut, zu Fuß nach Darmstadt ging, wußte er, daß ein weiterer
und schwererer Verlust bevorstand: Henriette von Roussillon, «Urania», lag
im Sterben, und am 21. war er bei ihrem Begräbnis. Auch Merck war im
Aufbruch begriffen, und seine Frau plante für eine Weile die Rückkehr zu
ihrer Familie in die Schweiz: Die Landgräfin war dabei, ihre drei Töchter
nach Rußland zu bringen, in der von Katharina der Großen bereits gebillig-
ten Absicht, daß eine von ihnen zur Ehe mit Zarewitsch Paul ausgewählt
werden sollte, und Merck wurde als Zahlmeister auf der Reise benötigt. Infolgedessen mußte das Vorhaben Goethes, Merck auf einer Reise durch die

Schweiz zu begleiten, was eine gewisse Erholung in schwieriger Zeit hätte bieten können, fallengelassen werden. Sogar Leuchsenring war dabei, Darmstadt zu verlassen und nach Paris zu gehen; der persönliche Verlust war gering, aber sein Weggang bedeutete das Ende seines Zirkels. Goethe verabschiedete ihn mit dem *Fastnachtsspiel vom Pater Brey*: Es handelt von einem Tartuffe, einem «falschen Propheten», der versucht, ein unschuldiges, nach Caroline Flachsland gebildetes Mädchen zu umgarnen, zuletzt aber von ihrem heimkehrenden Verlobten aus dem Feld geschlagen wird. Zur Unterhaltung in der Nacht vor seiner Hochzeit gelesen, sagte es Herder gar nicht zu, der die Anspielungen auf Leuchsenrings Macht über die Damen des Darmstädter Hofes nicht goutierte. Das Verhältnis zwischen ihm und Goethe blieb monatelang kühl.

»Meine arme Existenz starrt zum öden Fels«, schrieb Goethe am 21. April Kestner und Lotte, und einem Straßburger Bekannten schrieb er, um Briefe zu erbitten, die sein Alleinsein lindern sollten:

Diesen Sommer geht alles. Merck . . ., sein Weib . . ., meine Schwester, die Flachsland, ihr, alles. Und ich binn allein. Wenn ich kein Weib nehme oder mich erhänge, so sagt ich habe das Leben recht lieb.

«Ich binn allein, allein, und werd es täglich mehr», berichtete er Sophie von La Roche. Das Folgende war möglicherweise eine Anspielung auf sein Verhältnis zu Herder und Caroline oder deren Verhältnis zueinander:

Und doch wollt ichs tragen, dass Seelen die für einander geschaffen sind, sich so selten finden, und meist getrennt werden. Aber dass sie in den Augenblicken der glücklichsten Vereinigung sich eben am meisten verkennen!, das ist ein trauriges Rätzel.

Einer solchen Seele hatte Frankfurt wenig an Zerstreuungen zu bieten und wenig Aussicht auf einen Gefährten. Im Winter konnte Goethe wieder Schlittschuh laufen, und am 2. Februar trat er dem Graduiertenkollegium bei, das seinem Vater so viel bedeutete, hat aber den Zeugnissen zufolge nur einmal eine Versammlung besucht. *Dichtung und Wahrheit* erzählt eine merkwürdige Reihe von Begebenheiten, die Goethe in die Mitte der 1760er Jahre verlegt, die aber nicht vor 1769 stattgefunden haben können und wahrscheinlich aus dem Zeitraum 1772 bis 1774 datieren; der einzige unabhängige Anhaltspunkt für sie stammt aus der ersten Jahreshälfte 1773. Im Rahmen eines Mariage-Spiels der Frankfurter Jugend wurden die Paare, aus denen die Gesellschaft ursprünglich bestanden hatte, durch Losentscheid neu gebildet, und immer, wenn die Gruppe zusammenkam, mußten sie in der Paarung auftreten, die der Zufall bestimmt hatte, und so tun, als seien sie Mann und Frau. Die Vermengung von Spiel und Wirklichkeit war so groß, bemerkt Goethe in seiner Autobiographie, daß nach einiger Zeit er und seine Partnerin – Susanna Münch (*1753), deren Geburtstag, der 11. Januar, derselbe wie Lottes war – durchaus bereit gewesen wären, im Ernst zu heiraten, und er kommentiert mit trockenstem Understatement: «gar leicht bemerkte man, daß bei dieser geringen Handlung mancherlei Leidenschaften im Spiel waren.» Es war ein Spiel aus dem und für das Zeitalter der Empfindsamkeit. Lichtenberg schrieb sich 1777 in sein privates Tagebuch: «Wenn eine andere Generation den Menschen aus unsern empfindsamen Schriften restituiren solte, so werden sie glauben es sey ein Hertz mit Testickeln gewesen.» Der Gedanke dahinter – daß die Empfindsamkeit das als «Gefühl» interpretiert, was nicht mehr ist als ohnmächtiges Begehren – ist weit mehr als ein grober Scherz. Der Gefühlskult war nicht nur eine geistige Bewegung: Er hatte für das persönliche und sogar das physische Verhalten klare Folgen, die sich nicht in der größeren Bereitschaft erschöpften, zu weinen, gemeinsam zu lesen oder ungezwungen sich zu kleiden und zu sprechen, und die zwangsläufig mit den herrschenden Anstandsvorstellungen in Konflikt geraten – und damit Frustration und Kummer erzeugen mußten. Goethes persönliche Erfahrung in dieser Zeit war, durch ihren natürlichen Impetus wie durch seine bewußte Entscheidung, die Erfahrung einer ganzen Generation und wurde symbolisch stellvertretend für sie. Nach Lottes Heirat hängte er sich eine zweite Silhouette über sein Bett, das er jetzt, in einem Brief an Kestner, «so steril ... wie ein Sandfeld» fand; indes: «Ich weis nicht warum ich Narr soviel schreibe, eben um die Zeit da ihr bey eurer Lotte gewiss nicht an mich denckt.» Der Scherenschnitt zeigte jene Frau, von der Goethe halb im Ernst glaubte, sie könne eine zweite Lotte werden: Helene Buff, die einzige Schwester Lottes, die er nie gesehen hatte. Es war, als hätten er und die Umstände sich verschworen, ihm das individuelle Gefühlsschicksal zu bereiten, das fast alle seine bisherigen Schriften widerspiegelten: Er konnte lieben, wie wenige Männer lieben konnten, aber nur auf Distanz, nur in der Unerfülltheit. Es war grausam und nicht ganz zutreffend, wenngleich die Grausamkeit richtiger Einsicht entsprang, wenn Herder im Januar von Goethe als «dem kalten Weiberhässer» sprach. Die Wahrheit deutete Goethe etwa zu derselben Zeit mit dem Titel eines virtuosen, als Musikstück angelegten Beispiels gereimter Nonsense-Literatur an: *Concerto dramatico composto dal Sigr Dottore Flamminio detto Panurgo secondo.* Denn Rabelais' Panurg ist, ungeachtet seines gewaltigen Namens und seines ausführlichen Beitrags zu der längsten Reihe von Epitheta, die jemals die menschlichen Hoden schmückten, effektiv impotent; die Furcht, Hörner aufgesetzt zu bekommen, hintertreibt seine Sehnsucht nach der Ehe und beutelt ihn durch eine nicht minder lange Reihe sich widersprechender Befehle: «Mariez-vous donc», «Point ne vous mariez». Goethe fürchtete natürlich nicht die Hörner, aber das Ende seiner Dichtkunst als anscheinend zwangsläufige Folge der Erfüllung des Begehrens. Ein kleines dramatisches Gedicht von 1773, *Des Künstlers Erdewallen*, zeigt die Inspiration niedergedrückt von ehelichen Sorgen und von Geldnöten; eine ausgleichende Fortsetzung von 1774, *Des Künstlers Vergötterung*, überzeugt nicht und ist Fragment geblieben.

Unter diesen Umständen mag es befremden, daß Goethe überhaupt in Frankfurt blieb, und Herder spottete über die Treue zu seiner philiströsen Heimatstadt. Caspar Goethe tat im Laufe des Jahres, was er konnte, um seinen Sohn mit städtischen Verhältnissen zu befassen; «ich lass es geschehen», kommentierte Goethe diese Bemühungen, ihm den Aufbau einer beruflichen Karriere in Frankfurt nahezulegen. Seine juristische Arbeit wuchs beträchtlich, da er Fälle von Schlosser und auch von seinem alten Freund Horn übernahm, der nun ebenfalls in die Verwaltung getreten war. Wie Gulliver dulde er diese Liliputanerfesseln, sagte er, da er die Kraft in sich spüre, sie notfalls zu sprengen. Doch als man ihn fragte, ob er nicht dem Beispiel Herders oder Schlossers folgen und in die Dienste irgendeines Fürsten treten wolle, gab er zu verstehen, daß es für ihn, wie für Götz, eine größere Freiheit gab, deren Garant die alte Ordnung war und die er aufgeben würde, wenn er ein Weislingen werde:

die Talente und Kräffte die ich habe, brauch ich für mich selbst gar zu sehr, ich bin von ieher gewohnt nur nach meinem Instinckt zu handlen, und damit könnte keinem Fürsten gedient seyn. Und dann biss ich politische Subordination lernte – Es ist ein verfluchtes Volck die Franckf[ur]ter, pflegt der Präs[ident] v. Moser [der neu ernannte Kanzler des Landgrafen in Darmstadt] zu sagen, man kan ihre eigensinnigen Köpfe nirgends hin brauchen.

Das *Concerto dramatico*, obgleich völlig inhaltslos, ist der erste Beweis von Goethes Fähigkeit, die Gewandtheit in der Versifizierung von Umgangssprache, die er gelegentlich bereits in seinen Briefen gezeigt hatte, zu verbinden mit einer Knappheit des Ausdrucks, die eines rein literarischen Textes würdig wäre, und einer bemerkenswerten rhythmischen Vielfalt. Für Goethe begann eine neue Welle der literarischen Produktion, allerdings in völlig anderer Form als bisher. Im Winter 1772/73, während er sich allmählich von dem doppelten Schlag erholte, der ihn, durch Lotte und durch Jerusalem, in Wetzlar getroffen hatte, und wieder zu schreiben begann, wandte er sich zunächst der Theologie zu. Er schrieb zwei Broschüren, die anonym bei Merck erscheinen sollten und ihren Verfasser zum erstenmal der Aufmerksamkeit des schwärmerischen Zürcher Theologen Johann Caspar Lavater (1741–1801) empfahlen, dessen Grundlagenarbeiten zur Pseudowissenschaft der Physiognomik in den *Frankfurter Gelehrten Anzeigen* skeptisch besprochen wurden. Die begriffliche Befreiung, die in den beiden kleinen Abhandlungen zum Ausdruck kommt, ist komplexer Natur. Die zweite von ihnen, *Zwo wichtige bisher unerörterte biblische Fragen . . .,* ist wahrscheinlich in mancher Hinsicht die ältere, denn sie enthält möglicherweise Material aus Goethes verlorener Straßburger Dissertation, die auf diese Weise, wie er es einst angedroht hatte, zum Druck befördert wurde. Listig verrät Goethe seine Quelle: Der Verfasser der Schrift, der sich als schwäbischer Landgeistlicher ausgibt, behauptet, einen Sohn zu haben, der die reduktive philosophische Schultheologie der Zeit vertritt und dessen Ansichten eines Tages zu der weniger engen Auffassung seines Vaters heranreifen werden; doch ist die Abhandlung auf den 6. Februar 1773 datiert, und wir erfahren, daß der Sohn seit anderthalb Jahren Magister ist, das heißt seit dem 6. August 1771 – dem Tag der Disputation, die für Goethe die Dissertation ersetzen mußte. Die beiden Fragen sind in der Tat bedeutsam. Die Antwort auf die erste Frage – «Was stund auf den Tafeln des Bundes?» – lautet: «Nicht die zehen Gebote», sondern gewisse rituelle Vorschriften, die nur für die Juden galten. Damit wird die Vorstellung, die Bibel sei das Vehikel einer universellen rationalen und moralischen Religion (als deren Inbegriff die Zehn Gebote aufgefaßt werden könnten), abgewiesen zugunsten der Herderschen Kulturtheorie, die partikulare und lokale Traditionen anerkennt. Die zweite Frage – «Was heißt mit Zungen reden?» – behandelt die individuelle Inspiration, die nach Herders Theorie mit der Tradition in Wechselwirkung steht. Mit Zungen reden heißt, so behauptet Goethes Amateur-Exeget, mit der Stimme des Geistes sprechen, das heißt, die unartikulierte, lautmalerische Sprache des unmittelbaren Gefühls sprechen, welche zeitgenössische Rationalisten – «unsre theologische Kameralisten» werden sie genannt, das heißt absolutistische Bürokraten des Geistes – am liebsten wegorganisieren würden. Aber der Einzelne, wie Arnolds Ketzer, wird nicht aufhören, in seiner kleinen Klause auszusprechen, was seine Gefühle ihm sagen, auch wenn Goethe ihn darauf vorbereitet, daß er das nicht kontinuierlich und unbegrenzt tun kann: «Auf der Höhe der Empfindung erhält sich kein Sterblicher.» Scheint nun die Schrift über *Zwo wichtige . . . biblische Fragen* zu besagen, daß die christliche Religion heutzutage sei's durch die Empfindsamkeit, sei's durch Herders historisch-literarisches Herangehen an die Bibel ersetzt worden ist, so demonstriert die frühere Schrift, *Brief des Pastors zu *** an den neuen Pastor zu ***. Aus dem Französischen*, einen Standpunkt in Dingen der Religion, der, gleich jenem, den Kestner 1772 an Goethe bemerkte, keineswegs der Standpunkt des typischen aufgeklärten Deisten ist. Der Pastor, der den Brief schreibt, sympathisiert mit allen Gesichtspunkten bis auf einen: Calvinisten und Katholiken, Schwärmer , Heiden und sogar Philosophen sollte man alle in ihrem eigenen Licht leben und sterben lassen – Missionare, Konversionen und ökumenische Wiedervereinigungen sind alle gleichermaßen unwillkommen. Allein die dogmatischen Verfechter der Unduldsamkeit, der Hierarchie der sichtbaren Kirche, sind von der Duldung ausgeschlossen. Der Pastor selbst bekennt allein den Glauben an die ewige Liebe, weil es so vieles gibt, das man nicht weiß oder über das man vernünftigerweise nicht sprechen kann; doch meint er, den Glauben an die Untrennbarkeit von Leib und Seele schätzen zu können, der der Theologie der Sakramente zugrunde liegt, und er verbindet ohne *begriffliche* Schwierigkeiten die Lehre von der Menschwerdung Christi mit dem Glauben an «die göttliche Liebe, die vor so viel hundert Jahren unter dem Namen Jesus Christus auf einem kleinen Stückchen Welt eine kleine Zeit als Mensch herumzog»; er setzt bloß hinzu: «da Gott Mensch geworden ist, damit wir arme, sinnliche Kreaturen ihn möchten fassen und begreifen können, so muß man sich vor nichts mehr hüten, als ihn wieder zu Gott zu machen.» Der vorgebliche Verfasser unterscheidet sich hierin von Rousseaus «vicaire savoyard» (mit dem der Untertitel den Vergleich herausfordert) und geht nicht den Königsweg der deutschen theologischen Spekulation im letzten Viertel des

18. Jahrhunderts. Die Probleme der religiösen Observanz sind im wesentlichen moralischer und praktischer, aber nicht metaphysischer Art. Dieser Pastor vertritt natürlich nicht Goethes eigenen Standpunkt – diesen Irrtum beging Lavater, der nicht bemerkte, daß der Verfasser des Briefes geschrieben hatte «Wenn ihr Lessingen seht so sagt ihm dass ich auf ihn gerechnet hätte» –; er repräsentiert vielmehr jene Spezies von christlichem Pfarrer, mit der Goethe vorzugsweise umging, und jene Überzeugungen, die er seinerseits tolerieren konnte. Wenn Goethe selbst in der Schrift überhaupt vorkommt, dann dort, wo der Pastor behauptet, daß die Lehre Christi nirgends mehr unterdrückt wird als in der christlichen Kirche, und jeden, der bereit ist, «Nachfolger Christi» zu sein, zu dem Wagnis einlädt, öffentlich zu zeigen, «daß ihm um seine Seligkeit zu tun ist! Er wird einen Unnamen am Halse haben, eh' er sich's versieht, und eine christliche Gemeine macht ein Kreuz vor ihm.» Das literarisch Bedeutsamste an beiden Schriften ist Goethes Entdeckung, daß seine Kunst der Personifizierung auch einen durchgehaltenen, ununterbrochenen Diskurs in der 1. Person Singular meistern kann, in welchem er über Dinge, die von großer und unmittelbarer Bedeutung für ihn sind, Ansichten aussprechen kann, die er trotzdem nicht voll und ganz teilt.

Theologische Belange durchziehen praktisch alles, was Goethe 1773 schrieb, sobald er Anfang Februar die neue Fassung des *Götz von Berlichingen* fertig hatte. Es kann nicht überraschen, daß ein Mensch mit einer so unorthodoxen Christologie damals begann, den Koran zu studieren, und in Mahomet die zentrale Gestalt für ein Drama fand, an der sich, in einem ganz unchristlichen Zusammenhang, Fragen behandeln ließen wie das Verhältnis zwischen empfindender Seele, Natur und Gott oder das Verhältnis zwischen dem geistigen Revolutionär und seinen Jüngern. Doch mit Ausnahme eines einzigen bemerkenswerten Hymnus in ungebundenen Versen gedieh Goethes *Mahomet* nicht über einige Fragmente in teils biblischer, teils ossianischer Prosa hinaus. Seine Erfindungskraft bewies sich jetzt mehr in der Entdeckung der dichterischen Möglichkeiten, die dem von Hans Sachs im 16. Jahrhundert gebrauchten Knittelvers und den damit verbundenen traditionellen Formen der volkstümlichen Unterhaltung innewohnten. Das *Fastnachtsspiel vom Pater Brey* verrät seine Gattung im Titel: Kurz davor und wahrscheinlich parallel zum *Concerto dramatico* schrieb Goethe am *Jahrmarktsfest zu Plundersweilern*, das eine solche Volksbelustigung ist und zugleich darstellt. In einer Märchenszenerie tummelt sich ein buntes, satirisches Kaleidoskop von Gestalten: Marktschreier, Zigeuner, Bänkelsänger, Bauern, Krämer aus Nürnberg und Tirol, ein Schattenspielmann und ein oder zwei weitere Personen aus den gehobenen Klassen. Sie alle unterhalten sich in einem munteren, gereimten Ton und bilden das Publikum für ein Stück im Stück: die biblische Geschichte von Königin Esther und dem schurkischen Haman. Dergleichen hatte Goethe noch nie geschrieben. Allein in seinem altmodischen Frankfurt, scheint er den praktischen Beweis für Herders Überzeugung zu erbringen, daß das individuelle Genie seine Quellen in der volkstümlichen, nationalen Kultur finden kann und des Imports papierener und ausländischer Formen nicht bedarf. Die Farce, das Fastnachtsspiel, der Knittelvers sind nicht lediglich antiquarische Übungen. Sogar in Plundersweilern sind wir nicht weit entfernt von den jüngsten Sorgen der deutschen Intelligenz, die auch den Hintergrund für das Stück vom Pater Brey abgeben. Die Themen des eingeschalteten Esther-Stückes werden aus dem vorchristlichen Judentum in die Gegenwart übertragen. Hamann ist ein militanter Rationalist, der froh ist, den Glauben an Christus abgeschafft zu haben, nun aber erleben muß, daß eine Ersatzreligion der Empfindsamkeit aufgekommen ist:

> Was hilfts daß wir Religion
> Gestoßen vom Tyrannenthron
> Wenn die Kerls ihren neuen Götzen
> Oben auf die Trümmer setzen.
> Religion, Empfindsamkeit
> Ist ein Dr[eck] ist lang wie breit.
> Müssen das all exterminiren
> Nur die Vernunft, die soll uns führen.

Damit wir aber nicht glauben, daß Goethes Stück ebenso rasch Partei ergreift wie sein biblisches Vorbild, entpuppt sich Mordechai, der Hohepriester der Empfindsamkeit, als eine ebenso komisch-widerwärtige Figur wie Pater Brey und wie dieser fraglos als Karikatur Leuchsenrings. So hält das *Jahrmarktsfest zu Plundersweilern* in Wahrheit weder dem Rationalismus noch der Empfindsamkeit noch dem Christentum die Treue, sondern seiner eigenen, volkstümlichen Form sowie der Muttersprache, in der es geschrieben ward. Es ist die Form, in der Goethe, spätestens im Juni, mit dem offen theologischsten seiner Werke begonnen hatte: dem *Faust*, der Nacherzählung eines alten Puppenspiels mit moderner Bedeutung und dazu bestimmt, die dichterischen Kräfte, die moralische Reflexion eines ganzen Lebens zu binden.

Mitte 1773 war jedoch das gewichtigste Monument von Goethes Orientierung an Herder noch immer *Götz von Berlichingen*. Im Februar hatte Merck ihn dazu gebracht, das Stück nicht ein weiteres Mal umzuarbeiten, sondern zu veröffentlichen und damit basta – und etwas Neues anzufangen. Ein junger Frankfurter, Philipp Seidel (1755–1820), der im Herbst 1772 Goethes Bursche geworden war, schrieb das Manuskript ins Reine, und im April begann man in Darmstadt mit dem Druck – die erste Etappe der gemeinsamen privaten Publikation, auf welche die Freunde sich geeinigt hatten. Leider mußte Merck nun seine unerwartete Reise nach Rußland antreten und überließ die Verteilung der in der zweiten Juniwoche eintreffenden Exemplare Goethe. Der war wahrscheinlich nicht der ideale Mann für diese Aufgabe – 150 Exemplare gingen zum Verkauf an den Göttinger Buchhändler Dietrich, ohne daß vorher ein Zahlungsmodus vereinbart worden wäre –, schon bald erschien ein Raubdruck, und Goethe, weit davon entfernt, einen Ge winn zu erzielen, mußte nach kurzer Zeit Geld aufnehmen, um die Kosten für das Papier zu zahlen. Ab Anfang Juli jedoch wurde klar, daß Götz in jeder anderen als der finanziellen Hinsicht ein Erfolg war. Die ersten Reaktionen kamen natürlich in privaten Briefen. «Boie! Boie! Der Ritter mit der eisernen Hand, welch ein Stück! . . . Welch ein durchaus deutscher Stoff! Welch kühne Verarbeitung! Edel und frei, wie sein Held, tritt der Verfasser den elenden Regelnkodex unter die Füße . . . Gott! Gott, wie lebendig, wie shakespearisch! . . . Le grand Corneille? Sch-kerl! Sch-kerls alle Franzosen! Dieser ‹Götz von Berlichingen› hat mich wieder zu drei neuen Strophen zur ‹Lenore› begeistert» – so schrieb am 8. Juli an den Herausgeber des *Göttinger Musenalmanachs*, der ihm sein Exemplar des Stückes geliehen hatte, der Dichter, spätere Stadtrat und Ästhetiker Gottfried August Bürger (1747–1794), dessen Schauerballade *Lenore* (1774), trotz ihrer übergenauen Befolgung des Herderschen Prinzips, daß die Ursprache lautmalerisch gewesen sei, eines der bekanntesten und meistübersetzten Gedichte der modernen deutschen Literatur wurde. (Die englische Version Walter Scotts heißt «William and Helen».) Bürger zeigte eine kindliche Freude daran, seinen Brief mit jener Wendung zu spicken, die bereits der berühmteste Satz Götz von Berlichingens war – von Klopstock überliefert sein Jünger Christian Graf Stolberg (1748–1821), was auch Stolbergs Bruder Friedrich (1750–1819) dachte: «Das *Kompliment* an den Trompeter und andere solche Worte verwirft er ganz.» Klopstock fand auch, das Stück enthalte zu viele Szenenwechsel, sei aber im übrigen «ebenso gut, so *original*». Sogar der 75jährige Bodmer, der freilich seine eigenen Schweizer Nationaldramen «historischer und dramatischer» fand, sah im *Götz* hier und da «etwas von Shakespeares Geist» und hoffte, die Deutschen würden diese Art mehr goutieren als «die Chimären» Klopstocks und Gerstenbergs. Gerstenberg selbst schrieb dem «deutschen Shakespeare»: «Der Beifall, den Sie allenthalben finden, macht mir Mut zu hoffen, daß Sie der Mann sind, der in Deutschland ein Publikum von Deutschen wirken wird.» Goethe selber war sich nicht so sicher, ein Publikum schaffen zu können, sondern schrieb: «Als ich meinen Götz herausgab, war das eine meiner angenehmsten Hoffnungen, meine Freunde, deren ich doch manche in der weiten Welt habe, würden sich nach mir umsehen.» In der Tat bekam er auf das Stück Nachricht aus allen Teilen seiner Bekanntschaft. Beamte in Wetzlar erbaten Exemplare, die Buffs waren hocherfreut, ein Brief kam von Langer, der Grüße an Behrisch vermitteln konnte. Lenz in Straßburg, den Goethe brieflich über seine Plautus-Bearbeitung beraten hatte und der gerade sein erstes großes Drama, *Der Hofmeister* (1774), in Angriff nahm, fühlte sich bemüßigt, an den Mann zu schreiben, dessen Leben er so getreu nachgeahmt hatte (nach seiner eigenen Affäre mit Friederike hatte auch er sie verlassen), und ihm eine spirituelle Ehe vorzuschlagen. Die private Aufnahme, die der *Götz* fand, entsprach ganz den Hoffnungen, die Goethe in einem Brief an Gerstenberg zum Ausdruck brachte: «Mein bester Wunsch ist immer gewesen, mit den Guten meines Zeitalters verbunden zu seyn, das wird einem aber so sehr vergällt, dass mann schnell in sich wieder zurück kriecht.» Nicht daß die Rezensionen besonders ablehnend gewesen wären, obgleich schon die erste den Namen des Verfassers des anonym erschienenen Stückes preisgab; die in den *Frankfurter Gelehrten Anzeigen* war eindeutig lobend, was nicht überraschte, und wenn Goethe auch stets überzeugt blieb, daß die zwanzig Seiten lange Rezension im *Teutschen Merkur,* der von Wieland seit Jahresbeginn herausgegebenen Zeitschrift, im wesentlichen negativ gemeint war, so sprach sie doch freundlich über «das schönste, interessanteste Monstrum», und Wieland distanzierte sich in einer Nachschrift von den kritischeren Bemerkungen seines Rezensenten und versprach, in einer der folgenden Nummern seine eigene Meinung über das Stück ausführlich zu erläutern. Allerdings waren alle Rezensenten sich einig, daß *Götz* schlechterdings nicht für eine Aufführung geschrieben und in der Tat unaufführbar sei.

So wagte Goethe sich, wenngleich zögernd, vor ein riesiges, gesichtsloses deutsches Lesepublikum. Von nun an und für den Rest seines langen Lebens war er eine öffentliche Gestalt, und sehr bald schon sah man in ihm den prominentesten Vertreter einer Bewegung. Das war ausnahmsweise kein völliges Mißverständnis. Die Jahre von 1773 bis 1775 waren mehr als alle anderen die Zeit, in der Goethe ein «Vereiner» war. Im Gefolge des *Götz* schickte er Gedichte zur Veröffentlichung an die Zeitschriften sympathetischer Geister, an Matthias Claudius und an Boie, der den Jahrgang 1774 des *Musenalmanachs* vorbereitete (der rechtzeitig zu Weihnachten 1773 erschien). Der Eindruck des *Götz* verstärkte sich, als im August eine von Herder herausgegebene Sammlung von Aufsätzen unter dem Titel *Von deutscher Art und Kunst* erschien, die praktisch auf ein Manifest hinauslief. Den Anfang bildeten zwei Arbeiten Herders, die eine über Volkslieder und speziell den Ossian, mit dem ersten Abdruck von Goethes «Heidenröslein», die andere über Shakespeare, die mit einer Apostrophe auf Goethe schloß, den Verfasser des *Götz* und deutsches Pendant zu dem großen, aber leider veraltenden Engländer. Goethes Abhandlung «Von deutscher Baukunst» wurde wieder abgedruckt, obwohl Herder, der dem gotischen Stil niemals wirklich etwas abgewinnen konnte, ihm, getreu dem eigenen Widerspruchsgeist, einen Beitrag folgen ließ, in dem ein unbekannter Italiener sich zu demselben Thema vernichtend äußerte. Ein Artikel über «Deutsche Geschichte» von Möser, ein Auszug aus seiner *Geschichte Osnabrücks,* gab einen schematischen Abriß der deutschen Vergangenheit, der sich eng an das Geschichtsbild im *Götz* anlehnte. Die ganze Sammlung, ein Konzentrat aller Straßburger Interessen Goethes, war unverkennbar darauf ausgerichtet, eine generelle Verschiebung der literarischen Orientierung anzukündigen und einzuleiten. Noch hatte die Bewegung keinen Namen, aber ihre Kontinuität mit dem Programm – und den Mitarbeitern – der *Frankfurter Gelehrten Anzeigen* war unverkennbar, und im 19. Jahrhundert wurde sie von Literarhistorikern auf den Namen «Sturm und Drang» getauft. Doch ob mit oder ohne Namen, das Verhältnis der neuen Schwärmereien zu Deutschlands herrschender Kultur der Empfindsamkeit war zwangsläufig problematisch, und es ist problematisch geblieben.

Götz bescherte Goethe nicht nur Briefe und Rezensionen und Bitten um Zeitschriftenbeiträge, sondern auch zu ihm pilgernde Besucher, und Caspar Goethe erwies sich als bereitwilliger, großzügiger Gastgeber. Der Sommer war vorbei, der Tag von Cornelias Vermählung stand fest, und Weintrauben aus dem eigenen Garten lagen auf dem Tisch, als Gottlieb Friedrich Ernst Schönborn (1737–1817), ein Diplomat in schwedischen Diensten und auf der Durchreise zu seiner neuen Wirkungsstätte in Algier, am 10. Oktober nach Frankfurt kam, um ein Woche zu bleiben und Goethe einen Brief von Boie sowie Komplimente von Gerstenberg und Klopstock zum *Götz* zu überbringen. Professor Höpfner aus Gießen war ebenfalls da; er wohnte bei den Goethes und führte Schönborn ein. Goethe war trotz der Vorbereitungen auf die feierliche Verlobung seiner Schwester am 13. Oktober viel mit seinem Gast zusammen, der Gerstenberg ausführlich über ihre Gespräche berichtete:

Er ist ein magerer iunger Mann ohngefehr von meiner Grösse. Er sieth blass aus, hat eine grosse, etwas gebogene Nase, ein länglichtes Gesicht u. mittelmässige schwarze Augen und schwartzes Haar. . . . Seine Miene ist ernsthafft u. traurig wo doch komische lachende u. satirische Laune mit durchschimmert. Er ist sehr beredt u. strömt von Einfällen die sehr witzig sind. In der That besitzt er so weit ich ihn kenne eine ausnehmend anschauende sich in die Gegenstände durch und durch hineinfühlende Dichterkrafft so dass alles lokal u. individuell in seinem Geiste wird. Alles verwandelt sich gleich bey ihm ins Dramatische. . . . Er scheint mit ausnehmender Leichtigkeit zu arbeiten. jezo arbeitet er an einem Drama Prometheus genannt, wovon er mir zwey Ackte vorgelesen hat, worin gantz vortrefliche aus der tieffen Nathur gehobne Stellen sind. . . . Er zeichnet und mahlet guth. Seine Stube ist voller schönen Abdrücke der besten Antiken. . . . Er will nach Italien gehn um sich recht in den Werken der Kunst umzusehn. Er ist ein fürchterlicher Feind von Wieland et Consorten. . . . dieses Leben [des Götz, also Goethes Stück] ist der Fürer des Göhte in die Feinheiten des deutschen Charakters gewesen.

Höpfner setzt, in seinem eigenen, kürzeren Bericht über diese Tage hinzu: «Goethe und *Merck* [der noch in Rußland war] speien vor den Kerls [den Brüdern Jacobi] aus.» Das Jahr 1773 war für Goethe ganz ungewöhnlich produktiv – der *Prometheus* wird uns später beschäftigen –, aber alles, was er schrieb, war von der Schwierigkeit geprägt, den Herderschen «Sturm und Drang» mit der Empfindsamkeit zu vereinbaren. In der kleinen Farce *Satyros, oder der vergötterte Waldteufel*, die im September fertig wurde, aber erst 1817 erschien, wird ein liebenswerter, aber sinnlich empfänglicher Rousseauischer Einsiedler, der ein einfaches Leben führt, eines Tages von einem wilden Mann aus den Wäldern heimgesucht, dem Abgesandten einer Natur, die gewalttätiger und unmoralischer ist als alles, was er bisher gekannt hat. Der Einsiedler wird ausgeplündert, sein kleiner Altar geschändet und er selbst wegen Lästerung des neuen Gottes zum Tode verurteilt. Denn der behaarte, nackte Satyr mit den langen Fingernägeln ist ein Meister der Musik und der Musik der Worte: Wenn er von sehnender, verzehrender Liebe singt, sind die Mädchen ihm zu Willen; wenn er majestätisch, in geheimnisvollen Neologismen, vom Ursprung aller Dinge reimt, bejubeln die Menschen ihn als allwissenden Gott (zuletzt sitzt er satansgleich auf ihrem Altar), und mit frommer Begeisterung ergeben sie sich der neuen Religion, die er gebietet, und fressen rohe Kastanien. Als er dabei ertappt wird, wie er die Frau eines Priesters der alten Religion überwältigt, macht Satyros sich davon und sucht sich eine andere, wohlwollendere Gemeinde. Obgleich die Selbstparodie an Bitterkeit grenzt, zumal in Satyros' quasi-lyrischen und quasi-metaphysischen Verführungsgesängen, bleibt der Ton das ganze Stück hindurch gleichmäßig derb (was man von Bertolt Brechts *Baal*, einem Ableger des *Satyros*, nicht sagen kann). Der Konflikt unserer Sympathie zwischen dem freundlichen, aber ineffektiven Einsiedler und dem unmoralischen, aber faszinierenden Satyros ist genau der Konflikt, in dem Goethe lebte und der ihn dazu trieb, bald Wieland und die Jacobis im Namen Herders, deutscher Art und Kunst und der politisch bewußten Opposition der *Frankfurter Gelehrten Anzeigen* anzuprangern, bald die Nähe ihrer Freunde und Verwandten zu suchen, wenn er den Schmerz der Einsamkeit fühlte und ihre süchtig machenden Tröstungen brauchte. Im November begann Goethe mit einem Singspiel, *Erwin und Elmire*, nach der Ballade «Edwin und Angelina» aus dem *Vicar of Wakefield*, der auch beim Bild des Einsiedlers im *Satyros* Pate gestanden haben mag (es ist die Quelle der Zeilen «Man wants but little here below/Nor wants that little long»). Das Prosastück mit seinen zahlreichen Liedeinlagen wurde zwar erst im Januar 1775 fertig, aber die Hauptzüge der Handlung müssen von Anfang an festgestanden haben; sie laufen auf eine verwässerte Version des Themas im *Satyros* hinaus. Erwin ist verschwunden, niemand weiß wohin, nachdem seine Geliebte Elmira kalt zu ihm gewesen ist. Von Reue gepackt, erhält sie den Rat, bei einem Einsiedler in der Nähe zu beichten. Das tut sie auch, der Einsiedler entpuppt sich als verkleideter Erwin, und die Liebenden verlassen die abgeschiedene Klause, um glücklich zusammenzuleben. Den Kontrapunkt dieser einfachen Handlung bildet die soziale und historische Situierung der Charaktere: Erwin und Elmire haben «die neumodische Erziehung» genossen, und «meine Gefühle, meine Ideen», sagt Elmire, «machten von ieher das Glück meines Lebens aus»; aber die anderen beiden Charaktere, Bernardo, ein Freund der Familie, und Olimpia, die Mutter Elmires, gehören der älteren Generation an und sehen – vielleicht wie Goethes Mutter auch – die Dinge realistischer und praktischer. Die neumodische Erziehung, meint Olimpia, gibt nur die Allüren, und die Hemmungen, des Adels an Bürgermädchen weiter, die schlichtere Vergnügungen und realere Verantwortungen haben: «Was sind alle die edelsten Triebe und Empfindungen, da ihr in einer Welt lebt, wo sie nicht befriedigt werden können, wo alles dagegen zu arbeiten scheint! giebt das nicht Anlage zum tiefsten Mißvergnügen, Anlaß zum ewigen Klagen?» So leichtgewichtig das Singspiel sein mag, es hat einen bemerkenswert klaren Blick für den Klassencharakter jener Opposition gegen die Empfindsamkeit, die das auszeichnende Merkmal des Sturm und Drang war.

Aber zwischen die beiden Kräfte des Realismus und der Empfindung stellt Goethe zwei mittlere Gefühle, die beiden Lagern angehören und damit das Stück vor einseitiger, didaktischer Ironie bewahren: erstens die Buffonerie in Verbindung mit Erwins Maskerade und zweitens den Augenblick der Wehmut, mit dem das Stück endet – denn obgleich Erwin und Elmire lernen, sich eines sozialen, unsentimentalen Glücks zu erfreuen, kann Erwin doch nicht umhin, der Abgeschiedenheit der Hütte, die er verläßt, eine Träne nachzuweinen. Manche Einzelheiten der Handlung – gewiß einige der Lieder –, vor allem aber die Milde und Ausgeglichenheit des Tons werden auf eine spätere Phase von Goethes Werk, 1774/75, zurückgehen, aber das zentrale Bild der so geliebten wie verspotteten Einsiedelei muß der ursprünglichen Konzeption von 1773 angehören.

Der generell schärfere Ton der Farce *Götter, Helden und Wieland* zeigt eindeutig, daß diese derselben Zeit angehört wie *Satyros* und *Prometheus* (und wahrscheinlich die ersten Szenen des *Faust*). Auch dieses Stück ist leichtgewichtig – Goethe selber sagt, er habe es an einem Sonntagnachmittag, wahrscheinlich im September oder Oktober, bei einer Flasche Burgunder verfaßt –, aber bei ihrem Autor ist ein Nerv getroffen worden, und die Komödie ist tödlich ernst gemeint. Anfang des Jahres hatte Goethe selber noch Abonnenten für den *Teutschen Merkur* geworben, aber seine Haltung änderte sich unvermittelt, als Wieland in seiner Zeitschrift eine Reihe von Briefen zur Verteidigung seiner *Alceste* (1773) publizierte, worin er sein Werk positiv mit Euripides verglich. Formal betrachtet, war die *Alceste* eine bedeutende Leistung, weil sie eigentlich kein Theaterstück, sondern ein Opernlibretto war, das erste ernste Opernlibretto in deutscher Sprache, und sowohl Wielands Wahl eines klassischen Stoffes als auch die Verwendung hauptsächlich jambischer Blankverse waren Schritte, die beträchtlichen Einfluß auf die deutsche Literatur, wo nicht die deutsche Musik haben sollten. In der Tat sollte Goethe selbst später in Wielands Werk ein Vorbild für das höfische Drama finden. Was 1773 seinen Zorn erregte, war denn auch nicht der Versuch einer Oper, auch nicht das Spektakel eines Wieland, der einem Euripides schulmeisterliche Zensuren in jenem «Vater-Ton» erteilte, den Goethe erklärtermaßen nicht ausstehen konnte; vielmehr konzentrierte Goethes Schmähschrift sich auf das, was diesen Ton so unberechtigt machte: Wielands im Grunde frivole Einstellung zum Tod. *Götter, Helden und Wieland* bewegt sich in der Tradition des Lukianschen *dialogue des morts*; es ist eine satirische Unterhaltung in der Unterwelt, aber der Tod ist selber Thema, nicht bloß konventioneller Bestandteil des Hintergrundes. Wieland, in Weimar in gesunden, lebendigen Schlaf vertieft, wird in den Hades zitiert und aufgefordert, sich vor den großen Gestalten der Antike zu verantworten, die er in seinem Stück, und den anschließenden Briefen, mit Bosheit und Travestie behandelt hat. Doch lautet der Vorwurf gegen ihn nicht einfach, daß der wirkliche Herkules ein amoralischer «Koloß» war, während Wieland sittsam selbstgefällig ausführt: «Als wohlgestalter Mann, mittlerer Größe tritt mein

Herkules auf.» Der Vorwurf bezieht sich darauf, daß Wieland, in seiner Behandlung der Geschichte von der Königin Alceste, die stellvertretend für ihren geliebten Gatten Admet stirbt, jedoch von Herkules aus dem Hades zurückgeholt wird, Männer und Frauen als angeblich groß hinstellt, die keinen Sinn haben für den Wert dieses sinnlichen und endlichen Lebens mit all den Glücksgütern, die es bieten kann, sondern aus abstrakter Tugend und Edelmütigkeit bereit sind, alle miteinander, für einander zu sterben. Aber wie kann ein Mensch, der sein Leben und alles kennt, was er damit anfangen kann, nicht wünschen, daß es ewig dauern möge? Wie kann er den Gedanken an den Tod auch nur ertragen? «Seid Ihr jemals gestorben?» fragt Admet Wieland, und das konventionelle lukianische Genre gewinnt neue, düstere Realität: «Oder seid Ihr jemals ganz glücklich gewesen?» Wieland antwortet mit der ganzen Selbstgewißheit eines rationalistischen Stoizismus, ohne zu merken, daß seine großartigen Abstraktionen von der «Würde der Menschheit» nichts anderes sind als die armseligen, säkularisierten Überreste einer obsolet gewordenen Religion:

WIELAND: Nur Feige fürchten den Tod.
ADMET: Den Heldentod, ja! Aber den Hausvatertod fürchtet jeder, selbst der Held. . . .
WIELAND: Ihr redet wie Leute einer andern Welt, eine Sprache, deren Worte ich vernehme, deren Sinn ich nicht fasse.
ADMET: Wir reden griechisch. Ist Euch das so unbegreiflich? . . .
EURIPIDES: Ihr bedenkt nicht, daß er zu einer Sekte gehört, die allen Wassersüchtigen, Auszehrenden, an Hals und Bein tödlich Verwundeten einreden will, tot würden ihre Herzen voller, ihre Geister mächtiger, ihre Knochen markiger sein. Das glaubt er.
ADMET: Er tut nur so.

Erst wieder in Nietzsches Abrechnung mit David Friedrich Strauss wird Deutschland eine so bittere Zurückweisung des aufgeklärten wie des empfindsamen Ersatzchristentums vernehmen, das in der offiziellen deutschen Kultur eine so bedeutende Rolle spielte.

Goethe war verzweifelt, und öffentlich, um sein Seelenheil besorgt, aber er war nicht bereit, «nur so» zu tun. Im Herbst 1773 trug ihm seine wachsende Prominenz beim Lesepublikum die Aufmerksamkeiten jenes Mannes ein, der seine Bedürfnisse so gut verstand, daß er zuletzt von Goethes Abertausenden von Freunden und Bekannten der einzige war, von dem Goethe sich im Geist einer offenen Feindschaft trennte, die sich niemals zu Versöhnung oder Gleichgültigkeit milderte. Johann Caspar Lavater war in mancher Hinsicht zu sehr wie Goethe, und in mancher Hinsicht, in der er wie Goethe war, zu sehr erfolgreicher als Goethe, um ein bequemer Weggenosse zu sein. Er besaß das weite Herz eines Pastors, was bis zu einem gewissen Grad der instinktiven Neugierde und Toleranz Goethes entsprach. Er war ein ungemein fruchtbarer Schriftsteller in vielen Gattungen (freilich stets in demselben exklamatorischen Stil) und verfolgte energisch seine Interessen in Theologie, Literatur, Naturwissenschaft (falls man Physiognomik und Parapsychologie zu den Naturwissenschaften rechnen kann) und Kunst. Im Zusammenhang mit der praktischen Aufgabe, das Bildmaterial für seine umfassenden Untersuchungen zur menschlichen Physiognomik zusammenzutragen, war er eng mit dem Maler Johann Heinrich Füßli (1741–1825) befreundet, mit dem zusammen er in ganz jungen Jahren eine erfolgreiche öffentliche Kampagne gegen einen korrupten Beamten in Gang gesetzt hatte. (Zwar ist Goethe dem Maler niemals begegnet, der später als Henry Fuseli Eingang in die englische Kunstwelt fand und zu einem Mentor William Blakes wurde, doch hegte er für Füßlis Werk besondere Bewunderung und hat schon früh Kopien davon angefertigt.) Doch was Lavater von den anderen Freunden Goethes unterschied, war, daß er etwas von Goethes Freiheit des Geistes besaß, daß er wie Goethe frei war von den vorherrschenden Determinanten des Denkens und Fühlens in Deutschland – aber nicht, weil er einen reichen Vater gehabt hätte und aus einer Freien Reichsstadt gekommen wäre, sondern weil er, als Diakonus an der Waisenhauskirche in Zürich, das erfolgreiche Mitglied eines hoch angesehenen Berufsstandes in einer autonomen Republik war. Jene Kompromisse und Verstellungen, die eine absolutistische Verfassung den Menschen aufzwang, bedeuteten ihm wenig – er konnte den rationalistischen Deismus ebenso vom Tisch wischen wie empfindsame Säkularisierungen und das Dilemma kraß und klar benennen: «Entweder Atheist oder Christ! Ich verachte den Deisten, . . . Ich habe keinen Gott, als Jesus Christus!» Er war auch, viel mehr als Goethe, im Einklang mit seinem Publikum: Das Publizieren war für ihn die natürliche Erweiterung seines Predigens und seines Briefverkehrs. Goethe hatte das Bewußtsein seiner eigenen Identität auf die Entthronung des göttlichen Christus gegründet; wenn ein Mensch mit den Vorzügen Lavaters, ähnlich geartet wie er selbst, wenn auch nicht in allem, sich ganz und gar dieser Gottheit verschrieb, dann konnte das nur als unerträgliche Bedrohung gedeutet werden. Lavater wurde Christus für Goethe und mußte zuletzt dafür büßen.

Noch bevor er auch nur Goethes Namen kannte, sah Lavater in dem *Brief des Pastors zu **** das Werk eines Genies. Seine eigene, großzügig-verschwommene Theologie konnte alle Ansichten des Pastors nachvollziehen – nur nicht seine Enthaltung von missionarischer Betätigung. Lavaters Bekehrungssucht war nachgerade notorisch. 1769 hatte er den Juden und Leibnizianer Moses Mendelssohn öffentlich aufgefordert, bestimmte Argumente für das Christentum zu widerlegen oder zu konvertieren, und zwei Jahre später hatte er geräuschvoll die Taufe von zwei Juden vorgenommen und sich damit einem vernichtenden satirischen Angriff durch Lichtenberg ausgesetzt. Er stand bereits mit Deinet und Schlosser in Briefverkehr, und die Beziehung zu Goethe begann, als er ihm im August 1773 schrieb, um sich für ein Dedikationsexemplar des *Götz* zu bedanken, das ihm durch Deinet zugegangen war. Zu dieser Zeit war bereits seine Interesse an der Physiognomik erwacht, und da er von der einzigartigen Stellung Jesu Christi durchdrungen war, dessen Gesicht, wenn anders die Physiognomik etwas bedeutete, das Mensch-

tum in seiner vollkommensten Form ausgedrückt haben mußte, war er darauf
verfallen, eine Sammlung von imaginären Christusbildnissen anzulegen, die
er sich von jedem Menschen zeichnen ließ, der selbst irgendwie bemerkenswert war. Zu dieser Sammlung sollte auch Goethe beitragen, und die Enttäuschung war bitter, als der Verfasser des *Briefs des Pastors* ihn in knappen
Worten beschied: «Ich bin kein Christ.» Für das Christusbild sah Lavater
sich an Susanna von Klettenberg verwiesen, die nach eigenem Bekunden ein
engeres Verhältnis zum Modell hatte. Lavater war nicht allein verblüfft – ein
geringerer Sterblicher als Goethe, der kein Christ war, hätte nach seinem
Empfinden den Brief nicht ohne Unaufrichtigkeit schreiben können –, er
hatte auch eine Herausforderung erhalten: «so zeig' ich dir Christus», schrieb
er Ende November, «oder ich ergreife wider ihn die Feder . . . du sollst *Einer*
[ein Christ] werden – oder ich werde was du bist.» Das war genau das, was
der Pastor nicht gesagt hatte, der vielmehr daran glaubte, jeden Menschen zu
lassen, wie er war, und verschieden von den anderen. Goethe hatte weder den
Wunsch, sich selbst aufzugeben, noch sich selbst mit einem anderen zu teilen.
Er riet Lavater im Januar 1774, sich bei dem Messias zu bescheiden, den er
bereits habe, und nicht untreu zu werden und in ihm, Goethe, einen neuen
zu suchen. Aber die Bedrohung für seine Identität wurde unübersehbar, als
Lavater dazu überging, seine Briefe mit den Worten «von Ewigkeit zu Ewigkeit dein Bruder» zu unterzeichnen, und schrieb:

Wenn Jesus Christus nicht mein Gott ist – so hab' ich keinen Gott mehr – u. G[oethe]
. . . u. L[avater] sind Träumer, nicht Brüder, nicht Kinder eines Vaters – nicht unsterblich. So ist Freundschaft nichts, alles Zauberspiel, keine Existenz usw.

Goethe schätzte Brüder, die er lenken und lehren konnte, aber keine Brüder,
die seine Rivalen waren und es darauf abgesehen hatten, seine Persönlichkeit,
ja seine Existenz auf den gemeinsamen Status als Sohn desselben Vaters zu
gründen. «Von mir sagen die Leute der Fluch Cains läge auf mir», hatte er
Kestner im Juni 1773 geschrieben; aber: «Keinen Bruder hab ich erschlagen!»
Doch hatte er den Mittler verworfen, von dem die Christen sagten, er habe
sie alle zu Kindern und Erben Seines Vaters gemacht, und jedenfalls hatte er
in seinem Leben mordlüsterne, «hängenswerte» Gedanken gegen wenigstens
zwei Menschen gehabt – gegen Kestner selbst und gegen Hermann Jakob
Goethe, den im Alter von sechs Jahren das Schicksal Abels ereilt hatte. Lavater hatte, unwissentlich oder instinktiv, die ungeeignetsten Begriffe gewählt, um sich Goethe zu nähern. Das Leben, in dem er sich eingerichtet
habe, erklärte Goethe im April 1774 seinem «Bruder», sei auf «das Wort der
Menschen» gestellt, das für ihn das «Wort Gottes» ersetze – das heißt, er
konnte der christlichen Heiligen Schrift keine letzte Autorität über die Bestimmung des Sinns des Lebens einräumen, ohne sich selbst als Dichter, als
Mann der Worte zu vernichten. Lavater war bereit, sogar unter diesen Umständen den Kampf fortzusetzen: «wir sind Symbolen», hatte er geschrieben,
unter Anspielung auf Begriffe in einem Brief Goethes, der verlorengegangen

ist, «u. unsere Worte u. Werke sind's mit uns. Laßt uns symbolisieren, weil wir's müssen, so lang wir können – übrigens wollen wir kein *Ziel stecken*.» Lavater mag gehofft haben, die lange Kette der Symbole werde sich zuletzt doch um eine feste und autoritative Wahrheit schlingen. Statt dessen mußte er lernen, wie recht Schlosser hatte, der ihm zu Beginn seines Briefwechsels mit Goethe geschrieben hatte: «Lieben Sie ihn ferner! Ich sage Ihnen aber voraus: es gehört eine gewisse Stärke der Seele dazu, sein Freund zu bleiben.»

Es mochte zum Teil an Lavaters Zudringlichkeit liegen, daß Goethe jetzt eine gewisse Milderung der explosiven Verachtung für die Empfindsamkeit erkennen ließ, die er einige Zeit zuvor in *Satyros* und *Götter, Helden und Wieland* bewiesen hatte. Eine versöhnlichere Einstellung zu dieser Alternative zur Religion war bereits in dem Entwurf von *Erwin und Elmire* enthalten, den Goethe im November begann. Überdies waren seit September die persönlichen Verbindungen zum Feind enger geworden: Als Gäste Johanna Fahlmers und dann als Freunde Cornelias gehörten fortan zum Kreis seiner Bekannten Charlotte Jacobi (1752–1832), eine Halbschwester der beiden Brüder Jacobi, und danach Friedrich Jacobis Frau Betty (1743–1784), von der er später sagte, sie sei «ohne eine Spur von Sentimentalität», und die ihn «durch ihr tüchtiges Wesen an die Rubensischen Frauen erinnerte». Von den Brüdern sagte er nur «ich mag ihre Freundschaft nicht», aber als Betty Jacobi nach Düsseldorf zurückkehrte, schrieb er ihr weiterhin Briefe und sandte ihr Werke wie das *Jahrmarktsfest zu Plundersweilern*, was ihrem Gatten natürlich nicht verborgen blieb. Im Juli und August war auch Sophie von La Roche in Frankfurt, in Begleitung ihrer Tochter Maximiliane, die jetzt 17 war. Man war dabei, ihre Vermählung mit Peter Anton Brentano (1735–1797) vorzubereiten, einem 38jährigen Geschäftsmann italienischer Abstammung, der bereits fünf Kinder von seiner früheren Frau hatte; die Hochzeit wurde im neuen Jahr standesgemäß in Ehrenbreitstein gefeiert. Am 15. Januar 1774 traf die Braut zusammen mit ihrem Gatten und ihrer Mutter in Frankfurt ein, um ihre neue Rolle anzutreten. Merck, dessen Rückkehr aus Rußland im Dezember Goethe «fou dans sa joie» gemacht hatte, bemerkte trocken, es berühre ihn seltsam, seine alte Freundin Madame LaRoche «zwischen Heringstonnen und Käse» aufsuchen zu müssen. Dadurch, daß sie seine bürgerliche Welt teilte, fiel es Goethe leichter, ihre vornehme Spiritualität zu teilen; vielleicht sahen sie unbewußt in Brentano den gemeinsamen Feind. Als sie Ende Januar abreiste, hatte er den Eindruck, daß «ich ihr weit mehr binn, sie mir weit mehr ist, als vor zwey Jahren, ia als vorm halben Jahr». Es war, wie Merck sich ausdrückte, für Goethe ganz natürlich, «la petite Madame Brentano» über die Verpflanzung von einem Gut auf dem Lande in die düstern Frankfurter Kontore hinwegzutrösten. Er spielte mit den Kindern, erlaubte Maximiliane, ihn auf dem Cello zu begleiten, und ließ sich zum erstenmal in den Kreis der katholischen Familien Frankfurts hineinziehen. Zwar war Brentano zunächst erfreut über Goethes Gegenwart; aber was empfindsame Freundschaften mit seiner Frau anging, so war er weniger entgegenkommend als

Kestner. Ende Februar gab es einige häßliche Auftritte, und Goethe beschloß, oder wurde beschieden, das Haus nicht mehr zu betreten.

Mit der Rückkehr Mercks war die düstere Einsamkeit des Jahres 1773 endlich vorüber. Es kam ein harter Winter, der Main war am Zufrieren, Goethe holte seine Schlittschuhe hervor, bevor das Eis fest war, und brach prompt ein. Maximiliane Brentano bekam im Januar den Wert «eines Aequivalents», welches ihm das Schicksal für den Verlust seiner Schwester gesandt hatte; sie war ebenfalls eine begeisterte Schlittschuhläuferin, und es gab ein paar muntere Gesellschaften auf dem Eis, mit Bänken auf Plankenrosten für die zuschauenden Mütter und Tischen mit frischen Pastetchen und Schinken, Schokolade, Kaffee und verschiedenen Weinen. Hier «ist keine Branche meiner Existenz einsam», schrieb Goethe Anfang Februar, und auch die literarische Welt bekam allmählich zu spüren, daß das Gemeinschaftsunternehmen in Fahrt kam. Eine zweite Auflage des *Götz* erschien, diesmal ganz regulär bei Deinet, und, unglaublich, das unaufführbar regellose Stück wurde im April zum erstenmal aufgeführt, und zwar ausgerechnet in Berlin, dem Zentrum des frankophonen Absolutismus. Zu Ostern erwartete man den *Hofmeister* von Lenz: Goethe empfahl das Stück in seiner Korrespondenz, nachdem er Lenz widerstrebend die Erlaubnis erteilt hatte, *Götter, Helden und Wieland* zu veröffentlichen und einen publizistischen Krieg zu entfachen (der auch zu einer Replik führte, an der das Beste der Titel war: *Menschen Thiere und Goethe*, von Johann Jacob Hottinger). Es gab andere jüngere Zeitgenossen in Frankfurt, die hoffen ließen: den Musiker Philipp Christoph Kayser (1755–1823) und vor allem Friedrich Maximilian Klinger (1752–1831), Sohn einer verwitweten Wäscherin, der sich durch seine Fähigkeiten einen Platz in der Lateinschule erobert hatte und nun Jura studieren wollte. Goethe schenkte ihm 100 Gulden und empfahl ihn an Höpfner in Gießen. Mehr und mehr söhnte Goethe sich mit dem Geschäft des Publizierens aus: Der Verleger Weygand in Leipzig hatte nach Manuskripten gefragt, und es zeichnete sich die Möglichkeit ab, weiteres Geld zu verdienen, um die beim Druck des *Götz* entstandenen Schulden zu begleichen. Da Goethes Stimmung sich dergestalt hob und die Ereignisse des Jahres 1772 ferner rückten, bat Goethe Merck um Rückgabe der Briefe, die er ihm aus Wetzlar geschrieben hatte, und am Tag nach der Abreise Sophie von La Roches, am 1. Februar, machte er sich daran, sie in einen Roman zu verwandeln, wie es ihm einst mit den Briefen an Behrisch über seine Nöte in der Affäre mit Käthchen vorgeschwebt hatte, einen Roman, der seine Erlebnisse in jenem idyllischen Sommer mit dem Schock über Jerusalems schreckliches Ende verschmolz. Doch während er schrieb, holte die Realität die Fiktion ein, und er sah im Februar und März im Haushalt der Brentanos ein drittes Modell für die Qual einer unglücklichen Liebe zwischen einem Mann und einer Frau, die einander versprochen waren. In *Die Leiden des jungen Werthers*, die nach zwei Monaten intensiver Arbeit im April beendet waren, im Juni in den Druck gingen, zu Michaeli erschienen und Goethe zu einer europäischen Berühmtheit machten, mag die Frau, die Werther liebt, den Namen Lotte Buffs tragen, aber sie hat die dunklen Augen der Maximiliane von La Roche.

Die Mine wird entschleudert: *Werke, 1772–1774*

Die Bezeichnung «Sturm und Drang» für die jungen Schriftsteller der 1770er Jahre ist dem Titel entlehnt, den Christoph Kaufmann, ein fahrender intellektueller Scharlatan, der sich selbst «Gottes Spürhund» nannte, 1776 für ein Drama seines Freundes Friedrich Maximilian Klinger vorschlug, das dieser ursprünglich, und vielleicht treffender, *Wirrwarr* genannt hatte. Ein älterer Name für die Periode war «Geniezeit». Aber solche Etiketten sind geeignet, dieser literarischen Revolte größere Homogenität zuzuschreiben, als sie in Wahrheit besaß. Es gab in ihr viele exzentrische oder marginale Gestalten, etwa Kaufmann, den unendlich viel wertvolleren Jung-Stilling, Lavater oder auch Bürger, den Verfasser der *Lenore*, der sich die nationale Kultur später vor allem durch seine deutsche Rückübersetzung der Münchhausen-Geschichten verpflichtete (die natürlich in Deutschland gesammelt worden waren, aber zuerst in England erschienen). Dem letzten und leidenschaftlichsten Vertreter dieses leidenschaftlichen Zeitalters, Friedrich Schiller, blieb es vorbehalten, seine eigene literarische Entwicklung durch eine vernichtende Besprechung von Bürgers Gedichten zu retten, womit er stellvertretend jene Periode seines Lebens überwand, die durch Stücke wie *Die Räuber* (1781), *Die Verschwörung des Fiesko zu Genua* (1783), *Kabale und Liebe* (1784) sowie durch die *Poetische Anthologie auf das Jahr 1782* gekennzeichnet war. Neben diesen eher isolierten Einzelkämpfern sind jedoch Mitte der siebziger Jahre auch regelrechte Zentren der literarischen Erneuerung zu erkennen, und zwar ein mehr oder weniger «offizielles» und ein wirklich revolutionäres. In Göttingen scharte sich eine Gruppe vornehmlich lyrischer Dichter um Heinrich Christian Boie, den Herausgeber des *Musenalmanachs*, und Johann Heinrich Voß (1751–1826), der später als Homerübersetzer berühmt wurde. Bester Dichter der Gruppe war Ludwig Christoph Heinrich Hölty (1748–1776); außerdem gehörten ihr Friedrich Leopold Graf Stolberg und der Dramatiker Johann Anton Leisewitz (1752–1806) an. Die Gruppe war als «Göttinger Hain» oder «Hainbund» bekannt, nach dem nächtlichen Treffen in einem mondbeglänzten Eichenhain, bei dem die Gründungsmitglieder einander ewige Gefolgschaft und die Protokollierung ihrer wöchentlichen Zusammenkünfte geschworen hatten; sie hielten es hauptsächlich mit Klopstock. Ihr emphatischer Patriotismus («Ich bin ein Deutscher! (Stürzet herab/Der Freude Tränen, daß ich es bin!)», schrieb Stolberg) zehrte von der Hoffnung, die germanisch-keltische Vorvergangenheit, von der Klopstock träumte, wieder zum Leben zu erwecken, und hatte wenig mit den Bemühungen der anderen Gruppe zu tun, die zeitgenössische Umgangssprache literarisch brauchbar zu machen. Weit weniger exklusiv als die Hainbündler, bestand diese Gruppe vor allem aus Dramatikern und hatte ihren Mittelpunkt in Frankfurt und in Goethe. Goethe selbst unterhielt gute Beziehungen zu den Klopstockianern und stand als Lyriker, der zugleich Dramatiker war, dem Gewühl fern, blieb sozusagen auf halbem Wege zwischen Göttingen und Frankfurt, zwischen Hölty und Lenz. War das Benehmen der Hainbündler ritualisiert und von komisch wirkendem Ernst, so gerierten sich die Mitglieder der anderen Gruppe, des eigentlichen «Sturm und Drang», bisweilen bewußt als Bürgerschreck. Von Klinger, mit dem Spitznamen «Löwenblutsäufer», hieß es: «Wenn das ein guter Charakter ist, daß man alle andern Menschen neben sich verachtet, in Gesellschaften nur den Großen spielt und doch seine Kleider borgen muß, sogleich mit Gift und Dolch droht, wenn's einem nicht alle Tage nach Wunsch geht: so besitzt er auch ein recht gutes Herz.» Friedrich Müller (1749–1825), nach seinem Hauptberuf als «Maler Müller» bekannt, oder auch als «Teufelsmüller» – er war der Urheber eines ungeheuer handlungsarmen und bombastischen *Faust*-Fragments –, akzeptierte ohne Bedenken den Ertrag einer teilweise von Goethe ins Leben gerufenen Spendensammlung, die ihm das Studium in Rom zum höheren Ruhm der deutschen Malerei ermöglichen sollte, nur um sodann praktisch für den Rest seines Lebens in Rom zu bleiben und das Mädchen, das er verführt hatte (und das kurz darauf starb), samt ihrem unehelichen Kind ihrem Schicksal zu überlassen. Über seinen Auftritt bei der Frankfurter Buchmesse 1778 gibt es folgende Schilderung: «Maler Müller hat sich in Frankfurt bei der Auktion beinahe wie Klinger aufgeführt, ist höchst grob gewesen, hat genialisch bei allen Leuten gesagt, deren Physiognomie ihm nicht anstand [das hatte der fromme Lavater auf dem Gewissen], ich möchte dem Kerl den Kopf abschlagen lassen, es ist ein Schurke.» Aber obwohl beide Männer von Goethe finanzielle Unterstützung entgegennahmen und besonders Klinger in Goethes Gunst recht hoch stand, hatte keiner von beiden das geringste Gespür für das, was den *Götz*, viele von Goethes lyrischen und satirischen Versen sowie die erste Fassung des *Faust* inspirierte: die dichterischen Möglichkeiten des damaligen gesprochenen Deutsch. Diese Einsicht war der – wie man sie nennen könnte – «Straßburger Gruppe» vorbehalten, den Dichtern, die mit Goethe das Elsaß-Erlebnis von 1770/71 geteilt hatten: Herder, Lenz und Heinrich Leopold Wagner. Klingers Talent zur Nachahmung befähigte ihn, Spuren dieser Inspiration in seinen ersten beiden Stücken zu zeigen, *Otto*, dem ersten Ritterdrama nach dem Muster des *Götz*, und *Das leidende Weib*, ein Stück, das in der deutschen Gegenwart spielt und voller zeitgenössischer (hauptsächlich literarischer) Anspielungen steckt, jedoch ohne sein Vorbild, Lenzens *Hofmeister*, undenkbar wäre. Nicht die sprachlichen, sondern die historischen – oder vielmehr mythischen – Aspekte des *Götz* werden in den rund 50 Ritterdramen nachgeahmt, die von diversen Poetastern in den nächsten dreißig Jahren verfaßt wurden; und Problemstücke jener Zeit – auch die vielen anderen Dramen Klingers – bevorzugen als Schauplatz ein fernes Pseudo-Italien und nicht das zeitgenössische Deutschland. Lichtenberg traf die dramatische Sprache Klingers und Müllers sehr genau, wenn er in sein Tagebuch schrieb: «Es ist als wenn unsere Sprachen verwirrt wären; wenn wir einen Gedancken haben wollen, so bringen sie uns ein Wort, wenn wir ein Wort fordern, einen Strich, und wo wir einen Strich erwarten, steht eine Zote.»

In seiner phantastischen Satire auf die zeitgenössische Literatur und Kritik, *Pandaemonium Germanicum* (geschrieben 1775), bekennt Lenz, in eigener Person: «Ach ich nahm mir vor, hinabzugehen und ein Maler der menschlichen Gesellschaft zu werden.» Sein erstes Stück, *Der Hofmeister oder Die Vorteile der Privaterziehung* (1774), hat, trotz ausufernder Nebenhandlungen und einer bizarren Haupthandlung, die in der Selbstentmannung des Hofmeisters gipfelt, der sein Mündel verführt hat, viele einzelne Szenen, die diesem Vorsatz gerecht werden und jenen Reiz des Authentischen vermitteln, den ein englischer Leser von einem Gesellschaftsroman erwarten würde. *Die Soldaten* (1776) sind sein Meisterwerk; wie die moderne Literaturkritik gezeigt hat, ist das Stück eine Tragödie – auch wenn Lenz es eine Komödie nennt –, die sich allein durch die unterschiedliche Sprechweise der Charaktere entfaltet: In dem Maße, wie das Mädchen Marie moralisch verdorben wird, wird auch ihre Sprache mehr und mehr korrumpiert. Da sie – wie jeder Mensch – nur ihre Sprache hat, um sich auszudrücken, ist die Korruption total und unheilbar. Wie bei keinem anderen Schriftsteller seiner Generation ist bei Lenz das Gefühl entwickelt, daß Sprache nicht bloß ein Medium ist, das nach Belieben auch anders sein könnte, sondern wirklich «Lebensform». Auch Wagner teilt dieses Gefühl bis zu einem gewissen Grad, wie besonders der erste Akt der *Kindermörderin* zeigt, mag auch der Rest des Stückes in papierene Empfindsamkeit abgleiten. Es zeugt von der Intelligenz und mimetischen Begabung des jungen Schiller, daß er, mehr oder weniger isoliert, in *Kabale und Liebe* über weite Strecken dieses Gefühl ebenfalls bewahren konnte. Herder besaß es natürlich in hohem Maße, wenn auch theoretisch angelernt, und mehr und mehr sollte es ihn den herrschenden philosophischen Moden am Ausgang des 18. Jahrhunderts entfremden. Nur Goethe verfügte über diese Gabe mit der souveränen Kontrolle, die notwendig war, um aus ihr Poesie zu machen – in überlegenster Form in der Geschichte von Gretchen und Faust, einer Leistung, die einzigartig geblieben ist. Deutsche Autoren wie Büchner und Gerhart Hauptmann, die man als Erben dieses – Lenzischen – Aspekts des Sturm und Drang ansehen könnte, haben sich der Prosa verschrieben – einzig und allein Brecht hat einiges davon in Verse umgesetzt.

Die politischen und kulturellen Folgerungen, die sich aus dem literarischen Programm des Sturm und Drang ergaben, sind nur aus dem Blickwinkel der «Straßburger Gruppe» und ihrem Interesse an der Sprache des Volkes zu verstehen. Auf der einen Seite waren diese Folgerungen nationalistischer Art. Die gemeinsame Sprache erscheint als Grundlage einer kulturellen Einheit, die tiefer gründet als jede andere, die in vorhandenen oder vorstellbaren Institutionen der deutschsprachigen Welt realisierbar ist. Deshalb gibt es im

Götz an jenem Punkt eine Leerstelle, wo man einen positiven Enthusiasmus erwarten sollte. Auf der anderen Seite wäre es falsch, die Ambitionen des Sturm und Drang als rein kulturelle Ambitionen im Sinne einer «Gelehrten-republik» zu verstehen – Klopstocks gleichnamiges Werk (*Die deutsche Gelehrtenrepublik*) wurde 1773 angekündigt und fand 3.599 Subskribenten. Die nationale Einheit allein war nicht genug, denn mit dieser Einheit drohte (und erfolgte später) ihre Konkretisierung in einem aufgeklärten Absolutismus, Mösers bête noire und der bürokratische Feind jeder Lokaltradition und jeder schöpferischen Individualität, also der beiden Säulen, auf denen Herders Sprachtheorie ruhte. Die Sturm-und-Drang-Autoren suchten nach etwas, das sie der Autokratie entgegensetzen konnten, etwas, das politisch und sozial so konkret war wie die autonomen «Heimatstädte» Mösers; aber sie wollten, daß es teilhabe an dem Ziel der nationalen Einheit, einem Ziel, das vorerst nur von der Autokratie verfolgt wurde. Quelle und zugleich machtvolles, wenngleich kurzlebiges künstlerisches Symbol dieses ihres paradoxen Strebens war die Hingabe an die Sprache des Volkes. Freilich war es ein Symbol für etwas, das unter den gegebenen Umständen unreal war: Es war, wie wenn die Briten des späten 18. Jahrhunderts eine nationale Kultur hätten schaffen müssen, aber ohne London und allein auf der Basis der Werke von Burns und Crabbe. Lenz räumte im *Pandaemonium Germanicum* ein, daß das zeitgenössische Deutschland ihm einfach kein Material für sein Gemälde der menschlichen Gesellschaft liefere. Nur zu oft in den Werken des Sturm und Drang füllt nicht die Präokkupation mit der Sprache dieses gefährliche Vakuum, sondern die Präokkupation mit dem Genie, nicht also mit der Gesellschaft, sondern mit dem reinen, ungebundenen, und damit letztlich eigenschaftslosen und unpolitischen Individuum. In allen Werken Müllers, und in den meisten Klingers, dominiert letzten Endes der «große Kerl», der, um Müllers Vorwort zu seinem *Faust* zu zitieren, «absolut über sich selbst hinaus begehrt». Sogar die genuinen Leistungen, sogar *Götz* und *Der Hofmeister*, *Die Kindermörderin* und *Kabale und Liebe* (nicht aber *Die Soldaten*) sind fehlerhaft oder nur teilweise erfolgreich: Die introspektive Thematik und die künstliche Sprache des bürgerlichen Trauerspiels brechen irgendwann durch, das Drama der Revolte (wie bei Götz) weicht dem Drama der Selbstvernichtung (wie bei Weislingen). Denn der absolute Individualismus gehört nur in ein Theater des inneren Konflikts, nicht in ein Theater des äußeren Konflikts zwischen weltlichen Kräften, und ist damit letzten Endes nur Erfüllungsgehilfe des staatlichen Absolutismus.

Der Geniekult war das Trojanische Pferd, durch das empfindsame, und letztlich leibnizsche, Vorstellungen in die Sturm-und-Drang-Bewegung hineingetragen und die Anfänge einer realistischen Literatur über die zeitgenössische Gesellschaft unterminiert wurden. Der Geniegedanke hatte nichts «Unoffizielles». Johann Georg Sulzer wurde am bekanntesten als Autor der zwischen 1771 und 1774 erschienenen *Allgemeinen Theorie der schönen Künste*, einer ästhetischen Enzyklopädie, die mehr durch begriffliche, biblio-

graphische und sogar alphabetische Vollständigkeit besticht als durch besondere gedankliche Durchdringung ihres Gegenstandes: Der Radikalismus der
Frankfurter Gelehrten Anzeigen zeigt sich besonders deutlich in Goethes
Ablehnung dieser Spätphase von Sulzers Denken. Doch nach 1750 trat Sulzer
mit seinem interessantesten Werk hervor, einer Reihe origineller Abhandlungen, die sehr klar die Verbindungslinien zwischen Leibnizscher Philosophie
und den Grundlagen der deutschen Empfindsamkeit demonstrieren. Seine
*Untersuchung über den Ursprung der angenehmen und unangenehmen Emp-
findungen* von 1752 bietet ein charakteristisch leibnizsches, dynamisches Bild
der Seele, die zunächst weder Ding noch passives Organ, sondern wirkende
Kraft ist. Und die eine Wirksamkeit, der die Seele obliegt, von Leibniz als
«Perzeption» beschrieben, beschreibt Sulzer als «Hervorbringung von
Ideen»: Alle Empfindungen lassen sich nach Sulzer unter dem Oberbegriff
«Ideen» subsumieren; alle Begierden sind Begierden der Seele nach Ideen, das
heißt danach, ihr einziges Vermögen noch umfassender zu üben; alle Lust-
empfindungen entstammen nur dem Begehren der Seele, sich mit Gedanken
zu sättigen, auch die Wonnen der Liebe und der Freundschaft, das Vergnügen
des Stutzers an eleganter Kleidung oder des ehrgeizigen Politikers am Gelingen seiner Pläne. Sulzer macht keinen Unterschied zwischen Rezeptivität und
Produktivität, zwischen Passivität der Seele beim Empfinden und ihrer Ak-
tivität beim Ausdruck. Und als Sulzer 1757 daran ging, den modischen Begriff des «Genies» zu untersuchen, fand er das Eigentümliche des Genies
nicht im Besitz besonderer oder ungewöhnlicher Fähigkeiten (weil diese einfach nicht vorhanden waren). Da Sulzer an die Existenz nur eines einzigen
Vermögens glaubte, mußte das Eigentümliche des Genies ganz einfach im
gesteigerten Besitz dieses Vermögens liegen, in der größeren «Stärke der Seele» als bei gewöhnlichen Sterblichen:

Alle Fähigkeiten der Seele entspringen aus derjenigen Grundkraft, die nach der Bemerkung des großen Leibnitz, das Wesen aller Substanzen, und insbesondre das Wesen
der Seele ausmacht. . . . In ihr ist auch der erste Ursprung des Genies zu suchen.

Die Gleichsetzung von Rezeptivität und Produktivität als Aspekten der einen
Grundkraft der Seele, die Interpretation dieser Kraft in den relativ empirischen Begriffen von Gedanken und Gefühlen (anstatt in den logischen Begriffen, die Leibniz bevorzugte) und die Definition des Genies als einer ab-
norm kraftvollen Seele: das sind die theoretischen Grundlagen der
Psychologie, die die deutsche Empfindsamkeit vertrat und an den Sturm und
Drang weitergab, auch wenn die abstrakten Formulierungen Sulzers von
minder philosophischen Geistern nicht immer geschätzt wurden.
  Wir haben bereits gesehen, wie der Leibnizsche Strang in der offiziellen
deutschen Literatur des 18. Jahrhunderts gesellschaftliche Entwicklungen
widerspiegelt, die für Deutschland eigentümlich waren, und in eine Literatur
der kompromittierten Isolation mündet. Waren die deutschen Crusoes weniger rigoros in ihrer Einsamkeit als das englische Original, so zeigt die deut-

sche empfindsame Literatur, von Gellert bis Gerstenberg, weniger Interesse
als die englische Empfindsamkeit für die sozialen Mechanismen, die den Ge-
strandeten von seiner verlassenen Insel, oder aus der nicht so verlassenen
Felsenburg, retten konnten. In den Gedichten, die Klopstock in den 1750er
und 1760er Jahren schrieb, fällt die egoistische Volte, die wir an der englischen Gefühlslyrik bemerkt haben, penetrant und sogar störend auf. Der
bloße Bezug auf das eigene Ich (und der namentliche Bezug auf Freunde und
Dichterkollegen) dient dem Dichter immer wieder dazu, die emotionale
Spannung zu erhöhen, doch just im Augenblick seiner Anwendung lenkt
dieser Kunstgriff von der spezifischen Natur des beschworenen Gefühls ab.
Sogar ein so leuchtend gesammeltes Gedicht wie «Die frühen Gräber» kennt
ein vages Zögern in der letzten Strophe, wenn der Dichter, in mondheller
Nacht, zum erstenmal direkt von denen spricht, die vor ihm dahingegangen
sind, und zum erstenmal sich selbst erwähnt. Der Bezug auf die eigenen Gefühle soll die Intensität des Augenblicks erhöhen, macht ihn aber in Wirklichkeit nur unschärfer.

> Ihr Edleren, ach es bewächst
> Eure Male schon ernstes Moos!
> O wie war glücklich ich, als ich noch mit euch
> Sahe sich röten den Tag, schimmern die Nacht.

Die Erregung, die Klopstock aus der Erwähnung seiner selbst zieht, ist naiv
und damit nicht geschmacklos, obgleich sie manchmal unfreiwillig komisch
ist (wie auch in der häufigen Anrufung des Allmächtigen). Doch gibt es in
seinen Gedichten immer einen Hiatus, eine Diskontinuität zwischen dem Bezug auf Objekte, oder auf Menschen als Objekt seiner Gefühle, und dem
Bezug auf sich selbst, oder auf das Herz als der behaupteten Quelle des Gefühls. Einen derartigen inneren Bruch weist die zweite Zeile der ersten Strophe in seinem Gedicht «Der Zürchersee» (1750) auf:

> Schön ist, Mutter Natur, deiner Erfindung Pracht
> Auf die Fluren verstreut, schöner ein froh Gesicht,
> Das den großen Gedanken
> Deiner Schöpfung noch einmal denkt.

In Goethes Dichtung der frühen 1770er Jahre gibt es keinen derartigen Hiatus: Das Herrliche an den Gedichten ist die Unmittelbarkeit des Kontakts
zwischen dem fühlenden Herzen und dem Objekt des Gefühls.

> Wie herrlich leuchtet
> Mir die Natur!
> Wie glänzt die Sonne!
> Wie lacht die Flur!

Das Auffallende an der zweiten Zeile des «Maifestes» (1771), eines Sesenheimer Gedichts, das 1775 erstmals im Druck erschien, ist nicht, wie immer

wieder behauptet wird, die emphatische Placierung des Fürworts der 1. Person an ihren Anfang, sondern das exakte Gegengewicht zu diesem Fürwort in derselben Zeile durch den Bezug auf «die Natur». Was in Klopstocks Gedicht Antithese ist, ist bei Goethe Reziprozität. Überall im «Maifest» durchdringen einander subjektive und objektive Begriffe – oft bis zu ihrer Ununterscheidbarkeit:

> O Erd', o Sonne,
> O Glück, o Lust,
> O Lieb', o Liebe . . .

Das unvergleichliche Fließen dieser rhythmischen Litanei scheint mit einem Schlage das ganze gequälte Sentiment des vergangenen Vierteljahrhunderts obsolet zu machen – kein Wunder, daß die übliche Chronologie der modernen deutschen Literatur ihren Anfang auf das Jahr 1770 datiert. Und doch ist eine Interpretation der ersten Werke des erwachsenen Goethe sowie der Bewegung des Sturm und Drang, der sie gewöhnlich zugerechnet werden, nur möglich, wenn wir das Fortleben des Kultes der Empfindsamkeit in ihnen berücksichtigen. Den intimsten Zugang zum Herzen der nationalen Kultur hatte Goethe durch die Empfindsamkeit und die Theorie vom Genie. Zu diesem Zeitpunkt seines Lebens sprach Goethe, wie später nie mehr, aus der und zu der Situation seiner Zeitgenossen: Sie erkannten in seinem Werk dieselbe Gefühlsproblematik, die ihnen zur Last wurde, auch wenn ihnen gleichzeitig schien, als ob sie für Goethe federleicht sei. In Wirklichkeit wurde Goethe die Last mitnichten so leicht, wie das «Maifest» glauben machen könnte, und wäre er imstande gewesen, die Last abzuwerfen, hätte er von seinem Publikum nicht den Beifall bekommen können, den er bekam. Die Kräfte im «Maifest» sind in vollkommenem Gleichgewicht; das heißt jedoch nicht, daß sie inexistent wären.

Auf den langen und oft einsamen Wanderungen zwischen Frankfurt und Darmstadt, die Goethe in den ersten Monaten des Jahres 1772 unternahm und die ihm in der «Gemeinschaft der Heiligen» den Beinamen «der Wanderer» eintrugen, pflegte er improvisierte Verse zu deklamieren, «seltsame Hymnen und Dithyramben», in denen die Lektüre des Pindar (der damals als ein Dichter des freien Verses galt) sich mischte mit dem Regen und Nebel eines unfreundlichen Aprils und das hervorbrachte, was Goethe später «Halbunsinn» nannte. Darunter war «Wandrers Sturmlied» (von Goethe erst 1815 veröffentlicht), das keineswegs Unsinn ist, sondern eine eindringliche Meditation, im Rhythmus einer Schlechtwetterwanderung, über die Fähigkeit der Seele – wie Leibniz und Sulzer es ausgedrückt haben würden –, Ideen hervorzubringen – namentlich Gedichte.

Das thematische Bild ist das der inneren und äußeren Wärme: Der Genius des Dichters ist eine innere Sonne, eine Sonne aber, die sich in gleichberechtigte, reziproke Beziehung zur äußeren Sonne zu setzen sucht, zu Phöbus Apollo, der die natürliche Welt erwärmt.

Weh! Weh! Innre Wärme,
Seelenwärme,
Mittelpunkt,
Glüh' entgegen
Phöb Apollen,
Kalt wird sonst
Sein Fürstenblick
Über dich vorübergleiten,
Neidgetroffen
Auf der Zeder Kraft verweilen,
Die zu grünen
Sein nicht harrt

Die Interpretation dieser Zeilen hat man schwierig gefunden, aber sie sind durchaus konsistent, und konsistent mit der Genietheorie der Empfindsamkeit. Dieser Theorie zufolge ist Genie eine außerordentliche Kraft der Seele, und man kann diese außerordentliche Kraft entweder als äußerst rezeptiv oder als äußerst produktiv betrachten. Goethe, der Wanderer, treibt seine innere Wärmequelle an, Phöbus Apollo «entgegenzuglühen», sich ihm zu stellen und sich mit ihm zu messen – Phöbus Apollo, der nicht nur der Schutzpatron der Musen ist, sondern auch, als göttliche Sonne, der belebende Erwecker der ganzen äußeren Welt. Denn der Wanderer kann die Gunst des Gottes nur erwarten, wenn er demonstriert, daß er ihrer nicht bedarf, wenn er durch seine stolze Unabhängigkeit den Neid Apollos erregen kann, dessen Licht auf dem Nadelbaum zu verweilen scheint, der die jahreszeitlichen Launen der Sonne ignoriert. Das heißt: Die Natur wird dem Dichter nur dann Inspiration schenken, wenn er sich fähig zeigt, selber, aus seinen eigenen inneren Quellen, alles hervorzubringen, was sie ihm bieten kann. Nur unter der Bedingung, daß er hervorbringt, kann er empfangen. Das ist natürlich eine unmöglich extreme Anforderung an sich selbst. «Wandrers Sturmlied» endet mit dem Ausklingen der hektischen Erregung in einen reuevollen, atemlosen Humor, während der Dichter die Zuflucht seiner Berghütte gewinnt:

Glüht deine Seel' Gefahren,
Pindar,
Mut. – Glühte –
Armes Herz –
Dort auf dem Hügel,
Himmlische Macht,
Nur so viel Glut,
Dort meine Hütte,
Dort hin zu waten.

«Wandrers Sturmlied», ein trotziger Gesang, ist ersichtlich ein Gedicht des späten Winters. «Ganymed», eine meditative Beschwörung, ist ersichtlich ein

Gedicht des frühen Frühlings (tatsächlich Frühjahr 1774). Indessen ist nicht
nur sein Thema eng mit dem von «Wandrers Sturmlied» verknüpft, «Ganymed» ist auch ein praktisches Beispiel für jenen symmetrischen Prozeß, den
«Wandrers Sturmlied» erörtert und beschreibt: Die Natur (was immer das
sein mag) umfängt die Seele nur mit derselben, und keiner größeren Energie,
mit der die Seele selbst sich der Natur in die Arme wirft. In dem Maße, wie
Ganymeds Sehnsucht ihn himmelwärts schweben läßt, sinken die Wolken
des Himmels hernieder, in Anerkennung der Kraft seiner Liebe:

> Hinauf, hinauf strebt's,
> Es schweben die Wolken
> Abwärts, die Wolken
> Neigen sich der sehnenden Liebe,
> Mir, mir!

Damit hat Goethe eine entscheidende Veränderung an dem klassischen Mythos vorgenommen, der seinem Gedicht den Namen gab; denn die Liebe zu
Ganymed, die Zeus dazu trieb, den Jüngling als Mundschenk zu sich in den
Himmel zu holen, war sicher nicht abhängig von Ganymeds Liebe zu Zeus.
In der Betonung dieser wechselseitigen Abhängigkeit erkennt man vielleicht
etwas Gezwungenes, das sich unterscheidet von dem gelassenen Vertrauen
auf Reziprozität in den Sesenheimer Gedichten, im «Maifest» und in den
letzten Zeilen von «Es schlug mein Herz»:

> Und doch, welch Glück, geliebt zu werden,
> Und lieben, Götter, welch ein Glück!

Die Stimmung des Gedichts von 1774 wird gelegentlich als pantheistisch bezeichnet, als basierte sie auf dem Glauben, daß alle Dinge in Wahrheit eins
sind, und als würde dieses eine Ding, das alle Dinge in Wirklichkeit sind,
unterschiedslos als Natur oder Gott präsentiert. Die Tatsache, daß Goethe
nachweislich 1773 mit einigen Ideen Spinozas bekannt wurde, muß dazu her-
halten, diese Interpretation zu stützen. Indessen gestand Goethe noch 1785,
Spinoza bis dahin noch nie so methodisch gelesen zu haben, daß er sich eine
angemessene Vorstellung von seinem System hätte machen können. Außerdem ist es eine schwerwiegende Verfälschung von Goethes Gedicht, zu unterstellen, «Ganymed» verlöre darin an irgendeiner Stelle die eigene Identität
an die Identität einer universellen Substanz, der Natur oder des «alliebenden
Vaters». «Ganymed» bleibt das ganze Gedicht hindurch ein unabhängiges
Individuum, dessen «Stärke der Seele» immer derjenigen der ihn umgebenden
Welt ebenbürtig, niemals untergeordnet ist. Selbst bei der Klimax des Gedichtes kann man mit Recht sagen, daß Ganymed ebensosehr das Andere in
sich absorbiert, wie er von dem Anderen absorbiert wird:

> In eurem Schoße
> Aufwärts,

Umfangend umfangen!
Aufwärts An deinen Busen,
Alliebender Vater!

«Umfangend umfangen» – wenn es denn einen philosophischen Schutzpatron dieser Zeilen geben muß, dann ist es nicht Spinoza, sondern Leibniz, der Philosoph, der glaubt, daß jede Identität unversehrbar ist, aber auch, daß jede Identität die alleinige Aufgabe hat, das ganze restliche Universum aus ihrem Blickwinkel zu repräsentieren. 1785 war Goethe noch der Ansicht, daß die spinozistische Lehre, wie er sie verstand, die Einzigartigkeit der Einzeldinge auszulöschen drohe.

»Wandrers Sturmlied» ist die poetische Feststellung, «Ganymed» die poetische Vorführung des Dilemmas, das der Empfindsamkeit aus der Annahme erwuchs, im Mittelpunkt der Welt jedes einzelnen Individuums stehe ein einzelnes Vermögen der Sinnestätigkeit. Dieses Vermögen ist – angeblich – vollkommen privat und doch gleichzeitig Quellpunkt aller Beziehungen zwischen dem Individuum und der es umgebenden Welt. Wenn dies das herrschende Selbstverständnis ist, wie um alles soll jemand, der intuitiv weiß, daß seine Gefühle abhängig und nicht zu trennen sind von den Dingen, wie sie wirklich sind, die Dichtung schreiben, von der er ebenso intuitiv weiß, daß sie möglich ist – eine Dichtung des *objektiven Fühlens*? Geringere Dichter hätten sich damit begnügt, über dieses Dilemma zu *schreiben* – Goethe hat zeitlebens darum gerungen, es auch zu *lösen*. Dadurch, daß Goethe die Berufung auf sich nimmt, die Herder ihm offenbart hat: Dichter in der deutschen Nationalsprache zu sein, nimmt er auch die Aufgabe auf sich, sich jene Elemente der Nationalkultur zu assimilieren, die seinen Ursprüngen fremd und vielleicht sogar mit der Berufung selbst schwer zu vereinbaren sind. Im Jahr 1773 öffnet er sich mehr und mehr den herrschenden literarischen und sozialen Strömungen der Zeit, der säkularisierten Religiosität, Subjektivität und Empfindsamkeit, und nähert sich damit allmählich der größten aller Krisen: der Aufgabe, die widerstreitenden Kräfte, die neuen wie die alten, in ein einziges, produktives Menschenleben zu integrieren. 1774 und 1775 findet diese Krise Ausdruck und Lösung in drei entscheidenden Taten, die – in einem gewissen Sinne endgültig – das erschaffen und fixieren, was wir als Goethes literarische Persönlichkeit kennen: Wir meinen die Niederschrift der *Leiden des jungen Werthers* und des Kerns seines Lebenswerkes, *Faust* (vorderhand noch unveröffentlicht), sowie die komplexen symbolischen Taten der Auflösung des Verlöbnisses und der Übersiedlung von Frankfurt nach Weimar.

1773, und zumal nach dem Entschluß, den *Götz* zu veröffentlichen, wuchs Goethes Zutrauen in die eigenen literarischen Kräfte, trotz der Schatten, die auf sein Privatleben fielen. Die Leichtigkeit, womit er in das 16. Jahrhundert sich zurückdachte, als Städte wie sein doch liebes Frankfurt in Blüte standen, und neue dichterische Formen meisterte und adaptierte, um das Idealbild einer authentischen deutschen Tradition zu erschaffen – diese Leichtigkeit war ein wenig atemberaubend, sogar für ihn selbst. Der Stoff mochte so disparat sein, wie er wollte: Goethe schien fähig, aus allem ein Ganzes zu machen. So wie sein neuer Reichtum an Versformen die Rhythmen der Opern- und Gelegenheitsdichtung des 18. Jahrhunderts (man spricht von «Madrigalversen») ebenso aufgriff wie den Knittelvers des 16. Jahrhunderts, so enthielt der *Götz* erkennbare Anspielungen auf das reformatorische Deutschland ebenso wie auf zeitgenössische Zustände, aber so, wie einer der ersten Leser des Stückes bemerkte, daß «demungeachtet alles zusammenpaßt». In dem Maße, wie Goethes persönliche Isolierung zunahm, wurde auch die Herausforderung an seine alles synthetisierende Einbildungskraft größer. Er erschuf sich (und diese Darstellung in seiner Autobiographie wird durch zeitgenössische Zeugnisse gestützt) ein geistiges Publikum von Menschen, die er ansprechen und für sich gewinnen wollte: nicht jene, die ihm damals physisch und emotional am nächsten standen, sondern Freunde in der Ferne, flüchtige Bekannte aus der Vergangenheit, an die er sich noch samt ihren typischen Gesten erinnerte, sogar Personen, wie Helene Buff, denen er nie begegnet war. In diesem Geistergespräch mit solchen, von ihm selbst nur halb unabhängigen Partnern, das für sein Gefühl viel Ähnlichkeit mit dem Briefschreiben hatte, versuchte er, Rollen für sich zu finden, die irgendeine allgemeine moralische oder historische Bedeutung hatten und gleichzeitig von ihm mit einem gewissen Selbstgefühl erfüllt werden konnten: Rollen, die einen Charakter und ein Bewußtsein verschmolzen, jene beiden Funktionen der Persönlichkeit, die er separat auf Götz und auf Weislingen verteilt hatte. Der Waldteufel Satyros stellt Goethe selber dar, jedoch als Herderianer, vielleicht sogar als Herder, während der Einsiedler in dieser Farce ihn als Rousseauist darstellt. In der Gestalt des Faust, und (wahrscheinlich) auch der des Wilhelm Meister, die in diesem außerordentlichen Sommer erstmals schriftlich konzipiert wurde, wird dann auch dieser Rest an funktionaler Aufspaltung überwunden, und das Ergebnis ist in beiden Fällen ein Charakter, dessen Identität nicht psychologisch, sondern symbolisch, ja mythisch definiert wird: scheinbar konkret und spezifisch, besitzt er die universale Einzigartigkeit des Ichs. An Kestner und Lotte schrieb Goethe im September: «meine Ideale wachsen täglich aus an Schönheit und Grösse, und wenn mich meine Lebhafftigkeit nicht verlässt und meine Liebe, so solls noch viel geben für meine Lieben, und das Publikum nimmt auch sein Teil.» Falls Hans Matthias Wolff recht damit hat, Wilhelm Meister mit dem Helden des Romans zu identifizieren, an dem zu arbeiten Goethe in demselben Brief berichtet, dann ist diese Schöpfung womöglich noch bemerkenswerter als Faust: eine ganz und gar originelle, symbolische Gestalt, Charakter genug, um ein junger deutscher Bürger aus der Mitte des 18. Jahrhunderts zu sein, und gleichzeitig Bewußtsein genug, um (was Faust nicht ist) Dichter zu sein – ein Körper und ein Name also für Goethes Ich in der es am meisten kennzeichnenden Tätigkeit. Doch ging es nur langsam voran mit der enorm, vielleicht unlösbar schweren Aufgabe, ein so durch und durch reflektierendes Selbstbewußtsein zum Mittelpunkt eines sozial realistischen Romans in zeitgenössischem Rahmen zu machen, und Goethe beschwor statt dessen im Vers eine symbolische Darstellung, ein «Ideal», von sich selbst als Dichter. Für die kurze Dauer einer Ode werden eine konkrete Person und Situation, eine Stimme, die «ich» sagt, und die Tätigkeit der poetischen Schöpfung zu einem einzigen Bild von bezwingender Simplizität zusammengebracht: Es heißt Prometheus.

Prometheus, der Titan, der aus Erde die Menschen formte und für sie das Feuer vom Himmel stahl, ist der Inbegriff des einsamen Schöpfers: anders als Shaftesburys «second maker» ist er weder gerecht, noch erträgt er die Unterordnung unter Zeus. Gegenstand der Ode, die er beherrscht, ist die theologische Revolte, welche die Dichtung – diese Dichtung – ermöglicht hat und welche, von der Frage der Dichtung getrennt, auch das Thema Fausts ist. Das einsame «Genie» jedoch protestiert gegen seine Einsamkeit. In dem Maße, wie Goethe die Belange der deutschen Öffentlichkeit immer mehr zu seinen eigenen machte, wurden seine persönliche Sinnlichkeit und seine Frankfurter «republikanische Gesinnung» zu bewußtem Widerstand erweckt. Das Gelächter des *Satyros* über die zeitgenössische Leichtgläubigkeit ist eher brutal als ironisch, und unter der komischen Oberfläche von *Götter, Helden und Wieland* verbirgt sich die leidenschaftliche Zurückweisung jener trivial vornehmen Einstellung zum Tod, die Wieland beliebte. Bitterkeit und Zorn, wie sie in seinem übrigen Werk ihresgleichen nicht haben, beherrschen den trotzigen prometheischen Aufschrei gegen den Himmel, dem er das Feuer geraubt hat, seine explizite und wütende Absage an den Gott der Pietisten und den verlogenen Trost ihres Erlösers und sein Eintreten für einen Prozeß der Säkularisierung in einem Geist der Wildheit, den Winckelmann sich nicht hätte träumen lassen (während Lessing, ein scharfsinniger und militanter Atheist, sich selbst in dem Gedicht sogleich erkannte). Goethe duldete später den Abdruck dieser Ode nur im Gespann mit dem «Ganymed», der im Vergleich dazu bläßlich programmatisch wirkt. «Prometheus» bezeichnet den Punkt, an dem die Antwort Klopstocks auf die Frage «Worüber soll ich schreiben?» für Goethe vollends unannehmbar wird. Für einen Literaten der protestantischen Aufklärung bedeutet das Aufgreifen biblischer, und zumal christlicher Themen, wie das Beispiel Klopstocks lehrt, das Abdriften in einen Dualismus, der den Geist so sehr vom Körper trennt, daß alles, was der Dichter wirklich darzustellen wünscht – Wesen und Wirken Gottes, Herz und Gefühl und sogar die Identität seiner menschlichen Charaktere –, sich in eine nicht darstellbare, nur im Gleichnis zugängliche Welt verwiesen sieht. Aber, so ruft Goethes Halbgott, das menschliche Herz, die innere Wärmequelle der Empfindsamkeit des Wanderers, ist das einzige göttliche Feuer, diese Erde und was der Mensch darauf baut die einzige bleibende Stätte, der Überlebenswille des Menschen, nicht das Eingreifen irgendeiner übernatürlichen Macht, der einzige Schutz vor dem Tod; das Strahlen des Himmels ist

eine trügerische Spiegelung des menschlichen Tuns, eine Fata Morgana, von
der nur Narren und Schwächlinge sich abhängig wähnen:

> Bedecke deinen Himmel, Zeus
> Mit Wolkendunst!
> Und übe, Knaben gleich,
> Der Diesteln köpft,
> An Eichen dich und Bergeshöhn!
> Mußt mir meine Erde
> Doch lassen stehn,
> Und meine Hütte,
> Die du nicht gebaut,
> Und meinen Herd,
> Um dessen Glut
> Du mich beneidest.
> . . . .
> Da ich ein Kind war,
> Nicht wußte, wo aus, wo ein,
> Kehrte mein verirrtes Aug'
> Zur Sonne, als wenn drüber wär'
> Ein Ohr, zu hören meine Klage,
> Ein Herz wie meins,
> Sich des Bedrängten zu erbarmen.
> Wer half mir wider
> Der Titanen Übermut?
> Wer rettete vom Tode mich,
> Von Sklaverei?
> Hast du's nicht alles selbst vollendet,
> Heilig glühend Herz?

Diesem Ausbruch eines Antichristen werden weder Feuerbach noch Nietzsche emotional oder intellektuell etwas Wesentliches hinzufügen. In der Tat
imaginierte Goethe ernsthafter als seine Nachwelt die Ablösung des alten
Gottes durch das menschliche Herz der Empfindsamkeit und durch die
menschliche Tätigkeit, wie die Genietheorie sie feierte. In Erkenntnis der
außergewöhnlichen Kraft des Symbols, auf das er gestoßen war, begann er,
sein «Ideal» weiterzuentwickeln und aus dem Sprecher eines Monologs den
Protagonisten eines Dramas zu machen. «Ich bearbeite meine Situation zu
einem Schauspiel zum Trutz Gottes und der Menschen», erklärte er Kestner
im Juli. Die Ode schließt mit einem Tableau, das bereits den Schauplatz der
beiden Akte ankündigt, die Schönborn im Oktober vorgelesen bekam:

> Hier sitz' ich, forme Menschen
> Nach meinem Bilde,
> Ein Geschlecht, das mir gleich sei,

> Zu leiden, weinen,
> Genießen und zu freuen sich,
> Und dein nicht zu achten,
> Wie ich.

Obgleich vordergründig Fragment geblieben, zeigt das Drama *Prometheus*, persönlich eines der forderndsten Werke des frühen Goethe, die Grenzen einer systematisch säkularen Literatur auf – umfassender, als dies irgendein Philosoph des 18. oder 19. Jahrhunderts getan hat.

Das Drama nimmt die Themen der Leipziger Ballade «Pygmalion» auf, behandelt sie aber mit einer neuen Tiefe, die durch Rousseaus «scène lyrique» *Pygmalion* ermöglicht wurde, ein Werk, das Goethe im Winter 1772 gelesen und bewundert hatte. Inmitten der Statuen, die er geschaffen hat, trotzt Prometheus – «Ich will nicht» sind seine ersten Worte – den Göttern, die ihn nicht besser dünken als er selbst, und setzt in sich selbst sein ganzes Vertrauen:

> Vermögt ihr mich zu scheiden
> Von mir selbst?

fragt er den Götterboten Merkur, der ihn zum Gehorsam zu bringen sucht,

> Vermögt ihr mich auszudehnen,
> Zu erweitern zu einer Welt?

Das vermag allein er selbst, und in seinen Statuen hat er es getan:

> Hier meine Welt, mein All!
> Hier fühl ich mich;
> Hier alle meine Wünsche
> In körperlichen Gestalten

Aus seinen eigenen Empfindungen und Gefühlen hat er sich seine Welt erschaffen, er bedarf keiner anderen, und ihn stört der Anblick der Sterne als Hinweis auf die Existenz von etwas, das größer ist als der «Kreis, den meine Wirksamkeit erfüllt». Eins mit seiner eigenen Schöpfung, fühlt er sich ihr gegenüber ebenso ewig, wie es die Götter ihm gegenüber zu sein behaupten: Er leugnet die Möglichkeit seiner eigenen Sterblichkeit. Wie sollte er ein Ende erwarten, da er keine Erinnerung an seinen Anfang hat? Und doch fehlt der Welt, die sein solipsistisches Genie erschaffen hat, ein Ding, in einer Hinsicht ist sie ihm nicht ebenbürtig: sie lebt nicht. Diese höchste Befriedigung des Künstlers, etwas zu erschaffen, das glücklich-tätig von ihm unabhängig ist – sie bleibt ihm verwehrt. Und Zeus macht sich erbötig, die Statuen zum Leben zu erwecken, wenn Prometheus von seiner Rebellion gegen die göttliche Ordnung Abstand nimmt: Es ist, wie Prometheus einräumt, die einzige Erwägung, die ihn zögern läßt. Es ist ein Zögern von höchster Bedeutung in der Geschichte der modernen Gefühlskultur. Ist der sterbliche, vergängliche Künstler der Diener einer unabhängigen Weltordnung, die vor ihm existiert hat und nach ihm existieren wird, deren Gesetzen er sich unterworfen erklärt und von der er Teile in seinen Werken nachahmt? Falls ja, so ist eine realistische, objektive, lebendige Kunst von der Art möglich, wie wir sie mit Shakespeare oder Homer assoziieren (oder vielleicht, außerhalb Deutschlands, mit dem Roman des 19. Jahrhunderts). Falls aber nicht, falls der Künstler ein autonomer Schöpfer bleibt und keine andere ordnende Kraft anerkennt als jene, die er in sich selbst vorfindet: kann sein Werk dann je der Abhängigkeit von ihm entrinnen? Muß es nicht, wie zu Beginn von Goethes Drama, ein Konglomerat steinerner Statuen bleiben, verstreut über den Hain des Prometheus, frei, aber bewegungslos – erstarrte Ikonen des künstlerischen Ichs?

Goethes Antwort auf diese Fragen, die allgemeinste und abstrakteste Form des Dilemmas, das die widerstreitenden Forderungen der nationalen Tradition und des individuellen Genies bilden, wird typisch und prägend für die folgenden sechzig Jahre seiner einzigartigen, streitbaren Leistung sein. Goethes Prometheus sagt «nein». Er wird die rebellische Festung seines Ichs nicht übergeben, auch dann nicht, wenn diese Versuchung an ihn herantritt. Aber die Verweigerung ist nicht das, was sie zu sein scheint: Den Brunnen des Lebens verschüttet sie nicht. Denn Prometheus ist nicht völlig allein, die Welt seines Handelns entbehrt nicht eines objektiven Prinzips. Minerva, «meine Göttin», wie er sie nennt, ein Mittelding zwischen Muse und Schutzgottheit, sie verläßt ihn trotz seiner Unerbittlichkeit nicht:

> Und du bist meinem Geist,
> Was er sich selbst ist;
> . . . .
> Immer als wenn meine Seele spräche zu sich selbst,
> Sie sich eröffnete
> Und mitgeborne Harmonieen
> In ihr erklängen aus sich selbst:
> Das waren deine Worte.
> So war ich selbst nicht selbst, . . .

Letztendlich muß auch die Schöpferkraft eine Quelle haben. Prometheus muß auch sein autonomes Wirken als ein Geschenk erscheinen, selbst wenn er nicht weiß, von wem oder wodurch er es erhalten hat, und die Welt, die er handelnd erschuf, ist nicht einfach eine Widerspiegelung seiner selbst, sie hat die fahle Objektivität des «selbst nicht selbst». Nicht sich beugend vor den Göttern, die nicht mehr sind als seinesgleichen, sondern vor dem Schicksal, dem unbekannten Spender aller Schöpferkraft, ihrem Herrn wie seinem, wird Prometheus von Minerva zur Quelle des Lebens geleitet. Rousseaus Monodrama endet mit der Verlebendigung von Pygmalions Statue, der in den letzten Zeilen des Stückes drei Äußerungen gestattet werden: sich selbst berührend, sagt Galatea (diesen Namen für das Standbild hat Rousseau erfunden): «Ich»; eine andere Statue berührend, sagt sie: «Nicht ich»; Pygmalion berührend, seufzt sie: «Und wieder ich!»

Goethe nun akzeptiert zwar diese Auffassung der modernen Schöpferkraft, aber mit bezeichnender skeptischer Ehrlichkeit geht er der Frage nach:
Welche Art von Kunst ist hiermit in die Welt gekommen? Denn wenn Prometheus' Statuen zum Leben erwachen – und hier drängt die Parallele zu der
vieldeutigen Objektivität in manchem späteren Werk Goethes sich auf –,
dann leben sie nicht eigentlich, sondern sind wiederauferstanden, untot. Gerade in dieser Todlosigkeit sind sie ununterscheidbar von ihrem Schöpfer,
dem solipsistischen Genie, das weder seinen Anfang noch sein Ende kannte.
Die Statuen, nun Männer und Frauen, sind gewiß keine fensterlosen Monaden: Sie treten eifrig in jede Art von Verhältnis, sie bauen, sie erwerben Eigentum, sie streiten und kämpfen, sie lieben. Hier gewiß ist der Stoff für eine
lebendige und realistische Kunst. Aber Prometheus muß ihnen auch vom
Tode erzählen, und dabei offenbart sich für einen kurzen, aber klaren Moment die eine definitive Begrenzung von Goethes Geist und Kunst. Pandora,
Prometheus' schönste, vollkommenste und geliebteste Schöpfung, die bisher
vom Tod nichts weiß, fragt ihren Bildner nach der Bedeutung der Liebesver-
zückungen, die sie bei ihren Gefährten beobachtet hat. Prometheus, eines der
ältesten *concetti* benutzend, erklärt ihr, daß dies der Tod sei, die Zusammenfassung aller Freude, allen Leids, allen Empfindens, aller Müdigkeit, allen
Hoffens auf weitere Erfahrungen – der Augenblick, der alles erfüllt.

> PROMETHEUS: Wenn . . . all die Sinne dir vergehn
> Und du dir zu vergehen scheinst
> Und sinkst, und alles um dich her
> Versinkt in Nacht, und du, in inner eigenem Gefühle,
> Umfassest eine Welt:
> Dann stirbt der Mensch.
> PANDORA [*ihn umhalsend*]: O, Vater, laß uns sterben!
> PROMETHEUS: Noch nicht.

Wie Pandoras Reaktion zeigt, weiß Goethe an dieser Stelle noch, daß diese
verführerische Verkennung des Todes eine Täuschung ist, aber das ist nicht
mehr der Fall in den unmittelbar folgenden Zeilen, den letzten Zeilen des
Werkes, die den Vergleich von Liebe und Tod unzulässig erweitern:

> PANDORA: Und nach dem Tod?
> PROMETHEUS: Wenn alles – Begier und Freud und Schmerz –
> Im stürmenden Genuß sich aufgelöst
> Dann sich erquickt in Wonneschlaf, –
> Dann lebst du auf, aufs jüngste wieder auf,
> Aufs neue zu fürchten, zu hoffen und zu begehren!

So überwältigend dieser sinnliche Trieb zum Genuß der Welt sein mag: ein
derartiges Ausweichen vor der Endgültigkeit muß tendenziell jede Darstellung der Dinge und Menschen und Erfahrungen der Welt jener Einzigartigkeit berauben, die sie dadurch haben, daß sie unwiederbringlich sind. Letzten

Endes führt der Kult des schöpferischen Genies zu einer Dichtung über Ideale, die eine Welt ohne Tod bewohnen.

Wird das Geschlecht, das das Genie Prometheus in der Auflehnung gegen Zeus formt, wirklich nach seinem Bilde, ihm gleich sein? Wird es leben? *Kann* es leben – gestützt allein auf die «schöpferische», monadische Seele, das fühlende Herz? Und ist jegliche Seele (auch die eines Nietzsche) dieser Anstrengung fähig? Die ungemein kraftvolle Diktion des «Prometheus»-Gedichtes verdankt sich zum Teil Goethes bitterem Bewußtsein, daß er sich durch einen Dschungel von öffentlichen, nicht persönlichen Problemen wird durchschlagen müssen, die nichtsdestoweniger mit extremen Gefahren für den Geist des Individuums verbunden sind. (Deshalb ist Zeus, wie der Gott Nietzsches, für Goethe-Prometheus ein Feind, nicht eine Nullität.) «Was das kostet in Wüsten Brunnen zu graben und eine Hütte zu zimmern», rief Goethe bei der Arbeit an diesem Drama Kestner zu. Der Wanderer, im Sturm sein Lied singend, lernte, daß die weißglühende Hitze einer autonomen Empfindsamkeit nicht unbegrenzt erhalten werden konnte. «Man *kann* nicht immer *empfinden*», sagte Goethe Lavater. Das Bild, das die Empfindsamkeit von der menschlichen Seele hat, mit allen Ansprüchen, die es stellt, ist einfach falsch. Rechtzeitig aus dem Wahn erwacht, wenn es Glück hat, wird das «arme Herz» sich in seine Hütte flüchten, bevor es zuletzt verkümmert und zerspringt.

Ein europäischer Erfolg wurde *Werther*, weil er die Pathologie und die Krise der zeitgenössischen Empfindsamkeit so vollkommen verstand und darstellte. Goethe verstand die Krise, weil es auch seine eigene war. Niemals wieder in seinem schriftstellerischen Leben gab es eine so genaue Koinzidenz von persönlichem und allgemeinem Anliegen. Aber die Krise war aufgezwungen, und die Koinzidenz war nur eine momentane, sie war kurzfristig und komplex. Das volle Verständnis des *Werther* wird sich uns erst dann erschließen, wenn wir uns die – für Goethe – einzigartig enge Verbindung dieses Romans zu seiner Öffentlichkeit klar gemacht haben. Erst dann können wir begreifen, welche Bedeutung die Erinnerung an die im *Werther* festgehaltenen und gebannten Erfahrungen für Goethes ganzes restliches Leben hatten.

Es war Goethe nicht gleichgültig, daß sein *Götz* ein Publikumserfolg geworden war und daß Gerstenberg ihn für fähig hielt, einen Beitrag zur Bildung des Publikums zu leisten. In bekümmertem Ton schrieb er Kestner im August 1773: «Ich glaube nicht dass ich so bald was machen werde das wieder Publikum findet.» Zwar hatte im April 1773 der Besuch eines Nachbarn der Buffs in Frankfurt das Andenken an die Wetzlarer Zeit «wieder aufbrausen gemacht»: «mein ganzes Leben unter euch, ich wollt alles erzählen biss auf die Kleider und Stellungen so lebhafft», doch hatte er in diesem Stadium noch nicht den hinreichenden Begriff seiner selbst und seiner Kunst, um zu erkennen, wie man aus dieser Geschichte etwas von allgemeinem, öffentlichem Interesse machen konnte. Zwar war der *Werther*, wie der *Götz*, ein Kompositum aus ureigensten wie fremden Elementen, aber er war doch nicht ganz die umstandslose Angelegenheit, als die Goethe ihn, in begreiflicher Begeisterung, im April 1774 hinstellt: «nun hab ich seiner [Jerusalems] Geschichte meine Empfindungen geliehen und so machts, ein wunderbares Ganze.» Um Goethes Empfindungen – das heißt seine Briefe an Merck – mit Jerusalems Geschichte – das heißt Kestners Bericht über seine letzten Tage und seinen Tod – verschmelzen zu können, war es notwendig, die Gestalt des Werther zu erschaffen, Charakter und zugleich Bewußtsein, ein menschliches Symbol, das sowohl, wie Götz, ein soziales und kulturelles Phänomen seiner Zeit darstellte, als auch, wie Weislingen, mit einer Stimme, die «ich» sagte, von innerer Sehnsucht und Zerrissenheit sprach. Das bedeutete erstens, ausgehend vom Götz, dem «deutsch Drama», den nächsten logischen Schritt zu tun und die nationale Identität nicht über ihre Vergangenheit, sondern über ihre Gegenwart auszudrücken – Deutschland, wie es um 1770 war, ergriffen mit der gleichen konkreten Einbildungskraft, die sich in das 16. Jahrhundert zurückversetzt hatte und nun in den Dienst jener Gattung trat, die die deutschen Verhältnisse zu verbieten schienen: des realistischen Romans. Es bedeutete zweitens, daß Werthers Fähigkeit, «ich» zu sagen, unabdingbar war für die Charakterisierung der Gestalt wie der kulturellen Bewegung, für die sie stand, und daß daher «sein» Leben nicht einfach in der dritten Person «lebhaft erzählt» werden konnte, so wie Goethe zunächst gemeint hatte, die Geschichte seiner Wetzlarer Zeit erzählen zu können, oder 1773 wahrscheinlich versucht hat, die Geschichte Wilhelm Meisters zu erzählen. Dieses Leben mußte von Goethe personifiziert, ausagiert werden, in einem jener Geistergespräche mit seinen fernen Lieben, in denen er Bilder des «selbst nicht selbst» erschuf und die für ihn eine so große Ähnlichkeit mit dem Vorgang des Briefeschreibens hatten – ein Mittelding zwischen Selbstgespräch und Zwiegespräch. Den Entschluß, *Werther* als Briefroman anzulegen, mag Sophie von La Roche mit ihrem Beispiel beeinflußt haben – als Goethe die ersten Seiten des *Werther* entwarf, beriet er gleichzeitig Frau von La Roche beim Aufbau ihres zweiten Briefromans –, aber dieser Entschluß war notwendig, wenn der *Werther*, wie der *Götz*, ein «nationales» Werk werden sollte, also angesichts der prominenten Rolle, die die Empfindsamkeit im nationalen Leben spielte.

Drittens: Das Symbol Werther konnte nur geschaffen werden, wenn Goethe das anonyme Lesepublikum, an das Werthers Geschichte sich richtet und dessen Zustand Werther symbolisiert, mit vollkommenem Ernst und als gleichberechtigten Partner, ohne eine Spur von Geniertheit oder Verachtung, behandelte. Zu dieser höchst wichtigen Abkehr von der höfischen, in Goethe seit der Leipziger Zeit stark verwurzelten, Berührungsangst vor dem bürgerlichen Medium Druck trug zweifellos der Erfolg des *Götz* beim Publikum maßgeblich bei. «Ich thue mir was drauf zu gute, dass ich's binn der die Papierne Scheidewand zwischen uns einschlägt», schrieb Goethe an Bürger; mit dieser vieldeutigen Metapher eröffnete er ihren Briefwechsel durch Übersendung eines Exemplars der zweiten Ausgabe seines Stückes. Bisher waren die beiden Dichter einander nur durch ihre veröffentlichen Werke bekannt – jetzt wird die Trennwand zwischen Autor und Leser in ihrer ganzen papiernen Dünne erkannt. Weit davon entfernt, unüberschaubar groß, anonym und einsam zu sein, erweist die Welt des Lesepublikums sich nun als kaum verschieden von der intimen Welt eines persönlichen Austauschs von Briefen. Zwar ist *Werther* ein Buch, aber er ist auch eine Sammlung von Briefen, die, da sie nie beantwortet werden, an den Leser gerichtet zu sein scheinen. Der fiktive Herausgeber von Werthers Papieren ist darum besorgt, seine Leser genau zu informieren, und ist sich ihrer kollektiven Sympathie sicher. Goethe selbst ging an die Veröffentlichung seines Buches zuversichtlich und geschäftsmäßig heran, interessiert an einer normalen kommerziellen Vereinbarung, und sah keinen Widerspruch zwischen dieser Einstellung und dem betörenden Gedanken, Lottes Namen nun «von Tausend heiligen Lippen mit Ehrfurcht ausgesprochen» zu wissen, so als wäre das, was er da veröffentlichte, nicht ein Buch, sondern ein persönlicher Rundbrief. Die Monolog-Dialoge des einsamen Dichters richten sich entweder als Briefe an Freunde, die bekannt aber fern sind, oder als Bücher an Menschen, die unbekannt sind, aber durch das Lesen in den erweiterten Kreis des empfindsamen Briefwechsels hineingeraten und so ebenfalls zu Freunden werden.

Viertens: *Die Leiden des jungen Werthers* – der Titel ist ja mehrdeutig (und enthält möglicherweise einen christologischen Bezug) – konnten erst dann Möglichkeit werden, als Goethe seine religiöse Emanzipation abgeschlossen hatte. Der religiöse Wortschatz dieses Buches liefert keinen Schlüssel zur Bedeutung der in ihm erzählten Geschichte: eher liefert diese Geschichte den Schlüssel zur Bedeutung der in ihr etwa enthaltenen religiösen Begriffe; das «Wort Gottes» ist, wie Goethe Lavater schrieb, nicht mehr als «Menschenwort». Es ist Lottes Name, der die Lippen heiligt, die ihn aussprechen – nicht umgekehrt. Wenn Werther mit Christus verglichen wird, oder wenn er von einem künftigen Glück im Himmel spricht, dann nicht darum, weil unsere Aufmerksamkeit auf äußere Realitäten abgelenkt werden soll, die über diese geringen Ereignisse hinausgehen. Im Gegenteil, dem Leser wird dadurch versichert, daß die ganze Bedeutung von Ausdrücken wie «Christus» und «Himmel» in der Geschichte der Leiden Werthers zu finden ist. Und wenn der Leser dann fragt, welche Bedeutung *diese* Geschichte hat, sind nur zwei Antworten möglich: entweder überhaupt keine, weil es eben nur eine Geschichte ist; oder die, daß es die Geschichte des Leidens eines ganzen Zeitalters ist, exemplifiziert und festgemacht an den Erfahrungen des prometheischen Schöpfers, der diese Menschen geschaffen hat, «nach meinem Bilde, ein Geschlecht, das mir gleich sei». Was «bedeutet» es, daß Werthers Geburtstag der 28. August ist oder daß er seine Lotte am 10. September flieht? Entweder gar nichts – oder daß sein eigener liturgischer Kalender parallel zu dem Goethes verläuft. Werther stirbt an dem Tag, an dem Christus geboren wird – hat man daraus zu schließen, daß Christus sterben muß, wenn Goethe geboren werden soll? An Lotte schrieb Goethe, während sein Roman Fort-schritte machte: «du bist diese ganze Zeit, vielleicht mehr als iemals in, cum et sub, . . . mit mir gewesen» – und benutzte damit die entscheidenden Be-griffe der Lutherschen Lehre von der Konsubstantiation Christi mit der Eu-charistie. Goethes Leben – zum Beispiel seine Zeit in Wetzlar – hat sakra-mentale Bedeutung gewonnen, denn Goethes literarische Werke haben es auf eine Ebene gehoben, auf der es für einen generellen Zug der Zeit steht; die literarischen Werke ihrerseits aber sind sakramentale Vehikel seines Lebens geworden.

In jeder dieser Hinsichten ist *Werther* eine Schöpfung der geistigen Ent-wicklung Goethes im Jahre 1773, nicht seiner Wetzlarer Erfahrungen 1772. Vierzig Jahre später, beim Nachdenken in seiner Autobiographie, ließ Goethe es sich angelegen sein, die Entstehung des *Werthers* mit den Leiden und Ent-täuschungen einer ganzen Generation in Verbindung zu bringen:

> Die Wirkung dieses Büchleins war groß, ja ungeheuer, und vorzüglich deshalb, weil es genau in die rechte Zeit traf. Denn wie es nur eines geringen Zündkrauts bedarf, um eine gewaltige Mine zu entschleudern, so war auch die Explosion, welche sich hierauf im Publikum ereignete, deshalb so mächtig, weil die junge Welt sich schon selbst untergraben hatte, und die Erschütterung deswegen so groß, weil ein jeder mit seinen übertriebenen Forderungen, unbefriedigten Leidenschaften und eingebildeten Leiden zum Ausbruch kam.

Der Hinweis auf «übertriebene Forderungen» könnte irreführend sein: Goe-the denkt dabei nicht an die Forderungen des Revolutionärs nach einer ganz anderen Welt, wie er deutlich macht, wenn er die Melancholie seiner eigenen Generation den großen Selbstmorden im alten Rom gegenüberstellt:

> Hier aber ist von solchen Personen nicht die Rede, die ein bedeutendes Leben tätig geführt, für irgend ein großes Reich oder für die Sache der Freiheit ihre Tage verwen-det, . . . Wir haben es hier mit solchen zu tun, denen eigentlich aus Mangel von Taten, in dem friedlichsten Zustande von der Welt, durch übertriebene Forderungen an sich selbst das Leben verleidet.

Was diese jungen Menschen zerstörte, sie von innen her untergrub, war eine Forderung, die sie sich selbst auferlegt hatten und doch nicht erfüllen konn-ten, die Forderung, aus ihren eigenen Quellen Gefühle, Ideen, vielleicht sogar Kunstwerke hervorzubringen, die Forderung, originell, schöpferisch, sinn-lich, kurzum, ein prometheisches Genie zu sein.

Die Geschichte Werthers ist zunächst einmal keine Liebesgeschichte. Es ist die Geschichte der Selbstzerstörung eines fühlenden Herzens, einer emp-findsamen Seele, und dabei ist die Liebesgeschichte nur eines von mehreren Momenten. Werther, ein gewandter und vermögender junger Mann, kommt in eine süddeutsche Kleinstadt – einesteils, um eine Familienangelegenheit im Zusammenhang mit einer Erbschaft zu regeln, andernteils, um den Nachwir-kungen einer unglücklichen Vestrickung zu Hause zu entfliehen. Es ist Mai, und er findet ein unbändiges Behagen an der Landschaft und den Dörfern rings herum, an der Lektüre Homers und an dem Skizzenbuch, in dem er seine Eindrücke festzuhalten sucht, auch wenn er sein zeichnerisches Unvermögen ein wenig bedauert. Durch das Medium seiner Briefe an einen alten Freund (dessen Antworten nicht mitgeteilt werden) erfahren wir, wie er im Gras liegt und die Insekten studiert, wie er einer Frau hilft, Wasser vom Brunnen zu holen, und wie er bei einem ländlichen Ball sein Herz an Lotte verliert, die Tochter des örtlichen Amtmannns. Lotte ist nicht nur lebhaft und praktisch, sie empfindet auch ähnlich wie Werther und offenbart auf dem Ball ihr Gefallen an Goldsmith und Klopstock. Ihr häusliches Leben erinnert an den *Vicar of Wakefield*, und mit wachsender Begeisterung erlebt er, beobachtend und teilnehmend, Lotte im Kreis ihrer einfachen Pflichten und tugendhaften Taten: wie sie Brot für ihre jüngeren Geschwister schneidet, bevor sie zu Bett gehen, oder wie sie einen alten Pfarrer oder eine sterbende Freundin besucht. Doch ist Lotte, wie Werther schon vorher gewußt hat, «so gut als verlobt» mit Albert, der jetzt von einer Geschäftsreise zurückkehrt und der, ein vortrefflicher Mensch, freundlich, tätig, vernünftig, einen Schatten in Werthers Leben wirft. Die Gespräche, von denen Werther jetzt berichtet, drehen sich häufiger um Themen wie Tod, Kindstötung oder Selbstmord; die Natur vermag ihn nicht mehr zu entzücken. Schließlich, am 10. September, reißt er sich los und räumt das Feld. Auf Anraten seines Freundes, so können wir vermuten, übernimmt er einen diplomatischen Posten in einem anderen Teil Deutschlands. Das öffentliche Leben führt ihn mit fühlenden und klugen Männern zusammen, aber die Flachheit der meisten Menschen, der Stumpfsinn der Geschäfte und vor allem die gesellschaftliche Zurücksetzung, die er als Nicht-Adliger hinnehmen muß, bestimmen ihn dazu, sein Amt binnen Jahresfrist aufzugeben. Ein Zwischenspiel als Hausgast eines Grafen und ein Besuch der Stätten seiner Kindheit vermögen ihn ebenfalls nicht von seiner Leidenschaft abzulenken, die ihn zurück zu Lotte zieht. Lotte und Albert sind mittlerweile verheiratet, wenngleich vielleicht nicht so glücklich, wie sie es erhofft haben mögen (Nachklang der *Mitschuldigen*), und ein neuer Winter kommt. In einer Atmosphäre zunehmender Verdüsterung und Reibung mit Albert überläßt Werther sich völlig einer hoffnungslosen Leidenschaft. An dieser Stelle des Romans schaltet sich der Herausgeber ein, um die Zeugnisse von Werthers letzten Tagen zu einem zusammenhängenden Bericht zu verbinden. Denn Werther, der erkennt, welche Pein er Lotte bereitet, deren Liebe zu ihm sichtbar, aber unerfüllbar ist, entdeckt im Selbstmord das Mittel, sich von seinen persönlichen Spannungen zu entlasten, ohne seinem Begehren zu entsagen. Nach einer letzten, hysterischen Aussprache mit Lotte, die er flüchtig umarmt, erschießt er sich mit Alberts Pistolen und stirbt nach zwölfstündiger Agonie am Mittag des Heiligen Abends.

Das auffallendste formale Merkmal der *Leiden des jungen Werthers* ist, daß es sich zwar um einen Briefroman handelt, die Briefe in ihm aber alle von ein und demselben Schreiber kommen. Wir hören nicht die Vielstimmigkeit eines Smollett, Richardson oder auch Rousseau, sondern allein – und bis zum Ende des zweiten Buches ununterbrochen – die Stimme Werthers. Sogar der Herausgeber, der die Erzählung während der Auflösung Werthers zusammenhält, bietet keinen alternativen Blickwinkel: Seine Deutung der Charaktere – Lottes, Alberts, sogar Werthers – ist diejenige Werthers, auch wenn sein Wissen umfassender ist. Er teilt Werthers Interesse für die Einzelheiten seines Sterbens und die Lage seines Grabes (sowohl Werthers Antizipation dieses Ereignisses als auch der Bericht des Herausgebers darüber erinnern an den Schluß von Grays *Elegy*). Er liefert einfach eine Bestätigung von außen für die Wahrheit von Werthers Wahrnehmungen; versichert uns, daß das Mißbehagen zwischen Lotte und Albert Tatsache ist und daß Werther recht hat, wenn er glaubt, eine Gefahr für Lottes Tugend darzustellen. Die Katastrophe berührt alle drei Hauptcharaktere, aber sie hat eine einzige Quelle in Werthers Seelenleben, und dieses Seelenleben ist in der Tat, wie wir der Intervention des Herausgebers entnehmen, von der Art, wie sie uns aus Werthers Briefen zu sein schien. Wir haben es daher im wesentlichen mit einem Monodrama zu tun, und was unsere Aufmerksamkeit gefesselt hält, ist nicht die Entwicklung des Plots, sondern die Entwicklung der Stimmung. In diesem Roman – vielleicht sollte man ihn eine Folge von Prosagedichten nennen – ist Gefühl alles (um die Worte Fausts zu zitieren). Zehn Jahre später, als vieles anders geworden war, war Goethe dieser «glühende Ausdruck von Schmerz und Freude, die sich unaufhaltsam in sich selbst verzehren», noch immer erstaunlich.

In den ersten Wochen des Glücks weist Werther lachend den Vorschlag von sich, ein tätigeres Leben zu führen: ist er jetzt nicht gerade so tätig, wie er es in irgendeinem Beruf sein könnte (Brief vom 20. Juli 1771)? Werther ist vollkommen hingegeben an sein Leben der Empfindung, an ein Leben so, als ob die Theorie von der aus sich selbst heraus wirkenden Empfindsamkeit ein erreichbares Ideal wäre. Freilich gibt es, wenn er nur darauf achten wollte, von Anfang an Hinweise darauf, daß er in einem schrecklichen Wahn befangen ist. In der Herrlichkeit des Mai sucht seine Seele vergeblich nach einem Objekt, nach einer Idee, die ihm die volle Befriedigung der prometheischen Gewißheit vermittelt:

> Hier meine Welt, mein All!
> Hier fühl ich mich;
> Hier alle meine Wünsche
> In körperlichen Gestalten.

Aber nicht das kleinste besondere, individuelle Ding will seinem Gefühl entsprechen, und die einzige Alternative für sein Herz ist, sich seiner Ohnmacht zu ergeben:

Wenn das liebe Thal um mich dampft, und die hohe Sonne an der Oberfläche der undurchdringlichen Finsterniß meines Waldes ruht, und nur einzelne Strahlen sich in das innere Heiligthum stehlen, ich dann im hohen Grase am fallenden Bache liege, und näher an der Erde tausend mannigfaltige Gräsgen mir merkwürdig werden. Wenn ich das Wimmeln der kleinen Welt zwischen Halmen, die unzähligen, unergründlichen

Gestalten, all der Würmgen, der Mückgen, näher an meinem Herzen fühle ... Aber ich gehe darüber zu Grunde, ich erliege unter der Gewalt der Herrlichkeit dieser Erscheinungen.

Jene Zeitgenossen, die die Sinnesart Werthers abstoßend fanden, störten sich speziell an seiner Gewohnheit, alles um ihn herum durch das besitzanzeigende Fürwort zu vereinnahmen («mein Wald», «mein Homer»). Und doch zeigt gerade der Akt der Inbesitznahme eine Diskrepanz zwischen dem Herzen und seinem Objekt an; das Gefühl geht nicht *ganz* aus sich selbst heraus und umfaßt die «Erscheinungen». Und wenn die Stimmung Werthers sich ändert, wie es nach der Rückkehr Alberts der Fall ist, zeigt sich, daß auch die unveränderte Herrlichkeit der natürlichen Welt ihn nicht in seiner früheren Begeisterung zu erhalten vermag. Im Gegenteil, die Forderung, daß alles Leben seinem Gefühl offen und von ihm durchtränkt sein soll, wird zur Qual, wenn sein Gefühl das Elend ist:

Mußte denn das so seyn, daß das, was des Menschen Glückseligkeit macht, wieder die Quelle seines Elends würde?
Das volle, warme Gefühl meines Herzens an der lebendigen Natur, das mich mit so viel Wonne überströmte, das rings umher die Welt mir zu einem Paradiese schuf, wird mir jetzt zu einem unerträglichen Peiniger ... Es hat sich vor meiner Seele wie ein Vorhang weggezogen, und der Schauplatz des unendlichen Lebens verwandelt sich vor mir in den Abgrund des ewig offnen Grabs ... Der harmloseste Spaziergang kostet tausend tausend armen Würmgen das Leben ... Mir untergräbt das Herz die verzehrende Kraft, die im All der Natur verborgen liegt ...

Das Schlüsselwort im *Werther* ist «Herz». «Bester Freund, was ist das Herz des Menschen!» lautet der zweite Satz in Werthers erstem Brief. Sein eigenes Herz, läßt er uns wissen, ist sein ganzer Stolz:

was ich weis, kann jeder wissen. – Mein Herz hab ich allein

Wankelmütig wie es ist, erlaubt er ihm doch jede Grille, wie einem kranken Kind. Und so kommt es wie der Schock einer Tragödie, wenn wir plötzlich erfahren, daß es diese Kraft des Fühlens nicht mehr gibt, daß Werthers Herz, überfordert von maßlosen und widerstreitenden Ansprüchen, nun tot ist:

Und das Herz ist jetzo tot, aus ihm fließen keine Entzükkungen mehr ... ich habe verlohren, was meines Lebens einzige Wonne war, die heilige belebende Kraft, mit der ich Welten um mich schuf. Sie ist dahin! ... o wenn da diese herrliche Natur so starr vor mir steht wie ein lakirt Bildgen, und all die Wonne keinen Tropfen Seligkeit aus meinem Herzen herauf in das Gehirn pumpen kann ...

Die Ablösung des Gefühls von seinem Objekt ist jetzt vollkommen. Die ganze Reziprozität von Ganymeds Beziehung zur Natur hat Werther zwar nie gekannt – aber jetzt ist die Reziprozität vollends dahin. Und das hypertrophierte Herz nimmt Rache – Werther hat vom Gefühl gelebt und muß jetzt daran sterben. Befreit von der Kontrolle durch ein Objekt, sei es ein natürliches oder ein menschliches, geraten seine Gefühle in Hysterie: die klaren homerischen Vignetten der frühen Briefe weichen wilden, aber unkonturierten ossianischen Landschaften; anstelle der tausend Einzelheiten, die Werther im Frühling seines Herzens erlebte, gibt es jetzt nur Mondlicht, Hochwasser und Winterstürme. Werther stirbt als ausgetrocknete, zerstückte Travestie seines früheren Ichs, aber doch, grauenvoll, noch erkennbar als der Mann, der die Welt in seinem Herzen zu begreifen, und neu zu schaffen, suchte.

Auch einfach als eine Geschichte, in der übertriebene Ansprüche an die Fähigkeit zu fühlen mit unerbittlicher Logik zu einem Verlust jeglichen Kontaktes mit den Objekten des Fühlens führen, ist *Werther* dennoch eine Geschichte über und für unsere Zeit. Gewiß, die Unmittelbarkeit des Buches als dokumentarischer Roman ist mit dem Vergehen von zweihundert Jahren verblaßt. Es bedarf einer gewissen historischen Empathie, in ihm das Bild jener spezifischen Zeit zu erkennen, als Namen wie Sulzer, Batteux und Heyne dem avantgardistischen Studenten geläufig von den Lippen gingen, als Freunde untereinander ihre Schattenrisse zirkulieren ließen und als die charakteristische Kleidung Werthers – blauer Gehrock, gelbe Hosen und braune Stiefel – ihn als einen Menschen verriet, der lieber der englischen als der französischen Mode folgte und ein Leben in der freien Natur, nicht in den Salons führte. (Unklar bleibt, ob Goethe wußte, daß diese Farbkombination von den englischen Whigs zum Kennzeichen einer kompromißlos bürgerlichen Partei gewählt worden war.) Die Präzision in der Datierung der Erlebnisse Werthers – 1771 und 1772, als es zwar Ossian schon «gab», es jedoch für einen denkenden und fühlenden Menschen noch nicht unabdingbar war, seine Meinung zu Shakespeare zu äußern – dürfte heutzutage unbemerkt bleiben. Ende des 18. Jahrhundert waren aber auch das vordergründige Thema des *Werther* und seine Dokumentation von zeitgenössischer Bedeutung: beides zusammen erzielte eine ungeheure Wirkung. Bis zu den letzten beiden Jahrzehnten seines Lebens, als *Faust* in den Vordergrund zu treten begann, verdankte Goethe seinen europäischen Ruf dem *Werther*. Innerhalb eines Jahres nach seinem Erscheinen lagen zwei französische Fassungen und eine französische Dramatisierung vor. Ins Englische wurde *Werther* erstmals 1779 übersetzt (in den nächsten zwanzig Jahren folgten mindestens sieben weitere englische Ausgaben); im Jahre 1800 war er in den meisten europäischen Sprachen greifbar. Während seines Aufenthalts in Italien 1786/88 bedrängte man Goethe – wie schon vorher in Deutschland – mit Fragen nach dem biographischen Hintergrund eines Romans, den er zu diesem Zeitpunkt lieber vergessen hätte. Als Goethe 1808 eine Reihe von Begegnungen mit Napoleon hatte, drehte sich das Gespräch hauptsächlich um den *Werther*, den der Kaiser angeblich siebenmal gelesen hatte. (Übrigens war *Werther* – zufällig? – auch die erste und die Lieblingslektüre des monströsen Helden in Mary Shelleys *Frankenstein* (1818).) In Deutschland war der Erfolg schlagartig: Bis Ende 1775 waren nicht weniger als elf Ausgaben (zumeist Raubdrucke) erschienen, und bereits drei Monate nach dem Erscheinen der Erstausgabe mußten die Rezensenten einräumen, daß sie bei dem hohen Bekanntheitsgrad des Romans seine Popularität nicht mehr beeinflussen konnten. Schnell bildeten sich

10. J. H. Schröder:
Charlotte Kestner, geb. Buff
(1782)

11. S. Collings und T. Rowlandson: More of Werter. The Seperation (1786).
Untertitel: «Charlotte wird von Albert und Hymen dem Untergang
entrissen, während Werther im Übermaß der Leidenschaft seinem Leben ein
Ende macht.»

zwei Lager: diejenigen, die ihre Bewunderung in Sätzen hervorstammelten wie «Kritisieren sollt' ich? Könnt' ich's, so hätt' ich kein Herz» und die Flut von Parodien und «verbesserten» Fassungen mit glücklichem Ausgang für nachgerade gotteslästerlich hielten; und diejenigen, die es mit dem grimmigen Pastor Goeze aus Hamburg hielten, für den die Gotteslästerung im *Werther* selber lag, einem Buch, darauf berechnet, zu den Todsünden des Ehebruchs und des Selbstmords zu ermutigen, und sicheres Anzeichen dafür, daß es der zeitgenössischen Christenheit bestimmt war, das Schicksal Sodoms und Gomorrhas zu erleiden. (Es ist natürlich unmöglich, den Nachweis zu führen, daß *Werther* Selbstmorde verursacht habe; aber von Selbstmordfällen im Zusammenhang mit einer *Werther*-Lektüre wird bis weit ins 19. Jahrhundert hinein berichtet.)

Mit einem Wort: *Werther* wurde zu einer Mode. (Die chinesischen Porzellanmanufakturen fertigten auf Bestellung Service, die mit Szenen aus dem *Werther* verziert waren.) Das ist jedoch kein zufälliger Schnörkel an der «Rezeption» des Buches, ein Appendix zum Ergötzen literarischer Antiquare: Vielmehr entspricht diese Mode einem wesentlichen und fast vollständig neuen Merkmal des Buches selbst, seinem eigentlichen, verborgenen Thema, für das die Analyse der Empfindsamkeit nur den Vorwand liefert. *Werther* wurde Mode, weil es das Buch über eine Mode war. Es ist der erste Roman der europäischen Literatur seit dem *Don Quixote* mit einem solchen Thema, und hierin liegt sowohl das wahre Geheimnis seiner Modernität als auch der Grund für die Präzision seiner örtlichen, zeitlichen und kulturellen Lokalisierung. Werthers innerstes Leben wird von einer öffentlichen Stimmung determiniert, er lebt bis zuletzt für und belastet seine Umwelt mit Orientierungen, die – da es literarische, geistige und in gewissem Sinne imaginäre Orientierungen sind, gestiftet von den herrschenden Kommunikationsmedien – von den meisten seiner Zeitgenossen nur halb ernst genommen werden. Seine Obsessionen sind nicht mutwillig idiosynkratisch – sie gehören seinem wirklichen und von der Gesellschaft determinierten Charakter an, nicht bloß seinem pathologisch in sich selbst befangenen Bewußtsein. Am Ende, an seinem bitteren Ende, wird Werthers Identität aufgezehrt von seinem Lesestoff, von Ossian, dem Vehikel seiner letzten Geständnisse der Leidenschaft, und von *Emilia Galotti*, die auf dem Schreibpult neben seinem zerfetzten Körper liegt. Goethe meint nicht einfach nur die Selbstdestruktivität der Empfindsamkeit, wenn er über Werther schreibt, daß «ich selbst in dem Fall war, und am besten weiß, was für Pein ich darin erlitten, was für Anstrengung es mir gekostet, ihr zu entgehn». Er meint auch die Tatsache, daß, wie die Konfrontation mit dem Gott des Pietismus, auch dieser Drang zur Selbstzerstörung ihm durch die deutsche Öffentlichkeit aufgezwungen wird, mit der er den Verkehr nicht meiden, und nicht zu meiden wünschen kann, wenn er sich überhaupt in der Sprache und Literatur ausdrücken soll, die ebenso sein wie das Eigentum der Nation sind.

Wie sehr spezifisch der Fall Werther ein Fall Goethe ist – Goethe in der Auseinandersetzung mit seiner Zeit – und nicht einfach der irgendeines «typischen» Zeitgenossen, kann man sehen, wenn man diesen Roman mit einem anderen Werk des Sturm und Drang vergleicht, das zum Kultobjekt wurde, mit Schillers erstem Theaterstück *Die Räuber* (1781). (Bei der Uraufführung 1782 soll sich das Publikum wie toll gebärdet haben; wildfremde Menschen fielen einander in die Arme, schluchzten und wurden ohnmächtig.) Zum Teil war die Geschichte von Carl Moor der *Claudine von Villa Bella* Goethes entlehnt; er glaubt sich von seinem Vater enterbt, tut sich mit einer Schar von Kommilitonen zusammen und führt, bis das Gewissen ihn eines Besseren belehrt, das Leben eines Verbrechers, was er als Aufbegehren gegen eine ungerechte Gesellschaft interpretiert. Um 1780 war das von einer Aussagekraft für die Zeitgenossen, die es im Zeitalter des Terrorismus kaum eingebüßt hat. Aber das zeitgenössische Thema steht in einem historisch unbestimmten Rahmen, und gerade diese Aktualität, die Abhängigkeit der Haltung der Hauptfiguren von Haltungen, die in ihrer Gesellschaft allgemein Mode waren, die Tatsache, daß auch sie selber nach Geist und Gefühl Menschen einer bestimmten Zeit, eines bestimmten Ortes und bestimmter Umstände sind, bleibt völlig unausgedrückt. Gewiß präsentiert Schiller ein Milieu und Einstellungen, die für die nationale Kultur wesentlicher waren als irgend etwas in Goethes Buch – die Welt der Studenten mit ihren beiden verbreitetsten Substituten für einen leidenschaftslos realistischen Blick auf die zeitgenössische deutsche Gesellschaft: das Aufbegehren gegen jede Form von väterlicher Autorität und dem kompensierenden Kult der Blutsbrüderschaft –, aber er präsentiert sie so, als ob sein Stück sie zum erstenmal ins Dasein rufen würde, ohne Verständnis, oder auch nur Bewußtsein der Welt, von der sie ein Teil sind. Das Selbstbewußtsein Carl Moors, und seines bösen Bruders Franz, ist unerklärlich, es hat keinen irdischen Ursprung: In dieser Hinsicht sind sie, und praktisch alle späteren Helden und Heldinnen Schillers, unverkennbar jene monadischen Seelen, wie sie in der offiziellen deutschen Literatur von der Gräfin von G. bis zu Odoardo Galotti und darüber hinaus Tradition waren. Werther ist das Opfer von Täuschungen, die durch diese Tradition, in ihrer empfindsamen Spielart, genährt werden, aber die literarische Methode, die ihn als jungen Deutschen von 1771 und 1772 hinstellt, hat Voraussetzungen, die ganz andere sind als die der Empfindsamkeit und Werthers selber. Es sind keine anderen als die Voraussetzungen von Lenz, wenn er daran geht, die menschliche Gesellschaft zu malen; der empfindsame Inhalt des Romans hält vollkommen, aber nur momentan einer Sturm-und-Drang-Ästhetik das Gleichgewicht, die die Art seiner Darstellung bestimmt. Das wird, in dieser ersten Ausgabe des *Werthers*, am offensichtlichsten im Bericht des Herausgebers an den Leser, im Gegensatz zwischen seiner leidenschaftslosen Registrierung von Einzelheiten der Zeiten, Handlungen und sogar Gefühle, und der nebulösen Gefühligkeit der Beteiligten. Das ganze Buch aber wird getragen von der Prämisse gesellschaftlicher Objektivität. Der Schauplatz des Romans kontrastiert – notwendigerweise – mit der historisch fernen Welt der Lieblingsautoren des Helden, Ho-

mer und Ossian. Werther mag, wie Goethe, sein Leben nicht im intellektuellen Zentrum Deutschlands zubringen, an den Universitäten, die er fast verächtlich abtut, doch mit den bestimmenden sozialen Realitäten wird er unmittelbar konfrontiert: durch seinen sozialen und ökonomischen Status, der
ihm Muße verleiht, durch die Behinderung seines Fortkommens durch das
Adelsprivileg, durch die realen Restriktionen, die die Konvention der Ehe
auferlegt, durch Bücher und Gespräche über Bücher. Carl Moors Konfrontation mit der gesellschaftlichen Wirklichkeit ist indirekt und unspezifisch,
man ist versucht zu sagen: uninteressiert an dem, wogegen sie opponiert; es
ist eine Konfrontation durch die melodramatisch tückischen Intrigen seines
Bruders, durch hochmetaphorische verbale Verunglimpfung und durch das
Phantasieren von einer gewalttätigen Revolte gegen die Weltordnung überhaupt. Matthias Claudius' Vorschlag, Werther solle, anstatt sich umzubrin-
gen, lieber eine Reise nach Peking tun, mochte als Kritik an der Moral des
Buches gemeint sein, ist in Wirklichkeit aber ein Kompliment an seinen Realismus. Saint-Preux, der Liebhaber-Held in der *Nouvelle Héloïse*, wird in
der Tat vor dem Selbstmord dadurch gerettet, daß er, durch Vermittlung seines englischen Freundes, Anson auf eine Expedition in die Südsee begleiten
kann. Der Unterschied zu Werthers Fall ist jedoch kein Unterschied in der
Moral der beiden Autoren, sondern ein Unterschied in den realen Gegebenheiten im kolonialen England und im provinziellen Deutschland, und es
macht die Stärke von Goethes Roman aus, daß von solchen Unterschieden
Werthers Geschichte abhängt.

Doch ist der Realismus des *Werther* von eigentümlicher – und eigentümlich moderner – Art, weil die realen Umstände des Falles Werther intellektuelle, literarische und kulturelle Umstände beinhalten und überwiegend darstellen. Die Briefform ist dem Roman wesentlich; denn durch sie werden
Werthers intellektuelle Ideale und kulturelle Orientierungen, die, wie er sagt,
bewußte, im Augenblick des Schreibens vor sich gehende Umschmelzung
seines Erlebens in die von Rousseau, Klopstock oder Goldsmith vorgegebe-
nen Formen, ebenso Teil des Themas wie die Ereignisse, die er erzählt. Werthers Bewußtsein von der Bedeutung, die sein Erbsenschälen und sein Ho-
merlesen hat, bildet die «Stimmung», die ebenso sehr das eigentliche Sujet
des Buches ist wie diese Handlungen selbst. Die wahre Wirkung von Werthers intellektuellen Einstellungen wird am deutlichsten sichtbar auf den letzten Seiten des Buches, wenn seine Lesungen aus Ossian die Emotionen eines
ohnehin gespannten Haushalts ins Unerträgliche zuspitzen. Es ist gewiß
wichtig, daß Goethe durch den Rekurs auf die Ereignisse seines eigenen Lebens eine Antwort auf die Frage gefunden hat: Was kann Gegenstand einer
neuen, zeitgenössischen weltlichen Literatur sein? Doch ebenso wichtig ist,
daß, in jener eigentümlichen Form von autobiographischer Literatur, deren
höchster und vielleicht einziger Meister Goethe werden wird, diese «Ereignisse seines eigenen Lebens» weder einen Fundus unpersönlichen Wissens
liefern noch eine Kette von Anekdoten darstellen, die zufällig mit dieser be-

sonderen historischen Persönlichkeit verbunden sind. Weder sind die Ereignisse vom Leben losgelöst dergestalt, daß sie zu Beispielen für den Gang der Welt würden, dekorativ gefügt, wie die Umstände es gebieten, zu künstlerischen Strukturen, die ihren eigenen Gesetzen gehorchen (dieses Verhältnis waltet zwischen den Notizbüchern und den Romanen vieler Autoren des 19. Jahrhunderts). Noch sind, andererseits, Goethes Werke verschlüsselte Memoiren. So waren es nicht die eigenen Erinnerungen, die er beim Schreiben des *Werthers* heranzog. Er zog in diesem Sinne keine Ereignisse heran, in die er selbst verwickelt gewesen war: Er zog die Formulierung dieser Ereignisse in den Briefen an Merck zwei Jahre zuvor heran, und er schrieb ebensosehr einen Roman über den Geist, der diese Briefe geschrieben hatte, wie über den Mann, der Lotte Buff begegnete. In seiner ganzen folgenden literarischen Karriere wird das neue Sujet – sein eigenes Leben – ihm niemals einfach als Stoff zugänglich sein, sondern stets in der doppelbödig objektivierten Form des «selbst nicht selbst». Der Realismus in Goethes Schriften wird nach *Werther* immer von der Art sein, die zu den Realitäten der Welt auch das sie begreifende Bewußtsein zählt. Doch niemals wieder wird dieses Bewußtsein so eng mit einer zeitgenössischen, bestimmbaren, datierbaren öffentlichen Realität gleichgesetzt werden – mit einer intellektuellen Mode eben. Die Koinzidenz des Geistes des Dichters mit dem Geist der Zeit konnte, angesichts der Kraft dieses Dichters und des Charakters dieser Zeit, nur für einen kurzen Augenblick bestehen, wenn Goethe nicht so enden sollte wie sein Held. Die einzig denkbare dritte Möglichkeit war die, im ganzen weniger unabhängig zu leben, sich mit langer Senilität abzufinden und dabei zweitrangige Werke nach dem Geschmack der Zeit zu schreiben.

Der Messias und seine Nation:
1774–1775

Nach dem *Götz*, und mehr noch nach dem *Werther*, wollte jedermann Goethe sehen, und viele, die ihn sahen, hinterließen Aufzeichnungen darüber. Die alte kleine Bierbrauerstadt Einbeck, «wo man gar nicht liest», wurde einmal von dem Gerücht elektrisiert, Goethe weile zu Besuch, aber in Wirklichkeit war der Besucher Boie, den sein Reisegefährte, der boshafte Klopstock, zu dem Streich angestiftet hatte. Über den Eindruck, den Goethe machte, gibt es zahllose Zeugnisse, wobei natürlich die Zeugen selbst nicht ohne Einfluß blieben auf das, was sie beobachteten: Wenn der junge Prinz von Sachsen-Meiningen von Goethe fand: «Er spricht gut, besonders original, naiv, und ist sehr amusant und lustig», so ist es kaum ein besonderes Wunder, daß den steifen und kritischen Zürcher Bürgern schien: «Goethe ist ein Mann von wenig Worten», «zu hoch und entscheidend», um sich Freunde zu machen. Goethe wirkte als «Chamäleon», als «Proteus», der agierend und reagierend, und mit heftiger Energie, auf die Umstände antwortete: «Er ist

ein Mensch von bezauberndem Umgang. Alles, was er sagt, trägt das Gepräge
des Genies.» «Im eifrigsten Gespräche kann ihm einfallen, aufzustehen, fort-
zulaufen und nicht wieder zu erscheinen. Er ist ganz sein, richtet sich nach
keiner Menschen Gebräuche. Wenn und wo alle Menschen in feierlichsten
Kleidungen sich sehen lassen, sieht man ihn im größten Negligé und ebenso
im Gegenteil.» «Seine Tafelreden hätt ich aufzuzeichnen gewünscht.» Die
stummen Papiere tragen noch die blasse Spur jenes lange toten Magnetismus,
und wir können vermuten, was es hieß, ein Genie gekannt zu haben. Aufgrund einer Wette mit seiner Partnerin Susanna Münch bei einer der wöchentlichen Zusammenkünfte von jungen Frankfurtern zu ihrem Mariage-
Spiel, wahrscheinlich am 13. Mai 1774, schrieb Goethe binnen einer Woche,
bis zum 20. – und behielt noch Zeit übrig –, ein fünfaktiges Theaterstück,
Clavigo, nach einer Geschichte im *Teutschen Merkur*, von der bei dem Treffen gesprochen worden war. Goethes Fähigkeit, Verse – eigene wie fremde –
aus dem Gedächtnis zu rezitieren, war bemerkenswert, wobei ihm allerdings
manchmal seine nicht minder eindrucksvolle Improvisationsgabe zu Hilfe
kam, wie man an einer Version von *Des Künstlers Erdewallen* ersehen kann,
die er, fast ein Jahr nach der ursprünglichen Fassung, auswendig in ein
Stammbuch schrieb. Am meisten zu bedauern ist freilich der Verlust seiner
reizvollen Gespräche. Einer ihrer rekonstruierbaren Züge, der auch die Zeitgenossen frappierte und durch seine Briefe bestätigt wird, war die Fülle ungewöhnlicher Vergleiche: «so bald man in Gesellschaft [sagte Goethe] nimmt
man vom Herzen den Schlüßel ab, u. steckt ihn in die Tasche - - die welche
ihn stecken laßen das sind Dumköpfe.» Lavaters *Tagebuch eines Beobachters
seiner selbst* erinnerte Goethe an «einen Menschen, der das Schnupftuch immer in der Hand hat, zu schneüzen, und unwillig wird, wenn er nicht heraus
zuschneützen findet –»; als das Schloß in Weimar und ein großer Teil der
herzöglichen Kunstsammlung am 6. Mai 1774 einem Brand zum Opfer fielen,
fühlte Goethe sich zu der Bemerkung veranlaßt, im Vergleich zu dieser Katastrophe habe er mit seinem Angriff auf *Alceste* bloß Wielands «Gartenhäusgen abgebrannt». «Du forderst ein wunderlich Ding», schrieb er Lavater, «ich
soll schreiben wenn ich nicht fühle, soll Milch geben ohne gebohren zu
haben»; vom Goethe des Jahres 1774 sagt er summarisch, er habe «den moralischen Schneeball seines Ich ein Jahr weiter abgewälzt».

Die Ärzte hatten Lavater empfohlen, die Kur in Ems zu gebrauchen, und
so trat er im Juni 1774 von Zürich aus eine Reise an, die ihm zeigte, wie
bekannt und hochangesehen er in kirchlichen wie in literarischen Kreisen
Südwestdeutschlands geworden war. Am 23. Juni abends um halb neun kam
er in Frankfurt an und begab sich sogleich zum Haus der Goethes, wo er
einige Tage bleiben sollte. Nach einer Umarmung und der gegenseitigen Mu-
sterung der Physiognomie – wobei Lavater von jener Goethes mehr überrascht war als Goethe von seiner – fand der Dichter vor dem Schlafengehen
noch Zeit, dem Pastor «wie viel hundert Sachen» zu erzählen; doch es war
«alles Geist und Wahrheit was er sagte», und in Lavaters Tagebuch folgt ein

Strom von theologischen, literarischen und physiognomischen Gesprächs-
themen, unterbrochen von Besuchen bei Fräulein von Klettenberg und in der
calvinistischen Kirche von Bockenheim zum Sonntagsgottesdienst, von Lesungen aus dem *Werther*-Manuskript und Goethes Entwurf eines Labyrinth-
gartens. Am 28. Juni zog Lavater weiter, und Goethe entschloß sich, ihn auf
der 36stündigen Fahrt nach Ems zu begleiten. Lavaters Aufzeichnungen vom
ersten Reisetag verraten, wie anstrengend eine solche Gesellschaft sein konnte. Nachdem man um drei Uhr morgens aufgestanden war, verließ man
Frankfurt um halb fünf, und während man, im Sonnenschein, aber bei dro-
hendem Regen, in der Kutsche durch die stille Landschaft fuhr, sprach Goethe des langen und breiten über Spinoza, jedoch mehr über sein Leben, seinen
Charakter und seine Briefe als über seine Philosophie, auch wenn er die Bemerkung machte, alle neueren Deisten hätten lediglich Spinozas Werke ge-
plündert. Während einer Erfrischungspause – Goethe trank Wein, Lavater
trank Himbeersaft – schrieb man gemeinsam einen Brief, und dann ging die
Reise weiter und mit ihr eine Konversation über Goethes Pläne zu einem
Drama über Julius Caesar und über die schrecklichen Szenen bei der Verwü-
stung der Städte Oppenheim und Worms durch Ludwig XIV. im Jahre 1689.
Um elf Uhr war man in Wiesbaden, wo die damals erst wenig ausgebauten
Thermalbäder «voll trostloser Melancholey» schienen: Die Zeitung wurde
gelesen, eine Stelle aus dem *Werther* abgeschrieben, und nach dem Mittages-
sen sprach Goethe über seine Dramen und kommentierte die anderen Gäste.
Nach den Erdbeeren mußte Lavater, der vom Gastwirt erkannt und zu seinen
Schriften beglückwünscht worden war, einen Höflichkeitsbesuch machen,
und danach stand er, bis um zwei die Kutsche weiterfuhr, mit Goethe am
Fenster der Wirtsstube und diskutierte über die Auferstehung. Am Nachmittag döste Lavater die meiste Zeit vor sich hin, trotz holpriger Fahrt und Goethes langen Deklamationen aus seinem neuesten in Arbeit befindlichen Knit-
telvers-Epos *Der ewige Jude*, einer Behandlung der Legende von Ahasver,
dem Flickschuster, der Christus auf dem Weg nach Golgatha schmäht und
dazu verdammt ist, bis zur Wiederkehr Christi ruhelos durch die Welt zu
wandern. Um halb sechs war man in Schwalbach, wo man die Nacht verbringen wollte. Man kostete und bewertete die örtlichen Wässer und schrieb
weitere Briefe: Goethe rezitierte eine schottische Ballade, erlaubte Lavater
weitere Einblicke in den *Werther* und begann, wahrscheinlich, um die Ho-
merbegeisterung Werthers zu erklären, mit einer Nacherzählung der gesamten *Ilias* – die in Lavaters frommem Bildungsplan nicht vorgekommen war
–, durchsetzt mit Stellen aus Clarkes lateinischer Übersetzung des Epos, die
Goethe seit der Straßburger Zeit gute Dienste leistete. Die Pläne Lavaters zu
einem biblischen Drama über Abraham und Isaak – einer Gattung, von der
Goethe bekannte, daß er sie nicht verstehe – beschäftigten sie dann, bis sie
zu Bett gingen.

In Ems, wo sie am nächsten Nachmittag ankamen – mit Pökelaal zum
Mittagessen und langen Voltaire-Rezitationen Goethes unterwegs –, hielt

Goethe sich nur eine Nacht auf, bevor er nach Frankfurt zurückfuhr, doch hatte er noch Zeit, die Gesellschaft im Speisesaal des Hotels, die ihn nicht erkannte, über *Götter, Helden und Wieland* diskutieren zu hören, sehr zu Lavaters Vergnügen. Die Farce, im März erschienen, erregte damals gleichermaßen Gelächter und Mißbilligung – Bürger war froh, selber nichts dergleichen veröffentlicht zu haben, und die gravitätischen Dichter des Göttinger Hains, um ihre Würde besorgt, wollten mit ihr nichts zu tun haben. Wielands öffentliche Reaktion war meisterlich: ein Heft des *Teutschen Merkur* mit einer Verteidigung des *Götz von Berlichingen* und einer humorvoll toleranten und verständnisvollen Notiz zu der «heroisch-komisch-farcicalischen Pasquinade» *Götter, Helden und Wieland*, beide aus der Feder Wielands. Goethe war anständig genug, bei der Lektüre zu erröten und auszurufen, er sei wirklich und wahrhaftig «prostituiert» worden. Privat jedoch, in seinen Briefen, blieb Wieland verärgert und verbittert über das kleine Stück und stimmte gewiß den Worten zu, mit denen Friedrich Heinrich Jacobi seinen Bericht über Goethes Reaktionen schloß (und die Goethe von Johanna Fahlmer zugetragen wurden): «er ist und bleibt ein zügelloser, unbändiger Mensch». Trotzdem war die Lektion des *Werther* nicht umsonst gewesen: Zwar war eine so vollständige und befriedigende Verschmelzung von Empfindsamkeit und Sturm und Drang, von literarischem Establishment und literarischer Revolte kaum wiederholbar, doch war Zusammenarbeit offenkundig gewinnbringender als die Konfrontation von 1772 und 1773. Spätestens seit dem Frühjahr 1774 ist erkennbar, daß Goethe, soweit dies in den Kräften seines explosiven Temperaments stand, die Hand ausstreckte und die Versöhnung mit jenen Kräften im kulturellen Leben der Nation anstrebte, mit denen er sich vor kurzem noch im Konflikt befunden hatte. Zu Wieland blieb das Verhältnis schwierig. Dafür begann er im Mai einen direkten Briefwechsel mit Klopstock, ohne sich der üblichen Formalität zu bedienen, Briefe durch einen gemeinsamen Bekannten übermitteln zu lassen, und nach dem ersten klaren Abstecken der Grenzen zeigt die Bereitschaft, mit Lavater zu korrespondieren und sich von ihm umwerben zu lassen, die Bereitschaft zur Zusammenarbeit mit einem Christentum, das auch für die säkulare und materielle Welt offen und das bereit war, ihn als seinen Führer zu akzeptieren und sich von ihm «einige Tropfen Selbstständigen Gefühls einflösen» zu lassen. Das Gebiet, über das er und Lavater ein Kondominat errichten konnten, war, wie sich zeigte, die Physiognomik, und in den nächsten beiden Jahren war Goethe Lavater tatkräftig behilflich, die vier verschwenderisch illustrierten Quartbände seiner *Physiognomischen Fragmente* (1774/78) für den Druck vorzubereiten; er war auch als Autor für das Werk tätig. Den Schlüssel zum Verständnis dieser erstaunlichen Zusammenarbeit und zeitweise sehr innigen Freundschaft lieferte das Gebet, das Lavater, wie er Goethe sagte, oft betete: «Bist du, so zeige mir, daß du bist.» «Nicht ein einziges Glaubensbeispiel führt die Schrift an, wo nicht *sinnliche* Erfahrung zu Grunde lag.» Beide huldigten der Überzeugung, daß die Gottheit, was immer sie sein mag, in der materiellen Welt sichtbar sein muß, daß die Spuren des Geistes in jeder Modifikation des Fleisches zu sehen sind: Goethe schrieb für Lavater sogar einen Abschnitt über den handgreiflichen Unterschied des menschlichen Knochenbaus vom tierischen, als Hinweis auf die höhere Bestimmung des Menschen. Es dauerte einige Jahre, bevor er diese Auffassung verwarf, und als er es tat, war es ein Zeichen dafür, daß diese merkwürdige Freundschaft keinen Bestand mehr hatte.

Die Gruppe, zu der es am wünschenswertesten war, neue und freundschaftlichere Verbindungen aufzunehmen, waren natürlich die Jacobis: Immerhin stand Goethe auf bestem Fuße mit der Frau, der Tante und der Schwester der beiden Brüder sowie mit einer ihrer engsten Bekannten, Sophie von La Roche. Nach der Rückkehr aus Ems blieb Goethe nicht lange in Frankfurt. Am 9. Juli kam ein anderer berühmter Besucher in das Haus am Hirschgraben, Johannes Bernhard Basedow (1723–1790), ein Bildungsreformer und Publizist, der an den Wert eines modernen und praktischen, anstelle eines klassischen und akademischen, Unterrichts glaubte; er hatte 30.000 Gulden zur Finanzierung seines Plans für eine neue und reich illustrierte Fibel für den Volksschulunterricht gesammelt und in dem Fürsten von Anhalt-Dessau einen Gönner für seine Musterschule, das «Philanthropinum», gefunden. Basedows Lust am Trinken, am Tabak und am anti-trinitarischen Theologisieren machte ihn zu einem anstrengenden Tischgenossen, aber auch er war unterwegs nach Ems, und Goethe mochte sich die Gelegenheit nicht entgehen lassen, einige Urlaubstage mit ihm und Lavater zu verbringen. Er delegierte seine Anwaltsgeschäfte an Schlossers Bruder und brach am 14. Juli nach Ems auf, «da ich ... nach dem Bade reiße», wie er dem Gericht mit der Bitte um Fristverlängerung mitteilte. Man kann sich allerdings nur schwer vorstellen, daß er die kommenden Ereignisse nicht wenigstens zum Teil vorhergesehen haben soll.

Am 18. Juli legte in Ems ein Schiff ab, das eine etwa zwölfköpfige Gesellschaft, darunter Goethe, Basedow und Lavater, lahnabwärts zum Rhein brachte. Während der Fahrt improvisierte Goethe Verse und diktierte die Ballade «Hoch auf dem alten Turne steht», als das Schiff die dramatisch gelegene Burgruine Lahneck passierte. Nach dem Mittagessen in Koblenz kehrten die meisten Reisenden nach Ems zurück, während Goethe mit seinen Freunden weiter rheinabwärts nach Neuwied fuhr. In dieser Hauptstadt eines winzigen Fürstentums, wo Basedow die folgende Woche zu verbringen beschloß, hatte der Autor des *Götz* die Genugtuung, jenem alten Freund wiederzubegegnen, der ihm einst die Aufnahme in die Arcadische Gesellschaft Phylandria verweigert hatte und der nun geschmeichelt war, von Goethe das Manuskript einiger neuer Gedichte geliehen zu bekommen. Am 20. Juli, nach dem Abschied von Lavater in Mülheim, fuhr Goethe nach Düsseldorf und weiter zum Landsitz der Jacobis in Pempelfort: Offiziell wollte er nur Betty Jacobi besuchen, aber er muß es doch in Kauf genommen haben, bei dieser Gelegenheit auch Betty Jacobis Mann und seinem Bruder zu begegnen. Zunächst schien ihm das Schicksal einen Strich durch die Rechnung zu machen: Betty Jacobi war in Aachen, ihr Mann, Friedrich Jacobi, in Elberfeld. Unverdrossen schickte Goethe sich an, für die Nacht einen Gasthof in Elberfeld zu suchen; denn hier hatte sein alter Straßburger Freund, der pietistische Augenarzt Jung-Stilling, seine Praxis. Am nächsten Morgen, dem 22. Juli, rief ein angeblicher Fall von Unpäßlichkeit Jung-Stilling in das Gasthaus und an das Krankenlager eines an rätselhaftem Herzklopfen leidenden Patienten, der aber plötzlich aus dem Bett sprang und den Arzt umarmte. Dieses Wiedersehen, und die Begegnung in Jung-Stillings Haus mit dem Dichter Johann Jakob Wilhelm Heinse (1749–1803), einem engen Freund Johann Georg Jacobis und Redakteur von dessen neuer Zeitschrift *Iris*, entschädigte für die enttäuschende Nachricht, daß Friedrich Heinrich Jacobi, auf die Kunde von Goethes Anwesenheit in Düsseldorf, Elberfeld schleunigst wieder verlassen hatte, um nach Hause zu eilen. Unterwegs begegnete er Lavater, erkannte seinen Irrtum und preschte nach Elberfeld zurück, nur um hier zu erfahren, daß Goethe und Heinse bereits durch ein anderes Stadttor davongeritten waren. Jung-Stilling schickte ihnen einen Boten nach und ließ sie in die Stadt zurückholen, und so kam es, in einem pietistischen Konventikel, der zusammengekommen war, um Lavater zu lauschen, endlich doch zu der Begegnung Goethes mit «Fritz» Jacobi, die freilich inzwischen einiges von ihrer ursprünglich geplanten Spontaneität verloren hatte. Schon nach wenigen Minuten aber tat Goethes *attrattiva* ihre Wirkung, er pries Klopstock und Herder und Heinse, tanzte durch den Raum und drückte Lavater, zum Befremden der nüchternen Erwählten, einen Kuß auf. Als er und Fritz Jacobi und Heinse an diesem Abend nach Pempelfort zurückritten, taten sie es als enge Freunde: «Und er und ich und ich und er», wie Goethe später Betty Jacobi schrieb, vielleicht eingedenk der berühmten Worte Montaignes über seinen Freund La Boétie: «parce que c'était lui, parce que c'était moi».

Der Gesellschaft schloß sich am folgenden Tag Georg Jacobi an, der zwar noch wegen der harschen Worte in den *Frankfurter Gelehrten Anzeigen* grollte, aber doch bereit war, die Hand zu schütteln, die *Götz* geschrieben hatte; und der Tag danach, Sonntag, der 24. Juli, war ein Tag, der allen, die ihn erlebten, zeitlebens in Erinnerung blieb. Morgens um fünf bestiegen Goethe, Heinse und die Jacobis die Kutsche nach Köln. Zuerst machten sie in Bensberg Station, wo sie in einem Gasthaus aßen, das, auf einer Anhöhe gelegen, den Blick über Felder und Wälder zum Siebengebirge und zum Rhein freigab. Der Mittagstisch war in einer Laube neben einem Garten voller Blumen gedeckt, und Goethe und Friedrich Jacobi führten ihr erstes tiefempfundenes Gespräch über Spinoza. Der jüngere Jacobi brachte ungefähr dieselben Bildungsvoraussetzungen mit wie Goethe, aber da er sechs Jahre älter und überdies Ehemann und Vater war, hatte er einen gesetzteren Charakter. Sein Vater war ein reicher Geschäftsmann, und auch seine Frau hatte Geld in die Ehe mitgebracht, so daß er seinen Beruf als Finanzbeamter in der Verwaltung des Herzogtums Jülich-Berg nicht allzu ernst nehmen mußte. Seine philosophischen Interessen – er hatte einige Jahre in Genf gelebt und war ein vortrefflicher Kenner der französischen Aufklärung – sowie sein Unmut über die allgemeine Wertschätzung des Deismus hatten ihn bewogen, Spinoza zu studieren, der in seinen Augen der einzige wirklich konsequente Rationalist war. Während aber Jacobi in Spinoza den heimlichen Bundesgenossen, ja den Ahnherrn jenes Feindes erblickte, den er zu bekämpfen suchte, hielt Goethe es – gewiß aufgrund einer minder gründlichen Kenntnis des Systems – für möglich, in Spinoza einen Mystiker und Moralisten von einzigartiger geistiger Unabhängigkeit zu sehen. Wie mit Lavater, wurde auch mit Jacobi ein Kondominat geschaffen, in dem zwei Schwärmereien, unterschiedlich motiviert und unterschiedlich interessiert, sich doch für eine Weile finden und zwei junge Männer in der Verbundenheit mit derselben Sache zu Brüdern machen konnten. Nach dem Essen besichtigte man die Burg Bensberg und fuhr dann weiter nach Köln, wo man auch die Kunstsammlung der 1761 erloschenen Familie Jabach in ihrem leerstehenden Haus besuchte. Bei Einbruch der Dämmerung zogen die vier Reisenden sich in ihr Gasthaus *Zum heiligen Geist* zurück, und während sie zusahen, wie der Mond über dem Siebengebirge aufging, saß Goethe an einem Tisch und rezitierte schottische Balladen und einige andere, die er vor kurzem selbst gedichtet hatte: «Es war ein König in Thule» und «Es war ein Buhle frech genung» mit ihrem grauenhaft gespenstischen Schluß und die, welche er Lavater auf der Lahn diktiert hatte. Als die Gesellschaft schon auseinandergegangen war, kam Goethe noch zu Fritz Jacobi ins Zimmer, und im Verlauf eines mitternächtlichen Gesprächs offenbarten sie einander ihre Hoffnungen und Ambitionen und vergossen im Mondschein Tränen der Freundschaft. Jacobi fühlte, daß er den Seelengefährten gefunden hatte, den er brauchte. Noch hatte er selbst nichts veröffentlicht, aber Goethe ermutigte ihn, zu schreiben und seinen Beitrag zu der großen Bewegung zu leisten, die jetzt anhob und in der sie beide, nach ihrer überflüssigen Entfremdung, eine Rolle spielen konnten. Einen Monat später schrieb Jacobi Wieland: «Was Goethe und ich einander sein sollten, sein mußten, war, sobald wir vom Himmel runter nebeneinander hin gefallen waren, im Nu entschieden. Jeder glaubte von dem andern mehr zu empfangen, als er ihm geben könne. Mangel und Reichtum auf beiden Seiten umarmten sich einander; so ward Liebe unter uns.» «Ich habe Tanten [Johanna Fahlmer] gesehen», hatte Goethe seinem neuen Freund am 14. berichtet, «und binn froh dass der Damm weg ist ... Sie darf mit mir von ihrem Fritz reden – Heute zum erstenmal.»

Am Montagmorgen fuhren die Jacobis und Heinse nach Düsseldorf zurück, während Goethe sich über Neuwied wieder nach Ems begab; unterwegs stieß er zu Basedow und zu Lavater, der bereits auf der Heimreise in die Schweiz war. Goethe blieb bis zum 2. August in Ems mit seinen Promenaden, Spielbanken und den mehr oder minder Leidenden, die das Leben in einem Kurort prägen; dann begab er sich für einige Tage nach Thal-Ehrenbreitstein und in das Haus der La Roches, bevor er endlich, am 12./13. Au-

gust, die nächtliche Postkutsche zurück nach Frankfurt nahm. Als Exkursion
auf das Gelände der Empfindsamkeit war die Reise höchst erfolgreich gewesen, aber noch bevor sie zu Ende ging, zeigte die Natur, die den empfindsamen Busen schwellen machte, unerwartet und bedrückend ihr wahres Gesicht – es war die Wahrheit, die Werther in seiner Verzweiflung erblickte, die
aber Wieland in seiner *Alceste* völlig vergessen hatte. Am Abend des 30. Juli
waren in Ems vier Jungen beim Krebsefischen ertrunken, und Goethe sollte
sich zeitlebens an den Anblick der vier Körper erinnern, die durch keine
Anstrengung ins Leben zurückzurufen waren. «Nur in solchen Augenblik-
ken», schrieb er Sophie von La Roche, «fühlt der Mensch, wie wenig er ist,
und mit heisen Armen und Schweiss und Thränen nichts würckt.» «Was ist
das Herz des Menschen? sind der würcklichen Übel nicht genug? Muss es
sich auch noch aus sich selbst phantastische schaffen!»

Am 27. September wurde ein anderes wichtiges Band enger geknüpft. Die
Kayserliche Zeitung in Frankfurt meldete stolz am 1. Oktober: «Herr Klopf-
stock, der Liebling teutsch- und ausländischer Fürstin [sic], ist am Dienstage
Abend hieselbst angekommen, tratt bey seinem Freunde, unsern Herrn D.
Göthe ab und setzte Donnerstag früh seine Reise nach Carlsruh weiter fort.»
Klopstock, aus Hamburg über Göttingen kommend, wo er dem ihn vergöt-
ternden Hain seinen Segen erteilte – «klein, beleibt, zierlich, sehr diplomatischen Anstandes, nobler Sitten, ans Pedantische etwas streifend, aber geist-
reichern Blickes als alle seine Bilder» –, folgte einer Einladung des Markgrafen
von Baden (des Dienstherrn Schlossers), den fürstlichen Hof mit seiner Anwesenheit zu beehren. Goethe begleitete ihn bis nach Darmstadt, wo Klopstock die Fähigkeit des wahren Diplomaten bewies, sich mit den örtlichen
Intellektuellen angelegentlich über zweitrangige Fragen – Schlittschuhlaufen,
Reiten, Fechten – zu unterhalten und kein Wort über die Literatur zu verlieren. Immerhin war ein gutes Verhältnis geschaffen worden, und das war die
Hauptsache. Jetzt gab es eine Antwort auf die beunruhigten Fragen aus dem
Hainbund: «Inwieweit ist Goethe unser Freund? Inwieweit ist er mit Klopstock verbunden?» Nach Goethes Rückkehr nach Frankfurt am 10. Oktober
folgte ein Besuch von Klopstocks ständigem Adlatus, Boie. Es war Boies erste
Begegnung mit Goethe – «dessen Herz so groß und edel wie sein Geist ist!
. . . sehr blaß, Geist im Gesichte und besonders in dem hellen braunen Auge»,
– und sie besiegelte die Verbindung Goethes mit Göttingen.

»Er hat mir viel vorlesen müssen», schrieb Boie in sein Tagebuch,

ganz und Fragment, und in allem ist der originale Ton, eigne Kraft, und bei allem
Sonderbaren, Unkorrekten alles mit dem Stempel des Genies geprägt. Sein 'Doktor
Faust' ist fast fertig und scheint mir das Größte und Eigentümlichste von allem . . .

Die Datierung der ersten Entstehungsphasen des *Faust* ist eine zu komplizierte und umstrittene Materie, als daß sie uns hier interessieren könnte, aber
wenn Boie das Stück für fast beendet hielt, dann kann das nur daran gelegen
haben, daß die Geschichte von Fausts Liebe zu Gretchen, das einzige Motiv

in diesen ersten Stadien, das eine Art Plot bildet, im Oktober 1774 im großen und ganzen fertig vorlag. Goethe muß also zu diesem Zeitpunkt – und höchstwahrscheinlich schon im vorangegangenen Frühjahr, als er, im *Clavigo*, eine Geschichte schrieb, die jener Gretchens recht ähnlich war – beschlossen haben, die alte Geschichte von dem Magier, der seine Seele dem Teufel verkauft, zu verknüpfen mit der neuen Geschichte von einer Verführung, die mit Kindesmord und der Hinrichtung der Mutter endet. Dieser Entschluß, der ein Originalthema theologischen Aufbegehrens, mit dem Goethe 1769 gespielt haben mag, mit den Schuldgefühlen nach dem Verlassen Friederike Brions und dem furchtbaren Exempel der Pein und der Hinrichtung Susanna Margareta Brandts verknüpfte, war ein schöpferischer Geniestreich, vergleichbar der Verquickung von Themen aus dem 16. und dem 18. Jahrhundert im *Götz* oder der Verbindung seiner eigenen Erlebnisse in Wetzlar mit denen Jerusalems im *Werther*. In jedem Fall entsteht aus der Zusammenfügung disparater Elemente eine neue Einheit: ein einzelner, facettenreicher Charakter (im *Götz* natürlich zwei Charaktere), dessen Vielfältigkeit eine Kraft oder Anlage zur Größe wie zur Vernichtung symbolisiert, die der Zeit Goethes insgesamt angehört, im literarischen Werk aber in einem Ich konzentriert ist, das das Ich des Dichters widerspiegelt, ohne mit ihm identisch zu sein. Götz-Weislingen, Werther und Faust sind keine *typischen* Figuren – sie haben nicht die Objektivität von Fallstudien aus der politischen, theologischen oder empfindsamen Pathologie –; vielmehr sind es Symbole von Versuchungen, die die Welt für Goethe bereit hielt, Symbole dessen, was Wirklichkeit werden könnte, sollte er ihnen erliegen. Bei aller Verwurzelung in Goethes Zeit und in seinem Erleben behalten sie die letzte Unwirklichkeit der prometheischen Statuen, des unerreichten Objekts der Begierde, der abwesenden Gesprächspartner in Goethes einsamer Dachkammer.

Eben diese Einheit auf symbolischer Ebene entging Kestner und seiner Frau in dem Roman, der sich so stark auf Ereignisse stützte, in die sie einst selbst verwickelt gewesen waren. Das war kein Wunder; machte doch gerade die Fähigkeit, bei aller eigenen Verstrickung in die Ereignisse an seiner poetischen Vision festzuhalten, Goethe zu dem Dichter, der er war. Das Buch erschien zwar erst Mitte Oktober, etwa um die Zeit, als ihn Boie besuchte, aber schon im September hatte Goethe eines der drei Vorausexemplare an die Kestners geschickt – ein anderes ging an Sophie von La Roche, mit der Bitte, es an die Jacobis weiterzuleiten. Kestners Reaktion auf das merkwürdige Geschenk war klug und auffallend, ja bewundernswert maßvoll – er sah ein, daß er nicht mehr hoffen konnte, gegen das Erscheinen des Buches etwas auszurichten, und daß, wie ein Bekannter sagte, «il est dangereux d'avoir un auteur pour ami» –, aber sie war recht verständnislos. Die verschiedenen Elemente, die er Goethe in seine Charakteren verflechten sah, schienen ihm einfach widersprüchlich zu sein und in Figuren zu resultieren, die nicht lebensecht waren. Infolgedessen wurden die wahren Vorbilder dieser Charaktere durch den Zusammenhang mit Unwahrheiten «prostituiert» (dieses Wort hat im

18. Jahrhundert ungefähr den Sinn von 'öffentlicher Erniedrigung preisgegeben'). Besonders der Umstand, daß Lotte die Leidenschaft Werthers teilte,
war ein unehrenhafter Zug, der weder an Lotte Kestner noch auch an der
verheirateten Frau, die Jerusalem geliebt hatte, zu finden war. Und mußte
man Albert wirklich «zu so einem Klotze machen? damit Ihr etwa auf ihn
stolz hintreten und sagen könntet, seht was *ich* für ein Kerl bin!» Gleichwohl
war Kestner nicht gar so betroffen, wie er tat: «Aber dennoch bin ich geneigt,
es ihm zu verzeihen», schrieb er einem Dritten, «doch soll er es nicht wissen,
damit er sich künftig in acht nimmt.» Er hob auch hervor, daß das Verhalten
Goethes in Wirklichkeit bedeutend schicklicher, hochherziger und einneh-
mender gewesen war als das seines Helden in dem Roman. Dennoch verteidigte Goethe leidenschaftlich die Integrität und Autonomie seiner Schöpfung:

Werther muss – muss seyn! – Ihr fühlt i h n nicht, ihr fühlt nur m i c h und e u c h,
und was ihr a n g e k l e b t heißt – und truz euch – und andern – *eingewoben* ist.

Werther ist mehr als Goethe plus Jerusalem plus Klebstoff. Sein Ende ist nicht
das Ende Goethes, und seine Motive sind nicht die Motive Jerusalems (ein
Umstand, den Lessing, erbittert über die vermeintliche Verunglimpfung seines stoischen jungen Freundes, ebenso verkannte wie Kestner). Werther hat
seine eigene Identität, und für sie wie für seine Fähigkeit, die Verkörperung
einer generellen Tendenz oder Gefahr seiner Zeit zu sein, kommt es wesentlich darauf an, inwieweit er eben *nicht* identisch ist mit seinem Vorbild.
«Wenn ich noch lebe», schrieb Goethe Kestner, «so bist du's dem ich's dancke
– bist also nicht Albert.»

»Und doch braucht man keinen Schlüssel, um das Ganze mit Vergnügen
zu lesen», meinte Deinet, als er, wohl nicht ohne Neid, auf die Unzahl von
Raubdrucken hinwies, zu denen der Roman einlud. Auch wer nicht den
Schlüssel zum persönlichen Hintergrund des Buches besaß, konnte die All-
gemeingültigkeit und Bedeutsamkeit der in ihm erzählten Geschichte ermessen. «Das ist ein rechtes Nationalbuch», sagte Christian Stolberg im Dezember: «Denn wahrlich niemand als ein Deutscher konnte es schreiben, und
kein anderer kann es nachempfinden.» (Ein ähnliches Urteil wurde über den
unveröffentlichten *Faust* gefällt: «ein Werk für *alle* Menschen in Deutschland.») *Werther* hatte eine Aufgabe bewältigt, die sein Autor für sich persönlich noch lösen mußte: das nationale Leben an allen Wachstumspunkten zu
berühren, eine kohärente, persönliche Vision dessen zu schaffen, was es hieß,
Deutscher in dieser Zeit zu sein. Christian Garve, der gescheiteste und gene-
röseste der aufgeklärten «Popularphilosophen», tat Lessings (und Kestners)
Argumente ohne viele Umstände ab:

Wenn Jerusalem auch nicht Werther ist, so ist diese doch eine interessante Person. Und
als Philosoph kann Jerusalem schwerlich tiefer gedacht haben, wenn er auch gründlicher und kaltblütiger gedacht hat. Die Stimme des Publikums . . . entscheidet für den
Wert dieses Buches, und meine Empfindung unterschreibt diesen Anspruch.

In der Tat erkannte Lessing diese tiefgründige Ader in der modernen und nationalen Kultur, auf die Goethe gestoßen war, wenn er schrieb:

> Glauben Sie wohl, daß je ein römischer oder griechischer Jüngling sich *so* und *darum* das Leben genommen? Die wußten sich vor der Schwärmerei der Liebe ganz anders zu schützen; ... Solche kleingroße, verächtlich schätzbare Originale hervorzubringen, war nur der christlichen Erziehung vorbehalten, die ein körperliches Bedürfnis so schön in eine geistige Vollkommenheit zu verwandeln weiß.

Sogar in seiner tiefsten «Klassik» hat Goethe niemals für, und im Grunde auch nicht über, Griechen und Römer geschrieben. Justament in seiner Herkunft und Loslösung vom Christentum ist *Werther* ein Spiegel seines Ortes und seiner Zeit. «Sie kennen meine Liebe zum Englischen», schrieb Augusta Stolberg, die Schwester Friedrich und Christian Stolbergs, an Boie:

> Die ist noch immer dieselbe; 'Werther' aber hat die deutsche Waagschale sehr sinken machen. Als ein Meisterstück des Genies ist *der* Roman doch von allen englischen, selbst Richardson seinen, ..., so unendlich unterschieden, daß man sie gar nicht vergleichen kann.

1774 erlebte das intensive Bedürfnis nach einem Fokus der deutschen nationalen Literatur eine herbe Enttäuschung. Es stellte sich heraus, daß Klopstocks *Deutsche Gelehrtenrepublik*, einer der ersten deutschen Versuche einer Veröffentlichung auf Subskription, überhaupt nicht das war, was die Subskribenten (für jeweils 10 Gulden) erwartet hatten. Klopstock behandelte in seinem Buch die literarische Welt als eine ganz und gar selbstgenügsame, wiewohl bürgerliche Angelegenheit, von der er, in archaisierend-fragmentarischem Stil, eine utopische Allegorie in den (wie Goethe erkannte, historisch durchaus angemessenen) Begriffen der Zunftregeln des 16. und 17. Jahrhunderts entwarf. Auf ihre Weise – die fast ebenso dunkel war wie die Hamanns – behandelte die Schrift die Dilemmata der Zeit präzise genug, aber sie machte aus ihnen keine Literatur. Das tat *Werther*. Und als in Berlin *Götz* aufgeführt wurde, *Clavigo* nach Deinets Worten wegging wie warme Semmeln und zur Leipziger Herbstmesse nicht nur *Werther* herauskam, sondern auch das *Jahrmarktsfest zu Plundersweilern* und *Ein Fastnachtsspiel vom Pater Brey* sowie ein paar andere Farcen, die alle, zur Finanzierung seines Studiums, an Klinger weitergingen und unter dem Titel *Neueröffnetes moralisch-politisches Puppenspiel* versammelt wurden, da hatte es auf einmal den Anschein, als habe die deutsche Literatur einen ganz neuen Fokus gewonnen. «Alles was ich von Ihnen gelesen habe», erfuhr Goethe von dem patriotischen und demokratischen Journalisten Friedrich Christian Daniel Schubart (1739–1791), einem verfolgten Nationalliberalen, bevor es Nationalliberale gab, «entzückt mich, schwillt mein Herz im edlen Stolz empor, daß wir dem Auslande einen Mann entgegensetzen können, den sie nicht haben und nach ihrer Versteinerungssucht niemals haben werden.» Es wird häufig übersehen, wie bereitwillig Goethe sich damals an Kollektivunternehmungen beteiligte: er schrieb Besprechungen für die *Frankfurter Gelehrten Anzeigen*, sammelte im Elsaß

Volkslieder für Herder, erprobte Autorenkooperativen, indem er den _Götz_ bei Merck oder die Abhandlung _Von deutscher Art und Kunst_ bei einem ähnlichen Unternehmen in Hamburg unter Leitung Johann Joachim Christoph Bodes veröffentlichte, oder war einfach großzügig mit seinem Geld, mit seinen Kräften und sogar mit seinen fertigen Werken, um einzelnen Personen wie Klinger oder Heinrich Leopold Wagner zu helfen (dem er einige Gedichte und andere Stücke als Appendix für ein Buch überließ, um es verkäuflicher zu machen). Schon der Umstand, daß er Theaterstücke schrieb, zeigt, daß er bereitwillig dazu beitragen wollte, ein nationales Theater und eine nationale dramatische Tradition zu erschaffen. Die Bereitschaft, an einer nationalen Bewegung mitzuwirken, setzte Goethe jedoch dem ungeheuren Druck aus, die Rolle zu akzeptieren, die die erwartungsvolle Nation ihm zudachte: das deutsche Genie, der deutsche Shakespeare, ja der deutsche Messias zu werden, der die Geldwechsler aus dem Ruhmestempel vertrieb (wie Lenz ihn im _Pandaemonium Germanicum_ darstellt).

Die Zeugnisse von dem Eindruck, den Goethe, mit Anfang zwanzig bereits «der furchtbarste und der liebenswürdigste Mensch», auf seine Zeitgenossen machte, beweisen auf das deutlichste die Notwendigkeit, sich aus gesunder Selbsterhaltung diesem Überschwang der Vergötterung entgegenzustemmen:

Je mehr ich's überdenke, je lebhafter empfinde ich die Unmöglichkeit, dem, der Göthe nicht gesehen noch gehört hat, etwas Begreifliches über dieses außerordentliche Geschöpf Gottes zu schreiben. Göthe ist, nach Heinse's Ausdruck, Genie vom Scheitel bis zur Fußsohle; ein B e s e s s e n e r, füge ich hinzu, dem fast in keinem Falle gestattet ist, willkührlich zu handeln. Man braucht nur eine Stunde bei ihm zu seyn, um es im höchsten Grade lächerlich zu finden, von ihm zu begehren, daß er anders denken und handeln soll, als er wirklich denkt und handelt

– so Fritz Jacobi an Wieland. An Goethe berichtete Jacobi, für Heinse sei er (Goethe) «der größte Mann, den die Welt hervorgebracht», wobei er persönlich eine Ausnahme für den eingeborenen Sohn Gottes machte. Lavater war maßvoller und scharfsinniger: «Goethe wär ein herrliches handelndes Wesen bei einem Fürsten. _Dahin_ gehört er. Er könnte König sein. Er hat nicht nur Weisheit und Bonhomie, sondern auch Kraft.» Doch andere kannten keine Zurückhaltung. «Daß Goethe Götterkraft hat in seinem Wesen, weiß jedermann»; «er [Goethe] ist ein Gott! aber er ist noch ein besserer Mensch.»

Dieser Goethe, von dem und von dem allein ich vom Aufgang bis zum Niedergang der Sonne, und von ihrem Niedergang bis wieder zu ihrem Aufgang mit Ihnen sprechen und stammeln und singen und dithyrambisieren möchte [etc.] Noch nie hätt' ich das Gefühl der Jünger von Emahus im Evangelio so gut exegisieren und mitempfinden können, vor dem sie sagten: 'brannte nicht unser Herz in uns, als er mit uns redete?' Machen wir ihn immer zu unserm Herrn Christus, und lassen Sie mich den letzten seiner Jünger seyn. Er hat so viel und so vortreflich mit mir gesprochen; Worte des ewigen Lebens, die so lang ich athme, meine Glaubensartikel seyn sollen [etc.].

Lichtenberg registrierte die Schwärmerei, teilte sie aber nicht: «Goethe ist . . . zu dem Nahmen des Shakespear gekommen wie die Keller Esel (Läuße) zum Nahmen Tausendfuß, weil sich niemand die Mühe nehmen wolte sie zu zählen.»

Die Bedenkenlosigkeit, mit der die Zeitgenossen Goethe die Attribute der Göttlichkeit zuschrieben, ist nicht einfach eine Sache des mangelnden Geschmacks. In ihr spiegelt sich nicht nur die allgemeine Tendenz, das Leben der Religion durch das Leben des Gefühls zu ersetzen und dabei, nur halb frivol, die alte Redeweise beizubehalten, sondern auch das ganz ernsthafte ästhetische Credo einer Zeit, in der die Worte «schöpferisch» und «Schöpfer» zum erstenmal generell nicht auf Gott, sondern auf Menschen angewendet werden, besonders auf Menschen in Literatur und Kunst. In demselben Essay in *Von deutscher Art und Kunst*, in dem er Goethe als zweiten Shakespeare begrüßt, ruft Herder über Shakespeare selber aus: «Dichter! Dramatischer Gott! . . . Eine Welt Dramatischer Geschichte, so groß und tief wie die Natur; aber der Schöpfer gibt uns Auge und Gesichtspunkt, so groß und tief zu sehen!» Beim Schreiben, vor allem beim Schreiben von Theaterstücken, hatte Goethe das Wunder erlebt, wie etwas, das seiner Verantwortung entsprang, Eigenleben und Unabhängigkeit gewann. Diese Erfahrung gab eine Ahnung von der angemessenen Befriedigung, von dem angemessenen Objekt, das seine rastlose, ungenützte – und daher für andere äußerst faszinierende – Energie suchte. Ein angemessenes Objekt, hervorgetrieben aus dem Inneren des Subjekts: Gab es eine bessere Analogie hierzu als die Schöpfung ex nihilo?

> Mein Busen war so voll und bang,
> Von hundert Welten trächtig.

Diese Zeilen könnten als Epigraph über dem gesamten Werk Goethes zwischen 1770 und 1775, in seiner vielgestaltigen Fülle und ergreifenden Fragmenthaftigkeit, stehen.

Zu dem anderen gern gebrauchten religiösen Vergleich – dem Vergleich mit Christus, dem Messias – war Goethes Einstellung komplizierter. Denn er akzeptierte den Vergleich, mit seiner Implikation, daß er, Goethe, ein schöpferischer Demiurg sei; aber die Gestalt, die ihn dabei anzog und mit der er sich identifizierte, war nicht Lavaters wundertätiger Erlöser, der Tausende in seinen Bann schlug, und erst recht nicht Klopstocks körperloser Himmelsfürst.

Wenn nur die ganze Lehre Von Christo [das heißt: die Religion, die angeblich die Kirchenväter erfunden hatten, im Gegensatz zu der Lehre Christi selber – diese Unterscheidung führte Lessing ein] nicht so ein Scheisding wäre, das mich als Mensch als eingeschränktes bedürftiges Ding rasend macht so wär mir auch das Objekt lieb.

Der Christus, mit dem Goethe sich anfreunden konnte, der seine Identität nicht bedrohte, sondern bestätigte, war der Menschensohn, gekommen, zu essen und zu trinken, der gleichermaßen die Erwartungen der Pharisäer wie der Zeloten enttäuschte und der, wiewohl frei von Bosheit, nicht anders konnte, als seine braven, aber begriffsstutzigen Jünger zu foppen und auszulachen. Merkwürdig, wie die Deutschen, mochten es apokalyptische Schwärmer wie Lavater sein oder methodische Rationalisten wie Basedow, das Leben, das unter ihnen weilte, nicht zu begreifen schienen und daran vorbeigingen, um ihr Heil in Worten zu suchen:

> Zwischen Lavater und Basedow
> Saß ich bei Tisch des Lebens froh.
> Herr Helfer, der war gar nicht faul,
> Setzt' sich auf einen schwarzen Gaul,
> Nahm einen Pfaffen hinter sich
> Und auf die Offenbarung strich
> . . . .
> Ich war indes nicht weit gereist,
> Hatte ein Stück Salmen aufgespeist.
> Vater Basedow unter dieser Zeit,
> Packt einen Tanzmeister an seiner Seit'
> Und zeigt' ihm, was die Taufe klar
> Bei Christ und seinen Jüngern war,
> Und daß sich's gar nicht ziemet jetzt,
> Daß man den Kindern die Köpfe netzt
> . . . .
> Und ich behaglich unterdessen
> Hatt' einen Hahnen aufgefressen.

Zu diesen Zeilen dichtete Goethe ein paar Tage später hinzu:

> Und wie nach Emmaus weiter ging's
> Mit Sturm- und Feuerschritten:
> Prophete rechts, Prophete links,
> Das Weltkind in der Mitten.

[Die Anspielung meint die Verklärung Christi ebenso wie die Auferstehung.]

Nur auf die Ahasverlegende eingehend, die in dem Werk, wie es vorliegt, keine große Rolle spielt, verhehlt Goethe in seiner Autobiographie, daß das epische Fragment *Der ewige Jude* von 1774, das im wesentlichen von einer Wiederkehr Christi in das Deutschland des 18. Jahrhunderts erzählt, ein weiteres und wichtiges Beispiel für seine Selbstidentifikation mit dem Gottessohn ist. Im Kontext einer Parodie auf die Klopstocksche Christologie erhält die Beziehung Christi zu «seiner» Welt hier eine mehr elegische Färbung: Wir erhaschen einen Blick auf das tiefste Problem, das sich für Goethe hinter der Zustimmung seiner Nation, aber auch hinter jener Theorie von der wechselseitigen Abhängigkeit von nationaler Literatur und individuellem Genie verbarg, mit welcher Herder ihn überhaupt erst angefeuert hatte – nämlich: wie konnte man Dichter in dieser Zeit und mit diesem Volk sein? Wie, unter den herrschenden Umständen, die eigene Sehnsucht nach der unermeßlich liebenswerten Welt befriedigen, sie objektiv ausdrücken?

O mein Geschlecht wie sehn ich mich nach dir

sagt Goethes Christus, als er noch einmal auf die Erde kommt, und wir erkennen, daß Goethes Verhältnis zu seinen Landsleuten, die nach ihrem nationalen Erlöser rufen, nicht einfach ein Verhältnis belustigter Gleichgültigkeit sein kann:

> O Welt voll wunderbarer Wirrung
> Voll Geist der Ordnung träger Irrung
> Du Kettenring von Wonn und Wehe
> Du Mutter die mich selbst zum Grab gebahr.
> Die ich obgleich ich bei der Schöpfung war
> Im ganzen doch nicht sonderlich verstehe ...

Die Ironie in den Worten «obgleich ich bei der Schöpfung war» verrät uns etwas Wichtiges über die Identifikation mit Christus und auch über die Rede von der «schöpferischen» künstlerischen Betätigung: daß Goethe beides als Teil jener Welt der Ideen empfindet, die seine Zeit und seine Nation ihm, einem eingeschränkten und bedürftigen Ding, aufzuzwingen suchen. Seine Legitimation, diese Titel zu akzeptieren, ist einfach, daß andere bereit sind, sie ihm zu verleihen.

Wenn Goethes Selbstannäherung an den Messias – sein Hochmut, wie die Kritiker es sahen und sehen – schlicht empörend war, so hatte sie doch nicht den Zweck, in größenwahnsinnigen Phantasien zu schwelgen, sondern sollte ironische Distanz zu allen religiösen Schwärmereien und Neurosen der Zeitgenossen wahren. Das Erstaunliche am Lebensweg Goethes ist, daß er ein großer Dichter in einer Zeit des religiösen Aufruhrs wurde – eines Aufruhrs, wie ihn Deutschland seit der Reformation nicht mehr gesehen hatte (und die Reformation hatte keinen Goethe hervorgebracht) und wie ihn das übrige Europa des 18. Jahrhunderts überhaupt nicht kannte. In der Zeit zwischen 1750 und (mindestens) 1810 war die deutsche Theologie in ihrer Verweltlichung zur Philosophie begriffen, und praktisch alle literarischen Zeitgenossen Goethes leisteten irgendwann oder in irgendeiner Hinsicht ihren Beitrag zu dieser oder jener der daraus resultierenden religiösen Philosophien – aber keine Orthodoxie, weder alt noch neu, weder Kant noch Fichte noch Schelling noch Hegel, konnte Goethe verführen, nicht einmal in seiner Jugend die deistische Aufklärung Voltaires oder Lessings, oder Basedow. Seine verweltlichte Religion blieb, was sie schon vor der Verweltlichung immer gewesen war – eine durchaus, ja obsessiv persönliche Frömmigkeit: *sein*, und sonst niemandes, Verhältnis zu *seinem*, und sonst niemandes, himmlischen Vater.

»Den könnt ihr nun wieder alle nicht fassen«, schrieb Klinger über Goethe in *Das leidende Weib*. Gibt es ein Äquivalent zur Schweigsamkeit für jemanden, der schreibt, der keinem anderen Zwang unterliegt als dem un-

widerstehlichen, sich ausdrücken zu müssen? Gibt es ein Äquivalent zu der
intimen Zwiesprache mit den Wenigsten über das Wichtigste für einen Autor,
der mit 24 einen Bestseller geschrieben hat, dessen sämtliche Äußerungen
öffentliche Äußerungen sind, die von einem Schwarm eifriger Korrespondenten gehütet und kolportiert werden, und an den andere, und er selbst,
die Erwartung richten, in Gesellschaft ebenso wie in seinen Büchern zu der
gesamten intellektuellen Klasse der Nation zu sprechen? Goethe kann nicht
einfach an den prinzipiellen Belangen seiner Zeit vorbeigehen – damit würde
er sich dessen begeben, was für einen Autor wichtiger ist als Stil oder Klassiker oder nationale Tradition, mag es mit diesen auch zusammenhängen,
nämlich einfach Sujet, das objektive, öffentlich erkennbare Korrelat seiner
Gefühle. So distanzierte Goethe sich von Satyros, indem er ihn unmaskiert
bleiben ließ, weil er der Versuchung entgehen wollte, der Thomas Mann bei
ähnlichen Themen, ja sogar beim Thema Goethe oft erliegt: der Versuchung,
das Verhältnis zu seinem Publikum als eines der Verachtung und des Schwin-
dels hinzustellen:

> Wer sein Herz bedürftig fühlt,
> Find't überall einen Propheten.

Das sagt der Einsiedler, aber Goethe teilt dieses Bedürfnis, während Satyros
es nur ausbeutet. Goethes Auseinandersetzung mit den theologischen und
philosophischen Themen, die sein Ort und seine Zeit ihm boten, geschah,
vom Anfang bis zum Ende seiner literarischen Laufbahn, durch das Mittel
der ironischen Distanzierung – aber auch Ironie ist Auseinandersetzung. In
einer im wesentlichen rückblickenden *ars poetica* von 1776, «Erklärung eines
alten Holzschnittes, vorstellend Hans Sachsens poetische Sendung», entwirft
Goethe ein Bild von dem Dichter-Demiurgen, das frei ist von jedem Herderschen Pathos:

> Er fühlt, daß er eine kleine Welt
> In seinem Gehirne brütend hält,
> Daß die fängt an zu wirken und leben,
> Daß er sie gerne möcht' von sich geben.

Und wenn Hans Sachsens Muse auftritt, erklärt sie, warum diese tiefe Weisheit in einem so komischen, derben Ton verkündet wird.

> Die spricht: 'Ich hab' dich auserlesen
> Vor vielen in dem Weltwirr-Wesen,
> Daß du sollst haben klare Sinnen,
> Nichts Ungeschicklichs magst beginnen.
> Wenn andre durcheinander rennen,
> Sollst du's mit treuem Blick erkennen;
> Wenn andre bärmlich sich beklagen,
> Sollst schwankweis deine Sach fürtragen ...

Wenn Goethe sich mit Bildern der Inkarnation und als unergründlichen göttlichen Besucher beschreibt, so drückt das eine Überzeugung aus, die viele
seiner Zeitgenossen über kurz oder lang aufgaben: daß es möglich *ist*, in diesem Land und in dieser Zeit ein ganzer Mensch und sein eigener Herr zu
sein, vorausgesetzt, man läßt sich nicht zum Geschöpf dieses Landes und
dieser Zeit mit ihren Torheiten und Simplifikationen machen. Literarisches
Instrument dieser Überzeugung ist der Humor.

Wie aber sollte in der Praxis dieses Gleichgewicht hergestellt werden? In
dem Jahr nach dem Erscheinen des *Werther* stand Goethes Ruhm in Deutschland im Zenit. (Der Höhepunkt kam vielleicht im Februar 1775, als das Buch
von der theologischen Fakultät der Universität Leipzig verurteilt wurde und
sein Verkauf in der Stadt seines ersten Erscheinens bei Verwirkung einer
Geldstrafe verboten war.) Goethe klagte später, er habe sich dem durch den
Werther verursachten Wirbel und Aufruhr recht fern gefühlt. Der Roman sei
für ihn eine Art Generalbeichte gewesen, die ihn zu einem neuen und glück-
licheren Leben befreit habe. In Wirklichkeit war die Zeit ab Oktober 1774
ungemein belastend für Goethe, weil sie ihn vor die Frage stellte, wie er es
künftig mit einer Nation halten wollte, die so unmittelbar anzusprechen ihm
endlich doch gelungen war. Vordergründig ging es, wie ein Besucher erkannte,
schlicht um die Ordnung seines Privatlebens:

Bei ersterem [Goethe] sieht es vornehm aus und man glaubt in das Haus eines Ministers zu kommen. Sein Besuch- oder vielmehr Audienzzimmer ist nie leer, immer
wechselt einer den andern ab. Göthe ist aber wirklich sehr inkommodiert, denn jeder
Reisende will ihn kennen lernen. Er hat sich aber jetzo auf den Fuß gesetzt, nur viermal
wöchentlich Audienz zu geben, und zwar des Vormittags; die übrige Zeit gehört er
seinen Freunden und Geschäften.

«Es ist alles in Gährung und wir sind einer Revolution nahe», stimmten Goethe und Boie bei ihrer Begegnung im Oktober überein, und das Zentrum der
Gärung war Goethe. War all den widerstreitenden Kräften ein bändigender
Sinn abzugewinnen, mußte er sich in Goethes eigenem Leben widerspiegeln;
denn Goethe hatte sich selbst zum Spiegel der Nation gemacht:

Noch eins was mich glücklich macht, sind die vielen edlen Menschen, die von allerley
Enden meines Vaterlands, zwar freylich unter vielen unbedeutenden, unerträglichen,
in meine Gegend zu mir kommen, manchmal vorübergehn, manchmal verweilen. Man
weiss erst dass man ist wenn man sich in andern wiederfindet.

Das Publikum, meinte er, sei das Echo, das seine Stimme zurückwerfe. Wenn
er Wieland, den Herausgeber des *Teutschen Merkur*, befehdete, dann vielleicht darum, weil dieser Zeitschrift, dem rivalisierenden Forum des öffentlichen literarischen Bewußtseins, jenes letzte Gran an persönlichem Einsatz
und Leidenschaft fehlte, das allein Goethe bieten konnte. Aber würde Goethe, wie Schlosser befürchtete, zerbrechen, bevor jene Bändigung erreicht
war? «Man fürchtet, sein Feuer werde ihn verzehren.» Auch Goethe hatte
diesen Gedanken, als er am 10. Oktober in der Kutsche von Darmstadt

zurückfuhr, und er verfaßte, um ihn zu verscheuchen, unterwegs einen überschwenglichen, halb raunenden Hymnus in freien Versen, «An Schwager
Kronos». Darin vergleicht er sein Leben mit einer Fahrt in der Kutsche, in
Rhythmen, bald keuchend-gedrängt für die Zeiten der Mühsal, bald strö-
mend und stolz, wenn der Gipfel erreicht wird, bald rasend dem Schluß ent-
gegenjagend: schnell und ekstatisch möge das Ende sein, ruft dieser junge
Achilles aus, ein sich verzehrendes Aufflammen, das die heidnische Unterwelt zum Beifall nötigt. Die Reaktion ließ indes nicht lange auf sich warten;
zehn Tage später schrieb er Sophie von La Roche:

Ich lag zeither, stumm in mich gekehrt und ahndete in meiner Seele auf und nieder, ob
eine Krafft in mir läge, all das zu tragen, was das ehrene Schicksaal künftig noch mir
und den meinigen zugedacht hat; ob ich einen Fels fände drauf eine Burg zu bauen,
wohin ich im lezten Nothfall mich mit meiner Haabe flüchtete.

War Frankfurt ein solcher Fels? Daß Goethe überhaupt suchte, zeigt, daß er
diesen Eindruck nicht hatte. Es war davon die Rede, er solle hier seinen Weg
machen – wenn nicht in der Stadtverwaltung, dann als Resident eines oder
mehrerer größerer deutscher Staaten. Doch möglicherweise war Frankfurt
bereits ein zu enges Forum für so ausgedehnte Sympathien, die ihm von überall her nun zugewachsen waren. Sein Begriff von der Nation, der er angehörte, reichte jetzt vom gemeinen «Volck», den «besten Menschen», über das
Bürgertum, aus dem, wie er bemerkte, sein derzeitiger literarischer Kreis ausschließlich bestand, bis zum Adel, dessen Gunst er durch die Verteidigung
der alten Verfassung des Reiches im *Götz* gewonnen hatte. Wenn Frankfurt
ihn nicht halten konnte und er eine wesentliche Veränderung erstrebte, aber
im deutschsprachigen Raum bleiben wollte, gab es nur zwei praktische Möglichkeiten. Entweder er verließ das Reich, als einen – ungeachtet der in Gang
gekommenen Gärung – heillosen Fall, und ging in die Schweiz. Oder er folgte
dem Beispiel Lessings und Herders – und neuerdings Klopstocks – und sah
sich nach einem Fürsten um, der Verwendung für seine Talente hatte. Sein
Großonkel von Loen wie der neue Darmstädter Kanzler Karl Friedrich von
Moser, der ebenfalls Verbindungen nach Frankfurt besaß, hatten über die
Chancen ehrbarer und fähiger Männer von nichtadliger Herkunft geschrieben, auch in einem absolutistischen Regime namhafte Reformen durchzufüh-
ren: Ein solcher Schritt mußte kein Verrat an dem nationalen und despoten-
feindlichen Geist sein, der die *Frankfurter Gelehrten Anzeigen* erfüllt hatte.
Zufällig kam schon zwei Monate nach dem Besuch Klopstocks die Gelegenheit, diese zweite Möglichkeit zu erkunden; das setzte allerdings voraus, was
Goethe ohnehin beabsichtigt haben mag: die Beilegung der letzten literarischen Fehde, jener mit Wieland.

   Der Prinz des thüringischen Herzogtums Sachsen-Weimar, Carl August
(1757–1828), würde am 3. September 1775, seinem 18. Geburtstag, volljährig
werden und, als Herzog, von seiner Mutter, Herzoginmutter Anna Amalia
(1739–1807), das Regiment über seinen kleinen Staat übernehmen. Im De-

zember 1774 unternahm er, zur Abrundung seiner Erziehung, eine Bildungsreise nach Paris; bei dieser Gelegenheit, so hoffte man, würde er auch eine
Frau finden, da zwei der Prinzessinnen von Hessen-Darmstadt noch frei waren, nachdem der Zarewitsch 1773 seine Wahl getroffen hatte. Am 11. war
er, nach Mainz unterwegs, in Frankfurt, begleitet von seinem Oberhofmeister
Graf Görtz (1737–1821) – dem 1772 Wieland beigegeben worden war –, seinem Bruder Prinz Constantin (1758–1793), dem Hofmeister Prinz Constantins, Carl Ludwig von Knebel (1744–1834), und seinem Oberstallmeister Josias, Baron von Stein (1735–1793). Knebel stammte aus dem fränkischen Klein-
adel und hatte eine Zeitlang als Offizier in der preußischen Armee gedient,
doch war er literarisch interessiert und konnte nicht durch Frankfurt reisen,
ohne den Autor von *Werther* und *Götter, Helden und Wieland* aufzusuchen.
Er war sogleich hingerissen: «eine der außerordentlichen Erscheinungen meines Lebens . . . Er zieht die Manuskripte aus allen Winkeln seines Zimmers
hervor.» Goethe wiederum erkundigte sich nach Weimarer Persönlichkeiten,
nach Wieland und der *Alceste*-Aufführung, nach den Folgen des Brandes im
herzoglichen Schloß und nach den Veränderungen, die das neue Regiment
erwarten ließ. Knebel erbot sich ohne weiteres, Goethe dem künftigen Herzog vorzustellen – mit diesem Vorsatz mag er Goethe sogar besucht haben.
Gewiß aber war es Goethes Werk, daß sich, bei der Begegnung mit den Prinzen in ihrem Hotel, das Gespräch meist nicht um literarische Dinge drehte,
sondern um die eben erschienene Sammlung von Mösers politischen Schriften, um die Rolle von Kleinstaaten in der Verfassung des Reichs und um die
Geschichte Sachsens – Themen, die zeigen sollten, daß er mehr war als nur
ein flatterhafter Literat. Er machte einen guten Eindruck auf die Prinzen und
ihr Gefolge, zumal durch sein Loblied auf Wieland, und wurde von ihnen
für einige weitere Tage nach Mainz eingeladen. Johann Caspar Goethe mißbilligte dieses Kungeln mit Potentaten, doch Fräulein von Klettenberg, inzwischen bettlägerig, gab der neuen Verbindung ihren Segen. Am 13. Dezember brach Goethe, begleitet von Knebel, der in Frankfurt geblieben war, um
so «den besten aller Menschen zu genießen», nach Mainz auf, wo er bis zum
16. weilte. Er vertrieb sich die Zeit mit Zeichnen und Schlittschuhlaufen,
während seine Gastgeber bei Hofe waren, und ergötzte sie dann mit seinen
literarischen Schwärmereien und Abneigungen und erklärte, wie spontan und
impulsiv sein Angriff auf Wieland seinerzeit gewesen war. Man bewog ihn,
vermutlich ohne Mühe, an Wieland zu schreiben, um die Beziehung zu kit-
ten: Wieland blieb zunächst unbeeindruckt, doch dann erreichte ihn mit den
Briefen der Reisenden eine solche Welle der Sympathie für Goethe, daß er
im Januar ankündigte, es solle «radicaliter» aller «Mißmut gegen diesen sonderbaren großen Sterblichen geheilt werden . . . an meinem guten Willen
soll's nicht liegen, wenn wir nicht Freunde werden können.» Auch die Frau
des Barons von Stein befragte ihre Korrespondenten nach diesem neuen
Stern, der da offenbar am Weimarer Himmel heraufzog, aber ihr Freund, der
Modearzt, Psychiater und Popularphilosoph Johann Georg Zimmermann

(1728–1795), der zwar seit langem mit Lavater befreundet war, aber Goethe nicht persönlich kannte, erklärte ihr nur: «Sie wissen nicht, bis zu welchem Punkte dieser *liebenswürdige* und *bezaubernde* Mann Ihnen gefährlich werden könnte!» Inzwischen war der Weimarer Troß nach Karlsruhe gereist, denn die Frau des Markgrafen von Baden war die Tante der Prinzessinnen von Hessen-Darmstadt, die sich jetzt am Hof aufhielten, und hier gaben am 19. Dezember Carl August und Prinzessin Luise (1757–1830) ihre bevorstehende Verlobung bekannt. Die Rückkehr nach Frankfurt war für Goethe betrüblich: Am Tag seiner Abreise war Fräulein von Klettenberg gestorben. Er hatte nicht glauben wollen, daß sie so schwer krank war, vielleicht weil es ihm ungelegen kam, doch ihre letzten Worte – «Sag ihm Adieu, ich hab ihn sehr liebgehabt» – verraten keinen Groll über seine Abwesenheit. Dank der Tage in Mainz begann jetzt für Goethe ein neues Leben, in dem aber Fräulein von Klettenberg unvergessen blieb, und was man auch über sein Verhalten zum Zeitpunkt ihres Todes denken mag: er hat zu ihrem Gedächtnis so manches literarische Denkmal errichtet.

Neue Zuversicht erfüllt die zunehmend hektische Betriebsamkeit Goethes im Winter 1774/75. Er frönte natürlich dem Schlittschuhlaufen und begann, Schach zu spielen. Die neuen Kontakte wurden intensiv gepflegt. Von Bürger und Boie kamen nach wie vor Briefe. Fritz Jacobi wohnte längere Zeit im Januar und noch einmal von Ende Februar bis Anfang März im Hirschgraben, und Goethe war bereit, für die Märznummer der *Iris*, für welche er jetzt regelmäßig Beiträge lieferte, *Erwin und Elmire* zu beenden. Ein neues, ausgewachsenes Drama, *Stella*, war im Entstehen, und Fritz Jacobi sowie Johanna Fahlmer wurden über die Fortschritte bei der Arbeit auf dem laufenden gehalten. (Leider sollte dieses Stück, mit der offenen Anspielung auf das Dreiecksverhältnis zwischen Johanna Fahlmer und Fritz und Betty Jacobi, im Laufe des Jahres zu einer Abkühlung der Freundschaft führen, gerade als Fritz Jacobi, in seinen Briefen und ansatzweise auch in seinem ersten Romanversuch, zu einer eigenen Form der Goetheschen Verschmelzung von Empfindsamkeit und Sturm und Drang fand.) Ein Briefwechsel entspann sich mit Knebel, dem Goethe einige seiner unvollendeten Manuskripte, auch den *Faust*, geschickt hatte, und nachdem er sich bereits im vorangegangenen Oktober in der Ölmalerei versucht hatte, begann Goethe im Februar, Zeichenunterricht bei seinem alten Bekannten Georg Melchior Kraus zu nehmen, der soeben von einem Besuch in Weimar und dem benachbarten Gotha zurückgekommen war und im Oktober seinen Posten als Direktor der Weimarer Zeichenschule antreten sollte. Kraus hatte eine recht gute Meinung von Goethes Porträts und Scherenschnitten, während Goethe anscheinend auch die Gelegenheit wahrnahm, Kraus' Zeichnungen und Stiche von Weimarer Lokalitäten und Persönlichkeiten zu studieren, und Wieland brieflich zu der glücklichen Familie gratulierte, die Kraus' Porträt von ihm mit seiner Frau und den Kindern zeigte (wenn er auch Kraus gegenüber die Möbel Wielands zu aufwendig für einen Schriftstellerhaushalt fand). Überaus peinlich war es

Goethe, daß im März eine neue Satire auf Wieland und auf zahlreiche ablehnende Besprechungen des *Werthers* erschien; abgefaßt in Knittelversen und *Prometheus, Deukalion* [Prometheus' Sohn, das heißt Werther] *und seine Recensenten* betitelt, wurde das Opus allgemein Goethe zugeschrieben. Die Weimarer Prinzen und ihre Gefährten nahmen es übel auf – für Görtz war es eine «Unfläterei» und Goethe ein «gemeiner Kerl», mit dem man ihn, wie er versicherte, nie mehr in ein und demselben Raum finden werde –, und als Goethe erfuhr, daß der wahre Autor Heinrich Leopold Wagner hieß, beeilte er sich, in einer «Öffentlichen Erklärung» seine Mißbilligung publik zu machen und Knebel ein Exemplar der Erklärung zu schicken. Nicht einmal Klopstocks Entschluß, aus Karlsruhe in das republikanischere Hamburg zurückzukehren, vermochte sein Interesse an den Möglichkeiten eines kleinen, aber kultivierten Fürstentums zu schmälern. Kaum vierzehn Tage, nachdem der heimreisende Klopstock noch einmal bei ihm gewohnt hatte, ermahnte Goethe Knebel: «Und nun schreiben Sie mir viel von Ihnen. Vom theuern Herzog.» Wenn Goethe im Februar die beiden Prinzen von Sachsen-Meiningen bei ihrem Besuch in Frankfurt aufmerksam hofierte, dann wohl auch im Hinblick auf ihre Stellung als gut informierte, und vielleicht einflußreiche, Nachbarn Weimars und womöglich auf einen alternativen Wirkungskreis. Doch alte Freunde wurden darüber nicht vergessen. Herder war seit der letzten Begegnung mit Goethe im Jahre 1773, zur Zeit seiner Heirat und des Vorlesens des *Fastnachtsspiels vom Pater Brey*, kühl und abweisend gewesen; nun söhnte man sich brieflich wieder aus. Im März weilte auch Jung-Stilling im Haus; freilich ertrug Goethe nur schwer die religiöse Zerknirschung oder Ekstase, womit der fromme Augenarzt Mißlingen oder Gelingen seiner Staroperationen in Frankfurt quittierte.

Nicht, daß Goethes Leben zu jener Zeit des religiösen, oder quasi-religiösen, Gefühls entraten hätte. Als der *Teutsche Merkur* im März das neueste Werk von Lenz ungünstig besprach, war Goethe neuerlich überzeugt, daß Wieland letzten Endes doch auf der falschen Seite stand und keine Zusammenarbeit mit ihm möglich sein werde, und verfiel in seiner Niedergeschlagenheit wieder auf den Gedanken: «Mit mir nimmts kein gut Ende.» «Mir ist's wieder eine Zeit her für Wohl u. Weh, dass ich nicht weis ob ich auf der Welt bin», schrieb er auch, «o dann lass mich auch nicht stecken . . . zur Zeit der Trübsaal, die kommen könnte, wo ich dich flöhe und alle Liebe! . . . rette mich von mir selbst», und dann, drei Wochen später: «das liebe Ding, das sie Gott heissen, oder wie's heisst, sorgt doch sehr für mich.» Empfängerin dieser Geständnisse war die höhergeborene zweier neuer weiblicher Bekanntschaften, die Goethe im Januar gemacht hatte und die ein Jahr lang seine Gefühlswelt unter sich aufteilten. Obgleich Goethe dieser Frau einige seiner intimsten und demonstrativsten Geständnisse machte, lernte er sie nie persönlich kennen, ja die ersten beiden Briefe von ihr gaben sich als anonyme Zuschriften einer Bewunderin des *Werthers*. Allerdings erfuhr Goethe ziemlich schnell – wahrscheinlich durch Boie –, daß er mit Auguste Gräfin Stolberg korrespondierte. Es war gewiß der Extremfall einer Kommunikation mit einem abwesenden Objekt des Vertrauens und der Zuneigung, ein Monolog in Dialogform, der länger und mit weit größerer Intensität durchgehalten wurde als die imaginäre Beziehung zu Helene Buff. Goethe schrieb seinen Teil des Briefwechsels schließlich in Tagebuchform und gebrauchte das Du, das Geschwistern oder Liebenden vorbehalten ist. Auguste ihrerseits – später zum zärtlichen «Gustchen» werdend – bemerkte die inhaltliche und formale Verwandtschaft mit den Briefen Werthers, und die Beziehung zeigt deutlich, daß Goethes «Generalbeichte» weit davon entfernt war, für ihn alle Fragen zu lösen, die im Roman aufgeworfen worden waren.

Das Gegenstück zu dieser rein geistigen Beziehung zu einer vornehmen Frau, die Goethe nur als Vertreterin jenes Publikums kannte, das einfach seine einsamen Empfindungen reflektierte und an das der *Werther* gerichtet war, bildete die sehr reale, und damit für ihn, in der damaligen Phase seines Lebens, unmöglich schwierige Beziehung zu Anne Elisabeth Schönemann (1758–1817). «Lili», wie Goethe sie nannte – sie selber bevorzugte später die Kurzform «Liese» –, stammte aus einer calvinistischen Bankiersfamilie teilweise hugenottischer Abkunft, die ihre besten Tage bereits hinter sich hatte, auch wenn Lili und Frankfurt das im Jahre 1775 noch nicht wußten, weil der endgültige Bankrott erst 1784 kam. Lilis Vater war 1763 gestorben; sie und ihre vier Brüder wurden von der Mutter erzogen, die auch die Geschäfte führte. Goethe lernte Lili zu Beginn der Fastnachtszeit 1775 bei einem Konzert in dem wuchtigen Schönemannschen Hause kennen, mit dessen Bau der Ruin des Familienvermögens begonnen hatte, und binnen weniger Wochen wurde er ein eifriger Whistspieler und Ballbesucher, um Lili häufiger zu sehen. Mehr nach seinem Geschmack war das halb ländliche Leben ihres Onkels und ihres Vetters in der Gartenvorstadt Offenbach, am Ufer des Mains, wo er zwischen März und Mai wiederholt im Hause des Komponisten Johann André wohnte und wo manches kleine Fest veranstaltet und fleißig musiziert und rezitiert wurde (auch Bürgers «Lenore»). Lili war keine flache Salonschönheit, sondern, wie sich in den Widrigkeiten der Französischen Revolution zeigen sollte, eine Frau von großem Mut und Charakterfestigkeit. Bildung und kultivierte Interessen hatten keine Tradition in ihrer Familie, aber dieses Mangels war sie sich wohl bewußt. Sie war reizvoll, ohne flatterhaft zu sein, und besaß mehr Intelligenz, und mehr Rückgrat, als jede andere Frau, der Goethe bisher seine Zuneigung geschenkt hatte. Wie sehr sie anders war, beweist die Gründlichkeit, mit der sie später jedes einzelne Stück Papier vernichtete, das sich auf die Liaison mit Goethe bezog, die sich aus diesem Grund nicht mehr im einzelnen rekonstruieren läßt. Fest steht, daß die Zeit ihres Werbens berauscht war von der Verheißung des Glücks, und ist dies nicht selbst schon ein Gutteil Glück? «Es war eine durchaus glänzende Zeit», heißt es in *Dichtung und Wahrheit*, «eine gewisse Exaltation waltete in der Gesellschaft, man traf niemals auf nüchterne Momente.» Um den 20. April fand eine inoffizielle Verlobung statt: Anstelle von Ringen kaufte Goethe

12. E. M. von Türckheim: Anna Elisabeth («Lili») von Türckheim, geb. Schönemann, und B. F. von Türckheim (um 1798)

zwei goldene Herzen, die man an einer Kette um den Hals trug, und für
kurze Zeit, so sagt er, genoß er den verzauberten Stand der Verlobung. Doch
schon bald gab es Warnsignale. Goethe hatte wenig Geduld mit den spießigen
und materialistischen Brüdern Lilis, und seine Eltern waren über den konfessionellen Unterschied zwischen beiden Familien besorgt und fanden kein
herzliches Verhältnis zu Lilis Mutter. In seinen Gelegenheitsgedichten für die
Familie, von denen viele natürlich verloren sind, verglich sich Goethe mit
einem Bären aus den Wäldern, der in dem netten Rokokozoo der unerschüt-
terlichen 16jährigen Lili zwar gezähmt wurde, aber fehl am Platze war. Eines
dieser Stücke, das erhalten geblieben ist, entweder im Frühjahr oder im
Herbst 1775 entstanden und «Lilis Park» betitelt, schließt mit der Drohung
des wilden Tieres, daß es mit seinem Sturm und Drang noch nicht aus und
daß seiner Fügsamkeit nicht zu trauen sei:

> Nicht ganz umsonst reck' ich so meine Glieder:
> Ich fühl's! ich schwör's! Noch hab' ich Kraft.

Dennoch war nicht klar, warum die Verlobung zum Scheitern verurteilt sein
sollte. Die Bemerkungen Goethes zu Eckermann gegen Ende seines Lebens
sind sehr anrührend: «Sie war . . . die erste, die ich tief und wahrhaft liebte.
Auch kann ich sagen, daß sie die letzte gewesen . . . Ich bin meinem eigentlichen Glücke nie so nahe gewesen als in der Zeit jener Liebe zu Lili. Die
Hindernisse, die uns auseinander hielten, waren im Grunde nicht unübersteiglich – und doch ging sie mir verloren.» Eben *daß* die Schwierigkeiten
nicht unübersteiglich waren, war denn auch das eigentliche Hindernis. Lili
war noch ganz ungebunden, und sie paßte sehr gut zu Goethe. Weder war
sie fern und unnahbar, noch spielte sie ein Mariage-Spiel, noch war sie mit
einem anderen Mann verlobt oder verheiratet; die soziale Kluft zwischen ihnen war nicht groß, ebensowenig, damals noch, die finanzielle – Lilis Mitgift
1778 war dieselbe wie die Mitgift Cornelia Goethes. Beide fühlten sich stark
zueinander hingezogen, und Lili gab später eine bessere Ehefrau ab als die
meisten, oder alle, anderen Frauen, die Goethe bewunderte. Lili wäre eine
gute Partie für jeden normalen Frankfurter Advokaten gewesen – und eben
das war fraglos der Grund, warum Goethe von Anfang an bei der Sache nicht
wohl war. Lili bot ihm zum erstenmal die ganz reale Möglichkeit der Ehe,
und darum war die Krise, in der er Lili abwies, die schwerste, und entschei-
dendste, seines Lebens. Lili hieß Heirat, und Heirat hieß nicht nur unge-
hobelte und geizige Brüder, und Schwiegereltern, die miteinander nicht aus-
kamen – Heirat hieß Frankfurt. Nicht nur deshalb, weil der soziale und
finanzielle Druck, in der Heimatstadt seßhaft zu werden und sich mit einem
Leben als Advokat oder Konsul abzufinden, übermächtig gewesen wäre: Lili
selbst und ihre teilweise hugenottischen Verwandten mit den französischen
Namen waren, viel mehr als der querköpfige Johann Caspar Goethe, die lebendige Verkörperung Frankfurts, und das war das eigentlich Bedeutsame
des konfessionellen Unterschieds zwischen beiden Familien. Als Calvinisten

und Angehörige der zweiten Gesellschaftsklasse waren die Schönemanns, weit mehr als die Goethes, durch ihre Geschäftätigkeit und den politischen Kampf ihrer Kaste seit der Jahrhundertwende, mit Frankfurt und seiner Verfassung verbunden. Ihre Kontakte waren kosmopolitisch, sie gaben häufige und verschwenderische Empfänge, aber das Regiment in der Stadt überließen sie gerne dem Adel: Ein anständiger Bürger konnte seine Pflicht durch öffentliches Wirken in den Bürgerversammlungen oder in der Freimaurerloge tun (der beizutreten Goethe ablehnte). Goethes Eltern hatten, wie ihr Sohn, nicht eben große Sympathie für diesen Geist des Establishments in seiner ganzen reichen und behäbigen Selbstzufriedenheit: Ihr politischer und kultureller Horizont hatte die Weite und Eigenständigkeit derer, die Reichtum und Rang nicht erwerben, sondern besitzen. Aber selbst wenn eine Lili und ein Wolfgang Goethe freiwillig – oder, wie später Lili, unfreiwillig – die Bürgerwelt der freien Reichsstädte hätten verlassen und, wie Kestner oder Merck oder Zimmermann, in der Residenzstadt oder am Hofe irgendeines Fürsten hätten leben können, wäre doch für Goethe die Ehe immer auch etwas anderes gewesen, das er, seit er die Ballade «Pygmalion» geschrieben hatte, nicht akzeptieren mochte: das Ende der Sehnsucht. Er war immer noch überzeugt, daß es – gut biblisch – besser sei, «Brunst zu leiden als zu freien»; das war die Vorbedingung für sein Dichten, und dieser Überzeugung wurde Lili ebenso geopfert wie vor ihr Friederike. Indessen hatte Goethe die Qualen und Selbsttäuschungen der Sesenheimer Zeit nicht vergessen, und so sorgte er 1775 dafür, daß er es war, der mehr zu leiden hatte, und nicht die Frau. Lili zählte später ihr «Tugendgefühl» unter «die Opfer, welche sie ihm [Goethe] bringen wollte», aber Goethe habe das Opfer nicht angenommen und sei damit der «Schöpfer ihrer moralischen Existenz» geworden. Er hatte sie also moralisches Verantwortungsgefühl gelehrt, eine Ernsthaftigkeit in bezug auf Körper und Seele und Berufung, die er selber sich seit zehn schweren Jahren anzueignen suchte. Wäre Goethe auf ihre Avancen eingegangen und hätte sie dann verlassen, so hätte sie, wie sie sehr wohl wußte, ganz und gar ihren sozialen Status und damit die glückliche und fruchtbare, wiewohl schweren Belastungen ausgesetzte, Ehe verloren, die sie in Wirklichkeit führte. Natürlich mag Goethe auch davor zurückgeschreckt sein, sich auf eine Weise zu binden, die die Ehe praktisch unumgänglich gemacht hätte; doch gibt es in sexuellen Dingen keine völlig eindeutigen Motive.

Die Versuchung, die Lili für Goethe darstellte, war die Einpassung seines Lebens, und damit seiner Dichtung, die, in Ermangelung eines religiösen Antriebs, von seinem Leben zehrte, in eine wohldefinierte Rolle in der bestehenden Gesellschaftsordnung. Erst mit 57 Jahren akzeptierte er eine solche Rolle: noch 31 Jahre blieb er unerklärbar, unberechenbar, ungebunden. Aber die Versuchung war auch eine körperliche, und ihr, aus welchen Gründen auch immer, zu widerstehen, forderte einen körperlichen Preis. Goethe hatte manchmal den Eindruck, ein simples Tier mit naheliegenden natürlichen Bedürfnissen zu sein, von dem man erwartete, daß es um der recht abstrakten

Herzensbedürfnisse des deutschen Publikums willen eine übermenschliche Rolle spiele. Die verzweifelte Reaktion hierauf zeigen die sehr obszönen Bruchstücke von *Hanswursts Hochzeit*, die zur Zeit seiner Verlobung, im Frühjahr 1775, entstanden (als ihm übrigens auch das Haar auszufallen begann). Hanswurst, der Spaßmacher der Komödie und des Puppenspiels, ist ein literarisches «Genie» geworden, und Kilian Brustfleck, sein Mentor, Repräsentant deutscher Bürgertugend, krönt das Bildungswerk an seinem Mündel, indem er für ihn eine behagliche, konventionelle, achtbare und, so Gott will, fruchtbare Ehe stiftet.

> KILIAN BRUSTFLECK. Die Welt nimmt an euch unendlichen Theil
>   Nun seid nicht grob wie die Genies sonst pflegen
>   . . . .
>   Was sind nicht alles für Leute geladen
>   . . . .
>   Es ist gar nichts an einem Feste
>   Ohne wohlgeputzte Vornehme Gäste.
> HANSWURST. Mich däucht das grösst bey einem Fest
>   Ist wenn man sichs wohl schmecken lässt
>   Und ich hab keinen Appetiet
>   Als ich nähm gern Ursel auf n Boden mit
>   Und aufm Heu und aufm Stroh
>   Jauchtzen wir in dulci iubilo
> KILIAN BRUSTFLECK. Ich sag euch was die deutsche Welt
>   An grosen Nahmen nur enthält
>   Kommt alles heut in euer Haus
>   Formirt den schönsten Hochzeit schmaus
> HANSWURST. Indess was hab ich mit den Flegeln
>   Sie mögen fressen und ich will vögeln

1770 war Goethe nach Straßburg gekommen, ohne zu wissen, wozu er berufen war: zur Befriedigung seiner Fleischeslust, zu einer ruhigen, behaglichen Ehe, zur Dichtkunst oder zu einem erfolgreichen Wirken als Mann der Öffentlichkeit. Herders literarisches Programm hatte ihm eine Rolle nahegelegt, die die unmittelbar bedrängende Qual dieser Ungewißheit von ihm nahm. Aber in dem literarischen Programm verborgen lag eine Theorie des Genies, die auf die Dauer die angstvolle Sorge um seine individuelle Berufung nur verschärfen mußte. Was nützt es dem Hanswurst von 1775, wenn alle großen Namen der deutschen Welt ihm jetzt bereitwillig bestätigen, daß er ein Genie ist? Gewiß, anscheinend wollen sie alle, daß er endlich seßhaft wird und heiratet, aber das eine, das die Ehe ihnen nicht bedeutet, ist just das eine, das ihn zur Ehe bestimmen könnte. Vielleicht haben die kleinen Menschlein sich alle mit der gesellschaftlichen Konvention verschworen, um sein Begehren zu durchkreuzen, ja um das Genie zu ersticken, das sie zu bewundern vorgeben. In den späteren Jahren seiner Sturm-und-Drang-Periode, von 1773 bis 1775, schrieb Goethe in zunehmend extremen Begriffen über den schöpferischen Menschen, betonte dessen Ausnahmestellung – nicht immer zum Vorteil des betreffenden Werkes. «Mahomets Gesang» war ein prachtvoll gebändigtes rhythmisches Crescendo, eine Ode, in der die Bahn des Propheten ein Gleichnis fand an dem Lauf eines großen Flusses, von den ersten Rinnsalen in den Bergfelsen bis zu der schwellenden Mündung, die alles Wasser aller Seitenarme dem Vater Ozean übergibt. Daß die Brüder-Flüsse des einen großen Stromes eine so besondere Rolle in dem Gedicht spielen, entsprach einer Periode in Goethes Leben, in der er in dem Genie den Teilhaber einer kollektiven Unternehmung erkannte. Im *Clavigo* steht im Brennpunkt bereits das Individuum, und in *Salomons Königs von Israel und Juda güldnen Worten von der Ceder biss zum Issop*, geschrieben 1775, gerät die humorvolle Ungeduld des *Satyros* zu theatralischem Hochmut:

Eine Zeder wuchs auf zwischen Tannen, sie theilten mit ihr Regen und Sonnenschein. Und sie wuchs, und wuchs über ihre Häupter und schaute weit ins Tahl [sic] umher. Da riefen die Tannen: ist das der Dank dass du dich nun überhebest, dich die du so klein warest, dich die wir genährt haben! Und die Ceder sprach rechtet mit dem der mich wachsen hies.

Überspanntes Genie beehrte Goethe höchstpersönlich im Mai 1775, sinnig genug avisiert von der fernen Bewunderin, Auguste Stolberg. Ihre beiden Brüder, Christian und Friedrich, sowie ein dritter Edelmann, ein Kommilitone aus Göttinger Tagen, machten eine Reise in die Schweiz und wollten unterwegs Goethe besuchen. Sie kamen am 8. Mai in Frankfurt an und wohnten in einem Gasthof, gingen jedoch zum Essen meist in den Großen Hirschgraben. Sie überredeten Goethe ohne Mühe, wenigstens bis nach Emmendingen, südlich von Karlsruhe, mitzukommen, wo Schlosser und Cornelia jetzt lebten. Goethes Einwilligung rief stürmische Begeisterung hervor: «Wir vier sind, bei Gott, eine Gesellschaft, wie man sie von Peru bis Indostan umsonst suchen könnte», schrieb Christian, und alle vier ließen sich «Werthers Uniform» schneidern, um der Welt kundzutun, mit wem sie es zu tun hatte – blauer Gehrock, gelbe Weste und Hosen wie im Buch, dazu «runde, graue Hüte». Goethe informierte Lili nur kurz und ohne Erklärung über seine Abreise: Es mag, wie er in *Dichtung und Wahrheit* sagt, eine Probe auf die Festigkeit ihrer Beziehung gewesen sein, die freilich zumindest unklug war; eher sieht es nach einer Flucht vor den Spannungen aus, denen die Verlobung ihn ausgesetzt hatte; im Grunde genommen war es der erste unklare Versuch in einem Genre, in dem er sich in den nächsten fünfzehn Jahren noch öfter versuchen sollte: eine frappierende Geste, gewöhnlich eine Reise, häufig in einem literarischen Werk verewigt und darauf berechnet, ihm Zeit und Abstand zum Nachdenken über sein Leben und seine Ziele zu verschaffen, ihn frei zu machen für das «Fatum», das widerstandslose Fahren auf dem Strom der Ereignisse, und einen Wendepunkt in seiner Lebensbahn zu symbolisieren oder zu markieren. Einen oder zwei Tage vor seiner Abreise am

14. Mai schrieb er Herder, in dem klaren Wissen, daß er absichtlich sein Leben Mächten in die Hand legte, über die er bewußt nichts vermochte:

Dem Hafen häuslicher Glückseeligkeit, und festem Fuse in wahrem Leid u. Freud der Erde wähnt ich vor kurzem näher zu kommen, bin aber auf eine leidige Weise wieder hinaus in's weite Meer geworfen. . . . Ich tanze auf dem Drate: Fatum congenitum genannt: mein Leben so weg! . . . Fiat voluntas!

Die Reise begann so, wie es sich für Genies aus der Schule Klopstocks ge-hörte: Man badete nackt in einem Teich bei Darmstadt; man trank auf das Wohl von Friedrich Stolbergs Geliebter, einer Engländerin namens Sophie Hanbury, und ließ darauf die Weingläser an der Wand zerschellen; man wein-te mit ihm, als der Brief eintraf, der ihm meldete, daß zwischen ihm und Miss Hanbury künftig nicht mehr als gute Freundschaft herrschen könne. Merck fand die ganze Affäre verrückt und sagte das Goethe auch, als die vier durch Darmstadt kamen: «Du wirst nicht lange bei ihnen bleiben!», zitiert *Dichtung und Wahrheit* seine Worte: «Dein Bestreben . . . ist, dem Wirklichen eine poetische Gestalt zu geben; die andern suchen das sogenannte Poetische, das Imaginative, zu verwirklichen, und das gibt nichts wie dummes Zeug.» Ge-sitteter mußte man sich in der winzigen Residenzstadt Karlsruhe mit ihren nur 3.000 Einwohnern betragen, wo die Gesellschaft vom 17. bis zum 23. Mai blieb. Hier traf Goethe erneut Carl August von Weimar mit seinen Ge-fährten, als sie, zur Vorbereitung der offiziellen Verlobung Carl Augusts mit Prinzessin Luise, am 21. Mai nach Karlsruhe kamen, und das illustre Paar lud ihn noch einmal ein, sie im Herbst, wenn sie wieder in Thüringen sein wür-den, in Weimar zu besuchen. Es schlossen sich fünf Tage in Straßburg an, die ein doppeltes frohes Wiedersehen brachten: mit Lenz und mit dem Münster. «Diese alte Gegend, ietzt wieder so neu – das Vergangne und die Zukunft», schrieb Goethe Johanna Fahlmer, wie wenn er allem einen Sinn abschmei-cheln wolle, ohne noch zu wissen, welchen. «Unterweegs nichts unerwartet, aber . . . alles ist besser als ich dachte. Vielleicht weil ich liebe find ich alles lieb und gut. Soviel diesmal vom durchgebrochnen Bären. . . . Ich habe viel, viel gesehen. Ein herliches Buch die Welt um gescheuter daraus zu werden, wen[n]s nur was hülfe.» Er war nun unschlüssig, ob er die Reise über Em-mendingen hinaus fortsetzen solle oder nicht. Italien begann wieder zu lok-ken, und wenn es hierüber vor seiner Abreise auch keine Absprache mit dem Vater gegeben hatte, mochte Goethe glauben, dessen Billigung zu haben, soll-te er jetzt die große Reise zu seiner eigentlichen Universität antreten. Auf der anderen Seite mußte ein solcher Schritt die Beziehung zu Lili endgültig kap-pen. Ein möglicher Kompromiß (aber was bedeutet die Suche nach einem Kompromiß bei *diesen* Alternativen?) bestand darin, mit den Stolbergs weiter nach Zürich zu fahren, wo Goethe Lavater sehen und vielleicht um Hilfe bitten konnte. (Die Darstellung in *Dichtung und Wahrheit*, wonach Johann Caspar Goethe damals, so bald nach der Verlobung, die Italienreise seines Sohnes gewünscht haben soll, ist in sich nicht plausibel und wird von zeitgenössischen Quellen nicht gedeckt.) Am 28. Mai kam Goethe in Emmendingen an, wo Schlosser, als höchstbezahlter Beamter des Markgrafen von Baden, das Leben von 20.000 Menschen in 29 kleinen Städten und Dörfern verwaltete, wo aber Cornelia ein Dasein in verzweifelter Einsamkeit fristete, da sie den regen gesellschaftlichen Umgang, den sie von Frankfurt her gewohnt war, hier entbehren mußte. Der Besuch ihres Bruders, dem bald darauf Lenz und dann die Stolbergs folgten, war eine beispiellose Abwechslung für sie. Riet sie ihm wirklich, wie Goethe in seiner Autobiographie behauptet, mit Lili zu brechen? Wir dürfen jedenfalls sicher sein, daß sie keine Lust hatte, ihren Bruder überhaupt verheiratet zu sehen, und vielleicht hat sie ihm das, auf ihre Weise, auch gesagt. Während des Aufenthaltes bei Cornelia vollendete Goethe ein Werk, das er sogleich Knebel (und damit Carl August) sandte: das Singspiel *Claudine von Villa Bella*, das er im April «aufgegraben» hatte, das sich denselben Umständen verdanken mag wie *Erwin und Elmire* und das von den Wonnen und Qualen des Vagabundenlebens erzählt. Als er am 6. Juni Abschied von den Schlossers nahm, wandte er sich nicht heimwärts, zu Lili, sondern nach Süden, in die Schweiz: «Denn noch, fühl ich, ist der Hauptzweck meiner Reise verfehlt, und komm ich wieder, ists dem Bären schlimmer als vorher.»

Durch den südlichen Schwarzwald, vorbei an Schaffhausen, wo man natürlich den großen Rheinfall bewunderte, reiste die Gesellschaft im Eiltempo über Konstanz und Winterthur nach Zürich, wo man am 9. Juni eintraf. Lavater empfing sie herzlich; Goethe wohnte natürlich bei ihm und empfand zum erstenmal die eigenartige Mischung aus Frieden, Hochgestimmtheit und rastloser praktischer Tätigkeit, die in diesem Hause waltete. Schon bald wird er neue Bekanntschaften geschlossen haben: mit Lavaters Vertrauter, der häuslichen und behaglichen Barbara Schulthess (1745–1818), die zwar die literarischen Schwärmereien des Pastors, nicht aber seinen missionarischen Eifer teilte, und mit dem jungen Kupferstecher Johann Heinrich Lips (1758–1817), der maßgeblichen Anteil am Zustandekommen der *Physiognomischen Fragmente* hatte. Auch ein paar vertraute Gesichter aus Frankfurt begrüßten ihn: der Komponist Philipp Kayser, der vor kurzem auf Empfehlung Goethes eine Anstellung als Klavierlehrer in Zürich gefunden hatte, und Jakob Ludwig Passavant (1751–1827), der seit etwas über einem Jahr als rechte Hand Lavaters fungierte und Goethe, kaum daß er ihn begrüßt hatte, den Vorschlag machte, gemeinsam die historischen Kantone rund um den Vierwaldstättersee zu besuchen. Es war ein reizvoller Gedanke, aber zunächst gab es noch manches Sehenswürdige rund um Zürich zu besichtigen. So führte ein Pflichtbesuch alle fortschrittlichen Reisenden zu Jakob Gujer, genannt «Kleinjogg» (gest. 1785), einem Musterlandwirt, bekannt als «philosophischer Bauer» und angeblich Exempel für die Anwendbarkeit aufgeklärter Grundsätze auch auf der untersten Ebene des sozialen und ökonomischen Stufenbaus. Auch der junge, empfindsame Baron von Lindau (1754–1776), der bei Lavater Zuflucht vor einer unglücklichen Herzensangelegenheit gesucht hatte, fesselte die Aufmerksamkeit der Reisenden – die doch selber von Liebesnot nicht verschont blieben – durch sein Vorhaben, einen Bauernjungen namens Peter im Baumgarten bei sich aufzunehmen und im Geiste aufgeklärter Pädagogik zu erziehen. Goethe lehnte zwar Lindaus Vorschlag ab, ihn und Passavant auf eine Tour ins Gebirge zu begleiten, aber sein Interesse an dem pädagogischen Experiment war doch so groß, daß er versprach, Peters Vormund zu werden, falls Lindau einmal etwas zustoßen sollte. Dem 77jährigen Bodmer wurden Goethe und die Stolbergs durch Lavater vorgestellt; sie besuchten ihn in seinem Heim, einem der prachtvollsten Häuser Zürichs, hoch über der alten Stadt, mit Blick auf die Berge. Man diskutierte über Julius Caesar, den «großen Kerl», über den Goethe noch immer ein Drama schreiben wollte und den er gegen die «niederträchtigen» Verschwörer in Schutz nahm, die den Tyrannen meuchlings niedergestochen hatten. Bodmer war ein genauer und scharfer – und bedenkenlos unbarmherziger – Beobachter der literarischen Szene, und sein Kommentar zu der Diskussion traf den Geniekult direkt in das leere Herz: «Es ist sonderbar, daß ein Deutscher, der die Untertänigkeit mit der äußersten Unempfindlichkeit erduldet, solche Ideale von Unerschrockenheit hat!»

Am 15. Juni, dem Fronleichnamstag, begannen die Ausflüge von Zürich aus. Ein Boot mit Lavater, Goethe, Passavant, Kayser und einigen weiteren Personen an Bord überquerte den See und stieß zu einem anderen, in dem Stolbergs Gesellschaft saß; gemeinsam wiederholte man das Picknick von vor 25 Jahren, das Anlaß für Klopstocks Ode «Der Zürchersee» gewesen war. Goethe hatte bisher auf der Reise wenig auf die Landschaft geachtet, und er hatte kein Tagebuch geführt. Vielleicht war es Lavater, der ihn dazu ermutigte, Aufzeichnungen zu machen, und das Notizbuch, das er nun immer bei sich trug, setzt ein mit einer Begegnung zwischen dem Diaristen und der Landschaft, die die Gewalt einer Entdeckung hat. Auf dem Schiff, und während eines Uferspaziergangs unter den ausladenden Ästen von Nußbäumen, deren grüne Früchte schon hervortraten, kritzelte Goethe, in zwei Etappen, ein Gedicht in sein Heft, das seine Stimmung und ihre Schwankungen an diesem prachtvollen Morgen festhält und Anspruch darauf machen kann, zu seinen schönsten Schöpfungen gezählt zu werden:

> Ich saug' an meiner Nabelschnur
> Nun Nahrung aus der Welt.
> Und herrlich rings ist die Natur,
> Die mich am Busen hält.
> Die Welle wieget unsern Kahn
> Im Rudertakt hinauf,
> Und Berge wolkenangetan
> Entgegnen unserm Lauf.
> Aug mein Aug, was sinkst du nieder?
> Goldne Träume, kommt ihr wieder?

Weg, du Traum, so gold du bist,
Hier auch Lieb und Leben ist.
Auf der Welle blinken
Tausend schwebende Sterne,
Liebe Nebel trinken
Rings die türmende Ferne,
Morgenwind umflügelt
Die beschattete Bucht,
Und im See bespiegelt
Sich die reifende Frucht.

Den Gegensatz zu Klopstocks Gedicht von 1750 muß man nicht betonen: dies ist der junge Goethe in höchster Reinheit und Konzentration, eine Sinnlichkeit, die bildmächtig, kraftvoll und enorm empfindungsfähig zugleich ist. Goethe ist vor allem der Dichter der einzigartigen Form und des einzigartigen Rhythmus: «Auf dem See» (wie Goethe das Gedicht später betitelte) verknüpft zauberisch die einleitenden regulär jambischen Verse mit einer unerwarteten Konstellation aus trochäischen Formen (in mindestens fünf verschiedenen Spielarten). Jede dieser rhythmischen Modulationen entspricht einer veränderten Stimmungslage. Die Gefühlsanspannung des Dichters zeigt sich sogar an dem regulären Anfang des Gedichts: durch die merkwürdige Widersprüchlichkeit der Bilder. Der Ausruf Ganymeds «umfangend umfangen» barg unausgesprochen stets ein Paradox in sich; jetzt spricht dieses Paradox sich aus, in der unterschiedlichen Beziehung, die hier zwischen dem Dichter und der Natur walten soll: Der Dichter ist im Inneren der Natur, wie in ihrem Schoß, er liegt an ihrer Brust, er steht außerhalb der Natur, wiewohl mit ihr verbunden, er ist umgeben von ihr, aber auf Distanz. Die einfache Harmonie, ja Identität von Subjektivem und Objektivem, des Persönlichen mit dem Natürlichen im «Maifest» fehlt fraglos in «Auf dem See», aber das bedeutet keinen Rückfall Goethes in den Dualismus Klopstocks. Richtiger müßte man sagen, daß *Beziehung* an die Stelle von *Identität* getreten ist. Widersprüchlichkeit ist keineswegs unvereinbar mit Reziprozität. Die ersten acht Zeilen von «Auf dem See» sprechen über komplexe und variable zweiseitige Beziehungen: von etwas genährt werden, von etwas umgeben sein, mit etwas im Takt sein, etwas begegnen. Die Nabelschnur ist hier noch nicht durchtrennt. Im Gegenteil, das Seelenleben des Dichters erscheint selber als etwas Lebendiges, aktiv fühlend und passiv gewiegt, zärtlich umsorgt und neugierig erkundend. In zwanzig Zeilen werden Himmel und Erde und Wasser und Luft, Licht und Bewegung, Animalisches und Pflanzliches, in einen einzigen Wirbel aus Liebe und Leben hineingezogen. Allein die vier Zeilen in der Mitte des Gedichts drücken eine Bedrohung der Gegenseitigkeit aus, eine Bedrohung, die just von dem Leben, von der physischen Selbständigkeit ausgeht, die der aktiven Gemütsregung im Zentrum des Wirbels gewährt ist. Die verborgenen Widersprüche der ersten beiden Vierzeiler finden ihren bewußten Ausdruck in der einen Antithese zwischen dem individuellen Selbstbewußtsein des Dichters – des Mannes mit besonderer, wenngleich unausgesprochener Vergangenheit und mit besonderen persönlichen Träumen – und dem Hier und Jetzt, an dem teilzuhaben alle Leser eingeladen sind. Kraft eines Willensaktes reißt der Dichter sich aus dem Zauberkreis privater Selbstbetrachtung los und versetzt sich in die Landschaft der letzten acht Zeilen, in der er aber nicht aktiv eingreifend zugegen ist, sondern in der schweigend unaufdringlichen Art des Reisenden, der eine Aussicht betrachtet und in ihr eine Widerspiegelung seiner eigenen Gedanken und Gefühle findet. Aber obgleich «Auf dem See» autobiographische Elemente enthält, ist es nur in einem sehr komplexen Sinn ein autobiographisches Gedicht. Im Grunde ist es ein Gedicht darüber, eine Autobiographie zu haben, in einer Landschaft zu sein, wenn man eine Lebensgeschichte hat, die man sich selbst erzählt, eine unvollständige, eigene Lebensgeschichte. Was das Gedicht betrifft, ist das abschließende Bild nicht ein Bild des Unvollendetseins, einer künftigen Reife, sondern ein Bild der Erfüllung und der Vollendung jetzt. Das Bild verhält zuletzt bei einem einzigen, nicht-widersprüchlichen Korrelat zu der besonderen persönlichen Gestimmtheit des Dichters – der reifenden Frucht – und zeigt auch mit vollkommener Klarheit das Verhältnis zwischen dieser Gestimmtheit und der Landschaft, in der sie sich vorfindet: das Verhältnis der Widerspiegelung.

Auf unterschiedlichen Wegen stiegen Goethe und die Stolbergs am Nachmittag nach Einsiedeln empor. Goethe begegnete einer Schar von Wallfahrern, die das Fronleichnamsfest am Schrein des hl. Meinrad, des Einsiedlers, begehen wollten. Am nächsten Morgen trennten sich die Freunde; die Stolbergs kehrten nach Zürich zurück, Goethe und Passavant traten den Weg zum Sankt-Gotthard-Paß an. Zwar spielte Goethe mit dem Gedanken an einen Abstecher nach Italien, doch war er offenbar unter Druck – von welcher Seite, ist unklar, aber wahrscheinlich von seiten der Eltern –, bald wieder in Frankfurt zu sein, und so brannte er darauf, wenigstens einen Blick über die Grenze zu werfen, an der er umkehren mußte, wie um sich die Möglichkeit, die unverwirklicht hinter ihm zurückblieb, recht klar vor Augen zu rücken. Nach zwei Tagen des Wanderns und Zeichnens rund um den Vierwaldstättersee – «hoher herrlicher Sonnenschein für lauter Wollust sah gar nichts . . . in Wolken und Nebel rings die Herrlichkeit der Welt. 8 Uhr wieder zurück . . . gebackner Fisch und Eier, das Klocken gebimmel des Wasserfalls Rauschen der Brunnröhre Plätschern Waldhorn» – schifften sie sich seeaufwärts nach Altdorf ein und sahen unterwegs die heiligen Stätten der Tell-Legende. Für einen Übergang übers Gebirge war die Jahreszeit früh, und man hatte die Wanderer auf Schnee vorbereitet: Zwischen Amsteg und Wassen verlief der Weg auf der Schneemasse einer alten Lawine, die von unten her durch das wild jagende Wasser der Reuß ausgehöhlt wurde – als die Reisenden auf dem Rückweg an diese Stelle kamen, war die Schneebrücke eingestürzt. Am 21. Juni, als die ragenden Berggipfel «allmächtig schröcklich» wurden, erreichte man, durch den Tunnel von Göschenen, das grüne Tal von Urseren; nach Andermatt aber war die Landschaft von ossianischer Düsternis: «nackter Fels u Moos u Sturmwind u Wolcken. Das Gerausch des Wasserfalls der Saumrosse Klingeln. Öde wie in Thale des Todts – mit Gebeinen besäet Nebel See.» Das Willkommen im Kapuzinerhospiz auf dem Gotthard aber war so heimelig, wie man sich's nur wünschen konnte – Brot, Käse und schwerer italienischer Wein wurden aufgetragen. Am nächsten Morgen traten Passavant und Goethe den Rückweg nach Andermatt an; zuvor zeichnete Goethe noch den Weg nach Süden, den er für diesmal, aus welchen Gründen auch immer, nicht gehen konnte.

Das frühe Interesse Goethes am Zeichnen hatte sich bis 1775 zur Leidenschaft gesteigert – eine Skizze seiner Mansarde, die er im März anfertigte, zeigt den Raum vollgestopft mit Malerutensilien: einer Staffelei, Gipsabdrükken, an den Wänden befestigten Zeichnungen –, und die Schweizer Reise war eine der produktivsten Perioden des angehenden Zeichners. Nicht weniger als fünf, möglicherweise sogar sieben Skizzen sind erhalten, die alle auf den 17. Juni datiert werden können, zwei Tage, nachdem er «Auf dem See» geschrieben hatte. Wie alles, was er damals zeichnete, bestechen sie durch ihre konzentrierte, aber unbekümmerte Kraft, für welche akademische Ausbildung, oder deren Mangel, wenig verschlägt, durch ihren Sinn für Bewegung in einer mitunter fast zur Abstraktion reduzierten Landschaft und durch ihre bis ins originelle Extrem getriebene, für die damals modische pittoreske Malerei charakteristische Herausarbeitung des «point de vue». Eine «pittoreske» Landschaft war, laut Reverend William Gilpin, der Autorität in diesen Dingen, eine Landschaft, die gefiel, weil sie «sich in einem Gemälde gut ausnehmen würde». Wird eine solche Landschaft ihrerseits auf einem Gemälde dargestellt, resultiert daraus eine ihrer selbst hoch bewußte Kunst. In Interieurs nimmt Goethe seinen Standpunkt hinter einem Ofen oder hinter einer sitzenden Figur an und erzielt so eine häuslich-persönliche Wirkung, die an analoge Szenen in seinen Stücken erinnert; in Landschaften ist der Blickpunkt emphatisch hoch angesetzt, manchmal sogar frei schwebend in der Luft. Es herrscht ein ausgeprägtes Gefühl für die individuelle Lokalität, sei sie berühmt, wie das Hospiz auf dem Sankt Gotthard, das durch wogende Schneefelder und nacktes Gestein sichtbar wird, und der Blick auf den Saumpfad, der sich, vorbei an den schneebedeckten Nordhängen der Berge, hinabwindet in das dem Auge verschlossene Italien, oder anonym, wie die Gruppe von Hütten an einem scharf abknickenden Pfad abwärts. Hier, und in den zufälligen Porträts von Köpfen, die er unterwegs einfing, spürt man das Gefühl für die einzigartige, aber bedeutungsvolle Physiognomie, das Goethe zum Mitarbeiter Lavaters bei dessen Suche nach den tieferen Gesetzen der menschlichen Individualität werden ließ.

Am 25. Juni war Goethe wieder bei Lavater in Zürich; zuvor hatte er Küssnacht und Zug besichtigt und den Grafen Lindau besucht, der sich jetzt nach Werthermanier in eine Almhütte zurückgezogen hatte. Am 4. Juli brachen

13. Goethe: Schweizer Berghütten (Juni 1775)

dann die Stolbergs zu einer Bergtour auf, während Goethe zwei Tage später nach Basel fuhr, wo er drei Tage zubrachte, um am 12. wieder in Straßburg zu sein. Hier blieb er eine Woche; er wohnte wahrscheinlich bei Lenz, den er täglich sah, und frischte die Beziehung zu Salzmann wieder auf. Gleich am zweiten Tag besuchte er das Münster und erstieg, ohne Lenz, der den sicheren Erdboden vorzog, die Turmspitze. An dieser Stelle, die mit den Anfängen seines öffentlichen literarischen Wirkens und seinem scheinbar längst abgetanen früheren Leben verknüpft war, wollte er, gleichsam wie auf dem Gotthard stehend, in äußerster Entfernung von den Menschen, über Vergangenheit und Zukunft und den sie verbindenden Angelpunkt der Gegenwart nachdenken. In der Schweiz hatte er ein Volk freier Menschen vorgefunden, das auf eine stolze Tradition der Verteidigung seiner Freiheit zurückblicken konnte; einige heilige Stätten dieses Freiheitskampfes hatte er besucht. Und «obs auch gleich Menschen sind hüben und drüben», so sprach er von den Schweizern doch als «dem edlen Geschlecht das seiner Väter nicht ganz unwerth seyn darf». Wenn er Knebel im August schrieb: «Ich . . . habe die Liebe heilige Schweiz deutscher Nation durchwallfahrtet», dann stand hinter dieser ironischen Anspielung auf den Namen des deutschen Reiches die durchaus ernstgemeinte Überlegung, daß es hier, in der Schweiz, eine echte politische Alternative zu den Verhältnissen gab, in denen er groß geworden war. Sophie von La Roche gestand er, nun endlich den Fels gefunden zu haben, auf dem er sich notfalls verschanzen konnte: «Mir ist's wohl dass ich ein Land kenne wie die Schweiz ist, nun geh mir's wie's wolle, hab ich doch immer da einen Zufluchtsort.» Doch ist die Schweiz nur ein Notbehelf für den Fall des Rückzugs; sie ist keine Antwort für den Mann, der etwas aus *seiner* Nation machen will und die Kraft dazu in sich fühlt. Bedeutsamer für Goethes ganze Berufung ist doch der Zwang, nach Frankfurt und zu Lili zurückkehren zu müssen – aus Liebe, aus Pflichtgefühl, aus kindlichem Gehorsam –; denn der gegebene Ort für die Entfaltung seiner Talente ist sein Vaterland. Hier liegt seine Bestimmung, und der Augenblick dieser mystischen Erleuchtung verlangt danach, ins Wort gebannt zu werden. Hoch droben, auf der Turmspitze des Münsters stehend, entwarf Goethe einen neuen Prosahymnus auf Erwin, den Baumeister, der tief unter ihm begraben lag; doch diesmal beschloß er, an der nachchristlichen Bedeutung seines Beginnens keinen Zweifel zu lassen und seine Schrift als die Meditation eines Wallfahrers anzulegen, wie er solche bei der Fronleichnamsprozession in Einsiedeln erlebt haben mochte. Die *Dritte Wallfahrt nach Erwins Grabe* gliedert sich in «Stationen», indem der Dichter den hohen Bau emporsteigt und unterdessen darüber nachsinnt, wie die Schöpferkraft des Künstlers eins ist mit der Schöpferkraft der Natur. Zugleich ist es ein stark autobiographischer Text; er ringt um die Bedeutung dieses Augenblicks, da der Blick des Mannes, der nun zum drittenmal dort steht, wo er *Von deutscher Baukunst* schrieb, sich «vaterlandwärts, liebwärts» wendet. Indes bricht dieses kleine Stück – eines von denen, die Goethe 1776 Wagner zum Abdruck überließ – als Fragment ab; denn Lenz, der des War-

tens müde geworden ist, erklimmt nun seinerseits den Münsterturm und stört
Goethe in seiner «Andacht». Ein besseres Beispiel für die wechselseitige Bedingtheit von signifikanten – das heißt: potentiell literarischen – Gebärden,
die ein symbolisches Leben ausmachen, und einer autobiographischen Literatur, die diesem Leben ihren Sinn eingibt, beziehungsweise für beider Abhängigkeit von einem säkularisierten Schicksalsglauben, ist wohl kaum denkbar.

Zukünftiges wie Vergangenes klangen in diesem gegenwärtigen Augenblick in Straßburg an. Dr. Zimmermann weilte in Straßburg; er besuchte seinen Sohn, der dort studierte. Mit ihm hatte Goethe bereits Briefe gewechselt;
er war von Interesse, weil er eine Sammlung physiognomischer Schattenrisse
besaß und weil er mit Weimar korrespondierte. Er zeigte Goethe den Schat-
tenriß seiner speziellen Informantin Charlotte von Stein (1742–1827), der
Frau des Goethe bereits bekannten Oberstallmeisters Josias von Stein, und
als Goethe darunter die Worte schrieb «Sie sieht die Welt wie sie ist, und doch
durchs Medium der Liebe», erzählte Zimmermann ihm so viel von ihr, daß
es Goethe, wie der Arzt später Frau von Stein schrieb, «drei Nächte lang den
Schlaf geraubt hat». Ende des Monats sandte Goethe Lavater eine gründliche
Charakteranalyse dieses Schattenrisses. Auf dem Heimweg in die Wirklichkeit seiner Lili bedurfte er noch immer, so scheint es, des schützenden Ideal-
bildes einer anderen Frau – einer ungefährlich fernen und ungefährlich vermählten.

Am 19. Juli verließ er Straßburg, am 21. besuchte er Herder und seine Frau
in Darmstadt, am 22. war er in Frankfurt. Nur zehn Tage später war er in
Offenbach bei Lili und ließ, während sie sich im Nebenzimmer für einen
Ausritt umkleidete, seinen Blick über ihre Hutschachteln, Kleider, Schnupf-
tücher und Stiefel gleiten. Ihm wurde klar, wie er Auguste Stolberg schrieb,
daß seine monatelangen Wanderungen, da er «tausend neue Gegenstände in
alle Sinnen sog», vergebens gewesen waren; er fand sich in Offenbach «so
vereinfacht wie ein Kind, so beschränckt als ein Papagey auf der Stange» in
Gegenwart «des Mädgens, das mich unglücklich macht, ohne ihre Schuld mit
der Seele eines Engels, dessen heitre Tage ich trübe, *ich!*» «Ich bin wieder
scheissig gestrandet», berichtete er Merck die folgende Woche, den vertanen
Möglichkeiten in der Schweiz nachtrauernd, «und möchte mir tausend Ohrfeige geben, daß ich nicht zum Teufel gieng, da ich flott war.» Die bevorstehende Trennung Goethes von Lili und sein neuerlicher Weggang von Frankfurt waren bald ein offenes Geheimnis; auf beides spielte er am 10. September
in einem Hochzeitslied für einen calvinistischen Pfarrer aus Offenbach an,
der dem dortigen Kreis junger Leute angehörte. Goethe, der gemeinsam mit
Lili an der Aufführung des Werkes mitwirkte, fand sich in «der grausamst
feyerlichst süsesten Lage meines ganzen Lebens», und hinterher flossen «die
glühendsten Tränen der Liebe», als es endlich, im Mondschein, zur offenen
Aussprache mit Lili kam: «Und in der Ferne die Waldhorn, und der Hochzeit
Gäste laute Freuden.» Es war die Hochzeit, die es in Goethes Leben nicht

geben sollte. Gleichviel: «ich kann von dem Mädgen nicht ab»; «ich lasse mich treiben, und halte nur das Steuer, dass ich nicht strande»; «und doch zittr' ich vor dem Augenblick da sie mir gleichgültig, ich hofnungslos werden könnte». Er konnte nicht ertragen, ohne Hoffnung zu leben, aber er hatte in den letzten Monaten auch gelernt, daß er nicht ertragen konnte, in der Gewißheit des Besitzes zu leben. Goethe kam weiter zu Besuch nach Offenbach; im Theater, bei einem großen Ball schaute er nach Lili aus, auch wenn es nichts mehr zu sagen gab, auch wenn sie es vermied, ihm zu begegnen. Er schien es darauf anzulegen, sich selbst krank zu machen. Er durchlebte eine Krisis jener krankhaften Beeindruckbarkeit, die Knebel schon bei der ersten Begegnung an ihm bemerkt hatte – «Goethe lebt in einem beständigen innerlichen Krieg und Aufruhr, da alle Gegenstände aufs heftigste auf ihn würken» – und die noch 1776 Friedrich Stolberg zu dem Stoßseufzer bewog: «wenn Gott nicht Wunder an ihm tut, so wird er der Unseligsten einer. Wie oft sah ich ihn schmelzend und wütend in einer Viertelstunde.» Aber zuinnerst in all diesem Aufruhr gab es eine felsenfeste Zuversicht, und Goethe dankte sie der Anrufung des einzigen Mittlers, den er kannte: «wie ich die Sonne sah sprang ich mit beyden Füssen aus dem Bette, lief in der Stube auf und ab, bat mein Herz so freundlich freundlich, und mir wards leicht, und eine Zusicherung ward mir dass ich gerettet werden, dass noch was aus mir werden sollte.» Es war die Zuversicht des Gedichtes «Auf dem See», daß die Augen sinnend niedersinken und doch die Frucht nicht aufhört zu reifen – jene Zuversicht, die auch, theatralischer und bewußter und dadurch heimlich liebäugelnd mit dem Vorwand, höchste Wirklichkeit sei ewiges Begehren, zuletzt der Brief an Auguste Stolberg ausspricht, unsere wichtigste Quelle für die Ereignisse und Gefühle dieser Spätseptembertage:

Welch ein Leben. Soll ich fortfahren? oder mit diesem auf ewig enden. Und doch Liebste, … ich … fühle dass mitten in all dem Nichts, sich doch wieder so viel Häute von meinem Herzen lösen, …, mein Blick heitrer über Welt, mein Umgang mit den Menschen sicherer, fester, weiter wird, und doch mein innerstes immer ewig allein der heiligen Liebe gewiedmet bleibt …

Goethe übersetzte damals für sich selbst das Hohe Lied – «Ich bin eine Zeit her wieder fromm», wie er Lavater erklärte –, so als wolle er auch in seiner tiefen Not nicht von dem Glauben lassen, das Wort Gottes spreche nicht nur von einer heiligen, für Menschenwort unerreichbaren Liebe.

Sobald Goethe bewußt wurde, daß seine Schweizer Reise in der Beziehung zu Lili nichts geklärt hatte, sann er auf Flucht. Die Erkenntnis, daß die Liebe, die ihn zurückgeführt hatte, ein Ding der Unmöglichkeit war, zwang ihn dazu, seine Aufgabe im Vaterland, die ihn (wie er glaubte) ebenfalls zurückgeführt hatte, neu zu überdenken. So schrieb er in den ersten Augusttagen Prinzessin Luise einen Brief, der nicht erhalten ist, und brachte sich auch bei Knebel in Erinnerung, bei dem er sich nach «unserm Herzog» erkundigte. Aber Weimar war nicht die einzige Möglichkeit; gleichzeitig fragte er Lavater,

was alles zu bedenken wäre, «wenn ich nach Italien ging», und Mitte August
rechnete er wirklich damit, daß «die unsichtbare Geisel der Eumeniden» ihn
gen Süden und nicht gen Norden treiben werde. Am offensten schilderte er
Merck seine Lage:

> Ich passe wieder auf neue Gelegenheit abzudrücken: nur möcht' ich wissen, ob du mir
> im Fall mit einigem Geld beistehen wolltest, nur zum ersten Stoß. Allenfalls magst du
> meinem Vater beim künftigen Congreß klärlich beweisen, daß er mich aufs Frühjahr
> nach Italien schicken müsse: das heißt, zu Ende dieses Jahres muß ich fort.

Johann Caspar Goethe hatte eigentlich die Absicht, seinen Sohn erst dann
nach Italien gehen zu lassen, wenn er eine Zeitlang an den Reichsgerichten
in Regensburg und Wien gearbeitet hatte; aber lieber hätte er noch eine über-
eilte Italienreise finanziert als zugesehen, wie sein Sohn Zeit, Geld und Reputation an irgendeinem Fürstenhof verlor. Daß Goethe Merck nach einem
Darlehen fragte, weist darauf hin, daß er fest entschlossen war, notfalls auch
gegen den Willen seines Vaters fortzugehen. Er hielt weiter den Kontakt zu
den Prinzen von Sachsen-Meiningen, doch dann lockte wieder Weimar: Carl
August, unterwegs nach Karlsruhe, wo am 3. Oktober seine Vermählung
stattfinden sollte, kam durch Frankfurt. Da «sah ich mit eignen Augen, daß
der Herzog ganz in Goethe verliebt war», schrieb Zimmermann, der damals
Gast der Familie war, an Herder, und wenn man Goethes Zeichnung des
jungen Herrschers, mit den weit geöffneten Augen und dem faszinierten Ge-
sichtsausdruck, betrachtet, kann man förmlich sehen, was er meinte.

Johann Caspar Goethe war natürlich gegen diesen Plan. Er befürchtete,
der Weimarer Kleinfürst werde seinen brillanten Sprößling bald ebenso demütigen, wie Friedrich II. Voltaire gedemütigt hatte. Nein: Nun endlich,
meinte er, sei die Zeit für die Bildungsreise nach Italien gekommen. Der Sohn
sträubte sich: Er erwiderte die Zuneigung des jungen Herzogs, seine Bewunderung für Wieland währte bereits zehn Jahre, der Schaden, den sein Pasquill
angerichtet hatte, war behoben, und Zimmermann selbst – «Ein gemachter
Charackter! Schweizer frey gebohren, und am deutschen Hof modifizirt» –
war lebendiger Beweis dafür, daß republikanische Gesinnung und höfisches
Leben eine glückliche Verbindung eingehen konnten. Am 28. September
blieb Goethe, der sich eine Erkältung zugezogen hatte, bis zehn Uhr im Bett:
«Vater und Mutter sind vors Bett gekommen, es ward vertraulicher diskurirt,
ich hab meinen Thee getruncken und so ists besser.» Offenbar hatte man
einen Kompromiß gefunden – vielleicht wurde beschlossen, vor einer endgültigen Entscheidung auf eine förmliche Einladung aus Weimar zu warten.
Sie scheint Ende der ersten Oktoberwoche gekommen zu sein, vielleicht
durch den herzoglichen Kammerjunker Johann August von Kalb (1747–
1814), dem Goethe am 3. Oktober schrieb. Zwischen dem 7. und dem
11. Oktober teilte Goethe Merck, Auguste Stolberg und Sophie von La
Roche ganz unumwunden mit, er werde mit dem Herzog nach Weimar gehen
– für wie lange, war ungewiß. Den Brüdern Stolberg, die auf ihrem Weg nach

Hamburg ebenfalls den Herzog und die Herzogin aufsuchen wollten, stellte er in Aussicht, vielleicht könne man dann zu dritt reisen. Am 12. Oktober hielten sich Carl August und Luise in Frankfurt auf und bekräftigten die Erwartung, Goethe bald in Weimar zu sehen. Es wurde vereinbart, daß Kammerjunker von Kalb mit einer ganz neuen Kutsche aus Karlsruhe kommen, Goethe abholen und der übrigen Gesellschaft nach Weimar nachreisen sollte. Goethe machte seine Abschiedsbesuche, aber wer nicht kam, war von Kalb. Um sich die Zeit des Wartens zu verkürzen, stürzte Goethe sich auf ein neues Stück, *Egmont*, das er im Sommer begonnen hatte, vielleicht unter dem Eindruck seiner Schweizer Erlebnisse: Es erzählt von dem Freiheitskampf einer anderen merkantilen und halb republikanischen Nation, der Niederlande. Es geht auch um die Bestimmung des Ausnahmemenschen, und um den Platz der Liebe in seinem Leben – Themen, die Goethe 1775 vorrangig beschäftigten; sein Vater aber schätzte vor allem den politischen Gehalt des Stückes und drängte Goethe, es zu vollenden. Und als das Warten sich hinzog und von Kalb noch immer nicht erschien, da sah es so aus, als solle Goethes Vater recht behalten und als könne man Höfen nicht über den Weg trauen – jedenfalls nicht als rechtschaffener Bürger, mochte man nun Schweizer, Deutscher oder Holländer sein. Am 30. Oktober kamen Vater und Sohn zu dem Schluß, daß man die Abreise nicht länger aufschieben konnte, und Goethe brach, mit seinem Diener Philipp Seidel, nach Italien auf. «Ich packte für Norden, und ziehe nach Süden, ich sagte zu, und komme nicht, ich sagte ab und komme!» schrieb er auf den ersten Seiten eines neuen Reisetagebuches, darum bemüht, dem Durcheinander des letzten Monats einen Sinn zu geben. «Was nun aber eigentlich der politische, moralische, epische oder dramatische Zweck von diesem Allen?» fragte er sich, und gab die Antwort: «Der eigentliche Zweck der Sache meine Herren: . . . ist, dass sie gar keinen Zweck hat.» Aber hinter dem angestrengten Tristram-Shandy-Anklang und einem nicht minder Sterneschen Bibelzitat, das er dem Vater in den Mund legt, ist der Unterton der Verzweiflung unüberhörbar. Das alles hat in der Tat keinen Zweck, und der Mechanismus der Sinngebung droht zu versagen; nur eines ist unbestreitbar gewiß: die Angst der Kreatur, die das alles erduldet: «Bin ich denn nur in der Welt mich in ewiger unschuldiger Schuld zu winden.»

Indes war man auch in Weimar über das Ausbleiben Goethes beunruhigt, was freilich weder er noch sein Vater wußten. «Auf Goethen warten wir hier sehnlich seit acht bis zehn Tagen von Tag zu Tag, von Stunde zu Stunde», schrieb am 27. Oktober Wieland an Lavater. «Noch ist er nicht angelangt, und wir besorgen nun, er komme gar nicht.» Von Kalb war einfach von den Kutschenbauern versetzt worden. Da er Goethe in Frankfurt nicht mehr antraf, eilte er ihm auf der Straße nach Süden nach und holte ihn schließlich am 3. November in Heidelberg ein. Erneut wurden alle Pläne umgestoßen; Goethe lenkte seine Schritte nach Norden, sah unverhofft, und für vier Jahre zum letztenmal, seine Vaterstadt wieder und machte sich auf den Weg nach Weimar, wo er am 7. November ankam. Am 10. November schrieb Wieland,

überwältigt von ihrer ersten Begegnung: «Der göttliche Mensch wird, denk'
ich, länger bei uns bleiben, als er anfangs selbst dachte.»

«*Unschuldige Schuld*»:
Werke, 1774–1775

Entscheidend für den literarischen Weg Goethes zwischen 1771 und 1775
war der Konflikt zwischen Empfindsamkeit und Sturm und Drang, zwischen
einer introspektiven Egozentrik, die zum Kult des «Kolosses» führte, und
den neugefundenen Schätzen der Umgangssprache und der heimischen Traditionen. Eine erste Lösung dieses Konflikts bot, ästhetisch gesehen, das am
eindeutigsten tragische von Goethes Werken, der Roman *Werther*. Die Dramenform hingegen erlaubte eine Darstellung konflikthafter Ichverkörperun-
gen, die ohne einen so vernichtenden Schluß auskam. «O wenn ich ietzt nicht
Dramas schriebe ich ging zu Grund», erklärte Goethe im März 1775 Auguste
Stolberg. Er vollendete (mehr oder weniger) in den anderthalb Jahren nach
der Niederschrift des *Werthers* vier gewichtige dramatische Werke, die, wenn
auch nicht immer in Tragödienform, das tragische Potential seines Erlebens
auszuschöpfen suchen: *Clavigo*, *Claudine von Villa Bella*, *Stella* und die erste
Fassung des *Faust*. (Über die Entstehung des *Egmont* ist zu wenig bekannt,
als daß wir ihn in diesem Zusammenhang berücksichtigen könnten.)

Selbst wenn wir die Auffassung mancher Kritiker teilen, daß Goethe unfähig ist, eine wirkliche Tragödie zu schreiben, kann das nicht heißen, daß
ihm das Tragische unbekannt ist oder er konsequent eine rein ideale Tröstung
anstrebt. Das wirksamste Mittel gegen die Anfechtungen des Genies – wirksamer gewiß als die von Prometheus entdeckte objektivierende Tendenz aller
schöpferischen Tätigkeit überhaupt – ist sittliche Stärke, und sie führt in diesen frühen Dramen mehr als einmal an den Rand der Tragödie und der Verzweiflung. Der Ursprung, oder einfach der Beweis, dieser sittlichen Stärke
ist Goethes Bewußtsein der Möglichkeit von Schuld; es bedrängte ihn zum
erstenmal, als er sein Verhalten gegenüber Friederike Brion bereute, und ging
ihm neuerlich auf, als er sich offen zu seiner Verantwortung für sein und Lilis
Unglück 1775 bekannte. So wie er in religiösen Dingen wenig für den rigiden,
aufgeklärt deistischen Unterschied zwischen rationalen Wahrheiten und
menschlichen (also gewöhnlich priesterlichen) Regeln übrig hatte, so wußte
er aus eigener Erfahrung, daß in moralischen Dingen das Leben mehr kannte
als nur den Konflikt einer von Natur aus rationalen und daher von Natur
aus guten menschlichen Seele mit einengenden und korrumpierenden gesellschaftlichen Konventionen. «Düstere Reue» war einem eudämonistischen
Aufklärer wie Lessing ebenso unerklärlich wie einem amoralischen Genie
wie «Maler» Müller – für Lessing waren Fragen der Moral letzten Endes
Fragen einer rationalen Organisation der Gesellschaft, für Müller war Ethik
die Kandare, an die geringere Menschen die großen legten (womit er von

Lessing nicht so weit entfernt war, wie es scheint). Reue war nur einem Menschen möglich, der sich vorstellen konnte, daß, bei aller umfassenden Säkularisierung des geistigen Deutschland Mitte des 18. Jahrhunderts, das Alte und Überholte gleichwohl menschliche Werte besessen haben mochte, die im Zuge der großen Umwälzung Schaden zu nehmen und verloren zu gehen drohten. Symbol dessen mochte das ruhige Behagen eines ländlichen Pfarrhauses sein – zumindest für einen Menschen, der nicht davon überzeugt war, *ipso facto* zu jenen respektlosen, und fast ausnahmslos unverheirateten, Genies zu gehören, die ihn als einen der Ihren reklamierten. *Clavigo* und *Stella* mögen, im Vergleich zum *Götz*, zum *Werther* und auch zu *Götter, Helden und Wieland*, minderen Ranges sein, aber zusammen mit diesen bilden sie mehr oder weniger das Corpus der Werke, die das deutsche Publikum 1775 von Goethe kannte, und das Interessante an ihnen ist die Konzentration auf das Thema der Frau, die von einem Mann geliebt und, teilweise wider seinen Willen, verlassen wird, von welchem eine ihm selbst nicht ganz verständliche innere Energie Besitz ergriffen hat.

Clavigo war, wie erinnerlich, binnen einer Woche im Mai 1774 entstanden und kann den Schatten Werthers nicht verleugnen. Das gilt für den eindeutigen Schluß ebenso wie für das Heranziehen von zwei Quellen: einer Anekdote aus Beaumarchais und einer englischen Ballade, auf die laut Goethe die letzte Szene zurückgeht. Doch versucht das Stück, über *Werther* insofern hinauszugehen, als es in den Umkreis seiner Problematik das spezifisch literarische Genie einbezieht. Clavigo ist am spanischen Hof des 18. Jahrhunderts ein ehrgeiziger Außenseiter, der es durch seinen Journalismus zu Einfluß zu bringen hofft. Ja, er ist eine Art literarischer Revolutionär; denn er bringt einer verfallenden imperialen Kultur neue, englische Vorbilder. In der ersten Zeit seiner Unbekanntheit war er eine Verbindung mit Marie eingegangen, der Tochter aus einem französischen Hause und daher selber nur Randfigur der vornehmen Gesellschaft. In dem Maße, wie sein Stern aufging, war Clavigo dieser Liaison überdrüssig geworden, und er hatte sie aufgegeben. Marie verzehrte sich vor Enttäuschung. Von Maries Bruder wird Clavigo gezwungen, die Beziehung zu ihr wieder aufzunehmen, was er auch selber halb und halb wünscht, aber ein zwielichtiger Freund, Carlos, überzeugt ihn davon, daß sein hochfliegendes Genie ihn berechtigt, sich über gewöhnliche Treuepflichten hinwegzusetzen, und so läßt er Marie zum zweitenmal im Stich. Marie stirbt, und Clavigo wird an ihrem Sarg getötet; er ist von Reue erfüllt und sieht ein, daß dieses Ende ihm recht geschieht. Das Stück, in der Tradition des Kammerschauspiels stehend, ist geschickt gemacht und sehr bühnenwirksam, und Merck kommentierte ganz treffend: «Solch einen Quark mußt du mir künftig nicht mehr schreiben; das können die andern auch.»

Aber *Clavigo* ist nicht einfach ein Produkt seiner Zeit. Bei aller Steifheit paktiert es an keiner Stelle mit der Versuchung, durch welche Carlos Clavigo verdirbt:

Möge deine Seele sich erweitern und die Gewißheit des großen Gefühls über dich kommen, daß außerordentliche Menschen eben auch darin außerordentliche Menschen sind, weil ihre Pflichten von den Pflichten des gemeinen Mannes abgehen.

Das heißt nicht, daß Marie einfach das Opfer wäre und Clavigo einfach der Schurke. Clavigos Dilemma ist echt, und es ist wenigstens potentiell tragisch. Es ist das Dilemma, dem Goethe selbst zu entrinnen suchte, das Dilemma des Sturm und Drang. Clavigo besitzt Ehrgeiz, Talent und einen bestimmten Patriotismus, aber die befriedigende Umsetzung aller dieser Gaben gelingt *weder* durch Selbstbescheidung in der eingezogenen, privaten und ereignislosen Welt Maries, *noch* durch das auftrumpfende Hervorkehren der Geniepose, die wohl scheinbar das Übertreten der Grenzen jener Welt rechtfertigt, von der aber jeder vernünftige Mensch wissen muß, daß sie zumindest künstlich ist, und wahrscheinlich sogar böse und auch selbstzerstörerisch. Die eigentliche Schwäche des *Clavigo* ist seine dramatische Sprache. Nicht im entferntesten klingt das Idiom des Volkes an; es ist, als hätte es *Götz von Berlichingen* nie gegeben. Trotzdem ist auch diese Schwäche von diagnostischem Interesse. Als Goethe das Stück schrieb, bezeichnete er es als «Pendant zum *Weislingen* im Götz, vielmehr Weislingen selber in der ganzen Rundheit einer Hauptperson.» Nichts könnte deutlicher machen, wie sehr Clavigos Dilemma, und die ganze Weislingen-Intrige, der sprachlichen Revolution fernsteht, die das wahrhaft Neue am *Götz* ist. Den Konflikt Goethes, den er in der Seelenqual Clavigos dargestellt hat, vermöchte die Erneuerung der nationalen Tradition und der Volkssprache in keiner Weise zu lösen, ja, insofern Clavigo selbst ein enttäuschter Patriot ist, würde eine derartige Erneuerung die Dinge für ihn nur noch schlimmer machen. *Clavigo* ist ganz und gar in der Sprache der Weislingen-Intrige geschrieben. Das Weislingen-Drama und die Weislingen-Sprache gehören zur empfindsamen, «offiziellen» Literatur, sie haben mit der realistischen Kunst der «Straßburger Gruppe» nichts gemein – aber sie hängen aufs engste mit dem Geniekult zusammen. Nationale Tradition und individuelles Genie sind, trotz Herders gewaltsamer Synthese in der *Abhandlung über den Ursprung der Sprache*, nicht urverwandt, und sie gehen nicht zusammen.

Die natürlichen und lebhaften Prosadialoge in *Claudine von Villa Bella* gehören zu den vielen Attraktionen dieses «Schauspiels mit Gesang». Das Werk verdient, bekannter zu sein und öfter gespielt zu werden: Es ist thematisch, szenisch und atmosphärisch reich und bunt, dabei lyrisch und humorvoll; es hat einen einleuchtenden Plot, der eine Fülle szenischer Effekte erlaubt; es hat von allen Stücken Goethes die komplizierteste Bühnenaktion; und man kann wahlweise auf Schauspielmusiken von Seckendorff, Reichardt oder Schubert zurückgreifen. Schauplatz der sechs Szenen ist ein imaginäres Spanien, mit einem Hauch Süddeutschland. Crugantino (dessen wahrer Name Alonzo ist) ist der ältere Bruder Pedros, doch hat er sein Erstgeburtsrecht verwirkt, weil er sich für das unstete Leben eines Räubers und Frauenhelden entschieden hat. Pedro hat es zum erfolgreichen Beamten gebracht, der normalerweise keine Antipathien gegen den Hof hegt, dem er verbunden ist, den aber die – erwiderte – Liebe zu Claudine vorübergehend in der Ausübung seiner Amtsgeschäfte behindert. Claudine ist die einzige Tochter des alten Gonzalo, und daher natürlich dessen Liebling; doch zieht Gonzalo auch zwei muntere Nichten bei sich auf, die mit ihrem verständlichen Ärger über die Kusine zur Komödie und zur Verwicklung der Handlung beitragen. Nun kommt Sebastian, ein alter Freund der Familie Gonzalos; er soll Alonzo-Crugantino festnehmen, weil dieser angeblich mit seiner Bande die Gegend unsicher macht. Crugantino bringt aber Claudine ein Ständchen auf seiner Zither dar, verwundet Pedro, ohne ihn zu erkennen, in dem anschließenden Duell und nimmt ihn gefangen; danach verschafft er sich unter seinem Pseudonym Zutritt zu Gonzalos Haus und fährt fort, Claudine den Hof zu machen. Sebastian erkennt ihn, aber unter Pistolengeknalle gelingt ihm die Flucht. Um Pedro in der Gefangenschaft zu besuchen, verkleidet sich Claudine als Mann, wird aber von Crugantino als Geisel genommen, als die Wache ihn abführen will. Crugantino wird überwältigt, und alle Beteiligten werden ins Gefängnis gesteckt. Hier klärt sich endlich alles auf, und Crugantino umarmt seinen Bruder und gesteht ihm das ältere Recht auf Claudine zu; doch bleibt er bis zuletzt trotzig und verweigert – wenigstens scheinbar – die Rückkehr in den Schoß seiner Familie und der Gesellschaft, für die sie steht. Claudine fällt in Ohnmacht, als ihr Vater auftritt und sie unter so erniedrigenden Umständen findet, und alle befürchten ihren Tod; aber man entdeckt, daß sie lebt, und der allgemeine Jubel hierüber läßt das Singspiel in der richtigen, harmonischen Stimmung ausklingen.

Diese kleine Romanze, mit *Götz* der Prototyp des Räuberstücks, hat, bei aller Unbeschwertheit, Mozartsche Tiefe. Claudine selbst, die Frau, die sich als Mann verkleidet und die symbolisch stirbt, um als Ideal mit der Kraft zur Versöhnung der Gegensätze wieder zum Leben erweckt zu werden – sie nimmt andere Figuren in späteren und weit ernsteren Werken Goethes vorweg. Doch tragen auch alle die anderen, prachtvoll individualisierten Charaktere dazu bei, den zentralen Konflikt des Stückes zu schildern, den Konflikt zwischen Crugantino und der «bürgerlichen» Gesellschaft, der er nicht angehören mag. Pedro, und die Familie Gonzalos, in die er hineinheiraten will, sind überhaupt nicht spießig oder bürgerlich. Sie gehören dem niederen Adel an, sind von einem Hof abhängig und wissen Dichtung, Mondschein und Herzensgefühle empfindsam zu schätzen. Die ältere Generation eines Gonzalo und Sebastian repräsentiert nicht einfach den autoritativen Ton, gegen den Crugantino aufbegehrt, wie Goethe gegen den Vaterton Wielands aufbegehrte – sie besitzt auch den praktischen Realismus der älteren Generation in *Erwin und Elmire*. Das macht sie gegen Pedros und Claudines Empfindsamkeit skeptisch und erfüllt sie mit heimlicher Sympathie für Crugantino, der für das exaltierte Liebesgetändel dieser beiden nur Verachtung übrig hat. Denn Crugantinos komplizierter und potentiell tragischer Charakter – hierin, wie auch sonst, ähnelt er dem betäubend spannungsgeladenen, «furchtbaren und liebenswürdigen» Goethe von 1775 – birgt ein Geheimnis: er ist nicht einfach ein Außenseiter. Er ist der einzige wahre Dichter in dem Stück; er singt das mitreißendste Lied, die Ballade «Es war ein Buhle frech genung», und ärgert sich über sich selbst, weil er bei der Flucht aus Gonzalos Haus seine Zither vergessen hat. Was die empfindsame Familie Gonzalos an ihm fasziniert, ist seine Dichtung (womit es eine Parallele zu Satyros gibt). Er gesteht zu, daß er die Gesellschaft vor den Kopf stößt durch seine Art, sich aufzuführen (ein Wort, das er haßt: «Was heißt das: aufführen?»), aber seine Abneigung gegen Moralpredigten ist nicht unbegründet; denn eben die Gesellschaft, die ihn verurteilt, erfreut sich ohne Gewissensbisse an seiner Kunst, die doch Ausdruck seiner Lebensweise ist. In einem gewissen Sinne muß er für das Vergnügen anderer bezahlen, und zwar einen hohen Preis:

> Wißt ihr die Bedürfnisse eines jungen Herzens, wie meins ist? Ein junger toller Kopf? Wo habt ihr einen Schauplatz des Lebens für mich? Eure bürgerliche Gesellschaft ist mir unerträglich! Will ich arbeiten, muß ich Knecht sein; will ich mich lustig machen, muß ich Knecht sein. Muß nicht einer, der halbweg was wert ist, lieber in die weite Welt gehn? . . . Dafür will ich Euch auch zugeben, daß, wer sich einmal ins Vagieren einläßt, dann kein Ziel mehr hat und keine Grenzen; denn unser Herz – ach! das ist unendlich, solang ihm Kräfte zureichen!

Die letzte Szene des Singspiels bringt keine Antwort auf Crugantinos Klage, die der Klage Werthers so ähnlich ist wie Crugantinos Liebe zu Claudine der Liebe Goethes zu Lotte Kestner. Die Dilemmata werden nicht aufgelöst – vielleicht, weil die einzig mögliche Lösung die Werthersche wäre. Statt dessen werden sie verklärt – oder soll man sagen: ignoriert, auch wenn sie kaum zu vergessen sind –: mit dem letzten Bild und dem abschließenden Chor wenden wir uns zu der Feier eines Lebens, das, für alle außer Werther, einfach weitergeht – unbegründbar, unzulänglich, elend vielleicht, aber auch glücklich. Auch hierin ist *Claudine von Villa Bella* die Vorwegnahme vieler künftiger Stücke Goethes, zunächst einmal *Stellas*.

Bei ihrem Zusammensein in Ems im Sommer 1774 mag Lavater Goethe von einer geplanten Ehe zu dritt am Hof zu Karlsruhe erzählt haben, über die man seinen seelsorgerlichen Rat erbeten hatte; und das Leben eines Jacobi, und übrigens auch eines Bürger (und später eines Wordsworth), bewies, daß die Probleme des Mannes zwischen zwei Frauen eine gewisse Aktualität besaßen. Trotzdem müssen wir die Quelle für *Stella. Ein Schauspiel für Liebende* nicht in diesen äußeren Vorbildern oder in literarischen Vorläufern wie *Miss Sara Sampson* suchen, sondern in dem eigenen Erleben Goethes 1775. Denn in diesem so unerträglich spannungsreichen und so überaus produktiven Jahr fand auch Goethe sich zwischen zwei Frauen, oder besser gesagt: zwischen zwei Lieben. Das Verhältnis zu Auguste Stolberg war in Wirklichkeit nicht das Verhältnis zu einer Frau: es war das Verhältnis zu der Möglichkeit einer unendlichen, heiligen Liebe, die ihren Namen von Auguste Stolberg haben konnte, oder von Helene Buff, oder von irgendeinem anderen verheirateten oder sonstwie unerreichbaren oder sogar unbekannten Objekt der Sehnsucht. Was sie auszeichnete, war nicht eine Eigenschaft oder Identität, die sie persönlich besaß, sondern der Gegensatz zu der realen und gegenwärtigen Lili Schönemann – im Nebenzimmer gegenwärtig, während Goethe gegen die Begierde nach einem bekannten Objekt ankämpfte, der er nicht nachzugeben wagte.

Stella führt auf ihrem Rittergut das Leben einer Einsiedlerin, seit der Mann, den sie liebte, sie verlassen hat und ihrer beider Kind gestorben ist. Sie entschließt sich, eine Gesellschafterin ins Haus zu holen, und Lucie steigt im nahegelegenen Posthaus ab, um die Stelle anzutreten. Sie reist mit ihrer Mutter Cäcilie, die in Stellas Lebensgeschichte eigene Erfahrungen widergespiegelt sieht: Selig verheiratet, war sie von ihrem Mann im Stich gelassen worden und danach durch widrige Umstände so in Not geraten, daß sie sich von ihrer Tochter trennen mußte. Ebenfalls im Posthaus wohnt Fernando, der nach Jahren des Wanderns nun zu seiner geliebten Stella zurückkehrt. Cäcilie aber erkennt in Fernando ihren eigenen, längst verloren geglaubten Mann. Fernando besinnt sich eines anderen – vielleicht hat er Stella überhaupt nur verlassen, um zu Cäcilie zurückzukehren –, und nach der Wonne des Wiederfindens muß Stella sich damit abfinden, Fernando zum zweitenmal zu verlieren. Cäcilie aber hat den Einfall, daß es eigentlich keinen Grund gibt, warum sie nicht zu dritt (mitsamt Lucie) glücklich sollten leben können, und mit dieser Dreiecks-Versöhnung fällt der Vorhang.

Die scheinbar so revolutionäre Moral der *Stella* – die Furore machte und unter anderem zum Verbot der Aufführung in Hamburg führte – ist in Wahrheit für Goethe ein Rückschritt: der Rückfall in das Wunschdenken seiner frühesten Werke und des Romanfragments *Arianne an Wetty*. Ein Leben auf Reisen und ein Leben in ländlicher Abgeschiedenheit, zwei Ehen, von denen die eine mit Nachwuchs gesegnet ist, die andere nicht, die eine Ehe mit einer älteren Frau, die andere mit einer jüngeren, die eine Frau begütert, die andere arm, die eine praktisch und für den Tag, die andere ätherisch und für die Nacht, doch beide dem Mann in tiefer und selbstloser Liebe ergeben – Fernando weiß alles miteinander zu verbinden. Ungefähr so muß Goethe Anfang 1775 davon geträumt haben, Gegenwart und Ferne zu verbinden, unendliche Sehnsucht und konkrete Erfüllung, Liebe und Vaterland, Frankfurt (zweite Klasse) und eine Reichsgräfin, die Anwaltskanzlei am Großen Hirschgraben mit der nationalen Sendung des Schriftstellers. Es steckt in dem Stück der Stoff zu einer Tragödie, und doch fehlt etwas Entscheidendes, das uns den Eindruck vermitteln würde, daß wirklich ein tragischer Ausgang – und nicht bloß das Ausbleiben allseitiger Genugtuung – drohen könnte. *Stella* ist auch insofern ein Rückfall in die Zeit vor Straßburg, als das Stück seine Probleme nicht verwurzelt: weder in den historischen Gegebenheiten des nationalen Lebens (wie *Götz* und *Werther*) noch in der nicht gewollten Bestimmung des literarischen Genies (wie in *Clavigo* und *Claudine*), woraus anderen Helden Goethes ihre spezifische und bittere Notwendigkeit zuwächst. Einzig die farbigen Eingangsszenen im Posthaus (die an die *Mitschuldigen*

erinnern) verraten humorvolle Distanz von jener Flucht in eine Phantasie-
welt, mit der das Stück endet, etwa wenn die Postmeisterin erzählt, wie es
war, als Fernando zum erstenmal Stella verließ:

Aber wie's geht. Man sagte, der Herr hätte kuriose Principia gehabt; wenigstens kam
er nicht in die Kirche; und die Leute, die keine Religion haben, haben keinen Gott und
halten sich an keine Ordnung. Auf einmal hieß es: Der gnädige Herr ist fort. Er war
verreist und kam eben nicht wieder.

Im weiteren Verlauf des Stückes mit seinen Hymnen auf die Liebe – stilistisch
vorweggenommen in den Parodien des Satyros wie in den ambivalenten Li-
taneien des Prometheus – gibt es nichts, was sich dieser trockenen und schla-
gend formulierten Einschätzung an die Seite stellen ließe. Am Ende des Stükkes scheint es, als versuche Goethe, alles abzuschütteln, als wolle er die
Ungebundenheit von 1770 zurückgewinnen und so tun, als habe es die Verstrickungen und Entdeckungen der dazwischenliegenden Jahre niemals gegeben.

Wenn wir uns freilich dem Werk zuwenden, das Goethe in den letzten
beiden Jahren vor der Übersiedlung nach Weimar so konsequent beschäftigt
hat wie kein anderes, erkennen wir, daß er sich nicht nur klar war, endlich
an ein Ziel kommen, die Bücher schließen zu müssen, sondern daß ihm auch
die Kosten eines solchen Abschlusses schmerzlich, allzu schmerzlich bewußt
waren. Die erste Fassung von Goethes *Faust* – durch einen glücklichen Zufall
in einer 1887 entdeckten Handschrift erhalten und allgemein als *Urfaust* bekannt – ist Fragment geblieben. Sie ist aber nicht so unvollständig, wie immer
wieder behauptet wird. Man kann durchaus den *Urfaust* mehr oder weniger
so, wie er ist, als eigenständiges Stück, auf die Bühne bringen, und alle Zeitgenossen Goethes, die das Werk lesen durften oder es vorlesen hörten, bezeichneten es als «fast fertig», «fertig» oder «halbfertig». Was als fehlend
empfunden wurde, war auch nicht der Schluß der Geschichte – die erkenn-
barste Lücke klaffte in der Mitte. Gerade das Ende des *Urfaust* ist besonders
charakteristisch für dieses Werk selbst und überhaupt für das gesamte Schaffen Goethes seit 1770.

Der *Urfaust* ist das überragende poetische Meisterwerk des jungen Goethe, die Quintessenz seiner literarischen Persönlichkeit. Zimmermanns Urteil
darüber – «ein Werk für *alle* Menschen in Deutschland» – galt dem Gelingen
einer zentralen Bemühung des Sturm und Drang ebenso wie der Vielstimmigkeit der Tonfälle – wie Lavater zu ihm gesagt hatte: «Insgemein hat man
nur eine Seele, aber Goethe hat hundert.» Der erste Akt der *Mitschuldigen*
und der überwiegende Teil des *Götz* hatten eine machtvolle, konkrete, unpersönliche Einbildungskraft gegen ihren Ort und ihre Zeit auftreten sehen,
Werther eine gleichermaßen imaginative Aneignung der zeitgenössischen Innerlichkeit, das Drama des Ichs gezeigt. Beim Schreiben des *Werther* hatte
Goethe es, durch den Rückgriff auf einen für Deutschland beispiellosen literarischen Realismus, für einen Augenblick vermocht, seinen eigenen Geist

mit dem öffentlichen Geist der Empfindsamkeit zur Deckung zu bringen. In bestimmten Gedichten – «Maifest», «Mahomets Gesang», «Prometheus», «Auf dem See» – und nun auch in der Langform des *Urfaust* gelingt Goethe ein ähnliches Gleichgewicht, das Gleichgewicht seines reifen Werks, eine Dichtung, die dem individuellen, autobiographischen objektiven Fühlen so nahekommt, wie man ihm nur nahekommen kann. Offenkundig haben wir es hier nicht mit dem zu tun, was F. R. Leavis jene «profunde Unpersönlichkeit» nannte, «für die Erfahrung nicht gilt, weil es *meine* Erfahrung ist, ... sondern weil sie ist, was sie ist, und das 'mein' nur insoweit gilt, als die individuelle Sensitivität unentbehrlicher Fokus der Erfahrung ist». Ebensowenig aber verwirklicht Goethes – jetziges oder späteres – Werk dort, wo es auf der Höhe seiner selbst steht, die unattraktive Alternative, die Leavis konstruiert, wonach «Erfahrung gilt ..., weil ich es bin, dem sie gehört oder widerfährt, oder weil sie einen Zweck oder Willen fördert oder ergibt». Eher könnte man von einer persönlichen Unpersönlichkeit sprechen – «selbst nicht selbst» –, bei der die Ichhaftigkeit der Erfahrung selber zu einer Erfahrung wurde, die keineswegs so trivial ist, wie es die Rede von dem «unentbehrlichen individuellen Fokus» unterstellt: Vielmehr ist sie subtil und weit ausdifferenziert, oder kann es in der Dichtung werden, kann auch gelten, «weil sie ist, was sie ist», und kann mit einer Objektivität behandelt werden, für die das Erreichen eines Zweckes oder die Verwirklichung eines Willens so unerheblich sind, wie sie es für ein Kunstwerk nur sein können. Eine derartige, unpersönlich persönliche Dichtung hat ihre Grenzen, ohne Frage. Es gibt vielleicht eine Tiefe, und es gibt gewiß Erfahrungen, die ihr verschlossen bleiben. Der *Urfaust* zeigt viele Möglichkeiten für die Ichhaftigkeit von Erfahrung, angefangen bei der abstrakten Kontemplation über beiderseitiges Verkennen bis zum moralischen Verantwortungsgefühl, aber er schrickt zurück vor der Entsagung, vor der Unterwerfung unter die Furcht des Todes, nach Hegel «der absolute Herr», durch den die gesellschaftlichen Macht- und Herrschaftsverhältnisse ins Dasein treten. Diese Verhältnisse, ohne die das tragische Drama in Griechenland, England und Frankreich, und vieles vom Besten der europäischen Romankunst, undenkbar wären, interessieren Goethe, auch im *Faust*, nur am Rande. Das heißt jedoch nicht, daß *Faust* mit den gesellschaftlichen und nationalen Gegebenheiten seiner Zeit nichts zu schaffen hätte: Im Gegenteil, mehr als jede andere seiner Schöpfungen ist für Goethe die zentrale Symbolfigur des *Faust* Instrument seiner Auseinandersetzung mit den Versuchungen seiner Zeit und hat ihn, aus diesem Grund, durch sein ganzes Leben begleitet. Ist *Werther* die Tragödie der offiziellen Empfindsamkeit, so ist der *Urfaust* die Tragödie des Zusammenbruches der vom Sturm und Drang betriebenen historistischen und realistischen Opposition. Im *Urfaust* verschmilzt Goethe die monologische Form *Werthers* mit der dramatischen Interaktion des *Götz*, das Interesse an der nationalen Tradition, an dem Zauberer des 16. Jahrhunderts, der ein Zeitgenosse Luthers und Paracelsus' war, mit dem an Richardson gemahnenden Realismus des 18. Jahr-

hunderts in der Liebesgeschichte Fausts. Die rhythmische Vitalität und Vielfalt in der Diktion des Stückes spiegelt eine fünfjährige, berauschende Hoffnung wider, es möchte die ganze nationale Welt von jeder einzelnen dieser
hundert Seelen sich ergreifen lassen; das Fragmentarische aber, das Undeutliche in dem tragischen Schluß und die Verkürzung des Todes zum bloßen
Ende des Lebens anstatt zu dessen Mitte und Bestimmung spiegeln das Scheitern dieser Hoffnung und die Flucht in Einsamkeit und Selbstbewahrung
wider. Bevor wir jedoch auf die Grenzen des *Urfaust* eingehen, müssen wir
uns die ganze eruptive Originalität seiner Konzeption vor Augen führen.

Der Entschluß Goethes, ein Stück über den Doktor Faust zu schreiben,
hatte an sich nichts besonders Erstaunliches. Die Themenwahl war weit weniger originell als etwa beim *Götz*. Der Fauststoff war seit dem frühen
17. Jahrhundert populär, als englische Wanderschauspieler das deutsche Publikum mit einer mehr schlechten als rechten Version von Christopher Marlowes *Dr Faustus* in Dramen- oder Pantomimenform unterhielten. Aber er
war eben nur populär – Ende des 17. Jahrhunderts fristete das Stück sein
Dasein fast nur mehr im Volksbuch oder im Puppentheater (einer Form der
Unterhaltung, die in Deutschland sehr viel verbreiteter als in England war);
allerdings mag Goethe, wie erinnerlich, in Straßburg eine Faust-Aufführung
von durchreisenden Schauspielern erlebt haben. Erst das Erwachen des literarischen Nationalismus Mitte des 18. Jahrhunderts machte die Geschichte
vom Doktor Faust für die seriöse Literatur zu einem möglichen Gegenstand.
In einer berühmten Ausgabe seiner periodisch erscheinenden *Briefe, die
neueste Literatur betreffend*, hatte Lessing 1759 erklärt, für das deutsche Drama sei Shakespeare ein besseres Vorbild als das klassische Theater der Franzosen, und zugleich prophezeit, wenn jemals ein deutscher Shakespeare aufstehen sollte, werde er seinen Stoff in der Geschichte vom Doktor Faust finden. Gleichzeitig legte Lessing eine Szene aus einem Faust-Drama vor, an
dem er gerade schrieb, das aber nur in Fragmenten erhalten ist. Wie von einem Propheten der deutschen Aufklärung nicht anders zu erwarten, zeigt
Lessing sich in diesen Fragmenten weniger an der religiösen Problematik des
Teufelspaktes als an dem faustischen Streben nach Erkenntnis der Welt interessiert. Genauso aber kann ein aufgeklärter Kopf dieses Streben nicht ver-
dammenswert finden – «die Gottheit hat dem Menschen nicht den edelsten
der Triebe gegeben, um ihn ewig unglücklich zu machen» –, und so rettet
Lessing eine Geschichte aus dem Zeitalter des blinden religiösen Fanatismus
für das Zeitalter der Vernunft durch den einfachen Kunstgriff, die letzte Szene
zu verändern: Lessings Faust ist der erste deutsche Faust, der nicht zur Hölle
fährt. Auch Paul Weidmann, dessen *Johann Faust* – was Goethe nicht wußte
– 1775 in Prag uraufgeführt wurde, war ängstlich darauf bedacht, durch sein
irrationales Sujet nicht den Aberglauben seiner Zuschauer zu schüren: Für
ihn sind Engel und Teufel rein allegorische Figuren. Zwar hat Faust viele
Verbrechen begangen und verdient daher Strafe, wenn er nicht bereut; aber
von einem unwiderruflichen Pakt mit dem Teufel ist nicht die Rede. Weid-

manns Faust erfleht am Ende die Gnade Gottes, und sein Gebet wird erhört, «damit nicht deine [Gottes] Feinde sagen können: Sieh, er hat Wesen gemacht, um sie zu peinigen». Nur wenig erinnert in Weidmanns Familiendrama an das Puppenspiel, geschweige denn an Marlowes *Faustus*. Die radikalste Umdeutung des Fauststoffes stammt von einem Autor, der nicht zur Aufklärung, sondern zum Sturm und Drang gehört: von Friedrich Müller, dem mit Goethe bekannten «Maler Müller». Auch Müller ignoriert den Pakt und hat, wie Lessing (aber anders als Weidmann), wenig Sinn dafür, daß Faust sich versündigt – sei es im theologischen oder im moralischen Sinn, gegen Gott oder gegen die Menschen. Müllers Stück blieb unvollendet; in den Szenen, die, seit 1776, im Druck erschienen, ist Faust einfach der Sturm-und-Drang-Herkules, der «große Kerl», der von den spießbürgerlichen Winzlingen seiner Heimatstadt gepiesackt wird. Daß Müller jemals Gründe für die ewige Verdammnis Fausts gefunden hätte, erscheint kaum glaublich.

Enger als seine Vorgänger oder seine Zeitgenossen hielt Goethe sich bei der Dramatisierung des Fauststoffes an seine unmittelbare Vorlage, die Puppenspiele. Das wird beim *Urfaust* oft übersehen, weil dessen Handlung sich zum großen Teil um eine von Goethe hinzuerfundene Episode dreht: die Liebe Fausts zu einem einfachen Mädchen aus der Stadt, Margarethe oder Gretchen, das am Ende als Kindsmörderin hingerichtet wird. Doch gehört es zu den notorischen Besonderheiten des Faustthemas, daß es eine Geschichte ohne Mitte ist: das Drama ereignet sich in den Einleitungs- und Schlußszenen, während der Raum dazwischen durch eine Reihe unzusammenhängender Episoden ausgefüllt wird. Im Urfaust gibt es zwei Szenen dieser Art: die Schülerszene, in der Mephistopheles, als Faust verkleidet, einem ahnungslosen jungen Studenten seine diabolischen Ratschläge erteilt; und die Szene in Auerbachs Keller, wo Faust durch seine Wunderkräfte Verwirrung stiftet. Eine traditionelle Episode, die in allen Versionen der Faustsage vorkommt, ist die teuflische Verführung Fausts zur Fleischeslust durch die Beschwörung der trojanischen Helena, so daß man in Gretchen vielleicht eine Umdeutung Helenas erblicken darf. Aber auch so bedeutet die Einführung der Gretchengeschichte eine Verbesserung gegenüber Marlowe, weil sie dem Plot eine Mitte gibt, ohne den für das Faustthema typischen Aufbau des Stückes anzutasten: die Einleitungs- und wohl auch die Schlußszenen sind äußerlich so traditionell, wie man es sich nur wünschen kann. Es gibt einen Anfangsmonolog, in dem der gelehrte Faust nach mehr dürstet, als das Leben ihm bisher geschenkt hat; es gibt die Anrufung eines größeren Teufels (hier der Erdgeist, sonst meistens Luzifer); und es gibt die Anrufung eines kleineren Teufels, Mephistopheles, mit dem Faust den Pakt schließt. Im *Urfaust* fehlt zwar die Szene, in der diese entscheidende Vereinbarung unterschrieben wird, doch wird später auf sie unmißverständlich angespielt. Und manches spricht dafür, daß die letzte Szene im *Urfaust*, in der Faust das zum Tode verurteilte, verzweifelte Gretchen vergeblich überreden will, mit ihm und Mephistopheles zu fliehen, überhaupt die letzte Szene in Fausts irdischem

Leben ist. Nachdem jedenfalls Gretchen Faust auf ewig Lebewohl gesagt und sich nicht ihm und seinem Gefährten, sondern Gott anempfohlen hat, ruft Mephistopheles Faust gebieterisch aus dem Kerker heraus, und die beiden verschwinden auf ihren Zauberpferden. Der Held des *Urfaust* hat, wie der Müllersche Held, etwas von einem Sturm-und-Drang-Herkules an sich; wie den Helden bei Lessing dürstet ihn nach Erkenntnis der Welt; wie bei Lessing und bei Weidmann lädt er keine nennenswerte theologische, dafür aber – wie bei Weidmann – schwere moralische Schuld auf sich – doch anders als auf die anderen wartet auf ihn höchstwahrscheinlich die Hölle. Das Einzigartige am *Urfaust* ist, daß es Goethe in ihm gelingt, das traditionelle Faustthema den Bedürfnissen des 18. Jahrhunderts entsprechend zu säkularisieren, ohne dabei den traditionellen tragischen Ausgang zu opfern. Nicht zu Unrecht hat man den Urfaust «the one supremely great tragic drama of modern German literature» genannt.

Die große Schwäche der empfindsamen Literatur – eine Schwäche freilich, die bei der Nähe dieser literarischen Bewegung zur Leibnizschen Aufklärung nicht verwundert – ist die Not, die sie mit der Erklärung für das moralisch Böse in ihren Haupthelden hat. Pures Unglück, die Schwäche der menschlichen Natur oder das schurkische Eingreifen einer Nebenfigur: das sind für gewöhnlich die Notbehelfe, auf die ein Autor zurückgreift, wenn er die Einführung moralischer Kategorien zufällig für nötig hält. Aber diese Kategorien sind der Empfindsamkeit fremd, und sie haben keinen Platz im *Werther*, dem am strengsten konsequenten aller empfindsamen Werke. Goethe hat später behauptet, moralische Kommentare seien im *Werther* überflüssig gewesen – die Sache habe für sich selbst gesprochen: «Solcher Schwärmereien Ziel ist Selbstmord!» meinte er. Aber das kommt der These gefährlich nahe, der einzige, von allen Menschen einhellig anerkannte Wert sei die Bedeutung des persönlichen Überlebens. Spätestens seit der Trennung von Friederike wußte Goethe, daß Selbstzerstörung nicht das höchste und nicht das einzige Übel ist. Werther verarbeitet dieses Wissen nicht; er kennt nicht die «düstere Reue», in die Goethe nach der Sesenheimer Episode verfiel. Dieses Bewußtsein von der Schwere der persönlichen Verantwortung mußte Goethe vom Geist seiner Zeit entfernen, und wenn *Werther* den Punkt der größten Nähe zu seinem Publikum bezeichnet, so erschafft der *Urfaust* als erstes großes Werk Goethes jenen anfänglichen Abstand der eigenen Subjektivität von dem der Zeitgenossen, der für alle folgenden Schriften Goethes kennzeichnend sein wird. Im Urfaust werden die Gefühls- wie die Genieproblematik unerbittlich durchdacht, bis zu einem Ende in Schuld und Verzweiflung, das mehr ethisches Gewicht hat als alle die Selbstmorde oder Beinahe-Selbstmorde, womit die Aufklärungstragödien, etwa eines Lessing oder Schiller, ihren moralischen Nihilismus zu kaschieren trachten.

»Der Faust entstand mit meinem Werther», bemerkte Goethe 1829. Zwar ist klar, daß das Material zum *Urfaust* teilweise auf Goethes Leipziger Erlebnissen beruht; auch ist anzunehmen, daß Goethe schon in Straßburg der Gedanke gekommen war, ein Stück über das Faustthema zu schreiben. Gleichwohl ist die Hauptarbeit an dem Werk in die *Werther-* und *Clavigo*-Periode um 1774 anzusetzen. Der *Urfaust* hat mit beiden Stücken die Themen gemein – und nicht nur dies –, aber er verschmilzt sie zu einer neuen Einheit. Es gilt, diese Geschlossenheit des *Urfaust* nicht zu unterschätzen, ihn nicht aufzuspalten in locker miteinander verknüpfte Szenen mit unterschiedlichen Vorzeichen, aus unterschiedlichen Schaffensperioden. Es besteht ein enger Zusammenhang zwischen Faust als dem am Wissen verzweifelnden Gelehrten und Möchtegern-Zauberer der Anfangsszenen und Faust als dem Liebhaber und Verführer Gretchens – und die letzte Szene des Stückes, «Kerker», zeigt ihn als beides gescheitert.

Schon der erste Auftritt Fausts – der ungefähr 30 Jahre alt ist – offenbart seine Ähnlichkeit mit den Genies der 1770er Jahre. Einerseits denkt er in moralischen und theologischen Dingen ebenso frei wie Satyros und Götz, oder wie Werther in größenwahnsinnigeren Momenten.

> Zwar bin ich gescheuter als alle die Laffen,
> Doktors, Professors, Schreiber und Pfaffen,
> Mich plagen keine Skrupel noch Zweifel,
> Fürcht mich weder vor Höll noch Teufel

Anderseits verlangt ihn nach sympathetischer Berührung mit dem Ganzen der Natur ebenso heftig wie Werther, der sich in den Maiwald vergräbt. Ihm genügt nicht die reine Kontemplation eines mystischen Begriffs von Einheit, wie ihn Spinoza bieten mag, oder die alchimistische und kosmologische Spekulation eines Welling – er verzehrt sich nach dem unmittelbaren, innigen Umfangen eines Ganymed:

> Welch Schauspiel! aber, ach, ein Schauspiel nur!
> Wo faß ich dich, unendliche Natur?
> Euch Brüste, wo? ihr Quellen alles Lebens ...

Man muß hier an eine zwischen 1773 und 1775 entstandene Zeichnung Goethes denken, die einen Astronomen in seiner Studierstube zeigt: im Schein der Öllampe sitzt er grübelnd vor einem Globus, während neben ihm auf dem Tisch das Teleskop liegt, das ihm statt dessen die Unendlichkeit des nicht abgebildeten Universums erschlösse würde. Faust sehnt sich danach, daß alles, was nicht er selbst ist, ihm die Lust spenden möge, die sein eigenes Leben ihm gewährt; ohne diese Verschmelzung von Subjekt und Objekt ist das Leben selbst ihm verdrießlich. Er sucht diese Identität von Leben und Welt, die Ganymed in der Gestalt des allliebenden Vaters erschien, unmittelbar heraufzubeschwören: Er erkennt sie als Erdgeist (später gab Goethe diesem Geist die Merkmale Jupiters), und diese Erscheinung vereint für den Augenblick einer kurzen, gräßlichen Vision alle die widersprüchlichen Forderungen, die das Leben dem unzulänglichen Herzen Werthers zwei Jahre lang zugemutet hatte:

> GEIST. In Lebensfluten, im Tatensturm
> Wall ich auf und ab,
> Webe hin und her!
> Geburt und Grab,
> Ein ewges Meer,
> Ein wechselnd Leben!
> So schaff ich am sausenden Webstuhl der Zeit
> Und würke der Gottheit lebendiges Kleid

Zunächst kann Faust diese Vision ebensowenig ertragen wie Werther; als er sich ihr gewaltsam stellen, gleichsam in die Sonne blicken und in ihr den eigenen Geist erkennen, oder in sich selbst blicken und dort das Ebenbild des «unendlichen Geistes» finden will, wird er in seine Schranken verwiesen – ein Narziß, der nur in sein Spiegelbild verliebt ist:

> GEIST. Du gleichst dem Geist, den du begreifst,
> Nicht mir! *Verschwindet.*

Doch Faust will keine Schranken gelten lassen, seien sie von Gott gezogen, von den Menschen oder, ominös genug, von der Sprache. Den Faust der Eingangsszene erkennen wir sofort in dem Faust wieder, der im Mittelpunkt der Gretchen-Intrige steht, in der Szene in Marthes Garten (wo die Liebenden ihr erstes Rendezvous haben und Faust den Trunk mitbringt, der Gretchens wachsamer Mutter Schlaf und den Tod beschert). Gretchen wird von dem Gefühl gequält, daß Faust für das Leben schlichter Frömmigkeit, häuslicher Pünktlichkeit und familiärer Pflichterfüllung, in das er eingebrochen ist, nicht zu vereinnahmen ist. Sie dringt mit der direkten und bohrenden Frage in ihn, ob er an Gott glaube, und das Credo, das er notgedrungen ablegt, greift nicht nur seine eigenen Worte aus dem Eingangsmonolog auf, sondern auch die ekstatischen Bekenntnisse Werthers und Ganymeds:

> FAUST. Mißhör mich nicht, du holdes Angesicht!
> Wer darf ihn nennen? . . .
> Der Allumfasser,
> Der Allerhalter,
> Faßt und erhält er nicht
> Dich, mich, sich selbst?
> Wölbt sich der Himmel nicht da droben?
> Liegt die Erde nicht hier unten fest?
> Und steigen hüben und drüben
> Ewige Sterne nicht herauf? . . .
> Erfüll davon dein Herz, so groß es ist,
> Und wenn du ganz in dem Gefühle selig bist,
> Nenn das dann, wie du willst,
> Nenn's Glück! Herz! Liebe! Gott!
> Ich habe keinen Namen

Dafür. Gefühl ist alles,
Name Schall und Rauch
Umnebelnd Himmelsglut.
GRETCHEN. Das ist alles recht schön und gut;
Ohngefähr sagt das der Katechismus auch,
Nur mit ein bißchen andern Worten.

Ein Moment Shakespearescher Komplexität! In der vielleicht dramatischsten Szene, die Goethe je geschrieben hat, findet er noch die poetischen Mittel, einen Konflikt zu gestalten, in dem eine der beiden Seiten – das hauptsächliche, wenngleich nicht das einzige, Bewußtsein in dem Stück – die Fundamente der Dichtung erschüttert. Schall und Rauch in Fausts Ausbruch gegen Namen kulminieren in der Nennung des unvergeßlichen Bildes der umnebelten Himmelsglut (ein Bild, das für Goethe zeit seines Lebens normativen Wert behielt, und zwar nicht nur im Zusammenhang mit seiner Farbenlehre). Diesem Paradoxon entspricht, mit gemilderter Komik, Gretchens großzügige Auslegung des Katechismus. Von völlig unterschiedlichen Prämissen ausgehend und ihrem Zugeständnis völlig unterschiedliche Bedeutung beimessend, stimmen beide Sprecher darin überein, daß es möglich ist, auf der Ebene der «Worte» einen Kompromiß zu erzielen. Doch während für Faust und Gretchen die Worte trivial oder dehnbar sind, sind sie für den Zuschauer kristallklar und fest. Durch die Ironie dieser beiden Reden hindurch erkennt man die Kollision zweier Welten: auf der einen Seite Faust, das revolutionäre, autonome Genie, auf der anderen die Welt Gretchens, das soziale und religiöse Netz, aus dem Faust sich befreit hat. Der Anspruch Fausts, sogar die Grenzen der Sprache gesprengt zu haben, ist noch in anderer Hinsicht von Bedeutung; er umfaßt, und übertrifft zugleich, die Bedrohung der Integrität dessen, wofür Gretchen steht: Dieser Anspruch ist ein Akt der Hybris, durch den die Empfindsamkeit mit ihrer Theorie vom monadischen Genie die Verbundenheit des Sturm und Drang mit der konkreten nationalen Tradition zerstörte; er übt explizit Verrat an Ursprüngen und Grundlagen der literarischen Oppositionsbewegung. Nichts könnte der Herderschen Begeisterung für «Idiotismen» und «tönende Verba» ferner stehen als der Ausruf «Name ist Schall und Rauch». Doch selbst hier biegt Goethe die opponierenden Elemente noch poetisch zusammen: Grammatikalisch gehört die Wendung «Umnebelnd Himmelsglut» dem Sturm und Drang an; die Metapher selber hingegen ist empfindsam. Endlich aber ist der Konflikt in dieser Szene offenkundig mehr als eine Auseinandersetzung um theologische Formulierungen, mehr auch als ein Moment extremer Spannung zwischen geschichtlichen Kräften – es ist ein dramatischer Konflikt, ein Konflikt zwischen Personen. Denn Gretchen gesteht Faust nun, wie sehr es ihr zuwider ist, wenn sie ihn in der Gesellschaft Mephistopheles' sieht.

Mephistopheles ist der Eckstein im dramatischen Gefüge des *Urfaust*. In gewissem Sinne vermittelt er zwischen der Welt Fausts und der Welt Gretchens. Einerseits steht er in Fausts Dienst – die genauen Bedingungen hierfür werden im *Urfaust* nicht deutlich, können sich aber von den traditionell üblichen nicht sehr unterschieden haben –, und in erster Linie hat er mit Fausts Streben und natürlich mit seinem Ende zu tun. Andererseits macht Gretchen uns seine Teufelsnatur begreiflicher, als Faust es tut; das ist auch ganz natürlich, denn Faust hat sich ja von dem freigemacht, was er für Gretchens an dem Buchstaben klebenden Aberglauben hält. Hauptstreitpunkt zwischen Faust und Gretchen ist die Deutung von Mephistopheles' Charakter. Für uns als Publikum ist Fausts Blindheit für die wahren Absichten seines Gefährten schmerzlich, aber wir finden sie auch glaubhaft und im Einklang mit Fausts Standpunkt von Beginn des Stückes an. Gretchen weiß es besser:

> Es steht ihm an der Stirn geschrieben,
> Daß er nicht mag eine Seele lieben
> . . . .
> Auch, wenn er da ist, könnt ich nimmer beten.

Faust tut das mit einer herablassenden Bewegung ab:

> Du hast nun die Antipathie!

Aber Mephistopheles ist kein Possenreißer. Es ist unmöglich, seine wahrhaft diabolische Natur zu verkennen, wenn er, in Marthes Garten, Faust zuletzt erklärt, auch er werde seinen Spaß an den Ereignissen der kommenden Nacht haben. Der Gedanke, Gretchen in der Gewalt eines Wesens zu wissen, das sie dermaßen ängstigt und das an der Vernichtung von allem, was sie liebt, beteiligt sein und sich weiden wird – dieser Gedanke kann uns nur mit Entsetzen erfüllen. Und just für dieses Entsetzen scheint Faust gefühllos zu sein. Er stürmt durch das Spiel von Verbrechen zu Verbrechen und bemerkt nicht die Fallen, die Mephistopheles ihm stellt, die ungeheure Last der Schuld, die er sich auflädt. Und es ist natürlich, daß er das alles nicht bemerkt; hat er doch von Anfang an den Glauben abgetan, es könnte eine äußerste Sünde geben, einen unverzeihlichen Verstoß gegen eine Ordnung, die höher steht als er.

Die Geschichte von Fausts Leben erscheint somit als eine Frage – als Frage nicht nur nach seinem Vermögen, «joys and cares beyond myself» zu empfinden, wie es bei Sterne heißt, sondern auch als Frage nach seiner Schuldfähigkeit vor einem Tribunal, das ebenfalls «beyond himself» ist. Yoricks tränenverschmelzende Rührseligkeit neben einer scheinbar fühllosen Maria ist platt, verglichen mit der Liebesspannung, die sich zuerst zwischen Fausts Monologen und Gretchens einsamen Liedern aufbaut und die dann in den Szenen, in denen beide sich begegnen – in Marthes Garten und im Kerker –, in Worte gefaßt wird. Diese Feinheit des künstlerischen Urteils bewies Goethes Konzeption des Stückes von dem Augenblick an, wo er sich, vielleicht unter dem Eindruck seiner Sesenheimer Erinnerungen, dazu entschloß, den

Faust des Puppenspiels mit einer Frau zu verbinden, die zwar Susanna Brandts Schicksal erleidet, aber Catharina Flindts unverbrüchliche Treue zu Normen bewährt, nach denen sie sich selbst verdammt weiß. Dies war der Augenblick, in dem sich zum erstenmal ein eigentümlich Goethescher Faust abzeichnete: Alle Aufklärungs-Phantastereien von einem Dramenschluß, der die allgemeine Erlösung verkündete, wichen der Möglichkeit eines ganz und gar tragischen Ausgangs der Faustischen Hybris – einer Möglichkeit, mit der Faust denn auch am Ende von einem triumphierenden Mephistopheles konfrontiert wird: Im Blick auf Gretchens tote Mutter, ihr totes Kind und ihren toten Bruder (den wahrscheinlich Faust auf dem Gewissen hat) sowie auf Gretchens geistige Umnachtung in Erwartung der Hinrichtung wagt es Goethe, die bestürzend schlichte Frage zu stellen, ob nicht Mephistopheles von Gretchen und ihrer engen, kleinen Welt richtiger erkannt worden ist als von Faust. Sogar ein Pakt mit dem Teufel, wird Faust von Mephistopheles belehrt, verleiht dem Menschen keine Allmacht, hebt ihn nicht über das Sittengesetz hinaus. Als Faust von ihm verlangt, er solle Gretchen retten, entgegnet Mephistopheles:

Ich kann die Bande des Rächers nicht lösen, seine Riegel nicht öffnen. Rette sie –? Wer war's, der sie ins Verderben stürzte? Ich oder du?

Und auf diese Frage hat Faust keine Antwort. Die Bühnenanweisung lautet einfach: «FAUST *blickt wild umher*».

Nur zwei Aspekte sprechen dagegen, die letzte Szene des *Urfaust* als die Szene zu lesen, in der der hoffnungslos schuldig gewordene Faust zur Hölle fährt, während Gretchen ihre Seele rettet, indem sie den Beistand Mephistopheles' verschmäht. Zum einen fehlt am Ende des Stückes die ausdrückliche Feststellung (die es am Schluß von Marlowes *Dr Faustus* und der deutschen Puppenspiele gibt), daß Fausts Erdenweg nun zu Ende ist. Zum andern – und hiermit zusammenhängend – hat Goethe diese letzte Szene erst veröffentlicht, nachdem er die Absicht geäußert hatte, die Geschichte Fausts über diesen Punkt hinaus fortzusetzen (wobei unklar blieb, wie diese Fortsetzung aussehen sollte). Es ist, als habe Goethe zwar die Möglichkeit eines tragischen Schlusses durchaus ins Auge gefaßt und die innere Struktur des Stückes entsprechend angelegt und abgeschlossen (es gibt keine wesentliche Szene, die *nach* der Szene im Kerker fehlen würde), dann aber nicht recht den Mut gehabt, die Tragödie als solche zu benennen oder öffentlich zu machen. Ein ähnlicher Effekt ergibt sich in der Ballade «Es war ein Buhle frech genung», die Goethe während der Arbeit am *Urfaust* schrieb und die, von ihm in jener romantischen Julinacht 1774 rezitiert, so tiefen Eindruck auf die Jacobis machte. Sie erzählt von einem jungen Burschen, der eine Frau liebt und verläßt, worauf sie stirbt. Von Reue gepackt, kehrt der Mann zurück und stürzt im Verlauf seiner irren Reise in eine unterirdische Höhle, wo ihn hundert Skelette begrüßen, die um eine festliche Tafel versammelt sitzen. Das Gedicht bricht mit den Zeilen ab:

Er sieht sein Schätzel unten an
Mit weißen Tüchern angetan,
Die wend't sich –

Von der inneren Struktur her ist die Ballade fast vollendet (jede Strophe hört mit einer nicht-reimenden Zeile auf), und doch ist noch nicht genug gesagt: die letzte Zeile erstarrt wie in einem Augenblick des Entsetzens, das nicht aufgelöst und auch nicht wirklich benannt wird.

Natürlich gibt es im *Urfaust* zufällige Lücken, die es in der Ballade nicht gibt, doch ist beiden Werken etwas gemeinsam, das man das bewußt Bruch-stückhafte an ihnen nennen könnte. Bewußt insofern, als Goethe dieses Bruchstückhafte nur durch einen bewußten, selbst-auferlegten Verrat an sei-ner eigenen, nunmehr reifen poetischen Gesinnung hätte tilgen können. Wie diese Gesinnung beschaffen war, wissen wir aus dem Drama *Prometheus*. Von keinem Werk seiner Sturm-und-Drang-Jahre hätte man mit mehr Recht sagen können, hier habe er «Menschen nach seinem Bilde geformt . . ., zu leiden, zu weinen, zu genießen und zu freuen sich», wie von dem ersten *Faust*. Er ist wahrhaft beseelt von hundert Seelen, übersät von den Sternen des Lebens. Es gibt in der Weltliteratur nur wenige Werke vergleichbarer Länge, deren Lektüre uns emotional so bewegt. Die reaktive Stimmung von «Auf dem See» wird hier über gut fünfzig Seiten durchgehalten. Der Rhythmus pulsiert in einer ständigen, aber beherrschten Bewegung, aufbauend auf drei ausgedehn-ten Prosaszenen, im grobschlächtigen, dem 16. Jahrhundert nachempfunde-nen Knittelvers und im gereimten, iambischen Madrigalvers, der für den Deutschsprechenden vielleicht natürlichsten Gedichtform, die sich, auch wo sie umgangssprachlich bleibt, dem Komischen ebenso leiht wie dem Lyri-schen und dem Sentenziösen. Das Herauswachsen des Rhythmus aus der Prosa gipfelt in den in sich abgeschlossenen, eingeschalteten Liedern wie etwa «Es war ein König in Thule». Die dramatische Technik der lebendigsten Sze-nen des *Götz von Berlichingen* verdichtet und weitet sich zugleich: Immer wieder wird eine abgründige symbolische Harmonie erzeugt, wenn eine starke Gefühlsregung, gewöhnlich hervorgerufen durch die Vergangenheit, die Gegenwart oder die Ferne, sich reliefartig abhebt von einem gleicherma-ßen klar umrissenen Hintergrund – einer Handlung wie dem Kämmen des Haars bei Gretchen, einer Landschaft oder (für Goethe typisch und wahr-scheinlich sein originellster dramatischer Fund) einer besonderen Tages- oder Nachtzeit. Jede Szene, und sei sie noch so kurz, ist eine Welt für sich: der Dichter tritt an sie heran, berührt und verlebendigt sie, und verläßt sie dann wieder. Jede Szene scheint ihren einen Punkt zu haben, aus dem ihre Identität erwächst – ein Bild, eine Spannung, eine Versform, Gretchens Spinnrad, die Heimkehr am späten Nachmittag, Mephistopheles im Schlafrock und mit großer Gottsched-Perücke, schwarze Pferde bei Nacht auf offenem Feld, Blumen für die Muttergottes. Und jede Szene scheint nur bis zu ihrer natür-lichen Grenze zu wachsen, um dann zu enden. Dichterische Ökonomie, vielfältiger Wechsel der Stimmung und pure rhythmische Erfindungskraft – sie, und nicht einfach die Intrige, erhalten die dramatische Schwungkraft. Es gibt keine Szene, ja kaum eine Zeile, die *rein* strukturelle Bedeutung hätte. Alles lebt, sogar die letzte Szene der Verzweiflung – vorausgesetzt, Faust stirbt. Falls er aber nicht stirbt, falls seine Tragödie nur eine potentielle bleibt – und das ist der Stand der Dinge im *Urfaust* –, dann bleibt auch sein Anteil an Gretchens Lebenswelt nur potentiell, wie das Leben von Prometheus' Standbildern – ein nicht völlig realisierter Gedanke. Gewiß, die Bitterkeit des Todes bleibt Gretchen nicht erspart; denn sie verweigert den Ausbruch aus jener «Sphäre des Umgangs», wo sie der öffentlichen Meinung, ihrem Richter und ihrem Henker überantwortet wird. Faust aber, nach seinen eigenen Worten «der Unbehauste», der «Unmensch», gibt dem Tod keine Gewalt über sich: Das Haus der menschlichen Gesellschaft, gegründet auf der Drohung des Todes, steht vor ihm als eine mögliche, vielleicht die tiefempfundenste mögliche Erfahrung, aber es füllt seine Welt nicht aus. Fausts Welt ist so grenzenlos wie die Welt von Goethes Briefen, und der *Urfaust* ist ebenso unvollendbar wie die Selbstartikulation in einem Brief. Die Subjektivität Fausts ist von der Art, die sich dagegen sträubt (oder der es die – im Stück nicht angesprochenen – sozialen und politischen Umstände in Deutschland verwehren), *nur* der «unentbehrliche Fokus der Erfahrung» zu sein. Es gibt niemanden, dem Faust die Macht über sein (Fausts) Leben und seinen Tod zugestehen würde – das heißt niemanden, dem er die Konstruktion seiner Erfahrungswelt überläßt. Goethes Faust wird daher, anders als der Marlowesche, nicht von einem Chor von Gelehrten zu Grabe getragen, und anders als Gretchen steht er vor keinem anderen Tribunal als dem des Publikums. Und dort läßt Goethe ihn fürs erste stehen, verharrend zwischen Tragödie und Idealisierung, zwischen der Geschichte von der gescheiterten Revolution eines Einzelnen und einer Aufklärungsparabel von der Erlösung aller. Fürs erste vermag Goethe sich vielleicht einzureden, daß es ihm eines Tages gelingen wird, das Problem zu lösen: daß *Faust* vollendet, seine Identität bestimmt und das den zentralen Charakter umgebende Dämmerlicht vertrieben werden kann. Es wird viele Jahre dauern, bevor er erkennt, daß das Unvollendete des Stückes zu seinem Wesen gehört.

Den *Werther* zu vollenden und zu einem unumkehrbaren Abschluß zu bringen, war Goethe gelungen, weil das Buch sich, in der entscheidenden Hinsicht seiner ethischen Bewußtheit, im Einklang mit seiner Zeit, nicht mit seinem Autor befand. Mit *Faust* war das nicht der Fall, übrigens auch nicht mit der Ballade «Es war ein Buhle frech genung», die Goethe im Sommer 1775 in seine *Claudine von Villa Bella* so einzufügen wußte, daß sie nur deshalb unfertig erscheint, weil der Sänger – Crugantino – in seinem Vortrag unterbrochen wird. Beim *Urfaust* erscheint das Verhehlen – nicht so sehr das Unterdrücken – des tragischen Elements einfach als Unvermögen, die Arbeit fortzusetzen, sich schlüssig zu werden, ob das bisher Geschriebene stehen bleiben oder geändert werden sollte. Den *Urfaust* konnte man nicht so einfach unter das bergende Dach eines anderen Werkes stellen, wie es mit «Es war ein Buhle frech genung» geschehen war. Aber man konnte ihn ignorieren. Nach den ersten Jahren in Weimar scheint Goethe seine öffentlichen Vorlesungen aus dem «halbfertigen» *Faust* aufgegeben zu haben. Es gab ja auch vieles andere, das ihn beschäftigte.

Viertes Kapitel

Ortswechsel

Weimar im Jahre 1775

Wer wie Goethe sechs Wochen vor Weihnachten von Frankfurt nach Weimar reiste, wo die Festlichkeiten zur Vermählung und zur Volljährigkeit des Herzogs in vollem Gange waren, mußte sich vorkommen, als verlasse er die Großstadt und begebe sich zu einer längeren Familienfeier auf ein Landgut. Schon zweimal – 1765, als er zu seinem Studienort aufbrach, und 1768, als er von dort mit zerrütteter Gesundheit zurückkehrte – hatte Goethe den widerwärtigen thüringischen Streckenabschnitt der Straße von Frankfurt nach Leipzig erlebt. Nun bog er zum erstenmal in Erfurt nach Weimar ab. Die rund zwanzig Kilometer lange Fahrt, bei der die Kutscher die tief ausgefahrenen Wagenspuren durch waghalsige Umwege über die Äcker mieden, führte zu Weimars westlichem, dem Erfurter Tor, durch das Goethe nun, am 7. November 1775, um fünf Uhr morgens in die kleine Stadt einzog. War es überhaupt eine kleine Stadt? Madame de Staël hielt Weimar nur für ein großes Schloß. Seine 600 bis 700 Häuser, die meisten von ihnen mit Stroh oder Holzschindeln gedeckt, waren nichts weiter als ein Anhängsel der fürstlichen Residenz. Nur 100 Meter vom doppelten Ring der Wehrmauern entfernt, lag der größte Markt der Stadt, der Töpfermarkt, umgeben von einem Dutzend Häuser mit hohem Giebeldach, und hier wohnten auch Goethes Kurier, der Kammerjunker von Kalb, und dessen Vater, der herzogliche Schatzmeister und Kammerpräsident, der den berühmten Literaten bat, ihn bei sich aufnehmen zu dürfen. Noch einmal 100 Meter weiter hätten die Reisenden den eigentlichen Marktplatz sowie den Hof- und Verwaltungsbezirk vorgefunden, der etwa ein Drittel der Grundfläche Weimars einnehmen mochte. Und selbst dieser Bereich präsentierte sich 1775 großenteils als verrußte Ruine; denn im Jahr zuvor waren das herzogliche Schloß, die Wilhelmsburg, sowie das Hoftheater und die Hofkirche St. Martin (an der von 1708 bis 1717 Johann Sebastian Bach Organist gewesen war) einem Brand zum Opfer gefallen, und erst viele Jahre später waren genügend Mittel für den Wiederaufbau vorhanden – ein Projekt, dessen verantwortliche Leitung in den Händen Goethes liegen sollte. Inzwischen beherrschte ein Geist gutgelaunter Improvisation das Leben bei Hofe. Das stattliche Landschaftshaus, das eigentlich die Stände beherbergen sollte, wurde für die Bedürfnisse des Herzogs und seiner Braut hergerichtet. Hofjäger Anton Georg Hauptmann hatte schon damit gerechnet, daß der neue Herrscher die gewohnte Unterhaltung nicht würde missen wollen, und 1775, dank finanzieller Unterstützung, einige Versammlungssäle (das «Redoutenhaus») errichtet; hier fanden in den nächsten fünf Jahren die Hofbälle und die Liebhaberaufführungen statt, die vorderhand alles waren, was man sich leisten konnte. Kirchliche Veranstaltungen, bei Hofe die geringste Sorge, wurden einfach in die Stadtkirche zu St. Peter und Paul am Töpfermarkt verlegt, die einzige andere Kirche innerhalb der Stadtmauern (vor der Stadt gab es noch die Garnisonskirche). Die gotische Stadtkirche, um 1500 entstanden, war Anfang des 18. Jahrhunderts durch Umbau stark verändert worden, beeindruckte aber noch immer durch den prachtvollen Altaraufsatz von Lucas Cranach d. Ä., der sein letztes Lebensjahr in Weimar verbracht hatte. Goethes ferner Vorfahr stellt sich darauf in einer Geste dar, die seines Nachfahren würdig gewesen wäre: Ein Repräsentant der Menschheit, schreitet er zuversichtlich der Erlösung entgegen, flankiert von Johannes dem Täufer und Martin Luther.

Zum Glück waren bei der Katastrophe von 1774 nicht alle Attraktionen Weimars abgebrannt. Vor allem die Bibliothek, die drittgrößte Deutschlands, war erhalten geblieben, einfach dank ihrer Größe. Man hatte sie 1766 aus der engen Wilhelmsburg ausgelagert und in einem eigenem Gebäude untergebracht, dem Grünen Schloß, inmitten der Wiesen und Auen an dem Flüßchen Ilm, das im Osten Weimars der Saale und der Elbe entgegenfließt; hier befand sich auch der Garten Am Stern, so benannt nach der radialen Anordnung seiner buchsbaumgesäumten Wege. Das Wittumspalais, 1767 erbaut und zum Teil von Oeser aus Leipzig entworfen und dekoriert, war ebenfalls vom Feuer verschont geblieben; hier residierte, von 1775 bis zu ihrem Tode 1807, Anna Amalia, Herzoginmutter und Regentin des Herzogtums seit 1758 bis zur Volljährigkeit ihres ältesten Sohnes. Bevor ihr Gatte, nach nur zweijähriger Ehe, an Tuberkulose gestorben war, hatte er damit begonnen, unweit des nachmaligen Wittumspalais den Raum zwischen den beiden Stadtmauern aufzufüllen und darauf die Esplanade anzulegen, einen von Bäumen beschatteten Spazierweg mit einem Goldfischteich und einem chinesischen Pavillon. Während der Garten Am Stern der fürstlichen Familie vorbehalten war, durften sich Bürger, das heißt nichtadlige Personen, nicht aber deren Dienstboten, auch auf der Esplanade ergehen, an deren beiden Enden schwere Eisentore den Aus- und Eingang bewachten. Im 19. und 20. Jahrhundert deckte sich die Esplanade größtenteils nur noch mit dem Verlauf der Schillerstraße, die an ihre Stelle getreten war. Heute präsentiert sich die Straße als Fußgängerzone, mit Bäumen und teuren Touristenläden, und hat damit etwas von ihrer ursprünglichen Bedeutung zurückgewonnen.

Trotzdem hatte Weimar, verglichen mit Frankfurt, wenig zu bieten. Es war ein schlichter Ort mit einer einzigen Funktion: Weit mehr als ein Viertel seiner 6.000 Einwohner machten der Hof, die fürstliche Familie, die Hofbediensteten und Pensionäre aus. Die übrigen, die Schneider und Schuster, die Bäkker und Hufschmiede und Apotheker, bedienten mittelbar oder unmittelbar die Bedürfnisse des Hofes oder die eigenen. 1775 gab es keinen einzigen Weimaraner, der durch Handel oder Industrie zu der Welt hinter Weimar Kontakt hatte. Weimar wurde nicht einmal von der Postkutsche angefahren; die

Poststation befand sich nicht hier, sondern rund 15 Kilometer weiter nördlich, in Buttelstedt an der Straße Leipzig-Erfurt. Die soziale Struktur war unkompliziert: 80 Prozent der Bevölkerung zählten zur Handwerker- und Gesellenklasse und verdienten kaum 200 Taler im Jahr. (Die übliche Buchführungs- und Währungseinheit in Weimar war der Taler. Der Wechselkurs war variabel; der Einfachheit halber kann man zwei Gulden auf einen Taler rechnen.) Die Oberschicht «hob sich von der breiten Masse der Bevölkerung weit auffälliger ab als in späterer Zeit, weil eine bürgerliche Zwischenschicht so gut wie fehlte» (W. H. Bruford). Auch kulturell war das Leben in diesen lutherischen Kernlanden einfach und in religiöser, internationaler und sprachlicher Hinsicht nicht so kompliziert wie Frankfurt: Zwar gab es zwei Juden, aber beide waren Bankiers und machten ihr Glück als Geldverleiher – so mancher Höfling hatte Spielschulden. Die einzige Sprache, die man, neben dem barbarischen Französisch, in welchem die altmodischeren Hofdamen einander zu schreiben beliebten, vernahm, war das Sächsische: Als Lavater zu Besuch kam, blieb sein Schweizerdeutsch, in den Straßen des kosmopolitischen Frankfurt ein vertrauter Klang, den Ortsansässigen von Weimar unverständlich. Sogar die Gerüche waren einfach die Gerüche des Bauernhofs; denn das Vieh wurde aus Sicherheitsgründen innerhalb der Stadtmauern gehalten und nur tagsüber hinaus auf die Weide getrieben.

Mitte des 18. Jahrhunderts ähnelte die Stadt Weimar in vieler Hinsicht den kleinen Dörfern, die sich zu derselben Zeit in England um die großen Häuser reicher Grundbesitzer scharten. Was den Unterschied ausmachte, auch den Unterschied zu Frankfurt, war das *Herzogtum* Weimar. Denn nach der Verfassung des Reichs war Weimar die Hauptstadt eines souveränen Staates, des Herzogtums Sachsen-Weimar-Eisenach. Der weite Bogen bewaldeter Höhenzüge, der, in Form des Fichtelgebirges, des Thüringer Waldes und des Harzes, einmal die südwestliche Grenze Ostdeutschlands bildete, umgab im 18. Jahrhundert ein Mosaik von fast dreißig Duodezfürstentümern, eine Pufferzone zwischen Kursachsen im Osten und Hessen-Kassel im Westen, Brandenburg-Preußen im Norden und Bayern im Süden. Von den sächsischen Herzogtümern – durch Erbfolgen geteilt und durch Heiraten und das Erlöschen regierender Häuser wieder zusammengeführt – war Sachsen-Weimar das älteste, wenngleich nicht das größte. Seit 1741 war es mit den erloschenen Herzogtümern Jena, knapp zwanzig Kilometer östlich, und Eisenach, rund 75 Kilometer westlich, vereinigt, während 45 Kilometer südlich, mitten im Thüringer Wald, der andere große Besitz Weimars lag, das Amt Ilmenau. Jede dieser Domänen besaß ihren unverwechselbaren Charakter: Jena hatte seine Universität, Ilmenau, auf Bergeshöhen gelegen, seine Kupfer- und Silberbergwerke, die allerdings 1739 stillgelegt worden waren. Eisenach (der Geburtsort Bachs) war als Handelsplatz bedeutender als Weimar und auch geschichtsträchtiger: Auf der mittelalterlichen Wartburg, dramatisch auf einer bewaldeten Anhöhe vor der Stadt gelegen, hatte 1207 der berühmte «Sängerkrieg» stattgefunden, ein Wettstreit deutscher Minnesänger, und hier hatte

Luther nach dem Reichstag zu Worms Zuflucht gefunden und das Neue Testament übersetzt. Ungeachtet der Union von 1741 behielt Eisenach weitgehend seine eigene Verwaltung.

Der Zusammenhang dieser verschiedenen Besitzungen war nicht geographischer Natur, sondern durch die Person des Herzogs gegeben. So führte die Straße von Weimar nach Eisenach durch zwei verschiedene andere, souveräne Territorien. Zuerst kam Erfurt, eine der extraterritorialen Besitzungen des Erzbistums Mainz, wo einer der kultiviertesten Männer Deutschlands, der Statthalter Carl Theodor von Dalberg (1744–1817), regierte, ein Urgroßonkel des englischen Historikers Lord Acton. Erfurt besaß eine sehr alte Universität, an der schon Luther studiert hatte, die aber jetzt, zu Goethes Zeiten, zur Bedeutungslosigkeit herabsank. Gut zwanzig Kilometer westlich von Erfurt lag Gotha – wo Gotter tätig war –, die Hauptstadt des Herzogtums Sachsen-Gotha-Altenburg, das 1775 von Herzog Ernst II. (1745–1804) regiert wurde und größer, wohlhabender, besser verwaltet und bis zu einem gewissen Grad auch kultivierter war als Sachsen-Weimar. Des Herzogs jüngerer Bruder, Prinz August, ein Kunstliebhaber und Hypochonder, verbrachte seine Zeit oft in Weimar und sollte später ein besonderer Freund Goethes werden, während der Herzog selbst, ein ernster, gebildeter und ziemlich häuslicher Mensch, davon träumte, als Privatmann in einer Republik wie der Schweiz oder Amerika zu leben. Die männliche Linie starb 1825 aus, und nach der dadurch notwendig werdenden Neugliederung der sächsischen Fürstentümer wurde Altenburg unabhängig, das Miniaturherzogtum Sachsen-Meiningen (das in Goethes Jugendzeit gemeinsam von den beiden Brüdern regiert wurde, die Goethe in Frankfurt kennengelernt hatte) expandierte, und Gotha kam zu Sachsen-Coburg, dem südlichsten der sächsischen Herzogtümer. Manche der löblichen Eigenschaften von Herzog Ernst II. fanden sich bei seinem Urenkel wieder, dem Prinzen Albert von Sachsen-Coburg-Gotha und nachmaligen Prinzgemahl der englischen Königin Victoria.

Es lag auf der Hand, daß ein so zersplittertes Gemeinwesen wie Sachsen-Weimar-Eisenach nicht in jeder Hinsicht mit der Unabhängigkeit eines Nationalstaates schalten und walten konnte. Das Herzogtum war, um ungehindert Zugang zu seinen verschiedenen Territorien zu haben, auf seine Nachbarn angewiesen, die ihrerseits gewisse Rechte, namentlich auf Wege und Wasserstraßen, besaßen, sogar innerhalb der Grenzen des Herzogtums. Die Universität Jena war eine gemeinsame Gründung der vier sächsischen Herzogtümer, und wenngleich Weimar, als wichtigster Geldgeber, das letzte Wort in geschäftlichen Dingen hatte, mußten doch alle vier Herzogtümer konsultiert werden, wenn es um gravierende Dinge wie etwa die Berufung von Professoren ging. Wie auch immer: zumindest nach innen war das Herzogtum eine Nation, ein «Vaterland», und Carl August war, mit dem 18. Lebensjahr, *pater patriae*, der absolute Herrscher über die 106.000 Bewohner der Weimarer Territorien. Die Schlichtheit der sozialen, ja sogar der materiellen Struktur der Stadt Weimar ist trügerisch: Hier liefen die Fäden der Macht durch die Ämter der zentralen Verwaltung, wurden im Geheimen Conseil zusammengefaßt und endlich dem Herzog in die Hände gelegt, der, nominell allein und faktisch in erheblichem Umfang, verantwortlich war für die Bildung, die Aburteilung, die Bestrafung, die Belehrung, die geistliche Erbauung, die Verteidigung – es gab ein Heer mit rund 500 Infanteristen, zwanzig Husaren und einem halben Dutzend Artilleristen – und nicht zuletzt die Besteuerung einer Menschengruppe, die größer war als die Einwohnerschaft jeder freien Reichsstadt – Hamburg ausgenommen – und fast dreimal so groß wie Goethes Frankfurt.

Ökonomisch und sozial spiegelte das Herzogtum unbestreitbar die Schwächen seiner Hauptstadt wider: Es gab so gut wie keine Industrie, nur eine auf Heimarbeit basierende Strumpfwirkerei in Apolda, nordöstlich von Weimar, und keinen nennenswerten Handel, weil jeder Transport auf den schlechten Wegen dieses feuchten und bergigen Gebiets ein Problem war. In Ermangelung eines schiffbaren Flusses konnten die beträchtlichen Holzvorkommen nicht ausgebeutet werden; es gab keine funktionstüchtigen Bergwerke; die Wirtschaft war zwangsläufig eine fast ausschließlich agrarische, und selbst wenn es möglich gewesen wäre, landwirtschaftliche Überschüsse zu erzielen, hätte es keinen geeigneten städtischen Markt gegeben, um sie abzusetzen. Das Fehlen einer Mittelschicht machte sich damit im Herzogtum als ganzem noch deutlicher bemerkbar als in Weimar selbst, und es liegt auf der Hand, daß die vielleicht 2.000 Höflinge, Beamten, Soldaten und Pensionäre, für deren Unterhalt Steuern zu entrichten waren, und die weitere Gruppe der Grundbesitzer, für die Pacht und Feudalabgaben zu zahlen waren, für die Bevölkerung eine viel größere Belastung darstellten als die 500 Beamten Frankfurts für dessen 36.000 Einwohner, zumal viele Angehörige der Weimarer Oberschicht weit höhere Einkommen hatten als der Stadtschultheiß von Frankfurt. (1790 erzielte die Familie von Stein aus all ihren Einnahmequellen ein Gesamteinkommen von 6229 Talern und gab 4419 Taler aus.) Bildkräftigen Ausdruck gab Goethe dem Problem in einem Brief von 1782, nach einer langen Reise, die ihn als diplomatischen Abgesandten Weimars an alle Thüringer Höfe und als obersten Gutsverwalter und Amateurgeologen durch alle Felder, Wälder und Berge der Gegend geführt hatte, die er nun so gut wie seine Multiplikationstafeln zu kennen glaubte:

So steig ich durch alle Stände aufwärts, sehe den bauersman der Erde das Nothdürftige abfordern, das doch auch ein behäglich auskommen wäre, wenn er nur für sich schwitzte. Du weißt aber wenn die Blattläuse auf den Rosenzweigen sitzen und sich hübsch dick und grün gesogen haben, dann kommen die Ameisen und saugen ihnen den filtrirten Saft aus den Leibern. Und so geht's weiter, und wir habens so weit gebracht, daß oben immer in einem Tage mehr verzehrt wird als unten in einem organisirt/beygebracht werden kann.

Es wäre freilich irrig, die Wurzeln aller dieser Übel am Hof zu vermuten. Die Ameisen in Goethes Vergleich waren die adligen Grundbesitzer, die ihr Einkommen aus ihren Gütern zogen (die nicht alle im Herzogtum lagen) und sich das Jahr über gelegentlich in Weimar blicken ließen – oder auch nicht. Goethes Kritik formuliert die Einsicht eines Bürgers in die bedenkliche Unausgewogenheit der ökonomischen und sozialen Struktur des agrarischen Herzogtums; sie richtet sich nicht speziell gegen den ostentativen Konsum des Hofes, gegen die politische Galionsfigur des Herzogtums oder gegen die *raison d'être* der Stadt Weimar. Im Gegenteil, zeit seines Lebens war Goethe der Überzeugung, daß zur Macht unabdingbar Gepränge und Zeremonie dazugehören, um zu demonstrieren (und nicht zu verhehlen), wo die Herrschaftsgewalt ihren Sitz hat, und um die Herrschenden an die Tragweite aller ihrer Handlungen für die Untertanen zu erinnern. Für jene oberflächliche Betrachtungsweise, die Äußerlichkeiten unwichtig findet, hatte er nie etwas übrig. Schon 1777 sagt zwar der Prinz im *Triumph der Empfindsamkeit*: «Ihr wißt daß ihr keine Umstände mit mir machen sollt», aber die Hofdame erwidert bei sich: «Nur damit er auch keine mit uns zu machen braucht.» Als Carl August 1785 durch Vereinfachung des pompösen Kanzleistils für mehr Schnelligkeit und Effizienz der Amtsabläufe sorgen wollte, sträubte Goethe sich mit dem Argument, schwerwiegende Entscheidungen müßten aus Respekt vor den von ihnen Betroffenen in würdevoller Form mitgeteilt werden. Und rückblickend auf diesen Zeitabschnitt, bei der Materialsammlung für die Fortsetzung seiner Autobiographie, läßt er sich sarkastisch über aufgeklärte Despoten wie Friedrich den Großen oder Joseph II. aus, die sich selber einfach als Diener ihres Staates betrachten, den Hof mit Verachtung behandeln und durch diesen Verrat an ihrem Amt ganze Völker dem größeren Übel der Revolution zuführen, «bis der König von Frankreich sich selbst für einen Misbrauch hält». Weimar war ein souveräner und autokratischer Staat, und der Herzog war sein Monarch: Der Hof war Ausdruck und Demonstration dieser Tatsache, und ohne inkonsequent zu sein, konnte Goethe die politische Struktur des Herzogtums loyal unterstützen und doch zugleich seine große Besorgnis über die Verteilung des Wohlstandes darin äußern.

Der Hof, im breitesten Sinne verstanden als Kreis derjenigen, die mit dem Herzog und der Herzogin speisen durften oder offiziell von ihnen empfangen wurden, zerfiel in drei Gruppen. Der Hof im eigentlichen Sinne, das heißt der herzogliche Haushalt, war zwar nicht winzig, aber auch nicht übertrieben groß. Neben zwei Marschällen (dem Oberhofmarschall und dem Reisemarschall) sowie zwei Stallmeistern, von denen einer Oberstallmeister Baron von Stein war, gab es für den Herzog selbst drei Kammerherren, drei Kammerherren und drei Hofdamen für die Herzogin, einen Marschall, einen Kammerherrn und eine Hofdame für die Herzoginmutter, und endlich von Knebel als Hofmeister und später Kammerherr des Prinzen Constantin. Es gab auch sechs Pagen, aber das waren einfach Söhne von Adligen, deren Erziehung Carl August, nach einer der ältesten lehensrechtlichen Pflichten, übernommen hatte. – Die zweite Gruppe bildeten die höchsten Beamten, namentlich die drei oder vier Geheimräte sowie die Leiter der Kammer, der Landesregierung und des Oberkonsistoriums (das für Kirchenangelegenheiten zuständig war). Die größte und heterogenste Gruppe, der zeitweilig oder dauernd in Weimar residierende niedere Adel – besser gesagt, die geadelten Gutsbesitzer –, hatte nicht unbedingt eine förmliche Verbindung mit dem herzoglichen Haushalt oder der Verwaltung, wie etwa die Gräfin Bernstorff, Witwe des dänischen Außenministers und Gönnerin Klopstocks, die mit ihrem Sekretär Johann Joachim Christoph Bode (dem Sterne-Übersetzer und prominenten Freimaurer) 1779 nach Weimar kam, als ihre Tochter Sophie den Bruder der Frau von Stein, Carl von Schardt, heiratete. Oder sie hatten eine unbezahlte Stellung inne oder empfingen eine Gnadengabe des Herzogs, wie Baron von Imhoff, der, auf einer Reise nach Indien, seine erste Frau an den nachmaligen Gouverneur Bengalens, Warren Hastings, verkauft hatte, seither mit dem Gehabe eines Nabob auftrat und sich, nach seiner Vermählung mit Luise von Schardt, der Schwester der Frau von Stein, mit seiner zweiten Familie in Jena niederlassen konnte, nachdem der Herzog ihm kostenlose Unterkunft und Brennholz, den Titel eines Majors sowie eine heimliche Jahresrente von 300 Talern zugesagt hatte.

Der Hof brachte seine Existenz vorzugsweise durch die Mahlzeiten zum Ausdruck. Jeden Tag saßen der Herzog und die Herzogin – oder die Herzogin allein, da Carl August häufig abwesend war und zumal in seinen jüngeren Jahren alle Förmlichkeit scheute – an der Spitze der Mittagstafel für den herzoglichen Haushalt und ihrer Gäste in ihrem provisorischen Schloß. Es gab zwei Tafeln, eine hohe oder Hoftafel für den Herrscher und den Adel, und eine niedere, die Marschallstafel, für nichtadlige Gäste. Bei derartigen offiziellen Anlässen wurde von den Herren erwartet, daß sie in der fürstlichen Galauniform erschienen; sie war entweder aus grünem Stoff mit Epauletten oder, in vornehmerer Ausführung, aus Seide oder Satin und mit Gold oder Silber bestickt. An zwei Abenden der Woche lud das herzogliche Paar zu Abendessen und Kartenspiel ein, was während der Saison jeder adligen Dame der Stadt freistand. Obgleich die Mitglieder des Herrscherhauses keine großen Kirchgänger waren, blieben die Sonntage besonderen Anlässen vorbehalten: Nach einem größeren Diner als üblich gab es am Nachmittag einen Empfang für den örtlichen Adel und am Abend eine Partie Karten sowie ein Konzert des etwa zwölf Mann starken Hoforchesters. Die Herzoginmutter hatte ihren Haushalt im Wittumspalais, doch kam sie sonntags herüber, um mit ihren Kindern zu speisen. Den kurzen Weg legte sie in einer gläsernen Kutsche zurück, die so klein war, daß zu beiden Fenstern ihre Krinoline herausquoll. Mittwochs empfing sie, einer Tradition aus der Zeit ihrer Regentschaft getreu, einen Kreis von Gästen, in dem nur Geist und Talent, nicht Rang und Stand zählten, und veranstaltete abends ebenfalls ein Konzert. Beliebtester Treffpunkt des Hofes war, neben den Schlössern, Hauptmanns Redoutenhaus, wo alle ein oder zwei Wochen Maskenzüge und Redouten stattfanden; in unregelmäßigen Abständen, die von der Stimmung der beteiligten Laienschauspieler abhingen, improvisierte man auch eine Bühne und führte ein Theaterstück oder ein Singspiel auf. Ein festes Datum, von Goethe

schon bald zum Höhepunkt des Weimarer Theaterkalenders erkoren, war
der 30. Januar, der Geburtstag der Herzogin Louise, der, wo irgend möglich,
einer großen neuen Produktion vorbehalten blieb. Das feierliche Begehen
von Geburtstagen gehörte, und gehört bis heute, zu dem stark personalisierten und privaten Charakter bürgerlicher Lebensart in Deutschland, und daß
Goethe diese Gewohnheit – die sich bald auch auf den Geburtstag Anna
Amalias und seinen eigenen erstreckte – im breiteren Kreis eines aristokratischen Hofes nachdrücklich aufnahm, zeugt von der Veränderung des Tons,
die seine Gegenwart bewirkte. Eine weitere bürgerliche Neuerung, für die
Goethe verantwortlich war – dank Klopstock mit besonders literarischem
Einschlag – und die zu einer beliebten Belustigung des Hofes in den Winter-
monaten wurde, war das Schlittschuhlaufen auf einer eigens zu diesem Zweck
überfluteten Wiese nahe der Stadtmauer. Frau von Stein soll im Winter 1778
acht Stunden täglich Schlittschuh gelaufen sein. Das Eis wurde zum Freilicht-
Ballsaal, mit einer Blaskapelle und Masken; abends gab es Fackeln, Kohle-
pfannen und Feuerwerk: Ein Page erinnerte sich, wie er, als Teufel verkleidet,
mit Goldrausch zwischen den Hörnern, durch den rieselnden Schnee fuhr
und die Zierschlitten der pelzvermummten Damen schob, die nicht Schlittschuh liefen. Im Sommer pflegte der Hof, dem ehrwürdigen europäischen
Rhythmus gehorchend, auszufliegen: Der Herzog hatte eine ländliche Residenz vor den Toren Weimars, das Barockschloß Belvedere, zu dem ein Park
nebst Orangerie gehörte; Anna Amalia hatte das etwas ältere Schloß Ettersburg, auf einer buchen- und eichenbestandenen Anhöhe anderthalb Fahr-
stunden nordwestlich von Weimar gelegen. Nach 1780 blieb sie im Sommer
näher bei Weimar, in dem sogenannten «Schloß» Tiefurt, in Wirklichkeit einem geräumigen Pächterhaus inmitten reizvoller Landschaft am Oberlauf der
Ilm, das ursprünglich 1776 für die Hofhaltung des Prinzen Constantin eingerichtet worden war. Der Adel zog sich auf seine Güter zurück – die von
Steins zum Beispiel nach Süden, auf ihren von Wassergräben umflossenen
Sitz Großkochberg – oder traf sich in späteren Jahren in der Ferienatmosphä-
re der deutschen und böhmischen Kurorte wieder.

Warum Goethe in Weimar blieb

Das also war die Welt, die Goethe im November 1775 betrat – vorgeblich
nur, um eine Reise nach Hamburg und weiter nach Norden zu unterbrechen
und auf die Brüder Stolberg zu warten, mit denen er eine Pilgerfahrt zu Klopstock plante, dem Herrscher im Reich des Geistes. Am 26. November kamen
die Stolbergs in Weimar an. Am 3. Dezember reisten sie wieder ab – ohne
Goethe. Warum blieb Goethe in Weimar – damals und bei zahlreichen späteren Gelegenheiten, namentlich 1777, 1788 und 1806, als ein Kappen der
Verbindung möglich, ja wahrscheinlich war? Was hatte dieses verarmte und
dürftige Fürstentum ihm zu bieten, dem literarischen Genie und freien Bür-

ger einer Stadtrepublik, deren Traditionen erheblich weiter zurückreichten als die irgendeines Herrscherhauses der sächsischen Herzogtümer? Wielands Ahnung, Goethe werde länger als offiziell angekündigt bleiben, war bloße Vermutung, doch immerhin gab es im Winter 1775 drei Menschen in Weimar, die gute Gründe hatten, ein längeres Bleiben Goethes zu wünschen, aus ganz unterschiedlichen Gründen, die zu erörtern sein werden. Es waren Anna Amalia, Carl August und Goethe selbst.

Natürlich stellt sich eine zweite, wenngleich sekundäre Frage: Warum wollte Weimar Goethe behalten? Denn billig war Goethe nicht zu haben. In seinen ersten Monaten in Weimar entzog ihm sein Vater, unvermindert erbittert über derlei Verbindungen zu Fürstenhöfen, die finanzielle Unterstützung, und er war auf Darlehen von Merck und Jacobi sowie unmittelbar auf beträchtliche Geldgeschenke des Herzogs angewiesen. Im März 1776 gab Carl August 600 Taler für den Kauf und noch einmal soviel für die Instandsetzung des Hauses aus, auf das der Verfasser des *Werther* und des *Satyros* ein Auge geworfen hatte: ein verfallenes Häuschen auf dem anderen Ilmufer, mit dem Blick zurück über die Flußauen, den Garten Am Stern auf die Stadtmauern und die Ruine der Wilhelmsburg. Und im Juni desselben Jahres überwand der Herzog den Widerstand seines Ersten Ministers Jakob Friedrich von Fritsch (1731–1814) und brachte ihn dazu, sein Rücktrittsgesuch zurückzunehmen und sich mit der Ernennung Goethes zum bei weitem jüngsten Mitglied des dreiköpfigen Geheimen Conseils, noch dazu mit einem Jahresgehalt von 1200 Talern, abzufinden. Was erhoffte man sich von dieser Investition?

In der Tat war ein nicht unbeträchtlicher finanzieller Gewinn zu erwarten. Goethe gab in Weimar Jahr für Jahr erheblich mehr aus, als er durch sein Gehalt einnahm, vor allem für anonyme wohltätige Zuwendungen; die Differenz wurde durch Zahlungen aus Frankfurt ausgeglichen, nachdem Caspar Goethes Zorn über den Schritt seines Sohnes verraucht war. Erst 1807 konnte Goethe ein bescheidenes Kapital sein eigen nennen. Gewöhnlich sieht man in Goethes Berufung aber die Fortsetzung der Kulturpolitik Anna Amalias, und Goethe war zweifellos eine Trouvaille, wenngleich eine umstrittene. Anna Amalia, eine Nichte Friedrichs des Großen, war an dem sehr kultivierten Hof des Herzogs von Braunschweig aufgewachsen, der später Lessings Dienstherr wurde, und blieb zeitlebens eine ausübende Liebhaberin der Literatur, des Theaters, der Malerei, der Musik – sie vertonte kleine Stücke und Lieder Goethes –, ja des klassischen Griechisch und Latein. Unter ihrer Schirmherrschaft unterhielt der Weimarer Hof bis zum Brand von 1774 eine eigene Truppe von Berufsschauspielern. 1772, nach dem Erscheinen des *Goldenen Spiegels*, berief sie persönlich Wieland, damals, wie erinnerlich, Professor der Philosophie an der nahegelegenen Universität Erfurt, zum Prinzenerzieher des 15jährigen Carl August, und im Jahr darauf wurde der literarisch ziemlich gebildete von Knebel zum Erzieher Constantins bestellt. Diese Ernennungen verfolgten zum Teil den Zweck, dem Einfluß des Grafen

Görtz, des ursprünglichen Erziehers Carl Augusts, entgegenzuwirken, der für sich einen Vorteil darin sah, ein Element von Widerspenstigkeit in dem künftigen Herrscher zu stärken; sie hatten aber auch entscheidend Anteil daran, Weimar zu einem literarischen Zentrum zu machen. Knebels Interesse an der zeitgenössischen Literatur war ja der Hauptgrund dafür gewesen, daß er es für lohnend erachtet hatte, Goethe im Dezember 1774 in Frankfurt mit den Weimarer Prinzen bekannt zu machen. Und der *Teutsche Merkur*, die literarische und politische Zeitschrift, die Wieland 1773, kurz nach seiner Ankunft in Weimar, nach dem Vorbild des *Mercure de France* begonnen hatte, steuerte so erfolgreich einen mittleren Kurs zwischen dem Gelehrten und dem Populären, zwischen Radikalismus und offizieller Konvention – sogar während der Französischen Revolution –, daß sie bis 1810 fast so etwas wie eine nationale Institution der deutschen Kultur blieb. Wieland war es zu danken, wenn Weimar im Jahre 1775 den fast 2000 Abonnenten des *Teutschen Merkurs* als Zentrum einer kultivierten Diskussion bekannt war, die sich nicht nur auf ein kleines Herzogtum beschränken, sondern an die ganze deutschsprachige Welt wenden wollte.

Aber so, wie Anna Amalia diese Früchte ihrer Politik kaum im Sinn gehabt haben kann, als sie sich 1772/73 nach Erziehern für ihre Söhne umsah, ist zu vermuten, daß es näherliegende Sorgen als die um die literarische Zukunft Deutschlands waren, die sie veranlaßten, in dem Kampf um Goethes Ernennung im Juni 1776 nachdrücklich, und wahrscheinlich entscheidend, Partei für Carl August und gegen Fritsch zu ergreifen. Die Herzoginmutter war eine starke Persönlichkeit, phantasiebegabt und mit einem Hang zum Formlosen, ja Übermütigen, die bald in einen überaus herzlich-vertrauten Briefverkehr, gleichsam von Mutter zu Mutter, mit Frau Rat Goethe in Frankfurt trat und diese schließlich auch besuchte. Intuitiv vermochte sie zu begreifen, daß eine der ersten wichtigen Entscheidungen, die ihr Sohn selbständig getroffen hatte, im Einklang mit ihrer eigenen bisherigen Politik stand, mochte Goethe auch bei weitem kein so wohlangesehener Mann sein, wie es seinerzeit Wieland gewesen war, und mit seinen Werken viel unliebsames Aufsehen erregt haben. Es ist jedenfalls kaum zu bezweifeln, daß es in dem Tauziehen von 1776 hauptsächlich, und natürlicherweise, um die Machtfrage ging. Anna Amalia hatte das Herzogtum ihres Sohnes mehr als sechzehn Jahre lang regiert und war jetzt, mit 35, noch energisch genug, um sich nicht tatenlos in den Hintergrund drängen zu lassen und zuzusehen, wie Schmeichler ihren Einfluß auf Carl August verdarben und den Herzog ermutigten, über die Stränge zu schlagen, seine Minister zu entlassen und seine Untertanen zu ruinieren. Die bemerkenswerte Macht, die Goethe über das Herz des jungen Herzogs erlangt hatte, seit er ihm in Frankfurt zum erstenmal begegnet war, bedeutete einen neuen Faktor im Gleichgewicht der Kräfte am Weimarer Hof und war Anna Amalia hochwillkommen. Es zeichnete sich die Niederlage der Görtz'schen Partei mit ihrem altmodischen Festhalten an den Prärogativen der absoluten Herrschaft und den Privilegien des Adels ab: Binnen Jahresfrist hatte Görtz seine frühere Drohung wahrgemacht und ein größeres Betätigungsfeld für seine Talente in den Diensten Preußens gefunden; seine Frau aber, Gräfin Görtz, und ihre Freundin, die Oberhofmeisterin der Herzogin Louise, Gräfin Gianini, blieben noch für längere Zeit die maliziösesten Beobachter der Weimarer Szene. Überdies muß die Herzoginmutter in Goethe, als einem Angehörigen der Bürgerschicht wie ihres alternativen Hofes von *beaux esprits*, einen präsentablen und wahrhaft gleichgesinnten Mittler zu ihrem Sohn erhofft haben. Das Verhältnis zu Goethes Mutter war von persönlicher Zuneigung geprägt, aber es diente Anna Amalia auch zur Konsolidierung ihrer eigenen Stellung. Und schließlich mußte die augenscheinliche Macht Goethes über Carl August der Herzoginmutter auch als Gegengewicht gegen den Einfluß ihrer neuen Schwiegertochter willkommen sein.

Nicht, daß Herzogin Louise, eine depressive und ziemlich prüde junge Dame, irgendwelche eigenen politischen Ambitionen erkennen ließ: In sich selbst unglücklich, war sie unfähig, ihrem Gatten Glück zu schenken, ihre Schwangerschaften endeten nur allzu häufig mit einer Totgeburt, und bis 1783 blieb ihre Ehe durch das Ausbleiben eines männlichen Thronerben belastet. Aber die Herzogin pflegte ihren eigenen Stil, der Anna Amalia nicht entsprach: So streng es nur ging, hielt sie sich an höfische Etikette und Rangunterschiede. Erst nach seiner Ernennung zum Geheimrat speiste Goethe an der Hoftafel, und erst nach seiner Nobilitierung durfte er bei offiziellen Empfängen des Hofes mit von der Partie sein, wenn die Herzogin am Spieltisch saß. Die eher farblosen, konservativen Elemente bei Hofe, natürlich auch die unversöhnlich-snobistische Gräfin Gianini, scheinen sich in ihrer Entourage sicher gefühlt zu haben, und besonders zugetan war Louise der Familie von Stein, zumal der Frau von Stein, mit der Anna Amalia nichts anfangen konnte. Stil bedeutet bei Hofe Macht. Das Verhältnis zwischen den beiden Herzoginnen gestaltete sich immer schwierig, und Anna Amalia war, wie so manche Schwiegermutter, froh, daß ihr Sohn bei Goethe eine Art des Umgangs fand, die seine Frau ihm offenbar nicht bieten konnte.

Und Carl August selbst? Er war ein Mann – 1775 noch ein Jüngling –, in welchem Klugheit, Lauterkeit und ein beträchtlicher psychologischer Feinsinn mit einem unseligen Erbe rangen. Er war dazu geboren, zu herrschen – der Brief an Fritsch, in dem er Goethes Eigenschaften rühmt, seine eigene Entscheidung rechtfertigt und den Ersten Minister für sein Rücktrittsgesuch tadelt, zeugt von einer bemerkenswerten Reife und Sicherheit und ist frei von jedem Hochmut –, aber das bedeutete bei einem deutschen Fürstensohn auch: er war dazu geboren, zu tun, was ihm beliebte. «Sein Gutes kennen Sie», schrieb der ältere Stolberg an Klopstock, «aber er hat natürliche Wildheit und, was unendlich schlimmer ist, Härte.» Die Porträts von ihm zeigen einen stechenden Blick, einen festen, trotzigen Mund und geblähte, fast lüsterne Nasenflügel. Mit zweifellos großer Willenskraft zwang er den Zuchtmeister und den Lebemann in sich nieder und formte sich zu einem wohltätigen Despoten. Von Anfang an bewies er, vielleicht überraschenderweise, Mitgefühl mit den Bedürftigen und Bedrängten, doch rang er sich nie wirklich zu der Überzeugung durch, daß er dazu da war, seinen Untertanen zu dienen, und nicht umgekehrt; hier mag die Schule des Grafen Görtz nachgewirkt haben. Wieland war es, der dem jungen Mann das Verständnis dafür eröffnete, das eigene Verhalten an einem übergeordneten Maßstab als dem eigenen Willen zu messen, nämlich an Ideen, die beim denkenden Publikum verbreitet waren. Und wie verführerisch begeisternd muß es für ihn gewesen sein, die ersten sechs Monate seiner Herrschaft in der hypnotisierenden Gesellschaft eines Wortführers und Meinungsmachers dieses denkenden Publikums zu verbringen! Carl August tat, was ihm gefiel, ging auf die Jagd, ritt aus, kampierte im Wald und lebte von gebackenen Kartoffeln, schäkerte incognito mit den Bauernmädchen, durchschwamm nackt die kalten Bäche des Herzogtums – sehr zum Entsetzen der vorüberkommenden geistlichen Herren –, spielte seinen Gefährten (und Untertanen) allerhand Streiche, schoß Tontauben und jagte mit Peitschengeknall über den Weimarer Marktplatz – und alles im Zeichen Rousseaus, Werthers, der Natur, des Genies und der Freiheit. In Frankfurt war Goethe ihm nicht als *bon viveur* und Literat gegenübergetreten, sondern als Mann mit seriösen, praktischen Interessen. Aber in der Hochzeitsnacht Friedrich Justin Bertuchs (1747–1822), des Verwalters der fürstlichen Privatschatulle und nachmals einzigen erfolgreichen Geschäftsmanns von Weimar, beteiligte er sich an einem so derben Schabernack des Herzogs, daß Frau Bertuch Goethe noch jahrelang nicht unter die Augen treten konnte, ohne rot zu werden. In solcher Gesellschaft mochte Carl August der reichlich trüben, aber allmählich immer bedrängender werdenden Aussicht auf das schwere, undankbare und enge Leben eines Herrschers doch etwas Erregendes, Neues abgewinnen. Es gab viele Gründe, die ein Verweilen Goethes wünschen ließen: sein Ruhm, seine magnetische Ausstrahlung, seine Bereitschaft, zumindest vorübergehend als einfallsreicher *maître de plaisir* zu fungieren, nicht zuletzt die praktische Tüchtigkeit, die er versprach. Im Laufe der Jahre mochte das Gewicht dieser Faktoren sich im einzelnen ändern, aber Mitte 1776, als der junge Herrscher sich allgemach mit seinem Los abfand und in den regelmäßigen Geschäftsgang seines Geheimen Consiliums eintrat, kam als wenigstens ebenso entscheidend der Umstand hinzu, daß Goethe die persönliche Wahl Carl Augusts verkörperte. Unter Wahrung der administrativen und zum Teil auch der politischen Kontinuität wollte der Herzog sich von seiner Mutter wie von seinen Geheimräten emanzipieren: Er muß, sei's auch unklar, das Bedürfnis nach einer führenden und helfenden Hand seiner eigenen Wahl und seiner eigenen Generation empfunden haben. Der Erste Minister von Fritsch war 27 Jahre älter als er, Christian Friedrich Schnauß, das dritte Mitglied des Geheimen Consiliums, 38 Jahre älter. Mit der Einladung Goethes an seinen Hof – die, soweit wir wissen, ganz und gar seiner eigenen Initiative entsprungen war – begrüßte Carl August bei sich den Verfasser einer berühmt-berüchtigten Satire auf Wieland, seinen eigenen Mentor und den Günstling seiner Mutter; und mit der Berufung Goethes in sein Consilium verschaffte er sich einen gleichaltrigen und natürlichen Verbündeten und bestimmte nachdrücklich den Charakter seines neuen Regiments. Als Akt der Selbstbehauptung eines neuen Herrschers war Carl Augusts Schritt so vernünftig und fruchtbar wie nur irgendeiner.

Auf jeden Fall manövrierte Goethe sie alle aus. Er tat, was von ihm erwartet wurde, aber er blieb sein eigener Herr und tat auch – und immer wieder, sein Leben lang – das, was niemand erwartet hätte. Er spielte die Rolle des Hofpoeten: leitete befohlene Aufführungen, schrieb *pièces d'occasion* und las vor exklusivem Publikum aus unveröffentlichen Werken vor. Aber er nahm sich die Freiheit, auch Dinge zu schreiben, die Weimar nicht mochte, nicht wünschte oder nicht verstand. Er tat, was Anna Amalia gehofft hatte, erwarb das Vertrauen ihres Sohnes und bildete ihn in vier Jahren, und noch länger, zu einem reifen Herrscher jenes Stils, der dem ihren entsprach. Er schenkte Carl August seine Freundschaft, seine Inspiration und gelegentlich das beruhigende Gefühl eines loyalen Kritikers an seiner Seite, einer Autorität, wie sie dem vaterlos aufgewachsenen Herzog in seiner Kindheit gefehlt hatte: Goethe verschaffte dem Herzog sogar einen gewissen Sonderstatus, oder jedenfalls Berühmtheit, als sein Gönner, und er erwies sich als fleißiger und vielseitiger Beamter. Doch vermied er jede Konfrontation mit den amtierenden Ministern und war immer bereit, ihre Partei notfalls auch gegen den Herzog zu ergreifen. Vor allem aber – und hier steckte vielleicht der Schlüssel zu seiner politischen Stellung – versäumte er keine Aufmerksamkeit gegen Herzogin Louise. Er machte ihr gewissenhaft den Hof und erwählte ihre Freundin Charlotte von Stein zu seiner eigenen engsten Vertrauten, die ihm die Welt der Etikette, der Förmlichkeit und der Selbstbeherrschung erschloß, die der Herzogin, anders als ihrem Gemahl, so viel bedeutete. So wurde er für eine Weile der Eckstein der fürstlichen Familie, der ihre inneren Spannungen ins Gleichgewicht brachte. Aber was machte diese komplizierte, mühsam erkaufte politische und persönliche Anpassung lohnend? Welche Gründe hatte Goethe selbst, in Weimar zu bleiben?

Natürlich ist es schmeichelhaft, von einem Herzog hofiert zu werden – zumal von einem, der mit Gehältern, Häusern und Gärten locken kann. Aber wenigstens ab 1781 gab Goethe dem Gedanken Raum, Weimar und seine materiellen Vorteile aufzugeben, und als er 1786 endlich in Italien war, stand es weder für ihn noch für den Herzog noch für irgend jemanden sonst mit Sicherheit fest, ob er überhaupt zurückkommen würde. 1782 schrieb er seiner Mutter, seinen guten Mut verdanke er vor allem dem Bewußtsein, «daß alle diese Aufopferungen [in Weimar] freywillig sind» und daß er jederzeit die Postkutsche quer durch Deutschland zurück in den Frieden des Familienhauses, und wohl auch die Sicherheit des Familienvermögens, nehmen könne. Er nannte zu verschiedenen Zeiten verschiedene Gründe dafür, nicht die Kutsche zurück nach Frankfurt zu besteigen, aber gemeinsam war allen diesen Gründen die Überlegung, daß nichts, weder eigenes Interesse noch äußerliche Verpflichtung, ihn zwang, Carl August und dem Staate Weimar zu dienen. Goethe hat Weimar *gewählt*, und gerade daß er diese Wahl mehrmals getroffen hat, erschwert im Einzelfall die konkrete Erklärung für seine Entscheidung.

Am Ende seines Lebens auf die einzelnen Stufen zurückblickend, die ihm 1775 nach und nach Weimar als interessanten und wünschenswerten Ort für einen Besuch, ja für einen bleibenden Aufenthalt erscheinen ließen, neigte Goethe, im letzten Buch von *Dichtung und Wahrheit*, zu einer Erklärung für seinen Schritt, die man seither besonders gern übernommen hat. «Alles deutete auf ein frisch tätiges literarisches und Künstlerleben», meint Goethe; Weimar war bereits, dank Anna Amalia, der Musenhof, und Goethe, so heißt es, ging dorthin, um das sich andeutende Versprechen einlösen zu helfen. Dagegen ist zu sagen: Falls das wirklich sein Grund gewesen sein sollte, ist er gescheitert. Gewiß, 1775 und 1776 sah es für kurze Zeit so aus, als sei Weimar auf dem Wege, zu einem Hof der Genies emporzuwachsen, der den größeren Teil der literarischen Avantgarde Deutschlands an sich zog: «wenn's möglich ist, *daß aus Weimar was Gescheidtes werde*, so wird es seine Gegenwart wirken», schrieb Wieland bei Goethes Ankunft, von der er sich die Erfüllung seiner eigenen Hoffnungen versprach. Dem durchreisenden Friedrich Leopold Stolberg wurde der Posten eines fürstlichen Kammerherrn angeboten, und erst nach vielen Monaten riet Klopstock ihm ab, weil er Goethes Eskapaden mit Carl August der hohen dichterischen Berufung unwürdig fand. Es gab Pläne, den großen Kupferstecher Chodowiecki in den Kreis um den *Teutschen Merkur* zu ziehen. Im Januar 1776 gelang Goethe das, was er selbst «einen Streich» nannte: Er überredete den Herzog, und durch ihn das Konsistorium und das Consilium, auf Wielands Anregung hin den vakanten Posten des Weimarer Generalsuperintendenten und Oberhofpredigers an der Stadtkirche zu St. Peter und Paul mit Herder aus Bückeburg zu besetzen, ihn damit zum «Pastor primarius» der örtlichen Kirche zu machen. Und in demselben Jahr weilten Lenz, Klinger und der langmähnige Scharlatan Kaufmann – «Gottes Spürhund» – für kürzere oder längere Zeit in Weimar, bevor sie sich nicht nur der örtlichen Gesellschaft, sondern auch Goethe und dem Herzog unerträglich machten. Aber in den folgenden zehn Jahren war in Weimar, das bis 1784 ohne feste Schauspieltruppe blieb, von weiteren Zeichen des Aufschwungs zu einem geistigen und künstlerischen Zentrum nichts zu bemerken, und was noch bedeutsamer ist, auch Goethe ließ erst kurz vor dem Entschluß zur Italienreise erkennen, daß er eine solche Entwicklung zu fördern gedenke. Weimar zu einem Ort «frisch tätigen literarischen und Künstlerlebens» zu machen, war zweifellos sein Ziel, als er 1788 aus Italien zurückkehrte, und dieses Ziel hat er offenkundig auch erreicht. Und es ist verständlich, daß er, 1831 zurückblickend, mit diesem Ziel auch seine frühesten Jahre verband – Jahre, in denen er wenig für die schönen Künste oder die Naturwissenschaft im Herzogtum leistete und nichts für die klassische Gelehrsamkeit oder die Philosophie, in denen er nichts veröffentlichte und in denen auch sein Anteil an den Aufführungen der Liebhaberbühne einigermaßen übertrieben worden ist. Aber die elf Jahre in Weimar bis 1786 waren zu lang, als daß Goethe sie allein in der Hoffnung auf spätere Erfolge hätte überstehen können.

Die von den Zeitgenossen bevorzugte Erklärung für Goethes Anwesenheit in Weimar, in der Sache unbestreitbar begründet, war sein persönliches Verhältnis zum Herzog. Der immer scharfsichtige Wieland meinte bereits im Mai 1776: «Goethe bleibt nun wohl hier, solange K[arl] A[ugust] lebt, und möchte das bis zu Nestors Alter währen!» Wie die Anspielung auf Nestor nahelegt, war Carl August nicht nur Goethes Freund und Gönner, sondern, auf eine recht unorthodoxe Weise, auch sein Schüler. Charlotte von Stein und andere sahen in dem kraftgenialischen Treiben von 1776 «des freundschaftlich leitenden Genius Zweck»: «eine Weile muß ers so treiben um den Herzog zu gewinnen und dann gutes zu stifften» und «aus ihm ein Muster eines großen Fürsten zu bilden». Wenigstens in dieser Rolle fand Goethe zuletzt allgemeine Anerkennung für seine Erfolge. Schon 1777 schrieb man es Goethes Einfluß zu, daß Carl August gegenüber einem durchreisenden englischen Adligen bemerkt haben soll: «Ich beneide Euch, Mylord»; denn in England sei «jeder Euerer Mitbürger Euch gleich genug, sich selbst gegen Euch, wenn Ihr ihm zu nahe kommt, recht zu geben. Aber ich – wenn ich einem hier eine Ohrfeige gebe, keiner könnte oder würde mir eine wiedergeben.» Im Jahr darauf fand Wieland den Herzog «so gesund und kräftig . . . so edel, gut, bieder und fürstlich», und er war «überzeugt, daß ihn Goethe recht geführt» habe; gegen Ende seines Lebens glaubte er sogar, nicht einmal die literarischen Verdienste Goethes wögen auf, «welche unglaubliche Verdienste er um unsern Herzog in dessen erster Regierungszeit gehabt, mit welcher Selbstverläugnung und höchsten Aufopferung er sich Ihm gewidmet, wie viel Edles und Großes, das in dem fürstlichen Jüngling noch schlummerte, Er erst zur Entwicklung gebracht und hervorgerufen hat». Wirklich hielt Goethe in seinen ersten vier Jahren in Weimar den Herzog für den einzigen, an dem eine Entwicklung sichtbar wurde, und vertraute seinem Tagebuch an, wie zufrieden er war, die Persönlichkeit des Herzogs und seine Auffassung der Amtsgeschäfte reifen zu sehen. Doch zu dem Zeitpunkt, als die beiden von ihrer langen Schweizer Reise zurückkehrten, im Winter 1779/80, war dieser Bildungsprozeß im großen und ganzen abgeschlossen, und das Lehrer-Schüler-Verhältnis zwischen ihnen erklärt Goethes Verweilen in Weimar nicht einmal für die nächsten sechs, geschweige denn die nächsten fünfzig Jahre. Merck – «der einzige Mensch . . . der ganz erkennt was ich thu und wie ich's thu» – beschwor Goethes Mutter im Juni 1781, ihrem Sohn Weimar auszureden; denn: «Die Hauptsache hat Er zu stande gebracht – der Herzog ist nun wie Er sein soll, das andre Dreckwesen – kan ein anderer thun, dazu ist Goethe zu gut.»

»Das andre Dreckwesen»: damit meinte Merck das, was ihm Goethe, nur zehn Wochen nach seiner Ankunft in Weimar, als den Hauptgrund für sein Bleiben geschildert hatte: «alle Hof- und politische Händel». «Meine Lage ist vortheilhaft genug, und die Herzogthümer Weimar und Eisenach immer ein Schauplatz, um zu versuchen, wie einem die Weltrolle zu Gesichte stünde.» «Wär's auch nur auf ein paar Jahre», schrieb Goethe drei weitere Wochen später, «ist doch immer besser als das untätige Leben zu Hause wo ich mit der grössten Lust nichts thun kann. Hier hab ich doch ein paar Herzogthümer vor mir.» Damit scheint endlich der in sich plausible und von Goethe selbst ins Feld geführte Grund dafür gefunden, daß er die rege Geschäftigkeit und Komplexität eines republikanischen Frankfurts gegen die Einschränkungen, ja die Entbehrungen eines entlegenen und rückständigen Fürstentums eintauschte. Weimar bot die Chance des Eintritts in das Hofleben, das er bisher nur flüchtig und von außen kennengelernt hatte, und wie jede andere Autokratie, unbelastet von der Rücksicht auf Verfassungen und Traditionen, bot es jungen, ehrgeizigen und talentierten Männern eine weit raschere Karriere in der Verwaltung, als sie in den bedächtigen Stadtstaaten zu erhoffen war, wo Beförderungen in der Regel nach dem Anciennitätsprinzip erfolgten und der Gestaltungsspielraum der Regierung mit Rücksicht auf den Schutz der Rechte von Einzelpersonen und Ständen eng bemessen war. Goethe sah in Weimar die Möglichkeit, mit den überschäumenden Energien, die ihn in Frankfurt fast vernichtet hätten, etwas anzufangen – vielleicht sogar etwas für die Mitmenschen Nützliches anzufangen –, und die Möglichkeit, womöglich den Großvater Textor zu übertreffen, auf jeden Fall aber jene Ambitionen zu verwirklichen, auf die sein Vater notgedrungen hatte verzichten müssen, nachdem ihm der Weg zu einer politischen Karriere verbaut worden war. Er hatte schon seit längerem Weimar im Auge gehabt, und daß er mit den beiden Prinzen nur über Möser und Staatskunst und praktische Dinge gesprochen hatte, kam gewiß nicht von ungefähr. 1776 faszinierte ihn fraglos die Aussicht, an den Weimarer Regierungsgeschäften mitzuwirken, und damit dürfte hinreichend erklärt sein, warum er damals weder auf seinen zornigen Vater noch auf seine zweifelnden Freunde hörte. Trotzdem trägt diese Erklärung nur für eine gewisse Zeit, und auch für sie nicht restlos. Seine neuen Verpflichtungen hätten ihm weder Befriedigung noch Seelenfrieden beschert, schrieb er seiner Mutter schon am Vorabend seines ersten Jahrestages in Weimar, und 1785 zog er sich praktisch von der Regierungsverantwortung im Herzogtum zurück und beendete seine politische Karriere; dennoch war von einer postwendenden Rückkehr nach Frankfurt noch immer nicht die Rede. Weimar blieb der Ort, wohin er gehörte, auch ohne hohes Amt, und wo er weitere 47 Jahre verbringen würde. Was ihn 1775 und 1776 vor allem und erkennbar an Weimar anzog, war die Aussicht auf eine Karriere in der Politik und bei Hofe, war die Verlockung der «Welt», wie er das damals häufig nannte; aber daneben und dahinter besaß dieser Ort für ihn eine Richtigkeit, die jene Ambitionen überdauerte und die er nur schwer anders als mit dem vagen Wort «Schicksal» bezeichnen konnte.

War es reiner Zufall, daß Weimar zu unterschiedlichen Zeiten unterschiedliche Funktionen in Goethes Leben zu erfüllen vermochte? Oder zeichnete diesen Ort etwas aus, das ihn besonders geeignet machte, den wechselnden und speziellen, ja einmaligen Bedürfnissen von Deutschlands größtem Nationaldichter gerecht zu werden? Immer wieder in den ersten Weimarer Jahren hatte er den Eindruck, hinter seiner Anwesenheit dort einen Sinn oder Plan erkennen zu sollen, etwas, das ihn, bei all seiner Not, dort festhielt, auch wenn er von einem «Loche» sprach und durch keine materielle Rücksicht zum Bleiben gezwungen war. Was diese Kraft war, konnte er nicht sagen. Manchmal sprach er nur davon, daß er «das schicksaal anbete ... da es mich hierherpflanzte», und von dem er nur zu sagen wisse, es sei «den Menschen ganz verborgen, sie können nichts davon sehen noch hören». Dann wieder ist es Gott, dem er dafür dankt, «daß er mich bey meiner Natur in eine so engweite Situation gesezt hat, wo die manigfaltigen Fasern meiner Existenz alle durchgebeizt werden können und müssen»; «Gott helfe weiter», betet er beim Herannahen seines 30. Geburtstags: «nicht mein Wille, sondern der Wille einer höhern Macht geschieht, deren Gedancken nicht meine Gedancken sind.» Wenn einem die Macht, die das eigene Leben lenkt, so unverständlich ist – «ich ... begreife immer weniger was ich bin und was ich soll» –, scheint das, was einen dort hält, wo man ist, nur mehr eine willkürliche Maxime, ja eine reine Vorsichtsmaßregel zu sein: «der sicherste, treuste, erprobteste [Rath] ist: *bleibt wo ihr seyd.* ... Fest und treu auf Einem Zweck Wer seinen Zustand verändert verliert immer die *Reise-* und *Einrichte-kosten* moralisch und ökonomisch.» Erster Adressat dieses Rates, den Goethe nachdrücklich Kestner, Bürger und auch Herder erteilte, als dieser versucht war, Weimar zu verlassen und einem Ruf an die Universität Göttingen zu folgen, war natürlich Goethe selbst. Es ist ein ungemein vernünftiger Rat, der allerdings voraussetzt, daß man weiß, warum man überhaupt da ist, wo man ist. In Briefen an seine Mutter, die sehnlich wünschte, das Schicksal solle ihn nach Frankfurt zurückführen, konnte Goethe dieser Frage nicht ausweichen, und so nennt er ihr den simpelsten und unmetaphysischsten Grund für sein Bleiben in Weimar, den wahrsten Grund, den er formulieren konnte: Es gab nichts Besseres für ihn. Im August 1781, kurz nachdem «ein böser Genius» ihm zum erstenmal eingeflüstert hat, sich «mit der Flucht zu retten», schreibt er seiner Mutter auf die Mitteilung, Merck wolle ihn von dem Weimarer «Dreckwesen» befreit sehen: «meine Lage ... hat ... sehr viel erwünschtes für mich, wovon der beste Beweiß ist, daß ich mir keine andere mögliche denken kann, in die ich gegenwärtig hinüber gehen mögte.» Zwei Jahre später bekräftigt er diesen Punkt: «Ich wüsste nicht mir einen bessern Plaz zu dencken oder zu ersinnen, da ich einmal die Welt kenne, und mir nicht verborgen ist wie es hinter den Bergen aussieht.»

Goethe konnte sehr genau wissen, *daß* es nichts Besseres als Weimar gab – er brauchte nur an die Alternativen zu denken: Frankfurt? Berlin? Münster? Zürich? Gotha? –, ohne doch zu wissen, *warum* dem so war. Durch unseren eigenen historischen Abstand zur Goethezeit haben wir wenigstens den kleinen Vorteil der Nachgeborenen bei der Beantwortung einer Frage, die Goethe selbst spekulativ und gegenstandslos erschienen sein muß. In Frankfurt war ihm, woran er die Mutter 1781 erinnerte, in seinen letzten Monaten der Boden zu heiß geworden. Die Verlobung mit Lili war ein Versuch gewesen, Wurzeln zu schlagen, und hatte von Anfang an etwas Falsches gehabt. Die literarische und kulturelle Bewegung, die Goethe vom Großen Hirschgraben aus geleitet hatte, war nicht am Leben zu erhalten. Was sie inspiriert hatte, war das Kaiserliche, das Republikanische, das Realistische, vor allem das Nationale gewesen – in jeder Hinsicht das Gegenteil jener «offiziellen» Kultur von Gefühl und Seelentum, die es dem deutschen Bürgertum erlaubte, sich mit den harten Fakten absolutistischer, auf ihre Autonomie pochender Monarchien abzufinden. *Werther* – realistisch in der Durchführung, empfindsam in der Thematik – hatte die extreme Formulierung beider Tendenzen im Lot gehalten. Aber die nationalen Bestrebungen des Frankfurter Sturm und Drang, wie sie in der Entdeckung und Nutzung der Volkssprache zum Ausdruck kamen, waren zum Scheitern verurteilt, da die politische Macht nun einmal nicht beim Reich und bei den freien Bürgern der deutschen Stadtrepubliken, sondern bei den von aufgeklärten Fürsten beherrschten deutschen Autokratien lag. Was Deutschland im 19. Jahrhundert einigen sollte, war nicht der föderative Reichsgedanke, sondern der preußische Absolutismus, und es fehlte Goethe nicht an Zeitgenossen, die im Hinblick auf die Zukunft ihres Landes bereits an Berlin dachten. Wenn Goethe seine Mutter das «Unverhältniß des engen und langsam bewegten bürgerlichen Kreyses» mit der «Weite und Geschwindigkeit» seiner eigenen Natur vor Augen hielt und seine Lage in Weimar als einen Zustand bezeichnete, «der für mich etwas unendliches hat», dann besagte das einfach, daß es in Weimar mehr für ihn zu tun gab – und das sollte heißen, daß die politische Struktur Weimars es ihm erlaubte, mit dem zeitgenössischen Leben weit inniger als in Frankfurt in Berührung zu kommen, und zwar deshalb, weil sie, und nicht die Verfassung Frankfurts, jene politische Struktur repräsentierte, die schon jetzt die ganze werdende deutsche Nation vorformte.

Der entscheidende Trumpf, den Weimar Goethe zu bieten hatte, war der Hof: der institutionelle Mittelpunkt, um den herum, in steter Fühlung mit der Staatsmacht, die «offizielle» Kultur des deutschen Bürgertums seit den Tagen Gottscheds herangewachsen war. Diese Verbindung zwischen der politischen Macht – die langfristig die Zukunft Deutschlands bedeutete – und dem geistigen Leben konnte Weimar ihm bieten, nicht aber Frankfurt. Was Frankfurt ihm bieten konnte, war eine Existenz des Provinziellen und des Randständigen, ein Leben als lokales, und wahrscheinlich immer skurrileres, Kuriosum – ein zweiter Möser. Goethe hatte das spätestens zu dem Zeitpunkt gewußt, da er den Vater gebeten hatte, ihn Klassische Philologie in Göttingen studieren zu lassen, und seit den Tagen, da der «gute Geschmack» des kurfürstlichen Leipzig dem heimatlichen Frankfurt so turmhoch überlegen schien. Wenn Goethe die in ihn gesetzten Hoffnungen erfüllen sollte, seinen Beitrag zur Entwicklung einer nationalen deutschen Literatur zu leisten –

Hoffnungen, die vielleicht erstmals in den Straßburger Gesprächen mit Herder 1770 und 1771 klar und deutlich ausgesprochen worden waren –, mußte er zur realen Macht im Lande, und der durch sie erzeugten Literatur, Stellung beziehen. Daher hätte ein Rückzug in die Schweiz bedeutet, sich den deutschen Problemen völlig zu entziehen, und daher kam Zürich, trotz Bodmer und Lavater, nicht in Betracht. In Ermangelung eines Hofes war Zürich nicht besser als ein zweites Frankfurt: «Unter dem republikanischen Druk und in der Atmosphäre durchschmauchter Wochenschriften und gelehrten Zeitungen würde ieder vernünftige Mensch auf der Stelle toll.» Auch dem katholischen Münster fehlte, als einem abgelegenen habsburgischen Lehen, die entscheidende Unmittelbarkeit der politischen Macht, und der Kreis um Fürstin Gallitzin verlor jede Chance, mit Weimar konkurrieren zu können, als er seinen Kandidaten für das Bischofsamt in Wien nicht durchbringen konnte. Und wenn es in Deutschland auch viele Höfe gab, so waren doch längst nicht alle so eng mit der Universität, als der wichtigsten institutionellen Heimstatt der neuen «offiziellen» Kultur, verbunden, wie Weimar mit Jena. Weder Lessings Wolfenbüttel (das der Braunschweiger Hof ohnehin schon verlassen hatte) noch Herders Bückeburg konnten sich einer solchen Beziehung rühmen, mochte auch in anderer Hinsicht die Bereitschaft dieser beiden heftig auf ihre Unabhängigkeit bedachten Geister, sich der Gunst eines Fürsten zu unterstellen, Goethe in seinem eigenen Entschluß bestärkt haben. In puncto Universität hatte Weimar sogar gegenüber allen anderen sächsischen Fürstentümern Vorteile, auch gegenüber Gotha, wo Goethe sich oft willkommener fühlte als an seinem eigenen Hof; allerdings erschloß sich ihm der Wert der Verbindung nach Jena erst im Laufe der Jahre.

Indessen konnte sich nicht die ganze deutsche Nation in der absolutistischen Kultur der Höfe mit ihrem Verwaltungsapparat befriedigend wiedererkennen. Neben den Monarchien preußischen Stils gab es andere Deutschlands: Es gab zum Beispiel das kaiserliche Deutschland und das katholische Deutschland, das Deutschland der Stadtstaaten und der «Heimatstädte» mit ihren Privilegien und Traditionen. Am bedeutsamsten war das neue Deutschland des Geistes, das sich der Kontrolle eines jeden Potentaten, sogar des Königs von Preußen, entzog und das überall dort existierte, wo die deutsche Sprache gesprochen wurde. Dieses Deutschland, fernab der Höfe, war egalitär gesinnt und ausschließlicher Besitz des Bürgertums; es war die Welt des deutschen Buches, geschaffen und erhalten von kapitalistischen Verlagsbuchhändlern – jahrzehntelang den ersten deutschen Industriellen, die für einen Massenmarkt produzierten. Dies war das Deutschland, das der Frankfurter Goethe im Sturm genommen hatte, die Öffentlichkeit, deren innere Widersprüche, deren Ringen um Identität er im *Werther* und im *Götz* verkörpert hatte. Dies alles wollte Goethe nicht einfach aufgeben, und daß er am Weimarer Fürstenhof Fuß zu fassen suchte, bedeutete nicht, daß er einfach zum Feind überlief. Vielmehr fand er, vielleicht mit der Sicherheit des Schlafwandlers, den einen Ort, wo er den Schwerpunkt des eigenen Lebens so weit wie nur möglich mit dem politischen Schwerpunkt dessen, was einmal die Nation werden sollte, zur Deckung bringen konnte, ohne den wunderbar breiten und weitgefächerten Begriff der Nation aus seinen Straßburger und Frankfurter Jahren begraben zu müssen. Er trachtete nach schöpferischer Verschmelzung jener Komponenten des nationalen Lebens, deren zerstörerischen Konflikt er in dem Antagonismus zwischen Götz und Weislingen sowie mit Werthers erfolglosem Versuch, in der Welt des Hofes Fuß zu fassen, geschildert hatte. Dieser Kompromiß zwischen dem politisch und kulturell dominierenden Deutschland der Fürsten und all den anderen Deutschlands, die dem Absolutismus zum Opfer zu fallen drohten – ein Kompromiß, der erklärt, warum die Anziehungskraft Goethes über einen rein politischen deutschen Nationalismus stets hinausging und diesen zugleich desavouierte –, er gewann erst im Laufe vieler Jahre Gestalt. Die Schwierigkeit, herauszufinden, wie diese beispiellose Aufgabe zu bewältigen sei, war der Grund für das Gefühl der Verwirrung und des Versagens, das Goethe in den ersten elf Jahren in Weimar begleitete, bei aller Gewißheit, am rechten Platze zu sein. Doch hatte er schon 1781 eine gewisse Vorstellung von der Aufgabe, die vor ihm lag. 1780 hatte Friedrich der Große seine Abhandlung *De la littérature allemande* veröffentlicht, worin er, getreu dem Geschmack des für jeden Absolutismus beispielhaften französischen Hofes, die shakespearisierende Tendenz des modernen deutschen Theaters, und namentlich die «dégoûtantes platitudes» des «détestable» *Götz von Berlichingen*, verurteilt hatte. Ein Chor von Vertretern der «offiziellen» deutschen Literatur verteidigte beflissen sein Recht, auf deutsch Werke zu schreiben, die nicht gegen die besten französischen Normen verstießen – eine Frage, um die es gar nicht ging. Goethe wurde stillschweigend übergangen, als eine Verlegenheit. Einzig Möser vertrat seine Sache und machte dem König Vorhaltungen, weil er das Stück nicht als eine echte Frucht jener Nation erkannt hatte, deren politischen und praktischen Interessen seit vierzig Jahren Friedrichs Wirken galt. In einem Brief an Mösers Tochter, einem Meisterwerk staatsmännischer Bescheidenheit, dankte Goethe ihrem Vater für seine Verteidigung des *Götz*; ja er schrieb sogar, «daß ihm [Möser] jeder Deutsche, dem es um die gute Sache und um den Fortgang der angefangenen Bemühungen zu thun ist, danken muß.» Gleichwohl, gibt er vorsichtig zu bedenken, kann dieser «Fortgang» nicht einfach die Fortsetzung der Bewegung sein, die in Möser ihre prophetische Verkörperung hatte und die seither auf unüberwindliche Hindernisse gestoßen ist: «Es ist gar löblich von dem alten Patriarchen, daß er sein Volk auch vor der Welt und ihren Großen bekennet, denn er hat uns doch eigentlich in dieses Land gelockt, und uns weitere Gegenden mit dem Finger gezeigt, als zu durchstreichen erlaubt werden wollte.» Mit anderen Worten: Man wird die Erwartung, die Möser noch hegt, aufgeben müssen, daß literarische Intellektuelle, die Vertreter der in der Welt des Buchmarkts bereits etablierten nationalen Öffentlichkeit, an der vom Fürsten-Deutschland ausgeübten politischen Macht teilhaben oder sie gar übernehmen würden und daß mit diesen Mitteln eine deutsche Nationalkultur gestiftet werden könnte. In den literarischen Turbulenzen nach 1770 mochte es vorübergehend so ausgesehen haben, als könnte ein König Literaturkritiker sein und ein Literaturkritiker König. Aber das Verhältnis zwischen den verschiedenen Deutschlands wird komplexer sein müssen, und man kann von einer autokratischen Monarchie nicht erwarten, daß sie Vielfalt – literarische oder sonstige – großzügig duldet: «Ein Vielgewaltiger, der Menschen zu tausenden mit einem eisernen Scepter führt, muß die Production eines freien und ungezogenen Knaben unerträglich finden.»

Es kostete Goethe viel Zeit und mancherlei Enttäuschungen, bis er herausgefunden hatte, wie die Nähe zur Quelle der administrativen Macht in einem einzelnen Staat für die «gute Sache» der deutschen Nationalkultur am besten nutzbar zu machen sei. Die ersten Jahre in Weimar bescherten ihm zwei bittere und einander ergänzende Lehren, aus denen er lernen mußte, die Notwendigkeit eines Kompromisses zu akzeptieren. Er mußte, aus der Enttäuschung als Politiker, lernen, was das deutsche Bürgertum seit einem Jahrhundert lernte: daß diese Klasse noch nicht mächtig genug war, eine nationale Regierungsform nach eigenen Vorstellungen durchzusetzen. Und er mußte, aus der – wenngleich nur vorübergehenden – Enttäuschung als Künstler, lernen, daß er sein poetisches Talent nicht aus der höfischen oder «offiziellen» Kultur allein nähren konnte, sondern daß für den Fortbestand seiner Kunst eine Verschmelzung mit den eigenen, bürgerlichen Ursprüngen unabdingbar war. Die größte Leistung seiner späteren Jahren war es, eine Kunst zu schaffen, die die innige Verbindung zu einem Lesepublikum erstrebte, wie es für seine Frankfurter Jahre typisch gewesen war, die sich aber gleichermaßen auf die Formen und Werte des Hofes und seiner Beamten stützte und die, weil sie öffentlich – das heißt bürgerlich – und höfisch zugleich war, einer deutschen Nationalkultur nach Maßgabe der Ambitionen der 1770er Jahre noch am nächsten kam. Goethes Kunst war, seit ihrer ersten Blüte, von seinem Leben nicht zu trennen, und die Offenheit seiner späteren Werke für alle Komponenten, die bei der Herausbildung einer deutschen Nation eine Rolle spielen mochten, spiegelt die Offenheit seiner persönlichen und gesellschaftlichen Stellung in Weimar. In das Berlin Friedrichs des Großen zu gehen, selbst wenn er dort willkommen gewesen wäre, hätte eine zu totale Kapitulation vor dem Geist der aufgeklärten Autokratie bedeutet: zu viele mögliche Deutschlands wären dann ausgeschlossen worden. Nicht nur geographisch lag Weimar auf halbem Wege zwischen Frankfurt und Berlin. Wie alle kleineren Fürstentümer überließ Weimar in außenpolitischen Dingen dem mächtigen preußischen Nachbarn die Führungsrolle; im übrigen war es der Reichsverfassung treu ergeben und lehnte sich gegen Kaiser Joseph II. erst auf, als der sich von Preußen eine Scheibe abschnitt und versuchte, die Interessen seines zunehmend säkularisierten und despotischen österreichischen Staates über die Interessen des Reiches zu stellen. Weimar hielt, wie Frankfurt, zum Luthertum, ohne, wie Berlin, verweltlicht oder pietistisch zu sein, und wenn die Witterung in Weimar sich kühler und feuchter gab als in Frankfurt, so zeigte doch die Landschaft weder nord- noch süddeutsche, sondern deutlich mitteldeutsche Züge. Aber Weimar konnte sich nicht nur des besonderen Vorzugs rühmen, geographisch, politisch, sozial und auch geistig den Mittelpunkt des bestehenden, oder werdenden, Deutschlands darzustellen. Es hatte den weiteren Vorteil, dem Brennpunkt der Ereignisse in Berlin, Göttingen oder Leipzig zwar ein wenig entrückt, aber doch nahe genug zu sein, um sie gut beobachten und nötigenfalls von ihnen zehren zu können – in der Tat ein vortrefflicher Platz, um jenes Leben am Rand der Mitte zu führen, das zuerst Susanna von Klettenberg Goethe vorgelebt hatte. Selbst Frankfurt erreichte man in 31 Reisestunden. Nach Weimar gehend, entfernte Goethe sich vielleicht nicht so weit von seinen Ursprüngen, wie es zunächst den Anschein haben mag, und wenn sich auch durch nichts beweisen läßt, daß dies der perfekte Platz für einen kulturellen Kompromiß war, darf man doch Goethe getrost darin beipflichten, daß es schwierig wäre, einen besseren auszudenken.

Der Minister

Die Jahre zwischen Goethes Eintreffen in Weimar und dem Aufbruch nach Italien im September 1786 bilden einen Zeitraum, über den er ungern sprach und in seinen autobiographischen Schriften so gut wie keine Auskunft gibt. Das Dunkel ist um so dichter, als er praktisch alle Briefe, die er in dieser Zeit erhalten hatte, 1797 verbrannte, während das unregelmäßig geführte Tagebuch sich im großen und ganzen auf äußerst knappe Notizen über seine Verpflichtungen beschränkt. Es war eine Periode der Irrtümer und Fehler gewesen – keiner vielleicht größer, muß er später geglaubt haben, als die intensive und überlange Beziehung zu Charlotte von Stein –, und alle schmerzten im Rückblick. Trotzdem kann man anhand seiner eigenen Briefe, der Briefe und Erinnerungen anderer Menschen sowie seiner literarischen Werke in diesem Zeitraum mehrere verschiedene Phasen unterscheiden, mit denen wir uns in den nächsten beiden Kapiteln werden befassen müssen. Doch zeichnet sich der Zeitraum insgesamt durch einen eigenen Charakter aus; bestimmte Themen durchziehen ihn von Anfang an bis zuletzt, und seine innere Kohärenz käme nicht in den Blick, wollten wir diese Themen nicht zunächst separat erörtern. Drei Faktoren vor allem bestimmen diese elf Jahre: Goethes stetig anwachsende Arbeitsbelastung durch die Regierungsgeschäfte, die Beziehung zu Frau von Stein und seine Schwierigkeiten als Autor, die, wie wir feststellen werden, mit seinem zunehmenden Interesse für die Naturwissenschaften zusammenhängen.

Zunächst war die Arbeit, die man von Goethe als Gegenleistung für das kleine Haus im Grünen, sein Gehalt und den Titel «Geheimer Legationsrat» erwartete, nicht übertrieben anstrengend, auch wenn er sie, von dem Tag seiner Berufung in das Geheime Consilium am 11. Juni 1776 an, überaus ernst nahm. Frau von Stein berichtete er, daß er niemals «ohne die höchste Noth» einer Sitzung des Conseil ferngeblieben sei, und die Akten über die mehr als 600 Sitzungen des Conseil zwischen Juni 1776 und Februar 1785 bestätigen das. Der Conseil trat durchschnittlich dreimal in zwei Wochen zusammen, immer um 10 Uhr morgens und für gewöhnlich, wenn auch nicht zwingend, unter Vorsitz des Herzogs. Auf der Tagesordnung standen im Durchschnitt dreißig Punkte, vom Begräbnis eines Jenenser Studenten, der bei einem verbotenen Duell getötet worden war, bis zu dem jährlich neu festzusetzenden Preis für die Köpfe von Sperlingen und anderen Schädlingen, von den jährlichen Buchprüfungen in den verschiedenen Verwaltungsbezirken des Herzogtums oder dem drohenden Ansuchen der preußischen Militärbehörden, auf Weimarer Territorium Soldaten rekrutieren zu dürfen, bis zu dem endlosen Papierkrieg mit einem entlassenen und gekränkten Beamten, der das Geheime Consilium vom sicheren Erfurt aus verleumdete. Über jeden Tagesordnungspunkt mußte zunächst einer der Räte, der sich in den Vorgang zu Hause eingearbeitet hatte, mündlich referieren; dann erfolgte die Beschlußfassung im Conseil nebst einer abschließenden Empfehlung an den Herzog, bei dem die letzte Entscheidungsbefugnis lag. Da über die Sitzungen keine Protokolle geführt wurden und die Aufgabe des Conseil im wesentlichen in der mündlichen Besprechung bestand, können wir nicht mehr genau rekonstruieren, von welcher Art Goethes Mitwirkung an den Ratssitzungen genau gewesen ist; klar ist jedenfalls, daß für stumme Zaungäste in einem solchen Gremium kein Platz war. Nach der Sitzung speiste Goethe oft mit dem Herzog und erörterte mit ihm die besprochenen Fragen oder den Verlauf der Sitzung. In den ersten zweieinhalb Jahren seiner Zugehörigkeit zum Conseil sah Goethe daher in der Ratstätigkeit einen natürlichen, wenn auch zeitraubenden Zusatz zu seiner eigentlichen Rolle als Begleiter und Mentor Carl Augusts. In dem einen Fall, wo wir ein Protokoll über Goethes mündlichen Diskussionsbeitrag besitzen – es ging um das preußische Rekrutierungsersuchen –, beschränkte er sich auf die psychologische Aufgabe, dem Herzog Festigkeit gegenüber den Konsequenzen seiner Entscheidung – so oder so – anzuempfehlen.

Goethes erste und, wie sich zeigen sollte, längste konkrete Verwaltungsaufgabe ging ebenfalls auf die Tage und Wochen zurück, in denen er und der Herzog, zusammen mit anderen jungen Männern vom Hof, teils geschäftlich, teils zum Vergnügen den Thüringer Wald durchstreift hatten. Anfang 1776 hatte Carl August auf fachkundigen Rat hin beschlossen, das Silberbergwerk in Ilmenau wieder in Betrieb zu nehmen, und im Februar 1777 hatte Goethe, der im vorangegangenen Sommer bei der Inspektion der Grubenanlagen durch den Herzog zugegen gewesen war und natürlich juristische Erfahrung besaß, sich bereit erklärt, in einem kleinen Beraterstab mitzuwirken, um die formalen Hindernisse bei der Wiedereröffnung des Bergwerks beiseite zu räumen und vor allem die Verhandlungen mit dem privaten Hauptgläubiger des alten Bergwerks zu führen. Von diesem Moment an war Goethe der offizielle Leiter eines ungewöhnlich lange sich hinschleppenden Fiaskos. Aus dem kleinen Beraterstab wurde eine ausgewachsene Bergwerkskommission mit einem eigenen Juristen für die Abwicklung der tagtäglichen Geschäfte; doch oblagen Goethe beispielsweise die Verhandlungen mit Kursachsen und Sachsen-Gotha, den Mitbesitzern des alten Bergwerks. Es mußte auch eine Gesellschaft gegründet werden, die das Kapital für das neue Unternehmen beschaffte, und sie war schließlich, an Goethes Geburtstag 1783, in der Lage, tausend Anteilscheine zu je zwanzig Talern auszugeben. Es wurden genügend Anteile verkauft, um im Februar 1784 mit der Niederbringung eines neuen Schachtes beginnen zu können, aber damit begann zugleich eine Unmenge neuer Probleme von mehr praktischer Art: So hat Goethe im Februar 1786 alle Hände voll zu tun, den für die Hauptpumpenanlage verantwortlichen Ingenieur zu besänftigen, der nach einem Streit mit der Bergwerksverwaltung die Arbeit niedergelegt hat. Weitere Kapitalspritzen erwiesen sich als unumgänglich, und Goethe hatte die Aufgabe, die Jahresberichte der Gesellschaft aufzustellen und die Anleger zu beruhigen. Erst 1792 stieß man zu dem erzhaltigen Flöz vor, und dann erwies das Erz sich als von minderer Qualität. Versuche, zu einem neuen Flöz vorzudringen, wurden 1796 durch einen katastrophalen Wassereinbruch unterbrochen, auch wenn man einen Schacht bis zur endgültigen Stillegung des Bergwerks 1812 offen ließ. Der ursprüngliche Entschluß zur Wiederbelebung des Ilmenauer Bergbaus ist nicht Goethe anzulasten, aber die Zähigkeit, mit der über dreißig Jahre lang an einem verfehlten Projekt festgehalten wurde, trägt alle Merkmale seiner persönlichen Leitung.

Hätte das Ilmenauer Bergwerk sich als rentabel erwiesen, hätte das natürlich der finanziellen Situation des Herzogtums beträchtlich aufgeholfen; ja, zu Zeiten mag das die einzige Hoffnung Goethes gewesen sein. Wenn es ein Thema gibt, das sich als roter Faden durch die Zeit seiner umfassenden Verwaltungstätigkeit in Weimar zieht, dann ist es die angestrebte Gesundung der Finanzen. Ein Sonderausschuß, dem er in den ersten Jahren angehörte, kam zu dem Ergebnis, daß die jährlichen Einkünfte, die zum Unterhalt des fürstlichen Hofes und der Stallungen zur Verfügung standen, 44.000 Taler, die jährlichen Mindestausgaben aber 54.000 Taler ausmachten. Das Resultat konnte man sich an den fünf Fingern abzählen. Seit Januar 1779 war Goethe in der Lage, in diese Verhältnisse direkt einzugreifen, denn von diesem Zeitpunkt an wurde er Vorsitzender zweier ständiger Kommissionen, die dem Conseil berichteten: der Kriegskommission und der Wegebaukommission. Damit veränderte sich auch ein wenig die Geschäftsgrundlage seiner Anwesenheit im Geheimen Conseil: Zwar immer noch jüngstes Mitglied im Rat, war er nicht mehr nur der Günstling des Herzogs, der von Zeit zu Zeit mit unbedeutenden Aufgaben betraut wurde, sondern ein gleichwertiger Beamter, dessen Arbeitsbelastung durch seine Aufgabengebiete außerhalb des Conseil schon eher fast mit jener der weit erfahrenen Berufsbeamten von

Fritsch und Schnauß vergleichbar war. Er hatte ihnen gegenüber sogar den Vorteil, die fürstlichen Territorien und die örtlichen Beamten viel besser als irgend jemand sonst in Weimar zu kennen: Zu den häufigen Reisen nach Ilmenau kamen nun Fahrten in die Eisenacher Gegend, wo er Fragen der Bodenbewässerung mit dem eigenwilligen, aber tüchtigen, aus England stammenden George Batty beriet, dessen praktisches Genie er bewunderte; und als Leiter der Kriegskommission durchreiste er das ganze Herzogtum, um die dreijährliche Aushebung der Rekruten für die Weimarer Armee zu beaufsichtigen. Seine Möglichkeiten, das Staatssäckel aufzufüllen, waren noch begrenzt: In der Wegebaukommission machte er den Vorschlag, im Osten des Herzogtums die Straße zwischen Weimar und Naumburg, im Westen die zwischen Weimar und Erfurt auszubessern, um einen Teil des profitablen Verkehrs von der Straße Leipzig-Frankfurt nach Weimar umzulenken. Aber dem Plan standen große juristische und politische Hindernisse im Wege, und die Ressourcen waren knapp. Als Goethe 1786 das Amt aufgab, hatte er nur die Renovierung der Straße, auf der er 1775 gekommen war, von Erfurt nach Weimar, und des für ihn später so bedeutsamen Weges von Weimar nach Jena durchsetzen können. In der Kriegskommission konnte Goethe, da Carl August mehr und mehr seine Leidenschaft für das Soldatenspielen entdeckte, große Einsparungen erst vornehmen, als er die nächste und höchste Stufe seiner Laufbahn erklomm, worauf ihn die drei Jahre nach 1779 nur vorbereiteten.

1782 entließ Carl August überraschend den Kammerpräsidenten Johann August von Kalb, jenen herzoglichen Kurier, der Goethe nach Weimar geholt hatte und der zu der Zeit, als Goethe in das Geheime Conseil aufgenommen wurde, zum Nachfolger seines Vaters, Carl Alexander von Kalb, bestellt worden war. Die Gründe wurden zwar nicht publik gemacht, dürften aber persönlicher Natur gewesen sein (die Entlassung war ehrenhaft, und von Kalb erhielt eine hübsche Pension). Allerdings lag eine finanzielle Krise in der Luft: Von Kalb erklärte sich außerstande, die fälligen Zinsen für ein beträchtliches Darlehen der Stadt Bern dorthin abzuführen. Goethe wurde zum stellvertretenden Kammerpräsidenten berufen, der nicht für die täglichen Geschäfte, sondern für die Finanzpolitik der Kammer und für die Einführung von Reformen verantwortlich war. Es war der Höhepunkt seiner politischen Laufbahn, und er nutzte den Augenblick zum Wohle Weimars: Er konnte die Landstände – die Gesamtheit der Steuerzahler – dazu bewegen, für die Staatsschulden aufzukommen; dafür konnte er – was gewiß nicht leichter war – Carl August dazu bewegen, einer Reduzierung seiner Armee zum Zwecke der Steuersenkung zuzustimmen. Die Artillerie wurde ganz abgeschafft, die Infanterie von über 500 Mann auf 142 verkleinert. Goethe aber wurde durch diese Maßnahmen einer der wenigen Verteidigungsminister, die freiwillig ihren Haushalt um die Hälfte gekürzt haben.

Das Herzogtum war vor dem Bankrott gerettet, dem Herzog eine Lektion in vernünftigem Wirtschaften erteilt worden, und Goethe konnte sagen: «so steht doch das Ökonomikum auf einem guten Grunde, und das ist die Haupt-sache.» In der Zwischenzeit sammelte Goethe Erfahrungen als ad hoc bestell-ter Außenminister. Nach seiner Nobilitierung 1782 war er der prestigeträch-tigste Emissär in den Diensten des Herzogs. In dieser Eigenschaft erregte er wieder einmal die Aufmerksamkeit Friedrichs des Großen, diesmal als ein Mann von Einfluß, den Friedrichs Diplomaten für die Sache des Fürstenbun-des gewinnen sollten, den Preußen zur Abwehr der Raubgelüste Kaiser Jo-sephs II. den kleineren deutschen Herrschern schmackhaft zu machen suchte – natürlich unter Führung Preußens. Zwar hatte Goethe selbst dem Gehei-men Conseil ein Jahr zuvor einen derartigen Bund vorgeschlagen, aber er dachte dabei ebensosehr an den Schutz vor preußischer wie vor österreichi-scher Intervention, und der neue Vorstoß Friedrichs begeisterte ihn ebenso-wenig wie der Eifer, mit dem Carl August an den Höfen Deutschlands Pro-selyten für das Projekt zu machen trachtete. Die Einladung des Herzogs, ihn auf diese Mission zu begleiten, lehnte er ab: Wahrscheinlich war er bereits entschlossen, seine Tätigkeit in höchsten Staatsämtern zu beenden, und hatte bald erkannt, daß ihm zum Diplomaten die nötige Glätte, Gewandtheit und Flexibilität fehlten. Seine Stärke war das hartnäckige, unerbittliche Verfolgen eines Ziels, und was hiermit in Weimar zu leisten war, hatte er geleistet. Ihm gingen das berufliche Scheuklappendenken und die unfehlbare Vertrautheit mit konventionellen Formen, die die anderen Weimarer Beamten besaßen, ebenso ab wie der Drang, ohne erkennbaren Abschluß oder Höhepunkt in einer Aufgabe aufzugehen. Im Gegensatz zu den gewissenhaften, aber me-chanischen Promemorien, die diese Staatsdiener vorlegten, zeichneten sich Goethes eigene Berichte durch Flüssigkeit und Klarheit der Darstellung, ja einen Anflug von Spontaneität und trockenem Humor aus, die letzten Endes den – sei's auch noch so brillanten – Amateur verraten. 1784 wurde ein vierter hauptberuflicher Rat ins Conseil berufen, und im Februar 1785 zog Goethe sich fast ganz aus den Geschäften des Conseil zurück; nur die Arbeit in der Kammer und in den beiden Kommissionen (der Kriegs- und der Wegebau-kommission) setzte er bis zu seiner Abreise nach Italien fort. Seine Sorge galt hier der Revision des Ilmenauer Steuerwesens und der Besoldung der Jenaer Professoren. Das vielleicht schönste Zeugnis seines Wirkens als Minister war die allgemeine – von Schiller schon 1787 formulierte – Einschätzung, daß es «nicht einen einzigen Fall» gegeben habe, «wo Derselbe [Goethe] vorsätzlich irgend Jemandem geschadet hätte».

Schon 1782 war Goethe klar geworden, daß seine Zukunft als Staatsdiener nur begrenzt sein werde und er das von Möser gewiesene Land auf keinem der bisher betretenen Wege erreichen könne. Schließlich war der «guten Sa-che» der Errichtung einer deutschen Nationalkultur weder durch die Erzie-hung eines einzelnen Fürsten noch durch all die Plackerei bei der Verwaltung eines einzelnen Kleinstaats besonders gedient – selbst wenn die sechsjährige Mühe Erfolg gehabt haben sollte, woran er gelegentlich zweifelte. Knebel schrieb er:

Der Herzog hat seine Existenz im Hezen und Jagen. Der Schlendrian der Geschäffte geht ordentlich, er nimmt einen willigen und leidlichen Theil dran, und läßt sich hie und da ein Gutes angelegen seyn, pflanzt und reißt aus pp. Die Herzoginn ist stille lebt das Hofleben beyde seh ich selten.

Und so fange ich an mir selber wieder zu leben, und mich wieder zu erkennen. Der Wahn, die schönen Körner die in meinem und meiner Freunde daseyn reifen, müssten auf diesen Boden gesät, und jene himmlische Juwelen könnten in die irdischen Kronen dieser Fürsten gefaßt werden, hat mich ganz verlassen.

1786 äußerte er sich noch drastischer über die Torheit, Mösers Ziel auf rein politischem Wege erreichen zu wollen, in Ermangelung von Philosophen als Königen und Königen als Philosophen: «wer sich mit der Administration abgibt, ohne regierender Herr zu seyn, der muß entweder ein Philister oder ein Schelm oder ein Narr seyn.»

Viel Tinte ist vergossen worden über das angebliche Scheitern Goethes in jenen Jahren, da er versuchte, das Herzogtum Carl Augusts politisch und administrativ zu reformieren; wir sollten uns aber vor dem Fehlschluß hüten, daß die Erkenntnis der eigenen Grenzen, oder der Begrenztheit der eigenen Umstände, gleichbedeutend ist mit Versagen. Aufs Ganze gesehen, wird man sagen müssen, daß Goethes Politik, das zu leisten, was er leisten konnte, aber nicht mehr, so erfolgreich war, wie sie es nur sein konnte. Denn das, was er, an den Ort und in die Zeit gestellt, wo er sich befand, hervorragend gut leisten konnte, war, wie jedermann schließlich zugab und ungeachtet Goethes eigener periodischer Vorbehalte, die Erziehung des jungen Carl August. Die späteste, schönste Frucht dieser Politik reifte 1809, als der Herzog seinem Volk eine liberale Verfassung gab, die über alles weit hinausging, was in irgendeinem anderen deutschen Staat anzutreffen war. Wenn dieser revolutionäre Schritt in den Wirren, in denen das Napoleonische Reich zugrunde ging, für das übrige Deutschland praktisch folgenlos blieb, dann ist das nicht die Schuld einer einzelnen Person oder einer Institution in Sachsen-Weimar.

Frau von Stein

Auch auf dem Höhepunkt seiner Regierungstätigkeit bildeten die Amtsgeschäfte nur einen Teil von Goethes Leben. So erfahren wir aus seinem Tagebuch unter dem 9. Januar 1782, daß er den Morgen in der Kriegskommission verbrachte; mittags speiste er mit der besten Schauspielerin Weimars, Corona Schröter, einer alten Freundin; um vier Uhr nachmittags war er in der Fürstlichen Zeichenschule, wo er im Kreise eines fachkundigen Publikums seiner neuesten Schwärmerei frönte und einen Vortrag über die Anatomie des Fußes hielt; und um halb sechs leitete er die Proben zu einem Maskenzug, den er zum Geburtstag der Herzogin geschrieben und entworfen hatte. Ab sieben Uhr aber entspannte er sich in Gesellschaft der Frau von Stein, mit der er zu

Abend aß: das war der Ausgleich für die geistigen Anspannungen des Tages. «Die Stein hält mich wie ein Korckwamms über dem Wasser», schrieb er einen Monat später Knebel, und Goethes Lebensjahre zwischen 1776 und 1786 gehörten zu gleichen Teil Charlotte von Stein wie seinen Amtspflichten.

Als Goethe der Gattin des Oberstallmeisters, Charlotte von Stein, geborene von Schardt, wenige Tage nach seiner Ankunft in Weimar, wahrscheinlich am 12. November, zum erstenmal persönlich gegenübertrat, war ihr Gesicht ihm schon vertraut: Er kannte es durch Zimmermanns Silhouette, die ihr aber nicht gerecht wurde, wie Goethe jetzt fand. Ursprünglich, beim Studium der Silhouette, hatte er ja geurteilt: «[sie] *sieht die Welt, wie sie ist*, und doch durchs *Medium der Liebe*»; aber mit dieser Einschätzung hatte Goethe eher empfindsame Physiognomik getrieben als den wahren Charakter der Frau von Stein getroffen. Sie war sieben Jahre älter als Goethe und mit einem Landedelmann verheiratet, der zwar tanzen und Flöte spielen konnte, im übrigen aber seinen Geschmack an den einfachen Dingen kultivierte: den Körperbau von Pferden und Ochsen begutachtete, das tägliche Mittagsmahl bei Hofe genoß und in elf Ehejahren sieben Kinder in die Welt setzte (vier Mädchen starben in zartestem Alter, drei Söhne, einer kränkelnd, überlebten). Seine Frau dachte über die Liebe und über das, was – vielleicht – im Leben wichtig sein mochte, anders als die ungestümere jüngere Generation. Ihr Vater, einst Haus- und Hofmarschall in Weimar und damals ein umtriebiger und anstrengender, aber ziemlich unpraktischer Mensch, hatte wenig Zeit für seine Familie gehabt, bis er von Anna Amalia in einen frühen und als ungerecht empfundenen Ruhestand versetzt wurde. Die Sorge für Heim und Kinder hatte er seiner frommen, aber verschlossenen Frau überlassen, deren schwermütiger Charakter vielleicht noch Spuren ihrer entfernten schottischen Abstammung ahnen ließ. Von den fünf Schardtschen Kindern bekamen nur Charlotte und Luise Nachwuchs, der das Säuglingsalter überlebte, und Luise fühlte sich 1775 bereits unglücklich in der Ehe mit dem Baron von Imhoff, dessen Vermögen sich später als keineswegs so beträchtlich erwies, wie die beiden Mohrenknaben in seinen Diensten hatten vermuten lassen. Frau von Stein war, entgegen verbreiteter Meinung, keine ätherische Persönlichkeit – vor ihrer Heirat war sie Hofdame bei Anna Amalia gewesen, und sie war jung und aufgeschlossen genug, um in den ersten Jahren von Carl Augusts Herrschaft das Frische und Belebende des neuen Regiments zu genießen –; aber irgendwann war sie in ihrem Inneren verletzt worden, und so hatte sie sich ins Dulden geschickt, um weiterleben zu können. Knebel, der sie gut kannte, sprach 1788 von «leidenschaftsloser Disposition» und meinte, sie nutze durch eigenen Fleiß und geistige Neugierde aufs beste «den Umgang mit vorzüglichen Menschen» (gemeint waren wohl Goethe und Herder): «Sie ist ohne alle Prätension und Ziererei, gerad, natürlich frei, nicht zu schwer und nicht zu leicht, ohne Enthusiasmus und doch mit geistiger Wärme, nimmt an allem Vernünftigen Anteil und an allem Menschlichen, ist wohl unterrichtet und hat feinen Takt, selbst Geschicklichkeit für

14. Charlotte von Stein:
Selbstbildnis (1790)

15. G. M. Kraus: Herzogin
Louise von Sachsen-Weimar-
Eisenach (um 1781)

die Kunst.» Ernsthaft, ohne religiös zu sein, und konventionell, ohne geziert zu sein – Anstand und Sitte blieben für Frauen ohne höhere Bildung und ohne die angeborene Mitgift unerschütterlicher Charakterstärke die einzigen Waffen in einer von Männern beherrschten Welt –, war Charlotte von Stein die gegebene Gesellschafterin der Herzogin Louise. Der Herzog seinerseits hielt sie für «kein groses Licht» und bevorzugte die Gesellschaft ihres Mannes.

Wohl hatte Zimmermann im Januar 1775 Frau von Stein gewarnt: «Eine Frau von Welt . . . hat mir gesagt, daß Goethe der schönste, lebhafteste, ursprünglichste, feurigste, stürmischste, sanfteste, verführerischste und für ein Frauenherz gefährlichste *Mann* sei, den sie in ihrem Leben gesehen habe.» Aber auf das stürmische Werben, das nun einsetzte, kann sie kaum gefaßt gewesen sein. Nach den ersten Begegnungen kamen Briefe und Zettel – die ersten von 1.800, die erhalten blieben –, und schon Mitte Januar 1776 nannte Goethe sie «Lieber Engel» – «Liebe Frau, leide dass ich dich so lieb habe» – und meldete: «Es drückte mich und Louisen dass Sie fehlten.» Es schmerzte ihn, daß er «noch nicht» mit ihr allein speisen durfte; wenigstens schriftlich sagte er «Du» zu ihr, was sie im März glaubte, ihm verweisen zu müssen,

weil es nun eben niemand wie ich zu verstehn weiß und er ohnedies oft gewisse Verhältnisse aus den Augen setzt. Da springt er wild auf vom Kanapee, sagt: 'Ich muß fort!', läuft ein paarmal auf und ab, um seinen Stock zu suchen, findt ihn nicht, rennt so zur Türe hinaus ohne Abschied, ohne Gutenacht.

Die Szene erinnert an ein anderes freimütiges Gespräch mit einer anderen Charlotte, auch sie anderweitig gebunden, im September 1772, und wenn Frau von Stein auf dem förmlichen «Sie» beharrte, so bewies sie damit gewiß ebensowenig Prüderie wie Lotte Buff mit ihrem Treuebekenntnis zu Kestner. Im Gegenteil, welch warmen Anteil sie an Goethe nahm, beweist die Fortsetzung des Briefes an Zimmermann, in dem sie diesen Vorfall erzählt:

Ich habe erstaunlich viel auf meinen Herzen, das ich den Unmenschen sagen muß. Es ist nicht möglich, mit seinen Betragen kömmt er nicht durch die Welt! Wenn unser sanfter Sittenlehrer gekreuz'get wurde, so wird dieser bittere zerhackt! Warum sein beständiges Pasquillieren? Es sind ja alles Geschöpfe des großen Wesens, das duldet sie ja! Und nun sein unanständ'ges Betragen mit Fluchen, mit pöbelhaften, niedern Ausdrücken. Auf sein moralisches, sobald es aufs Handeln ankommt, wird's vielleicht keinen Einfluß haben; aber er verdirbt andre. Der Herzog hat sich wunderbar geändert. . . . Das ist nun alles von Goethen, von den Menschen, der für Tausende Kopf und Herz hat, der alle Sachen so klar, ohne Vorurtheile sieht, sobald er nur will, der über alles kann Herr werden, was er will! Ich fühl's, Goethe und ich werden niemals Freunde. Auch seine Art, mit unsern Geschlecht umzugehn, gefällt mir nicht. Er ist eigentlich, was man coquet nennt. Es ist nicht Achtung genug in seinem Umgang.

Die Signale der Kapitulation sind, bei aller Abwehr, schon erkennbar, aber auch das scharfe Urteil über den Charakter sowie die echte Sorge um die Vervollkommnung von Goethes sittlichem Betragen, denen Literatur und literarischer Ruhm recht nörglerisch nachgeordnet werden. Dieses Urteil und diese Sorge waren die emotionalen Konstanten, die von der Seite Frau von Steins die Beziehung zu Goethe prägten, bevor sie 1789 in die Brüche ging. Als einziges neues Element trat bei ihr im Laufe der Jahre immer stärker etwas Besitzergreifendes hervor – vielleicht zu verstehen als der Wunsch, das «Coquete» an Goethe, seine ihm selbst vielleicht allzu bewußte *attrativa*, zu dämpfen und die eigene Haltung über jeden Tadel erhaben zu machen. Von Anfang an war die Freundschaft der beiden bei Hofe kein Geheimnis, und Frau von Stein hatte nicht den Wunsch, als Ehebrecherin dazustehen.

Im Sommer 1776 sehen wir Goethe bereits als regelmäßigen Gast im Hause Stein; als Mitglied der zuständigen Kommission besprach er liebevoll, in allen Einzelheiten, die Wiederherstellung und Ausgestaltung einiger neuer Wohnräume, die der Herzog seinem Oberstallmeister zur Verfügung stellte. Von November 1777 an bewohnte die Familie von Stein die oberen Stockwerke der Kavalleriestallungen neben der alten Wilhelmsburg, knapp innerhalb der äußeren Stadtmauer und nur drei Gehminuten von Goethes Häuschen auf der anderen Seite der Ilm entfernt. Jetzt kam Goethe immer am Steinschen Hause vorbei, wenn er zu Amtsgeschäften in die Stadt ging, er speiste häufig dort, während Baron von Stein an der Hoftafel Herzogin Anna Amalia Gesellschaft leistete, und an jedem freien Abend ließ Goethe Frau von Stein einen Zettel überbringen, auf dem er vorschlug, den Abend gemeinsam zu verbringen. Man kann ohne große Übertreibung sagen, daß zehn Jahre lang kein Tag vergangen ist, an dem Goethe Frau von Stein nicht gesehen, ihr nicht geschrieben oder nicht wenigstens viel an sie gedacht hätte. Die Art dieser Beziehung ist schwer einzuschätzen, da nicht nur die Gespräche der beiden nicht überliefert sind, sondern Frau von Stein nach dem Bruch auch ihre Briefe an Goethe zurückverlangt und vernichtet hat. Aus Goethes Briefen aber, die sie, zum Beweis seiner Treulosigkeit, sorgsam aufbewahrte, geht hervor, daß ein wesentlicher Teil dieser Beziehung in dem harmlosen, ausführlichen Austausch über das tägliche Tun und Lassen bestand: Charlotte sprach über ihre Kinder, deren Gesundheit und Erziehung, über Bekannte und Freunde, über Gutsangelegenheiten, über die Farbe ihrer Zimmerwände und die Form ihrer Öfen; Goethe hingegen – dem sie wiederholt vorwarf, immer nur von sich zu erzählen, auch wenn er scheinbar von anderen Dingen erzählte – sprach über sein Verhältnis zum Herzogspaar und zu anderen Angehörigen der Hofgesellschaft, über seine Gefühle und Ängste und Pläne, über Orte und Menschen, die er bei seiner amtlichen Tätigkeit kennengelernt hatte (allerdings nie über die Amtsgeschäfte selbst), über die früheren Zeiten in Frankfurt und Straßburg, über andere literarische Größen der Zeit und seine eigenen literarischen Arbeiten. Frau von Stein bekam alles zu sehen, was er schrieb, und ließ sich manches sogar diktieren; verschiedene Gedichte Goethes aus dieser Zeit entstanden im Gedanken an Charlotte von Stein oder erwuchsen aus Briefen an sie. Kleine Geschenke gingen hin und her – der erste Spargel aus Goethes Garten, eine gerahmte Landschaft, die Goethe gemalt hatte, Wildbret von einer Jagd, Brot aus der Heeresbäckerei (das gehörte zu den Privilegien seiner Tätigkeit in der Kriegskommission) –; man las gemeinsam Bücher und diskutierte über sie. Jede neue Schwärmerei Goethes mußte Frau von Stein teilen: bald las man zusammen eine neue Aischylos-Übersetzung, bald entwickelte Goethe ihr eine neue geologische oder anatomische Theorie, bald vertiefte man sich in das Studium Spinozas und versicherte sich dabei der Führung Herders. Am Anfang gab Goethe Frau von Stein sogar Englischunterricht. Zuletzt nannte er das Verhältnis zu ihr gar eine Ehe – nicht eine Romanze – und übersandte ihr die Handschuhe, die er bei seiner Aufnahme in die Freimaurerloge erhalten hatte und an die wichtigste Frau in seinem Leben weitergeben mußte. Als Gegengabe schenkte sie ihm einen goldenen Ring mit ihren Initialen. 1783 holte Goethe den jüngsten Sohn der Frau von Stein, Fritz (1772–1844), mit dessen Erziehung er unzufrieden war und an dem er mit besonderer Liebe hing, zu sich ins Haus und erteilte ihm drei Jahre lang Privatunterricht – eine Zeit, an die Fritz von Stein sich später als an die glücklichste seines Lebens erinnerte: Enger hätte der Anschluß Goethes an die Familie von Stein kaum sein können.

Natürlich erhebt sich die Frage, ob diese Beziehung jemals körperlich war; ohne schlüssige Antwort auf sie ist schwer zu beurteilen, was dieser merkwürdige *ménage* für Goethe bedeutet haben mag. Alle Beweise – soweit es Beweise für einen negativen Befund gibt – deuten darauf hin, daß sie es nicht war. Ein Beobachter mit gutem Einblick in die Verhältnisse äußerte die Überzeugung, Frau von Stein sei «nur seine [Goethes] *Vertraute*»; und es ist kaum vorstellbar, daß an einem Hofe, wo der Inhalt eines vergessenen Zettels in einer zum Schneider gebrachten Hose sofort überall die Runde machte, ein ehebrecherisches Verhältnis über einen längeren Zeitraum hätte fortgesetzt werden können, ohne daß die luchsäugigen Gräfinnen Görtz und Giannini getratscht hätten oder dem Herzog eine gutmütig-geschmacklose Anzüglichkeit entschlüpft wäre. Es sind aber keinerlei zweideutige Anekdoten überliefert, und nichts spricht dafür, daß es jemals welche gegeben hätte. Baron von Stein war ein wohlwollender Mensch, der geglaubt haben mag, es tue seiner Frau gut, einen gescheiten Freund zu haben, mit dem sie über Dinge sprechen konnte, die ihn langweilten oder ihm zu hoch waren. Die Lästermäuler bei Hofe fanden seine Lage ziemlich lächerlich, aber wenn er den Verdacht gehabt hätte, der junge Schnösel Goethe usurpiere seine ehelichen Rechte, wäre er zweifellos Manns genug gewesen, ihn aus dem Haus zu werfen. Statt dessen hatte Stein weder etwas dagegen, seinen Fritz von Goethe erziehen zu lassen, noch, als Bote zu fungieren und seiner Frau lange Briefe von Goethe zu überbringen, mit dem er also auf dem besten freundschaftlichen Fuße gestanden zu haben scheint.

Die pädagogische Rolle, die Charlotte sich selber zuwies und der von Anfang an ein Element der Abwehr innewohnte, läßt ebenfalls vermuten, daß körperliche Intimität keinen Reiz für sie hatte und daß Goethe dieses Faktum würde zur Kenntnis nehmen müssen, sofern ihm an ihrer Freundschaft lag.

1776 mußte er sich damit abfinden, künftig das «Du» zu unterlassen, und in den nächsten fünf Jahren betont er in den Briefen an Frau von Stein immer wieder, wie er um den Zustand der inneren «Reinheit» ringe. Von 1780 auf 1781 werden seine Briefe drängender und leidenschaftlicher, und im März 1781 weiß er das «Du» wieder einzuführen, wobei er gelobt, er sei es zufrieden, daß Charlotte an seine Liebe glaubt und ihn wiederliebt; ihren Versuch, etwas später zum «Sie» zurückzukehren, wehrt er ab. Seit Anfang 1781 ist weniger von «Reinheit» und mehr von «Liebe» die Rede, und die Gefühlsglut der Briefe ist verhaltener: vielleicht gewisser und in sich beruhigter, aber auch bescheidener und anspruchsloser. Hier werden bei Frau von Stein auch erstmals Töne des Besitzergreifenden, ja der Eifersucht vernehmbar, während Goethes Liebesbeteuerungen etwas Mechanisches, ja Monotones bekommen. Welchen Beweis ihrer Liebe Charlotte auch geliefert haben mag – und die Gedichte «Nachtgedanken» und «Der Becher» besagen deutlich, daß er körperlich war, obgleich die artifizielle Bildlichkeit des «Bechers» auch ein Element der Wunscherfüllung erkennen läßt –, gepaart war dieser Beweis offenbar stets mit der – von Goethe akzeptierten – Forderung nach Selbstverleugnung. (Und wären die beiden Gedichte wirklich autobiographisch gewesen, so hätte Goethe sie schwerlich im Weimarer Hofmagazin veröffentlicht, selbst wenn sie dort als Übersetzungen «aus dem Griechischen» figurierten.) 1782 schrieb Goethe, daß «ich mitten im Glück in einem anhaltenden Entsagen lebe», und 1784: «Ich bin ein armer Sclave der Pflicht mit welcher mich das Schicksal vermählt hat.» Der goldene Ring war natürlich symbolisch. Das Versprechen, das Goethe in den Augen der Frau von Stein später gebrochen hatte, war das Versprechen, ihr treu zu sein und niemals zu heiraten, und in Goethes Briefen wird die Überzeugung, daß die Geliebte nun sein Ein und Alles ist, wie von einem Schatten von der nachdrücklich-resignierten Feststellung überlagert, wie eingeschränkt, ja entbehrungsreich sein übriges Leben nun ist: der Kreis seiner Freunde ist klein geworden, er entbehrt ein tröstliches Heim, Kinder und «ein langes pppp.» Nur Charlotte allein hat ihn befähigt, seinen Lieblingsirrtümern zu entsagen. 1784 bittet er sie darum, in ihm das sexuelle Begehren nicht wieder zu wecken, das nun zum Glück eingeschlafen ist. Bei aller wiederholt versicherten Liebeseuphorie machte er äußerlich nicht den Eindruck eines glücklichen Menschen: abgemagert, von fahler Gesichtsfarbe, mit eingefallenen Wangen und anfällig für Krankheiten. Nur in dieser Zeit verbreitet er sich oft über die Kürze des Lebens und die Begrenztheit der ihm noch verbleibenden Jahre.

Beide Seiten hatten ihre unausgesprochenen Gründe, diesen seltsam ausweglosen Schwebezustand zu wollen, der die Gefühle ständig in Höchstspannung hielt, ihnen aber den körperlichen Ausdruck ständig versagte. Frau von Stein, die gewesen sein mag, was die Mediziner eine «hysterische Persönlichkeit» nennen, in der unbewußt lockendes Verhalten sich mit einem demonstrativen Gefühl für das Schickliche verbindet, bedurfte keiner endlos wiederholten Liebesbeteuerungen, sondern der hinter solchen Versicherungen stehenden Bestätigung ihrer eigenen, verschütteten Identität. Es war ein Hunger in ihr, der durch keinerlei körperliche Befriedigung gestillt werden konnte, weil gerade die körperlich vollzogene Ehe mit Stein sie immer aufs neue um diese Identität betrog, die ihr in einer Kindheit ohne Liebe abhanden gekommen sein mochte. Sie brauchte die Bestätigung durch Goethe, und sie brauchte die Gewißheit, daß diese Bestätigung niemals ausbleiben und niemals einer anderen Frau gelten werde. Und auch Goethe brauchte, oder bekämpfte nicht, den Bann der Schneekönigin. Es war nicht das erste und auch nicht das zweite Mal, daß er sich zwanghaft zu einer sexuell unerreichbaren Frau hingezogen fühlte: Das Begehren würde ihm keine Ruhe lassen, aber die Erfüllung des Begehrens, zumal in der Institution der Ehe, bedeutete die Gefahr der Festlegung, des «Seins» anstelle eines unendlich reizvollen «Werdens»; sie bedrohte sein Ich mit einem Geschenk, das ihn, bei allem Reichtum, ärmer machen würde, als er ohne es gewesen war. Er brauchte die unmögliche Verbindung, aus Furcht vor dem Möglichen. Es kann kein Zufall sein, daß der Briefwechsel mit Auguste Stolberg just in dem Moment einschlief, als der Briefwechsel mit Frau von Stein begann, oder daß wenige Monate, nachdem das Verhältnis zu Frau von Stein den endgültigen und scheinbar befriedigenden Zustand eines stillgestellten Sehnens, die Stabilität einer «Ehe», sei's auch zwischen Seelenfreunden, gefunden hatte, der «böse Genius» in Goethe erstmals den Gedanken wachrief, Weimar zu verlassen.

Doch steckte hinter dieser halb irrealen Halb-Liebesgeschichte mehr als nur die unbewußte emotionale Dynamik, die sie wohl mit so manchen unbefriedigenden Beziehungen anderer Zeiten und anderer Orte gemein hat. Wir müssen uns auch fragen, was Goethe, bewußt und letzten Endes als Künstler, aus ihr gemacht hat: welche einmalige Bedeutung er in ihr sah, so daß er sie in die Sinnstrukturen seines Lebens und seiner Kunst verwob.

Einen ersten Bedeutungshorizont dieser Beziehung eröffnete Charlotte von Stein selbst: Das Verhältnis sollte ein bildendes sein; sie wollte Goethe, sofern er es zuließ, beibringen, sein «Betragen» zu mäßigen, um «durch die Welt zu kommen». Die Macht der Billigung oder Mißbilligung durch Frau von Stein schliff sein Benehmen ab und reinigte seine Sprache, und schon 1778 darf er sich rühmen, daß am Hofe zu Berlin kein lautes Wort über seine Lippen gekommen sei, das man nicht hätte drucken können; und 1780 spricht er mit fast übertriebener Bewunderung von den Menschen, die «Welt» besitzen, die die Fähigkeit des wahren Aristokraten haben, ihr Leben an jedem Ort im Stil gewandter Ungezwungenheit zu leben. Nach 1781 arbeitet er zielstrebig daran, seine Umgangsformen zu verbessern und sich zu einem angenehmen Gesellschafter, zumal auf seinen diplomatischen Missionen, heranzubilden, und meldet getreulich seine Fortschritte. Kurzum, Frau von Stein, von Hofmenschen abstammend und unter Hofmenschen geboren und aufgewachsen, wird für Goethe zur Verkörperung höfischer Tugenden, sie geleitet ihn zu dem, was ihn ihrer Freundin, der traurigen und unerfüllten Herzogin Louise, angenehm machen könnte – ja sie mag die Stelle der Herzogin selbst vertreten, wenn denn etwas Wahres an den Gerüchten ist, die da wissen wollen, die erste unerreichbare Frau in Weimar, die Goethe zum Gegenstand seiner Leidenschaft erkor, sei die Gemahlin seines neuen Gefährten, des Herzogs, gewesen. Frau von Stein ist in Person alles, was Goethe in Weimar zu finden hoffte: das Leben von Menschen im Zentrum der politischen Macht, die Antithese zu seinem Leben in Frankfurt, der Ruheort vom Sturm und Drang. Damit ist sie aber auch die Antithese zu jener Öffentlichkeit, die vorzugsweise im Medium des gedruckten Buches existierte und mit der Goethe in den Jahren, da er *Götz* und *Werther* geschrieben hatte, eine so bemerkenswerte Symbiose gelungen war. «Ich kann dir versichern», schrieb er Frau von Stein 1784, als ob diese Nachricht sie befriedigen müßte, «daß ausser dir Herdern und Knebeln ich ietzt gar kein Publikum habe.» Die «Welt» im öffentlichen, bürgerlichen Sinn ist das genaue Gegenteil der personalisierten aristokratischen «Welt», zu der Goethe sich 1780 hingezogen fühlte, und die Absage an jene Frankfurter «Welt» formuliert ein Gedicht, das mehr als fast jedes andere dieser Zeit mit Charlotte von Stein in Zusammenhang steht. Im Januar 1778 suchte die Tochter einer Weimarer Adelsfamilie, Christel von Lassberg, den Tod in der Ilm – aus unerwiderter Liebe, wie es hieß. In ihren Taschen soll sich ein Exemplar des *Werther* gefunden haben. Goethe war von dem Selbstmord tief erschüttert und plante ursprünglich eine Gedenkgrotte für das Mädchen (er selbst begann schon in der Nacht nach ihrem Tode, einen geeigneten Felsen auszuhöhlen). Dieses Projekt kam nicht zustande, doch ein dauerhafteres Denkmal schuf Goethe der jungen Frau mit der ersten Fassung des Gedichtes «An den Mond», die wohl wenige Monate nach dem Vorfall entstand. Goethe vergleicht darin die sanfte Verwandlung der Ilm-Auen durch das Mondlicht mit der Veränderung, die in seinem eigenen Leben Frau von Stein bewirkt hat, sein unruhiges Herz mit dem Fluß, der auch seine Launen hat: im Winter – und dabei denkt man an die dunklen, flutenreichen Wintertage, in denen Werther umkommt – heißt es von dem Fluß, daß «er vom Tode schwillt»; er reißt die arme Christel mit sich fort, so wie die Wertherzeit gedroht hatte, Goethe mit sich fortzureißen. Die letzten Zeilen des Gedichts konzentrieren sich auf das Gegenbild zum verzweifelten Selbstmord, auf den Frühling, der nach dem Winter wieder einkehrt, und die erwiderte Liebe, die der «Welt» mit all ihren Katastrophen den Rücken zuwenden kann:

> Selig, wer sich vor der Welt
> Ohne Hass verschließt,
> Einen Mann am Busen hält
> Und mit dem genießt,
>
> Was den Menschen unbewußt
> Oder wohl veracht'
> Durch das Labyrinth der Brust
> Wandelt in der Nacht.

Die Frau von Stein dieses Gedichts ist also auch das Gegenbild zu der Form, die Goethes Subjektivität in den Jahren zwischen 1771 und 1775 angenommen hatte. Das macht aus ihr noch keinen Apostel der Objektivität, wie fälschlicherweise oft behauptet wird; ganz im Gegenteil. Mit *Prometheus*, *Urfaust*, *Werther* und Gedichten wie «Auf dem See» hatte Goethe eine Weise des Erlebens und Schreibens begründet, bei der der erlebte Gegenstand stets mit den Gefühlen des erlebenden Subjekts verschmolzen wurde und die daher nie rein objektiv, sondern stets in gewisser Weise symbolisch war. Frau von Stein war beunruhigt über diese Geisteshaltung – die in Wirklichkeit das Äußerste an Objektivität war, das Goethe leisten konnte, ohne sich selbst aufzugeben –, weil sie anscheinend bedingte, daß Goethe andauernd nur von sich selber sprach. Sie versuchte nun aber nicht, Goethe zum Interesse an den Dingen um ihrer selbst willen zu bewegen – was sie an Goethes Subjektivität abstieß, war nicht, daß sie die Identität der Dinge antastete, sondern daß sie die Identität der Frau von Stein bedrohte. Vielmehr verlangte sie, daß Goethe die Artikulation seines Ichs in sich selbst verschließe, daß er die Welt ihrer Wege ziehen lasse, ohne Haß, und nicht die Welt genieße, sondern die Geheimnisse einer Identität, mondbeglänzt und im Labyrinth der Brust verborgen. Keine Objektivität also, sondern Dualismus: die klare Trennung zwischen dem privaten, fühlenden Ich und einer indifferenten materiellen Welt – eine für die «offizielle» Kultur typische Trennung, wie sie von Angehörigen der Mittelschicht bei Hofe erwartet wurde. Goethe hatte den Kult um das heimliche Innere des Ichs immer gekannt und teilweise auch mitgemacht – was ein wichtiger Grund für seine allgemeine Beliebtheit in Deutschland gewesen war –, aber jetzt wurde von ihm erwartet, in dieses verborgene Allerheiligste auch alles das an Gefühl hineinzunehmen, was er sonst der Begegnung mit der Welt ausgesetzt hatte. 1778, vielleicht nur wenige Wochen nach der ersten Fassung von «An den Mond», schrieb er Charlotte von Stein:

Sonst war meine Seele wie eine Stadt mit geringen Mauern, die hinter sich eine Citadelle auf dem Berge hat. Das Schloss bewacht ich, und die Stadt lies ich in Frieden und Krieg wehrlos, nun fang ich auch an die zu befestigen, wärs nur indess gegen die leichten Truppen. . . . ach die eisernen Reifen mit denen mein Herz eingefasst wird treiben sich täglich fester an dass endlich gar nichts mehr durchrinnen wird.

Lavater verriet er: «ausser der Sonne und dem Mond und den ewigen Sternen lass ich neuerdings niemand zu Zeugen des was mich freut oder ängstet.» Besucher fanden sein Gebaren «zu ministermässig und kalt», aber die eigenen Augen sahen ihn anders: «Meine Seele ist wie ein ewiges Feuerwerk ohne Rast.» Dieser Rückzug in die Innerlichkeit ist jedoch nichts, was Frau von Stein anzulasten wäre, nichts, was sie erfunden oder zu verantworten hätte; vor diesem Fehlschluß muß man sich hüten. Sie mochte, weil sie Gründe dafür hatte, diese Entwicklung begrüßen, sie mochte sie der Stellung Goethes angemessen finden und durch ihre Zustimmung fördern; aber im Grunde handelte es sich dabei um eine *conditio sine qua non* des Lebens an einem absolutistischen Hof, und wenn Goethe sich ihr unterwarf, dann deshalb, weil er entschlossen war, weiter in Weimar zu bleiben und Charlotte von Stein zu «lieben», wie er es nannte.

»Ich weiß wohl, daß man, um die Dehors zu salvieren, das Dedans zugrunde richten soll; aber ich kann mich denn doch nicht wohl dazu verstehen»: Goethes eigene Interpretation seiner Beziehung zu Frau von Stein war eine Verteidigung, die Charlottens Waffen gegen sie selbst kehrte. Immer mehr gab er um dieser Frau willen auf, so daß er zuletzt in fast völliger Isolation lebte; er schenkte ihr die ersehnte Bestätigung ihrer Identität, indem er sie zu dem einzigen Menschen machte, der für ihn zählte: «Sie hat meine Mutter, Schwester und Geliebten . . . nach und nach geerbt.» Aber sie zählte für ihn nur als Bedingung seiner eigenen Identität. Das war es, was sie hören wollte – und auch wieder nicht: «wie wenig ich für mich bestehe und wie nothwendig mir dein Daseyn bleibt daß aus dem meinigen ein Ganzes werde». Aber irgendwo war es nur gerecht, daß sie, die Goethe seiner Klasse, seines Publikums, des vertrauten Umgangs mit der Welt beraubt hatte – und sei es mittelbar, durch den Weimarer Hof –, ihm nun «eben alles ersezen» mußte. Das einzige, das Goethes Geist nicht fertigbrachte, war der Monolog mit sich selbst – seine Tagebücher sind umfangreich und letzten Endes auch informativ, aber literarisch ganz unergiebig –, und nachdem er die Freunde, das Publikum und sogar die Welt der Natur, die früher seine Gesprächspartner gewesen waren, verloren hatte und ihnen sein Inneres nicht mehr offenbaren konnte, hatte Frau von Stein auch sie geerbt. «Ich hatte mir vorgenommen ein klein Diarium zu schreiben», teilte er ihr zu Beginn der Reise in die Schweiz 1779 mit, «es ging aber nicht weil es mir keinen nahen Zweck hatte, künftig will ich Ihnen täglich, einfach aufschreiben was uns geschieht.» Durch die Beziehung zu Frau von Stein erfolgte jenes «Durchbeizen der mannigfaltigen Fasern meiner Existenz», das er seiner Situation in Weimar zugeschrieben hatte, dermaßen gründlich, daß die Struktur seiner Seele zuletzt mit geradezu abstrakter Klarheit zutage lag. Unmittelbar vor der großen Wende Anfang 1781 schließt er einen Brief mit den Worten:

Adieu süse Unterhaltung meines innersten Herzens. Ich sehe und höre nichts guts das ich nicht im Augenblick mit Ihnen theile. Und alle meine Beobachtungen über Welt und mich, richten sich nicht, wie Marck Antonius, an mein eignes, sondern an mein zweites selbst. Durch diesen Dialog, da ich mir bei iedem dencke was Sie dazu sagen mögten, wird mir alles heller und werther.

Frau von Stein selber sollte zu jenem «Medium der Liebe» werden, durch welches Goethe die Welt sah, wie sie war: «Du bist mir in alle Gegenstände transsubstanziiert, ich seh alles recht gut und sehe dich doch überall.» Und der verklärende Glanz dieses – noch – gewaltigen Selbstvertrauens war derart, daß Frau von Stein ihrem Freund beinahe Glauben schenkte: «jedes, was erst durch seine [Goethes] Vorstellung gegangen ist, wird äußerst interessant.

So sind mir's durch ihn die gehässigen Knochen geworden und das öde Stein-reich.»

Aber es war natürlich alles nicht wahr. Goethes Geist war ein Zwiege-spräch, ohne Zweifel: um existieren zu können, bedurfte er der Reaktion. Darum war Goethe nach Weimar gekommen, darum suchte er in Frau von Stein die Antithese zu so manchem, das er gewesen war und wohl noch im-mer war. Er benutzte ihre Leere, um darin die Fülle des einzig möglichen anderen Lebens auszuleben, das im zeitgenössischen Deutschland einem Mann seiner Talente und seiner Herkunft möglich war: des Lebens als Hof-beamter an einem absolutistischen Hof. Er benutzte Frau von Stein, um sein ganzes, gierig nach allen Seiten ausgreifendes Seelenleben, weltenschaffend in der Extensität des *Götz* wie in der Intensität des Gedichts «Auf dem See», in die Innerlichkeit, in das Labyrinth der Brust, zu pressen, und in seiner Brust hatte er es denn auch, mit Charlottes Hilfe, bewahrt – geisterbleich fortlebend, wie das Sonnenlicht im Schein des Mondes, aber doch fortlebend. In Charlotte, und in ihrem Bild, vermochte diese außerordentliche Gewalt des Gefühls zu überdauern; ohne sie wäre Weimar vielleicht ab Ende 1777 für Goethe unmöglich geworden (und etwas Besseres gab es für ihn nicht, wie wir wissen). Aber das ist keine Liebe, obwohl Goethe es unermüdlich Liebe nannte, und es ist keine Ehe, auch wenn Goethe es Ehe nannte. Wie er 1782 einsichtsvoll zu Lavater sagte: «Das was der Mensch an sich bemerkt und fühlt, scheint mir der geringste Theil seines Daseyns»; er wies darauf hin, daß «der Leser eine eigene psychologische Rechnungsoperation zu machen hat um aus solchen Datis ein wahres Facit heraus zu ziehen.» Was Goethe zu jener Zeit über Liebe und Ehe wirklich dachte – ohne es selbst zu wissen –, hatte er zwei Jahre zuvor verraten, als Lavater ihm eine Schwäche für die Marquise Maria Antonia von Branconi angedichtet hatte, die klug, schön und gut zugleich war – ungewöhnlich genug für jeden Menschen, erst recht aber für eine frühere Mätresse des Herzogs von Braunschweig. Goethe erwiderte, mit Rücksicht auf das von den Umständen Gewährte und Geforderte habe man täglich die Pflicht, «die Pyramide seines Daseyns . . . so hoch als möglich in die Lufft» zu bauen. «Augenblickliches Vergessen» durch «eine flüchtige Begierde» sei da nicht erlaubt. Und zum Thema Ehe hieß es: «Gott bewahre uns für einem ernstlichen Band, an dem sie mir die Seele aus den Gliedern winden würde.» Johanna Fahlmer schrieb: «Goethe kann gut und brav, auch groß sein; nur in Liebe ist er nicht *rein* und dazu würklich nicht *groß genug*« – eine Bemerkung, die ein anderer Briefschreiber als bloßen Euphemismus abtat: «Sie wollte nicht sagen: er liebt nur sich in allem andern.» Der Verlust der Seele, der Goethe an der Ehe schreckte, war das einzige, was er in der Beziehung zu Frau von Stein *nicht* zu fürchten hatte; diese Beziehung war dazu angelegt, seine Seele zu stützen und zu halten – freilich zu Bedingungen, die so widrig waren, daß sie Goethes unbewußte Ausbeutung einer verwun-deten Frau in gewisser Weise entschuldigen. «Goethe habe stets zu viel in die Weiber gelegt», soll der rauhe Kommentar des 70jährigen Carl August gewesen sein, der auf seine Weise Goethe besser kannte als irgendein anderer Mensch; er habe «seine eignen Ideen in ihnen geliebt, eigentlich grose Leidenschaft nicht empfunden.»

Daß Goethe in diesen schwierigen Jahren nicht einfach der Ausbund an Selbstgefälligkeit war, der Tartuffe, als den Jacobi ihn zu sehen beliebte – empört über einen derben, bösartigen Streich 1779, hinter dem allerdings Merck gesteckt haben dürfte –, wird durch das bewiesen, was er schrieb, und mehr noch durch das, was er nicht schrieb. Das dichterische Schaffen, zumindest seit den *Mitschuldigen* das eigentliche Medium für das unendliche Gespräch seiner Seele, verweigerte sich der Mitwirkung an den Selbsttäuschungen jener Zeit. Sein Geist habe nichts von der einstigen sprühenden Produktivität verloren, stellte er erfreut während einer langen Reise fest, die ihn, zu Pferd und zu Fuß, im Frühherbst 1780 an der Seite Carl Augusts durch die entlegeneren Teile des Thüringer Waldes führte: «Dann ist die grösste Gabe für die ich den Göttern dancke dass ich durch die Schnelligkeit und Manigfaltigkeit der Gedancken einen solchen heitern Tag in Millionen Theile spalten, und eine kleine Ewigkeit draus bilden kan.» Aber – wiederholte Klage – er ist unfähig, diesen Myriaden von Erfahrungen und Reflexionen schreibend Dauer zu verleihen. Der Grund ist nicht nur die Unbequemlichkeit des Schreibens auf Reisen, obwohl auch das eine Rolle spielt. «Wenn ich doch einem guten Geist das alles in die Feder dicktiren könnte was ich Ihnen den ganzen Tag sage und erzähle», schreibt er Frau von Stein, aber wenn er versucht, ihr diese «Theile der Ewigkeit» aufzuzählen, vermeintlich in der Form eines inneren Zwiegesprächs mit ihr, entpuppen sie sich als schale Maximen, die den frischen Schimmer ihres ursprünglichen Lebenskontexts verloren haben und für die kein neuer, poetischer Kontext gegeben wird:

> Man soll thun was man kan einzelne Menschen vom Untergang zu retten.
> Dann ist aber noch wenig gethan vom Elend zum Wohlstand sind unzählige Grade.
> Das Gute was man in der Welt thun kan ist ein Minimum pp.

Mitunter, ganz unerwartet, fiel in diesen Jahren, in denen Goethe zur Komposition einer weitgespannten poetischen Struktur von der Größenordnung des *Götz*, des *Urfaust* oder des *Werther* unfähig war, doch ein Funke ab, dessen Schein Bestand hatte – ein Kontext für sich, eine kleine Ewigkeit. Am 6. September 1780, zu Beginn der erwähnten Reise in den Thüringer Wald, an einem stillen Abend, da die Sonne prächtig unterging und von den Holzfeuern der Köhler dünne Rauchsäulen aufstiegen, schrieb Goethe, in völliger Einsamkeit, in einer Holzhütte auf dem Kickelhahn, dem höchsten Berg in der Umgebung Ilmenaus, an Frau von Stein: «Wenn nur meine Gedancken zusammt von heut aufgeschrieben wären es sind gute Sachen drunter.» Diesmal hatte er recht: einer der Gedanken dieses Tages wurde aufgeschrieben, und zwar von Goethe selbst – kurz vor acht Uhr abends, an die Wand der Berghütte –, und was er schrieb, ist in der deutschsprachigen Welt – denn es ist unübersetzbar – das berühmteste Gedicht überhaupt:

Über allen Gipfeln
Ist Ruh,
In allen Wipfeln
Spürest du
Kaum einen Hauch;
Die Vögelein[1] schweigen im Walde.
Warte nur, balde
Ruhest du auch

Recht viel Vernünftiges kann die Literaturkritik über etwas so Zerbrechli-
ches, so Unvergleichliches nicht sagen. Für den Biographen aber ist ein
Aspekt des Gedichtes sehr aufschlußreich: der Gebrauch des Wörtchens
«du». Es meint entweder Goethe oder den Leser oder beide – das liegt in der
Natur des Zwiegesprächs in Goethes Seele –, aber es meint nicht – nicht
speziell oder anspielungsweise – die Frau, der Goethe wenige Minuten vor
und nach dem Verfassen dieses Gedichtes einen Brief schrieb. Auch wenn er
es jahrelang nicht wahrhaben wollte: die Quellen seiner Dichtung sprudelten
tiefer, und reiner, als in der «süßen Unterhaltung meines innersten Herzens»,
dem geistigen Diskurs mit Charlotte von Stein.

Schwierigkeiten eines Staatsmannes mit der Literatur

Wenn Goethe 1829 meinte, er habe in den ersten zehn Jahren in Weimar
«nichts Poetisches von Bedeutung» hervorgebracht, tat er seinem damaligen
Ich unrecht. 1780 stellte er fest, daß seine unveröffentlichten Schriften schon
fast den Umfang der veröffentlichten erreicht hatten. Aber bis auf einige
Stücke zur Unterhaltung des Hofes, von denen er schon damals gestand, sie
seien «meist Conventionsmäsig ausgemünzt», ist praktisch nichts davon so
veröffentlicht worden, wie es zunächst geschrieben wurde, und vieles blieb
Fragment. Das am weitesten gediehene der weniger konventionellen Stücke
war das klassizistische Drama *Iphigenie auf Tauris*, an Euripides orientiert,
aber in rhythmischer Prosa geschrieben: In dieser Form wurde es in Weimar
viermal gegeben, aber Goethe blieb unschlüssig, ob er das Stück in Verse
umgießen solle, und wenn ja, wie. Den *Egmont*, sein Stück über den Helden
des Aufstandes der Niederlande im 16. Jahrhundert, hatte er halbfertig aus
Frankfurt mitgebracht, aber in den folgenden zehn Jahren ging es damit nur
langsam voran. *Torquato Tasso* wurde 1780 konzipiert – in diesem Stadium
ebenfalls noch in Prosa –, aber Goethe kam über den zweiten Akt nicht hinaus und ließ das Stück 1781 liegen. Zum *Faust* kam in dieser ersten Weimarer
Periode wenig bis nichts hinzu. 1777/78 vollendete Goethe das erste Buch
eines Romans, *Wilhelm Meisters theatralische Sendung*, den er schon 1773

[1] Ursprünglich hat Goethe einfach «Vögel» geschrieben.

16. Goethe: Dampfende Täler bei Ilmenau (22. – 23. Juli 1776)

begonnen haben mag und den er, nachdem das Projekt zunächst im Sande zu verlaufen schien, 1782 wieder aufnahm; in den nächsten vier Jahren zwang er sich fünf weitere Bücher des Romans ab. Selbst dann schien 1785 das Ende in weiter Ferne zu liegen, und nicht alle Leser des Werkes konnten sich mit dem niederen Sujet und seinen Charakteren anfreunden. Die *Briefe aus der Schweiz* erschienen erst 1808 vollständig – falls sie vollständig sind –. Anderen Projekten war es beschieden, für immer Fragment zu bleiben, so dem Drama *Elpenor* und dem Epos *Die Geheimnisse*; wieder andere waren zwar geplant, wurden aber aber offenbar nie in Angriff genommen, so etwa die Biographie des Herzogs Bernhard von Sachsen-Weimar aus dem 17. Jahrhundert oder ein didaktisch-naturwissenschaftliches Werk mit dem Arbeitstitel *Roman über das Weltall*. In der Tat scheint 1783, ja vielleicht – bis auf die kontinuierliche Arbeit am *Wilhelm Meister* – schon viel früher, eine Periode wirklicher Unfruchtbarkeit eingesetzt zu haben, die die Härte des späteren Urteils einigermaßen rechtfertigt. Und so «kommt es mir vor, als ob mein Sohn sich in etwas mit den Musen brouilliert hätte», wie 1783 Goethes Mutter schreibt, während er selbst 1784 zugibt, sich «in unpoetischen Umständen» zu befinden; doch hoffentlich «wird dieser schlafende Genius wieder zu wecken seyn».

Das meiste von dem, was er in dieser Zeit schrieb, las Goethe den Freunden in Weimar und Gotha vor, und einiges – *Iphigenie* und *Wilhelm Meister* – machte auch als Manuskript die Runde. Doch sah er sich – nicht nur wegen ihrer Bruchstückhaftigkeit, sondern auch aus verschiedenen anderen Gründen – außerstande, diese Werke, so wie sie waren, der Öffentlichkeit zugänglich zu machen. An Goethes literarischem Leben zwischen 1776 und 1786 fällt vor allem seine Abwendung von der lesenden Öffentlichkeit und der Welt der Bücher und Journale auf: beidem hatte er sich in den vier Jahren seit 1772 noch eng verbunden gefühlt, und mit welch spektakulären Erfolgen! Der springende Punkt ist nicht, daß, wie immer wieder und namentlich von Goethe selbst behauptet worden ist, die administrative Tätigkeit unvereinbar mit dichterischer Betätigung gewesen wäre, nach dem Motto: «Meine Schriftstellerey subordinirt sich dem Leben.» Es war auch nicht so, wie Wieland bei Goethes Berufung in das Geheime Conseil prophezeit hatte: «Er wird viel Gutes schaffen, viel Böses hindern, und das muß, wenn's möglich ist, uns dafür trösten, daß er als Dichter wenigstens auf viele Jahre für die Welt verloren ist.» Seine Amtspflichten hielten Goethe nicht davon ab, viel zu schreiben, darunter manches, das er – sei's zu Recht oder zu Unrecht – seinen bisherigen Werken an die Seite stellte; gerade die unproduktivste Zeit kam gegen Ende des ersten Weimarer Jahrzehnts, als er doch, wie man meinen sollte, in seine offizielle Aufgabe eingearbeitet war und ihm manche Last sogar abgenommen wurde. Der springende Punkt war vielmehr, daß Goethe sich in diesen zehn Jahren nach einem anderen Publikum und einer anderen geistigen Gesellschaft umsah, wie er sie früher in Frankfurt gehabt hatte, und daß das Ergebnis dieses letzten Endes fruchtlosen Suchens nach einem anderen als dem lesenden Publikum so verheerend ausfiel, daß Goethe vor seinem künstlerischen Gewissen zuletzt nichts von dem vertreten konnte, was er in dieser Zeit geschrieben hatte. So mußte er wieder dazu übergehen, seine Werke in der Weise publik zu machen, wie er es früher getan hatte, und infolgedessen alles umschreiben.

Schon Mitte der 1760er Jahre, als er knapp vor der grundstürzenden Entdeckung stand, daß es ihm gegeben war, aus dem Stoff seines eigenen Lebens Dichtung zu schaffen, hatte Goethe das Problematische daran gesehen, privates Erleben in ein gedrucktes und öffentliches Buch eingehen zu lassen, und er hatte sich bereitwillig dem Urteil Behrischs angeschlossen, daß seine ersten frivolen Liebesgedichte es verdienten, kalligraphisch geschrieben und nicht im profanen Medium des Buchdrucks der Nachwelt überliefert zu werden. Anfang der siebziger Jahre waren diese Hemmungen überwunden, und die Folge war eine wahre literarische Explosion gewesen; in Weimar aber brach diese Verbindung des Privaten mit dem Öffentlichen wieder auseinander. Goethes Widerwillen gegen den physischen Prozeß des Schreibens wurde so heftig, daß er in diesen Jahren die sein Leben lang beibehaltene Gewohnheit annahm, seine Werke, im Kopf gründlich vorformuliert, zu diktieren: Der Buchdruck erschien als ein weiterer, entfremdender Schritt weg von dem Augenblick des persönlichen Sichmitteilens, in dem seine Werke ihren Ursprung hatten. «Es ist mir von jeher eine unangenehme Empfindung gewesen», erklärte er 1786, als er eine erste Ausgabe seiner Schriften erwog, «wenn Dinge, die ein einzelnes Gemüth, unter besondern Umständen beschäfftigten, dem Publiko hingegeben werden sollen.» Aber die Verhandlungen über die erste autorisierte Werkausgabe markieren bereits das Ende der in den frühen Weimarer Jahren erprobten Scheidung des Privaten vom Öffentlichen und bedeuten das Eingeständnis, daß dieser Bund erneuert werden muß. Die dazwischen liegende, aufreibende Etappe von Goethes literarischem Weg verdient, näher betrachtet zu werden.

Die Ausgabe von Goethes Schriften, die 1786 mit dem Leipziger Verleger Göschen vereinbart wurde, war zwar die erste, die mit Goethes ausdrücklicher Erlaubnis und unter seiner Mitwirkung erscheinen sollte, hatte aber bereits – Beweis für den frühen literarischen Erfolg des Dichters – nicht weniger als zehn unautorisierte Vorgängerinnen. 1779 schickte der Berliner Verleger Himburg den drei Bänden von *Goethes Schriften*, die er 1775 unerlaubt herausgebracht hatte, einen vierten nach. Goethe äußerte seinen Unmut in einem saftigen Epigramm, das an Himburg jedoch nicht den Dieb, sondern den Betrüger geißeln sollte: Himburg tat so, als gebe er mit den verstreuten Stükken, die er zusammengetragen hatte, den leibhaftigen Goethe, während dieser in Wirklichkeit ein neues Leben begonnen hatte, von welchem Menschen wie Himburg sich keine Vorstellung machen konnten:

> Für die Himburgs bin ich tot ...

Diese auf das Publikum fixierte Himburg-Welt mit ihrem Konkurrenzneid und Kommerzdenken hatte Goethe gründlich satt. Mit *Werther* hatte er die

Tragödie eines Menschen geschrieben, der unter dem Diktat einer öffentlichen Mode stand, und vielleicht gerade damit eine neue derartige Mode geschaffen und womöglich noch andere Tragödien heraufbeschworen. Als Hanswurst hatte er sich, auf seine eigenen Kosten, über den Dichterkult des Publikums lustig gemacht. Jetzt war er gesonnen, ein Leben in größtmöglicher Distanz zum Kulturmarkt zu leben, ein Leben als Individuum für andere Individuen, ein Leben an einem Hofe und in einer ländlichen Kleinstadt, wo der einzige Mensch vom Schlage eines Himburg, nämlich Friedrich Justin Bertuch, bisher nicht mehr war als Hilfskraft des *Teutschen Merkurs*. Der Zusammenhang des *Werthers* mit der Welt des kommerziellen Verlagswesens sowie die Abwendung von beidem werden in mehreren Unterhaltungsstücken Goethes für den Weimarer Hof thematisiert, namentlich in einer abendfüllenden, sechs Akte umfassenden Komödie, *Der Triumph der Empfindsamkeit* (1778), einer Bearbeitung von einem Teil der *Vögel* des Aristophanes (1780), und dann auch in der Farce *Das Neueste aus Plundersweilern* (1781). Alle diese Werke sind – zunehmend bittere – Satiren auf literarische Bewegungen – an denen Goethe selbst einst teilgenommen hatte –, und auf die gesamte Buchindustrie, Autoren, Verleger und Leser gleichermaßen.

Umgekehrt ist wohl auch eine besonders anziehende Seite von Goethes ersten Weimarer Jahren das meist verborgene Wirken für Menschen in Not – «Man soll thun was man kan einzelne Menschen vom Untergang zu retten», – Ausdruck der Wertschätzung des rein Persönlichen in seinem Leben (im Gegensatz zu der durch das Schreiben für ein Publikum gestifteten Beziehung zu einer Masse) und zugleich, gelegentlich wenigstens, Sühne für den Schaden, den der *Werther* und der mit ihm zusammenhängende Gefühlskult angerichtet hatten – zuletzt und unübersehbar durch das Sterben der Christel von Lassberg. Seine Schriftstellerkollegen Klinger, Müller und Bürger erhielten von ihm oder durch ihn finanzielle Unterstützung. Sowohl ein junger Philosoph namens Friedrich Viktor Leberecht Plessing (1749–1806) als auch ein Beamter aus irgendeinem Teil Deutschlands, der in Ungnade gefallen war und sich Johann Friedrich Krafft nannte (sein wahrer Name ist unbekannt), wandten sich in einem Zustand der Verzweiflung und seelischen Zerrüttung an den Verfasser des *Werthers* und empfingen von ihm aufmerksame persönliche Zuwendung und Rat. Krafft, der in bitterer Armut lebte, erhielt noch mehr: Goethe besorgte ihm eine Wohnung in Ilmenau und unterstützte ihn aus eigener Tasche mit 200 Talern jährlich, einem Siebtel seines Jahresgehalts; als Krafft 1785 starb, kam Goethe auch noch für sein Begräbnis auf. Das markanteste Beispiel für die gewissenhafte Erfüllung einer Pflicht, die Goethe sich durch Mitwirkung an den revolutionären literarischen Bewegungen der 1770er Jahre aufgeladen hatte, war sein Schützling Peter im Baumgarten, jener Schweizer Bauernbub, dessen Erziehung sein Adoptivvater Graf von Lindau ihm anvertraut hatte. Lindau zog 1776, vom *taedium vitae* gepackt, in den amerikanischen Unabhängigkeitskrieg, wo er im November desselben

Jahres beim Sturm auf Fort Washington fiel. Im Jahr darauf holte Goethe, der große Tabakfeind, den pfeiferauchenden Bengel in sein kleines Haus in Weimar und kümmerte sich ein Jahr lang um ihn, bevor der Junge zum fürstlichen Wildhüter ausgebildet werden konnte. Am anderen Ende der sozialen Stufenleiter mag Goethe das Gefühl gehabt haben, mit seinem Erziehungswerk an Carl August eine Seele aus Sturm und Drang heraus zur Reife zu führen und damit zu beweisen, daß diese Phase nicht notwendig eine hoffnungslose Sackgasse war.

Goethes damaliger Glaube an die Bedeutung einzelner kleiner Werke der Nächstenliebe ist das Hauptthema eines strengen Hymnus auf «Das Göttliche» (1783), der mit den Worten beginnt:

> Edel sei der Mensch,
> hilfreich und gut!

«Edel», das Wort für sittlichen Adel, ist nicht von ungefähr verwandt mit «adelig», der Bezeichnung der Zugehörigkeit zum Adel als Klasse. Das Gedicht richtet sich zwar ausdrücklich an alle Menschen, aber sein Muster der Humanität ist der Aristokrat. Goethe, 1782 geadelt, mag das elitäre, individualistische Ethos des Gedichts an das «Göttliche» und überhaupt sein ganzes Leben seit 1776 als sozialen und geistigen, nicht nur als moralischen, Gegensatz zu allem empfunden haben, wofür der erbärmliche Verleger Himburg aus Berlin stand. Aber «Das Göttliche», gleichsam ein Ritt über das dünne Eis des Sentenziösen, um nicht zu sagen des Platitüdenhaften, der dennoch mit genauer Not gelingt, ist das letzte Gedicht von Wert, das Goethe in den kommenden drei Jahren schreiben sollte. Die Form ist, bei aller Fahlheit der Wortwahl und Strenge des Gedankens, doch ein letzter, matter Nachklang jener Gesänge in freien Versen, jener pseudo-pindarischen Oden, die 1771 mit «Wandrers Sturmlied» begannen. Goethe mochte Verachtung, ja Bitterkeit empfinden über die Massenkultur des Lesepublikums, das nicht nur geistig, sondern auch politisch jenes Fürstendeutschlands Feind war, zu dem er sich mit der Übersiedlung nach Weimar bekannt hat – aber für ein anderes Publikum konnte er nicht schreiben.

Ein Faktor freilich ist weder von Goethes Unvermögen, zwischen 1776 und 1786 irgendein literarisches Werk zu einem befriedigenden Abschluß zu bringen, noch von seiner damaligen Aversion gegen das Publikum zu trennen, nämlich der allgemeine Zustand des literarischen und geistigen Lebens in Deutschland, der seinem reizbaren Geist weder Halt noch Ansporn geben konnte. Die «Genies» der 1770er Jahre verloren sich entweder aus den Augen oder verstummten – Lenz ging zurück nach Livland und fiel später in geistige Umnachtung, Müller zog nach Italien, Klinger und Bürger und Voß wanderten in Brotberufe ab, Hölty und Hamann starben 1776 bzw. 1788 –, und über die deutsche Literatur senkte sich, bis zu dem Sturm von 1789, etwas von jener stickigen Schwüle, in der es von Fliegen wimmelt. Wohl ging es mit der literarischen Kultur bergauf, poetische Almanache, Empfindsamkeits- und

Schauerromane und Dramen schossen aus dem Boden, und schauspielernde
Theaterdirektoren wie August Wilhelm Iffland (1759–1814) und Friedrich
Ludwig Schröder (1744–1816) festigten die Stellung des deutschen Theaters
als ernstzunehmender und finanziell lebensfähiger Institution; aber auf der
höheren Ebene originärer Schöpfungen war das Gefühl der Zweckhaftigkeit,
das Bewußtsein einer gebündelten Energie, eines zentralen Konflikts verlorengegangen – und das mochte ebensosehr die Folge wie die Ursache von
Goethes Übersiedlung nach Weimar sein. Die Abhandlung Friedrichs des
Großen von 1780, sowie die Erwiderungen darauf, bewiesen, daß das Niveau
der theoretischen Diskussion um zwanzig Jahre zurückgefallen war, und
nach dem Tode Lessings 1781 waren wiederum der deutlich an Kräften ab-
nehmende Klopstock und der geradezu phantasielose Nicolai die Fixsterne
am literarischen Firmament Deutschlands – wie schon seit Jahrzehnten. Goethe war entzückt von Wielands komischer Verserzählung *Oberon* (1780, erschienen 1781), aber auch sie war nur der Nachklang einer vergangenen Epoche. Einen verspäteten Höhepunkt, und zugleich seine bühnenwirksamste
Ausprägung, erreichte der Sturm und Drang in den ersten Dramen Schillers,
zwischen 1781 und 1784, die, ebenso wie der autobiographische Roman *Anton Reiser* (1785) von Karl Philipp Moritz (1756–1793), eine neue Generation
literarischer Begabungen ankündigten, auf die Goethe nicht so sehr als Zeitgenosse, sondern als existierende, etablierte Größe wirkte: Eben darum mußten diese Männer ihm zunächst wie die Neuauflage von Episoden seines eigenen Lebens erscheinen, die hinter sich gelassen zu haben er sich glücklich
schätzte.

Allein in der Philosophie begaben sich Dinge von unerhörter Bedeutung
– auch wenn Kants *Kritik der reinen Vernunft* (1781) in gewisser Weise mehr
den Problemen der sechziger Jahre als denen der siebziger verhaftet ist, in
denen sie geschrieben wurde –, aber nur die wenigsten Menschen vermochten
Implikationen und Tragweite des neuen Systems schon vor 1786 zu erfassen,
als der *Teutsche Merkur* mit dem Abdruck der *Briefe über die Kantische Philosophie* von Wielands Schwiegersohn Carl Leonhard Reinhold (1758–1823)
begann und Kant selbst einige kürzere und leichter faßliche Darstellungen
seiner Gedanken vorgelegt hatte. Fast ebensoviel bedeuteten zwei andere
Entwicklungen dieser Jahre für die deutsche Philosophie der nächsten beiden
Jahrzehnte. 1784 begann Herder, seine *Ideen zu einer Philosophie der Geschichte der Menschheit* zu publizieren, den Versuch einer philosophischen
Deutung der Kulturgeschichte des Menschen und einer Ortsbestimmung der
Menschheit innerhalb der natürlichen Welt. Und 1785 brachte Friedrich
Heinrich Jacobi eine kleine Zeitbombe zur Explosion, die Lessing ihm vor
seinem Tode anvertraut hatte: Lessing hatte ihm gegenüber erwähnt, seine
wahre Religion sei der Spinozismus gewesen, was gleichbedeutend mit einem
Bekenntnis zum Atheismus war, und Jacobi flocht diese Bemerkung in ein
von ihm aufgezeichnetes Gespräch mit Lessing über Spinozas System ein,
das als Widerlegung des Philosophen gedacht war. Für Goethe jedoch waren

Herders *Ideen* kein öffentliches Ereignis, sondern ein Werk, das er gemeinsam mit Herder schon zu Hause in Weimar diskutiert hatte, und gegenüber Jacobi – den er im Interesse ihrer jüngsten Versöhnung nur zurückhaltend kritisieren mochte – mußte er gestehen, daß ihm die (übrigens sehr scharfen) öffentlichen Reaktionen auf seine Spinoza-Darstellung völlig entgangen waren. Jene Denker aber waren kaum erst den Kinderschuhen entwachsen, die, zehn Jahre später, den Kritizismus Kants mit dem Pantheismus Spinozas und dem Historismus Herders zu der berauschenden Synthese des Deutschen Idealismus verschmolzen, dessen schicksalhaftes Vermächtnis an das 19. Jahrhundert Hegels *Vorlesungen über die Philosophie der Geschichte* werden sollten. Erst unmittelbar vor der italienischen Reise durfte man von Goethe, oder irgendeinem anderen Menschen in Deutschland, eine Witterung für die in der Luft liegende philosophische Revolution erwarten, und von der musikalischen Revolution kann man dasselbe sagen: Von dem Genius Mozarts konnte sich Goethe erst 1785, bei der Weimarer Premiere der *Entführung aus dem Serail*, der ersten deutschen Oper des Komponisten, unmittelbar ein Bild machen, und dieses Bild war – aus zufälligen Gründen – unerfreulich.

Aber selbst wenn Goethe damals den Wunsch gehabt hätte, in der Literaturszene Deutschlands eine Rolle zu spielen, wäre die Gesellschaft, in der er sich befunden hätte, geeignet gewesen, ihn nachhaltig abzuschrecken. Im Januar 1786, als er seine bisherige Zurückhaltung schon aufgegeben und das – Fragment gebliebene – Singspiel *Die ungleichen Hausgenossen* begonnen hatte, studierte er den Gothaer *Theater-Kalender*, der sämtliche Schauspielgesellschaften in Deutschland mit ihrem derzeitigen Repertoire aufzählte. Diese Lektüre «hat mich fast zur Verzeiflung gebracht»:

> Mit der desolantesten Kälte und Redlichkeit, ist hier ein Etat aufgestellt woraus man deutlich sehen kann daß überall, besonders in dem Fache das mich ietzt interessirt, überall nichts ist und nichts seyn kann. Meine arme angefangne Operette dauert mich, wie man ein Kind bedauern kann, das von einem Negersweib in der Sclaverey geboren werden soll.

Aber war Weimar in den vergangenen zehn Jahren ein lohnenderer Acker gewesen? Hatten der Hof sowie die Gesellschaft und die Freunde, die Goethe von dort aus ansprechen konnte, eine vergleichbare Resonanz und Reaktion auf sein literarisches Genie gezeigt wie das Frankfurter Publikum, das seine Wohnung wie das Audienzzimmer eines Ministers hatte erscheinen lassen? So ist der Gedanke verführerisch, die spätere Funktion des Weimarer Hoftheaters als bewußt eingesetztes Instrument der kulturellen Aufklärung vorgebildet zu sehen in den Laienproduktionen der Jahre 1776 bis 1782; diese Darbietungen wurden in Hauptmanns Redoutenhaus vor wenigen hundert Zuschauern vom Hofe und aus der Stadt, im Sommer vor einem exklusiv höfischen Publikum in Ettersburg und Tiefurt aufgeführt. Nun war Goethe zwar seit Oktober 1776 nominell für diese Vorführungen verantwortlich,

aber er war weder die treibende Kraft dahinter, noch wirkte er regelmäßig
mit. Diese Rolle teilten sich Bertuch und zwei junge Freiherren mit musika-
lischem und literarischem Talent, Friedrich von Einsiedel (1750–1828), Kammerherr Anna Amalias, und Siegmund von Seckendorff (1744–1785), Kammerherr des Herzogs. Abgesehen von gelegentlichen Auftritten als
Schauspieler war Goethe hauptsächlich als Verfasser und Regisseur rasch ver-
fertigter Ballette und Lustspiele für besondere Gelegenheiten, wie etwa den
Geburtstag der Herzogin, beschäftigt. Von größeren Arbeiten gab es nur drei
an der Zahl, und die Attraktion von Stücken wie *Der Triumph der Empfindsamkeit* und *Die Vögel* – beides, wie erinnerlich, Attacken auf den Literatur-
betrieb – waren vor allem die kunstvollen Bühneneffekte und die Kostüme.
Dasselbe galt in gewisser Weise sogar für *Iphigenie auf Tauris*: das Premie-
renpublikum war besonders von den ungewohnt aufwendigen griechischen
Kostümen hingerissen. Diese *Iphigenie* war das einzige Werk, an dessen Aufnahme durch das Weimarer Publikum Goethe ernsthaft interessiert gewesen
zu sein scheint. «Iph. gespielt. gar gute Würckung davon besonders auf reine
Menschen», schrieb er am 6. April 1779 in sein Tagebuch. Aber *Iphigenie*
blieb ein Einzelfall, und möglicherweise läßt der Tagebucheintrag darauf
schließen, daß es Goethe im Grunde nur um die Wirkung des Stückes auf
Frau von Stein zu tun war. Daß Goethe zwar die frühen Alexandriner-Ko-
mödien *Die Laune des Verliebten* und *Die Mitschuldigen*, jedoch mit Ausnahme des Singspiels *Erwin und Elmire* (zu der Musik von Anna Amalia)
und der satirischen Pantomime *Jahrmarktsfest zu Plundersweilern* kein einziges eigenes Drama, veröffentlicht oder unveröffentlicht, aus der Zeit zwischen 1771 und 1775 auf die Weimarer Bühne bringen wollte, mag verständlich sein. *Clavigo*, *Stella* und sogar *Claudine von Villa Bella* hätten zwar für
die Weimarer Amateurschauspieler durchaus im Bereich des Möglichen gelegen; aber vermutlich wollte Goethe diesen ganzen Abschnitt seines literarischen Schaffens vergessen und fand ihn mit seiner höfischen Existenz unvereinbar. Was uns aber die Annahme verbietet, Goethe habe in dem
Weimarer Laientheater eine seriöse künstlerische oder kulturelle Einrichtung
oder ein Vehikel für seine ureigensten, künstlerischen Interessen gesehen, ist
der Umstand, daß er seine Stellung nicht dazu nutzte, auch nur ein einziges
Shakespeare-Stück, die Übersetzung einer klassischen französischen Tragödie oder gar Lessings letztes Stück, *Nathan der Weise* (1779) aufzuführen, ein
Werk, vor dem er «ordentlich prosterniert» sei, wie uns berichtet wird, und
das ihn «das höchste Meisterstück menschlicher Kunst» dünkte. 1778 und
Anfang 1779, bis zur Produktion der *Iphigenie*, hatte Goethe ein arbeitsrei-
ches Theaterjahr, und gewiß bereiteten ihm der Geruch der Schminke und
der Schein der (Öl-) Lampen Vergnügen. Aber nach 1779 widmete er seine
Arbeitskraft vornehmlich den Weimarer Staatsgeschäften und befaßte sich
nur noch ganz am Rande mit Theaterangelegenheiten, und weder die Eröff-
nung des neuen Theatergebäudes 1780 noch die Anstellung einer permanen-
ten Schauspieltruppe ab Januar 1784 vermochte sein Interesse wieder zu wek-

ken – eine Ausnahme war das Genre des Singspiels – oder ihn zur Ausarbeitung und Vollendung seiner vielen dramatischen Entwürfe zu reizen.

Nathan der Weise, oberflächlich betrachtet ein Plädoyer für religiöse Toleranz, beschreibt eigentlich die universale Geheimreligion einer weltweiten Bruderschaft, sozusagen das Freimaurertum rationaler Männer über die Grenzen ihrer vordergründigen kulturellen und politischen Bindungen hinweg; und zu den letzten Schriften, die Lessing zu Lebzeiten veröffentlichte, gehörten auch Gespräche über die Freimaurerei und ihr wahres Wesen. In ganz Europa registrierte man in den letzten beiden Jahrzehnten vor der Französischen Revolution die verstärkte Betätigung von Geheimgesellschaften, die den Idealen der Gleichheit und der Brüderlichkeit verpflichtet waren – vielleicht als Reaktion auf die eingeschränkten Möglichkeiten einer allgemeinen, öffentlichen Mitwirkung an der politischen Diskussion und Entscheidungsfindung in absolutistischen Staaten. In Deutschland fühlten sich besonders intellektuelle Literaten von der Freimaurerbewegung angezogen. Wieland wie Herder gehörten der Weimarer Loge «Amalia» an, deren Meister vom Stuhl damals der Erste Minister von Fritsch war, und 1780 bewarb sich auch Goethe um Aufnahme in die Loge. Erwartete er, in der Maurerei ein Geheimgesellschaft edler Individuen zu finden, eine weitere Welt, als er sie am Weimarer Hofe fand, und doch eine Alternative zu der Öffentlichkeit, von der er sich abgewandt hatte? Er absolvierte rasch die üblichen Grade, wurde 1782 zum Meister erhoben und in den Inneren Orient der Loge aufgenommen und gehörte seit Februar 1783 auch dem Illuminatenorden an. Aber bereits nach wenigen Wochen schrieb er:

Man sagt: man könne den Menschen beym Spiel am besten kennen lernen ... so hab ich auch gefunden, daß in der kleinen Welt der Brüder alles zugeht wie in der großen ... so sagte ich Ihnen dies schon ehmals noch im Vorhofe, und habe bey der Bundeslade nun mehr auch nichts weiter zu sagen. Den Klugen ist alles klug, dem Thörigen thörig.

Die deutsche Freimaurerei, noch kaum fünfzig Jahre alt, steckte damals in einer schweren Krise. Dem Konvent von Wilhelmsbad war es 1782 nicht gelungen, die komplizierten inneren Streitigkeiten der Bewegung zu schlichten, die grundsätzlich gespalten war in jene, die, wie die Rosenkreuzer, mehr Gewicht auf Legenden und Rituale der Maurerei und ihren Anspruch auf okkultes Wissen legten, und jene, die, wie namentlich die Illuminaten, mehr am ethischen Universalismus und sozialen Egalitarismus der Freimaurerei interessiert waren. Goethe steuerte, wie üblich, einen mittleren Kurs, weil er die Verdienste beider Richtungen erkannte. 1784 aber entdeckte die bayerische Regierung im Zentrum der Illuminatenbewegung eine radikale republikanische Verschwörung – oder glaubte, sie entdeckt zu haben –, bedrohte jede Tätigkeit für den Orden mit der Todesstrafe und gab auch anderen deutschen Herrschern entsprechende Winke. In der nun einsetzenden Verfolgungskampagne, die das maurerische Wirken in Deutschland zwanzig Jahre lang praktisch lahmlegte, gehörte die Weimarer Loge, in die 1782 auch Carl August aufgenommen worden war, zu den ersten, die ihre Arbeit einstellen mußten. Die Berührung mit der Freimaurerei hat nach Goethes eigener Einschätzung seine Menschenkenntnis erweitert, und seine einschlägigen Erfahrungen sollten später von entscheidender Bedeutung für seine Beurteilung der Französischen Revolution und ihrer Ursachen sein; aber der unmittelbare Ertrag der Freimaurerei für sein literarisches Schaffen war gering – im wesentlichen 48 Strophen eines geplanten Rosenkreuzer-Epos *Die Geheimnisse*, und auch sie nicht für die Logenbrüder gedacht, sondern für sein winziges Publikum der Jahre 1784/86: Frau von Stein, das Ehepaar Herder und Knebel. Anders als Wieland, Bode – Sekretär der Gräfin Bernstorff – oder der Schauspieler und Theaterdirektor Schröder scheint Goethe die Loge zu keiner Zeit als Medium von einzigartigem Rang für die Hinwendung zu und den Dienst an seinen Mitmenschen betrachtet zu haben. Im Gegenteil, sein Freimaurer-Lustspiel *Der Groß-Cophta* von 1790 läßt vermuten, daß seine Erwartung ursprünglich sehr viel höher, und seine Enttäuschung demzufolge sehr viel herber, war, als an der zurückhaltend-taktvollen Einschätzung von 1783 – natürlich in einem Brief an einen anderen Freimaurer – abzulesen ist.

Im *Groß-Cophta* findet ein junger Ritter sich aufs bitterste desillusioniert, als das, was er für eine Bruderschaft im Zeichen selbstloser Menschheitsbeglückung gehalten hat, sich als zynischer Betrug erweist – oder zu erweisen scheint. Was, so fragt er, soll der enttäuschte Menschheitsfreund nun mit seinem ungebundenen Idealismus beginnen? «Glücklich, wenn es ihm noch möglich wird, eine Gattin, einen Freund zu finden, denen er das einzeln schenken kann, was dem ganzen Menschengeschlecht zugedacht war.» Diese Worte, beinahe eine Prosa-Paraphrase der letzten Strophe des Gedichts «An den Mond», mögen die wahre Summe aus Goethes kurzem Ausflug in die Freimaurerei ziehen: Auf jeden Fall künden sie von der Art und von der Stärke der Gefühle, mit denen er sich Frau von Stein zuwandte.

Die gesellschaftlichen Gegebenheiten waren nicht zu ändern: Es lebten nicht viele Menschen in Weimar, es kamen nicht viele Menschen dorthin, und bis auf die Verwaltung des Herzogtums geschah dort nicht viel. «Gesellige Zusammenkünfte, Diners, Soupers sind ganz ungewöhnliche Dinge», klagte der Freimaurer Bode 1784. Das Theater ermöglichte die Flucht in eine ästhetische Scheinwelt, die Freimaurerloge die Flucht in den ethischen Traum, doch war Goethe Realist genug, um zu wissen, daß eine Handbreit hinter dem bunten Prospekt nichts als die leere Wand war. Im Weimar gab es 1776 drei Männer von Genie – Goethe, Herder und Wieland –, aber es gab keine Gemeinschaft von gelehrten, oder auch nur systematisch gebildeten, Männern und Frauen, es fehlte das intellektuell und künstlerisch anregende Milieu, das jede größere Stadt bieten kann, um die Arbeit solcher Geister zu fördern und zu befruchten. Deutschland als Ganzes hätte dieses Milieu wohl bieten können, aber es gab nur zwei Arten des Zugangs zu ihm, und beide hatte Goethe in seinen ersten Weimarer Jahren verschmäht: den Buchdruck und die Universität. Als er sich dazu durchrang, wieder zu publizieren, und die Möglichkeiten der Universität Jena entdeckte, erwachte er endlich aus der Trance, in die jene Jahre ihn versetzt hatten. Bis dahin wurden Reiz wie Begrenztheit der Welt, die er sich erwählt hatte, unübertrefflich symbolisiert durch das *Journal von Tiefurt*, die einzige Zeitschrift, an der er in dieser Zeit regelmäßig mitarbeitete. Gegründet wurde sie von Anna Amalia, als diese 1781 ihre Sommerresidenz nach Tiefurt verlegte, und sie bestand, etwa alle drei Wochen erscheinend, drei Jahre lang. Goethe steuerte mehrere Gedichte bei, darunter auch «Das Göttliche»; unter den anderen Beiträgern fanden sich Kammerherren und Hofdamen aus Weimar, Prinz August von Gotha und Statthalter Dalberg in Erfurt. Denn das *Tiefurter Journal* war ein höfisches Spiel, eine Unterhaltung der Herzoginmutter, so wie die Maskenzüge und Komödien zum 30. Januar eine Unterhaltung für Herzogin Louise waren, und sein Nachteil als Medium der Kommunikation mit dem Publikum war, daß es handgeschrieben war und in genau elf Exemplaren zirkulierte – Behrisch *redivivus*, in der Tat, als hätte es für Goethe nie die Jahre der Mitarbeit an den *Frankfurter Gelehrten Anzeigen* gegeben. Vom *Tiefurter Journal*, das 1784 sein Erscheinen einstellte, war es nur noch ein kleiner Schritt zu Goethes minimalem Publikum von vier Menschen, ja einem einzigen. «Tu m'as isolé dans le monde je n'ai absolument rien a dire a qui que ce soit, je parle pour ne pas me taire et c'est tout [du hast mich in der Welt isoliert, ich habe absolut nichts zu sagen, zu niemandem, ich rede, um nicht zu schweigen, das ist alles].»

Unter diesen Umständen ist es ein Wunder, daß Goethe überhaupt so viel schrieb – alleingelassen von der unmittelbaren Weimarer Umgebung ebenso wie von der weiteren Welt der literarischen Kultur in Deutschland. Alles, was er sich schreibend abrang, trug die Male der eisernen Reifen, die immer enger sein Herz einfaßten, die Spur des Gespaltenseins einer Seele – in ein «Dehors» und ein «Dedans» –, die doch dazu bestimmt war, im zartgesponnenen, mannigfachen Austausch mit ihrer Umgebung zu leben. Noch waren die Früchte des Entschlusses, nach Weimar zu kommen und dort zu bleiben, um mit den bestimmenden Kräften im Gefüge der Nation verbunden zu sein, nicht gereift, ja kaum erst erkennbar. Die Jahre vom 27. bis zum 37. Lebensjahr, für viele Menschen zu den produktivsten gehörend – für Goethe waren sie eine Periode des Beginnens. Bis auf die ganz und gar unvorhersehbaren Augenblicke lyrischer Inspiration waren die einzigen Werke, die er wirklich vollendete, für den sofortigen Verbrauch bei Hofe bestimmt, und wir sahen, daß gerade die gewichtigsten unter ihnen – *Der Triumph der Empfindsamkeit, Die Vögel*, ja bis zu einem gewissen Grade auch das im *Journal von Tiefurt* «publizierte» Gedicht «Auf Miedings Tod» – den öffentlichen Ausdruck privaten Denkens und Fühlens konsequent vermeiden, ja verspotten. Die anderen Werke – fast ausnahmslos mehr oder weniger Fragment geblieben –, in denen der Versuch eines solchen Ausdrucks gewagt wird, behielt Goethe einem ganz engen Kreis von Freunden vor – sogar die *Iphigenie* ließ er erst dann, und nur zögernd, handschriftlich zirkulieren, als er sich nach einer helfenden Hand bei der Überarbeitung umsah. Diese Werke zerfallen in zwei Gruppen – eine Teilung, die ihrerseits eine Zweiteilung in Goethes Wesen widerspiegelt. Auf der einen Seite haben wir eine Reihe von Dramen: den 1776 entstandenen Einakter *Die Geschwister*, ferner *Iphigenie, Elpenor, Tasso* sowie, als komplizierten Sonderfall, *Egmont*. In diesen Werken steht – was angesichts ihrer dramatischen Form paradox anmutet – die Innerlichkeit der «offiziellen» Kultur im Vordergrund. Sie alle befassen sich – in der endgültigen Fassung, nicht unbedingt immer der ursprünglichen Konzeption nach – mit der inneren Festigkeit eines einzigen, zentralen Charakters, seiner moralischen Übereinstimmung mit sich selbst, und dafür ist die Schilderung einer materiellen Umwelt, oder auch des Innenlebens der anderen Charaktere (ausgenommen *Die Geschwister* und *Egmont*), im großen und ganzen unerheblich. Auf der anderen Seite gibt es Goethes erzählende Schriften: die *Briefe aus der Schweiz* und *Wilhelm Meisters theatralische Sendung*. Sie zeigen, daß Goethe noch immer, wie in *Götz, Urfaust* oder *Werther*, eine ganze – soziale oder materielle – Welt heraufbeschwören kann, aber sie beweisen auch, daß es Goethe zunehmend schwer fällt, diese Welt mit persönlicher Bedeutung zu tränken, so daß in ihnen der symbolische Realismus seiner besten Gedichte nur sporadisch gegenwärtig ist. Es ist, als ob in der Prosa die von Prometheus gebildeten Geschöpfe nur anfallsweise zum Leben erwachen, während in den Stücken Prometheus selbst das alleinige Thema ist: das delikate Gleichgewicht des «selbst nicht selbst», womit Minerva den Geschöpfen der postreligiösen Kunst des Prometheus Leben gab, ist gestört; die Waage neigt sich bald zu der einen, bald zu der anderen Seite. Frau von Stein war nicht Minerva, auch wenn Goethe es wahrscheinlich geglaubt hat.

Von den Werken Goethes aus der frühen Weimarer Zeit wird oft gesagt, sie zeichneten sich durch «Objektivität» aus; gemeint ist eigentlich, daß der Bezug des Ichs zur Welt, in den vorangegangenen Jahren mühsam genug austariert, sich weiter gelockert hat. «Objektivität» ist denn auch nicht das richtige Wort. Zunächst einmal wäre einzuwenden, daß die Literatur der höfisch orientierten offiziellen Schicht Deutschlands sich durch Kultivierung der Subjektivität, des Interesses an der Innenwelt des Menschen, und nicht der Objektivität, des Interesses an der Außenwelt, auszeichnete. *Iphigenie* «objektiv» zu nennen, etwa im Vergleich zu der (historischen) Haupthandlung des *Götz*, hieße schlicht, die Dinge auf den Kopf zu stellen. Zweitens gibt es eine wichtige zweite Bedeutung von «objektiv»; das Wort kann auch heißen: «wie die Dinge von anderen Menschen außer mir gesehen werden». Wenn eine Heldin bei Jane Austen sich für die Vernunft («sense») und gegen das Gefühlsleben («sensibility») entscheidet, korrigiert sie ihre eigenen Vorstellungen nach Maßgabe der in ihren Kreisen allgemein akzeptierten Meinung darüber, worauf es in dem Leben, das eine Angehörige ihrer Gesellschaftsschicht zu führen hat, wirklich ankommt – einer Meinung, die nicht unbedingt durch eine einzelne, autoritative Figur repräsentiert, sondern in dem

Moment, in sehr unterschiedlicher Stringenz, wahrscheinlich von allen anderen Personen des Buches außer der Heldin selbst vertreten wird. Diese Art gesellschaftlicher Objektivität fehlt in den Werken Goethes aus der frühen Weimarer Zeit ebenfalls. In der Weimarer Gesellschaft war sie nicht anzutreffen, weil sogar die sozialen Beziehungen innerhalb des Adels von den politischen Machtverhältnissen zu abhängig waren, um großes eigenes Gewicht haben zu können. Goethe konnte sich einfach zu viel leisten, weil er der Günstling des Herzogs war (was natürlich damit zusammenhing, daß der Herzog sich zu viel leisten konnte, weil er der unumschränkte Herrscher war), und daher gab es zu vieles, das er sich, aus eigenen Ressourcen schöpfend, verbieten mußte. Es gab keine allgemeinverbindliche «Vernunft», die als Gegengewicht zu jener intensiven Beobachtung und Reizung des eigenen Gefühlslebens hätte fungieren können, die einen so bedeutenden Anteil an seinem inneren Dialog mit Frau von Stein hatte; es gab in und hinter den unterschiedlichen und unterschiedlich wertvollen Ansichten der anderen Menschen nicht den freundlichen, aber festen Druck einer Gesellschaftsordnung, der ihm hätte Richtschnur sein, die Einsamkeit ersparen und den Stoff für seine Bücher liefern können, wie er Jane Austen den Stoff für ihre Bücher lieferte. Goethe mußte sich dieses Gegengewicht anderswo suchen.

1782, in der geschäftigsten Phase seiner Amtstätigkeit, ließ Goethe in dem Park, der nun, zum Teil unter seiner Aufsicht, zu beiden Seiten der Ilm entstand, steinerne Tafeln errichten, in welche kurze Gedichte in klassischen Distichen eingemeißelt waren. Eines dieser Gedichte, auf einer Marmorplatte, die heute unweit einer in einem baumbestandenen Hang am Rande des Tals entspringenden Quelle aufgestellt ist, erscheint in den Werkausgaben unter dem Titel «Einsamkeit». Es ruft die «heilsamen Nymphen» an, die in Felsen und Bäumen wohnen, die stummen Gebete der Bedrängten erhören und ihnen Trost, Belehrung und Erfüllung spenden:

Denn euch gaben die Götter, was sie den Menschen versagten:
Jeglichem, der euch vertraut, hülfreich und tröstlich zu sein.

Die Inschrift birgt die förmliche, ja feierliche Erklärung, daß Goethe Antwort auf die unausgesprochenen Wünsche seines Herzens nicht in der Gesellschaft der Menschen sucht und daß jene objektive Macht, die statt ihrer ihn belehren und trösten, ja ihm den Stoff zu vielen Büchern liefern wird, die Macht der Natur ist.

Um 1780, und zum Teil aufgrund seiner geologischen Studien für die Bergwerkskommission, bildete sich bei Goethe ein Interesse an Dingen der Naturwissenschaft heraus, das ihn sein Leben lang nicht mehr losließ. Mit der bedeutsamen Ausnahme der Farbenlehre geht die Beschäftigung mit jenen Naturwissenschaften, die ihn am stärksten fesseln sollten – Geologie, Anatomie und Botanik –, auf die ersten Weimarer Jahre zurück. Gerade weil diese Interessen so beispielhaft die Vielseitigkeit seines Geistes veranschaulichen, weil sie in so vielen Punkten Prinzipien ausdrücken, die zum Verständnis

seiner Dichtung wichtig sind, und weil Goethe der Biologie des 19. Jahrhunderts, zumal in Deutschland, bestimmte Denkanstöße gab, muß man sich von
vornherein darüber im klaren sein, daß (wiederum mit Ausnahme seiner um-
strittenen *Farbenlehre*) Goethes tatsächliche Leistungen auf diesen Gebieten
nicht als wirklich wesentlich zu bezeichnen sind. Diese Zerstreuungen –
nichts anderes waren sie – gehören ebenso eindeutig in die Rubrik «falsche
Tendenzen», der Goethe selbst sie 1797 zuordnete, wie sein laienhaftes Zeichnen und Malen, dem er von Zeit zu Zeit ebenso zwanghaft frönte wie andere
Leute dem Lesen von Trivialromanen. Man muß aber auch verstehen, wie es
kam, daß Goethe von diesen «falschen Tendenzen» erfaßt wurde. Einen Anhaltspunkt hierfür liefert der Zeitpunkt, zu dem Goethe erstmals auf diese
«Abwege» geriet. Die Anfänge von Goethes Naturwissenschaft fallen zusammen – und sind teilweise identisch – mit seinen Schwierigkeiten, die literarischen Werke dieser Zeit zu einem befriedigenden Abschluß zu bringen.
Durch die Beziehung zur Kultur des Weimarer Hofes, für ihn verkörpert in
Frau von Stein, sah Goethe sich zu jener Trennung von Innenwelt und Außenwelt ermutigt, die in seinen Schriften unübersehbar ist. Während er immer
intensiver von der privaten Welt absorbiert wurde, die aus ihm und Frau von
Stein bestand und ihn, sozial gesehen, zunehmend vereinsamen ließ, suchte
er Kontakt – und Entlastung von dieser Intensität – in einer Außenwelt nicht
der Gesellschaft, sondern der Natur. Aber: «lebe ich auch in einer Einsamkeit
und Abgeschiedenheit von aller Welt die mich zuletzt stumm wie einen Fisch
macht», wie er Jacobi schrieb, so seien seine Abwechslung die Botanik und
das Mikroskop. Und wenn ihm auch Jacobis Heim und Familie und sein «langes pppp.» fehlten, so habe doch Gott «mich . . . mit der Phisick geseegnet,
damit es mir im Anschauen seiner Wercke wohl werde, deren er mir nur wenige zu eigen hat geben wollen.» «Die stille, reine, immer wiederkehrende,
Leidenlose Vegetation, tröstet mich offt über der Menschen Noth.» Im Laufe
der Zeit wird dieses Studium der Natur immer bewußter entpersönlicht, wie
zum Ausgleich für die zunehmend intensive und ausschließliche Beziehung
zu Frau von Stein. In den Jahren nach 1783 bekannte sich Goethe als Jünger
Spinozas, in seiner Hingabe an das interesselose Studium der natürlichen
Welt, in der sich Gott offenbart: Sein «Abendsegen», sagt er, sei Spinozas Satz:
«qui Deum amat, conari non potest, ut Deus ipsum contra amet [wer Gott
liebt, kann nicht wünschen, daß Gott ihn wiederliebe].»

Diese Erhebung Spinozas zum Schutzpatron eines Studiums der Natur,
das bewußt der emotionalen Befriedigung enträt, steht in krassem Gegensatz
zu den vorgeblich spinozistischen Schwärmereien zehn Jahre zuvor, zu dem
Naturerlebnis – «umfangend umfangen» – in «Ganymed» und «Auf dem
See», das damals Goethes eigener Stimmung entsprach, und auch zu der
Trostbedürftigkeit, die ihn um 1780 zur Naturwissenschaft trieb. Goethes in
den letzten Jahren vor der Italienreise betriebene Naturwissenschaft im Geiste Spinozas bildet den objektiven Pol eines extremen, um nicht zu sagen
pathologischen Dualismus, dessen subjektiver Pol die Obsession von Frau

von Stein ist. Das fließend-wogende Zusammenspiel von Herz und Natur, früh besungen in Gedichten wie der «Maifeier», hat nun fast völlig aufgehört. «Das Göttliche» nimmt diese Gedichte faktisch zurück, wenn es 1783 verkündet:

> unfühlend
> Ist die Natur,

und der Gedankengang des Gedichts stützt sich nicht auf die Voraussetzung einer Einheit des Menschen mit der Natur, sondern auf seine moralische Verschiedenheit von ihr. Das ist nicht einfach «Objektivität» – es ist ein Verrat an der poetischen Identität, der Goethe von den geistigen, sozialen und emotionalen Lebensbedingungen der vergangenen sieben Jahre aufgezwungen worden ist. So ist es kein Wunder, daß die Spinoza-Episode seiner naturwissenschaftlichen Betätigung mit der Zeit der fast völligen Erschöpfung seiner poetischen Ader zusammenfällt.

Es ist unübersehbar, daß Goethes Sensibilität 1786 eine ähnlich schwere Krise durchmachte wie 1775, als er beschlossen hatte, nach Italien aufzubrechen. 1786 brach er noch einmal auf – und diesmal machte er nicht kehrt, um nach Weimar zurückzukehren. Weimar, so mochte es scheinen, hatte ihn im Stich gelassen. Aber die Naturwissenschaft war ein bedeutender und komplexer Teil von Goethes Leben und barg selbst in dieser Phase ein Element in sich, von dem man sagen kann, daß es ihn für Weimar gerettet hat, und das es ihm schließlich sogar ermöglichte, viele seiner eigenen inneren Zwistigkeiten zu lösen und auch der «guten Sache» der deutschen Nationalkultur so gut zu dienen, als er es vermochte. Denn die Naturwissenschaft war auch im 18. Jahrhundert bereits ein kollektives Unternehmen. Die Geschichte von Goethes Beschäftigung mit Mineralogie, Anatomie, Botanik ist von Anfang an auch die Geschichte der Zusammenarbeit mit anderen Menschen, des Aufblickens zu erwählten Meistern, der Gemeinschaftsprojekte und der Korrespondenz mit der nationalen und internationalen Fachwelt. Die Naturwissenschaft war es, die den «Kreis meines daseyns in dem ich mich klüglich verschanzt habe», zuerst wieder aufbrach, «Steine und Pflanzen» waren es, die «mich . . . mit Menschen zusammengehängt haben» und ihn wieder für ein Leben in der Öffentlichkeit bereit machten. Und die Naturwissenschaft war es, die zum erstenmal Goethes Blick auf die latenten Möglichkeiten der Universität Jena lenkte.

Fünftes Kapitel

Der Günstling am Hofe
1775–1780

Zuversicht und Unbestimmtheit:
1775–1777

Die erste Phase von Goethes Weimarer Leben dauert etwa bis Mitte 1777 und sieht, zumal im ersten halben Jahr, wie die Fortsetzung des bisherigen Lebens aus – gleichsam die Schweizer Reise von 1775 in Permanenz, doch diesmal mit einem regierenden Herzog als Zahlmeister und den fürstlichen Territorien als Schauplatz des Vergnügens. Wie auf der Schweizer Reise trug man anfangs die Werthertracht, auch der Herzog, der wenigstens die Freuden des Studentenlebens kosten wollte, wenn er schon keine Universität besucht hatte. Er, seine jungen Kammerherrn und die durchreisenden «Genies» von 1776 bildeten, wie die Räuber in *Claudine von Villa Bella*, eine verschworene Gemeinschaft, in der alle einander duzten und Goethe den «Hauptmann» spielte, wie Lenz erzählt. «Sie sollten nicht glauben wie viel gute Jungens und gute Köpfe beysammen sind, wir halten zusammen, sind herrlich untereins und dramatisiren einander, und halten den Hof uns vom Leibe.» Manche Kreise bei Hof waren zweifellos pikiert, als der Herzog, Prinz Constantin, Goethe, die Stolbergs und andere nach dem Abendessen unbedingt Blindekuh spielen wollten; Anna Amalia aber lachte nur, als Goethe in ihrer Gegenwart den Plumpsack machte, und wußte sich der ausgelassenen Stimmung anzupassen: Zusammen mit Frau von Stein unterbrach sie das muntere Treiben, und die beiden Damen schlugen, mit zwei anderthalb Meter langen Schwertern aus der herzoglichen Waffenkammer, die beiden Stolbergs zu Rittern. Anstoß erregte es auch, als Goethe – der den Kirchgang am Heiligen Abend verschmähte und sich statt dessen vom Pastor einen Band Homer auslieh – eine Scharade arrangierte, die die sieben Todsünden darstellen sollte: Religion und Schicklichkeit fühlten sich beleidigt, und daß Goethe selbst den Stolz spielte, geschmückt mit Pfauenfedern und auf Stelzen gehend, vermochte sie auch nicht zu versöhnen. Freilich gab es wohl auch eine Menge weniger geistreiche Streiche; man betrank sich und grölte, Gläser wurden zerschlagen, Bilder beschmiert, Tischdecken vom Tisch gerissen; doch Goethe, «dessen große Kunst von jeher darinn bestand, die Convenienzen mit Füssen zu treten, und doch dabei immer klug um sich zu sehn, *wie weit* ers grade überal wagen dürfe», scheint meistens mäßigend auf seine Kumpane eingewirkt zu haben. Trotzdem ist es kein Wunder, daß Weimar sehr schnell in ganz Deutschland in Verruf geriet: «Es geht da erschrecklich zu. Der Herzog läuft mit Goethe wie ein wilder Pursche auf den Dörfern herum; er besäuft sich und genießet brüderlich einerlei Mädchen mit ihm.» Goethe, so hieß es, untergrabe des Herzogs Gesundheit (in der Tat erlitt Carl August als Folge eines winterlichen Ausritts nach Erfurt einen schweren Rheumaanfall; aber Goethe hatte ihm von dem Unternehmen ausdrücklich abgeraten). Oder es wurde kolportiert, ein Vertreter des aufgebrachten Adels habe Goethe im Duell getötet, oder er habe sich bei einem Reitunfall den Hals gebrochen.

Die derberen Späße spielten sich meistens unter freiem Himmel und fern von Weimar ab. Den Winter und Sommer 1776 verbrachte Goethe größtenteils im Schlitten oder zu Pferde; er begleitete Carl August auf die Jagd oder zum Schießen, oder er eilte, kurzfristig gerufen – wie in Zukunft noch öfters –, zur Koordinierung der Löscharbeiten in eines der hoffnungslos brandgefährdeten Dörfer Thüringens, die praktisch nur aus Holz und Stroh bestanden. Aus dieser Zeit stammen einige Bleistiftskizzen von Kameraden, rauchend, lesend, kampierend oder in ungeordneter Gruppe schlafend; die Zeichnungen sind von müheloser Kraft, charakteristisch, und setzen auf ihre Weise die Schweizer Skizzen fort. Das sommerliche Treiben des fürstlichen Trosses in den Ilmenauer Wäldern, anläßlich der Bergwerksinspektion, war wie die Kulisse zu *Wie es euch gefällt*: Es fehlten weder die Lagerfeuer noch die Inkognitos, weder die Besuche bei Köhlern noch die hochgeistigen Gespräche über Dichtkunst und die in Bäume und Felsen geschnittenen Inschriften. Mit einem anderen Herzog, dem Fürsten im Ardenner Wald, vergleicht Goethe denn auch sich und sein Leben in dem Gedicht «Ilmenau» von 1783. Es ist eine lange Retrospektive, die sogar ein bemerkenswert freimütiges Charakterbild Carl Augusts aus jenen ersten Monaten nicht scheut:

> Noch ist, bei tiefer Neigung für das Wahre,
> Ihm Irrtum eine Leidenschaft.
> Der Vorwitz lockt ihn in die Weite,
> Kein Fels ist ihm zu schroff, kein Steg zu schmal
> . . . .
> Dann treibt die schmerzlich überspannte Regung
> Gewaltsam ihn bald da, bald dort hin aus,
> Und von unmutiger Bewegung
> Ruht er unmutig wieder aus.
> Und düster wild an heitern Tagen,
> Unbändig, ohne froh zu sein,
> Schläft er, an Seel' und Leib verwundet und zerschlagen,
> Auf einem harten Lager ein

Nur große Liebe konnte ein so schonungslos ehrliches Bild malen, und schon zu der Zeit, die das Gedicht meint, hatte Goethe geschrieben: «Der Herzog mit dem ich nun schon an die 9 Monate in der wahrsten und innigsten Seelen Verbindung stehe, hat mich endlich auch an seine Geschäffte gebunden, aus unsrer Liebschafft ist eine Ehe entstanden, die Gott seegne.» Auch der didaktische Duktus des Gedichts ist kein Anachronismus: Im Januar 1777 – Goethe gehörte dem Conseil gerade ein halbes Jahr an und befaßte sich mit den Problemen des Ilmenauer Bergbaus – gefiel er sich nicht wenig in seiner Lehrmeisterrolle, die er klar übersah: «Es ist ein wunderbaar Ding ums Regiment dieser Welt, so einen politisch moralischen Grindkopf nur halbe weege zu säubern und in Ordnung zu halten.» Goethe will die ungezügelten, freiheitlichen Gefühle der vergangenen fünf Jahre «rekapituliren» (um seinen Lieblingsausdruck zu gebrauchen), aber endlich auf der gesellschaftlich und politisch herausgehobenen Ebene, wohin sie immer gestrebt haben: Endlich erwacht das männliche Arkadien des Götz'schen Jagsthausen – mit einigen notwendigen Zugeständnissen an die Verfassungswirklichkeit des 18. Jahrhunderts – in Sachsen-Weimar-Eisenach zum Leben.

Gleichzeitig scheint sich auch der Werthersche Zug der Goetheschen Gefühlskultur der letzten fünf Jahre einer erfreulich malerischen Verwirklichung zu nähern – wiederum dank der Ressourcen des regierenden Herzogs. Am Sonntag, dem 21. April 1776, nahm Goethe sein zweistöckiges Häuschen in Besitz – sein «Gartenhaus», wie man derartige Zweitwohnungen vor den Toren der Stadt zu nennen pflegte, als sie nach 1780 in Mode kamen. Binnen einer Woche hatte er die Ruine, samt angrenzender Wildnis, Wieland, Frau von Stein und ihrer Familie sowie Carl August vorgeführt. Freilich bedurfte es, bevor das Haus ordentlich bewohnbar war, dreimonatiger, intensiver Instandsetzungsarbeiten, die alle vom Herzog bezahlt wurden und bis zu 26 Hilfskräfte gleichzeitig beschäftigten: Das Dach und die Fußböden mußten repariert, die Wände gestrichen werden, das steil abfallende Gartengelände war zu säubern, zu terrassieren und mit frischer Erde aufzuschütten, und Hofebenist Mieding hatte kostspieliges Mobiliar zu schreinern, darunter einen dreiteiligen Eßtisch aus Kiefernholz zur Bewirtung von Gästen sowie zwei Betten – eines für Goethe und eines für seinen Diener Philipp Seidel. Zwar war das Haus nicht groß – rund 7,5 auf 10 Meter – und auch nicht gut gebaut – an den dünnen Wänden, den Fenstern und dem Kamin war noch im folgenden Jahr verschiedenes zu richten –, aber es war von Anfang an ein Ort ländlichen Friedens, wo Goethe dem Werthertraum vom einfachen Leben nachträumen konnte, in symbolischer, aber nicht unbequemer Entfernung von der Stadt, in der er – anders als Werther – die Hälfte seiner Zeit mit Geschäften zubringen mußte und in der er für Notfälle immer eine Mietwohnung unterhielt. «Alles ist so still. Ich höre nur meine Uhr tackcken, und den Wind und das Wehr von ferne», schrieb er in der ersten Nacht, die er dort allein schlief, am 18. Mai 1776. Zwei Nächte später, nachdem er im Finstern eine Viertelstunde lang nach dem Feuerzeug herumgetappt war, sah er über die Wiesen die erleuchteten Fenster der fürstlichen Residenz herüberscheinen und dachte sich, wie gerne Carl August jetzt wohl, hätte er Bescheid gewußt, mit ihm getauscht haben würde. In das erste Jahr dieses Lebens vor den Toren der Stadt gehört eine Reihe von – im ganzen nicht sonderlich gelungenen – Versuchen, das rätselhafte Schweigen vom Mond beschienener Wiesen, Bäume und Ruinen mit Bleistift, Kohle oder Kreide einzufangen. Das Häuschen mit dem Garten war auch der gegebene Rahmen, die Kinderliebe zu beweisen, die Goethe mit Werther teilte. Wenn die Kinder der Familie von Stein besonders artig waren, durften sie hier übernachten und mit Goethe und Seidel Pfannkuchen backen, und um die Osterzeit wurden alle Kinder des fürstlichen Hofes – ausdrücklich ohne ihre Eltern – zu einem Fest eingeladen und durften im Garten Ostereier suchen. Die Kinder wurden zu Leibesübungen angehalten, die bisher als unschicklich für Adelssprößlinge galten – schwimmen, auf Stelzen gehen, sogar seilspringen –, und die alten Volksbücher von der schönen Melusine, den vier Haimonskindern und andere, die Goethe ihnen schenkte, begeisterten sie für manches Altdeutsche.

Im Garten selbst war, nach der Arbeit am Haus, im Herbst 1776 nur noch Zeit, einige Linden anzupflanzen. In der Pflanzzeit des nächsten Jahres kamen dann Eichen und Buchen dazu, ferner Fichten, Wacholder und eigens aus Frankfurt bestellte Weymouthskiefern. Man pflanzte Hecken, um den Garten gegen die Wiesen abzugrenzen, Jasmin und Geißblatt zur Verschönerung des Hauses, und es dauerte nicht lange, bis die Kletterrosen unter den Dachgiebeln erblühten. Im Frühjahr 1777 sahen schon die Spitzen einiger Spargelsetzlinge aus dem Unkraut hervor. Die folgenden Jahre bescherten dem Garten noch ein regelrechtes Gemüsebeet, Erdbeeren, Obstbäume und einen Weinstock an der westlichen Hauswand. Daß Goethe zuversichtlich mit stabilen Zeiten rechnete, in denen er hoffen durfte, wachsen und tragen zu sehen, was er gepflanzt hatte, beweisen die Arbeiten, die er Anfang 1777 vornehmen ließ. Die Südseite des Hauses wurde um einen hölzernen Vorbau erweitert, der ebenerdig den Brennholzvorrat für die angrenzende Küche und das Dienerzimmer aufnahm; im ersten Stock entstand eine Veranda, die durch neu eingefügte Türen vom Hauptempfangszimmer und vom Arbeitszimmer aus zugänglich war. Die Veranda war bis spät ins Jahr hinein ein warmer, sonniger Platz, und Goethe übernachtete oft hier draußen, wie um den größtmöglichen Abstand zwischen sich und die Stadt mit ihren Amtsgeschäften zu legen. Daß er aber, ungeachtet der klaren Trennung der Lebenssphären, die der Umzug in das Gartenhaus bedeutete, in Weimar zu bleiben gedachte, bekundete der «Altar des guten Glückes», wie er ihn nannte: Es war die erste Plastik, die in seinem Garten aufgestellt wurde, und zwar am 6. April 1777. Die Skulptur besteht einfach aus einer Kugel als dem Inbegriff des Unstet-Beweglichen, die auf einem Würfel als dem Inbegriff des Ruhend-Festen liegt. Doch ist dieses Symbol vielleicht zweideutiger, als Goethe beabsichtigt haben mag: Denn jenem Augenblick des guten Glückes, der die Kugel just auf dem Mittelpunkt des Würfels festhält, hat nur das Formgesetz der Plastik Dauer verliehen, und so mag auch das gute Glück, das diesen rollenden Stein in Weimar stillstehen hieß, nur die Sache eines Augenblicks sein.

Natürlich hatte es im Laufe des vergangenen Jahres gute Gründe für Goethes Optimismus gegeben. Zu der Zeit, als er das Gartenhaus bekam, glaubte er, in fünf Monaten das Leben bei Hofe kennengelernt zu haben, er freute sich auf die ersten Einblicke in die Regierungsgeschäfte, und nachdem die Mißhelligkeiten um seine Ernennung aus der Welt geschafft waren, hatte seine – noch nicht allzu belastende – Arbeit für das Conseil und die Ilmenauer Bergwerke gute Fortschritte gemacht. In jenem Frühjahr 1776 war auch die Beziehung zu Frau von Stein auf eine neue, festere Grundlage gestellt worden: Goethe hatte die Ungezwungenheiten und das hartnäckige Werben der ersten Monate aufgegeben und sich damit abgefunden, in Frau von Stein seine Lehrmeisterin zu sehen und sich im übrigen in «Resignation» zu üben. Die im Oktober übernommene Verantwortung für die Theaterdarbietungen verhieß ein erfreuliches Betätigungsfeld für einen Menschen wie ihn, der bisher keinen dauernden praktischen Kontakt zur Bühne gehabt hatte. Auch in diesem Punkt war es faszinierend, zu sehen, wie Geld und Macht ihren mephistophelischen Zauber übten und Wunschträume aus Goethes früherem Leben wahr werden ließen: Ein Besuch in Leipzig im März und April sicherte den Weimarer Theaterliebhabern die beste und schönste Sängerin und Schauspielerin der Stadt, Corona Schröter; sie kam im November nach Weimar. Das Wiedersehen mit Leipzig nach knapp zehn Jahren ließ Goethe sinnieren: «Wie viel hat nicht die Zeit durch den Kopf und das Herz müssen.» Und auch an die Zukunft mußte er denken: «Es ist als wenn diese Reise sollt mit meinem vergangenen Leben saldiren», hatte er Frau von Stein geschrieben: «Und gleich knüpfts wieder neu an. Hab ich euch doch alle.»

Doch fehlte es auch nicht an widrigen Zeichen, daß der kleine Kreis, der sich jetzt in Weimar zusammenfand, nicht ohne Probleme sein würde. Er konnte nicht einfach Fortsetzung und Erfüllung von Bisherigem sein, aber er war auch nicht ohne Schmerzen von der Vergangenheit zu trennen. Für Klopstock hatte die deutsche «Gelehrtenrepublik» eine ideale Existenz, die nur in einer fern-vergangenen, nebelhaften Utopie zu verwirklichen war: Es sei, klärte er Goethe auf, nicht die Aufgabe des Dichters, sich an Machtrealitäten wie den Problemen eines 18jährigen Monarchen mit einem Hang zum Trinken, zum Jagen und zur Wildschweinjagd die Finger schmutzig zu machen. Goethes vielleicht übertrieben herablassende Antwort auf Klopstocks väterliche Ermahnungen führte zum vollständigen und bitteren Abbruch der Beziehungen, die allerdings nie besonders herzlich gewesen waren. Sie führte auch zur Exkommunikation Weimars durch die Jünger Klopstocks, zu denen peinlicherweise auch Fritz Stolberg gehörte, der bereits als Kammerherr Carl Augusts vorgesehen war. Aus anderen Gründen schmerzlich waren im Oktober die Abreise Klingers, der eine befristete Berufung an das Theater in Leipzig wahrnahm, und im Dezember der Abschied von Lenz. Beide Episoden zeigten, wie heikel die Aufgabe Goethes in Weimar in Wirklichkeit war. Keiner dieser beiden alten Weggefährten war zu jener Anpassung an Hof und Regierungsgeschäfte fähig, die Goethe gelungen war, und beide mußte Goethe persönlich davon unterrichten, daß sie Weimar zu verlassen hatten – Lenz nach einer nicht genau bekannten «Eseley», die wahrscheinlich das ohnehin gespannte Verhältnis zwischen Anna Amalia, die ihn in ihr Herz geschlossen hatte, und Herzogin Louise, die er allzu aufdringlich vergötterte, zusätzlich belastete. Nur Herder fand die geistige und persönliche Kraft, zu bleiben, nicht zuletzt wohl deshalb, weil er ungeachtet seiner Skepsis gegen die theologische Orthodoxie eine hohe Meinung von der Würde des geistlichen Standes bewahrte und daher auch an den harmloseren Späßen, durch die Goethe und Carl August zusammenwuchsen, weder Anteil nehmen noch gar Gefallen finden konnte. So verharrte er betrübt in der Rolle, die seiner Persönlichkeit am besten entsprach, der Rolle des ewig unzufriedenen, hochfahrenden Kritikers und Nörglers: Religion, nicht Kunst, sollte im Reich des Herzogs herrschen, und *er* sollte im Reich der Religion herrschen. Von einem verweltlichten Hof hielt Herder sich ebenso fern wie von einem konservativen Klerus und Konsistorium, und jahrelang hielt er sich auch von Goethe fern, dem einzigen, dem es gegeben schien, als einigender Bezugspunkt für die vielen disparaten Elemente in seiner Umgebung zu fungieren. Doch sogar für Goethe kamen Zeiten, in denen er an der Möglichkeit verzweifelte, eine plausible Synthese aus höfischem Leben und Sturm und Drang herzustellen, in denen er daran dachte, die Diskontinuität zu akzeptieren und sich einzugestehen, daß ein neues Leben begonnen hatte, in dem kein Platz mehr für das alte war – nicht einmal mehr für seine Dichtung. «Was ist der Mensch dass du sein gedenckst und das Menschenkind das du dich sein annimst», schrieb er am ersten Jahrestag seiner Ankunft in Weimar in sein Tagebuch. Bei seinem Aufenthalt in Leipzig hatte er auch den dort lebenden fleißigen Stückeschreiber Christian Felix Weisse (1726–1804) besucht und ihm anvertraut, er habe «seine literarische Laufbahn Lenzen überlassen: dieser wird uns mit einer Menge Trauerspiele beschenken.»

Werke, 1775–1777

Goethes literarische Arbeit geht in dieser ersten Weimarer Phase zwar quantitativ drastisch zurück – was zum Teil durch vermehrtes Zeichnen und Malen wettgemacht wird –, bleibt aber getragen von dem Optimismus und von der Kontinuität mit der Vergangenheit, die auch sonst für diese Periode typisch sind. Das lange Knittelvers-Gedicht über «Hans Sachsens poetische Sendung» vom April 1776 und die freirhythmische Rhapsodie «Seefahrt» vom September desselben Jahres halten die Form etwa von *Hanswursts Hochzeit* oder «Mahomets Gesang», aber auch das Thema dieser Werke fest: das poetische Genie, das, bei aller Ausnahmebegabung, in einem klaren, ein wenig ironischen Verhältnis zum Publikum und zu den Kollegen steht. «Seefahrt» schildert den Dichter, wie er in See sticht, unter den Schreckensrufen der am Ufer zurückgebliebenen Gefährten, die sich jammernd fragen, warum er nicht bei ihnen geblieben ist; aber stürmischer Wind und schwerer Seegang ängstigen nicht, sondern berauschen die einsame Gestalt am Steuer:

Herrschend blickt er auf die grimme Tiefe
Und vertrauet, scheiternd oder landend,
Seinen Göttern.

Johann Caspar Goethe, der inzwischen einigermaßen mit Weimar versöhnt
war (nicht zuletzt wohl durch die Ernennung seines Sohnes zum Geheimen
Legationsrat, wozu der Herzog listig seinen väterlichen Segen erbeten hatte),
schrieb dieses Gedicht für einen Freund ab und gab ihm ein Epitaph bei, das
beweist, wie unverändert aufmerksam und genau er Tun und Lassen seines
Sohnes verfolgte: «Als seinen Freunden bange ward, er mögte sich nicht in
das Hofleben finden, hat er folgendes Trostgedicht ihnen zugehen lassen.»
Ob wirklich – wie es Gottfried August Bürger schien, einem der zweifelnden
Freunde am Ufer – die recht matten Verse der «Seefahrt» ein Trost, oder ein
Grund für demonstrativen Optimismus, sind, steht auf einem anderen Blatt.
Daß Goethe seinerseits auch in Weimar seine literarische Rolle nach wie vor
im Lichte der gemeinsamen Bestrebungen der letzten fünf Jahre sah, beweist
seine Zustimmung zu Bürgers Plan, die *Ilias* in deutsche Blankverse zu übertragen. Wie Wieland und Herder, sprach er sich entschieden für Bürgers Projekt aus, während er Stolbergs klopstockisierenden Vorschlag einer Übersetzung in Hexameter ebenso entschieden ablehnte: der jambische Pentameter,
behauptete er, sei das wahrhaft nationale heroische Medium und natürliche
Vehikel für einen Kampf zur Erneuerung kräftiger, aber vergessener Wörter.
Zwar gab es in Deutschland kaum eine historische Berechtigung dafür, ausgerechnet die Versform eines Shakespeare und Milton zu bevorzugen – noch
weniger Berechtigung freilich für den völlig fremdartigen klassischen Hexameter –, aber das Anliegen, die nationale Literatur durch Rückkehr zu den
Ursprüngen zu erneuern, entsprach ganz dem Geist des Sturm und Drang.
Doch wie so vieles, was mit dem Sturm und Drang zu tun hatte, blieb Bürgers
Übersetzung in den Anfängen stecken und gedieh über einige Proben nicht
hinaus, während die weniger radikale, «offiziellere» Homerversion Stolbergs
vollendet und 1778 veröffentlicht wurde.

Den schlagendsten Beweis für die Kontinuität der Weimarer Existenz
Goethes mit seiner unmittelbaren Vergangenheit liefert ein neues Projekt: Im
Winter 1776/77 begann er, das erste Buch eines neuen Romans, *Wilhelm Meisters theatralische Sendung*, zu diktieren, von dem er wahrscheinlich einiges
früher selbst schon handschriftlich entworfen hatte. (Zwar ist, wie wir gesehen haben, die Figur des Wilhelm Meister vermutlich 1773 konzipiert worden, doch ist es nicht mit hinreichender Sicherheit möglich, eine ganze Text-
ebene herauszuarbeiten, die schon in Frankfurt entstanden sein muß.) Der
Roman sollte etwas werden, was Goethe bisher noch nicht versucht hatte:
eine Prosaerzählung in der dritten Person; geplant war sie großräumig, denn
das Buch beginnt mit der frühen Kindheit des Helden; und es sollte eine
Geschichte aus Goethes eigener Zeit und Umgebung werden, einsetzend in
einer mittleren deutschen Reichsstadt, einige Tage vor Weihnachten, irgend-

wann nach 1740. Es treten auf Benedikt Meister, ein Handelsmann, der soeben seine Amtszeit als Bürgermeister der Stadt beendet hat; seine Mutter,
die gerade ein Puppentheater als Weihnachtsgeschenk für ihre Enkel verfer-
tigt; und, zunächst indirekt, seine Frau, zu der die Beziehung gespannt ist,
weil sie ihre fünfköpfige Familie um ihres Geliebten willen vernachlässigt.
Nicht zuletzt in diesem häuslichen Konflikt wurzelt die Liebe Wilhelms, des
ältesten Sohnes, zum Puppentheater und später zu anderen Formen des Lai-
enschauspiels. Doch bevor wir Wilhelm begegnen, lernen wir die Gewohnheit seines Vaters kennen, abends so lange zum Kartenspiel wegzubleiben,
bis zu Hause die Suppe überkocht, und erleben die Redseligkeit seiner Großmutter, die in gesicherten Verhältnissen lebt, aber jeden Pfennig zweimal um-
dreht und die Arbeit auf ihrem hell beleuchteten Tisch mit einem Pelzmantel
zudeckt, als unerwartet ihr Sohn eintritt. Wilhelm wird uns von Anfang an
als Bewohner einer wohlausgestatteten Welt von Dingen und Menschen vorgeführt: Als er, lange nach dem feierlichen Weihnachtsfest, an einem stillen
Sonntagmorgen die Speisekammer unverschlossen findet, entdeckt er die
Puppen verwahrt zwischen Seife, Licht, Zitronen, getrockneten Äpfeln,
Dörrpflaumen und Pomeranzenschale, und der Zauber, der ihnen anhaftet,
als sie, auf seinen heftigsten Wunsch, wieder hervorgeholt werden, rührt zum
Teil von den fremdartigen Gerüchen her, die sie jetzt an sich tragen. Unter
dieser hellen Bewußtheit der materiellen Welt drängt dunkler ein psycholo-
gischer Impuls: Als Wilhelm zum erstenmal heimlich einen Blick hinter den
Vorhang des Puppenspielers tut, ist ihm zumute, «wie in gewissen Zeiten die
Kinder auf den Unterschied der Geschlechter aufmerksam werden» wie auf
«Geheimnisse». Diese ersten Kapitel sind recht bemerkenswert: Die uns aus
dem *Urfaust* oder den Gedichten von 1774 und 1775 vertraute Sensibilität
Goethes für Dinge, Tageszeiten oder Redeweisen und deren Vermögen, vorübergehende Stimmungen oder eingefahrene Gewohnheiten zu symbolisieren, steht hier im Dienst eines Prosawerks, das die ganze kulturelle und historische Konkretheit des *Werther* hat, aber, durch die Erzählung in der dritten Person und die breite Anlage des Hintergrunds, als Medium eines weit
umfassenderen Geistes gedacht zu sein scheint. Goethe scheint von Lenz den
Ehrgeiz zu entlehnen, «Maler der menschlichen Gesellschaft» zu sein, und
dafür die tauglichste literarische Form, nämlich die äußerst unhöfische Form
des realistischen Romans, wählen zu wollen. Mit der Inangriffnahme – oder
Fortsetzung – dieser Arbeit in Weimar nährte er in sich die Überzeugung,
daß es möglich sein müsse, die Ideale von einst zu verwirklichen – ohne Abstriche an ihrem thematisch-formalen Rahmen und vielleicht sogar mit Unterstützung der höfischen Welt.

Das einzige längere Theaterstück, das Goethe in dieser Zeit allein für den
Hof schrieb, ist *Lila*, und nichts daran läßt vermuten, daß dieses höfische
Publikum für ihn zu einer rivalisierenden Quelle der Inspiration werden
könnte. Es handelt sich um eine ziemlich mittelmäßige musikalische Unterhaltung zum Geburtstag der Herzogin am 30. Januar 1777, worin ein schwer-

mütiger Baron mit Goetheschen Zügen durch eine Fee Sonnenschein geheilt wird, deren Name an das Symbol erinnert, das Goethe in seinen Tagebüchern für Frau von Stein gebrauchte. In einer revidierten, aber nicht aufgeführten Fassung des Werks von Anfang 1778, die vielleicht unter dem Eindruck des Freitods der Christel von Lassberg entstand, ist es die Frau des Barons, die schwermütig ist und durch den zauberkundigen Seelenarzt Dr. Verazio geheilt wird. Diese Version macht aus dem Stück ein durchsichtiges Gleichnis auf die Beziehung zwischen Carl August, Louise und Goethe und ist nur durch ein einziges zündendes Lied («Feiger Gedanken bängliches Schwanken») bedeutend.

In den Gedichten, die aus der Verbindung Goethes mit Frau von Stein entstanden, kündet sich jedoch eine Gegenströmung zur Inspiration durch den Stum und Drang an, die freilich noch nicht stark genug ist, sich aus eigener Kraft zu behaupten. Eine Reihe kürzerer Gedichte, rhythmisch erfindungsreich und einprägsam wie immer, suchen die Stimmung des Augenblicks einzufangen, bestrebt, diese neue Liebe in das Muster ihrer Vorgängerinnen einzupassen; aber sie stoßen dabei auf ein mysteriöses Hindernis. In «Jägers Abendlied» aus den ersten Wochen nach der Ankunft in Weimar mischen sich Erinnerungen an Lili Schönemann undeutlich in die Gedanken an die ferne Charlotte, so daß des ruhelosen Dichters eigene Identität verlorenzugehen droht. Einige dieser Gedichte durchzieht motivisch das Bedürfnis nach Ruhe, das gleichbedeutend ist mit dem Bedürfnis des Dichters nach Klarheit über sich selbst, nach Erholung von dem nie endenden Spiel immer neuer Beziehungen:

> Lieber durch Leiden
> Möcht' ich mich schlagen,
> Als so viel Freuden
> Des Lebens ertragen.
> Alle das Neigen
> Von Herzen zu Herzen,
> Ach wie so eigen
> Schaffet das Schmerzen!
>
> («Rastlose Liebe», Mai 1776)

Liebe ist «Glück ohne Ruh»; er aber sucht Seligkeit *und* Ruhe. Gelungenster Ausdruck dieses Themas ist ein ganz kurzes Gedicht vom Februar 1776, enthalten in einem Brief an Frau von Stein und später gekoppelt mit «Über allen Gipfeln ist Ruh», als ein Gebet um Seligkeit jenseits von Schmerz und Lust, auf welches das Gedicht von 1780 antwortet: beide nennen sich dann «Wandrers Nachtlied». Der Bruch in der Syntax bildet vollkommen ein Versagen der Stimme nach, und es ist verständlich, daß dieser eine lange Satz eines unverstellten Sehnens frei von allen Naturbildern zuerst (1780) in einer christlichen Erbauungsschrift erschien:

Der du von dem Himmel bist,
Alles Leid[1] und Schmerzen stillest,
Den, der doppelt elend ist,
Doppelt mit Erquickung füllest,
Ach, ich bin des Treibens müde,
Was soll all der Schmerz und Lust?
Süßer Friede,
Komm, ach komm in meine Brust!

Die Verdrängung des Eros, die Einsicht und die Entschlossenheit, daß die Liebe zu Frau von Stein keine Liebe wie jede andere, kein weiteres Neigen von Herzen zu Herzen sein soll, verleihen jenem Gedicht, das von allen Goetheschen das am reinsten und intimsten psychologische ist – «Warum gabst du uns die tiefen Blicke» –, eine gewisse sphinxhafte Größe, eine schimmernde Rätselhaftigkeit. Es ist auch das einzige größere Gedicht, in dem Frau von Stein zuletzt direkt und persönlich angesprochen wird. Goethe sandte es ihr in einem Brief vom 14. April 1776, kurz nach seiner Rückkehr aus Leipzig. Es datiert also aus der Periode der Umstellung, als Goethe eben erst wieder begonnen hatte, sich mit einem Element der «Resignation» in der Beziehung zu Frau von Stein abzufinden. Doch spricht das Gedicht so, als bestünde diese Beziehung schon sehr lange – es spricht von der Zukunft und ihrer Hoffnung, als sei sie bereits Vergangenheit, und bringt damit bemerkenswert klar jene Vermengung von Wirklichkeit und Unwirklichkeit, jenen Nimbus der Möglichkeitsform und des gemeinsam geträumten Traumes zum Ausdruck, worin durchaus wirkliche und gefestigte Persönlichkeiten leben können und zuzeiten leben müssen. Das Gedicht hat keinen Titel und ist unter eben dieser ersten Zeile «Warum gabst du uns die tiefen Blicke» bekannt. Das «du», erfahren wir in Zeile 5 der dreizehn Vierzeiler, ist zu Anfang das Schicksal, das zwei Menschen zusammengeführt hat, die einander auf übernatürliche Weise durchsichtig sind und jene Selbsttäuschungen nicht kennen, in denen andere Liebende normalerweise befangen sind. «Ich kann mir die Bedeutsamkeit – die Macht, die diese Frau über mich hat, anders nicht erklären als durch die Seelenwanderung. – Ja, wir waren einst Mann und Weib! – Nun wissen wir von uns – verhüllt, in Geisterduft. – Ich habe keine Namen für uns – die Vergangenheit – die Zukunft – das All.» So schrieb Goethe in eben jenen Tagen an Wieland, und die mittleren Teile des Gedichts, die Charlotte von Stein direkt ansprechen, geben ebenfalls diese Erklärung für das gegenseitige Verstehen der beiden Liebenden:

Sag', was will das Schicksal uns bereiten?
Sag', wie band es uns so rein genau?
Ach, du warst in abgelebten Zeiten
Meine Schwester oder meine Frau.

1 Ursprünglich hatte Goethe geschrieben «Alle Freud».

Im Schutz der Fiktion, von einer früheren Existenz zu reden, kann Goethe – oder, wie man vielleicht sagen sollte, das träumende Halb-Bewußtsein, das dieses Gedicht gleichsam vor sich hinmurmelt – davon sprechen, all das zu erleben, was als Bestandteil der gegenwärtigen, konkreten Beziehung zu Frau von Stein anzusehen nicht schicklich oder zulässig wäre. In jenem anderen Leben kannte und verstand Charlotte ihn vollkommen, durch ihre Liebe endigte sie die Unruhe in seiner Brust, ja – darf er sogar sagen –, sie schenkte ihm Frieden, indem sie sein körperliches Verlangen stillte:

> Tropftest Mäßigung dem heißen Blute,
> Richtetest den wilden, irren Lauf,
> Und in deinen Engelsarmen ruhte
> Die zerstörte Brust sich wieder auf
> . . . .
> Welche Seligkeit glich jenen Wonnestunden,
> Da er dankbar dir zu Füßen lag,
> Fühlt' sein Herz an deinem Herzen schwellen,

An dieser Stelle hebt eine Reihe von grammatikalischen Mehrdeutigkeiten die Unterscheidung zwischen den Verbformen der Gegenwart und der Vergangenheit auf, und das Gedicht schließt mit der Rückkehr in den gegenwärtigen Zustand des Daseins, für den die wahre, erfüllte, körperliche Beziehung des früheren Lebens nur eine ungewisse Halb-Erinnerung ist. Die Hypothese von der Seelenwanderung, ursprünglich als Erklärung der vollkommenen, rationalen und gestillten Transparenz der Liebenden füreinander, der Klarheit ihres gegenseitigen Verstehens gedacht, hat das Rätselhafte dieser Klarheit selbst offenbart. Die Liebenden fanden zu ihr, weil sie ihre Ursprünge vergessen hatten; aber diese Ursprünge hören darum nicht auf, zu existieren, und sind der unerkannte Grund einer – rational nicht zu erklärenden – Ungewißheit und schmerzlichen Unruhe, welche die Klarheit begleitet und, eben weil ihr Grund unerkannt ist, von Goethe nur einem unergründlichen Ratschluß des «Schicksals» zugeschrieben werden kann.

Von Unwirklichem zu sprechen, in wie verhüllter Form auch immer, heißt immer auch, ihm eine gewisse wirkliche Macht zu geben, und so könnte das Gedicht «Warum gabst du uns die tiefen Blicke» auch verstanden werden nicht als Meditation über die Beschaffenheit eines zwei Menschen einenden Bewußtseins, sondern als der gewunden-unumwundene Versuch einer Verführung. Als solcher würde er im wirklichen Leben entweder geduldet oder zurückgewiesen werden müssen. Es herrscht in dem Gedicht ein nicht genau bestimmter Bezug zwischen jener Klarheit über die Situation und Geschichte der Liebenden, zu der der darüber nachsinnende Geist des Dichters gelangt (und den Leser gelangen läßt), und jener quälenden, ahnungsvoll-unwissenden Klarheit, in der die Liebenden selbst, eben aufgrund ihrer Geschichte, gefangen sein sollen. Im wirklichen Leben kann dieser unbestimmte Schwebezustand nicht aufrechterhalten werden, auch wenn das Gedicht gerade ihm seine Faszination verdankt. Der Einakter *Die Geschwister*, im Oktober 1776, während einer langen Abwesenheit Charlotte von Steins von Weimar in zwei Tagen niedergeschrieben, schließt mit der Einsicht, daß solch ein Nebeneinander von Wissen und Nichtwissen, Keuschheit und Erfüllung, höfischem Leben und Sturm und Drang, außerhalb eines Kunstwerks auf Dauer nicht durchzuhalten ist, während es dem Stück selbst einen ähnlichen Reiz wie dem Gedicht verleiht.

Wilhelm, ein Kaufmann, lebt mit Marianne zusammen, von der angenommen wird und die auch selbst glaubt, daß sie seine Schwester ist. In Wirklichkeit ist sie jedoch die Tochter Charlottes, einer guten und hochherzigen Witwe, die durch ihre Liebe Wilhelm einst, vor vielen Jahren, vor dem drohenden finanziellen Ruin bewahrte, weil sie ihm neuen Lebensmut schenkte und seiner Arbeit Zweck und Ziel gab. Doch bevor Wilhelm sich sanieren und der Ehe mit Charlotte würdig werden konnte, starb sie und überließ Marianne seiner Obhut. Im Laufe des Stückes entdeckt Marianne, daß sie nicht nur schwesterliche Gefühle für Wilhelm hegt. Auch Wilhelm hat sich leidenschaftlich in Marianne verliebt, wollte aber seine Stellung ihr gegenüber nicht mißbrauchen. Als er endlich die Kraft findet, Marianne zu eröffnen, daß sie nicht miteinander verwandt sind, steht der von beiden ersehnten Ehe nichts mehr im Wege. Formal gesehen, weist diese Miniatur viele der Vorzüge auf, die Goethes Werke schon in den vorangegangenen fünf Jahre gekennzeichnet hatten: den poetischen Realismus der Tageszeiten, plausible Geldgeschäfte, beiläufige Paralleleignisse wie das Zubereiten von Tauben oder das Schreien eines Kindes und einige herrlich natürliche Dialoge. Vor allem die Sprache Mariannes ist die bis dahin beste dramatische Prosa Goethes, mag sie auch etwas zu sehr vom Gretchen des *Urfaust* haben, wie denn Marianne, die fromme, leidenschaftliche und häuslich-mütterliche, dem Gretchen ähnelt. In diese Form, die noch geprägt ist von der Aura seiner Frankfurter Existenz, preßt Goethe nun das neue Thema, das Weimar ihm stellt, das Thema des unterdrückten Eros, der resignierten, platonischen Geschwisterliebe; das Stück soll zeigen, daß diese Form und dieses Thema, daß Frankfurt und Weimar kompatibel sind. Ideale Liebe, will das Stück wohl sagen, kann wirklich werden, Bruder und Schwester können heiraten, und sogar Charlotte, die «heilige Frau» und jetzt Bewohnerin einer höheren, reineren Welt, kann in einer Welt des Kindergeschreis, des Frühstücks im Bett und des Strümpfestrickens zum Objekt der Begierde werden. Denn der Plot des Stückes ist die genaue Umkehrung des Gedankenganges in «Warum gabst du uns die tiefen Blicke»: Das Leben mit Marianne erscheint Wilhelm als Erfüllung seiner Liebe zu der toten Charlotte; in ihrer Tochter, so glaubt er, hat «mir das Schicksal verjüngt dich [Charlotte] wieder gegeben», so daß «ich nun mit dir [Charlotte] vereinigt bleiben und wohnen kann, wie ich's in jenem ersten Traum des Lebens nicht konnte!» Die Vorstellung, daß Wilhelm in einem so lebendigen, blutvollen Geschöpf wie Marianne eigentlich die Wiederverkörperung ihrer tugendhaften, aber toten Mutter liebt, hat etwas leicht Makabres, aber das Frösteln vergeht in dem Jubel gestillten Begehrens, womit die *Geschwister* enden. Das Stück führt als erreichte Wirklichkeit vor, was das Gedicht in vielfach gebrochener Ferne vorführt – und das macht die Stärke des Gedichtes aus. Die letzten Zeilen der *Geschwister* sind der dreimal wiederholte Zweifel Mariannes daran, daß solche «Träume des Lebens» wirklich Leben werden können. Zwar drücken in dem Stück selbst die Worte, mit denen sie Wilhelm in die Arme sinkt – «Wilhelm, es ist nicht möglich!» –, ekstatische Gewißheit aus; dem Publikum aber geben sie zu verstehen, daß der Autor seinen Zwitter aus Wirklichkeit und Wunschtraum als das durchschaut, was er ist: Goethe weiß, daß der angenehme Zustand der Unbestimmtheit nicht dauern kann.

Tragödie und Symbolik: 1777–1780

Auf den brutalen Auftakt der zweiten, und man darf wohl sagen: tragischen, Phase seiner frühen Weimarer Zeit – vom Sommer 1777 bis zur Rückkehr aus der Schweiz Anfang 1780 – war Goethe gleichwohl nicht gefaßt. Am 16. Juni 1777, in «so glücklichen Zeiten», wie er sagte, ging er morgens um acht in den Garten, um sich von dem Gedeihen der jungen Bäume zu überzeugen, die er erst kürzlich von Schädlingen befreit hatte, und um auf den sonnigen Terrassen herumzugehen und zu lesen. Um neun wurde ihm ein Brief überbracht, der ihm mitteilte, daß am 8. Juni, vier Wochen nach der Geburt ihrer zweiten Tochter, seine Schwester Cornelia gestorben war; sie war 26. «Dunckler zerrissner Tag», vermerkt das Tagebuch; seiner Mutter schrieb Goethe: «Mit meiner Schwester ist mir so eine starcke Wurzel die mich an der Erde hielt abgehauen worden, dass die Äste, von oben, die davon Nahrung hatten auch absterben müssen.» Cornelia war ihrer Ehe mit Schlosser nicht froh geworden, «ohne daß man es ihr, ihrem Gatten oder den Zuständen hätte schuld geben können.» Sie, deren Leben, bis auf die letzten vier Jahre, unzertrennlich verknüpft war mit dem seinen, die seine Mitverschworene, seine Korrespondentin, seine Schülerin, seine Leserin und in der Krankheit seine Pflegerin gewesen war, sie war ihm weggestorben, in keinem Alter zum Sterben, tief unglücklich und unerfüllt. Das mochte ihr Schicksal sein, verhängt über sie von eben jenen Göttern, deren Ratschluß er angestrengt herauszulesen suchte aus seinen «glücklichen Zeiten» in Weimar und aus den rätselhaften Klarheiten seiner Beziehung zu Frau von Stein; und es war ein Schicksal, das auch ihn jederzeit ereilen konnte. Als er Auguste Stolberg vom Tod Cornelias schrieb, verfiel er spontan, für ein paar Sätze, in Verse:

> Alles gaben Götter die unendlichen
> Ihren Lieblingen ganz
> Alle Freuden die unendlichen
> Alle Schmerzen die unendlichen ganz.

Wir dürfen zumindest eine Vermutung darüber wagen, welcher der oberen Äste nun von den Göttern zum Absterben verurteilt war; denn unausgesprochen – und, insofern Goethe sich die Gegenseitigkeit ihrer Gefühle verbarg, uneingestanden – muß Cornelia das Vorbild für die geliebte, zugleich sinnliche wie keusche, höfische wie bürgerliche Schwester gewesen sein, jenes vieldeutige Ideal, in welchem er bisher den Sinn nicht nur seiner Beziehung zu Frau von Stein, sondern auch seiner ersten beiden Jahre in Weimar überhaupt gesucht hatte. Der Tod Cornelias erwies dieses Ideal selber als tödlich und hemmend, und so wird das Thema von Bruder und Schwester, nach seiner vollendeten Gestaltung in *Iphigenie* und einem fernen Nachhall in *Wilhelm Meister*, künftig aus Goethes Werken fast völlig verschwinden. Mit dem Thema verschwindet aber auch die problematische und unbestimmte Synthese, für die es stand. An ihre Stelle tritt 1777 das tragische Bewußtsein, daß es wirklich einem Menschen ein für allemal beschieden sein mag, ein unabwendbar jammervolles Schicksal zu erleiden und nirgends, weder im Himmel noch auf Erden, ein Echo auf den Schrei seines Herzens nach Liebe zu finden. In dem Kondolenzbrief, den Goethe seiner Mutter zum Tode ihrer Tochter schreibt, ist kein Platz mehr für Phantasien von der Seelenwanderung, von einem «ersten Traum des Lebens», der dem wirklichen Leben wiche. Seinen leidenden Vater empfiehlt er ihrer Fürsorge, mit Worten, die, in der schlichten Hinnahme unserer Sterblichkeit, das Herz bewegen: «wir sind nur Einmal so beysammen.»

Goethes Reaktion auf diesen Verlust war heftig. Im Sommer packte ihn eine zuweilen hektische, ja manische Betriebsamkeit: In Ilmenau wurde im August und September mit dem Herzog noch eifriger gezecht, noch wilder den Bauernmädchen nachgestellt, noch tollerer Schabernack getrieben als im Jahr zuvor. Einmal, am 4. Juli, brach die ganze fürstliche Familie, samt Herzogin Louise und dem aus Erfurt zu Besuch weilenden Dalberg, kurz entschlossen mit Goethe zu den alten Jagdschlössern Dornburgs hinter Jena auf, um von dort die herrliche Aussicht zu genießen und zu zeichnen. Der Tag verflog zu rasch, und da man keine Vorbereitungen für eine Unterkunft getroffen hatte, mußte man die Nacht auf Strohlagern in den leeren Gemächern der kleinen Schlösser verbringen. Am nächsten Morgen munterte sich die ermattete Gesellschaft mit einem Feuerwerk auf, das von den Steilufern der Saale, auf denen die Jagdschlösser malerisch liegen, mächtig widerhallte. Gegen Mittag war man wieder in Weimar; Goethe ritt sofort weiter, um die Kinder Frau von Steins auf dem Steinschen Landsitz zu besuchen und mit ihrem Erzieher zu sprechen und zu zeichnen. (Frau von Stein selbst gebrauchte zu dieser Zeit die Kur in Pyrmont.) Danach mußte er gleich nach Weimar zurückkehren, um an einer Audienz des Herzogs für eine Abordnung der Landstände am 7. Juli und an einer Sitzung des Conseils am 8. teilzunehmen; dann gesellte er sich in Tiefurt zum Herzog und Prinz Constantin, blieb mit ihnen die halbe Nacht auf und verbrachte dort – redend, trinkend, Silhouetten schneidend und aus *Wilhelm Meister* vorlesend – auch noch den nächsten Morgen. Auch geistig war Goethe rastlos tätig, mochte gleich nach dem Schock des Ereignisses selbst eine gewisse Pause eingetreten sein, wie es vor der Niederschrift des *Werther*, und übrigens auch des *Götz*, der Fall gewesen war. In den zwanzig Monaten nach Cornelias Tod konzipierte und schrieb Goethe *Proserpina*, *Der Triumph der Empfindsamkeit* und *Iphigenie* und begann mit der Arbeit an den *Vögeln*, er schrieb den großen, gnomischen Hymnus «Harzreise im Winter» und die Gedichte «An den Mond» und «Der Fischer», und er vollendete das erste Buch des *Wilhelm Meister*.

Was Goethe nicht tat, weder jetzt noch später, war, sich in irgendeiner Weise um seine Nichten zu kümmern. Das ist nur sehr notdürftig damit zu erklären, daß die Kinder schon bald eine Stiefmutter bekamen: Fünf Monate nach Cornelias Tod verlobte sich Schlosser mit einer anderen Frau des Frankfurter Kreises, Johanna Fahlmer. War Goethe schon außerstande gewesen, mit seiner Schwester in den Jahren ihres Elends zu korrespondieren, so konnte er auch jetzt mit einem Leid, das ihn – wie er selbst gestand – im Innersten traf, nur dadurch fertigwerden, daß er es von sich fernhielt und seine geistigen und emotionalen Kräfte darauf verwandte, dieses Leid in seiner Kunst auszudrükken, es in Kunst zu verwandeln. Es wäre falsch, zu glauben, Goethe hätte den Schmerz einfach nicht an sich herankommen lassen, das Tragische gemieden, wie um es zu vergessen oder zu ignorieren. Im Gegenteil, es drängte ihn geradezu zwanghaft, den Schmerz zu erinnern, ihm in Worten ein – freilich oft unergründliches – Denkmal zu errichten, damit all das Leiden nicht ganz vergeblich wäre, nicht verschlungen würde in Sinnlosigkeit. Aber in der Praxis konnte er nur dann mit Trauer umgehen und Not lindern, wenn der Abstand groß genug war, um von ihm nicht jene innere Beteiligung zu verlangen, die Vorbedingung seines literarischen Schaffens war. Ein literarisches Denkmal gibt es weder für «Johann Friedrich Krafft», den Goethe seit 1778 unterstützte, noch für Peter im Baumgarten, der, mitsamt seiner Pfeife und seinem Hund, knapp zwei Monate nach der Nachricht von Cornelias Tod, am 12. August 1777, bei Goethe aufkreuzte und die Zuwendung erhielt, die Cornelias Töchter nicht erhielten. Einen großen Teil der Verantwortung für den 11- oder 12jährigen konnte Goethe abwälzen, indem er ihn an dem Privatunterricht für die Söhne Frau von Steins teilnehmen ließ. Aber immerhin war er bereit, ein Jahr lang die Gesellschaft dieses lästigen und tabakduftenden Hausgenossen zu ertragen, und das war mehr, als irgendein anderes Mitglied des Weimarer Geheimen Conseils von sich hätte sagen können. Erst nachdem Peter im Baumgarten eine weiße Marmorbüste Lavaters von oben bis unten mit Tinte beschmiert hatte, wobei er nur Augen und Nase aussparte, entschloß sich Goethe im August 1778, den Jungen in die robustere Obhut der Ilmenauer Jäger zu geben. Eine geschickte Abmachung mit dem anderen Unglücksraben «Krafft», wonach dieser die Erziehung Peters beaufsichtigen sollte, scheint sich halbwegs bewährt zu haben, während die Lehre, in die der junge Faulenzer dann gegeben wurde, ein völliger Fehlschlag war. Peter hatte nur das Trinken, das Kartenspielen und die Pfarrerstochter im Sinn, die er verführte und auch heiratete, und äußerte die Absicht, Maler werden zu wollen. Goethe sorgte dafür, daß er Unterricht bei einem Kupferstecher bekam, und Peter war dabei, ein eigenes kleines Unternehmen aufzubauen, als er 1793, mit 27 oder 28 Jahren und bereits Vater von nicht weniger als sechs Kindern, spurlos aus Weimar verschwand – möglicherweise ist er nach Amerika ausgewandert. Zu keiner Zeit hat Goethe den Wüstling auf seinem Weg verstoßen.

Und er mußte lachen, als Peter ihm erzählte, was er bei seiner Ankunft in Weimar, am 12. August, als erstes zu Gesicht bekommen hatte: die Auspeitschung eines Soldaten und einen Spießrutenlauf. «In den Herzog ... ist anitzt der Soldatenteufel gefahren, wie letztes Jahr der Studententeufel. Er mustert und prügelt seine Armee den ganzen Tag», schrieb Zimmermann im November. Carl August hatte sich einen wagemutigen und brutalen Kavallerieoffizier aus Preußen geholt, der den Weimarer Husaren Exaktheit und Disziplin beibringen sollte, und Goethe war persönlich an der Planung eines neuen Exerzierplatzes unweit der ausgebrannten Wilhelmsburg beteiligt, auch wenn er keine Freude daran gehabt haben kann, in seinem Schüler eine ererbte Schwäche durchschlagen zu sehen. Als der Sommer verging und es Herbst und dann Winter wurde, wich seine hektische Betriebsamkeit innerer Stille und einem Gefühl der Isolation. «Ich bin sehr verändert», schrieb er Johanna Fahlmer im November, als er von ihrer Verlobung mit Schlosser erfuhr. Im September und Oktober war er mit dem Herzog sechs Wochen in Eisenach; allerdings floh er bald die Geschäftigkeit des kleinen Palais in Wilhelmsthal und zog sich auf die praktisch menschenleere Wartburg zurück. Hier zeichnete er, hing seinen Gedanken nach, arbeitete an *Der Triumph der Empfindsamkeit* und litt höllisches Zahnweh – wahrscheinlich eine Begleiterscheinung seiner chronischen Mandelentzündung. Die «Klufft zwischen mir und denen Menschen allen» ließ ihn bewußt eine Begegnung mit dem ungekrönten König der französischsprachigen Literatur, Baron Melchior Grimm, vermeiden, und ein Besucher glaubte gar, «einen tiefdenkenden ernsthaften kalten Engländer dem Kleide und der Miene nach» vor sich zu haben. Als der 7. November, der zweite Jahrestag seiner Ankunft in Weimar, näherrückte, versuchte er eine Bilanz und geistige Klärung seiner Situation. Am 8. schrieb er Charlotte von Stein einen Brief, der zeigt, wie wenig ihm das gelang und wie viele Fragen jetzt offen waren:

Gestern von Ihnen gehend hab ich noch wunderliche Gedancken gehabt. unter andern ob ich Sie auch wirklich liebe oder ob mich Ihre Nähe nur wie die Gegenwart eines so reinen Glases freut, darin sichs so gut bespiegeln lässt.

Hernach fand ich dass das Schicksaal da es mich hierherpflanzte vollkommen gemacht hat wie mans den Linden thut man schneidet ihnen den Gipfel weg und alle schöne Aeste dass sie neuen Trieb kriegen sonst sterben sie von oben herein. Freylich stehn sie die ersten Jahre wie Stangen da. Adieu. Ich kam von ohngefähr über den Kalender von vorm Jahr da stund beym 7 Novemb. Was ist der Mensch dass du sein gedenckest pp.

Drei Wochen später griff er, in Weimar zum erstenmal, zu dem Mittel, mit dem er schon früher, 1772 und 1775, versucht hatte, sich Klarheit über sich selbst zu verschaffen und seine Ratlosigkeit oder Verzweiflung zu überwinden: Er verschwand. Er ließ sich vom Herzog beurlauben und ritt am 29. November, kurz vor sieben Uhr morgens, unter falschem Namen und mit unbekanntem Ziel davon. Nur Frau von Stein erhielt Briefe von ihm, und auch sie enthielten keine verräterischen Ortsnamen, bevor er nicht seinen Zweck erreicht hatte. Er ritt und ritt: durch die kurzen, trüben Tage, durch die nebelverhangenen, traurigen Abende, oft bis weit in die Nacht hinein, auf Straßen, die eher schlammigen Flüssen glichen, durch Hagelsturm, strömenden Regen und eiskalten Wind, zuletzt gar über einen Erdrutsch; nach Nordwesten führte ihn sein Weg, in den Harz. Denn sein Ziel war, den 1142 m hohen Brocken zu besteigen, den höchsten Berg Norddeutschlands, der schon lange als Schauplatz für Hexensabbat und Teufelstreiben galt. Er hoffte, wie er gegenüber Frau von Stein vage andeutete und wie man seither eindeutig nachgewiesen hat, dort ein Zeichen zu erhalten. Er zweifelte an dem Schicksal, das ihn zu einem Leben als Höfling und Beamter eines unberechenbaren Autokraten nach Weimar verpflanzt hatte; an einem Schicksal, das ihm eine neue und so fremdartige Liebe beschert hatte, die bereits seine poetische Inspiration auszulaugen drohte; und das beschlossen hatte, daß einem ihm so nahestehenden Menschen wie seiner Schwester nur ein kurzes, erbärmliches Leben beschieden sein solle, woran weder sie selbst noch die Umstände schuld waren, sondern nur das schicksalhafte Zusammentreffen von beidem. War vielleicht auch ihm diese furchtbare, vernichtende Diskrepanz zwischen eigenen Sehnsüchten und Möglichkeiten und der Wirklichkeit seiner Welt und seiner Zeit beschieden? Waren nicht schon so viele aus seiner Generation, der Werther-Generation, just an dieser Diskrepanz gescheitert – Jerusalem, Lenz, Graf Lindau (der ursprüngliche Ziehvater Peter im Baumgartens) und der junge Plessing, der ihm geschrieben hatte und den er nun inkognito in seinem Haus in Wernigerode im Harz besuchen konnte? Was sollte aus dem Verfasser des *Werther* selber werden? Das Zeichen, um das Goethe die unbekannten, das Leben leitenden Mächte bat, war, daß sie seine unwahrscheinliche und irrationale Exkursion gelingen ließen, falls er in Weimar auf dem rechten Wege war. Soweit er bis jetzt konkrete Verantwortung am Weimarer Hof trug, bezog sie sich auf die Ilmenauer Bergwerke, und so verwandte er einige Tage darauf, im nördlichen Harz in tiefe Schächte einzufahren und Verhüttungswerke zu besichtigen, um Erfahrungen zu sammeln – und vielleicht der Frage, die er den Göttern zu stellen hatte, zusätzliches Gewicht zu verleihen. Waren die Bergwerke das, wofür er bestimmt war? Oder war er für einen anderen Ort bestimmt? Oder doch für Weimar, aber in einer besonderen, ja einmaligen Eigenschaft? Am 10. Dezember nahm er sich einen Führer, der ihm den tief verschneiten Weg nach Torfhaus zeigte, einem Dorf mit einer Forststation gut 300 Meter unterhalb der mächtig gewölbten Kuppe des Brocken. Heute ist Torfhaus Knotenpunkt beliebter

Langlaufloipen, aber 1777 gab es weder Weg noch Steg, und in dreizehn Jahren hatte der Förster nicht ein einziges Mal den Brocken im Winter erstiegen. Die Nacht vom 9. war sehr kalt gewesen, und am Morgen waren die kleineren Berge in Nebel gehüllt. Beim Frühstück erklärte der Förster, daß unter diesen Umständen der Aufstieg zum Brocken unmöglich sei.

Da sas ich mit schwerem Herzen, mit halbem Gedancken wie ich zurückkehren wollte. . . . Ich war still und bat die Götter das Herz dieses Menschen zu wenden und das Wetter, und war still. So sagt er zu mir: nun können Sie den Brocken sehn, ich trat ans Fenster und er lag vor mir klar wie mein Gesicht im Spiegel, da ging mir das Herz auf und ich rief: Und ich sollte nicht hinaufkommen! haben Sie keinen Knecht, niemanden – Und er sagte ich will mit Ihnen gehn.

Viertel nach zehn brachen die Männer auf; es lag ein Meter Schnee, aber da er hartgefroren war, trug er sie. «1 viertel nach eins droben», vermerkte Goethe im Tagebuch, «heitrer herrlicher Augenblick, die ganze Welt in Wolcken und Nebel und oben alles heiter. Was ist der Mensch dass du sein gedenckst.» Tonfall und Sprache der Bibel in Goethes Eintragung zu diesem Tag sowie in den Briefen an Charlotte von Stein beweisen die religiöse Bedeutung, die diese Gipfelbesteigung für ihn bekommen hatte, ja von Anfang an haben sollte. Der Satz aus dem achten Psalm, den er erst kürzlich noch mit seiner Ankunft in Weimar in Verbindung gebracht hatte, bezeugt, daß er in dem Genuß dieses hellen und herrlichen Augenblicks hoch oben über der Welt vor allem die Bestätigung einer höheren Macht suchte – und glaubte erkennen zu dürfen –, daß sein Bleiben in Weimar richtig war. Wir sollten uns auch daran erinnern, wie diese Bibelstelle weitergeht – «und des Menschen Kind, daß du dich sein annimmst?» –, wenn wir den glückstrunkenen Brief an Charlotte nach dem Abstieg vom Gipfel oder das heute als «Harzreise im Winter» bekannte Gedicht lesen, an dem er, Tag um Tag und Strophe um Strophe, seit dem Verlassen Weimars geschrieben hatte; denn in beiden Texten ist Goethes Selbstidentifizierung mit «des Menschen Kind» kaum verhohlen unter der Oberfläche erkennbar.

Das Ziel meines Verlangens ist erreicht, es hängt an vielen Fäden, und viele Fäden hingen davon, Sie wissen wie simbolisch mein Daseyn ist. . . . Ich sagte: ich hab einen Wunsch auf den Vollmond! – Nun Liebste tret ich vor die Thüre hinaus da liegt der Brocken im hohen herrlichen Mondschein über den Fichten vor mir und ich war oben heut und habe auf dem Teufels Altar [noch heute sind zwei Felsformationen auf dem Brocken als Teufelskanzel und Hexenaltar bekannt] meinem Gott den liebsten Danck geopfert.

Der provokatorische Satanismus, in dem Goethe sich seit dem sympathetischen Interesse für Luzifer 1769 gelegentlich gefallen hatte, klingt an dieser Briefstelle an, und er kehrt auch in einigen der letzten Zeilen des Gedichts wieder, wo Goethe sich identifiziert mit dem Berggipfel, auf dem er gestanden und den er so klar erblickt hat wie sein eigenes Gesicht im Spiegel:

Du stehst mit unerforschtem Busen[2]
Geheimnisvoll-offenbar
Über der erstaunten Welt
Und schaust aus Wolken
Auf ihre Reiche und Herrlichkeit

Das heißt: Goethe versetzt sich an die Stelle Christi, dem Satan alle Reiche der Welt und ihre Herrlichkeit zeigte; aber dieser Christus spielt den Teufel, nimmt das Angebot an und sagt «seinem» Gott dafür Dank. Denn es ist der Christus, mit dem Goethe sich immer am meisten einig wußte: «des Menschen Kind», das kam, zu essen und zu trinken, der Dichter, der Lebemann und Menschenführer, der zwar jetzt in der Welt der Politik und Regierung ein neues Betätigungsfeld für sein Genie gefunden haben mag, doch dessen Busen unerforscht bleibt und der von der Welt nicht verstanden wird, in die er bereitwillig eintritt.

Die «Harzreise im Winter» wird uns noch beschäftigen, sobald wir uns den literarischen Werken Goethes aus dieser Zeit zuwenden; es gilt jedoch schon jetzt, festzuhalten, daß dieses Gedicht, wie die Besteigung des Brocken selbst, nicht einfach die Orakelfrage nach der Ratsamkeit einer Amtslaufbahn Goethes stellt (die ohnehin kaum erst begonnen hatte), sondern die Frage nach seiner persönlichen Bestimmung überhaupt, nach der Möglichkeit des Ausbrechens aus den offenbar beschränkten Alternativen, welche die Umstände bieten, die Frage, ob er noch der geliebte Sohn, einer der «Lieblinge» der Götter, der unendlichen, ist. Sind die Ereignisse seines Lebens dazu angetan, mit «symbolischer» Bedeutung erfüllt zu werden, so wie er es in seiner Dichtung bisher vermocht hat, die Dinge der Welt zu «Symbolen» zu machen? Die eindeutig positive Antwort, die er empfangen zu haben glaubte, hatte bei ihm, wie er, an den Hof zurückgekehrt, Knebel am 15. Dezember auf der Jagd anvertraute, eine «[w]underbare Auflösung des Herzens» bewirkt, und nach Beendigung des ersten Buches von *Wilhelm Meister* am 2. Januar 1778 stürzte er sich im neuen Jahr gleichsam mit verjüngter Kraft in das Hofleben. In dieser Saison wurde das Schlittschuhlaufen besonders fleißig gepflegt, vor allem aber war 1778 das Jahr der eifrigsten Mitwirkung Goethes am Weimarer Liebhabertheater: zum Teil mit diesen Mitteln gelang es ihm endlich, Herzogin Louise für sich einzunehmen, die im April die Standesunterschiede so weit vergaß, daß sie in seinem Garten mit ihm zu Abend aß. *Der Triumph der Empfindsamkeit*, zum Geburtstag der Herzogin am 30. Januar uraufgeführt, ist ein beachtliches Werk, und 398 Taler wurden in die Aufführung gesteckt; der Humor des Stücks, die kunstvolle Verwandlungsszene und Seckendorffs Musik machten es auch für jene anziehend, denen die Satire zu schwer begreiflich war. Goethe übernahm persönlich eine der

---

2 Ursprünglich «unerforscht die Geweide» – ein weiteres Indiz dafür, daß das Ereignis, wie das Gedicht, ein Orakel ist.

Hauptrollen und trat auch in drei weiteren Produktionen auf, in Stücken von Cumberland, Gozzi und Molière, bevor der andere große Erfolg dieses Jahres kam, seine erweiterte (und intellektuell entschärfte) Fassung der handlungsarmen Pantomime von 1773, *Jahrmarktsfest in Plundersweilern*, die im Herbst in Ettersburg aufgeführt wurde. Zu diesem Zeitpunkt wußte er bereits von Carl Augusts Absicht, und hatte ihr zugestimmt, ihn vollends in die Verwaltung des Herzogtums einzubinden und ihm die Leitung zweier Kommissionen zu übertragen; diese Aufgaben ließen ihm ab Anfang 1779 viel weniger Zeit, für die Unterhaltung des Hofes zu sorgen.

Aber die Zusicherung, die Goethe auf dem Brocken gefunden hatte, war, daß er würde überleben können; es war nicht die Zusicherung, daß ihm Gefahr und Ratlosigkeit erspart bleiben oder die tragischen Möglichkeiten, die seine Situation barg, geringer werden würden oder nicht existierten. Daß die Befürchtungen, die ihn dazu gebracht hatten, die Götter zu befragen, durchaus begründet waren, bewies nach seiner Rückkehr nur allzu bald und allzu grausam die Verzweiflungstat Christel von Lassbergs. Die zwei Gedichte, die am engsten mit diesem Ereignis zusammenhängen – «An den Mond» und «Der Fischer» –, beschwören beide in dem Fluß Ilm das Bild einer todbringenden Gewalt, die doch hypnotische Anziehungskraft auf die Seele auszuüben vermag – vielleicht als jener Zwitterzustand aus Eros und Eigensucht, der Werther in den Tod gezogen hatte, weil er Affinität zur transzendenten Welt des Himmels vortäuschte. Goethe warnte Frau von Stein davor, zum Schauplatz des Selbstmordes hinunterzugehen: «Diese einladende Trauer hat was gefährlich anziehendes wie das Wasser selbst, und der Abglanz der Sterne des Himmels der aus beyden leuchtet lockt uns.» Einen Monat später war Plessing in Weimar; er hatte nicht lange gebraucht, die Identität seines geheimnisvollen Besuchers herauszufinden, und kam, um die damals im Harz begonnenen Gespräche fortzusetzen. Vor allem aber die politische Situation des Jahres 1778 ließ Goethe die von sich selbst und den Göttern erhoffte Vergewisserung über seine Rolle und Zukunft in Weimar wünschenswerter erscheinen denn je. Um die bayerische Erbfolge braute sich Sturmgewölk zusammen – Joseph II. und Maria Theresia versuchten praktisch, Bayern zu annektieren –, zwischen Preußen und Österreich lag Krieg in der Luft, und von diesen beiden großen Kriegsschiffen drohte das kleine Weimarer Schiffchen erdrückt zu werden. Im Mai nahm Carl August Goethe mit nach Berlin, wo er die sich abzeichnenden Entwicklungen sondieren wollte. Für Goethe bot sich dabei Gelegenheit, zu prüfen, wie weit er innerlich zum Bruch mit Frankfurt und zu dem Schritt in die Welt des Fürstenhofes und des absolutistischen Machtstaates bereit war. Er kam zu dem Ergebnis, daß er nirgendwo anders hingehörte als nach Weimar. In Potsdam und Berlin sah er die Schlösser und die großen Militärbauten (Exerzierhaus, Marstall), er besichtigte die Porzellanmanufaktur, lernte Dichter und bildende Künstler – auch Chodowiecki – kennen und besuchte Theateraufführungen von Berufsschauspielern. Aber er sah auch, ebenso fasziniert wie abgestoßen, die Maschinerie eines mächtigen Staates, der zum Kriege rüstet, sah, «wie die Grosen mit den Menschen, und die Götter mit den Grosen spielen»; angefangen beim Prinzen Heinrich, dem Bruder Friedrichs des Großen, der gerade in Schlesien weilte, bis hinab zu den Wagen, Pferden und der Artillerie auf der Straße sah er in allem, vertausendfacht, Puppen, die ein einziges großes Uhrwerk durch verborgene Räder treibt; die Hauptwalze aber war «Fridericus Rex». Und ein Hof, der soeben den von Weimar enttäuschten Grafen Görtz berufen hatte und der Goethe an der Mittagstafel nach der Genealogie des Hauses Weimar ausfragte – als *savant* mußte er das doch wissen, was sollte er sonst in Berlin? –, durfte von ihm keine begeisterte Konversation erwarten. Er wirkte stolz und schweigsam, und er wußte es. «Was Wunder also, daß Göthe dort so sehr allgemein mißfallen hat, und seinerseits mit der verdorbenen Brut so unzufrieden gewesen ist!» Aus Berlin stammte der Brief an Frau von Stein, in dem Goethe von den «eisernen Reifen» um sein Herz schrieb, und er war erleichtert, in sein Haus, seinen Garten zurückzukommen: «In meinem Thal ist mirs lieber und wohler als in der weiten Welt», schrieb er ihr. «Gestern Abend dacht ich dass mich die Götter wohl für ein schön Gemähld halten mögen weil sie so eine überkostbaare Rahm drum machen wollten.» Er hatte den bestimmten Eindruck, daß die Besteigung des Brocken und der Besuch in Berlin innerlich zusammengehörten; denn in den Briefen an Merck wie an Frau von Stein – «In einer ganz andern Lage als ich Ihnen den Winter vom Brocken schrieb, und mit eben dem Herzen» – bringt er die beiden Exkursionen bei aller Verschiedenheit miteinander in Verbindung. Auf dem Brocken hatte er gelernt, wie die Götter mit Dichtern verfahren; in Berlin hatte er gelernt, wie sie mit Völkern umgehen. Beim Blick von dem Berg auf alle Reiche der Welt und ihre Herrlichkeit hatte er «die Gegend von Teutschland unter mir» gesehen, und bei dem Ausflug in die «weite Welt» hatte er sich selbst bekräftigt, wo sein wahrer Platz in Deutschland zu sein hatte.

Die erneuerte Bindung Goethes an Weimar – trotz oder gerade wegen dieser unterirdischen Gefährdungen – fand 1778 auch einen erfreulich konkreten Ausdruck. Das Häuschen an der Ilm war nun in guter Ordnung, der Garten gedieh, und Goethe konnte sich der Umgebung des Grundstücks zuwenden. Auf dem Weg nach Berlin wie auf dem Rückweg hatte die Weimarer Gesellschaft Zwischenstation beim Fürsten von Anhalt-Dessau gemacht, einem kultivierten Mann (an dessen Hof Behrisch noch weilte), der, über kaum größere Mittel als Weimar verfügend, bei seinem neuen Schloß in Wörlitz (dem ersten klassizistischen Bauwerk Mitteldeutschlands) den ersten deutschen Landschaftsgarten nach englischem Vorbild angelegt hatte. Goethe war bezaubert von dem «Traum», dessen Erfüllung die Götter dem Fürsten hier erlaubt hatten: er pries «die Seen, Canäle und Wäldgen» und «das Buschwerk in seiner schönsten Jugend» und stellte an einem regnerischen Nachmittag fest: «in der sachtesten Manigfaltigkeit fliest eins ins andre»; es gab keine einzelnen spektakulären Anhöhen, keine herausgehobenen Punkte, die allein alles Interesse, alle Schaulust auf sich gezogen hätten; alles «hat ganz den Charackter der Elisischen Felder . . . man streicht herum ohne zu fragen wo man ausgegangen ist und hinkommt». Er fing die Atmosphäre dieses Parks in einer zauberhaft stimmungsvollen Zeichnung ein: der Blick fällt, unter dem Blätterdach der jungen Bäume hindurch, auf die unteren Stockwerke des neuen Schlosses. Bald skizzierte er bereits ein klassizistisches Tempelchen – das nie gebaut wurde – für einen noch nicht existierenden Park in Weimar. Abgesehen vom «Stern» und der Esplanade besaß Weimar nur den Welschen Garten gegenüber dem neuen Haus der Frau von Stein, und alle drei Anlagen waren noch in dem altmodischen, geometrischen Stil gehalten. Aber da war noch das Tal der Ilm, mochte es auch im Augenblick unbeachtetes *terrain vague* am Rande der Stadt sein, teils Wiesengrund, teils Tabakspflanzung, teils Holzstapelplatz, an manchen Stellen überwachsen von undurchdringlichem Eschen- und Erlendickicht. Das Gelände gehörte unterschiedlichen Besitzern bzw. Pächtern und hatte nur wenige der Öffentlichkeit zugängliche Wege und Plätze, aber Goethe und Carl August sahen die Möglichkeit, hier einen Park in Wörlitzer Manier anzulegen, und suchten Rat und Hilfe beim Fürsten von Anhalt-Dessau. Mit der systematischen Arbeit an dem Projekt konnte erst 1785 begonnen werden, aber schon ab 1778 nahm Goethe verschiedentlich kleine Verbesserungen vor. So pflanzte er interessante Bäume, Farnkräuter und Gewächse aus anderen Gegenden des Herzogtums an und entwarf mit dem Herzog eine romantische Grotte, «die neuen Poëmata . . . Göthens . . . am Wasser», wie Wieland witzelte. In diesem, dem Jahr Louises, beschloß man, den Namenstag der Herzogin am 9. Juli mit einer Unterhaltung unter offenem Himmel zu feiern; aus ihr erwuchs eine Landmarke, die zum Mittelpunkt fast der gesamten künftigen Ausgestaltung des Parks werden sollte. Im abgeschiedensten Teil des Tales, im Schatten einer Gruppe alter Eschen, baute man aus Holz eine mit Stroh überdachte und mit Moos verkleidete Einsiedelei. Hier entboten der Herzog, Prinz Constantin, Goethe, Stein, Seckendorff und Knebel, als Mönche verkleidet, den Damen des Hofes ihren gereimten Willkommensgruß und luden sie darauf zu einem mönchischen Mahl, einer Bierkaltschale, die nebst einigen Tellern und Löffeln auf einem rustikalen Tisch angerichtet war. Dieser kümmerliche Anblick wurde von den Damen, speziell von der Gräfin Giannini, mit Mißfallen quittiert; doch dann öffnete sich unvermutet die hintere Tür der Einsiedelei und gab, bei voller Orchesteruntermalung, den Blick auf eine fürstlich gedeckte Tafel und einen künstlichen Wasserfall frei. Nun wurde das Picknick natürlich zu einer ungetrübten Freude. Die Entdeckung, oder Gestaltung, eines so unerwartet malerischen Fleckchens Erde in einer so wenig verheißungsvollen Gegend war in gewisser Weise die Geburtsstunde des Weimarer Parks. Carl August schloß diese Einsiedelei (das «Luisenkloster») in sein Herz; sie wurde für ihn das Gegenstück zu Goethes «Gartenhäuschen». Manchmal übernachtete er hier und empfing sogar Besucher. Das Netz von Wegen, das der Fürst, nach Erwerb der nötigen Eigentumsrechte, ab 1784 zu beiden Seiten der Ilm anlegen ließ, sollte nicht nur den Weimarer Bürgern Spaziergänge in den Ilm-Auen ermöglichen, sondern hatte in erster Linie den Zweck, die Einsiedelei mit den anderen Anziehungspunkten des Parks zu verbinden, die allmählich entstanden oder in das Gesamtareal einbezogen wurden.

Hinter der Fassade erneuerter Tatkraft, Begeisterung und Bindung an den Hof jedoch wurde Goethe noch immer von den Geistern heimgesucht, die er glaubte auf dem Brocken so dramatisch exorzisiert zu haben. Die entschiedenere Bereitschaft, Weimar so zu nehmen, wie es war, nämlich höfisch, forderte ihren Preis. Im September gestand sich Goethe ein, daß das Orakel im Grunde eine subtiles Stück Bauchredekunst gewesen war: «Eigentlich bin ich nicht nothwendig hier, aber ich bilde mirs ein und das gehört zu meinem Leben.» Im Harz und auf dem Brocken seien seine Gedanken immer bei ihr gewesen, erklärte er Frau von Stein; falls er eine besondere Bestimmung haben sollte, sagt er in «Harzreise im Winter», dann die als Dichter der Liebe. Aber die «Liebe», die er für Charlotte empfindet, bindet ihn mit eisernen Reifen – in «Harzreise im Winter» spricht er von den «Schranken des ehernen Fadens» –, die sein inneres und sein äußeres Leben, Seele und Körper auseinanderpressen. Je «ehmännischer», seinen eigenen Worten zufolge, die Beziehung zu Charlotte wird, will sagen: je unromantischer und alltäglicher, desto stärker wird die Versuchung, größere körperliche und emotionale Befriedigung in anderen Liebschaften zu suchen, oder wenigstens zu vermuten. So war Goethe heftig, wenngleich kurz, entflammt für Amalia Kotzebue – Schwester des künftigen Dramatikers und Diplomaten August Kotzebue (1761–1819) –, die 1776 in einer Produktion der *Geschwister* neben ihm als Wilhelm die Marianne spielte. Seit 1777 verkehrte er immer öfter mit Corona Schröter, die er im Juli dieses Jahres bei einem Schläfchen in der Morgensonne zeichnete: ein feines, lineares Porträt in Kohle, das vielleicht sein bestes ist. Aber Corona Schröter war anders als andere Vertreterinnen ihres Faches und ließ sich nicht erobern: sie war nicht davon abzubringen, immer nur in Gesellschaft einer resoluten Begleiterin aufzutreten (die Goethe ebenfalls zeichnete, und zwar sehr viel massiver); zudem hatte auch Carl August ein Auge auf sie geworfen. Die Situation war offensichtlich unmöglich, und so erfolgte im Januar 1779 eine «radicale Erklärung», eine Aussprache zwischen beiden Männern, die dazu führte, daß ihre beiderseitige Beziehung zu Corona Schröter sich zu einer stabilen Dreiecksfreundschaft beruhigte. Es gab auch andere, weniger ernste Herzenswallungen. Die Neigung zum «Traktieren» der «Misels» (= Mesdemoiselles), wie Goethe sie kollektiv nannte, gründete wohl auch auf der von Frau von Stein geforderten Trennung von körperlicher und seelischer Liebe – einer Trennung, die diesen eher irdischen Affären den Schein der, wenn auch unedlen, Legitimität verlieh. Mit den Affären ging indes so etwas wie der angespannte Versuch einher, die physischen Wünsche ganz zu unterdrücken: In all diesen ersten Weimarer Jahren, bis zum Ende der Schweizer Reise, sehen wir Goethe um die Beherrschung seines Körpers kämpfen. In einem Punkt ist ihm das nie gelungen: Während der ganzen

17. Goethe: Schloß Wörlitz (1778)

Weimarer Zeit fiel an Goethe, auf der Bühne wie im täglichen Leben, die unaristokratische Steifheit der Bewegungen auf. (In den ersten Jahren reizte diese Anmutlosigkeit zu boshaften Späßen: Hinter Goethes Rücken ahmte der etwas kleinere Philipp Seidel seinen Herrn nach, den er so sehr bewunderte, daß er ihm in allem folgen mußte – sei es, daß er wie Goethe erbauliche Briefe schrieb oder in der Naturwissenschaft dilettierte, sei es, daß er Goethes Staksen kultivierte.) Aber das Nacktbaden in der Ilm – auch im Winter und bevor er, im Mai 1777, richtig schwimmen lernte –, das Schlittschuhlaufen und Fechten, das Wandern und Reiten – die knapp hundert Kilometer zwischen Leipzig und Weimar schaffte er in achteinhalb Stunden –, das Schlafen im Freien, im Wald oder auf der Veranda, endlich auch die bewußte Ernährungsweise – Ende 1778 halbierte er seinen Weinkonsum und entsagte dem Kaffee –, das alles bewirkte, daß Goethe, obzwar anfällig für Erkältungen und kleinere Beschwerden, sportlich und gesund war und größer wirkte als nur 1,76 m. Freilich hatte dies alles auch den Charakter einer zwanghaften Askese: «Möge die Idee des reinen die sich bis auf den Bissen erstreckt den ich in Mund nehme, immer lichter in mir werden», schrieb er ins Tagebuch. Es ist schwer zu glauben, daß ein derartig körperliches Bedürfnis nach Reinheit nicht sexuellen Ursprungs gewesen sein soll. Aber Gefühle, die unterdrückt worden sind, können seltsame Wege gehen, ohne darum schon verschwunden zu sein, und die Empfindungen, die Goethe bewogen, das Haus mit Peter im Baumgarten und anderen Knaben zu teilen – als Fritz von Stein bei ihm übernachtete, schliefen er und Goethe in demselben Zimmer, und wer morgens als erster aufwachte, weckte den anderen mit einem gut gezielten Pantoffel –, müssen nicht nur väterlicher Art gewesen sein.

Der Ruf des Amtes brachte bald Ablenkung von den Frivolitäten des Jahres 1778. Im Juli brach endlich der erwartete Krieg zwischen Preußen und Österreich aus, und Weimar sah sich, mit Wieland zu reden, zwischen den beiden Großmächten in einer «garstigen» Lage. Der Conseil verbot strikt jede Diskussion über den Krieg in den Wirtshäusern des Herzogtums und jede Meinungsäußerung für die eine oder andere Seite, um nur ja niemandem den Vorwand für eine Intervention zu liefern. Schwerwiegender war die Schließung der österreichischen Grenzen, durch die die heimischen Strumpfwirker von den meisten ihrer traditionellen Absatzmärkte abgeschnitten wurden, so daß infolge der Arbeitslosigkeit sogar eine Hungersnot drohte. Im Februar 1779 kam das preußische Ersuchen um Rekrutierungsmöglichkeiten – das auf die diplomatisch höfliche Androhung der Okkupation hinauslief –, und für Goethe wie für jedes andere Mitglied des Conseils war die Einstellung der Feindseligkeiten im April eine persönliche Erleichterung. Mitten in diesen unruhigen Zeiten, im Januar 1779, übernahm Goethe die Leitung der Wegebau- und der Kriegskommission. Eine seiner ersten Amtshandlungen war die dreijährliche Rundreise durch das Herzogtum zur Anwerbung von Rekruten für Weimars eigene, kleine Armee – vielleicht mit dem Hintergedanken, sie Preußen zur Beschwichtigung anzudienen. Die

Notwendigkeit zu innerer Distanz und überlegtem Handeln in diesem Drang
der Geschäfte ließ Goethes sich immer mehr verstärkenden Eindruck, «zugefroren gegen alle Menschen» zu sein, begründet und sogar nützlich erscheinen: «Jetzt leb ich mit den Menschen dieser Welt, . . . spüre sie aber kaum,
denn mein inneres Leben geht unverrücklich seinen Gang.» «Um die Einsamkeit ists eine schöne Sache wenn man mit sich selbst in Frieden lebt, und
was bestimmtes zu thun hat.» Die Häufung praktischer Sorgen wirkte sich
sogar beruhigend auf sein Gemüt und befreiend auf seine Kunst aus: «Der
Druck der Geschäffte ist sehr schön der Seele, wenn sie entladen ist spielt sie
freyer und geniest des Lebens.» Während der Rekrutierungsreise von Mitte
Februar bis Mitte März, in lauter zugigen Rathäusern und menschenleeren
Burgen, zwischen dem Messen von Körpergrößen, den Ausreden von gut
gewachsenen und frisch vermählten Drückebergern und den flehentlichen
Bitten dienstwilliger Krüppel und Arbeitsloser (die er alle auf einer seiner
wenigen satirischen Zeichnungen festhielt), diktierte Goethe seinem Sekretär
die ersten drei Akte eines neuen Dramas in gehobener Prosa, *Iphigenie auf
Tauris.* Unmittelbar nach seiner Rückkehr nach Weimar begannen die Proben, die fehlenden zwei Akte waren schnell fertig, und am 6. April war die
Uraufführung auf der temporären Bühne in Hauptmanns Redoutenhaus, mit
Corona Schröter, gekleidet in 56 Meter weißes Leinen, Musselin und Taft, als
Iphigenie und dem athletischen Goethe, in griechischem Kostüm, als Orest:
«man glaubte einen Apollo zu sehen», berichtete ein Augenzeuge. Der Erfolg
war so groß, daß eine zweite Aufführung am 12. April gegeben wurde und
eine dritte im Juli in Ettersburg stattfand, in der Carl August, für Constantin
einspringend, die Rolle des Pylades übernahm.

Der drastische Rückgang von Goethes Mußestunden seit 1778 tat vor allem seinem Zeichnen Abbruch, dessen Charakter sich übrigens ebenfalls verändert hatte. Nach 1776 zeichnete er kaum noch Interieurs: Entschlossen
wandte er seine Aufmerksamkeit von der Gesellschaft ab und der Natur zu.
In den größeren, oft mühsam ausgeführten Landschaftspanoramen verzichtete er mittlerweile auf jenes malerische Interesse am «point de vue», das er
1775 auf den Schweizer Skizzen von Innen- und Außenansichten so überzeugend zur Geltung gebracht hatte; die daraus resultierende schlichtere
Komposition des Bildes ließ die Mängel seiner unvollkommenen Technik
deutlicher zutage treten. 1777 verfertigte er seine letzte Radierung, und zwischen 1778 und 1780 gab er das Zeichnen praktisch auf. Doch fehlte es nicht
an genialen Augenblicken, vergleichbar vielleicht den nicht minder unvorhersehbaren Momenten dichterischer Eingebung: Von einer Brücke im Weimarer Park, auf dem Gut in Wörlitz, in der ersten Morgensonne an seinem
Gartenzaun fing er die zufällige Kombination geometrischer, von Menschenhand geschaffener Elemente mit einer weicheren Naturthematik ein, das
Ganze in ein Licht getaucht, im Winter, im Sommer, im dunstigen Frühling,
das zum Medium für die Sichtweise und die Stimmung des Künstlers wird.
Zu Recht hat man diese Skizzen, hauptsächlich Bleistift- oder kolorierte Fe-

derzeichnungen, als «proto-impressionistisch» bezeichnet. Bei allem entschiedenen Sinn für das Atmosphärische einer Landschaft zeigen sie Goethe
bereits auf das eine Thema festgelegt, das ihn, bis auf wenige Porträts und
eine Unmenge von Übungszeichnungen, künftig am meisten beschäftigen
sollte: die Gegenwart eines Menschen im Umfeld der Natur, für gewöhnlich
indirekt, durch ein bauliches Objekt oder dergleichen präsentiert.

Die Prosa-*Iphigenie* markierte nicht nur den Höhepunkt des Weimarer
Liebhabertheaters – unmittelbar darauf wurde die Errichtung eines neuen,
ständigen Schauspielhauses in Angriff genommen –, sie war auch Kulmina-
tion und Rekapitulation alles dessen, was Goethe in den vorangegangenen
drei Jahren gefühlt und gedacht hatte. In der neuen Atmosphäre des Frühlings und Sommers 1779, als die Schatten des Krieges sich verzogen hatten
und Goethe endlich die Befriedigung einer ihn ganz ausfüllenden Tätigkeit
genoß, begann er, sich in Gedanken mit seinem bevorstehenden 30. Geburtstag zu beschäftigen. Wieder einmal hatte er das Bedürfnis, seine Bestände zu
sichten und ein Zeichen des Neuanfangs zu setzen. Schon im März hatte er
gestanden, die Gabe der Dichtung bisher «ein wenig zu kavalier» behandelt
zu haben, und beschlossen, «häuslicher mit meinem Talent zu werden wenn
ich ie noch was hervorbringen will». Am 17. August sehen wir ihn seine
Papiere ordnen und die «alten Schaalen» verbrennen; in sein Tagebuch
schreibt er:

Stiller Rückblick aufs Leben, auf die Verworrenheit, Betriebsamkeit Wissbegierde der
Jugend, wie sie überall herumschweift um etwas befriedigendes zu finden. . . . Wie des
Thuns, auch des Zweckmäßigen Denckens und Dichtens so wenig, wie in zeitverder-
bender Empfindung und Schatten Leidenschafft gar viel Tage verthan, wie wenig mir
davon zu Nuz kommen und da die Hälfte nun des Lebens vorüber ist, wie nun kein
Weeg zurückgelegt sondern vielmehr ich nur dastehe wie einer der sich aus dem Wasser
rettet und den die Sonne anfängt wohlthätig abzutrocknen. Die Zeit dass ich in Treiben
der Welt bin seit 75 Oktbr. getrau ich noch nicht zu übersehen.

Zweifellos hat ihn der Besuch Mercks, der im Juni und Juli in Weimar war,
zu diesem Rückblick ermutigt; als Ausdruck des Wunsches, die Last der Vergangenheit abzuschütteln, ist wohl auch die «Kreuzerhöhung» von Friedrich
Jacobis Roman *Woldemar* zu sehen, die während Mercks Besuch stattfand –
ein rechter Dummerjungenstreich, der Goethe für etliche Jahre Jacobis
Freundschaft kostete: Das Buch wurde in der Nähe von Ettersburg öffentlich
an einen Baum genagelt (wahrscheinlich war Merck der Übeltäter), während
Goethe dazu eine Persiflage auf das Ende Woldemars improvisierte, den er
vom Teufel holen und zur Hölle fahren ließ. Diese Parodie auf den traditionellen Schluß eines *Faust*-Dramas, und damit auch auf das am reinsten tragische Werk, das Goethe selbst bisher geschrieben hatte, ist nur nach dem
Motto «Andre Zeiten andre Sorgen» zu verstehen, das Goethe ebenfalls seinem Tagebuch anvertraute.

Doch empfand Goethe auch das Bedürfnis nach einem greifbareren *rite de
passage*, nach einem «symbolischen» Akt, vergleichbar der Brockenbestei-

gung, deren wohltätige und ermutigende Folgen sich bereits zu verflüchtigen begannen. (Der Sommer sah eine Reihe von ebenso offen wie heftig ausgetragenen Auseinandersetzungen mit Carl August und Anna Amalia, in denen es möglicherweise um Goethes Stellung bei Hofe und vielleicht auch um die schwierigen Beziehungen zwischen dem Herzog und den beiden Herzoginnen ging.) Goethe begann, mit dem Gedanken einer neuen, und weiteren, Reise zu spielen: er wollte nach Frankfurt, um seine Eltern zu besuchen und endlich einmal nicht gedemütigt und beschämt, wie 1768, 1771 und im Juli 1775, sondern im Triumph nach Hause zu kommen. Seiner Mutter schrieb er: «ich käme das erstemal ganz wohl und vergnügt und so ehrenvoll als möglich in mein Vaterland zurück», und gab zu verstehen, dies sei die Erfüllung der Worte des Propheten Jeremias, aus denen sie zehn Jahre zuvor, bei seiner schweren Erkrankung, Trost geschöpft hatte (und deren er sich, zur eigenen Stärkung, in der Nacht vor der geplanten Brockenbesteigung erinnert hatte): «ich . . . mögte dass, da an den Bergen Samariä der Wein so schön gediehen ist auch dazu gepfiffen würde.» Auch gab es noch einige unerledigte Geschäfte, die ihn in jenem Winkel der Welt erwarteten: Er konnte Schlosser und dessen neue Frau besuchen und sich dabei seinen Nichten vorstellen, die er noch nie gesehen hatte; in Straßburg lebte Lili, nunmehr, seit der 1778 eingegangenen Ehe mit einem wohlhabenden Bankier, Lili von Türckheim; und unweit von Straßburg lag Sesenheim mit anderen unerledigten Geschäften. Daneben kam Goethe der Gedanke, daß eine solche Reise auch für den 21jährigen Herzog von Wert sein mochte: Zwar regierte Carl August schon drei Jahre lang, aber «er ist noch sehr unerfahren besonders mit Fremden, und hat wenig Gefühl zu anfangs wie neue Menschen mit ihm stehen.» Bei seiner Harzreise hatte Goethe persönlich erfahren, wie frisch und unmittelbar die Kontakte zu Menschen sein können, wenn man inkognito unterwegs ist: In kleiner Gesellschaft unter falschem Namen reisend, konnte Carl August lernen, Menschen nach bürgerlicher Weise, von gleich zu gleich, gegenüberzutreten, und in Frankfurt konnte er die bürgerliche Welt, der sein Minister, Mentor und Hofpoet entstammte, von innen kennenlernen. Den Weg für ein solches Vorhaben hatte im Jahr zuvor die Herzoginmutter mit einem Besuch bei den Goethes in Frankfurt geebnet, und falls man Frau Rat Goethe daran hindern konnte, für ihre vornehmen Gäste zu weiche Betten herzurichten und zu aufwendige Gerichte zu kochen, und falls sie auch den neuen Kronleuchter weghängte, den sie ohne Zweifel für hochfürstlich hielt, dann konnte Carl August die Vorzüge einer anderen Lebensweise kennenlernen, ohne sie lächerlich oder spießig finden zu müssen. Eine Reise rheinabwärts zu Fritz Jacobi würde die Abrundung seiner Bekanntschaft mit einem Milieu bedeuten, in dem *Götz*, *Werther* und *Faust* entstanden waren und aus dem *Wilhelm Meister* stammte; nach der Rückkehr nach Frankfurt konnten sich der Herzog und sein Minister dann eine Weile trennen und ihrer eigenen Wege gehen, der eine, um den Hof zu Darmstadt, der andere, um «alle meine Freunde und Bekannte» zu besuchen. Carl August war von dem Vorschlag angetan und trug auf seine Weise zu Goethes Geburtstagsfeier bei, indem er seinem Minister am 28. August die Beförderung vom Geheimen Legationsrat in den höchsten offiziellen Rang des Geheimen Rats ankündigte, was bei Hofe neidisches Gewisper auslöste, gefolgt von schockiertem Getuschel ob dieser beispiellosen Reise. «Das Publikum [war] unglaublich intriguiert», als am 11. September der regierende Fürst, ein Bediensteter und ein Pferdeknecht davonritten, begleitet nur von Goethe, seinem künftigen Faktotum Seidel und einem Diener sowie Oberforstmeister von Wedel und dem Jäger Isleib. Nach sechs Wochen wollte man wieder zu Hause sein.

Eine Woche später, eine halbe Tagesreise vor Frankfurt, informierte Goethe seine Gefährten über eine Änderung seiner Reisepläne – «durch Eingebung des Engels Gabriel», wie Carl August seiner Mutter erklärte, die gekränkt darüber war, daß man sie – wie sie glaubte, absichtlich – in dieses Geheimnis nicht eingeweiht hatte. Die Reise sollte nun nicht nach Düsseldorf und zu Jacobi gehen; vielmehr wollte sich Goethe in Frankfurt rheinaufwärts wenden und in die Schweiz reisen, um einen anderen seiner Schutzgeister aus der Zeit vor Weimar zu besuchen: Lavater in Zürich. Es ist nicht klar, ob Goethe von Anfang die Absicht gehabt hat, sich nach Süden zu wenden, das aber niemandem verriet; ob er, beim Aufenthalt in Kassel, Wind davon bekam, daß Jacobi über das Bubenstück mit seinem *Woldemar* zutiefst beleidigt war; oder ob die Änderung der Reiseroute wirklich eine Eingebung des Augenblicks war – vielleicht sogar mit dem Hintergedanken, sich auch in der Schweiz nicht lange aufzuhalten, sondern, wie jedenfalls bald gemunkelt wurde, unverzüglich nach Italien weiterzureisen. Kein Zweifel besteht aber daran, daß der neue Plan der Unternehmungslust Carl Augusts entgegenkam. Der Herzog war in Frankfurt vorzüglich gelaunt und zeigte sich von seiner besten Seite; einen überaus günstigen Eindruck machte er auf Frau Rat Goethe, die er seinerseits «eine herrliche Frau» nannte: «die alte Mutter habe ich erstaunlich lieb bekommen», schrieb er Anna Amalia, die auch von der anderen Seite Briefe bekam:

Der 18te September war der große Tag [schreibt Frau Rat Goethe] ... Ihro Durchlaucht unser gnädigster und Bester Fürst, stiegen: um uns recht zu überraschen: eine strecke von unserm Hauße ab kamen also gantz ohne geräusch an die Thüre, klingelten, traten in die blaue Stube u.s.w. Nun stellen sich Ihro Durchlaucht vor, wie Frau Aja am runden Tisch sitzt, wie die Stubenthüre aufgeht, wie in dem Augenblick der Häschelhanß ihr um den Hals fält, wie der Herzog in einiger Entfernung der Mütterlichen Freude eine weile zusieht, wie Frau Aja endlich wie betruncken auf den besten Fürsten zuläuft halb greint halb lacht gar nicht weiß was sie thun soll wie der schöne Cammerherr von Wedel auch allen antheil an der erstaunlichen Freude nimbt – Endlich der Auftrit mit dem Vater, das läßt sich nun gar nicht beschreiben – mir war Angst er stürbe auf der stelle.

Nachdem man den verlorenen Sohn und seinen fürstlichen Gönner drei Tage in Frankfurt herumgereicht hatte, ritten sie rheinaufwärts, berührten Heidelberg und überquerten den Fluß in Speyer. Auf die Fähre wartend, die sie

18. J. Juel: Herzog Carl-August
von Sachsen-Weimar-Eisenach
(1779)

19. G. O. May: Goethe (1779)

übersetzen sollte, begann Goethe einen langen Brief an Frau von Stein: «Auf diesem Weege rekapitulir ich mein ganz vorig Leben sehe alle alte bekante wieder.» Am lauen, mondhellen Abend des nächsten Tages (25. September) stahl er sich davon, um das Pfarrhaus in Sesenheim zu besuchen. In der Haustür wäre er fast mit Friederike zusammengeprallt. Praktisch das einzige Zeugnis, das wir von dieser Begegnung haben, ist der in Kapitel 3 ausführlich zitierte Brief an Frau von Stein, aus dem hervorgeht, daß Charlotte erst jetzt von dieser alten Affäre erfuhr. Natürlich war Goethe bestrebt, die Stimmung als harmonisch und die einstige Leidenschaft als erloschen hinzustellen; doch zweifellos war Friederike – die Goethe später einen «guten» Brief geschrieben hat, der aber nicht erhalten ist – wirklich so freundlich, natürlich und gefaßt, wie sie es stets gewesen war; sie mag sich, wie die Nachbarn und der Rest der Familie, gefreut haben, einen Menschen wiederzusehen, mit dem sie doch einmal glückliche Tage verbracht hatte. Am nächsten Morgen verließ Goethe das Pfarrhaus wieder, erleichtert und froh, «dass ich nun auch wieder mit Zufriedenheit an das Eckgen der Welt hindencken, und in Friede mit den Geistern dieser ausgesöhnten in mir leben kan». Es kommt hier nicht darauf an, ob wir dieses Fazit als selbstgefällig und egozentrisch abtun oder ob in unseren Augen schon die Tatsache, daß Goethe sich überhaupt zu diesem Besuch in Sesenheim entschloß – der ja auch sehr peinlich hätte verlaufen können –, von einer Geschärftheit des Gewissens zeugt, die für einen Minister in fürstlichen Diensten nicht eben selbstverständlich war. Man darf den Besuch bei Friederike nicht als – positives oder negatives – Zeugnis für Goethes sittlichen Charakter werten; vielmehr ist er im Kontext der ganzen Reise zu sehen, als eine Etappe, die Goethe wohl schon seit längerem geplant hatte, und das heißt: als ein Stück jenes Musters, das Goethe in sein «symbolisches Daseyn» einzuweben trachtete. Das wirklich Bemerkenswerte an dieser Reise ist denn auch die Tatsache, daß die Ressourcen eines ganzen Herzogtums, einschließlich vieler Wochen von der Zeit des regierenden Fürsten, aufgeboten werden, um einem Mann aus dem Bürgertum bei der Ordnung und Klärung seiner Gedanken über Leben und Welt zu helfen. Das symbolische Muster, das auf diese Weise entstand, hat eine enorme Kraft entwickelt: Während in Deutschland die «Sesenheimer Idylle», durch Goethes letzten Besuch bei Friederike sentimental verklärt, zu einem Bestandteil der nationalen Mythologie geworden ist, sind in der englischsprechenden Welt die rein privaten Liebschaften und Treulosigkeiten eines Wordsworth oder Coleridge eine Generation später niemals in vergleichbarem Maße ins öffentliche Bewußtsein gedrungen. Wir sehen hier den Beginn einer Kollaboration, für die Goethe noch die geeignete literarische Form finden mußte: der Kollaboration seiner bürgerlichen Ursprünge mit dem neuen Leben nahe dem Sitz der politischen Macht, und wir erfassen etwas von den damit verbundenen Möglichkeiten für die nationale Kultur.

Die Rekapitulation ging weiter. Aus Sesenheim am Morgen des 26. abgereist, kam Goethe mit der übrigen Gesellschaft mittags in Straßburg an und sprach am Nachmittag bei Lili von Türckheim vor. Sie spielte gerade mit ihrem sieben Wochen alten ersten Kind, als er kam, und lud ihn zum Abendessen ein. Am nächsten Tag überquerte die Gesellschaft in Straßburg erneut den Rhein und logierte in Emmendingen bei Goethes Schwager Schlosser: Goethe besuchte Cornelias Grab, fand ihre Kinder in bester Gesundheit vor und hatte mit Johanna Fahlmer – jetzt Schlosser – ein langes Gespräch über den bedauerlichen Bruch mit Jacobi. Nach ihrer Ankunft in Basel am 1. Oktober brachten die Reisenden zunächst einen ganzen Monat damit zu, sukzessive die approbierten Sehenswürdigkeiten der Westschweiz zu besuchen; das Symbolische war für den Augenblick vergessen. Man fuhr an den Bieler See und besichtigte die St.-Peters-Insel, auf die 1765 Rousseau Zuflucht gesucht hatte; das Haus wurde sorgfältig instand gehalten, zum Nutzen der Frommen oder auch bloß der Neugierigen. Über Bern ging die Reise weiter nach Thun, wo man an einem regnerischen und nebligen Tag ein Schiff bestieg und seeabwärts nach Lauterbrunnen fuhr; dort besserte sich das Wetter, so daß man den Blick auf die Jungfrau bewundern und bei strahlendem Sonnenschein den Aufstieg zum Tschingel-Gletscher wagen konnte. Von Lauterbrunnen wanderte man nach Grindelwald und hinüber zum Aaretal; dank des milden Wetters hatte man einen prächtigen Blick über die herbstlich verfärbten Bäume auf das Gebirge. Doch seltsamerweise hatte Goethe seit der Abreise von Emmendingen «keine Linie» zu zeichnen vermocht; die Dichtung war geeigneter, Landschaft festzuhalten. Als er am 14. Oktober wieder in Thun war, konnte er Frau von Stein das Gedicht schicken, das wir heute als «Gesang der Geister über den Wassern» kennen, einen meditativen Hymnus in freien Rhythmen, der seine Eindrücke angesichts des großen Staubbach- und des Reichenbachfalls reflektiert. Danach verbrachte man noch einmal fünf Tage in Bern, dessen Wohlhabenheit für die Weimarer Staatsmänner von ebenso großem Interesse war wie seine Verfassung, bevor es, über Murten und Moudon, weiter nach Lausanne ging, wo man am 22. Oktober eintraf. Hier machten die Reisenden zunächst die Bekanntschaft der bemerkenswerten Maria von Branconi und ließen sich vom Schauplatz der *Neuen Héloïse* in Rührung versetzen, bevor sie an der Nordseite des Genfer Sees entlangritten, um den in der Nähe von Rolle lebenden Schwiegereltern Mercks einen Besuch abzustatten. Inzwischen regnete es wieder, aber ihre Gastgeber versicherten ihnen, das Wetter werde umschlagen, und redeten ihnen zu, durch die Vallée de Joux in den Jura hinaufzureiten und den Vaulion und den Dôle zu besteigen. Von hier oben erblickten sie in der Tat an einem warmen, sonnigen Tag die ganze Alpenkette von Luzern bis Genf, im Süden die Eisgebirge Chamonix' und im Vordergrund die säuberlich parzellierte ländliche Gegend rund um den See sowie Genf selbst, wohin sie nun hinabstiegen und wo sie vom 27. Oktober bis zum 3. November bleiben sollten. Voltaires Landgut in Ferney, ein Monument für die Macht der Feder, das Goethe nicht entgangen sein kann, mußte natürlich besichtigt werden, obwohl Voltaire selbst schon im Jahr zuvor gestorben war; aber auch in Genf

gab es viel zu tun. Carl August ließ sich porträtieren, Goethe nahm die örtlichen Kunstsammlungen in Augenschein und führte mehrere recht unbefrie-
digende Gespräche mit dem jungen Theologen und Altphilologen Georg
Christoph Tobler (1757–1812), der eine Empfehlung Lavaters und Abschrif-
ten von Lavaters neuesten Werken mitbrachte, einer Paraphrase der Offenbarung des Johannes und dem Versgedicht *Jesus Messias*. Der Naturforscher
Charles Bonnet (1720–1793), dessen zoologische Ansichten Goethe später
heftig rügen sollte, wurde ebenso aufgesucht wie der Naturwissenschaftler
und Alpinist Horace Benoît de Saussure (1740–1799), der 1787 als zweiter
Bergsteiger den Mont Blanc bezwang. Saussure mußte die unternehmungs-
lustige Gruppe über die Aussichten ihrer geplanten Tour ins Hochgebirge
beraten; man wollte noch in dieser späten Jahreszeit nach Chamonix, ins Wallis und auf den Gotthard. Jeder, den sie bisher gefragt hatten, hatte sie für
verrückt erklärt, aber Saussure meinte, wenn das Wetter sich halte und sie
sich von Ortskundigen führen ließen, könne ihnen nichts geschehen. Goethe
war begeistert, schrieb Frau von Stein aber doch, sie würden Glück zu ihrem
Unternehmen brauchen: «Wenn es dort schon so aussähe wie man es uns hier
mahlt so wärs ein Stieg in die Hölle»; aber «wenn es möglich ist im Dezember
auf den Brocken zu kommen, so müssen auch Anfangs November uns diese
Pforten der Schröcknisse auch noch durchlassen.» Erneut sollte das Orakel
konsultiert werden.

Leider hatte sich herausgestellt, daß Wedel die Höhe nicht vertrug; er zog
daher am 3. November mit den Pferden auf der Uferstraße nach Martigny,
dem vereinbarten Treffpunkt entgegen, während der Herzog, Goethe und
Jäger Isleib ins Innere Savoyens aufbrachen. In einem leichten Kabriolett mit
vier Rädern und zu Fuß erreichten sie am Abend des 4. November Chamonix. Den nächsten Tag verbrachte man mit der Besichtigung des Eismeers von
Chamonix, und Goethe und der Herzog taten einige hundert Schritte auf die
Eisklippen hinaus. Am sechsten brachte sie ein Führer durch das Tal Chamonix und über den Col de Balme hinunter nach Martigny. Nun führte der
Weg, das Rhônetal aufwärts zwischen den höchsten Bergketten der Schweiz,
dem Berner Oberland und den Westalpen, durch immer wüsteres, ärmeres
Land. Nach der Heimkehr von einem Abstecher zu den warmen Quellen
von Leukerbad wurden sie vor der Weiterreise auf der Hauptroute gewarnt,
da dort das Futter für die Pferde auszugehen drohe. So nahm Wedel wieder
die Pferde und trat mit ihnen den Weg zurück nach Luzern an, während der
Herzog, Goethe und Isleib die Reise zu Fuß und auf Maultieren fortsetzen
wollten. Die Frage war nur: Nahmen sie den ihnen von Saussure empfohlenen Weg über den Simplon hinunter nach Italien und von dort über den Lago
Maggiore zurück zum Gotthard? Oder sollten sie ihren Weg bis hinauf zur
Rhônequelle fortsetzen und dort versuchen, über den Furkapaß direkt zum
Gotthard zu gelangen? Auf diese Entfernung war über die Schneeverhältnisse
auf der Furka nichts Verläßliches zu erfahren, doch hatte Goethe – der alle
Entscheidungen traf, auch wenn der Herzog glaubte, er sei an ihnen beteiligt

– eine abergläubische Furcht davor, den Boden Italiens zu betreten. Sie hätten dort nur wenig Zeit, und was den Herzog betraf, so war der Zweck der Reise ja gewesen, ihn mit großartigen Naturschönheiten und einigen für Goethe wichtigen Orten und Menschen bekannt zu machen, und nicht, ihm die großen Stätten der klassischen Kunst zu zeigen, für die er ohnehin noch nicht reif war – falls er jemals reif für sie würde –, oder mit ihm gemeinsam eine neue Welt zu entdecken. Goethes Widerstreben muß dem Gefühl entsprungen sein, daß die Weiterreise nach Italien «symbolisch» nicht richtig gewesen wäre. Italien bedeutete ihm sehr viel: Weimar war die Alternative zu der vom Vater anbefohlenen Italienreise gewesen. Erst wenn er sich in Weimar bewährt hätte – und bisher war er dort erst seit neun Monaten wirklich in Amt und Würden –, wäre er innerlich frei genug, die große Bildungsreise aus eigenem Antrieb und nicht auf Beschluß des Vaters anzutreten; wann aber dieser Augenblick kommen würde, war schwer vorherzusehen. Und wer weiß: vielleicht bedeutete ihm Italien auch zu viel, als daß er es gern in der derzeitigen Begleitung bereist hätte; sobald die Zeit reif war, würde er allein reisen.

Und so wandte sich die kleine Gesellschaft, als sie am 11. November morgens in Brig aufbrach, nicht südwärts der Straße zu, die über den Simplon ging, sondern zog dem Rhônetalgletscher entgegen, von wo ihr ein eisiger Ostwind ins Gesicht blies. So war es eine angenehme Überraschung, als sie gegen Mittag ein gastliches Haus fanden, in dem sie tüchtig gelabt wurden; allerdings war die fromme Hausfrau nicht davon abzubringen, ihnen ausführlich die Legende vom hl. Alexis zu erzählen. (Diesem ganz zufälligen Augenblick sollte Goethe später einen besonders nachhaltigen literarischen Einfluß danken.) Doch hielt der Wind die drohenden Schneewolken zurück, und so durfte man es, nach einer Übernachtung in Münster, wagen, bis Oberwald am äußersten Ende des Tales weiterzugehen. Hier versicherte man den nicht wenig verblüfften Reisenden auf ihre vorsichtige Frage nach ortskundigen Führern, daß die Furka sogar den größten Teil des Winters gangbar sei, und nach Taxierung ihrer Körperkräfte wurden den unerschrockenen Fremden zwei starke Männer aus dem Dorf gestellt, die sie über den Paß bringen sollten. Die blauen Eisklippen des Rhônegletschers waren gut zu sehen, bevor ein grauer Tag mit Schneegestöber und einer nur manchmal durchbrechenden, blassen Sonne den Blick auf die Gipfel verwehrte. Durch eine weiße Wüstenei, bar jeden Lebens, stapften die Reisenden in den Spuren ihrer Führer, dreieinhalb Stunden zum Bergsattel hinauf und dreieinhalb Stunden wieder herunter, durch tiefen Schnee, in dem man oft bis zum Gürtel versank und vor Kälte nicht stehenzubleiben wagte. «Es ist die ärgste Strapaz, die ich je ausgehalten», vertraute Carl August seinem Tagebuch an. Es war der vierte Jahrestag von Goethes Begegnung mit Frau von Stein gewesen. Sie übernachteten in Realp bei den Kapuzinern und am 13. November bei deren Brüdern im Gotthardhospiz, «auf dem Gipfel unsrer Reise». Hier betrat Goethe wieder den Weg, den er «vor vier Jahren mit ganz andern Sorgen, Gesinnungen, Planen und Hoffnungen» zurück ins Vaterland genommen hatte, als er «mein künftiges Schicksal unvorahnend durch ein ich weiß nicht was bewegt Italien den Rücken zukehrte und meiner jetzigen Bestimmung unwissend entgegen ging».

So war die Rekapitulation wieder aufgenommen. Über Schwyz und Luzern, wo Wedel wieder zu ihnen stieß, gelangten sie am 8. November nach Zürich. Hier besuchten sie, «Siegel und oberste Spizze der ganzen Reise», Lavater; für Goethe war er «der beste grösste weiseste innigste aller sterblichen und unsterblichen Menschen die ich kenne». Auch die Bekanntschaft mit Barbara Schultheß wurde aufgefrischt, ebenso absolvierte man die Pflichtbesuche bei den anderen literarischen Größen der Stadt, namentlich bei Bodmer, der mittlerweile über achtzig war – und kaum ein anderes Gesprächsthema kannte. Goethe scheint es aber vor allem die Häuslichkeit angetan zu haben, in der Lavater lebte: die Verbindung einer liebevollen familiären Geborgenheit mit einem regen Geistesleben und natürlich mit den seelsorgerlichen Aufgaben eines der führenden Kirchenmänner der Stadt. Die zwei Wochen, die Goethe in dieser Atmosphäre eines warmherzigen, aber tätig-zweckgerichteten Fühlens verbringen durfte, waren ihm eine Offenbarung und ein Labsal. «Erst hier geht mir recht klar auf in was für einem sittlichen Todt wir gewöhnlich zusammen leben, und woher das Eintrocknen und Einfrieren eines Herzens kommt das in sich nie dürr, und nie kalt ist.» Vielleicht hatte sich die Vorstellung, nach Weimar zurückkehren zu müssen, schon wie ein Schatten auf Goethes Gemüt gesenkt, mochte er auch am 2. Dezember die Heimreise mit dem bei Lavater gefaßten Vorsatz antreten, «dass wir unsre Seelen offen behalten, und wir die guten Seelen auch zu öffnen vermögen». Über Winterthur und Konstanz gelangten sie nach Schaffhausen, wohin Lavater ihnen nachgeritten kam, um sie noch einmal zu sehen, mit ihnen den Rheinfall zu bewundern und ihnen ein Lebewohl aus der Schweiz nachzurufen. Dann folgte, bei generell schlechtem Wetter, eine Reihe mehr oder weniger langweiliger Besuche an den südwestdeutschen Fürstenhöfen. In Stuttgart waren Carl August und Goethe, obwohl offiziell inkognito reisend, Ehrengäste des Herzogs von Württemberg bei der jährlichen Preisverleihung an der Karlsschule: Unter den mit einer Auszeichnung bedachten Eleven war auch der junge Friedrich Schiller, der schon seit etwa drei Jahren heimlich an seinen *Räubern* schrieb. In Mannheim besuchte man Heribert von Dalberg, den Bruder des Statthalters in Erfurt, der sich zwei Jahre später für eine Aufführung von Schillers Stück einsetzte; und zu Goethes momentanem Unmut wohnte man einer zu Ehren der Weimarer Reisenden veranstalteten Aufführung des *Clavigo*, mit Iffland als Carlos, bei. Goethe war unterdessen damit beschäftigt, die Erinnerung an die Schweiz und die freie Gebirgsluft in einem Singspiel lebendig zu erhalten, dessen Schauplatz eine Almhütte in den Hochalpen ist, *Jery und Bätely*. Das Stück war fertig, als die ganze Gesellschaft am ersten Weihnachtsfeiertag wieder in Frankfurt eintraf; hier griff Goethe auch zum erstenmal wieder zum Zeichenstift, um einiges von dem Gesehenen auf das Papier zu bannen. Vom Großen Hirschgraben unternahm man diverse Abstecher zu den benachbarten Höfen von Homburg und Darmstadt, wo die Verwandten von Herzogin Louise besucht werden wollten, und Frau Rat Goethe durfte noch einmal zwei herrlich aufregende Wochen erleben, bevor die ganze Gesellschaft am 10. Januar nach Weimar aufbrach, wo sie am 13. ankam. War die Reise zunächst auf Besorgnis und Ablehnung gestoßen – man hatte Goethe zugetraut, den Herzog zu halsbrecherisch gefährlichen Abenteuern zu verleiten, und das, obwohl es noch keinen männlichen Thronerben gab –, so wurde die Expedition jetzt, trotz ihrer Kosten von insgesamt fast 9.000 Talern, allgemein als Erfolg gewertet. Carl August war bei guter Gesundheit, er war sichtlich reifer geworden, und überall erzählte man Gutes über ihn. Noch in Schaffhausen hatte Goethe Lavater brieflich um seine Vermittlung gebeten, um den bewunderten Füßli für den Entwurf eines in Weimar zu errichtenden Gedenksteins an die Schweizer Reise zu gewinnen: ein Dankopfer, geweiht «dem guten heilsamen Glück», «einem guten Geiste», der die Reisenden begleitet, und dem nicht minder guten Geiste Terminus, der ihnen den Punkt ihrer Umkehr bezeichnet (das heißt vermutlich: sie an der Weiterreise nach Italien gehindert) hatte: «Schaff dass er es macht und schnell macht und kröne mir auch dies Jahr und sein Glük mit diesem lezten Zeichen.» Doch Füßli war zu der Arbeit nicht zu bewegen, und so mußte das symbolische dreißigste Jahr Goethes dieser Krönung entbehren.

Werke, 1777–1780

Die literarischen Arbeiten dieser bewegten Jahre lassen sich in zwei Gruppen gliedern. Die frühere und größere Gruppe bilden die Werke, die unmittelbar mit dem von uns «tragisch» genannten Thema dieser Periode zusammenhängen: *Proserpina* und *Der Triumph der Empfindsamkeit*, der Schluß des ersten Buches von *Wilhelm Meister*, einige große Gedichte und *Iphigenie*. Die zweite Gruppe hängt mit der ersten zusammen, ist aber von ihr unterschieden; es sind die Werke aus dem Umkreis der Schweizer Reise, «Gesang der Geister über den Wassern», *Jery und Bätely* und die *Briefe aus der Schweiz*.

Den Inbegriff der tragischen Erkenntnis, mit der die Goethe in dieser Periode rang, formuliert ein kleines Gedicht, das wahrscheinlich, aber nicht sicher, viel später, nämlich erst 1783, entstanden ist:

> Wer nie sein Brot mit Tränen aß,
> Wer nie die kummervollen Nächte
> Auf seinem Bette weinend saß,
> Der kennt euch nicht, ihr himmlischen Mächte.
>
> Ihr führt ins Leben uns hinein,
> Ihr laßt den Armen schuldig werden,

Dann überlaßt ihr ihn der Pein,
Denn alle Schuld rächt sich auf Erden.

Zwar hatte Goethe , wie erinnerlich, schon 1775 in Frankfurt, vor der vermeintlichen Abreise nach Italien, in sein Tagebuch geschrieben: «Bin ich denn
nur in der Welt mich in ewiger unschuldiger Schuld zu winden.» Er wird
dabei an Friederike gedacht haben, an Lotte Buff, an Lili, an *Werther* und
dessen unglückliche Leser. Doch die Jahre, die Goethe am konsequentesten
mit der in dem kleinen Gedicht ausgedrückten furchtbaren Angst quälten –
einer Angst, die dem aristotelischen «Schrecken», als einem Element der Tragödie, verwandter ist als jede Seite Lessing, oder auch Nietzsche –, waren die
Jahre, in denen ihm klar wurde, daß er das zwischen 1771 und 1775 geführte
Leben nicht einfach in der neuen Umgebung, und bei allen materiellen Vorteilen des Weimarer Hofes, so weiterleben konnte wie bisher, sondern daß es
eines Opfers bedurfte. Die Angst, die aus diesen Zeilen, und auf ihre Weise
aus allen Werken dieser Zeit, spricht, ist die Angst, das Opfer könnte wirkungslos bleiben. Konnte er sich vor der Selbstzerstörung und Selbsttäuschung, in welche Empfindsamkeit und Sturm und Drang ihn gestürzt hatten,
vielleicht nur dadurch retten, daß er einer anderen Täuschung – Weimar –
verfiel, die nicht tragfähiger war als die erste («eigentlich bin ich nicht nothwendig hier, aber ich bilde mirs ein») und die letzten Endes ebenso zerstörerisch, und auf dieselbe Weise zerstörerisch, wirkte: durch übertriebene Kultivierung des Ichs? Diese Angst hat zwei verschiedene Aspekte, die an sich
eher rührend als tragisch sind: erstens die Möglichkeit, daß die Götter gegen
den Aufschrei weinender Menschen gleichgültig sind, und zweitens die Möglichkeit, daß der einzige Ausweg der Seele aus dem selbstauferlegten Jammer
der Schuld in den Jammer einer selbstauferlegten Strafe führt. Beide Aspekte
zusammen aber geben den Stoff für wahrhaft tragische Paradoxa ab, etwa daß
die Menschenferne der Götter ihren Grund in der Götterferne der Menschen
hat, oder daß, wie bei Ödipus, das Bewußtsein unserer Schuld justament das
Verbrechen ist, für das wir bestraft werden. Die Selbstzerstörung einer Gefühlskultur ist an sich nicht tragisch – sie kann sogar komisch sein –; sie wird
jedoch tragisch, wenn die Seele zu den Göttern um eine Befreiung fleht, die
sie aus eigener Kraft nicht zu leisten vermag und die ihr trotzdem verwehrt
bleibt, weil die Götter diese Seele zur Strafe ihrem eigenen Schicksal überlassen.

In dem kurzen Monodram *Proserpina* kommt Goethe der bestürzenden,
ja verzweifelten Simplizität der klassischen Tragödie näher als in irgendeinem
seiner anderen Werke. Es erschien zuerst im *Teutschen Merkur* vom Februar
1778 und ist sehr wahrscheinlich 1777, gleich nach dem Tod Cornelias, entstanden, mag aber auch ein ganzes Jahr älter sein. Proserpina bejammert in
der Unterwelt ihre Entführung, die Qualen, die sie ringsumher im Reich des
Todes mit ansieht, und die Vorstellung ihrer Vereinigung mit dem verhaßten
Pluto (deren Vorbild Goethe nicht nur in der Ehe seiner Schwester, sondern

auch in der Charlotte von Steins und der Herzogin Louise gefunden haben mag). Aber das Stück ist nicht einfach nur Klage: in seinem Zentrum steht eine entscheidende Tat, ein Wendepunkt. Proserpina ruft – wie vor ihr Ganymed, aber auch Werther – den liebenden Vater an, Jupiter im Himmel, der sie, wie sie zuversichtlich glaubt, aus dem Tode wieder erheben wird. Hoffnung strömt in ihr Herz und erquickt es, und als ein Zeichen der Hoffnung steht vor ihr ein Granatapfelbaum, Leben in der Wildnis, gewiß gepflanzt, um ihr Mut zu machen. Sie ißt von dem Granatapfel, der in der Tat labend wirkt und ihre Gedanken zurücklenkt auf das Glück ihrer Jugend in der oberen Welt. Und dann geht ihr eine furchtbare Gewißheit auf, bestätigt von einem Chor unsichtbarer Parzen: durch das Kosten von der Frucht hat sie gegen die, ihr unbekannte, Bedingung verstoßen, unter der allein sie ins Leben hätte zurückkehren dürfen. Nun ist sie fester denn je zuvor in die Unterwelt festgebannt, in Ewigkeit dazu verdammt, Königin im Reich der Schatten zu sein. Nicht nur hat Jupiter sie getäuscht und sich nicht als der allliebende Vater erzeigt, den sie in ihm vermutete; sondern eben die Hoffnung auf Rettung durch ihn, verkörpert in der erquickenden Frucht des Granatapfelbaumes, ist das Vehikel ihrer Täuschung und schließlich ihres Verderbens gewesen, ist das Verbrechen, für das sie nun bestraft wird. Proserpinas anfänglichen Zustand, bevor sie von der Frucht kostet, kennen wir aus den dunkelsten Momenten von Goethes Frankfurter Existenz und durch deren Ausdruck bei Werther: eine Leere des Herzens in einer grauen Welt, umringt von Schatten, die wie die Geschöpfe des Prometheus, ohne jedes eigene Leben sind:

> Leer und immer leer!
> Ach, so ist's mit dir auch, mein Herz!

Proserpinas Geschichte dramatisiert die grauenvolle Möglichkeit, daß dieser Zustand der wahre und daß jede andere Hoffnung nichts als Hybris des Herzens ist, ein sich selbst betrügender Glaube an die weltverändernde Macht unserer Gefühle, der unsere trostlose Verlassenheit nur noch verschlimmert – vielleicht sogar (durch das Essen von der verbotenen Frucht) einen Zustand sündhaft macht, der vorher nur bejammenswert war, nun aber zu Recht bestraft wird. Proserpina wird nicht nur einmal, sondern zweimal aus dem Licht der Sonne verbannt; ihr Hilferuf wird nicht erhört, ja, daß sie ihn ausgestoßen hat, wird zur Ursache noch größerer Verzweiflung; und gegen diese Angst vor zweifacher Verdammnis – die ihm im Schicksal Cornelias oder Plessings oder Lenzens, oder auch Louisens, vor Augen stand – weiß Goethe nur das Mittel, den Chor der Parzen, der das Unglück Proserpinas bekräftigt, unsichtbar zu lassen und ihn damit bloß als eine weitere Ausgeburt von Proserpinas selbstquälerischer Phantasie denkbar zu machen.

Schon bei der Niederschrift mag Goethe entsetzt haben, was er in diesem Monodram sagte, und er suchte es – ähnlich wie einst die Ballade «Es war ein Knabe frech genug» – durch Einfügen in einen neuen, thematisch fremden Kontext zu neutralisieren. So wird das Stück *Proserpina* im vierten Akt des *Triumphs der Empfindsamkeit* von Königin Mandandane aufgeführt und soll zeigen, daß auch sie angesteckt ist von der Krankheit der Empfindsamkeit, durch die das Monodram in Mode gekommen ist. Indes ist *Der Triumph der Empfindsamkeit*, obwohl es sich um eine – gute – Komödie handelt, thematisch von der *Proserpina* nicht so weit entfernt, wie es den Anschein hat. Mandandane, Gemahlin des «humoristischen Königs» Andrason, ist Gegenstand der leidenschaftlichsten Aufmerksamkeiten des Prinzen Oronaro, eines Verehrers der Natur und des Herzens, und sie ist von diesen ätherischen Entzückungen so hingerissen, daß sie sich ihrem Mann – der wohl der Pluto zu ihrer Proserpina ist – recht entfremdet hat. Prinz Oronaro ist aber von so zarter Konstitution, daß er weder den feuchten Tau einer wirklichen Landschaft verträgt, in der man sich so schnell erkälten kann, noch gar die Ameisen, Mücken und Spinnen, die einen in den zärtlichsten Gedanken stören, wenn man in einer schönen, warmen Mondnacht im Grase liegt oder in einer Grotte sitzt. Als er sich daher zu einem längeren Aufenthalt in Andrasons Schloß einquartiert, bringt er seine eigene «Reisenatur» mit: künstliches Gebüsch, Felsen, Quellen und Mondschein, alles in Kästen verpackt, aus denen es auf den Druck einer Feder herausspringt, um ein beliebiges Interieur in einen idealen mondbeglänzten Hain zu verwandeln, aber ohne die lästigen Begleiterscheinungen der Realität. In einer Laube in der Mitte dieses künstlichen Hains sitzt Oronaros wahre Liebe, eine ausgestopfte Puppe mit den Zügen Mandandanes, die er überallhin mitnimmt, um Wonneschauer zu fühlen, wann immer er will. Als Oronaro abwesend ist, um ein Orakel in den Bergen zu befragen, zu dem auch Andrason schon gepilgert ist, gelingt es Andrason, die Puppe auseinanderzunehmen und das Geheimnis ihrer magnetischen Macht über ihren Besitzer zu ergründen: Sie ist vollgestopft mit Werken der empfindsamen Literatur, darunter, als «Grundsuppe», auch *Die neue Héloïse* und *Die Leiden des jungen Werthers*. Anstatt Oronaro seine Illusionen zu rauben, flickt Andrason die Puppe wieder zusammen, erklärt seinem Nebenbuhler, als er zurückkommt, er wolle ihm endlich doch erlauben, das Objekt seiner Herzensbegierde zu besitzen, und läßt ihn zwischen der wirklichen Mandandane und ihrem empfindsamen Ebenbild wählen. Oronaro entscheidet sich natürlich entzückt für seinen Sack voller Bücher und Häckerling, während Mandandane endlich die Augen aufgehen und sie sich mit ihrem Gemahl versöhnt.

Die Wiederkehr des Pygmalionmotivs – der Künstler, der, wie in Goethes früher Ballade, das selbsterschaffene Bildnis dem Leben vorzieht, das es abbildet – verweist darauf, daß diese «dramatische Grille», wie Goethe sie nennt, tiefer geht, als Schwank und Lieder und Tänze vermuten lassen. In den beiden Aufführungen von 1778 übernahm Goethe den Part Andrasons, des Königs, dessen Idee von der Natur ein fester Stecken und Stab und ein tüchtiger Spaziergang sind, aber ebensoviel steckt von ihm im Prinzen Oronaro (was, wenn man dabei in Mandandane die Herzogin Louise sah, zu jenen «dummen Auslegungen» Anlaß gegeben haben mag, die Goethe in seinem Tagebuch beklagt). Oronaros Werthersche Unfähigkeit, sich von den Geschöpfen seiner Einbildungskraft und seiner Begierden loszumachen, könnte in einem anderen Kontext tragisch sein: Das Stück endet in der Tat damit, daß Oronaro das Orakel in den Wind schlägt, das ihm, falls er von seinen Spielereien nicht abläßt, prophezeit: «Hier und über dem Fluß fürchte des Tantalus Loos!» Goethe verwechselte damals noch Tantalus mit Ixion, wie aus einer Bekundung des Mitgefühls mit ihm in *Proserpina* hervorgeht; er meinte, Tantalus werde mit den berühmten Qualen des nie gestillten Verlangens bestraft, weil er, natürlich vergebens, versucht hatte, Juno zu rauben, die Königin der Götter. Oronaros Schicksal ist es also, nicht seine Königin zu erlangen, sondern bestraft zu werden, als habe er sie erlangt; er ist zu endloser Enttäuschung an Leib und an Seele verurteilt; und so verfällt auch er, auf seine Weise, der zweifachen Verdammnis Proserpinas. Denn in seinem Augenblick der «Hoffnung», wie er es in der letzten Szene nennt, als er glaubt, Andrason werde nun das himmlische Orakel in Erfüllung gehen lassen, das ihm ein Ende seines Sehnens geweissagt hatte, als er glaubt, der Spielerei zu entsagen und die Wirklichkeit zu umarmen, hat ihn sein Herz verraten, und er hat statt dessen die Koboldsfrucht gewählt, die ihn in ewiger Knechtschaft halten wird.

Natürlich «ist» Goethe der götzähnliche Andrason ebenso, wie er der wertherähnliche Oronaro «ist», und das Stück macht sich an einigen Stellen ebensosehr über sich selbst und das Weimarer Publikum lustig, wie es sich über die Empfindsamkeit in abstracto lustig macht, freischwebend irgendwo und nirgends in einem Deutschland außerhalb Weimars. Diese Zerrissenheit in Goethes Innerem, diese Ungewißßheit über den eigenen Standort in bezug auf sein bisheriges Leben wie in bezug auf seine gegenwärtigen Umstände, ist das Thema der «Harzreise im Winter», so wie sie für ihn der Beweggrund war, mitten während der Niederschrift des *Triumphs der Empfindsamkeit* sein eigenes Orakel auf dem Gipfel des Brocken zu befragen. In dem Gedicht versucht Goethe zu bestimmen, ob «Glück» oder «Unglück» sein Los sein werde, das Glück des Mannes, der rasch die vorgezeichnete Bahn zum anerkannten Ziel rennt, oder das Unglück dessen – Mann oder Frau –, dem das Herz zusammengezogen ist in Schranken, die nur ein ebenso bitterer Tod löst. Er stellt jetzt die beiden Lebensmöglichkeiten einander schroff entgegen, von denen er in den ersten anderthalb Jahren in Weimar geglaubt hatte, daß sie in inzestuöser Ununterschiedenheit nebeneinander her existieren könnten. Es gibt den Weg der weltlichen Fortuna, leicht begangen von den Gefolgsleuten im Troß eines Fürsten – die Beschreibung höfischen Lebens ist von leiser Herablassung, aber nicht wegwerfend. Denn was ist die Alternative? Was gibt es Sinnvolleres zu tun, fern den «gebesserten Wegen» eines modernen absolutistischen Staates? Die Beschwörung der Harzlandschaft und die Frage nach der Bestimmung des Dichters verschmelzen nun zu einem Bild von bedrängender Unmittelbarkeit:

Aber abseits, wer ist's?
Ins Gebüsch verliert sich sein Pfad,
Hinter ihm schlagen
Die Sträuche zusammen,
Das Gras steht wieder auf,
Die Öde verschlingt ihn.

Es folgt eine leidenschaftliche Klage um alle jene, deren Herz sich vor dem Unglück in sich selbst zurückgezogen hat, wie vielleicht Cornelia, besonders aber wie jene ganze Generation, die nicht den Weg gegangen war, den die Gesellschaft und ihre Mächtigen vorgezeichnet hatten, sondern statt dessen ihr Heil in dem neu sich anspinnenden Geflecht der Öffentlichkeit gesucht hatte, in der neuen nationalen Gemeinschaft des Fühlens, deren Mittler und Halt, wie Prinz Oronaro wußte, das Buch war. Diese Generation, die sich in einem Buch, dem *Werther*, wiedererkannte, hatte auf die Macht ihres Herzens, auf die Macht der Liebe vertraut und ging, als diese Macht sich als zu ohnmächtig erwies, um die Welt verändern zu können, am Verrinnen ihrer ungenutzten Gefühle zugrunde. Goethe mag dabei – wie er später angelegentlich hervorhob – an Plessing gedacht haben, aber ebenso gewiß dachte er auch an sich selbst, an «die Klufft zwischen mir und denen Menschen allen», die ihn im September vom höfischen Treiben in Wilhelmsthal und der internationalen höfischen Kultur eines Baron Grimm getrennt und ihn der Welt zunehmend als kalt und in sich verschlossen hatte erscheinen lassen. Hier lauerte noch immer auf ihn die Gefahr der emotionalen Selbstzerstörung, die nicht durch den *Werther* gebannt war, nicht durch *Proserpina* und nicht durch den *Triumph der Empfindsamkeit*:

Ach, wer heilet die Schmerzen
Des, dem Balsam zu Gift ward?
Der sich Menschenhaß
Aus der Fülle der Liebe trank.
Erst verachtet, nun ein Verächter,
Zehrt er heimlich auf
Seinen eignen Wert
In ungenügender Selbstsucht.

In diesem Dilemma, zwischen einem Leben des Herzens, das nicht ohne äußeren Halt bestehen kann, und einem gesellschaftlichen Leben, das dem Herzen nicht Genüge tut und zu leichtgewichtig ist, um ihm Halt bieten zu können (weil es nur das Einherziehen im Troß eines Fürsten ist), wendet Goethe sich den Göttern zu. Wie in der Expedition auf den Brocken, sucht er nun in dem Gedicht über die Expedition eine Antwort auf seine Qual. Wie Proserpina ruft er den «Vater der Liebe» an, in der Hoffnung, daß es auf solch ein großes Bedürfnis im Inneren eine Antwort in der äußeren Ordnung der Dinge gibt. Die Subjektivität darf nicht der Selbstzerstörung überlassen werden oder an Verkümmerung sterben; irgendwie, irgendwo muß die Außenwelt auf sie zugehen und sie aufrichten. *Proserpina* spricht die unaussprechliche Antwort aus: daß es keinen Vater gibt, oder daß er das Flehen nicht hört und das Schicksal unerbittlich walten läßt. Das Bedürfnis des Herzens nach Glück, Liebe und Erfüllung ist, dem Monodram zufolge, reine Illusion, und das Vertrauen darauf, daß das Bedürfnis gestillt wird, ist doppelte Illusion, doppelte Selbstverliebtheit, wie bei Oronaro, der sich nicht nur seine Puppe machte, sondern sie auch der wirklichen Prinzessin vorzog. Die Ersteigung des Brocken war für Goethe persönlich die objektive, greifbare Bekräftigung seines *Glücks*, die Reaktion einer Macht außerhalb seiner, der Macht von Umständen, über die er keine Gewalt hatte, und eine Reaktion, die einfach durch ihre Existenz bekräftigte, daß er nicht Proserpina war. Er durfte zu dem Schluß kommen, daß es wirklich eine gütige, natürliche Ordnung gab, mochte sie auch noch so unergründlich sein, die dafür sorgt, daß es für das Sehnen des Subjekts zuletzt ein Objekt gibt und daß etwas so Balsamisches wie die Liebe, die der Erfüllung bedarf, kein Gift ist, das uns von der Wahrheit entfernt und uns der Selbstsucht in die zerstörerischen Arme treibt. In einer festgefügten bürgerlichen Kultur wie jener Jane Austens, ruhend in der Sicherheit ihres öffentlichen Selbstverständnisses, hätte Goethe diese Gewißheit aus der äußeren, unabhängigen Kraft seiner Gesellschaft, seiner Mitmenschen ziehen können. So aber mußte er selbst eine Objektivität erschaffen und einen Orakelspruch aus einer Strapaze heraushören, die körperlich so anstrengend war, daß aus ihr schlechterdings nicht mehr seine eigene Stimme sprechen konnte; auch der Brocken war ein «selbst nicht selbst». Etwas von diesem Paradoxon – eine objektive Leere, ja Banalität, in die der Beobachter angestrengt eine erhabene, aber merkmalslose Bedeutung hineinliest – haftet der Kohlezeichnung des Brocken im Mondlicht an, die Goethe nach dem Abstieg in Torfhaus fertigstellte – sein größter, und praktisch sein letzter, Versuch, eine mondbeschienene deutsche Landschaft wiederzugeben. In dem Gedicht wird der günstige Ausgang des Omens in Goethes Leben praktisch nachgebildet durch die plötzliche Offenbarung, daß es für den Sprecher, außer dem Weg des Höflings und dem des Einsamen, einen dritten Weg gibt, und so wird das drohende Dilemma in den mittleren Partien des Gedichts auf diese Weise gelöst. Nachdem er den Segen des Vaters der Liebe für diese beiden alternativen Lebensweisen erfleht hat, wendet sich Goethe sich selber zu, und von diesem «Einsamen» wird zum erstenmal als von einem «Dichter» gesprochen. Aber dieser Dichter ist nicht das Genie, das uns beispielsweise in «Mahomets Gesang» begegnet, der Anführer einer kollektiven brüderlichen Bewegung, der, wie Hans Sachs, mit der Stimme der Nation spricht – mag man auch eine leise Anspielung auf dieses Ideal aus den kryptischen letzten Zeilen des Hymnus heraushören. Es ist eine konventionellere Figur, ein Dichter, gekrönt mit Lorbeer, der darauf hofft, mit Rosen gekrönt zu werden, ein Dichter also in höfischer Uniform und mit konventionellem höfischem Thema: es ist der Dichter der Liebe – der Liebe, wie er Frau von Stein versicherte, zu ihr. Für ihn, so zeigt sich, gibt es einen dritten Weg durch die Wildnis des Harzes, weder auf befestigten Straßen noch auf verlorenen Pfaden durch das Gebüsch, sondern, emporgetragen von der Liebe, die er singt, folgt er dem Pfad der Natur – durch Furten, über grundlose Wege und ödes Gefild – hinauf zu der natürlichen Landmarke, wo er die objektive, aber nicht-soziale Bekräftigung des Bandes zwischen Göttern und Menschen empfängt (und wo ihm auch die Quellen in der Wüste offenbart werden, die dem verzweifelnden Wanderer zu zeigen er die Götter angefleht hatte). Die folgenden Zeilen ritzte er in jenes Fenster der Torfhauser Forststation, das auf den Brocken hinausging – eine Votivinschrift, in der das Gedicht, die Expedition und der Anblick der Bergkette vor ihm kulminiert:

> Und Altar des lieblichsten Danks
> Wird ihm des gefürchteten Gipfels
> Schneebehangener Scheitel,
> Den mit Geisterreihen
> Kränzten ahnende Völker.

Denn solange Goethe der Dichter dieser «Liebe» bleibt, darf er hoffen, daß ihm in Weimar ein dritter Weg, zwischen Anpassung und Isolation, bleibt und daß die Reaktion auf seine Anrufung der himmlischen Mächte nicht die tragische Zurückweisung ist, die Proserpina erfährt, sondern die Erhaltung eines «symbolischen» Bezugs seines Lebens zur äußeren Welt: zur Welt der Menschen, wie sie der Hof eines Provinzfürsten kennt, und zur Welt der Natur.

Durch das Brocken-Orakel überzeugt, daß der ihm vorgezeichnete Weg in der Tat durch Weimar führte, scheint Goethe auf dem Rückweg begonnen zu haben, sich bewußt von der Vergangenheit zu trennen. Nicht nur wurde *Proserpina* durch Einbettung in den *Triumph der Empfindsamkeit* ihres tragischen Effekts beraubt; er hatte es nun auch eilig, ein Projekt abzuschließen, das noch aus einer Zeit datierte, da Weimar die erfreuliche Fortsetzung seines bisherigen Lebens verheißen hatte: das erste Buch des *Wilhelm Meister*. Auch hier hinterließen die Ereignisse von 1777 ihre Spuren. Je mehr die Geschichte sich den Jünglingsjahren Wilhelms zuwendet, desto dünner wird die erzählerische Textur: Die Perspektive, auf die wir uns konzentrieren, ist vornehmlich Wilhelms Perspektive, und dies vornehmlich im Blick auf Theaterdinge: die Liebhabertruppe, die Wilhelm mit Gleichaltrigen aufbaut, seine ersten, hypnotisierten Besuche von Aufführungen einer berufsmäßigen Schauspielgesellschaft, die Bekanntschaft mit Mitgliedern dieser Truppe und die hoffnungslose Verliebtheit in eine ihrer Schauspielerinnen. Es gibt noch immer viele humorvolle und realistische Züge, etwa das peinliche Versäumnis der jungen Dilettanten, die vor ihrer ersten Aufführung für alles gesorgt haben – Kulissen, Kostüme, Requisiten –, nur nicht für einen Text, oder die ausführliche Beschreibung von Schmutz und Unordnung in der Garderobe einer

20. Goethe: Der Brocken im Mondlicht (Dezember 1777)

Schauspielerin. Aber die breite Anlage des Anfangs ist dahin, die Stadtbewohner, Wilhelms Familie und ihr Ergehen, sogar die physische Präsenz des Hauses geraten aus dem Blick, und das Feld behauptet eine generalisierende, summarische Erzählweise, die nicht zeigt, sondern redet. Die Verheißung eines realistischen Panoramas bleibt uneingelöst, es dominieren die Gedanken und Erlebnisse des Haupthelden, die sich bald in einer tragischen Illusion verfangen. Die Schauspielerin, die Wilhelm liebt, heißt Mariane – Goethes Kosename für Amalie Kotzebue –, und die Affäre zwischen diesem Wilhelm und dieser Mariane ist in manchem die Umkehrung und der Widerruf der Situation in den *Geschwistern*. Für den naiven Wilhelm Meister ist das Verhältnis zu der jungen, aber erfahrenen Mariane, das endlich zu körperlicher Intimität und einer Schwangerschaft führt, das Medium für die Verwirklichung eines Ideals. Er sieht sich bereits, durch die geplante Flucht mit Mariane und die Heirat, zum großen Schauspieler werden, zum Begründer des nationalen Theaters, auf das ganz Deutschland wartet, ja er sieht im Theater selbst die Erfüllung einer religiösen Funktion, vergleichbar der Funktion der Kirche (die sonst in der Geschichte keine Rolle spielt): «ich will's nicht aussagen, aber hoffen will ich's, daß auf uns herabsteigen soll die große Schönheit und die so von allen gewünschte Erscheinung des Übermenschlichen in menschlicher Gestalt.»

Dieser Ehrgeiz, im Buch in die 1750er Jahre verlegt, doch vom Standpunkt Goethes 1778 dem Sturm und Drang so eng verwandt, scheitert, mitsamt allen Illusionen Wilhelms über Mariane und die gemeinsamen Zukunftspläne, als er, unmittelbar vor der beabsichtigten Abreise, in fieberhafter Gefühlserregung, entdeckt, daß Mariane von einem örtlichen Kaufmann ausgehalten wird, was für ihn (nicht für uns) eine überraschende Entdeckung ist und das erste Buch des Romans beschließt. Wilhelm Meisters theatralische Sendung scheint beendet, kaum daß sie erste Gestalt angenommen hatte. Wahrscheinlich hat Goethe etwa zu derselben Zeit die ersten Seiten des zweiten Buches entworfen; sie berichten von Wilhelms körperlichem Zusammenbruch nach der fatalen Entdeckung und skizzieren praktisch einen völlig neuen, zweiten Einsatz seiner Geschichte. Wilhelm wird uns jetzt zum erstenmal als Dichter vorgestellt, der schon viel geschrieben und viel über seine Kunst nachgedacht hat, und dieser Aspekt, nicht seine Leidenschaft für das Spielen und den sinnlichen Reiz der Bühne, wird nun Ausgangspunkt seiner künftigen Beschäftigung mit der Welt des Theaters. Mehr brauchte Goethe vielleicht nicht, um die Fäden jederzeit wieder aufnehmen zu können, falls er Lust dazu bekommen sollte. Wie weit er mit dem Neuentwurf des Romans gediehen ist, wissen wir nicht; jedenfalls hat er ihn, als er abbrach, gut vier Jahre liegen lassen. Zum Festhalten an Kontinuitäten mit der Vergangenheit war er nicht aufgelegt, zu einer Sendung an das deutsche Publikum fühlte er sich nicht berufen: Der Versuch, die Grundlagen einer nationalen Kultur zu schaffen, wie sie Wilhelm Meister vorgeschwebt hatte, war ihn fast ebenso teuer zu stehen gekommen wie seinen jungen Helden, dem er einen körperlichen Kollaps beschert hatte, und wenn er sich in Weimar behaupten wollte (und eine besere Alternative gab es nicht, wie noch einmal betont sei), mußte er andere Wege finden, «zur guten Sache» beizutragen. In dieser Zeit schrieb er das Gedicht «An den Mond», das dazu mahnt, sich vor der «Welt» zu verschließen und das Glück in der eigenen «Brust» zu suchen, und nach dem Erscheinen *Proserpinas* im Februar schwand auch der letzte Rest seines Interesse am *Teutschen Merkur* als nationalem Organ. Wieland, der auch in seinem (frühen) Ruhestand sein Leben für das deutsche Publikum lebte und nur über Anna Amalia Kontakt zum Hof hatte, schrieb im Juni mit der ihm eigenen Gutmütigkeit über das neue Verhältnis zu dem Minister und Hofpoeten, den eine so seltsame Liebe erfaßt hatte: «Vor 2 Jahren *lebten* wir [Goethe und Wieland] noch *miteinander*; dies ist izt nicht mehr und *kann nicht mehr seyn*, da er Geschäfte, liaisons, Freuden und Leiden hat, an denen er mich nicht theil nehmen lassen kann, und an denen *ich* meines Orts ex parte auch nicht theil nehmen könnte noch möchte.»

Die Überzeugung, von einem wohlwollenden Schicksal freundlich geführt zu werden, die Goethe von seiner Harzreise mitgebracht hatte, war, wie wir sahen, immer leicht zu erschüttern gewesen. Das Tragische, wie der Tod Christel von Lassbergs, war eine immer gegenwärtige Möglichkeit (was zum Teil eine gewisse Brutalität Goethes im Umgang mit jenen seiner Werke erklärt, die diese Möglichkeit allzu kraß aussprachen). Irgendwann zwischen 1778 und 1781 schrieb er den freirhythmischen, stillen Hymnus «Grenzen der Menschheit». Demütig, ja fromm akzeptiert er den Unterschied zwischen den transzendenten, kontemplativen Göttern und den von Schicksal und Sturm umhergeworfenen Menschen; doch untergründig klingt der Gedanke an, daß die Überlegenheit der Götter über das Menschenleben auch etwas Räuberisches hat:

> Ein kleiner Ring
> Begrenzt unser Leben,
> Und viele Geschlechter
> Reihen sie dauernd
> An ihres Daseins
> Unendliche Kette.

Das Bild der Kette gemahnt an die «Kette der Bildung», die laut Herder die Generationen verbindet und der einzige Weg ist, wie das Göttliche in der menschlichen Geschichte Fleisch werden kann, und doch steckt in dem Gedicht eine Spur von verhaltenem Groll – darüber, daß wir zum Spielball höherer, uns unbekannter Zwecke geschaffen sind, mögen sie auch wohltätig sein. Derselbe Groll spricht aus einem Brief Goethes aus Berlin vom Mai 1778, nachdem er Gelegenheit gehabt hatte, dieselbe Raubgier in der menschlichen Gesellschaft kennenzulernen: «Ich bete die Götter an und fühle mir doch Muth genug ihnen ewigen Hass zu schwören, wenn sie sich gegen uns betragen wollen wie ihr bild die Menschen.» Das ist bereits in nuce die Theologie jenes Stückes, das Goethe neun Monate später in rund sechs Wochen konzipierte, der *Iphigenie auf Tauris*. Gedacht als Summe der ersten Weimarer Jahre, ist *Iphigenie* deren Symbol geworden. Es ist ein Stück über die Reinigung – die Reinigung des Herzens von Leidenschaft, der Vergangenheit von Schuld, der menschlichen Beziehungen von Mißtrauen und Betrug, der Beziehung zwischen Göttern und Menschen von Furcht und Haß. In dem Stück nehmen denn auch die Götter eine zentrale Stellung ein – als objektiver Hintergrund und Halt des menschlichen Fühlens. Wie das Gedicht «An den Mond» ist *Iphigenie* ein Werk, in dem die Gegenwart der Frau von Stein als eine Macht spürbar wird, die das Tor des Geistes abschließt gegen eine wilde Vergangenheit, die heimgesucht ward von Tod, Sünde und irrationalem Begehren.

Den stärksten Eindruck auf den Leser dürften jedoch die formalen Neuerungen des Stückes machen; denn Iphigenie ist das erste Theaterstück, in dem Goethe auch eine Reinigung der literarischen Form und Sprache gemäß der neuen sozialen und emotionalen Gewißheit unternimmt, die die wohlerwogene Entscheidung für Weimar mit sich brachte. Auf den ersten Blick könnte es scheinen, als befolge diese *Iphigenie* – eines der ersten wirklich ernsten Dramen, die die Weimarer Liebhaber auf die Bühne brachten – einfach das Rezept Gottscheds für den kulturellen Kompromiß des deutschen Bürgertums mit dem fürstlichen Absolutismus: Bodmer, der die vielen Geschraubtheiten des Stückes gnadenlos aufdeckte, urteilte abschließend: «Welcher Stolz, nur für einen Theil der Nation schreiben zu wollen.» Anders Wieland, der das Stück, wenn auch mit derselben Begründung, als Beitrag zur Läuterung des nationalen Geschmacks begrüßte. *Iphigenie auf Tauris* ist ein fünfaktiges Drama, das sich eng an eine antike Vorlage anlehnt. Die drei Einheiten der Zeit, des Ortes und der Handlung sind gewahrt, die Personen – es sind nur fünf – sind vornehmer Abstammung und einander symmetrisch zugeordnet. Die Sprache meidet alles Unschickliche, zeichnet sich aber durch einen forcierten oder fremdartigen Satzbau aus, der eine Atmosphäre des Würde- und Weihevollen verbreiten und an griechische Texte oder deren Übersetzung erinnern soll; die Dialoge sind oft sentenziös und verknappen sich zu Wechselreden einzeiliger, lapidarer Sätze nach Art der antiken Stychomythie; Monologe sind häufig und lang, auch wenn ihre Sprecher nicht allein sind. Doch Gottscheds Alexandriner sind 1779 nicht mehr möglich, und ein geeigneter deutscher Ersatz ist noch nicht gefunden – so ist diese *Iphigenie* nicht in Versen geschrieben, sondern in einer Mischform, einer rhythmischen Prosa, aus der alles Umgangssprachliche getilgt ist, ohne daß das Formal-Gebundene erreicht wäre – Zeichen einer elementaren Ungewißheit über die Intention des Stückes und Grund genug für Goethe, das Stück nicht zu publizieren oder auch nur handschriftlich zirkulieren zu lassen, bevor er es 1786 umgeschrieben hatte. Die Sprache der *Iphigenie* hört sich an, als habe man Wielands *Alceste* – jene Oper, mit der Goethes Satire *Götter, Helden und Wieland* so streng ins Gericht gegangen war – in die Prosa von Lessings *Emi-*

lia Galotti gegossen, und in der Tat klingen die Blankverspassagen der *Alceste* an vielen Stellen der *Iphigenie* an, wenn sich der überwiegend jambische Rhythmus zu fünfhebigen Formen verdichtet.

Alceste, heimischem Boden entsprossen, empfahl sich als Vorbild für ein höfisches Drama, das in Weimar aufgeführt werden sollte, und Goethe tat 1779 genau das, was er 1773 an Wieland so verwerflich gefunden hat: Er nahm ein Drama des Euripides und modelte Handlung und Charaktere im Sinne einer modernen moralischen Reflexion um. Iphigenie, das älteste Kind Agamemnons, ist die Ururenkelin des Tantalus, von dem Goethe, wie erinnerlich, glaubte, er habe sich an der Königin der Götter vergreifen wollen, nachdem ihm erlaubt worden war, an der Tafel Jupiters auf dem Olymp zu speisen; und durch alle Stufen ihrer Abstammung kann Iphigenie die gräßlichen Verbrechen gegen die Menschlichkeit verfolgen, die aus jenem ersten Verstoß gegen die göttliche Ordnung erwachsen sind. Vor der Welt gilt sie denn auch als eines der letzten Opfer ihrer blutigen Familiengeschichte; man glaubt nämlich, ihr eigener Vater habe sie in Aulis den Göttern zum Opfer gebracht, um den griechischen Schiffen günstigen Wind für die Fahrt gegen Troja zu sichern. In Wirklichkeit aber ist sie von Diana, der Schwester Apollos, gerettet und auf das ferne Tauris (die heutige Krim) am Schwarzen Meer versetzt worden, wo sie seither, als Fremde und von allen ihren Angehörigen getrennt, als Priesterin im Tempel der Diana dient. Rein und königlich wie ihre Göttin, hat sie beim Volk von Tauris und bei dessen König Thoas große moralische Autorität erlangt und sie von dem alten Brauch abgebracht, jeden Fremdling, den sein Unglück an die Küsten von Tauris verschlägt, der Diana zu opfern. Doch sehnt sie sich, trotz ihres wohltätigen Wirkens bei den Taurern, zurück nach Griechenland und zu den Ihren. – Das Stück beginnt damit, daß Thoas, unter dem Vorwand, soeben seinen einzigen Sohn und Thronerben in einem ansonsten erfolgreichen Feldzug verloren zu haben und vom Volk zur Vorsorge für die künftige Herrschaft im Lande gedrängt zu werden, Iphigenie in ihrem Tempel aufsucht und sie zum wiederholten Mal bittet, seine Frau zu werden. Als sie sich weigert, läßt er wieder die eiserne Faust des Gewaltherrschers wie des Barbaren sehen: Er befiehlt Iphigenie, zu der alten Gewohnheit des Menschenopfers zurückzukehren. Vor kurzen hat man zwei umherirrende Fremdlinge festgenommen; mit ihnen sei der Anfang gemacht. Die beiden Fremdlinge sind Orest, Iphigenies Bruder, und sein Jugendfreund Pylades; sie sind auf Geheiß des Apollo-Orakels zu Delphi hierhergekommen, um Heilung für Orest zu suchen, der, verfolgt von den Erinyen, den Rachegöttinnen der Unterwelt, in Wahnsinn verfallen ist. Denn Orest hat seine Mutter Klytemnestra aus Rache getötet, weil sie seinen Vater Agamemnon nach dessen Rückkehr von Troja ermordet hat; der Preis für die Eroberung Trojas, so glaubte Klytemnestra nämlich, sei der Tod Iphigenies gewesen. Das Apollo-Orakel hat Pylades und Orest geweissagt, wenn sie eine «Schwester» aus Tauris nach Griechenland heimholten, würden die Qualen des Orest enden; und so sind sie mit einigen Gefährten auf einem Schiff, das sie in einer kleinen Bucht in der Nähe versteckt haben, nach Tauris gekommen, um auf Mittel und Wege zu sinnen, das Bildnis der Apollo-Schwester Diana aus Iphigenies Tempel zu entwenden. Aus Gründen der Vorsicht offenbaren die griechischen Gefangenen der fremden, heiligen Frau, der die rituelle Opferung obliegen wird, nur zögernd ihre wahre Identität und die Geschichte von Agamemnons Familie. Während Iphigenie in der Ankunft ihres Bruders an dieser Stätte ihrer Verbannung die Krönung eines Plans der Himmlischen zu ihrer Rettung erblickt und den Göttern entsprechend dankt, erblickt Orest in der bevorstehenden Hinopferung des Bruders durch die Schwester den würdigen Abschluß für die Kette von Verbrechen in seiner Familie und sieht sich in einer umnachteten Vision bereits tot zu seinen Vorfahren in der Unterwelt versammelt. Aus dieser Vision weckt ihn Iphigenie, die für seine Heilung betet, und er wird wirklich gesund: «Mich dünkt, ich höre der Erinnen fliehend Chor die Thore des Tartarus hinter sich fernabdonnernd zuschlagen», sagt er und bleibt von weiteren Heimsuchungen durch die Rache- und Reuegeister verschont. Wie sollen aber die Griechen nun entkommen, noch dazu mit dem Bildnis der Diana? Thoas dringt darauf, daß das Opfer vollzogen werde. Pylades hat einen Plan, wie man die Opferhandlung aufschieben und das Bildnis zum Strand schaffen kann; aber der Plan setzt voraus, daß Iphigenie den König mit Ausflüchten hinhält. Sie sieht zwar ein, daß es keine andere Möglichkeit gibt, den Orakelspruch zu befolgen und nach Griechenland zurückzukehren, doch hat sie Skrupel, den König, der so lange Zeit gut zu ihr gewesen ist, zu berauben und zu hintergehen. Wie kann sie den Ihren daheim in Mykene Segen bringen, wenn die Fahrt dorthin mit Undank und Verbrechen beginnt? Sie zweifelt fast an der Güte der Götter und erinnert sich an ein furchtbares Lied, das sie einst in ihrer Jugend gehört hat: es mahnt das Menschengeschlecht, die Götter zu fürchten, die auf schroffen Klippen um den goldenen Tisch sitzen und zufrieden hinabblicken auf ihre gebundenen und leidenden Feinde. Im letzten Akt kommt der mißtrauisch gewordene Thoas noch einmal zum Tempel der Diana und beharrt auf seinem Willen, und Iphigenie ringt sich dazu durch, auf das Gute in Thoas, das sie kennt, zu vertrauen und ihm alles aufzudecken. Widerstrebend läßt er sich von Iphigenies furchtloser Offenheit und ihrer Bitte um Gnade erweichen, und als Orest plötzlich erkennt, daß das Orakel, als es von einer «Schwester» sprach, Iphigenie gemeint und er nur durch die Fehldeutung des Orakels geglaubt hat, das Tempelbildnis der taurischen Diana entführen zu sollen, ist es an Thoas – dessen politische Vorwände vergessen sind –, die Leidenschaft, die ihn zu Iphigenie hingezogen hatte, zu unterdrücken, ihren Gehorsam nicht länger erzwingen zu wollen und mit seinem Segen die Geschwister in die Heimat zu entlassen.

Mit Plänen zu einem Stück über diesen Stoff mag Goethe sich seit 1776, vielleicht schon seit 1775, getragen haben. Vergleicht man aber das Bruder-Schwester-Verhältnis, auf dem *Iphigenie* basiert, mit dem entsprechenden Verhältnis in «Warum gabst du uns die tiefen Blicke» und in den *Geschwi-*

stern, so ist eine große Veränderung nicht zu übersehen: Die suggestive Vermengung der verwandtschaftlichen mit der erotischen Beziehung, die den Reiz der Werke von 1776 ausmacht, ist in dem Stück von 1779 konsequent getilgt. Iphigenie steht zwischen einem Mann, der ihr seine sexuelle Liebe bietet – Thoas –, und einem Mann, dem sie ihre schwesterliche Zuneigung bietet – Orest –, und sie verläßt den einen, um an dem anderen festzuhalten. Die Unterdrückung jeden erotischen Moments in den Gefühlen für Orest ist um so wesentlicher, als Iphigenie sich bis zu einem gewissen Grad mit ihrer Mutter Klytemnestra identifiziert, die der vermeintliche Tod der Tochter so tief getroffen hat: Als Priesterin der Diana ist Iphigenie in einer Position, in der sie Orest den Schlag heimzahlen könnte, den er gegen Kytemnestra geführt hat; statt dessen vergibt sie ihm sein Verbrechen und heilt ihn von seiner Reue so vollständig, daß dies in gewissem Sinn von seinem Opfer (also Klytämnestra) herrühren muß. Die heilende Umarmung von Bruder und Schwester mag auf den ersten Blick wie eine Neuauflage jener Umarmung der «Schwester oder Frau» erscheinen, die so gefährlich erotisch war, daß der träumende Dichter sie 1776 in «abgelebte Zeiten» versetzen mußte. In Wirklichkeit bekräftigt sie für Iphigenie die Möglichkeit, der körperlichen Liebe zu entfliehen, die ihr durch Thoas droht, vorausgesetzt, die keusche Diana – auch sie eine Schwester, die ihren Bruder liebt, und die Iphigenie an dieser Stelle des Stückes anfleht – wird «mir durch ihn und ihm durch mich die sel'ge Rettung geben».

Die zentrale Handlung des Stückes ist also ein Gebet an die Götter: Man betet zu Diana, sie möge die Natur ihrer Absicht, Iphigenie in Abgeschiedenheit und Verbannung zu halten, bekräftigen durch ein sichtbares Zeichen – die geistige Gesundung Orests –, das zugleich ein notwendiger Schritt zur Erreichung jener Absicht ist. Die Heilung wird gewährt – aber was das Zeichen bedeutet, ist noch unklar; denn alle Orakel müssen gedeutet werden. Von Orest wurde die Zusammenführung von Bruder und Schwester bloß als grausamer Scherz launischer Mächte gedeutet, die das Verderben des ganzen Hauses Tantalus beschlossen hatten, und dieser Gedanke trieb ihn zu Wahn und Raserei. Gegen diese wilde und schreckliche Theologie hatte Iphigenie die ganze Kraft ihrer Überzeugung gesetzt, daß die Götter die Menschen lieben und es gut mit ihnen meinen. Fürs erste ist Orest von dem umnachteten Glauben geheilt, daß die Götter blutdürstige, raffinierte Rachegeister sind, die nur den mannhaften Haß des Menschen verdienen – daß sie nicht Freunde und Vertraute sind, an die man gläubig Gebet und Dank richten darf. Aber im Fortgang des Stückes sieht es so aus, als sollte Orest zuletzt doch recht behalten. Von der «tauben Noth» wird Iphigenie die Kompromittierung ihrer Reinheit geboten, die sie bisher so bedingungslos sich erhalten hat; um sich selbst und den Bruder zu retten, muß sie, wie es scheint, eine verächtliche und trugvolle Undankbarkeit gegen ihren Gastgeber beweisen, und die Hoffnung, in ihrer Person den Kreislauf von Schuld und Rache und neuer Schuld im Hause Tantalus zu durchbrechen, würde damit zunichte gemacht. Wie könnte sie, selbst zur Verbrecherin geworden, darauf hoffen, der Strafe zu entgehen? Aber die Alternative hierzu scheint nur das fürchterlich ironische Ende zu sein, das Orest in seinem Wahnsinn vorausgesehen hat: als brudermordende Priesterin würde auch Iphigenie sich als echte Tantalide erweisen. Wenn die Götter aber den Sterblichen solche Fallen stellen, aus denen ohne Schuld kein Entrinnen ist: müssen sie dann nicht so sein, wie das Parzenlied, das Iphigenie einfällt, sie schildert? Ist es nicht so: «Ihr führt ins Leben uns hinein, Ihr laßt den Armen schuldig werden, Dann überlaßt ihr ihn der Pein, Denn alle Schuld rächt sich auf Erden»? Am Ende des 4. Aktes sieht Iphigenie die Möglichkeit vor sich, von demselben tragischen Schicksal verschlungen zu werden wie Proserpina: Just ihr Vertrauen auf die Götter, verkörpert in ihrem Leben einer entschlossenen moralischen Reinheit in der festen Hoffnung auf den Tag ihrer Befreiung, mag das Instrument sein, sie einem schrecklichen Verbrechen zu überantworten. Vielleicht macht, wie Goethe am Anfang der «Harzreise im Winter» sinnierte, nur das unerforschliche Schicksal den Unterschied zwischen Glück und Unglück aus, und der menschliche Wille hat daran keinen Anteil, sondern ist besten-, tragischstenfalls das Mittel, durch das sich vollzieht, was so oder so über den Menschen beschlossen wurde. Wie der Dichter der «Harzreise» in seiner Qual sich an den «Vater der Liebe» wandte und seinen Segen suchte, und wie Goethe selbst ein gutes Omen auf dem Brocken suchte, so fordert Iphigenie in den letzten Szenen des Stückes, da sie auf Gedeih und Verderb sich Thoas ausliefert, die Götter heraus, auf daß sie sich endlich erklären: Stützen und bewähren sie die Ahnungen des Herzens, das ihnen vertraut, oder nicht? Ist die wohlwollende Ordnung, die ein reiner und guter Geist in der Welt entdeckt, eine Illusion? Ist Iphigenies Göttin eine ausgestopfte Puppe?

Die Antwort kommt nicht von den Göttern, sondern von einem Menschen. Vor allen anderen Werken dieser tragischen Periode zeichnet *Iphigenie auf Tauris* sich dadurch aus, daß die günstige Antwort auf das Gebet des Herzens nicht durch die Natur und deren Symbolkraft offenbart wird, sondern durch einen Menschen und seine moralische Handlung. Daß Thoas Iphigenie und Orest ziehen läßt, ist nicht Symbol oder Verheißung ihrer Rettung, es *ist* ihre Rettung: Es ist ein Ereignis in der objektiven, sozialen Welt, die die Menschen miteinander teilen, und es wurde herbeigeführt durch das Wirken eines Herzens auf ein anderes Herz: Thoas hat gelernt, die innere Achtung Iphigenies vor der göttlichen «Wahrheit» zu teilen: «wenn ihr die Wahrhaftigen seid, wie ihr gepriesen werdet», ruft Iphigenie die Götter an, bevor sie ihr Geständnis ablegt, «so zeigt's durch euern Beistand und verherrlicht die Wahrheit!» Und Thoas, verärgert und verblüfft zugleich, begreift, daß die Herausforderung nicht nur den Göttern gilt, sondern ihm: «Du weißt, daß du mit einem Barbaren sprichst, und traust ihm zu, daß er der Wahrheit Stimme vernimmt!» Eine derartige Antwort verrät natürlich, daß die Schlacht bereits gewonnen ist, daß Thoas jene höhere Stimme vernimmt und achtet, die ihn, wie er bekennt, schon früher «so oft besänftigt» hat, und daß er den Mächten der sinnlichen Lust und des Todes, womit er das künftige reine und leidenschaftslose Leben Iphigenies und Orests bedroht hat, Einhalt gebieten kann und will. Der Schluß des Stückes drückt eine Zuversicht aus, die Goethe sonst nur noch in ein oder zwei Gedichten wie «Das Göttliche» formuliert hat: daß jene besondere, nämlich aristokratische, soziale Welt, jener «Theil der Nation», wohin er sich gestellt sieht, die vollkommen angemessene, objektive Antwort auf seine inneren Bedürfnisse darstellt und daß durch eine persönliche Reinheit, die den Eros der Agape unterordnet und die sinnliche Lust dem wohlwollenden sittlichen Handeln zum Nutzen anderer aufopfert, Weimar für ihn zum rettenden Hafen vor Enttäuschung, Schuld und Furcht zu werden vermag und die Möglichkeit des Tragischen ihn nicht ereilen kann.

Doch offenbart das Unstimmige der rhythmischen Prosa, in der die erste Fassung der *Iphigenie* geschrieben wurde, daß Goethe von seiner Botschaft im Grunde genommen nicht überzeugt ist. Er hat die poetische und dramatische Form, die seine Hinwendung zu einem asketischen Leben im beamteten Dienst eines Fürsten ausdrücken könnte, nicht gefunden, weil diese Hinwendung in Wirklichkeit nicht da ist – weder die zum Beamtendasein noch die zur Askese. Er ist dabei, sich einer lange währenden, selbstauferlegten Selbsttäuschung hinzugeben, für die ein anderer Name die spirituelle «Ehe» mit Frau von Stein ist, und er wird an dieser Selbsttäuschung mit einer solch eisernen Entschlossenheit festhalten, daß die einzigen Indizien, die seinen wahren Zustand verraten, sein ausgezehrtes Äußeres und das allmähliche Versiegen seiner poetischen Quellen sind. Die Prosa-*Iphigenie* formulierte das sinnstiftende Fundament einer Lebensform, der Goethe sich bewußt zuwandte, weil er sie als Alternative zu dem verworrenen Leben eines intellektuellen Literaten im Rampenlicht der Öffentlichkeit verstand. Aus diesem Grund entspricht das Stück letzten Endes doch nicht Gottschedschen Vorstellungen, und auch Wieland, der es als Vorboten einer Änderung des nationalen Geschmacks begrüßte, hatte sich geirrt: Es handelt sich um ein rein und exklusiv höfisches Werk. Eine Veröffentlichung hätte seinem Zweck unmittelbar widersprochen: Wie die Inschriften, die Goethe später für den Weimarer Park ersann, war *Iphigenie* an einem besonderen Ort für einen besonderen Ort geschrieben worden und gehörte dem Bereich des Privaten, nicht des Öffentlichen an. Aber sie teilte damit zwangsläufig auch die Zusammenhanglosigkeit von Goethes Stellung in Weimar; das bewies nicht nur, aber am auffälligsten, die Unsicherheit ihrer dramatischen Sprache. Diese erste Fassung hat noch andere Schwächen, die Goethe von einer Veröffentlichung absehen ließen – nicht nur aus prinzipiellen Gründen, sondern weil er wußte, daß das Stück, wie sein ganzes Leben in Weimar, nicht ganz durchdacht war. Der Zusammenhang zwischen den beiden großen kritischen Augenblicken – der Heilung Orests und dem Appell an Thoas – ist unklar, gerade so, als handele es sich eigentlich um zwei Stücke, eines über den Bruder und eines über die Schwester, eines über Schuld und eines über Keuschheit, eines über die Verläßlichkeit der Götter und eines über die Verläßlichkeit des menschlichen Herzens. Ferner ist unsicher, aus welchem Grund es Iphigenie nach Griechenland zurückverlangt: Gelegentlich scheint es nichts weiter als private Sehnsucht zu sein. Das ist kaum eine tragfähige Basis für die moralischen und theologischen Dilemmata, die die Schwierigkeit der Heimkehr mit sich bringt. Und bezeichnenderweise fehlt, im 3. Akt wie im letzten Akt, so gut wie jede Darstellung des *Prozesses*, durch den göttliche Güte sich im menschlichen Leben verkörpert, es fehlt jede Darstellung all der Hindernisse persönlicher oder politischer Art, die dieser Verkörperung entgegenstehen können, also einfach der Schwierigkeit, gut zu sein. Der Sinneswandel Thoas' wie die Heilung Orests vollziehen sich hinter der Sprache, nicht durch die Sprache. Thoas spricht nicht wie ein Mensch, der mit seinen Leidenschaften ringt, er redet über seine barbarischen Leidenschaften mit einer Distanziertheit und Gefaßtheit, die uns zeigen, daß in ihm moralisches Empfinden und rationale Selbstbeherrschung ebenso stark und ausgeprägt sind wie in Iphigenie. Ja, wenn wir ihn, vor der letzten Konfrontation mit Iphigenie, allein sehen, zeigt er sich über sie erzürnt, weil er sich von ihr getäuscht glaubt. Schon vor Iphigenies großem Geständnis wissen wir also, daß Thoas ihre absolute Wahrheitsliebe teilt und daß das Risiko, das sie eingeht, wenn sie sich seiner Gnade und Barmherzigkeit ausliefert, in Wirklichkeit viel größer wäre, wenn es sich um einen bornierten, aufgeblasenen oder auch nur lüsternen Tyrannen handelte, entschlossen, seinen Willen durchzusetzen. Hier kann kein dramatischer Konflikt wie der zwischen Gretchen und Faust oder zwischen Götz und seinen Feinden entstehen; denn wir befinden uns wieder in der empfindsamen Welt der Leibnizschen Aufklärung, der Welt der *Miss Sara Sampson* und des weisen *Nathan*, in der alle guten Menschen gleich denken, in der jene, die nicht gut sind, keine Menschen sind, und in der der einzig mögliche Konflikt das Resultat eines Mißverständnisses ist. Wie die Botschaft, die Goethe auf dem Gipfel des Brocken empfing, ist die Stimme der Götter, die – durch Thoas – Iphigenie antwortet, das Echo ihres eigenen Flehens, und das Orakel, das sie befragt, spricht nur vermöge einer höheren Bauchredekunst.

Biographisch betrachtet, bedeuten die Werke, die Goethe 1779/80 während der Schweizer Reise mit Carl August geschrieben hat, eher einen Rückschritt. Die ethischen, oder scheinbar ethischen, Schlußfolgerungen der *Iphigenie*, mögen sie auch das Gemüt des Staatsmannes beruhigt haben, vermochten den Dichter nicht zu beflügeln. Statt dessen wandte er sich wieder der Manier der «Harzreise im Winter» zu – und letzten Endes war die Schweizer Reise ja in einem gewissen Sinne ein, räumlich und zeitlich erweitertes, Pendant zur Brockenbesteigung –, obgleich diese Manier sich durch die inzwischen vergangene Zeit und die zunehmende Trennung des «*dedans*» vom «*dehors*» überlebt hatte. *Jery und Bätely* ist ein reizvolles kleines *proverbe* mit schweizerisch-bäuerlichem Lokalkolorit, aber nicht mehr, und wird von Goethe trefflich charakterisiert, wenn er viele Jahre später darüber sagt: «Die

Gebirgsluft die darinnen weht, empfinde ich noch, wenn mir die Gestalten auf Bühnenbretern zwischen Leinwand und Pappenfelsen entgegen treten.» Der «Gesang der Geister über den Wassern» ist eine hymnische Meditation über die Seele des Menschen, die ewig bewegt erscheint wie der Kreislauf des Wassers zwischen Himmel und Erde, bald an Klippenstürzen sich brechend, bald wie Gischt vom Wind aufgewühlt. Das ist offenkundig nicht die Seele Iphigenies, und das Gedicht mißfiel Frau von Stein; Knebel schrieb sie, es sei «nicht ganz Ihre und meine Religion». Sie dachte sich ihre Seele in weniger stofflichen Bildern. Wohl sind die Wasserfälle, die das Gedicht inspirierten, in seiner unheimlich monochromen Bildhaftigkeit und den stürzenden Rhythmen plastisch präsent, aber das Band zwischen dem Geist des Dichters und der Landschaft ist nicht so stark wie in der «Harzreise im Winter»: anstelle der kraftvollen Metaphern und wuchtigen Gegenüberstellungen der «Harzreise» finden wir zu Beginn und am Ende des «Gesangs der Geister» ein laues, fast ungläubiges Gleichnis:

> Seele des Menschen,
> Wie gleichst du dem Wasser!
> Schicksal des Menschen,
> Wie gleichst du dem Wind!

Die *Briefe aus der Schweiz* stellte Goethe in der ersten Jahreshälfte 1780 aus den Briefen, die er Frau von Stein von unterwegs geschickt, und aus Schilderungen seiner Reise, die er in Stunden der Rast seinem Diener Seidel für sie diktiert hatte, zusammen. Sie sind ein Meisterwerk der Prosa, in der «symbolischen» Manier der «Harzreise im Winter», und zugleich der Versuch, eine neue Einstellung zur Landschaft zu entwickeln, der, wenn er gelungen wäre, einer jeden «symbolischen» Existenz überhaupt den Boden entzogen hätte. Als Wieland sie bei der Herzoginmutter vorlesen hörte, erkannte er sofort die Vorzüge dieses heute recht vernachlässigten Werks, das er mit Xenophons *Anabasis* verglich:

Die Zuhörerinnen enthusiasmirten sich über die Natur in diesem Stücke, mir war die schlaue *Kunst* in der Composition noch lieber, wovon jene nichts sahen. Es ist ein wahres Poëm ... Das Besondere aber, was ihn auch hier, wie fast in allen seinen Werken, von Homer und Shakspear unterscheidet, ist, daß der *Ich*, der Ille ego überall durchschimmert, wiewohl ohne alle Jactanz [= Aufdringlichkeit] und mit unendlicher Feinheit.

Goethe war von Wielands kritischem Scharfblick beeindruckt: «[Wieland] sieht ganz unglaublich alles was man machen will, macht und was hangt und langt in einer Schrift.» Aber er zielte doch auf weit mehr als ein «Poëm» und meinte: «wenn es mir glückt, so will ich mit diesem Garn viele Vögel fangen.»

Die *Briefe aus der Schweiz* sind eine sehr selektive Beschreibung der Reisen im vergangenen Oktober und November. Der Briefschreiber selbst – Goethe gibt sich erst auf den letzten Seiten als Verfasser zu erkennen – bemerkt an einer Stelle, daß er «der Menschen wenig erwähne». Die Rundreise durch die Schweizer Gesellschaft und die Schweizer Intelligenz findet in der Geschichte ebensowenig Platz wie eine Charakteristik der Reisegesellschaft oder das Verhältnis der Reisenden zueinander. Die Aufmerksamkeit konzentriert sich auf die Begegnung mit der Landschaft, und auch das nur ausschnittweise. Nach dem Betreten des Hochlandes über Basel wird der ganze Abstecher nach Bern und Grindelwald ausgelassen, von dem Aufenthalt am Genfer See wird nur der Besuch der Vallée de Joux mitgeteilt, und der Hauptteil der Erzählung behandelt dann nur noch den langen Weg von Genf nach Chamonix und Martigny und durch das Wallis hinauf zur Furka und zum Gotthard, wo das Buch aufhört. Die ersten beiden Episoden bieten Vorspiel und einleitende Exposition zu den Themen des Hauptteils. Die Reise von Basel hinaus ist als Eintritt in eine landschaftlich wie emotional neue Welt konzipiert, und im Jura schlägt Goethe erstmals die Motive des Wanderns in großer Höhe und der Abhängigkeit vom Wetter an, die in Kürze solche Wichtigkeit erlangen werden, und zeichnet von ferne ein Panorama der Berggipfel, zu denen die Reise uns führen wird. Die Annäherung an die gebirgigen Höhen und die sich bietenden Ausblicke wird sorgfältig vorbereitet: Der Mont Blanc wird, nachdem von den Höhen des Juras ein erster Blick auf ihn gefallen ist, erst wieder beschrieben, als die Reisenden bei Nacht durch das dunkle Tal Chamonix ziehen und ihnen ein unerklärlich glänzendes Licht zwischen den Sternen auffällt, heller als die Milchstraße und größer als die Plejaden: endlich bemerken sie, daß es der Gipfel des großen Berges ist, der mit den ihn umgebenden Sternen leuchtet. Die Überquerung des Col de Balme wird als Zwischenklimax eingeschaltet, bevor der lange, mühsame Aufstieg nach Oberwald und zur Furka beginnt; zum erstenmal durchdringen Schnee und Kälte die Erzählung. Höhepunkt der ganzen Geschichte ist der Übergang von der Furka zum Gotthard, der «Krone» der Alpen, wie uns versichert wird, wiewohl nicht ihr höchster Gipfel. Hier endlich, beim Betreten vertrauten Geländes, spielt Goethe auf sein früheres Leben und auf Weimar an; er flicht die weitschweifige, möglicherweise erfundene Peroration eines Kapuzinerpaters über das einzigartige Lehramt der katholischen Kirche ein; und der abschließende Absatz, von starker Ähnlichkeit mit den letzten Zeilen der «Harzreise im Winter», beschreibt die geographische Lage des Gotthard so, daß er als Knotenpunkt zwischen Deutschland und Italien, den Ost- und den Westalpen, gleich weit entfernt von den Quellen der Rhône wie des Rheins erscheint. Wie im Dezember 1777 auf dem Brocken – dieser Vergleich stammt aus den Briefen an Frau von Stein –, blickt im November 1779, auf einem der höchsten Punkte Europas stehend, der Sohn des Menschen, zweifelnd am Treiben von Priestern und Schriftgelehrten, hinab auf alle Reiche der Welt und ihre Herrlichkeit und wendet sich seiner «jetzigen Bestimmung» zu. Es ist nicht klar, ob Goethe jemals beabsichtigt hat, diesen ersten Versuch einer durchgehaltenen autobiographischen Prosa fortzuführen oder auszufüllen; auf jeden Fall ist das Werk so, wie es vorliegt, vollständig. Indem er aus den Ereignissen des vergangenen Winters einen einzigen erzählerischen Strang auswählte, schuf Goethe mit den *Briefen aus der Schweiz* das machtvolle Bild einer Reise der Seele.

Der allererste Brief gibt zu verstehen, daß die Erfahrung erhabener Naturgegenstände die Seele erfüllt und weitet, so daß sie an «innerm Wachstum» gewinnt, sich an die ruhige «Großheit» der Natur gewöhnt und ihrer endlich teilhaftig wird. Das innere Wachstum, das die Schweizer Reise bewirkte, könnte man als Läuterung der Einbildungskraft durch das Erlebnis des Objekts bezeichnen. In diesem ersten Brief, der schildert, wie die Reisegruppe das Birstal hinaufreitet, konstruiert Goethe scheinbar einen direkten Gegensatz zwischen dieser neuen, objektiven Gefühlskultur, deren Kennzeichen «Reinheit», die vorzügliche Tugend Frau von Steins und Iphigenies, ist, und der Wertherschen Gefühlskultur, die letztlich nur von sich selbst zehrt:

Mein Auge und meine Seele konnten die Gegenstände fassen, und da ich rein war, diese Empfindung nirgends falsch widerstieß, so wirkten sie was sie sollten. Vergleicht man solch ein Gefühl mit jenem, wenn wir uns mühselig im Kleinen umtreiben, alles aufbieten, diesem so viel als möglich zu borgen und aufzuflicken, und unserm Geist durch seine eigne Creatur Freude und Futter zu bereiten; so sieht man erst, wie ein armseliger Behelf es ist.

Gebirgsszenerien wie die untergehende Sonne oder eine Aussicht, die das Nahe wie das Ferne in allen Einzelheiten zeigt, beweisen durch ihre Verbindung von Größe und vollkommener Klarheit, wie illusorisch das Objekt der unbestimmten und unstillbaren Sehnsucht Werthers war: «man gibt da gern jede Prätension an's Unendliche auf, da man nicht einmal mit dem Endlichen im Anschauen und Gedanken fertig werden kann.» Diese reine Erfahrung des endlichen Objekts nimmt bereits die Wende zur Naturwissenschaft vorweg, die für Goethes Leben nach 1780 so bezeichnend sein sollte, und im Verlauf der Fahrt durch die Schweiz wird das Nebeneinander oder Gegeneinander eines malerischen bzw. empfindsamen und eines naturforschenden Reisens immer klarer erkennbar. Die Reisegesellschaft wählt ihre Ziele nach der zeitgenössischen «Mode» aus, steuert die empfohlenen Aussichtspunkte an und registriert Szenen oder Episoden, die sich auf einem Gemälde gut ausnehmen würden. Gleichzeitig aber – und dies ist eines der ständig wiederkehrenden Motive des Berichts – ist Goethe mit der Beobachtung der Naturerscheinungen, vornehmlich der Wolken, befaßt, um ihre Form zu verstehen und, ganz speziell und praktisch, die Wetteraussichten zu beurteilen. Zu den großen Vorteilen, die das Reisen im Gebirge bietet, gehört laut Goethe die Nähe der Wolken. Auf dem platten Land erscheinen die hohen, fernen Wolken als etwas Fremdes, Überirdisches. «Hier aber ist man von ihnen selbst wie sie sich erzeugen eingehüllt, und die ewige innerliche Kraft der Natur fühlt man sich ahnungsvoll durch jede Nerve bewegen.» Er kann sozusagen die Herzkammer eines Naturobjekts betreten und es von innen verstehen. Die Reinigung des Gefühls durch Konfrontation mit dem an sich seienden Objekt erreicht ihren Höhepunkt beim Übergang über die Furka: In dieser «ödesten Gegend der Welt», wo den Wanderer Nebel und Schneefelder einschließen, ist es unerläßlich, den Sinn auf das tatsächlich Seiende zu konzentrieren und alle störenden Phantasiegebilde entschlossen abzuwehren: «Ich bin überzeugt, daß einer, über den auf diesem Weg seine Einbildungskraft nur einigermaßen Herr würde, hier ohne anscheinende Gefahr vor Angst und Furcht vergehen müßte.» Daß Goethe dieser beschwörenden Schilderung einer äußersten körperlichen und seelischen Anspannung den langen Bericht über den apologetischen Diskurs des Kapuzinerpaters folgen läßt, soll ohne Zweifel besagen, daß ein Mensch, der die gewaltigen Schauplätze einer nicht-menschlichen Natur bestanden und in sich aufgenommen hat, keiner weiteren Schrift und Autorität mehr bedarf. Trotzdem kann man sich bei den *Briefen aus der Schweiz* des Gefühls nicht erwehren, daß die Autorität des Naturobjekts noch nicht sicher befestigt ist: Einerseits kann Goethe, etwa bei Betrachtung einer Wolke, in eine phantasiebeflügelte Identifikation mit dem Objekt verfallen, die nicht weit entfernt ist von Werthers Versuch, das Naturobjekt ganz zu umfangen; dann wieder gibt er sich so distanziert, beispielsweise vor den Wundern des Eismeers, daß er den Leser kurzerhand auf die einschlägigen Reisehandbücher verweist, die ihre Sache viel besser machten als er. Er ist sich bewußt, daß er in sich zwei Menschen zusammenzwingt und daß die Beschreibung besser gelingen würde, wenn es dafür zwei Menschen gäbe: «einen der's sähe und einen der's beschriebe». Es ist eine durchaus verständliche Ironie, daß Goethe die *Briefe aus der Schweiz*, die doch offenkundig als Emanzipation von Wertherscher Empfindsamkeit gedacht waren, bei der Veröffentlichung in seinen Werken immer mit *Werther* koppelte und als Produkt von Werthers Gemütsverfassung vor der Begegnung mit Lotte hinstellte. Bis zu einem gewissen Grad hatte der spätere Goethe recht: Er hatte 1779 viel weniger von seiner Vergangenheit hinter sich gelassen, als er seinerzeit glaubte.

Was neu war – und dies kennzeichnet die ganze erste Weimarer Zeit von 1777 bis 1786 –, war der *Wille* zur Unterdrückung der Vergangenheit, zur Abwendung vom Tragischen, zum Glauben an den Eintritt einer Veränderung. Die Veränderung wollte sich nicht einstellen: Bei allem Fortkommen Goethes in der Gesellschaft blieb der emotionale und poetische Neuanfang aus. Doch mit grimmiger Entschlossenheit hielt Goethe an seiner Absicht fest: an Fürstendienst und höfischer Kultur, an ethischem und wissenschaftlichem Wirken als Alternative zur Beschäftigung mit sich selbst, an der Reinigung der Seele, des Leibes und des Verhaltens. Die machtvollsten Gefühle werden in den *Briefen aus der Schweiz* nicht in den großen Augenblicken sinnlicher Rezeptivität und nicht nach bestandenen körperlichen und moralischen Strapazen der Reise rege, sondern bei einer der wenigen Begegnungen mit einem fremden Menschen, die das Buch festhält – und die, unabhängig davon, auch Carl August in seinem Tagebuch festhält –. Wahrscheinlich in dem Dorf Fiesch traten die Reisenden bei einer gastfreundlichen, namenlos bleibenden Bäuerin ein, die ihnen ihre Lieblingsgeschichte aus den Heiligenviten erzählte, die Legende vom hl. Alexis. Goethe berichtet, die Geschichte, und die inbrünstige Anteilnahme der Erzählerin an ihr, habe ihn so bewegt, daß er große Mühe hatte, das Weinen zu unterdrücken. Aber was da erzählt wurde, war, bei aller Empfindsamkeit der Szenerie, das genaue Gegenteil der gemeinsamen Ergießungen eines Yorick und einer Maria. Zwei Aspekte am Leben dieses Heiligen, der schon als Jüngling ewige Keuschheit gelobt hatte, sollten sich Goethe ins Gedächtnis graben und bis zu seinem Tod als Sinnbilder seines eigenen Schicksals vor Augen stehen. Der eine Aspekt war die Verheiratung Alexis', die seine gottesfürchtigen Eltern in Rom gewollt hatten und der er sich als gehorsamer Sohn nicht widersetzte – der er aber, bevor die Ehe vollzogen werden konnte, entfloh, indem er ein Schiff bestieg und in Kleinasien ein elendes Leben in gottgeweihter Armut führte. Der andere Aspekt war, viele Jahre später, die Rückkehr Alexis' nach Rom, in Gestalt eines Bettlers, der die letzten Jahre seines Lebens unerkannt, in einem Verschlag unter der Treppe, im Haus seiner Eltern zubrachte. Gewiß war es diese zweite Periode, Alexis' heiligmäßiges Leben in Gebet und freiwilliger Armut und Keuschheit unter den Augen seiner gramverzehrten Frau und im Schoß seiner trauernden Familie, die Goethe 1779 besonders zu Herzen ging. Hatte nicht auch er beschlossen, in Keuschheit neben der Frau zu leben, für die er bestimmt war, sein Herz vor allen zu verbergen, die um ihn waren, und sich dem Trachten nach Reinheit und einem gütigen, würdigen Wirken für andere zu ergeben? Das sollte noch für einige Jahre das Muster seines eigenen Lebens sein, und eigensinnige Menschen werden mitunter von Selbstmitleid erfaßt beim Gedanken an ihr selbstauferlegtes Leiden. Aber die Tränen, und besonders die Mitteilung an Frau von Stein von diesen Tränen, lassen ahnen, daß Goethes Entschlossenheit zuletzt doch nicht so unerschütterlich war wie die des christlichen Heiligen.

Sechstes Kapitel

Der Baron
1780–1786

Zwischen Gesellschaft und Natur: 1780–1784

Weimar war angenehm überrascht von der Veränderung, die mit den Reisenden in der Schweiz vor sich gegangen war. Der Herzog trug das Haar kurzgeschnitten, und Goethe erschien jetzt bei Hofe in der üblichen vornehmen Kleidung, die er sich in Stuttgart hatte schneidern lassen und zu der auch eine gestickte Weste gehörte. In Wielands Augen «multum mutatus ab illo», begann Goethe, wie Gräfin Giannini meinte, endlich das Auftreten eines Mannes von Rang und Stand anzunehmen – «et tant mieux». Goethe fand das auch. Als er später in diesem Jahr über seine erste Ankunft in Weimar, über die damaligen – hoffentlich überstandenen – Anpassungsschwierigkeiten und die jetzt mit ihm vorgehende Veränderung nachdachte, verglich er sich mit «einem Vogel der sich aus einem guten Entzweck in's Wasser gestürzt hat, und dem, da er am Ersauffen ist, die Götter seine Flügel in Flosfedern nach und nach verwandeln. Die Fische die sich um ihn bemühen begreifen nicht, warum es ihm in ihrem Elemente nicht sogleich wohl wird.» Die Metapher war teilweise wörtlich zu nehmen: wenn Goethe jetzt in der Ilm schwamm, trug er dabei einen langen Badeanzug. Die fünf Jahre nach der günstigen Auskunft des Alpenorakels waren der am konsequentesten durchgehaltene Versuch Goethes, seinem Weimarer Dasein dadurch einen Sinn zu geben, daß er das Leben bei Hofe und im Staatsdienst bedingungslos akzeptierte und als heilsamen Einfluß auf seine emotionale und soziale Persönlichkeit betrachtete. Die Arbeit eines Regierungsbeamten schien der Mühe wert – nicht nur um ihrer selbst willen, sondern auch im Interesse der kleinen Verbesserungen, die die Frucht ihrer korrekten Erledigung, vielleicht aber auch die natürliche nächste Etappe nach dem Erziehungswerk am Fürsten sein mochten (das Goethe mit der Pilgerfahrt zu Lavater in Zürich beendet und gekrönt zu haben hoffte). Die Dichtung sollte Privatangelegenheit bleiben, die nicht den Anspruch erhob, die Welt der Öffentlichen Dinge oder das öffentliche Auftreten des Dichters zu beeinflussen.

Die erste Sitzung der Kriegskommission nach Goethes Rückkehr wirkte zwar «sehr prosaisch», aber Goethe widmete sich gewissenhaft ihren Angelegenheiten. Dabei hatte er mit der intriganten Wühlarbeit seines unmittelbaren Untergebenen, des dicken, faulen und wahrscheinlich korrupten Majors von Volgstedt, zu kämpfen, den er erst im Dezember 1780 aus dem Sattel stoßen konnte, und auch das nur um den Preis, daß er Voglstedts Arbeit mit übernahm. Im August 1781 war er mit seiner Leistung soweit zufrieden, daß er sich die Übernahme eines größeren Ministeriums, oder auch mehrerer, zutraute. Das bewußte Bemühen, sein Leben in die Hand zu nehmen, sich selbst zu disziplinieren und aus sich ein gesellschaftlich nützliches Wesen zu machen, wird seit Anfang 1780 auf vielerlei Weise deutlich: Er archivierte sorgfältig die Briefe, die er bekam, und forderte seine Adressaten auf, dasselbe zu tun; er kopierte systematisch andere Maler, vor allem die ländlichen Szenen Everdingens, nicht nur, um seine Technik zu verbessern, sondern auch, um einen bereits zwei Jahre währenden Mangel an Inspiration auszugleichen, dem nicht einmal die Schweizer Reise hatte abhelfen können; er beschloß, die Fieberkurven seiner Stimmungen und seiner Arbeitsfähigkeit zu beobachten und aufzuzeichnen; und er versuchte, dem Wein ganz zu entsagen. Kaum einen Monat nach der Rückkehr aus der Schweiz bewarb er sich um Aufnahme in die Freimaurerloge; er habe nämlich, so schrieb er an den Meister vom Stuhl, auf seiner jüngsten Reise das Verlangen nach dem geselligen Gefühl empfunden, hierdurch «mit Personen, die ich schätzen lernte, in nähere Verbindung zu treten». Der Geheimrat und Minister fühlte sich einer nationalen Klasse zugehörig, zu der er geregelteren und konkreteren Kontakt wünschte, als es im diffusen und unsicheren Medium der gedruckten Literatur möglich gewesen war. Im Juni 1781 schrieb er Mösers Tochter, er müsse den Zutritt zum Gelobten Land auf anderen Wegen suchen als denen, welche die literarische und kulturelle Bewegung von 1771 bis 1775 erprobt hatte.

Den Preis für diese große Umorientierung hatten die Literatur und Goethes literarische Vergangenheit zu zahlen. Satirisches Hauptobjekt von Goethes Bearbeitung der Eingangsszenen der *Vögel*, die im Sommer 1780 abgeschlossen und in Ettersburg aufgeführt wurde, sind zwei verkannte Schriftsteller, die ein neues Land zu finden hoffen, in dem sie Speise, Wein und die Töchter der Stadt gratis vorgesetzt bekommen und ihnen «irgend für ein Werk des Genies 5, 6, 800 Louisd'ors geradewegs vom unbekannten unaufgeforderten Publiko ins Haus geschickt werden». Aber nicht weniger werden die Vögel verspottet, das lesende deutsche Publikum verkörpernd, das ein ebenso grenzenloses, wesenloses Reich der Lüfte ist, wie denn überhaupt dieses Stück das Werk eines Schriftstellers zu sein scheint, der den Staub einer öffentlichen literarischen Karriere von den Füßen schütteln will. *Die Vögel* sollten für die nächsten fünf Jahre das letzte längere Werk bleiben, das Goethe zum Abschluß brachte, und auch dieses Stück sollte eine Fortsetzung haben. Goethe förderte, wie in den beiden Jahren zuvor, immer wieder den *Egmont* und konzipierte zwei neue große Dramen in der rhythmischen Prosa, mit der er in der *Iphigenie* experimentiert hatte. Aber Thema des *Torquato Tasso*, der im Herbst 1780 begonnen wurde, ist das Leben dieses großen italienischen Dichters, der unter dem Vorwand geistiger Umnachtung jahrelang von seinem Gönner gefangengehalten wird, und damit behandelt das Stück zwangsläufig und zentral die Spannung zwischen höfischem Leben und dichterischer Berufung. So geriet die Arbeit daran 1781 für sieben Jahre ins Stokken. Der in diesem Jahr begonnene *Elpenor* sollte für immer Fragment bleiben. Es ist vielleicht kein Zufall, daß Goethe den 7. November 1780, den fünften Jahrestag seiner Ankunft in Weimar, mit einer lebhaften, aber sarkastischen Skizze «feierte», die als «Kalte Dusche» bekannt ist: Sie zeigt einen verliebten Jüngling, dem zur Abkühlung seiner Liebesglut ein Eimer Wasser über den Kopf gegossen wird.

Kraftvoller war Goethes intellektueller Neuanfang zu dieser Zeit auf dem Gebiet der Naturwissenschaften, was zunächst unmittelbar mit seiner Tätigkeit in der Bergwerkskommission zusammenhing. «Ich gebe, seit ich mit Bergwercks Sachen zu thun habe, mit ganzer Seele in die Mineralogie.» Goethes Sekretär in der Kommission war Johann Carl Wilhelm Voigt (1752–1821), der jüngere Bruder eines Ministerkollegen. Er war auf Carl Augusts Kosten an der berühmten sächsischen Bergakademie in Freiberg im Erzgebirge, nahe der böhmischen Grenze, ausgebildet worden, und Goethe machte sich nun diese Investition zunutze und beauftragte Voigt, für die Kommission die mineralogischen Verhältnisse im Herzogtum selbst sowie in den angrenzenden Gebieten zu erkunden. Die Ergebnisse dieser Untersuchungen wurden in den folgenden drei Jahre in Buchform vorgelegt. Voigt fungierte auch als «Scout», der seinen Vorgesetzten auf interessante Besonderheiten eines Geländes hinwies, die Goethe dann persönlich inspizierte. Im Sommer 1780 legte Goethe sich eine eigene Mineraliensammlung an, die von dem streng in der modernen Nomenklatur geschulten Voigt geordnet wurde, und erweiterte sie sukzessive, indem er Briefpartner in ganz Deutschland um Übersendung von Gesteinsproben bat: Er wandte sich an Friedrich Wilhelm von Trebra (1740–1819), jenen Bergbaufachmann, der die Ilmenauer Minen für funktionstüchtig erklärt hatte und inzwischen im Harz in den Diensten des Kurfürsten von Hannover, des englischen Königs George III. stand; er schrieb nach Darmstadt an Merck, der sich schon länger und fundierter für Naturwissenschaft interessierte als Goethe; er bemühte Amateurmineralogen in Bern und Zürich und Akademieprofessoren in Freiberg; selbst seine alte Freundin Sophie von La Roche mußte ihren weitläufigen Bekanntenkreis für Goethes Liebhaberei einspannen. Im August 1780 weilte der Dramatiker Leisewitz bei Goethe zu Besuch. Man unterhielt sich in einem Raum des Gartenhäuschens, der vollgestopft war mit Gipsabdrücken antiker Statuen und Vitrinen mit Gesteinsproben, und es dauerte lange, bis von der Literatur die Rede war. Um so natürlicher kam das Gespräch auf die Frage nach dem Alter der Erde und auf die Absurdität der orthodoxen Zahl von 6.000 Jahren, verglichen mit den von Buffon 1778 geschätzten 100.000 Jahren. Doch blieb der Hauptzweck dieser ganzen Aktivitäten zunächst noch die Erhebung von Daten und Goethes eigene Unterrichtung: In einem Zwischenbericht über die Arbeit Voigts für den Herzog von Gotha betonte Goethe, man enthalte sich vorläufig jeder theoretischen Spekulation über die Ursprünge des Thüringer Berglandes. Aber die Zeit für solche Spekulationen sollte kommen.

Wenn Goethe sich in Weimar isoliert vorkam, so gab die Wendung zur Naturwissenschaft ihm doch einen ganz Deutschland umspannenden höhe-

ren Zweck von wohltätiger Art. Sie gab ihm einen frischen, technischen Anstoß für sein Zeichnen, in dem seit Jahren die Inspiration durch die Landschaft verkümmert war. Und sie führte zu der wichtigen neuen Bekanntschaft
mit dem jungen Professor der Medizin in Jena, Justus Christian Loder (1753–
1832). Zwar hatte Goethe sich bereits für eine naturwissenschaftliche Sammlung und eine umfangreiche Privatbibliothek interessiert, die der Herzog für
die Universität Jena erworben hatte, aber Loder – der ebenfalls Freimaurer
war und 1781 in derselben Sitzung wie Goethe zum Gesellen befördert, 1782
in derselben Sitzung wie Goethe und Carl August zum Meister erhoben wurde – war die erste persönliche Verbindung zur Jenenser Professorenschaft.
(Den Theologen Griesbach kannte Goethe zwar aus der Frankfurter Zeit,
doch die beiden hatten wenig gemeinsam.) Im Herbst 1781, rund ein Jahr
nach Beginn der mineralogischen Studien, warf Goethe sich auf eine neue
Wissenschaft: Er wohnte eine Woche lang der öffentlichen Sezierung zweier
Tierkadaver durch Loder bei und erörterte anschließend mit diesem anatomische Fragen. Das frisch erworbene Wissen wurde sogleich nutzbringend
angewendet: Die Weimarer Zeichenakademie hatte seit ihrer Gründung 1774
ein eher kümmerliches Dasein gefristet, war aber 1781 in größere Räumlichkeiten umgezogen, wo Goethe nun zwischen November 1781 und Januar
1782 seine neue Schwärmerei durch Kurse in anatomischem Zeichnen weitergab, die auf seinen Studien bei Loder basierten. Bald sollte ihn die Anatomie noch stärker beschäftigen als die Geologie. Die wichtigste Frucht der
neuen Bekanntschaft war indes die Entdeckung Jenas als einer Möglichkeit
für friedliches, aber konzentriertes Sichversenken in neue Dinge und einer
Stätte der Begegnung mit einem nationalen, ja sogar internationalen wissenschaftlichen Publikum.

Am längsten dauerte die Einbindung dieses neuen Stils in Goethes persönliches Leben. Der Spätsommer 1780, nach dem Besuch von Leisewitz, blieb
ihm als eine Zeit der emotionalen Verwirrung und schmerzlichen Umstellung
in Erinnerung. Er hielt sich viel in der Wildnis um Ilmenau und Eisenach auf,
begleitet vom Herzog, der, kaum dem Weichbild Weimars entronnen, zum
Rückfall in sein altes, unreifes Verhalten neigte, von dem Goethe zu fürchten
begann, daß es ihm «in der tiefsten Natur steckt», so wie «der Frosch fürs
Wasser gemacht ist wenn er gleich auch eine Zeitlang sich auf der Erde befinden kan». Er faßte den Entschluß, mit dem Herzog nicht noch einmal eine
Reise wie die in die Schweiz zu unternehmen. Für diese Lockerung der per-
sönlichen Beziehung zu Carl August, ausgerechnet zu einer Zeit, da sich die
Bindung an die Weimarer Regierungsgeschäfte enger gestaltete, wurde Goethe zunächst nicht durch irgendeine Veränderung im Verhältnis zu Frau von
Stein entschädigt. Die Briefe, die er ihr zu der Zeit des Gedichts «Über allen
Gipfeln ist Ruh» als Beweis des nicht endenden inneren Dialogs mit ihr aus
den Ilmenauer Wäldern schrieb, weckten nicht sogleich ein entsprechendes
Echo, und es gab einen schlimmen Streit, für den Goethe sich zerknirscht
entschuldigte, als die beiden einander am Ende der Reise auf dem Steinschen

Landgut wiedersahen. Möglicherweise war Goethes seelisches Gleichgewicht vor der Reise durch den Besuch der reizvollen und ungebundenen Marquise Branconi erschüttert worden – auch wenn er Lavater nachdrücklich versichert hatte, daß er weder an der Ehe noch an flüchtigen Abenteuern interessiert sei; vor diesen Versuchungen, behauptete er, schütze ihn der mächtige «Talisman» seiner Liebe zu der verheirateten Freundin. Erst im März 1781, nach einwöchiger Abwesenheit von Weimar, während der er Frau von Stein tagtäglich lange und immer drängendere Briefe geschrieben hatte, trat die große Veränderung in ihrer Beziehung ein. Ein Ton ekstatischer, wiewohl zurückgenommener Intimität schleicht sich in die täglichen Zettel ein, im nächsten Monat weicht das «Sie» dem vertraulichen «Du», Charlotte ist ihm nun die «neue», das Wissen um ihre Liebe, so sagt er, ist Ursache eines «Umkehrens» in seinem Innersten geworden und hat ihm neue Offenheit und neuen Seelenfrieden geschenkt. Eine Läuterung soll eingetreten sein, Goethe glaubt, sein altes Wohlwollen gegen alle Menschen wiedergefunden zu haben, er sieht ein, daß er früher oft bereit war, die Gefühle anderer zu verletzen, und gelobt Besserung. Täglich, so sagt er, erkennt er mehr, daß wir irdische Kreaturen sind, irdischen Beschränkungen unterworfen, und er zögert nicht, aus dieser Einsicht in die materielle und leibliche Bedingtheit des Menschen in einem Brief an Lavater den theologischen Schluß zu ziehen, «Gott und Satan, Höll und Himmel» seien nur «Conzepte die der Mensch von seiner eignen Natur hat». Was übrigens diese Konzepte keineswegs entwertet; denn was gibt es Größeres als die menschliche Liebe: «was könnte nicht die *Liebe des Alls* wenn es lieben *kan* wie *wir* lieben.»

Wir wissen nicht, in welcher Form Goethe und Charlotte von Stein in diesem Frühling 1781 einander ihrer Gefühle versicherten; aber eine Ahnung von dem seelischen Rausch, den dieses Ereignis in Goethe bewirkte, vermittelt das Fragment *Die Natur*, verfaßt von dem jungen Schweizer Gelehrten Georg Christoph Tobler, der Goethe in Genf kennengelernt hatte und sich zwischen Mai und September jenes Jahres mit einem Gegenbesuch in Weimar revanchierte. Der Besuch war ein Erfolg. Tobler hatte bald Zutritt zum Kreis um Anna Amalia, er verstand sich nicht länger bloß als der theologische Abgesandte Lavaters, durch seine Kenntnis des Griechischen und seine Versübersetzungen attischer Dramen war er Goethe und Knebel besonders willkommen, und seine Arbeit über die Natur wurde schließlich, im Winter 1782/83, im *Tiefurter Journal* «veröffentlicht». Sie basiert, wie Goethe selbst bestätigte, auf den vielen Gesprächen über Naturwissenschaft und Naturtheologie, die Tobler während seines Aufenthalts in Weimar mit Goethe geführt hatte, und ist immer wieder – fälschlicherweise – Goethe selbst zugeschrieben worden. In der Tat fängt sie, wie Goethe später ebenfalls zugab, sehr gut die Stimmung einer besonderen, wenn auch flüchtigen Phase seines Denkens ein. Die natürliche Welt wird hier mit jener Leibniz'schen Begrifflichkeit erfaßt, die für Goethes Weltsicht so grundlegend war, daß er zeitlebens an ihr festhielt: Sie erscheint als Ansammlung von lauter isolierten Einzelwesen, deren es so viele wie möglich gibt, um die Lust, die aus so vielen verschiedenen Blickwinkeln und ihrem Wechselspiel entspringt, möglichst groß zu machen. Die Natur, die dafür verantwortlich sein soll, diesen isolierten Einzelwesen zum Dasein zu verhelfen und sie durch Differenz und Tod gegeneinander abzugrenzen, ist ein merkwürdiges, launisches, mutwilliges Ding; der spätere Goethe nannte sie ein «humoristisches, sich selbst widersprechendes Wesen» und machte mit Recht auf den Unterschied zwischen dieser Kraft und seinen eigenen späteren Vorstellungen aufmerksam. Diese «Natur» ist offenkundig eine pantheistische Gottheit und noch eng verwandt mit jenem Schicksal, das Goethe über den ersten fünf Jahren in Weimar hatte walten fühlen und vor dessen größerem Sein wir unterliegen müssen, wie er in den «Grenzen der Menschheit» gesagt hatte. Von dem ethischen Humanismus in dem Hymnus «Das Göttliche», der 1783 entstand, ist noch nichts zu bemerken. Statt dessen wird leidenschaftlich die Macht der Liebe beschworen, jene Macht, die die Einzelwesen zusammenführt, folglich nur durch deren Unterschied existieren kann und die «Krone» der Natur genannt wird:

Sie macht Klüfte zwischen allen Wesen und alles will sich verschlingen. Sie hat alles isolieret um alles zusammenzuziehen. Durch ein paar Züge aus dem Becher der Liebe hält sie für ein Leben voll Mühe schadlos.

An welche Züge der Liebe Goethe in dem Gedicht «Der Becher», aus dem Sommer 1781, auch gedacht haben mag, sie waren eine Entschädigung für die vielen vergangenen und noch kommenden Jahre der Plage in der eigentümlich erstarrten Beziehung zu Charlotte, in der zwei Einzelwesen aus ihrer eigenen Isoliertheit zueinander hinstrebten und zugleich voreinander zurückwichen.

Der Weimarer Hof fand die Affäre unglaublich; von Goethe hieß es: «il déperit», von Frau von Stein: «sa divine *Lotte* . . . enlaidit à vue d'oeil [er verkümmert; seine vergötterte Lotte wird zusehends häßlich].» Und mitunter, in dem geheimsten Seelenbezirk seiner poetischen Quellkraft, gestand sich auch Goethe die Oberflächlichkeit jenes nüchternen Frohsinns, Fleißes und Wohlwollens, womit er eine im wesentlichen unerfüllbare Liebe übertünchte, und die verborgene Qual brach hervor, in einem lyrischen Augenblick von intensiver, schaffensmächtiger Bildhaftigkeit. Sehr wahrscheinlich vor August 1781, vielleicht irgendwann im Winter davor, schrieb Goethe den «Erlkönig», eine Ballade, grauenvoller erotisch als alle anderen Gedichte, die er geschrieben hat; und die Geschichte, die sie erzählt, hat nichts mehr gemein mit der gefälligen Wunscherfüllung des «Bechers». Sie basiert teils auf einem jüngst vorgefallenen lokalen Ereignis, teils auf einem von Herder übersetzten dänischen Volkslied, teils auf Goethes eigener Erinnerung an einen nächtlichen Ritt nach Tiefurt im April 1779, bei dem er Fritz von Stein vor sich im Sattel sitzen hatte. Die Ballade zeigt uns die Kehrseite einer «humoristischen», verspielten Natur, einer offenen, friedevollen und gereinigten Liebe und läßt den «bittere[n] Ernst» ahnen, den Goethe später noch, Toblers Fragment kommentierend, hinter diesen Spielen zu entdecken vermochte. Der Vater in dem Gedicht reitet, den kranken Sohn im Arm, durch eine todesschwangere Natur – Nacht, Wind, Nebelstreifen, dürre Blätter, graue alte Weiden (der deutsche Titel der Ballade legt die falsche Etymologie «König der Erlen» anstatt «König der Elfen» nahe). Und aus dieser toten dunklen Welt steigen nun Geister der Lust auf, einer pervertierten Lust, die goldene Versprechungen flüstert; in Wahrheit ist es die Stimme eines kalten, nebelgrauen Königs und seiner Töchter, so alt, daß auch sie grau sind. Es ist die unverstellte Stimme des Begehrens, sie spricht zu dem Knaben mit einer Direktheit, für die es in Goethes Lyrik kaum eine Parallele gibt, sie duldet kein Sträuben, und ihr Objekt ist unzweideutig widernatürlich:

> »Ich liebe dich, mich reizt deine schöne Gestalt;
> Und bist du nicht willig, so brauch’ ich Gewalt» –
> Mein Vater, mein Vater, jetzt faßt er mich an,
> Erlkönig hat mir ein Leids getan!

Der einfache, kindliche Ton dieser Worte macht den Tod des Knaben in der letzten Zeile des Gedichts unsäglich rührend.

Kein Mensch kann hoffen, die komplizierten Gefühlslagen zu entwirren, die Goethe dieses Gedicht zu diesem Zeitpunkt eingaben. Nicht einmal Frau von Stein scheint bemerkt zu haben, daß in dem Gedicht Gefühle, die nicht ihr gelten durften, auf ihren Sohn übertragen wurden; hätte sie sonst ihren Fritz drei Jahre lang beim Verfasser des «Erlkönigs» wohnen lassen? Was das Gedicht aber zweifelsfrei beweist, ist dies: Die «Natur» und die «Liebe», zu denen Goethe 1781 bewußt seine Zuflucht nahm, hatten so wenig mit der Natur und der Liebe zu tun, die er zehn Jahre zuvor – etwa im «Maifest» – gefeiert hatte, daß die poetische Ader jener früheren Zeit nur sprudeln konnte, wenn er diese neuen Konzepte auf den Kopf stellte und entwertete. Und dies bedeutete vielleicht das Eingeständnis, daß die Substitute, die er jetzt für die einstige Quelle seiner Inspiration suchte, von Grund auf falsch und verkehrt waren.

Abgesehen von einigen Tagen, die Goethe im Sommer in Bergwerksangelegenheiten in Ilmenau verbrachte, hielt er sich fast das ganze Jahr 1781 in Weimar auf. Im November, kurz nach dem sechsten Jahrestag seiner Ankunft in Weimar, am Tag des Beginns seiner anatomischen Vorträge, setzten Veränderungen ein, die sein definitives Einverständnis mit dem Herzogtum als der ihm zubestimmten Stätte seines Wirkens signalisierten und Art und Form seine Lebens in Weimar für die nächsten fünfzig Jahre festlegten. Am 14. November wurde er mit dem Weimarer Garnisonsphysikus Dr. Helmershausen handelseinig, ein demnächst freiwerdendes Stockwerk in einem Helmershausen gehörenden großen Haus am südlichen Stadtrand, dessen Front zum Frauenplan hinausging, und den an die äußere Stadtmauer stoßenden Garten zu mieten. Drei Tage später hatte er ein Gespräch mit Anna Amalia, in dem seine gegenwärtige Lage nach allen Seiten hin erörtert wurde und auch der Wunsch seiner Mutter zur Sprache kam, er möge das tun, was er soeben getan hatte, nämlich sich neben dem Gartenhäuschen auf dem Land eine Wohnung in der Stadt suchen. Bei dieser Gelegenheit unterrichtete die Herzoginmutter ihn von der Absicht ihres Sohnes, Goethe in den Adelsstand zu erheben. Dieser Schritt war offenkundig notwendig, wenn Goethe auch in Zukunft mit den benachbarten Fürstenhäusern verhandeln sollte, wie er es zum Beispiel im Sommer über die Ilmenauer Bergwerke getan hatte, band ihn aber eben damit noch enger an die Zukunft seines fürstlichen Gönners. So wurde die symbolische Bedeutung des Umzugs in die Stadt um so augenfälliger – eine Bedeutung, die für Goethe ebenso sehr ins Gewicht gefallen sein muß wie die Sorge seiner Mutter um die gesundheitlichen Folgen des ständigen Hin- und Herpendelns zwischen der Stadt und dem Gartenhaus in den strengen Weimarer Wintern oder die rein praktische Erwägung, daß das Häuschen allmählich zu eng wurde. Denn zwar lag ein besonderer Reiz des Hauses am Frauenplan darin, daß es einen eigenen Fluchtweg durch ein Privattor in der Stadtmauer besaß, über den Goethe in ein bis zwei Gehminuten, am Welschen Garten entlang, beim Haus der Familie von Stein und nach ein bis zwei weiteren Minuten auf dem anderen Ilmufer und wieder in seinem Häuschen sein konnte; aber die geplante Übersiedlung in die Stadt war doch eine deutliche Kundgabe, daß die bisherige, luftig-freischwebende Werthersche Idylle am äußersten Rande Weimars definitiv der Vergangenheit angehören sollte.

Das Jahr 1782 war, vor allem in den ersten beiden Juniwochen, wenigstens äußerlich der Höhepunkt von Goethes erster Weimarer Periode. Das Jahr begann, traurig genug, mit dem Tod des getreuen Hofebenisten und Bühnenbildners Johann Martin Mieding am 27. Januar. Goethe, um ein neues Stück zum Geburtstag der Herzogin Louise verlegen, steckte gerade mitten in den hektischen Vorbereitungen zu dem szenischen Ballett *Der Geist der Jugend*, das wenig gesprochenen Text enthielt, aber viel Probenaufwand erforderte, weil alle Weimarer Kinder mitspielten, die Tanzunterricht hatten. Goethe war von dem Todesfall so erschüttert, daß er sich trotz der Proben die Zeit nahm, einen langen Nekrolog in der für ihn ungewöhnlichen Form des heroischen Reimpaars zu schreiben, das Gedicht «Auf Miedings Tod», das eine ganze Nummer des *Tiefurter Journals* füllte. Das Gedicht war schon fast so etwas wie ein Abgesang auf das Weimarer Liebhabertheater, das nur noch sehr wenige Produktionen auf die Bühne brachte, bevor 1784 eine Truppe von Berufsschauspielern nach Weimar kam. Zum einen war Goethe selbst viel zu beschäftigt, obwohl nur die wenigsten Menschen wissen konnten, daß er sich in den ersten Monaten jenes Jahres zu großen Dingen rüstete. Von März bis Mai war er fast ständig in Thüringen unterwegs. Zuerst mußte er, als Angehöriger der Kriegskommission, noch einmal die Übung von 1779 wiederholen und Rekruten für die Weimarer Streitkräfte mustern. (Er hätte gerne auch die literarische Produktivität von damals wiederholt, die ihm immerhin die ersten drei Akte der *Iphigenie* geschenkt hatte, und nahm diesmal den noch immer nicht vollendeten *Egmont* mit, aber er brachte ihn praktisch unverändert wieder mit nach Hause.) Danach unternahm er eine Rundreise zu den thüringischen Höfen – offiziell in einer Angelegenheit, die die Universität Jena betraf, in Wirklichkeit aber, um sich als Carl Augusts künftiger Hauptunterhändler einzuführen. Bei diesen Reisen scheint er sein Augenmerk besonders auch auf die wirtschaftlichen Verhältnisse in der Gegend gerichtet zu haben, was darauf schließen läßt, daß er eine gewisse Ahnung von den bevorstehenden dramatischen Ereignissen hatte. Am 2. Juni bezog er die neue große Wohnung am Frauenplan – ein Vorgang, der natürlich, da seit langem geplant, kein Geheimnis gewesen war. Am nächsten Tag empfing er aus Wien sein Adelsdiplom; das war eine glückliche Fügung und sprach sich schnell herum, obwohl die Nobilitierung eigentlich erst an Goethes Geburtstag offiziell bekanntgegeben werden sollte. Aber am 7. Juni wurde ganz unerwartet Kammerpräsident von Kalb entlassen und vier Tage später Goethe, «ein Mann, der von dieser Branche noch etwas weniger versteht als ich von der altsyrischen Sprache», zu seinem vorläufigen Stellvertreter ernannt – ein Skandal, über den sich *tout Weimar* das Maul zerriß, und leider auch Herder:

> Er ist also jetzt Wirklicher Geheimer Rat, Kammerpräsident, Präsident des Kriegscollegii, Aufseher des Bauwesens bis zum Wegbau hinunter, dabei auch Directeur des plaisirs, Hofpoet, Verfasser von schönen Festivitäten, Hofopern, Balletts, Redoutenaufzügen, Inskriptionen, Kunstwerken usw., Direktor der Zeichenakademie, in der er den Winter über Vorlesungen über die Osteologie gehalten; selbst überall der erste Akteur, Tänzer, kurz, das Faktotum des Weimarschen und, so Gott will, bald der Major domus sämtlicher Ernestinischer Häuser, bei denen er zur Anbetung umherzieht. Er ist baronisiert, . . . ist aus seinem Garten in die Stadt gezogen und macht ein adlig Haus, hält Lesegesellschaften, die sich bald in Assembleen verwandeln werden usw. usw.

Mit nicht einmal 33 Jahren war Goethe jetzt der mächtigste Mann in Weimar nach dem Herzog, und mochte Wieland sich auch zu der Bemerkung bemüssigt fühlen: «Ich . . . bin überzeugt, daß ich Nichts von ihm zu befürchten haben kann», müssen viele Menschen insgeheim vor ihm gezittert haben. Was hätte sein Vater gedacht, wenn er seinen Sohn dort hätte reüssieren sehen, wo ein Voltaire gescheitert war? Aber leider war Caspar Goethe, der noch 1779 den Besuch Carl Augusts und seines Geheimrats mit inniger Freude hatte erleben können, immer mehr dem Altersschwachsinn verfallen und am 25. Mai gestorben; nicht einmal die bevorstehende Nobilitierung seines Sohnes hatte er mehr registrieren können. Nach dem 13. Juni gab Goethe das Tagebuchschreiben auf; vielleicht hatte er das Gefühl, daß eine Epoche in seinem Leben zu Ende gegangen war.

Obwohl – und vielleicht gerade weil – Goethe nun den Gipfel des Erfolges erklommen hatte, macht er kein Hehl daraus, daß er seine Position nicht als dauerhaft betrachtete. Die besonderen Maßgaben, die an seine Interimsleitung der Kammer geknüpft waren und an sich schon den Hof überraschten, konnten nur davon herrühren, daß Goethe sich weigerte, sich die Bürde seines Vorgängers ganz aufzuladen. Er sah die vor ihm liegenden Aufgaben nicht als die Laufbahn eines ganzen Lebens, sondern als zeitlich begrenzt – und vielleicht als das Mindestmaß dessen, was er schicklicherweise tun mußte, um sich für die Auszeichnungen, mit denen er überhäuft worden war, erkenntlich zu erzeigen. «Nun hab' ich von Johanni an zwey volle Jahre aufzuopfern, biss die Fäden nur so gesammelt sind daß ich mit Ehren bleiben oder abdancken kann.» An diesen Zeitplan hat er sich sehr genau gehalten: Fast exakt zwei Jahre später, im Juli 1784, trat Johann Christoph Schmidt (1728–1807), ein Vetter Klopstocks, Pächter eines Grundstücks neben Goethes Gartenhaus und langjähriger Sekretär in der Hofkanzlei, dem 1788 das noch immer vakante Amt des Kammerpräsidenten übergeben wurde, dem Geheimen Conseil bei, um die Entlastung Goethes von öffentlichen Geschäften vorzubereiten. Mitten in der Krise von 1782, am 4. Juni, schrieb Goethe Frau von Stein: «Wieviel wohler wäre mir's wenn ich von dem Streit der politischen Elemente abgesondert in deiner Nähe meine Liebste, den Wissenschaften und Künsten wozu ich gebohren bin, meinen Geist zu wenden könnte.» Und mehr als einmal seufzte er später: «Ich binn recht zu einem Privatmenschen erschaffen und begreiffe nicht wie mich das Schicksal in eine Staatsverwaltung und eine fürstliche Familie hat einflicken mögen.» In diese Jahre fiel der engste, unmittelbarste Kontakt zwischen dem Privatleben des Frankfurter Bürgers und der absoluten Macht, die die politische Gestalt und das politische Schicksal Deutschlands bestimmte. Aber in dieser Verbindung war Goethe bloß einer von vielen Kollaborateuren, nur ein zweiter Weislingen, wenn es ihm nicht gelang, seine poetische Ader am Fließen zu erhalten. Wenn, nicht nur um seiner selbst, sondern auch um der Nation willen, für die er geschrieben hatte, sein Leben mehr sein sollte als ein Beispiel für loyalen Fürstendienst, durfte er nicht aufhören, dieses Leben in Literatur zu verwandeln. Das aber erwies sich zunehmend als schwierig. Der Wille war zweifellos vorhanden: «Ich richte mich ein in dieser Welt, ohne ein Haar breit von dem Wesen nachzugeben was mich innerlich erhält und glücklich macht», schrieb er aus dem neuen Haus am Frauenplan, und gleich nach seiner Ernennung zum (praktisch) Finanzminister des Herzogtums nahm er das zweite Buch des lange liegengebliebenen *Wilhelm Meister* in Angriff und beendete es Ende Juni. Doch dieser *Wilhelm Meister*, den er sich nun bis 1785 bewußt und diszipliniert vornahm und jedes Jahr um ein weiteres Buch vermehrte, war im wesentlichen ein Protest. Zwar konnte Goethe seine Erfahrungen als Höfling und Regierungsbeamter in die «politisch moralisch dramatische Tasche» einbringen, aber sie liefern doch nur die Staffage für Nebencharaktere und Randepisoden in diesem Theaterroman, dessen Form alles andere als höfisch ist und dessen Inhalt nicht Staatsangelegenheiten sind, sondern das Leben eines «Privatmenschen», der «zum Schriftsteller gebohren» ist. Von 1782 an sind die einzigen Gedichte Goethes von unmittelbarer lyrischer Sprachkraft – jene Gedichte also, die typischerweise den Augenblick eines tief empfundenen Gefühls in einem symbolischen Rahmen mit kraftvollem, oft originellem Rhythmus festhalten – über die Seiten des *Wilhelm Meister* verstreut zu finden. Es ist, als biete ihnen der Roman eine bürgerliche Hülle, die sie vor der feindlichen Atmosphäre des Hofes schützt. Die anderen längeren Gedichte Goethes werden immer seltener und zugleich immer arthritischer, in dem Maße, wie ihre Form immer regelmäßiger und immer konventioneller wird. 1782 begann er sogar, die Revision seiner literarischen Vergangenheit vorzunehmen: Er plante eine Überarbeitung des *Werther*, die den Charakter Alberts in ein günstigeres Licht rücken sollte – jenes Albert, dem er inzwischen selbst immer ähnlicher geworden war. Werthers und Alberts Lotte erschien ihm nun als eine Frau, «die auf dich vorgespuckt hat», wie er an Charlotte von Stein schrieb, an die Frau, mit er durch einen goldenen Ring im Geist vermählt war, so wie er, ebenfalls seinen eigenen Worten zufolge, mit seinen Amtspflichten «vermählt» war.

Goethes letzter Beitrag zum Weimarer Liebhabertheater, *Die Fischerin*, belebte im Tiefurter Park die Sommersaison 1782. 1781 war der 23jährige Prinz Konstantin zu seiner Kavalierstour durch Europa aufgebrochen; Knebel, sein einstiger Erzieher und durch Untätigkeit deprimiert, hatte sich aus Weimar zurückgezogen und kümmerte im heimatlichen Franken recht unglücklich dahin; und Anna Amalia hatte die Gelegenheit ergriffen und, anstelle von Ettersburg, das nun leerstehende Haus in Tiefurt zu ihrem Sommersitz gemacht. Sie begann sogleich, an dem Areal Verbesserungen nach dem Vorbild des fürstlich dessauischen Parks zu Wörlitz vorzunehmen, und wie in Weimar selbst bestanden die Verbesserungen zunächst in der Errichtung von Hermen und Inschriften – aus der Feder Goethes – und dem Bau von Grotten und Pavillons, von denen der Blick hinausging auf die Ilm, die hier in einem Halbkreis das Haus umfließt, und auf die baumbestandenen Hänge des Flusses. Goethes Stück war auf diesen effektvollen Rahmen zugeschnitten. Es handelt von Dortchen, der Fischerin, die sich versteckt, um ihren Vater und ihren Bräutigam Niklas glauben zu machen, sie sei ertrunken, um den beiden einen gehörigen Schrecken einzujagen und sie so dafür zu strafen, daß sie abends immer so spät nach Hause kommen. Höhepunkt der sommerlichen Aufführung, die in der Abenddämmerung unter freiem Himmel stattfand, war der Augenblick der allgemeinen Suche nach dem verschwundenen Dortchen, als die ganze Szenerie schlagartig in das helle Licht von Fackeln unter den Bäumen und überall entlang der Ilm getaucht wurde. *Die Fischerin* bot ein denkwürdiges Spektakel, doch war das Stück im wesentlichen schon 1781 entstanden (es bot Corona Schröter Gelegenheit, den «Erlkönig» nach einer eigenen Melodie zu singen), und es blieb das letzte Werk Goethes in dieser Art. Und was am bemerkenswertesten war: Goethe gelang nur ein karges Gratulationsgedicht von wenigen Zeilen zu dem in seinen ersten zehn Weimarer Jahren wichtigsten Ereignis bei Hofe: der im März 1783 stattfindenden Geburtstagsfeier für den an Lichtmeß geborenen Erbprinzen Carl Friedrich. Immerhin gab es einen großen «venezianische[n] Karneval» zu Ehren der Herzogin, mit einem aus 139 Personen und 100 Pferden bestehenden Maskenzug. An der Spitze ritt Carl August, gekleidet in Gold- und Silberstoffe, und auch Geheimrat von Goethe war mit von der Partie: «in Alt Deutscher Tracht» aus weißem Satin, mit rotem Umhang und Federn am Hut, ritt er auf einem Schimmel mit gelber, reich mit Silberfäden durchwirkter Schabrakke. Dieser Maskenzug war der Ersatz für die nicht geschriebenen letzten drei Akte des *Elpenor*, die Goethe zu diesem Anlaß eigentlich fertig haben wollte. Die frankophone, kosmopolitische Hofliteratur, die Baron Grimm verkörperte – jener Grimm, den Goethe 1777 nicht hatte sehen wollen, mit dem er aber 1781 ein langes Gespräch führte –, war nicht nur an sich keine Inspiration für Goethe, sie konnte auch jede andere Inspiration ertöten.

Abgesehen von der günstigen Lage war der große Vorzug von Goethes neuer Wohnung – im ersten Stock eines dreigeschossigen Hauses mit vierzehn Frontfenstern zum Frauenplan hinaus – der Platz, den sie ihm zur Organisation seines Lebens bot. In der langen Suite geräumiger Zimmer war es nicht schwer, einen Teil der Wohnung für öffentliche Empfänge zu reservieren, wo es nun wöchentlich Teegesellschaften für alle Besucher, bürgerliche wie adlige, gab, und ihn vom privaten Arbeitsbereich zu trennen: «ich habe mein politisches und gesellschafftliches Leben ganz von meinem moralischen und poetischen getrennt: äusserlich versteht sich:». Vielleicht war die Trennung mehr als nur eine äußerliche; vielleicht war es gerade dieser Glaube an eine Scheidung des äußeren vom inneren Menschen, der es seiner privaten Muse schwer machte, ein politisches Lied zu singen. 1784 sollte er Frau von Stein gestehen: «Ich sehe niemand, und wenn ich iemand sehe ist nur eine Gestalt von mir in der Gesellschafft.» Doch 1782 war er noch dankbar für die «schönste Ordnung», in die er jetzt alles bringe, und hatte den Eindruck, daß sogar in gesellschaftlichen und geschäftlichen Dingen die Beziehung zu Frau von Stein wohltätig auf ihn zurückwirke: «Ich bin ganz dein und habe ein neu Leben und ein neu betragen gegen die Menschen seit ich weis das du davon überzeugt bist»; ferner «bin ich auch freundlich, aufmercksam, gesprächig und zuvorkommend gegen iedermann . . . die Stille, der Gleichmuth mit dem ich empfange und gebe ruht auf dem Grund deiner Liebe.» Gewiß ist auch dem Einfluß Frau von Steins Goethes Wunsch zuzuschreiben, in diesen Jahren eines hochgestellten Wirkens nicht nur seine Korrespondenz, seine Kunst- und Naturaliensammlungen und seine Erinnerungen an die Vergangenheit in Ordnung zu bringen, sondern auch alte Freundschaften, in denen noch offene Wunden schmerzten. Im Oktober 1782 wandte er einige Mühe daran, zu Friedrich Jacobi einen indirekten Kontakt herzustellen, der es dem beleidigten Freund völlig freistellte, nicht zu reagieren, wenn er nicht wollte: Der Brief, den er dann schrieb, ist ein Wunder an Takt, Zuneigung und einem ungezwungenen und damit um so überzeugenderen Bedauern, und so ist es nicht erstaunlich, daß Jacobi dahinschmolz. Als er schließlich 1784 für zwölf Tage nach Weimar kam, wurde Goethe beim Wiedersehen «vor Freude blaß». Schon früher in diesem Jahr war Goethe «blaß wie die Wand vor Freude» geworden und hatte sich «um neun Jahre verjüngt» gefühlt, als er, zum er-

stenmal seit 1775, die Brüder Stolberg wiedersah; sie waren zur Kur nach
Karlsbad unterwegs und machten für eine Woche in Weimar Station. Er trug
ihnen seine wärmsten Empfehlungen an Klopstock auf, offenbar in der Hoffnung, die Jahre der Entfremdung aus der Welt zu schaffen.

»Eine der vorzüglichsten Glückseligkeiten meines Lebens« aber nannte
Goethe die Versöhnung mit Herder im Sommer 1783, die glücklichste und
bedeutungsvollste von allen. Gut hatte dieses Jahr für beide nicht begonnen.
Vielmehr hatte es eine scharfe Auseinandersetzung um Herders Predigt bei
der Taufe des Erbprinzen gegeben; Herder hatte darin die Hoffnung geäußert, Carl Friedrich werde im reifen Mannesalter kein Geld auf die Künste
verschwenden, solange es im Herzogtum noch Armut zu beklagen gab. Goethe fand, daß es immer noch besser sei, Geld für die Künste auszugeben als
für Hunde, Pferde oder Juwelen. Er hatte seine Gründe, so empfindlich zu
sein: Prinz Constantin war just zu dieser Zeit von seiner großen Tour zurückgekehrt, und die Fama von seinen Abenteuern folgte ihm auf dem Fuße
– in Gestalt einer französischen und dann einer englischen Mätresse; beide
Frauen waren schwanger. Goethe oblag es, die Damen ohne Aufsehen außer
Landes zu schaffen und ihre eigene sowie die Versorgung ihres Nachwuchses
zu regeln, und so hatte er begreiflicherweise eine realistischere Einstellung
zur Frage der sittlichen Hebung der Prinzen als Herder. Dieser wiederum
hatte den Eindruck, zu Carl August kein Vertrauen mehr haben zu können
und in Weimar völlig isoliert zu sein. Aber niemand verstand es so wie Goethe, Menschen zu umwerben. Er schrieb Herder einen langen und hilfreichen
Brief, als der Text der bewußten Predigt zur Veröffentlichung vorbereitet
wurde; Herders Kinder lud er Anfang Juni zu einem Gartenfest mit großem
Eiersuchen ein, während er die Eltern im August, zusammen mit Frau von
Stein, zu seiner Geburtstagfeier bat. Bei dieser Gelegenheit schlug er eine
engere Zusammenarbeit zwischen Herder und ihm bei der von Herder betriebenen Reform des Weimarer Schulwesens vor. Das war für beide Männer
der Wendepunkt. Goethe stellte den Kontakt zu einem geistig Ebenbürtigen
wieder her und schuf sich für die letzten Jahre vor der italienischen Reise
seine winzige «Öffentlichkeit», zu der Frau von Stein und die Herders gehörten, außerdem Knebel, der aus Franken zurückkam und sich 1784 in Jena
niederließ, mit dem Goethe aber ohnedies in dauerndem Briefwechsel stand.
Herders Versöhnung mit Weimar geschah in einem für seine eigene Entwicklung entscheidenden Augenblick: Er begann nämlich soeben mit seiner wichtigsten Einzelschrift, den *Ideen zur Philosophie der Geschichte der Menschheit*. Die ersten drei Teile dieses Werkes, jeweils in fünf Bücher untergliedert
und 1784, 1785 bzw. 1787 erschienen, wurden, noch während Herder sie
schrieb, in Goethes Kreis vor- oder privat im Manuskript gelesen. Die ersten
Bücher lagen ab Dezember 1783 vor, als sich Goethe, Herder und dessen
Frau ziemlich regelmäßig einmal die Woche trafen, und ihr Eindruck war
gewaltig: «Welt und Naturgeschichte rast iezt recht bey uns», ließ Goethe
Knebel wissen. Es war eine «Raserei», die sich genau mit seinen eigenen ge-

wandelten Interessen deckte; denn diese ersten Bücher behandeln den Urzustand der Erde und die Stellung des Menschen im Vergleich mit Tieren, Pflanzen und Mineralien. Die gemeinsame intellektuelle Begeisterung tröstete auch gemeinsam über jenes qualvolle Gefühl der Einsamkeit hinweg, das Goethe ebenso wenig fremd war wie Herder, trotz aller guten Vorsätze beim Umzug in die Stadt und der ausdrücklichen Zuversicht, durch Frau von Stein ein taugliches Glied der Gesellschaft zu werden. Herder durchschaute Goethe, «der auch in seiner Seele, aber großmüthiger als ich, leidet», und auch Wieland ließ sich nicht täuschen: «Göthe . . . ist im eigentlichen Verstande l'honnête-homme à la cour, leidet aber nur allzusichtlich an Seel und Leib unter der drückenden Last, die er sich zu unserm Besten aufgeladen hat.» Wieland sprach auch davon, daß Goethe «den Gram gleich einem verborgnen Wurm an seinem Innwendigen nagen» lasse. Dieser nagende Wurm hat seine deutlichen Spuren in den Versen hinterlassen, die Goethe in das im November 1783 abgeschlossene vierte Buch des *Wilhelm Meister* einfügte. Die meisten dieser Gedichte, unter ihnen das abgrundtief tragische «Wer nie sein Brot mit Tränen aß», werden dem Harfner in den Mund gelegt, einer bardenähnlichen Gestalt, die außerhalb jeder Gesellschaft steht.

1783 stand jedoch für Goethe noch die Geologie im Vordergrund seiner öffentlich demonstrierten Interessen. Mit Fritz von Stein, der Ende Mai zu ihm in das Haus am Frauenplan gezogen war, bereiste er von Anfang September bis Anfang Oktober den Harz. Fritz zockelte geduldig auf einem Pony hinterher und zeigte nur gelegentlich Langeweile, wenn Goethe und Bergmeister von Trebra haltmachten, um Gesteinsproben zu sammeln. «Nur fort! Nur fort!» rief Goethe an einer gefährlichen Klippe, auf Trebras Schultern stehend und nach einer besonders interessanten Verbindung aus Granit und Hornfels langend: «wir müssen noch zu großen Ehren kommen, ehe wir die Hälse brechen!!» Erneut wurde der Brocken bestiegen, und Goethe und der Förster tauschten ihre Erinnerungen an den Aufstieg vor vier Jahren aus. Am Ende der Harzreise, in Göttingen, erwies sich die Naturwissenschaft auch als wertvolles Instrument zum Anknüpfen persönlicher Kontakte: Lichtenberg gab Goethe und anderen durchreisenden Vertretern des Adels ein physikalisches Privatissimum, in dem er, anhand zahlreicher gasgefüllter Blasen und entsprechend von Blitz und Donner untermalt, das Prinzip der jüngsten Erfindung der Brüder Montgolfier erläuterte, jenes Ballons, der noch in demselben Jahr den Franzosen Pilâtre de Rozier als ersten «Luftschiffer» gen Himmel trug. Ein Besuch in Kassel und bei dem dortigen Biologen Samuel Thomas von Sömmering (1755–1830), bei dem es ebenfalls um Ballons ging, verlief weniger erfreulich: Goethe hatte den Eindruck, daß die Beschäftigung mit Kunst und Gelehrsamkeit in Kassel kaum mehr als das Deckmäntelchen einer «monstrosen» Mißwirtschaft sei. Als er wieder in Weimar war, experimentierte er selber mit Gas und Heißluftballons, allerdings ohne sonderlichen Erfolg. Anfang 1784 begann er, die Einleitung zu einem offenbar großangelegten naturwissenschaftlichen Werk zu diktieren; viel-

leicht handelte es sich um den alten Plan eines *Romans über das Weltall* und
war als eher naturwissenschaftliches denn historisches Parallelunternehmen
zu Herders *Ideen zur Philosophie der Geschichte der Menschheit* gedacht.
Dieses Fragment – denn über das Anfangsstadium ist der Text nicht hinaus-
gediehen – kennen wir heute unter dem Titel *Über den Granit*, und es ist vor
allem wegen der ausdrücklichen Ankündigung interessant, daß Goethe sich
nunmehr von der Literatur, dem Studium des menschlichen Herzens, «des
. . . beweglichsten . . . Teiles der Schöpfung», ab- und dem Granit zuwende,
«der Beobachtung des ältesten, festesten, tiefsten, unerschütterlichsten Sohnes der Natur»: «Ja man gönne mir, der ich durch die Abwechselungen der
menschlichen Gesinnungen, durch die schnelle Bewegungen derselben in mir
selbst und in andern manches gelitten habe und leide, die erhabene Ruhe, die
jene einsame stumme Nähe der großen, leise sprechenden Natur gewährt.»
Beabsichtigt ist gleichwohl kein rhapsodischer Gesang, sondern eine Abhandlung zur Unterrichtung des Lesers, und als Goethe im Sommer 1784
Reisen in den Thüringer Wald und wiederum in den Harz unternahm, geschah es im Geiste einer systematischen Naturforschung; nach Thüringen
begleitete ihn der jüngere Voigt, in den Harz nahm er den Weimarer Maler
Georg Melchior Kraus mit.

Kraus' Aufgabe war es, Steine und Gesteinsformationen «nicht mahlerisch,
sondern wie sie dem Mineralogen interessant sind», zu zeichnen; was Goethe
damals interessierte, waren vor allem Fragen der geologischen Bildung und
Form. Das Problem, das er sich in *Über den Granit* zu lösen vorgenommen
hat, ist, ob irgendein Muster von regelmäßiger Bildung auf der Erdoberfläche
zu entdecken ist, wo die mineralogische Verwirrung so groß ist, daß etwa ein
Beobachter auf dem Brocken beim Blick auf den unter ihm liegenden Harz
versucht ist auszurufen: «Hier ist nichts in seiner ersten, alten Lage, hier ist
alles Trümmer, Unordnung und Zerstörung.» Ganz ähnlich hatte Herder das
Problem formuliert, als er Ordnung in das Chaos der menschlichen Geschichte zu bringen suchte (wobei Herder mit seinen vergleichsweise geringeren empirischen, auf Beobachtung beruhenden Kenntnissen der Naturwissenschaft der Meinung war, die Ordnung der Dinge in der Welt der Natur
sei bereits weitgehend erforscht). Für Goethe wie für Herder hat dieses Problem eine versteckte theologische Bedeutung: Wenn es keine Ordnung gibt
– die der Theologe im Wirken Gottes in der Geschichte, der Dichter und
Geologe in der Manifestation Gottes oder «der Götter» in der Natur sieht –,
kann der Mensch auch keine «erhabene Ruhe» in der sicheren Gewißheit
finden, daß sein individuelles Dasein und all sein Tun und Denken wenigstens
halbwegs zur Harmonie mit den das Weltall gestaltenden Grundkräften gelangen können. Das Fehlen dieser Ordnung wäre für Goethe gleichbedeutend mit dem Rückfall in die tragische Perspektive Proserpinas. Aber wie
Herder, ist auch Goethe 1784 überzeugt, daß das Problem gelöst werden
kann, daß es einen «Leitfaden», ein einheitliches, leitendes Prinzip gibt, das
uns durch das Labyrinth der Verwirrung sicher hindurchführt. Für Ge-

schichtsphilosophen des späten 18. Jahrhunderts ist die Metapher des Ariadnefadens nachweislich von großer Bedeutung gewesen, namentlich für Herder und Kant, die die ziemlich sterile empirische Detailfülle der historischen
Fakten in einen rationalen und letztlich theologischen Gesamtzusammenhang zu stellen suchten. Dieselbe Metapher bestimmte die Formulierung der
naturwissenschaftlichen Probleme, die Goethe beschäftigten. Er suchte nach
einem einheitlichen, ordnenden Prinzip in den Phänomenen, *wie sie uns jetzt
erscheinen* (denn wir wohnen in der gegenwärtigen Welt und müssen uns
jetzt und hier in ihr einrichten); er versuchte gar nicht erst, das komplizierte
Bild einer vergangenen Welt und vergangener Ereignissen zu entwerfen, von
denen das gegenwärtige Reich der Tiere, Pflanzen und Mineralien lediglich
das träge Endprodukt ist.

Über die Mechanik der Gesteinsbildung dachte Goethe bei seinen geologischen Expeditionen 1783 und 1784 nicht anders als seine Zeitgenossen: Die
meisten Gesteine, so glaubte man, seien in Kristallform aus einem Ur-Liquor
ausgefällt worden, von dem wir allerdings, wie Goethe in *Über den Granit*
andeutet, nicht wissen, ob er ursprünglich Feuer war oder ob er schon immer
das war, was er zweifellos später wurde, nämlich Wasser. Die älteste Gebirgs-
lage war der Granit, der den Kern aller Gebirge bildet; in dem Maße, wie das
Urmeer zurückwich, hinterließ es, kristallisiert, Schicht um Schicht neuerer
und anderer Gebirgsarten. Die geologische Lehrmeinung machte noch zu
Goethes Lebzeiten erheblich Veränderungen durch, doch ist Goethe dem
Vorstellungsrahmen, in dem er seine Studien einst begonnen hatte, immer
treu geblieben. Es kam ihm dabei nicht so sehr auf den Rahmen selbst an als
auf das Ordnungsprinzip in der Welt, wie sie sich seinen Sinnen darbot – ein
Prinzip, das zu entdecken ihm dieser Vorstellungsrahmen ermöglicht hatte.
«Der einfache Faden», von dem Goethe sagte, er führe ihn «durch alle diese
unterirdische Labyrinthe gar schön durch, und giebt mir Übersicht selbst in
der Verwirrung», war «ein ganz einfach Principium», das «die Bildung der
gröseren Steinmassen völlig erklärt», was heißen sollte, daß es ihn in der gegenwärtigen Gestalt von Felsen und Gebirgen ein Muster erkennen ließ; dieses Prinzip war, wie er betonte, nicht selbst die Ursache jener Gestalt, sondern einfach die «harmonie d'effets» einer Ursache, deren Erforschung anderen überlassen blieb. Diese Harmonie war ein Muster, für das man auch
den Blick eines Malers wie Kraus schärfen konnte, der, nachdem er das Prinzip begriffen hatte, akkuratere und aufschlußreichere Bilder als zuvor malte.
Trotz Goethes Einschränkung erheischte sein Muster in der Praxis aber doch
eine gewisse Erklärung dafür, wie es zu dieser «harmonie d'effets» gekommen
war, und zwang ihn, jetzt und später, zu dezidierten Auffassungen darüber,
was in der Erdgeschichte geschehen war und was nicht. Sein «einfacher Faden» bestand im wesentlichen in der Prämisse, daß nicht nur alle Mineralien
im Inneren von kristalliner Struktur sind, sondern daß auch die Felsen, die
massiven Platten und Schichten mineralischen Materials, die Bestandteil jeder
Landschaft sind, selbst Kristalle sind, abgelagert (vermutlich) als mächtige

regelmäßige Körper in dem Moment, wo die mineralische Substanz aus der Urflüssigkeit ausgefällt wurde. (Die Trennungen zwischen Gesteinsmassen, die Goethe dem Prozeß der Kristallisierung zuschrieb, werden von der heutigen Geologie als schrumpfungsbedingte Einbrüche oder als regelrechte Verwerfungslinien gedeutet.) Im Fall des Granits bildeten diese enormen, einander überlagernden Parallelepipeden, die sich im Innern der Gebirge aufhäuften, steile Felsenflächen, an denen sich, beim Zurückweichen des Urmeers, die späteren Gesteine ansetzten. Dieser Erklärung zufolge sind Schichten, die von der Horizontale abweichen – und nach heutiger Auffassung durch Bewegungen der Erde aufgeworfen wurden –, von Anfang an in ihrer jetzigen Lage an den abgewinkelten Seitenflächen granitener «Kristalle» angelagert worden. Unter der oberflächlichen Verwirrung der Landschaft ahnt also das kundige Auge das regelmäßige Netz ihrer granitenen Grundfeste. In Goethes eigenen Landschaftszeichnungen aus dieser Zeit macht sich diese Substruktur fast störend bemerkbar.

Aber nicht nur in der Geologie suchte Goethe nach dem Ariadnefaden. Anfang 1784 beschäftigte ihn ein anderes spezifisches Naturphänomen, von dem er sich systematischen Aufschluß über ein ganzes Feld naturwissenschaftlicher Forschung versprach. Er war Ende Februar kaum von der feierlichen Wiederinbetriebnahme des Bergwerks zu Ilmenau zurückgekehrt, als er nach Jena entsandt wurde, wo es eine verheerende Überschwemmung gegeben hatte. An keinem anderen Punkt seiner amtlichen Laufbahn sehen wir ihn eindeutiger als schlichtes Werkzeug des aufgeklärten Despotismus: Er brachte den braven Untertanen Hilfe durch gewissenhafte Verteilung von Mitteln aus der fürstlichen Schatzkammer; gleichzeitig befahl er, ohne die Jenenser Stadtväter zu fragen, den Abriß eines alten Denkmals, um Material zum Aufschütten von Deichen zu gewinnen. Doch so oft es ihm diese dringenden Geschäfte erlaubten, verbrachte Goethe seine Zeit bei Professor Loder und erweiterte seine anatomischen Kenntnisse durch das Studium nicht-menschlicher Skelette. Sein besonderes Interesse galt den Knochen des Oberkiefers. Beim Menschen sind linker und rechter Oberkieferknochen unmittelbar miteinander verbunden, ohne einen Knochen dazwischen, der, wie bei vielen Tieren, die oberen Schneidezähne trägt. Dieses Fehlen des Zwischenkieferknochens hatte bis dahin als unterscheidendes Merkmal des Menschen gegolten, der, so glaubte man, mit den verschiedenen Tierarten nicht so verwandt war, wie es diese untereinander waren; auch Herder hatte sich dieser Auffassung im vierten Buch seiner *Ideen zur Philosophie der Geschichte der Menschheit* angeschlossen. Nun glaubte Goethe, am Gaumen der von ihm untersuchten menschlichen Schädel deutlich die Verwachsungsnaht zu erkennen, die bei anderen Lebewesen den Sitz des Zwischenkieferknochens bezeichnet. Schlagartig kam ihm die Erleuchtung: Der Mensch, so schloß er sogleich, besaß wirklich den fehlend geglaubten Knochen. Dieser Schlußfolgerung waren wenige anatomische Vorarbeiten vorangegangen, aber nun durchforstete er mit ungemeiner Gründlichkeit die vorhandene anatomische

Literatur und untersuchte gleichzeitig die Schädel von möglichst vielen und möglichst exotischen Tieren. (Als er im Juni in Eisenach weilte, um an den Verhandlungen mit den Landständen über die von ihm vorgeschlagenen einschneidenden Finanzreformen teilzunehmen, verbrachte er seine freie Zeit hinter verschlossenen Türen mit einem Elefantenschädel; um seine Zimmerwirtin nicht zu erschrecken und «damit man mich nicht für toll halte», ließ er sie in dem Glauben, in der riesigen Kiste befinde sich Porzellan). Die Untersuchung an menschlichen Embryonen zeigte, daß diese einen eigenen Zwischenkieferknochen besaßen. Ende Oktober hatte Goethe eine kurze Abhandlung abgeschlossen, in der er seine Auffassung darlegte; von einem örtlichen Zeichner verschwenderisch illustriert, ging sie im Manuskript an einige der führenden Anatomen Europas, auch an den Holländer Petrus Camper, die vielleicht größte Kapazität von allen. Goethes Reaktion auf die einhellige Ablehnung seiner Schlußfolgerung durch die Gelehrten ist ein treffliches Resümee seiner ganzen fünfzigjährigen Auseinandersetzung mit Naturwissenschaft und Naturwissenschaftlern: «Einem Gelehrten von Profession traue ich zu daß er seine fünf Sinne abläugnet. Es ist ihnen selten um den lebendigen Begriff der Sache zu thun, sondern um das was man davon gesagt hat.»

Das war genau das Problem: Es fehlte Goethe ein methodischer theoretischer Rahmen für die Interpretation seiner Beobachtung – wegwerfend nannte er einen solchen Rahmen «das was man davon gesagt hat». Es ist ganz einfach falsch, daß der Mensch einen Zwischenkieferknochen «hat» in dem Sinne, wie er einen Oberschenkelknochen «hat». Wie Professor G. A. Wells darlegt, sagen wir vom Menschen auch nicht, daß er Kiemen und einen Schwanz «besitzt», obwohl der menschliche Embryo in einem Frühstadium seiner Entwicklung beides aufweist. Ein Evolutionstheoretiker des späteren 19. Jahrhunderts konnte zuversichtlich die Behauptung aufstellen, daß der Mensch Rudimente des Zwischenkieferknochens aufweise; Goethe hingegen besaß keine methodische Evolutionstheorie, auf die er sich stützen konnte, um dem Begriff «Rudimente» einen präzisen Stellenwert in diesem Zusammenhang zu geben. In seiner Anatomie interessierte ihn, wie in seiner Geologie, etwas, was die «Gelehrten von Profession» nicht interessierte: Er suchte nach einem ordnenden Prinzip in der Welt, wie sie sich seinen fünf Sinnen darbot. Und was er in beiden Fällen, nach kurzem Studium und in blitzartiger Erkenntnis, entdeckt hatte, war ein Ariadnefaden, der ihn durch das Labyrinth führte: das Prinzip einer dem kundigen Auge sichtbaren, zugrundeliegenden Einheit hinter der Fülle der natürlichen Formen. Was für Goethe am Zwischenkieferknochen zählte, war nicht die Frage, in *welchem* Sinne man sagen konnte, daß der Mensch ihn habe, sondern die Frage, welche Implikationen es für die zeitgenössische Biologie, Anthropologie und Theologie haben mußte, daß man überhaupt in *irgendeinem* Sinne sagen konnte, der Mensch «habe» einen Zwischenkieferknochen. Die Implikation war, daß alle Formen des Lebendigen, den Menschen nicht ausgeschlossen, als Abwandlungen des einen Urtypus anzusehen waren, wie Herder dies im zweiten

Buch seiner *Ideen* auch ausgeführt hatte; so war Herder nicht umsonst der erste Mensch, dem Goethe im März 1784 seine Entdeckung anvertraute: «es ist wie der Schlußstein zum Menschen. . . . Ich habe mirs auch in Verbindung mit deinen Ganzen gedacht, wie schön es da wird.» Der Mensch konnte nun vermöge eines «lebendigen Begriffs» als Teil einer kontinuierlichen Folge von diversen tierischen Formen angesehen werden, einer Folge, die für die fünf Sinne anhand einer allen Lebewesen gemeinsamen Skelettstruktur wahrnehmbar war, deren letzte Anomalie durch die Entdeckung des Zwischenkieferknochens beseitigt war. Bei der geologischen Expedition von 1784 sehen wir Goethe dasselbe Prinzip der Einheit in der ständig variierenden Vielfalt auf Gesteinsformationen anwenden; und er behauptet, eben jene mineralogischen Abarten gesucht und durch Glück gefunden zu haben, die der Schrecken des systematischen Mineralogen sind, weil sie die Abgrenzungen zwischen verschiedenen Gesteinsarten verwischen.

Das – bei Leibniz vorgebildete – Prinzip der Kontinuität war Goethe 1783 im Geiste schon gegenwärtig, bevor er jene geologischen und anatomischen Entdeckungen machte, die es zu bestätigen schienen. Das Gedicht «Das Göttliche», im *Tiefurter Journal* im November jenes Jahres erschienen, also zu der Zeit, als Herder damit begann, aus seinen *Ideen* vorzulesen, wirft eine Frage auf, die bisher keine der freirhythmischen Hymnen Goethes behandelt hatte: das Verhältnis des Menschen nicht zu den Göttern (das war das Thema der «Grenzen der Menschheit») oder zum Schicksal («Gesang der Geister über den Wassern»), sondern zu den Tieren. Das Gedicht beginnt mit der ausdrücklichen Feststellung, daß es keine physischen Merkmale gibt, die den Menschen von anderen natürlichen Wesen unterscheiden, von denen wir wissenschaftliche Kenntnis haben. Der Unterschied zwischen Mensch und Tier liegt allein im ethischen Bereich: Der Mensch soll edel, hilfreich und gut sein,

> Denn das allein
> Unterscheidet ihn
> Von allen Wesen,
> Die wir kennen.

Die Götter sind zwar nominell Subjekt dieses Gedichts; sie werden aber auf den Status einer idealen Widerspiegelung des moralischen Handelns des Menschen reduziert. Sie sind keine Wesen, von denen wir (wissenschaftliche) Kenntnis haben; wir «ahnen» ihr Dasein, und die Gründe für diese Ahnung liefert das moralisch Gute im Menschen:

> Heil den unbekannten
> Höhern Wesen,
> Die wir ahnen!
> Ihnen gleiche der Mensch!
> Sein Beispiel lehr' uns
> Jene glauben.

So ist es allein die Fähigkeit des Menschen, die Götter zu ahnen und durch sein eigenes Gutsein Spiegelbild des Göttlichen zu sein, was ihn aus allen natürlichen Wesen heraushebt, die alle «ewigen, ehernen, großen Gesetzen» unterworfen sind:

> Nur allein der Mensch
> Vermag das Unmögliche;
> Er unterscheidet,
> Wählet und richtet;

«Das Göttliche» ist geprägt von einem Dualismus – einerseits ist der Mensch Element im materiellen Kontinuum der natürlichen Wesen und denselben mechanischen Gesetzen unterworfen wie diese, andererseits moralisch handelndes Subjekt, das das in der Natur Unmögliche vermag –, einem Dualismus, der vor allem für die «offizielle» deutsche Aufklärung bezeichnend war und der auf die Leibniz'sche Vorstellung einer prästabilierten Harmonie zwischen materiellen und mentalen Ereignissen zurückgeht. Daß Goethe diese Haltung nun in einem so schmucklosen und gebieterischen Ton formuliert, beweist, wie sehr er sich nicht nur von der jüngsten, tragischen Furcht vor der Gewalt der Götter und des Schicksals, sondern auch von der früheren Einsicht des Sturm und Drang in die materielle, soziale und historische Bedingtheit menschlichen Verhaltens entfernt und der offiziellen Kultur einer absolutistischen Bürokratie angenähert hat.

Zu den Kennzeichen dieser Kultur gehörten, wie erinnerlich, ein ausgeprägtes Gefühl der persönlichen Isolation und eine – vorsichtig – ablehnende Einstellung zum Christentum. Die Abgeschnittenheit des isolierten Ichs von einer Gesellschaft, in die es nur seine Maske, seine «Gestalt» entläßt, ist ein in den Briefen Goethes aus der ersten Weimarer Zeit ständig wiederkehrendes Thema, und der Wechsel in die scheinbar größere Geselligkeit des Hauses am Frauenplan hat die Isolation nur noch verstärkt. 1783 zeigte sich Carl August von Goethes «Taciturnität» beunruhigt, und endlich, 1786, konnte gar Charlotte von Stein schreiben: «Goethe lebt in seinen Betrachtungen, aber er teilt sie nicht mit. . . . Wem wohl ist, Der spricht!» In den Jahren nach der Rückkehr aus der Schweiz wandelte sich auch Goethes Verhältnis zum Christentum, was zumal in der veränderter Beziehung zu Lavater zum Ausdruck kam. Denn die Religion jenes Mannes, der 1780 noch «der beste . . . aller sterblichen und unsterblichen Menschen» gewesen war, der von Goethe als Prophet ausersehen war, den Herzog zu «salben» und seine Initiation zu vollenden, und der Goethe den «sittlichen Todt» seines Weimarer Lebens vor Augen gehalte hatte – diese Religion war ihm 1782 nur mehr eine Quelle des Verdrusses, die ihn, wie er sagte, zu Spöttereien hingerissen hätte, wenn er sich nicht der Freundschaft (und wohl auch der Erinnerung an die fatale «Kreuzerhöhung» von Jacobis *Woldemar*) gebeugt hätte, und 1783 war ihm diese Religion nichts weiter als ein «Quacksalben», zu dem Lavater nicht umhin konnte, als «thätiger Arzt» im Notfall seine Zuflucht zu nehmen. Als Lavater

1786 bei Goethe in Weimar war, fällte Goethe über den Besuch ein Urteil, das um so erschreckender ist, als es auf den Gastgeber mehr Licht wirft als auf den Gast: «Kein herzlich, vertraulich Wort ist unter uns gewechselt worden und ich bin Haß und Liebe auf ewig los. . . . Ich habe auch unter *seine* Existenz einen grosen Strich gemacht und weis nun was mir per Saldo von ihm übrig bleibt.»

Gewiß hatte Goethe nur kurz, 1769 und 1770, die evangelikale christliche Schwärmerei Lavaters geteilt, zu der sich bei diesem der Drang nach säkularen Beweisen für die Existenz der Geisterwelt gesellte. Später, in Wetzlar und Frankfurt, hatte Goethe sich gegen die christliche Religion durch eine Technik abgegrenzt, die er von Susanna von Klettenberg und aus Arnolds Ketzergeschichte gelernt hatte: Auch er war Ketzer, und mußte es sein, wenn er Dichter bleiben sollte; aber damit hielt er dem Prinzip der Religion mehr die Treue, als es die Rechtgläubigen taten, und er empfand innere Verwandtschaft mit dem Menschensohn, den die Rechtgläubigen gekreuzigt hatten. In den ersten Weimarer Jahren, als jene unheimlichen, unbegreiflichen Mächte, die er «die Götter» oder «das Schicksal» nannte, am tätigsten in sein Leben eingriffen und er glaubte, daß es möglich sei, sie direkt zu befragen, bekundete er mitleidige Distanz zu Lavaters Durst nach dem unsichtbaren Christus: «Du bist übler dran als wir Heiden uns erscheinen doch in der Not unsre Götter.» Der Besuch in Zürich 1779 hatte ihn zwar in der Bewunderung für Lavaters Fähigkeit bestärkt, das Bewußtsein des Erhabenen mit frommer Häuslichkeit und dem Einsatz für das Wohl des Ganzen zu verbinden, aber er hatte in ihm auch seinen alten Oppositionsgeist gegen ein allzu spirituelles und theoretisches Christentum wieder rege gemacht und ihn die Religion der synoptischen Evangelien ausspielen lassen gegen die Religion der Offenbarung, an deren Paraphrase Lavater gerade arbeitete: «ich bin ein sehr irdischer Mensch, mir ist das Gleichniss vom ungerechten Haushalter, vom Verlohrnen Sohn, vom Saemann, von der Perle, vom Groschen ppp. göttlicher: wenn ia was göttlichs da seyn soll: als die sieben Bischoffe Leuchter, Hörner Siegel Sterne und Wehe.» Als Goethe wieder in Weimar war, und vor allem, nachdem er sich 1781 enger an Frau von Stein angeschlossen hatte, wird der Ton seiner Kritik an Lavaters Religionspsychologie noch schneidender und kritischer: Es heißt da von Lavaters Christus, er sei ein Bildnis, das das Unmögliche leiste und in einer Person alle Quellen des moralischen und ästhetischen Ergötzens für Lavater vereinige: ein Bild, auf das «du dein Alles übertragen und, in ihm dich bespiegelnd dich selbst anbeten kannst.» Goethe fühlt sich jetzt bewußt einer Gruppe zugehörig, die er nur als «wir» bezeichnet, die aber älter als das Christentum, diesem entgegengesetzt und dazu bestimmt ist, es zu überdauern, und er reagiert verärgert auf Lavaters Versuch, das Beste an jeder anderen Religion für ein Christentum zu vereinnahmen, das Goethe verächtlich als in allen Farben des Regenbogen schillernden «Paradiesesvogel» bezeichnet. Ein derartiger Eklektizismus ist nur «uns» gestattet, «die wir uns» – und hier benutzt Goethe eine Metapher, die durch Lessings im Jahr zuvor erschienene

Abhandlung *Die Erziehung des Menschengeschlechts* populär geworden war
– «einer ieden, durch Menschen, und dem Menschen offenbarten, Weisheit
zu Schülern hingeben, und als Söhne Gottes ihn in uns selbst, und allen seinen
Kindern anbeten.» Dieses Gefühl humanistischer Solidarität geht bei Goethe
ohne Zweifel zum Teil auf die Freimaurerei zurück und zum Teil auf die enge
Übereinstimmung mit den Anschauungen Frau von Steins; es spiegelt aber
überhaupt die Einstellungen wider, die nach Toblers Beobachtung 1781 im
ganzen Kreis Anna Amalias vorwalteten. Ein frommer Besucher Weimars
stellte 1783 fest: «Wieland hat dem Herzog die Religion aus dem Herzen phi-
losophirt, Göthe den Rest herausgelacht.» In dem Unterton von Groll und
Schärfe im Briefwechsel mit Lavater klingt die uralte, aber Ende des 18. Jahrhunderts in Deutschland noch immer akute Rivalität zwischen Kirche und
Staat, zwischen dem Christentum eines Republikaners und einer höfisch-sä-
kularen Haltung an, die den heimlichen, aber sehr irdischen Ehrgeiz des Geg-
ners durchschaut, «dein Reich auf dieser Welt immermehr auszubreiten, indem
du iederman überzeugst daß es nicht von dieser Welt ist». Im Juli 1782, auf
dem Höhepunkt seiner politischen Laufbahn, erklärte Goethe rundheraus,
daß «ich zwar kein Widerkrist, kein Unkrist aber doch ein dezidirter Nicht-
krist bin». Und weiter: «*mich* würde eine vernehmliche Stimme vom Himmel
nicht überzeugen, . . . daß ein Weib ohne Mann gebiert, und daß ein Todter
aufersteht, vielmehr halte ich dieses für Lästerungen gegen den großen Gott
und seine Offenbarung in der Natur.» Goethes Aussöhnung mit Herder, einem Freimaurer und Deisten, der erklärtermaßen wenig betete, war nicht
dazu angetan, dieses einer unpersönlichen und nicht-sozialen objektiven
Ordnung geltende Credo abzuschwächen. Sogar Goethe hatte gefunden, daß
Herders Predigt bei der Taufe des Erbprinzen zu wenig spezifisch Christliches enthalten hatte, und einen kleinen Einblick in die ganze grausame Absurdität dieser «offiziellen» Kultur erhält man, wenn man sich vergegenwärtigt, daß Goethe im März 1784 Herzogin Louise über den Tod ihrer dreijährigen Tochter ausgerechnet damit zu trösten suchte, daß er ihr aus den
Korrekturbögen des ersten Teils von Herders *Ideen zur Philosophie der Geschichte der Menschheit* vorlas! Vielleicht war es Jacobi, der – bereits in Kontroversen über seine Mitteilung verwickelt, Lessing habe sich vor seinem Tod
als Spinozist bekannt – bei seinem Besuch in Weimar im September 1784 als
erster in Goethe das alte Interesse an dem jüdischen Philosophen neu erweckte, so daß Goethe im November begann, sich wieder in Spinoza zu vertiefen;
doch Herder war es, der ihm die lateinische Ausgabe der Werke Spinozas zu
Weihnachten schenkte. Herder bekannte sich zu derselben Spinozaauffassung
wie Goethe, die er der Jacobischen Spinozakritik entgegenstellte, und erklärte
Jacobi, daß er ebensowenig an einen persönlichen transzendenten Gott glauben könne wie Lessing. Als Goethe im Dezember von Spinoza als «unserm
Heiligen» sprach, sprach er für ein «wir», das seine Religion bewußt im Gegensatz zum Christentum definierte und sogar über Goethes einstige reser-
vierte Verehrung des Menschensohns hinausgewachsen war.

Die Notwendigkeit, aus einem neuen kulturellen Fundus zu schöpfen, der sich von jenem deutschen, bürgerlichen und im wesentlichen christlichen Erbe unterschied, das die ersten großen Werke Goethes inspiriert hatte, wurde um so deutlicher, je enger Goethe in die höfische Kultur hineingezogen wurde, die er in diesen frühen Werken mehr oder weniger verworfen hatte. So wandte er seine Aufmerksamkeit allmählich den klassischen Kulturen des Mittelmeers zu. Seit Anfang der 1770er Jahre hatte der *goût grec*, der in Frankreich große Mode war, auch die übrigen Höfe Europas erfaßt. Im Herbst 1782 bestellte Goethe für die Weimarer Bibliothek den neuesten Katalog der Werke Palladios, des größten Umdeuters antiker Prinzipien auf moderne Gegebenheiten. Nachdem er in der höfischen Kunst, antike Stücke für die Bühne eines modernen Fürsten einzurichten, mit der *Iphigenie* reüssiert hatte, war ihm 1781 Tobler ein besonders willkommener Gast, und er konnte ihn während seines Aufenthalts dazu bewegen, für ihn den ganzen Aischylos zu übersetzen. Im folgenden Jahr las Goethe die Epigramme aus der *Anthologia Graeca* und versuchte sich in deren Imitation, bis er es im elegischen Distichon soweit gebracht hatte, daß er seine diesbezüglichen Versuche in Stein hauen lassen mochte. Der klarste Beweis für die zunehmende Entfremdung von den kulturellen Vorbildern seiner Jugend ist aber ohne Zweifel die Korrespondenz, die er im August 1784 von Braunschweig aus mit Frau von Stein führte (und zu Hause in Weimar fortsetzte), und zwar auf französisch. Die Festlichkeiten in Braunschweig – Deckmantel für die Verhandlungen über den zu errichtenden Fürstenbund – müssen Goethe die ganze Leere seiner höfischen Existenz vor Augen geführt haben. Er spielte jetzt die Rolle eines hohen Diplomaten, aber er war nicht nur der Tortur ausgesetzt, jeden Tag stundenlange Bebanketts mitmachen und Karten spielen zu müssen, er war in diesen diplomatischen Künsten auch nicht besonders geschickt, und er wußte es: «Je ne suis pas asses habile pour cacher a la societé ce manque d'interet quoique je fasse mon possible [ich bin nicht so geschickt, vor der Gesellschaft mein mangelndes Interesse zu verbergen, obwohl ich mein Möglichstes tue].» Gräfin Görtz jedenfalls ließ sich nicht täuschen: «pour avoir un bel habit, il n'a pas gagné plus de courage en bonne société» und «me parroit très déplacé» [«mit seinen schönen Kleidern hat er in der guten Gesellschaft nicht an Mut gewonnen ... auf mich wirkt er sehr fehl am Platze»]. Er hoffte, rechtzeitig fortzukommen, um seinen Geburtstag wieder auf dem Brocken verbringen zu können, aber diesmal mußte er auf das Omen verzichten. Als er endlich doch in die Berge des Harzes kam, mußte er gestehen: «sie sehen mir zwar nicht mehr so mahlerisch und poetisch aus», und wenn er auch hinzusetzte: «doch ist's eine andre Art Mahlerey und Poesie womit ich sie ietzt besteige», so mußte er nach Beendigung der Expedition doch zugeben, daß die Aufnahmefähigkeit seiner Sinne durch die Einseitigkeit seiner neuen mineralogischen Leidenschaft abgestumpft war, so daß «mich diese Materie fast zu ennuiren anfängt». Innerlich seinem offiziellen Dasein völlig entfremdet, von den Quellen seiner Poesie so gut wie abgeschnitten, nur

mäßig begeistert von seinen neuen Interessen, für die er ohnehin ungeeignet
war, und sogar von Zweifeln am Wert seiner Muttersprache geplagt, die ihm
so lange ein Born der Inspiration gewesen war, stand Goethe nach neun Jahren Weimar geistig und emotional vor dem Bankrott. In dieser trockenen
Braunschweiger Zeit 1784 kann es nur einen einzigen Hoffnungsschimmer
gegeben haben: Schmidt war bereits zur Stelle, um vom nächsten Jahr an
Goethes Verantwortung im Conseil zu übernehmen. Und dahinter begann
ein anderes, altes und lange aufgeschobenes Vorhaben sich wieder zu regen,
zum Schluß immer heftiger, nun, da seine beiden Jahre an der Spitze der
Weimarer Politik ihren einigermaßen erfolgreichen Verlauf genommen hatten: Vielleicht war die Genesung, ja die veritable Wiedergeburt, deren er so
verzweifelt bedurfte, in der Heimat jener antiken Mittelmeerkulturen zu finden, die eine Alternative nicht nur zur Religion, sondern auch zur Kunst, zur
Landschaft, ja zum Klima seines bisherigen Lebens versprachen. Hatte er
nicht 1782, oder wahrscheinlicher 1783, in seinem für einige Jahre letzten
wahrhaft lyrischen Ausbruch, für den *Wilhelm Meister* ein Gedicht von so
gebieterischem, traumverlorenem Verlangen nach seinem idealen, palladianischen Italien geschrieben, daß dieses Gebot, die «Pforten der Schröcknisse»
auf den Alpen zu durchschreiten und nicht wieder, wie 1775 und 1779, umzukehren, nun endlich Gehorsam heischte?

> Kennst du das Land, wo die Zitronen blühn,
> Im dunkeln[1] Laub die Goldorangen glühn,
> Ein sanfter Wind vom blauen Himmel weht,
> Die Myrte still und hoch[2] der Lorbeer steht,
> Kennst du es wohl?
>   Dahin! Dahin
>   Möcht’ ich mit dir, o mein Geliebter[3], ziehn!
>
> Kennst du das Haus? auf Säulen ruht sein Dach,
> Es glänzt der Saal, es schimmert das Gemach,
> Und Marmorbilder stehn und sehn mich an:
> Was hat man dir, du armes Kind, getan?
>   Kennst du es wohl?
>   Dahin! Dahin
> Möcht’ ich mit dir, o mein Beschützer[4], ziehn!
>
> Kennst du den Berg und seinen Wolkensteg?
> Das Maultier sucht im Nebel seinen Weg,
> In Höhlen wohnt der Drachen alte Brut,

1 Ursprünglich «grünen».
2 Ursprünglich «froh».
3 Ursprünglich «Gebieter».
4 Ursprünglich «Gebieter».

Es stürzt der Fels und über ihn die Flut:
Kennst du ihn wohl?
Dahin! Dahin
Geht unser Weg; o Vater[5], laß uns ziehn!

Werke, 1780 bis 1784

Ja, was hatte man dem armen Kind, dem Genie Goethes, getan? Ende 1784 mag er sich wohl wie ein zerlumpter Landstreicher vorgekommen sein, der sich versehentlich in die Marmorsäle des literarischen Pantheons verirrt hatte. In den fünf Jahren nach den Briefen aus der Schweiz hatte er, mit partieller Ausnahme der *Vögel*, kein einziges seiner großen literarischen Projekte vollenden können. Die Arbeit an *Tasso* stockte 1781, die an *Egmont*, der dem Abschluß schon so quälend nahe war, 1782, die an *Elpenor* 1783. *Wilhelm Meister* war nach 1782 mit fast mechanischer Regelmäßigkeit gefördert worden, aber wohin der Roman trieb, war unklar. Ein oder zwei längere Gedichte, eine naturwissenschaftliche Abhandlung und ein oder zwei neue Ideen blieben vorderhand der einzige Beweis dafür, daß Goethe nicht ganz in ohnmächtiges Schweigen versunken war. In dem, was Goethe in diesen Jahren von seinen Dramen und dem Roman fertigstellte und in den Gedichten schrieb, finden wir eine Beschreibung seiner Situation und der in ihr wirkenden gegensätzlichen Kräfte, die immer unverhüllter wird und immer mehr der symbolischen Kunst seiner poetischen Einbildungskraft enträt; in dem Maße, wie die Symbolik schwindet, tritt die Allegorie an ihre Stelle.

Eine besondere Schwierigkeit bei der Erörterung sowohl des *Egmont*, mit dem Goethe sich nach der Übersiedlung nach Weimar mit Unterbrechungen sieben Jahre lang herumschlug, als auch der ersten beiden Akte des *Tasso* bereitet der Umstand, daß keinerlei handschriftliche Zeugnisse über den Urzustand dieser Stücke Auskunft geben. Das macht jedoch die Erörterung nicht völlig hinfällig; denn Goethe scheint auch bei Werken, deren Entstehung sehr langsam vonstatten ging, so vorgegangen zu sein, daß er bereits Geschriebenes lieber ergänzte und korrigierte, als es völlig zu verwerfen und neu zu konzipieren. Die späteren Stadien dürften daher ein guter Anhaltspunkt für das in früheren Stadien enthaltene Material, wenn auch nicht für dessen Stellenwert dort sein. Bei *Egmont* wissen wir, daß Goethe einen nicht unbeträchtlichen Teil des Stückes bereits im Herbst 1775 geschrieben und mit seinem Vater diskutiert hat und daß das Ganze, obwohl es nicht methodisch und der Reihe nach gefügt war, sondern so, wie es Goethe szenenweise einfiel, 1781 in seinem Gesamtbau soweit feststand, daß Goethe sich sicher war, das Stück in drei Wochen abschließen zu können, «wenn der fatale vierte Ackt nicht wäre den ich hasse und nothwendig umschreiben muß». Als er

5 Ursprünglich «Gebieter».

sich endlich 1787 dazu durchrang, diese letzte Anstrengung zu unternehmen, stellte er fest, daß ganze Szenen unverändert stehenbleiben konnten. So ist anzunehmen, daß die allgemeinen Handlungskonturen schon sehr früh dieselben waren, die wir in der gedruckten Fassung vorfinden. Was sich dagegen mit Sicherheit an den auf 1775 zurückgehenden Teilen des Textes verändert hat, ist die dramatische Sprache, da, wie Goethe 1782 Frau von Stein erklärte, «das allzuaufgeknöpfte, Studentenhaffte ... der Würde des Gegenstands widerspricht». Offenkundig blieb *Egmont* ein erratischer Block aus einer früheren Lebensepoche – zu mächtig, um unbeachtet zu bleiben, aber auch zu fremdartig, um kommensurabel zu sein: «Es ist ein wunderbaares [= wunderliches] Stück. Wenn ich's noch zu schreiben hätte schrieb ich es anders, und vielleicht gar nicht.» In dieser Hinsicht ähnelte *Egmont* dem *Urfaust*, doch anders als dieser war er in Prosa geschrieben und daher weniger sicher vor unproduktiver Flickschusterei auch dann, wenn sein Verfasser sich «in unpoetischen Umständen» befand. Während es im *Faust* aber um Dinge ging, an die Goethe immer weniger denken mochte, ging es im *Egmont* um Dinge, an die er die ganze Zeit denken mußte, auch wenn er in Weimar nun ganz andere Gedanken hegte als in Frankfurt. Und so konnte er den *Egmont* weder beenden, noch konnte er ihn, bis 1782, ganz aufgeben. Der vierte Aufzug war deshalb «fatal», weil es der politischste Akt in dem politischsten Theaterstück Goethes war; die Politik im *Egmont* aber war, zumal für einen aufstrebenden Minister, eine Quelle der Verlegenheit.

Der erste Aufzug entfaltet vor uns ein historisches Panorama von der Art, wie Goethe es in *Götz von Berlichingen* erfunden hatte, freilich gesammelter und mehr auf die Figur des Helden konzentriert, dessen persönlicher Auftritt bis zum zweiten Aufzug hinausgezögert wird. In drei kontrastreichen Szenen, die wie das übrige Stück an verschiedenen Stellen in Brüssel spielen, sehen wir eine ganze Nation an einem entscheidenden Punkt ihrer Geschichte: die Niederlande von 1566/68 (die Ereignisse zweier Jahre sind zu wenigen Tagen komprimiert) am Rande des Volksaufstandes gegen Philipp II. von Spanien, verunsichert von Predigern der neuen, calvinistischen Religion und den noch radikaleren Bilderstürmern, aber empört über die diktatorischen Methoden, mit denen die spanischen Machthaber sie unterdrücken. In der einleitenden Szene, einem Armbrustschießen mit knapp gezeichneten, individuellen Charakteren, hören wir zum erstenmal vom Grafen Egmont, der dank seiner militärischen Erfolge gegen die Franzosen ein Nationalheld und in religiösen Dingen ein toleranter Mann ist, während in der nächsten Szene, die im Palast Margaretes von Parma, Philipps Regentin in den Niederlanden, spielt, das Gespräch, nachdem es sich um die Schwierigkeiten einer wohlwollenden Herrschaft gedreht hat, wiederum auf Egmont kommt und auf die Gefahr, die seine Popularität und sein unbekümmertes Auftreten für die gute Ordnung im Lande darstellen. Nach der Welt der Öffentlichkeit und der Welt der hohen Politik betreten wir dann eine bürgerliche Häuslichkeit und finden uns in eine Szene versetzt, die alle Merkmale von Goethes Frankfurter Periode aufweist: einen (weithin) natürlichen Dialog zwischen Klare (später Klärchen) und ihrer Mutter, mit Einwürfen ihres verschmähten Liebhabers Brakkenburg, anheimelnde Tätigkeiten am Rande – stricken, Garn aufhaspeln – und ein munteres, psychologisch hintergründiges Liedchen. Im Verlauf der Szene erfahren wir, daß Egmont Klärchen liebt und sie oft nachts besucht, während Brackenburg verzweifelt ist und sich auch schon Gift besorgt hat, um aus dem Leben zu scheiden. Doch anders als andere vergleichbare Szenen bei Goethe – in *Clavigo, Stella, Urfaust,* den *Geschwistern* – ist diese unmittelbar mit der politischen und öffentlichen Welt verknüpft; denn Klärchen blickt während des Gesprächs besorgt aus dem Fenster und sieht die Soldateska der Regentin, die einen nicht näher bezeichneten Tumult niederschlägt.

Mehr von diesen Unruhen erleben wir in der ersten Szene des zweiten Aufzugs, einer weiteren Massenszene, die aber nicht mehr fröhlich und harmonisch verläuft wie im ersten Aufzug, sondern gestört wird von Neid und Mißgunst, die ein halbgebildeter Agitator namens Vansen schürt, und von der Sorge um die Gefährdung der alten Privilegien von Provinzen und Ständen durch die Spanier. Auf dem Höhepunkt des Streits tritt Egmont zum erstenmal persönlich auf und beruhigt die Gemüter kraft seiner natürlichen Autorität und mit der Versicherung, daß Ordnung und Fleiß die besten Garantien für die Erhaltung der alten Privilegien seien. Zur zweiten Szene folgen wir Egmont in sein Haus. Wir sehen ihn im Gespräch mit seinem Schreiber und ahnen etwas von dem Preis, der seiner öffentlichen Rolle im Privatleben abgefordert wird: Ungeduldig schiebt er die kleinen Kümmernisse administrativer Quisquilien beiseite, mit denen er überhäuft wird. Im letzten Teil der Szene tut er unbekümmert auch die weit gravierenderen politischen Sorgen ab, die ihm sein alter Freund, der weitblickende und listenreiche Wilhelm von Oranien, eindringlich vorträgt: Der Herzog von Alba ist bereits an der Spitze eines Heeres in die Niederlande unterwegs, und Oranien befürchtet nicht nur die Unterdrückung der Bevölkerung, sondern auch einen Präventivschlag gegen den Adel. Egmont verschließt sich aber dem dringenden Appell seines Freundes, Brüssel zu verlassen und jeder Begegnung mit Alba auszuweichen; seiner Meinung nach würde eine derartige provokante Verweigerung der Zusammenarbeit den Krieg nur beschleunigen, den sie beide vermeiden wollen.

Der dritte Aufzug ist sehr kurz, wie um unsere Aufmerksamkeit ganz auf die herausgehobene Stellung seiner zwei Szenen genau in der Mitte des Stükkes zu konzentrieren. In der ersten Szene, in der der Name Egmont überhaupt nicht fällt und die Mechanismen der Intrige auf höchster Ebene völlig leidenschaftslos bloßgelegt werden, findet sich Margarete damit ab, daß die Gegenwart Albas sie praktisch zur Abdankung zwingt. In der nächsten Szene tritt Egmont auf: Er zeigt sich Klärchen in ihrem Haus in der ganzen Pracht eines Ritters vom Goldenen Vlies – eine Verklärung, die sinnbildlich für das herrliche Wunder ihrer Liebe ist, in der eine unbekannte Frau aus dem Volk und ein großer Mann einander finden. Nach diesem ekstatischen Aufschwung beginnt der vierte Aufzug in merklich veränderter Stimmung: Die Szene ist wieder die Straße, aber es ist eine Straße, auf der Albas Soldaten patrouillieren und die Bürger nur hastig, hinter vorgehaltener Hand und in ihrem Mut gebrochen von den neuesten Gesetzen und Auflagen flüstern. Danach sehen wir uns im Palast bei Alba, der die letzten Vorbereitungen für seinen Coup gegen den Adel trifft: Einer Einladung Folge leistend, die auszuschlagen Hochverrat wäre, werden Oranien und Egmont, so kalkuliert er, ihm ins Netz gehen und dann verhaftet und unter einem Vorwand hingerichtet werden. Aber Oranien, der klug genug ist, um zu erkennen, daß die Zeit des eleganten Finassierens vorbei ist, läßt sich entschuldigen: Nur der unbekümmerte Egmont reitet arglos in die Falle. Alba begnügt sich mit dem einen Opfer, wenn er schon beide nicht haben kann, und nach einem langen Gespräch, in dem Egmonts Parteinahme für das «Volk» und dessen Sorge um die Freiheit und die «alte Verfassung» an der unbeugsamen Entschlossenheit Albas scheitert, um jeden Preis den Willen des Königs durchzusetzen, schnappt die Falle zu – so, wie Oranien es prophezeit hat –, und Egmont wird gefangengenommen, entwaffnet und in den Kerker abgeführt.

Im fünften Aufzug wechseln Szenen, in denen Klärchen im Mittelpunkt steht, mit Szenen, in denen Egmont der Mittelpunkt ist. Zuerst sehen wir ein angsterfülltes Klärchen, das, im Schutz der Dämmerung, vergeblich versucht, die eingeschüchterten Bürger Brüssels für Egmonts Schicksal zu interessieren. Dann folgt ein Monolog Egmonts, der sich in seinem Gefängnis mit der Hoffnung auf Rettung tröstet. In dieser Nacht wird aber schon das Blutgerüst für ihn errichtet, wie Klärchen von Brackenburg erfährt, der sich an den Wachen vorbei zu ihrem Haus schleichen konnte. Sie, die Brackenburg niemals so zu lieben vermocht hat, wie er es sich gewünscht hätte, bittet ihn nun, wie ein Bruder zu handeln und für ihre Mutter zu sorgen, während sie, unter Worten und Gefühlen, die an die letzte – freilich ungleich kraftvollere – Szene im *Urfaust* erinnern, das Gift nimmt, das Brackenburg sich selbst besorgt hatte. Darauf sind wir, zum letztenmal, wieder bei Egmont, dem das Todesurteil verkündet wird; danach läßt man ihn mit Ferdinand, dem natürlichen Sohn Albas, allein, damit er seine letzten Dinge regelt. Egmont entdeckt im Gespräch mit Ferdinand, daß dieser einer seiner glühendsten Bewunderer ist; nach einem kurzen Augenblick rasch erstickter Hoffnung, es möchte doch noch Flucht möglich sein, söhnt Egmont sich mit dem Tode aus und gibt an Ferdinand den Auftrag weiter, so zu leben, wie er selbst gelebt hat. Endlich schläft er ein, und in einer Vision erscheint ihm die Allegorie der Freiheit mit den Zügen Klärchens, die ihn mit einem Lorbeerkranz schmückt, zum Zeichen, daß sein Opfertod nicht umsonst war, sondern seinem Land einmal die Freiheit bringen wird. Egmont erwacht erfrischt und schreitet mutig der Hinrichtung entgegen, in dem Bewußtsein, daß sein Tod einen Aufruhr im Volk auslösen wird, der die spanische Tyrannei hinwegfegt.

Es ist nicht leicht, Vorbilder für dieses außerordentliche Werk zu finden; einzelne Elemente stammen aus den Geschichtsdramen Shakespeares und wurden, in Goethescher Färbung, von Büchner übernommen, als er *Dantons Tod* schrieb. Aber der Kern des Stückes ist überraschend originell: die Darstellung der Herrschaftsmechanismen – Goethe läßt sich hier nicht durch Rücksichten auf den theologischen Status der Herrscher von Gottes Gnaden beirren – in einem modernen Staat (als ein solcher werden, wenn auch historisch nicht korrekt, die Niederlande des 16. Jahrhunderts dargestellt) und des Zusammenpralls von öffentlicher, privater und politischer Welt in einem Konflikt zwischen den traditionellen Rechten und Freiheiten einer dezentralisierten Gesellschaft und den unerbittlichen Ambitionen einer vereinheitlichenden, rationalisierenden Zentralgewalt, die über alle politischen und militärischen Machtmittel gebietet. Eindrucksvoll schildert Goethe den Vormarsch dieser Zentralgewalt nicht nur auf öffentlichen Straßen und Plätzen, sondern auch ihr Eindringen in das Privatleben, in die Herzen und Hirne der Menschen, und die Reduktion eines lebendigen sozialen Organismus zu einer steuerlosen Masse von isolierten Individuen. Die in *Götz von Berlichingen* noch unausgesprochenen Gegenwartsfragen – der Konflikt zwischen einer Gesellschaft städtischer Bürger und den absolutistischen Bestrebungen aufgeklärter Fürstentümer – werden hier ausgesprochen und zugespitzt; denn während Götz sich im Konflikt mit Nürnberger Kaufleuten befindet, die politisch keine anderen Interessen haben als er selbst, kann Egmont sich unmittelbar mit der nationalen Sache seiner Landsleute identifizieren. Es ist verständlich, daß Caspar Goethe im Herbst 1775 ein so begeistertes Interesse für das Stück an den Tag legte: Nicht nur entsprach es seinen eigenen politischen Bindungen (den wirklichen, nicht den oberflächlichen); es war auch schwerlich geeignet, seinem Sohn, den er statt in Weimar lieber in Italien gesehen hätte, die Gunst eines aufgeklärten Despoten zu gewinnen.

Es ist zu vermuten – denn hierüber können wir nur spekulieren –, daß der ursprüngliche Plan zu *Egmont*, mit dem Goethe sich in seinen ersten sieben Weimarer Jahren herumplagte, drei Elemente oder Motivkreise enthalten hat. Es gab erstens einen politischen Kern, nämlich die Volksszenen und vielleicht einige der Diskussionen über das Wesen der politischen Herrschaft; das ist das Element, das dem Werk seinen unverwechselbaren Charakter als erstes Drama des revolutionären Nationalismus verleiht und es vor allen literarischen Hervorbringungen des Sturm und Drang durch die unmittelbar zupackende Kraft auszeichnet, womit es den politischen Zustand des damaligen Deutschlands anspricht. Daneben gab es die Figur des Egmont selbst: ein Mann des Handelns und Wirkens wie andere Sturm-und-Drang-Figuren, ein Volkstribun, ausgestattet mit jener geheimnisvollen Macht der persönlichen Anziehungskraft, die Goethe 1775 von sich selbst kannte, und ein Liebender. Doch war in dieser älteren Schicht des Stückes Egmonts Liebe zu Klärchen wahrscheinlich enger mit seiner politischen Rolle verwoben, als das in der endgültigen Fassung der Fall ist: Klärchen war weniger eine Allegorie der Freiheit als vielmehr die lebendige Verkörperung von Egmonts Liebesaffäre mit den Menschen seines Volkes. In diesem Stadium wäre das Stück der Versuch gewesen, die Rolle eines Mannes von Egmonts, und Goethes, Gaben für eine nationale Sache zu bestimmen, und Klärchen wäre gewesen, was Lili hätte sein müssen, wenn Goethe und sie zusammengeblieben wären: die Mittlerin zwischen dem individuellen Ich Egmonts bzw. Goethes und einem gesellschaftlichen Kampf von solchen Ausmaßen, daß es schon einer beachtlichen Phantasie bedurfte, sie sich auch nur vorzustellen. 1775 war bereits erkennbar, daß dieser Kampf in Deutschland verloren war (wobei man nicht vergessen sollte, daß auch der Aufstand in Belgien, wo das Stück spielt, scheiterte, im Gegensatz zu der Erhebung in den nördlichen Niederlanden). Ein drittes Motiv, das in dem Stück bereits angelegt war, als Goethe nach Weimar kam, dürfte daher Egmonts Tod gewesen sein. Indessen hat das Stück, so wie es jetzt ist, zwei Schlüsse, und es ist anzunehmen, daß der zweite Schluß, die allegorische Vision Klärchens in der Rolle der Freiheit, noch nicht einmal 1782 vorlag, geschweige denn 1775. Der ursprüngliche Schluß war wahrscheinlich das Gespräch mit Ferdinand, in dem Egmont die Fackel – 1775 vielleicht noch ausdrücklicher als jetzt – an den natürlichen Sohn seines unversöhnlichsten Feindes weitergibt, welcher damit um seine Nachwelt betrogen wird, während der anscheinend kinderlose Egmont einen geistigen Ziehsohn bekommt und im Sterben eine Zukunft vor Augen hat, an deren Gestaltung er entscheidenden Anteil hat. (Diesen Trostgrund für die Sterblichkeit des Menschen hatte Goethe schon 1774, in *Des Künstlers Vergötterung*, erprobt.) Aber nicht nur seinen moralischen Neigungen nach, sondern auch von Natur aus gehört Ferdinand in das Lager Egmonts und Klärchens; denn der finster berechnende Alba muß gestehen, daß er Ferdinand nicht hätte zeugen können ohne den Liebesleichtsinn seiner Mutter, die sich ihm auslieferte: Alles, was Alba hat bauen wollen, wird einmal vor den Mächten des Lebens und des Wachsens fallen, die er zu unterdrücken suchte, ohne die er aber selbst nicht auskommt.

Wie Goethe in seinem Tagebuch festhält, ist dieser Aspekt am 5. Dezember 1778 zur Charakterisierung Ferdinands hinzugetreten. Ansonsten wissen wir kaum etwas Konkretes über die hin und wieder erwähnte Arbeit an dem Stück in den Weimarer Jahren. Doch läßt sich, aus ihrer inhaltlichen Nähe zu Weimarer Erfahrungen und Anliegen, von bestimmten Partien eher als von anderen vermuten, daß diese Arbeit – des Neuerfindens oder Revidierens – ihnen gegolten hat. So ist Margarete von Parma als Charakter zwar ganz anders als Herzogin Louise, aber die zarte Andeutung eines Einverständnisses zwischen ihr und Egmont mag ein weiteres Beispiel für das sein, was man das «Tantalus»-Thema der verbotenen Liebe eines Untertanen zu seiner Monarchin nennen könnte; und auch der scharfe Blick für das Intrigenspiel auf höchster Ebene, den die Szenen mit Margarete zeigen, spiegelt möglicherweise Goethes wachsende politische Erfahrung wider. In die Szene Egmont – Sekretär ist zweifellos die Frustration des Dichters – und Naturliebhabers – über sein Angekettetsein an Pflicht und Dienst eingeflossen, aber auch der Ärger des Leiters der Kriegskommission, der sich mit den Eskapaden eines eigensinnigen Herzogs herumschlagen mußte. Diese Szene ist eine von den beiden – in der Tat sind es nur zwei –, die einen Keil zwischen Egmonts öffentliche Rolle und Verantwortung und sein Privatleben treiben und damit die im Stück ursprünglich intendierte Einheit von Person und politischer Aufgabe vernichten. Der andere Augenblick, der diesen Riß zeigt, kommt am Ende der zweiten Szene des dritten Aufzugs. Egmont, auf dem Höhepunkt seiner Liebeserklärung, unterscheidet selber zwei Personen in sich: das eine ist «ein verdrießlicher, steifer, kalter Egmont», der in der Öffentlichkeit wirkt und von allen, die ihn umgeben, verkannt wird; der andere Egmont aber ist «ruhig, offen, glücklich, geliebt und gekannt» von Klärchen. Genauso unterschied Goethe, als er Knebel im November 1782 von der neuen Einrichtung seines Lebens im Haus am Frauenplan erzählte, «den Geheimderath und mein andres selbst, ohne das ein Geh. R. sehr gut bestehen kann». Wie die Spaltung seines eigenen Ichs wurde dem Dichter die Spaltung Egmonts – die im ursprünglichen Entwurf kaum vorgesehen war – durch seine Stellung an einem Fürstenhof aufgedrungen. Den *Egmont* zu vollenden bedeutete, ihn nicht nur stilistisch akzeptabel zu machen – welchem Erfordernis allerdings manches jetzt Gekünstelte und Ungereimte in der Sprache des Stückes zu danken ist –, sondern auch politisch, und akzeptabel nicht nur für Weimar, sondern auch für Goethe selbst und seine veränderte Sicht der deutschen Wirklichkeit. Wie aus dem Brief an Mösers Tochter von 1781 hervorgeht, schloß das nunmehr die unmittelbare politische Befriedigung jener Bedürfnisse aus, die die Literaten in der ersten Hälfte der 1770er Jahre artikuliert hatten. Goethe suchte die Anpassung des Stückes an sein neues Selbstverständnis und an seine neue Einstellung zum deutschen Gemeinwesen nicht nur durch die Spaltung von Egmonts Persönlichkeit, sondern auch durch die veränderte dramatische Funktion und die bedeutende Aufwertung Klärchens zu erreichen. Sie sollte nicht mehr die Verkörperung jenes prallen Volkslebens sein, das Goethe in vielen mehr oder weniger zentralen Szenen im *Götz*, im *Urfaust*, im *Werther*, in den *Geschwistern* und im ersten Buch des *Wilhelm Meister* so liebevoll geschildert hatte: Sie sollte vielmehr selbst zu einem Prinzip werden, sollte in ihrer Person, nicht durch ihren gesellschaftlichen Stand, das Gegenbild zu Egmonts Leben liefern, parallel und sogar im Gegensatz zu seiner politischen Existenz, die infolgedessen nicht mehr im Mittelpunkt der dramatischen Aufmerksamkeit steht. Dies dürfte der Punkt gewesen sein, an dem 1782 Goethes Bemühungen um einen Umbau des *Egmont* im Sande verliefen: Er sah noch keine neue, geistige Einheit für sein entpolitisiertes Stück, und er stand mittlerweile an so exponierter Stelle in einer absolutistischen Regierung, daß er sich vorderhand nur wünschen konnte, er hätte es nie geschrieben.

Die Eingewöhnung in Weimar wird wohl auch das Hauptmotiv für die «gute Erfindung Tasso» gewesen sein, die Goethe am 30. März 1780 in seinem Tagebuch festhielt, als er, aus der Schweiz zurückgekehrt, dabei war, sein Leben bewußt neu zu ordnen. Im Oktober begann er mit der Niederschrift des ersten Aufzugs – in der Zwitterprosa der *Iphigenie* – und setzte sich dafür selbst eine Frist bis zum 12. November, dem ersten Jahrestag seiner Überquerung der Furka und dem fünften der Begegnung mit Frau von Stein. An demselben Tag des Jahres 1781 vollendete er den zweiten Aufzug; dann ging es zunächst einmal nicht weiter. Wie beim *Egmont*, vielleicht sogar in noch stärkerem Maße, wird der Inhalt dieser beiden Akte dem ihrer endgültigen Fassung entsprochen haben. Vor allem war wohl der Mittelpunkt des ersten Aufzugs bereits die Krönung des Dichters, der soeben *Das befreite Jerusalem* beendet und seinem Gönner, Herzog Alfonso von Ferrara, überreicht hat, mit einem Lorbeerkranz; hatte doch Goethe nur eine Woche, bevor er seine «gute Erfindung» aufschrieb, seinerseits einen Lorbeerkranz an Wieland geschickt, um ihm zu seinem *Oberon* zu gratulieren, den er im Manuskript gelesen hatte. Der zweite Aufzug wird aus einem Gespräch Tassos mit der Schwester des Herzogs, der Prinzessin Leonore von Este, bestanden haben, gefolgt von einer eher gereizten Auseinandersetzung Tassos mit einem Diplomaten bei Hofe, der in diesem Stadium noch Battista hieß, später aber Antonio genannt wurde. Die Auseinandersetzung wird in einen Streit ausgeartet sein, den der Herzog schlichten mußte und der wahrscheinlich darin gipfelte, daß Tasso, gegen alle höfischen Gepflogenheiten, zum Schwert griff. Diese Episoden spielen nämlich in den Darstellungen von Tassos Leben, auf die Goethe sich stützte, eine herausragende Rolle und nehmen in der endgültigen Fassung des Stückes einen entsprechenden Platz ein.

Dieser Stoff empfahl sich naheliegenderweise als besonders geeignet in einer Zeit, als Goethe sich anschickte, den verwickelten theologischen Fragen, die er in der *Iphigenie* gelöst hatte, den Rücken zu kehren und sich statt dessen der Aufgabe zuzuwenden, in der von ihm erwählten Gesellschaft zu leben. Die (historisch nicht belegte) Krönung Tassos schon zu Beginn der Handlung deutete auf ein Problem, das Goethe damals bedrängt haben muß und dem vielleicht ursprünglich eine noch zentralere Bedeutung im Stück zugedacht war, als es sie dann bekommen hat: Wie lebt der Dichter, *nachdem* er groß geworden ist, nachdem er ein weltberühmtes Buch wie *Das befreite Jerusalem* oder den *Werther* geschrieben hat? Vielleicht – das mag die Antwort gewesen sein, die der ursprüngliche Plot geben sollte – dadurch, daß er Höfling wird. Das Gespräch zwischen Tasso und der Prinzessin war zweifellos als Unterweisung im Ethos höfischen Lebens gedacht, erteilt von einer Frau, die als Seelenbildnerin der Frau von Stein ähnelte und durch ihren Rang und ihre Feingliedrigkeit Ähnlichkeit mit der Herzogin Louise hatte. Auf dieser Stufe der Entstehung des Stückes mag die Prinzessin sogar beiden Frauen ähnlich gewesen sein, insofern beide Gegenstand der keuschen und distanzierten Liebe des Dichters waren. *Tasso* sollte schließlich Goethes freimütigste Auseinandersetzung mit dem von uns so genannten «Tantalus»-Thema werden, aber daß er sich bereits 1781 dieser Möglichkeiten in seiner Geschichte bewußt war, ist nicht sicher – und vielleicht eher unwahrscheinlich –. Schließlich entsprach das Verhältnis zwischen dem phantasievollen und vielleicht verliebten

Dichter Tasso und dem praktischen Gesellschaftsmenschen Antonio-Battista der Spaltung der Persönlichkeit, die Goethe damals bei sich selbst wahrnahm und wahrscheinlich in den Charakter Egmonts legte. Hier stehen zwei Männer vor uns, die die Natur gewiß als Einen gemeint hatte, wie es in der endgültigen Fassung heißt, und wenn die dramatische Spannung (und sei es nur sie) erfordert, daß sie einander zunächst mit Feindschaft begegnen, so mag es die ursprüngliche Intention des Stückes gewesen sein, zuletzt ihre Versöhnung zu zeigen. Damit hätte Goethe erklärt, daß die Spaltung seines Ichs nicht notwendig von Dauer sein mußte und daß Weimar ein Ort werden konnte, wo er, ohne auf eine führende Rolle in den Angelegenheiten des Herzogtums verzichten zu müssen, seine eigenen, gegenwärtig noch verborgenen inneren Ziele aussprechen und verwirklichen konnte.

Natürlich kann es sein, daß Goethe schon 1781 für *Tasso* den tragischen, oder scheinbar tragischen, Schluß vorgesehen hat, mit dem das Stück heute endet. Aber die Möglichkeit eines tragischen Scheiterns bei dem Versuch, die soziale, und auch die persönliche, Integration zu erreichen, hat Goethe zwischen 1781 und 1786 hartnäckig geleugnet. Auf der anderen Seite hätte ein versöhnlicher Ausgang des Stückes, bei dem die Integration gelingt, mit dem unergiebigen Verstreichen dieser Jahre zwangsläufig immer erkünstelter und unrealistischer gewirkt. Und so wurde 1781 die Arbeit am *Tasso* nicht einfach unterbrochen – Goethe gab überhaupt die Absicht auf, das Stück jemals zu vollenden, und überführte es erst 1787 wieder in die Kategorie jener Werke wie *Egmont* und *Faust*, an denen er weiterzuarbeiten gedachte. Ab 1782 war der interimistische Kammerpräsident selber zu sehr ein Battista-Antonio, um viel Sympathie für Tasso zu empfinden, dessen Stimme wir nur in den kurzen lyrischen Augenblicken von Gedichten wie «Kennst du das Land, wo die Zitronen blühn» vernehmen. Tasso, obzwar Hofpoet, war viel zu sehr der einsame Schriftsteller für ein Lesepublikum, seine Kunst zu sehr eine Sache des Geschriebenen und Gedruckten, als daß Goethe Tassos Probleme ausgerechnet jetzt hätte weiterdenken mögen, wo er selber gerade – verquer genug – die Periode einer solchen Künstlerexistenz in seinem eigenen Leben zu vergessen und ihre Folgen zu sühnen oder zu tilgen trachtete. So wandte Goethe 1781/82 seine dichterische Aufmerksamkeit zwei anderen Projekten zu: die Künstlerthematik – das Verhältnis eines Dichters zu seiner Gesellschaft – wurde dem *Wilhelm Meister* zugewiesen, und als Übung in der neuen Dramenform der *Iphigenie* löste *Elpenor* den *Tasso* ab. Auch Carl August mag dabei die Hand im Spiel gehabt haben; denn irgendwann in diesen Jahren riet er Goethe ab, das Tasso-Thema weiter zu verfolgen. Vielleicht fand er es nicht zuträglich für Goethe, in zu großer Bewußtheit über die Rolle des Dichters nachzudenken; vielleicht sah er auch voraus, daß Weimar von einem Stück über die Schwierigkeiten eines Dichters an einem Fürstenhof, ob es nun glücklich ausging oder nicht, kaum etwas anderes als Peinlichkeiten zu erwarten hatte.

Etwas Unpassendes haftete auch dem *Elpenor* an, wenn man berücksichtigt, daß er als Festspiel gedacht war, begonnen 1781 im Hinblick auf Herzogin Louises bevorstehende Niederkunft – die mit einer Totgeburt endete – und wieder aufgenommen (unter Hintansetzung des *Tasso*) 1783, zur Geburt Carl Friedrichs. Denn wichtigstes Motiv der Handlung ist der Tod, oder der scheinbare Tod, eines Kindes aus königlichem Hause. Die Hauptfigur ist kaum älter als Fritz von Stein, der wahrscheinlich das Vorbild abgab und Elpenor vielleicht auch spielen sollte. In der zweiten Jahreshälfte 1781, durch die innig erneuerte und im Prinzip keusche Liebe zu Fritzens Mutter mit neuer Zuversicht erfüllt, vermochte Goethe in seinem jungen Freund die Verkörperung der Hoffnung, einen neuen Morgen zu sehen, so als habe es niemals jene Schrecken und Begierden der Nacht gegeben, die einst in Orest und Thoas und jüngst in der Ballade vom «Erlkönig» aufgebrochen waren. Der unschuldige Held dieses Stückes, in dem jede bedrohliche sexuelle Thematik noch wirksamer unterdrückt wird als im *Tasso*, hat seinen Namen von dem griechischen Wort *elpis*, das «Hoffnung» bedeutet. Die Handlung ist von Goethe frei erfunden, auch wenn sie im alten Griechenland spielt und Elemente aus verschiedensten Quellen – auch aus einem chinesischen Drama – verarbeitet. Antiope, eine verwitwete Königin, erzählt von ihrem toten Gatten, der einst in einem Krieg gefallen ist, und von dem eigenen traumatischen Erlebnis danach, als unbekannte Räuber ihr auflauerten und ihr den einzigen Sohn entrissen. Kurz darauf wurde dem Bruder ihres toten Gatten, Lykus, dem Herrscher über das andere der beiden Reiche, in welche die Erblande der Familie aufgeteilt worden sind, der Sohn Elpenor geboren. Als sie Jahre später bei Lykus zu Besuch weilte, erfüllte Liebe zu ihrem Neffen das Herz Antiopes, und sie erwirkte von Lykus die Erlaubnis, ihn bei sich in ihrem Palast erziehen zu dürfen. Endlich kommt der Tag, da Lykus seinen Sohn, der mittlerweile seine Kindheit hinter sich hat und ins Jünglingsalter eingetreten ist, zu sich nach Hause holen will. Bevor Antiope von Elpenor scheidet, läßt sie ihn schwören, daß er sie an jenem Menschen rächen wird, der so grausam war, ihr den Sohn zu rauben, und nennt ihm die Zeichen, an denen Elpenor seinen Vetter erkennt, sollte er noch am Leben sein. Polymetis, ein alter Diener des Lykus, enthüllt in mehreren Monologen, daß sein Herr sich eines lange verschwiegenen, ungeheuerlichen Verbrechens schuldig gemacht hat, das zu offenbaren er, Polymetis, jetzt entschlossen ist. An dieser Stelle bricht das Fragment ab, doch ist es nicht schwer, sich die Fortsetzung auszumalen. Elpenor wird erfahren, daß es Lykus war, der einst den Überfall auf Antiope befohlen hat, um den Thronerben des anderen Reiches zu beseitigen und damit dem eigenen Hause die Herrschaft über beide Länder zu sichern; und so wird Elpenor, seinem Eid gemäß, scheinbar gezwungen sein, den eigenen Vater zu töten. Er oder Antiope werden nun dem Lykus seine Tat vergeben oder nicht; in jedem Fall wird sich rechtzeitig herausstellen, daß Elpenor der entführte Sohn Antiopes ist – Lykus eigener Sohn ist entweder schon als kleines Kind gestorben oder hat nie existiert – und daß es daher streng genommen nichts zu rächen gibt.

Während der fertige *Elpenor* – abgesehen von seiner stark jambischen Prosa – ein reguläres Drama im klassischen Stil geworden wäre, mit wenigen Personen und strikter Beobachtung der drei Einheiten, liegt über den vorhandenen zwei Aufzügen eine bezaubernde, sehr persönliche Stimmung, was vor allem an dem ungewöhnlichen Alter des jugendlichen Helden liegt. Seine hübsch geschilderte Jungenhaftigkeit bildet einen reizvollen Kontrast zu der abgeklärten Weisheit der älteren Personen mit ihrer langen Erfahrung in der Kunst des Herrschens, und so mutet das Ganze eher didaktisch als tragisch an. Die Götter, zu denen Elpenor schwört, sind keine schlangenhaarigen Erinnyen, sondern die Familiengötter Antiopes, also seine eigenen, und es stehen der dunklen Bilderwelt Antiopes und Polymetis', die um Tod und Rache kreist, Bilder des Morgens gegenüber, der Reinigung und des Wassers, des Wachsens und Hoffens. In diesem Hoffen waltet nicht die sich selbst betrügende Hoffnung Proserpinas, sondern eine Macht, die einfacher und natürlicher ist. Aber gerade aufgrund dieser größeren Einfachheit vermag sie vielleicht nicht, ein leidenschaftliches Drama zu tragen, die innere Spannung zu erzeugen, die für Goethes Lyrik so bezeichnend ist. Die Themen in *Elpenor* sind die Themen der *Iphigenie*, aber ohne die theologische Ambiguität, die in *Iphigenie* zu ihrer Zuspitzung führte und ihnen ihr tragisches Potential gab. Im Mittelpunkt der *Iphigenie* stand ein wirkliches Verbrechen – der Muttermord des Orest –, und es galt, Mißverständnisse über das Wesen und die Absichten der Götter auszuräumen, um zu erweisen, daß nur Menschen das von Menschen begangene Böse vergeben können, wie nur sie ein menschlich Gutes tun können. Sobald sich im *Elpenor* die Mißverständnisse aufgeklärt hätten, wäre deutlich geworden, daß eigentlich gar kein Verbrechen geschehen und Vergebung daher kaum nötig war. Goethe konnte den *Elpenor* nicht nur deshalb nicht vollenden, weil er eine – verwässerte – Wiederholung der *Iphigenie* geworden wäre, sondern weil er den letzten Schritt auf dem Wege zum «offiziellen» Drama der Aufklärung dargestellt hätte, in dem jeder Mißton nur unverstandene Harmonie, alles im einzelnen Böse im Ganzen gut war (Pope). Wohl sehnte Goethe sich danach, dieses sonnenhelle Reich der Vernunft zu betreten, aber aus seinem eigenen Leben kannte er die rivalisierenden Mächte der Sinne, des Gefühls und der sozialen Umstände nur zu gut, um sich an diesen Traum noch lange zu klammern.

Seit 1782 trat an die Stelle des *Tasso* ein anderes Projekt, das sein Gedeihen immer am ominösen 12. November erweisen mußte, und es war nicht *Elpenor*. Es war wie *Tasso* ein Werk, das dem Lebensganzen eines mit sich und seiner Zeit ringenden Dichters gerecht zu werden suchte: *Wilhelm Meisters theatralische Sendung*. Das regelmäßige Weiterdiktieren an diesem Roman sollte für die nächsten drei Jahre die einzige größere literarische Beschäftigung Goethes bleiben. Immer nach Vollendung eines Buches ging eine Abschrift an Barbara Schulthess in Zürich, und nur ihr verdanken wir überhaupt die Kenntnis des Urzustandes von Goethes längstem Roman. Wilhelm Meister, der den Vornamen Shakespeares und einen sprechenden Nachnamen

trägt, war von Goethe von Anfang an zu irgendeiner Form der literarischen
Meisterschaft ausersehen. Zum erstenmal wird Wilhelm zu Beginn des zweiten Buches als Dichter und Intellektueller vorgestellt, und auch später läßt
Goethe ihm hervorragende literarische Gaben in allem angedeihen, was er,
nach der vierjährigen Unterbrechung des Romans zwischen 1778 und 1782,
zu Papier gebracht hat. Wilhelms fünfaktiges biblisches Trauerspiel *Belsazar*,
dessen umständliche Beschreibung unsere einzige Quelle für Goethes Ju-
gendwerk über das nämliche Thema ist, wird mit großem Erfolg aufgeführt;
er erweist sich als rascher und geschickter Arbeiter, wenn es gilt, eine Unterhaltung für den Hof zu arrangieren; und er übersetzt, nach einer italienischen
Vorlage, die uns nicht mitgeteilt wird, den leidenschaftlichen Text des Liedes
«Kennst du das Land, wo die Zitronen blühn» ins Deutsche. Aber Wilhelm
ist kein Dichter, wie Tasso einer war, oder wie Goethe einer gewesen war,
auch wenn er das jetzt nach Kräften zu vergessen suchte. Wilhelm leidet nicht
die Angst des Einsamen, und er läßt an seinen Leiden auch nicht ein Lesepublikum oder die Nachwelt teilhaben. Seine Sendung ist in der Tat die literarische Veränderung Deutschlands, aber nicht durch das Mittel, durch das
allein sie zu leisten war und durch das Goethe und seine Generation sie schon
zu leisten begonnen hatten: das Mittel des gedruckten Buches. Wilhelm Meisters Mittel ist das Theater, das Medium von Gottscheds historischem Kompromiß mit der Kultur der Höfe, jedoch verkürzt um das spezifisch bürgerliche Element, das Gottscheds Kompromiß enthielt: das nationale Publikum,
versorgt von Verlegern wie Himburg, für das Theaterstücke – nicht anders
als Romane oder Gedichte – Bücher zum Lesen sind, nicht in erster Linie
Vorlagen für relativ private Theateraufführungen. Nachdem sich die Perspektive im Verlauf des ersten Buches von einem Porträt der deutschen Gesellschaft um die Mitte des 18. Jahrhunderts zu einer einsträngigen Beschreibung
von Wilhelms charakterlicher Entwicklung verengt hat, gestaltet sich die Geschichte Wilhelms zu einer, zwangsläufig episodischen, Reihe von Begegnungen mit den verschiedensten zu seiner Zeit möglichen Formen von Theater,
mit Ausnahme der einzigen, die wirklich zählte: des Literaturdramas, das, als
Buch unter Büchern, Intellektuelle aus dem ganzen deutschsprachigen Raum
im Studium der Gefühle und in der sozialen, moralischen und historischen
Reflexion einte. Der Roman behält einen gewissen Schwung und poetisches
Interesse, es gibt Stellen von (eher schlichtem) Humor und eine realistische
Ader, aber wie in allen Werken Goethes seit 1778, einschließlich der Prosa-
Iphigenie, stellt sich der Eindruck einer Lobotomie ein; es ist, als seien diese
Werke just an der Stelle blind und unempfindlich, wo *Werther* so hellwach
und empfänglich für sein Publikum gewesen war.

Im zweiten Buch hat es noch immer den Anschein, als lebe Wilhelm in
einer genau bestimmbaren Zeit und Welt; zwar besteht das Buch hauptsächlich aus Gesprächen über literarische Dinge, doch sind es Themen, die in den
Kontext der 1750er Jahre gehören – das Wesen der Tragödie, der Komödie
und des Schäferspiels, die Stellung Corneilles und der drei Einheiten, die

Bedeutung der Alexandriner –, und die Diskussion entzündet sich immer an gedruckten Büchern. Wilhelm liest aus seinen Stücken und Aufzeichnungen vor, streitet mit seinem Schwager Werner, der im Geschäft seines Vaters die zweitwichtigste Stelle einnimmt, über das relative Verdienst der Dichtkunst und des Handels, und tönt dabei wie der junge Lessing. Wir bemerken noch den materiellen Stoff, aus dem sein Leben gemacht ist: die Vorhänge am Bett des genesenden Wilhelm, den Kaffee, den Tee und den Wein, die seine Nerven aufpeitschen und seine Stimmungen schwanken lassen, die Sandplatten im Hof seines Hauses und den Altan zwischen den Giebeln, aus dem Werner gerne einen Dachgarten machen möchte. Den politischen Gegensatz zwischen der freien Stadt, in der die Meisters leben, und dem benachbarten Fürstentum demonstriert die Begegnung der uniformierten, disziplinierten Landmiliz des Fürsten mit dem unordentlichen Haufen städtischer Bürgerwehr am Grenzbaum. Das Eintreffen der Milizionäre, die ein Paar junger Leute, die in der Stadt durchgegangen waren, in Empfang nehmen sollen, unterbricht ein literarisches Picknick, in dem Wilhelm soeben mit seiner Schwester Amelie und deren Gatten Werner schwelgt. Der zu diesem Paar gehörende Mann entpuppt sich als Schauspieler, und Wilhelms Intervention zugunsten eines Künstlerkollegen – als solchen sieht er ihn – bei den Behörden und dann bei den Eltern der Frau ist die einzige narrative Episode in dem Buch, eine Episode, die die Atmosphäre von Goethes ersten Gehversuchen in der Weimarer Verwaltung einfängt. (Goethes Zeichnung, die entweder diese Szene des Romans oder ihr Vorbild im Leben darstellt, ist leider nicht exakt datierbar.) Die Episode ist von nicht geringer Ironie: Der Schauspieler hat aus Stolz seinen Nachnamen von Pfefferkuchen in Honigkuchen verändert und dann zu Melina gräzisiert und will nicht länger das ausüben, was Wilhelm als gottgesegneter Beruf erscheint; vielmehr möchte er in irgendeinem passenden Amte unterkommen, was ihm aber verwehrt wird. Wilhelms theatralische Leidenschaft bleibt jedoch blind für die in dieser Ironie verborgenen Warnungen, und Melina ist es bestimmt, in Wilhelms künftigem Leben eine größere Rolle zu spielen als seine Schwester Amelie, die nicht mehr auftaucht und zu den losen Enden dieses Romans gehört, die durch seine lange Entstehungszeit unverknüpft blieben. Am Ende des Buches vereinbart man, daß Wilhelm eine Reise antreten wird, die zwar bildenden Charakter haben soll, aber auch eine praktische Funktion hat insofern, als er dabei Gelegenheit haben wird, die Außenstände seines Vaters bei entfernter wohnenden Schuldnern einzutreiben. Diese Reise ist das von Goethe bei der Wiederaufnahme des Romans 1782 vorzüglich benutzte Mittel, um den Übergang in eine Welt und eine Weise des Erlebens zu bewerkstelligen, die mit den zeitgenössischen Realitäten Deutschlands nicht mehr so eng verknüpft waren wie das erste Buch und der deutschen Öffentlichkeit deutlich fernerstanden.

Der Anfang des dritten Buches läßt durchblicken, daß Wilhelms Geschichte in ein neues, fortgeschrittenes Stadium getreten ist. Der Reisende begegnet

drei einfachen Formen der Belustigung, die «die Anfänge des Theaters» heißen. Während er sich der Aufgabe des Schuldeneintreibens mit einem Erfolg
entledigt, der ihn selbst verblüfft, und so einen Fundus von 1.500 Talern in
barem Geld zusammenbringt, der ihm für die bevorstehenden Ereignisse sehr
zupaß kommen wird, erlebt Wilhelm nacheinander die pantomimische Darbietung einiger Bergleute in einem Wirtshaus, danach eine Komödie, aufgeführt von den Arbeitern einer Wachstapetenfabrik, die sich die Langeweile
der Winterabende mit Theaterspielen verkürzen, und endlich eine Gruppe
berufsmäßiger Akrobaten. Die nächste Stufe in der Entwicklung des Theaters
erlebt Wilhelm erst, nachdem eine Veränderung eingetreten ist, die ihn von
der übrigen Truppe trennt. Sein Kutscher verirrt sich in der Nacht, und Wilhelm landet in einer kleineren Stadt, in der ihn niemand kennt und die nicht
auf seinem Wege liegt. Indem er seinen Namen nicht mit «Meister», sondern
mit «Geselle» angibt, vollzieht er den Übergang in ein neues Leben; wie der
junge Freimaurer, an den sein angenommener Name erinnert, macht Wilhelm
sich bewußt, daß eine ganze Welt neuer Weisheit vor ihm liegt, die er sich
anzueignen hat. Doch das erste, das ihm in der Stadt begegnet, ist etwas Alt-
bekanntes: Ein Theaterzettel kündigt das Auftreten einer durchreisenden
Truppe von Schauspielern an, unter denen er auch den Namen Melinas entdeckt. Der Wunsch, die alte Bekanntschaft zu erneuern, ist der erste in einer
ganzen Serie zufälliger Umstände, die zusammenwirken, um Wilhelm für den
Rest des Buches wider besseres Urteil, aber seinen heimlichen Wünschen
entsprechend, in der Stadt festzuhalten. Der Reiz, zunächst eine Aufführung
und dann das ganze Repertoire der Truppe kennenzulernen, die Begegnung
mit den Schauspielern und zumal mit ihrer Direktrice, Madame der Retti,
deren Urbild vielleicht Gottscheds Mitarbeiterin Caroline Neuber war, sowie
die Verlockung, seinen eigenen *Belsazar* auf der Bühne zu sehen, sind immer
stärkere Motive für Wilhelm, zu bleiben. Die realistische Manier überwiegt
auch in diesem Buch. Sorgfältig werden die Kosten registriert, die Wilhelm
aus der großzügigen – und seiner Beliebtheit sehr förderlichen – Bewirtung
und Unterstützung der Schauspieler erwachsen. Die materiellen Vorbereitungen zur Aufführung des *Belsazar*, die natürlich kostspieliger ausfallen als vorgesehen; die Schwierigkeiten, die ein Hauptdarsteller, ein roher und unfähiger
Trunkenbold, der seine Stellung in der Truppe nur der Protektion durch Madame de Retti verdankt, mit dem Memorieren und der Deklamation von Wilhelm Meisters Versen hat; und sarkastische Bemerkungen des Erzählers beispielsweise über den eng auf Deutschland begrenzten literarischen Horizont
von Frau Melina, die selber gelegentlich Verse und Prologe für die Truppe
schreibt: dies alles steht in simplem, ironischem Kontrast zu den Visionen
und Erwartungen, die Wilhelm, «der alte Hoffer», unerschütterlich hegt, und
zu der verworrenen und unersprießlichen Wirklichkeit, mit der er täglich
mehr konfrontiert wird. Aber die Reichweite dieses Realismus hat sich sehr
eingezogen: Sie erstreckt sich nur noch auf die Welt des Theaters, während
wir von der kleinen Stadt, in der Wilhelm lebt, wenig sehen. Ein aufrechter

Offizier mit literarischen Interessen, nach dem Muster Knebels gebildet, der Wilhelm mit Rat und Tat zur Seite steht, vor allem, als die höhere Geistlichkeit die Aufführung des Stücks wegen seines biblischen Inhalts untersagen will; das Interesse des Publikums an dem neuen Stück und seinem Autor, das mit dem Herannahen des Premierenabends immer größer wird; und der Wirt des Hauses, in dem die Truppe abgestiegen ist: das sind die einzigen Hinweise auf den gesellschaftlichen Hintergrund von Wilhelms Theaterleidenschaft. Selbst die Klimax des Buches – Wilhelm setzt sich über alle Gebote der Schicklichkeit hinweg und springt bei der Uraufführung des *Belsazar* für den wieder einmal vom Wein außer Gefecht gesetzten Günstling Madame de Rettis ein – bleibt unscharf, weil sich niemand und nichts zu Wort meldet, um Wilhelms Schritt zu kritisieren. Die theatralische Sendung wird ausführlich beschrieben, aber die Nation, der sie gelten soll, gerät aus dem Blick.

Wäre das alles an *Wilhelm Meister* – eine pikarische Geschichte, mit einem – für die Zeit und den Ort, wo sie entstanden ist – ungewöhnlichen Ereignisreichtum, mit farbigen Details und mit einem ökonomischen, unsentenziösen Stil (der Erzähler ist unverkennbar ein vielbeschäftiger Mensch) –, dann müßte man zugeben, daß es ein minderes Werk ist und für die Richtigkeit von Lessings Einschätzung spricht, wenn Goethe «je zu Verstande käme, so würde er nicht viel mehr als ein gewöhnlicher Mensch sein». Nach der Hälfte des Romans ist der Held noch immer nicht eine dauerhafte persönliche Bindung eingegangen. Und doch enthält das dritte Buch des *Wilhelm Meister* einen Beweis von latentem Genie; es führt die erste einer Reihe von Figuren ein, deren Beigesellung zu Wilhelm – denn Beziehung wäre zu viel gesagt – eine einzigartige, kaum greifbare symbolische Konstellation im Innersten des Romans erzeugen wird, die nicht mehr viel mit dem Theatermilieu oder dem bitteren und zunehmend engherzigeren Realismus des Romans zu tun hat. Als Wilhelm sich aufmacht, um die Melinas zu begrüßen und damit – unbewußt – wieder in die alte Theaterleidenschaft zu verfallen, begegnet ihm dort zum erstenmal ein Kind, ob Mädchen oder Junge kann er nicht sagen, mit dunklem Teint, langem schwarzen Haar, das in Locken und Zöpfen um den Kopf gewunden ist, und bekleidet mit einem Wams und weiten Hosen. Es ist das Kind eines der Seiltänzer, die Wilhelm kürzlich gesehen hat; der Mann hat es um den Preis der Kleider, die es am Leibe trug, an Madame de Retti verkauft. Es ist italienischer Abstammung, spricht nur wenig Deutsch und wird Mignon genannt. Wilhelm ist fasziniert von diesem rätselhaften Geschöpf mit den flinken Bewegungen und den bizarren Gebärden, seiner Verschlossenheit über sich selbst, aber seinem schon bald hingebungsvollen Diensteifer für ihn, seinem leidenschaftlichen Wunsch, sich freizukaufen und zurück nach Italien zu gehen, seinem täglichen Besuch der Frühmesse. Das Geschlecht des Kindes bleibt unbestimmt; gelegentlich ist von ihm als «er» die Rede – besonders einmal, als Mignon einem rüpelhaften Kerl, der versucht, sie zu küssen, eine schallende Ohrfeige versetzt –, häufiger aber im Neutrum, wie es die deutsche Sprache für ein Kind zuläßt. Bis zu

dieser Stelle hat es in dem Roman schon viele Verse gegeben, freilich immer
nur Zitate aus Wilhelms Dramen; Mignon ist es, die nun zum erstenmal ein
– vorgeblich ebenfalls von Wilhelm stammendes – lyrisches Gedicht rezitiert,
und die Innigkeit ihres Vortrags verrät, daß Goethe ihr Zeilen in den Mund
legt, die ursprünglich Frau von Stein zugedacht waren:

> Heiß mich nicht reden, heiß mich schweigen,
> Denn mein Geheimnis ist mir Pflicht;
> Ich möchte dir mein ganzes Innre zeigen,
> Allein das Schicksal will es nicht.

Mignon ist es auch, die mit «unwiderstehlicher Sehnsucht» das Lied singt
«Kennst du das Land, wo die Zitronen blühn», mit dem das vierte Buch des
Wilhelm Meister anhebt. Dieses Buch enthält insgesamt vier erstaunliche Gedichte. Drei von ihnen werden gegen Ende des Buches von einer neuen Rand-
oder Symbolfigur vorgetragen: dem Harfenspieler, einem alten Mann mit
grauem Haar und blauen Augen, in ein langes dunkles Gewand gekleidet wie
ein Pfarrer oder Jude, der Inbegriff des Barden wie in Greys Ode «The Bard»
oder auf Martins Gemälde. Doch ist es nicht heiliger Zorn, der den Harfner
erfüllt, als er eines Tages in ein Wirtshaus kommt, um die niedergeschlagene
Gesellschaft mit der Ballade «Der Sänger» aufzuheitern, die von der schönen
Unbelohntheit der Dichtkunst spricht. Seine Gabe, so hören wir, ist wie die
des Liturgen bei den Herrnhutern: Er versteht es, die Stimmung des Augenblicks zu erfassen, auf sie zu antworten, sie in ein Lied zu verflechten und
durch Verknüpfung mit höheren Dingen zu verklären. Diese gleichsam litur-
gische Funktion fällt in dem Roman den Liedern Mignons und des Harfners
zu: An Ereignissen, die, jedenfalls im Urteil des Erzählers, immer trivialer, ja
gemeiner werden, lassen der Harfner und Mignon eine Dimension des Bedeutungsvollen erahnen, die sie doch selbst nicht erzeugen. Zu diesen beiden
Menschen empfindet Wilhelm endlich eine tiefere innere Verwandtschaft als
zu den fahrenden Schauspielern: Sie versinnbildlichen, für Goethe in seinem
Leben ebensosehr wie für seinen Helden in dessen Leben, das Vermögen
einer aus dem Herzen kommenden Dichtkunst, auch einer verzweifelt prosaischen Existenz noch Sinn und Zauber abzugewinnen. Denn Wilhelms Verhältnis zu der Schauspieltruppe gestaltet sich in diesem Buch zu einem einzigen, langwierigen und unerfreulichen Erwachen aus dem erregenden
Rausch, in den die Aufführung seines *Belsazar* ihn versetzt hatte. Er hat nicht
nur für die Kosten dieser Aufführung und für den Unterhalt der Schauspieler
in dem Wirtshaus aufzukommen, er hat auch einen großen Teil seiner restlichen Barschaft Madame de Retti geliehen, um die Truppe über Wasser zu
halten, und Melina rät Wilhelm, sich die Kasseneinnahmen aus der Aufführung seines Stückes zu sichern, bevor sie verschleudert werden oder zur Befriedigung anderer Gläubiger dienen. Aber jetzt folgt eine Katastrophe der
anderen. Madame de Rettis Favorit besteht darauf, in der zweiten Aufführung des *Belsazar* mitzuwirken, und wird von einem erbosten Publikum aus-

gebuht und von der Bühne gejagt; die Meute hetzt ihn durch die Straßen und macht Miene, die improvisierte Theaterbude einzureißen. Der Kommandant der örtlichen Wache muß einschreiten und die öffentliche Ordnung wiederherstellen, Madame de Retti und ihr Begleiter machen sich aus dem Staube, und Wilhelm muß entdecken, daß er jetzt in der feinen Gesellschaft der Stadt nicht mehr akzeptiert wird, ja daß sein Freund, der Offizier, sich um seinetwillen sogar duelliert hat und dabei verwundet worden ist. Zum zweitenmal in seinem Leben steht Wilhelm vor einem Scherbenhaufen und verfällt in dieselbe tiefe Niedergeschlagenheit, die er nach Marianes Verrat durchlitten hat. Nur Mignon tröstet ihn auf eine merkwürdige Weise: In der ominösen Stille vor dem Ausbruch des Theaterskandals schließt sie den Fensterladen in Wilhelms Zimmer, ruft einen Geiger, legt in einer bestimmten Anordnung Eier auf dem Boden aus und tanzt sodann mit verbundenen Augen, zu einer mehrfach sich wiederholenden Weise, ungemein figurenreich, rasch und heftig zwischen den Eiern hin und her, ohne auch nur ein einziges zu berühren oder zu zerdrücken. Wilhelm wird sich seines starken väterlichen Gefühls für dieses elternlose Geschöpf bewußt, was ihm seine Verantwortung für Mignon nach dem Verschwinden Madame de Rettis nur um so drückender macht; denn er hat jetzt nur noch den einen Wunsch, von dieser Gesellschaft loszukommen. Die Nachricht vom Ausbruch eines Krieges – wahrscheinlich handelt es sich um den Siebenjährigen Krieg – macht alle Zukunftshoffnungen der wandernden Truppe zunichte, die nunmehr von Melina geleitet wird, aber praktisch Wilhelm gehört. Melina entschließt sich, Wilhelm auf seiner weiteren Geschäftsreise in die Stadt H. (fraglos Hamburg) zu begleiten, wo er für sich und seine Frau eine Stelle an dem dortigen angesehenen Schauspielhaus zu finden hofft; als dieser Plan den anderen Schauspielern zu Ohren kommt, wollen sie alle mitreisen, und so sieht Wilhelm beim Aufbruch nach H. wieder die ganze Truppe um sich versammelt. An diesem Punkt der Erzählung tritt der Harfner auf und gesellt sich zu den Reisenden. In dem Lied «Wer nie sein Brot mit Tränen aß» findet Wilhelm seine ganze eigene Verzweiflung über sein verworrenes Schicksal ausgedrückt, das ihm zwar ungekannte Augenblicke höchsten Glücks beschert hat, ihn aber nun unter der Last von Angst, Scham und Verantwortung schier zusammenbrechen läßt. An dieser Stelle gerät die Gesellschaft an einen Grafen, der sich als Kenner der Literatur geriert. Er wird in Kürze einen Prinzen bei sich aufzunehmen haben, der in dem bevorstehenden Krieg in dieser Gegend sein Hauptquartier aufschlagen wird. Mit Freuden engagiert der Graf die Schauspieler für eine gewisse Zeit, um seinen illustren Gast zu unterhalten, und Wilhelm weiß, daß er der Versuchung erliegen wird, die Truppe als ihr Hausdichter zu begleiten. «Selten, daß der Mensch fähig ist und daß es ihm das Schicksal zuläßt, nach einer Reihe von Leiden, nach einer Folge von Verbindungen mit sich selbst und andern ganz reine Wirtschaft zu machen», bemerkt Goethe dazu; die Stelle dürfte vom November 1783 datieren, als der in seinem Inwendigen verborgene Wurm in ihm nagte. Seinem Helden erlaubt Goethe die ekstatisch tränenreiche Umarmung Mignons, dieweil der Harfner vor der Zimmertüre spielt – das abschließende Tableau des Buches, das uns zeigt, bei welchen Menschen Wilhelm in Wahrheit Zugehörigkeitsgefühl und Inspiration findet.

Zu den Menschen in Wilhelms unmittelbarer Umgebung ist im vierten Buch eine weitere Person getreten: die junge Schauspielerin Philine, ein sehr ausgeprägter, eigenwilliger Charakter und, wenn überhaupt, eher die niedrigeren als die höheren Dinge symbolisierend. Sie lebt nur den Freuden den Tages – und der Nacht –; das männliche Geschlecht liegt ihr zu Füßen, und sie nutzt, bedenkenlos und lachend, ihre Reize und, gegenüber höhergestellten Herrschaften, ihre beachtliche Verstellungsgabe dazu aus, ihre eigenen Interessen durchzusetzen. Mit dem Schwarm ihrer Verehrer – unter ihnen ein Stallmeister des Grafen und ein entlaufener Geselle namens Friedrich, die sich eines Nachts auf dem Flur eines Wirtshauses um Philine prügeln – kommt etwas Halbseidenes in Wilhelms Welt, das beweist, wie weit er sich von seiner reputierlichen Herkunft entfernt hat und daß die Verzweiflung über seine verfahrene Lage gerechtfertigt ist.

Indes wird Philine bemerkenswert beiläufig eingeführt – «eine junge muntere Actrice, deren wir bisher entweder gar nicht oder im Vorübergehen erwähnt haben» –, und auf ähnliche Weise wird auch ein bedeutsames Gespräch zwischen Wilhelm und dem mit ihm befreundeten Offizier über die Beschränktheit des Theaterpublikums erst bei passender Gelegenheit und nach dem Abgang des Offiziers mit schuldbewußter Miene referiert: «Viele unsrer Leser, die am Ende des vorigen Capitels zufrieden waren, daß wir endlich wieder den Platz veränderten, werden vielleicht ungehalten sein, wenn wir noch einmal zurückkehren, um verschiedener Dinge zu erwähnen, die bei'm Abschiede vorgingen.» Solche Verlegenheitsstellen zeugen vermutlich eher von einer gewissen Zwanglosigkeit oder Unbekümmertheit Goethes bei der Konstruktion seines Romans als vom Einfluß Diderots und seines *Jacques le Fataliste* oder von tieferer Beschäftigung mit der Theorie des Erzählens, und sind in diesem Buch des *Wilhelm Meister* häufiger als in den vorangegangenen. Was diese Stellen indes verraten, ist das sich schärfende Bewußtsein Goethes dafür, daß seine Geschichte der Logik entbehrt: Wilhelm mag noch so viele Formen des Theaters kennenlernen und, wie der Held in Märchen wie den *Bremer Stadtmusikanten*, noch so viele ausgefallene Reisegefährten um sich sammeln – es bleibt unklar, wohin er geht und warum, oder was – nachdem Reichtum und Sicherheit, die in den meisten Märchen das glückliche Ende bilden, bei Wilhelm bereits den Ausgangspunkt bildeten – seine Gefährten tun werden, wenn sie einmal am Ziel angelangt sind. Wilhelms Geschichte wird denn auch nicht mehr als Porträt eines Aspekts des damaligen Deutschland, seiner Gesellschaft oder seines Theaters oder seiner kollektiven Geisteshaltung, erzählt, sie wird als Parabel oder Metapher für Goethes eigene Geschichte erzählt, und die einzige Logik hinter der Reihenfolge der Episoden ist jene, die ihnen als Reflex von Themen aus Goethes eigenem Leben innewohnt. Darum will er die Freiheit haben, der Geschichte seine eigene Persönlichkeit aufzudrängen, wo sie sich ebenso zu Hause fühlen soll wie das «Ich» in einem lyrischen Gedicht, und darum versucht er, in die Erzählung originale lyrische Gedichte einzufügen. Wenn aber dieser _ille ego_, wie Wieland ihn nannte, in der Romanform nicht wirklich zu Hause ist, dann liegt dies daran, daß diese Form ihm im Grunde fremd ist, nicht minder Ausdruck «falscher Tendenzen» für Goethe wie jedes naturwissenschaftliche Steckenpferd. Schließlich war der realistische Roman, zumal in England, die Erfindung einer selbstbewußten und wirtschaftlich unabhängigen bürgerlichen Kultur, und nichts beweist schlüssiger das Scheitern der Sturm-und-Drang-Generation bzw. die Unlösbarkeit der Aufgabe, die sie sich gestellt hatte, als ihr Unvermögen, diese neue Romanform nach Deutschland zu verpflanzen. Goethes Konzentration auf den _Wilhelm Meister_ in den letzten Jahren vor der italienischen Reise ist als letzter Versuch zu werten, die autobiographische Kunst, die er 1769, bei der Überarbeitung der _Mitschuldigen_, für sich entdeckt hatte, mit den Idealen der literarisch-nationalen Erneuerung zu verschmelzen, die ihn bald darauf erfaßt und mitgerissen hatten. In dem Maße, wie die Arbeit am Roman fortschreitet, vergrößert sich der Abstand zwischen den ihn konstituierenden Elementen.

Im fünften Buch der _Theatralischen Sendung_ spricht Goethe so direkt wie sonst nie den Leser an; das ganze erste Kapitel rühmt die «Großen dieser Erde» und die verbesserten Aussichten Wilhelms, sich nun, da der Graf die Truppe engagiert hat, in diesem Klima «völlig auszubilden». Zugleich wird in diesem Buch der parabolische Bezug von Wilhelms Geschichte zu Goethes eigenem Leben besonders deutlich. Denn wenn Wilhelm das Leben im Kreise fahrender Schauspieler mit dem Leben an einer Hofbühne vertauscht, lernt er nicht nur eine höhere Form der dramatischen Kunst kennen, er tritt auch in jene Welt ein, in die Goethe eintrat, als er nach Weimar kam und nun selber Tag für Tag Umgang mit den «Großen dieser Erde» pflegte. Und nicht nur die Erwartungen Wilhelms werden wiederum enttäuscht; enttäuscht werden auch die Erwartungen, die Goethe selbst im Eingangskapitel geweckt hat. Dieses fünfte Buch, entstanden 1784, als Goethes neunjährige Amtszeit als Weimarer Geheimrat sich ihrem Ende näherte, ist seine ausgiebigste und vernichtendste Parodie auf das Schicksal, das dem kulturellen und künstlerischen Ideal der Nation am Hof eines deutschen Provinzfürsten blüht.

Wilhelms Träume werden an den in doppelter Hinsicht widrigen Realitäten zuschanden: Für den Grafen und seinen Sekretär ist das Theater nur Unterhaltung und Hobby; für die Truppe ist es das tägliche Brot, aber mit einer kräftigen Prise Prätention gesalzen. Kaum sind sie engagiert, denken die Schauspieler mehr an ihre zukünftige Bequemlichkeit und ihren Status als an die Erarbeitung ihres Repertoires. Sie kämpfen sich in stockfinsterer Nacht und strömendem Regen zum Schloß des Grafen durch, bei dessen Anblick jeder sich im stillen fragt, hinter welchem der vielen hell erleuchteten Fenster wohl sein Zimmer sein wird, nur um an Ort und Stelle zu erfahren, daß überhaupt keine Vorkehrungen für ihre Unterbringung getroffen worden sind und daß sie sich, so gut sie können, im ungeheizten und unmöblierten alten Teil des Schlosses einrichten müssen, der seit dem Bau des neuen Schlosses nicht mehr bewohnt wird. Nur Philine, die die Gräfin dienstfertig umworben hat, wird sehr bald vom Stallmeister in das neue Schloß geholt und dort komfortabel untergebracht. Aber als endlich auch die anderen eingerichtet sind und für eine Weile wie im Schlaraffenland leben, bricht unter ihnen Hader und Mißgunst aus, und sie tragen Zwietracht sogar in den gräflichen Haushalt. (Darin mögen sie Ähnlichkeit mit der Truppe Giuseppe Bellomos haben, die sich seit Januar 1784 in Weimar produzierte.) Der Graf wiederum hat seine eigenen Vorstellungen von Kunst, und Wilhelm, der die ganze Nacht damit zugebracht hat, dem vom Grafen vorgeschlagenen, lächerlichen Spiel zur Begrüßung des Prinzen eine brauchbare Fasson zu geben, muß zu seiner Betroffenheit erfahren, daß die Wünsche des Grafen keinerlei Abstriche dulden und daß unbedingt alles so werden muß, wie er gesagt hat. Zum Glück stellt sich heraus, daß der Graf vor allem an dem allegorischen Schluß seines Stückes interessiert ist, wo die Büste des hohen Gastes mit Blumen und Lorbeerkränzen umwunden wird und sein Name auf ölgetränktem Papier schimmert, und nachdem hierfür gesorgt ist und die Damen des Hofes den Grafen bei der Generalprobe in kritischen Augenblicken ablenken, kommt er gar nicht dazu, den Unterschied zu bemerken. Allerdings sind auch die Damen – die Gräfin, eine mit ihr befreundete Baronesse und, im Hintergrund, Philine – an Wilhelms Kunst nicht sonderlich interessiert. Wohl aber sind sie von dem artigen jungen Mann selbst sehr eingenommen – in Wilhelms Verhältnis zur Gräfin klingt beiläufig das «Tantalus»-Thema an –, und sie setzen ihm zu, vor ihnen auf der Bühne seine Schauspielkunst zu zeigen, sie senden ihm anonyme Geschenke und laden ihn auf ihr Zimmer, um sich vorlesen zu lassen – bei welcher Gelegenheit er dann freilich doch hinter einem Galanteriewarenhändler zurückstehen muß. In einem Haushalt, in dem der Dichter Mittelpunkt mehrerer Liebesaffären ist und die Schauspieler neben Hunden und Pferden auftreten müssen, mag Mignon begreiflicherweise nicht mittun und ihren Eiertanz vorführen, wie Wilhelm es vorgesehen hat: Sie steht seinem Herzen auf einzigartige Weise nahe und scheint an Herzflattern zu leiden – und in widriger Umgebung kann das Herz sich nicht auf Befehl aufführen, wie Goethe aus eigener Erfahrung wußte.

Der einzige, der Wilhelms Fähigkeiten und Anlagen erkennt, ist der Geheimsekretär des durchreisenden Prinzen, ein Mann mit dem merkwürdigen Namen Jarno. Weit gereist und gründlich vertraut mit der deutschen Literatur, die ihn kalt läßt, ist Jarno ein in vielen Geschäften tätiger Weltmann – illusionslos, sarkastisch und von bitterem, zuweilen grausamem Humor. Zumindest einige Charakterzüge hat er mit Herder gemein. Als Wilhelm die Kunst Racines rühmt, als die eines feinen Kenners und genauen Beobachters jener höheren Verhältnisse, mit denen Wilhelm nun selbst in Berührung kommt, fragt Jarno ihn ganz unverfänglich, ob er denn nie ein Stück von Shakespare gelesen habe, und als Wilhelm verneint, leiht Jarno ihm einige Bände, und Wilhelm zieht sich eine Weile von seiner Umgebung zurück und verliert sich ganz und gar in der Welt Shakespeares. Die erste Folge dieser überwältigenden Entdeckung ist für Jarnos Begriffe heilsam: Wilhelm wird ermutigt, «in der würklichen Welt schnellere Schritte vorwärts zu tun», um vielleicht dereinst dem deutschen Publikum «aus dem großen Meere der wahren Natur wenige Becher zu schöpfen», so wie es der britische Autor getan hat. Jarno lobt diesen Vorsatz und macht Wilhelm Hoffnung auf eine gute Stellung, aus der ihm, in der bevorstehenden Kriegszeit mit ihren schnellen Glücksumschwüngen, viele nützliche Erfahrungen erwachsen könnten. Hier scheint sich Wilhelm die Möglichkeit zu jenem amtlichen Wirken, zu jener Rolle im *theatrum mundi* zu eröffnen, die Goethe, aus ähnlichen Gründen wie den von Jarno genannten, 1776 ergriffen hatte. Doch Wilhelm schlägt das Angebot aus; denn es ist an eine Bedingung geknüpft, die ihm unannehmbar scheint: «Ich habe es oft mit Ekel und Verdruß gesehen», sagt Jarno im Weggehen, «wie Sie, um nur einigermaßen leben zu können, Ihr Herz an einen herumziehenden Bänkelsänger und an ein albernes zwitterhaftes Geschöpf hängen mußten.»

Wilhelm kann es nicht zulassen, daß aus seinem Leben die Mächte des Herzens und der Dichtkunst verbannt werden sollen, ganz zu schweigen von dem Rest seiner sonderbaren Familie, zu der nun auch der Geselle Friedrich und ein junger Schauspieler mit dem Übernamen Laertes gehören, und erliegt so einem Einfluß des «großen Briten», der weit weniger heilsam ist als die ursprüngliche Begeisterung für die «würkliche Welt». Nachdem der befristete Kontrakt mit dem Grafen abgelaufen ist, setzt die Gesellschaft widerwillig ihren Weg nach H. fort. Wilhelm reist mit ihnen und fühlt sich wie der verkleidete Prinz Harry in *Heinrich dem Vierten*, dem es gefällt, sich unerkannt unter die niederen Burschen in Boar's Head zu mischen; ein langer Mantel, eine um den Leib gewundene Schärpe und ein Paar Schnürstiefel müssen ihm helfen, in diese Rolle zu schlüpfen; um den Hals trägt er eine etwas verunglückte Krause, den runden Hut zieren ein buntes Band und eine Feder. Die Schauspieler, verbittert ob der Vertreibung aus ihrem Paradies, nehmen es mit übermäßigem Beifall auf, als Wilhelm die Herzlosigkeit der Reichen und Hochgestellten anprangert, die auf dem gräflichen Schloß zu beobachten jedermann Gelegenheit gehabt hat, er selbst vor allem an Jarno. Dafür, so meint er, kann wahre Freundschaft nur unter denen blühen, die wenig oder nichts besitzen und denen, die sie lieben, nur ihr Selbst geben können, das aber ganz und gar. Sein Vorschlag, die guten Gefährten sollten auf ihrer Reise eine freie Republik gleichberechtigter Freunde bilden, wird sogleich angenommen, man bestellt einen Senat, in dem auch die Frauen Sitz und Stimme haben, und Wilhelm wird zum ersten Direktor gewählt, nachdem Melina wohlweislich schon früher, als die Dinge lästig zu werden versprachen, von seinem Amt zurückgetreten ist. Zu den ersten Aufgaben des Senats gehört eine Beratung über die weitere Reiseroute in diesen unruhigen Zeiten: In der Umgebung des kleinen Städtchens, in dem die Gesellschaft sich gegenwärtig aufhält, sollen Marodeure gesehen worden sein. Wilhelm überzeugt seine Gefährten, daß es besser sei, keinen Umweg zu machen, sondern an dem einmal geplanten, wenngleich gefährlicheren direkten Weg festzuhalten, und nachdem alle bewaffnet sind und sich wagemutig und tatendurstig fühlen, brechen sie in die unbekannte Gegend auf, die vor ihnen liegt. Man kleidet sich in Shakespearescher Manier, man kampiert in einer Waldlichtung, wo man Kartoffeln kocht wie die Zigeuner und das Loblied des seligen Müßigganges singt, und Wilhelm und Laertes üben sich für die bevorstehende *Hamlet*-Aufführung im Zweikampf. Chronologisch einigermaßen unplausibel, will Goethe uns glauben machen, diese vermutlich 1756 spielende Szene sei das Original der Idee von «wackern Vagabunden, edeln Räubern, großmüthigen Zigeunern und sonst allerlei idealisirtem Gesindel» gewesen, die später bis zum Überdruß nachgeahmt auf deutschen Theatern zu sehen war – angefangen wohl bei seinem eigenen *Götz* bis hin zu Schillers *Räubern*, die 1782 uraufgeführt wurden. Indessen wird die Phantasie von der Wirklichkeit eingeholt, als plötzlich Schüsse fallen. Räuber haben der Reisegesellschaft hinter den Bäumen aufgelauert, sie wird überfallen und ausgeraubt. Wilhelm und Laertes leisten tapfer Gegenwehr, doch von einer Kugel und einem Schwerthieb verwundet, verliert Wilhelm das Bewußtsein und vermag seine Freunde, ihr Hab und Gut und alle Ersparnisse der letzten Zeit nicht vor einer Bande zu schützen, die Freiheit und Gleichheit ernsthafter und effektiver praktiziert als die idealische Republik der Schauspieltruppe.

So hat Goethe im November 1784 seinen Helden an einen Punkt geführt, wo er, im Namen des Herzens und der Dichtkunst einen anderen Weg wählend als Goethe selbst 1775/76, feststellen muß, daß es in Deutschland zu den Absurditäten und Enttäuschungen einer Fürstenherrschaft keine politische Alternative als die Anarchie gibt. Ob es eine künstlerische Alternative gibt, bleibt abzuwarten, obgleich schon jetzt klar ist, daß jedes Verwerfen der höfischen Kultur ohne eine solche Alternative nur hohler Manierismus wäre. Der Augenblick dieser Offenbarung aber, vielleicht der wichtigste einzelne Moment des ganzen Romans, nämlich die kurze Naturburschenexistenz der Truppe à la Shakespeare, enthüllt zugleich die besondere Eigenart und die besonderen Grenzen des Realismus im *Wilhelm Meister*. Denn realistisch ist dieser Roman wenigstens in zweierlei Hinsicht. Wir erfahren genau, wie die Personen gekleidet und bewaffnet sind, was sie essen, wie sie finanziell gestellt sind und wie und wohin sie reisen (wobei man nicht vergessen darf, daß in Deutschland einem Wege, der durch den Wald führt, nichts rein Konventionelles anhaftet). Und zweitens führt die unangenehme Überraschung des Überfalls einige phantastische Selbststilisierungen ad absurdum, indem sie die «idealisierten» Räuber und Vagabunden mit wirklichem Gesindel konfrontiert. Drittens aber und in einem entscheidenden Sinn – demgegenüber *Werther* als absolut konsequent erscheint – gibt es einen Mangel an Realismus, der den Anspruch des übrigen Romans, die Dinge zu zeigen, wie sie sind, wesentlich einschränkt. Denn wenn Goethe diese Szene zum wahren Ursprung jener literarischen Welle erklärt, die später die deutschen Theater mit Räubern und Wanderern aller Art überschwemmt habe, spricht er den Bezug seiner Geschichte zur deutschen Öffentlichkeit an, stellt diesen Bezug dabei aber erkennbar falsch dar. Wilhelm und die Schauspieler fungieren an dieser Stelle als Kritiker einer literarischen Mode, wie es, auf seine Weise, Werther gewesen war. Aber Werther wurde als das Opfer einer Mode gezeigt, nicht als deren Urheber, und seine Geschichte beschrieb daher – realistisch – die Mechanismen, durch welche diese öffentliche Mode in das Hirn eines einzelnen drang: die Bücher, die Namen, die konventionellen Gefühle und Gesten, die Themen und Taktiken von Gesprächen. Indem Goethe seine fiktiven Charaktere zum Ursprung einer historischen Entwicklung macht, verstößt er nicht nur bewußt gegen die Gebote einer realistischen Perspektive: er verbaut sich auch die Möglichkeit, diese öffentliche Entwicklung selbst zu beschreiben, weil sie erst nach den Ereignissen eintritt, die er gegenwärtig erzählt. Am wichtigsten ist vielleicht der Einwand, daß ein einzelner Geist realistisch immer nur als Opfer einer Massenbewegung, nicht als deren Ursprung dargestellt werden kann: In mehr als einer Hinsicht ist es eine unrealistische Verkennung des Wesens und der Gewalt von Massenbewegungen, sie auf den Einfall eines einzelnen Geistes zurückzuführen. Die Kritik an der angeblich durch Wilhelm angestoßenen intellektuellen und emotionalen Bewegung entbehrt völlig jener imaginativen Teilhabe an der Bewegung selbst, der der _Werther_ seine Kraft und Geschlossenheit – und seinen enormen Erfolg – verdankte. In der Tat sind Wilhelm und seine Freunde sich der öffentlichen und nationalen Dimension ihres Verhaltens nicht bewußt, und können es nicht sein, und auch Goethe verrät nicht, durch welche Art von Öffentlichkeitswirksamkeit ihre ganz und gar beiläufigen Launen es zu derartiger allgemeiner Bedeutsamkeit gebracht haben sollen. Da Goethe das Thema aber nun einmal aufs Tapet gebracht hat, haben wir den Eindruck einer großen, nicht geschlossenen Lücke, den Eindruck, daß das literarische Bewußtsein der Nation zwar eine Realität ist, die der Darstellung lohnt, ja daß ohne sie jede Darstellung deutschen Lebens um die Mitte des 18. Jahrhunderts unvollständig und ungenau wäre, daß Goethe es aber vorzieht, sie links liegenzulassen. Und der einzige Grund, der diese Vernachlässigung rechtfertigen könnte, muß der sein, daß Goethe für ein Publikum schreibt – «nur für einen Teil der Nation», wie Bodmer gesagt hätte –, das von der Mode unbeeindruckt war – oder es zu sein glaubte –, verächtlich auf sie herabsah und damit per definitionem nicht Teil des nationalen Bewußtseins war. Der entscheidende Grund, weshalb _Wilhelm Meister_ kein realistischer Roman ist, liegt also nicht in irgendeinem Aspekt seines Inhalts, sondern in der Tatsache, daß er gar nicht erwartet, von wenig mehr als einem halben Dutzend Menschen realistisch gefunden zu werden, namentlich dem Ehepaar Herder, Frau von Stein und Knebel; in gewissem Sinne aber muß Realismus etwas sein, das nicht nur von einem Teil der Nation, sondern von einem Massenpublikum rezipiert werden kann.

In jedem der drei Jahre 1782, 1783 und 1784 schrieb Goethe ein langes Gedicht, das sich direkt mit der Frage befaßte, die im fünften Buch des *Wilhelm Meister* aufgetaucht war: was um alles in der Welt hatte er an einem Ort wie Weimar verloren? Die Arbeit an dem Gedicht «Auf Miedings Tod» in den ersten Monaten des Jahres 1782 mag ihm sogar Ansporn gewesen sein, den Roman wiederaufzunehmen: Die skeptische Einstellung zum Theater in Goethes späteren Büchern klingt bereits in dem nüchternen, freundlich-humorvollen Ton an, in dem dieses Gedicht das Leben des Hofebenisten würdigt und dabei die verborgenen Klippen des Hyperbolischen, des Mokanten und des Herablassenden zu meiden weiß. Der Panegyrikus strotzt von halb ironischen, halb liebevollen Anspielungen auf die Besonderheiten des Weimarer Lebens, auf die Händler, die die Kostüme lieferten oder die Szenerie malten, auf das farbige Papier und das Rauschgold, den warmen Leim und das Hämmern in letzter Minute, womit man in Weimar, Ettersburg und Tiefurt die Aufführungen festklopfte, auf einige der großen Erfolge – die Schattenspiele, das *Jahrmarktsfest von Plundersweilern*, die *Iphigenie* –, auf Corona Schröter, die die Iphigenie gespielt hatte und die als Krönung des Gedichts an Miedings Sarg zu treten und ihn mit einem Kranz von Blumen zu schmücken hat – einem Erzeugnis der Seidenblumenfabrik, die Bertuch 1782 in Weimar eröffnete und die das erste Industrieunternehmen des Ortes war. Hinter allem aber sehen wir Mieding selbst, einen schmerzgeplagten, hustenden, blassen Mann, der noch in der Maschinerie herumklettert, wenn die Vorstellung schon begonnen hat, ein selbstloses Faktotum, dem seine notorische Unpünktlichkeit nicht abzugewöhnen war und der doch auf seine Weise der Kunst des schönen Scheins so ergeben war, daß er darüber versäumte, Güter zu sammeln, und sich zuletzt nicht einmal ein ordentliches Begräbnis leisten konnte. Diese leichte Dissonanz in dem Gedicht wird erklärlich, wenn wir daran denken, daß Goethes Sympathie mit Mieding, wie immer, auf seiner Fähigkeit beruht, Not und Leiden der anderen als seine eigenen zu empfinden. Goethe tritt in dem Gedicht nicht als Dichter, sondern als Staatsmann auf und vergleicht mit Miedings Wirken das eigene schwere Geschäft, begonnen «mit Lust zum Werke mehr, als zum Gewinn» und ebenso zur Vergeblichkeit verurteilt. Auch Goethe verschwendet Kraft und Natur an eine in den Augen vieler Zeitgenossen fruchtlose oder gehaltlose, oder gar moralisch zweifelhafte Aufgabe, und er erkennt in Mieding eine verwandte Seele. Ist Weimar würdig, den Menschensohn in seiner Mitte zu beherbergen? So fragt er, wobei er sich wieder der bekannten Anspielung bedient:

> O Weimar! dir fiel ein besonder Los:
> Wie Bethlehem in Juda, klein und groß!
> Bald wegen Geist und Witz beruft dich weit
> Europens Mund, bald wegen Albernheit.

Einen emphatischeren, ja beunruhigten Ton vernimmt man in dem Gedicht «Ilmenau», das Goethe zu Carl Augusts Geburtstag am 3. September 1783 schrieb. Mithilfe eines etwas gesuchten Kunstmittels, nämlich einer Vision, die bei einer Wanderung durch den Nebel der Ilmenauer Wälder vor ihm aufsteigt, stellt Goethe sich seinem Leben, wie es sechs oder sieben Jahre früher gewesen ist: Knebel, Seckendorff, der Herzog und Goethe selbst erscheinen wie bei einem ihrer nächtlichen Gelage im Stile von *As You Like It* – ein erster Vorgriff auf das Bild, das 1784 im fünften Buch des *Wilhelm Meister* eine so wichtige Rolle spielen wird. Goethe läßt sein früheres Selbst mit frappierender Offenheit nicht nur, wie wir sahen, die unmutige Zerrissenheit des jungen Herzogs erkennen, sondern auch die eigene, fast tragische Verblüffung darüber, «unschuldig und gestraft, und schuldig und beglückt» zu sein, nicht erklären zu können, wie er als Dichter sich die Gunst des Publikums erwerben und dabei die Ablehnung durch die höfische Gesellschaft erfahren konnte. 1783, nach seinem völligen Rückzug vom deutschen Lesepublikum, war Goethe womöglich noch weniger imstande, dieses Paradoxon zu begreifen, als 1776. In dem Gedicht behandelt er das Paradoxon, wie er es in seinem Leben behandelt hat: er verdrängt es abrupt, ja mutwillig. Die Gestalt seines jüngeren Selbsts, so hören wir, sei «dir nicht imstande selbst zu sagen,/Woher ich sei, wer mich hierher gesandt», wo doch eben seine soziale Herkunft die Quelle des Problems ist. Und von der ganzen Vision wird er «auf ein einzig Wort» der Musen befreit, worauf die Nebel sich heben und die Vergangenheit versinkt. Die Reise in die Schweiz soll den Beginn einer sonnigen Gegenwart markieren: das Herzogtum ist wieder wohlgeordnet, die Webindustrie hat sich vom Krieg wieder erholt, der Ilmenauer Bergbau die Arbeit wieder aufgenommen. Wie dies geschah, ist so rätselhaft wie der Vorgang, durch den aus Absichten Wirkungen folgen oder die Raupe zum Schmetterling wird, aber – seht, wir haben es geschafft! Und doch ist nicht alles gut in diesem plötzlichen Sommer, es fehlt etwas: In den Teilen des Gedichts, die sich auf die Gegenwart von 1783 beziehen, ist nur einmal die Rede von der Dichtkunst, die dem jüngeren Goethe doch Quelle des Glücks und der Popularität gewesen war. An dieser einen Stelle nennt er die Dichtkunst «alte Reime», die diese besonders günstigen Umstände «locken». Bei aller ruhigen Zuversicht am Anfang und am Ende des Gedichts verrät «Ilmenau» innere Anspannung und Erregung durch die Versform: Sie sucht, allerdings vergeblich, in den ersten und letzten Zeilen sich zu Stanzen oder zu den heroischen Reimpaaren zu sammeln, die Goethe in dem weniger privaten Kontext des Gedicht «Auf Miedings Tod» konsequent erprobt hatte. Man spürt, daß der Madrigalvers durchbrechen will, für Goethe die leichteste und natürlichste Versform, und in der Vision gelingt das auch, wobei der Höhepunkt rhythmischer Bewegtheit in der Schilderung des jugendlichen Herzogs erreicht wird, bevor Goethe zuletzt den Vers wieder in regelmäßigere Metren zwingt. In dem Gedicht wird eine Frage aufgeworfen, der sich zu stellen Goethe nicht das Herz hat; er schiebt sie gewaltsam beiseite.

Diese Frage kommt im fünften Buch des *Wilhelm Meister* ihrer Formulierung so nahe, daß es vielleicht nicht verwunderlich ist, wenn Goethe ihr im August 1784, als ein großer Teil des Buches wahrscheinlich schon geschrieben war, in dem Gedicht «Zueignung» endlich unmittelbaren Ausdruck gab – allerdings um den Preis eines formaler Zwanges, wie ihn seine Lyrik bis dahin nicht gekannt hatte. Er befand sich auf dem Weg zu den geisttötenden diplomatischen Verhandlungen in Braunschweig, von denen er Frau von Stein auf französisch berichtete, so daß formaler Zwang an der Tagesordnung war: Gleichwohl ist sein Vorsatz, ein ganzes Epos in der Stanzenform der «Zueignung» zu schreiben, gelinde gesagt befremdend, da sie eine auffallende Verkennung des Wesens seiner eigenen Dichtkunst verrät. Und das Wesen seiner eigenen Dichtung ist just der Gegenstand dieses Gedichtes; hatte er es ursprünglich als Einleitung zu dem 1784 in Grundzügen entworfenen Freimaurer-Epos *Die Geheimnisse* vorgesehen, so pflegte es später dem ersten Band jeder Ausgabe seiner Werke voranzustellen, nachdem er sich entschlossen hatte, den Plan einer «Zueignung an das deutsche Publikum» in Prosa fallenzulassen. Als 1784 die Arbeit an seinen dramatischen Fragmenten für etwa ein Jahr völlig ins Stocken geriet, die wenigen neuen Ideen der Inspiration entbehrten und *Wilhelm Meister* nur einige ziemlich verzagte Reflexionen über seine Lage bot – und vorderhand weder eine schlüssige Struktur noch eine überzeugende Auflösung erkennen ließ –, drängte die Frage sich auf: War Goethe überhaupt noch ein Dichter?

Auf der inhaltlichen Ebene beantwortet «Zueignung» diese Frage mit einem entschiedenen Ja. Das Gedicht beschreibt, wie Goethe sich eines Morgens aufmacht, einen Berg zu besteigen, und wie er sich, bald in Nebelschwaden gehüllt, doch dem diffusen Glanz des Lichts entgegenkämpft – diese Naturerscheinung selbst war Goethe erst drei Wochen zuvor, bei seiner geologischen Expedition in den Thüringer Wald, begegnet; als poetischen Kunstgriff kennen wir sie aus «Ilmenau». Als der Nebel sich teilt, erweist sich als Quelle des Lichts nicht die Sonne, sondern eine allegorische Frauengestalt, später als die Wahrheit vorgestellt, von der Goethe behauptet, daß sie von Kindheit an sein Trost gewesen sei. Sie, die um all seine Kämpfe und seine Schwächen weiß, tadelt ihn sanft, weil er neuerdings davon absieht, sie vor der Welt zu bekennen, mit der in Frieden zu leben sie ihm nun rät, und reicht ihm «[a]us Morgenduft gewebt und Sonnenklarheit/Der Dichtung Schleier», zu künftiger Erhebung und Zier des, glücklichen oder beschwerlichen, Lebens – seines eigenen wie des der Zeitgenossen und der Nachwelt.

Die Wahrheit, von der die «Zueignung» spricht, ist jedem Leser von Goethes Briefen als jene Welt- und Selbsterkenntnis greifbar, die er zu dieser Zeit vor allem dem Umgang mit Frau von Stein zuschrieb, und die Aufforderung zum «Frieden mit der Welt» klingt überall in diesem Briefwechsel an. Aber die Sprache des Gedichts geht über seinen Anlaß hinaus, und was es über seine Dichtung sagt, behielt für Goethe zentrale Bedeutung, auch als die Überzeugungen dieser Jahre längst nur mehr Erinnerung waren: Das ist in der Tat genau das, was das Gedicht über Goethes Dichtung sagt. Zur Klärung dieses Punktes müssen wir nicht nur auf die Behauptung achten, die Dichtung sei ein himmlisches Geschenk «aus der Hand der Wahrheit», sondern auch auf die Bilderwelt des Nebels, die mit der Dichtung assoziiert wird. Die Nebelstreifen, aus denen die Figur der Wahrheit den Schleier der Dichtung zieht, sind dieselben, durch die Goethe in den Einleitungsstrophen sich dem Licht entgegengekämpft hat, und in dem kurzen Lebensrückblick der mittleren Stanzen entsprechen diese Nebel der Zeit, «da ich irrte». Goethe will also andeuten, daß er aus dem Stoff seines Lebens, auch und vielleicht gerade aus seinen Irrtümern – dem, was in seinem Leben nicht Wahrheit war und die Wahrheit verschleiert hat – etwas weben kann, das seinen Mitmenschen zur Freude und zum Nutzen gereicht, und das ist eine Einsicht, die zu gegebener Zeit ebenso für das gelten wird, was er im Zeichen der Frau von Stein gesagt und gedacht hat, wie für alle früheren «Irrtümer».

Es ist besonders bemerkenswert an dem Gedicht, und Hinweis auf einen tiefgreifenden Wandel, der sich in Goethe ankündigt, daß es die Unvereinbarkeit der gegenwärtigen, und fortdauernden, Einsamkeit des Dichters mit dem wahren Wesen seines Genius ausspricht. Das Licht, dem er immer zugestrebt hat, ist etwas, das er mit anderen teilen soll; es ist das Wesen seiner Dichtkunst, sich anderen mitzuteilen:

> Für andre wächst in mir das edle Gut
> . . . .
> Warum sucht' ich den Weg so sehnsuchtsvoll,
> Wenn ich ihn nicht den Brüdern zeigen soll?

Für Goethe – der, wie erinnerlich, selber in seiner Kindheit das Gefühl der Eifersucht auf seinen Bruder durch Sublimierung in pädagogischen Eifer besiegt hatte und mittlerweile ein Einzelkind war – klingt in der Beschwörung der «Brüder» mehr an als nur die Freimaurerei. In «Harzreise im Winter» wie in «Mahomets Gesang» waren seine Brüder alle jene geistigen Mitstreiter gewesen, mit denen er für die «gute Sache» gefochten hatte und von denen er sich jetzt abgeschnitten fühlte – sei es, daß sie ihm durch widrige Umstände oder aus biographischen Gründen entrückt waren, wie Lenz oder Klinger, sei es, daß er selbst sich ihnen entfremdet hatte, wie es bei Lavater der Fall war, sei es, daß er an ihnen schuldig geworden war, wie an jenen Männern, mit denen er sich auszusöhnen suchte – Herder, Jacobi, den Stolbergs, Klopstock –, ganz zu schweigen von dem unbekannten Heer jener Menschen, die die Leiden des jungen Werthers mitgelitten hatten und von denen nur ein Bruchteil persönlich seinen Weg gekreuzt hatte. Goethe gibt in diesen bewegenden Zeilen zu erkennen, daß «seine» Dichtung nicht seine eigene, sondern die Gabe einer ganzen Generation ist, daß sie ein Medium ist, oder sein soll, in dem die Zeitgenossen sich treffen können und so miteinander verbunden sind, daß das Zusammenwirken so vieler Geister, von denen jeder auf seine Weise die Wahrheit sucht, noch in ferner Zukunft da sein wird, um Freude zu spenden:

Und dann auch soll, wenn Enkel um uns trauern,
Zu ihrer Lust noch unsre Liebe dauern.

Der Inhalt der «Zueignung» ist also der inspirierende, und ausnehmend direkte, Ausdruck eines Gefühls der Solidarität mit den Zeitgenossen und ihren Bestrebungen aus dem Mund eines Dichters, dessen autobiographische Kunst nur zu oft in einem verengend persönlichen, ja egoistischen Sinn interpretiert wird. Ob die Form des Gedichts den zuversichtlichen Ton dieses Manifests rechtfertigt, ist eine andere Sache. Die allegorischen Mechanismen – die Figur der Wahrheit, der Schleier der Dichtung – sind schwergängig, und, schlimmer noch, sie quietschen und fügen sich schlecht in die Elemente der Naturbeschreibung ein: Wir sind himmelweit entfernt von der symbolischen Landschaft in «Mahomets Gesang». Außerdem führen die Zwänge des metrischen Regelmaßes zu Füllseln in den Zeilen und die Zwänge der Stanzenform zu Zeilen, die absolut redundant sind. Nimmt man dazu, daß die Diktion abwechselnd platt, schludrig oder gezwungen ist und die Auszierung weithin aus toten oder sterbenden Metaphern besteht, so kann es nicht verwundern, daß dieses Gedicht einige der schlechtesten Zeilen enthält, die Goethe je geschrieben hat, wie zum Beispiel «Ich kann und will das Pfund nicht mehr vergraben!» oder «Mich zu ihr nahn und ihre Nähe schaun». Wir wollen diesen Punkt jedoch nicht zu sehr betonen: Goethe ist sich bewußt geworden, daß seine Dichtung der Beziehung zu den Zeitgenossen nicht entbehren kann, aber es scheint, als sei ihm dieses Bewußtsein vielleicht zu spät gekommen und als könnte in den langen Jahren, in denen er für die Himburgs tot war, auch seine Dichtkunst gestorben sein.

«. . . hielt ich mich für todt»:
1785–1786

Nach dem 11. Februar 1785 und bis auf ein kurzes Zwischenspiel im folgenden September, als er Fritsch und Schnauss vertrat, die beide abwesend waren, und in einer wichtigen Zeit dem unerfahrenen Schmidt beistand, hat Goethe vor seiner Abreise nach Karlsbad und Italien im Juli 1786 nur noch an zwei der 127 Sitzungen des Geheimen Conseils teilgenommen. Aus freien Stücken hatte er einen klaren Schlußpunkt hinter seine Karriere als führende politische Gestalt Weimars gesetzt. Dies ist, mehr noch als die italienische Reise selbst, der eigentliche Wendepunkt in seinem Verhältnis zum Herzogtum, und in den anderthalb Jahren, die er jetzt noch brauchte, um den Entschluß zu dieser Reise zu fassen und sie vorzubereiten, beginnt die Art seiner Entfremdung von Weimar ebenso sichtbarer zu werden wie der Charakter des neuen Lebens, das er sich zu formen suchte.

Auch wenn Goethe dem wichtigsten politischen Gremium nicht mehr angehörte – für das er übrigens weiterhin Berichte verfaßte und Stellungnahmen abgab –, trug er noch administrative Verantwortung. Allerdings war er nicht mehr mit dem Herzen dabei: «Ich flicke an dem Bettlermantel, der mir von den Schultern fallen will.» Zwar gab es beim Wegebau und auch in der Finanzreform nicht mehr viel zu tun; aber nach dem erfolgreichen Abschluß der Verhandlungen, die in den letzten beiden Jahren geführt worden waren, mußte man sich verstärkt dem Ilmenauer Bergbau zuwenden. Der neue Schacht war im vergangenen Februar niedergebracht worden, und nun mußte eine mit Wasserkraft arbeitende Fördermaschine zur Beseitigung des Abraums gebaut werden. Für Goethe bedeutete dies, neben praktischen Problemen mit der Installation und dem Personal, auch erneute Verhandlungen mit den benachbarten Staaten, und erst im Herbst 1786 war die Maschine voll funktionsfähig. Zu derselben Zeit hatte man Goethe die Reorganisation des Steuerwesens im Amt Ilmenau anvertraut, nachdem er maßgeblich dazu beigetragen hatte, dort die Mißwirtschaft eines korrupten Steuereinnehmers aufzudecken. Indessen hatte er in dieser wie in der Bergbauangelegenheit nun die Unterstützung des zuverlässigen Christian Gottlob Voigt (1743–1819), ebenfalls Mitglied der Kommission und Bruder des Geologen, so daß die Last keineswegs unerträglich war. Auf dem Feld der Diplomatie blieb Goethe vorderhand unentbehrlich: Obgleich er die Begeisterung seines Herzogs nicht teilte, war er von Anbeginn in die Verhandlungen über die Errichtung eines Fürstenbundes eingeweiht, durch den man hoffte, der österreichischen Expansionslust zu begegnen, die auch der kurze Bayerische Erbfolgekrieg nicht hatte eindämmen können, und im August und September 1785, als der Abgesandte Friedrichs des Großen nach Weimar kam, um sich der Zustimmung Carl Augusts zum Fürstenbund zu versichern, gab es in Weimar niemanden, der besser geeignet gewesen wäre, die Gespräche mit dem Emissär zu führen, als Goethe, der diesem Zweck sogar seinen ganzen Geburtstag opfern mußte. Aber Goethe mißbilligte den tieferen Grund Carl Augusts für seinen Ausflug in die hohe Politik, nämlich die «Kriegslust», die ihm «wie eine Art von Krätze . . . unter der Haut sizt», und er mißbilligte ihn um so mehr, als seine Witterung ihn auf eine viel größere Gefahr aufmerksam machte, die aus einer ganz anderen Weltgegend drohte: Im Herbst 1785, just in dem Augenblick, als man dabei war, den Fürstenbund zu errichten, las Goethe die Rechtfertigung des Grafen Necker für seine Finanzpolitik in Frankreich, und die Nachricht von der Halsbandaffäre machte einen «unaussprechlichen Eindruck» auf ihn. Die Meldung von diesem Pariser Hofskandal, in den sogar die Königin Marie Antoinette verwickelt war und der in Goethes Augen die Autorität der französischen Monarchie insgesamt bedrohte, erregte ihn derartig, daß seine Freunde ihn eine Zeitlang für wahnsinnig hielten. 1791, als der Gang der Ereignisse seine Ahnungen bestätigt hatte, sollte er diese Affäre sogar zum Gegenstand eines ganzen Stückes machen, eben des *Groß-Cophta*, während das Intermezzo des Fürstenbundes, das schon 1788 zu Ende ging, lediglich einige atmosphärische Züge für *Wilhelm Meister* und für *Egmont* abwarf.

Goethes Sichtweise unterschied sich bereits von der seines Herrn und einstigen Schülers, und der Rückzug aus dem Conseil war nur eine erste Konsequenz aus dieser Verschiedenheit: Sein «reifendes Gefühl für das, was menschlich im Leben ist, nimmt ihm nachgerade alle Freude seines politischen Zustandes.» «[L]eider ist's da auf der einen Seite, wo unser Freund die Hoffnung aufgegeben, Nichts zu ändern, weil Nichts zu hoffen ist und moralisch-unrichtiger Takt und Töne in unserm System herrschen», schrieb Frau von Stein. Der Goethe, der überzeugt war, daß Adel zu höfischem Zeremoniell verpflichtet, war verstimmt, als, in demselben Herbst 1785, Carl August die alte Sitte der täglichen Mittagstafel des ganzen Hofes, mit oberem und unterem Tisch, abschaffte und sich in seinen privaten Speisesaal zurückzog; und der amtierende Finanzminister konnte es schwerlich billigen, wenn der Herzog gleichzeitig von weither einen Fachmann verschrieb, um die fürstliche Hetzjagd mit Hunden zu üben. «Der Herzog ... schafft die Hofleute ab und die Hunde an», war Goethes Kommentar zu Frau von Stein, die wahrscheinlich, genau wie er, pikiert war, daß ihr Gemahl, der Baron von Stein, fortan zu Hause essen mußte. Die Richtung, die Carl August jetzt einschlug – mit Kurs auf einen Absolutismus ohne ständig anwesenden Herrscher –, wurde Anfang 1786 deutlich, als er nach Berlin reiste, um seinem Großonkel Friedrich dem Großen und dem präsumtiven Thronerben Friedrich Wilhelm vorgestellt zu werden – eine Reise, auf die ihn Goethe, eingedenk seines Besuchs in Berlin 1778, wohlweislich nicht begleitete. Friedrich der Große starb im August 1786, und kaum zwei Wochen später war Carl August schon wieder nach Berlin unterwegs, um seine eigene Zukunft, und die des Fürstenbundes, mit dem neuen König zu besprechen. Im Jahr darauf trat er in preußische Militärdienste, wo er sich ein weiteres Betätigungsfeld – und mehr Soldaten zum Drillen – versprechen konnte als zu Hause in seinem Conseil, wo man über die wechselseitigen Beleidigungen zwischen einem Weimarer Akziseneinnehmer und einigen wandernden Juden zu befinden hatte (Goethe stellte sich auf die Seite der Juden). Nur wenige Tage, nachdem Carl August nach Berlin abgereist war, brach Goethe nach Italien auf – die Wege trennten sich, ganz unmetaphorisch. Doch sollte man das Auseinanderdriften der beiden Freunde – denn Freunde blieben sie – nicht nur als Gegensatz von politischen Prinzipien interpretieren: Wenn Goethe in Weimar auf Veränderungen und Verbesserungen gehofft hatte, dann immer nur auf solche, die durch Erziehung des Fürsten zu bewirken waren; nie hatte er nach einem heimlichen eigenen theoretischen Plan gehandelt. Carl August war nun einmal alt genug, eines Mentors nicht mehr zu bedürfen, und die rein persönliche Zuneigung zwischen den beiden konnte nicht länger über die realen Unterschiede in den Voraussetzungen und den Zielen ihres Lebens hinwegtäuschen.

Wenn Goethe aber sein Leben nicht mehr in fremde Dienste stellen wollte, was sollte er dann mit ihm anfangen? Es klingt absurd, aber 1785 und 1786 glaubte er, am besten sei es, ein Singspiel zu schreiben. Aber der Feuereifer, mit dem er sich in die merkwürdig mechanische kleine Farce *Scherz, List und*

Rache stürzte und deren Vertonung durch seinen alten Frankfurter Freund und Freimaurer-Bruder, den mittlerweile in Zürich lebenden Philipp Kayser, betrieb, ließ auf eine gründliche Umorientierung schließen. Denn plötzlich – vielleicht zum Teil unter dem Eindruck des umfangreichen und keineswegs nur rein italienischen Repertoires der Bellomo-Truppe – schrieb Goethe wieder für ein Publikum, das nicht kleiner war als die ganze deutschsprachige Welt. «Als ich das Stück schrieb, hatte ich nicht allein den engen Weimarischen Horizont im Auge» – welche Veränderung verrät das Wörtchen «eng» gegenüber der Zeit, da Weimar noch *theatrum mundi* war –, «sondern den ganzen Teutschen, der doch noch beschränckt genug ist.» In mancher Hinsicht ist dieses Experiment einer *opera buffa*, die davon handelt, wie zwei marionettenhafte Figuren, Scapin und Scapine, einen geizigen Doktor überlisten und dazu bringen, eine von Rechts wegen ihnen gehörenden Erbschaft herauszurücken, ein verständliches Produkt jener dürren Jahre. Später sollte Goethe den «Mangel des Gemüths» in seinem Text bedauern; damals aber schrieb er Kayser verächtlich über «die Rührung..., welche die Darstellung der Zärtlichkeit so leicht erregt und wornach das gemeine Publicum so sehr sich sehnt ... an diesen Saiten ist leicht klimpern.» Auf diese Gemütlosigkeit durch die Trennung von *dedans* und *dehors* ist für ihn die Kunst des *Urfaust* und der *Geschwister* herabgekommen. Er sah in *Scherz, List und Rache* mit den unpersönlich-italianisierenden Komödienfiguren die rein technische Übung in einer neuen Kunstform – der ausgewachsenen Oper (dem «dramma lirico») in deutscher Sprache. Wielands *Alceste* war sein einziger Vorgänger und fungierte in einem wichtigen Sinne als Inspiration und Vorbild: Beide stellten den Versuch einer theatralischen Sendung an das deutsche Publikum dar, und beide verkannten, daß dieses Publikum nur durch das gedruckte Buch zu erreichen war. Während Goethe lange Briefe schrieb, um den saumseligen und (mit Recht) an sich selber zweifelnden Kayser zur Vollendung seiner Arbeit zu ermutigen, streckte er gleichzeitig Fühler nach München und nach Wien aus, wo Joseph II. 1782 den kurzen und erfolglosen Versuch einer deutschen Opernbühne unternommen hatte; er hoffte, dort oder anderswo ein Publikum zu finden, das fähig war, sein eigenes analoges Unternehmen zu goutieren. Goethe mag fehlgegriffen haben, was die Wahl des Themas, der Behandlung, des Umfangs (für ein Drei-Personen-Stück ist der Text viel zu lang) und des Komponisten angeht – fest steht, daß er sich wieder mit einem Beitrag zur nationalen Kultur befaßte, der allerdings für diesmal völlig von einem anderen Werk überschattet wurde. 1785 wurde Mozarts Singspiel *Die Entführung aus dem Serail* – eine Frucht des österreichischen Experiments von 1782 – in Weimar erstaufgeführt, und nachdem Goethe seine anfängliche Abneigung gegen den Text überwunden und sich an die Musik gewöhnt hatte, vermochte er den Reiz dieser Oper und, wie er säuerlich-neidisch bemerkte, «die Differenz meines Urtheils und des Eindrucks aufs Publikum» zu begreifen. In späteren Jahren pflegte er die totale Nichtbeachtung seines Gemeinschaftswerks mit Kayser auf den Erfolg der *Entführung* zurückzuführen. Jetzt aber, unbeeindruckt von der Konkurrenz, begann er mit der Arbeit an einem zweiten Libretto, *Die ungleichen Hausgenossen*, das jene Elemente der «Rührung» enthalten sollte, die das zeitgenössische Publikum offenbar erwartete. Anfang 1786 jedoch, an der desolaten Beschaffenheit des deutschen Theaterrepertoires verzweifelnd – oder vielleicht, weil es ihm doch nicht so einfach wurde, «an diesen Saiten» zu «klimpern», wie er behauptet hatte –, gab er das Projekt wieder auf. Aber schon mit dem Vorsatz, eine deutsche Oper zu schreiben, war ein entscheidender erster Schritt getan: Goethe erblickt Weimar nicht mehr – wie etwa noch in dem Gedicht «Ilmenau» – als den Kreis, in dem seine Ambitionen zu verwirklichen sind, wenn sie überhaupt zu verwirklichen sind, sondern sieht für sich wieder die Möglichkeit einer nationalen Rolle, anstelle jenes lokalen Amtes, von dem er gerade zurückgetreten ist. Noch hat er freilich nicht das ihm gemäße Medium gefunden, das nicht die Bühne, auch nicht die Opernbühne, sondern das Buch ist, und er wird es erst finden, als er mit der Arbeit an der Herausgabe seiner gesammelten Schriften beginnt.

1785 indessen mied Goethe noch ängstlich jede Beteiligung an der nationalen Schlacht der Bücher. Jacobis Schrift *Über die Lehre des Spinoza in Briefen an Herrn Moses Mendelssohn* entfesselte eine heftige Kontroverse, über deren Verlauf Goethe jedoch, wie er Jacobi gestand, überhaupt nicht im Bilde war, da es in Weimar außer Herder niemanden gebe, der sich für sie interessierte. Von Anfang an machte Goethe aus seiner Spinozalektüre einen kleinen Zönakel, zu dem noch Herder und Frau von Stein gehörten, den persönlichen Kult eines heiligen Mannes, den er davor zu bewahren trachtete, an die Öffentlichkeit gezerrt zu werden, wo ein Jacobi sein Wesen trieb. Selbst als Jacobi im Zuge seiner Polemik zwei Gedichte Goethes – «Prometheus» und «Das Göttliche» – abdruckte, ohne um Erlaubnis gefragt zu haben, begnügte sich Goethe mit einer deutlichen brieflichen Zurechtweisung und äußerte sich im übrigen nicht öffentlich zu dieser Taktlosigkeit. Trotzdem war Jacobis Kampagne höchst bedeutsam; denn sie zielte mitten ins Herz der religiösen Kultur des «offiziellen» Deutschland und war in gewisser Weise gar nicht hauptsächlich gegen Spinoza selbst gerichtet – auch wenn Goethe konsequent so tat, als sei sie es.

Wenn die Philosophie Leibniz' zwischen den Forderungen der individuellen Identität und denen der Vernunftordnung den vermittelnden Kompromiß sucht, so ist die Philosophie Baruch Spinozas (1632–1677) völlig kompromißlos – bis hin zur Darstellung «more geometrico» in Form von Theoremen, Beweisen und Korollarien. Postuliert Leibniz eine Unendlichkeit von Substanzen oder Monaden, die um ihr Dasein kämpfen und unter sich eine maximale und optimale Ordnung errichten, so postuliert Spinoza nur eine einzige Substanz – vollkommen, unendlich und mit allem materiell und mental Seienden identisch. Geist und Materie sind nur Aspekte – Spinoza nennt sie «Attribute» – dieser einen Substanz, die man mit gleich gutem Recht Natur oder Gott nennen kann. Gott und Natur müssen notwendig identisch sein; denn wären sie es nicht – wäre etwa Gott der Schöpfer der Natur –, so gäbe es etwas, was nicht Gott ist, und mithin hätte Gottes Unendlichkeit und Vollkommenheit eine Grenze. Einzelexistenzen wie Körper oder Seelen sind einfach vorübergehende Gestaltungen – Spinoza nennt sie endliche «Modi» – dieser einen Substanz, und Spinozist sein bedeutet demnach, zu glauben, daß Gott in allem ist und daß alles Gott ist, daß aber nichts eigene Freiheit des Handelns oder gar eigene Identität (geschweige denn Unsterblichkeit) besitzt. Dieser Glaube galt lange Zeit als atheistisch – nicht nur bei Christen, sondern auch in Spinozas eigener jüdischer Gemeinde in Amsterdam, die ihn folgerichtig exkommunizierte. Im ganzen 18. Jahrhundert waren Ausgaben von Spinozas Schriften außerordentlich selten, und es hat etwas Paradoxes, daß Jacobi mit seinen Spinoza-Erläuterungen schwer zugängliche Ideen öffentlich machte, wenn auch in der Absicht, sie zu widerlegen.

Aber Jacobi hatte edleres Wild im Visier als den von jeher geschmähten Einzelgänger Spinoza. Er wollte zeigen, daß der Leibniz'sche Kompromiß, wie überhaupt jeder philosophische Standpunkt, der zwischen Christentum und Rationalismus zu vermitteln suchte, zwangsläufig in Spinozismus enden müsse, der einzigen ganz und gar rationalen Philosophie. Die Religion mußte nach Jacobi nicht im Intellekt, sondern im Glauben gründen, und da das gesamte geistige System der Aufklärung, auch wo es sich als Freund der Religion ausgab, keinen Platz für den Glauben hatte, war die ganze Aufklärung Krypto-Spinozismus, auch wenn sie es selbst nicht wußte. Die exemplarische Bedeutung Lessings, der zentralen Gestalt in der Spätphase der deutschen Aufklärung, lag darin, daß Lessing dies sehr wohl wußte. Die Tatsache, daß er sich gegenüber Jacobi ostentativ zum Spinozismus bekannt und daß er die Lehre in Goethes «Prometheus» – was nur heißen kann: die Leugnung eines persönlichen Schöpfer-Gottes – bemerkt hatte, bewies, daß er sich der antichristlichen Logik im Herzen des zeitgenössischen philosophischen und theologischen Denkens bewußt war und sie begrüßte. In Wirklichkeit griff Jacobi, ohne es zu bemerken, den spezifischen Kompromißstandpunkt des deutschen Absolutismus an, der einerseits Religionskritik ermutigte, um die Kirche in ihre Schranken zu verweisen, und andererseits dieser Kritik Grenzen setzte und eine riesige Zahl von Geistlichen in Amt und Würden erhielt, um die eigene Legitimität zu sanktionieren und die Kontrolle über die Hirne der Untertanen zu behalten.

Vor diesen tieferen Implikationen von Jacobis Spinozakritik verschloß Goethe konsequent die Augen. Er stand nun selbst dem Zentrum der «offiziellen» Kultur nahe, die er so sehr in sein Leben hereingelassen hatte, daß sein angeborenes dichterisches Genie fast völlig erstickt war, und hatte kein Interesse daran, sie kritisiert zu sehen. Im Briefwechsel mit Jacobi verteidigt er beharrlich Spinoza selbst und nicht den zeitgenössischen deutschen Krypto-Spinozismus, den Jacobi angreift. Als die Kontroverse heftiger wurde, zog Goethe sich recht hochnäsig zurück; als Entschuldigung nannte er (man hört die Stimme der Frau von Stein) seine «Abneigung von allen literarischen

Händeln . . . Und was sind wir denn alle daß wir uns viel erheben dürfen.» Aber Goethes Spinoza ist, philosophisch gesprochen und der Verehrung entkleidet, die der sittlichen Reinheit seines Lebens gilt, eine ausgesprochen Leibniz'sche Figur. In der entscheidenden Frage der Beziehung zwischen Einzeldingen und dem Göttlichen, zwischen endlichen Modi und unendlicher Substanz, räumt Goethe den Einzelexistenzen, verstanden als Kraftzentren ähnlich den Leibniz'schen Monaden, praktisch, und mehr noch theoretisch, die Priorität ein. In einem fragmentarischen Text aus dieser Zeit, der erst lange nach seinem Tod unter dem Titel «Studie nach Spinoza» veröffentlicht worden ist, beginnt Goethe mit den für Spinozas Definition von Gott-oder-Natur wichtigen Begriffen Dasein, Vollkommenheit und Unendlichkeit, nur um schon nach wenigen Sätzen so zentral leibnizsche Thesen aufzustellen wie die, daß alle beschränkten Existenzen durch sich selbst existieren und daß es nur so «scheint», als ob sie kausal miteinander verkettet wären und auseinander hervorgebracht würden. Durch die ganze Studie hindurch wird der Standpunkt einer einzelnen beschränkten Existenz – also praktisch einer Seele oder Monade – als Bezugspunkt festgehalten, und ein großer Teil des Textes erörtert ein Thema, das aus der Genietheorie der Empfindsamkeit bekannt ist: das Verhältnis der Seele zu ihren Wahrnehmungen, das nach Goethe die Quelle unserer Vorstellungen vom Erhabenen oder Schönen oder auch nur Bequemen ist (dies letztere offensichtlich ein Seitenhieb gegen Jacobi). Goethes vermeintliche Abhängigkeit von Spinoza – dessen Werke er noch 1785 eingestandenermaßen nur flüchtig und ohne wirkliches Verständnis las und von denen er später als von «abstrusen Allgemeinheiten» sprach – läuft auf dreierlei hinaus. Erstens bietet Spinoza, so wie Goethe ihn versteht, die Leibniz'sche Vermittlung zwischen Individualität und Ordnung, aber unbelastet von Leibniz' christlichem Überbau. Das Christentum mag dazu taugen, im Volk den gesellschaftlichen Zusammenhalt zu fördern, dessen metaphysisches Abbild die Leibniz'sche Philosophie ist; aber für die geistige Elite ist es überflüssig, denn, wie Goethe später sagte: «wer Wissenschaft und Kunst besitzt, hat auch Religion». Zweitens war Goethe stark beeindruckt von Spinozas Ausführungen über das Wesen des moralischen Lebens in den späteren Teilen der *Ethik*. Zwar haben langfristig weder Spinozas Verwerfung eines persönlichen Gottes noch die der Freiheit und der Unsterblichkeit die künstlerische Einbildungskraft Goethes wirklich konsequent beeinflußt, aber die wenigsten Schwierigkeiten bereitete ihm Spinozas Leugnung der Freiheit. Spinozas Überzeugung, die einzige Freiheit des Menschen sei eine «Berichtigung des Verstandes», durch die wir, als endliche Modi des Göttlichen, lernen, von unserem endlichen Selbst abzusehen und auf das wahrhaft Göttliche in uns zu achten, war ein Muster, auf das Goethe wiederholt zurückkam. Es hatte jedoch später ein ganz anderes Aussehen als die etwas salbungsvolle Demut in der Zeit der Freundschaft mit Frau von Stein und geriet bisweilen ganz aus dem Blick. Wenn wir jedoch diese spezielle, an Spinoza orientierte Einstellung einfach als Absage an die kausale

Wirksamkeit des Menschen auf die ihn umgebende Welt verstehen, paßt auch sie durchaus in das Leibnizsche Kompromißmodell. Drittens: Zu einer maßgebenden Autorität für Goethe, was sein Herangehen an naturwissenschaftliche Studien betraf, wurde Spinoza durch die Lehre von der Einheit und Göttlichkeit der Natur – übrigens ein Prinzip, das ebenfalls aus Leibniz ableitbar ist –. Diese Lehre implizierte – wiederum mehr im Sinne Leibniz', als Goethe vielleicht merkte – die Konzentration des Naturwissenschaftlers auf einzelne (und selbstbewegte) Objekte, durch die sich der rote Faden eines einheitlichen göttlichen Plans zog. In den «rebus singularibus», «in herbis et lapidibus» konnte Goethe das Göttliche finden; in dem, was er mit eigenen Augen sehen konnte («Wenn du sagst man könne an Gott nur *glauben* ... so sage ich dir, ich halte viel aufs *schauen*«), konnte er jenen Urgrund der Objektivität entdecken, den er in der ihn umgebenden sozialen Welt nicht finden konnte – und bis zu einem gewissen Grad auch nicht finden wollte –. Goethe ist für gewöhnlich dann am meisten Spinozist, wenn er sich dem deutschen Publikum am meisten entfremdet fühlt.

Mitte 1785 waren nicht nur die Steine (neben den «gehässigen Knochen»), sondern auch die Pflanzen zum Gegenstand der Goetheschen Naturtheologie geworden, und er sah in Spinoza nicht nur keinen «Atheum», sondern einen «theissimum ia christianissimum». Bald verdrängte die Botanik in Goethes naturwissenschaftlicher Gunst die Mineralogie – nicht nur, weil sie der Anatomie als der Wissenschaft von der lebendigen Form näher stand, sondern auch, weil Goethe hatte einsehen müssen, daß er in der Mineralogie ohne gründliche chemische Kenntnisse, die er gegenwärtig nicht besaß, nicht weiterkam. Zu Beginn des Jahres nahm er in Jena mikroskopische Untersuchungen an Pflanzensamen – auch am Samen der Kokosnuß – vor; der Sommer brachte dann ausgedehnte Feldforschungen. Von Anfang Juli bis Mitte August machte Goethe – erst zum zweitenmal in seinem Leben – eine Badekur, und zwar in dem rund 180 Kilometer entfernten Karlsbad (Karlovy Vary) in Westböhmen. Davor bereisten er und Knebel zwei Wochen lang das Fichtelgebirge. Begleitet wurden sie von dem Weimarer Botaniker Friedrich Gottlieb Dietrich (1765–1850), einem wissenschaftlich noch ganz unausgebildeten jungen Mann, der sich aber bereits durch seine stupende Kenntnis der Pflanzen und ihrer deutschen und lateinischen Namen (nach dem Linnéschen System) auszeichnete. Die Expedition diente eigentlich mineralogischen Zwekken, aber Goethe sah einige Raritäten der lokalen Flora, namentlich einheimische Orchideen und riesige Sonnentaufelder. Während des Karlsbader Aufenthalts brachte Dietrich ihm jeden Tag ein paar neue einheimische Pflanzen, um ihm einen Bereich der Natur näherzubringen, der Goethe, bei aller Liebe zu Gärten und Forstwesen, bisher eher abgestoßen hatte, weil das Memorieren der Pflanzennamen ihm sehr schwerfiel und er das Linnésche System trocken und künstlich fand. Ein Jahr später meldete er Frau von Stein: «Am meisten freut mich ietzo das Pflanzenwesen ... das ungeheure Reich simplificirt sich mir in der Seele, daß ich bald die schwerste Aufgabe gleich weglesen kann.» Auch hier genügte ihm ein kurzes Studium, um einen Ariadnefaden aufzufinden, der ihm als Wegweiser durch das Labyrinth der natürlichen Welt dienen konnte, «iene ersten grosen Begriffe . . . auf denen ich ruhe . . ., um über grose und neue Gegenstände der Natur und Cultur richtig und leicht zu urtheilen». Jetzt aber verfügt er zur Erklärung und Begründung seine Vorgehens über eine Terminologie, die er für spinozistisch hält: «es ist kein Traum keine Phantasie; es ist ein Gewahrwerden der wesentlichen Form, mit der die Natur gleichsam spielt und spielend das manigfaltige Leben hervorbringt. [Mit dem Begriff 'wesentliche Form' spielt Goethe bewußt auf einen Satz bei Spinoza an, in dem er die Rechtfertigung für seine Befassung mit der Naturwissenschaft sah, den er jedoch gründlich mißverstand (der Satz bezieht sich in Wirklichkeit auf die Reflexion über die Natur des Denkens und der Ausdehnung) und der überdies im Original die Worte ‹wesentliche Form› überhaupt nicht enthält!] Hätt ich Zeit in dem kurzen Lebensraum; so getraut ich mich es auf alle Reiche der Natur – auf ihr ganzes Reich – auszudehnen.» Es sollten noch etliche Jahre vergehen, bevor er jenes Etwas definieren konnte, das er da noch undeutlich vor sich sah und das die ganze Natur zu einem einzigen Reich einte; aber der theoretische Rahmen seiner künftigen naturwissenschaftlichen Arbeiten, mit Ausnahme der Farbenlehre, stand im Sommer 1786 bereits fest.

Goethe hatte diese Karlsbader Kur 1785 dringend nötig. Er war im Winter erkrankt, wahrscheinlich an einer schweren Mandelentzündung, und kaum war er Ende Juni ins Fichtelgebirge aufgebrochen, hatte das Leiden sich wieder eingestellt und ihn zu einer knapp einwöchigen Unterbrechung der Reise gezwungen (die er dem sorgfältigen Studium des *Hamlet* widmete). Der Herzog bemerkte die Anfälligkeit seiner Gesundheit – und wohl auch einen gewissen Überdruß gegen Weimar – und schenkte ihm 40 Louisdor (200 Taler) zu der Reise; gleichzeitig besserte er sein Jahresgehalt um etwa dieselbe Summe auf. Die fürstliche Gabe muß Goethe willkommen gewesen sein, denn seine Ausgaben in den sechs Wochen beliefen sich alles in allem auf 530 Taler – fast 40 Prozent seines Gehalts. Karlsbad kam damals gerade in Mode – auch wenn der Herzog und die Herzogin in diesem Jahr Pyrmont den Vorzug gaben –; vielleicht war auch der Karlsbadbesuch der Brüder Stolberg im Jahr zuvor mit ausschlaggebend dafür, daß jetzt «toute une Caravane» von Weimar aufbrach: nicht nur Goethe und Knebel, sondern auch Frau von Stein, das Ehepaar Herder, das Ehepaar Voigt, das Ehepaar Fritsch, Gräfin Bernstorff mit ihrem Sekretär Bode und andere. Dem Geologen hatte Karlsbad viel zu bieten: Dramatisch in ein enges Tal geklemmt, ermöglichte der Ort bequemen Zugang zu den verschiedenen lokalen Gesteinsschichten. Außerdem gab es das Naturschauspiel der pulsierenden heißen Quelle, die mehrere Meter hoch aus dem von den verschiedensten Ablagerungen bunt schillernden Flußbett emporschießt. Zwischen diesem und den steilen, bewaldeten Hängen drängten sich zwei Zeilen hoher Häuser, die den ganzen Kurort ausmachten. Am Morgen versammelten sich die Gäste aus Weimar, um ihren Krug mit dem heißen schwefelhaltigen Wasser zu trinken, und im Gedränge des mitteleuropäischen Adels erkannte man Goethe «bloß an seinen schönen Augen». Es bleibe dahingestellt, wie groß der medizinische Nutzen des Aufenthalts war – der gewiß auch einfach in der Erholung («fainéantise», wie Goethe sagte) nach sechsjähriger rastloser Tätigkeit bestand –; unbestreitbar war er aber auch ein soziales Tonikum für Goethe: «die Nothwendigkeit immer unter Menschen zu seyn hat mir gut gethan. Manche Rostflecken die eine zu hartnäckige Einsamkeit über uns bringt schleifen sich da am besten ab.» Neben böhmischen und polnischen Aristokraten hielten sich Adlige und Höflinge aus ganz Deutschland, zum Teil mit avancierten literarischen und künstlerischen Interessen, in Karlsbad auf, und Goethe sah sich auf einmal in einer großen Gesellschaft, die nicht nur anregend neu war, sondern sich literarisch auch gern mit ihm schmückte. Die Kurgäste bildeten eine unstrukturierte, rasch wechselnde Gesellschaft ohne feste Hierarchie, in der Berühmtheit ebenso zählte wie Titel oder Geburt. Goethe hatte endlich wieder ein Publikum, und es war dankbar, viel größer als das Weimarer Publikum und ganz unverbraucht. Es gab sogar Ersatz für Fritz von Stein – der den Sommer in Frankfurt bei Goethes Mutter verbrachte –, und zwar den 13jährigen Sohn des Grafen Brühl aus Dresden. Goethe führte ihn in die Gesteinskunde ein und begründete damit eine lebenslange Freundschaft. Man erkennt die typische Dynamik des Ferienlagers wieder: Es bildeten sich kleine Gruppen, die sich zu gemeinsamen Ausflügen verabredeten oder unerwartet gefühlsselig einen Geburtstag feierten – zu welchen Anlässen Goethe ein oder zwei Gelegenheitsgedichte beisteuerte –, man nahm tränenreich voneinander Abschied und gab einander das feste Versprechen, im nächsten Jahr wiederzukommen. Das Karlsbader Intermezzo hatte Goethe nicht nur eine Entspannung von persönlichen und sozialen Verfestigungen in Weimar beschert, es hatte ihn auch sichtbar und greifbar mit einem Teil jenes deutschsprachigen Publikums in Berührung gebracht, das er jetzt wieder anzusprechen hoffte. So ist es kein Wunder, daß Goethe bei seinen Plänen für 1786 als das einzig Feststehende wieder eine Kur in Karlsbad in Betracht zog – «ich bin dieser Quelle eine ganz andre Existenz schuldig» –, wie es kein Wunder ist, daß er tausend Exemplare der Verlagsankündigung seiner gesammelten Schriften dorthin mitnahm. In Karlsbad hatte er nicht nur die Stimmung jenes kurzen Besuches in Bad Ems 1774 wiedergefunden, sondern auch etwas von dem damaligen, jugendlich-zuversichtlichen Verhältnis zu einer über die ganze Nation verbreiteten Anhängerschaft. Als Herder im September 1785 an Jacobi schrieb, muß es wie das Echo von alter Zeiten Schwärmerei und Hoffnung geklungen haben: «Goethe und ich laden alle guten Menschen zum Karlsbade ein, und wenn der Himmel Glück verleiht, ziehen wir mit Heerskraft dahin.»

Die «andre Existenz» begann nun, auch zu Hause in Weimar Gestalt anzunehmen, genauer gesagt in Jena. In Karlsbad war der jüngste Aufschwung der Naturwissenschaften eine «große Gabe . . . der geselligen Unterhandlung» gewesen, und jeder Spaziergang, «durchs ruhige Tal oder zu schroffen, wilden Klippen», bot gemeinschaftlich Gelegenheit zu «Beobachtung, Betrachtung, Urteil und Meinung». Um wieviel mehr Hoffnung mußte Goethe da auf die Universität setzen, für die er sich zunehmend verantwortlich fühlte! Wahrscheinlich 1783 hatte er dem Geologen von Trebra bei ihrer gemeinsamen Harzreise seine Vision einer Gesellschaft von Naturbeobachtern vorgetragen, die, über die ganze Welt verstreut, ihre Beobachtungen im Interesse uneigennützigen Erkenntnisgewinns untereinander austauschten. 1785 wurde ihm klar, daß es in nächster Nähe ein institutionelles Instrument zur Umsetzung dieser Vision gab. Einer der wenigen ständigen Reibungspunkte mit den Herders war der Umstand, daß Goethe alle Geldmittel, die er als Interims-Finanzminister einsparte, nicht in Herders Schulprojekte steckte, sondern «seinem Lieblings Plan *Jena*, aufopferte». Dies war jedoch erst eine ganz neue Entwicklung. 1782 war der emeritierte Göttinger Professor Christian Wilhelm Büttner (1716–1801) seiner wertvollen Bibliothek, die er gegen eine Leibrente dem Herzog Carl August verkauft hatte, nach Jena gefolgt und hatte sich dort im alten Schloß niedergelassen, wo er, das «lebendige Encyklopädische Dicktionair», mit Goethe gern und eifrig über die verschiedensten Gegenstände, von der Klassifizierung der Pflanzen bis zur Geographie der Philippinen, diskutierte. Aber zu einem wirklichen zweiten Mittelpunkt seines Leben wurde Jena für Goethe erst 1784, als Knebel, der sich mittlerweile sehr in die Naturforschung und Gesteinskunde vertieft hatte, aus Franken wiederkam und ebenfalls einige Zimmer im alten Schloß bezog. Hatte Goethe Jena in den beiden Jahren zwischen den ersten anatomischen Vorlesungen Loders und der großen Überschwemmung vom Februar 1784 überhaupt nicht besucht, so war er in den beiden Jahren nach Knebels Rückkehr mindestens zwanzigmal dort. 1785 redete er dem Herzog zu, Major von Imhoff nach Jena zu holen, und meinte, daß, «wenn nur einmal ein Anfang ist; sich in Jena bald ein artiger Kreis versammeln soll». Ohne Zweifel sollten dem Kreis höfische Amateur-Naturforscher wie er selbst und Knebel ebenso angehören wie salonfähige Gelehrte vom Schlage eines Büttner und Loder, die ohnedies schon oft zusammenkamen und den Diskussionen zwangsläufig eine stark wissenschaftliche Note gaben. Um einen solchen Kreis zu versammeln, kam es aber nicht nur darauf an, auswärtige Begabungen in die Weimarer und Jenenser Gesellschaft zu ziehen – zum Beispiel Imhoff, die sehr vermögenden Niebeckers, die 1785 kamen, oder die Brühls und einige andere, die durch die Weimarer «Caravane» in Karlsbad so neugierig geworden waren, daß sie die Übersiedlung in das Herzogtum erwogen und entsprechende Erkundigungen einzogen –; es kam auch darauf an, das Niveau der Universität selbst zu heben. Seit 1737 hatte die fortschrittliche Neugründung in Göttingen die Hälfte der Studenten aus Jena weggelockt, wo die schlecht bezahlten Professoren sich nun wie in der Provinz vorkamen.

Sein besonderes Augenmerk widmete Goethe bald dem Aufbau der naturwissenschaftlichen Fakultät in Jena – in bescheidener Nachahmung des Göttinger Vorbildes. Er sorgte dafür, daß Johann Friedrich August Göttling, Assistent des Weimarer Hofapothekers Dr. Wilhelm Heinrich Sebastian Buchholz, auf Kosten des Herzogtums in Göttingen Medizin studieren konnte, um später einmal als erster die Professur für Chemie in Jena zu übernehmen, was er 1789 denn auch tat. Gleichzeitig war Goethe bemüht, Göttling die Grundausstattung für ein eigenes Laboratorium zu verschaffen, und erwarb zu diesem Zweck die chemische Sammlung und Gerätschaft des exzentrischen August von Einsiedel, Bruder des Kammerherrn Anna Amalias, der nach Afrika ging, um dort im Auftrag der französischen Regierung nach Edelmetallen zu schürfen (und, wie sich später herausstellte, um mit seiner Geliebten zu fliehen, der Baronin Emilie von Werthern, Frau des zweiten Stallmeisters Carl Augusts, die zur Verschleierung der Flucht ihren eigenen Tod vorgetäuscht und ihr Begräbnis inszeniert hatte). In ähnlicher Weise ermöglichte er 1786 dem verarmten August Johann Georg Carl Batsch (1761–1802) das Studium, diesmal allerdings in Jena; er hatte Batsch als Planer und Leiter eines neuen botanischen Gartens der Universität ausersehen, dessen Obergärtner niemand anderer als der junge Dietrich werden sollte. Eine der letzten Amtshandlungen Goethes vor seinem Rückzug von den regelmäßigen Beratungen des Geheimen Conseils im Februar 1785 war ein detaillierter Bericht über die Höhe der Jenenser Professorengehälter, die im Durchschnitt bei einem Viertel seines eigenen Einkommens lagen. Ein Beweis für seine zunehmend enge offizielle Bindung an die Universität Jena war Anfang 1786 eines der nur noch wenigen Ansinnen des Conseils an ihn, nämlich eine im Auftrag des Herzogs vorzunehmende Visitation zur Disziplinierung der Jenenser Studentenschaft, wo trinkende und sich duellierende «Landsmannschaften» für erhebliche Unruhe sorgten. Goethe empfahl die Verstärkung des obersten Disziplinarausschusses (concilium arctius) durch vier Professoren seines Vertrauens – unter ihnen Loder –, und diese Maßnahme scheint einen gewissen Erfolg gezeitigt zu haben. Sieben Jahre später war, Berichten zufolge, ein völlig anderer Geist an der Universität eingekehrt, das Duell völlig aus der Mode gekommen und die Zahl der Studenten auf ihren höchsten Stand seit 1750 gestiegen.

Während Goethes persönliche Verbindungen zu Jena enger wurden, war die Stadt ihrerseits dabei, in der Geschichte ihrer Beziehung zum deutschen Publikum eine neue Seite aufzuschlagen. Der Weimarer Unternehmer Friedrich Johann Justin Bertuch brachte nach sorgfältiger Vorbereitung 1785 die *Allgemeine Literatur-Zeitung* (ALZ) heraus, eine Tageszeitung, die ausschließlich aus Buchrezensionen bestand. Die Besprechungen erschienen anonym, stammten größtenteils, aber nicht ausschließlich, von Jenenser Professoren und wurden sehr gut bezahlt. Die ALZ hielt ein hohes Niveau, berichtete umfassend über deutsche und ausländische Bücher und brachte es binnen zwei Jahren auf 2.000 Abonnenten. Die Verdienstlichkeit des Unternehmens an sich, sein Publicity-Effekt und seine wohltätigen Auswirkungen auf die Moral der Jenenser Professoren wirkten zusammen, um die ALZ zu einer der wichtigsten Triebkräfte beim Aufstieg Jenas zum geistigen Mittelpunkt Deutschlands zu machen – eine Position, die die kleine Universitätsstadt zwei Jahrzehnte lang behauptete. 1789 war für Goethe die ALZ «nicht das Werck Eines Mannes, sondern durch die Theilnahme so vieler Gelehrten, so zu sagen die Stimme und der Areopagus des Publici». In einer bestimmten, äußerst wichtigen Hinsicht hatte die ALZ aber doch eine sehr persönliche Prägung: Als verantwortlichen Redakteur hatte Bertuch den Jenenser Rhetorikprofessor Christian Gottfried Schütz (1747–1832) gewonnen, dem der Jenenser Dr. Gottlieb Hufeland zur Seite stand, und beide Männer, vor allem Schütz, waren tief durchdrungen von der Bedeutung der noch weithin unbekannten kritischen Philosophie Kants. So trat die ALZ von Anfang an energisch für die Sache Kants ein. Im ersten Jahr ihres Erscheinens brachte sie Kants eigene, unnachsichtige Rezensionen der ersten beiden Teile von Herders *Ideen zur Philosophie der Geschichte der Menschheit* und Rezensionen von Schütz über die erste Auflage der *Kritik der reinen Vernunft* und der *Prolegomena zu einer jeden künftigen Metaphysik, die als Wissenschaft wird auftreten können* (1783) sowie einen kurzen Hinweis auf die *Grundlegung zur Metaphysik der Sitten* (1785), deren ausführliche Besprechung 1786 folgte. Diese Rezensionen regten Carl Leonhard Reinhold zu seinen *Briefen über die Kantische Philosophie* an, und diese wiederum hatten zur Folge, daß Reinhold zunächst in den Mitarbeiterstab der ALZ und dann, 1787, auf den neu gegründeten Lehrstuhl für Philosophie in Jena berufen wurde. Dies kann als Geburtsstunde der nach-kantischen Philosophie angesehen werden, und Jena war mit jedem Stadium dieser Bewegung, die für die deutsche Kultur eine so entscheidende Bedeutung erlangen sollte, aufs engste verknüpft.

Indessen lag die große Zukunft Jenas 1785 noch im Schoß der Zeit, und ein Goethe, der sich schon nicht in Jacobis Spinoza-Kontroverse hineinziehen lassen mochte, kann nicht auf Anhieb das Verdienstvolle einer neuen Zeitung erkannt haben, die zum Auftakt einen vernichtenden Angriff gegen die *Ideen zur Philosophie der Geschichte der Menschheit* brachte – das Hauptwerk des einzigen geistigen Weggefährten, den Goethe in Weimar hatte, und ein Buch, zu dem er selbst indirekt so viel beigetragen hatte (auch wenn er die Meinung Kants geteilt zu haben scheint, daß in Herders Behandlung der Weltgeschichte die politischen Institutionen zu kurz gekommen seien). In vieler, zu vieler Hinsicht ging Goethes Leben auch nach dem Rückzug aus dem Conseil den alten Gang. Zwar hatte sich sein Gesundheitszustand nach der Kur in Karlsbad verbessert; aber seine Abgeschiedenheit in Weimar war nach der Abschaffung der Hoftafel bedrückender als je zuvor. Nach der Lektüre des Theaterkalenders, den er in den zugigen Sälen des Gothaer Schlosses gelesen und der ihm die ganze sterile Trostlosigkeit der deutschen Theaterwelt vor Augen geführt hatte, die er mit seinen Singspielen ansprechen wollte, meinte er zu Frau von Stein: «du musst mir eben alles ersezen»; und als davon gesprochen wurde, daß Herder nach Hamburg gehen wolle, sah er deutlich den Verlust, den er zu gewärtigen hatte: «ausser dir und ihm

wäre ich hier allein.» Jacobi schrieb er um diese Zeit, daß sein Alleinsein ihn
«stumm wie einen Fisch» mache und er einen Ersatz nur in der Aussicht
finde, sein «ganzes Leben der Betrachtung der Dinge» zu weihen, also der
Naturwissenschaft im Geiste Spinozas. Es gab Anzeichen dafür, daß sogar
das ewige Zwiegespräch mit Frau von Stein in Gefahr war: Goethe wirkte
auf sie jetzt als «der immer Schweigende». Die Unterdrückung seines inneren
Selbsts, die totale Trennung seines Gefühlslebens von seinem förmlichen
Auftreten in der Gesellschaft – «etwas entsetzlich Steifes in seinem ganzen
Betragen und spricht gar wenig. Es war mir immer, als ob ihn seine Größe
verlegen machte» – waren so ins Extrem getrieben, daß Goethe Gefahr lief,
sich sogar jener Frau nicht mehr öffnen zu können, die ihn überhaupt erst
dazu gedrängt hatte, Innenwelt und Außenwelt zu trennen. Am schlimmsten
war es um sein Schreiben bestellt, das mehr und mehr dahinschwand und
verkümmerte, zerrissen zwischen bedeutungsloser Objektivität und objekt-
losem Sehnen. Hinter den bewußt mechanischen und emotionslosen Kaprio-
len der Figuren in *Scherz, List und Rache* stand nur noch das Schweigen.
Hier gab es keine Zukunft mehr für den Goethe, dem einmal eine Dichtung
des objektiven Fühlens gelungen war und einst vielleicht wieder gelingen
würde. Auf der anderen Seite brachte das Jahr 1785 einen halb erstickten
Schrei, den Goethe zwar Mignon in den Mund legte, von dem er aber Frau
von Stein sagte, daß er «nun auch mein ist»:

> Nur wer die Sehnsucht kennt,
> Weiß, was ich leide!
> Allein und abgetrennt
> Von aller Freude,
> Seh ich ans Firmament
> Nach jener Seite.
>
> Ach, der mich liebt und kennt,
> Ist in der Weite . . .

An Goethes Extremsituation war nicht allein die Ablenkung durch seine Ämter schuld. Die glaubte er ja auf ein erträgliches Maß reduziert zu haben, doch
eine Wiedergeburt gab es nicht. Zum Glück konnte er den apologetischen
Epitaph nicht lesen, mit dem Merck seine (Goethes) Abhandlung über den
Zwischenkieferknochen an einen Fachmann weitergeleitet hatte: diese Erkenntnisse seien «bei einem Weltmanne, der . . . ein sehr berühmter Dichter
gewesen ist, merkwürdig.» Aber die grausamen Worte, mit denen ihn 1781
ein junger Schweizer Schriftsteller in einem Überblick über die zeitgenössische Literaturszene abgefertigt hatte, mögen ihm noch in den Ohren geklungen haben: « ‹Ach, leider, was er gegeben hat, Das hat er gegeben›. . . . Jetzt
ist er für's Publikum so unfruchtbar wie eine Sandwüste.» Er war jetzt im
Begriff, sich wieder an das Publikum zu wenden – in dem Schema für seine
Schriften, das er im Juni 1786 entwarf, gedachte er den ersten von acht Bänden

mit der «Zueignung an das deutsche Publikum» einzuleiten –, aber was hatte er ihm zu bieten? Die Hälfte dessen, was er zum Abdruck vorschlug, war bereits veröffentlicht, und was den Rest betraf, so sprach das Schema für sich selbst: «Egmont, unvollendet. Elpenor, zwey Akte. Tasso, zwey Akte. Faust, ein Fragment» ... Die Veröffentlichung dieser Bruchstücke war ein Akt der Verzweiflung: Seit drei Jahren hatte er keinem dieser Werke auch nur ein einziges Wort hinzugesetzt. «Da ich mir vornahm meine Fragmente drucken zu lassen», schrieb er Carl August im Dezember 1786, «hielt ich mich für todt.»

Der endgültige Entschluß, den Knoten zu durchhauen und nach Italien zu fliehen, ist wahrscheinlich ziemlich spät gefaßt worden, etwa gleichzeitig mit dem Entschluß, die Fragmente unvollendet herauszugeben, und in derselben verzweifelten Stimmung. Vierzig Jahre später gestand er Eckermann, «daß ich in den ersten zehn Jahren meines weimarischen Dienst- und Hoflebens so gut wie gar nichts gemacht, daß die Verzweiflung mich nach Italien getrieben ...» Aber die Wurzeln dieses Entschlusses lagen weit in seiner Vergangenheit, sie reichten hinter die Jahre 1779 und 1775, als er vor der großen Bildungsreise noch zurückgeschreckt war, zurück bis in das Jahr 1770, als er, eben in Straßburg angekommen, an Langer geschrieben hatte, seine eigentliche Universität sei Rom, und wer Rom gesehen habe, habe alles gesehen. Der eigentliche Grund für die Faszination, die Italien und speziell Rom für Goethe hatten, war in dem Erziehungsprogramm seines Vaters, in dessen kulturellen und politischen Loyalitäten, zu suchen. Man verkennt die wahre Bedeutung von Goethes Flucht im Jahre 1786, wenn man in ihr nur ein Entweichen nach Italien sieht. Rom war nicht bloß eine wichtige Etappe im Fahrplan der großen Bildungsreise, die Ende des 18. Jahrhunderts ohnehin nicht mehr die unvermeidliche modische Tour wie noch in Caspar Goethes Jugend war: Rom war auch die Hauptstadt des Reichs der römischen Kaiser, von denen der Lehensherr aller Frankfurter Bürger, der Heilige Römische Kaiser, seinen direkten konstitutionellen Anspruch herschrieb. Es war, vor allem vielleicht in den Jahrhunderten nach der Reformation, das Sinnbild für Deutschlands uralte, sowohl politische als auch religiöse Verbundenheit mit den Mächten südlich der Alpen. Es besaß eine stattliche deutsche Kolonie, die vor allem aus bildenden Künstlern bestand, und es hatte Winckelmann beherbergt und gefördert, das Musterbeispiel eines Deutschen, der sein Leben der Kunst, der Gelehrsamkeit und der Pflege seiner Muttersprache geweiht hatte. Es war, in einem gespenstischen Sinne, Deutschlands nichtexistierende nationale Metropole. Nach Rom zu gehen hieß, das Zentrum der geistigen Welt aufzusuchen, in der Goethe groß geworden war; Vater und Sohn hatten immer den Plan gehabt, Goethes Bildung mit einem Rombesuch zu krönen und zu vollenden, und das war der eigentliche Grund, weshalb er nach Rom ging. Goethe ging nicht nach Rom, weil er überarbeitet gewesen wäre (1786 war das nicht mehr der Fall); auch nicht, weil er aus Weimar herauskommen und mehr von der Welt sehen mußte (1785 hatte er in Karlsbad das Angebot eines polnischen Grafen ausgeschlagen, ihn nach London zu begleiten); und auch nicht, weil er Gefallen an der Antike fand und einmal in den Überresten der klassischen Kultur baden wollte (es gibt keine Anhaltspunkte für einen radikalen oder programmatischen Wandel in Goethes ästhetischer Orientierung vor 1786 – lediglich eine allmähliche, und sehr problematische, Hinwendung zu höfischen Werten, die als solche und unabhängig von jeder Liebe zum klassischen Altertum die Ablehnung des Christentums und die Abwendung von einem zeitgenössischen und historischen Realismus mit sich brachte, wie er für den bürgerlichen Sturm und Drang bezeichnend war; übrigens hat Goethe in Italien Einladungen zur Weiterreise nach Griechenland oder zu weiter entfernten klassischen Stätten abgelehnt.) Goethe ging nach Rom, weil er immer gewußt hatte, daß er es eines Tages tun mußte. Die Frage war immer nur gewesen: wann?

1779 hatte Goethe in Brig und auf dem Gotthard Italien den Rücken gekehrt und begonnen, sich in dem einmal gewählten Leben in Weimar einzurichten. Aber erste Anfälle von Fernweh sind schon im Winter 1780 zu bemerken, als er um Zusendung einiger Rom-Ansichten des Malers Franz Kobell (1749–1822) bittet, der damals dort lebte; und 1782, als er in Weimar fest verankert scheint, vertieft er sich in das Studium Palladios und beschwört den Herzog von Gotha, die Ausbildung des jungen deutschen Malers Wilhelm Tischbein (1751–1829) in Italien zu übernehmen. Ein Anflug von Neid auf diesen Begünstigten, der seine ganze Zeit mit der Tätigkeit verbringen konnte, die Goethe nur dilettierend, in seinen seltenen Mußestunden, ausüben durfte, noch dazu in Rom, wohin er selbst sich so oft gewünscht hatte, mag, in diesem oder im folgenden Jahr, Anlaß für Mignons sehnsuchtsvolles Lied nach dem Land der blühenden Zitronen, der Orangenhaine und der palladianischen Säulendächer gewesen sein. «Schon einige Jahre», schrieb Goethe 1786 aus Venedig, «hab ich keinen lateinischen Schrifftsteller ansehen, nichts was nur ein Bild von Italien erneuerte berühren dürfen ohne die entsetzlichsten Schmerzen zu leiden.» 1784 brauchte Tischbein, der jetzt in Rom war, weitere Hilfe. Auch Kayser befand sich in Italien, um die frühe Kirchenmusik zu erforschen, und im Juni schrieb Goethe ihm ganz offen, er beneide ihn darum, «daß Sie das Land betreten und durchwandern das ich wie ein sündiger Prophet nur in dämmernder Ferne vor mir liegen sehe.» Vielleicht sollte auch die Arbeit an dem von Anfang an «im Italiänischen Geschmack» konzipierten Singspiel *Scherz, List und Rache* ein wenig südlichen Sonnenschein an Deutschlands «ehrnen Himmel» zaubern. Doch erst eine Bemerkung vom November 1785 läßt eindeutig darauf schließen, daß Goethe eine vollständige Unterbrechung seiner amtlichen Tätigkeit in Weimar vorhatte: Er stellt fest, daß sich die Arbeiten an dem neuen Schacht im Bergwerk Ilmenau gut anlassen, und fährt fort: «Wenn ich noch eine Zeitlang daure und aushalte, dann kann es wieder eine Weile von selbst gehn.» Und es ist klar, wohin seine Gedanken wandern, wenn er in demselben Brief über ein Gemälde Tischbeins sagt: «Der Anblick dieses, ienseits der Alpen gefertigten

Wercks, wird mich auch auf den Thüringischen Winter stärcken helfen.» Im Januar 1786 ist er so verzweifelt über den Zustand des deutschen Theaters und die Zukunftsaussichten einer deutschen Oper, daß er sich wünscht, er hätte sich zwanzig Jahre zuvor auf das Italienische geworfen und nicht auf das Deutsche, «diese barbarische Sprache». Dann, so schreibt er Kayser am 5. Mai, würde er ihn jetzt einladen, mit ihm zusammen in den Süden zu reisen, und sie könnten dort versuchen, ihr Glück in der Welt der Oper zu machen. Der sorgfältig formulierte Hinweis «Vom Juni an werd ich nicht zu Hause seyn» läßt jedoch vermuten, daß diese gemeinschaftliche Reise nur eine Gedankenspielerei und sein Entschluß bereits gefaßt war, nach der Kur in Karlsbad nicht nach Weimar zurückzukehren. Zwei Wochen später nahm er in Jena eine Italienischstunde, wohl um zu erproben, wie sattelfest er noch in der ersten Fremdsprache war, die er gelernt hatte – die erste unmißverständliche Vorbereitung auf die große Reise.

Von der inneren Gärung, die diesen Entschluß hervorgetrieben haben muß, ließ Goethe zu niemandem ein Sterbenswörtchen verlauten, nicht einmal zu Frau von Stein: Der Einblick in eine ganz andere Existenz, der Goethe 1785 in Karlsbad vergönnt war, scheint ihm alle Gewißheiten in Weimar, und auch diese, erschüttert zu haben. Bald nach seiner Rückkehr aus Karlsbad folgte sozusagen die Fortsetzung des 1784 begonnenen Besuchs aus Münster: Waren es aber damals Jacobi und Claudius gewesen, so war diesmal die Reihe an dem Philosophen Hemsterhuis, dem kölnischen Minister Franz Friedrich Wilhelm von Fürstenberg (1729–1810) und der Schirmherrin des Kreises, der Fürstin Gallitzin. Nach anfänglicher Befangenheit, vielleicht hervorgerufen durch die radikal unkonventionellen Ansichten der Fürstin über Kleidung, Erziehung und die Stellung der Frau, «ward alles zuletzt recht gut», wie Goethe befand, so daß «wir ... ganz natürlich gegen einander und offen gewesen sind» – wie es zwei Menschen zukam, die an demselben Tag Geburtstag hatten, allerdings mit einem Jahr Differenz (die Fürstin war die Ältere). Goethes Anerbieten, in einen Briefwechsel mit der Fürstin zu treten, in dem er ihr seine ganze Seele eröffnen wollte, hat Anlaß zu der nicht unplausiblen Spekulation gegeben, daß in dieser Zeit «eine gewisse Abkühlung» in der Beziehung zu Frau von Stein eingetreten sein muß. Vielleicht war Goethe schon dabei, eine neue spirituelle Heimat zu suchen. Jedenfalls waren die Mitteilungen an Frau von Stein, mochten sie auch in den Liebesbeteuerungen so insistent wie eh und je sein, zwischen den beiden Karlsbadaufenthalten seltener, und im Ganzen etwas kürzer, als in den zehn Jahren zuvor. Frau von Stein erfuhr von dem bedeutsamen Entschluß nichts, auch nicht, als er einmal gefaßt war: Sie fuhr am 2. Juli 1786 nach Karlsbad und besorgte ein Quartier für Goethe, der nachkommen sollte, sobald er sich freimachen konnte, und noch immer deutete er in seinen Briefen nicht im entferntesten an, was er vorhatte. Und selbst als Frau von Stein Mitte August aus Karlsbad abreiste und Goethe sie auf dem Rückweg bis an die böhmische Grenze begleitete, wo sie beim Abschied von ihrer Liebe sprachen und Frau von Stein Goethe

sagte, daß ihr «wieder Freude zu [s]einer Liebe» aufgehe – vielleicht ein Hinweis darauf, daß eine etwaige Abkühlung ihrer Beziehung im letzten Jahr
nicht allein seine Schuld gewesen war –, selbst dann teilte er ihr nur mit, daß
er nicht vor Ablauf von sechs Wochen zurückkehren werde. Wieder in Weimar, wanderte Frau von Stein an Goethes Geburtstag zu seinem Gartenhäuschen an der Ilm hinüber, zu dem sie seit seiner Übersiedlung in die Stadt den
Schlüssel besaß, und legte ihm ein Geschenk in den Schreibtisch, damit er es
dort bei seiner Rückkehr vorfinde. Ihr schien jetzt, als wolle er «dunkel und
unbekannt eine Weile in Wäldern und Bergen herumziehen». Aber er kam
nicht, plötzlich rissen auch die Briefe ab, und nicht einmal Fritz von Stein,
der allein mit Goethes Bediensteten in dem großen Haus am Frauenplan
wohnte, wußte den Grund: Sechs Monate wartete er noch, dann wurde es
ihm zu langweilig, und er zog wieder zu seinen Eltern.

Goethes Geheimniskrämerei hatte etwas Zwanghaftes. Von seinen Freunden bekam einzig Jacobi einen Wink, und auch das nur, weil er in sicherer
Entfernung war, nämlich auf Reisen in England, und weil es der 12. Juli war,
als Goethe schrieb: Er hielt sich ständig zum Aufbruch nach Karlsbad bereit
und zögerte mit der Abreise nur, weil er noch die Niederkunft der Herzogin
Louise abwarten wollte. Selbst Carl August wußte zu diesem Zeitpunkt bestenfalls, daß Goethe von Karlsbad nicht direkt nach Weimar zurückreisen
werde: Goethe bat ihn schriftlich um unbefristeten Urlaub, aber erst nach
ihrem letzten persönlichen Zusammensein in Karlsbad, am 27. August, als
der Herzog seinerseits eine längere Abwesenheit von Weimar plante; und
auch bei dieser Gelegenheit verriet Goethe nicht sein wahres Reiseziel. Das
alles kann man gewiß nur zum Teil mit dem erklären, was Goethe selbst
einmal «das *Absolute* meines Charakters» genannt hat: «ich konnte Vierteljahre lang schweigen und dulten, wie ein Hund, aber meinen Zweck immer
vest halten; trat ich dann mit der Ausführung hervor, so mußte ich *unbedingt*
mit aller Kraft zum Ziele, mochte fallen rechts und links, was da wollte.»
Offensichtlich fürchtete Goethe Gerede und Einwände; vielleicht noch mehr
fürchtete er Gesellschaft. Er wollte niemanden bei sich haben, nicht Fritz,
nicht Knebel, nicht Herder, nicht den Herzog. Er wollte eine Zeitlang frei
sein, frei von der Bürde des literarischen Ruhms, frei von den Forderungen
des Publikums, das anzusprechen er sich trauen wollte, frei vor allem vom
Rang des Barons, von der Würde des Amtes; und dazu mußte seine Reiseroute, und die Reise selbst, ein Geheimnis bleiben. Dunkel und unbewußt
wollte er sich vielleicht herauswinden aus all den Verstrickungen, die ihn die
letzten zehn Jahre gefangen hielten, um das Leben einmal ganz frei zu kosten
und sich in Abhängigkeiten nur wieder zu begeben, wenn ihm danach zumute war. Um allein sein zu können, mußte er seine Pläne für sich behalten.
Aber er mag auch Verzögerungen gefürchtet haben, und zwar aus einem ganz
bestimmten Grund.

Es war nicht das erste Mal, daß Goethe Pläne für eine lange und unerwartete Reise incognito geschmiedet und niemandem im voraus davon erzählt hatte, nicht einmal Frau von Stein und dem Herzog. So war es 1777 gewesen, als er plötzlich Weimar verließ, um den Brocken zu besteigen, und so war es 1779 gewesen, als er, durch eine Eingebung des Erzengels Gabriel, der Reisegesellschaft des Herzogs auf halbem Wege eröffnet hatte, daß das Ziel der Reise nicht Düsseldorf, sondern die Schweiz war. Und wie bei diesen früheren Gelegenheiten forschte er vielleicht auch jetzt, 1786, in einem Augenblick der Krise nach einem symbolischen Muster in seiner Existenz. Der Zweck, weshalb er 1779 auf dem Gotthard den Blick von Italien ab- und zurück nach Weimar gewendet hatte, war mittlerweile erreicht, soweit das möglich war, und es hatte Goethe der Verzweiflung nahegebracht. Die Zeit war reif, aufs neue den Willen der Götter zu erproben. Goethe schrieb, ursprünglich habe er die Absicht gehabt, am 28. August, seinem Geburtstag, aus Karlsbad abzureisen. Es ist anzunehmen, daß es ursprünglich auch seine Absicht war, an dem für ihn so bedeutungsvollen 12. November in Rom zu sein – ja, daß ihm durch diese Überlegung erst die Inspiration zu seiner Reise gekommen ist. Seit 1780 hatte er jeweils den Jahrestag seines Überganges über die Furka und der ersten Begegnung mit Frau von Stein mit dem Fortschritt eines ihm besonders wichtigen literarischen Projekts markiert. Seit 1782 war dieses Projekt der *Wilhelm Meister* gewesen, aber im November 1785 war die Lebensgeschichte des Helden in diesem halb autobiographischen Roman bis zu dem Punkt, ja über den Punkt hinaus gediehen, an dem Goethe selber stand. In der ersten Jahreshälfte 1786 klagte er wiederholt über sein langsames Vorankommen mit dem nächsten Buch des Romans, und nach dem Mai scheint er *Wilhelm Meister* aufgegeben zu haben: Da existierte wahrscheinlich schon der Plan, «dreysig Jahren Wunsch und Hofnung» durch den Einzug in Rom, und zwar an dem markanten Tag, die Erfüllung zu schenken. Aber würde ihm auch wirklich gewährt werden, worauf sein ganzes bisheriges Leben angelegt war? Goethes Briefe vom Juli 1786 stecken voller Vorahnungen, quälend durchmischt mit der Erinnerung an alte Ängste, die die erneute Lektüre seiner früheren Werke geweckt hatte. Er hielt in Weimar aus, bei kaltem, regnerischem Wetter, arbeitete in seinem üblichen Tempo oder saß mit Fritz von Stein am Kamin und aß Kirschkompott, und wartete auf die fürstliche Geburt. Aber diese Geburt, auf einen der ersten Julitage berechnet, wollte und wollte nicht kommen. Goethe empfand das Verrinnen der kostbaren Urlaubstage, die er mit Frau von Stein hätte zusammensein können, er fühlte sich «fast so überreif wie die fürstliche Frucht» und harrte «ebenso meiner Erlösung», aber er blieb auf die Niederkunft der Herzogin «wie auf einen Orackelspruch compromittirt» und hielt an seinem Vorsatz fest, nicht eher nach Karlsbad zu fahren, als bis sie vorüber war. «Diese Tage sind noch an Begebenheiten schwanger», schrieb er: Es war geradezu, als ob eine höhere Macht ihn zwinge, in Weimar zu bleiben, bis Lavater durchgereist war, dem er viel lieber ausgewichen hätte. Endlich, am 18. Juli, kamen sie beide, die neue Prinzessin Caroline und Lavater. «Die Götter wissen besser was uns gut ist, als wir es wissen, drum haben sie mich gezwungen ihn zu sehen.» Lavaters

Besuch bestätigte ihm, wie wenig sie jetzt noch gemein hatten. Jetzt konnte er einen Strich ziehen unter diese christliche Existenz und alles, was sie ihm einst bedeutet hatte, und sich darauf freuen, binnen Wochenfrist bei Frau von Stein, der wahren Beherrscherin seines Herzens, in Karlsbad zu sein – «wenn es der Wille der Himmlischen ist, die seit einiger Zeit gewaltsam liebreich über mich gebieten.» Endlich waren die Vorzeichen günstig, und er konnte aufbrechen zu seiner dritten und größten symbolischen Reise. «Favete linguis» – solche religiösen Handlungen werden für gewöhnlich in heiligem Schweigen begonnen.

Eine Kur in Karlsbad war natürlich eine treffliche Tarnung. Alle Vorbereitungen für eine lange Abwesenheit – Goethe dachte ursprünglich an etwa acht Monate – konnten ganz natürlich wirken. Dank seiner umsichtigen Entscheidungen von 1782 und der anschließenden beiden Jahre einer energischen Reform stand seine offizielle Tätigkeit nun auf einem Punkt, wo seine persönliche Anwesenheit kaum mehr erforderlich war: Die Kammer kümmerte sich um routinemäßige Finanzangelegenheiten selber; die Kriegskommission hatte keine besondere Funktion mehr, und was es hier etwa zu tun gab, konnte, ebenso wie in der Wegebaukommission, von Kollegen erledigt werden; Ilmenau war beim älteren Voigt in den besten Händen; und das Conseil konnte ohne ihn zurechtkommen, wie es schon in den letzten anderthalb Jahren ohne ihn zurechtgekommen war. Seine privaten Papiere, Briefe und Kopien seiner Schriften wurden in Kisten verpackt und, vermutlich zusammen mit seinem Testament, im fürstlichen Archiv verwahrt. Philipp Seidel, als Schreiber bei der Kammer angestellt, aber faktisch immer noch Goethes Privatsekretär, war der einzige, der Goethes Reiseziel ebenso kannte wie den Namen, unter dem er reisen wollte: «Kaufmann Jean Philippe Möller aus Leipzig». Seidel war angewiesen, alle Briefe zu öffnen und an die entsprechenden Adressaten weiterzuleiten, wobei alle persönlichen Briefe an Frau von Stein gehen sollten; er mußte auch die Bücher zurückgeben, die Goethe aus der Göttinger Universitätsbibliothek entliehen hatte. Seine Geldangelegenheiten vertraute Goethe dem Jenenser Bankier J. H. Paulsen an.

Die Finanzierung seines heimlichen Planes wurde nicht wenig durch eine Entwicklung erleichtert, die sich in den letzten beiden Monate abgezeichnet hatte und Goethe ein weiterer Beweis für das «gewaltsam Liebreiche» seiner himmlischen Gebieter gewesen sein muß. Im Mai, etwa zu der Zeit, als er den Entschluß zu seiner Reise faßte, kam Bertuch zu ihm und eröffnete ihm, daß Himburg neuerlich die Absicht habe, Goethes Werke unerlaubt nachzudrucken. Bertuch wußte sich mit Goethe darauf zu einigen, daß nunmehr eine autorisierte Ausgabe seiner Schriften erscheinen und er, Bertuch, sich für sie nach einem geeigneten Verleger umsehen solle (der nicht Himburg hieß). Was Goethe nicht wußte, war, daß Bertuch vor kurzem in geschäftliche Beziehungen zu einem neuen Verleger in Leipzig, Georg Joachim Göschen (1752–1828), getreten war, der im Juni Verhandlungen mit Goethe aufnahm. War Bertuch bei seinen Sondierungen nicht ganz ehrlich gewesen, so zeigte

Goethe nun, daß auch er sich auf seinen Vorteil verstand. Göschen war sprachlos, als Goethe für die acht kleinen Bändchen seiner Werkausgabe ein Honorar von 2.000 Talern verlangte und auf à-conto-Zahlungen bei Ablieferung von Manuskriptteilen drang. Da Göschen eine Auflage von 6.000 Exemplaren zum Preis von jeweils 8 Talern plante und auf tausend Subskribenten hoffte, brauchte er sich eigentlich nicht zu beklagen – vorausgesetzt natürlich, er konnte die gesamte Auflage verkaufen und Goethe hielt sich an die vereinbarte Erscheinungsweise. Die ersten vier Bände sollten zu Ostern 1787, die anderen vier zu Michaeli erscheinen. Die erste Hälfte der Werkausgabe bereitete wenig Kopfzerbrechen, da sie, mit der allerdings wichtigen Ausnahme der *Iphigenie*, zum größten Teil bereits veröffentliche Texte enthielt; allerdings mußte das gesamte Material noch einmal überarbeitet und so auf die einzelnen Bände verteilt werden, daß jeder Band wenigstens etwas Neues enthielt. Aber die andere Hälfte der Ausgabe sollte «Vermischte Gedichte» enthalten, deren Zusammenstellung Zeit beanspruchen würde, und außerdem zwei Bände mit Werkfragmenten bieten. Goethe versprach, sein Bestes zu tun, um diese Fragmente zu vollenden, mochte sich aber nicht festlegen.

Aus der Vereinbarung mit Göschen, deren vertragliche Ausarbeitung sich noch zwei weitere Monate hinzog, erwuchsen Goethe zwei beachtliche Vorteile. Erstens hatte er, noch bevor er mit der Bitte um unbefristeten Urlaub an den Herzog herantrat, die beruhigende Gewißheit, im ganzen kommenden Jahr für jeweils zwei Bände seiner Werkausgabe, die er druckfertig machte, 500 Taler zur Verfügung zu haben. Und zweitens hatte er in der Zeit seiner Abwesenheit eine Aufgabe vor sich und einen Termin einzuhalten. Er zwang sich jetzt dazu, den Tatsachen ins Gesicht zu sehen: Nur im Medium des Buchdrucks konnte seine Kunst gedeihen und das Gute bewirken, das er von ihr erhoffte. Nun wandte er sich an das deutsche Publikum – nicht mit einem Singspiel oder dem Plan einer Theaterreform, sondern mit dem größeren Teil seines gesamten literarischen Schaffens und Potentials, und zwar in Buchform. Natürlich war es paradox – so paradox, wie es sein ganzes bisheriges Verhältnis zum Publikum gewesen war –, daß er ausgerechnet in dem Moment, wo er sich dazu durchgerungen hatte, wieder vor die deutsche Nation zu treten, die Erde Deutschlands und jeden Kontakt zu seinen Bewohnern floh. In den nächsten beiden Jahren würde er das Publikum prüfen und feststellen, wie es auf die Herausforderung durch sein Lebenswerk reagierte; aber er würde auch sich selbst prüfen und feststellen, ob es ihm gelang, unter extremem Produktionszwang, aber unter – hoffentlich – förderlichsten äußeren Bedingungen, die Quellen der Inspiration wieder zum Sprudeln zu bringen, deren Versiegen ihn in den letzten beiden Jahren «so unfruchtbar wie eine Sandwüste» gemacht hatte. Die Erleichterung über den gefaßten Entschluß, die Klarheit der vor ihm liegenden Aufgabe, die Aussicht auf Befreiung aus der Tretmühle des Amtes, auf Verschonung von dem thrüringischen Winter, auf eine Reise in das Land der Feigen und Melonen, das glückliche

Zusammentreffen von Göschens Angebot mit den eigenen Plänen und endlich das gute Omen der glücklichen Geburt von Prinzessin Caroline: dies alles wirkte zusammen, ihn in die heiterste Stimmung zu versetzen, als er endlich, am 24. Juli, nach Jena aufbrach, der ersten Station auf seiner Reise nach Karlsbad und in die Ferne. Der Abschiedsgruß, den er von hier an Carl August schrieb, ließ mehr als eine Deutung zu: «Ich gehe allerley Mängel zu verbessern und allerley Lücken auszufüllen, stehe mir der gesunde Geist der Welt bey!»

Werke, 1785–1786

Nicht allein für *Scherz, List und Rache*, für die gesamte literarische Produktion Goethes aus der letzten Phase vor der italienischen Reise ist eine reifere, veränderte Einstellung zum deutschen Publikum kennzeichnend: das gilt für das epische Fragment *Die Geheimnisse* ebenso wie für das sechste Buch des *Wilhelm Meister* und das, was vom siebenten rekonstruierbar ist, aber auch für die redaktionelle Tätigkeit an den ersten Bänden von Göschens Werkausgabe, bei der Goethe nach langer Zeit wieder im lesenden Publikum sein Publikum erkennt.

Nach der Niederschrift des Gedichts «Zueignung» im August 1784 dichtete Goethe sogleich den Anfang der *Geheimnisse*, denen «Zueignung» vorangestellt werden sollte, in derselben achtzeiligen Stanzenform wie das Gedicht. Rund fünfzig Stanzen lagen vor, als er das Projekt im April 1785 zunächst abbrach. Aber schon im April 1786 muß er jede ernstliche Hoffnung auf eine Fortsetzung der *Geheimnisse* ganz aufgegeben haben; denn zu diesem Zeitpunkt hatte er sich entschlossen, die «Zueignung» für einen anderen Zweck zu verwenden, nämlich als Einleitung der von Göschen geplanten Werkausgabe, in der 1789 vierundvierzig Stanzen der *Geheimnisse* als Fragment erschienen. Sie machen uns mit einem Mönch, dem Bruder Markus, bekannt (der Name wurde, oder war bereits, ein Übername für Goethe), der in der Karwoche in wichtiger Mission durch eine gebirgige Gegend wandert. Auf der Suche nach einem Nachtlager gelangt er zu einem Kloster, dessen Pforte das Zeichen des Rosenkreuzes schmückt: ein Kreuz, um das sich Rosen winden. Freundlich empfängt ihn die Klostergemeinschaft, ein Mönchsorden von betagten Rittern. Ihre Regel besagt, keinen jungen Menschen aufzunehmen, den sein Herz «zu früh der Welt entsagen hieß»; sie alle sind erfahrene Männer, die die Stürme des Lebens bestanden und im Kloster den sichern Hafen gefunden haben. Im Augenblick sind sie in einer gewissen Besorgnis; denn ihr Herr und Ordensstifter, Humanus genannt, hat die Absicht bekundet, sie in Kürze zu verlassen. Wir erfahren einiges über die Wunder, die er schon als Kind gewirkt hat, und über die Tugend des Jünglings. Nach gemeinsam genossenem Mahl wird Bruder Markus dann in ein großes Gewölbe geführt, das als eine Art Kapelle zu fungieren scheint: Dreizehn

Stühle stehen an den Wänden, und zu ihren Häupten hängen dreizehn Schilde. Der mittelste trägt das Zeichen des Rosenkreuzes, die anderen zeigen emblematische Wappen und sinnbildliche Ausrüstungen wie Waffen, Fahnen oder Ketten. Im Morgengrauen des nächsten Tages sieht Bruder Markus zu seinem Erstaunen wohlgestaltete Jünglinge, die mit Fackeln in den Händen durch das Kloster eilen. An dieser Stelle bricht das Fragment ab, doch gab Goethe 1816 auf vielfache Anfragen eine knappe Schilderung der von ihm beabsichtigten Fortsetzung. Jeder der zwölf Rittermönche hätte eine andere Religion und eine andere nationale Kultur repräsentiert. (Der Begriff «Geheimnisse» bezog sich im 18. Jahrhundert nicht nur auf das Geheimwissen der Freimaurer, sondern auch auf die spezifischen Dogmen und Praktiken, die in den Augen der Deisten die historisch existierenden, «positiven» Religionen sowohl von der einzig wahren, rationalen Religion als auch voneinander unterschieden.) Der Reihe nach hätte jeder Ritter den Teil vom Lebenswandel des Humanus erzählt, den er nicht nur kannte, sondern in einem gewissen Sinne in sich selbst verkörperte. Der Leser wäre also im Lauf der Erzählung mit jeder Erscheinung des Religiösen bei den Menschen bekannt geworden. Höhepunkt des Gedichts wäre am Osterfest das Scheiden des Humanus gewesen; zum Ordensoberen wäre Bruder Markus eingesetzt worden, aus dessen Erzählperspektive der Leser über weite Partien die Handlung des Epos verfolgt hätte.

Dichterisch ist das Fragment von geringem Interesse: Es findet sich, manchmal die ganze Strophe beherrschend, dieselbe floskelhafte Diktion und dieselbe Plattheit der Bilder wie in «Zueignung», aber auch dieselbe Unsicherheit des Erzählstandpunkts, die gelegentlich die späteren Bücher von *Wilhelm Meisters theatralischer Sendung* beeinträchtigt. Wie in *Scherz, List und Rache* hindert die Künstlichkeit der Konstruktion Goethe daran, eine dominierende Stimmung zu erzeugen und sie auf ein objektives Korrelativ zu beziehen: Die vorherrschende Atmosphäre ist allegorisch und emblematisch. Doch sind *Die Geheimnisse* ein wichtiger Reflex des Goetheschen Denkens in den Jahren 1784/85, wobei man sich freilich davor hüten muß, seinen dreißig Jahre später geäußerten Absichtserklärungen allzu großes Gewicht beizumessen. Gewiß gibt es in der Handlung bestimmte Verbindungen zur Geschichte von Parzival und zu der Legendenbildung um Christian Rosenkreuz, den angeblichen Stifter des Rosenkreuzordens, sowie auffällige Parallelen zur Sprache und Praxis der orthodoxen Freimaurerei. Aber das eigentlich Interessante an dem Fragment ist das Verhältnis seines Stoffs zum Denken Spinozas und, vor allem, Herders und sodann zu dem Publikum, an das es sich richtet. Das leitende Prinzip im ganzen Leben des Humanus war, so hören wir, «ein schwer verstanden Wort»; es entspricht der Auffassung, der Goethe seit 1783 gewesen zu sein scheint, daß das höchste religiöse Problem nicht das Verhältnis des Menschen zu den Göttern ist (die nichts anderes als ins Riesenhafte vergrößerte Schatten der Menschen sind), sondern sein Verhältnis zum Tier. Die Lehre Spinozas, derzufolge in einer vollkommen determinierten Ordnung der Natur die einzige dem Menschen verbleibende Freiheit darin besteht, sich nach Kräften aus dem Bann seiner Selbstprojektion zu befreien und an deren Stelle die tätige Teilhabe am Werk der unendlichen göttlichen Substanz zu setzen, drückt das Gedicht in Worten aus, die an den Beginn von «Das Göttliche» erinnern:

> Von der Gewalt, die alle Wesen bindet,
> Befreit der Mensch sich, der sich überwindet.

Es ist denkbar, daß alle zwölf Erzählungen der Rittermönche – über das eigene Leben und zugleich über einen Teil des Lebens des Humanus' – bei aller charakteristischen Individualität dieses eine Prinzip veranschaulicht hätten. Jedes Mitglied der menschlichen Bruderschaft der Kultur und Religion hätte sich, im Geiste der Herderschen *Ideen*, als einmalig vollkommene Verkörperung dieser idealen Menschlichkeit im Geiste Spinozas erwiesen. Zweck des Gedichts wäre aber nicht gewesen, einfach die *Ideen* in allegorischen Versen nachzuerzählen, sondern den Leser selbst unmittelbar mit einzubeziehen. Die Ablösung des Humanus, der idealen Menschlichkeit, durch Bruder Markus, mit dessen Erlebnissen und Standpunkt der Leser sich schon in dem vorliegenden Fragment identifizieren soll, wäre ein symbolischer Hinweis darauf gewesen, daß dieser Leser, durch die Lektüre des Gedichts über die Kulturgeschichte des ganzen Menschengeschlechts belehrt, nun seinerseits zum Werkzeug wie zum Schauplatz allen menschlichen Strebens geworden ist. Hier liegt vermutlich einer der Gründe, warum das Gedicht Fragment bleiben mußte: Goethe konnte nur für ein Publikum schreiben, das in gewisser Hinsicht begrenzt und definierbar war, während das Publikum der *Geheimnisse*, ebenso wie ihr Gegenstand, im Prinzip die ganze Menschheit war.

Indessen wurde vieles von dem intellektuellen Repertoire, das die *Geheimnisse* erstmals umrissen, in Goethes spätere Werke, namentlich in die verschiedenen Stadien des *Wilhelm Meister*, übernommen, und es ist denkbar, daß Goethe sich zu dieser neuen und anderen Verarbeitung seines Materials im Winter 1785 entschloß. Nachdem er das sechste Buch der *Theatralischen Sendung* zum festgesetzten Zeitpunkt abgeschlossen hatte, entwarf er am 8. Dezember ein Schema für «alle 6 folgende Bücher», und dies läßt auf einen ziemlich radikalen Neubeginn schließen. Wenn das, was Goethe damals plante, auch nur entfernte Ähnlichkeit mit dem hatte, was er später in *Wilhelm Meisters Lehrjahren* und *Wilhelm Meisters Wanderjahren* schreiben sollte (das Schema ist nicht erhalten), dann hatte es höchstwahrscheinlich einen gewissen Bezug zu den Motiven, die beide Romane mit den *Geheimnissen* gemein haben: eine quasi-freimaurerische Bruderschaft, deren Mitglieder ihre einzelnen Lebensgeschichten zu einer Summe gemeinsamer Weisheit vereinen, und das Prinzip der Selbstüberwindung. Goethe mag zu diesem Zeitpunkt, als sein eigener Sinn bereits in diese Richtung ging, auch daran gedacht haben, Wilhelm nach Italien reisen zu lassen, wie es in den *Wanderjahren* geschieht und Mignons Lied es schon 1783 nahegelegt hatte. Was aber aus diesem großräumigen Entwurf für die nächsten sechs Bücher hervorgeht, ist der Umstand, daß Goethe die sechs Bücher, die er bereits geschrieben hatte, als Ganzes betrachtete, und zwar als ein Ganzes, mit dem er alles andere als zufrieden war. Das kann man daraus schließen, daß er sie aus den Verhandlungen mit Göschen völlig ausklammerte. 1783, mitten im vierten Buch stekkend, hatte er Knebel geschrieben: «Ich selbst habe auch keinen Genuß daran, diese Schrifft ist weder in ruhigen Stimmungen geschrieben, noch habe ich nachher wieder einen Augenblick gefunden, sie im ganzen zu übersehen.» Das Problem, eine schlüssige Intrige, eine mehr und mehr sich offenbarende Logik für Wilhelms Geschichte zu finden, die sie zu einem Ganzen runden würde, zieht sich bis zum Ende des sechsten Buches hin. Als Versuch einer Lösung wird der autobiographische Strang des Romans zumindest zeitweilig unterbrochen und das Thema der künstlerischen Sendung Wilhelms in der deutschen Nation soweit weitergeführt, daß eine Option durchgespielt werden kann, die Goethe selbst verworfen hatte, als er 1775 nach Weimar kam: die Mitwirkung an einer öffentlichen kulturellen Institution, die nicht von fürstlicher Patronage abhängig ist.

Bellomos Truppe, die seit 1784 in Weimar spielte, erlaubte Goethe nicht nur Einblicke in die unerfreuliche persönliche Seite eines berufsmäßigen Hoftheaters, auch wenn diese ihm weithin den Stoff zum fünften Buch der *Theatralischen Sendung* geliefert hatten. Sie bedeutete auch eine erhebliche Erweiterung seines eigenen kulturellen Horizontes; denn bei einem potentiell kleinen Publikum und drei Aufführungen pro Woche mußte das Bellomosche Repertoire beträchtlich sein. Opern von Salieri, Cimarosa, Paesiello, Gluck, Benda und Mozart – um nur diese zu nennen – regten Goethe zu dem Singspiel *Scherz, List und Rache* an. Es wurden aber auch Stücke in deutscher Sprache aufgeführt, darunter die bekanntesten Dramatisierungen des «idealisierten Gesindels» im Gefolge des *Götz*, bis hin zu Schillers *Räubern*. Insbesondere gab es 1785 mehrere Weimarer Erstaufführungen von Stücken Shakespeares: *Hamlet*, *Lear*, *Macbeth* und (stark bearbeitet) *Ein Sommernachtstraum*. Die Abende, an denen Goethe, oft zusammen mit Frau von Stein, «in die Commödie» ging, müssen ihn lebhaft an den zehn Jahre oder länger zurückliegenden Ehrgeiz erinnert haben, einen Beitrag zum deutschen Nationaltheater zu liefern, der sich seines Ortes in der europäischen Kultur bewußt war und speziell auf Shakespeare stützte: Fast das gesamte Panorama möglicher Vorbilder entrollte sich vor ihm, wie er es nie zuvor hatte sehen können. War dieses frühe und anspruchsvolle Ideal nicht vielleicht doch so verfehlt gewesen, wie er inzwischen manchmal glaubte? Und wenn es wirklich untauglich gewesen war, was sollte oder konnte an seine Stelle treten – in seinem eigenen Leben und auch im Leben seines Romanhelden? Im sechsten Buch begegnet Wilhelm auf seinem Weg über die verschiedenen Stufen der dramatischen Kunst einem Theater in kompetentester, organisiertester und professionellster Form, und Menschen, die das deutschsprachige Publikum so kennen, wie es ist.

Zunächst geht es im sechsten Buch um die Folgen des Hinterhalts, wobei ein wichtiger neuer Handlungsstrang eingeführt wird. Während Mignon, Philine und der verwundete Wilhelm vergeblich darauf warten, daß die anderen ihnen Hilfe bringen, werden sie auf ihrer Waldlichtung von einer Gruppe vornehmer Reisender überrascht, auf die es, wie sich herausstellt, die Räuber eigentlich abgesehen hatten und unter denen sich eine schöne und mitleidige Frau auf einem Schimmel befindet, die ihnen hilft. Man holt einen Chirurgus, der Wilhelms Wunde versorgt, und er und seine Gefährten werden von einem Bediensteten in ein nahegelegenes Dorf gebracht, während die vornehmen Reisenden selbst ihren Weg eilig fortsetzen müssen. Zuvor hat die schöne Reiterin noch einen warmen Mantel über Wilhelm gebreitet, und ihr Gesicht erscheint ihm wie von Strahlen verklärt, bevor er vor Schmerzen wieder ohnmächtig zurücksinkt. Im Dorfwirtshaus bereiten die übrigen Mitglieder der Truppe dem Anführer ihrer Expedition, den sie für ihr Mißgeschick verantwortlich machen, einen ebenso unfreundlichen Empfang wie der triumphierenden Philine, der es gelungen ist, ihren Koffer vor den Räubern zu retten, indem sie mit dem Anführer der Bande einen Spaziergang ins Gebüsch gemacht hat; nun zieht sie Neid, Zorn und Verachtung der anderen auf sich. Melina, der am meisten verloren hat, ist verzweifelt, und seine Frau, deren Schwangerschaft uns durch die früheren Bücher begleitet hat, bringt in einem Nebenzimmer ein totes Kind zur Welt. Goethes Unvermögen, dieser Totgeburt das gebührende Gewicht zu geben, ist der einzige Makel auf dieser ansonsten bemerkenswerten Hogarth'schen Szene, in der die Vorwürfe der Schauspieler und die moralisierenden Rechtfertigungen und nicht erwiderten Solidaritätsbekundungen Wilhelms hin- und herfliegen, während Philine still auf ihrem Koffer sitzt und Nüsse knackt.

Die Schauspieler beeilen sich, nach H. weiterzureisen, um dort ihr Glück zu versuchen, und lassen den noch immer kranken Wilhelm in der Gesellschaft Mignons, des Harfenspielers sowie Philines zurück, die indes, zu Wilhelms großer Erleichterung, ebenfalls bald abreist: Ihre unreine Gegenwart trübt das Bild, das die schöne Reiterin in seinem Herzen hinterlassen hat. Wilhelm ist wie besessen von der Erinnerung an diese strahlende Gestalt, die Goethe mit dem einzigen Gedicht in diesem Buch, «Nur wer die Sehnsucht kennt», in Verbindung bringt; als alle Versuche scheitern, sie ausfindig zu machen, bleibt Wilhelm nur ihr Mantel, um ihn davon zu überzeugen, daß er sich keiner Wahnvorstellung hingibt. Die Sehnsucht nach dieser Reiterin bleibt, und sie ist das Einzige in seinem Leben, was ihn der Welt des Theaters abspenstig machen könnte, der er sich jetzt durch eine Ehrenschuld verbunden fühlt, aber auch durch die Erinnerungen an Mariane, die neuerdings wieder wach geworden sind. Um sich von diesen Gedanken während der langweiligen Tage seiner Genesung abzulenken, nimmt sich Wilhelm, wie Goethe im Sommer 1785, den *Hamlet* vor und unterzieht ihn einer gründlichen Analyse. Früher hat Wilhelm sich mit dem Helden dieses Stückes identifiziert; nun kommt er zu dem Schluß, daß seine einstige Interpretation, die sich einfach auf die Melancholie von Hamlets Monologen stützte, diesem komplexen Charakter nicht gerecht wird.

Wilhelm, und durch ihn Goethe, denkt sich nun, während er untätig daliegt und seiner Genesung entgegenharrt, alle möglichen romantischen Wendungen aus, die sein Schicksal unerwartet nehmen könnte, aber keine will sich einstellen. So tut er schließlich das Naheliegende, um nicht erneut als Gescheiterter nach Hause zurückzukehren: Er setzt seine Reise nach H. fort, um den Schauspielern beizustehen, die nicht im Stich zu lassen er geschworen hat. In H. begegnet er bald seinem alten Freund Serlo wieder, dem Direktor des örtlichen kommerziellen Repertoiretheaters (sein Vorbild war teilweise Friedrich Ludwig Schröder), der herzlich erfreut ist, ihn zu sehen, obwohl Wilhelm ihm brieflich Melina und seine Leute empfohlen hatte, die Serlo unbrauchbar findet. Serlo stellt Wilhelm seiner Schwester Aurelie vor, einer Berufsschauspielerin. Sie sprechen über den Zustand des Theaters, und es dauert nicht lange, da entwickelt Wilhelm seine Auffassung des *Hamlet* und verteidigt das «kanonische» Ansehen, das er diesem Stück gibt. Diese Erörterung, immer wieder unterbrochen, ist eines von mehreren Gesprächen, die diese drei Personen nun führen. Serlo ist begierig, das Stück einzustudieren, und gibt sogleich, mit herzloser brüderlicher Anzüglichkeit, seiner Schwester die Rolle der Ophelia. Aurelies Schilderung der hinter ihr liegenden Erlebnisse, die Serlo zu dieser Gleichsetzung herausfordern, ist das andere Hauptmotiv der Gespräche, die den größten Teil des sechsten Buches ausmachen. Die Gelegenheit, etwas von «dem lebhaften und gewerbereichen» H. vorzuführen, bleibt völlig ungenutzt: Goethe versichert uns nur der hohen Qualität der Aufführungen, die Wilhelm in Serlos Theater zu sehen bekommt, und läßt ihm ein oder zwei Musiker über den Weg laufen, deren Virtuosität und Selbstsicherheit ihn beeindrucken. Abgesehen von Seitenblicken auf die notleidenden Mitglieder von Wilhelms alter Truppe und auf Philine, der es als einziger gelungen ist, von Serlo engagiert zu werden, besteht die Erzählung, angeblich angesiedelt in einer der geschäftigsten und wohlhabendsten deutschen Städte, die bis weit über die Mitte des 18. Jahrhunderts hinaus auch eines der aktivsten geistigen Zentren des Landes war, nur aus Boudoirgesprächen, die im Grunde Monologe der einen oder anderen Seite sind.

Aurelie freilich mit ihrem Haß und ihrer Verachtung für das männliche Geschlecht, die an Verrücktheit grenzen, ihrer hoffnungslosen Liebe zu dem Mann, der sie verlassen hat, ihren komplexen Gefühlen für Wilhelm, der für sie gleichzeitig verhaßter Mann, bewunderter Dichter und unerfahrener Jüngling ist, den sie zu erziehen wünscht, und mit ihrer eigentümlich zerstreuten Unaufmerksamkeit gegen einen kleinen Jungen, den sie in ihrer Obhut hat und in dem Philine unbeirrt ein Liebespfand erblickt, ist ein bemerkenswert lebendiger und individueller Charakter – weit mehr als die dämonischen Frauen in Lessings Dramen, von denen sie teilweise hergeleitet ist. In Ermangelung jeder direkten Beschreibung der Stadt H. und ihrer Gesellschaft sieht Wilhelm mit den Augen Aurelies das Bild der deutschen Nation, an die seine theatralische Sendung gerichtet ist: Aurelies Rückblicke auf ihr Leben bieten jenes Element der Verallgemeinerung, das Goethe benötigt, um in diesem Buch nicht nur eine weitere Episode zur Beleuchtung eines weiteren Teilaspekts der deutschen Kultur zu bieten, sondern zu einem Abschluß des ganzen Werkes zu gelangen. Aurelie ist als Waisenkind bei einer Tante mit lockerem Lebenswandel aufgewachsen, und was sie dort an deutschen Männern gesehen hat, war wenig ermutigend: «Wie dumpf, dringend, dreist, ungeschickt war ein jeder, den sie [die Tante] herbeireizte, wie satt, übermüthig und abgeschmackt jeder, der seiner Wünsche Befriedigung hatte.» Trotzdem war es «mit dem höchsten Begriff von meiner Nation», daß sie auf die Bühne trat: «Was waren die Deutschen nicht! was konnten sie nicht sein! . . . ich und mein Publicum waren in dem besten Vernehmen, in der besten Harmonie mit einander; und im Gefolge meines Publikums erblickte ich jederzeit die Nation, alles Edle und Gute!» Sie mußte jedoch bald feststellen, daß eine Schauspielerin die Männer im Publikum so interessiert, wie Aurelies Tante jene Besucher interessiert hatte, und sie durchschaute sie alle (wobei sie mit Lust am komischen Detail keinen Stand und keinen Beruf ausläßt): «Ich fing nun an, sie alle von Herzen zu verachten, und es war mir eben, als wenn die ganze Nation sich recht vorsätzlich durch Abgesandte bei mir hätte prostituieren wollen. Sie kamen mir im Ganzen so links vor, so übel erzogen, so schlecht unterrichtet, so gefälligen Wesens leer, so geschmacklos . . .» Aber dies alles veränderte die Liebe. Ein örtlicher Grundbesitzer namens Lothar tritt in ihr Leben; er ist klug, angenehm, offen und in einer praktischen Weise freundlich, ohne aufdringlich zu sein, und wenn er im Publikum sitzt und sie für ihn spielt, «war mir wie durch ein Wunder das Verhältniß zum Publicum, zu der ganzen Nation verändert.» Sie erkennt den trefflichen Kern in der unansehnlichen deutschen Schale und läßt sich durch das Fehlen von Bildung und Lebensart nicht länger irremachen – fürwahr ein schwacher Trost, aber er ist ernst gemeint. Die ganze Episode spiegelt Goethes eigene Rückkehr im Jahre 1785 zu einem gewissen begrenzten Enthusiasmus für die nationale literarische Sache der Deutschen, zeigt aber eine ganz neue Denkweise über das Verhältnis des Künstlers zu seinem Publikum – eine Denkweise, die ihm einige Monate später Mut zu der Überlegung machte, daß in den *Schriften* «Dinge, die ein einzelnes Gemüth, unter besondern Umständen beschäftigten, dem Publiko hingegeben werden sollen». Dieser neuen Konzeption zufolge soll man das Publikum um des geliebten Einen willen ansprechen, der sich unter ihm verbirgt; zwar ist es, wie Aurelie sagt, eine «Masse von Menschen», aber die Kunst berührt und rührt sie nicht kollektiv, sondern jeden einzelnen in seiner Individualität; und wenn diese Einschätzung auch nicht auf ein Theaterpublikum zutrifft, so erfaßt sie doch genau den Charakter des lesenden Publikums. Zwar ist die Nation als ganze zugegebenermaßen charakterlos, aber dieser Fehler soll jetzt einfach am Wesen der Masse, des Kollektivs im Gegensatz zu seinen einzelnen Individuen, liegen. In dieser Charakterlosigkeit liegt die Chance des Künstlers; denn wie Aurelie sagt, ist die Masse dazu «geboren . . ., geführt zu werden», und der Künstler kann sie zum Charakter bilden. Mochte Goethe diese Ansicht ganz und gar teilen oder nicht, er kann das Verhältnis des deutschen Dichters zu seinem Publikum nunmehr als ein erzieherisches ansehen, das von einem persönlichen Gefühl der Liebe getragen ist und dennoch nicht vor der Öffentlichkeit des Forums erschrickt, auf dem der Dichter wirkt. Einem solchen Verhältnis ist aber am besten, und in wahrhaft nationalem Maßstab, mit Büchern und nicht mit Theatern gedient – die Verallgemeinerungen Aurelies über die «Nation» aufgrund von Erfahrungen, die sie nur in H. gesammelt haben kann, wirken mehr und mehr übertrieben –, und Aurelies Bekehrung zum deutschen Publikum kündet, natürlich ohne daß sie es weiß, das Ende von Goethes und Wilhelms theatralischer Verirrung an. Die Schilderung Aurelies, wie Lothar sie verlassen hat, endet nicht mit einer erneuten Umbewertung des deutschen Publikums, sondern mit einem unerwarteten, wahnsinnigen Angriff auf Wilhelm, mit einem scharfen Dolch, den der Leser bereits als Aurelies heiligstes Besitztum kennengelernt hat. Aurelie ritzt Wilhelms Handfläche, und der Schnitt geht durch die Lebenslinie – vielleicht ein Hinweis darauf, daß, durch die Beziehung zu Mariane, die Wilhelm Aurelie anvertraut hat, die Liebe und die Bühne sein Leben entscheidend, vielleicht unheilbar, verletzt haben. (Jedenfalls konnte man auch von Goethes eigenem Leben zwischen 1775 und 1785 sagen, daß es, doppelt unfruchtbar in der Liebe zu Frau von Stein und in der Distanzierung vom deutschen Lesepublikum, an den Rand des Wahnsinns gerückt war.) Der Zwischenfall gehört also zu einer Reihe von Kunstgriffen, durch die Goethe versucht, eine Reflexion über das Ganze von Wilhelms bisherigem Leben und eine Stimmung des Zusammenfassens und Bilanzziehens zu erzeugen, und zwar vor allem durch die Erörterung des *Hamlet*.

Denn Wilhelms neue Interpretation dieses Stückes bedeutet, daß er sich mit Hamlets ganzer Geschichte identifiziert, so wie er einst Hamlets Melancholie schmachtend mitempfand. Als Schlüssel zu Hamlets Verhalten dienen ihm alle Aussagen des Stücks über seinen Charakter vor dem Tod des Vaters und dem Befehl, ihn zu rächen, und Wilhelm kommt zu dem Schluß, was Shakespeare in *Hamlet* habe zeigen wollen, sei «eine große That auf eine Seele gelegt, die der That nicht gewachsen ist». Nicht von ungefähr erinnert dieser Satz an die übertriebenen Forderungen, die, Goethes Beschreibung zufolge, die Empfindsamkeit der Seele auferlegte und die zu Werthers Selbstzerstörung führten: Auch die Stiftung einer nationalen Schauspielkultur, wie sie von Goethe und seinen Sturm-und-Drang-Zeitgenossen sowie von ihrem Repräsentanten Wilhelm Meister verlangt wurde, war eine Tat, die die begrenzten Kräfte der empfindsamen Seelen überstieg, denen sie auferlegt war. Wird Wilhelm also, nun, da ein Schnitt durch seine Lebenslinie geht, enden, wie Werther endete und wie es am Ende des ersten Buches möglich schien? Wird er wie Hamlet ein Gefäß sein, das der Eichbaum sprengt, der darin eingepflanzt ist? Wenn er es nicht sein wird – das lehrt das Beispiel von

Shakespeares Stück –, dann nicht aus eigenem Verdienst oder durch seine Charakterstärke, und auch nicht, weil seine Aufgabe an sich leichter wäre als die Hamlets, sondern durch das Wirken eines unerforschlichen Schicksals. Denn Wilhelms Analyse der letzten beiden Akte des *Hamlet* ergibt, daß weder irdische noch übernatürliche Kräfte (Wilhelm nennt sie, mit dem bevorzugten Epitheton für die griechischen Rachegöttinnen, die «Unterirdischen») die «große Tat» der Rache vollbringen: Diese bleibt allein in der Hand des allmächtigen Schicksals. «Die Gerichtsstunde kommt. Der Böse fällt mit dem Guten! Ein Geschlecht wird weggemäht und das andre tritt ein.» Die Worte klingen wie ein Echo des grausamen Urteils, das *Proserpina* oder das Parzenlied der Iphigenie über die Hoffnungen der empfindsamen Seele sprechen, und lassen Serlo und Aurelie verstummen. Aber die Wolke zieht vorüber, wie in *Iphigenie*, und Wilhelm muß nicht lernen, die Götter zu fürchten – freilich nicht, wie am Ende jenes Stückes, dank einer schöpferischen Umdeutung der Frage nach dem Wesen der Götter in die Frage nach dem Wesen des Menschen, sondern dank der Offenbarung, daß das Schicksal, zumindest in seinem Fall, freundlich ist und auf seine eigene, un-katastrophale Art für die Erfüllung von Wilhelms Wünschen und die Vollbringung der großen Tat sorgt, die für seine unzulängliche Seele zuviel war.

Während der langen Abwesenheit des Sohnes ist Wilhelms Vater gestorben; aber das Schicksal, das so in Wilhelms Leben eingreift, erlegt ihm nicht, wie Hamlet, Verpflichtung und Scheitern auf, sondern bedeutet, wie Serlo ihm klarmacht, Befreiung und Gelingen. Zu Hause wird er jetzt nicht gebraucht, da das Familienunternehmen in Werners Händen gut aufgehoben ist; niemand weiß, wo er sich aufhält; es steht ihm frei, den Ehrgeiz zu befriedigen, den er von Anfang an gehabt hat – denn Serlo ist sehr daran interessiert, Wilhelm für seine Truppe zu gewinnen. Philine hat Serlo verraten, daß Wilhelm einst mit triumphalem Erfog im *Belsazar* aufgetreten ist, und Aurelie hat Wilhelm ins Gesicht gesagt, er mache auf sie den Eindruck eines «Dichters und Künstlers, denn beides sind Sie, wenn Sie auch sich nicht dafür ausgeben wollen». So große Stücke hält Serlo auf Wilhelm, daß er ihm zuliebe sogar bereit ist, auch Melina und seine eigentlich unbrauchbare Truppe zu engagieren, so daß Wilhelm sein Versprechen wahrmachen kann, die Schauspieler für jeden Verlust zu entschädigen, den sie damals bei dem Überfall erlitten haben. Ebenso wichtig ist für Wilhelm die Überlegung, daß er sich nicht von «seiner» Mignon und «seinem» Harfenspieler zu trennen braucht, wenn er Serlos Angebot annimmt. Und so sieht sich Wilhelm, nach den vielen Reflexionen in diesem Buch, wie «seine Geschichte» weitergehen könnte, zuletzt «nicht am Scheidewege, sondern am Ziele»; es zeigt sich, daß seine Deutung des *Hamlet* auch auf ihn selbst zutrifft: «Hier hat der Held keinen Plan, aber das Stück hat einen.» Alles, was er sich erhofft hatte, als er mit Mariane fliehen wollte und was verloren schien, als er ihre Untreue entdeckte, ist endlich doch eingetroffen – aber es sind nicht seine eigenen Anstrengungen, es sind zufällige Ereignisse gewesen, die ihn auf diesen Weg «sachte

... geleitet» haben. Jetzt hat er, wenn er nur will, die Chance, aus dem edelsten aller Motive, der Liebe zur Kunst – frei von jeglichem Zwang, frei auch von dem Wunsch, bloß dem beengten Leben seiner Häuslichkeit zu entrinnen –, auf der geachtetsten und unabhängigsten Bühne Deutschlands, als Erzieher und Anführer vor die deutsche «Nation» zu treten, wie Aurelie es nennt. Das Schicksal sagt ja zu «seinen Hoffnungen und Wünschen, die er lange im Herzen nährt und erhält». Er kann beginnen, seine Idealvorstellung von einer nationalen bürgerlichen Kultur zu verwirklichen, die sich in öffentlichen Institutionen konkretisiert – ein Ideal, das Goethe, wenngleich halb unbewußt, 1775 als Fiktion aufgegeben hatte und das Möser noch 1781 für erreichbar hielt. Was hindert Wilhelm, den Augenblick der Erfüllung zu erkennen, wenn er da ist, und die Frucht zu pflücken, die sich ihm darbietet? Nichts – oder nur «ein Etwas, das keinen Namen hat». Und so gibt er natürlich diesen gewichtigen Argumenten statt, zumal der Überlegung, daß er Mignon und den Harfenspieler nicht verlieren muß, und den vereinten Bitten Serlos, Aurelies und Philines. Aber in dem Moment, wo er Serlos Angebot akzeptiert, kommt ihm die schöne Reiterin in den Sinn und lenkt ihn für einen Augenblick ab, ihre Gestalt glänzt auf und verschwindet wieder, als habe Wilhelms Genügen an einem geringeren und illusorischen Gut sie verscheucht. Und auf diesem unbestimmten Ton endet Wilhelm Meisters theatralische Sendung.

Das Unzulängliche dieses Schlusses muß Goethe schon beim Schreiben klar gewesen sein. Die nachträgliche Entdeckung einer logischen Zielgerichtetheit in den zusammenhanglosen Episoden von Wilhelms bisherigem Leben ist kaum mehr als ein *deus ex machina*, noch dazu ein halbherziger. Denn nicht nur fühlte Goethe 1785 schon lange nicht mehr, wie Proserpina und Iphigenie, die Bedrohung durch das Ungewisse des Schicksals, ohne die aber die Offenbarung des im Grunde wohlwollenden Charakters des Schicksals ihre Überzeugungskraft verliert und keinen sinnvollen Abschluß des Romans mehr ergibt. Auch das Versäumnis, eine realistische – und romangerechte – Schilderung des sozialen Milieus in der Stadt H. zu geben, wo doch Wilhelms Ehrgeiz gestillt werden soll, ist, und zwar in einer absolut wesentlichen Hinsicht, ein Versäumnis bei der Untermauerung der Behauptung, daß das Schicksal wohlwollend ist. Solange das Ende von Wilhelms Geschichte nicht genauso realistisch ist, wie es ihr Anfang war, solange die Aufführungen, durch die Wilhelm in H. die deutsche Nation bildet, uns nicht ebenso glaubhaft und sichtbar gemacht werden können wie die Puppen, die, zwischen Dörrpflaumen und getrockneten Äpfeln verstaut, in der Speisekammer zu M. liegen, so lange sind die Hoffnungen, von denen es nun heißt, daß sie verwirklicht würden, nicht dieselben wie jene, von denen Wilhelm ausgegangen ist – denn das waren eben genau die Hoffnungen auf die Darstellung des «Übernatürlichen» in der konkret gesehenen Welt einer freien Reichsstadt in der Mitte Deutschlands. Aber natürlich gab es für Goethe 1785 keine Möglichkeit, seine Ideale von 1775 literarisch in Erfüllung gehen zu lassen. Wenn trotzdem behauptet wird, daß der Kreis von Wilhelms Leben sich geschlossen habe, so wird dies durch den Unterschied der literarischen Darstellungsweise zu Anfang und am Ende Lügen gestraft. Aber Goethe verfügt nicht – noch nicht – über die Mittel, um diesen Unterschied zu erklären oder bewußt in die Struktur des Romans einzubauen. Das einzige Element der Erzählung, das den glücklichen Ausgang in Frage stellt, das mehrfach wiederkehrende Bild der schönen Reiterin, bleibt zu unausgeführt, um Wilhelms Reflexionen über das Schicksal in seinem Leben und im *Hamlet* aufwiegen oder eine Perspektive andeuten zu können, aus der sich die ganze Geschichte von Wilhelms theatralischen Hoffnungen und Wünschen, von Anbeginn bis zu ihrer scheinbaren Erfüllung, als Teil eines übergreifenden Themas ausnehmen könnte – und genau das wäre notwendig, wenn die Geschichte nicht in Selbstgenügsamkeit verharren, sondern eine Fortsetzung haben und Wilhelms Glaube, «am Ziele» zu sein, als Täuschung entlarven soll. So ist es nicht verwunderlich, daß Goethe mit dem nächsten Buch nur mühsam vorankam, bevor es im Mai 1786 endgültig ins Stocken geriet. Man kann vermuten, daß in dem, was Goethe schrieb, die Vorbereitung einer *Hamlet*-Aufführung bereits eine große Rolle spielte und daß das Kind, für das Aurelie sorgt, Gegenstand eines gewissen Interesses geworden wäre, wobei ungewiß bleibt, ob sich schon jetzt herausgestellt hätte, daß es sich um Wilhelms Kind von Mariane handelt und daß seine Amme, die bereits einen flüchtigen anonymen Auftritt hatte, Marianes einstige Vertraute und Beraterin ist. Es gibt eine ganze Reihe weiterer Ansatzpunkte im sechsten Buch, an die Goethe gleich im siebenten hätte anknüpfen können, aber es ist sehr unwahrscheinlich, daß er der Lösung des Hauptproblems nähergekommen ist, das ihm der Ausgang der *Theatralischen Sendung* hinterlassen hatte: wie nämlich der Übergang Wilhelms zu einer neuen, vom Theater unabhängigen Lebensform zu bewerkstelligen war, nachdem das Theater bisher Wilhelms beherrschende, ja die ihn definierende Leidenschaft gewesen ist. Ein solcher Übergang hätte eine gründliche Überarbeitung und Neufassung alles bisher Geschriebenen erfordert und eine klare Vorstellung davon vorausgesetzt, welches neue Leben imstande war, Wilhelm künftig ebenso zu inspirieren, wie ihn früher das Thater inspiriert hatte; und diese klare Vorstellung besaß Goethe bislang weder in bezug auf das Leben seines Helden noch auf das seine.

Im Juni 1786 nahm ein viel dringenderes literarisches Geschäft Goethes ganze Aufmerkamkeit in Anspruch. Göschen plante ja, in knapp einem Jahr die ersten vier Bände der *Schriften* herauszubringen, und Goethe hoffte, die Manuskripte für diese Bände noch vor seinem Geburtstag und der bis dahin noch streng geheimen Expedition nach Italien fertiggestellt zu haben. Da er von den meisten der betreffenden Werke das Original nicht mehr besaß, mußte er zunächst bei Freunden befindliche Manuskripte und gedruckte – oft unautorisierte – Ausgaben seiner Werke zusammentragen, um Göschen eine Druckvorlage liefern zu können. Der kleine Weimarer Kreis war gern behilflich: Frau von Stein half mit, die lyrischen Gedichte abzuschreiben – sie sollten zwar erst im letzten Band erscheinen, aber Goethe begann schon jetzt, Stichworte für ihre Anordnung zu sammeln –, und Wieland und Herder erklärten sich zu Korrektur- und Veränderungsvorschlägen bereit: «Da ich nicht viel geben kann, habe ich immer gewünscht das Wenige gut zu geben», schrieb Goethe an Göschen. Die schriftlichen Kommentare der beiden Berater zum *Götz* wurden im Juli kollationiert und führten zu keinen literarisch bedeutsamen Veränderungen. Allerdings wurde sich Goethe bewußt, daß er hier, wie überhaupt mit der ganzen Werkausgabe, einen Beitrag zur Normierung der deutschen Literatursprache leistete, und orientierte sich daher in orthographischen Dingen an dem ersten modernen Wörterbuch der deutschen Sprache, das Johann Christoph Adelung zwischen 1774 und 1786 herausgegeben hatte. *Die Mitschuldigen* sollten in der Form vorgelegt werden, wie sie in Weimar gespielt worden waren, das heißt höfischen Gepflogenheiten angepaßt; die direkten Ansprachen an das Publikum wurden getilgt, alles Farcenhafte und Obszöne im Interesse der reineren Empfindung gemildert. Zusammen mit dem *Götz* bestritten *Die Mitschuldigen* den zweiten Band der Ausgabe. Auch der vierte Band war rasch arrangiert und wurde vielleicht sogar als erster, im Juni, fertig: *Stella* ging mit wenigen Veränderungen als druckreif durch, im *Triumph der Empfindsamkeit* wurden einige Szenen umgestellt und neu geschrieben, um das ganze «producibler» zu machen, und nur an den *Vögeln* blieb einiges zu feilen: Einige der saftigeren Späße, die die beiden vazierenden Dichter sich in ihrem Idealstaat erhoffen, mußten gestrichen werden. Die Hauptprobleme lagen für Goethe im ersten Band, der, außer der «Zueignung», dem *Werther* vorbehalten war, und im dritten Band, der die *Iphigenie* enthalten sollte (dazu den *Clavigo* und die *Geschwister*, die aber keine Schwierigkeiten aufwarfen), und beide Probleme begleiteten Goethe nach Karlsbad.

Mit der Revision des *Werther* hatte Goethe 1782 und 1783 begonnen, als er sich endlich etabliert und in sicherer Entfernung von den Erschütterungen der Jahre um 1774 fühlte, und als er nicht mehr so produktiv an neuen Werken war, daß er keine Zeit für die alten gehabt hätte. Zwei Überlegungen hatten für ihn damals im Vordergrund gestanden: Er mußte dem Vorwurf begegnen, mit seinem Roman den Selbstmord zu billigen oder gar zu empfehlen; und er war gegenüber Kestner und Lotte, die sich durch das Buch bloßgestellt gefühlt hatten, verpflichtet, jene Elemente aus dem Roman zu tilgen, die sie auf sich selbst bezogen und als besonders anstößig empfunden hatten. Ein neuer Anlauf zur Revision wurde 1785 unternommen. Jetzt, Anfang Juli 1786, äußerte der um seine Meinung befragte Herder die Ansicht, es gäbe gewisse Schwächen «mit der Composition» des *Werther* – wobei unklar ist, ob er die ursprüngliche Fassung des Romans oder die Auswirkung von Änderungen meinte, die mittlerweile erfolgt waren. Fest steht, daß die Hauptarbeit an dem Roman, über die Goethe von Karlsbad aus der Mitte August nach Weimar zurückgekehrten Frau von Stein berichtete, den letzten Teil des Buches betraf, den Abschnitt «Der Herausgeber an den Leser». Am

22. August war der revidierte Schluß fertig, und Goethe konnte ihn mit Herder diskutieren, der diesen verregneten Sommer ebenfalls in Karlsbad verbrachte. Herder wog die beiden Fassungen einige Tag lang gegeneinander ab und entschied sich dann für die neue.

Goethe nahm denn auch am ursprünglichen Text keine Kürzungen vor, außer um Platz für Revisionen zu schaffen, aber er vermehrte die thematische Sequenz von Werthers Briefen um einige weitere und schrieb im letzten Abschnitt alles bis auf die letzten paar Seiten und die Übersetzungen aus Ossian um. In der Absicht, das Formlos-Erregte, ja Dialektgebundene in Werthers Stil zu dämpfen, gab es auch eine erhebliche Zahl kleinerer Veränderungen bei den Wortformen und in der Wortwahl. Die Ergänzungen sind meistens kurz – ein oder zwei Sätze, ein neuer Brief von wenigen Zeilen –, aber ihr Zweck liegt fast immer auf der Hand: sie sollen das Pathologische und, unter dünner Decke schlummernd, das schlicht Sinnliche an Werthers Liebe hervorheben und noch deutlicher als in der ersten Fassung zeigen, daß Werther selber sich seiner selbstzerstörerischen Raserei sehr wohl bewußt ist. Er schreibt Lotte, daß der Sand, den sie auf ein Zettelchen an ihn gestreut hat, ihm zwischen den Zähnen knirschte, als er das Blatt an die Lippen führte, oder er schreibt an Wilhelm «wie ich mich selbst anbete, seitdem sie mich liebt!» oder gar «ich bin erstaunt, wie ich so wissentlich in das alles, Schritt vor Schritt, hineingegangen bin!» Stärker herausgearbeitet wird auch Werthers Neigung, seine eigenen Stimmungen in die ihn umgebende Natur hineinzulesen: «Wie die Natur sich zum Herbste neigt, wird es Herbst in mir und um mich her.» Ein oder zwei kleine Retuschen vergrößern Werthers Distanz zum Hof oder nehmen seiner Kritik an ihm die Schärfe. Die wesentlichste Zutat ist jedoch eine ganz neue Nebenhandlung, die, über den ganzen Roman verteilt, etwa ein Dutzend Seiten einnimmt. Erzählt wird eine Geschichte, die Parallelen zu Werthers Geschichte aufweist; aber sie endet nicht mit einem Selbstmord, sondern mit einem Mord, der Verhaftung des Täters und dem Beginn des Gerichtsverfahrens gegen ihn. Werther lernt einen jungen Bauernburschen kennen, der bei einer Witwe in Dienst steht und sich in sie verliebt hat: Sie weist ihn ab, allerdings vielleicht nicht energisch genug, er versucht, ihr Gewalt anzutun, und wird entlassen. Als die Witwe sich gegenüber seinem Nachfolger aufgeschlossener zeigt, kennt seine Eifersucht keine Grenzen, und er erschlägt den Nebenbuhler. Werther verfolgt jede Station dieses parallelen Lebens mit der größten Anteilnahme und versucht sogar, die Freilassung des Burschen zu erwirken, nachdem er arretiert worden ist – eine Szene, wie Goethe sie selbst auf einer Zeichnung festgehalten haben mag, die auf eigenem Erleben in Weimarer Diensten beruhte. Werther hört unbeeindruckt den Ausführungen des Amtmannes zu, daß solche Exzesse an die Grundlagen des Staates rühren – dieser Vorwurf, ursprünglich gegen Goethes Roman gerichtet, wird nun im Roman selbst gegen dessen Helden gerichtet.

Die Tendenz aller dieser Veränderungen ist der Nachweis, daß Werther selbst sein schlimmster Feind ist. Dies steht in gewisser Weise in krassem

Widerspruch zu der ursprünglichen Tendenz des Buches. Wohl stirbt der Werther von 1774 an einem vernichteten Selbst; aber diese Verletzung ist nicht zu trennen von der geistigen und sozialen Welt, in der und durch die sie Werther zugefügt wird – nicht zu trennen von den Büchern, die Werther und Lotte lesen, von den Moden, denen Werther nachläuft, von den Möglichkeiten zur Flucht, die ihm offenstehen und, wichtiger noch, nicht offenstehen. Und auch von den Menschen, mit denen er lebt, ist jene Verletzung nicht zu trennen: In dieser Hinsicht ist der abschließende Abschnitt des Romans in der Fassung von 1774 äußerst realistisch. Werther liebt Lotte, und sie weiß, und Albert weiß auch, daß sie ihn liebt. Der Erzähler, der 1774 die letzten Lebenstage Werthers beschreibt, ist mit den geheimsten Gefühlsregungen in Lottes und Alberts Ehe rückhaltlos vertraut und läßt weder einen Zweifel daran, daß Werther eine ernste Gefahr für diese Ehe ist, noch daran, daß Albert Werther am liebsten von hinten sieht und genau weiß, warum Werther sich von ihm die Pistolen ausleiht. Der Erzähler, den Goethe 1786 einführt, ist viel vorsichtiger in diesen Dingen, und viel zurückhaltender, was seine Quellen betrifft. Er sagt einiges über Lottes Gefühle, aber nicht alles, er kleidet das, was er zu sagen hat, zögernd in die Form von Fragen oder Alternativen; aber es ist immer offenkundig, worauf er hinauswill, und das ist offenkundig immer das Gegenteil dessen, was die ursprüngliche Version besagte. Lotte hat, in der neuen Version, Werther nicht geliebt; als sie ihn bei seinem letzten Besuch die Treppe heraufkommen hört, schlägt ihr das Herz, wie es ihr 1774 geschlagen hat, aber der Erzähler von 1786 setzt hinzu: «wir dürfen fast sagen zum erstenmal»; dieser «Herausgeber» weiß: «Sie hätte sich gern vor ihm verleugnen lassen» (1774 hatte es geheißen «Es war zu spät, sich verläugnen zu lassen»); aber er weiß nicht, woher die Unruhe in ihrem Herzen kommt, nachdem Wilhelm gegangen ist: ob es «das Feuer von Werthers Umarmungen» war oder «Unwille über seine Verwegenheit» (die Fassung von 1774 kennt nur die erste Möglichkeit). Mit großer Sorgfalt tilgt die neue Version die Andeutung einer Mißstimmung zwischen Lotte und Albert oder, was Albert betrifft, zwischen diesem und Werther. Mann und Frau sind um Werther besorgt wie um einen Freund, der erkrankt ist, sie wissen sich in ihrer Ehe vollkommen geborgen – Albert geht aus dem Zimmer, wenn Werther bei Lotte ist, aber nicht (wie 1774), weil die beiden Männer Mißtrauen oder Haß gegeneinander empfinden, sondern weil Albert fühlt, daß seine Gegenwart Werther bedrückt –, und der einzige Fehler, den Lotte und Albert begangen haben, ist der, daß sie sich über sich selbst und über das Verhältnis zu Werther niemals offen ausgesprochen haben. Hätte zwischen ihnen eine größere Vertraulichkeit geherrscht, so der Erzähler von 1786, «vielleicht wäre unser Freund noch zu retten gewesen» – und folglich kann man den beiden nur in dieser, aber in keiner anderen Hinsicht Werthers Tod zur Last legen.

Unauffällig, aber mit unerbittlicher Beharrlichkeit bringt dieser Schlußabschnitt, in der Fassung von 1786, das Verhältnis Werthers zu seiner Umge-

bung aus dem Lot, so daß sein Glaube an die Liebe Lottes zu einem pathologischen Wahn wird, für den es keine objektive Entschuldigung und keinerlei Anlaß gibt. Infolgedessen wird es sehr schwierig, die Lotte und den Albert, die der Erzähler uns präsentiert, mit den gleichnamigen Figuren zur
Deckung zu bringen, die uns in Werthers Briefen entgegentreten. Das ist der
Grund, weshalb in der späteren Version des Romans alles, was über die Gefühle und Motive des Ehepaares zu sagen ist, gegenüber der ursprünglichen
Fassung in den Schein des Ungewissen gehüllt werden muß: Ohne diese Ungewißheit wäre die Diskrepanz zwischen der Ich-Perspektive Werthers und
der Realität, wie der Erzähler sie in der dritten Person berichtet, so groß, daß
sie unerklärlich würde. So merkwürdig es klingt: Im Romanschluß von 1786
sind Lotte und Albert mehr als 1774 Phantasiegebilde. Tatsächlich vermag
der spätere Erzähler den Leser noch weniger aus dem hypnotischen Bann
der Wertherschen Ichbezogenheit zu erlösen als der frühere. Die Stärke der
früheren Fassung lag aber eben darin, daß Werthers Ichbezogenheit nicht als
grenzenlos und allumfassend hingestellt wurde, sondern in ein konkretes ge-
sellschaftliches und geistiges Milieu eingebettet war. Dieses realistische Element im ersten *Werther* wird in der zweiten Fassung in Frage gestellt, da die
bisher als objektiv erscheinenden Faktoren in Werthers Geschichte – Bücher,
Menschen, politische Einrichtungen, die Welt der Natur, die Jahreszeiten –
nunmehr Gefahr laufen, zu bloßen Symbolen oder Symptomen seiner inneren Verfassung zu werden.

Diese Akzentverschiebung im *Werther* entspricht voll und ganz der geistigen Entwicklung, die wir Goethe selbst in den zwölf Jahren nach der Niederschrift des Romans haben nehmen sehen. Goethes Annäherung an die
höfische und «offizielle» Kultur war alles andere als eine Entwicklung zur
Objektivität. Sie führte ihn vielmehr dazu, sich ganz auf die Kraft des Ichs
zu konzentrieren, seine eigene Welt zu erzeugen, und die einzige Entlastung
von dieser Anspannung war nicht die realistische Reflexion oder Schilderung
einer sozialen Umgebung, sondern das ganz und gar unliterarische Geschäft
der Naturwissenschaften. Die Marotten des Prinzen Oronaro, das Gedicht
«An den Mond», die *Iphigenie*, die innere Spaltung im Charakter des Egmont, das Gedicht «Das Göttliche», die Verwirklichung von Wilhelm Meisters ursprünglich sozial intendiertem Ideal in einem sozialen Vakuum: das
sind die Stationen eines Weges, an dessen Ende die Umarbeitung des *Werther*
stand – und auch, und wieder, der *Iphigenie*.

Das zweite Ziel, das Goethe sich für seinen Karlsbader Arbeitsurlaub vorgenommen hatte, erwies sich als zu hoch gesteckt. Als er am 22. August den
Werther beiseite legte und sich der *Iphigenie* zuwandte, glaubte er, an die
Bearbeitung dieses Stückes nicht mehr als ein oder zwei Tage geben zu müssen. *Iphigenie* gehörte zu den unveröffentlichten Werken, aus denen er damals abendliche Lesungen veranstaltete (die anderen Stücke waren *Die Vögel*
und *Faust*). Sie wurde von dem mondänen Publikum wohlwollend aufgenommen, und dem Herzog Carl August, der wenige Tage später, am 27. Au-

gust, Karlsbad verlassen wollte, um in Berlin neue politische Fahrwasser zu erkunden, «wards wunderlich dabei zumute» – vielleicht entsann er sich der entschwundenen Tage, sieben Jahre zuvor, als er selbst auf der Bühne gestanden und den Pylades gegeben hatte. Die rhythmisierte Prosa war mittlerweile zu unregelmäßigen Versen gegliedert worden; einen weitergehenden Eingriff hielt Goethe nicht für nötig. Aber immer wieder boten sich Veränderungen an, und vor allem fehlte Goethe noch immer der Glaube an sein Medium. Der Druck der Geschäfte hielt ihn bis über den Tag seiner geplanten Abreise am 28. August auf, und das war vielleicht gut so: Die anderen Kurgäste hatten eine geistreiche Geburtstagsfeier für ihn vorbereitet, es gab weißgekleidete Priesterinnen, einen Ruhmesaltar, den ein Gemälde mit Charakteren aus den *Vögeln* schmückte, und poetische Glückwünsche im Namen seiner unvollendeten Werke. Bei der Sophokleslektüre in den allerletzten Augusttagen, vielleicht auch am 1. September, ging Goethe mit einem Male die ganze Großartigkeit der jambischen Langzeilen der griechischen Tragiker auf, verglichen mit der Atemlosigkeit der kurzen, abgehackten Zeilen in seinem eigenen Stück, die so schwer zu sprechen waren, und er erkannte, daß er die ganze *Iphigenie* in ein regelmäßiges Versmaß umschreiben mußte. Er mag ursprünglich daran gedacht haben, direkt den sechsfüßigen griechischen Trimeter nachzuahmen, und bat Herder dringend um Rat in den metrischen Fragen, aber Herder überzeugte ihn von den Vorzügen des kürzeren und viel flexibleren Pentameters, jener Versform, in der nicht nur die Stücke Shakespeares geschrieben waren, sondern auch Lessings *Nathan der Weise* und ein neues, interessantes experimentelles Fragment von Schiller, *Don Carlos*. Am 1. September wurde der Entschluß gefaßt, daß Göschen sich mit dem dritten und vierten Band bis zu Michaeli würde gedulden müssen und daß die *Iphigenie* Goethe auf seiner Reise begleiten würde – einer mineralogischen Expedition ins Gebirge, von wenigen Wochen Dauer, wie Herder ebenso glaubte wie Frau von Stein.

Indessen scheint die Gräfin Aloysia von Lanthieri, eine kokette Österreicherin italienischer Herkunft, von Goethes Plänen Wind bekommen zu haben; vielleicht hatte er sie allzu unvorsichtig über Italien ausgefragt. Jedenfalls war Eile geboten, und wenn er nicht bald aufbrach, konnte das Wetter noch schlechter werden. Am 2. September schrieb Goethe eine Unmenge von Briefen. Zwei gingen an Seidel; sie enthielten genaue Instruktionen, was zu erledigen und welche Bestellungen auszurichten waren, dazu Einzelheiten über die Auslieferung der ersten beiden Bände der *Schriften* durch Göschen, nebst Angaben, wohin die erste Rate des Honorars zu zahlen war. Ein kurzer Zettel ging an Fritz von Stein; Goethe erlaubte ihm, jederzeit Feuer in dem großen Kamin des Hauses am Frauenplan zu machen, wenn er Lust dazu hatte. Ein langer Brief war an Carl August gerichtet; Goethe kündigte endlich explizit seine bevorstehende Abwesenheit an, was er bei dem Zusammensein mit dem Herzog am 27. August unterlassen hatte (das Ziel seiner Reise erwähnte er freilich auch jetzt nicht); er zählte die notwendigen Vorkehrungen auf, die er in Weimar getroffen hatte, und bat um Beurlaubung. Ein Brief war für Göschen bestimmt, der ebenfalls davon unterrichtet werden mußte, daß sein Autor im Begriff war, zu verschwinden; eine unterzeichnete Ausfertigung des Verlagsvertrages legte Goethe bei. Der Brief an Herder enthielt Danksagungen für seine Hilfe, eine Entschuldigung für die heimliche Abreise und einige Ratschläge, Herders geplante Übersiedlung nach Hamburg betreffend. Und natürlich gab es, wie immer, einen Brief an Charlotte von Stein. Um elf Uhr nachts war Goethe mit dem Schreiben fertig. Um drei Uhr früh – es war Sonntag, der 3. September, der Geburtstag des Herzogs – saß Goethe bereits mit zwei leichten Koffern, die vor allem Bücher und Papiere enthielten, in der Postkutsche, fuhr aus dem engen Karlsbader Tal hinaus gen Westen. Der Tag dämmerte trübe herauf, und der Morgen war bewölkt, aber als er gegen Mittag auf dem großen gotischen Marktplatz der böhmischen Grenzstadt Eger (Cheb) stand, war es heiß, und die Sonne brannte auf ihn herab. Vielleicht gingen Goethe noch die Worte im Kopf herum, die er wenige Stunden zuvor Herder geschrieben hatte:

Die zehen Weimarische Jahre sind dir nicht verloren wenn du bleibst, wohl wenn du änderst, denn du mußt am neuen Ort doch wieder von vorne anfangen . . .; ich weiß daß bei uns viel, wie überhaupt, auch dir unangenehm ist, indessen hast du doch einen gewissen Fuß und Standort, den du kennst usw. Es kommt doch am Ende darauf an daß man aushält und die andern ausdauert. Wieviel Fälle sind nicht möglich, da sich das Gesicht unsrer Existenz ins Beßre verändern kann.

Siebentes Kapitel

Endlich nach Italien
1786–1788

Der Weg nach Rom

Hinter Eger wandte sich der Weg nach Süden, in Richtung Bayern. Die Kutsche rollte durch die Besitzungen des Zisterzienserklosters Waldsassen mit seinen freundlichen Anhöhen und gelangte am Nachmittag an die Wasserscheide zwischen den Gewässern, die in die Elbe münden, und den Nebenflüssen der Donau. Auf den hervorragenden bayerischen Chausseen aus Granitsand kam man «mit unglaublicher Schnelle» voran: Man legte 12 bis 14 Kilometer pro Stunde zurück – doppelt so viel wie in Böhmen. Goethe fuhr die Nacht durch und war am nächsten Morgen um zehn Uhr in Regensburg. Seine Stimmung war euphorisch, sein Geist in fieberhafter Tätigkeit. Während der Wagen dahinflog, machte er sich Aufzeichnungen zu Geologie und Landwirtschaft der gerade durchfahrenen Gegend, er beobachtete den Himmel und stellte Theorien über den Mechanismus des Wettergeschehens auf, notierte Ankunfts- und Abfahrtszeiten an den Poststationen, hielt den Schauplatz seines Aufenthalts auf einer Zeichnung fest und unterhielt ein ständiges inneres Zwiegespräch mit Frau von Stein. In Regensburg machte er einen Tag Halt. Er kaufte einen passenden Reisekoffer, besuchte ein Naturalienkabinett und die prächtig ausgeschmückten Kirchen und bekam Teile der jährlichen Theaterdarbietung der Schüler des Jesuitenkollegs zu sehen: «Wie freut michs daß ich nun ganz in den Catholicismus hineinrücke, und ihn in seinem Umfange kennen lerne.» Aber wenn er auch so viel wie möglich von allem mitnahm, was am Wege lag: hauptsächlich war er doch daran interessiert, weiterzukommen. Außerdem war er überall in Gefahr, sein Inkognito gelüftet zu sehen: In einer Buchhandlung bewahrte ihn nur eisernes Leugnen vor dem Erkanntwerden. So verließ er Regensburg am 5. September gegen Mittag und war, nach einer weiteren Nachtfahrt, am nächsten Tag um sechs Uhr morgens in München. Wiederum hatte er nur für einen einzigen Tag Zeit, an dem es kalt und bedeckt war; er verbrachte ihn vor allem mit dem Betrachten von Gemälden, deren er seit seinem Besuch in Kassel 1783 fast ganz entwöhnt war, und dem Studium klassischer Altertümer, die ihn kaum ansprachen, bevor er am 7. September um fünf Uhr früh von München wegfuhr. Der kurz erwogene Plan, einen Abstecher nach Salzburg zu machen, wurde fallengelassen; Goethe wollte lieber direkt nach Innsbruck und weiter über den Brenner: «Was lass ich nicht alles liegen? um den Einen Gedancken auszuführen, der fast schon zu alt in meiner Seele geworden ist.» So kostbar war ihm dieser Gedanke, daß

er das Ziel seiner Reise aus Aberglauben nicht einmal vor sich selbst auszusprechen wagte.

Aber der 7. war ein herrlicher Tag – der erste schöne Tag im ganzen Sommer, wie der Postillon meinte –, und Goethe hatte das Gefühl: «mein Schutzgeist sagt Amen zu meinem Credo.» Es war ein weiteres gutes Omen, daß
Goethe, nachdem die Kutsche in glühender Hitze den Starnberger See ent-
langgefahren war und sich hinter Benediktbeuern den Tiroler Bergen zu nähern begann, die kleine Tochter eines wandernden Harfners mitfahren ließ
(«So finde ich nach und nach meine Menschen»), die ihm aus der Stimmung
der Harfensaiten prophezeite, daß es gutes Wetter geben werde. Das Mädchen sollte recht behalten. Nachdem er eine Nacht in Mittenwald, oberhalb
des Walchensees, verbracht hatte, passierte Goethe am nächsten Tag in aller
Frühe den Schlagbaum, der Bayern vom kaiserlichen Tirol trennte: Der Wind
war eisig kalt, aber der Himmel von einem tiefen Blau, das nun den immer
gleichen, makellosen Hintergrund der ewig wechselnden Bilder aus grauen
Kalkfelsen, dunkelgrünen Fichten und den höchsten, beschneiten Gipfeln
abgab. In Innsbruck, wo er morgens um elf Uhr ankam, wäre Goethe gerne
länger geblieben, «aber es lies mir innerlich keine Ruhe», und um zwei war
er wieder unterwegs. Das Tal wurde immer enger, man erblickte weißgestri-
chene Kirchen mit schlanken Türmen und unter die Felsen geduckte kleine
Dörfer inmitten von Wiesen, bis es nur noch steile Abhänge und die Straße
und den tosenden Bach gab und endlich die Abenddämmerung einfiel und
der Mond und die Sterne aufgingen und die Schneegipfel beleuchteten. Um
halb acht war Goethe in dem sauberen, behaglichen Posthaus auf dem Brenner: «Von hier fliesen die Wasser nach Deutschland und nach Welschland,
diesen hoff ich morgen zu folgen. Wie sonderbar daß ich schon zweymal auf
so einem Punckte stand, ausruhte und nicht hinüber kam! Auch glaub ich es
nicht eher als bis ich drunten bin. Was andern Menschen gemein und leicht
ist, wird mir sauer gemacht.» In gewisser Weise war es natürlich Goethe
selbst, der es sich «sauer» machte: Es war seine eigene Entscheidung gewesen,
seinem Dasein eine «symbolische» Form zu geben. Aber in einem tieferen
Sinne hatte er schon recht: Was ihn die anderen beiden Male zurückgehalten
hatte, war das Bewußtsein (nicht bloß der Aberglaube) gewesen, daß sein
Leben nur dann einen Sinn haben konnte, wenn er es in den Dienst Deutschlands stellte, und wenn Deutschland es ihm schwermachte, diesen Dienst zu
leisten, so war das nicht einfach seine Schuld. Er hatte einst kehrtgemacht,
weil Liebe und Literatur und eine politische Aufgabe wichtiger zu sein schienen als seine eigene Bildung. Wenn er sich jetzt aufmachte, den Bildungsplan
des Vaters zu absolvieren, dann deshalb, weil jene anderen Berufungen schal
geworden waren – diesmal gab es nichts, um dessentwillen man umkehren
mußte, und so erregend es war, frei zu sein und zu reisen und der neuen
Freuden zu harren, die die Reise verhieß, der symbolische Sinn des Abstiegs
nach Italien war, wie Goethe viel später gestand, die verzweifelte Suche nach
Sinn überhaupt.

Goethe blieb einen Tag auf dem Brenner, auf der Grenze zwischen zwei Welten, und ordnete seine bisherigen Reiseaufzeichnungen, die für Frau von Stein gedacht waren. Er wollte ihr keine Briefe schreiben, weil er dadurch zwangsläufig die Richtung seiner Reise verraten hätte, aber als Adressatin seines inneren Zwiegesprächs konnte er sie nicht entbehren. So kam er auf den Gedanken, zwar Tagebuch zu führen, ein persönliches Tagebuch an und für Frau von Stein, nach Art der Berichte aus der Schweiz vor sieben Jahren, aber ihr dieses Tagebuch erst zu schicken, wenn er an seinem unnennbaren Ziel angekommen sein würde, so wie er über die beabsichtigte Brockenbesteigung so lange geschwiegen hatte, bis sie vollbracht war. Dieses Tagebuch zerfiel ursprünglich in einen privat-chronologischen Teil und einen systematischen Teil, mit kleinen Exkursen über Meteorologie, Klima, Botanik, Mineralogie und Anthropologie, und hat fast genau denselben vertraulich-pädagogischen Ton wie die Briefe des jungen Goethe an seine Schwester Cornelia: Er ist wieder ein Lernender, an der Universität der größeren Welt, und wie damals kann er nicht ohne Publikum lernen. Doch muß das Publikum diese Vertraulichkeit mit bedingungsloser Loyalität erkaufen. Will Goethe schon sich selber nicht verraten, wohin die Reise geht, so darf auch das Publikum nicht erwarten, es zu erfahren. Der nicht abgeschickte Brief in Tagebuchform ist die absurde Konsequenz aus Goethes langjährigem Unwillen, sich der Öffentlichkeit mitzuteilen, obwohl er innerlich das dringende Bedürfnis verspürt, seine Erfahrung auszusprechen. Es verrät auch seinen ganzen inneren Widerstand gegen die Erneuerung seiner Rolle in der Öffentlichkeit, die der Vertrag mit Göschen unweigerlich mit sich brachte. Der Aufbruch vom Brenner nach Italien hinunter, um sieben Uhr am milden, heiteren Abend des 9. September, war Goethes letzter und konsequentester Versuch, sich in die Privatheit zurückzuziehen.

Es wurde bald Nacht, und in halsbrecherischer Fahrt jagte die Kutsche bei hellem Mondschein an den Stromschnellen des Etsch entlang. Um halb drei Uhr in der Frühe kam man durch das friedlich schlafende Brixen. Die Morgendämmerung erlaubte den ersten Blick auf Rebhügel, und die Sonne stand schon hoch am Himmel, als Goethe um neun Uhr auf dem wimmelnden Markt von Bozen stand. Er registrierte pflichtschuldigst Seidenvertrieb und Lederhandel und die Bewegungen des Bankgewerbes, die in den nüchternen statistischen Büchern aufgeführt waren, aber was ihm wirklich ins Auge fiel, waren die flachen, vier Fuß breiten Körbe mit Pfirsichen und Birnen; denn «mir ists nur jetzt um die sinnlichen Eindrücke zu thun, die mir kein Buch und kein Bild geben kann, daß ich wieder Interesse an der Welt nehme und daß ich meinen Beobachtungsgeist versuche, und auch sehe . . . ob die Falten, die sich in mein Gemüth geschlagen und gedruckt haben, wieder auszutilgen sind.» Seit Regensburg war frisches Obst für Goethe das Zeichen der Annäherung an den Süden gewesen: Dort mußte er sich mit Birnen begnügen, die nach einem kalten Sommer kümmerlich ausgefallen waren – was ihn nicht hinderte, sie gleich auf der Straße zu essen –, doch sehnte er sich nach Trauben und Feigen. Schon in München hatte es Feigen gegeben, aber sie waren teuer und nicht besonders gut gewesen. Hier gab es Obst in Hülle und Fülle. Als er an jenem sonnigen Nachmittag auf den staubigen Straßen eines immer fruchtbareren Tales nach Trient fuhr, schien das sich erweiternde Tal angefüllt mit Weingärten, zwischen denen der Mais wuchs, mit Maulbeeren und Quitten und Nüssen und anderen Obstbäumen; und Trauben, mit Kalk bespritzt, um dem Mundraub von Fremden zu wehren, hingen über die warmen Mauern, auf denen Eidechsen in der Sonne dösten und vor der Kutsche aufschraken. Am milden Abend, als die Heuschrecken bereits ihren schrillen Gesang begannen, machte er endlich Halt, um die Nacht in der alten Stadt Trient zu verbringen. Unbeeindruckt von der Erinnerung an das große Konzil konnte Goethe sich vorstellen, daß «ich hier gebohren und erzogen wäre und nun von einer Grönlandsfahrt Von einem Wallfischfang zurückkäme». Mit seinen Stiefeln und dem Mantel kam er sich wie ein Bär vor, der sich aus dem Norden hierher verirrt hatte, wo die Männer mit nackter Brust herumliefen und die Läden weder Türen noch Fenster hatten, sondern direkt auf die Straße gingen. Der Mantel verschwand denn auch bald im Reisekoffer, und Goethe beschloß, in Verona leichtere Kleidung zu kaufen. Er empfand es als Befreiung, keine Bediensteten um sich zu haben, die ihn als Mann von Rang und Stand ausgewiesen und gegen das gewöhnliche Volk abgeschirmt hätten, und die täglichen Pflichten, die ihm sonst andere abnahmen, nun selbst erledigen zu müssen – Geld wechseln, Buch führen, sogar sein Tagebuch selbst schreiben, das er andernfalls diktiert hätte. Er fühlte ein immenses körperliches Wohlbehagen.

Auf dem Wege nach Rovereto jedoch, wo er deutschsprachiges Gebiet endgültig verließ und feststellen konnte, daß sein Italienisch alles andere als eingerostet war, entschloß Goethe sich, nicht gleich nach Verona weiterzureisen, sondern den Umweg zum Gardasee zu machen. Durch das Bergland hinter Rovereto gelangte er, seine ersten Olivenhaine durchquerend, nach Torbole. Das Gasthaus war von jener höchst primitiven Art, mit der er künftig immer wieder Bekanntschaft machen sollte: an den Türen gab es keine Schlösser, in den Fenstern Ölpapier statt Glas, und auf Goethes Frage nach dem Abtritt deutete der Hausknecht auf den offenen Hof und lud ihn auf italienisch ein, sich dort nach Belieben zu erleichtern. Er ließ sich's nicht verdrießen, aß den ganzen Tag Feigen und genoß die einheimischen Fischgerichte. In seinem Zimmer rückte er den Tisch vor die Tür und nahm, den Gardasee in seiner ganzen Länge vor Augen, die Arbeit an *Iphigenie* wieder auf: «es ist ... gut von statten gegangen». Der Gardasee, der bereits in Vergils *Georgica* erwähnt wird, war der erste in der klassischen Literatur beschriebene Gegenstand, der Goethe lebendig vor Augen stand: Die Vollendung seines Erziehungsplanes war nahe. «Die schönsten und grösten Natur Erscheinungen des festen Landes», die Alpen, lagen hinter ihm; «nun gehts der Kunst, dem Alterthum und der Seenachbarschafft zu!» Am nächsten Morgen mag er das Gefühl gehabt haben, Mignons Sehnsuchtslied sei in Erfüllung gegangen, als ihn das kleine Schiff von Torbole an terrassenförmig angelegten Zitronengärten vorbeiführte, die noch nicht mit dem winterlichen Strohdach bedeckt waren. Indessen wurde er von widrigen Winden aufgehalten und mußte eine zusätzliche Nacht in Malcesine verbringen; hier verließ er den österreichischen Kaiserstaat und betrat den Boden der Republik Venedig, der ältesten Europas, die mittlerweile in ihrem glänzenden Verfall erstrahlte und nicht ahnte, wie wenige Jahre ihr noch bis zur Auflösung durch Napoleon bleiben sollten. Das Schloß von Malcesine, das die Grenze bewachte, lag seit langem in Trümmern, aber als Goethe den malerischen Anblick zeichnete, machte er sich als kaiserlicher Spion verdächtig, und er mußte die ganze Eloquenz, deren er in einer fremden Sprache mächtig war, aufbieten, um die drohend um ihn gescharte Menschenmenge eines besseren zu belehren, die an den Besuch von Fremden nicht gewöhnt war und nicht zugeben mochte, daß ihre Festung nur mehr von künstlerischem, aber nicht mehr von militärischem Belang war – Goethe hatte bei dem ganzen Zwischenfall das Gefühl, der Treufreund aus seinen eigenen *Vögeln* zu sein. Früh am nächsten Morgen, es war der 14. September, segelte er mit gutem Wind nach Bardolino, gegenüber Sirmione, und fuhr dann durch schroffe Felsengebirge nach Verona, das in der glühenden Hitze dalag wie «[e]in Garten, eine Meile weit und lang».

Verona war die erste rein italienische Stadt von nennenswerter Größe, die Goethe sah, und er blieb fünf Tage dort. Zwecks weiterer Umstellung auf das wärmere Klima legte er sich einen Satz gutbürgerlicher Kleidung zu, von der er hoffen durfte, daß sie kein Aufsehen erregen werde. Diesen Effekt verdarb er allerdings später, im Interesse der Klassenverleugnung, durch ein paar grobe leinerne Strümpfe, die ein Einheimischer, der etwas auf sich hielt, niemals getragen hätte. In Verona wurden auch erstmals Charakteristika seiner Reise sichtbar, die in der Folge typisch bleiben sollten – einmal abgesehen von den langen, sämtliche Knochen durchrüttelnden Tagesfahrten (Nachtfahrten mied Goethe von jetzt an) in den altmodischen italienischen Kutschen. Da war zunächst das Aufspüren der römischen Altertümer: Nachdem Goethe den Tagebucheintrag für Frau von Stein fertig hatte, war sein erster Programmpunkt in Verona der Besuch der sogenannten Arena, das heißt des großen Amphitheaters in der Altstadt. Es ist das am besten erhaltene nach dem Colosseum in Rom und das erste antike Bauwerk, das Goethe bewußt wahrgenommen hat (von dem Römerturm in Trient schreibt er nichts). Die Einfachheit der Anlage scheint ihn anfangs ein wenig verblüfft zu haben, doch erkannte er sogleich ihre pure Funktionalität und ihre Eignung für den angestrebten sozialen und politischen Zweck: Das Publikum wollte nicht nur sehen, sondern auch gesehen werden. Die Vorstellung, daß das Volk der alten Stadtstaaten in seinen Theatern sich selbst für sich selbst zur Schau stellte, um den eigenen kollektiven Charakter zu unterstreichen, findet sich, wenngleich undeutlich, bereits bei Winckelmann und sollte zum Leitgedanken der bevorstehenden hellenistischen Periode der deutschen Kultur werden. 1786 in Verona sah Goethe diesen Gedanken – oder glaubte, ihn zu sehen – in der ovalen Form des Auditoriums und im Bedürfnis des Auges nach einer Masse menschlicher Gesichter auf den Rängen, die dem Ganzen eine gewisse Proportion gegeben hätte.

Als zweites galt seine Aufmerksamkeit während der ganzen Italienreise der einheimischen Bevölkerung und ihrem Verhalten. Zum einen mußten ihm die Menschen das verschwundene Geschlecht ersetzen, das einst die Ränge des Amphitheaters bevölkert hatte; zum anderen bildeten sie einen aufschlußreichen Kontrast zum Leben daheim in Deutschland. Das Leben in Italien unterschied sich von dem, was er nördlich der Alpen als die «moderne» Welt anzusehen gewohnt war, aber es unterschied sich von der Moderne vielleicht auf dieselbe Weise, wie die antike Welt sich von ihr unterschieden hätte. Goethe war beeindruckt von dem Ausmaß, in welchem das südliche Klima ein öffentliches Leben auf Straßen und Plätzen, in Torbögen und offenen Läden begünstigte (in privates und häusliches Leben hatte er keinen Einblick, weshalb seine Wahrnehmungen etwas von der Einseitigkeit des Touristen haben). Es fanden sich anscheinend immer Zuschauer, wenn ein paar edle Veroneser gegen einige Vicentiner den Ball schlugen (das Spiel heißt «ballone»), Musikanten und sonstige Schausteller hatten ihr Publikum, es gab immer Scharen von Menschen, die die abendliche Kühle bei einer Promenade auf der Piazza Brà genossen, bis spät in die Nacht hinein war des Rufens und Singens und Sich-Balgens kein Ende, und wer besonders vornehm sein wollte und einen Säulengang vor sein Haus baute, mußte damit rechnen, daß diese Zweckentfremdung öffentlichen Raums nun umgekehrt von der Öffentlichkeit zu ihren Zwecken vereinnahmt und mit Unrat besudelt wurde. Goethes leicht amüsiert-herablassende Hochachtung vor dem italienischen Volk beruht zum einen auf der Überzeugung, daß die großen rechtlichen, politischen und religiösen Institutionen im alten Griechenland und Rom aus einem derartigen Leben in der öffentlichen Gemeinschaft entstanden sind; zum andern entspringt sie der schwachen Hoffnung, es möge irgendwo in seinem deutschen Publikum die Anlage zu einer ähnlich zuversichtlichen kollektiven Selbstbewußtheit verborgen sein. Wenn er vom italienischen Publikum spricht, nennt er es oft «meine Vögel», in Anspielung auf den Chor in seiner Satire auf die eigenen, deutschen Leser.

Drittens nutzt Goethe die Zeit in Italien, um sich mit modernerer Kunst vertraut zu machen, zumal mit der Kunst der Renaissance. Verona war die erste Stadt mit einem Museum und Galerien, wo er mit diesen Studien beginnen konnte, aber bereits dort bildete sich ein reaktives Muster heraus, das typisch werden sollte – ein Ariadnefaden, an dem er sich orientierte, wenn die neuen Eindrücke zu viel zu werden und ihn zu überwältigen drohten. Einerseits war Goethe begierig, die Techniken der modernen bildenden Künstler, zumal der Maler, verstehen und schätzen zu lernen, und nirgends gab es im 18. Jahrhundert einen so unermeßlichen Reichtum an Meisterwerken der Malerei wie in den Kirchen und Palästen Italiens. Andererseits fühlte er sich verpflichtet, die moderne Kunst mit der Kunst der Antike zu vergleichen, und zwar, wegen ihrer überwiegend christlichen Thematik, zu ihrem Nachteil. Ihm schien eine christlich-religiöse Kunst an sich schon ungeeignet für jene Form der visuellen Darstellung, die die Antike bis zur Perfektion entwickelt hatte. In Verona konnte er mit Bewunderung vor dem *Mannaregen* des jüngeren Brusasorci oder dem *Wunder der fünf Brote* Paolo Farinatos stehen, aber die Themen selber (und man bedenke, daß die Ablehnung religiöser Themen schon für den 18jährigen Goethe den Schriftsteller ausmachte) konnte er nur erbärmlich finden: «Was war daran zu mahlen. Hungrige Menschen die über kleine Körner herfallen, unzählige andre denen Brod präsentiert wird. Die Künstler haben sich die Folter gegeben um solche Armseeligkeiten nur einigermassen bedeutend zu machen.» Im Museum vermochte er zum Teil die Fremdheit zu überwinden, die er in München vor der antiken Kunst empfunden hatte, indem er jetzt heidnische Grabreliefs mit ihren christlichen Pendants (vor allem in den gotischen Kirchen Nordeuropas) verglich:

Da ist ein Mann der neben seiner Frauen aus einer Nische wie zu einem Fenster heraus sieht, . . . da reichen ein Paar einander die Hände. Da scheint ein Vater von seiner Familie auf dem Sterbebette liegend ruhigen Abschied zu nehmen. . . . Mir war die Gegenwart der Steine höchst-rührend daß ich mich der Thränen nicht enthalten konnte. Hier ist kein geharnischter Mann auf den Knien, der einer fröhligen Auferstehung wartet, hier hat der Künstler mit mehr oder weniger Geschick immer nur die einfache Gegenwart der Menschen hingestellt, ihre Existenz dadurch fortgesetzt und bleibend gemacht. Sie falten nicht die Hände zusammen, schauen nicht gen Himmel; sondern sie sind was sie waren . . .

Eine vorübergehende Lösung dieses sich anbahnenden Konflikts zwischen moderner und antiker Kunst sollte die nächste Station auf Goethes Reise bieten.

Am 18. September schrieb Goethe an Seidel in Weimar. Er berichtete, daß alles nach Plan verlief («Diese Reise ist würklich wie ein reifer Apfel der vom Baum fällt, ich hätte sie mir ein halb Jahr früher nicht wünschen mögen.»), und schloß Briefe an Frau von Stein, den Herzog und das Ehepaar Herder bei, die keinerlei Rückschlüsse auf Goethes Aufenthalt ermöglichten; der Brief an Frau von Stein stellte immerhin das Reisetagebuch in Aussicht. Am nächsten Morgen tat er den ersten Schritt auf seinem Weg der langsamen Annäherung an Venedig, das Wunder jener Welt, von der sein Vater so geschwärmt hatte und die er, wie er an Seidel geschieben hatte, mit einer vollständig in Verse gegossenen *Iphigenie* zu verlassen hoffte. Die Weinlese hatte begonnen, und auf der Straße herrschte emsiges Treiben; häufig begegnete man Ochsenkarren mit riesigen Weinkufen, in denen, wenn sie leer waren, mitunter der Ochsentreiber stand wie bei einem bachischen Triumphzug. Aber trotz der belebten Straße kam Goethe schon gegen Mittag in Vicenza an, wo er zu bleiben beschloß und schließlich eine ganze Woche verbringen sollte. Die Stadt sagte ihm zu; er hatte viel an *Iphigenie* zu arbeiten, wozu er hier mehr Ruhe zu finden hoffte als in Venedig. Vicenza war herrlich gelegen, und es zeichnete sich wie Verona durch sein «lebendig Publikum» aus, hatte aber etwas Kultivierteres, weniger Provinzielles:

Die Vicentiner muß ich loben daß man bey ihnen die Vorrechte einer grosen Stadt geniest, sie sehen einen nicht an, man mag machen was man will, sind aber übrigens gesprächig, gefällig etc. ... sie haben eine freye Art Humanität, die aus einem immer öffentlichen Leben herkommt ... Wie ich aber auch fühle was wir in den kleinen Souverainen Staaten [Deutschlands] für elende einsame Menschen seyn müssen weil man, und besonders in meiner Lage, fast mit niemand reden darf, der nicht was wollte oder mögte. Den Werth der Geselligkeit hab ich nie so sehr gefühlt ...

Schon am ersten Abend in Vicenza gab es eine Oper, in die Goethe gehen konnte, und drei Tage später veranstaltete die örtliche Akademie eine öffentliche Disputation, die von gut 500 Zuschauern verfolgt wurde. Selbst wenn er in einen Buchladen ging, erstaunte ihn die Freundlichkeit und Bereitwilligkeit der anderen Kunden, seine Einkäufe mit ihm und dem Buchhändler zu diskutieren. Vicenza, nicht Verona mußte die Heimat seiner Mignon sein, und «ich muß auch darum einige Tage länger hier bleiben». Was ihn aber in Vicenza vor allem und mit der Gewalt einer Offenbarung traf, war die Architektur Andrea Palladios (1508–1580).

Man darf nicht vergessen, daß es um 1780 so gut wie keine klassizistischen Bauten in Deutschland gab; auch die Renaissance-Architektur, als älteres Zeugnis für die Auseinandersetzung Europas mit seinem klassischen Erbe, war kaum vertreten. Gewiß, Goethe hatte den palladianischen Baustil, wie er Anfang des 18. Jahrhunderts in England gepflegt wurde, in den neuen Bauten in Wörlitz kennengelernt, aber das blieben Ausnahmen; die Atmosphäre in Potsdam hatte ihm nicht behagt; und mit dem französischen Klassizismus, wie er über Karlsruhe und Koblenz nach Deutschland einzusikkern begann, kam er erst recht kaum in Berührung. Selbstverständlich hatte Goethe seinen dicken, dreibändigen deutschen Reiseführer bei sich – auf den er in dem Tagebuch für Frau von Stein mit Seitenangaben verwies –, aber das hatte ihn nicht auf den überwältigenden sinnlichen Eindruck vorbereitet, den das Vorhandensein so vieler Meisterwerke auf so engem Raume machte: «Wenn man diese Wercke nicht gegenwärtig sieht, hat man doch keinen Begriff davon.» Er war kaum einige Stunden in Vicenza, als er bereits loszog, um «die Gebäude des Palladio» in Augenschein zu nehmen, darunter das Teatro Olimpico («unaussprechlich schön»), und zu der Einsicht kam: «Palladio ist ein recht innerlich und von innen heraus groser Mensch gewesen. ... Es ist würklich etwas göttliches in seinen Anlagen, völlig die Force des großen Dichters der aus Wahrheit und Lüge ein drittes bildet das uns bezaubert.» Am nächsten Tag stattete er der eine halbe Stunde südlich Vicenzas auf einer Höhe gelegenen Villa Rotonda den ersten von zwei Besuchen ab. Er bewunderte zwar den beherrschenden, dekorativen Eindruck der vier symmetrischen, tempelartigen Fassaden in der Landschaft, zweifelte aber an der praktischen Brauchbarkeit der Innengestaltung des Bauwerks. Goethe sah Palladio so, wie die Zeitgenossen ihn sahen: als den gelehrten Architekten, der die Formen der Antike zu neuem Leben erweckt hatte. Entsprechend schätzte er seine Werke: Den Ehrenplatz nahm ein Frühwerk, die sogenannte «Basilica», ein, die Fassade des Vicentiner Rathauses auf der Piazza dei Signori mit den zweigeschossigen Bogen-und-Sturz-Erkern, doch neben ihr behauptete sich Palladios letztes Werk, das Teatro Olimpico – vom Meister für jene Akademie erbaut, deren Mitbegründer er gewesen war und in der Goethe die öffentliche Versammlung miterlebt hatte. Goethe nahm das Teatro Olimpico als das, was es sein wollte: eine architektonische Archäologie, die Rekonstruktion eines römischen Theaters der Kaiserzeit, nicht als Monument des Humanismus im ausgehenden 16. Jahrhundert. Die vier riesigen Säulen an der Loggia del Capitaniato gegenüber der Basilica an der Piazza dei Signori fand er «unaussprechlich schön». Auch ohne Hilfestellung durch gelehrte Kommentare oder aus Palladios Schriften, beraten nur durch seine eigene visuelle Intelligenz, scheint Goethe instinktiv den wahren Charakter von Palladios Kunst erfaßt zu haben. Er bezieht sich nicht ausdrücklich auf so unklassische Elemente wie die Fenster, die an der Loggia del Capitaniato den Architrav unterbrechen, oder die vielen Zugeständnisse, die Palladio in der Proportion der Fassade der Basilica an das dahinter stehende Gebäude gemacht hat, aber etwas dergleichen muß ihm vorgeschwebt haben, wenn er in sein Tagebuch schreibt: «Die größte Schwürigkeit ist immer die Säulenordnungen in der bürgerlichen Baukunst zu brauchen. Säulen und Mauern zu verbinden, ist ohne Unschicklichkeit beynahe unmöglich, davon mündlich mehr. Aber wie er das durcheinander gearbeitet hat, wie er durch die Gegenwart seiner Wercke imponirt und vergessen macht daß es Ungeheuer sind.»

Goethe erkannte in Palladio nicht das archäologische Genie, sondern das Originalgenie: den Mann, der die Inspiration durch das Altertum und das formale Prinzip (das «Wahre») mit den manchmal sehr spezifischen Anforderungen der Moderne und eines bestimmten Auftrages (das «Falsche») zu etwas ganz Neuartigem zu verbinden wußte: einem Werk, das in der Realität wurzelte, aber die Erfüllung eines Ideals suggerierte, einem Werk, das im vollsten Sinne des Wortes «wahr» war, nämlich wahr gegenüber dem, was ist, wie gegenüber dem, was sein soll.

Dann verdient man wenig Dank von den Menschen, wenn man ihr innres Bedürfnis erhaben, ihnen von sich selbst eine grose Idee geben, ihnen das herrliche eines grosen wahren Daseyns fühlen machen will (und das thun sinnlicherweise die Wercke des Palladio in hohen Grade); aber wenn man die Vögel belügt, ihnen Mährgen erzählt, ihnen vom Tag zum andren forthilft etc., dann ist man ihr Mann und drum sind so viele Kirchen zu Stande gekommen . . .

Für eine kurze Zeit, nämlich bis zu Goethes Romaufenthalt – und sie war lang genug, um die *Iphigenie* in ihre neue, einzigartig palladianische Form zu gießen –, gab ihm Palladio einen Begriff davon, wie man das freie, öffentliche und sinnlich befriedigende Leben des modernen Italiens genießen konnte, ohne sich von der katholischen Religion, die so wesentlich dazugehört, vereinnahmen oder abstoßen zu lassen, und wie man heidnischen Werten schöpferisch die Treue halten konnte, ohne in verkniffene Altertümelei zu verfallen: «Gegen Abend ging ich wieder zur *Rotonda* . . ., dann zur *Madonna del Monte* und schlenderte durch die Hallen herunter, wieder auf den vielgeliebten Platz, kaufte mir für 3 *Soldi* ein Pfund Trauben verzehrte sie unter den Säulengängen des Palladio und schlich nach Hause als es dunckel und kühl zu werden anfing.»

Am 26. September in der Frühe verstaute Goethe sich selbst, seinen Reisekoffer und die Taschen in einer kleinen, einsitzigen Chaise und gelangte in vier Stunden von Vicenza nach Padua – durch eine üppige Landschaft, die ihm, nachdem er das Observatorium erstiegen hatte, wie «eine grüne See» vorkam. Weiße Häuser, Villen und Kirchen blickten durch die Bäume hervor, und fern am Horizont konnte er durch das Fernrohr der Sternwarte den Markusdom und andere Türme Venedigs ausmachen. Er blieb nur zwei Tage in Padua, besichtigte die Kirche und das Universitätsgebäude und, was ihm vielleicht noch wichtiger war, er kaufte sich Palladios *Vier Bücher über Architektur*. In der Ovetari-Kapelle der Eremitani-Kirche jedoch (die benachbarte Scrovegni-Kapelle mit ihren Giottos ließ er sich seltsamerweise entgehen) durfte er die (heute weitgehend zerstörten) Fresken Mantegnas aus dem Leben des hl. Jakobus und des hl. Christophorus besichtigen und war verblüfft: «Was in den Bildern für eine scharfe sichre Gegenwart ist läßt sich nicht ausdrücken. von dieser ganzen wahren, (nicht scheinbaren, Effectlügenden, zur Immagination sprechenden) derben reinen, lichten, ausführlich gewißenhaften, zarten, umschriebenen Gegenwart, . . . gingen die folgenden aus.» Die Gegenwart eines «großen, wahren Daseins» anstelle eines Sujets, das an die Einbildungskraft appellierte, um das Fehlen eines wesentlichen Gehalts wettzumachen, hatte Goethe schon an den Bauten Palladios beeindruckt und sie der gleisnerischen Kirchenkunst gegenüberstellen lassen, in der die dargestellten Dinge an sich entweder unsinnig – wie die Krönung Mariens im Himmel – oder banal – wie eine Brotverteilung an eine Reihe von Menschen – waren und erst durch eine Anstrengung der Imagination ihre Bedeutsamkeit erhielten. Der Umstand, daß Goethe trotzdem dieser wahren «Gegenwart» in der religiösen Malerei vor Raffael begegnen konnte, hätte ihm eigentlich sagen müssen, daß seiner Ablehnung der christlichen Kunst ein Moment des Irrationalen innewohnte – immerhin ließ seine Auffassung Palladios dem «Falschen» ebenso Raum wie dem «Wahren», und sie wurzelte tiefer als sein wachsender Widerwille gegen das Christentum. Er hatte erkannt, daß Palladio ein «Dichter» war, und Goethes eigene Dichtung war niemals eine Kunst gewesen – und konnte niemals eine sein –, die des Appells an die «Imagination» völlig entraten hätte oder sinnlich nur im materiellen Hier und Jetzt verwurzelt gewesen wäre. Aber sein Glaube an die Möglichkeit einer solchen rein objektiven Kunst wurde stärker. Ein weiteres Zeichen oder Symptom dieses Glaubens an die Objektivität war seit einiger Zeit sein

21. Giandomenico Tiepolo: «Il Burchiello» (1760/63)

22. J. P. Hackert: St. Peter in Rom vom Ponte molle aus gesehen (1769)

Vergnügen an der leidenschaftslosen Ordnung der Natur; so verbrachte Goethe die Hälfte seines zweiten Tages in Padua im Botanischen Garten der Universität. Die Begeisterung, womit er die Abfolge der Formen dokumentierte, in denen sich die Blätter der Palmyra-Palme entfalten, wird verständlicher – sofern man davon absieht, daß er diese Zeit mit den Bildern Giottos hätte verbringen können –, wenn man sich vergegenwärtigt, daß dies der erste botanische Garten war, den Goethe in Italien besuchen konnte; denn der einstige botanische Garten des Bischofs von Vicenza war, «wie billig», wieder dem Anbau von Knoblauch und Kohl gewidmet worden.

Giandomenico Tiepolo d. J. (1727–1804) hat eher realistische Bilder aus dem zeitgenössischen Leben gemalt, die Goethe lieber waren als die großartige Manier des älteren Tiepolo (was nicht hinderte, daß er beim Anblick der Werke beider Maler in der Villa Valmarana in Vicenza zunächst an unterschiedliche Stile ein und desselben Meisters glaubte). Von diesem jüngeren Tiepolo gibt es ein reizvolles Bild, das heute in Wien hängt und den «Burchiello» darstellt, das Postschiff, das auf der Brenta zwischen Padua und Venedig verkehrte. Gepäck und Vorräte werden an Bord geschafft; am Heck steht der Kapitän breitbeinig über dem Steuerruder und raucht seine Tonpfeife; am Bug steht sein Gehilfe, den Dreispitz auf dem Kopf, und kassiert von zwei Ordensbrüdern, einem vornehmen Herrn und einem nachdenklich dreinblickenden gutbürgerlichen Reisenden die Gebühr für die Überfahrt. Dazwischen befindet sich die Kabine, in der die Damen sitzen und auf deren Dach das Segel startklar gemacht wird. In solcher Gesellschaft bestieg Goethe frühmorgens den «Burchiello» und ließ sich von Padua stromabwärts tragen: «So stand es denn in dem Buche des Schicksals auf meinem Blatte geschrieben, daß ich d. 28. Sept. Abends, nach unsrer Uhr um fünfe, Venedig zum erstenmal, aus der Brenta in die Lagunen einfahrend, erblicken . . . sollte.» Für die letzte Strecke nahm Goethe eine Gondel, die bis in alle Einzelheiten dem Modell entsprach, das sein Vater fast fünfzig Jahre zuvor aus Venedig mitgebracht hatte. Der gravitätische Einleitungssatz, mit dem der Venedig-Abschnitt in Goethes Reisetagebuch beginnt, war vielleicht an den, endlich versöhnten, Schatten des Vaters gerichtet.

Als die Gondel angelegt hatte, suchte Goethe sogleich den Markusplatz auf. Er fand in der Nähe, in der Calle dei Fuseri, ein Hotel, das heute nach der Königin Victoria heißt, damals aber einfach nach der Königin von England benannt war. Goethes Fenster gingen auf einen der vielen schmalen Seitenkanäle des Rio Memmo hinaus. Er wollte so lange bleiben, bis die *Iphigenie* beendet war; der neue Termin, den er sich gesetzt hatte, die Michaelimesse, stand praktisch vor der Tür, und in den nächsten zwei Wochen beschäftigte ihn das Stück jeden Morgen mehrere Stunden lang. Danach ging er gewöhnlich aus, kam gegen Mittag zurück, um zu essen und ein paar kurze Notizen ins Tagebuch einzutragen, während er die Abende – wo die meisten normalen Menschen spazierengingen, wie das Hausmädchen monierte – zu ausführlichen Ausarbeitungen nutzte. Nicht, daß Goethe menschenscheu gewesen wäre. Abgesehen von Kommentaren zu den wichtigsten öffentlichen Gebäuden und ihrer Lage beschränken sich seine Bemerkungen über das Erscheinungsbild der Stadt auf die Beschreibung von Exkursionen in die engen Seitengassen und in das Ghetto und die Schilderung des Kehrichts in den Straßen, wenn nach einem Regenguß die Kanäle verstopft waren (über deren technische Verbesserung er sich sogleich Gedanken machte). Was vor allem seine Aufmerksamkeit fesselte, war das menschliche Gesicht Venedigs, dieses Muster par excellence für das italienische «Volk», dessen Treiben Goethe seit Verona beobachtete: das Feilschen auf dem Fischmarkt, das Wetten auf den Ausgang eines Ballspiels, das präzise Minen- und Gebärdenspiel eines Geschichtenerzählers, den eine gebannt lauschende Hörerschar umstand, ein Kapuzinermönch, der aus Leibeskräften gegen den Lärm der Buden vor der Kirche anpredigte, das theatralische Gebaren der Advokaten vor Gericht, die prächtige Fahrt der vergoldeten Barken, mit den Senatoren in ihren roten Roben und dem Dogen mit der goldenen phrygischen Mütze, zum Hochamt am Jahrestag der Schlacht bei Lepanto – ein ganzes Volk, das öffentlich sein kollektives Dasein genoß. Kulminationspunkt und höchste Stilisierung dieses öffentlichen Lebens war das Theater, das Goethe denn auch fleißig besuchte: Er sah *opere serie* und improvisierte Maskenspiele, Tragödien von Gozzi und Crébillon, eine Satire auf englische Reisende sowie, kurz vor der Abreise und als Höhepunkt, eine venezianische Lokalkomödie von Goldoni, die ihm Gelegenheit gab, das Vergnügen des «Volks» am Wiedererkennen der eigenen Fehler und Schwächen zu teilen. Die Kontinuität der literarischen und populären Kultur in Italien demonstrierten ihm die Gondolieri, die einander – auf Bestellung – bei der Fahrt durch die mondbeschienene Lagune Verse von Ariost und Tasso zusangen, nach Art der Küstenfischer weiter südlich – ein artifizieller Effekt, aber er rührte Goethe zu Tränen. «Gesang eines Einsamen in die Ferne und Weite, daß ihn ein andrer gleichgestimmter höre, und ihm antworte» – dieser Gesang war der Inbegriff seiner Beziehung zu Frau von Stein, als er nach Hause kam, um ihr davon in seinem Tagebuch zu erzählen, aber vielleicht auch der Inbegriff seiner durch die Dichtung vermittelten Beziehung zu jeder Seele, die in demselben Fall war wie er, in einer deutschen Kultur, die weder homogen noch von Freude erfüllt noch öffentlich war. Das Venedig-Erlebnis war weit davon entfernt, Goethes Ambitionen in Richtung auf ein deutsches Theater neu zu beleben; im Gegenteil: es überzeugte ihn so nachhaltig von der Unmöglichkeit, diese Ambitionen unter den in Deutschland obwaltenden Umständen zu verwirklichen, daß ihm «das alles so gar leer, so gar nichts wird» – die *Iphigenie*, ließ er Frau von Stein jetzt wissen, werde nicht für die Aufführung auf der Bühne geschrieben.

Da Venedig keine in das klassische Altertum zurückreichende Vergangenheit hatte, stürzte es Goethe nicht auf so schmerzliche Weise in den Konflikt zwischen Antike und Moderne, den er zuerst in Verona empfunden hatte. Er würdigte nach Verdienst die modernen venezianischen Leistungen auf dem Gebiet der Kirchenmusik (in S. Lazzaro dei Mendicanti) und der Malerei

(Tintoretto und Veronese) und kommentierte nur beiläufig die Geschmack-losigkeit der dargestellten Sujets oder der Kirchen, in denen diese Kunst zu Hause war. Außerdem war auch Venedig eine Stadt Palladios, und zeitweilig studierte er ebenso intensiv den Palladio, und danach dessen Lehrmeister Vitruv, wie er an der *Iphigenie* arbeitete. Bei der Lektüre der *Vier Bücher über Architektur* «fallen mir wie Schuppen von den Augen, der Nebel geht auseinander und ich erkenne die Gegenstände. Auch als Buch ist es ein großes Werck. Und was das ein Mensch war!» An den Kirchen S. Giorgio Maggiore und Il Redentore konnte er Palladios Lösung des Problems studieren, eine griechische Tempelfassade einem christlichen Kircheninnenraum anzupassen, und fand, wie wohl die meisten Menschen, Il Redentore gelungener. Seine größte Bewunderung galt indes dem letzten Werk Palladios im archäologi-schen Geist, dem unvollendet gebliebenen Klostergebäude der Kirche S. Ma-ria della Carità, das als großmaßstäbliche Rekonstruktion eines von Vitruv beschriebenen römischen Privathauses angelegt war. Goethe fühlte, wie er durch Palladio Zugang zur antiken Welt bekam. Als er die Sammlung von Antikenabgüssen im Palazzo Farsetti besichtigte, ging ihm auf, «wie weit ich in diesen Kenntnißen zurück bin, doch es wird rücken, wenigstens weiß ich den Weg. Palladius hat mir ihn auch dazu und zu aller Kunst und Leben geöffnet.» Was dieser Architekt ihn lehrte – und es war eine Lehre, die schließlich auch sein eigenes literarisches Schaffen beeinflussen sollte –, war das rechte Verhältnis zwischen Tradition und individuellem Talent: nicht Nachahmung oder Wiedererweckung, sondern sinnlich wache Anpassung alter Prinzipien an moderne Gegebenheiten – die Kunst, «Ungeheuer» zu erschaffen, die dennoch eine Idee, oder einen Eindruck, des Klassischen ver-mitteln. «*Palladio* war so von der Existenz der Alten durchdrungen und fühl-te die Kleinheit und Enge seiner Zeit, in die er gekommen war, wie ein groser Mensch, der sich nicht hingeben, sondern das übrige soviel als möglich nach seinen edlen Begriffen umbilden will.» Mit der Vorstellung, es müsse die mo-derne christliche Zeit, bei aller Kleinheit und Beschränktheit, doch einem ererbten heidnischen Ideal anschmiegbar sein, fand Goethe einen *modus vi-vendi* mit der Welt der Zeitgenossen, der es ihm für eine Weile, nämlich so lange, wie diese eine gewisse Distanz hielten, gestattete, sich guten Gewissens die Schätze der antiken Vergangenheit anzueignen, die ihn bisher immer noch fremd anmuteten.

Eine völlig neue Erfahrung, die Venedig zu bieten hatte, war das Meer. Goethe sah es zum erstenmal in seinem Leben am 30. September, als er vom Markusturm auf die Lagune und über den Lido auf die offene See hinaus-blickte, während die Alpen den Nord- und den Westhorizont abschlossen. Am 5. Oktober besichtigte er das Arsenal, wo gerade ein Kriegsschiff auf der Werft lag. So kam er mit der materiellen Basis einer maritimen Kultur in Kontakt, von der er bis dahin natürlich nichts gewußt hatte; der Eindruck bewog ihn zu allgemeinen Erwägungen über den Gang der Geschichte. Die moderne Zeit schien ihm von den Anforderungen des Handels und der Entwicklung der Technik beherrscht: Das Erblühen der Künste, das ihn auf seiner Reise beschäftigte, schien immer nur, in der Renaissance nicht anders als in klassischer Zeit, ein kurzes Zwischenspiel gewesen zu sein, und er hatte das Gefühl, sich nach seiner Rückkehr nach Weimar nützlichen Wissenschaften und Fertigkeiten wie der Mechanik oder der Chemie zuwenden zu müssen. Diese Einsicht in das Wesen der modernen Welt – die ihm ausgerechnet auf der Werft einer, wie er nun erkannte, im Niedergang begriffenen Seemacht kam – warf ein eigentümliches Licht auf seine bisherige Bildung, die auf einmal ziemlich punktuell und rückständig wirkte. «Schade schade meine Geliebte! alles ein wenig spät. O daß ich nicht einen klugen Engländer zum Vater gehabt habe, daß ich das alles allein, ganz allein habe erwerben und erobern müssen, und noch muß.» Es sollten noch viele Jahre vergehen, bevor diese Überlegungen Goethe erneut ernstlich beunruhigten; dann aber übten sie entscheidenden Einfluß auf sein Schaffen aus, und fortan bestand für ihn immer ein enger symbolischer Zusammenhang zwischen Modernität und Meer.

Fürs erste war das Meer nur einfach eine neue und faszinierende Naturerscheinung. Am Tage nach dem Besuch im Arsenal setzte Goethe mit dem Diener, den er für einige Tage – vermutlich als Fremdenführer – angeheuert hatte, zum Lido über. Zum erstenmal hörte und sah er, wie die Wellen sich am Ufer brachen, er botanisierte in den Sanddünen und ging den vom abziehenden Gezeitenwasser feuchten Strand entlang, um Muscheln zu sammeln. Den ganzen 9. Oktober verbrachte er auf dem Lido; er fuhr nach Pellestrina hinunter, um die großen Seebefestigungen zu besichtigen, beobachtete aber auch mit innigstem Vergnügen die Bewegungen der Taschenkrebse und Seeschnecken auf den Steinflächen der Deiche: «Was ist doch ein *lebendiges* für ein köstlich herrliches Ding. Wie abgemeßen zu seinem Zustande, wie wahr! wie *seyend*! Und wieviel hilft mir mein bischen Studium und wie freu ich mich es fortzusetzen!» Mitten im Erleben der urbanen und ganz und gar künstlichen Welt Venedigs, dem Triumph von Menschenwitz und Fleiß, welchen ingeniöse Vorrichtungen wie die sinnreichen Brandungsmauern (*murazzi*) im Sein erhalten, erheitert sich Goethe an der höheren Ingeniosität des Lebendigen. Vielleicht stellt er hier das authentische Dasein der realen Taschenkrebse, die er vor Augen hat, der Flachheit und Hohlheit dessen gegenüber, was er für schlechte Kunst hält, wie etwa den Markusdom, dessen Fassade ihm nach dem Vorbild eines Riesenkrebses gebildet scheint. «Wahr», «seiend», «abgemessen»: das waren die Eigenschaften, die ihm an dem Amphitheater von Verona, an den Bauten Palladios, an den Fresken Mantegnas aufgegangen waren. Er war dabei, sich einen Begriffsrahmen zu zimmern, der die Kunst der Antike, das Beste der modernen Kunst und die Welt der Natur, die Gegenstand seiner wissenschaftlichen Studien war, zusammenspannte und diese drei Bereiche in ihrer Gesamtheit dem Lug und Trug der christlichen Kunst gegenüberstellte. In diesen Begriffsrahmen gehörten auch Vorbehalte gegen republikanische Verfassungen wie die von Venedig, die den

Fehler hatten, daß sie allzu vielen äußeren Faktoren Einflußmöglichkeiten auf die Verwirklichung groß gedachter künstlerischer Entwürfe erlaubten und zum Beispiel einen Palladio zu so vielen Kompromissen genötigt hatten. Er sollte später an einem heidnischen Tempel der Antike dieselbe Qualität der «Ganzheit» entdecken, die er an den Ausprägungen des monarchischen Regiments in der Toskana bemerkte, wo eine Nebenlinie der Habsburger regierte. In der Ablehnung des Christentums durch jene höfisch-absolutistische Kultur, der Goethe sich in den letzten Jahren immer mehr angenähert hatte, bestärkten ihn gerade alle herausragendsten Momente seines Italienerlebnisses. Es bestand sogar die Gefahr, daß unter dieser machtvollen Allianz das ursprüngliche Einverständnis mit dem palladianischen *modus vivendi* – der Kunst, das klassische Ideal den modernen Gegebenheiten anzupassen – aufgekündigt wurde und der Nostalgie nach einer verlorenen heidnischen Vergangenheit Platz machte. Diese Gefahr wurde desto größer, je besser Goethe die Denkmäler der Antike kennenlernte.

Als er den Tagesausflug nach Pellestrina unternahm, muß ihm bereits klar gewesen sein, daß die *Iphigenie* in Venedig nicht fertig werden würde; immerhin war er nun zuversichtlich, daß «das mittägige Clima» dem Stück nur guttun konnte. Er entschloß sich zur Weiterreise. Am 12. Oktober blieb er in seinem Zimmer, um die Zeitungen zu lesen, Vorbereitungen für die Abreise zu treffen und einen neuen Schwung Briefe nach Hause zu schreiben – wiederum ohne jeden Hinweis auf seinen Aufenthaltsort. «Die erste Epoche meiner Reise ist vorbey», schrieb er und packte das Reisetagebuch, zusammen mit 25 Pfund besten alexandrinischen Kaffees, in ein Paket für Frau von Stein. Für die zweite «Epoche» scheint er eine Dauer von einem Monat veranschlagt zu haben; dann wäre er Mitte November in Rom gewesen. Zunächst war aber wohl eine gewisse Zeit in Florenz vorgesehen, von wo er Seidel versprach, wieder schreiben zu wollen, und wo er immer noch hoffen mochte, die *Iphigenie* zu vollenden. Gegenüber Carl August erwähnte er, wie bedeutsam es für «mich abergläubischen Menschen» war, daß seine «Hegire» auf den Geburtstag des Herzogs fiel. In seinen Privatgedanken, in denen allein er den Namen seines Bestimmungsortes auszusprechen wagte, mag er Rom noch mit einem anderen für ihn wichtigen Datum, dem 12. November, verbunden haben.

Aber allein schon der Umstand, daß er das Tagebuch abschickte, daß er ein Zeugnis seines Beginnens aus der Hand gab, brach für Goethe den Bann, und eine unsinnige Ungeduld bemächtigte sich seiner, so als fürchte er, es könne ihn zuletzt doch irgend etwas abhalten, das Ziel der zweiten Etappe seiner Reise zu erreichen. Von Venedig fuhr er mit dem Kurierschiff die Küste hinab und an der Mündung des Po nach Ferrara hinauf; unterwegs verbrachte er zwei Nächte auf dem Verdeck, nur in seinen Mantel gehüllt. Doch anstatt sich in Ferrara von dieser Strapaze zu erholen, besichtigte er so viele Gemälde wie möglich von der in seinem Führer abgedruckten Liste, besuchte das Grab Ariosts und das Zimmer, in dem angeblich Tasso gefangengehalten worden war, und gleich am nächsten Tag, dem 17. Oktober, ging es weiter durch die Po-Ebene nach Cento. Hier gab es viele Guercinos zu sehen, aber Goethe billigte sich wieder nur einen Tag zu, sie zu sehen; denn: «Wenn ich meiner Ungedult folgte, ich sähe nichts auf dem Wege und eilte nur grad aus.» Sein nächstes Ziel waren Bologna und Raffael, und auch hier, in einer der ältesten Universitätsstädte Europas, hätte man meinen sollen, daß er länger als nur drei Tage bleiben würde, aber: «Mir läuft die Welt über den Füßen fort und eine unsägliche Leidenschafft treibt mich weiter. . . . Ich habe keinen Genuß an nichts, biß jenes erste Bedürfniß gestillt ist . . .» Er gab dem verzehrenden Verlangen nach, in Rom zu sein und «eine Sehnsucht von 30 Jahren» zu stillen, indem er seine Pläne änderte und nun schon rechtzeitig zu den Feierlichkeiten des Allerheiligentages, am 1. November, in Rom sein wollte, auch wenn das bedeutete, daß er Florenz erst auf der Rückreise berühren würde. Diese hektische Ungeduld, die seiner Stimmung ebenso abträglich war wie seiner Konzentration, vermag vielleicht eine ungewöhnlich heftige Stelle in seinem Tagebuch zu entschuldigen, wenn auch nicht völlig zu erklären – eine Stelle, an der er zwar seine Bewunderung für Guido Reni und speziell für Raffaels Heilige Caecilia sowie für zwei andere Maler des Quattrocento, Francia und Perugino, bekundet, jedoch seinem Abscheu vor der christlichen Thematik dieser Künstler freien Lauf läßt:

Was sagt man als daß man über die unsinnigen Süjets endlich selbst Toll wird. Es ist als da sich die Kinder Gottes mit den Töchtern der Menschen vermählten da wurden Ungeheuer daraus. Indem der himmlische Sinn des Guido, ein Pinsel der nur das vollkommenste was in unsre Sinne fällt hätte mahlen sollen, dich anzieht, mögtest du die Augen von den abscheulichen, dummen, mit keinen Scheltworten der Welt genug zu erniedrigenden Gegenständen abwenden. . . .

Man ist immer auf der Anatomie, dem Rabenstein [= dem Ort, wo der Galgen steht], dem Schindanger, immer *Leiden* des Helden nie *Handlung*. Nie ein gegenwärtig Interesse, immer etwas phantastisch erwartetes. Entweder Mißethäter oder Verzückte, Verbrecher oder Narren. Wo denn nun der Mahler um sich zu retten einen nackten Kerl, eine schöne Zuschauerinn herbeyschleppt. Und seine geistliche Helden als Gliedermänner tracktirt und ihnen recht schöne Faltenmäntel überwirft. Da ist nichts was nur einen Menschenbegriff gäbe.

Diese Auslassungen erinnern an das, was Winckelmann und Lessing über die geeigneten Themen der darstellenden Künste gesagt haben; aber das erklärt nicht die Heftigkeit des Ausfalls. Zweifellos spielt dabei Goethes Horror vor dem Tod eine Rolle. Vielleicht wirkten auch die sonderbaren Begleitumstände seiner letzten Begegnung mit Lavater im Juli nach, welche die Götter eigens zu dem Zweck arrangiert zu haben schienen, Goethes Italienreise unter das Vorzeichen einer dezidierten Ablehnung des Christentums zu stellen. Vielleicht entnervte ihn allmählich auch die kulturelle Fülle und Geschlossenheit einer «katholischen Welt», die weniger leicht an die protestantische Aufklärung assimilierbar und an ihr auch weniger interessiert war, als er noch in Regensburg geglaubt hatte. Um jedoch das ganze hinter den zitierten Sätzen stehende Ressentiment zu verstehen, muß man wahrscheinlich auf das

Moment der Sinnlichkeit in der These Goethes achten, der wahre Begriff vom Menschen werde am besten in der Aktdarstellung sichtbar, und vor allem den Vorwurf bedenken, in der christlichen Kunst trete an die Stelle des «gegenwärtigen Interesses» immer etwas «phantastisch Erwartetes». Goethe suchte in Rom die Erfüllung – in erster Linie die Erfüllung des väterlichen Erziehungsplanes, die ihm, wie er selber zugab, seit dreißig Jahren im Sinn lag. Ihn verlangte nach einem Ort und einer Zeit, da ihm endlich all das zuteil würde, was er sein Leben lang aufgeschoben, erwartet und ersehnt hatte, und das bisherige Unerfülltsein seine Erklärung und Kompensation fände. Insgeheim mag Goethe sich von seiner Reise auch eine gründlichere sexuelle Befriedigung erhofft haben, als er sie bisher genossen hatte. Ihn hungerte ohne Zweifel nach einem wärmeren Klima und einem fruchtbareren Land. Auch war er davon überzeugt, daß die eigentlichen Anknüpfungspunkte der im Grunde verbalen und literarischen Kultur Nordeuropas die von der antiken Zivilisation geheiligten Stätten sowie die physischen Überreste der antiken Kunst waren und daß alle jene lateinischen und griechischen Werke erst südlich der Alpen mehr sein konnten als bloße Versatzstücke einer abstrakten Bildung. Die Grundvoraussetzung aller dieser Erklärungsmuster seines Beginnens war jedoch die Überzeugung, daß Erfüllung in jeder dieser Hinsichten möglich und von den Alten auch erreicht worden war und daß das Zeugnis dieses Gelingens die Kunst und die Artefakte der antiken Zivilisation waren. Ihre Bauwerke und Skulpturen sowie jene Werke der modernen Kunst, die von ihrem Geist erfüllt waren, besaßen «Wahrheit» und «Gegenwart», weil sie jedes Begehren, das sie ausdrückten oder weckten, zugleich und aus sich selbst heraus stillten. Thema so vieler christlicher Kunstwerke war dagegen Sehnsucht nach Nicht-Gegenwärtigem, ein Zustand des Glaubens, Harrens, Entbehrens, Fernseins, Leidens, oder wohl der Erhöhung, Freude, Gewährung oder Erfüllung, aber nicht in einer gegenwärtigen, sondern in einer künftigen, nicht in einer sinnlichen, sondern in einer transzendenten oder symbolischen Welt. Und während Goethe Rom entgegeneilte, der Stätte, wo er, wenn überhaupt irgendwo auf der Welt, jener Befriedigung ansichtig und vielleicht selbst teilhaftig zu werden hoffte, die allein seinem dreißigjährigen Ringen und Warten und Suchen Sinn geben konnte, fand er sich allenthalben konfrontiert mit Bildern der Nicht-Erfüllung und, schlimmer noch, mit der Zumutung, sie bewundern zu sollen. Allein, seine Gereiztheit wurzelte noch tiefer: Die literarische Kunst, die er in jenen Jahren des Wartens geübt und mit der er die übrige Zunft überflügelt hatte, war eine Kunst der Sehnsucht, nicht des Besitzes gewesen, die Kunst einer sinnlichen Gegenwart, die doch nie ganz bei sich selbst, sondern immer erinnernd, reflektierend oder antizipierend gebrochen war: aus dieser nie gestillten Sehnsucht nach dem immer fernen Objekt hatten seine Persönlichkeit wie seine Kunst ihre magnetische Kraft gezogen. Wir brauchen nur an Faust, Gretchen, Werther zu denken, an Mignon, an Götz von Berlichingens Entfremdung von seiner Zeit, an die insistierende Gegenwart des reagierenden Ichs in Gedichten wie «Auf dem

See» oder «Es schlug mein Herz» – ja sogar das zweite Nachtlied des Wanderers bietet nicht selbst die Ruhe, sondern verheißt sie nur «balde». Das Bild von dem erfüllten Dasein, das Goethe von Karlsbad fortgelockt hatte, stand in tiefinnerlichem Widerspruch zur Natur seines Genius – warum sonst wurde in so unvergleichlichen Augenblicken einer gestillten Sehnsucht wie während der Schiffsfahrt auf dem Gardasee, vorbei an den Zitronengärten, oder bei der Einfahrt in die Lagune von Venedig kein zweites «Auf dem See» ins Tagebuch gekritzelt? Die Kunst, die ihn abstieß, die ihn zu so offensichtlich irrationaler Wut reizte, war die unwillkommene und beharrliche Erinnerung an seine wahre spirituelle Heimat – und die lag letzten Endes nicht im Vicenza Mignons, sondern in dem Land, wo man sang: «Nur wer die Sehnsucht kennt, weiß, was ich leide.»

Am 20. Oktober mietete Goethe ein Pferd und unternahm eine ganztägige mineralogische Expedition in die Ausläufer des Apennin; so gewann er seine Fassung zurück. Am nächsten Tag freute er sich, die Ebene zu verlassen, wo das Höchste die Pappelspitzen waren, und wieder in die Berge zu kommen, und weder die elenden Wirtshäuser in Loiano und Montecarelli, wo er die beiden folgenden Nächte verbrachte, noch die Notwendigkeit, immer wieder einmal zu Fuß hinter seiner Kutsche einherzutraben, vermochten ihm die Lust an der geologischen Spekulation und am Studium der einheimischen Landwirtschaft zu vergällen. Der Wagen ging direkt nach Rom, und zum erstenmal hatte Goethe ein paar Reisegefährten: Ein Engländer «mit einer sogenannten Schwester» fand überall etwas zu klagen; ein Graf Cesarei, ein päpstlicher Offizier, der nach Perugia unterwegs war, erwies sich als prächtiger Gesellschafter, auch wenn Goethe es manchmal vorgezogen hätte, in Ruhe seinen literarischen Plänen nachzuhängen. Ihm ging die Idee zu einem Drama über das Nausikaa-Thema, *Ulysses auf Phäa*, im Kopf herum, wobei ihm wohl nicht bewußt wurde, wie wenig schmeichelhaft es für Frau von Stein sein mußte, daß er ausgerechnet jetzt auf diesen Stoff verfiel; denn der Wanderer Odysseus begegnet Nausikaa, als er endlich der jahrelangen Bezauberung durch die Nymphe Kalypso entflieht – war auch Goethe auf der Flucht vor einer Zauberin? «Che pensa?» fragte ihn der Graf; «non deve mai pensar l'vomo, pensando s'invecchia.» Und weiter: «non deve fermarsi l'huomo in una sola cosa, perche allora divien matto, bisogna aver mille cosa, una confusion nella testa.» [Orthographie nach Goethe, der die Stelle so übersetzt: «Was denkt ihr viel! der Mensch muß niemals denken, denkend altert man nur. Der Mensch muß sich nicht auf eine einzige Sache heften, denn da wird er toll, man muß tausend Sachen, eine Konfusion im Kopfe haben.»]

Am 23. Oktober hatte Goethe drei Stunden in Florenz, bevor es nach Arezzo weiterging: Es war schon abzusehen, daß das Tagebuch seiner zweiten «Epoche» kaum mehr als ein kurzer Anhang zum ersten werden würde. Die Unterbringung im Bergland war so dürftig und all sein Sinnen jetzt nur noch auf das Ziel, nicht auf den Weg gerichtet, daß er die nächsten drei Tage überhaupt keine Eintragungen machte, so daß seine Reiseroute nicht genau bekannt ist. Am Trasimenischen See vorbei kam er am 25. in Perugia an und versuchte, sein Tagebuch zu vervollständigen. Aber es war kalt, und der Leichtsinn von Graf Cesareis Landsleuten, der sich auch auf die Vorbereitungen für den Winter erstreckte, machte Goethe schwer zu schaffen; dasselbe galt von «dem verschiednen Gelde, den Preisen, den Vetturinen [Droschken], den schlechten Wirtshäusern». Er hatte jetzt nur den einen Wunsch, endlich nach Rom zu kommen, und sei es «auf Ixions Rad», und die Notizen wurden immer unzusammenhängender. Die Umstände waren einem Besuch im Zentrum der Franziskusfrömmigkeit nicht günstig. Am nächsten Nachmittag verließ er die Kutsche, die nach Foligno vorausfuhr, und wanderte nach Assisi hinauf, aber nicht, um den «geheiligten Galgenberg» zu besichtigen – er besuchte weder das Kloster noch das Grab des Heiligen (und ließ sich damit wieder Giotto entgehen); denn «ich wollte mir wie der Cardinal Bembo [der es vermied, die Bibel zu lesen, weil ihn der schlechte Stil störte] die Imagination nicht verderben». Sein Ziel war S. Maria sopra Minerva, ein römischer Tempel, der seine Umwandlung in eine christliche Kirche relativ gut überstanden hatte. Mitten auf dem Marktplatz der alten Stadt fand er den Gegenstand seiner stillen heidnischen Verehrung, «das schöne heilige Werck. . . . Das erste der alten Zeit das ich sah. Ein so bescheidner Tempel wie er sich für eine kleine Stadt schickte, und doch so *ganz*. . . . Dieses ist eben der alten Künstler Wesen . . ., daß sie wie die Natur sich überall zu finden wußten und doch etwas wahres etwas lebendiges hervorzubringen wußten.» Ihn entzückte die Entdeckung eines klassischen Bauwerks, das so selbstverständlich die Prinzipien verkörperte, die er an den Bauten des Palladio ebenso gefunden hatte wie an dem Kunstsinn der Natur, der die Taschenkrebse auf dem venezianischen Deich gebildet hatte, und froh gestimmt unternahm er einen schönen, langen Abendspaziergang und erzählte in seinem Inneren Frau von Stein von dem, was er gesehen hatte. In einem Wirtshaus, das aus einem riesigen Saal mit einer Feuerstelle in der Mitte «wie in einer Homerischen Haushaltung» bestand, mit zahllosen Gästen an den langen Tischen, «wie die Hochzeit von Kana gemahlt wird», saß Goethe bei ohrenbetäubendem Lärm und nahm ein Tintenfaß zu Hilfe, um etwas von diesem inneren Zwiegespräch festzuhalten. Es war Donnerstag, und er durfte hoffen, am Sonntag in Rom zu schlafen, «nach dreysig Jahren Wunsch und Hofnung. Es ist ein närrisch Ding der Mensch.» An den Schluß des Briefes setzte er also, passenderweise, eine leicht weltlich-verwässernde Paraphrase jenes Psalms, der ihm auf dem Brocken so viel bedeutet hatte: «Was ist der Mensch dass du sein gedenckst.»

Goethe schlief jetzt immer in seinen Kleidern, um morgens keine Zeit zu verlieren, und döste in der Kutsche eine Stunde vor sich hin. Am Freitag kamen sie an Spoleto vorbei, wo er auf dem großen römischen Aquädukt war – nach dem Amphitheater in Verona und dem Tempel in Verona «das dritte Werck der Alten das ich sehe, und wieder so schön natürlich, zweckmäsig und wahr». Sie kamen nach Terni: «Noch zwey Nächte! und wenn uns

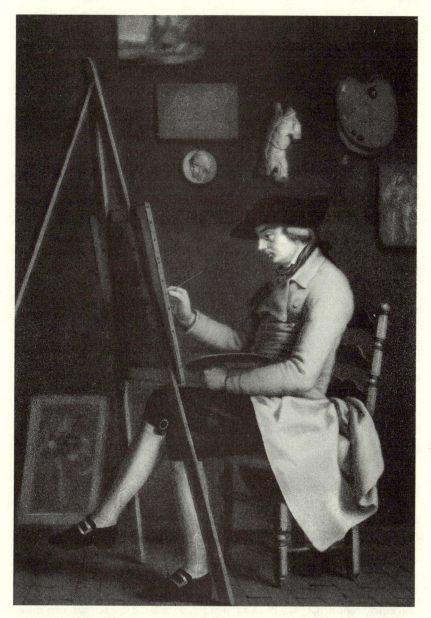

23. J. H. W. Tischbein: Selbstbildnis in seiner römischen Werkstatt (1785)

der Engel des Herrn nicht auf dem Wege schlägt; sind wir da.» Am Samstag rollte die Kutsche über die römische Brücke bei Otricoli, und Goethe fiel sogleich der Übergang vom Kalkgebirge zu vulkanischem Terrain auf. Auf einer guten, festen Lavachaussee gelangten sie noch an demselben Abend nach Civita Castellana, und am Sonntag, dem 29. Oktober, fuhr Goethe gegen Abend durch die Porta del Popolo in der Aurelianischen Mauer in «dieser Hauptstadt der alten Welt» ein. Für die Nacht nahm er ein Zimmer in der «Locanda dell'Orso» am heutigen Ponte Umberto, in der angeblich schon Dante, Rabelais und Montaigne abgestiegen waren, ließ sogleich, unter seinem richtigen Namen, dem ahnungslosen Tischbein eine Nachricht zukommen und bat ihn um seinen Besuch. Sein erster Gedanke galt «dem Himmel . . . daß er mich hierher gebracht hat», sein zweiter Frau von Stein, für die er eine Notiz ins Tagebuch kritzelte. Alles, was ihm einfiel, war: «ich bin hier.» Mit diesen Worten brach das zehnjährige innere Zwiegespräch ab und wurde niemals wieder aufgenommen. Goethes letzte große symbolische Reise war beendet; nun galt es, herauszufinden, was sie bedeutete.

«*Soviel Mühe als Genuß*»: Oktober 1786 – Februar 1787

Tischbein suchte die Locanda noch am selben Abend auf, und ein Mann in grünem Mantel, der am Feuer gesessen hatte, erhob sich und kam ihm mit den Worten entgegen «ich bin Goethe!» Es herrschte sogleich herzliches Einvernehmen zwischen dem Maler aus Hessen und seinem berühmten, nur zwei Jahre älteren Wohltäter, die einander bisher nur aus ihren Briefen und über die gemeinsame Beziehung zu Lavater kannten. Goethe erklärte, daß er die Absicht habe, sein Inkognito in den vier Wochen, die er in Rom bleiben wollte, nicht zu lüften, um sich ganz auf Kunst und Architektur konzentrieren zu können und weder als literarische Berühmtheit gefeiert zu werden noch als vom Kaiser geadelter Baron und Geheimrat zu kostspieligen und zeitraubenden Höflichkeitsbesuchen und Empfängen verurteilt zu sein. Er bat Tischbein, ihm bei der Suche nach einer hinreichend bescheidenen Unterkunft behilflich zu sein, und Tischbein bot ihm ein unbenutztes Zimmer in dem Haus an, in dem er selbst sein Atelier hatte. Und so zog Goethe am nächsten Tag in die Casa Moscatelli am Corso 18–20 ein – ein stattliches Eckhaus, nur wenige Meter vom Südende der Porta del Popolo entfernt und mit einem schönen, freien Blick auf den Pincio und die Gärten der Villa Borghese. Der anderthalb Kilometer lange Corso, links und rechts von hohen Häusern gesäumt, war die schnurgerade, aber relativ schmale Fortsetzung der vom Norden Roms kommenden Via Flaminia und gehörte zu den wenigen Straßen der Stadt, die regelmäßig gekehrt und deren Pflaster ordnungsgemäß unterhalten wurde. Abends ging es auf dem Corso so lebhaft zu, daß Kutschen, die zwischen den erhöhten Bordsteinen fuhren, welche die Fahrbahn

noch enger machten, eine Verkehrsregel beobachten und links fahren mußten. Das Nordende des Corso war eine eher bürgerliche Gegend – der Palazzo Rondanini (heute Palazzo Sanseverino) gegenüber der Casa Moscatelli
bildete eher eine Ausnahme – und, vielleicht wegen der Nähe zur Porta del
Popolo, bei der in Rom ansässigen nordeuropäischen Künstlerkolonie besonders beliebt. Das Zimmer, das Goethe bezog, war klein und fast leer. Es
hatte einen Fußboden aus massiven Holzbohlen, hölzerne Läden vor den
großen Fenstern, ein Bett, einen Tisch für die Öllampe sowie ein paar harte
Stühle und ein oder zwei Bücherborde. Es gab weder einen Ofen noch einen
Kamin, aber Goethe hatte alles, was er brauchte – und mehr; denn das Bett
war ein Doppelbett. Hier war er endlich von den Unbequemlichkeiten italienischer Wirtshäuser erlöst: Das Haus wurde von einem 72jährigen Kutscher des Kardinals Carafa geführt; die Mahlzeiten kochte seine Frau, außerdem gab es einen Knecht, eine – redselige – Magd und eine Katze. Und
hier konnte Goethe sich vor der vornehmen römischen Gesellschaft verschließen und seine kostbare Zeit mit Menschen verbringen, die ähnliche Interessen hatten wie er. Außer Tischbein wohnten in dem Haus noch zwei
andere junge deutsche Maler, die ebenfalls aus Hessen stammten: Johann
Georg Schütz (1755–1815), Landschaftsmaler und aus Frankfurt gebürtig,
und Friedrich Bury (1763–1823), der später ein erfolgreicher Porträtmaler
wurde, jetzt aber, mit seinen 23 Jahren, noch kaum mehr als ein Student war.

»Das Gesetz und die Propheten sind nun erfüllt, und ich habe Ruhe vor
den Römischen Gespenstern auf Zeitlebens.« Nach einem ersten hektischen
Tag, in dem Goethe nach seinen eigenen Worten durch Besichtigung der
wichtigsten Plätze Roms, der Peterskirche und der wichtigsten Altertümer,
namentlich wohl des Pantheons und des Colosseums, «initiiert» wurde, war
sein beherrschendes Gefühl am Abend des 30. Oktober Erleichterung. Die
Bilder, die ihn im Geiste so lange heimgesucht hatten, waren endlich lebendig
geworden: Die Elise des Pygmalion, so schreibt er, sei auf ihn zugekommen
und habe gesagt «ich bins!» Aber die lebendige Frau – fuhr er fort – war doch
etwas ganz anderes als der geformte Stein, den der Künstler nach seinen
Wünschen gebildet hatte. Von Anfang fehlte der Reaktion Goethes auf Rom
das Spontane; es war fast, als habe er beim Übergang vom Bild zur Wirklichkeit, von der Sehnsucht zur Erfüllung etwas verloren, ohne noch recht zu
wissen, wie er mit dem, was er statt dessen gefunden hatte, umgehen solle.
Nicht zum erstenmal glaubte er vielleicht beim Anblick der «Lebendigen»,
daß der gebildete Stein ihm lieber war. Für «das neue lebendige Rom», mit
seinen über 160.000 Einwohnern die größte Stadt, die Goethe bisher gesehen
hatte, Zentrum der hohen Diplomatie, eines internationalen Fremdenver-
kehrs und einer interkontinentalen Kirche (mit fast 280 Männer- und Frau-
enklöstern und rund 7.000 Priestern und Mönchen bzw. Nonnen), hatte er
überhaupt kein Interesse, «um mir die Immagination nicht zu verderben» –
die Anspielung auf Kardinal Bembo verrät das Ressentiment, das hinter dieser Einstellung steckte. Die Republik Venedig war als politische Institution

ebenso heruntergekommen wie der Kirchenstaat, aber sie hatte in Goethe wenigstens eine beträchtliche anthropologische Neugier geweckt. Über den erschreckenden Zustand der päpstlichen Finanzen hingegen, die nur durch eine betrügerische Scheinwährung über Wasser gehalten werden konnten, zog Goethe allein Seidel zuliebe ein paar Erkundigungen ein; im übrigen schenkte er diesem einzigartigen staatsrechtlichen Gebilde keinerlei Beachtung, und anders als bisher auf seiner Reise fand er auch an den Verhaltensweisen und Vergnügungen des einfachen Volkes wenig Ergötzliches. Sein Umgang war nicht nur bloß auf Maler, sondern sogar bloß auf deutsche Maler beschränkt, und er machte keinerlei ernsthaften Versuche, lokale oder internationale Talente kennenzulernen. Die meiste Zeit sprach er in Italien nicht italienisch, sondern deutsch, wie er später zugab. Aber wenn er dem lebendigen Rom nichts abgewinnen konnte, wie stand es dann um die Steine, denen er sich statt dessen zuwandte und die, wie der englische Leser aus den Briefen Shelleys weiß, in einer grün überwachsenen, fast unbewohnt wirkenden Wildnis von der Größe Londons umherlagen? Im 18. Jahrhundert waren die antiken Ruinen in Rom auffallender und beherrschender als heute – insofern ist der Eindruck, den Piranesi vermittelt, nicht falsch –, aber leichter zu verstehen waren sie darum nicht. «Ein saures und trauriges Geschäfte ist es, das alte Rom aus dem neuen heraus zu suchen ... Man trifft Spuren einer Herrlichkeit und einer Zerstörung die beyde über unsre Begriffe gehn.» Bereits Mitte Dezember hatte er das Bedürfnis, Rom zu verlassen, und wollte seine Seele «von der Idee sovieler trauriger Ruinen reinspülen». Statt mit der Gegenwart und der Dauer der antiken Welt sah er sich mit deren Vergänglichkeit und mit der Notwendigkeit konfrontiert, das Altertum in einer geistigen Anstrengung zu rekonstruieren: «wo man genießen möchte, findet man zu dencken.» Auf der ganzen Reise hatte Goethe darüber nachgedacht, warum der Genuß des Reisenden, der an sein Ziel gelangt ist, niemals seinen ursprünglichen Erwartungen entspricht, und jetzt, am «Ziel meiner Wünsche», fand er sich selber «weniger genießend als bemüht».

Die ersten vier Monate Goethes in Rom waren eine Zeit, in der er fast ununterbrochen beschäftigt war. Die ersten Morgenstunden, bis 9 Uhr, vergingen mit der Überarbeitung der *Iphigenie*, die Mitte Dezember schließlich beendet war. Danach hatte er Zeit, einige der über 300 Kirchen Roms und der über 80 Palazzi und Villen zu besichtigen, wobei er systematisch die Hinweise in seinem voluminösen Reiseführer und in der soeben erschienenen italienischen Ausgabe von Winckelmanns *Geschichte der Kunst des Altertums* abarbeitete. Natürlich konnte er sich auch an persönliche Führer halten. Tischbein begleitete ihn mitunter, zumal in den ersten Wochen, stand aber nicht unbegrenzt zur Verfügung, weil er Geld verdienen mußte – das Gothaer Stipendium reichte nicht ganz aus. Doch konnte Goethe sich glücklicherweise der Dienste des jungen Kunsthistorikers Aloys Hirt (1759–1837) versichern, eines der gesuchtesten Kenner, der ihn so beeindruckte, daß er ihn Wieland nachdrücklich als römischen Korrespondenten für den *Teutschen*

24. J. H. W. Tischbein: Goethe am Fenster seiner
römischen Wohnung (1787)

Merkur empfahl. Hirt leistete so vortreffliche Arbeit, daß Goethe bereits im Januar selber deutsche Besucher durch Rom führen konnte. Bald lernte Goethe auch Johann Friedrich Reiffenstein (1719–1793) kennen, den Schüler und Freund Winckelmanns und dessen Nachfolger als Roms angesehenster Cicerone; er berichtete aus Rom an verschiedene deutsche Fürstentümer sowie an den russischen Hof. Reiffenstein hatte Aufträge zu vergeben und mußte häufig über die Fortschritte von Stipendiaten berichten; damit war er so etwas wie der inoffizielle Leiter – und Privatbankier – einer ungebärdigen und relativ jungen Gemeinde von rund achtzig deutschen Künstlern. Reiffenstein lud den illustren Gast, der nach wie vor darauf bestand, als Herr Möller zu firmieren, obwohl seine Identität sich binnen weniger Tage nach seiner Ankunft überall herumgesprochen hatte, vom 14. bis zum 16. November zu einer Privatgesellschaft in seiner Villa in den Bergen von Frascati ein, von wo man in Richtung Rom und auf das Meer hinausblickte. Tagsüber wurde fleißig gezeichnet; abends setzte man sich zusammen, diskutierte über die Resultate und lauschte, ohne Zweifel mit höflicher Aufmerksamkeit, dem Gastgeber, diesem pedantischen älteren Herrn, wie er sich ausführlich über die Vorzüge der von ihm wiederentdeckten «Enkaustik» verbreitete, der klassischen Technik der Wachsmalerei.

Treffpunkt der deutschen Kolonie in Rom selbst war das Caffè Greco, auch Caffè Tedesco genannt, an der Piazza di Spagna, wo die Künstler auf der großen Treppe, die zur Kirche S. Trinità dei Monti hinaufführt, auch Modelle engagieren konnten. Von hier brach man, vor allem sonntags, zu gemeinschaftlichen Ausflügen zu einem bestimmten Baudenkmal oder in eine Galerie auf (der Eintritt kostete, unabhängig von der Größe der Gruppe, überall einen halben Taler). In einer dieser Zufallsgruppen lernte Goethe – vier Tage nach seiner Ankunft, an Allerseelen, dem Fest aller Künstler in Rom, als die päpstliche Sammlung im Quirinal für das Publikum geöffnet war – jenen Mann kennen, der langfristig die Ausbildung seines Kunstgeschmacks stärker beeinflussen sollte als jeder andere: Johann Heinrich Meyer (1759–1842). Vorderhand freilich war Meyer nur «ein ehrlicher Schweizer», ein Schüler von Winckelmanns Freund, dem genialischen Füssli, der aber die Exzentrizitäten des Meisters nicht teilte und mit soliden Kenntnissen in der Geschichte der Malerei glänzte. Von der älteren Generation der etablierten römischen Maler lernte Goethe Alexander Trippel (1744–1793) kennen, «ernst, derb und kurz entschlossen», den Lehrer Tischbeins und Meyers, der in der Gegend von Trinità dei Monti eine private Kunstschule unter besonderer Berücksichtigung der Bildhauerei unterhielt. In der Nähe, in der Via Sistina, lebte inmitten einer beachtlichen Sammlung alter Meister die damals beste Malerin Roms, Angelica Kauffmann (1741–1807), zusammen mit ihrem Gatten Antonio Zucchi; in seinem Haus, das einst Raphael Mengs bewohnt hatte, war Goethe ein häufiger und gern gesehener Gast. Der Komfort und die geistreiche Unterhaltung müssen für Goethe eine angenehme Abwechslung in einem Leben gewesen sein, das sich sonst in Cafés, öffentlichen Gebäuden oder seinem spartanischen Zimmer und unter literarisch wenig oder gar nicht gebildeten Menschen abspielte. «Angelica», wie Goethe sie bald zu nennen pflegte, hatte fünfzehn Jahre lang in England gelebt, war mit Sir Joshua Reynolds befreundet und Gründungsmitglied der Royal Academy. Sie arbeitete damals auch gerade mit einem alten Bekannten Goethes zusammen, dem Schweizer Kupferstecher Johann Heinrich Lipps, der sich von 1786 bis 1789 in Rom aufhielt. Ein Mann, den Goethe begreiflicherweise mied, war sein einstiger Mitstreiter im Sturm und Drang, der Maler Müller, dessen Förderung für alle, die ihn in seinen ersten Jahren in Rom unterstützt hatten, eine Fehlinvestition gewesen war. Alle Mitglieder der deutschen Kolonie hatten launige italienische Spitznamen; Maler Müller hieß, wenig schmeichelhaft, «Cavallo Tedesco» [das deutsche Roß]. Tischbein war «Naso storto Flemmaccio» [der krummnasige Phlegmatiker]; Meyer, von gedrungener Statur, hieß «Jove Tonante» [Jupiter tonans]; der gebildete Hirt war «il letterato». Goethe war als «der Baron gegen Rondanini über» bekannt, während man der führenden Stellung Reiffensteins mit dem Namen «Dio Padre Omnipotente» [Gott-Vater, der Allmächtige] Rechnung trug. Der erfolgreichste deutsche Maler in Italien, Philipp Hackert (1737–1807), der zwar mittlerweile nach Neapel übersiedelt war, jedoch die von Reiffenstein fortgeführten Zeichengesellschaften initiiert hatte, war «Dio Figlio Redentore a causa di pranzi» [Gott-Sohn, der Erlöser durch freie Kost]. Angelica Kauffmann war die «Madonna» und Zucchi, zweideutig genug, «St. Giuseppe».

Abgesehen von dem Aufenthalt in Frascati und einem Tagesausflug in einer Mietdroschke nach Fiumicino – wo er das Meer sah, ein Netz voller Fische kaufte und darin einen Zitteraal fand – kam Goethe bis Februar 1787 nicht aus Rom heraus: «Fast kann ich sagen: ich habe keinen Augenblick verlohren», schrieb er damals. Das Wetter war einem konzentrierten Besichtigungsprogramm günstig: Den ganzen November regnete es leicht, aber es war warm – der Scirocco blies, aber er war Goethe weniger unangenehm als den Einheimischen. Die Monate Dezember und Januar brachten den besten Winter seit Menschengedenken: Jeden Tag war strahlendblauer Himmel, die Luft war zwar kalt, aber es herrschte warmer Sonnenschein, vor allem mittags. In gut einem Monat hatte Goethe die wichtigsten Denkmäler der Antike besichtigt – «Wasserleitungen, Bäder, Theater, Amphitheater, Rennbahn, Tempel! . . . die Paläste der Kaiser, die Gräber der Großen» – und damit begonnen, sie erneut und gründlicher in Augenschein zu nehmen. Besonders beeindruckten ihn die besser erhaltenen Denkmäler: die Pyramide des Cestius, das kreisförmige Grab der Caecilia Metella in der landschaftlich außerordentlichen Umgebung der Via Appia, die Fassade des Pantheons und das Kolosseum, vor allem im Mondschein. Auch für ein wenig Privatarchäologie war Goethe sich nicht zu schade: Am 10. November ging er mit Tischbein durch die Gärten der Villa Farnese, halb Parkanlage, halb Wildnis, die sich damals über den ganzen Palatin erstreckten; in einem unterirdischen Gewölbe entdeckten die beiden Statuen, die dicht von Efeu überwachsen waren,

und sammelten Marmor- und Bronzestücke, die sie in einem Sommerhaus
versteckten, um sie später dort abzuholen. Zwar geriet der Fund später in
Vergessenheit, doch hatte Goethe die Freude, einen verzierten Tonscherben
aus Grabungen vor der Kirche S. Trinità dei Monti erwerben zu können, wo
Papst Pius VI. damals den noch heute stehenden Obelisken errichten ließ. In
Museen und in den Privatsammlungen der Palazzi und Villen, von denen die
meisten für die Öffentlichkeit zugänglich waren, konnte Goethe relativ gut
erhaltene – oder überaus fleißig restaurierte – Skulpturen bewundern, die ihm
weit mehr vermittelten als bloß das diffuse Gefühl von Großartigkeit, das
er nur allzu oft vor den verfallenen Baudenkmälern empfand. Einer seiner
allerersten Besuche galt der jüngst erweiterten Galerie des Papstes, dem
Museo Pio-Clementino, mit dem berühmten Statuenhof: Der Apoll von
Belvedere, der schon Winckelmann begeistert hatte, frappierte ihn – weit
mehr als die Laokoon-Gruppe – als das «größte Werck . . . und das genia-
lischste, daß man sagen muß es scheint unmöglich». Später sah er im Palazzo
Giustiniani eine weitere vollständig erhaltene Statue, «die meine ganze Verehrung hat»: eine Minerva, die der allgemeinen Aufmerksamkeit entgangen
war, weil von ihr keine Abgüsse gemacht werden durften. Aber eine Kolos-
salbüste in der Sammlung Ludovisi, auf die Winckelmann ausdrücklich hin-
gewiesen hatte, weil er sie für eine Juno hielt (nach heutiger Ansicht dürfte
es sich eher um die Kaiserin Antonia Augusta handeln), war als Abguß zu
haben, und am 5. Januar schleppte Goethe, endlich ein Tantalus-Ixion, die
Göttin in sein Zimmer am Corso, wo sie, flankiert von einem Jupiter und
einem nicht minder kolossalen antiken Fuß, auf einem Bord quer über seltener gebrauchten Foliobänden stand. Im neuen Jahr erwachte auch Goethes
Interesse an antiken geschnittenen Gemmen und Münzen – ein Gebiet, das
ihn bisher kaltgelassen hatte –, nicht nur vielleicht, weil diese Objekte leichter
zu transportieren und noch zu einem erschwinglichen Preis erhältlich waren,
sondern auch, weil die Bildnisse auf ihnen sich oft noch unversehrt erhalten
hatten.

Auch das Rom der Renaissance wurde nicht vergessen. Goethe stellte die
frühbarocken Fresken der Carraccis im Palazzo Farnese sogar neben den berühmten Farnesischen Herkules, eine der meistbewunderten antiken Skulpturen. War er in Bologna zu dem Schluß gekommen, daß Raffael ein dem
Palladio ebenbürtiges Genie sei, so eilte er in Rom gleich in den ersten Tagen
in die Raffaelschen Stanzen und Loggien und sah etwas später auch seine
Galatea in der Villa Farnesina. Auch hier mußte er jedoch feststellen, daß Zeit
und Ruin ihren Tribut gefordert hatten: «Das Vergnügen des ersten Eindrucks ist unvollkommen»; «da ists als wenn man den Homer aus einer zum
Theil verloschnen, beschädigten Handschrifft herausstudiren sollte». Dieses
Herausstudiren stellte ihm dann zwar die Vollkommenheit des Vergnügens
wieder her, wie Goethe versicherte, aber der Unterton von Enttäuschung ist
in seiner spontanen Reaktion nicht zu verkennen. Doch schon bald drohte
Raffael von einer anderen Seite Gefahr. Am 22. November, dem Cäcilienfest,

durchstreiften Goethe und Tischbein das labyrinthische Gewirr der mittelalterlicher Straßen und Häuser im Borgo und fanden sich auf den frappierenden, see-ähnlichen Weiten des Petersplatzes wieder. Hier gingen sie eine Weile, ihre Trauben verzehrend, in der Sonne spazieren, bis es ihnen zu warm wurde und sie in den Schatten des großen Obelisken und dann in die Sixtinische Kapelle flohen, wo Goethe überwältigt vor den Deckenfresken und dem *Jüngsten Gericht* stand. Eine Woche später konnte er von der obersten Galerie aus das Deckengemälde näher betrachten und schrieb: «ich bin in dem Augenblicke, so für Michel Ange eingenommen, daß mir nicht einmal die Natur auf ihn schmeckt, da ich sie doch nicht mit so großen Augen wie er sehen kann.» Gleich darauf die Loggien zu besuchen, erwies sich als Fehler: Raffaels «Arabesken» wirkten im Vergleich zu Michelangelo nur als «geistreiche Spielereyen». Damals war, wie seit den Tagen Vasaris, der Streit um die jeweiligen Vorzüge der beiden Maler unter Künstlern ein beliebtes Gesprächsthema, und im Juli 1787 hatte Goethe in solchen Diskussionen noch gern die Partei Michelangelos ergriffen. Insgesamt scheint er diesem Streit jedoch aus dem Wege gegangen zu sein oder einen versöhnlichen Ausweg aus ihm gesucht zu haben, etwa die übereinstimmende Feststellung, daß alle Seiten sich auf das Lob Leonardos einigen konnten: Vielleicht hatte wohl Raffael «wie die Natur jederzeit recht, und gerade da am gründlichsten, wo wir sie am wenigsten begreifen», während das Talent Michelangelos demjenigen Shakespeare ähnlich war: Es war unbestreitbar, aber es war ein so gewaltiger Einfluß, daß Goethe eher das Bedürfnis verspürte, sich vor ihm zu schützen. Etwas dergleichen dürfte auch der Grund sein, warum Goethe zwar des öfteren eine Medusenmaske im benachbarten Palazzo Rondanini rühmt (die römische Kopie eines griechischen Originals aus dem 5. Jahrhundert v. Chr.) und sogar «das ängstliche Starren des Todtes» an ihr bewundert, aber nirgends Michelangelos letzte, unvollendete *Pietà* in derselben Sammlung erwähnt.

Der Zusammenhang von moderner Kunst und Christentum blieb für Goethe problematisch. Das hinderte ihn jedoch nicht, alle großen kirchlichen Feierlichkeiten mitzumachen: nicht allein ein wirkungsvolles Konzert in der verschwenderisch ausgezierten Kirche S. Cecilia in Trastevere – an dem Tag, an dem er zum erstenmal in der Sixtinischen Kapelle gewesen war –, sondern auch die vom Papst zelebrierten Messen an Allerheiligen oder die Pferde- und Maultierweihe auf der Piazza di S. Maria Maggiore am 17. Januar. In der Christnacht besuchte er verschiedene Kirchen, auch die Peterskirche (die bis auf eine Seitenkapelle, in der gerade die Prim gesungen wurde, in völliger Dunkelheit dalag); am Dreikönigsfest nahm er an einer Messe nach griechischem Ritus teil: «Die Zeremonien . . . scheinen mir . . . theatralischer, pedantischer, nachdenklicher und doch populärer als die lateinischen.» Eine mehrsprachige Epiphaniasfeier im Palazzo di Propaganda Fide (beim Caffè Greco) beeindruckte ihn, aber nicht durch die Katholizität der römischen Kirche, sondern durch den einzigartigen Wohlklang der griechischen Spra-

che, die «wie ein Stern in der Nacht» aus barbarischem Gestammel hervor-
leuchtete. Bei der Kerzenweihe am 2. Februar in der Sixtinischen Kapelle
hielt er es nur wenige Augenblicke aus: «für dieß Hockuspockus [bin ich]
ganz verdorben.» Ihm schien «der Pfaffen Mummerey» nicht besser als die
minderwertigen Theater der Stadt und der Papst einfach der beste römische
Schauspieler. Das Christentum war für ihn noch immer, wie auf der Reise
durch Norditalien nach Rom, Betrug und der unerklärliche Kult von etwas
nicht «Ganzem» und «Gegenwärtigem»; aber jetzt verband er mit ihm die
grenzenlose Enttäuschung – die er sich kaum einzugestehen wagte – über den
verwüsteten Zustand jener Herrlichkeiten, die er zu genießen gehofft hatte.
An Knebel schrieb er:

Ich lese den Vitruv, daß der Geist der Zeit mich anwehe wo das alles erst aus der Erde
stieg, ich habe den Palladio, der zu seiner Zeit noch vieles ganzer sah, . . ., und so steigt
der alte Phönix Rom wie ein Geist aus seinem Grabe, doch ists Anstrengung statt
Genusses und Trauer statt Freude.
    . . . alles ist nur Trümmer, und doch, wer diese Trümmer nicht gesehn hat, kann sich
von Größe keinen Begriff machen. So sind Musea und Galerien auch nur Schädelstät-
ten, Gebeinhäuser und Rumpfkammern; aber was für Schädel pp.! Alle Kirchen geben
uns nur die Begriffe von Martern und Verstümmelung. Alle neue Paläste sind auch nur
geraubte und geplünderte Teilgen der Welt – Ich mag meinen Worten keine weitere
Ausdehnung geben! Genug man kann alles hier suchen nur keine Einheit keine Übereinstimmung. . . .
    Und solch Stückwerk ist mein Brief auch, sind alle meine Briefe die ich von hier
aus schreibe. Wenn ich wiederkomme soll mein Mund etwas Ganzeres bringen.

Goethe brauchte dringend einen Menschen von ähnlicher Bildung und vergleichbarem Intellekt, mit dem zusammen er versuchen konnte, dieser Fülle
von neuen und unerwartet sperrigen Eindrücken einen Sinn abzugewinnen.
Sobald er konnte, begann er, nach Weimar zu schreiben – der erste Brief, vom
4. November, ging an den Herzog und war von einem offenen Brief an alle
Weimarer Freunde begleitet, der erste persönliche Brief an Frau von Stein
wurde am 7. November aufgegeben –, die Post ging einmal wöchentlich
(samstags) ab, die Briefe waren etwa sechzehn Tage unterwegs, in der anderen
Richtung noch etwas länger, und so konnte er vor weniger als einem Monat
nicht mit Antwort rechnen. Zum Glück beteiligte er sich, eben aus Frascati
zurück, am 17. November mit Bury und Schütz an einem gemeinschaftlichen
Ausflug zur Villa Doria Pamphili mit ihren weitläufigen Gärten auf dem Gia-
nicolo und lernte vorher, im Caffè Greco und auf dem Ausritt selbst einen
sieben Jahre jüngeren Schriftsteller kennen, dem er sich sogleich innerlich
verwandt fühlte: Karl Philipp Moritz (1756–1793). Moritz war ihm bereits
als Autor der *Reisen eines Deutschen in England im Jahr 1782* bekannt und
dürfte Goethe jetzt die ersten drei Teile seines «psychologischen Romans»
Anton Reiser gezeigt oder geschenkt haben, der 1785/86 erschienen war. Für
Moritz gingen in der Begegnung mit Goethe «die schönsten Träume meiner
Jugend in Erfüllung». In dem autobiographischen *Anton Reiser* ist die Lektüre des *Werther* das Schlüsselerlebnis in den Jugendjahren des Erzählers,

25. F. Bury:
Selbstbildnis (1782)

26. J. H. Lips:
Carl Philipp Moritz (1786)

der fortan von dem Wunsch besessen ist, den Verfasser des Buches kennenzulernen – zu diesem Zweck versucht er, in Weimar als Schauspieler unter-
zukommen, und ist sogar bereit, sich bei Goethe als Diener zu verdingen.
Moritz, unter ärmlichen Verhältnissen in Hameln geboren, in Hannover aufgewachsen und ursprünglich Hutmacherlehrling, war in Berlin Lehrer geworden. Von labiler, depressiver Gemütsart, mit einer bemerkenswerten Begabung zur Introspektion und einem leichten Hang zur Homosexualität,
hatte er sich in Berlin in eine unerreichbare, verheiratete Frau verliebt, seine
Stellung aufgegeben, von einem seiner vielen ungeduldigen Verleger einen
Vorschuß erbeten und im Juni 1786 die Reise nach Italien angetreten. In Verona war er an dem Tag angekommen, an dem Goethe abgefahren war, in
Rom zwei Tage vor ihm eingetroffen – nicht ahnend, daß er dieselbe Bahn
zog wie der Mann, den er «Gott» nannte, «und zwar nicht ganz im Scherze».
Jetzt trafen sich die beiden oft zu Spaziergängen durch die Stadt, und Moritz,
der soeben eine bemerkenswert originelle Abhandlung über deutsche Prosodie vorgelegt hatte, konnte Goethe in den letzten drei Wochen der Umarbeitung der *Iphigenie* ermutigend, vielleicht sogar mit nicht unbedeutenden Rat-
schlägen, zur Seite stehen.

Am 29. November schloß Moritz sich der Gruppe an, die den Tag am
Meer, in Fiumicino, verbringen wollte. Am Abend brachte der Scirocco leichten Nieselregen, und als die Gesellschaft auf dem Rückweg am Pantheon
vorbeikam, glitt Moritz' Pferd auf dem rutschigen antiken Pflaster aus und
stürzte, und Moritz brach sich an einem Mauervorsprung den Arm. Man trug
ihn auf einem Stuhl in seine Wohnung in der Via del Babuino, der Arm wurde
von einem Wundarzt eingerenkt, und nun sorgte Goethe dafür, daß reihum
die Angehörigen der deutschen Kolonie Moritz pflegten, nachts an seinem
Bett wachten und ihn jeden Tag zu einer bestimmten Zeit besuchten. Vierzig
Tage lang, bis zum 6. Januar, als Moritz' geheilter Arm aufgebunden werden
konnte, wurde dieser Besuchsplan eingehalten, in den auch Goethe selbst
einbezogen war, der den bewegungsunfähigen Patienten mehrmals täglich besuchte und «als Beichtvater und Vertrauter, als Finanzminister und geh. Sekretär» fungierte. Das Ganze war ein beeindruckendes praktisches Beispiel
für Goethes Sorge um die «Brüder», um Menschen wie Plessing, Krafft oder
Lindau, die der Werther-Generation angehörten und weniger Glück hatten
als er. Die Identifikation mit Moritz war besonders stark; dieser «erzählte mir
wenn ich bei ihm war Stücke aus seinem Leben und ich erstaunte über die
Ähnlichkeit mit dem meinigen. Er ist wie ein jüngerer Bruder von mir, von
derselben Art, nur da vom Schicksal verwahrlost und beschädigt, wo ich be-
günstigt und vorgezogen bin.» «Moritz wird mir wie ein Spiegel vorgehalten.»

Es mindert nicht den Wert von Goethes sehr beachtlichem Einsatz, daß er
just zu jener Zeit selber dringend des menschlichen Kontakts und der emotionalen Wärme bedurfte: «Tischbein und Moritz . . . wissen nicht was sie
mir sind.» Jede Woche schrieb er an Frau von Stein, und Anfang Dezember

hatte er noch immer kein Lebenszeichen: «Wie verlangt mich wieder ein mal von Hause ein Wort zu hören da ich nun morgen drey Monate in der Fremde bin, ohne eine Sylbe von den meinigsten gehört zu haben.» Besorgt wiederholte er, mittlerweile müsse der erste Teil seines Tagebuchs in ihre Hände gelangt sein. Er konnte nicht ahnen, daß durch ein unerklärliches Versehen Seidels das ganze Paket an Frau von Stein noch ungeöffnet im Haus am Frauenplan lag. Endlich, am 9. Dezember, kam zum erstenmal Post: ein Brief vom Ehepaar Herder und einer von Seidel. In Seidels Brief eingelegt war ein Blatt mit wenigen Worten Frau von Steins. Sie scheint sich erkundigt zu haben, ob sein Briefwechsel mit ihr beendet sei und ob sie in diesem Fall ihre eigenen Briefe zurückhaben könne. «Das war also alles was du einem Freunde, einem Geliebten zu sagen hattest, der sich so lange nach einem guten Worte von dir sehnt. Der keinen Tag, ja keine Stunde gelebt hat, seit er dich verließ ohne an dich zu dencken.» Das schroffe «Blättgen hat mein Herz zerrißen», klagte Goethe, der auf diese Kränkung hin außerstande war, seine Rombesichtigungen fortzusetzen. Wohl auf diese Zeit bezieht sich wenigstens teilweise der Bericht eines Zeitgenossen, in dem es über Goethe heißt: «in Rom ist er zuweilen ganzer 8 Tage nicht aus seinem Zimmer gekommen, manchmal aber auch eben so lange nicht hinein – seine Briefe aus Rom athmen ganz den Ton der in seinen Werther spricht.» In dieser Situation war die sinnverwirrende römische Umgebung für Goethe ebensowenig hilfreich wie – nach praktisch beendeter Umarbeitung der *Iphigenie* – die Beschäftigung mit anderen Werken, die zum Druck vorbereitet werden mußten und alte Erinnerungen wachriefen. Als Goethe am 20. Dezember noch immer keine Nachricht von Frau von Stein hatte, schrieb er: «es wird mir immer wahrscheinlicher daß du vorsätzlich schweigst, ich will auch das tragen und will denken: Hab ich doch das Beispiel gegeben, hab ich sie doch schweigen gelehrt . . .» Das Schweigen dauerte jedoch nicht so lange, wie es schien: Goethes erster Brief erreichte Frau von Stein am 27. November. Wenn sie sich mit der Antwort eine Woche Zeit ließ, tat sie nichts Schlimmeres als Goethe selbst, der ihr erst geschrieben hatte, als er schon über eine Woche in Rom war. Als er diese ihre Antwort am 23. Dezember endlich erhielt, war er in einem Zustand quälendster Unruhe, der sich durch das «Schmerzliche», das Frau von Stein ihm zu sagen hatte, in die verzweifelte Sorge verwandelte, sie verloren zu haben. Die Heimlichkeit seines Abschieds hatte sie ebenso verletzt wie später sein Schweigen auf der Reise, und wahrscheinlich war es für sie auch demütigend gewesen, in ihrem Weimarer Kreis zugeben zu müssen, daß sie nicht wußte, was er trieb – jedenfalls, so sagte sie, habe das alles sie unwohl und unfähig zum Schreiben gemacht, und wahrscheinlich setzte sie noch hinzu, daß das Schreiben ohnehin keinen großen Zweck mehr habe, da sie und Goethe ja jetzt praktisch getrennt seien. Goethe bat sie leidenschaftlich um Vergebung, auch wenn er sich selbst in dieser Seelenpein nicht lange mit Selbstvorwürfen aufhielt: «ich kämpfte selbst mit Tod und Leben und keine Zunge spricht aus was in mir vorging, dieser Sturz hat mich zu mir selbst gebracht.» Indessen war Frau von Stein, schon bevor dieses Flehen sie erreichte, dazu übergegangen, ihm jede Woche zu schreiben. Er mußte noch zwei dieser «bitter süßen» Briefe erdulden, bevor er am 17. Januar von Frau von Stein erfuhr, daß ihr am Weihnachtstag, ihrem Geburtstag, endlich von Seidel (der das Paket vielleicht bewußt für diesen Anlaß aufgehoben hatte) das Reisetagebuch ausgehändigt worden war, das von Anfang an das schlechte Gewissen Goethes hatte beruhigen sollen. «Seit dem Tode meiner Schwester hat mich nichts so betrübt, als die Schmerzen die ich dir durch mein Scheiden und Schweigen verursacht. . . . Warum schickt ich dir nicht das Tagebuch von jeder Station!» Die Antwort auf diese rhetorische Frage lag auf der Hand: Frau von Stein hatte eben nicht wissen sollen, wo er war. Goethe war ebensosehr vor Frau von Stein davongelaufen wie vor Weimar, aber jetzt, nach geglückter Flucht, versuchte er, das Gefüge seines Lebens so zu erhalten, wie er es in den letzten zehn Jahren aufgebaut hatte – vielleicht schon in der Erkenntnis, daß es im Grunde keine Alternative gab. Die Verbissenheit, mit der er an so vielen Langzeitprojekten – wohlüberlegten wie unüberlegten – festhielt, ließ ihn neu zusammenfügen, was im Sommer bereits zu zerbröckeln begonnen hatte. Aus der Ferne mochte Weimar erträglicher scheinen; außerdem war schon abzusehen, daß er dorthin zurückkehren mußte, falls er nicht einen noch radikaleren Bruch als seine skandalöse Abreise am 3. September riskieren wollte. Die bittenden Briefe an Frau von Stein lassen eindeutig darauf schließen, daß für Goethe in Rom ein derartiger Bruch nicht auf der Tagesordnung stand.

Mitte Januar 1787 war Karl Philipp Moritz wieder auf den Beinen, das Manuskript der *Iphigenie* war (am 13.) an Herder abgegangen, und der Briefwechsel mit Frau von Stein bewegte sich wieder in festen Bahnen. Gleichzeitig zeichnete sich in Goethes Einstellung zu den römischen Altertümern ein neuer Gesichtspunkt ab. Von dem Augenblick an, da er in Rom war, hatte er erwartet, durch das Rom-Erlebnis ein «neuer Mensch» zu werden; etwas von dieser Erwartung war immer schon in seiner Italiensehnsucht mitgeschwungen. In den Briefen nach Hause wird mit schöner Regelmäßigkeit betont, daß Rom seine «Wiedergeburt» bedeute und daß er nun sein Leben lang von seinem jetzigen Tun zehren werde. Jedoch verändert diese vermeintliche Wiedergeburt im Laufe der Zeit ihren Charakter. In seinem ersten Monat in Rom war Goethe noch auf der Suche nach dem, was er sich von der Reise versprochen hatte und zu seiner Enttäuschung nicht fand: dem vollkommen erfüllten, sinnlichen Genuß der künstlerischen Leistungen des klassischen Altertums und der Renaissance, der Antwort auf ein dreißigjähriges Wünschen und Hoffen. Immer wieder schienen sich die Verwüstungen der Zeit, der schädliche Einfluß des Christentums und die Unbequemlichkeit seiner eigenen Umstände gegen ihn verschworen zu haben, schienen ihn daran hindern zu wollen, die Frucht der reinen Lust nach Wunsch zu genießen, so wie man eine am Ufer des Gardasees gepflückte reife Feige genoß. Er hatte in Rom die Stätte erblickt – wenn es denn eine gab –, wo dieser Genuß möglich sein mochte, und war nicht zuletzt darum der Stadt so hektisch entgegengereist. Als er dann an Ort und Stelle war und sich auf dem Golgatha des klassischen Altertums umzusehen begann, äußerte er zunächst hypothetisch die Vermutung, der einzigartige Nutzen, den er dem Anblick dieser in Trümmern liegenden Monumente zu danken habe, sei ein Gefühl für die «Solidität» der Dinge dieser Welt. Dieses Paradox war offenkundig unhaltbar, und so sehen wir Goethe als nächstes diese traurigen Reste um der «Größe» willen rühmen, die sie auch in ihrem Verfall noch bewähren. Im Januar begnügt er sich schließlich mit der unverbindlichen Überzeugung, daß «einer, der Italien besonders Rom recht gesehn hat, nie ganz in seinem Gemüthe unglücklich werden kann». Denn in der Tat vollzog sich nun mit ihm eine Wiedergeburt, aber von ganz anderer Art, als er erwartet hatte: «daß ich so viel *ver*lernen müßte dacht ich nicht.» «Ich bin wie ein Baumeister der einen Turm aufführen wollte und ein schlechtes Fundament gelegt hatte; er wird es noch bei Zeiten gewahr und bricht gerne wieder ab, was er schon aus der Erde gebracht hat, um sich seines Grundes mehr zu versichern . . .» «Ich bin von einer ungeheuren Leidenschafft und Kranckheit geheilt . . .»

Goethe räumte damals ein, er könne nicht «einzeln sagen worin die Aufklärung besteht», und worin genau die Krankheit bestand, von der er geheilt wurde, verrät er uns nirgends; wir können aber vermuten, daß es so etwas wie die Hoffnung auf Erfüllung war, in der er seit September gereist war, die Sehnsucht, die seit der Jugend an seinem Herzen genagt hatte. Doch war er von seiner Sehnsucht nicht durch ihre Erfüllung geheilt worden, sondern durch die Einsicht in das Unrealistische ihres Gegenstandes und den Entschluß, sich hierüber nicht länger zu betrügen. Er war nach Rom gekommen und hatte nicht gefunden, was er suchte: das, meinte er, war seine große Entdeckung. Er hatte sich auf eine «symbolische» Reise begeben, und am Ende dieser Reise hatte er entdeckt, daß die Welt sich nicht unbegrenzt mit persönlicher Bedeutung erfüllen ließ. Was er gesucht hatte, war höchste Steigerung, Genuß und die Offenbarung eines unmittelbaren Erlebens gewesen; was er gefunden hatte – oder meinte, gefunden zu haben –, war die Notwendigkeit, sich zu unterrichten, studierend zu verstehen, sich abzumühen. So leicht war Weimar nicht abzuschütteln. In dem Begriffsrahmen, mit dem er nach Rom gekommen war, galten die Hervorbringungen der Natur, der klassischen Kunst und des Besten in der modernen Kunst gleichermaßen als «wahr», «seiend», «gegenwärtig» und «ganz». Er betrachtete Rom zunächst wie ein Objekt der Natur, das ihm seine Geheimnisse schon preisgeben würde, wenn er es nur eifrig und leidenschaftslos genug ansah: «Du kennst meine alte Manier wie ich die Natur behandle, so behandl' ich Rom und schon steigt's mir entgegen, ich fahre immer fort zu sehn . . .» Aber der augenscheinlich fragmentarische Charakter der meisten Kunstwerke, die er sah, die Notwendigkeit, sie im Geiste zu rekonstruieren, sowie der Umgang mit Künstlern und Gelehrten, welche die in diesen Kunstwerken verkörperten theoretischen Prinzipien und historischen Anspielungen erkannten und für selbstverständlich nahmen – das alles nötigte Goethe Mitte Dezember zu dem Schluß, daß es «bequemer und leichter sei die Natur als die Kunst zu beobachten und zu schätzen.» Kunst und Natur waren grundsätzlich verschieden, mochte die Kunst auch ihrer Struktur nach bestrebt sein, die Strukturen der Natur nachzuahmen.

Das geringste Produkt der Natur hat den Kreis seiner Vollkommenheit in sich und ich darf nur Augen haben um zu sehen, so kann ich die Verhältnisse entdecken, ich bin sicher daß innerhalb eines kleinen Zirkels eine ganze wahre Existenz beschlossen ist. Ein Kunstwerk hingegen hat seine Vollkommenheit außer sich, das 'Beste' in der Idee des Künstlers, die er selten oder nie erreicht . . . Es ist viel Tradition bei den Kunstwerken, die Naturwerke sind immer wie ein erstausgesprochenes Wort Gottes.

Was Goethe entdeckt hatte, war, daß Kunstwerke nicht einfach Formen sind, die die Sehnsüchte des Betrachters befriedigen (oder auch nicht), sondern daß sie historische Phänomene sind, von Menschen mit Absicht hervorgebracht, und daß es historischer Kenntnisse bedarf, nicht nur um sie zu verstehen und zu würdigen, sondern auch, um sie überhaupt richtig zu sehen. So begann Goethe in den ersten beiden Monaten des Jahres 1787, sich bewußt der Aneignung dieser Kenntnisse zu widmen.

Ob das Wort «Wiedergeburt» die richtige Bezeichnung für eine solche Erkenntnis ist, mag dahingestellt bleiben. Eher scheint sie jene Unterdrückung der Macht der Sehnsucht zu perpetuieren, die seit dem Tode Cornelias immer gewaltsamer geworden war. Paradoxerweise bekannte Goethe sich ausgerechnet in Rom am bedingungslosesten zur «offiziellen» Kultur der deutschen Höfe, zu einer Kultur, die das Andere, Weltferne der Kunst, ihre Distanz zum Getriebe des Lebens betonte. Für den jungen Goethe, der die Ode «Prometheus» geschrieben hatte, bestand die Vollkommenheit eines Kunstwerks darin, daß es am Leben, am Begehren und Lieben, an den Leiden und Freuden der Menschen teilhatte. Kunst und Natur seien nicht unterschieden, hatte Goethe noch auf der Fahrt durch Norditalien behauptet. Von dieser Sturm-und-Drang-Ästhetik rückte Goethe nun zugunsten einer Ästhetik der desinteressierten Schönheit ab. Diese neue Kunstauffassung verkörperte die keusche Gestalt der Minerva Giustiniani, deren ursprünglich bräunliche Hand unzählige Besucher weiß geküßt hatten – eine Pygmalionsfigur, deren besonderer Vorzug darin bestand, *nicht* lebendig zu werden. Die Frau des Kustoden konnte sich die Bewunderung der durchreisenden Engländerinnen für diese Skulptur nur so erklären, daß sie in deren heidnischer Religion eine Göttin darstellte – die Bewunderung Goethes nur damit, daß sie ihn an eine ferne Geliebte erinnerte: «das gute Weib kannte nur Anbetung und Liebe, aber von der reinen Bewunderung eines herrlichen Werckes . . . konnte sie keinen Begriff haben.» Sie konnte Kunst nur als Erschaffung von Objekten der Sehnsucht denken. Seit seinen Mannesjahren hatte Goethe Kraft aus dem Glauben an die symbolische Bedeutung seines Lebens geschöpft, einem Glauben, der auf dem Begehren basierte, zumal auf dem Begehren in seiner edelsten Form, der Hoffnung: Goethe hoffte auf eine literarische Revolution in Deutschland und auf praktische Verbesserungen in Weimar; er hoffte, daß die beschwerlichen Jahre des Dienens und Verzichtens Mittel oder Vorspiel einer künftigen Erfüllung von der Art jener vollkommenen und unmittelbar zugänglichen Schönheit sein möchten, nach der er suchte, als er über den Brenner kam. Nachdem er einen Monat in Rom war, verblaßte diese Hoffnung: zum Teil, weil er gefunden hatte, was er suchte, zum Teil, weil das, was er gefunden hatte, sich als etwas anderes entpuppte als das, was er erwartet hatte, im Grunde wohl aber, weil unter dem Gewicht seiner höfischen und politischen Existenz in Weimar diese Hoffnung schon längst gesunken und die ganze theatralische Inszenierung seiner heimlichen Flucht aus Karlsbad nach Rom nichts anderes als die verzweifelte Umdeutung der letzten Todeszuckungen dieser Hoffnung, das letzte Aufflackern der Kerze vor ihrem Verlöschen gewesen war. Ohne Zweifel hat Goethe in Rom etwas Neues gelernt – etwas, das ihm für den Rest seines Lebens von Nutzen war: Er betrieb im Grunde genommen ein zweijähriges konsequentes und zum Teil systematisches Studium der Kunstgeschichte und der praktischen Kunstausübung unter der – mitunter sogar förmlichen – Anleitung von Fachleuten und Gelehrten. Diese Lehrzeit war das, was in Goethes Leben einer echten Universitätsausbildung am nächsten kam, und sie legte den Grund für das Wissen und die Kultur des reifen Goethe. Doch eine Wiedergeburt für seine Dichtung brachte sie nicht. Im Gegenteil: Nichts beweist so deutlich die Kontinuität zwischen der italienischen Reise und den vorangegangenen Jahren der Sterilität wie der Umstand, daß Goethe in Italien zu keinen nennenswerten lyrischen Gedichten, ja eigentlich zu keiner neuen literarischen Arbeit von Bedeutung angeregt worden ist. Die zehn Jahre nach seiner römischen «Wiedergeburt» bescherten Goethe praktisch keine *neue* literarische Blüte: Es gab einen einzigen bemerkenswerten Gedichtzyklus, und es gab den auf seine Art ebenfalls bemerkenswerten Abschluß einiger schon lange bestehender Projekte; ansonsten aber gab es nur einige der unbestreitbar mittelmäßigsten Schriften, die Goethe je verfaßt hat, und im übrigen ein dröhnendes Schweigen. Es waren Jahre einer großen Illusion – der Überzeugung, daß die Alternative zu einer Dichtung der Sehnsucht eine Dichtung des Besitzes sei. Erst am Ende dieser Jahre erkannte Goethe, daß die wahre Alternative, die einzige Alternative, die *ihn* inspirieren konnte, eine Dichtung der Entsagung war.

Unterdessen «ist [es] nicht allein der Kunstsinn, es ist auch der moralische der große Erneuerung leidet»: Nicht nur in der Literatur, sondern auch im Leben fand Goethe «Heilung» (wie er meinte) von seiner Orientierung am unerfüllten Begehren. Die Zeit des Besitzes war gekommen. Eine launige Skizze Tischbeins zeigt ihn, wie er verdrießlich eines der Kissen auf seinem Doppelbett mit den Worten wegschiebt: «das verfluchte zweite Küssen». Er dachte offensichtlich über Mittel und Wege nach, der Leere abzuhelfen; denn er schreibt im Februar 1787 an Carl August, die Gefälligkeit der Malermodelle käme sehr gelegen, «wenn die französischen Einflüsse [er meint die Syphilis] nicht auch dieses Paradies unsicher machten». Er merkte sich *Fanny*

Hill zur Lektüre vor. Der bedeutsamste Hinweis auf eine Veränderung kam jedoch, als Goethe sich mitten im Trubel des Aufbruchs nach Neapel zu einem Brief an seine Freundin durchrang, die fern in Weimar war, so wie sie fast immer physisch seinem Leben fern gewesen war:

Es ist entsetzlich was mich oft Erinnerungen zerreißen. Ach liebe Lotte du weißt nicht welche Gewalt ich mir angetan habe und antue und daß der Gedanke dich nicht zu besitzen mich doch im Grunde, ich mags nehmen und stellen und legen wie ich will aufreibt und aufzehrt. Ich mag meiner Liebe zu dir Formen geben welche ich will, immer immer – Verzeih mir daß ich dir wieder einmal sage was so lange stockt und verstummt. Wenn ich dir meine Gesinnungen meine Gedanken der Tage, der einsamsten Stunden sagen könnte.

Diese Worte implizierten das genaue Gegenteil dessen, was Goethe oder Frau von Stein sich dabei gedacht haben mögen: Sie waren ein Abgesang, der Epitaph auf eine Freundschaft. Vielleicht hatte die außerordentliche abstrakte Anstrengung, eine Freundschaft durch – zunächst nicht abgeschickte – Korrespondenz aufrechtzuerhalten und wieder herzustellen, Goethe die Augen für die falsche Prämisse geöffnet, auf der diese Freundschaft beruhte: die Prämisse, daß eine Ehe ohne Stillung des Begehrens möglich sei. Das einzige, was die beiden jetzt noch verband, war ihre physische Trennung. Sobald Goethe wieder in Weimar war, mußte sein Unvermögen, die ständig neue Reizung und ständig neue Frustration seines Begehrens zu ertragen, dieser unnatürlichen Verbindung ein Ende machen.

»Mit dem schönen Geschlechte kann man sich hier, wie überall, nicht ohne Zeitverlust einlassen«, berichtete Goethe seinem Herzog, und die Theater, die in Rom für eine kurze Saison zwischen dem Dreikönigstag und Aschermittwoch ihre Pforten öffneten, waren ebensowenig dazu angetan, ihn abzulenken, «da man zu so viel soliden Betrachtungen Gelegenheit hat» (und sie bis auf die Ballettaufführungen wohl ohnehin nicht besonders gut waren). Im Januar und Februar war er vollauf damit beschäftigt, «mein Auge und meinen Geist» zu üben; sein Gegenstand waren «die Style der verschiednen Völcker des Alterthums und die Epochen dieser Style in sich, wozu Winckelmanns Geschichte der Kunst ein treuer Führer ist.» Er sah sich sogar als Sammler von Material, das für eine Neuausgabe von Winckelmanns Werken nützlich sein könnte. «Dann übe ich mich die verschiednen Gottheiten und Helden [des Altertums] zu studieren.» Zugleich lockte ihn die neugewonnene Zuversicht, seinen Weg zu kennen und einen Halt an Frau von Stein und Carl August zu haben, «aus meiner Verschantzung» heraus und machte ihn geselliger, was, wie er wußte, ganz im Sinne seiner beiden Freunde war. Er gab das Inkognito praktisch auf, das den Zweck der ersten Wochen erfüllt hatte, ihn als ernsthaften Studenten, nicht als durchreisenden Besucher auszuweisen; und wenn er anfänglich das Angebot der Arkadischen Gesellschaft, ihn auf dem Kapitol mit dem Lorbeerkranz zu schmücken, ausgeschlagen hatte, so ließ er sich nun, am 4. Januar, in diese ein wenig frivole Gesellschaft aufnehmen und war bereit, das zum Lobe seiner Werke verfaßte Sonett anzuhören und den Schäfernamen «Megalio» anzunehmen, «per causa della grandezza oder grandiosità delle mie opere». Mehr nach seinem Geschmack waren die Abendgesellschaften mit Moritz, den deutschen Künstlern und deutschsprachigen Besuchen, bei denen er nun den Vorsitz innehatte und man bis in die Morgenstunden hinein bei Brot, Käse, Wurst und einem in Rom gebrauten deutschen Bier diskutierte und Erinnerungen austauschte. Die Umarbeitung der *Iphigenie*, die sowohl Tischbein als auch Angelica Kauffmann – beides unnachsichtige Kunstrichter – für gelungen erklärt hatten (auch wenn Tischbein mit seiner unabgeschlossenen Schulbildung immer «Efigenia» schrieb), bestärkte Goethe in dem Glauben, daß er auch *Egmont*, *Tasso* und *Faust*, ja sogar *Wilhelm Meister* «mit dem Eintritt ins vierzigste Jahr» beendigen könne und daß Göschen womöglich an eine zehn- statt an eine achtbändige Werkausgabe denken sollte. Allmählich erlag er sogar der Versuchung, wieder mit dem Zeichnen anzufangen, einer Versuchung, der er zunächst nicht hatte nachgeben wollen, weil es ihm zwar für seine Studien sehr nützlich gewesen wäre, aber zu viel Zeit kostete. Den ganzen 7. Februar verbrachte er mit Zeichnen; nach Kräften versuchte er, seine «kleinliche deutsche Art» abzulegen, worunter er verstand, an die Stelle der atmosphärischen Landschaften und mitunter herrlich detailreichen (wenn auch nicht immer eigenen) malerischen Szenerien der letzten zehn Jahre eine festere und mehr architektonische Linie treten zu lassen, die freilich auf den modernen Betrachter ziemlich leblos wirkt. In Tischbein und anderen hatte er endlich Lehrmeister, die ihm zu dem verhalfen, was er für rasche Fortschritte hielt; er begann zu aquarellieren und hatte Ende Februar zehn kolorierte Ansichten für seine Mutter fertig, die sie an Frau von Stein weiterschicken sollte. Dieses energisch betriebene Dilettieren kam der Wiener Hofkanzlei, die durch ihre Spitzel über Goethes Tun und Lassen genau unterrichtet war und sogar die Briefe seiner Mutter abfing, ebenso mysteriös wie verdächtig vor: Daß sich der engste Vertraute des Herzogs von Weimar, bekanntlich der treibenden Kraft hinter dem österreichfeindlichen Fürstenbund, im Kirchenstaat aufhielt, noch dazu unter falschem Namen, konnte ganz offenkundig keinen derartig trivialen Grund haben. Es gibt jedoch, bei aller Geschäftigkeit Goethes, keinen Beweis für den in Wien gehegten Verdacht, er könnte bei der Ernennung seines alten Erfurter Freundes und Gönners Carl Theodor von Dalberg zum Koadjutor und damit Nachfolger des Erzbischofs von Mainz seine Hand im Spiel gehabt haben, auch wenn Carl August selbst sich hinter den Kulissen aktiv für die Berufung Dalbergs verwendete.

Den Goethe dieser Periode zwischen Dezember 1786 und Februar 1787 zeigt das bekannteste Porträt des Dichters, das überlebensgroße Ölgemälde *Goethe in der Campagna*, das Tischbein Anfang Dezember in Angriff nahm. Trotz gewisser anatomischer Ungeschicklichkeiten ist es ein schönes, symbolisches Porträt, und der Kopf, auf den Tischbein besondere Sorgfalt verwandte, galt als überaus gut getroffen. Goethe, in wallendem weißem Gewand und mit breitrandigem Malerhut (auch Aloys Hirt wurde mit einem

27. J. H. W. Tischbein: Goethe in der Campagna (1787)

solchen Hut porträtiert), ruht zurückgelehnt auf einigen Granitblöcken, die im ersten Stadium des Gemäldes durch Hieroglyphen als Teile eines ägyptischen Obelisken erkennbar waren. Neben ihm steht, von Efeu als dem Symbol der Unsterblichkeit umwachsen, ein antikes Relief, das in einem Stil, der damals als hochklassisch galt, die Erkennungsszene aus *Iphigenie* darstellt. Die Überreste eines Kapitells daneben spielen auf Goethes Architekturstudien an, und im Hintergrund, vor der vulkanischen Landschaft der Albaner Berge, erkennt man einige der von Goethe bevorzugten Baudenkmäler an der Via Appia – vornehmlich einen Aquädukt und das Grabmal der Caecilia Metella –, über die er zweifellos im November lebhaft mit Tischbein diskutiert hatte. Goethe blickt mit gesammelter Aufmerksamkeit nach rechts, als ob er «über das Schicksal der menschlichen Werke nachdenket», wie Tischbein selbst sich ausdrückte; doch deuten die Wolken, Pflanzen und Steine auch auf seine naturwissenschaftlichen Interessen. Beherrscht wird das Gemälde von Goethes Kopf und seiner rechten Hand, der Schreibhand; beide, Kopf und Hand, haben aus den bruchstückhaften Trümmern der Vergangenheit ein unsterbliches Bild, das Bild Iphigenies und Orests, dichterisch beschworen – eine Leistung, die, nach den Dimensionen des Bildes zu urteilen, etwas Übermenschliches an sich hat. Eigentlich gehört *Iphigenie*, wie wir sehen werden, zwar nicht mehr in diesen Zusammenhang – sie war schon beendet, als die römische «Wiedergeburt» einsetzte –, aber seit Januar 1787 begann Goethe, im Freundeskreis ausführlich aus ihr vorzulesen. Zwar hat er Tischbeins Porträt niemals in seinem Endzustand, mit der zentralen Stellung des Iphigenie-Reliefs, gesehen; aber es hätte ihm zweifellos geschmeichelt, ausgedrückt zu sehen, daß er in den Erzeugnissen seines Geistes bereits eine Solidität, Dauer und Größe erreicht hatte, die den Vergleich mit den Werken des klassischen Altertums nicht zu scheuen brauchte – denn ebendies war zweifellos die Leistung, zu der er damals glauben wollte befähigt zu sein.

Indessen werden die letzten Tage Goethes in Rom im Februar 1787 doch wieder von einem Schatten der Ungewißheit gestreift – gleichgültig, wie Tischbein oder auch Goethe selbst die Dinge später gesehen haben mögen. Seinem älteren Kollegen, dem Ersten Minister von Fritsch, schreibt Goethe am Karnevalsdienstag über die drei Stufen, die seine Haltung zu den Altertümern der Stadt durchlaufen hat. Die ersten beiden Stufen sind uns bereits bekannt: «Die erste Zeit eines hiesigen Aufenthalts geht ohnedies unter Staunen und Bewundrung hin, biß man nach und nach mit den Gegenständen bekannter und sich selbst gleichsam erst gewahr wird. Alsdann [das heißt, in einer zweiten Stufe] lernt man erst sondern, beurtheilen und schätzen.» Aber die dritte Stufe, die Goethe Veranlassung gibt, die Wochen intensiven Studiums, die sich nunmehr ihrem Ende zuneigen, abschließend einzuschätzen, lassen erkennen, wie unsicher er sich seiner «Wiedergeburt», oder des Anteils, den Rom an ihr hatte, noch ist: «Doch bleibt am Ende die Masse des zu Betrachtenden allzugroß, die Aufmerksamkeit wird nur zu sehr verteilt ... Und so findet man mit dem besten Willen und nach einem Aufenthalt, der soviel Mühe als Genuß gewährte, daß man eben wieder anfangen möchte, wenn man zu endigen gezwungen ist.» Dieser «Zwang» kommt natürlich ganz aus ihm selbst: Er hat in Wirklichkeit seit Anfang Februar das Gefühl: «übrigens ists Zeit daß ich aus Rom gehe, und eine Pause der allzustrengen Betrachtung mache, wenigstens die Gegenstände verändre auf Neapel freue ich mich, und wenn ihr mich länger entbehren wollt auf Sicilien.»

Goethes ursprüngliche Absicht war gewesen, nach etwa einmonatigem Aufenthalt in Rom wieder die Rückreise nach Deutschland anzutreten. Von diesem Plan kam er wahrscheinlich erstmals ab, als er um den 17. November herum erfuhr, daß vor kurzem der Vesuv wieder ausgebrochen war – ein Naturschauspiel von höchstem Interesse für ihn. Je schwerer es ihm dann in der Folge fiel, in Rom den Sinn seiner symbolischen Reise zu entdecken, desto verlockender wurde es, die Reise auf neue Ziele auszudehnen. So wurde ein neuer Plan gemacht: Goethe wollte im neuen Jahr nach Neapel gehen, zu den Osterfeierlichkeiten wieder in Rom sein, danach zwei Monate in Norditalien, namentlich in Florenz und Mailand, und weitere zwei Monate in der Schweiz und in Frankfurt verbringen und endlich im August nach Weimar zurückkehren. Die Abreise nach Neapel verzögerte sich jedoch aus verschiedenen Gründen: Es trat die Krise in der Korrespondenz mit Frau von Stein ein, Goethes historische Kenntnisse über die Stadt Rom bedurften dringend der Vertiefung, und der Herzog schrieb Goethe einen großzügigen und verständnisvollen Brief, in dem er ihm Urlaub auf unbegrenzte Zeit gewährte. Wenn Goethe bis zum Aschermittwoch in Rom blieb, konnte er den römischen Karneval mitmachen und in aller Ruhe über seine weiteren Pläne nachdenken. So entwarf er verschiedene Reiserouten, die den Herbst 1787 bzw. das Frühjahr 1788 als Rückreisedatum vorsahen – je nachdem, ob er im Herbst nach Sizilien ging, wo es angeblich großartige Tempel zu sehen gab und ein Besuch des Ätna die naturwissenschaftlichen Beobachtungen des Vesuvs ergänzen mochte, oder auf Sizilien verzichtete. Der ganze Weimarer Freundeskreis – die fürstliche Familie, Prinz August von Gotha, das Ehepaar Herder, Knebel, Frau von Stein –, dem Goethe nach wie vor in Form von Rundbriefen regelmäßig über seine Fortschritte Bericht erstattete, wurde gebeten, in einen Gedankenaustausch über diese Reisefrage zu treten und Goethe zu beraten. Doch noch bevor Goethe erfuhr, was bei diesen Beratungen herausgekommen war, setzte ihm der Herzog, der gerade nicht in Weimar war, in einem weiteren Brief eine bestimmtere, wenn auch höflich verklausulierte Frist: er verlangte Goethe «vor Weihnachten [1787] ... nicht zurück». Damit schied Sizilien für den Herbst aus, aber es ließ sich vielleicht im April und Mai einschieben, bevor die Jahreszeit zu heiß zum Reisen wurde. Frau von Stein lehnte es freilich ab, für die eine oder andere Alternative zu plädieren: Als der 21. Februar, der Aschermittwoch, heranrückte, wußte Goethe mit Sicherheit nur, daß er «die zerstückte ... Welt» Roms hinter sich lassen und mit Neapels «froherer Welt» und seinem Land vertauschen würde, «das unaussprechlich schön seyn soll».

Fast vier Monate lang, mit nur einer einzigen kurzen Unterbrechung, hatte Goethe in einer Stadt gelebt, die, so bemerkenswert sie sein mochte, «ein wenig kleinstädtisch in manchen Dingen» war, und er verließ sie «gerne». Das war nicht die ideale Stimmung, um den Karneval zu genießen, der sich in der letzten Woche vor der Fastenzeit hauptsächlich auf dem Corso, direkt unter Goethes Fenstern abspielte. Der Karneval, «ein Fest, das dem Volke eigentlich nicht gegeben wird, sondern das sich das Volk selbst gibt», war «das Leben der Römer», und wenn man sich, wie Goethe es getan hatte, den Kirchen- und Adelskreisen fernhielt, hatte das Leben in Rom etwas Ungehobeltes, Plebejisches. (In den ersten vier Wochen seines Romaufenthalts registrierte Goethe nicht weniger als vier Morde, und eines der wenigen öffentlichen Schauspiele, denen er beiwohnte, war die Abschlachtung von tausend Schweinen auf der Piazza della Minerva.) Der römische Karneval – die einzige Zeit des Jahres, in der es eine nächtliche Straßenbeleuchtung gab – war im Grunde ein Sich-Austoben der Anarchie. Es gab Tanzveranstaltungen, und die Theater hatten noch geöffnet, aber das einzige öffentlich organisierte Ereignis war das allabendliche Wettrennen der Pferde (ohne Reiter) über den ganzen Corso, von der Piazza del Popolo bis zur Piazza Venezia. Dieses kurze Spektakel und die damit zusammenhängenden Vorbereitungen lockten Tausende von Menschen auf den Corso, durch den jetzt kein Durchkommen mehr war, weil man ihn mit Stühlen und Bänken vollgestellt hatte, während die angrenzenden Häuser von ihren Bewohnern mit Girlanden und Laternen geschmückt worden waren. Hier herrschte vom Mittag an, sobald die Glocke auf dem Kapitol geschlagen hatte, König Karneval, immer mehr maskierte oder verkleidete Gestalten, improvisierende Schauspieler und Unterhaltungskünstler traten auf, und alle Zuchtlosigkeiten, Unflätereien und losen Scherze waren erlaubt, solange sie nicht das Verbotene streiften. Das Menschengedränge war beängstigend, vor allem gleich nach dem Rennen, und noch unerträglicher war der Lärm. Für Goethe, der sich in seiner Wohnung mit den Epochen der antiken Kunst herumschlug und so schnell wie möglich die Reihe von Rom-Ansichten für seine Mutter und Frau von Stein fertighaben wollte, war der Karneval ein «abgeschmackter Spas, besonders da innre Fröhlichkeit den Menschen fehlt und es ihnen an Geld mangelt das bißchen Lust was sie noch haben mögen auszulaßen». Zwei oder drei Ballbesuche verursachten ihm nach einer halben Stunde Langeweile, und nach drei Tagen schrieb er Herder, daß er vom römischen Karneval mehr als genug habe. Er schrieb Fritsch von dem Vesuv, der «mich . . . ein merckwürdiger Naturschauspiel hoffen läßt, als das Carneval uns bis heute ein städtisches gegeben hat», und hoffte in Neapel, «wieder Lust Rom anzusehen mir anzuschaffen». Der einzige Trost war das Wetter, das «unglaublich und unsäglich schön» war; die Mandelbäume standen in voller Blüte vor den dunklen Steineichen, und der Boden war übersät mit Krokussen und Adonisröschen. Nachdem er im Büßerfrieden des Aschermittwochs gepackt hatte, brach Goethe am Donnerstag, dem 22. Februar, mit Tischbein nach Neapel auf. Die einzige literarische Arbeit, die er mitnahm, war das fragmentarische *Tasso*-Manuskript. Dafür hatte er sich reichlich mit dem besten Papier eingedeckt: Er hoffte, daß es auf der Reise viel zu zeichnen geben werde.

Vorschein der Erfüllung: «Iphigenie» und «Wald und Höhle»

Nachdem Goethe einmal Rom erreicht hatte, das letzte symbolische Ziel einer jeden Sinnsuche, die ein Europäer unternehmen konnte, war seinem eigenen «symbolischen Dasein» keine längere Dauer mehr beschieden. Das Ziel selber, trümmerhaft und unbefriedigend, erwies sich nicht als Symbol der Erfüllung, sondern versinnbildlichte nur die Notwendigkeit eines Neuanfangs und einer neuen Lebensweise. Doch zu der Zeit, als ihm diese Erkenntnis zu dämmern begann, an Neujahr 1787, hatte Goethe bereits den dichterischen Ausdruck jener Sinnsuche vollendet, die ihn von Karlsbad nach Rom geführt hatte – die zweite Fassung von *Iphigenie in Tauris*. Es ist das am vollkommensten palladianische Werk Goethes – sein letztes, das ganz unberührt von der Unterscheidung zwischen Kunst und Natur blieb, die der Romaufenthalt ihn gelehrt hatte. Es ist von dem Glauben durchglüht, daß die Erfüllung der Herzenssehnsucht möglich ist und daß die wirkliche Welt bei aller Beschränktheit und Widerspenstigkeit doch die höchsten Ideale des menschlichen Geistes verkörpern kann. Niemals wieder hat Goethe aus einer so konsequenten Überzeugung heraus geschrieben, daß die Verwirklichung seiner Hoffnungen unmittelbar bevorstehe, und so blieb die *Iphigenie* ein einzigartiger Glücksfall.

Die erste Fassung des Stückes hatte sich um die Frage gedreht, die Goethe zu zwei früheren symbolischen Reisen bewog: Waren die Götter wohlwollend? Bewährte das Schicksal die Ahnungen des Herzens, und würde es durch seine Antwort auf Goethes Flehen um ein Zeichen oder auf Iphigenies Gebet um Heilung des Orest oder um ihre eigene Befreiung beweisen, daß es nicht, wie der Harfenspieler befürchtete oder wie Iphigenie selbst in Augenblicken der Anfechtung befürchtete, eine raubgierige und unberechenbare Macht war, die den Menschen schuldig werden ließ und dann für seine Schuld bestrafte? Zweifellos regte sich diese Frage erneut in Goethes Gemüt in jenen bangen Monaten des Jahres 1786, als er heimlich die Pläne zu seiner Reise schmiedete, wie ein Mystiker auf das Zeichen wartete, das ihm den Weg nach Karlsbad freigeben würde, und sich mit immer weniger beherrschbarer, irrationaler Ungeduld beeilte, zu einem bedeutungsvollen Zeitpunkt an sein eigentliches Ziel zu gelangen. Inzwischen waren jedoch mehr als sieben Jahre vergangen, seit dieses Problem ihn zuletzt bedrängt hatte, und seine Berufung auf die göttliche Lenkung bei der Flucht nach Rom klingt routinemäßig, fast mechanisch. In der langen Fron für das Herzogtum hatte er gewissenhaft den Rat befolgt, mit dem die Prosa-*Iphigenie* schließt: bei den Menschen die Antwort auf die Rätsel der Götter zu suchen. Und sein Begriff von den Göttern hatte sich daraufhin verändert, wie das Gedicht «Das Göttliche» zeigt, in dem jener Spruch seine maßgebliche Formulierung findet. Nicht länger war Götterwillkür ein Gegenstand der Furcht; waren doch die Götter selber nur die an den Himmel geworfenen Schatten menschlicher Eigenschaften. Infolgedessen tritt das tragische Potential der ursprünglichen Fassung in der revidierten Version in den Hintergrund, weil nun den Göttern eine deutlich veränderte Rolle zugeschrieben wird.

In der Prosa-*Iphigenie* bleibt unklar, ob es neben den Bühnenhelden eine Reihe göttlicher Akteure gibt – Apollo, Diana, die Erinnyen –, die (wie Jacobis transzendenter persönlicher Gott) jederzeit in das Geschehen eingreifen könnten, dies aber aus irgendeinem Grund nicht tun. In der neuen Fassung von 1786 werden die Götter systematisch mit den sittlichen Einstellungen des Menschen identifiziert, die sich im Götterglauben ausdrücken. Wenn Iphigenie im ersten Aufzug die von Thoas verlangte Wiedereinführung des Menschenopfers mit den Worten zurückweist:

> Der mißversteht die Himmlischen, der sie
> Blutgierig wähnt,

dann paraphrasiert sie in Versen einen Satz aus der Prosafassung, der die Götter einfach als Wohltäter charakterisiert, die nur zufällig nicht anwesend sind. Zu den dann folgenden Worten gibt es jedoch keine Parallele in Prosa; sie wirken, im Geiste des Gedichtes an das «Göttliche», dem Eindruck entgegen, die Götter könnten einen anderen sittlichen Charakter haben als der Mensch, der sie anbetet:

> er dichtet ihnen nur
> Die eignen grausamen Begierden an.

Dieses Prinzip ist unendlich erweiterungsfähig: Ein grausamer Mensch wird grausame Götter haben, ein kluger Mensch kluge Götter, und eine reine, heilige, heilspendende Frau wird eine reine, heilige und heilspendende Göttin verehren. Während Goethe den Wortlaut des Textes im einzelnen veränderte, bezog er noch mehr Ereignisse als zuvor auf die Dimension des Göttlichen; aber dieses Göttliche ist immer ein Abbild der sittlichen Realität des Menschen. Der berechnende Pylades, für den das Leben eine Kette von Gelegenheiten ist, die man ergreifen muß, nicht eine sittliche Verpflichtung, die Gehorsam erheischt, hatte in Prosa nur gesagt: «unsre Rückkehr hängt an einem zarten Faden», während er in der Versfassung sagt:

> unsre Rückkehr hängt an zarten Fäden,
> Die, scheint es, eine günstge Parze spinnt.

Sogar Iphigenie hat im Augenblick ihrer schlimmsten Zweifel, am Ende des 4. Aufzugs, nicht einfach nur die Angst, die olympischen Götter könnten sie ihrem tragischen Geschick überlassen: Jetzt betet sie auch darum, die Götter möchten ihr Gesicht wahren, indem sie den Spiegel retten, in welchen allein sie sichtbar werden – Iphigenies wohlwollende und gläubige Seele:

> Rettet mich
> Und rettet euer Bild in meiner Seele.

Dieses Prinzip der Korrespondenz von Menschlichem und Göttlichem hat den Zweck, eine der Schwächen der Prosaversion zu beheben und die beiden auseinanderfallenden Hälften des Stückes – den Teil über Orest und den Teil über Iphigenie – inniger zu verknüpfen. Denn die Symmetrie zwischen dem irdischen Geschwisterpaar Orest und Iphigenie und dem himmlischen Geschwisterpaar Apollon und Diana erscheint nun nicht mehr als glücklicher Zufall. Orest bleibt vom rechten Verständnis des Orakelspruches deshalb so lange entfernt, weil er nicht versteht, daß auch in dieser Hinsicht das, was im Himmel ist, exakt dem entspricht, was auf der Erde ist. Sobald er erkennt, daß die «Schwester», von der das Orakel gesprochen hat, in Wirklichkeit Iphigenie ist, die einzige wahre Diana, die auf Erden zu finden ist, hat er nicht nur die letzte noch verbliebene Hürde der dramatischen Handlung genommen, sondern auch in sich selbst das Bild des jungen Apollon wieder aufgerichtet, der auszieht, um Ungeheuer zu erlegen und «[n]ach Lebensfreud und großer Tat zu jagen». Dieses Bild war in ihm nur deshalb so lange verdunkelt, weil er sich nicht zu derselben Höhe der theologischen Einsicht wie seine Schwester aufzuschwingen und zu erkennen vermocht hatte, daß Apollon und Diana die ideale Widerspiegelung des irdischen Geschwisterpaares Orest und Iphigenie sind.

Diese inhaltlich gewichtigste Erweiterung der thematischen Textur des Stückes ist von zentraler Bedeutung für die Theologie des Dramas; sie stiftet aber auch eine festere innere Einheit. Ausgehend von einzelnen Anspielungen, die es schon im Prosaentwurf gab, macht Goethe aus der Vorstellung von dem göttlichen Fluch, der auf dem Hause der Tantaliden liegt, ein immer wiederkehrendes Motiv des ganzen Stückes und stellt dadurch einen engen Zusammenhang zwischen den beiden inneren Höhepunkten des Stückes her: dem Fluch des Orest und der Befreiung Iphigenies. Im ersten Aufzug schreibt Goethe Iphigenies Schilderung der in ihrer Familie begangenen Verbrechen in der Weise um, daß Thoas Iphigenie ausdrücklich fragt, ob ihre Vorfahren selber sittlich gefehlt hätten oder nur die Folgen der ursprünglichen Missetat des Tantalus hätten erdulden müssen. Iphigenies Antwort ist nicht eindeutig: Sie gibt zu, daß die Söhne des Tantalus von den Göttern mit einem «ehern Band» gebunden worden sind, aber die Greueltaten ihrer Vorväter schreibt sie deren persönlichen sittlichen Mängeln zu. Das Bild der «Bande» kehrt in den beiden Anspielungen auf den fortdauernden Fluch über dem Haus der Tantaliden wieder, um welche Goethe die Szene, die er «die Achse des Stücks» nannte, nämlich die Heilung Orests, erweiterte: in Iphigenies Gebet um Erlösung ihres Bruders von dem Fluch und in den Worten des Orest, die uns sagen, daß ihr Gebet erhört worden ist: «Es löset sich der

Fluch, mir sagt's das Herz.» Und in die letzte Szene des Stückes, in der wir den Wortlaut des Orakels erfahren, das Orest geleitet hat, flicht Goethe noch einmal die ausdrückliche Versicherung ein: «es löset sich der Fluch.» Wenn in der neuen Fassung der *Iphigenie* die Götter scheinbar gesonnen sind, jedes neue Geschlecht der Tantaliden schuldig werden zu lassen und seiner Pein zu überlassen – denn alle Schuld rächt sich auf Erden –, so hat das für das Stück nicht nur die Wirkung, daß die «Befreiung» zuerst des Bruders und dann der Schwester als Etappen auf dem Weg der Erlösung von diesem Schicksal erscheinen, sondern auch, daß ein neues und starkes Motiv für Iphigenies Wunsch, nach Griechenland zurückzukehren, gegeben ist. Was sie jetzt treibt, ist nicht eine recht egoistische Sehnsucht unter Vernachlässigung ihrer erworbenen Pflichten in Tauris, sondern der leidenschaftliche Glaube an ihre ursprüngliche und von den Göttern gewollte Mission, in die Hallen Mykenes zurückzukehren und dort als das einzige Mitglied ihrer Familie, das durch besonderes Walten der Götter von Sünde frei geblieben ist, das Haus der Ahnen zu reinigen und neu zu weihen, den Bruder zum König zu krönen und Gedächtnis und Folgen der blutigen Geschichte zu tilgen, die scheinbar der Fluch der Götter über ihr Geschlecht gewesen war. Die Frage, ob Thoas Iphigenie ziehen lassen wird oder nicht (und nicht bloß die Frage, ob er sie zum Brudermord zwingen wird), gerät damit unmittelbar zu der Frage, ob die Götter wirklich gewillt sind, den Fluch aufzuheben, welche Absicht sie ursprünglich mit Iphigenies Verbannung nach Tauris verfolgt haben und ob die Einsicht Iphigenies in das Wesen der Götter triftig ist.

Die stärkere Herausarbeitung des Fluchmotivs in der Versfassung der *Iphigenie* steht keineswegs im Widerspruch zu der Gleichsetzung der göttlichen Welt mit der sittlichen Welt des Menschen. So, wie eine gute und reine Frau an Götter mit guten und reinen Zielen glaubt, so glaubt ein von Schuld- und Reuegefühlen gepeinigter Mensch an peinigende und rächende Götter; umgekehrt ist ein Mensch, der sich von den ehernen Ketten eines göttlichen Fluches befreit glaubt, ein Mensch, der sich selber sittlich befreit hat. Der Idee des Fluches wohnt der Gedanke inne, es könne möglicherweise ein Mensch nicht ganz allein für sein sittliches Schicksal verantwortlich sein, sondern gegen seine besten Absichten von äußeren Mächten gezwungen werden, Verbrechen zu begehen. Für Iphigenie, die daran glaubt, daß die Götter «nur durch unser Herz» zu uns reden, ist eine solche Vorstellung in der Tat ein Fluch, und zwar der einzige wirkliche Fluch, den es gibt: ein Fluch, den der Mensch sich selbst auflädt, aber eben darum jederzeit auch selbst von sich nehmen kann. Das einzige, das zwischen uns und der sittlichen Vollkommenheit steht, ist nach Iphigenie die Überzeugung, es gäbe etwas, das zwischen uns und der sittlichen Vollkommenheit stünde – sei es die Furcht des Orest vor den rächenden Erinyen, sei es Pylades' umsichtiger Sinn für das Praktikable. Orest übernimmt nicht nur Iphigenies Ausdrucksweise, sondern ihre ganze Art zu denken, wenn er sein Herz sagen hört, daß der Fluch sich löst – und er löst sich eben dadurch, daß Orest sein Herz es sagen läßt; denn der Fluch ist eben der Glaube, daß etwas anderes als unser Herz das Leben leitet.

So wird die neue Version des Stückes, die Goethe in Verona, Vicenza und Venedig und in den ersten Wochen in Rom entwarf, ebenso stark von der Thematik des sich selbst genügenden Herzens beherrscht wie die Umarbeitung des *Werther*, die Goethe unmittelbar vor seinem Aufbruch nach Italien beendet hatte. Hatte die erste Fassung der *Iphigenie* die Frage gestellt: «Sind die Götter wohlwollend?» so fragt die zweite Fassung: «Kann ein Herz sich selbst erlösen?» Die Neufassung des *Werther* war um das Bild einer Persönlichkeit herum konstruiert worden, die für ihren Untergang allein verantwortlich ist, und am Schluß hatte sich der Roman auf wenig plausible Weise ganz aus dem gesellschaftlichen und historischen Kontext gelöst, der ursprünglich so viel von seine Stärke ausgemacht hatte. Die neue *Iphigenie* entwirft das Bild einer gleichermaßen extremen Subjektivität, hat dabei jedoch eine entgegengesetzte Tendenz (oder will sie haben). Ein Gemüt kann derart in sich selbst verschlossen sein, wie es das Werthersche jetzt geworden war, und sich – das ist die Meinung – dennoch selbst vor dem Untergang retten und von der Welt getragen finden. Zwar scheint die Möglichkeit einer Katastrophe noch immer gegeben: Es könnte sich zeigen, daß Orest zur Umkehr ebenso unfähig ist wie Werther und daß die Hoffnung Iphigenie ebenso trügt, wie sie Proserpina getrogen hat. Indessen ist die Verknüpfung zwischen den Göttern und ihrem Abbild in der Seele des Menschen nunmehr so eng, daß, sollte Iphigenie wirklich betrogen sein, die Götter nicht allein, wie sie es für Proserpina waren, raubgierig und unergründlich, sondern schlechterdings nicht-existent sein müßten. Wenn Iphigenie sich irrt, gibt es in der Welt überhaupt keine Ordnung, nicht nur eine Ordnung, die dem Menschen feindselig und tragisch ist: und der Augenblick, in dem Iphigenie sich auf Gedeih und Verderb Thoas ausliefert, ist nicht so sehr ein Augenblick, in dem sie den Charakter der Götter prüft, indem sie sich demütig ihrem Ratschluß unterwirft, sondern ein Augenblick, in dem sie durch die schiere Kraft ihres Glaubens die universale Anerkennung einer menschlichen Sittenordnung erzwingt und damit die Götter von ihrem Platz verdrängt und selber zur hauptsächlichen treibenden Kraft der Handlung wird. Aber die Ordnung, die sie und die anderen Charaktere des Stückes schließlich anerkennen, ist nur scheinbar von Iphigenies eigenem Willen unabhängig, und so besteht auch nur scheinbar die Gefahr, daß ihr Flehen nicht erhört wird. In der neuen wie in der alten Version des Stückes ist im Augenblick ihres Flehens die Hegemonie des Herzens sowohl in Thoas als auch in Orest bereits errichtet, und wir als Zuschauer wissen das. In der neuen wie in der älteren Fassung zürnt Thoas nicht darum, weil er fürchtet, Iphigenie zu verlieren, sondern weil er meint, sie bei Betrug und Heuchelei ertappt zu haben; das Ideal, das einst sein Leben verwandelt hat, scheint nun auf tönernen Füßen zu stehen. Thoas ist selber nicht weniger ein Jünger der Wahrheit, wenn er argwöhnt, Iphigenie sei von der Wahrheit abgefallen – und wenn dieser Umstand auch seine letzte

Unterredung mit ihr plausibler macht, sobald er erkennt, daß Iphigenie die gute Sache nicht verraten hat, macht es sie zugleich auch weniger wunderbar: Diese Unterredung ist keine Bekehrung mehr. In der neuen Fassung des Stückes, die mehr darauf abhebt, daß die Götter zweitrangig sind, wird, wenn überhaupt, noch deutlicher als in der früheren, daß letzten Endes keine äußere Macht Iphigenie zu Hilfe eilt – ebensowenig wie Werther. Während jedoch Werther an seinen Wünschen zugrunde geht, scheinen die Wünsche Iphigenies die Welt nach ihrem Bild neu zu erschaffen. Indessen ist diese scheinbare Interaktion mit der Welt selber eine Illusion – in Wirklichkeit ist Iphigenie am Ende des Stückes so allein und in sich selbst eingeschlossen, wie Werther es am Ende des Romans ist. Die letzten Szenen des Stückes geben sich als Bekehrung – *als ob* es Iphigenie gelänge, Thoas zu rühren –, aber ihre psychologische Glaubwürdigkeit wird nur dadurch erreicht, daß Thoas ohnehin schon derselben Überzeugung ist wie Iphigenie. Die Gründe indes, warum Thoas überhaupt auf der Seite Iphigenies steht, sind ebensosehr seine Privatsache und bleiben ebenso vor uns verborgen, wie vor Orest die Gründe für seine Heilung von dem Glauben an den Fluch verborgen bleiben: «mir sagts's das Herz.» Auf alle Herzen springt der Funke in Iphigenies Busen über, aber der Vorgang dieser Seelenkommunikation selbst wird nicht dargestellt und bleibt rätselhaft. So erschafft das Stück aus dem Stoff der Subjektivität den Schein von Objektivität, aus reiner Sehnsucht ein Bild der Erfüllung.

Als Goethe, den Brenner überquerend, in das Land kam, wo die Zitronen blühn, und er die *Iphigenie* in Verse zu bringen begann, blieben hinter ihm zehn Jahre der Entbehrung zurück, die nun ihre Erfüllung erwarten konnte, zehn Jahre eines symbolischen Daseins, das nun auf seinen krönenden Sinn hoffen durfte. Und in jenen ersten wundersamen Wochen, in denen das Stück wuchs und er jeden Tag Feigen aß, sah es in der Tat so aus, als wolle die Welt sich seiner Sehnsucht fügen, als stehe das Ziel seines Lebens greifbar vor ihm – so unmittelbar wie das nur wenige Tagereisen in der rumpelnden Kutsche entfernte Rom. Der reife Apfel falle vom Baum, hatte er Seidel geschrieben, und die Worte klingen in den Zeilen an, die er Iphigenie in den Mund legte, als Orest seine Identität offenbarte und sie endlich die Möglichkeit sah, von ihren langen Jahren des Wartens erlöst zu werden:

> So steigst du denn Erfüllung, schönste Tochter
> Des größten Vaters endlich zu mir nieder!
> . . . .
> Kaum reicht mein Blick dir an die Hände die
> Mit Frucht und Segenskränzen angefüllt
> Die Schätze des Olympus niederbringen.
> . . . .
>   so kennt
> Man euch ihr Götter an gesparten, lang
> Und weise zubereiteten Geschenken,

Denn ihr allein wißt was uns frommen kann.

. . . .
                                 Gelassen hört
Ihr unser Flehn das um Beschleunigung
Euch kindisch bittet, aber eure Hand
Bricht unreif nie die goldnen Himmelsfrüchte,
Und wehe dem, der ungeduldig sie
Ertrotzend, saure Speise sich zum Tod
Genießt.

Und doch endet auch die neue Fassung der *Iphigenie* mit einem Abschied und den geschwellten Segeln des Schiffes, das die Heldin in das Land ihrer Sehnsucht zurücktragen soll. Die Erfüllung, der Goethe entgegenzureisen hoffte, als er die *Iphigenie* umschrieb, ist selber kein Element der Handlung, auch wenn sie von Iphigenie begeistert erhofft wird und am Ende des Stückes als möglich erscheint. Der Dichter des Begehrens nach dem abwesenden Objekt, der nicht einmal vier Zeilen über seine septemberliche Bootsfahrt auf dem Gardasee schreiben konnte, schrieb fünf Akte der melodiösesten Verse, um eine grausam bedrohte, aber zunehmend hoffnungsvolle Sehnsucht auszudrücken, die sich am Ende doch nicht ganz in den Genuß verströmen kann. In der zweiten *Iphigenie* wird, nach zehn Jahren, die Dichtung des jungen Goethe wiedergeboren. *Iphigenie* ist das Drama «des Herzens», so wie *Werther* der Roman «des Herzens» war, und wir vernehmen in ihr aufs neue – zum letztenmal und in vergeistigter, ja ätherischer Form, aber in extenso wie nie zuvor – die Musik des Gedichts «Auf dem See». Die Bildwelt der Natur, aus Goethes Schriften der zurückliegenden fünf Jahre so gut wie verschwunden, durchdringt das Stück verjüngt und gestärkt, und auch der bewegliche Rhythmus, der einst jede Stimmungsschwankung nervös registriert hatte, ist wieder da, geprägt vom neuen Blankversschema.

Eines der Hauptziele Goethes bei der Italienfahrt war es ganz bewußt gewesen, seine fünf Sinne zu reizen, seine Fähigkeit zur Beobachtung zu üben, und bereits die allerersten Zeilen des Stückes, im Auftrittsmonolog der Iphigenie, zeugen von einer neuen Festigkeit und Unmittelbarkeit des Erlebens. In der Prosafassung sind Iphigenies Sätze verschwommen, unstrukturiert, nicht frei sogar von Wiederholungen, und was ihnen Gewicht verleiht, ist einzig ein emphatisches Epitheton, eine altertümliche Wendung:

denn mein Verlangen steht hinüber nach dem schönen Lande der Griechen, und immer möcht' ich über's Meer hinüber, das Schicksal meiner Vielgeliebten theilen

Erstaunlich der kraftvolle Kontrast der Verse hierzu: die Wiederholungen und Redundanzen verschwinden; eine dramatische, ja bildhafte Szene ersteht vor unseren Augen; und der Satzbau, einer klaren, logischen Linie folgend, ballt sich an einer Stelle zu epigrammatischer Wucht. Zudem verraten diese Zeilen einen Dichter, der das Meer gesehen und gehört hat:

Denn ach! mich trennt das Meer von den Geliebten
Und an dem Ufer steh ich lange Tage,
Das Land der Griechen mit der Seele suchend,
Und gegen meine Seufzer bringt die Welle
Nur dumpfe Töne brausend mir herüber.

Noch frappierender ist die vitale Beziehung zwischen dieser symbolischen Landschaft und der Person der Sprecherin: Jede einzelne Zeile hat einen Bezug zu ihr, bezeichnet das Meer als das Trennende zwischen ihr und dem Objekt ihres Begehrens. Wir begegnen hier wieder jener Verschmelzung von Subjekt und Objekt, die für die Schriften Goethes vor 1776 so bezeichnend gewesen war. Das Meer wird zu einer Art Leitmotiv, einem der hervorstechendsten Bilder in der neuen Fassung des Stückes; immer, wenn es auftaucht, stellen sich Assoziationen zu allem ein, was Iphigenie überwinden muß – Zweifel, Entfernung, die Bürde früherer Verbrechen –, um an ihr Ziel zu gelangen. Die Bildwelt des Konkreten wird in der neuen Version des Stückes nicht nur überall lebendiger und leuchtender, sie wird auch genauer auf den Standpunkt der jeweils agierenden Person bezogen. In der Prosa-*Iphigenie* sagt der verzweifelnde Orest, von seinem bevorstehenden Untergang überzeugt: «Den gelben matten Schein des Todtenflusses seh' ich nur durch Rauch und Qualm». In der Versfassung hingegen gewinnt seine Vision eine unheimlich personalisierte, dynamische Anziehungskraft (von solcher Unmittelbarkeit, daß sie der konkreten Farbgebung entraten kann):

Durch Rauch und Qualm seh' ich den matten Schein
Des Totenflusses mir zur Hölle leuchten.

Wenn Goethe für sein Stück den Shakespeareschen Blankvers wählte, den iambischen Pentameter, den Bürger einst zur Übersetzung des Homer hatte benutzen wollen, und keine demonstrativ ältere Versform wie etwa den Trimeter, dann ließ er damit ein leidenschaftliches Interesse, das zehn Jahre zurücklag, wieder aufleben. Doch genauso bemerkenswert wie die Leichtigkeit, mit der Goethe sich der Aufgabe entledigte, einen viel längeren Text als je zuvor in einem regelmäßigen Versmaß zu schreiben, ist die Flüssigkeit der rhythmischen Variation, die er ebenfalls einführte und wofür er kein anderes Vorbild als seine eigene frühere Praxis hatte. Zwar gibt es effektvolle Monologe in freien Rhythmen – wie das Parzenlied, das Iphigenie am Ende des 4. Aufzugs singt –, deren Vorbild entweder Opernarien oder die Chorelemente in der griechischen Tragödie gewesen sein dürften. Aber gerade in den subtileren Variationen des Grundversmaßes können wir Goethes Wiederentdeckung seiner alten Kunst lauschen. Manches davon ist ganz bewußt eingesetzt – «Einige halbe Verse habe ich gelassen, wo sie vielleicht gut tun, auch einige Veränderungen des Silbenmasses mit Fleiß angebracht», schrieb er Herder im Januar 1787 –, wie beispielsweise der unruhige Rhythmus, in dem Orest erzählt, wie er seit dem Mord an der Mutter von den Erinnyen verfolgt wird.

Der Pentameterfluß wird zunächst von einem der Halbverse unterbrochen, die Goethe stehenließ, versucht dann recht und schlecht, zum alten Rhythmus zurückzufinden, und bricht in den ganz unjambischen Zeilen vollends zusammen, die den Ruf Klytämnestras nach Rache wiederholen:

> Wie gärend stieg aus der Erschlagnen Blut
> Der Mutter Geist
> Und ruft der Nacht uralten Töchtern zu:
> ‹Laßt nicht den Muttermörder entfliehn!›

Die rhythmische Veränderung an dieser Stelle – und noch markanter in der nächsten Szene, der geistverwirrten Unterweltvision Orests – kennzeichnet auf ganz ähnliche Weise eine Verschiebung der Bewußtseinsebene wie die metrischen Rückungen in dem Gedicht «Auf dem See». Am vollendetsten ist diese Kunst jedoch, wenn derartige Veränderungen vorkommen, ohne den Rahmen des Blankversgefüges zu sprengen. So vergegenwärtigt sich Iphigenie im 4. Aufzug die moralische Fragwürdigkeit des von Pylades geplanten Betrugs an Thoas, und ihre Zuversicht ist erschüttert. Goethe verlangsamt ihre Rede durch einige kräftige und ungewöhnlich gesetzte Zäsuren zu einem Zögern, die vorletzte Zeile ist scheinbar zu kurz, die letzte zu lang, und der Monolog läuft in einer Folge fast schwereloser Einsilber aus:

> Doppelt wird mir der Betrug
> Verhaßt. O bleibe ruhig meine Seele!
> Beginnst du nun zu schwanken und zu zweifeln,
> Den festen Boden deiner Einsamkeit
> Mußt du verlassen! Wieder eingeschifft
> Ergreifen dich die Wellen schaukelnd, trüb
> Und bang verkennest du die Welt, und dich.

Aber während in rhythmischer Hinsicht die Rede in Ungewißheit verebbt, erfährt die Bildwelt des Meeres eine feste und klare Steigerung bis zu einem Höhepunkt und einem Schluß: in der Erwähnung des «Schwankens» angedeutet, in dem Gegensatz zum «festen Boden» impliziert, wird sie in dem Wort «eingeschifft» erstmals greifbar, um endlich in den «Wellen» der vorletzten Zeile beim Namen genannt zu werden. Eine fremdartige Macht gewinnt an Stärke und droht, Iphigenies Bei-sich-selbst-sein zu erschüttern. Die kontrapunktische Kunst dieses Textes, in dem ein fragmentierter Rhythmus gegen den voranstürmenden Drang der Meeresmetapher gesetzt ist, bewirkt einen dramatischen und psychologischen Effekt, wie Goethe ihn so subtil zuletzt in einzelnen Briefen Werthers und in den Gretchen-Szenen des *Urfaust* erzielt hatte.

Ein derartiger Effekt ist natürlich nur in dem Kontext des Regelmaßes möglich, den die Form des Blankverses bietet. In dieser umgeschriebenen *Iphigenie* erwacht die poetische Spontaneität von Goethes Frankfurter Zeit wieder zum Leben und verbindet sich aufs glücklichste mit den Konventionen der Förmlichkeit und Zurückhaltung, die Goethe in seinen ersten zehn Weimarer Jahren schätzten gelernt hatte. Das unsichere Experimentieren der ersten Prosafassung, das den – von Bodmer verspotteten – Versuch Goethes spiegelte, etwas zu erschaffen, das auf die kleine Welt Weimars und ihre wenigen «reinen Menschen» zugeschnitten war, ist einer neuen Synthese gewichen. Beim Vergleich der beiden Fassungen wird man immer wieder finden, daß die gebundene Rede nicht nur dichterisch kraftvoller, sondern auch in der Abfolge ihrer Gedanken und Bilder klarer, gestalteter und überlegter ist. Goethe weiß nun, worum es ihm geht und für wen er schreibt: nicht für ein Theater, wie er noch in Venedig gesagt hatte – auch nicht für das mittlerweile eingeschlafene Weimarer Liebhabertheater –, und damit auch nicht für einen Hof. Jetzt schreibt er ein Buch – und es wendet sich wieder an jenes überwiegend bürgerliche Lesepublikum, dem er seine Reputation und damit den Ruf nach Weimar verdankte. Die Versform, die er gewählt hat, ermöglicht ihm wieder den Zugang zu den poetischen Ressourcen jener Zeit und versucht, mit ihren Anklängen an England und Shakespeare an die nationalen Bestrebungen von damals anzuknüpfen. Gleichzeitig verkörpert das Buch aber auch die Werte der höfischen Kultur, in deren Dienst sich Goethe neuerdings gestellt hatte: es ist zur Veröffentlichung und Lektüre gedacht wie ein Roman oder ein Epos, aber es will auch höfische Unterhaltung sein, ein Theaterstück, und zwar ein Theaterstück in der klassischen französischen Manier, mit opernhaften Zügen und Anklängen an den modischen griechischen Stil. Inhaltlich betrachtet, schließt *Iphigenie* mit einem Mimus, der die (wenigstens tendenzielle) Fähigkeit einer monadischen Subjektivität zur kausalen Beeinflussung der sie umgebenden Welt darstellt – von dieser Erfüllung war das deutsche Bürgertum seit über hundert Jahren ausgeschlossen –, allerdings unter der Voraussetzung, daß die Autorität des Königs nicht angetastet wird, daß Orest sein Schwert in die Scheide steckt und die Ohnmächtigen (hier durch eine Frau repräsentiert, die sich ihrer untergeordneten Stellung wohl bewußt ist) auch in Zukunft nur nach dem Sieg ihrer Innerlichkeit trachten. Auch formal gesehen zeigt das Stück, wie die Bestrebungen der 1770er Jahre nach einer durch die Druckerpresse verbreiteten nationalen Literatur verwirklicht werden können – sei es auch nur vorübergehend und am Rande –, wenn sie sich äußerlich höfischen Gattungen und Konventionen anbequemen. Für Goethe selbst bedeutet die versifizierte *Iphigenie auf Tauris* daher die Lösung des Konflikts zwischen seinen Frankfurter und seinen Weimarer Loyalitäten, eine höfische Leistung, die ihm mit den Materialien des Sturm und Drang gelungen ist, ein scheinbar klassisches, «ganzes» und «gegenwärtiges» Kunstwerk von der Art, wie er sie in Rom erwartet, aber gleichwohl aus dem modernen Thema der Innerlichkeit und der Sehnsucht nach einem abwesenden Gut konstruiert – so wie Palladio aus den Villen und Stadthäusern, Klöstern und Kirchen, die er für seine modernen Auftraggeber bauen mußte, ein Ideal des Klassischen beschwor. In der Tat erinnerten die Kommentare der Zeitgenossen zu dem Stück, als es im Juni 1787 endlich herauskam, an Goethes eigene Reaktionen auf Palladio. «Keine andere, als die Muse, die den Euripides begeisterte», sollte das Stück inspiriert haben, ja, Hemsterhuis stellte es noch über den Euripides, weil es etwas so vollkommen «Griechisches» habe, wie auch Schiller das von Goethes gebrauchte Vokabular bei der Besprechung der *Iphigenie* 1789 bevorzugte: «Man kann dieses Stück nicht lesen, ohne sich von einem gewissen Geiste des Alterthums angeweht zu fühlen, der für eine bloße, auch die gelungenste Nachahmung viel zu wahr, viel zu lebendig ist.»

In demselben Metrum wie die *Iphigenie* und wahrscheinlich etwa zu derselben Zeit schrieb Goethe einen weiteren Hymnus auf die Erfüllung: einen prachtvollen Monolog des Faust, der in den veröffentlichten Fassungen des Stückes die Szene «Wald und Höhle» einleitet. Jedenfalls hat Goethe später die Arbeit am *Faust* zum Teil auf den Januar 1787 datiert, als er die *Iphigenie* soeben beendet hatte und daran dachte – wie er Carl August im Dezember geschrieben hatte –, seine angefangenen Stücke, darunter den *Faust*, zu vollenden. Es war ein gewaltiger Schritt auf dem Weg zur Wiederaufnahme dieses Vorhabens, das so eng mit den letzten Frankfurter Jahren verknüpft war und durch Weimar in einen Dornröschenschlaf versunken schien. Aber vielleicht hatte er Selbstvertrauen gewonnen durch die seit dem Sommer während Beschäftigung mit seinen anderen früheren Werken, namentlich dem *Werther*, und den in der *Iphigenie* geglückten Versuch, die Mächte aufzurufen, die ihn einst inspiriert hatten, und mit ihrer Hilfe eine neue Synthese zu schaffen. Der Monolog beginnt mit der emphatischen Feststellung, daß eine Epoche in Fausts Leben ihren Höhepunkt erreicht und ihm einen neuen Anfang beschert hat:

> Erhabner Geist, du gabst mir, gabst mir alles,
> Warum ich bat.

Dieser Satz, ohne Zweifel an den Erdgeist gerichtet, der Faust einst sein Gesicht im Feuer zugewandt hatte, behauptet denkbar unmißverständlich, daß jenes Sehnen, das Faust einst dazu getrieben hatte, den Erdgeist anzurufen, nunmehr der Vergangenheit angehört. Er hat, wie er – mitunter in genau denselben Worten wie in seinen früheren Monologen – sagt, den ersehnten innigen Umgang mit der Natur genossen, er durfte sie «fühlen» und «genießen», er vermochte «in ihre tiefe Brust, Wie in den Busen eines Freunds zu schauen», und erkennt in ihren verschiedenen Erscheinungsformen seine Brüder. Gleichzeitig stellt er fest, daß «meiner eignen Brust Geheime tiefe Wunder» sich öffnen, wohin er sich, als «zur sichern Höhle», nötigenfalls vor dem Umgang mit der Natur zurückziehen kann. Wenn wir hierin die an Leibniz orientierte spinozistische Naturwissenschaft Goethes aus den Jahren unmittelbar vor der italienischen Reise wiedererkennen, so führen die letzten Zeilen des Monologs einen Aspekt ein, der speziell den ersten Etappen dieser Reise selbst angehört. Aus der mondbeschienenen Naturszenerie – und vielleicht in Übereinstimmung mit denselben Prinzipien des «Wahren», «Gegenwärtigen» und «Ganzen», die in der Natur wirken – erstehen «der Vorwelt silberne Gestalten», und diese Zwiegespräche mit der klassischen Vorzeit «lindern der Betrachtung strenge Lust» für Faust – eine Wendung, die in abgewandelter Form in Goethes Briefen vom Dezember 1786 und Februar 1787 wiederkehrt.

Dieser Monolog preist, viel weniger uneindeutig als die endgültige Version der *Iphigenie*, die Güte der Götter und zeichnet sich durch Fausts Eingeständnis aus, von höheren Wesen abhängig zu sein: jede «Kraft», die er besitzt, ist ein Geschenk von anderswo. Gleichzeitig aber hat Faust keine selbstvergessene Einheit mit dem Geist oder mit der ihn umgebenden Welt erreicht: der Dualismus von Natur (= Wald) und Ich (= Höhle) wird deutlich ausgesprochen. Auch ist der Monolog kein Ruhepunkt in der dramatischen Handlung: Er steckt voller Verben der Bewegung, und das Verhältnis zwischen Subjekt und Objekt wechselt ununterbrochen. Es läßt sich nicht mehr feststellen, wann Goethe den viel blasseren Schlußteil des Monologs geschrieben hat, in dem Faust sich darüber beklagt, daß Mephistopheles sogar einen solchen Augenblick der Seligkeit zu einer vergänglichen Freude macht, aber die Saat des Verlusts wird bereits in den beziehungsreichen ersten zwanzig Zeilen gesät. Goethe war sich lange Zeit im Zweifel darüber, auf welche Episode im Leben Fausts dieser Monolog antworten sollte, aber wahrscheinlich war dieser Text von Anfang an, wie die Vers-*Iphigenie*, mit der er so vieles gemeinsam hat, darauf angelegt, nur einen Vorschein der Erfüllung zu geben.

Das beunruhigende Paradies

Nach einer Zwischenstation in Velletri, wo er das Antiquitätenkabinett der Borgia besichtigte, rollte Goethe am zweiten Tag seiner Abreise aus Rom frühmorgens über die gewölbte Chaussee der alten Via Appia durch die unwirtlichen Flächen der Pontinischen Sümpfe. Rechter Hand, zum Meer hin, hatte Pius VI. einigen Erfolg mit seinem Projekt der Trockenlegung des riesigen Gebiets gehabt, aber linker Hand, gegen die Gebirge hin, lag das Land tiefer, und die Fortschritte, die man erzielt hatte, waren gering. Der thüringische Minister für Wege- und Wasserbau konnte die Szenerie mit einem durch George Batty geschulten Blick betrachten, und noch vierzig Jahre später sollte sie ihm deutlich vor Augen stehen, als er endlich die letzten Szenen von *Faust – Zweiter Teil* schrieb. Dem Maler Tischbein freilich bot der regnerische Wintertag mit den ewig gleichen kahlen Weiden und Pappeln an der Strecke kaum ein anderes lohnendes Motiv als die sogenannte «Poststation» – eine lange Strohhütte, wo man die Pferde wechselte. Die malariaträchtigen Sümpfe luden nicht zum Verweilen ein, und die Reisenden gelangten schon am Nachmittag an deren südlichen Rand und erreichten jetzt die Felsenlage von Terracina, wo sich direkt unterhalb der Straße das Meer an den Felsen brach. Die neue Landschaft schien fast eine neue Jahreszeit mitgebracht zu haben. Rund um den Fondi-See wuchsen Oliven und Myrten, Palmen und Kaktusfeigen im Sonnenschein, den die Südhänge einfingen. So üppig wuchsen die Granatapfel- und Orangenbäume, deren Früchte gleich Laternen noch in den immergrünen Zweigen hingen, daß Goethe, Vicenza vergessend, hier das Land erkannte, nach dem Mignon sich gesehnt hatte. Im weiteren Verlauf der Reise fügten sich Hügelketten und Vorgebirge, Seen und Buchten und Küstenebenen wie im Kaleidoskop zu immer neuen, berauschenden Bildern, und mit Tischbeins Hilfe begann Goethe, versuchsweise auf dem Papier festzuhalten, was ihn von nun an, nur um einen wohlplacierten Tempel ergänzt, die Bestandteile einer vollkommenen klassischen Landschaft dünkten. Fürs erste gab es Überreste der Antike nur als Bruchstücke von Gartenmauern zu sehen. Nach einer Nacht in einem schlechten Wirtshaus in Fondi fuhren sie wieder in die Berge und dann nach Gaeta, ans Meer hinunter. Hier sahen sie zum erstenmal, ihnen gegenüber auf der anderen Seite der Bucht, die Insel Ischia und weiter links, hinter anderen Gipfeln, den von einer Rauchwolke gekrönten Vesuv. Am Strand fand Goethe Steine aus blauem und grünem Glas, die seiner Ansicht nach nur aus dem Altertum stammen konnten und sich jetzt im Kies ununterscheidbar mit der natürlichen Schönheit von Jaspis und Porphyr, Seesternen, Seeigeln und Algen vermischten. Eine weitere Nacht mußten die Reisenden noch auf den Höhen über Capua zubringen, bevor sie, bei bitter kaltem Nordostwind, der von den schneebedeckten Abruzzen wehte, aber wenigstens, nach mehreren grauen Tagen, den Himmel blankfegte, am 25. Februar, dem ersten Fastensonntag, nach Neapel kamen und sich in einem geräumigen Gasthof mit Blick auf den großen Platz neben dem Castel Nuovo einquartierten.

»Essen wir doch Krebse und Aal und schaden nicht, so werden dieße kleinen zarten Thierchen es auch nicht thun, und nähren vielleicht« – mit diesen Worten schlug Goethe die Warnungen Tischbeins in den Wind und trank ein Glas von der trüben und lebhaft wimmelnden Brühe, die man vom Grund der Zisterne schöpfte; dann bestellte er ein zweites, um die Fauna besser studieren zu können. Seine ersten beiden Tage in Neapel mußte er daraufhin in seinem ungeheizten Zimmer verbringen, in Decken gehüllt und die Hände an eine Wärmepfanne haltend, «um eine kleine körperliche Unbequemlichkeit erst abzuwarten». Doch sobald er wiederhergestellt war, hatten die Stadt und ihre Umgebung jene berauschende Wirkung auf ihn, die er sich von Rom, vielleicht vergebens, erhofft hatte. «Wenn man in Rom gern studieren mag, so will man hier nur leben.» «Man mag sich hier an Rom gar nicht zurückerinnern; gegen die hiesige freie Lage kommt einem die Hauptstadt der Welt im Tibergrunde wie ein altes, übel placiertes Kloster vor.» In Neapel erinnerte er sich wieder an seinen Vater, was er in Rom nicht getan hatte, und an dessen einstige italienische Reise, in der die seine sich angekündigt hatte. Er meinte, daß sein Vater «nie ganz unglücklich werden konnte, weil er sich immer wieder nach Neapel dachte» – vielleicht ebenfalls eine Ankündigung, auch wenn Goethe das damals noch nicht wissen konnte. Der eine Monat,

28. Goethe: Brüstung mit Vase (1787)

29. Goethe: Italienische Küstenlandschaft mit Vollmond (Juni 1787)

den er in der Hauptstadt des Königreichs Beider Sizilien verbrachte, bescherte ihm ein machtvolles neues Erlebnis nach dem anderen. Obwohl er 1817, nachdem die entsprechenden Abschnitte seiner Autobiographie beendet waren, die Briefe und Tagebücher aus dieser Zeit vernichtet hat, hört man die Atemlosigkeit der Originaldokumente noch aus der redigierten Schilderung seiner am Donnerstag, dem 1. März, mit einer Reisegruppe um den österreichischen General Fürst von Waldeck unternommenen ersten Exkursion zu den vulkanischen Bergen und Buchten der Phlegräischen Felder und der berühmten Solfatara heraus:

Eine Wasserfahrt bis Pozzuoli, leichte Landfahrten, heitere Spaziergänge durch die wundersamste Gegend von der Welt. Unterm reinsten Himmel der unsicherste Boden. Trümmern undenkbarer Wohlhäbigkeit, zerlästert und unerfreulich. Siedende Wasser, Schwefel aushauchende Grüfte, dem Pflanzenleben widerstrebende Schlackenberge, kahle, widerliche Räume und dann doch zuletzt eine immer üppige Vegetation, eingreifend, wo sie nur irgend vermag, sich über alles Ertötete erhebend, um Landseen und Bäche umher, ja, den herrlichsten Eichwald an den Wänden eines alten Kraters behauptend.

Die Vorsicht, mit der er als Zeichner pflichtschuldigst die Instruktionen Tischbeins befolgt hatte, wird fallengelassen, und für einige Tage nach dem Besuch der Solfatara zeichnet er in wilder, fast expressionistischer Manier – so als habe er nach einer Pause von acht Jahren im Zeichnen eine dem Dichten vergleichbare Ausdrucksform für das persönliche Element in seinem Erleben wiederentdeckt. Aber es dauert nicht lange, und der Schwung wird von der «Unbequemlichkeit» gebremst, und Goethe schreibt, in Tönen, die an Werther erinnern: «Wenn ich Worte schreiben will, so stehen mir immer Bilder vor Augen des fruchtbaren Landes, des freien Meeres, der duftigen Inseln, des rauschenden Berges, und mir fehlen die Organe, das alles darzustellen.»

In erster Linie war es, seiner Absicht entsprechend, die Natur, die Goethes neapolitanische Fastenzeit prägte, und zwar besonders die exotische Seite der Natur: das Meer, die Vegetation und vor allem der Vesuv. Die ewig bewegten Küstenstriche zwischen Pozzuoli und Salerno, das prachtvolle Panorama des Golfs von Neapel selbst, die Brecher, die nach einigen windigen Tagen das Ufer überspülten und deren Form Goethe in seinem Skizzenbuch festzuhalten suchte – das alles war ohne Beispiel in seinem bisherigen landgebundenen Leben, ebenso wie der Anblick der Segel des Postschiffes nach Sizilien, das zwischen Sorrent und Capri den Blicken entschwand, oder die Sehnsucht, die dieser Anblick weckte. Neapel hatte ihm auch Muster von Pflanzen zu bieten, die er bisher, wenn überhaupt, noch nie in freier Natur gesehen hatte: Er hatte sich seit einiger Zeit damit beschäftigt, das Keimen der Küchenbohne zu beobachten und zu zeichnen – jetzt konnte er die Blätterformen der Agave und die Sprossenbildung der Kaktusfeige studieren. Angesichts dieser «Fülle einer fremden Vegetation» begann er zu vermuten, daß ihm vielleicht in der Botanik schnellere Fortschritte gelingen möchten als in der Geologie, und eines Abends hatte er bei einer Wanderung am Meer eine «Erleuchtung über bota-

nische Gegenstände», die ihn glauben ließ, daß der Ariadnefaden zum Greifen
nah war, das Grundprinzip, nach dem alle Pflanzen wachsen und sich ver-
mehren. Schon scheint ihm der Gedanke gekommen zu sein, daß auch er jetzt
in Arkadien war (womit er ein Motto umdeutete, das ursprünglich auf den
Tod gemünzt war), und er machte sich mit Tischbein daran, eine Reihe von
«Idyllen» in Versen und Bildern zu entwerfen – ein Gemeinschaftsunternehmen, das jedoch noch dreißig Jahre auf seine Verwirklichung warten mußte.

Aber der Garten des Paradieses, mit dem Goethe trotz der frühen Jahreszeit Neapel und seine Umgebung immer wieder vergleicht, barg auch den
Eingang zur Hölle, und die geologischen Interessen Goethes waren immerhin noch lebhaft genug, um ihn eine genauere Inspektion von Pech und
Schwefel wünschen zu lassen. Nur die Einladung des Fürsten von Waldeck
zu dem Ausflug nach Pozzuoli hatte ihn daran gehindert, am 1. März den
Vesuv zu ersteigen, und so holte er am 2. das Versäumte nach. Der Aschen-
kegel war jedoch von tiefhängenden Wolken umhüllt; er war untätig, dün-
stete aber in mächtigen Schwaden beißenden Rauch aus. Goethe kämpfte sich
mit vorgehaltenem Schnupftuch fünfzig Schritte in den Qualm hinein, bevor
er umkehren und den Versuch aufgeben mußte, einen Blick in den neuen
Krater zu tun. Wenigstens hatte er alte und neue Laven gesehen und das
Gelände sondiert. Besonders erfreut war er, als er in einigen der qualmenden
Essen tropfsteinförmige Bildungen entdeckte – sie waren, wie er glaubte, aus
vulkanischen Ausdünstungen heraussublimiert worden und deuteten vielleicht darauf hin, daß auch anderes Gestein «ohne Mitwirkung von Feuchtigkeit und ohne Schmelzung» entstanden sein mochte. Die nächste Besteigung des Vesuvs, vier Tage später in Begleitung Tischbeins und zweier Führer
unternommen, verlief erfolgreicher: Das Wetter war besser, und der Berg
warf jetzt in regelmäßigen Abständen Schauer von Gestein, Schlacke und
Asche hervor. Zwischen zwei Eruptionen kletterten Goethe und sein Führer,
die Hüte dick mit Schals und Tüchern gefüttert, geschwind vom Bergsattel
unterhalb des Monte Somma hinab an den Rand des Kraters und musterten
das zerklüftete Innere des rauchgeschwängerten Schlundes, bevor sie von der
nächsten Eruption überrascht wurden und froh sein mußten, mit heiler Haut
und tüchtig «eingeäschert» wieder in Sicherheit zu sein. Am 19. März ließ
Goethe sich dann zu einem dritten Besuch des Vesuvs verleiten, nachdem er
erfahren hatte, daß aus einer Seite des Kegels Lava auszubrechen begann. Mit
denselben beiden Führern sah er zu, wie die heiße Masse, im hellsten Sonnenlicht düster glühend, aus einer Dampfwolke hervortrat und in einem vielleicht zehn Fuß breiten Kanal aus erstarrter Lava in die Tiefe floß, während
es in den Ritzen des Berges zischte und brodelte wie in einem Kessel. Goethe
versuchte sogar, sich der Austrittsstelle von oben zu nähern, aber der Boden
unter ihm erwies sich als zu heiß und zu porös, und die Schwefeldämpfe
waren unerträglich. Indessen erholte sich Goethe bald bei einer Flasche Wein
von diesem Abenteuer, und auf dem Rückweg belohnte ihn ein herrlicher
Sonnenuntergang am Golf von Neapel.

Neapel bot Goethe auch Gelegenheit, einzigartige Werke von Menschenhand zu erleben – zumeist natürlich klassische Altertümer. 1738 war mit systematischen Ausgrabungen in Herculaneum begonnen worden, und bis 1750 hatte man hier und in Pompeji so vieles entdeckt, daß der König, der im Besitz eines eifersüchtig gehüteten Monopols auf beide Stätten war, ein neues Museum errichten ließ, um alle Schätze in seinem Palast in Portici unterzubringen. Die Sicherheitsvorschriften in dem Museum waren so streng – es war verboten, zu zeichnen oder sich auch nur etwas aufzuschreiben –, daß die Existenz dieser Sammlung und sogar die der außerordentlich seltenen und bedeutenden Beispiele römischer Wandmalerei erst sehr spät zur Kenntnis der gebildeten europäischen Welt gelangten. Ja, im Jahre 1787 rundete König Ferdinand – dessen Hauptinteresse der Jagd galt, der aber genug von Kunst verstand, um habgierig zu sein – seinen Besitz dadurch ab, daß er, zur Empörung der römischen Kunstgemeinde, die ihm durch Erbe zugefallenen Farnese-Schätzen von Rom nach Neapel transferieren ließ. Seine Helfershelfer bei der Aktion waren sein Kustos, der Direktor der neapolitanischen Porzellanmanufaktur, Domenico Venuti (1745-nach 1799), und sein Hofmaler, der frühere Schützling Reiffensteins in Rom, Philipp Hackert. Goethe und Tischbein besuchten Pompeji am 11. März, begleitet von Venuti und dessen Frau sowie Philipp Hackerts Bruder Georg, einem Kupferstecher; eine Woche später besichtigten sie Herculaneum und das Museum in Portici. Goethe studierte mit besonderer Aufmerksamkeit die pompejanischen Wandmalereien, fand sich aber, trotz Vorwarnung, von der Enge und Kleinheit der Räume in den Häusern unangenehm berührt und war froh, den «wunderlichen, halb unangenehmen Eindruck dieser mumisierten Stadt» in einer Osteria abschütteln zu können, in der er das schimmernde Meer bei Torre Annunziata überblickte und ein frugales Mahl mit einem Glas des berühmten einheimischen Lacrymae Christi würzte. Bezeichnenderweise fiel ihm die architektonische Ähnlichkeit zwischen den modernen, kleinen Häusern in der Gegend und den durch die todbringende vulkanische Asche konservierten Gebäuden auf, und ein kurzer Blick in ihr Inneres bestätigte sein instinktives Gefühl, daß trotz der Wechselfälle der Geschichte das Leben der antiken Welt im wesentlichen unverändert weiterging, unter demselben Himmel und auf derselben Erde, die es einst hervorgebracht hatten. Auf ähnliche Weise von Tod und Dunkelheit zu Licht und Leben wandte Goethe sich nach dem Besuch Herculaneums, der womöglich noch unangenehmer ausfiel, da die Relikte nur bei Fackelschein in sechzig Fuß Tiefe besichtigt werden konnten: Eher weckte der Besuch des Museums seine Begeisterung, wo die Phantasie weit besser als an der Fundstätte selbst in die ferne Vergangenheit zurückschweifen konnte, in der nicht nur «alle diese Dinge zu lebendigem Gebrauch und Genuß um die Eigentümer umherstanden», sondern auch die durch sie verkörperte Kunstvollendung das Leben verklärt und die Sinne entzückt hatte.

In Neapel regte sich wieder Goethes Interesse an der zeitgenössischen Wirklichkeit Italiens, das während des Aufenthalts in Rom erlahmt war. Neapel mit seiner halben Million Einwohnern war 1787 immerhin die drittgrößte Stadt Europas, nach Paris und London. Zwar fehlte dem Ort jenes Gefühl großstädtischer Identität, das diese nationalen und früh-imperialen Metropolen auszeichnete, ebenso wie die intellektuelle Selbstgewißheit, die sich in so durch und durch urbanen Gestalten wie Diderot oder Dr. Johnson verkörperte, aber rund einen Monat lang bescherte Neapel Goethe die später nie mehr wiederholte Erfahrung, in einer großen Stadt zu leben. Durch das ewige Menschengedränge der Straßen – «Wie alles durcheinander strömt und doch jeder einzelne Weg und Ziel findet» – bahnte er sich seinen Weg entweder zu Fuß oder, wenn er aufs Land hinaus wollte, in einer der leichten einspännigen, zweirädrigen und zweisitzigen roten und goldenen Mietkaleschen, die auf allen großen Plätzen standen, und beobachtete unterwegs alles mit aufmerksamer und mitfühlender Neugier. Die Träger, die überall ihre Dienste feilboten, die Straßenhändler mit Zitronen und Eiswasser, die im Handumdrehen eine Limonade zubereiteten, die tiefen Bratpfannen an den Straßenecken, aus denen sich die Passanten einen in Papier gewickelten überbackenen Fisch nehmen konnten – sie wären von jedem Besucher bemerkt und in Anspruch genommen worden. Doch nicht jeder Besucher hätte so aufmerksam die Kinder beobachtet, wie sie Sägemehl sammelten und als Brennmaterial feilboten, untereinander mit Süßigkeiten oder Kürbissen handelten oder im Kreis um eine Stelle kauerten, wo ein Schmied gerade eine eiserne Radschiene erhitzt hatte; hätte genau genug hingesehen, um zu entdecken, daß die vielen Männer, die scheinbar untätig herumstanden, in Wirklichkeit alle irgendeinem Gewerbe nachgingen und daß der notorische neapolitanische Müßiggänger eine Erfindung der Reisehandbücher war; oder hätte den inneren Zusammenhang zwischen den sauberen Straßen, den vielen mit Tragkörben beladenen Eseln und den Blumenkohlköpfen, Korinthen, Nüssen, Feigen und Orangen an den vielen kleinen Verkaufsständen erkannt: Unabdingbarer Bestandteil des Geschäfts war für jeden der unzähligen Marktgärtner sein Esel, auf dem er den kleinsten Fladen Mist und alle Küchenabfälle, die er finden konnte, auf sein Stück Land transportierte, «um den Zirkel der Vegetation zu beschleunigen». Goethe kannte sich in Dingen des Gemeinwesens gut genug aus, um zu bemerken, daß die Neapolitaner dank ihres Klimas, des reichlichen Fischangebots und ihres fruchtbaren Hinterlandes nicht vor der Notwendigkeit standen, sparen und Vorräte für den nächsten Tag, geschweige denn für den nächsten Winter anlegen zu müssen, daß sie also eine – wie wir heute sagen würden – Subsistenzwirtschaft trieben. Er sah, daß trotz großen Gewerbefleißes keine Industrie im «nordischen» Sinn vorhanden war, daß es keine Fabriken gab, die Technik rückständig war und es abgesehen von Advokaten und Ärzten kaum einen gebildeten Mittelstand gab. Die wenigen wie die vielen handelten nach der Maxime, genießend zu verzehren, da «sie sogar bei der Arbeit des Lebens froh werden wollen».

Goethe vermochte indessen seine «deutsche Sinnesart und das Verlangen, mehr zu lernen und zu tun als zu genießen», nicht abzulegen: «für mich ist

es eine wunderliche Empfindung, nur mit genießenden Menschen umzugehen.» In dem beschränkten Kreis, der die vornehme Gesellschaft der großen
Stadt bildete, fühlte er sich mitunter ebenso verloren wie im Menschengedränge der Straßen, ebenso fehl am Platze wie beim Kartenspiel am Hof zu
Braunschweig. Vertrauteren Umgang fand er lediglich bei dem jungen Juristen Gaetano Filangieri (1753–1788), einem ernsten Menschen, der ihn an
seinen Schwager Schlosser erinnerte: Er hatte ihn «nie ein gleichgültiges Wort
reden hören» – nicht einmal bei einem großen Festessen, dessen sämtliche
Fleischgerichte sich, da es Fastenzeit war, als Fischzubereitungen entpuppten.
Filangieri machte ihn mit den Werken Vicos (1688–1744) bekannt, in denen
Goethe jedoch nur ein achtbares Zeugnis neapolitanischen Philosophierens
gesehen zu haben scheint, das der größeren Welt mittlerweile nichts Neues
mehr zu bieten hatte. Marchese Venuti hingegen nahm ungeachtet seiner höfischen Verpflichtungen das Leben von der leichteren Seite: Nachdem er
Goethe Herculaneum und das Museum in Portici gezeigt und wohl auch
fleißig Lacrymae Christi getrunken hatte, beteiligte er sich (mitsamt seiner
Frau) an einer ausgelassenen Rauferei am Strand von Torre Annunziata; zuerst bewarf man sich gegenseitig mit Sand, zuletzt tauchte man einander die
Köpfe unter Wasser. Goethe hatte sich mittlerweile davongemacht und untersuchte die Konstruktion der steinernen Brandungsmauern. Als Tischbein
in Venutis Haus die Kunst der Porträtskizze mit Pinsel und Tinte vorführte,
wollte die ganze Gesellschaft es ihm mit großem Hallo nachtun, und bald
darauf malten sich die ausgelassenen Gäste gegenseitig Bärte und Schnurr-
bärte ins Gesicht: Goethe war kopfschüttelnd mit von der Partie, «wenn sie
auch nichts mit mir anzufangen wissen». Anspruchsvolleren, aber im Grunde
ähnlichen Frivolitäten konnte man sich in der prachtvoll über dem Golf von
Capri gelegenen Residenz Sir William Hamiltons (1730–1803) hingeben. Der
Bevollmächtigte und Ziehbruder des englischen Königs George III. war der
größte Epikureer der Stadt. In Miss «Emma Hart» (1761–1815) – eigentlich
Amy Lyon – hatte der Mann, dem aufgrund seiner vulkanologischen Studien
an Vesuv und Ätna die Fellowship der Royal Society verliehen worden war
und dessen Sammlung griechischer Vasen das englische Parlament für das
Britische Museum angekauft hatte, «den Gipfel aller Natur- und Kunstfreude
. . . gefunden», wie Goethe schrieb. «Emma Hart» war 1786 nach Neapel
gekommen, wurde 1791 Hamiltons Frau und war jetzt schon seine Geliebte,
wie sie einst die Geliebte Lord Nelsons werden sollte. Ihre Spezialität war
just die Verschmelzung von «Natur» und «Kunst», jener beiden Bereiche,
von denen Goethe neuerdings glaubte, daß eine höfische Kultur sie zu
trennen habe: In einem verdunkelten Zimmer, beim Schein einer von Hamilton gehaltenen Lampe und in einem eigens angefertigten «griechischen»
Gewand pflegte sie «Stellungen» zu mimen, die an griechische Statuen erinnerten und diverse Umstände oder Gefühle ausdrücken sollten. Hamilton
hatte auch eine runde, mit schwarzem Samt ausgeschlagene Nische mit einem
mächtigen goldenen Rahmen einfassen lassen, wo «Emma Hart» als lebendes

Bild berühmte Gemälde nachstellen konnte. Tischbein, der von Hamilton später den Auftrag bekam, seine zweite Sammlung griechischer Vasen zu zeichnen, malte für den Fürsten von Waldeck «Miss Hart» als Iphigenie, und zwar in dem Augenblick, wo sie Orest erkennt, der die Züge Goethes trägt. Ungeachtet des ironischen Tons, in dem Goethe über den alternden Kavalier und seine junge Schöne schreibt, konnte er sich offensichtlich für dieses spezielle gesellschaftliche Spiel erwärmen – vielleicht beneidete er den reichen Hamilton sogar, der keine Fürstenhöfe brauchte, sich «eine schöne Existenz gemacht» hatte «und, nachdem er alle Reiche der Schöpfung durchwandert, an ein schönes Weib, das Meisterstück des großen Künstlers, gelangt» war.

Es lag nicht einfach an seiner Steifheit oder Überheblichkeit: Goethe fühlte sich in Neapel nicht ganz wohl. War Rom für Menschen, die «studieren», so «will man hier [in Neapel] nur leben, man vergißt sich und die Welt» – etwas, was Goethe schon immer unmöglich war. Ein eigentümlicher Begriff von «nur»? Geschweige denn von «leben»? Weder für Dr. Johnson noch für Diderot wären Studieren und Leben einander ausschließende oder auch nur entgegengesetzte Tätigkeiten gewesen. Aber diese Entgegensetzung nicht nur von «Leben» und «Studieren», sondern auch von «Leben» und «Selbstvergewisserung» war Dreh- und Angelpunkt der Kultur, die in Deutschland Jahr um Jahr an Bedeutung gewann und mit der Goethe, mochte er auch 1500 Kilometer von Weimar entfernt sein, zu einem modus vivendi gelangen mußte, wollte er sich seine Identität als Deutscher bewahren. Ob es Neapels Klima war oder seine Landschaft, seine Größe oder die Religion: diese Stadt, die doch in vieler Hinsicht als Entschädigung für das enttäuschende Rom gewirkt haben mag, besaß etwas, das mit Goethes Aufgabe in Deutschland nicht zu vereinbaren war:

Neapel ist ein Paradies, jedermann lebt in einer Art von trunkner Selbstvergessenheit. Mir geht es ebenso, ich erkenne mich kaum, ich scheine mir ein ganz anderer Mensch. Gestern dacht' ich: 'Entweder du warst sonst toll, oder du bist es jetzt.'

Durch Neapel wurde Goethe sich selber fremd. Das Tagebuch, das er schrieb und, diesmal in kurzen Abständen, an Frau von Stein schickte, wurde 1817 vernichtet; es war aber zum allgemeinen Gebrauch bestimmt – auch Fritz von Stein bekam es zu sehen, ebenso Goethes Mutter – und enthielt, wie Goethe schon beim Schreiben bemerkte, «nur einiges im Detail, vom Ganzen, von meinem Innersten ... kann und mag ich nichts sagen». Anstatt ganz in der großen «Masse von Kenntnissen, von neuen Begriffen» aufzugehen, mit denen diese Reise ihn beschenkte, fand er es notwendig, Abstand zu seinem Erleben zu wahren, um seine Identität festzuhalten, die er in Deutschland wieder brauchen würde. Sizilien und einige Wochen Neapel lagen noch vor ihm, als Goethe in einem Brief an Christian Gottlob Voigt, seinen Kollegen in der Bergbaukommission, von allen seinen Erfahrungen bereits so sprach, als seien sie nur noch Stoff für die Erinnerung:

So schön und herrlich diese Welt ist; so hat man doch in derselben und mit derselben nichts zu thun.

Gewiß ist nicht leicht eine schönere Lage als die von Neapel und die Erinnerung eines solchen Anblicks ist eine Würze aufs ganze Leben, ...

Vom übrigen sage ich nichts. ... Es wird dereinst auf dem Thüringer Wald, bey Spaziergängen, bey einem vertraulichen Abend gute Unterhaltung geben.

Die lange Aussöhnung Goethes mit der höfischen Welt, in die er «dereinst» würde zurückkehren müssen, setzte sich auch in Neapel fort. Wenn die neapolitanischen Adligen, wie jeden Freitag, ihre große Spazierfahrt unternahmen, war es für Goethe «das erste Mal in meinem Leben, daß mir das Herz gegen sie aufgeht.» Im Unterschied zur römischen Theokratie hatte der neapolitanische Hof eine familiäre, weltliche, absolutistische Struktur. Und in Philipp Hackert besaß er einen deutschen Künstler, der die Kunst der erfolgreichen Anpassung an diese Welt demonstrieren konnte. Vom 14. bis 16. März hielt sich Goethe bei Hackert auf, der eine sehr behagliche Wohnung im alten Schloß vor den Toren Casertas hatte und dort die Prinzessinnen im Malen unterrichtete und abends vor der fürstlichen Familie Vorträge über die schönen Künste hielt. Hackert legte dabei Sulzers *Allgemeine Theorie der schönen Künste* zugrunde, deren Gottschedsche Grundmaxime von der systematischen Lehr- und Lernbarkeit der Kunst Goethe fünfzehn Jahre zuvor so heftig befehdet hatte, weil sie den Ambitionen der jungen Generation nicht entsprach. «Welch ein Unterschied ist nicht zwischen einem Menschen [wie Goethe], der sich von innen aus auferbaut, und einem, der auf die Welt wirken und sie zum Hausgebrauch belehren will!» Jetzt sah Goethe sich genötigt, das Werk zu billigen: Sah es doch ganz danach aus, als tauge Sulzer sehr wohl für Hackerts belehrenden Hausgebrauch und als sei auch dieser nicht zu verachten: Denn waren nicht diese an Sulzer orientierten Vorträge vor Dilettanten die Bedingung dafür, daß Hackert jene Art von Kunst ausüben konnte, die ihm wirklich wichtig war? War es nicht ein annehmbarer Kompromiß, einer Welt, die «nur» leben mußte und weiter nichts benötigte, Sulzer zu predigen, wenn man sich dafür selbst von innen aufbauen konnte? «Die vielen Kenntnisse, die hier mitgeteilt werden, die Denkart, in welcher ein so wackrer Mann als Sulzer sich beruhigte, sollten die nicht für Weltleute hinreichend sein?»

Goethes Dichten war vielleicht ein hinreichend robustes Gewächs, das eine derartige Verengung auf einen esoterischen Prozeß der Selbstkultivierung aushielt und trotzdem immer wieder Möglichkeiten fand, Triebe in das öffentliche Bewußtsein zu entsenden. Sein Zeichnen hingegen war eine fragilere Gabe. Zwischen 1779 und 1786 hatte er so gut wie keine originellen Landschaften gezeichnet. Die Erregung der Flucht hatte ihn, sobald er aus Karlsbad heraus war, wieder zu Skizzen animiert, er hatte in Sepia gearbeitet, und in Rom hatte er vorsichtig begonnen, sich im neuen Medium des Aquarells zu versuchen. Aber nur in seinen ersten paar Tagen in Neapel gibt es Anzeichen für das Zurückfinden zu dem persönlichen Stil seiner besten Jahre

–1774 bis 1777 –, und schon bald darauf begann er, sich innerlich von den neapolitanischen Erfahrungen zu distanzieren, und wehrte sich gegen die Fülle des Lebens rings umher. Hackerts schonungsloses Urteil – «Sie haben Anlage, aber Sie können nichts machen» – und sein Rat, anderthalb Jahre zu studieren, wenn er etwas hervorbringen wolle, «was Ihnen und andern Freude macht», untergruben nicht nur Goethes Selbstvertrauen, sondern ließen diesen bescheidenen Zweig seiner Kunst endgültig zu einer bloßen Fertigkeit, zu einem Instrument der anpassungswilligen Integration in die höfische Gesellschaft verkümmern. Tischbein war ein verständnisvoller Mentor gewesen, der seinem Schüler Mut zu seinem eigenen Können gemacht hatte, doch anders als Goethe befand sich Tischbein nicht in Urlaub, sondern war damit beschäftigt, sich eine Existenz in Neapel zu schaffen, wo er von 1789 bis 1799 die Kunstakademie leitete. Er machte Goethe aber mit Christoph Heinrich Kniep (1748–1825) bekannt, einem anderen deutschen Landschaftsmaler, der mehr Zeit als er selbst hatte, den «beständigen Gesellschafter» Goethes abzugeben. Kniep, ein Jahr älter als Goethe und drei Jahre älter als Tischbein, pflegte stets in einem Rock zu speisen, dessen Knöpfe nach dem Gebrauch sorgfältig wieder in Papier gewickelt wurden. Beim Zeichnen rahmte er das Blatt zunächst mit einem Viereck ein; den Horizont zog er mit dem Lineal, und immer wieder spitzte er seine Bleistifte – der rechte Mann also, um Hakkerts Lehre zu befolgen. Aber Goethe suchte mehr als nur einen Zeichenlehrer: Da er in seinen eigenen Zeichnungen das Erlebnis der Landschaft nicht mehr angemessen verkörpert fand, benötigte er in diesem vor-photographischen Zeitalter einen bezahlten Zeichenmeister, der seine Reiseeindrücke im Bild festhielt. Kniep fertigte für ihn mehrere zufriedenstellende Landschaften aus der Umgebung Neapels an, die beiden kamen gut miteinander aus, und so passierte Goethe in aller Stille einen Meilenstein seiner zeichnerischen Biographie: Er verzichtete fortan auf jeden ernsthaften Versuch, in seinem Zeichnen jene Verschmelzung des Autobiographischen mit dem Darstellenden zu erreichen, der seine Dichtung ihre Kraft verdankte, und überließ Kniep die Aufgabe des photographischen Auges.

Am 23. März, zum spätestmöglichen Zeitpunkt und nach dreiwöchigem unschlüssigen Schwanken, hatte Goethe endlich den Entschluß gefaßt, seine Reise fortzusetzen und das Osterfest in Sizilien zu verbringen, anstatt nach Rom zurückzukehren. Schon seit Dezember hatte er mit diesem Gedanken gespielt; unbewußt schob er wohl immer wieder den Augenblick hinaus, wo er sich endgültig wieder nach Norden wenden und an das Leben in Deutschland gewöhnen mußte. Auch war er neugierig auf die Erfahrung der Seereise. Vielleicht erhoffte er auch von einer Fahrt, auf der ihn keine Post erreichte, etwas von der Freiheit und Inspiration seines Wanderlebens im vergangenen Herbst. Während des einen Monats in Neapel hatte sein Zeichnen nicht die erwarteten Fortschritte gemacht, und auch mit dem *Tasso* war er nur insoweit vorangekommen, als er sich, ungeachtet der Einwände Frau von Steins (und später Seidels) gegen die neue *Iphigenie*, entschlossen hatte, dessen poetische

Prosa ebenfalls in die neue Form des Blankverses umzugießen. Darüber hinaus hatte er noch nicht die Hoffnung aufgegeben, seiner ganzen Expedition eine zufriedenstellende symbolische Form geben zu können – zum Beispiel, indem er sie aus einer Flucht nach Rom (was sie ursprünglich gewesen war) in eine «Italienische Reise» umdeutete. Rom hatte sich als unbefriedigender Höhepunkt erwiesen, und trotz der Neuigkeiten des letzten Monats konnte Goethe nicht ehrlichen Herzens wie die Einheimischen sagen: «Siehe Neapel und stirb!» Sizilien aber «deutet mir nach Asien und Afrika»; vielleicht bildete ja diese Insel einen überzeugenden Schlußpunkt, einen symbolischen Knoten, wie es 1779 der Gotthard gewesen war: «auf dem wundersamen Punkte, wohin so viele Radien der Weltgeschichte gerichtet sind, selbst zu stehen, ist keine Kleinigkeit.» Eine Rundreise durch die andere Hälfte des neapolitanischen Königreichs konnte das, was sich bisher als zielloses Springen von einer milden Enttäuschung zur nächsten erwiesen hatte, vielleicht doch noch in eine zweckvolle Entdeckungsreise verwandeln. «Reisen lern' ich wohl auf dieser Reise, ob ich leben lerne, weiß ich nicht. Die Menschen, die es zu verstehen scheinen, sind in Art und Wesen zu sehr von mir verschieden, als daß ich auf dieses Talent sollte Anspruch machen können.» Mit Kniep wurde verabredet, daß er Goethe ohne weitere Kosten begleiten und unterwegs nur zeichnen solle; dafür stellte Goethe die Utensilien, und eine gewisse Anzahl der fertigen Zeichnungen sollte ihm gehören. Die nächsten Tage waren von hektischer Geschäftigkeit erfüllt. Ein heftiges Unwetter hinderte Goethe daran, noch einen Besuch der antiken Tempel in Paestum, südlich von Salerno, einzuschieben, den er sich vorgenommen hatte; dieses Projekt mußte daher bis zu seiner Rückkehr aus Sizilien warten – vorausgesetzt, daß bei dem ungewissen Wetter überhaupt an eine Überfahrt dorthin zu denken war. Am Donnerstag, dem 29. März, gegen Mittag war es dann soweit. Nachdem sie im Kaffeehaus lange darauf gewartet hatten, daß der hinderliche Südwestwind sich legen werde, bestiegen die beiden Reisenden das Paketboot nach Sizilien. Es war eine zierliche, in Amerika gebaute Korvette, die unweit vom Molo vor Anker lag und sich endlich, bei Sonnenuntergang, langsam auf das Meer hinausbewegte.

Die Gärten des Alkinoos

Da Goethe die einschlägigen Dokumente später vernichtet hat, sind wir aus zeitgenössischer Quelle über Einzelheiten seiner Sizilienreise ebensowenig unterrichtet wie über seinen Aufenthalt in Neapel. Ein gewisser Materialmangel aber bereitete Goethe selber Verdruß, als er 1816 begann, seine Reiseschilderung zu verfassen («Ein Tagebuch womöglich herzustellen», nahm er sich damals in den Arbeitsnotizen vor). So ist der Bericht in der *Italienischen Reise*, obgleich er fast unsere einzige Quelle ist, mit einer gewissen Vorsicht zu betrachten. Fest steht zum Beispiel, daß wegen des schlechten

Wetters die Überfahrt von Neapel viereinhalb Tage dauerte und daß Goethe die meiste Zeit in dem Kämmerchen, das er mit Kniep teilte, seekrank auf dem Bett lag. Viel weniger sicher ist schon, ob er in dieser Zeit wirklich so zusammenhängend und mit so viel Gewinn über den Aufbau des *Tasso* nachgedacht hat, wie er behauptet; Kniep, vom Aufruhr der Wogen stoisch unberührt, soll von seinem Reisegefährten berichtet haben, er deliriere stark und halte die Schritte der Matrosen auf Deck für die seiner Großmutter. Wohl mag Goethe durch das erneute Nachdenken über die Stellung Hackerts am neapolitanischen Hof dem Thema seines Stückes wieder nähergekommen sein, und gewiß hatte er die Absicht, in Sizilien die Arbeit an *Tasso* voranzutreiben; aber ein ganzes weiteres Jahr lang wurde nichts zu Papier gebracht. Ein anderes Projekt beschäftigte ihn bereits, als er endlich wieder auf den Beinen war und am 2. April, dem Montag der Karwoche, auf dem Verdeck stand und zusah, wie die Küste Siziliens langsam näherkam. Die graue Masse des Monte Pellegrino lag rechts von ihm, das weit hingestreckte Ufer mit Buchten und Landzungen links, alles in der hellsten Sonne, die ihr Licht von Süden her auf ihn zurückwarf, von runden weißen Häusern und durch das junge Frühlingsgrün der Bäume; hinter ihm, im Norden, wogte, sonnenabgewendet und glanzlos, das weinfarbene Meer. Als sie um drei Uhr nachmittags in Palermo anlegten, kam er sich vor wie der gestrandete Odysseus auf der Insel der Phäaken. «Ich wünschte dir, daß du die Blumen und Bäume sähest», schrieb er wenig später Fritz von Stein, «und wärest mit uns überrascht worden, als wir nach einer beschwerlichen Überfahrt am Ufer des Meeres die Gärten des Alcinous fanden.» Die Geschichte von Nausikaa war ihm wieder in den Sinn gekommen, der Tochter des Königs Alkinoos, die am Meeresstrand dem schiffbrüchigen Odysseus begegnet: Selber ein Wanderer, ja ein Seefahrer in einer scheinbar homerischen Welt, fühlte Goethe sich von einem Thema angezogen, an dem es so vieles gab, «was ich . . . aus eignen Erfahrungen nach der Natur hätte ausmalen können» – Worte, die sich ebensogut auf seine Flucht vor Weimar, mit seiner Kalypso, beziehen konnten wie auf die Üppigkeit der Natur, die ihn umgab.

Wie sie [diese Königin der Inseln] uns empfangen hat, habe ich keine Worte auszudrücken: mit frischgrünenden Maulbeerbäumen, immergrünendem Oleander, Zitronenhecken etc. In einem öffentlichen Garten stehn weite Beete von Ranunkeln und Anemonen. Die Luft ist mild, warm und wohlriechend, der Wind lau . . . indes ich allen, die mich lieben, ein ander Denkmal dieser meiner glücklichen Stunden bereite.

Das Denkmal sollte unvollendet bleiben, aber es beschäftigte ihn für die Dauer seines Aufenthalts in Palermo und bildete auch auf der übrigen Reise den ständigen Hintergrund seines Denkens.

In Palermo, einer Stadt von der Größe Roms, blieben Goethe und Kniep gut zwei Wochen; ihr Quartier war ein großer Gasthof in der Nähe des Hafens. «Ich . . . bin vielleicht in meinem Leben nicht 16 Tage hinter einander so heiter und vergnügt gewesen als hier.» Sie umwanderten den Golf und bewunderten die Lage des Ortes, wagten sich aber nur selten in das steile Labyrinth der Altstadt mit ihren schmutzigen Straßen. Sie absolvierten das Programm lokaler Sehenswürdigkeiten, das ihnen ihr Reiseführer empfahl – eine geologische Exkursion auf den Monte Pellegrino; ein Tag in dem bizarren Palast des Prinzen Palagonia, der Garten geschmückt mit steinernen Monstern, zum Teil schief oder auf dem Kopf stehend, im Inneren des Schlosses Stühle mit ungleich abgesägten Beinen oder mit verborgenen Stacheln unter den Polstern (was Goethe wenig lustig fand); Besichtigung der Antiquitätensammlungen des Prinzen Torremuzza und der Benediktinermönche in Monreale –; und immer wieder zog es Goethe zurück in den öffentlichen Garten (wahrscheinlich den der Villa Giulia), der ihn von Anfang an bezaubert hatte mit seinen Zitronenspalieren, den vielen exotischen, ihm ganz unbekannten Bäumen, die noch ohne Laub waren, und überall dem Anblick und dem Geruch des wogenden, bläulich-schwarzen Meeres. Am Karfreitag wanderte er den kunstvoll auf Pfeilern und Bögen angelegten Weg zum Andachtsort der heiligen Rosalia empor, einer Höhle hoch in den Felsen des Monte Pellegrino. Den Raum faßte eine als Kirche dienende Halle ein, im übrigen war er in seinem natürlichen Zustand belassen worden; einziger Schmuck war, in einem Seitenaltar, ein bemerkenswert schönes und lebenswahres Marmorbildnis der liegenden Heiligen. Die heftige Abneigung Goethes gegen das Christentum, die sich auf dem Festland immer deutlicher gezeigt hatte, scheint in Sizilien etwas in den Hintergrund getreten zu sein. Er war von der Stille und Schlichtheit des Ortes wie verzaubert und blieb, nachdem der Vespergesang verklungen war, noch lange mit der Statue allein.

Der Ostersonntag in Palermo begann bei Tagesanbruch mit einem geräuschvollen Feuerwerk. Nach der Frühmesse wurde Goethe an die Tafel des Vizekönigs geladen. Es war die einzige gesellschaftliche Verpflichtung, die er in Sizilien wahrnahm, und sie bescherte ihm die unerwartete Begegnung mit dem Grafen Statella, einem Malteserritter. Der Graf hatte in Erfurt studiert, fragte angelegentlich nach verschiedenen thüringischen Familien und erkundigte sich sogar nach dem Manne, «der, zu meiner Zeit jung und lebhaft, daselbst Regen und schönes Wetter machte? Ich habe seinen Namen vergessen, genug aber, es ist der Verfasser des ‹Werthers›.» Zwei Monate später war Statella wieder in Weimar und überbrachte Frau von Stein die Grüße Goethes.

Vielleicht kam Goethe erst durch das Gespräch mit Statella auf den Gedanken, einen Abstecher nach Malta zu machen, das mit den von Neapel verkehrenden Paketbooten bequem zu erreichen war und in seinem deutschen Reiseführer erwähnt wurde. Doch mag sein Interesse an der Insel auch durch die Beschäftigung mit einem Manne geweckt worden sein, der sich damals in ganz Europa ostentativ seiner Beziehung zu dem Orden rühmte, der noch immer auf Malta herrschte: dem «Grafen Cagliostro», wie er sich selber nannte. Cagliostro war in der Bastille eingekerkert worden, nachdem er 1785 eine maßgebliche, obgleich nicht wirklich kriminelle Rolle in jener

Halsbandaffäre gespielt hatte, durch die Goethes Vertrauen in die Stabilität der herrschenden Gesellschaftsordnung so nachhaltig erschüttert worden war. Cagliostros Anspruch auf vornehme Abkunft und okkultes Wissen und seine Kontakte zum irrationalsten Zweig der Freimaurerbewegung verliehen ihm in der großen Welt noch immer die Aura des Geheimnisvollen, während in Palermo allgemein die Ansicht vorherrschte, es handele sich bei ihm um den mißratenen Sohn einer verarmten einheimischen Familie. In dem Wunsch, ein Geflecht von Lügen zu entwirren, das sogar die Krone Frankreichs umgarnt hatte, nahm Goethe Verbindung mit Antonio Vivona auf, einem palermitanischen Rechtsgelehrten, von dem es hieß, er wisse mehr über die Angelegenheit. Vivona hatte den französischen Behörden dokumentarisches Material über den Stammbaum eines gewissen Giuseppe Balsamo (1743–1795) geliefert, der nach seinem Weggang von Palermo den Ehenamen seiner (Balsamos) Taufpatin und Großtante Vincenza Cagliostro angenommen hatte, und erklärte sich bereit, Goethe mit Balsamos Familie bekannt zu machen. Goethe sollte sich für einen Engländer namens Wilton ausgeben und die Nachricht überbringen, Balsamo-Cagliostro sei aus der Bastille entlassen worden und nach England gegangen. Von einem Schreiber Vivonas begleitet, der zugleich als Dolmetsch für den sizilianischen Dialekt fungierte, machte sich Goethe, wahrscheinlich am Nachmittag des 16. April, auf den Weg. Durch ein Gäßchen unweit der Hauptstraße Palermos, über eine baufällige Treppe und durch eine Küche gelangte er in ein großes Zimmer mit einem einzigen Fenster, an dem Balsamos Mutter und seine verwitwete Schwester – die noch immer zwei ihrer drei Kinder aufzuziehen hatte – bei einer alten, kranken Frau saßen, die sie, ungeachtet ihrer eigenen Armut, aus christlicher Nächstenliebe bei sich aufgenommen hatten. Die Möbel waren schäbig, die Heiligenbilder an den Wänden mit der Zeit nachgedunkelt, die Kleidung der Familie abgerissen; aber das Zimmer war reinlich. Bei aller Freude über die gute Nachricht verübelten es die Frauen Giuseppe, daß er sie, nachdem er sein Glück gemacht, im Stich gelassen, ja ihnen nicht einmal die vierzehn Unzen zurückgezahlt habe, die er sich vor seiner Abreise von ihnen geborgt hatte. Goethe erbot sich, einen Brief, den sie an Balsamo schreiben wollten, am nächsten Tag abzuholen, was er auch tat. Als er aufbrach, drangen die Kinder in ihn, doch ja zum Rosalienfest im Juli wiederzukommen, dem Höhepunkt des Jahres, von dessen Pracht er, wie sie meinten, sich keine Vorstellung machen könne.

Goethe wußte, daß er einige ehrbare Menschen hintergangen hatte, und war von ihrer Not gerührt. Zwar stellte er bald fest, daß er nicht genügend Bargeld besaß, um Balsamos Schulden sogleich aus eigener Tasche bezahlen zu können; doch als er wieder in Deutschland war, erzählte er in Weimar und in Gotha von seinem Erlebnis mit den Balsamos, er zeigte den Brief herum, den er natürlich nicht hatte zustellen können, und sammelte so die Summe von hundert Talern, die der Familie anonym im November 1788 zuging – gerade rechtzeitig zu Weihnachten, wie die Beschenkten in einem Dankesbrief an Balsamo schrieben, den sie für ihren Wohltäter hielten. Doch muß Goethe aus jenem elenden Miethaus in Palermo mehr mitgenommen haben als nur das Gefühl einer Anstandsschuld. Er hatte die Verhältnisse, aus denen – wie nicht mehr zu bezweifeln war – der «Graf Cagliostro» stammte, in ihrer ganzen Gewöhnlichkeit und Primitivität gesehen, und es war absolut nichts an ihnen, was das Gespinst von Mystifikationen erklärt hätte, das diesen Mann umgab. Wie der aberwitzige Zierat im Schloß des Prinzen Palagonia, war auch Cagliostros Anspruch und Auftreten «ein Nichts . . ., welches für etwas gehalten sein will», und dieses Gaukelstück war dem Grafen, unerklärlich genug, irgendwie gelungen. Der Gedanke hatte etwas Unheimliches, ja Erschreckendes, wie ein solches Nichts, der pure Schwindel, es zu einer solchen Gewalt über die menschliche Gesellschaft bringen konnte: Vielleicht waren hier Kräfte am Werk, die Goethe bisher nicht ins Kalkül gezogen hatte. Auf jeden Fall war dies ein Thema, das ihn nicht mehr losließ, und irgendwann in den folgenden vier Wochen kam er zu dem Schluß, das beste Medium für die Darstellung dieser Mischung aus Farce, Täuschung und im Grunde leerer Drohung sei eine komische Oper; ursprünglich sollte sie _Die Mystifizierten_ heißen, zuletzt wurde aus ihr das Prosaschauspiel _Der Groß-Cophta_.

Doch da die Tage wärmer wurden und in den Gärten des Alkinoos ringsumher die Blumen erblühten, galt Goethes Aufmerksamkeit fürs erste der _Nausikaa_, genauer gesagt dem _Ulysses auf Phäa_, wie er noch immer das Stück zu nennen gedachte. In den ersten Entwürfen figuriert die Fürstin noch unter dem ethisch gehaltvolleren und metrisch bequemeren Namen ihrer Mutter Arete (= Tugend). Es ist auch möglich, wiewohl sehr unwahrscheinlich, daß Goethe den Namen, den sie bei Homer trägt, einfach vergessen hatte. Wie dem auch sei, was Goethes Gedanken beherrschte, war nicht so sehr Nausikaas Schicksal als vielmehr die Landschaft, in welche Homer sie gestellt hatte, und die Figur in dieser Landschaft, welche die des Wanderers Odysseus ist. Er skizzierte den Plan zu einer Tragödie in fünf Aufzügen, entwarf aber nur zwei lebensvolle Szenen, die seine Phantasie bei der Lektüre des 6. Buchs der _Odyssee_ beschäftigt hatten (die er sich im griechischen Original samt lateinischer Übersetzung am 15. April besorgt hatte). Die beiden Episoden – die ballspielenden Jungfrauen der Nausikaa am Strand und der schiffbrüchige Ulysses, der sich nach langem Schlaf vom Laub eines Olivenhains erhebt – gehören zusammen, und mit der Feinheit eines Silberstifts zeichnen sie das Zusichkommen eines Bewußtseins nach einem furchtbaren Unglück, das Erwachen einer Seele zu Naturgebilden, die ihr freundlich gesinnt scheinen, hinter denen jedoch irgendeine fremde Macht verborgen ist, vielleicht sogar – aber dieses Glück wäre zu groß, als daß man es erhoffen dürfte – eine Macht, welche menschliche Gesellschaft verheißt. Nachdem die Jungfrauen über die Bühne gehuscht sind wie Bilder der Liebesahnung in einem morgendlichen Traum, tritt Ulysses wie Faust aus der Höhle in den Wald und spricht in schöner Nachgestaltung Zeilen aus der _Odyssee_:

Was rufen mich für Stimmen aus dem Schlaf?
Wie ein Geschrei ein laut Gespräch der Frauen
Erklang mir durch die Dämmrung des Erwachens?
Hier seh ich niemand! Scherzen durchs Gebüsch
Die Nymphen? oder ahmt der frische Wind
Durchs hohe Rohr des Flusses sich bewegend
Zu meiner Qual die Menschenstimme nach.

Man ist versucht, an Caliban zu denken – «Sei nicht in Angst! Die Insel ist
voll Lärm» –, aber die Ahnung des Geheimnisses, die aus den Worten des
Ulysses spricht, verdankt sich nicht der Gegenwart übermenschlicher Mächte
in einer verdorbenen Menschenwelt, sondern der gespenstischen Gegenwart,
oder der möglichen Gegenwart, des Menschen in der Welt der Natur. Ihre
Fremdheit ist verwandt der Fremdheit des Erlkönigs, der elegischen Zeilen
Goethes an die Nymphen, welche die Einsamkeit des Parks in Weimar be-
völkerten. Hier ist nichts von der Zuversicht des Besitzens, die aus Fausts
Hymnus der Dankbarkeit an den Erdgeist spricht – von dieser Gewißheit
des Habens trennten Goethe jetzt die quälende Wendung in seiner Beziehung
zu Frau von Stein, seine Enttäuschungen in Rom und sein Unbehagen in
Neapel. Vielmehr ist hier die Ungewißheit eines Verwundeten, der nicht recht
glauben mag, daß es ihn in das Märchenland verschlagen hat, wo allen seinen
Leiden Heilung werden kann. Die restlichen Verse des Ulysses gelten dem,
was er an den Rachen des Meeres verloren hat – allem voran den Gefährten,
die er verloren hat. So verschmilzt Goethe den Schiffbruch, der Odysseus ins
Land der Phäaken bringt (*Odyssee* V), mit jenem, der ihn zu Kalypso brachte
(*Odyssee* XII), wie denn der ganze Monolog mehr zu einem Menschen paßt,
der auf Ogygia, der Zauberinsel Kalypsos, gestrandet ist, als zu einem, der
sich an der seligen Küste im Reiche des Alkinoos wiederfindet. Vielleicht war
das eigentliche Drama, das Goethe schreiben wollte, gar nicht ein Drama über
Nausikaa, sondern eines über Kalypso.

Die Literaturkritik verweist zu Recht auf die Parallelen zwischen Homers
Geschichte von Nausikaa, der Königstochter, die den Reisenden zu ihrem
Vater bringt, weil sie heimlich hofft, in ihm den Bräutigam gefunden zu haben, und die den Reisenden wieder davonziehen sehen muß, und der Geschichte Friederike Brions, der Frau, die von einem Manne benutzt und verlassen worden war, der sich einem vermeintlich höheren Zweck verpflichtet
fühlte – ein Thema, das für Goethe zur Obsession in den Werken geworden
war, die er in der Zeit bis etwa 1776 konzipiert hatte: im *Götz*, im *Clavigo*,
im *Urfaust*, im *Egmont* und sogar (in der Mariane-Geschichte) im *Wilhelm
Meister*. Aber die Frau, zu der Goethe nach einem Schiffbruch kam, bei dem
er fast alle seine Gefährten verloren hatte, die Frau, die für ihn die Tugend in
einem Land verkörperte, das zugleich ein rettender Hafen und eine verlassene
Insel war, auf welcher er nur mit Naturgeistern Umgang pflegen konnte, die
Frau, zu der er, mit den letzten Worten, die der Held Homers an Nausikaa

richtet, hätte sprechen können: «Dann werde ich auch dort zu dir, so wie zu einem Gotte, immer die Tage alle beten, denn du hast mich am Leben erhalten» [Schadewald]: diese Frau war nicht Friederike, sondern Charlotte von Stein. Zwischen der Beziehung zu Frau von Stein und der zu Friederike war ebensowenig eine Verbindung herzustellen wie zwischen der Figur der Kalypso und der der Nausikaa, und darum ließ Goethe das Stück unvollendet liegen. Aber sowohl die eigentümliche Regression auf das Thema der schuldhaften Lösung von einer Frau, das ihn zuletzt zehn Jahre zuvor, nach dem Bruch der Verlobung mit Lili, gepeinigt hatte, als auch die unbewußte Assoziation zu der Flucht vor einer Zauberin, die sein Stoff ihm eingab, deuten auf ein heimliches Wissen um die bevorstehende Krise im Verhältnis zu Frau von Stein, das er sich nur noch nicht eingestehen und das er nicht aussprechen konnte. So schrieb er am 18. April, vielleicht nur zwei Tage nach dem ersten Entwurf des Monologs des Ulysses, in dem einzigen Brief aus Sizilien an Frau von Stein, den er nicht verbrannte, daß «die weite Ferne, die Abwesenheit alles gleichsam weggeläutert hat was die letzte Zeit über zwischen uns stockte» – wäre ihm die ganze Tragweite dieser Zeilen wirklich aufgegangen, er hätte sie zweifellos ebenfalls verbrannt. In demselben Brief spricht er von seinen Freudentränen bei dem Gedanken an die Freude, die ihr das Stück bereiten werde, das so gute Fortschritte machte – ausgerechnet ein Stück, in dem sich schon jetzt der Umriß eines Abschieds abzuzeichnen begann, der erst zwei Jahre später, im *Tasso*, seine gültige künstlerische Gestaltung finden sollte. Und endlich, gleich Odysseus, sah er sich, wie er schrieb, in einem «unsäglich schöne[n] Land», in welchem die Natur, der er sich in den Jahren mit Frau von Stein mehr und mehr ergeben hatte, jene klassische Vollkommenheit erreicht zu haben schien, die durch die Gärten des Alkinoos verkörpert wurde. Aber Goethe hatte sich der Natur ergeben, weil sie ihm, wie er den Nymphen im Park zu Weimar anvertraute, den Halt und den Trost bot, die er in der Welt der Männer und Frauen nicht fand: Die Vollkommenheit der Natur war gleichzeitig die vollkommene Einsamkeit, und so quälten den Ulysses, der in das Paradies hinaustrat, die geisterhaften Stimmen einer menschlichen Gesellschaft, die er verloren hatte.

»Wie viel Freude macht mir mit jedem Tage mein bißchen Wissen der natürlichen Dinge», schrieb Goethe in seinem Brief vom 18. April, «und wieviel mehr müßte ich wissen wenn meine Freude vollkommen sein sollte.» Wenn wir seiner späteren Darstellung glauben dürfen, war er am Tag zuvor wieder in seinen geliebten Garten gegangen, um über sein Stück nachzudenken, und hatte plötzlich die Versuchung verspürt, die Vollkommenheit der ihn umgebenden Natur zu prüfen und nach entscheidender Erweiterung seines Wissens zu suchen. Er begann, in dieser üppigen Vegetation nach der «Urpflanze» Ausschau zu halten, um in der Natur Beispiele für das Grundmuster des Pflanzenwachstums aufzufinden, das ihm drei Wochen zuvor, in einem Augenblick der Erleuchtung, bei einer Wanderung am Strand von Neapel aufgegangen war. Das Problem bei diesem Grundmuster – das wohl die Pflan-

30. C. H. Kniep: Tempel von Segesta (1787?)

zenform auf eine wiederholte Abfolge von Elementen wie Sprosse, Blatt und Wachstumspunkt reduzierte – war gewesen, daß es nach Goethes Befürchtung «so sublimiert» war, daß niemand darin die komplexe Vielfalt der konkreten Pflanzenwelt wiedererkennen würde. Aber wenn Sizilien wirklich die Natur in ihrer Vollkommenheit war, die Heimat des gesamten Spektrums an komplexen Pflanzenformen, mußte es dann nicht, in klassischer Einfachheit und Reinheit und ebenso sichtbar wie die rhombusförmigen Granitbildungen, die Goethe im Harz gesehen hatte, auch die elementare, undifferenzierte Urpflanze beherbergen, von der alle anderen Pflanzen Variationen waren, das reale Gehäuse seiner abstrakten Intuition? Indessen blieb die Suche erfolglos, und Goethe mag erkannt haben, daß sie nur dann Erfolg haben würde, wenn er seine Blicke über die Gärten des Alkinoos hinausschweifen ließ: die Vollkommenheit Siziliens war persönlicher und poetischer, aber nicht botanischer Art. In einem bestimmten Sinn war sie der «Wendepunkt des ganzen Abenteuers»: Im Herzen seines klassischen Paradieses hatte Goethe entdeckt, daß er noch immer ein gefallenes Geschöpf, noch immer geistig und instinktiv nicht eins mit der Natur war.

Trotz der Enttäuschung mit der Urpflanze (wenn wir einmal annehmen, daß Goethe sie wirklich ernsthaft gesucht hat) behielt er den Eindruck, in Sizilien den Dingen auf den Grund zu gehen – der Cagliostro-Affäre, dem Sinn der _Odyssee_, der Botanik, dem Zweck seiner ganzen Reise. Er fühlte sich noch immer imstande, Welt und Geist zu einer symbolischen Einheit zu verschmelzen. Frau von Stein erklärte er, daß «nun meine Reise eine Gestalt annimmt. In Neapel hätte sie zu stumpf aufgehört.» Fritz schrieb er, daß man erst hier Italien recht kennenlerne und daß er das Ziel seiner Reise nun bald erreicht habe. Fünf Tage später war er in Agrigent an der Südküste Siziliens und damit von Weimar weiter entfernt als jemals wieder in seinem Leben; von da an begann er, wie er Fritz versprochen hatte, wieder in Richtung Heimat zu reisen. Doch war es nicht das Ziel seiner Reise, einen bestimmten Ort zu erreichen, und erst recht nicht – wie er später gerne glauben machte und wie man aus der Bemerkung gegenüber Fritz heraushören könnte –, in den Ruinen von Agrigent die Begegnung mit der Architektur der griechischen Antike zu suchen, von der er bisher noch nichts gesehen hatte. Wäre das Goethes Absicht gewesen, so hätte er wohl den für Bildungsreisende des 18. Jahrhunderts üblichen Weg von Palermo zu den klassischen Küstenstätten Trapani, Marsala, Mazara und Selinunt genommen, die er alle überging, um, wie er Fritz erklärte, das gebirgige Innere Siziliens zu besuchen. «Daß ich Sizilien gesehen habe», sagte er später des öfteren, sei ihm «ein unzerstörlicher Schatz auf mein ganzes Leben» gewesen, und an dieser Einschätzung änderte auch sein Urteil nichts, daß die Tempel von Paestum auf dem Festland alles überträfen, was die Königin der Inseln an Vergleichbarem zu bieten hätte. In Sizilien hatte Goethe das Gefühl, auf einen Grund zu stoßen, indem er klassischen, ja «überklassischen» Boden berührte; aber diesen Eindruck verdankte er eher seiner Homerlektüre und der Beschäftigung mit _Nausikaa_, die «eine dramatische Konzentration der Odyssee» werden sollte, als irgendwelchen archäologischen Beobachtungen. Man kann sogar bezweifeln, daß er zu einer solchen Beobachtung, zum interesselosen Anerkennen des Fremden, überhaupt imstande war. Seine Wahrnehmung Siziliens – und sogar Homers – war für die damalige Zeit entschieden konventionell, ja vielleicht schon ein wenig altmodisch: An dem, was ihm vor Augen kam, ignorierte er völlig das Normannische und Byzantinische und übersah weitgehend das Maurische; regelmäßig deutete er, gleich Winckelmann, hellenistische Werke als klassische; und dieselbe Küste, die ihm die Odyssee zum Leben erweckte, entlockte ihm den Ausruf: «Nun versteh' ich erst die Claude Lorrains.» Unbestreitbar lernte Goethe einiges von seinem Aufenthalt in Sizilien, aber er sammelte dort ebensowenig signifikantes Faktenwissen wie bei der Besteigung des Brocken 1777 oder beim Übergang über die Furka 1779. Sein bleibender Gewinn waren vielmehr ein Schatz an erinnerter Landschaft sowie eine Strukturierung seiner Reise, die es ihm erlaubte, das ganze italienische Abenteuer als geglückt auszugeben: Er hatte Italien von einem Ende zum anderen durchmessen, und er hatte endlich, in einer Landschaft, die er mit seiner «poetischen Stimmung» verklärte, jenen unmittelbaren Zugang zur klassischen Vergangenheit gefunden, den ihm die Ruinen Roms und Pompejis versagt hatten.

Goethe, Kniep und ein sizilianischer Führer verließen am 18. April auf ihren Maultieren Palermo und gelangten bald auf die Höhen des steinigen, weißen Gebirges. Rechts in der Ferne zog sich leuchtend blau das Meer hin, während «das wilde Gebüsch auf dem Wege wie unsinnig von Blüten war» – sie sahen Weißdorn, Ginster, Teppiche von rotem Klee, Borretsch, Allium, Fliegenorchis. Zwei Nächte blieben sie in dem Bergstädtchen Alcamo, dann ritten sie zu den einsamen, abgelegenen Überresten des griechischen Tempels in Segesta (5. Jahrhundert v. Chr.), der, wie Goethe richtig erkannte, nicht fertig geworden war:

Die Lage ist sonderbar. Am höchsten Ende eines weiten langen Thales auf einem isolirten Hügel, sieht der Tempel über viel Land in eine weite Ferne, aber nur in ein Eckgen Meer.
Die Gegend ruht in trauriger Fruchtbarkeit.
Alles bebaut und fast nicht bewohnt.
Auf blühenden Disteln schwärmten unzählige Schmetterlinge, und Wilder Fenchel stand 8–9 Fuß hoch, es sah aus wie eine Baumschule.
Wo eine Stadt gelegen, ist keine Spur in der Nähe.
Der Wind sauste in den Säulen wie in einem Walde und Raubvögel schwebten schreyend über dem Gebälcke. Sie hatten wohl Jungen in den Löchern.

Unvergeßlich fängt Goethe die Atmosphäre dieses Tages ein; ausführlich notiert er Einzelheiten über das Bauwerk; aber über die architektonischen und ästhetischen Qualitäten des Tempels schweigt er sich aus: «Vom Ganzen sag ich nichts.» Dieses Schweigen – hier und für den Rest des Weges – ist frappierend, wenn man bedenkt, wie stark noch wenige Monate zuvor sein Interesse an Vitruv und Palladio war. Für den Rest der Reise über Castelvetrano und Sciacca nach Agrigent (das damals Girgenti hieß und 20.000 Einwohner zählte) galt seine Aufmerksamkeit hauptsächlich den Mineralien, die aus den Bergen in die Flußbetten oder an den Strand gespült wurden, und der Freude, die er beim ersten Anblick einer Korkeiche empfand. In den vier vollen Tagen zwischen dem 23. und 28. April, die die Gesellschaft in Agrigent verbrachte – bei einem Pastabäcker einquartiert, da es im Ort keine Gasthöfe gab –, führte ein Weltgeistlicher sie zu den Ruinen der antiken Stadt. Die meisten lagen halb versteckt zwischen Bäumen und Weingärten an den seeseitigen Südhängen zu Füßen der modernen Oberstadt, doch wenn Goethe morgens aus dem Fenster blickte, sah er die Überreste des Concordiatempels, die sich als Silhouette gegen den Osthimmel abzeichneten. Aber nachdem er einen ganzen Tag mit den heidnischen Kunstwerken verbracht hatte, die in der Hauptkirche von Agrigent aufbewahrt wurden, und sich einen weiteren Tag lang buchstäblich durch die Büsche geschlagen hatte, um diesen oder jenen umgestürzten oder zerfallenden Steingiganten aufzusuchen, kam er an einen toten Punkt, während Kniep eine entsprechend lange Reihe von Ansichten für seine Mappe anfertigte. Die wenigen Zeichnungen, die Goethe selbst gelangen, geben der Landschaft den Vorzug vor den Trümmern. Jeder Verfall war ihm zuwider, und wesentlicher als alle Unterschiede zwischen der Architektur des griechischen Agrigent und der des kaiserlichen Roms war ihm das, was beide Städte verband: ihr trümmerhafter Zustand.

So kann es Goethe nicht schwergefallen sein, auf die ursprünglich geplante Weiterreise entlang der Küstenstraße nach Syrakus zu verzichten; wußte er doch, daß ihn dort, nach dem verheerenden Erdbeben von 1693, nur weitere Trümmer erwarteten, mochten sie auch alt sein. Statt dessen wandte er sich – eigensinnig, aber bezeichnend – dem modernen Leben in Sizilien zu, dem vielleicht eine Wahrheit über das Leben im Altertum abzugewinnen war. Er hatte erst wenige der vielen Getreidearten gesehen, die Sizilien angeblich zur Kornkammer der Antike gemacht hatten. Wenn er den Weg quer durchs Landesinnere nach Catania nahm, konnte er dieses agrarische Wunder persönlich in Augenschein nehmen und dabei noch die antike Siedlung Enna besuchen, wo die Tochter der Göttin der Feldfrucht, seine eigene Heldin Proserpina, der Sage nach hinab in den Hades geführt worden war. Die Entscheidung gegen Syrakus war zugleich eine Entscheidung über Art und Umfang der ganzen Reise; denn sie bedeutete auch den Verzicht auf den beabsichtigten Abstecher nach Malta, das man mit den Paketbooten von Syrakus erreichte. Wie 1779 auf dem St. Gotthard sah Goethe sich genötigt, Terminus um Beistand zu bitten, den Gott der Grenzen: Vor der Überfahrt nach Sizilien hatte er die Gefahr erkannt, der Abstecher könne ihn zu sehr von seiner «ersten Absicht weglenken», welche Rom hieß, und hier, an der Südküste Siziliens, beim Blick über das Meer auf ferne Wolkenbänke tief am Horizont, die, wie behauptet wurde, schon von der Nähe Afrikas kündeten, hatte er den Eindruck, den äußersten Zirkel seiner Absicht ausgemessen zu haben. Gewiß

31. C. H. Kniep:
Selbstbildnis (1785)

32. J. H. W. Tischbein:
«Emma Hart» (die spätere
Lady Hamilton) als Sibylle
(1788)

aus ähnlichen Gründen hatte er in Neapel ohne langes Bedenken den Vorschlag des Fürsten von Waldeck abgelehnt, gemeinsam nach Griechenland und Dalmatien zu reisen. Goethes Welt war das westliche, das Heilige Römische Reich: In dessen Mitte hatte er nun gelebt und war bis an seine Peripherie vorgedrungen; was jenseits davon lag, tangierte ihn nur als Reflex, der nach innen schlug. Und so wurde Agrigent der Wendepunkt. Der Führer wurde wieder in Dienst genommen, der die Gesellschaft nach Catania und Messina und zu einem Schiff nach Neapel bringen sollte, und als die Maultiere am Samstag, dem 28. April, in der Morgensonne aus Agrigent hinaustrotteten, begann für Goethe der lange Weg zurück nach Weimar.

Bald sollte sich die Ausgefallenheit der von Goethe gewählten Route rächen: Im heißen Sonnenschein des Mittags und Nachmittags wirkte das baumlose, kaum besiedelte Berg- und Hügelland mit seinen endlos wogenden Weizen- und Gerstenäckern wie eine «wüste Fruchtbarkeit», und in Caltanissetta, das sie zu ihrer Erleichterung endlich am Abend erreichten, gab es keine leidliche Herberge für Reisende dieses Standes – die Menschen in der Stadt hatten noch nicht einmal vom Tod Friedrichs des Großen im Jahr zuvor gehört. Am nächsten Tag begann es heftig zu regnen, das Gelände fiel steiler ab, und einmal mußten die Reisenden den stark geschwollenen Fluß Salso durchqueren. Sie mühten sich über schreckliche Wege zu dem einsamen Bergdorf Enna (damals Castro Giovanni) hinauf, wo sie, völlig durchnäßt, mit einer Dachkammer vorlieb nehmen mußten, in deren Fenstern das Glas fehlte. Es gab auch nichts Warmes zu essen. Die nächsten beiden Tage, bis zur abendlichen Ankunft in Catania am Dienstag, dem 1. Mai, zogen sie bei bewölktem Himmel durch Ödland und Distelfelder langer, einsamer Täler dahin, und so gab es, trotz eines gelegentlichen Blicks auf eine Seite des Ätnas, nicht einmal ein lohnendes Motiv für Kniep zum Ausgleich für die erlittenen Strapazen.

In Catania fand sich wenigstens ein ordentliches Quartier, außerdem gab es private Sammlungen von antiken Artefakten und von Gesteinsproben (zumal solchen vulkanischen Ursprungs), und wieder war ein hilfsbereiter Abbé zur Stelle, der gerne seine eigenen Dienste und seine Kutsche solchen allzu seltenen Besuchern zur Verfügung stellte und als ihr Cicerone fungierte: Goethe und Kniep blieben bis zum Sonntag. Aber die Hauptattraktion Catanias waren für Goethe weder die Museen noch die griechisch-römischen Theater und Thermen – sie alle «dergestalt verschüttet und versenkt . . ., daß Freude und Belehrung nur dem genauesten Kenner altertümlicher Baukunst daraus entspringen kann» –, es war der Ätna, von dessen Besteigung er sich schon lange instruktive Vergleiche mit dem Vesuv versprochen hatte. Allein, der Ätna ist ein Berg, der nicht zu unterschätzen ist, und als Goethe erfuhr, daß es für einen gefahrlosen Aufstieg zu früh im Jahr sei und daß auch noch zu viel Schnee liege, begnügte er sich mit dem sekundären Krater der Monti Rossi. Am Freitag, dem 4. Mai, ritten Goethe und der seit längerem schwer geprüfte Kniep auf ihren Maultieren über weite Lavafelder dem 2.000 Meter hohen Doppelgipfel entgegen, während im Hintergrund das weiße Massiv des Ätna drohend aufragte. Kniep blieb am Fuß des roten Kegels zurück, während Goethe zur Mündung des Kraters aufstieg. Unterdessen war jedoch ein steifer Ostwind aufgekommen; Goethe hatte alle Mühe, nicht zu stürzen, Hut und Mantel festzuhalten und selber nicht in den Krater getrieben zu werden. Betäubt vom Wind, vermochte er kaum das prachtvolle Küstenpanorama «von Messina bis Syrakus» zu genießen, das Kniep an einer weniger günstigen, aber geschützteren Stelle weiter unten ganz gemächlich gezeichnet hatte.

Am Sonntag ritt Goethe zwischen den Schultern des Berges und dem Meer dahin und gelangte am frühen Nachmittag nach Taormina. Dort erstieg er mit Kniep sogleich die Berghöhen außerhalb der Stadt, um das griechisch-römische Amphitheater zu bewundern, das dort in einer natürlichen Senke zwischen zwei Gipfeln liegt. Dies war nun endlich eine antike Stätte, die der Betrachter sich in ihrer Blütezeit vorstellen konnte, ohne daß von ihm ein starkes «Restaurationstalent» verlangt wurde:

Setzt man sich nun dahin, wo ehmals die obersten Zuschauer saßen, so muß man gestehen, daß wohl nie ein Publikum im Theater solche Gegenstände vor sich gehabt. Rechts zur Seite auf höheren Felsen erheben sich Kastelle, weiter unten liegt die Stadt . . . Nun sieht man an dem ganzen langen Gebirgsrücken des Ätna hin, links das Meerufer bis nach Catania . . .; dann schließt der ungeheure, dampfende Feuerberg das weite, breite Bild, aber nicht schrecklich, denn die mildernde Atmosphäre zeigt ihn entfernter und sanfter, als er ist.

Den ganzen Montag verbrachte man in Taormina, damit Kniep Gelegenheit bekam, dieses «ungeheuerste Natur- und Kunstwerk» zu zeichnen; Goethe suchte unterdessen einen verlassenen, überwucherten Orangenhain am Meer auf, um in Ruhe nachzudenken. Die Tour durch Sizilien näherte sich ihrem Ende; die warmen, fruchtbaren Küstenstriche mit ihrem ewig-harmonischen Wechselspiel von Himmel und Meer und Strand und grün überwachsenen Klippen waren zurückgekehrt und verdrängten die trostlosen Bilder des Landesinneren; weiter südlich ragte, leicht rauchend, der weiße Berg empor; Goethe hatte soeben den Vorzug gehabt, eines der herrlichsten Schauspiele der antiken Welt zu genießen; der Wind mochte sich gelegt haben, es war heiß und still. Seine Gedanken wanderten wieder zur *Nausikaa*, dem Gefäß, in dem er die einzigartige Atmosphäre der letzten sechs Wochen einzufangen hoffte, in welchen ein Inselfrühling zum Frühsommer geworden war; ruhend in diesem Augenblick des Gelingens, bevor die Unruhe des Aufbruchs begann, empfand Goethe vielleicht für eine kurze Weile jene Gestilltheit und Unmittelbarkeit des reinen Seins, die Winckelmann den größten Skulpturen des Altertums zugeschrieben hatte, und schrieb auf ein einzelnes Blatt Papier zwei Zeilen aus dem Monolog des *Ulysses* zum Preis des Landes der Phäaken. Dieser Wanderer aber findet in der Natur ringsum nicht mehr die eigene Einsamkeit gespiegelt, er beansprucht sie nicht einmal als seinen Besitz, wie Faust. Für einen Augenblick erhebt sich Goethes Dichtung zu einer Objektivität jenseits der bloßen Entpersönlichung, die er Frau von Stein und Spinoza abgelernt hatte:

> Ein weißer Glanz ruht über Land und Meer
> Und duftend schwebt der Äther ohne Wolken.

Das ist das Land von Mignons Sehnsucht, erfüllt und gegenwärtig und nicht gestört von der leisesten Bewegung des Begehrens [«Schweben» meint hier mehr die reine Stille des Verharrens als ein kraftvoll-bewegtes Kreisen wie von Vögeln]. Es ist eine Landschaft, die zugleich vollkommen unpersönlich und vollkommen beglückend ist, das irdische Gegenstück zur Heimat der Götter, die Homer im sechsten Buch der *Odyssee* besingt. Diese erlesen melodiösen Zeilen (kaum ein Vokal, der nicht sein Echo fände; scheinbarer Stillstand des Rhythmus selber auf dem Wort «ruht») sind in ihrer äußersten Keuschheit, in der Abstraktheit ihrer Mittel zu einem durchaus sinnlichen Zweck mit allem vergleichbar, was Valéry im *Cimetière marin* geschrieben hat, an welchen sie unweigerlich erinnern. Natürlich ist jede Zeile Valérys, an die man denken könnte, Teil eines großen, ausgeführten philosophischen Gedichts – die Zeilen Goethes hingegen sind das Fragment eines Fragments, eine Perle im Schutt. In Wirklichkeit ist dieser Solitär, dieses eine ungereimte Verspaar, mit einem Haiku zu vergleichen oder mit dem nur wenig längeren zweiten Nachtlied des Wanderers («Über allen Gipfeln ist Ruh»), und die Bedeutsamkeit dieses einen Augenblickes der Erfüllung, den es ausdrückt und der in Goethes Schriften seinesgleichen sucht, ist nicht zu unterschätzen. Insonderheit wird das Vergängliche des Eindrucks, den diese Worte gestalten, nicht selber thematisiert: sie sind von unschuldiger Unreflektiertheit. Eben weil sie Fragment sind und sich letztlich nicht in einen dramatischen Kontext fügen, worin sie Ausdruck einer begrenzten, tätigen Subjektivität mit eigenen Wünschen und Zwecken wären, bleiben sie einzigartig untangiert von aller Persönlichkeit, bleiben sie für uns ein Bild jener objektiven Vollkommenheit, die Goethe stets der Kunst der Antike zuschrieb. Vielleicht waren es überhaupt die letzten Worte zu seiner *Nausikaa*, die Goethe niederschrieb – in diesem Falle wären sie auch das letzte, abschließende Wort jener Dichtung der Sehnsucht, aus der die erste Hälfte seines Lebenswerks bestand –, und man könnte sagen, daß mit der Ermöglichung dieser Zeilen das ganze Nausikaaprojekt seinen Zweck erfüllt hatte. Wann und wo sie in Sizilien auch geschrieben wurden, sie drückten das Bewußtsein eines vollkommenen Augenblicks aus, dessen Verweilen Goethe nicht wünschen konnte, ohne ihn zu verderben.

Noch ein gewaltiger und furchtbarer Anblick erwartete Goethe, bevor er für immer Sizilien verließ. Am Dienstagnachmittag, nach einem dramatischen Ritt an den Felswänden hin, gegen die der stürmische Ostwind die Wellen des Meeres peitschte, gelangten die Reisenden an eine Wüstenei, die ganz so trostlos dalag wie die Lavafelder des Ätna: die Stätte des einstigen Messinas, das vier Jahre zuvor durch ein Erdbeben, bei dem Tausende von Menschen umkamen, völlig zerstört worden war. Eine einzige Nacht, bei furchtbarer Stille in dem einzigen Haus verbracht, das in den Trümmern wieder aufgebaut worden war, genügte ihnen, und die nächsten beiden Tage suchten sie die lebendigere Nähe der behelfsmäßigen Bretterstadt, die im Norden des verwüsteten Ortes entstanden war. Goethe und Kniep trennten sich nun von ihrem wackeren Führer, dessen Name nicht überliefert ist, und nach einem kuriosen Abenteuer mit Don Michael (Michele) Odea, dem etwas verrückten irischen Gouverneur der Stadt, beschlossen sie, sich so schnell wie möglich auf einem französischen Kauffahrer nach Neapel einzuschiffen. Die Begleitumstände waren wieder unerquicklich; durch den noch immer herrschenden Ostwind machte das Schiff nur langsame Fahrt, und Goethe befiel erneut die unangenehme Empfindung der Seekrankheit. Er verließ die Gemeinschaftskabine, als das Schiff die vulkanische Insel Stromboli passierte, «ein wunderlicher Anblick. Eine solche immer brennende Esse, mitten im Meere ohne weiteres Ufer noch Küste.» (Auf Goethes eigener, späterer Zeichnung geht dieser Effekt völlig verloren, weil einige nicht existierende Felsen einen konventionellen Vordergrund bilden – 1775 hätte er zu diesem Zweck das Schiff ein Stück weit ins Bild ragen lassen.) Und als die Küste Neapels in Sicht kam, lockte ihn der nächtliche Anblick einer rötlich schimmernden und zuckenden ungeheuren Dampfwolke über dem Vesuv an Deck. Aber ansonsten bevorzugte er «die horizontale Stellung» und zog eine begreiflicherweise trübe Bilanz seiner Exkursion nach Sizilien, deren Ertrag in der Tat, bis auf die Zeichnungen Kniep, bemerkenswert gering war. Goethe selbst hatte wenig gezeichnet, mit dem *Tasso* war es überhaupt nicht vorangegangen, *Nausikaa* bestand nur aus ein paar Blättern mit Notizen, seine vielen geologischen Beobachtungen waren dilettantisch und nicht überzeugend. Und was das Altertum betraf, so waren Agrigent, Catania und namentlich Messina lediglich ein weiterer Beweis für die Gebrechlichkeit und Vergänglichkeit menschlichen Bauens gewesen: Um zu dieser Einsicht zu gelangen, hätte er auch in Rom bleiben können. Ein katastrophaler Ausgang der Reise schien endgültig besiegelt, als am dritten Tag nach dem Auslaufen in Messina das Schiff vor Capri in eine Flaute geriet, von der Strömung erfaßt wurde und auf die Faraglioni-Felsen zutrieb. Im letzten Augenblick rettete ein leiser Windhauch die Menschen an Bord und ihr Hab und Gut (das Abenteuer schlug sich später in den beiden Gedichten «Meeresstille» und «Glückliche Fahrt» von etwa 1795 nieder), und am Montag, dem 14. Mai, vormittags gingen Goethe und Kniep – erfüllt von großer Erleichterung, aber geringer Dankbarkeit gegen den Schiffseigentümer und den ungeschickten Kapitän – im belebten Hafen von Neapel von Bord.

Das Leben in Neapel ging so fröhlich unbeschwert weiter wie zuvor – nun vielleicht noch fröhlicher, da die Fastenzeit vorbei war, in den Fleischbänken wieder leckere Sachen hingen, überall Blumen und Gemüse feilgeboten wurden und es Heilige zu feiern gab wie Philipp Neri (1519–1595) am 26. Mai. Der Stifter des Oratorianerordens, der es mit listiger Weisheit und fröhlichem

Sinn verstanden hatte, «das Geistliche, ja das Heilige mit dem Weltlichen zu verbinden», verkörperte eine Heiligkeit, die Goethe verstehen konnte. Nachdem er hastig ein paar Briefe geschrieben hatte, die am nächsten Tag (15. Mai) mit der Post abgehen sollten, stürzte er sich, wie um einer Pflicht zu genügen, in den Strudel des Gesellschaftslebens, den er vor der Fahrt nach Sizilien gemieden hatte, und er genoß dieses Treiben, auch wenn er dabei den Eindruck hatte, «hier immer fauler und fauler» zu werden. Der Verkehr in Adelskreisen wurde nicht länger gemieden, die Gräfin Lanthieri – die wohl mit Genugtuung vermerkte, daß sie im Sommer zuvor in Karlsbad Goethes Reiseziel richtig erraten hatte – bot eine erfreuliche Erscheinung, es gab Abende im Theater und in der Oper (obgleich Goethe sich «auf alle Fälle zu alt für diese Späße» dünkte) sowie Konzerte beim österreichischen Botschafter – den Goethe mit seiner Kenntnis der älteren italienischen Musik beeindruckte, die er fraglos teils Kayser, teils seinem Aufenthalt in Venedig verdankte –, und es gab ein Abendessen bei Hamilton, wonach Miss Hart nun doch ihre musikalischen Talente produzierte. Anschließend erlaubte Hamilton Goethe und (was noch bemerkenswerter war) auch Hackert die Besichtigung seiner Kunstgewölbe, wo antike Büsten, Vasen, Bronzen und sonstige Kunstgegenstände durcheinanderlagen, von denen einige sich ganz offensichtlich zwischen Pompeji und dem fürstlichen Museum in Portici hierher verirrt hatten. Dem gelehrten Filangieri zuliebe war Goethe sogar bereit, dessen Frau zu besuchen, weil ein durchreisender Engländer den Autor des *Werther* zu sehen wünschte, dem er denn auch – auf der Schilfmatte vor der Wohnungstür, da er schon im Weggehen begriffen war, als Goethe verspätet eintraf – das unterkühlte Kompliment machte, es habe dieses Werk «nicht so heftig auf mich gewirkt als auf andere; sooft ich aber daran denke, was dazu gehörte, um es zu schreiben, so muß ich mich immer aufs neue verwundern.» Der Engländer wäre noch verwunderter gewesen, hätte er erfahren, daß der Verfasser dieses brisanten kleinen Buches noch wenige Tage zuvor in Pozzuoli die Säulen eines römischen Tempels auf Pholadenlöcher untersucht hatte, in der Hoffnung, einen Geologenstreit zu schlichten, der damals tobte. (Der Tempel hatte unbestritten zu irgendeinem Zeitpunkt nach seiner Erbauung unter Wasser gestanden, aber Goethe mochte nicht die von vielen vertretene Theorie gelten lassen, das Mittelmeer habe sich in den vergangenen zweitausend Jahren um dreißig Fuß gesenkt. Er glaubte vielmehr, infolge einer vulkanischen Eruption müsse sich einst um den Tempel ein Teich gebildet haben. Diese Theorie war insofern richtig, als sie auf lokale Vulkantätigkeit und nicht auf eine kontinentale Katastrophe rekurrierte; sie übersah jedoch die Möglichkeit, daß lokale Erdbewegungen den Tempel zunächst gesenkt und danach wieder gehoben hatten.)

Die letzten drei Wochen Goethes in Neapel hatten auch eine nachdenkliche Seite. Die Rückreise nach Weimar war angetreten, doch manches bedurfte noch der Klärung. Was war der Zweck der ganzen Expedition gewesen, und war er erreicht worden? War die klassische Welt, die Goethe einst geglaubt

hatte sehen zu wollen, nur eine Abstraktion gewesen und ihre Hinterlassenschaft so von der Zeit zerfressen, daß sie in der wirklichen Welt ebensowenig
zu entdecken war wie die Urpflanze, nach welcher Goethe in Palermo vergebens gesucht hatte? Er besuchte noch einmal Portici, «das Alpha und Omega aller Antiquitäten-Sammlungen», das bewies, wie die antike Welt der gegenwärtigen «an freudigem Kunstsinn» voraus war, nicht aber Pompeji oder
Herculaneum, über denen der Geist der Zerstörung lag. Ein allerletzter Versuch, aus den Ruinen ein greifbares Bild der klassischen Vergangenheit zu
bergen, gelang jedoch über Erwarten gut. Irgendwann in den zehn Tagen
nach der Rückkehr aus Sizilien, vielleicht vom 21. bis 23. Mai, unternahm
Goethe mit Kniep eine Expedition über Salerno nach Paestum, wo auf öder
Küstenfläche die Trümmer der alten griechischen Siedlung Poseidonia liegen.
In den drei ausgezeichnet erhaltenen dorischen Tempeln, davon zwei aus ar-
chaischer Zeit, begegnete Goethe endlich griechischen Baudenkmälern, die
nicht sein Restaurationstalent herausforderten, sondern eine so unmittelbare
Reaktion erlaubten wie im Jahr zuvor das römische Amphitheater in Verona.
Freilich erschlossen sich die Tempel nicht leicht, zumal nicht die beiden
älteren:

der erste Eindruck konnte nur Erstaunen erregen. Ich befand mich in einer völlig
fremden Welt. . . . Nun unsere Augen und durch sie unser ganzes inneres Wesen an
schlankere Baukunst hinangetrieben und entschieden bestimmt, so daß uns diese
stumpfen, kegelförmigen, enggedrängten Säulenmassen lästig, ja furchtbar erscheinen.

Aber Goethe hatte die Lehren aus seinen Studien in Rom, aus Winckelmann
und Hirt nicht vergessen, auch nicht die unter Schmerzen gewonnene Erkenntnis, daß Kunstwerke, auch relativ unbeschädigte, nicht, wie Werke der
Natur, einfach mit der Fassungsgabe des unschuldigen Auges zu begreifen
sind:

Doch nahm ich mich bald zusammen, erinnerte mich der Kunstgeschichte, gedachte
der Zeit, deren Geist solche Bauart gemäß fand, vergegenwärtigte mir den strengen
Stil der Plastik, und in weniger als einer Stunde fühlte ich mich befreundet . . . nur
wenn man sich um sie her, durch sie durch bewegt, teilt man ihnen das eigentliche
Leben mit; man fühlt es wieder aus ihnen heraus, welches der Baumeister beabsichtigte,
ja hineinschuf.

Es war ein seltener Augenblick: vielleicht niemals seit der ersten Begegnung
mit Herzogin Louise war Goethe mit einer so ganz fremden Gegenwart konfrontiert und dazu genötigt worden, sie derartig intensiv mit seiner Subjektivität zu umwerben, damit sie ihre Fremdheit ablege und sein «selbst nicht
selbst» werde. Und er warb nicht vergebens. Als er wieder in Neapel war,
schrieb er überglücklich Herder, Paestum – und zumal der Poseidontempel,
der jüngste der drei – sei «die letzte und, fast möcht' ich sagen, herrlichste
Idee, die ich nun nordwärts vollständig mitnehme». Er stellte sie neben das
Erlebnis der sizilianischen Landschaft, das ihm die Augen für die schiere
Wahrhaftigkeit Homers in seinen Beschreibungen und Bildern der *Odyssee*

geöffnet habe. Durch diese «Ideen» glaubte er, einen Begriff von den Grund-
sätzen antiker Kunst gewonnen zu haben, der nachträglich sehr wohl als Sinn
dieser ganzen Reise aufgefaßt werden konnte, an deren Anfang ein verzwei-
felt festgehaltener Aberglauben gestanden hatte, in dem weder Sizilien noch
Paestum vorgekommen waren. Nun galt Goethe die Reise nicht mehr als eine
Flucht nach Rom, die ihm die Sehnsucht und die Hoffnungen von dreißig
Jahren stillen sollte, sondern als eine Fahrt in die Heimat der klassischen
Kultur, auf der er «von Gipfel zu Gipfel geeilt» war, um für einen späteren
Besuch das Gelände einigermaßen zu sondieren, und von der er nun eine
leitende «Idee» mitbrachte – sozusagen einen Ariadnefaden –, woran er sich
künftig bei seinen Forschungen orientieren konnte.

Goethe brauchte dieses Gefühl der Überzeugung, mit dem er Herder
schrieb. Wahrscheinlich antwortete er auf einen Brief, welcher ihm am 24.
Mai von einem Wiener Besucher ausgehändigt worden war, der in Rom Goethes Post gesammelt und mitgebracht hatte. Es waren, außer etlichen Briefen
von Fritz, fünf von Frau von Stein und drei von Carl August. Weimar, das
er sich die letzten beiden Monate – und zwar höchst erholsame Monate –
geistig fast ganz ferngehalten hatte, war dabei, ihn einzuholen. Er mußte sich
mit Bestimmtheit über sein Gelingen und klar über seine weiteren Absichten
äußern. Sein Plan war folgender: Er wollte am 1. Juni aus Neapel abreisen,
um zu den Fronleichnamsfeierlichkeiten am 7. in Rom zu sein, und bis zum
Fest Peter und Paul am 29. dort bleiben. Danach würde er trachten, zu seinem
Geburtstag Ende August in Frankfurt zu sein, um einige Monate bei seiner
Mutter zu verbringen und in aller Ruhe an den letzten vier Bänden für Göschen, seinen Reiseaufzeichnungen und vielleicht dem *Wilhelm Meister* und
der *Nausikaa* zu arbeiten, bevor der ihm gewährte Urlaub Weihnachten ablief. Aber was erwartete ihn danach? Vom 27. bis 29. Mai schrieb er an einem
langen Brief an den Herzog, worin er um eine völlige Neugestaltung seiner
offiziellen Geschäfte bat, die aus dem persönlichen Verhältnis zu Carl August
entstanden und ihm untergeordnet seien. Der Herzog hatte, nach Bekundung
seiner Zufriedenheit mit der Revision der finanziellen Angelegenheiten des
Herzogtums unter Goethes Leitung, den Vorschlag gemacht, die 1782 getrof-
fene Interimsregelung zu beenden und Schmidt zum Vizepräsidenten der
Kammer mit der Verantwortung für die laufenden Geschäfte zu machen,
Goethe selbst aber die Direktion zu belassen. Diesen Vorschlag lehnte Goethe mit diplomatischen Worten ab; er bat den Herzog, ihn nicht nur von der
Arbeit in der Kammer, sondern von allem Detail zu entbinden, «zu dem ich
nicht geboren bin», und ihn statt dessen nur das tun zu lassen, was niemand
als Goethe tun konnte. Was das im einzelnen sein könnte, sagte er nicht, aber
er erwähnte die Möglichkeit einer allgemeinen Beraterposition, und die daran
geknüpfte Hoffnung, daß er künftig imstande sein werde, «zu Ihrer und zu
vieler Menschen Freude» zu leben, läßt ebenso vermuten, daß er speziell an
eine literarische und kulturelle Rolle dachte, wie der Appell: «Geben Sie mich
mir selbst, meinem Vaterlande, geben Sie mich Sich selbst wieder, daß ich ein

neues Leben und ein neues Leben mit Ihnen anfange!» Unter diskreter Anspielung auf die nachgerade misanthropische Eingezogenheit seiner letzten Jahre in Weimar hob er sein jüngstes Interesse am gesellschaftlichen Leben Neapels hervor und nannte es einen Hauptnutzen seiner Reise, daß sie «meine Existenz erheitert hat». Noch diskreter verwies er auf seine ureigenste Handlungsfreiheit – nicht nur mit dem Vorschlag, so lange Zeit in Frankfurt zu bleiben, sondern auch mit den Worten: «Ich habe so ein großes und schönes Stück Welt gesehn, und das Resultat ist: daß ich nur mit Ihnen und in dem Ihrigen leben mag.» Zu Frau von Stein äußerte er sich eine Woche später unverblümter: «Wie das Leben der letzten Jahre wollt ich mir eher den Tod gewünscht haben.»

Indes verzögerte sich die Abreise Goethes aus Neapel bis zum 3. Juni, und zwar durch die Rückkehr des preußischen Gesandten Marquis Lucchesini, der in Rom mit dem Papst über die Bestätigung der Ernennung Dalbergs zum bischöflichen Koadjutor von Mainz verhandelt hatte. Er und Goethe hatten viel miteinander zu besprechen, zumal Lucchesini den Herzog erst wenige Wochen zuvor, im März, gesehen hatte, um mit ihm die Bestallung Dalbergs und die damit zusammenhängende Frage des Fürstenbundes zu erörtern. Die Auffassung der kaiserlichen Behörden, daß auch ein durch Italien reisender und zeichnender Goethe ein lohnendes Beobachtungsobjekt sei, war nicht ganz unbegründet. Goethe fand Gefallen an Lucchesini, der ihm jener mustergültige Staatsdiener und Weltmensch zu sein schien, der er selbst nicht sein konnte und wollte: «Er scheint mir einer von denen Menschen zu sein die einen guten moralischen Magen haben, um an dem großen Welttische immer mitgenießen zu können. Anstatt daß unser einer wie ein wiederkäuendes Tier ist, das sich zu Zeiten überfüllt und dann nichts wieder zu sich nehmen kann, bis es seine wiederholte Kauung und Verdauung geendigt hat.» Durch die zweitägige Verzögerung seiner Abreise hatte Goethe noch etwas Zeit, die Runde seiner Abschiedsbesuche zu vervollständigen – bei Venuti sagte er auch einer Büste des Odysseus Lebewohl, die es ihm besonders angetan hatte, obwohl er nicht aussprach, was er dachte –, aber er war zum Fortgehen gestimmt, oder sagte es wenigstens: «Aber noch vierzehn Tage; so hätte es mich weiter und weiter abwärts von meinem Zwecke geführt. . . . Übrigens gehe ich gern aus Neapel, denn im Grunde habe ich nichts hier zu tun und das bunte Leben ist meine Sache nicht . . . man kommt dort nicht zu Sinnen.» Tischbein war nach Rom zurückgegangen, als Goethe noch in Sizilien war. Kniep schickte sich an, zu heiraten: Die Beziehung war zunächst eine rein geschäftsmäßige gewesen, hatte sich aber als Wendepunkt in Knieps Künstlerkarriere erwiesen und war zu einer Freundschaft gediehen. Bewegt nahmen beide Abschied voneinander. Goethes einziger Kummer war, daß er die besonders heftige Lavaeruption des Vesuvs am 1. Juni nicht mehr aus der Nähe miterleben konnte. Statt dessen saß er drei Tage lang in der Kutsche, auf demselben Weg, den er einst von Rom gekommen war, und überdachte alles, was in der Zwischenzeit geschehen war. Er fand erstmals jenen Trost in Erinnerungen, der ihm für den Rest seines Lebens erhalten blieb, und beschloß das neapolitanische Abenteuer mit einem unvergeßlichen Bild. Er dachte zurück an die letzten Abende in Neapel; er war aus dem Opernhaus nahe am Molo gekommen und sah, beim Schein des Vollmonds in der warmen Nachtluft am Wasser entlangspazierend,

mit Einem Blick, den Mond, den Schein des Monds auf den Wolkensäumen, den Schein des Monds im Meere, und auf dem Saum der nächsten Wellen, die Lampen des Leuchtturms das Feuer des Vesuvs, den Widerschein davon im Wasser und die Lichter auf den Schiffen.

Süditalien war geworden, was es ihm fortan bleiben sollte: die Erinnerung an Licht.

In der hohen Schule der Kunst:
1787–1788

Goethes Rückreisepläne erfuhren bald eine Veränderung. Am Nachmittag des 6. Juni, einem Mittwoch, war er wieder in Rom; bereits am Freitag schrieb er Frau von Stein, daß er die Arbeit für Göschen ebensogut hier wie in Frankfurt abschließen könne und daher vielleicht nicht unbedingt schon Ende des Monats abzureisen brauche – er durfte nur nicht so spät aufbrechen, daß der einbrechende Herbst oder Winter den Übergang über die Alpen zu beschwerlich machte. Nicht, daß das Neapelerlebnis sein Urteil über das «übel placierte Kloster» am Tiber korrigiert hätte. Im Gegenteil, am Donnerstag hatten ihn die Fronleichnamsfeierlichkeiten zutiefst abgestoßen. «Ich bin nun ein für allemal für diese kirchlichen Zeremonien verdorben, alle diese Bemühungen eine Lüge gelten zu machen kommen mir schal vor.» Was ihn begeisterte, waren die Teppiche, mit denen man an diesem Tag die Kolonnaden des Petersplatzes verkleidete; sie waren, wie jene, die er einst in Straßburg gesehen hatte, nach Zeichnungen Raffaels (damals wie heute in der königlichen Sammlung zu Hampton Court) entstanden. «Rom ist der einzige Ort in der Welt für den Künstler und ich bin doch einmal nichts anders», erklärte er nach ihrem Anblick – doch sogar diese Aussage bedarf sorgfältiger Interpretation. Denn Goethe verließ Rom wieder und verbrachte zwei Wochen in Tivoli und den Albaner Bergen, um mit Philipp Hackert zu zeichnen – schwerlich die Handlungsweise eines Mannes, der darauf brannte, die Kunstschätze früherer Zeiten zu sehen oder wiederzusehen und dem die Zeit davonlief. Im nächsten Jahr sollte Goethe mit Rom primär den Begriff «Kunst» verbinden und sich selbst wiederholt als einen «Künstler» bezeichnen; aber was er damit meinte, ist nicht so klar, wie es scheinen mag.

Hackert, zu Gast bei Baron Reiffenstein, war mit Venuti aus Neapel gekommen, um Vorkehrungen für die Auslagerung der Farnesinischen Sammlungen zu treffen. Er freute sich, eine Zeitlang mit den Wäldern und Wasserfällen und den malerischen klassischen Ruinen von Tivoli verbringen zu können, wobei er Goethe in manche Geheimnisse seiner Kunst einweihte, von der er eine sehr genaue Vorstellung hatte. So gebe es zum Beispiel nur drei Arten von Blättern, die der Maler kennen müsse: Kastanie, Pappel und Eiche; aus diesen Elementen lasse sich jedes andere Laubwerk konstruieren. Goethe revanchierte sich mit Einblicken in die eigene Werkstatt: Er las Hackert aus seinen *Tasso-* und *Faust*-Bruchstücken vor. Vielleicht steuerte er auch seine eigenen Überlegungen zur inneren Einheit der Pflanzenwelt bei. Hackert ermutigte ihn, seine «kleinen Talente» nicht gering zu achten, und die Aussicht, genügend Zeit zu haben, um sie weiter zu pflegen, und sei es «auch nur als Liebhaber», machte einen Brief des Herzogs um so willkommener, der liebenswürdig durchblicken ließ, Goethe sei Herr seiner Zeit und müsse sich mit der Rückkehr nicht beeilen. Carl August mag sich, zu Recht oder zu Unrecht, gesagt haben, daß vier Monate in Frankfurt langfristig eine gefährlichere Gegenattraktion zu Weimar darstellen könnten als ein zwangsläufig begrenzter Urlaub in Italien. Als also am 29. Juni das Feuerwerk auf der Engelsburg abgebrannt und der Widerschein der zahllosen Lichter erloschen war, der jede Rippe und jedes Gesims der Peterskirche erhellt hatte, ging Goethe doch nicht von Rom fort, wie er es noch in Neapel vorgehabt hatte. Seiner Mutter hatte er zu diesem Zeitpunkt bereits mitgeteilt, daß sie nicht mehr damit rechnen könne, ihn am 28. August, seinem Geburtstag, bei sich zu sehen; denn das war der Tag, auf den er nunmehr seine Abreise verschoben hatte, so wie er im Jahr zuvor an diesem Tag Karlsbad hatte verlassen wollen. Offenbar hoffte er noch immer, durch das Festhalten an solchen bedeutsamen Daten seiner Reise ein symbolisches Gerüst einzuziehen; aber der Antrieb dazu war jetzt schwach und wurde durch eine dringendere Sorge überschattet.

Es war keine leichte Sache, die heißesten Monate des Jahres in Rom zu verbringen, und Goethe hatte vor, sie nur in zweiter Linie für den anspruchslosen Zweck zu nutzen, seine Zeichenkunst zu verbessern; hauptsächlich wollte er wieder einen Kampf aufnehmen, den er fünf Jahre zuvor aufgegeben hatte, und *Egmont* vollenden, das Werk, das als Hauptstück im fünften Band von Göschens Ausgabe vorgesehen war und in dem Goethe direkter als in jedem anderen die politischen Fragen der Zeit angesprochen hatte. In der letzten Juniwoche brach eine Hitzewelle aus, die angeblich alles übertraf, was man aus Spanien oder Portugal gewohnt war. Das mochte eine Übertreibung sein, denn die Mittagstemperaturen stiegen den meteorologischen Aufzeichnungen zufolge nicht über 28 °C; doch wird es am Nachmittag gewiß noch heißer gewesen sein. Tagsüber waren die Straßen wie ausgestorben; erst in den warmen Mondnächten erwachten sie zum Leben, und man hörte bis zum Morgen Zitherklänge und fröhlichen Lärm. Zum Glück konnte Goethe das geräumige und kühle Atelier Tischbeins übernehmen, der am 2. Juli endgültig nach Neapel zog, und hier ging er in den Monaten Juli und August in Klausur. Tag für Tag spazierte er bei Sonnenaufgang durch die Porta del Popolo

zum Brunnen Acqua Acetosa, wo er in Berninis Pumpraum das Wasser gebrauchte, und war um acht wieder am Corso, wo er an seinem Stück arbeitete,
Architekturskizzen anfertigte – vermutlich nach Vorlagen aus Büchern – und
den einheimischen Brauch der Siesta verschmähte. Sonntags morgens wartete
Angelica Kauffmanns Kutsche auf ihn, und nach der gemeinsamen Besichtigung einer der großen Kunstsammlungen oder Kirchen aß er mit ihr, Zucchi
und Reiffenstein zu Mittag. Auch wochentags verbrachte Goethe wenigstens
einen Abend bei Angelica; andere Abende galten dem Besuch der Komischen
Oper oder einfach einem kühlen Abendspaziergang – zum Beispiel, um von
der Trajanssäule herab die Sonne hinter der Stadt untergehen zu sehen oder
um die im Mondschein daliegenden Plätze und Palazzi zu bewundern. Im
übrigen verkehrte Goethe nur mit seinen Hausgenossen Bury und Schütz,
mit Johann Heinrich Meyer, dem «ehrlichen Schweizer», den er nun näher
kennenlernte, und mit Karl Philipp Moritz, der ihn «fast alle Tage . . . einige
Stunden» sah und dankbar für alles war, was er über Goethes Denken lernen
konnte, gleichgültig, ob es sich um antike Kunst und Mythologie handelte,
die Moritz jetzt selbst intensiv studierte, oder um spekulative Botanik. In der
Sommerhitze konnten die Samen, deren Keimung Goethe schon früher beobachtet und gezeichnet hatte – ein Feigenkaktus, eine Pinie, einige Dattel-
palmen und gewiß noch andere – prächtig gedeihen: Ihr frisches Grün muß
einen schönen Kontrast zu den weißen Gipsabgüssen rings umher abgegeben
haben.

Ende der ersten Augustwoche erhielt Goethe die Antwort Carl Augusts
auf den langen Brief über seine Zukunft in Weimar, den er Ende Mai, kurz
vor dem Abstecher nach Neapel, geschrieben hatte. Der Herzog hatte am
21. Juli seine Ländereien verlassen, um im Rang eines Generalmajors in die
preußische Armee einzutreten, wo er im Dezember Chef des 6. Preußischen
Kürassierregiments werden sollte. Er war ganz erfüllt von der Aussicht auf
aktiven Kriegsdienst, da Preußen sich anschickte, an der Seite Englands in
den Niederlanden zu intervenieren und dem von einem Volksaufstand be-
drohten Haus Oranien zu Hilfe zu eilen. Unmittelbar, bevor er aufbrach, um
seinen Teil zur Niederwerfung der neuesten Egmonts beizutragen, schrieb er
Goethe, er werde sich mehr als glücklich schätzen, ihn in seinen Diensten zu
behalten – sogar in dem einigermaßen unklaren Verhältnis, das Goethe angeregt hatte –, sehe es aber nicht für notwendig an, daß schon jetzt detaillierte
Entscheidungen getroffen würden, ja nicht einmal, daß Goethe zurückkom-
me, bevor er, der Herzog, selber Anfang des folgenden Jahres wieder in Weimar sein werde. Goethe verstand dankbar den Wink und ersuchte nun, am
11. August, formell um eine Verlängerung seiner Beurlaubung, die es ihm
ermöglichen würde, bis Ostern 1788 in Italien zu bleiben. Als Begründung
nannte er nicht nur die Hoffnung, *Tasso* bis Neujahr und *Faust* bis Ostern
ausgearbeitet zu haben – *Egmont* sei fertig, behauptete er mit nur geringer
Übertreibung; er skizzierte auch als die Hauptattraktion, die Rom jetzt für
ihn zu bieten habe, einen Intensivkurs im Zeichnen, den er in eigener Regie

betrieb. Eine Woche zuvor hatte Maximilian von Verschaffelt (1754–1818), der Sohn des Direktors der Mannheimer Zeichenschule, einen abendlichen Unterrichtskurs in perspektivischem Zeichnen begonnen, den Goethe besuchte. Im September und Oktober hoffte er, sich im Zeichnen nach der Natur zu üben und zu Hause fertige Landschaften auszuführen, bevor er in den ersten Monaten 1788 zum menschlichen Körper überging. Er wußte, daß er ein gewisses Talent besaß, und wollte sehen, wie weit er es ausbilden konnte, wobei er zugab, daß es ihm nur um eine gesellschaftliche Fertigkeit wie die des Musikliebhabers zu tun sei, der zum Vergnügen seiner Freunde ein Stück vom Blatt spielen kann. Für einen Finanzminister ein wunderliches Programm, und nicht weniger wunderlich für einen Dichter, auch wenn Goethe seit langem für Überraschungen gut gewesen war. Durch keinerlei interpretatorische Künste ließ Goethes Italienreise sich jetzt noch mit dem Muster seiner Exkursionen auf den Brocken und die Furka in Einklang bringen: Eine neue Periode hatte begonnen, deren Grund in ihr selbst lag; er führte jetzt ein geregeltes Leben außerhalb des Herzogtums Weimar, als dessen kostspieligster Student. Aber Carl August nahm es gelassen hin.

Auch Weimar war zunächst tolerant gewesen. Nachdem das Geheimnis um Goethes Aufenthalt im Laufe des Jahres bekannt geworden war, wich das Befremden der Menschen, die er zurückgelassen hatte, dem Interesse am derzeitigen Tun und Lassen des ungehobelten Edelmannes. Die beiden Herzoginnen, Frau von Stein, Fritz von Stein und Knebel hatten Reisebeschreibungen gelesen und Kupferwerke betrachtet, um Goethes Weg zu verfolgen und die Lücken in seinen eigenen Berichten auszufüllen. Carl August ließ im Ilm-Park von Martin Klauer einen kleinen steinernen Altar – den sogenannten Schlangenstein – nach einem Abguß aus Herculaneum aufstellen und widmete ihn vieldeutig «dem Genius dieses Ortes» («genio huius loci»). Die Mutter des Herzogs, die schon lange Bildungsneigungen zu Italien hatte, war von Goethes Unternehmen so angetan, daß sie sich mit dem Plan einer eigenen Italienreise trug, und bald kam auch Herder auf den Geschmack. Die Weimarer Gesellschaft hatte auch viel Verständnis für einen treuen Diener seines Herzogtums, dessen Reise in den Süden notwendig geworden war, um seine angegriffene Gesundheit wiederherzustellen, wie es hieß. In Rom hatte Goethe seinen Geburtstag vor seinen neuen Freunden geheim gehalten und allein verbracht, aber in Weimar wurde der 28. August 1787 mit einer Feier im Gartenhaus an der Ilm begangen. Gastgeber war Knebel, der seit Oktober 1786 mit Unterbrechungen dort wohnte, um selbst einmal das Werther-Dasein zu erproben. Frau von Stein war in Groß-Kochberg, aber ihre Schwester und ihre Schwägerin kamen, ferner der ältere Voigt von der Bergbaukommission mit seiner Frau, zwei von Herders Söhnen (Herder selbst war krank) und noch einige andere – unter ihnen der 28jährige Schiller. Im Laufe des Jahres, zur gleichen Zeit wie *Iphigenie*, war Schillers ausgearbeitete Blankverstragödie *Don Carlos* erschienen; sie markierte, wie Goethes Stück, einen beträchtlichen stilistischen Wandel gegenüber den Werken, durch die Schiller zunächst bekannt geworden war. Schiller hielt sich jetzt seit einem Monat im Lande Carl Augusts auf; eigentlich war er wie Goethe zwölf Jahre zuvor nach Hamburg unterwegs gewesen, aber wie Goethe war es ihm bestimmt, den Rest seines Lebens in Weimar zu verbringen. Natürlich war er neugierig auf diesen Löwen aus vergangenen Tagen, der sich jetzt wieder so nachdrücklich literarisch in Erinnerung brachte, nachdem es schon geschienen hatte, als habe er das Schreiben ganz aufgegeben, und der doch zugleich ein Mann des Hofes war, geliebt und verehrt von einem Kreis, den er noch aus der Ferne zu sammeln vermochte, um ihn zu feiern. Schiller billigte nicht ganz die – in seinen Augen zu sinnliche und ungeistige – Schwärmerei dieses Menschen für die empirischen Naturwissenschaften, und vielleicht war er auch schon ein wenig neidisch, aber er genoß die Ironie der Situation, daß es, nachdem man an der Tür des Gartenhäuschens einen Kranz von Ilmenauer Heidekraut als Willkommensgruß für den zu Weihnachten zurückerwarteten Goethe befestigt und ein ausgiebiges Festessen genossen hatte, ausgerechnet der Verfasser der *Räuber* sein mußte, auf dessen Vorschlag man auf die Gesundheit des noch immer in der Hauptstadt der klassischen Welt verweilenden Ministers, und in dessen eigenem Haus, das Glas erhob. Am Abend brannte man ein kleines Feuerwerk ab, und bevor der Mond aufging, wurde Goethes Garten illuminiert, und zwar rund um den Altar des guten Glücks, das Monument für jene Macht, die rollende Steine aufzuhalten vermag.

Doch gab es auch Menschen, die daran zweifelten, daß man Goethe jemals wieder in Weimar sehen werde. Nach dem Weggang des Herzogs im Juli und sobald klar geworden war, daß sein Günstling Goethe, der bislang weit mehr der spiritus rector aller Amtsgeschäfte gewesen war als der pflichtgetreue Erste Minister von Fritsch, nicht vor Mitte 1788 zurückzuerwarten war, verfiel das Herzogtum in eine Art Scheintod, und allmählich begann sich Unmut zu regen. Ganz abgesehen davon, daß der Herzog seine Angelegenheiten zu Hause vernachlässigte, waren seine militärischen Ambitionen auch mit Risiken und für seine Untertanen mit beträchtlichen Kosten verbunden. Von Goethe wurde im Winter allgemein angenommen, daß er nicht mehr ganz richtig im Kopf sei, und Schiller berichtete:

Goethens Zurückkunft ist ungewiß und seine ewige Trennung von Staatsgeschäften bei vielen schon wie entschieden. Während er in Italien malt, müssen die Voigts und Schmidts für ihn wie die Lasttiere schwitzen. Er verzehrt in Italien für Nichtstun eine Besoldung von 1800 Talern, und sie müssen für die Hälfte des Geldes doppelte Lasten tragen.

Sogar für den unermüdlichen, gutmütigen Schnauss, der selber im Malen dilettierte, muß es aufreizend gewesen sein, wenn ihm sein Kollege einen – gewiß gutgemeinten – Brief aus Frascati schrieb und beklagte, er komme gar nicht mehr zum Schreiben, weil er tagsüber so viel zu zeichnen habe und abends so viel Zeit auf die Ausarbeitung der Skizzen wenden müsse: «man pfuscht wohl auch einmal mit Farben und so geht die Zeit hin, eben als wenn es so sein müßte.» Aber Goethe selbst wußte, und sagte es auch dem Herzog, daß er seinen langen Urlaub nur darum verantworten konnte, weil er absolut zuverlässige Stellvertreter hatte: Schmidt in der Kammer, der die Kritik an dem neuen Buchführungsverfahren abwehrte, das die Möglichkeiten des Unterschleifs verringerte; Voigt im Ilmenauer Bergwerk, wo ein tödlicher Unfall und zwei schwere Überschwemmungen das Stammkapital der Gesellschaft aufgezehrt und zu dessen Aufstockung durch die Teilhaber genötigt hatten; und sein persönlicher Adlatus, der treue Seidel, der seine Bücher führte, als sein Kontaktmann zu Göschen und Bertuch fungierte und den Mietvertrag für das Haus am Frauenplan um ein Jahr verlängerte und dem er die Erziehung des mittlerweile halbwüchsigen Fritz von Stein anvertraute. Seidel hatte auch die Aufgabe, den jungen Filippo Collina, den Sohn von Goethes Hauswirt in Rom, in Weimar einzuführen und unterzubringen. Collina hatte sich bereit erklärt, die Herzoginmutter als Reiseleiter auf ihre italienische Expedition zu begleiten. Goethe hatte ihr dazu geraten, die Reise auf das Jahr 1788 aufzuschieben, damit sie genügend Zeit für die notwendigen Vorbereitungen habe – vielleicht auch, damit er selbst genügend Zeit hatte, seine eigenen Pläne ungestört zu verwirklichen.

Was seine Kunststudien betraf, so hielt Goethe den Zeitplan ein, den er dem Herzog dargelegt hatte, ja er war ihm sogar ein wenig voraus. Neben dem Studium des perspektivischen Zeichnens im August wagte er ein Experiment mit dem Modellieren in Ton – schon nach wenigen Tagen konnte er Frau von Stein berichten, damit sei ein «Ariadnischer Faden durch die Labyrinthe der Menschen-Bildung» gefunden, der es ihm ermöglicht habe, fast auf Anhieb einen guten Herkuleskopf zu formen. Zwar wurde das praktische Experiment nicht fortgesetzt, doch beschäftigte sich Goethe während seines römischen Aufenthalts weiter mit den verschiedenen traditionellen Zahlenformeln für die Proportionen der menschlichen Gestalt. Die Arbeit am *Egmont* hielt ihn den ganzen August hindurch in der Stadt fest, doch konnte er mit Bury und Lips, die den Auftrag hatten, Michelangelos *Jüngstes Gericht* in Aquarell zu kopieren, manche Stunde in der offiziell geschlossenen Sixtinischen Kapelle verbringen, wo er, ganz gegen seine Gewohnheit, einmal sogar auf dem päpstlichen Thron einem Mittagsschlaf nachgab. Endlich aber, am 5. September, war das Manuskript des *Egmont* fertig, und unmittelbar danach hielt sich Goethe ein paar Tage bei Reiffenstein in Frascati auf, wohl um sich von der «unsäglich schwere[n] Aufgabe» zu erholen, ein zwölf Jahre früher unter völlig anderen Umständen begonnenes Werk zu «vollenden, ohne es umzuschreiben». Indes war es in diesem langen, heißen Sommer noch etwas früh für die *villeggiatura*, den Rückzug der römischen Gesellschaft auf ihre Landsitze in den Bergen, für welche Zeit er sich vorgenommen hatte, intensiv zu zeichnen. Dazu mußte man warten, bis der erste herbstliche Regen der ausgedörrten Landschaft einen zweiten Frühling bescherte, und so begann Goethe Mitte September mit der Umgestaltung von *Erwin und Elmire*, das in Weimar als Singspiel so erfolgreich gewesen war und das er nun zu einer ausgewachsenen musikalischen *opera buffa* in der italienischen Manier von *Scherz, List und Rache* umarbeiten wollte. Kayser selber hatte vor, nach Rom zu kommen, um seine Studien über frühe Kirchenmusik fortzusetzen, und Goethe sah die Möglichkeit einer engen Zusammenarbeit und einer sofort greifbaren professionellen Beratung über die technischen Aspekte seines Librettos. Am 25. September begab er sich schließlich mit Reiffenstein in dessen Villa nach Frascati, von wo sie am 4. Oktober nach Albano reisten; ihr eigentliches Ziel war aber der ehemalige Wohnsitz des Jesuitengenerals in Castel Gandolfo, der damals im Besitz des englischen Kunsthändlers Thomas Jenkins war und wo während der ganzen Saison das Haus offenstand.

Die Albaner Berge, vulkanischen Ursprungs, wie Goethe bemerkte, mit weitgeschwungenen, fruchtbaren Hängen voller üppiger Olivenhaine und Weingärten und jähen, von malerischen Wäldern verdeckten Abstürzen in die Kraterseen Albano und Nemi, waren zu dieser Jahreszeit Schauplatz eines gesellschaftlichen Treibens, das Goethe an deutsche Kurorte erinnerte. Frühmorgens ging er unauffällig aus dem Haus, um in Ruhe zeichnen zu können, während der Rest des Tages dem Gespräch und geselligen Spaziergängen vorbehalten war, so daß er in diesen drei Wochen an «einem der schönsten Plätze des Erdbodens» mehr Italienisch und mit mehr Italienern sprach als im Jahr zuvor. Man konnte in Castel Gandolfo sogar in die Komödie gehen, wo Pulcinell für Unterhaltung an jenen Abenden sorgte, an denen Goethe nicht kopierte, tuschte, kolorierte oder die Arbeit des nächsten Morgens vorbereitete. Auch kleine Herzensabenteuer gehörten zu den üblichen Begleiterscheinungen des Lebens in einem Erholungsort. Eines Tages war Goethe einer attraktiven jungen Mailänderin namens Maddalena Riggi, der Schwester eines Kommis von Jenkins, bei der Lektüre einer englischen Zeitung behilflich, als ihn – wie er sogleich merkte, oder jedenfalls gemerkt haben will – die Mitteilung, daß die junge Frau verlobt sei und in Kürze heiraten werde, aufs neue «ein wertherähnliches Schicksal» fürchten ließ. So mied er künftig höflich ihren Umgang, doch mag aus dem Intermezzo das einzige lyrische Gedicht hervorgegangen sein, das Goethe zwischen der Abreise aus Karlsbad und der Rückkehr nach Weimar geschrieben hat: «Amor als Landschaftsmaler». Aber die wirkliche Gefahr für Goethes Gefühle kam von einer anderen Seite. Auch Angelica Kauffmann war in Castel Gandolfo, und sie ermutigte ihn zum Landschaftszeichnen: acht Jahre älter als Goethe und kinderlos, strahlte sie bei aller liebevollen Wärme doch genug Mütterlichkeit aus, um in einem milderen Klima jenen Bannkreis einer sexuell neutralisierten Emotion um sich zu legen, den Goethe in den vergangenen zwölf Jahren seines Lebens als ihm gemäß erachtet hatte. Sie und Zucchi und Reiffenstein nahmen ebenso starken Anteil an den Fortschritten, die Goethes literarische Werke machten, wie jener andere kleine Kreis in Weimar: Er las ihr aus dem *Egmont* vor, als er daran arbeitete, sie schuf eine Vignette dazu, die Lips in Kupfer stach, und Goethe schenkte ihr die Luxusausgabe der ersten vier Bände der bei Göschen erscheinenden *Schriften* (trotz Vorbehalten ob ihrer Druckfehler und der minderen Qualität von Satz und Papier), als die Bücher ihm im September zugingen. Ohne Göschen zu fragen, vereinbarte Goethe sogar mit Angelica Kauffmann und Lips, daß sie auch die künftigen Bände illustrieren und dafür gut bezahlt werden sollten. Im Laufe des Sommers hatte Angelica Kauffmann sein Porträt gemalt, und Goethe zog sich von dem Gefühlsgehalt dieses Bildes ebenso instinktiv zurück, wie er sich von Maddalena Riggi zurückzog: «ein hübscher Bursche», schrieb er, «aber keine Spur von mir». Präziser beschrieb Herder den Sachverhalt: «Goethes Bild hat sie sehr zart ergriffen, zarter, als er ist; daher die ganze Welt über Unähnlichkeit schreiet, die aber wirklich im Bilde nicht existirt.» Gewiß kann dieses Porträt dem Modell kaum weniger ähnlich gewesen sein als die von Trippel auch in jenem Sommer modellierte weiße Marmorbüste im Stil eines (heute im Britischen Museum ausgestellten) kurz zuvor aufgefundenen antiken Apollon, mit einer Mähne langer Locken. Mit feiner Ironie hat Goethe, wahrscheinlich viele Jahre später, bemerkt: «ich habe nichts dagegen, daß die Idee, als hätte ich so ausgesehen, in der Welt bleibt.»

Der klassizistische *goût grec* war weiter auf dem Vormarsch, und zwar vor allem in Frankreich, wo noch immer die einflußreichste höfische Kultur Europas zu Hause war, wie zuletzt die Sommerausstellung der Französischen Akademie in Rom bewiesen hatte. Goethe hatte diese Ausstellung vor seiner Abreise nach Frascati besucht. Es war zwar nichts gezeigt worden, was an elektrisierender Wirkung mit dem *Schwur der Horatier* Jacques-Louis Davids (1784) vergleichbar gewesen wäre, aber es war unverkennbar, daß die Historienmaler, deren Genre üblicherweise als Gipfel der Kunst betrachtet wurde, in Davids Fußtapfen wandelten. Nicht weniger fesselten Goethes Aufmerksamkeit die Vertreter der angeblich minderen Kunst der Landschaftsmalerei (eine rekonstruierte Ansicht Roms zur Zeit Diocletians, einige quasi-klassische Schäferstücke in der Tradition Poussins) – einer Kunst, auf die er sich schließlich selbst noch immer konzentrierte. Freilich waren die Skizzen, mit denen er sich jetzt die frischen, sonnigen Morgenstunden in Castel Gandolfo vertrieb (erst Ende Oktober wurde das Wetter veränderlich), von ganz anderer als jener Art, die er in Neapel und Sizilien abgelegt hatte. Goethe zeichnete jetzt keine «malerischen» Ansichten mehr – Bilder von realen Schauplätzen, die einem bestimmten, einzelnen Beobachter deren Reiz mitzuteilen suchten. Vielmehr bildete er sich nun, unter dem akademischen und höfischen Einfluß nicht nur Hackerts, sondern der gesamten römischen Künstlerkolonie, die fast nur aus Studenten, Lehrern und Stipendiaten eines Hofes bestand, im Zeichnen «idealer Landschaften» aus, worin Elemente, welche zwar der Natur entstammten, aber unterschiedlichen Szenerien und Kontexten zugehörten, zu einer vollkommenen Landschaft der reinen Phantasie verbunden wurden. Aus dieser *villeggiatura* sind viele Zeichnungen Goethes erhalten, aber nur wenige lassen sich als direkte Darstellung eines konkreten Schauplatzes verstehen, ja es wurden sogar manche Landschaften mit sizilianischen Motiven erst im Sommer und Herbst 1787 ausgearbeitet, darunter Küstenszenerien, für welche die Albaner Berge sicherlich kein Vorbild boten. Es war Goethe jetzt um Technik zu tun; alles Persönliche, Autobiographische hatte er aus seiner Kunst getilgt.

Am 22. Oktober war Goethe wieder in Rom und sah vier bis fünf ungetrübte Monate vor sich, in denen er den Plan seiner künstlerischen Vervollkommnung vorantreiben konnte. Es war wie der Beginn eines neuen Semesters: «so wird Rom für einen der sich appliciren will eine wahre hohe Schule; dagegen es andern Fremden gar bald traurig und todt vorkommen muß, deßwegen auch die meisten schnell nach Neapel, dem Orte des Lebens und der Bewegung, eilen.» Für Goethe war «die Kunst . . . eine ernsthafte Sache»; er schrieb: «Ich begab mich in die Schule», um sie zu studieren. Er begann, die menschliche Gestalt zu zeichnen, «davon man ausser Rom nur einen unvollkommnen Begriff haben kann»; hatte er doch «vorher, gleichsam wie von dem Glanz der Sonne, meine Augen von ihr weggewendet». Abwechselnd zeichnend und antike Skulpturen studierend, befaßte er sich im November und Dezember mit dem Kopf; dann ging er im Januar zum übrigen Körper über, wobei sein Augenmerk besonders der Muskelanatomie, den Füßen und den Händen galt, mit denen er diesen «Cursum» am 24. Januar beendete. Zufällig hielt sich Ende des Jahres Gilles Adrian Camper in Rom auf, der Sohn jenes berühmten holländischen Anatomen, der einst die handschriftliche Abhandlung Goethes über den Zwischenkieferknochen so negativ beurteilt hatte, und hielt – bis er an der Syphilis darniederlag – vor den deutschen Künstlern Vorträge über das System seines Vaters, die Goethe besuchen konnte, während er weiter viermal wöchentlich den Kurs über perspektivisches Zeichnen besuchte. In einem Empfehlungsschreiben, das er im November verfaßte, nimmt er für sich auch eine gründliche Kenntnis der Arbeiten des jungen Hamburger Baumeisters Johann August Arens (1757–1806) in Anspruch, der in Kopenhagen studiert und in Frankreich und England gearbeitet hatte, bevor er nach Rom kam. Doch die wichtigsten Lehrmeister Goethes – neben ihm selbst – waren Johann Heinrich Meyer und der junge Bury, die in seiner Wohnung am Corso über seine Fortschritte wachten. Als dann Anfang November auch Kayser eintraf und in der Casa Moscatelli blieb, wo er das kleine Zimmer bezog, das zuerst Goethe bewohnt hatte, als im Atelier sein Klavier aufgestellt und gestimmt worden war und er den Freunden aus der Partitur von *Scherz, List und Rache* vorspielen konnte, nannte Goethe nicht von ungefähr diese Zimmer, in denen gleichzeitig Dichtung, Malerei, Kunstgeschichte und Musik (ja sogar ein wenig Botanik) getrieben wurde, «unsere Hausakademie».

Die Gegenwart Kaysers war in mehr als einer Hinsicht wichtig. Als einer von Goethes ältesten Bekannten aus der Frankfurter Zeit stiftete er ein Gefühl der Intimität und des fortdauernden Kontaktes zur Vergangenheit in einem Leben, von dem Goethe sagte: «Ganz unter fremden Menschen, in einem fremden Lande zu leben, auch nicht einen bekannten Bedienten zu haben an den man sich hätte anlehnen können, hat mich aus manchen Träumen ge-

33. Goethe: Komponierte Landschaft mit Seebucht und Kastell
(Herbst/Winter 1787)

34. Goethe: Baumgruppe (1788)

weckt.» Als Musiker konnte er Goethe seine Kunst erschließen, indem er ihm zu Hause die Stücke vorspielte und erklärte, die ihnen Konzertaufführungen oder die großen Kirchenfeste boten: der Cäcilientag, Weihnachten und als Höhepunkt des Jahres, den Goethe nun doch miterleben konnte, nachdem er ihm noch 1787 die Reise nach Sizilien vorgezogen hatte, die Karwoche und Ostern. Vor allem aber konnte Goethe mit Kaysers Hilfe seinen Plan verfolgen, einen Bestand an Libretti, ja womöglich ausgeführten Partituren von deutschsprachigen Opern im italienischen Stil aufzubauen. Diese Pläne waren bereits recht weit gediehen. In die endgültige Fassung des *Egmont* hatte Goethe wesentliche musikalische Elemente – Lieder, Zwischenspiele, Begleitmusik und ein Finale – eingearbeitet, und Kayser machte sich in Rom daran, das Nötige zu komponieren. Wenn die Musik rechtzeitig fertig war, um in Verbindung mit dem fünften Band von Göschens Werkausgabe angezeigt zu werden, konnte *Egmont*, als erste Frucht der Zusammenarbeit von Goethe und Kayser präsentiert, in der Öffentlichkeit weiteren Werken den Weg bahnen. Göschen hatte sich bereit erklärt, in Abweichung vom ursprünglichen Inhaltsschema auch *Scherz, List und Rache* in Goethes gesammelte Schriften aufzunehmen, und noch bevor Kayser in Rom angekommen war, hatte Goethe seinem musikalischen Freund brieflich von dem Projekt einer Cagliostro-Oper vorgeschwärmt, zu der er bereits einen Plan entworfen und ein Paar entsprechend zynischer Lieder geschrieben hatte. Letzten Endes ergab es sich aber, daß Goethe im Winter 1787/88 seine literarischen Bemühungen nicht auf die *Mystifizierten* und übrigens auch nicht auf *Tasso* richtete, wie er einst dem Herzog angekündigt hatte, sondern auf das restliche Material des *Egmont*-Bandes; denn von dem Honorar für diesen Band mußte er die Heimreise nach Weimar bestreiten. Neben *Erwin und Elmire* sollte auch *Claudine von Villa Bella* zu einer großen italienischen Oper umgeschrieben werden, und dieses Vorhaben erwies sich als weit zeitraubender als erwartet. Am Ende der Umarbeitung blieben von der ersten Fassung «nur der Nahme und einige Liedchen». *Erwin und Elmire* wurde erst im Dezember fertig, der letzte Akt der *Claudine* erst im Februar, und so ließ Goethe die Absicht fallen, *Lila*, *Die Fischerin* und *Jery und Bätely* einer ähnlichen Operation zu unterziehen. Das Osterfest fiel 1788 auf ein frühes Datum – den 23. März –, und schon begann die Abreise, ihre Schatten vorauszuwerfen: «Wer Rom verläßt muß auf Kunst Verzicht tun, außerhalb ist alles Pfuscherei.»

Goethes Jahr als nebenberuflicher Kunststudent in Rom stellt eine merkwürdige Episode dar, die der Erklärung bedarf. Sie fügte sich nicht zwanglos an die Flucht aus Karlsbad: Goethe war innerlich bereits ganz auf die Rückkehr nach Deutschland eingestellt, als er Anfang Juni mit den «Ideen» Paestum und Sizilien im Kopf Neapel verließ. Weder seine Zeichenversuche noch die Befassung mit den Überresten der antiken Welt hatten sich in den vorangegangenen acht Monaten so vielversprechend entwickelt, daß es Raub gewesen wäre, sie jetzt abzubrechen. Der reine Reiz des Müßiggangs im warmen Süden erklärt gar nichts, mögen Schiller und seine Informanten gedacht haben, was sie wollten: Wäre es Goethe allein darauf angekommen, so wäre er in Neapel geblieben, und abgesehen von seiner *villeggiatura* und einer fünftägigen Wanderung, die er Mitte Dezember bei prächtigem Herbstwetter zusammen mit Kayser und Bury in den Albaner Bergen unternahm, war Goethe sehr geschäftig. Man kann den generellen Wert dieser Geschäftigkeit, zumal im Hinblick auf sein Zeichnen, bezweifeln, und Goethe selbst hat denn auch in seinem späteren Leben dieses Jahr als eine Periode bezeichnet, in der er von der Illusion Abschied zu nehmen lernte, er habe das Zeug zu einem großen bildenden Künstler, und zu der Einsicht gelangte: «Ich bin schon zu alt, um von jetzt an mehr zu tun als zu pfuschen.» Es gibt aber keine zeitgenössischen Zeugnisse dafür, daß Goethe irgendwelche übertriebenen Ambitionen gehegt hätte. Schon seit Anfang Juli geht aus seinen Briefen klar hervor, daß er sich nur zwei begrenzte Ziele gesteckt hatte: Er wollte seine zeichnerische Technik verbessern, und er wollte für künftiges Studieren und Urteilen ein tragfähiges Fundament an praktischer Kunstkenntnis legen; und beide Vorhaben gelangen ihm schließlich zu seiner vollen Zufriedenheit. Wenn man Goethes zweiten römischen Aufenthalt als die Geschichte einer Desillusionierung hinstellt, wird man überdies der lebhaften Zufriedenheit, die aus seinen Briefen spricht (und zwar im Gegensatz zu der Zeit vor dem Besuch Neapels), ebensowenig gerecht wie seiner später oft wiederholten, uneingeschränkten Versicherung, daß diese Zeit für ihn glücklich und für seine Entwicklung wichtig gewesen sei, oder dem bitteren Schmerz, den er beim Abschied aus Rom empfand. Man kann auch, was Goethe selber freilich nie getan hat, die besondere Qualität der in diesem Jahr entstandenen literarischen Werke und der ihnen zugrunde liegenden ästhetischen Vorstellungen bezweifeln – aber das gehört selbst alles in den Komplex des Erklärungsbedürftigen.

In dem Brief an Carl August, der die bevorstehende Abreise aus Rom meldete, zog Goethe seine eigene Bilanz dessen, was seine Reise nach Italien bewirkt hatte: «Ich darf wohl sagen: ich habe mich in dieser anderthalbjährigen Einsamkeit selbst wiedergefunden; aber als was? – Als Künstler!» Was mag er damit gemeint haben? Sicherlich nicht, daß er nun ein vollendeter Meister in den bildenden Künsten sei – diesen Sinn hat in der Regel das Wort «Künstler» in seinen früheren Briefen. Wenn er aber meinte, daß er sich nun als literarischen «Künstler» entdeckt habe, müssen wir weiterfragen, welche Umstände an einer Zeit, in der das Studium der bildenden Künste so im Vordergrund stand, für sein literarisches Selbstverständnis so entscheidend gewesen sein sollen. Und endlich werden wir fragen müssen, wie es kam, daß der Begriff «Künstler» diese spezielle, literarische Bedeutung annehmen konnte.

Einen Schlüssel zur Beantwortung der ersten Frage liefert der Kontext, in dem Goethes Bemerkung steht. Er ist in erster Linie Künstler – im Unterschied zu allen sonstigen administrativen Aufgaben, mit denen Carl August ihn gnädig betrauen und Goethe sich gerne betrauen lassen will. Weniger höflich ausgedrückt: Goethe ist bereit, ein Weimarer Staatsdiener zu bleiben, aber unter der Bedingung, daß der Herzog den Primat seiner «künstlerischen» Berufung anerkennt. Und worin diese Berufung besteht, darüber eben hat die Zeit in Italien Klärung gebracht. Durch den Aufenthalt in Italien hat Goethe etwas über sein Verhältnis zu Deutschland gelernt. Das Bemerkenswerte an seinem Jahr in Rom waren denn auch nicht irgendwelche Erkenntnisse über das gegenwärtige oder das vergangene Italien. Römische Verwaltungsdinge und das adlige Establishment der Stadt interessierten ihn nach wie vor herzlich wenig, auch wenn er nicht mehr die Entschuldigung hatte, daß sein Besuch zu kurz für den Austausch leerer Höflichkeiten sei. Das unerwartete Geschenk dieser zusätzlichen Monate an einer Stätte, die er nun – mit einem Epitheton, welches das übel placierte Kloster in den Rang Neapels erhob – sein «Paradies» nannte, nutzte er weder zur Beobachtung der Menschen und ihrer Lebensgewohnheiten noch zum Gebrauch der italienischen Sprache. Er machte sich nicht einmal die Mühe, systematisch die Kenntnis jener Altertümer zu vertiefen, über die er sich im Winter zuvor nur einen kursorischen Überblick verschafft hatte: Erst als die Abreise näherrückte, befaßte er sich noch einmal mit dem Studium antiker Skulpturen, und als er im Februar 1788 die Galerie Borghese besichtigte, fiel ihm auf, daß er sie seit einem Jahr nicht mehr gesehen hatte. Die Rückkehr zu eigenem Zeichnen im Januar 1787 war mit dem Ende seines römischen Touristendaseins zusammengefallen: Fortan füllte er seine Skizzenbücher nicht mehr mit Andenken an eindrucksvolle Landschaften, an Lieblingsbauwerke oder Werke der antiken Kunst: Die über 800 Blätter, die er nach Weimar mitbrachte, waren größtenteils entweder ideale Landschaften oder perspektivische bzw. anatomische Studien, die auf gedruckten Vorlagen, einigen Gipsabdrücken oder Zeichnungen am lebenden Modell im Atelier basierten.

Nach seiner Rückkehr nach Rom im Sommer 1787 bewegte sich Goethe im wesentlichen in einer deutschen Welt: mit deutscher Sprache, deutschem Umgang, deutschen Interessen. Es war zudem eine bewußt auf den Künstlerberuf gestellte und insoweit unhöfische Welt. Goethe bringt einen unechten Ton in den Briefwechsel mit Carl August – so als wolle er einem Vorwurf begegnen –, wenn er behauptet, fleißig die Zeitungen zu lesen, und Betrachtungen über die Bedrohung Italiens durch die kaiserliche Expansionslust anstellt, zu einer Zeit, da zwischen Rußland und der Türkei Krieg ausgebrochen und Frankreich vom Ringen seines Adels mit der Krone um die wirtschaftliche Macht absorbiert ist, einem Ringen, dessen langfristige Folgen noch niemand voraussehen konnte. Was immer Goethe in Neapel vorgestellt haben mag, in Rom war er kein Diplomat auf Reisen, nicht einmal der Diplomat auf Urlaub. Er widerstand «allem Andringen der sogenannten großen Welt», der Menschen also, «die mir nichts geben können und denen ich nichts geben kann», und wenn der Marquis Lucchesini, dessen guten Magen für das gesellschaftliche und politische Leben er in Neapel bewundert hatte und der jetzt nur fünfhundert Meter weiter am Corso wohnte, sich nicht entschließen konnte, ihn auch nur zu besuchen, dann nicht nur, wie Goethe mutmaßte, darum, weil er ihm auf keine Weise nützlich sein konnte, sondern zweifellos auch darum, weil der Gesandte des Königs von Preußen nicht sicher sein konnte, in welchem Aufzug und in welcher Gesellschaft er den «Baron gegen Rondanini über» vorfinden würde. Goethe lebte in einem Kreis von Künstlern, von denen viele noch jung waren und ihr Handwerk erst lernten; er selbst war vollauf mit dem beschäftigt, was er als sein eigenes Handwerk erkannte, nämlich der Fertigstellung einer für den Buchhandel bestimmten Ausgabe seiner Werke; gewiß trieb er daneben ein eher dilettantisch anmutendes Studium der bildenden Künste und nahm einen ähnlich anmutenden Unterricht in der Musik bei Kayser; aber er verspürte weder die Lust noch das Bedürfnis, mit irgendeinem Menschen zusammenzusein, der die einseitige Kunstbesessenheit seiner Freunde nicht teilte, sei es als ausübender Künstler wie Angelica Kauffmann, als Kunstmäzen wie Reiffenstein oder als Kunsttheoretiker (und demütiger Schüler) wie Moritz. Rom war im Sommer und Winter 1787 für Goethe der einzig gegebene Ort für die kollektive und entschieden «ernste» Kunstausübung einer Gruppe von Menschen zumeist bürgerlicher Herkunft, die nichts anderes wollten als ihrer Arbeit leben, ohne sich vor einem Lokalfürsten verbiegen oder rechtfertigen zu müssen. «Dieses macht den Aufenthalt in Rom so angenehm, weil so viele Menschen sich hier aufhalten, die sich mit Denken über Kunst, mit Ausübung derselben zeitlebens beschäftigen.» Diese Welt war für Goethe, wie er Kayser anvertraute, «die Erfüllung aller meiner Wünsche und Träume, wie soll ich den Ort verlassen, der für mich allein auf der ganzen Erde zum Paradies werden kann.» In Wahrheit verbrachte Goethe dieses überglückliche Jahr nicht in Rom und nicht in Italien; Rom und Italien waren im Juni 1787 zu einer Quelle der Enttäuschung geworden. Dieses unverheißene Jahr der Gnade verlebte Goethe in einem idealen Deutschland, in einem Deutschland, so wie es sein sollte, in dem «gelobten Land», zu dem einst Möser den Weg gezeigt hatte und das – wie immer auch bedingt und eingeschränkt – die Erfüllung aller Hoffnungen von vor fünfzehn Jahren war. Im Dezember 1787 legte Herder dem Herzog Carl August und dem Markgrafen von Baden ihrer Aufforderung entsprechend den (durchaus praktikablen) Entwurf zu einer Deutschen Nationalakademie vor; sie sollte vom Fürstenbund getragen werden und einmal im Jahr die intellektuelle Klasse Deutschlands, verstreut im Fürstendienst vieler Kleinstaaten, zu geistiger und literarischer Tätigkeit vereinen. Aus dem Projekt wurde nichts, aber die «Hausakademie» am Corso bot bereits ein funktionierendes Muster dafür.

Indessen war die deutsche Kolonie in Rom, nicht anders als Herders Akademie, abhängig von ihren fürstlichen Gönnern, mochten die Fürsten auch nördlich der Alpen sitzen. Insofern war Goethes Entscheidung für Rom, gegen den Besuch bei seiner Mutter in Frankfurt und das Eintauchen in die republikanische Atmosphäre des alten Reiches, eine Entscheidung für Weimar. Er bestieg nicht die Postkutsche in die Heimat, auch nicht auf dem Umweg über Italien. Mochte geistig auch die Distanzierung von seinem früheren Leben begonnen haben: materiell band er die Ausübung seiner Kunst stärker denn je zuvor an die Abhängigkeit von einem Fürstenhof. Freilich wurden die politischen und sozialen Zwänge der Verbindung zu Weimar durch die Entfernung so gemildert, daß das Leben in Rom in der Tat als Erfüllung der in den siebziger Jahren gehegten Träume von einer nationalen Kultur ohne Fürstenhöfe erscheinen konnte. Doch diese Illusion hatte ihren Preis: Die Entfernung, die Rom von den Fürsten trennte, trennte es auch von den Verlagen, ohne deren Weckung des deutschen Nationalbewußtseins die Träume der siebziger Jahre gar nicht hätten gedeihen können. Grundsätzlich war Goethe den Ambitionen Herders und Mösers und der Schlacht der Bücher im «Genie»-Zeitalter treu geblieben, als er nach Weimar und damit an einen Ort gezogen war, wo er zu den treibenden Kräften im Leben der Nation mehr Kontakt hatte als in Frankfurt. Was Weimar nicht hatte bieten können, war eine Kultur für mehr als die eine Seele, die den einzigen Freund am Busen hält. Erst mit der Unterzeichnung des Vertrages mit Göschen begann Goethe die Abkehr von jener privaten Innerlichkeit zu vollziehen, die ihn mehr als zehn Jahre lang in ihrem Bann gehalten hatte. In Rom hatte er dafür ein ganzes kulturelles Makroklima entdeckt – eine Stadt, eine Tradition, die Gesellschaft Gleichgesinnter –, aber es war ein Klima, das von der deutschen Nation geschieden war. Speziell vermißte man «einen lebhafteren Curs der Litteratur», vor allem natürlich in bezug auf Deutschland: Fast zwei Jahre lang bekam Goethe an deutschen Büchern praktisch nur zu sehen, was Freunde ihm schickten oder mitbrachten, und sein Kontakt zur Öffentlichkeit war so gut wie ganz abgebrochen. Selbst von der schlechten Aufnahme seiner *Schriften*, dieses Ecksteins seines neuen Selbstverständnisses, das mit dem allmählichen Rückzug von den Weimarer Staatsgeschäften begonnen hatte, erfuhr er nur durch gelegentliche entmutigende Bemerkungen in den Briefen Göschens. (Von den ursprünglich erwarteten 1.000 Subskribenten hatten sich nur 500 gefunden.) Hier, wo «das A und O aller Kunst» zu Hause war, wo Goethe sich getraut hätte, «als Künstler ... zu leben, wenn ich nur einige meiner Freunde hierher versetzen könnte» – hier war Goethe zweifellos so glücklich und zufrieden und – wie er selbst sagte – «vernünftig» wie niemals zuvor und niemals wieder; aber wie Lessing schon gesagt hatte: ein Goethe, der zu Verstande käme, würde nicht viel mehr als ein gewöhnlicher Mensch sein. Goethe brauchte Deutschland, weil es ihn wahnsinnig machte, er brauchte Deutschlands Enttäuschungen und Entbehrungen, sein launisches, verständnisloses Publikum, so wie er den «Keim von Wahnsinn» brauchte, der «in jeder großen Trennung liegt», zumal in der Trennung von Rom, wenn er mehr sein wollte und sollte als ein normaler deutscher Intellektueller seiner Zeit. In dem einigermaßen unwirklichen Dunstkreis seines römischen Milieus – eine deutsche Welt, aber ohne die politische und kulturelle Widerborstigkeit Deutschlands – nährte Goethe gewisse unrealistische Vorstellungen von seiner eigenen, im Grunde doch öffentlichen, literarischen

Kunst. Insoweit sie auf Loslösung von der höfischen Welt abzielten, in der Goethe lange Zeit Zuflucht vor der Öffentlichkeit gesucht und gefunden hatte, waren diese Überlegungen ein notwendiger Schritt auf dem Weg zu einem reiferen Selbstverständnis; im übrigen aber ist Goethe in seiner literarischen Reifezeit einer rein konventionellen Sichtweise ästhetischer Dinge niemals so gefährlich nahe gekommen wie damals in Rom.

Auf einer sehr oberflächlichen Ebene, für die die Zusammenarbeit mit Kayser am Entwerfen, Schreiben und Umschreiben von Opernlibretti repräsentativ ist, war Goethes Auffassung von Literatur in diesem römischen Jahr geprägt von der Fortschreibung der Illusionen, die sich von Anfang an mit der Arbeit an *Scherz, List und Rache* verbunden hatten. Er sah durchaus die Notwendigkeit, für ein Publikum zu arbeiten und aus der immer steriler werdenden Einsamkeit herauszutreten, hinter der er bis 1785 seine Seele zu verschanzen gesucht hatte. Aber noch weigerte er sich beharrlich, auf jene Art von Publikum einzugehen, das anzusprechen ihm, und nur ihm, gegeben war. Er verstand sich als Techniker des Theaters, der die Aufgabe hatte, «die Poesie der Musick zu subordiniren», und es anderen überließ, an den Saiten der Herzensrührung zu klimpern. Als Seidel gegen die aus dieser Konzeption resultierende Verstümmelung der *Claudine von Villa Bella* Einwände erhob, betonte Goethe, was hier gedruckt vorliege, sei lediglich der Beitrag des Schriftstellers zu einer Theaterproduktion, an der viele andere beteiligt sein würden. Die neue *Claudine*, erklärte er Frau von Stein, solle wie die Neufassung von *Erwin und Elmire* zu Musikbegleitung gesungen, nicht aber gelesen werden. Die falsche Voraussetzung, die Goethe, isoliert in seiner römischen Geschäftigkeit, nicht als solche durchschauen konnte, war die Annahme, es gäbe in Deutschland, und zumal im protestantischen Norddeutschland, für derartige Stücke geeignete Theater oder ein empfängliches Publikum. Das Publikum, für das Goethe *Claudine von Villa Bella* ursprünglich geschrieben hatte, war ein durchaus reales, aber eben ein Lesepublikum gewesen, und er hatte sich noch immer nicht wirklich mit der Vorstellung versöhnt – die er noch Anfang der siebziger Jahre selber erfolgreich vertreten hatte –, daß die Kultur des modernen Deutschland eine Kultur des gedruckten Wortes sein müsse. Für kurze Zeit, 1785 und 1786, als Goethe begonnen hatte, seine Existenz neu zu definieren und den Plan zu einer Ausgabe seiner gesammelten Werke zu fassen, schien diese Versöhnung zu gelingen, wie die Entwicklung Aurelies im *Wilhelm Meister* beweist. Aber im Dezember 1786, als Goethe auf sein Vorhaben verzichtete, der Werkausgabe die Zueignung «an das deutsche Publikum» voranzustellen, war es mit dieser Anwandlung von Realismus schon wieder vorbei; zum Glück hatte sie lange genug gedauert, um die Umarbeitung der *Iphigenie* zu erlauben. Jenes Theaterpublikum, für das *Claudine* revidiert und *Scherz, List und Rache* geschrieben worden waren, war eine Phantasmagorie, die Goethe sich erdachte, um vor sich selbst die Unterdrückung der unhöfischen autobiographischen Gefühlskunst zu rechtfertigen, die in Wahrheit seinem Genie entsprach und für die er noch nicht das geeignete öffentliche Medium gefunden hatte. Seit den Gesprächen mit Hackert in Neapel war dieses autobiographische Element aus seinem Zeichnen weitgehend verschwunden, und wenn Goethe in seinen anschließenden Kunststudien der idealen Landschaft und dem Zeichnen nach Lehrbüchern und Skulpturen solchen Vorrang einräumte, dann aus Respekt vor dem Konzept der unpersönlichen Technik. Mochte die römische Hausakademie ein Weimar ohne höfisches Gehabe und den Idealen der Sturm-und-Drang-Zeit ergeben sein, so blieb sie zuletzt doch, wie indirekt auch immer, der Ableger eines absolutistischen Regimes, und auch in ihr herrschte die höfische Feindschaft gegen den emotionalen Individualismus und gegen die bürgerliche Kunst des Buchdrucks, welche sich das Medium erschuf, durch das die Gefühle von Individuen öffentlich werden konnten. Auch diese Akademie war nur die Erweiterung jenes seltsamen Gefängnisses, in das Goethe mitsamt seinem «Publikum» gesperrt war – dem einen Menschen, der ihn als einziger wirklich verstand. Nur als der wirklich einsame Wanderer, der unterwegs nach Rom war – noch immer, zumindest im Geiste, auf der symbolischen Reise zum Gegenstand seiner Sehnsucht –, konnte Goethe der Wahrheit über sich selbst und über sein Publikum ins Gesicht sehen und sie akzeptieren: er schrieb *Iphigenie*, damit sie gelesen, nicht, damit sie aufgeführt werde, und er schrieb sie für die ganze Welt und nicht nur für einen einzigen «reinen Menschen»; und genau dieser Einsicht verdankt das Werk zum guten Teil seine einzigartige formale Reife. Sobald er sich in Rom niedergelassen hatte, in der Außenstelle der Weimarer Kunstschule, bedrängten ihn wieder die alten Irrungen, und die Revision seiner Singspiele, zum Teil sogar des *Egmont*, basierte auf der irrigen Vorstellung, diese Stücke seien zur unmittelbaren Aufführung bestimmt: «ich glaube Egmont wird gleich gespielt werden. Wenigstens hie und da.»

Das Zögern beweist, daß Goethe sich des Uneindeutigen seiner Lage bewußt war. Sein Leben in Rom mochte scheinbar an die rein bürgerliche Welt des Sturm und Drang erinnern – an die Zeit der *Frankfurter Gelehrten Anzeigen* –; in Wirklichkeit aber war er in eine Loyalitätskrise gegenüber dem Hof verstrickt, vergleichbar der Krise, aus der die Empfindsamkeit hervorgegangen war, die offizielle, von Werten der Innerlichkeit und nicht der Öffentlichkeit geprägte Kultur, die dem Bürgertum die Kollaboration mit dem absolutistischen Regime ermöglicht hatte. Bei seinem Bemühen, diese Krise zu meistern, kam ihm die systematische Erneuerung der empfindsamen Ästhetik zu Hilfe, die damals Karl Philipp Moritz unternahm. Moritz war noch nicht der Günstling eines Fürstenhofes, er lebte von den Vorschüssen seines Verlegers, aber von Jugend an war ihm nicht allein der Verfasser des *Werther*, sondern die ganze Ideologie der Empfindsamkeit, der Werther zum Opfer fällt, zur Obsession geworden. Goethe berichtet, daß die kurze Abhandlung *Über die bildende Nachahmung des Schönen* (geschrieben im Winter 1787 und erschienen 1788), worin Moritz die Prozesse erörtert, durch die Kunstwerke hervorgebracht werden und Gefallen erregen, aus ihren Unterhaltungen Ende 1787 hervorgegangen ist, und bekräftigt, daß die damals von ihnen entwickelten Gedanken später einmal «mit der Denkweise des Jahrhunderts glücklich zusammentrafen». Was Goethe nicht sagt, allerdings auch nicht bestreitet, ist, daß diese Überlegungen eine längere Vorgeschichte hatten und nicht erst die Frucht des heißen Sommers 1787 waren – wie ja auch der zweite Aufenthalt in Rom selber nicht wurzellos in der Luft hing, sondern die Erfüllung von Träumen einer früheren Generation darstellte. Und genauso wie die römische Existenz hatten jene Überlegungen, mochten sie für begrenzte Zeit auch Goethes eigene grundsätzliche Ansicht über seine literarische Berufung ausdrücken, nur eine kurze Zukunft vor sich. Ihr Einfluß auf die Umarbeitung des *Egmont* wird uns noch zu beschäftigen haben. Doch sind die Begriffe von «Kunst» und «Künstler», die Moritz in seiner Abhandlung entwickelt, wichtige Schlüssel zum Verständnis der Selbstdeutung, mit der Goethe 1788 die Rückkehr nach Weimar erklärte.

Ein Labsal an Goethes brütend heißem und einsamem Geburtstag 1787 war die Post aus Deutschland, darunter ein Paket von Herder mit seiner neuesten Veröffentlichung, seiner definitiven Stellungnahme zu der von Jacobi in Gang gesetzten Kontroverse um Spinoza in Form eines bescheidenen kleinen Bändchens mit dem Titel *Gott. Einige Gespräche*. Bei aller Freude über die Zusendung der Zwiegespräche – zwischen einem gelehrten Spinoza- und Leibnizleser (Herder?), einem leidenschaftlichen Naturforscher (Goethe?) und einer bekümmerten Dame (Frau von Stein?) – kann Goethe in ihnen nicht viel gefunden haben, was ihm neu gewesen wäre. Spinozas System wird kaum entfaltet, sondern sogleich in Leibniz'sche Begriffe übersetzt – statt der zwei göttlichen Attribute Geist und Materie müssen wir annehmen, daß wir eine unendliche Zahl von ihnen kennen, individuelle «substanzielle Kräfte», die Leibniz Monaden nennt –, und was von Spinoza bleibt, ist seine Freiheit von jedem christlichen Ballast, der unvereinbar mit dem heilsamen Begriff der Notwendigkeit sein könnte, der rationalen Gesamtordnung aller Dinge, die jede begrenzte Vorstellung von besonderen providentiellen Zwecken transzendiert. Das Buch enthält – vielleicht, wie wir sehen werden, mit Ausnahme seines letzten Abschnittes – wenig, was Goethe nicht schon zur Zeit seiner «Studie nach Spinoza» gedanklich umrissen hätte, sei es für sich selbst, sei es in Gesprächen, wie sie auch Herders Text festhalten mag. Moritz aber, dem Goethe das Buch sehr bald lieh, verschlang es mit leidenschaftlicher Begeisterung, und die Leibniz'sche Terminologie von den individuellen «Kräften», die alle den einen Ursprung widerspiegeln, aus dem sie hervorgehen, lieferte ihm das metaphysische Fundament zu seiner Abhandlung *Über die bildende Nachahmung des Schönen*. Allerdings sieht er jenen Ursprung aller Kräfte nicht in «Gott», sondern «im großen Ganzen der Natur», und die Ähnlichkeit mit Toblers Versuch über die Natur ist kein Zufall: Auch Moritz erkennt im Wirken des Menschen das vermittelte Wirken der Natur selbst. Und während für Leibniz die Seelen «im allgemeinen lebende Spiegel» sind und jeder Geist zudem «in seinem Bezirk gleichsam eine kleine Gottheit» und fähig ist, «das System des Weltgebäudes . . . in architektonischen Probestücken nachzuahmen», behält Moritz das Privileg des Schöpferischen, der Naturgleichheit, dem ersten und eigentlichen Schöpfer vor, dem «bildenden Künstler». Wie in der empfindsamen Genietheorie, so ist auch bei Moritz der «Künstler» darum vorzüglich unter den Geschöpfen, weil er die Eigenart des Schöpfers besitzt. Das Ungewöhnliche an des «Künstlers» großer Seele ist, daß sie in hohem Maße jener Seele aller Seelen gleicht, die bei Leibniz «Gott» heißt und wovon andere Seelen nur ein schwächerer, abgeleiteter Reflex sind:

> Wem also von der Natur selbst, der Sinn für ihre Schöpfungskraft in sein ganzes Wesen, und das M a a ß des Schönen in Aug' und Seele gedrückt ward, der begnügt sich nicht, sie anzuschauen; er muß ihr nachahmen, ihr nachstreben, in ihrer geheimen Werkstatt sie belauschen, und mit der lodernden Flamm' im Busen bilden und schaffen, so wie sie.

Und weiter: «Jedes schöne Ganze aus der Hand des bildenden Künstlers ist daher im Kleinen ein Abdruck des höchsten Schönen im großen Ganzen der Natur.»

Nach ihrem Erscheinen wurde Moritz' Abhandlung in Weimar lebhaft diskutiert. Man wandte gegen sie ein, daß sie nicht hinreichend zwischen dem Schönen der Natur, welches ein wirkliches Ganzes sei, und dem Schönen eines Kunstwerks unterscheide, das nur scheinbar ein Ganzes ist. In der Tat wird die Unterscheidung zwischen Wirklichkeit und Schein, die in der Ästhetik des folgenden Jahrzehnts eine so zentrale Bedeutung erlangen sollte, in der *Bildenden Nachahmung des Schönen* zwar thematisiert, sie wird aber nur an den Stellen deutlich, wo Moritz von der Tragödie handelt. Daß Moritz in seiner Argumentation den Unterschied zwischen den Werken der Kunst und den Werken der Natur nicht besonders betonte, muß in Goethes Augen freilich ein Vorzug gewesen sein; stellte doch die Hinnahme der alten Trennung zwischen Natur und Kunst die schmerzlichste Vorbedingung dar, die an sein «wiedergeborenes» Verständnis höfischer Kultur geknüpft war. Die bei Moritz anzutreffende Kontinuität zu eigenen, früheren Überzeugungen lohnte Goethe wohl ein gewisses heimliches Einverständnis mit den «übertriebenen Forderungen an sich selbst», die er selber viele Jahre zuvor beschrieben hatte – halb humorvoll in «Wandrers Sturmlied», tragisch im *Werther* – und die Moritz jetzt dazu nutzte, ihm eine neue Lebensweise nahezulegen. Die Hervorbringungen der Natur und die Hervorbringungen menschlicher Kunstfertigkeit mögen verschieden sein, wie die Abhandlung impliziert; aber die Kräfte, die diese Werke hervorbringen, fallen in der Seele des Künstlers zusammen, die, wie es heißt, beide gleichermaßen in sich faßt. Was Moritz' im Grunde empfindsame Theorie jedoch auszeichnet, ist die neuartige Schärfe, womit sie den «Künstler» gegen alle anderen fühlenden Seelen abgrenzt, und das Ansehen, und damit potentiell die gesellschaftliche Bedeutung, die sie seinem Wirken zuschreibt. In seiner römischen Verzauberung, wo die Konflikte, die ihn in Deutschland erschöpft hatten, so gedämpft waren, daß es scheinen mochte, sie seien in ideale Harmonie zueinander getreten, war Goethe in Gefahr, der Versuchung durch eine neue und sehr suggestive Form des Leibniz'schen Kompromisses zwischen bürgerlicher und höfischer Welt zu erliegen. Denn nachdem Moritz jene entchristlichte Monadenlehre übernommen hat, die Herder in den Gesprächen über *Gott* für Spinozismus ausgegeben hatte, verbindet er sie in der *Bildenden Nachahmung des Schönen* mit jener quasi-religiösen Interpretation des künstlerischen Schaffens und Urteilens, die Winckelmann in seinen Schriften vertreten hatte. Gleichzeitig überträgt er Winckelmanns heidnische Frömmigkeit von den bildenden Künsten auf die Literatur und folgt damit Lessing in dessen *Laokoon*, der seinerseits Batteux gefolgt war, indem er einen generellen Bereich ästhetischen Wirkens postuliert, von dem Dichtkunst und Malerei nur Unterbereiche sind. Doch anders als Lessing und Batteux hat Moritz – oder ist es Goethe? – einen Namen für diesen generellen und nunmehr zur Religion erhobenen Bereich: er nennt ihn «Kunst».

Der moderne Leser, der die Wörter «Kunst» und «schöpferisch» mit ihren verschiedenen Zusammensetzungen wie selbstverständlich benutzt, kann sich schwer vorstellen, wie jung die gegenwärtige Bedeutung dieser Begriffe ist. Erst seit der Mitte des 18. Jahrhunderts ist das Wort «schöpferisch» mehr als ein rein theologischer Begriff; etwa zu derselben Zeit bekam das Wort «Kunst» seine moderne, generelle und ziemlich hochgestochene Bedeutung («... ist das überhaupt noch Kunst?»). Diese Bedeutung war Dr. Johnson noch unbekannt, der in seinem *Dictionary* (1755) in diesem Zusammenhang nur auf die vielen verschiedenen «arts» (im Plural) verweist und als Beispiel «the art of boiling sugar» anführt. Auch bei Herder bedeutet «Kunst» nicht selten so etwas wie «Technik», etwa im dritten Teil seiner *Ideen zur Philosophie der Geschichte der Menschheit*, wo dieser Begriff Fertigkeiten meint wie die «Schiffskunst» oder die Kunst der Seefahrt. Die Vorstellungen, daß der Literatur, den bildenden Künsten und der Musik etwas gemeinsam sei, was sie von solchen rein technischen Fertigkeiten unterscheide, daß ihre Hervorbringungen in ihrer kleinen Welt auf ähnliche Weise autonom seien, wie die große Welt, das Universum, autonom ist, und daß diese Hervorbringungen daher ebensowenig wie das Weltall mit von außen herangetragenen (zum Beispiel moralischen) Maßstäben beurteilt werden dürften und ihre Erzeuger mit dem Erzeuger des Universums auf einer Stufe stünden und daher mit Recht Schöpfer genannt würden – diese Vorstellungen hatten sich alle unabhängig voneinander im System der deutschen Ästhetik des 18. Jahrhunderts entwickelt, und Moritz bringt sie auf engem Raume zusammen und demonstriert ihren gedanklichen Zusammenhang. Insonderheit stützt sich Moritz auf ein Argument, das er bereits 1785 in einem kurzen Aufsatz ausgeführt hatte, um zu zeigen, daß die Hervorbringungen der «Kunst» – mochten sie sichtbar oder hörbar oder, wie im Falle der Literatur, nur der Einbildungskraft faßbar sein – generell ein spezielles Merkmal der Schönheit teilen, das Moritz als einer der ersten ausspricht: daß sie ihren höchsten Zweck in sich selbst hat oder, wenn man so will, ohne Zweck ist. Wenn Oscar Wilde (im Vorwort zum *Bildnis des Dorian Gray*) bemerkt, alle Kunst sei unnütz, dann ist das kein witziges Paradoxon, sondern schlicht eine Tautologie: Zwecklosigkeit war eines der Merkmale, das deutsche Ästhetiker schon hundert Jahre zuvor an dem neuen «Kunst»-Schaffen definiert hatten. Diese Zwecklosigkeit hängt, wie Moritz nachweist, damit zusammen, daß das neu verstandene Kunstschaffen der Ausübung einer Religion so nahe kommt, wie das einem säkularisierten Weltverständnis nur möglich war. Aber diese Autarkie, dieser quasi religiöse Charakter der Moritz'schen «Kunstwerke» hat eine soziale und sogar eine ökonomische Konsequenz.

Wenn die Kunst die Nachfolge der Religion angetreten hat, dann haben die Priester der Kunst dasselbe Recht auf Versorgung durch die Gesellschaft wie die Priester der Religion, und wenn Kunstwerke «um ihrer selbst willen» hervorgebracht und geschätzt werden sollen, dann müssen die Menschen, die sie hervorbringen – und auch jene, die nur über sie Bescheid wissen und sie verstehen –, allein um ihrer Kunst und nicht um irgendeines anderen Nutzens willen, den sie daneben haben mögen, von der Gesellschaft versorgt werden. Die absolutistischen Fürsten Deutschlands hatten Musik, Theater, Malerei und Bildhauerei zu Prunk- und Unterhaltungszwecken gefördert; in Moritz' Abhandlung erkennen wir in Ansätzen eine ästhetische Theorie, die besagt, daß eine derartige Förderung der Kunst unabhängig von irgendeinem zu erfüllenden Zweck wünschenswert ist, und Literatur und Gelehrsamkeit, welche bis dahin weithin Privatsache des Bürgertums bzw. auf die Universitäten beschränkt gewesen waren, gleichberechtigt neben die übrigen Ornamente des höfischen Lebens stellt. Explizit die Autonomie des Kunstwerks zu postulieren – und literarische Werke als Kunstwerke und damit als autonom einzuordnen –, hieß implizit, die Autonomie des Künstlers – und namentlich des Dichters – am absolutistischen Fürstenhof zu postulieren. Es bedeutete also die Forderung nach Mäzenatentum und zugleich die Forderung nach Unabhängigkeit des freischaffenden bürgerlichen Kunsttreibenden, als des Priesters einer (etablierten) Ein-Mann-Kirche. Wenn Goethe Carl August erklärte, er habe sich in Italien «Als Künstler!» wiedergefunden, und hinzusetzte: «Was ich sonst noch bin, werden Sie beurteilen und nutzen», so gebrauchte er das Wort «Künstler» in einem doppelt kühnen und avancierten Sinn: Der Begriff war nicht allein auf Maler und Bildhauer, sondern auch auf einen Literaten (nicht aber auf kleine Handwerker) gemünzt; und er implizierte eine höfische Funktion, die Wert und Ehre in sich selber trug und diese nicht einfach der Identität des Künstlers mit der Person des amtierenden Kammerpräsidenten verdankte. Dieser neuartige Sprachgebrauch (bekräftigt durch das Ausrufezeichen) enthielt einen Vorschlag zur Lösung von Goethes altem Dilemma: in eigener Person die höfischen und die bürgerlichen Elemente der deutschen Kultur dadurch zu versöhnen, daß er zum freischaffenden Schöpfer literarischer Schönheit wurde – zwar versorgt von einem Mäzen, aber ohne den Zwecken seines Mäzens zu dienen.

Es war ein Vorschlag, der nachhaltigen Einfluß auf Leben und Literatur in Deutschland ganz allgemein haben sollte, der aber für Goethe selbst noch eine besondere persönliche Bedeutung hatte. Der Vorschlag signalisierte, daß die Verinnerlichung von höfischen Werten, das heißt ihre Anpassung an eine bürgerliche Empfindsamkeit, auf die Goethe sich in der Beziehung zu Frau von Stein eingelassen hatte («edel sei der Mensch . . .»), ihm nicht länger das Gefühl seines autonomen Wertes gab. Er mochte künftig weiterhin vom Hofe materiell abhängig sein; aber weit entfernt davon, hieraus seine Inspiration zu beziehen, pochte er vielmehr auf die Pflicht des Hofes, ihn in allen seinen Bestrebungen uneigennützig zu unterstützen. Diesem Vorschlag lag natürlich eine einseitige und insofern fehlerhafte Interpretation der Rolle zugrunde, die Goethe jetzt bei der Schaffung einer Kultur für das deutsche Volk zu spielen hoffen mochte; aber es war doch wieder ein Schritt zurück zu den Ambitionen der siebziger Jahre, nur in mehr erfüllbarer Form. Was in dem Vorschlag fehlte, war das, was auch in Goethes römischer Existenz gefehlt hatte: der direkte Bezug zum deutschen Publikum. Seit der Erfindung der «Kunst» sind Kunst und Publikum nie leicht zusammengegangen. «Du bist eben ein prosaischer Deutscher», war Goethes Reaktion auf Seidels Kritik an der neuen *Claudine*, «und meynst ein Kunstwerck müßte sich verschlingen laßen wie eine Auster.» Moritz leitet denn auch aus seiner Definition der Schönheit den Schluß ab, daß der einzige Mensch, der die Schönheit eines Kunstwerks wirklich und wahrhaftig erlebt, der «Künstler» selbst im Augenblick der «ersten Erzeugung» ist: Die ästhetische Theorie, die Moritz skizziert und der Goethe damals wenigstens teilweise zugestimmt haben muß, weist dem Rezipienten eines Kunstwerks eine Rolle zu, die der seines Schöpfers entschieden untergeordnet ist. Diese Entschiedenheit mag bis zu einem gewissen Grad die Gedanken Goethes über den unbestreitbar unterschiedlichen Rang seiner eigenen (im wesentlichen produktiven) Begabung als Dichter und seiner (im wesentlichen rezipierenden) Begabung als Zeichner zum Ausdruck bringen; sie spiegelt aber sicherlich auch das Urteil Moritz' über den Unterschied zwischen seinen eigenen bescheidenen, hauptsächlich kritischen oder rezeptiven Talenten und den Talenten jenes produktiven Dichters wider, den er vorbehaltlos bewunderte. Es fällt nicht schwer, in Moritz' Erhöhung des Künstlers in den Rang eines Halbgottes, in seiner Gleichsetzung der Bildungskraft mit dem männlichen und dem Empfindungsvermögen mit dem weiblichen Prinzip, in der Devotion vor den Entladungen der schöpferischen Potenz die besondere Beschaffenheit seiner eigenen Empfindsamkeit zu erkennen. Vielleicht war Goethe ebensowenig abgeneigt, Moritz' Tribut entgegenzunehmen – und ähnlich hingerissen hatten Winckelmann und Heinse den hochmütigen Zügen des Apoll von Belvedere ihren Tribut gezollt –, wie er etwas dagegen hatte, der Welt die Idee zu hinterlassen, er habe in der Tat so ausgesehen wie Trippels apollinische Büste. Aber seine literarische Kunst – wie in der Tat jede literarische Kunst – war eine Kunst der Kommunikation, des Dialogs, und wenn er jemals die geistige Verein-

samung überwinden wollte, die in den vergangenen zehn Jahren immer stärker und nach der Ankunft in Rom und dem Ende des inneren Zwiegesprächs
mit Frau von Stein absolut geworden war, mußte er wohl oder übel die
schmeichelhaften Apotheosen der römischen Periode hinter sich lassen und
einen Weg zum Gespräch mit dem realen Publikum suchen.

Abgesehen vom Persönlichen, ist Moritz' Götzendienst und seine feste
Überzeugung, Goethe sei im Besitz einer übermenschlichen Affinität zur
Ordnung der Natur, insofern verständlich, als er jetzt nicht nur in die unveröffentlichten literarischen Arbeiten Goethes eingeweiht wurde und täglich
Zeuge seiner zeichnerischen Begabung werden konnte, sondern auch Privatunterricht in Goethes neuem System der Botanik bekam, «meiner Harmonia
Plantarum», die als Erleuchtung des Linnéschen Systems gedacht war. Doch
ist in Goethes botanischen Studien nach der Rückkehr aus Neapel bereits
eine gewisse Distanzierung zu Leibniz'schen Denkweisen erkennbar, auch
wenn Moritz selbst keine Veränderung zu bemerken vermochte. Auf der einen Seite bestärken Herders Gespräche über *Gott* Goethe in dem Glauben,
ebenfalls auf ein botanisches «hen kai pan [Eins und Alles]» gekommen zu
sein, ein einziges, universales göttliches Prinzip, das allen Dingen innewohnt,
und gewisse Bemerkungen Goethes zu Kristallisationsexperimenten, die Seidel in Weimar unternahm, zeigen ihn noch immer den beiden Grundprinzi-
pien der *Monadologie* verhaftet: der jedem Gegenstand eigenen «Art zu
seyn» und dem universalen Austausch aller Dinge miteinander. Auf der anderen Seite hat der Umstand, daß er in Sizilien die Urpflanze nicht zu finden
vermocht hatte, seinen Eindruck auf ihn nicht verfehlt, und das naive Vertrauen in eine notwendig existierende Harmonie zwischen den eigenen, unverstellten Wahrnehmungen der Natur und der wahren Ordnung der Natur
– vorausgesetzt, er vermag sich den reinen Blick auf sie zu erhalten – ist
erschüttert, so wie es auch in bezug auf Kunstwerke erschüttert worden war,
nachdem er erkennen mußte, daß es auch in der Kunst darauf ankam, sie
historisch zu begreifen. Zwar bleibt Goethe zuversichtlich, daß er einem einheitlichen Grundprinzip für das gesamte Reich der Pflanzen auf der Spur ist,
aber welcher Art dieses Prinzip sein wird, ist ihm noch unklar: Jedenfalls
rechnet er nicht mehr damit, die Urpflanze im Bergland Italiens zu finden.
Im Juni bezeichnet er es einfach als «Modell», das in Verbindung mit einem
«Schlüssel» die Erfindung einer unendlichen Anzahl von Pflanzen erlauben
werde, die alle existieren könnten und zum Teil vielleicht wirklich existieren.
Doch im Oktober 1787 ist die Urpflanze nicht einmal mehr ein «Modell»;
sie ist zu einer allgemeinen «Formel» verblaßt, die nur die Gestalt wirklich
existierender Pflanzen zu «erklären» vermag. Besonders erregt ihn die Entdeckung einer gewissen Sorte gefüllter Nelken, aus der mehrere andere, vollkommene Nelken herauswachsen; er sieht in dieser Erscheinung seine (wie
immer geartete) Theorie bestätigt, aber er bezeichnet sie nicht als Modell,
geschweige denn als Urpflanze. Etwa gleichzeitig erwacht wieder sein altes
Interesse an der Physiognomik; eine Reihe von Zeichnungen demonstriert,

wie ein Profil über einige Modulationen in ein anderes übergeht – auch ein menschliches Gesicht in einen Tierkopf –, und er macht sogar den Versuch, die verschiedenen Lippenformen des Menschen in eine begrenzte und numerierte Folge zu bringen. So wiederholt sich das Muster, das uns schon aus Goethes früheren Bemühungen um die Geologie (an welcher er in Rom nicht mehr interessiert war) und um den Zwischenkieferknochen bekannt ist: Auf den Augenblick der Inspiration, der intuitiven Einsicht, folgt eine lange Periode empirischer Untersuchungen, in deren Verlauf es immer schwerer fällt, die Bedeutung der ursprünglichen «Entdeckung» zu definieren und den Ariadnefaden nicht fallen zu lassen. Auch wenn Goethe das rasche Tempo seiner Fortschritte beteuert: es werden noch drei Jahre vergehen, bevor er seine botanischen Grundsätze zu formulieren vermag, und zu diesem Zeitpunkt wird das Konzept der Urpflanze praktisch vergessen sein.

Auf einer anderen Ebene als dem Getändel mit Opernlibretti oder der Selbststilisierung zu einem dem Weltganzen verbundenen «Künstler» wird jedoch ein völlig neues Thema erkennbar. Das waren Goethes (freilich vordergründigen) Versuche, eine ernste Frage zu beantworten: Was wollte er nach Ablauf seines Urlaubs tun und sein? In seinen Briefen und vor allem in seinen literarischen Arbeiten, namentlich im *Egmont*, finden sich in der Tat Spuren von deutlich ernüchterten und trüberen Gedankengängen, die auch durch das unerbittliche Verrinnen der Zeit ausgelöst wurden. Schon in Neapel, als er sich auf dem Heimweg glaubte, hatte er die Landschaft, die ihn umgab, im Lichte künftigen Erinnerns gesehen. In Rom wächst dann die Furcht vor dem Verlust: Es waren «sehr schöne Anblicke», die «mir in der Seele lebendig bleiben und nicht wieder von mir genommen werden können.» Er hat sich «die schönsten und solidesten Schätze gesammelt», die er nun mit sich und in sich nach Hause trägt und zu denen er die Reisen nach Sizilien und nach Paestum zählt, die fortan ein «unzerstörlicher» Schatz auf sein ganzes Leben bleiben werden. In der Entschlossenheit, sich fortan das eigene Glück in der Erinnerung lebendig und frisch zu erhalten, muß Goethe durch die Veränderung und den Verfall bestärkt worden sein, denen er zu seiner Enttäuschung die von ihm besuchten Denkmäler ausgesetzt gesehen hatte. Die Besessenheit, mit der er den ganzen Sommer und Herbst hindurch sizilianische Szenen zu idealen Landschaften umzeichnete und retuschierte, spiegelt vielleicht das Bedürfnis wider, den Wert und die Bedeutung von Erfahrungen, die sich schon nicht mehr wiederholen ließen, in seinem Geist dauerhaft zu verankern. In Weimar war nun schon lange genug ein Jahr wie das andere verlaufen, der Hof war verhältnismäßig jung, Besuche in den fürstlichen Ländereien, in den Wäldern, im Harz waren beliebig oft wiederholbar, sogar die Schweizer Reise von 1779 war als Rekapitulation gedacht gewesen. Italien aber war in jedem einzelnen Augenblick einmalig, und es entfloh unwiderruflich. Es war nicht mehr nur Teil einer symbolischen Geschichte – es war selbst eine Kostbarkeit und damit zur Vergänglichkeit verurteilt. Am 22. September wurde Goethe nachhaltig daran erinnert, daß ihm die Zeit in Weimar, und zuvor in Frankfurt, wohl ruhiger, aber nicht langsamer verflossen war. In Rom erreichten ihn die «vier zarten Bändchen, die Resultate eines halben Lebens»: die erste Lieferung der bei Göschen erschienenen *Schriften* – einmalig auch sie und der Vergangenheit angehörig, und doch war «kein Buchstabe drin, der nicht gelebt, empfunden, genossen, gelitten, gedacht wäre». Im November warf die Heimreise, die nach Winterende wieder möglich sein würde, ihren drohenden Schatten voraus, doch hatte Goethe nun den Eindruck, daß dieser Zustand der Ungewißheit, dieses Hangen und Bangen zwischen Vergangenheit und Zukunft, Norden und Süden, typisch für das ganze menschliche Leben sei. «Periamo noi, periano anche i bicchieri» (wir gehen zugrunde, und auch die Gläser brechen), das war das trostlose Motto einer kleinen Römerin, die Goethe kennenlernte, und er machte sich ihren Spruch zu eigen.

Vieles von dem, was Goethe jüngst gelesen hatte, muß ihn in dieser Ansicht bestärkt haben. Das letzte Zwiegespräch in Herders *Gott* dreht sich um die Frage, wodurch die Religion der Natur und der Notwendigkeit jene Ängste beschwichtigen kann, welche die Vergänglichkeit des menschlichen und überhaupt allen organischen Lebens in uns wachruft, und das abschließende Fünfzehnte Buch des dritten Teils der *Ideen*, den Goethe «herrlich» fand und über den Moritz «ganz außer sich» war, wirft dieselbe Frage im Hinblick auf die ganze Menschheitsgeschichte auf, die eine sinn- und zwecklose Chronik von Verlust und Zerstörung zu sein scheint. In *Gott* bietet Herder an, was in Wahrheit die Trostgründe Leibniz' sind: Das Universum kennt keinen Tod, die einzelnen Seelen sterben nicht, sie schrumpfen nur zur Nichtwahrnehmbarkeit zusammen, doch ist alles Zusammengesetzte naturgemäß dazu bestimmt, sich in seine Bestandteile aufzulösen, damit «das immer wirkende Leben des Weltgeistes» kontinuierlich gewährleistet ist. Das Individuum stirbt, weil es den höchsten Augenblick seines Daseins im Gebären neuen Lebens erreicht. Moritz drückt das an einer ähnlichen Stelle seiner *Bildenden Nachahmung des Schönen* in der ihm eigenen schonungslosen Weise aus: «Ist es nicht die immerwährende Zerstörung des Einzelnen, wodurch die Gattung in ewiger Jugend und Schönheit sich erhält?» Herder entfaltet in den *Ideen* die zuerst in *Gott* begegnende Berufung auf die mathematischen Gesetze der harmonischen Bewegung weiter und vertritt die These, daß das Menschengeschlecht als ganzes notwendig im Verlauf eines großartigen Entwicklungsprozesses einem höheren Ziel entgegengeht. Wie jede Blume ihren Augenblick der Pracht um der nächsten Generation willen hat, wie jeder einzelne Menschen auf der Welt ist, um nach einer bestimmten Vollkommenheit zu trachten, die nur er erlangen kann, so erreicht jede geschichtliche Kultur des Menschen ihr «Maximum», den Augenblick der größten Vollkommenheit ihres besonderen Beitrags zu dem schönen Schauspiel menschlichen Gelingens, und mag sie auch bald darauf rasch vergehen, so wird doch die Humanität im ganzen ihrem kollektiven «Maximum» an Vernunft und Gerechtigkeit entgegengefördert. Mit dieser Lehre von den «Maxima» hoffte Herder die von Kant – zum Teil in kritischer Absicht gegen die früheren Bücher der Ideen – vorgebrachten Einwände zu umgehen, denen zufolge jene menschliche Vollkommenheit etwas war, was kein einzelner Mensch und keine Gruppe von Menschen erreichen konnte, sondern nur die Gattung als ganze.

Goethe traf unter diesen Spekulationen von «der großen Weltordnung» eine Auslese und übernahm nur, was engsten Bezug zu seinen eigenen Umständen hatte. Er begrüßte *Gott* wegen seines krassen protestantischen Kontrasts zu dem römischen «Babel», das ihn umgab, so wie er die *Ideen* als das wahre «Evangelium» begrüßte, mit dem man die Apologeten des Christentums – Lavater, Jacobi, Matthias Claudius – bezwingen konnte. Aber es war das Evangelium für einen Menschen, der von sich sagte, daß er «keinen Messias zu erwarten habe», und der über Herders rationalen Fortschrittsglauben und Eudämonismus – den Versuch einer historisierten Version des Leibniz'schen Optimismus – kein Wort verlor. Statt dessen scheint sich Goethe – fast widersinnigerweise, wenn man sich Herders angestrengtes Bemühen vor Augen hält, den großen Idealplan der menschlichen Geschichte als ganzer aufzufinden – als den einzigen, durch ihren Gang vollständig und wahrnehmbar verkörperten Zweck der Geschichte die Vorstellung vom individuellen «Maximum» herausgegriffen und folglich das Resümee aus Herders Buch dahingehend gezogen zu haben, «daß der Moment alles ist, und daß nur der Vorzug eines vernünftigen Menschen darin bestehe: sich so zu betragen, daß sein Leben . . . die möglichste Masse von vernünftigen, glücklichen Momenten enthalte.» Das war zwar nicht die Anerkennung der Macht des Todes, aber es war auch nicht das, was Herders Gedanken vielleicht in Wirklichkeit doch sind, nämlich die Neuauflage jener Spitzfindigkeiten, mit denen einst Prometheus die Neugier Pandoras zu zerstreuen gesucht hatte. Es war ein Resümee, wie es der Stimmung eines Mannes entsprach, für den die Erfüllung seiner langgehegten Träume, kaum daß sie endlich gekommen war, schon wieder der Vergangenheit angehörte, eines Mannes, der sich im unklaren war, welche neuen Träume er an die Stelle der alten setzen sollte, ja der sogar versucht war, dem Traum und dem Begehren selbst die Schuld an dem Schmerz zu geben, den das Vergehen der Zeit ihm zufügte – wie haßte er die Christen, die mit solchen Unwirklichkeiten hausieren gingen, wie wünschte er sie zu ihrem Teufel, wohin sie und dem sie gehörten, weil er «ein Freund der Lügen, Dämonologie, Ahnungen, Sehnsuchten etc. ist von Anfang!» (Goethe fühlte sich sogar der «schwebenden Geistigkeit» eines Rembrandt entfremdet, dessen Drucke er Carl August seit Jahren hatte sammeln helfen.) Diese Empfindungen muß er Moritz anvertraut haben, der sie sich offenbar zu Herzen nahm; denn als er selbst, einige Monate nach Goethe, auf dem Kapitol Abschied von Rom nahm, wo er mit Herder den Sonnenuntergang bewunderte, tat er sich selbst «ein heiliges Gelübde: mich jeder schönen Szene des Lebens bis auf ihren letzten Moment, ohne Klagen und Murren über ihr Auslaufen, zu erfreuen.»

Goethe war das Herz schwer, als der Januar 1788, und mit ihm sein selbst-
gewählter Kunstunterricht, zu Ende ging. «Ich habe doch diese ganze Zeit
keine Empfindung aller der Übel gehabt die mich in Norden peinigten . . .
Ich habe manche Anzeigen daß ich dieses Wohlsein, wie manches andre Gute,
in Italien zurücklassen werde.» Aber ihm war klar, daß er fortgehen mußte,
und nicht nur darum, weil seine Urlaub zu Ostern ablief. Zu anderen Zeiten,
weniger bedrängt von der Aussicht auf die bevorstehende Heimkehr, konnte
er sich die Wahrheit sehr leicht eingestehen: Seine Nation war Deutschland,
und mit der italienischen hatte er in Wirklichkeit «nichts Gemeines»; er mußte zurück zu seinen Wurzeln: «Der Mensch bedarf wenig, Liebe und Sicherheit seines Verhältnisses zu den einmal erwählten und gegebnen kann er nicht
entbehren.» Vor allem empfand er in seiner kleinen Hausakademie, wie sehr
ihm Jena fehlte: «Wenn ich nach Deutschland zurückdenke», schrieb er Knebel und bat ihn, die Freunde in Jena zu grüßen, «mag ich nirgends leben als
in eurer Mitte.» In diesem Stadium seines Lebens spielte möglicherweise auch
das Finanzielle eine Rolle: Er war mittlerweile einen Lebensstil gewöhnt, den
er nur halten konnte, wenn er einen besoldeten Posten bekleidete. Seine Wilhelmiade – wie er sein italienisches Abenteuer in Anspielung auf Wilhelm
Meister nannte, der bereitwillig für die Kosten seines ganzen Gefolges aufgekommen war – hatte seine sämtlichen laufenden Einkünfte, einschließlich
der Honorare von Göschen, verschlungen, ja es kam soweit, daß er von dem
unglücklichen Plessing ein Darlehen zurückfordern mußte, das er ihm gewährt hatte. Zwar verhandelte Goethe nicht aus einer Position subalterner
Abhängigkeit von dem Herzog, wenn er versuchte, sein weiteres Wirken in
Weimar auf eine neue Basis zu stellen, aber ein wenig servil und ein wenig
berechnend war es schon, wenn er behauptete: «Das Ende meiner Bemühungen und Wandrungen, ist und bleibt der Wunsch Ihr Leben zu zieren.» Wobei
seine – und Moritz' – neuen Ideen über das Wesen der Kunst dergleichen
Aussagen etwas glaubwürdiger machten. Aber Goethe wußte auch, daß Rom
eine Versuchung war: Er empfand den Preis des Exils – «Das Herz wird in
einem fremden Lande, merk ich, leicht kalt und frech, weil Liebe und Zutrauen selten angewandt ist» –, und es war nicht nur in Bitterkeit, daß er der
«Magnetenberge» Roms gedachte und «dieser Stadt der Musen . . ., welche
gefährlicher als Sirenen singen.» Vielleicht konnte er wirklich nur in Rom
«unbedingt glücklich» sein – aber vielleicht waren ihm auch andere Dinge
aufgetragen, selbst um den Preis des Glücks. Der Abschluß der Werkausgabe
bei Göschen, dieses «Summa Summarum meines Lebens», stand bevor, wie
übrigens auch sein 40. Geburtstag, und der Gedanke war nicht verfrüht,
«wieder ein neues Blat zu eröffnen». Gleichwohl entfuhr Goethe um die Jah-
reswende der Stoßseufzer: «Nur leider daß die Zeit die überall geschwind
vergeht, hier doppelt und dreyfach zu eilen scheint.»

Ende Januar sah dann plötzlich alles anders aus. Am 24. traf ein Brief des
Herzogs ein, der Goethe zu einem langen Spaziergang bewog, um seiner
Freude und Erregung Herr zu werden. Der Herzog, bereits wieder auf der

Rückkehr aus den Niederlanden, befand sich in Mainz – teils um die Diskussionen über das Vorgehen des Fürstenbundes gegen neue militärische Drohungen Josephs II. fortzusetzen, teils um sich nach der Ansteckung mit einer Geschlechtskrankheit in ärztliche Behandlung zu begeben. In diesem sehr herzlich gefaßten Schreiben voller politischer und persönlicher Neuigkeiten (die medizinischen Details bezog Goethe in seiner Harmlosigkeit auf Hämorrhoiden) bat der Herzog Goethe, noch in Italien zu bleiben und die Ankunft der Herzoginmutter im Laufe des Jahres abzuwarten. Die Ausführlichkeit und Promptheit, mit der Goethe den Brief des Herzogs beantwortete, ließen keinen Zweifel an seiner Reaktion auf diese Bitte, aber seine Worte waren wohlabgewogen: Natürlich habe er beabsichtigt, spätestens an Ostern Rom zu verlassen, der Herzog solle von Weimar aus noch einmal alle Vorkehrungen bestätigen, solange diese näheren Bestimmungen ausblieben, werde er (Goethe) nichts unternehmen, sondern sich zur unverzüglichen Abreise bereit halten, doch könne er den ganzen April darauf verwenden, sich ein neues Quartier zu besorgen, einen Bedienten und korrekte Kleidung anzuschaffen, sich dem französischen und dem kaiserlichen Botschafter, dem Kardinalstaatssekretär Fürst Buoncompagni (dem Leiter der römischen Kurienverwaltung) und dem Prinzen Rezzonico (dem «Senator» oder obersten Magistrat von Rom) vorzustellen und so den Weg für den illustren Gast zu bereiten, für den er und Angelica Kauffmann ohne Zweifel geeignete Gesellschafterinnen ausfindig machen würden, während er im Mai eine Exkursion nach Neapel unternehmen könne, um sich dort bei Hofe zu präsentieren, und auch einige Zeit in Florenz verbringen müsse, um das Terrain für die Herzogin zu sondieren, da sie zweifellos den Wunsch haben werde, dem Habsburger Hof ihre Aufwartung zu machen und Lady Hannah Cowper zu besuchen (eine der drei Töchter des reichen Engländers Charles Gore, den Carl August nach Weimar zu holen suchte), und im übrigen – nur zur Information des Herzogs – reichten seine (Goethes) Geldmittel für die ursprünglich geplante Rückreise nach Ostern durchaus hin, jedoch werde er natürlich, sofern der Herzog sein Verbleiben in Rom wünschen solle, erhebliche ungedeckte Ausgaben haben. Goethe wußte, daß dieser Plan ein «neues Leben» in Rom bedeutete, die Metamorphose zum Höfling, und damit nicht weniger das Ende seiner Kunstschülerschaft, als wenn er nach Deutschland zurückgegangen wäre – aber die Aussicht, eben nicht nach Deutschland zurückgehen zu müssen, war unwiderstehlich, war berauschend. Am Tag, nachdem er diesen langen Brief geschrieben hatte, begann der Karneval. Die Theater waren seit dem zweiten Weihnachtsfeiertag wieder geöffnet – der Renner der Saison war Giuseppe Gazzanigas Oper *Don Giovanni* –, aber Goethe hatte nur wenige der in seinen Augen mittelmäßigen Aufführungen gesehen, «denn ich bringe die Abende gewöhnlich unter Gesprächen über die Kunst hin». In diesem Jahr jedoch war der Karneval nicht die lustlose Angelegenheit, als die der Außenseiter sie 1787 empfunden hatte. Goethes Stimmung hatte sich verändert, zudem hatte er bereits mit Bertuch vereinbart, für eine seiner Zeitschriften eine Schilderung des römischen Karnevals zu verfassen, zu der Schütz die Illustrationen liefern sollte, und diesmal stand er nicht bloß an seinem Fenster, um das Geschehen zu beobachten, sondern mischte sich selbst in das muntere Treiben, entweder in Angelica Kauffmanns Kutsche oder zu Fuß in der Menge, angetan mit dem langen Mantel und dem breiten Schlapphut des Künstlers, die ihn als Nordländer kenntlich machten und zugleich so trefflich als Verkleidung dienten. Es waren «gar zu lärmende Tage» gewesen, wie er feststellte, als der Aschermittwoch (5. Februar) vorbei war, und es hatte ihn fast zwei Wochen gekostet, einen einzigen kurzen Brief zu schreiben. Auch hatte er eine bessere Art gefunden, seine Abende hinzubringen.

Carl August, mit seinen eigenen einschlägigen Forschungen in Holland beschäftigt, hatte sich von seinem alten Waffengefährten schon lange gewünscht, in Landsknechtsmanier über die weibliche Hälfte der römischen Bevölkerung aufgeklärt zu werden. Indessen konnte Goethe damit nicht dienen: Zwar habe ihn, schrieb er am 29. Dezember, die Offenheit beeindruckt, mit der in Rom die Liebe der Männer untereinander zur Schau getragen werde, aber was die «Weiber» angehe, so sei das eine andere Sache – entweder hätten sie bereits einen Mann, oder sie wollten den Mann sogleich festlegen und etwas abmachen, oder sie seien zu öffentlich und zu unsicher. Dummes Zeug, erwiderte der Herzog; es gebe nichts, wogegen nicht etwas Quecksilber helfe (damals das einzige Mittel gegen Syphilis), diese ganze Beschäftigung Goethes mit sich selbst sei schlecht für einen Mann, und nur ein vertrockneter Stock lasse sich nicht in den Garten locken. Zweifellos waren Goethes Gefühle im Herbst 1787, während seiner *villeggiatura*, erregt worden, und das Gedicht «Amor als Landschaftsmaler» ist eine kunstvolle Rückkehr zu der anspielungsreichen anakreontischen Manier seiner frühesten Verse. Für die krönende Pointe wird sogar wieder das Pygmalionmotiv bemüht: Eros malt für den Dichter eine Landschaft und läßt sie lebendig werden, indem er eine weibliche Gestalt in das Bild fügt, die den Fuß rührt und an den Fluß kommt: «Da nun alles, alles sich bewegte», so fragt der Dichter, «Glaubt ihr wohl, ich sei auf meinem Felsen/Wie ein Felsen still und fest geblieben?» Etwa gleichzeitig entstand, für die Überarbeitung der *Claudine von Villa Bella*, ein kleines reimloses Gedicht, das in ungewöhnlichen, erregten, quasi klassischen Metren die Unruhe beklagt, die Cupido, der «lose Knabe», in die Haushaltung des Dichters trägt; indes geht aus der Korrespondenz mit Carl August unmißverständlich hervor, daß die Unruhe, die Goethe im Winter umtrieb, einfach von dem «verdammten zweiten Küssen» herrührte, das ihm nicht aus dem Sinn ging; in dieselbe Richtung deuten einige Zeichnungen von Hero und Leander, die in diesen Monaten entstanden (als er, im Rahmen seines «Cursus», auch nach dem lebenden Modell zeichnete). Zweifellos drängte das Herannahen der österlichen letzten Frist zu einer Entscheidung – wenn Italien auch in diesem Punkt jene Erfüllung bringen sollte, die das Ende der Weimarer Entbehrungsjahre besiegeln würde, dann wurde die Zeit allmählich knapp. Noch etwas anderes, dem Goethe freilich keine bewußte Aufmerksamkeit schenkte, muß ihm den Entschluß erleichtert haben. Fritz von Stein hatte an Goethes Mutter geschrieben, «daß er [Goethe] gegen seine Freunde kalt geworden ist», was zweifellos auch der Einschätzung seiner eigenen Mutter entsprach, und 1787 scheint das einst so bedeutungsvolle Datum des 12. November unbemerkt verstrichen zu sein. In den nüchternen Berichten, die Goethe während seines römischen Kunststudiums noch immer regelmäßig an Frau von Stein schickte, gab es anscheinend nichts von der gepeinigten Intimität seines letzten Briefes vor der Abreise nach Neapel, worin er Frau von Stein gestanden hatte, wie vernichtend es für ihn war, sie nicht besitzen zu können. Ohne daß Goethe es bemerkt hätte, war diese Krise jetzt ausgestanden; ihr letztes Symptom war der Plan eines Dramas über das Nausikaa-Kalypso-Thema gewesen; daran war Goethes Interesse stillschweigend erloschen und mit ihm eine zehnjährige nicht vollzogene Vermählung der Seelen. Dementsprechend hatte Goethe vielleicht nie bemerkt, daß diese Freundschaft nur dann, wenn sie keusch blieb, die symbolische Funktion erfüllen konnte, Bürgertum und Adel in einem verinnerlichten, machtfreien Bündnis zu vereinen, und daß sie nur aus diesem Grunde geschlossen worden war. Wenn das, was jetzt geschah, Ehebruch war, dann war, wie beim Ehebruch so oft, eine gescheiterte Beziehung seine Ursache, nicht seine Folge. Die Innerlichkeit, meinte Goethe, hatte ihre Zeit gehabt. Vielleicht war es überhaupt dies mehr als alles andere gewesen, was ihn im Grunde nach Italien gezogen hatte.

Über die Episode selbst wissen wir wenig. Irgendwann im Januar, während der Zurüstungen zum Karneval und vielleicht nur wenige Tage, bevor er den folgenschweren Brief seines Herzogs erhielt, wurde Goethe mit einer jungen Witwe bekannt, der 24jährigen Faustina Antonini, geborene di Giovanni. Sie war die Tochter eines Gastwirts, bei dem sie mit ihrem dreijährigen Sohn jetzt lebte. Sie war willig, zu haben und sicher, und in einer turbulenten Karnevalsatmosphäre zögerte Goethe nicht, ein Rendezvous zu verabreden; vermutlich nannte er sich – wenn es denn eines Namens bedurfte – Philipp Seidel. Vielleicht stimmt es, was Goethe später schildert: daß Faustina, unter den eifersüchtigen Augen ihres Bewachers, mit Wein eine römische «IV» auf den Wirtshaustisch malte, um Goethe die nächtliche Stunde zu signalisieren, zu der sie ihn erwarten würde; es ist jedoch auch möglich, daß Faustinas Familie so aufgeschlossen war, daß es solcher Heimlichkeiten nicht bedurfte, und Goethe entweder die Heirat oder eine langfristige Verbindung von der Art vorschlug, wie er sie dem Herzog am 29. Dezember beschrieben hatte (vielleicht in Anspielung auf eben diese Verhandlungen). Am 16. Februar schrieb er dem Herzog, er

könnte schon von einigen anmutigen Spaziergängen erzählen. So . . . haben Sie, als ein *Doctor longe experientissimus*, vollkommen recht, daß eine dergleichen mäßige Bewegung, das Gemüth erfrischt und den Körper in ein köstliches Gleichgewicht bringt. Wie ich solches in meinem Leben mehr als einmal erfahren, dagegen auch die Unbequemlichkeit gespürt habe, wenn ich mich von dem breiten Wege, auf dem engen Pfad der Enthaltsamkeit und Sicherheit einleiten wollte.

Es ist der erste sexuelle Kontakt Goethes, der dokumentarisch belegt ist, und der pfauenhaft gespreizte Ton seiner Bemerkungen – mit ihrem kaum verhohlenen Triumphgefühl, das von bisheriger Unerfahrenheit zeugt – läßt nicht vermuten, daß ihm viele vorangegangen sind.

Von Mitte Januar bis Mitte März wurde Goethes Aufenthalt in Rom durch «verschiedene Maßregeln . . . immer schöner, nützlicher und glücklicher. . . . Ja, ich kann sagen, daß ich die höchste Zufriedenheit meines Lebens in diesen letzten acht Wochen genossen habe und nun wenigstens einen äußersten Punkt kenne, nach welchem ich das Thermometer meiner Existenz künftig abmessen kann.» Physisch und emotional endlich im Frieden mit sich selbst, befand er sich im Paradies und durfte erwarten, noch monatelang darin zu verweilen. Nach einem regenreichen Winter kam ein üppiger Frühling: Lorbeer, Viburnum und Buchsbaum, Pfirsich, Mandeln und Zitronen standen in Blüte, und die Gärten waren voll von Anemonen, Hyazinthen und Primeln. Der Zeichenkurs war beendet, der gesamte Text für Band 5 der Werkausgabe (mit *Egmont* und den Singspielen) am 9. Februar endlich an Göschen abgegangen, und so widmete er sich Aufgaben, die ihm gemäßer waren, auch wenn er das vielleicht nicht zugegeben hätte: Er kolorierte und retuschierte Landschaften und dachte über die nächsten drei Bände nach, die *Tasso*, *Faust* und die Sammlung seiner Gedichte enthalten sollten. Mit Kayser studierte er bereits die Musik, die bei den bevorstehenden großen kirchlichen Festen erklingen würde, und nun, da er sich anschickte, die Tour durch die große Welt zu machen, bereitete es ihm besonderes Vergnügen, den alten Freund in der Residenz des kultivierten Prinzen Rezzonico am Kapitol herzlich aufgenommen und sein Spiel bewundert zu sehen. Selbst als Tischbein ankündigte, er werde in Kürze aus Neapel nach Rom zurückkehren und sein Atelier wieder brauchen, geriet Goethe in keine große Verlegenheit: Es stand ja zu erwarten, daß er ohnehin ein größeres Quartier benötigen würde, er hatte einen jungen Deutschen, Carl Pieck (auch Federico Palatino genannt), als Bedienten eingestellt, und in der Casa Moscatelli war soeben die ganze obere Etage freigeworden. Hier, in hohen, hellen Räumen, mit dem Blick hinunter auf die Häuser der Stadt – die Dächer grün vom Winterregen, die Mauern lustig gelb gefärbt vom neuen Laub des Efeus –, über blühende Gartensäle, Balkone und Terrassen hinweg – eine verklärte Erinnerung vielleicht an den Ausblick von seinem Frankfurter Dachstübchen – gipfelte Goethes römisches Jahr in der Einrichtung seiner eigenen Galerie. Knieps fertige Aquarellzeichnungen von der sizilianischen Reise trafen jetzt ein, man konnte sie in der Mappe oder auf der Staffelei studieren, wo sie als glühender Farbkreisel den Blick des eintretenden Besuchers auf sich zogen, während an den Wänden ringsherum die weißen Gipsabgüsse standen, die sich im Laufe der Monate angesammelt hatten und teils Tischbein, teils Goethe gehörten: Abdrücke von Reliefs, darunter Sphingen und andere Tiere von einem der ägyptischen Obeliske, einige echte Marmorfragmente, ein Herkules, einige Junos und Jupiters, die monumentale Juno Ludovisi sowie das fremdartig-faszinierende Memento mori aus dem Palazzo gegenüber, die Medusa Rondanini.

Die war hier nicht fehl am Platze. So oder so war ein Ende der anderthalb Jahre Privatheit abzusehen, in denen Goethe noch einmal so manche Gefühle der Jugend nacherlebt und ihren literarischen Ausdruck neu gefaßt hat, und wenn es ihm nun auch plötzlich vergönnt schien, am Tisch der Götter zu sitzen wie seine alten Helden Tantalus und Prometheus, so würde doch die Mahnung an die Sterblichkeit ihn nicht ganz vergessen lassen, daß auch deren Sturz ein rascher gewesen war. Der Weg vom Olymp zum Orkus, sollte er später schreiben, führe an der Pyramide des Cestius vorbei, und eines Abends, als der Karneval vorüber war und er sich wieder einmal den Gefühlen überließ, mit denen seine empfindsamen Zeitgenossen am Grabe Werthers – und an dem Grab in Grays Elegie – getrauert hatten, zeichnete er sein eigenes Grab: im Mondschein, neben der Pyramide, am Rande des protestantischen Friedhofs, auf dem einst Keats und Shelley ruhen sollten und noch ein anderer Mensch, der Goethe weit näher stand. «Der schönste, feierlichste Kirchhof, den ich je gesehen», schrieb Shelley später beim Anblick «der Gräber zumeist ... junger Menschen, die hier begraben waren», und er fuhr fort: «Man möchte sich, wenn man denn sterben muß, den Schlaf wünschen, den sie zu schlafen scheinen.» Es sollte das Schicksal der kommenden romantischen Generation sein, bis zum äußersten die Möglichkeiten – und die Versuchungen – auszuleben, die Goethe gekannt und gestaltet und endlich entschlossen hinter sich gelassen hatte: Der unausgesprochene Sinn seiner Zeichnung ist, daß er in seinem geliebten Rom nur bleiben und weiter die Nahrung der Götter genießen kann, wenn er das Exil in Kauf nimmt, das seinen emotionalen Tod bedeuten wird.

Das Ende, als es kam, kam schnell. Am oder um den 15. März, dem Samstag vor Palmsonntag, kamen Briefe aus Weimar, wohin Carl August endlich vier Wochen zuvor zurückgekehrt war. Hier führten Konsultationen mit Anna Amalia, und ohne Zweifel auch mit Fritsch, zu einem Abschluß der höfischen Verhandlungen über seine Zukunft, die Goethe ein Dreivierteljahr zuvor mit seinem Brief aus Neapel eingeleitet hatte. Der Herzog war einverstanden, daß Schmidt jetzt Kammerpräsident werden sollte, und bestand nur darauf, daß Goethe berechtigt werde, den Sitzungen des Collegiums allezeit beizuwohnen; spezielle Pflichten sollte er jedoch nicht haben – entsprechende Gelegenheiten würden sich zweifellos im Laufe der Zeit von selbst ergeben: Ohnehin war es besser für Goethe, wenn er sich dem widmete, was er selbst als wichtig ansah – sogar die Aufsicht über den Weimarer Park, der allmählich Gestalt annahm, wurde Bertuch übertragen, und wie Schmidt wurde Goethe eine Erhöhung seiner Bezüge um 200 Taler jährlich bewilligt. Des Herzogs alter Freund Wedel und der ältere Voigt sollten Posten in der Kammer übernehmen, und Herder – der sich vielleicht schon in die Rolle eines Präsidenten oder Sekretärs der von ihm geplanten Nationalakademie hineinträumte – sollte ebenfalls höhere Bezüge erhalten. In herzlichem und freundlichem Ton unterbreitete der Herzog alle diese Vorschläge und äußerte die Hoffnung, Goethe werde sie annehmbar finden und auf dieser Grundlage bereit sein, in nicht allzu ferner Zeit nach Weimar zurückzukehren. Es war ein Angebot von außergewöhnlicher Großzügigkeit, mit dem Goethe alles gewährt wurde, worum er gebeten hatte, und er wußte das auch; und dennoch war dieser Brief, absurder- und irrationalerweise, eine der bittersten Enttäuschungen seines Lebens. Denn, so fuhr der Herzog fort, Goethe habe Besseres zu tun, als den Reisemarschall der Herzoginmutter abzugeben; er solle sich nicht gedrungen fühlen, allein darum in Italien zu bleiben. Es war die Vertreibung aus dem Paradies. Gewiß, es war nur eine Andeutung. Aber da war auch ein Brief von Herder, dessen Meinung zu seinem eigenen Brief der Herzog zuvor eingeholt hatte, und Herder gab klar zu verstehen, daß Goethe eine so günstige Gelegenheit nicht ungenutzt vorübergehen lassen dürfe, daß der Herzog bald seine letzten Anordnungen treffen müsse und daß die Stimmen in Weimar, die überhaupt an Goethes Rückkehr zweifelten, immer lauter würden. Es war in gewisser Weise Herders Vergeltung für den Brief, den Goethe ihm unmittelbar vor dem Aufbruch nach Italien geschrieben und worin er ihn beschworen hatte, nicht nach Hamburg zu gehen. Es gibt keine Anhaltspunkte dafür, daß Goethe am Palmsonntag in die Kirche ging, und vermutlich war er nicht in der Stimmung dazu; aber schon am Montag hatte er sich wieder soweit gefangen, daß er im Ton erstickter Gutgelauntheit einen Brief an den Herzog beginnen konnte: «Ihren freundlichen, herzlichen Brief beantworte ich sogleich mit einem fröhlichen: ich komme!» Am 11. April, fast unmittelbar, nachdem er Goethes Einwilligung in Händen hielt, gab der Herzog die neuen Ernennungen in Weimar bekannt.

Da der größte Teil der Korrespondenz verloren ist, bleibt unklar, aus welchen Gründen der Herzog nicht an seinem ursprünglichen Vorschlag festhielt, Goethe solle die Verantwortung für die Tour der Herzoginmutter durch Italien übernehmen. Er hat Goethe später versichert, er würde sich glücklich geschätzt haben, ihn noch länger, notfalls sogar für ein Jahr oder mehr, in Italien zu wissen, und von Anna Amalia hieß es, sie habe darauf gedrungen, von keinem anderen als von Goethe begleitet zu werden. Es steht außer Zweifel, daß niemand sonst in Weimar bereit war, derartige Nachsicht mit des Herzogs Günstling zu üben – weder seine Kollegen noch Frau von Stein (und damit auch nicht Herzogin Louise), und wahrscheinlich, leider, auch Herder nicht. (Und der einen oder anderen dieser Quellen ist das von Schiller kolportierte boshafte Gerücht zuzuschreiben, der Herzog habe Goethe «eine Prolongation seines Urlaubs verweigert».) Mit Rücksicht auf solches Murren mag Carl August, ohne selbst ein Datum für Goethes Rückkehr festzusetzen, Abschied von einem Projekt genommen haben, das Goethes Abwesenheit auf das Doppelte verlängert hätte, und Herder mag in seiner Schilderung der Verleumdungen durch Goethes Neider und der Gefahren eines weiteren Aufschubs die eigentlichen Absichten des Herzogs etwas ungenau erläutert haben. Goethe selbst jedenfalls will mit seiner Rückkehr «dem Winke unsers gnädigsten Herrn und dem Rufe meiner Freunde» gefolgt sein und meinte später, Herder oder der in ihm wirkende «böse Geist» habe die Schuld daran getragen, ihn «zurückzuberufen», ja er – Herder – habe ihn aus seinem «hold Quartierchen» in Rom «herausgejagt». Dem Herzog antwortete Goethe mit einem Brief, der nach dem Einleitungssatz ein Meisterwerk der Selbstbeherrschung und geziemenden Dankbarkeit für das ihm gemachte Angebot ist – bemerkenswert durch die unbefangene Gewandtheit, womit er die Vorbereitungen für seine Abreise erörtert. Seine Erbitterung klingt nur durch, wenn er ausdrücklich festhält, daß er nicht unmittelbar, für mechanische Aufgaben benötigt wird und daß die Kriegskommission an die Präsidentschaft der Kammer gebunden bleiben wird (womit die weitere finanzielle Kontrolle über die militärischen Angelegenheiten gesichert ist, ohne daß er selbst für sie verantwortlich wäre), und wenn er ungescheut um die weitere Vergünstigung bittet, seinen Urlaub – «bei einer sonderbaren und unbezwinglichen Gemütsart, die mich, sogar in völliger Freiheit und im Genuß des erflehtesten Glücks, manches hat leiden machen» – in Weimar fortsetzen zu dürfen, um die letzten drei Bände der *Schriften* abschließen zu können. Und ein flüchtiger Vorwurf wird angedeutet, wenn Goethe von der Zeit spricht, die es noch dauern werde, die «vielerlei Fäden abzulösen, die sich dieses Jahr angesponnen und seit Ihrem Mainzer Briefe sich mit einiger Sicherheit fester geknüpft haben.»

Goethe bewies seine gewöhnliche Entschlossenheit, als es darum ging, die einmal gefallene Entscheidung in die Tat umzusetzen. Unverzüglich gingen Briefe an Frau von Stein, Herder und Seidel, die seine bevorstehende Rückkehr ankündigten, an ein Frachtunternehmen in Hamburg sowie an seine Mutter, der er mitteilte, daß er nun endgültig nicht durch Frankfurt kommen werde. Für den ursprünglich vorgesehenen langen Besuch reichte die Zeit nicht; die wenigen Wochen, die ihm noch blieben, wollte er lieber in Italien verbringen, und außerdem wollte er nicht über den St. Gotthard zurückreisen; denn von dort hätte der natürliche Weg nach Norden über Zürich geführt, wo er es nicht hätte vermeiden können, «den Kreis des Propheten zu berühren». Mit seiner neu gefundenen und jetzt schmerzlich kostbaren Bindung an ein höfisches Leben, an eine vermeintlich spinozistische Ästhetik und an die Kunst des heidnischen Altertums und der humanistischen Renaissance mochte Goethe sich nicht noch einmal der missionarischen Schwärmerei Lavaters und seiner Jagd nach den Skalps der Bekehrten aussetzen – hatte Lavater ihm doch soeben mit peinlich vertraulichen und salbungsvollen Worten den *Nathanael* (1786) gewidmet, seine neueste Schrift über die Bekehrung des Zweiflers. Immerhin war Goethe nach wie vor bereit, für das Christentum künstlerisches und historisches Interesse aufzubringen; ja, nachdem der erste Schock überwunden war, den die Briefe aus Weimar ausgelöst hatten, ließ er sich nicht den ursprünglichen Vorsatz nehmen, die Liturgie der Karwoche mitzufeiern; er schrieb bis zum Dienstag seine letzten Briefe und verbot sich dann jeden weiteren Gedanken an die Abreise, bis die Festlichkeiten vorüber waren.

War Balsam für seine Seele in dem, was er sah? Gewiß nicht in dem notwendigen Drängen und Drücken um den besten Blick auf die Fußwaschung und Speisung der zwölf Pilger am Gründonnerstag, aber vielleicht in der Musik, die Goethe «undenkbar schön» fand, in dem folgenden Gesang in der sich langsam verdunkelnden Sixtinischen Kapelle zur alten Musik des Tenebrae und dem Miserere von Tommaso Bai. Durch Vermittlung von Freunden hatte Goethe einen Platz in der Kapelle bekommen, wo am Karfreitagmorgen Allegris Miserere und Palestrinas Vertonung der Improperien gesungen wurden: «Der Augenblick, wenn der aller seiner Pracht entkleidete Papst vom Thron steigt, um das Kreuz anzubeten, und alles übrige an seiner Stelle bleibt, jedermann still ist, und das Chor anfängt: 'Populus meus, quid feci tibi?', ist eine der schönsten unter allen merkwürdigen Funktionen.» Um elf Uhr in der Osternacht war Goethe allein in seinem Zimmer, das Schwert im Herzen, und schrieb Frau von Stein von dem, was er gesehen hatte: «Effekt, wie man zu sagen pflegt, hat nichts auf mich gemacht, nichts hat mir eigentlich imponiert, aber bewundert hab' ich alles.» Plötzlich hallte ein Kanonenschuß von den Zinnen der Engelsburg über die Stadt, die Kirchenglocken begannen zu läuten, und in den Straßen entzündeten die Menschen Schwärmer und Lauffeuer, um die Auferstehung des Herrn zu feiern. Am Morgen darauf verfolgte Goethe von einer der an den Kirchenpfeilern angebrachten Tribünen unter der Peterskuppel das Hochamt zum Ostersonntag: «Ich hätte in dieser Stunde ein Kind, oder ein Gläubiger sein mögen um alles in seinem höchsten Licht zu sehen.» Auch wenn sie nicht wirklich «Effekt» gemacht hatten: dieser Augenblick und die mit ihm verbundenen Gefühle – die Verzweiflung, das Ausgeschlossensein von einem Bild strahlender Hoffnung und die Entschlossenheit, den eigenen Weg weiterzugehen in dem wie immer schwachen Vertrauen darauf, daß er zuletzt zu demselben Ziele führen werde –, dies alles war doch unvergeßlich und bildete zehn Jahre später den Kern, um den herum die veränderten Einleitungsszenen des *Faust* entstehen sollten.

Der letzte Monat verlief natürlich in der bei einem solchen Aufbruch üblichen Hektik: Goethe mußte mündlich oder schriftlich Abschied nehmen, seine Habseligkeiten verpacken und aufgeben, Papiere ordnen, durchsehen und vernichten, Geschenke für die Daheimgebliebenen einkaufen und einen Gipsabguß von dem damals für echt gehaltenen Schädel Raffaels in Auftrag geben, für den sich Carl August besonders interessiert hatte; auch galt es, bestimmten Sammlungen und Kunstwerken einen letzten Besuch abzustatten – der in einzelnen Fällen, so bei einigen Claude Lorrains, zugleich der erste war –. Die Sammlung seiner Gipsabgüsse nach Deutschland zu transportieren, wäre zu umständlich und zu riskant gewesen, und so mußte er das Pantheon, in dem er eine Weile gelebt hatte, unter Freunde verteilen, die er ebenfalls zurückließ; die Juno Lodovisi bekam Angelica Kauffmann. Tischbein, der nun doch nicht aus Neapel nach Rom gekommen war, verabschiedete sich brieflich von Goethe, und Kayser, der in Weimar eingeführt werden sollte, trat mit Goethe zusammen die Heimreise an; aber Angelica Kauffmann, Karl Philipp Moritz und Bury – dieser «zweite Fritz», der in Goethes römischem Haushalt die Ehre hatte, Fritz von Stein zu vertreten – mußten die täglichen Reisevorbereitungen unter Tränen bis zuletzt miterleben. «Der Abschied aus Rom hat mich mehr gekostet als es für meine Jahre recht und billig ist», schrieb Goethe dem Herzog – ja, die letzten zwei Wochen habe er jeden Tag «wie ein Kind geweint». Über *einen* Abschied sagte Goethe gar nichts, weder damals noch später, und es ist denkbar, daß Faustina, wie einst Friederike, die entscheidende Information schriftlich erhielt. Am Samstag, dem 19. April, fünf Tage vor seiner Abreise, vereinbarte er mit Reiffenstein die Überweisung von 400 Scudi im Namen Philipp Seidels auf ein Sonderkonto: Diese beachtliche Summe (weit über 500 Taler) kann erst abgehoben worden sein, nachdem er fort war, und diente vermutlich als Entschädigung für die vorzeitige Beendigung der Beziehung. Das war großzügig, aber Goethe wollte offenbar verhindern, daß Faustina ihm auf die Spur kam, und hatte seinerseits in dieser Liaison wohl niemals mehr als eine rein geschäftliche Beziehung gesehen. Montagnacht beleuchtete der Vollmond die Stadt, und Goethe durchwanderte allein den Corso, bestieg das Kapitol und ging weiter zum Kolosseum; beim Anblick der vertrauten Bauwerke, die im silbernen Licht fremdartig und geisterhaft dalagen, wird er im stillen gelobt haben, einst wiederzukehren, um sich an ihnen im Sonnenschein zu erfreuen. Am Dienstag kaufte er ein kleines Geschenk für den Herzog, eine Ausgabe von *Amor und Psyche* mit Illustrationen nach den Fresken Raffaels in der Farnesina – alte Bekannte, denn zu Hause in Weimar hatte er eine ähnliche Serie liegen. Am Mittwoch verabschiedete er sich von Angelica Kauffmann: Es «durchdrang mir Herz und Seele», wie sie sagte. Am Donnerstag, dem 24. April, versammelten sich am Morgen Moritz, Bury, Carl Pieck und vielleicht noch andere an der Kutsche, in der Goethe und Kayser es sich bequem machten. Moritz zeigte sich von seiner bester Seite und plauderte geistreich, gewandt und ungezwungen, sogar nachdem der Postillon schon das Horn geblasen hatte. Bury verlor die Fassung und mußte sich abwenden, da Goethe ihm die Tränen verboten hatte. Die Kutsche setzte sich in Bewegung, passierte bald die Porta del Popolo, fuhr die Via Flaminia hinunter, über den alten, vorchristlichen Ponte Milvio, und trug Goethe aus Rom davon – für immer.

»In der letzten römischen Zeit hatte ich nichts mehr zu sagen», schrieb Goethe einen Monat später Knebel, um sich für sein langes Schweigen zu entschuldigen; «es ging hart zu da ich mich trennte.» Der Abschied von Rom war ohne Zweifel die qualvollste Krise seines Lebens seit dem Tod seiner Schwester, und er erkannte instinktiv, daß jetzt die Beherrschung seiner Gefühle oberstes Gebot war: In einem Brief von unterwegs schrieb er Carl August, er habe «jede Stunde wenigstens siebenerlei Humor und es freut mich von Herzen daß die Sudelei dieses Briefs ins lustige Siebentel fällt.» Die Besichtigung von Kunstdenkmälern diente während der zweimonatigen Rückreise eher der bewußten Zerstreuung als der Befriedigung eines wirklichen Bedürfnisses: Über Einzelheiten breitet sich für uns ein Schleier. Goethe führte kein Tagebuch und machte in seinem späteren Leben nur begrenzt Gebrauch von dem, was er gesehen hatte. Aus Kaysers Aufzeichnungen kennen wir die Reiseroute, aber Goethes Seele war abgezogen von den Gegenständen, die sie umgaben, war mit sich selbst beschäftigt. Kayser, eher Musikwissenschaftler als Komponist, war mehr an Bibliotheken als an Kunst und Architektur interessiert, und so gingen die beiden oft ihrer eigenen Wege. Nachdem sie Viterbo passiert und Orvieto rechts liegengelassen hatten, erreichten die Reisenden am 27. April Siena, wo sie einen Tag damit verbrachten, die Torre del Mangia zu ersteigen sowie den Dom und, neben anderen Stationen der Kunstpilgerschaft, die Kirche S. Domenico zu besichtigen, wo Goethes besonders Interesse einem Gemälde galt, das «einem geübten Auge» wohl auffallen mußte, Guido da Sienas *Madonna mit Kind* von 1221, dem ältesten datierten Bild, das wir kennen. Vom 29. April bis zum 11. Mai, dem Pfingstsonntag, blieb Goethe in Florenz, das damals nur ein Drittel kleiner als Rom, diesem aber an Kunstsammlungen ebenbürtig und für einen Menschen der Aufklärung insofern vorzuziehen war, als hier nicht eine obskurantistische Kirche ihren Amtssitz hatte, sondern der gütige, rationalistische und bescheidene Großherzog Leopold, der glücklichere Bruder von Kaiser Joseph II. In einem Brief an Carl August (dem er die Vorzüge der großherzoglichen Regierung vor Augen hielt) erklärte Goethe, «fast alles» gesehen zu haben, «was Florenz an Kunstsachen enthält», woraus man das ganze Maß der Entfremdung von seiner Umwelt erschließen kann. Später erinnerte er sich, in Florenz die meiste Zeit in den öffentlichen Gärten zugebracht zu haben; denn das Wetter, im April noch wechselhaft, war nun strahlend schön geworden. Er hat aber sicher die nahezu hundert antiken Meisterwerke in den Uffizien gesehen, namentlich die Niobe und die Venus von Medici, aber auch vieles von der frühen florentinischen Malerei, das sich sowohl in diesem Museum als auch in der bemerkenswerten Privatsammlung fand, die ein Maler mit dem Pseudonym Berczy im Zuge der durch Leopold verfügten Auflösung von Klöstern zusammengetragen hatte. Berczys Sammlung war chronologisch aufgebaut, und es ist anzunehmen, daß Goethe hier endlich erste Bekanntschaft mit Giotto, Cimabue, Masaccio und Fra Angelico gemacht hat.

Besonders schmerzlich muß für Goethe die Strecke zwischen Florenz und Bologna gewesen sein: das einzige Stück des Rückweges, das er schon einmal, aber in entgegengesetzter Richtung, zurückgelegt hatte. Diesmal blieb er etwas länger in Bologna – vier Tage, in denen Kayser seine musikalischen Forschungen fortsetzte – und kam dann, den Apennin umgehend, durch das ferraresische Modena nach Parma, wo zwei Tage dem lang ersehnten Studium der Fresken und Gemälde Correggios galten. Nach der Überquerung des Po bei Piacenza kamen die beiden am 22. Mai abends in Mailand an. Hier hielten sie sich eine Woche auf, und Goethe, noch immer verzweifelt um eine Sinn-

deutung seiner Erlebnisse und einen krönenden Abschluß des schon verge-
henden großen Abenteuers bemüht, suchte, so gut es ging, Halt an Leonardo
da Vincis *Abendmahl*, das sich ihm noch wie «ein rechter Schlußstein in das
Gewölbe der Kunstbegriffe» fügte. Denn Mailand war die letzte große italienische Stadt in der langsamen Folter der Heimreise, und Goethe ließ sich
von seiner Stimmung überwältigen: Die Alpen rückten näher, der Apennin
war nur mehr eine Ahnung am Horizont, der Dom hätte gotischer nicht sein
können. In seiner Phantasie erging er sich in Selbstmitleid: Was für Freude
hätte er jetzt, aus dem Gebirge kommend, am ersten Anblick dieser Stadt
gehabt, am fernen Apennin, am schönen Himmel, «am Obste usw.»! Am 24.
Mai, einen Monat von Rom entfernt, schrieb er seinen Brief an Knebel: «Nun
wittre ich wieder Gebirgs- und Vaterlands-Luft da wird mirs denn, wo nicht
besser, doch anders.» Er erzählte, wie die Mineraliensammlung eines Mailänder Paters ihm wieder Lust auf den zuletzt ganz vernachlässigten Zeitvertreib
der Geologie gemacht habe: «In Rom wurde kein Stein mehr angesehen wenn
er nicht gestaltet war. Die Form hatte allen Anteil an der Materie verdrängt.
Jetzt wird eine Kristallisation wieder wichtig und ein unförmlicher Stein zu
etwas. So hilft sich die menschliche Natur, wenn nicht zu helfen ist.» Er werde sich für die Fahrt durch die Schweiz einen Hammer kaufen und «an den
Felsen pochen um des Todes Bitterkeit zu vertreiben».

Wie Goethe später schrieb, war er auf der ganzen Reise Tag und Nacht
mit seinem Inneren beschäftigt. Die Seelenqual des Lassenmüssens sollte
irgendwie ein Stück von ihm selbst, sollte seiner Persönlichkeit angeeignet
werden, um endlich in poetischer Gestalt wieder aus ihr hervorgehen zu
können. «Doch scheute ich mich auch nur eine Zeile zu schreiben, aus
Furcht, der zarte Duft inniger Schmerzen möchte verschwinden. Ich mochte
beinah nichts ansehen um mich in dieser süßen Qual nicht stören zu lassen.
Doch gar bald drang sich mir auf wie herrlich die Ansicht der Welt sey,
wenn wir sie mit gerührtem Sinne betrachten.» Die Rückkehr aus Italien
setzte die Kraft der Subjektivität wieder frei, den Quell seiner Dichtung,
der seit der Ankunft in Rom und der Vollendung seiner symbolischen Reise
und der *Iphigenie* versiegt war. Das Werk, das da im Werden war, das sich
aus dieser eifersüchtig gehüteten Empfindung des Leidens herauskristalli-
sierte, war wiederum ein Versdrama, *Torquato Tasso*, das dem Abschied von
Italien ein Denkmal setzte, wie *Iphigenie* der Ankunft ein Denkmal gesetzt
hatte. Goethe erzählt, das er einiges zu dem Stück – das erste neue Material
seit sieben Jahren – in den Gärten von Florenz geschrieben und sich in
Mailand Tassos Schäferstück *Aminta* beschafft habe. Aber der früheste
nachweisbare Beleg für den Wandel in Goethes Sensibilität ist gar nicht dieses Stück; es sind die Zeichnungen, mit denen er gleich am Tag nach der
Abfahrt aus Rom begann. Diese Blätter sind zwar durchwegs fundierter und
gekonnter als die Zeichnungen, die auf der Reise von Karlsbad nach Süden
entstanden waren, und auch das Interesse an einem malerischen «Eckgen»,
einer besonderen Perspektive kehrt nicht mehr wieder; aber schon am zwei-

ten Tage, in der Nähe von Viterbo, deutet einiges darauf hin, daß Goethe dabei ist, den Einfluß Knieps und Hackerts abzuschütteln. Während in seinen (nicht sehr zahlreichen) realen Landschaften aus der Zeit des zweiten römischen Aufenthalts der geometrische, ja symmetrische Bildaufbau und die Festigkeit der Linienführung die beherrschenden Werte sind und das Licht gerade in seiner ebenmäßigen Verteilung schier zu verschwinden scheint, dienen die Skizzen vom April und Mai 1788 zunehmend einem persönlichen, autobiographischen Zweck und zeigen eine flüssigere Komposition und ein Zerstückeln der Linie in winzige, ja pointillistische Striche, zugleich mit einer zuzeiten ganz auffälligen Wiederkehr des Lichts (sogar der Reflexe) und der Plastizität. In einigen rasch hingeworfenen Skizzen von Gebirgslandschaften, vielleicht auf dem Weg zwischen Florenz und Bologna entstanden, brechen mitunter starke Gefühle hervor, doch in einer entzückenden Gruppe von drei winzigen getuschten Baumstudien – keine größer als zehn mal fünfzehn Zentimeter – verbinden sich Kraft und flirrendes Licht mit Sicherheit und Beherrschung, und eine von ihnen (vgl. Abbildung 34) gehört zweifellos zu Goethes besten Zeichnungen überhaupt. Die Berge, zuletzt als die Alpen erkennbar, spielen in diesen Szenen eine immer größere Rolle. Am 28. Mai verließen Goethe und Kayser Mailand (trotz der späteren Bedeutung des Lago Maggiore im *Wilhelm Meister* gibt es keinen Hinweis darauf, ja ist es sogar höchst unwahrscheinlich, daß Goethe den See besucht hat) und fuhren in nördlicher Richtung weiter zum Comer See, den sie am 29. auf einem Segelschiff seiner ganzen Länge nach durchquerten. In dem Maße, wie die Berge ihn sanft, aber unwiderstehlich in ihre Umarmung zogen, zeichnete Goethe wie ein Besessener – wenigstens zwanzig Ansichten vom Seeufer und den steil aufragenden Höhen, in denen das Interesse an einer mit Maleraugen gesehenen «Impression» mitunter wie ein Vorgriff auf Turner wirkt. Goethe zeichnete jetzt nicht im Gedanken an künftige Kompositionen, die im Einklang mit irgend jemandes Orthodoxie stehen sollten. Er versuchte, die letzten Augenblicke eines entschwindenden Glücks zu erfassen und festzuhalten. Nachdem sie die Nacht in Riva verbracht hatten, fuhren Goethe und Kayser das Tal nach Chiavenna empor und dann die gewundene Straße zum Splügen hinauf, wo sie wieder deutschsprachiges Gebiet betraten.

Die große Seele:
Werke 1787–1788

Die literarische Arbeit Goethes in Rom war, wie die ganze italienische Reise, die beschwerliche Kollaboration mit einer langen inneren Notwendigkeit. Mit der Vollendung oder Umarbeitung von Skizzen und Fragmenten, die viele Jahre zuvor als inspirierter Ausdruck von nunmehr toten Augenblicken konzipiert worden waren, erfüllte Goethe die Pläne des Vaters, der es sich einst zur Sorgfaltspflicht gemacht hatte, die Zeichnungen seines Sohnes selbst fertigzustellen.

Daß ich meine älteren Sachen fertig arbeite, dient mir erstaunend. Es ist eine Rekapitulation meines Lebens und meiner Kunst, und indem ich gezwungen bin, mich und meine jetzige Denkart, meine neuere Manier, nach meiner ersten zurückzubilden, . . . so lern ich mich selbst und meine Engen und Weiten recht kennen. Hätte ich die alten Sachen stehen und liegen lassen, ich würde niemals soweit gekommen sein, als ich jetzt zu reichen hoffe.

Diese Einsicht ist wahrer als Goethes Behauptung gegenüber Göschen, hätte er nicht «unschätzbare Augenblicke» an das Werk der Überarbeitung gewendet, so hätte er vier Bände mit völlig neuem Material vorlegen können: Die Nachwelt wird ihre Zweifel daran hegen, wie weit Goethe wirklich mit *Nausikaa*, den *Mystifizierten*, eventuell einer botanischen Abhandlung und einem Wilhelm vorangekommen wäre, den seine theatralische Sendung zu den Italienern führt, wo er zweifellos *Scherz, List und Rache* auf die Bühne bringen wird – und die Nachwelt wird durchaus der Meinung sein, daß ihr die Vers-*Iphigenie* lieber ist. Bei allem vordergründigen Anschein von neuen Welten und neuen Anfängen war Goethes Zeit in Italien im Grunde genommen eine «Rekapitulation» wie die Reise in die Schweiz 1779, nur erfolgreicher. Sie stellte den Versuch dar, seinem bisherigen Leben einen Sinn zu verleihen, sein Frankfurter Dasein und seine Frankfurter Kunst mit seinem zwölfjährigen Sein und Tun in Weimar zu integrieren und lieber seine Sturm-und-Drang-Anfänge mit der Realität einer höfischen Existenz zu vereinbaren als sich durch die Unvereinbarkeit von beidem zu unfruchtbarem Schweigen verurteilt zu sehen.

Caspar Goethe wäre mit Sicherheit besonders erfreut gewesen, seinen Sohn wieder mit *Egmont* befaßt zu sehen, und sei es nur darum, weil von allen früheren Werken gerade dieses die ungünstigsten Voraussetzungen zu bequemer Einbindung in die Weimarer Gegebenheiten bot. Die äußerst unverhohlene Opposition gegen den höfischen Absolutismus war der Hauptgrund gewesen, warum Goethe 1782 das schon so weit gediehene Projekt schließlich hatte fallenlassen. Das Werk in der ursprünglich intendierten Form zu vollenden, war politisch unmöglich, und alle Adaptionsversuche hatten nur neue Schwierigkeiten heraufbeschworen. Der thematische Unterschied zwischen dem öffentlichen und dem privaten Egmont – eine Parallele zu dem Unterschied zwischen dem öffentlichen und dem privaten Ich des Dichters – gefährdete die Einheit des ganzen Stückes. Zwar war dem Klärchen eine neue Rolle als Mittelpunkt von Egmonts «wirklichem» Leben zugedacht; aber war diese persönliche Beziehung zwischen zwei Figuren des Stückes genug, um der Haupthandlung um Auflehnung, Invasion und Machtpolitik das Gegengewicht zu halten? Sollte diese Handlung zur Unwirklichkeit verkümmern? Die Re-Integration des gespaltenen Ichs und dessen erneute Einbindung in eine produktive Beziehung zur Öffentlichkeit: das waren die Probleme, die sich Goethe und seinem Drama gleichermaßen stellten. In seinem römischen Sommer und mit Hilfe der empfindsamen Ästhetik hatte Goethe durch die Gespräche mit Moritz schließlich eine mögliche neue Zukunft für sich in Weimar gesehen; dabei sollte, was in den vergangenen acht Jahren seine private Rolle als Dichter gewesen war, zu einer potentiell öffentlichen Funktion «als Künstler» aufgewertet werden. Der schöpferische Nachahmer der eigentlichen Wirklichkeit, der zwecklosen Schönheit des großen Ganzen der Natur zu sein, hieß, zum exklusivsten Adel zu gehören, auf den die übrige, bloß rezipierende Menschheit dankbar angewiesen war. Auf ähnliche Weise und gleichzeitig entdeckt Goethe beim Umschreiben des *Egmont* für seinen Helden eine öffentliche und nationale Funktion wieder, die aber nicht aus Egmonts politischem Handeln erwächst, sondern aus seiner privaten Ausnahmeerscheinung, seinem «wirklichen» Ich, das sich vor Klärchen enthüllt, das Geheimnis von Egmonts *attrattiva* ist und nun – durch Politik *und* Liebe hindurch – die einigende Mitte des Werks bilden wird.

Nur sechs Monate, bevor er sich wieder *Egmont* zuwandte, hatte Goethe *Iphigenie* vollendet. Schon in diesem Stück hatte er erfolgreich einen Sturm-und-Drang-Inhalt in eine höfische Form gebannt, indem er Form und Inhalt auf die Perspektive und die Probleme der einen «großen Seele» konzentrierte. Alles in dem Stück wies auf die Frage, die Iphigenie sich im letzten Aufzug vorlegte: Würde die wirkliche Ordnung der Weltdinge außerhalb ihrer selbst die sittlichen Forderungen ihres Herzens bestätigen und erfüllen? Würde die Welt sich der göttlichen Stimme in ihrer, Iphigenies, Brust fügen? Würde Thoas ja sagen? Wenn dem Ja des Thoas letzten Endes etwas Willkürliches anhaftete – wenn der Dichter keinen Weg findet, jene glückliche Harmonie zwischen der sittlichen Ordnung und dem Wesen der Welt zu erklären, der das Stück seinen guten Ausgang verdankt –, so bot die Geschichte seines *Egmont* Goethe fast unmittelbar darauf Gelegenheit, den entgegengesetzten Fall zu behandeln. Wenn Egmont sorglos in den Hof von Albas Palast reitet, traut er wie Iphigenie der Güte eines anderen menschlichen Herzens, weil er darauf vertraut, daß dieses Herz, wenn man es nur läßt, seine instinktive Harmonie mit seinem, Egmonts, Herzen erweisen wird. Aber Alba ist ein Thoas, der Nein sagt. Das Stück endet nicht mit dem Vorschein der Erfüllung, sondern mit dem Tod, der endgültigen Leugnung aller sittlichen Ansprüche unseres Herzens. Der bittere Unterton in Goethes Reflexionen nach der Rückkehr aus Neapel galt dem Vergehen der Zeit, der Notwendigkeit des Todes, der Bedeutung des Augenblicks als des einzigen Maßstabs für menschliches Glück und Gelingen. Diese Themen sind auch für die letzte Revision des *Egmont* entscheidend, weil sie dazu dienen, das Außerordentliche seiner Persönlichkeit zu definieren.

Egmont zeichnet sich von Anfang an durch seine Haltung zum Tod aus. Er wird in Verbindung mit einem Motiv eingeführt, das ihn im ganzen Stück charakterisieren wird (die leitmotivische Struktur erscheint im *Egmont* ausgeprägter als in der *Iphigenie*): dem Pferd als dem Inbegriff von Adel und unbändiger Kraft. Aber es ist ein Pferd, das ihm unter dem Leib niedergeschossen wird. In der ersten Szene des Stücks erzählt ein Soldat vor Brüsseler Bürgern von der geradezu selbstmörderischen Kavallerieattacke, die Egmont am Strand von Gravelingen gegen französische Artillerie befehligte, die schließlich überwältigt wurde. Der Vorfall wird später noch einmal von Klärchen erwähnt, das einen Holzschnitt davon besitzt, und endlich von Egmont selbst in der letzten Szene des Stücks: «Nun endigt sich das Leben, wie es sich früher, früher, schon auf dem Sande von Gravelingen hätte endigen können.» Egmonts Einstellung zum Leben ist konsequent unverzagt; er weigert sich ständig, die Möglichkeit auch nur in Betracht zu ziehen, daß der nächste Augenblick der letzte sein könnte: «Leb ich nur, um aufs Leben zu denken? Soll ich den gegenwärtigen Augenblick nicht genießen, damit ich des folgenden gewiß sei? Und diesen wieder mit Sorgen und Grillen verzehren?» Diesem obersten Grundsatz seines Daseins bleibt er treu, so wie Iphigenie dem ihren treu bleibt. Er akzeptiert Albas Einladung und betritt seinen Palast in demselben Geist, in dem er die französischen Stellungen attackiert hat – anders zu handeln hätte er als Verrat an sich selbst empfunden –; aber diesesmal wird nicht das Pferd niedergeschossen, sondern der Reiter. Egmont hat sich geweigert, den gegenwärtigen Augenblick durch Sorgen und Grillen um den folgenden verderben zu lassen, wohl wissend – wie in Gravelingen –, daß der nächste Augenblick tödlich sein kann; und dieses Mal ist er es. Dieses Prinzip, nach dem er lebt und nach dem er stirbt, ist das Geheimnis nicht nur seines Mutes und seiner Tatkraft, sondern auch seiner Macht über andere Menschen. Was immer in seiner Abwesenheit über ihn gesagt werden mag, im Augenblick der Begegnung – mit der tobenden Volksmasse, mit Klärchens Mutter, mit seinem eigenen Schreiber – entwaffnet er jede Kritik und gewinnt sich die Herzen der Menschen, weil er spontan und überlegen das Gebot des Augenblicks erfaßt: Er versteht sofort die Lage und die Bedürfnisse anderer – besser vielleicht als sie selber – und fordert (wie um eine Lehre zu erteilen) ähnliches Verständnis für seine eigenen Bedürfnisse. Es ist eine ansteckende Egozentrik, so als appelliere er an das Beste in den anderen, in der Überzeugung, es sei identisch mit dem, was er als das Beste in sich selbst erkennt. Sorglos und glücklich mit dem Menschen, der er ist, findet er es unverständlich und töricht, ein Leben zu leben, das von Sorgen und Mißmut zerfressen wird. Aber die Energie, die ihn so ungehindert durchströmt, macht ihn auch zu einem Menschen, dessen Nähe Gefahr bringt. Karl Philipp Moritz sah in jedem Individuum den Mittelpunkt einer «tätigen Kraft», als Reflex und Derivat der Kraft, die das Universum treibt; in jenen aber, in denen diese Kraft zwar vorzüglich gegenwärtig ist, aber nicht in die «Bildungskraft» des darstellenden Künstlers überführt wird, manifestiert sie sich als Zerstörung: mindere Zentren der Kraft müssen entweder ihren Interessen dienen, oder sie müssen vernichtet werden. Apollon ist es – so sagt Moritz –, der Inbegriff der vergöttlichten Jugend und Schönheit, wie die Skulptur im Belvedere, der «den silbernen Bogen spannt – und die verderbenden Pfeile . . . sendet». Brackenburg, Egmonts Schreiber und Klärchen, sie alle erleiden durch Eg-

mont und die Art seines Lebens Schaden, und die beiden letzteren werden
von der Katastrophe seines Todes selbst mit ins Verderben gerissen; und sogar
die Regentin Margarete von Parma zählt in einem gewissen Sinne zu Egmonts
Opfern; denn auch sie hat Zuneigung zu ihm gefaßt, aber genausogut weiß
sie, daß sein unbedachtes Reden und sein zügelloses Leben die Hauptur-
sachen der Unruhen sind, die ihrer eigenen politischen Karriere ein Ende
machen. Egmont hat etwas von dem Demiurgen, dessen Bild Karl Philipp
Moritz entwirft; wie der Apoll von Belvedere verbreitet er *attrattiva*, Herr-
scherqualitäten – und eine Aura des unbekümmert Tödlichen. In der Tat vergleicht sich Egmont wo nicht mit Apollon, so doch mit Phaethon, wenn er
an einer Stelle, die Goethe mit ziemlicher Sicherheit in Rom geschrieben hat,
sein Leitmotiv des Pferdes mit seinem charakteristischen Begriff der Zeit als
einem Sturzbach einzelner Augenblicken verknüpft, deren jeder vom anderen so abgesetzt ist, daß selbst Pronomina von einem Satz zum nächsten ihren
klaren Bezugspunkt verlieren:

Wie von unsichtbaren Geistern gepeitscht, gehen die Sonnenpferde der Zeit mit unsers
Schicksals leichtem Wagen durch; und uns bleibt nichts, als mutig gefaßt die Zügel
festzuhalten, und bald rechts, bald links, vom Steine hier, vom Sturze da, die Räder
wegzulenken. Wohin es geht, wer weiß es? Erinnert er sich doch kaum, woher er kam.

Im Dezember 1788 sagte Karl Philipp Moritz zu Caroline Herder, in einem
Theaterstück müsse man wie in einer perspektivischen Zeichnung (und in der
Leibniz'schen Metaphysik, dürfen wir hinzusetzen) den Mittelpunkt aufsuchen, von dem alle Strukturlinien wie Radien ausgingen, und bezeichnete
als Mittelpunkt des *Egmont* die Szene, die formal die Mitte des Stückes bildet, die einzige Szene, in der Egmont und Klärchen beide lebendig sind und
beide zusammen auf der Bühne stehen (III. Aufzug, 2. Szene). Die Szene
beginnt mit dem bitter-süßen Lied Klärchens über die Qualen der Liebe –
«Freudvoll und leidvoll» –, das die Mutter zu einer ahnungsvollen Bemerkung veranlaßt:

MUTTER. . . . Die Jugend und die schöne Liebe, alles hat sein Ende; und es kommt
eine Zeit, wo man Gott dankt, wenn man irgendwo unterkriechen kann.
KLÄRCHEN *schaudert, schweigt und fährt auf.* Mutter, laßt die Zeit kommen wie
den Tod. Dran vorzudenken ist schreckhaft! – Und wenn er kommt! Wenn wir müssen
– dann – wollen wir uns gebärden, wie wir können! –

Unmittelbar anschließend folgt, was im Grunde eine Theophanie ist: Egmont
tritt auf, nach Klärchens Wunsch in dem prächtigen Kleid des spanischem
Hofzeremoniells – wie Zeus, da er Semele in der ganzen Majestät seiner Göttlichkeit erscheint. Die Szene schließt damit, daß Klärchen vor Egmont kniet,
von dem Unterschied zwischen seiner öffentlichen und seiner privaten Existenz erfährt, den Liebesschwur des privaten Egmont empfängt und selig
ausruft: «So laß mich sterben! Die Welt hat keine Freuden auf diese!» Sie
ahnt noch nicht, daß sie mit der Aufnahme nicht nur des privaten, sondern
auch des öffentlichen Egmont in ihrem Haus das Verderben auf sich herab-

gezogen hat – gründlich wie das Verderben Semeles, wenngleich nicht so
schnell. Wenn Moritz als Kern des Stückes die Szene erkannte, da Klärchen
in einem Zustand und einer Stellung völliger Hingabe und «weiblicher» Rezeptivität von der vollkommen unverstellten «männlich»-tätigen Kraft der
halbgottähnlichen Persönlichkeit Egmonts überstrahlt wird und dabei die
Vorahnung ihres eigenen Untergangs ausspricht, spiegelte das zweifellos
Goethes eigene Einschätzung seines Stückes wider. Wenn Egmont im zweiten
Aufzug sagt: «Ich stehe hoch und kann und muß noch höher steigen; ich
fühle mir Hoffnung, Mut und Kraft. Noch hab ich meines Wachstums Gipfel
nicht erreicht», dann sagt er damit nicht nur, daß sein Leben enthalten muß,
was Herder «Maximum» genannt haben würde: einen Augenblick, in dem
seine Individualität ihren höchsten Ausdruck findet; unbewußt gibt er uns
diesen maximalen Punkt auch zu erkennen, nämlich die nächste Szene, in der
er auftreten wird, die Szene mit Klärchen. Und es liegt, wie erinnerlich, in
der Natur solcher Maxima, daß sie Vorboten der Sterblichkeit sind, die das
Weltall als ganzes ewig jung erhält.

Nach Karl Philipp Moritz wurden die politischen Themen des Stückes
durch die zentrale Stellung, die die Beziehung Egmonts zu Klärchen einnimmt, und die Nähe beider Charaktere zum Tod (eine Nähe, die nur die
halb göttliche Auffassung von Egmonts Persönlichkeit als natürlich erscheinen läßt) an den Rand gedrängt. Goethe hat wahrscheinlich genauso gedacht
und infolgedessen den Eindruck gehabt, daß sein Trauerspiel weniger peinlich und der Umarbeitung bedürftig sein werde, als er ursprünglich geglaubt
hatte – vor allem steht zu vermuten, daß der «fatale» vierte Aufzug, von dem
er noch 1781 geschrieben hatte, daß er ihn «hasse», im großen und ganzen
so blieb, wie er war. Seine Hauptaufgabe sah Goethe 1787 darin, den *Egmont*,
wie er schrieb, «zu endigen», und das bedeutete wahrscheinlich, den größten
Teil des fünften Aufzugs niederzuschreiben, von dem nur längere Passagen
des Gesprächs zwischen Egmont und Albas Sohn Ferdinand vorlagen. In den
einleitenden Szenen dieses Aufzugs überwiegt jene hochliterarische Sprache,
die beispielsweise im zweiten Aufzug Egmont von den «Sonnenpferden der
Zeit» reden läßt und die zu dem eher naturalistischen Idiom des Volks in den
frühen Massenszenen so wenig paßt, daß sie vermutlich dem letzten Stadium
der Entstehung angehört. Es sind die Szenen, die Egmonts politisches Scheitern zeigen: Die Brüsseler Bürger sind nicht gewillt, für seine Befreiung aus
dem Gefängnis ihre Haut zu Markte zu tragen. Da nun die Ursachen für
Egmonts Popularität nicht in der Sache liegen, die er vertritt (wie dies in der
ursprünglichen Version des Stückes wenigstens teilweise der Fall gewesen
sein muß), sondern in der dynamisch egozentrischen Individualität, die er
darstellt, ist die jetzige Haltung des Volkes mit seiner früheren Vergötterung
Egmonts nicht unvereinbar. Klärchen sucht das Volk nicht mit dem Ruf
«Freiheit oder Tod» zu sammeln, sondern mit dem Ruf «Egmonts Freiheit
oder den Tod!», und das ist keine politische Parole, und sie findet kein politisches Echo. So tröstet sich auch in der zweiten Szene dieses Aufzugs Eg-

mont mit der Hoffnung auf einen Aufruhr im Volk, der aber nicht dem Volk die Freiheit bringen wird, sondern ihm, und diese Hoffnungen bleiben trügerisch. Doch war es natürlich nicht Goethes Absicht, uns eine Liebe oder Lebensweise vorzuführen, die, auf das rein, ja egoistisch Persönliche gestellt, übergreifenden politischen Ereignissen zum Opfer fällt, auf welche sie keinen Einfluß haben will noch kann. Goethes Ziel ist vielmehr, einen Mechanismus zu finden, durch den Egmonts Leben und Lieben, mag es jetzt auch von jedem direkten politischen Wirken abgeschnitten sein, dennoch für einen höheren und sogar politischen Sinn gerettet werden kann.

Denn auch in seinem eigenen Leben versucht Goethe, den Weg zurück zu einer öffentlichen Rolle zu finden, nachdem er Jahre der Einkerkerung in einer Einsamkeit verbracht hat, aus der niemand in Deutschland Interesse gehabt hat ihn zu befreien. Bevor er nach Neapel ging, hatte er Frau von Stein darüber geschrieben, was er von den Italienern zu lernen hoffe: ihre «unglaubliche Sorglosigkeit», die sie davor schütze, «per non invecchiarsi». Er versicherte ihr, daß ihm

meine Lage die glücklichste scheinen müßte. . . . sobald ich an mich *allein* denke, wenn ich das, was ich solang für meine Pflicht gehalten, aus meinem Gemüte verbanne und mich recht überzeuge: daß der Mensch das Gute das ihm widerfährt, wie einen glücklichen Raub dahinnehmen und sich weder um rechts noch links, viel weniger um das Glück und Unglück eines *Ganzen* bekümmern soll.

Sorge um die eigene Sorglosigkeit zu tragen ist natürlich ein Unterfangen, das eo ipso zum Scheitern verurteilt ist, und Goethe stellte denn auch in Neapel sehr bald fest, daß ihm in Wirklichkeit nicht daran lag, wie die Einheimischen zu werden. Doch als er wieder in Rom war, fand er – zum Teil wohl durch die Gespräche mit Moritz – einen Weg, auf dem es möglich schien, «an sich allein zu denken» und eben dadurch dem «Ganzen» zu dienen, dem er sich anzuschließen gesonnen war. Der Künstler konnte keine höhere Pflicht haben, als er selbst zu sein: Aus Moritz' Abhandlung lernen wir, daß die «tätige Kraft», die das Weltganze belebt, sich vorzüglich in der schöpferischen Seele des Künstlers manifestiert, aber auch in geringerem Maße in der empfindenden Seele seines Publikums, das durch Vermittlung des Künstlers (das heißt durch Betrachtung des Weltganzen in seinen Werken) Anteil am universalen Leben hat. Die Selbstverwirklichung des Künstlers ist zugleich die Verwirklichung einer Funktion im Dienste aller.

Egmont ist kein Künstler; er ist reine Manifestation der tätigen Kraft, steht mit Moritz' Worten «auf dem höchsten Punkte seiner Wirksamkeit; der Krieg, die Wuth, das Feldgeschrei, das höchste Leben, ist nah an den Grenzen seiner Zerstörung da.» Egmont lebt für andere, indem er bis zuletzt, bis zu seinem Tode, dem Grundsatz lebt, dem Tod keine Gewalt über seine Gedanken zu geben. In seinem Gefängnis, in das ihn nur die Furchtlosigkeit gebracht hat, die die Ängstlichen Torheit nennen, gibt er an Ferdinand nicht – wie es wohl der ursprünglichen Konzeption des Stückes entsprochen hatte

– das Banner der Revolte weiter, sondern er vermacht ihm das für alle Menschen gültige Beispiel einer höchsten Form von Leben: «Ich höre auf zu leben; aber ich habe gelebt. So leb auch du, mein Freund, gern und mit Lust, und scheue den Tod nicht!»

Diesen Grundsatz, den Kern seines Wesens, demonstriert Egmont ganz unverstellt, auf seines «Wachstums Gipfel» und in der formalen Mitte des Stückes, als er sich in glanzvoller Innigkeit seinem Klärchen offenbart. Als der Held sterben muß, weil er diesem Grundsatz treu geblieben ist, läßt Goethe ihm in den letzten Minuten vor der Hinrichtung eine Erscheinung dessen zuteil werden, dem er treu geblieben ist: Sie trägt die Züge Klärchens, und so sind erst zum zweiten Male in diesem Stück der Held und die Heldin auf der Bühne vereint, und der Augenblick von Egmonts Tod hat Ähnlichkeit mit dem höchsten Augenblick in seinem Leben. War in Frankfurt Goethes ursprüngliche Konzeption des Stückes eine im wesentlichen politische gewesen, während in Weimar die Zweiteilung von Egmonts Persönlichkeit im Mittelpunkt gestanden hatte, so wurde in Rom das Verhältnis zwischen Egmont und Klärchen zum beherrschenden Motiv. Mag nun aber Egmonts Freisein von Todesfurcht, und damit die unbändige Kraft seines Lebenswillens, in Klärchen angemessen symbolisiert sein, so stellt sich doch die Frage, warum die symbolische Erscheinung ihm auch den Lorbeerkranz für den Sieg in dem bevorstehenden Freiheitskampf verleiht – so als ob die rein persönliche Freiheit, für die Egmont stirbt, eine politische Freiheit wäre. Vielleicht ist sie wirklich nicht politisch – wenngleich das Stück zu implizieren scheint, daß politische Freiheiten, Einrichtungen und Traditionen wertlos sind, solange die Menschen nicht auch, wie Egmont, frei von Sorge sind –, aber die Schlußszene hat den Sinn, zu demonstrieren, daß diese Freiheit jedenfalls nicht selbstsüchtig ist. Egmonts Art zu leben ist ein menschliches Ideal, er verwirklicht restlos das Potential der «tätigen Kraft», an dem alle Menschen teilhaben, wenn auch in minderem Maße. Indem Egmont an dieser Art zu leben auch um den Preis seines eigenen Todes festhält, gibt er allen Menschen ein Beispiel dessen, wofür sie leben, kämpfen und sterben – ein Beispiel, das ihnen mehr Mut machen kann, als es die Aufgabe könnte, die Lebenszeit von Klärchens Geliebten um einige Jahre zu verlängern:

ich sterbe für die Freiheit, für die ich lebte und focht [nämlich in Gravelingen], und der ich mich jetzt leidend opfre. . . . Freunde, höhren Mut! . . . euer Liebstes zu erretten, fallt freudig, wie ich euch ein Beispiel gebe.

An einigen kryptischen Stellen seiner *Bildenden Nachahmung des Schönen*, die wohl mit Sicherheit seine im Lichte der Herderlektüre angestellten Überlegungen über das widergeben, was er vom handschriftlichen *Egmont* wußte und kannte, erklärt Moritz:

Höher . . . kann die Menschheit sich nicht heben, als bis auf den Punkt hin, wo sie durch das Edle in der Handlung, . . . das Individuum selbst aus seiner Individualität herausziehend, in den schönen Seelen sich vollendet, die fähig sind, aus ihrer eingeschränkten Ichheit, in das Interesse der Menschheit hinüber schreitend, sich in die Gattung zu verlieren.

Im einzelnen glaubt Moritz, daß in der Tragödie das wirkliche Erleiden des Todes durch ein Individuum zu einer Darstellung, einer «Erscheinung» des Todes wird, die, als Symbol eines Prozesses, durch den das Leben selbst sich erhält, nicht mehr ein Äußerstes an Schrecken (für das Individum), sondern ein Äußerstes an Schönheit (für die Gattung) ist. Da das Wort «Erscheinung» im Deutschen «Schein», aber auch «Vision» bedeutet, dürfen wir annehmen, daß für Moritz die Traumvision Klärchens derjenige Augenblick ist, wo Egmonts Tod aufhört, schreckliche Realität zu sein, und zu einer schönen Erscheinung wird. In den letzten Minuten seines Lebens verwandelt sich Egmont, wie er selbst wohl weiß, von einem leidenden Individuum in ein öffentliches Symbol. «Ich lebe dir», sagt er zu Ferdinand, dem er bereits sein Pferd vermacht hat, die Figur des ewig jungen Lebens des Weltganzen, «und habe mir genug gelebt.» Egmont ist von Beginn des Stückes an – auf Klärchens Holzschnitt wie in den Gesprächen der Brüsseler Bürger – nicht nur ein konkreter Mensch, sondern ein bedeutsames Bild, und nun soll er zu einem der wirkungsmächtigsten aller politischen Bilder werden – zum Märtyrer. So ergibt sich die wohl umfassendste und direkteste Behandlung der Todesthematik bei Goethe aus der bewußten Verwandlung seines Helden in ein unsterbliches Ideal. Den wiedergewonnenen Gleichmut Egmonts im Angesicht des Todes begleitet das willige Eintauchen seines begrenzten Ichs in den opernhaften Rausch der Massenpolitik: grelle Rhetorik, mitreißende Musik, Schlagworte, Legenden, Simplifizierung von Bildern und Gefühlen. In der Hauptsache geht es Goethe natürlich darum, die Zweiteilung der Persönlichkeit Egmonts durch die Entdeckung aufzuheben, daß eine private und persönliche Identität zugleich eine öffentliche Funktion haben kann. Aber wenn er damit zufällig die Mechanismen ideologischer Politik vorweggenommen hat, die im kommenden Zeitalter der Revolutionen Europa beherrschen sollten, dann ist das einer jener Zufälle, die zuweilen das Schicksal des Genies sind.

In Weimar waren die Meinungen über die neue Fassung des Stückes geteilt. Carl August, dem das Thema natürlich seit langem bekannt war, muß über die genaue und wenig schmeichelhafte Analogie zu seiner eigenen, jüngsten Kampagne ein wenig verärgert gewesen sein und schrieb eine ausführliche Kritik jener Szenen, die ihm die Unerfahrenheit des Autors mit hohen Staatsangelegenheiten zu verraten schienen. Ganz allgemein erfuhren wohl die jüngsten Zusätze zum letzten Aufzug die meiste Kritik. Frau von Stein scheint Einwände gegen die Apotheose eines leichtsinnigen Frauenzimmers (in dem Schlußbild des Stückes) gehabt zu haben. Schiller nannte in einer höchst scharfsinnigen Rezension, die im September 1788 in der *Allgemeinen Literaturzeitung* erschien, den Schluß des Stückes «einen Salto mortale in eine Opernwelt» und zergliederte, wie Goethe fand, «den sittlichen Theil des

Stücks gar gut», während er für den «poetischen Theil» wenig Verständnis zeigte. Zweifellos verkennt Schiller den inneren Zusammenhang zwischen Egmonts Art zu leben und der Art – und Verklärung – seines Todes. Hierzu sagte Goethe später und ein wenig spitz, daß «der unpoetische, in seinem bürgerlichen Behagen bequeme Kunstfreund gewöhnlich da einen Anstoß nimmt, wo der Dichter ein Problem aufzulösen, zu beschönigen oder zu verstecken gesucht hat. Alles soll, so will es der behagliche Leser, im natürlichen Gange fortgehen; aber auch das Ungewöhnliche kann natürlich sein.» Wahrscheinlich hatte er den Eindruck, daß die beiden Ebenen der Realität im letzten Aufzug des Egmont dieselbe Berechtigung hatten wie die beiden Zentren der Handlung – das himmlische und das irdische – in Raffaels Transfiguration: Wenn im Kunstwerk «ein ideeller Bezug aufs Wirkliche» gegeben werden soll, muß beides, das Ideelle wie das Wirkliche, in der Darstellung gegenwärtig sein. Doch in der Kunst, die Goethe 1774 und 1775 gemeistert hatte, zum Beispiel in der ersten Fassung des Werther und im Urfaust, war dieser Bezug ebenfalls gegenwärtig, ohne daß es der Schilderung zweier getrennter Welten bedurft hätte. «Den Traum habe ich erkältend gefunden», schrieb ein früher Leser des Egmont, «so auch die Selbstmörderin [Klärchen]; es hat etwas von den neuen Briefen im 'Werther'.» Diese Bemerkung benennt nicht nur sehr genau das «Kalte und Freche», das sich, wie Goethe wohl wußte, in Rom in sein Herz geschlichen hatte; sie diagnostiziert auch eben jenes Problem in Goethes eigener Entwicklung und in der Entwicklung seines Stückes, das er zu verstecken suchte: daß nämlich in den zwölf Weimarer Jahren die Bedürfnisse des Herzens und die Realitäten des gesellschaftlichen Lebens sich so weit voneinander entfernt hatten, daß sie im neuen Werther völlig voneinander geschieden sind und jetzt im Egmont nur durch einen Akt künstlerischer Gewalt zusammengebracht werden können.

Natürlich zeigt Egmont auch, daß Goethe in Rom den Willen gefunden und ansatzweise auch das Mittel gesucht hatte, die Kluft zu schließen. Die Aufgabe war jedoch so schwer, daß er von dem Resultat zugeben mußte: «nun steht das Stück da, mehr wie es sein konnte als wie es sein sollte», und das erklärt vielleicht, warum er bei seinen kleinen Schauspielen mit Gesang diesen Versuch erst gar nicht unternahm. Sowohl in Erwin und Elmire als auch in Claudine von Villa Bella hat Goethe die ganze Problemebene der 1770er Jahre ebenso getilgt wie insbesondere jede Spur der Verbundenheit mit dem Sturm und Drang. Schon vor der Italienreise war es beschlossene Sache gewesen, neben Erwin und Elmire ein weiteres Liebespaar einzuführen und die Figuren der Olimpia und des Bernardo zu streichen, um eine konventionellere Besetzung des Singspiels zu erreichen und dem Komponisten die Möglichkeit zu mehr Terzetten und zu einem abschließenden Quartett zu geben. Aber mit den beiden Vertretern der älteren Generation büßt der Spaß auch die autoritativen bürgerlichen Stimmen ein, deren Realismus teils altmodisch und teils subversiv war und in dauernder Spannung zu der Empfindsamkeit der beiden jungen Leute stand. Das vergnügliche Element des

Burlesken, das zwischen diesen beiden Kräften vermittelte, verkürzt sich zu einer Theaterfarce, und auch die andere vermittelnde Gefühlsregung, nämlich Erwins wehmütiger Rückblick auf die Einsiedelei als den Ort der Einkehr und der Sehnsucht, den er um der Seligkeit mit Elmire willen verläßt, wird nachdrücklich gestrichen:

> Ohne Thräne kann ich lassen
> Diese Hütte, dieses Grab.

Emotionale Verwicklungen wurden auch in der neuen *Claudine von Villa Bella* geglättet – desgleichen und noch erstaunlicher die dramatischen Verwicklungen: Entfallen sind die eifersüchtigen Nichten, entfallen ist der Wettstreit Crugantinos (der jetzt, wohl nach dem Vorbild eines jungen römischen Sängers, Rugantino heißt) mit seinem Bruder um die Liebe Claudines; entfallen ist endlich mit Don Sebastian, dem Freund der Familie, die perspektivische Tiefe durch die Anwesenheit der älteren Generation und den Gegensatz zwischen Crugantinos Sturm und Drang und der gesellschaftlichen akzeptablen Empfindsamkeit im Umkreis Claudines. Rugantino, schon zu Beginn des Stückes seines Vagabundendaseins überdrüssig, wird mit Lucinde zusammengespannt wie Claudine mit Pedro, und alle Bubenstücke bleiben an Rugantinos Gefährten Basco hängen. Die Handlung ist so stark vereinfacht, daß sie mitten im letzten jener drei Aufzüge zu verebben droht, in die das Stück nun zerfällt, und eine neue Episode hinzuerfunden werden mußte, um sie zu verlängern: Goethes Aufmerksamkeit erlahmte ganz offensichtlich, und noch beim Korrekturlesen der Fahnen entging ihm eine Namensverwechslung bei den handelnden Personen. Das neue Singspiel *Erwin und Elmire*, wenngleich reduziert auf Streit und Versöhnung von zwei Liebespaaren und durchgeführt in ziemlich funktionalen Blankversen, ist zumindest ein brauchbares Libretto. Die neue *Claudine von Villa Bella* mit ihrem Übermaß an jambischen und gelegentlich trochäischen Rezitativen ist nicht einmal das. Beide Bearbeitungen zeugen von der nachgerade ingrimmigen Entschlossenheit Goethes, sich als «Künstler» auszuweisen. Nur so ist zu erklären, daß er für ein Lesepublikum und als dichterische Werke Texte veröffentlichte, die angeblich nur als untergeordnete Elemente einer musikalischen Unterhaltung anzusehen waren. Erfolg hatten diese Singspiele weder poetisch noch musikalisch; denn in ihnen hatte Goethe seine Vergangenheit nicht verarbeitet – wie er es im *Egmont* getan hatte, der nicht als Oper konzipiert war und doch die Aufmerksamkeit Beethovens erregte –, er hatte sie einfach unterdrückt.

Beim *Faust* wußte Goethe, daß er vor einer Herausforderung ganz anderer Größenordnung stand. *Faust* war von allen Fragmenten dasjenige, das er am längsten liegengelassen und in das er am meisten investiert hatte. Im Februar 1788, als eine Stimmung großer Zuversicht ihn erfaßt hatte, die Singspiele abgeschickt waren und er sein achtwöchiges bedingungsloses Glück genoß, schrieb er Carl August, daß jetzt «fast nichts als der Hügel *Tasso* und der Berg

Faustus« vor ihm liege. Da vom *Tasso* zu diesem Zeitpunkt erst zwei Akte vollendet waren, während der *Urfaust* schon lange als praktisch fertig gegolten hatte, läßt diese Äußerung zwingend auf eine neue Konzeption des Stükkes und der noch zu leistenden Arbeit daran schließen. Der *Urfaust* hatte uns einen Magier vorgeführt, der aus dem Dunkel der Nacht die Geister der Natur beschwört, weil er hofft, durch die Abwendung von Religion und orthodoxer Moral die ewige Sehnsucht seines Herzens stillen zu können. Zwar hatte uns das Stück nicht genau gezeigt, wie diese Figur in die Gesellschaft ihres zwielichtigen Schattens Mephistopheles geraten war, aber ansonsten war die Geschichte von Fausts verhängnisvollem Versuch, seine neue Freiheit in der Liebe zu Gretchen auszuleben, und von der letztendlichen Verfallenheit beider an die von Faust geleugneten grausamen Realitäten von Sünde und Schuld in sich selber stimmig und abgeschlossen gewesen. Auf der imaginativen Ebene entsprach der *Urfaust* ganz dem Geist und der sittlichen Bahn seines Vorbilds im Volksbuch vom Doktor Faustus: Er bedurfte nicht dieser oder jener Episode oder namentlich genannten Figur – Papst, Herzog von Parma, Helena –, um sogleich als Parabel des Menschen verständlich zu sein, der seine Seele dem Teufel verkauft. Nur jemand, der den symbolischen Zusammenhang zwischen dem alten Puppenspiel und dem von ihm inspirierten *Urfaust* nicht mehr verstand, sah in Goethes Entwurf eher einen defekten als einen modernen *Faust*. Vielleicht war Goethe selber in Italien dieses Verständnis zeitweilig abhanden gekommen; wahrscheinlicher ist jedoch, daß ihn bei der Revision des alten Projekts weniger der Wunsch beflügelte, ein Stück zu vollenden, an dem nicht mehr viel zu vollenden war und das bereits seine eigene dichterische Geschlossenheit besaß, sondern das drängende Bedürfnis, die Zielsetzung des Ganzen zu verändern. Was Goethe vorgeschwebt haben mag, deutet eine Stelle in Moritz' *Bildender Nachahmung des Schönen* an, die offenbar eine Reflexion über Fausts Blankversmonolog in der Szene «Wald und Höhle» ist, welche Goethe höchstwahrscheinlich im Winter 1786/87 in Rom oder auf dem Weg dorthin geschrieben hatte. Moritz beschreibt anhand einer Paraphrase dieses Monologs ein «ruhiges Selbstgefühl», das die Seele empfindet, sobald sie ihre «zerstörende Tatkraft» mit ihren bösen Auswüchsen hinter sich gelassen hat und eine «sanfte, schaffende Bildungskraft» in sich wirken fühlt, die für die künstlerische Darstellung verantwortlich ist. Moritz scheint sich demnach vorgestellt zu haben, der Monolog komme am Ende eines Abschnitts, in dem Fausts Wirken am zerstörerischsten war – zweifellos also am Ende der Gretchengeschichte –, und markiere den Übergang zu einem neuen Abschnitt, in dem Faust zum «Künstler» in dem Sinne wird, wie Goethe und Moritz den Begriff damals verstanden. Es gibt keinen Grund zu der Annahme, daß es nicht Goethe selbst war, der mit seinen Bemerkungen in Moritz diesen Eindruck hervorgerufen hat. Spätestens im Winter 1787/88 muß Goethe also zu dem Schluß gekommen sein, daß *Faust*, wenn überhaupt, dann nicht als das tragische Drama des Konflikts zwischen einer modernen Gefühlskultur und der Welt, aus der sie sich emanzipiert hat, zu vollenden war.

Zumindest mußte das Stück irgendwie weitergehen, und eine Fortsetzung war kaum denkbar, ohne daß man die Stimmung, den Umfang und den Schluß des Ganzen, vor allem aber den Stellenwert und die Implikationen der Gretchenepisode veränderte. Goethes Übersiedlung nach Weimar war schließlich in der Absicht erfolgt, einen Ort zu suchen, wo eine emanzipierte Empfindsamkeit sich beheimatet fühlen durfte, und zwar in einem gesellschaftlichen und politischen Umfeld, an das der *Urfaust* nicht einmal gerührt hatte. In der Welt des Hofes und des Beamtentums gab es nur eine einzige mögliche Tragödie für das vereinsamte Herz: die Selbstzerstörung. Mit den Jahren war auch diese Gefahr gebannt; jetzt waren Langeweile, Sinnlosigkeit, Vergänglichkeit und Tod die Feinde des Fühlens. Die Seele mußte sich selbst und ihren angeborenen Adel behaupten: Als schöpferische, künstlerische Kraft war die Seele jeder höfischen Macht ebenbürtig und ebenso hoch erhaben über die enge Häuslichkeit und Frömmigkeit von Gretchens deutscher Bürgerwelt wie jeder Baron auf seiner Kavalierstour.

Goethe hätte seinem Faust innerlich weniger eng verbunden sein müssen, als das von jeher der Fall war, um die Lücken in der dramatischen Erzählung einfach auszufüllen und das Werk als abgetan zu publizieren, «mehr wie es sein konnte als wie es sein sollte». Auch wenn er jetzt hoffte, das Stück bis Ostern 1789 zu vollenden, hatte er doch das Bedürfnis, in das Leben Fausts die wichtigsten neuen Möglichkeiten zu integrieren, die er in seinem eigenen Leben entdeckt hatte. Er mußte sich selbst und anderen beweisen, daß man das sehnsuchtsvolle Herz eines Crugantino nicht einfach vergessen mußte, sondern daß es weiter wachsen und neue Formen des Wirkens in sich bergen konnte. Aber wie waren diese neuen Möglichkeiten in die gegebene Struktur des Stückes und in Fausts Lebensweg einzuflechten? Das traditionelle Schema erlaubte freilich im Anschluß an Fausts Pakt mit dem Teufel jede beliebige Menge von Episoden, als magische Erfüllungen seiner Wünsche und mit seiner Seele erkauft. Aber es war Goethe nicht gelungen, ein Abkommen zwischen Mephistopheles und seinem modernen Faust zu erfinden, das ihn selbst überzeugt hätte, und die einzige größere Episode in seiner tragischen Geschichte, Fausts Verhältnis zu Gretchen, hatte ihren Ursprung in der religiösen und moralischen Emanzipation Fausts, die schon in seiner Auftrittsszene gezeigt wurde und zu ihrer Erklärung nicht der Intervention des Teufels bedurfte. Überdies hatte die sittliche Katastrophe, in der Fausts großangelegtes Experiment eines Lebens jenseits von Gut und Böse gescheitert war, Goethe als Schluß des Stückes die Kerkerszene zurückgelassen, für die eine Fortsetzung zu erfinden praktisch unmöglich gewesen war. Indes hat Goethe in den gesegneten acht Wochen im Frühling 1788 einen (heute verlorenen) Plan entworfen und eine, wahrscheinlich sogar zwei Szenen geschrieben, die einen neuen Rahmen für das Drama schufen und die ernsthafte Möglichkeit eröffneten, für den tragischen Schluß des *Urfaust* eine Alternative zu finden.

Natürlich muß Goethe sich innerlich bereits im Winter 1787/88 dem *Faust* zugewendet haben. Der *Egmont* war fertig, aber die Beschäftigung mit dem

Ausnahmemenschen, mit einem in seiner ganzen Fülle gelebten Leben, mit den Höhepunkten menschlicher Erfahrung und ihrer notwendigen Vergänglichkeit, fand ihre Fortsetzung in Goethes Gesprächen mit Moritz und in der Lektüre von Herders *Gott* und des dritten Teils der *Ideen zur Philosophie der Geschichte der Menschheit*. Als die Abreise nach Weimar näherrückte, hatte er sich endlich zu seiner ersten sexuellen Liaison entschlossen, und seine Gedanken kreisten um Zeit und Lust und um den Augenblick. Welche Form sollte er dem Leben geben, das sich ungewiß vor ihm erstreckte, das er aber nicht länger um symbolische Gesten der Erfüllung anordnen konnte – ein Leben, in dem er «keinen Messias zu erwarten» hatte und das Begehren eine Teufelsmacht war? In einer Welt, die so ruchlos und gottlos war, wie Moritz sie zeichnete, war Herders Evangelium das einzige: Der Wert des Menschenlebens lag für die Gattung in der Akkumulation von einmaligen und unwiederholbaren, «maximalen» Augenblicken des Gelingens. Aber welches Interesse konnte eine solche kollektive Akkumulation für den einzelnen haben? Sollte er gern zugrunde gehen, sobald er wie Egmont seines «Wachstums Gipfel» erreicht hatte? Sollte Italien Goethes Gipfel sein, und sollte er alles Leben, das danach noch auf ihn warten mochte, in dem verfluchten Loch zubringen müssen? Die alte Aufsässigkeit Hanswursts stieg wieder in ihm auf, verstockter Widerstand regte sich gegen diese ganze tödliche Weltfrömmigkeit: «Es dreht sich immer um den einen Punkt», hatte Egmont gesagt, «ich soll leben, wie ich nicht leben mag.» Vielleicht fiel Goethe auch Humanus ein, die Herder-ähnliche Gestalt aus den *Geheimnissen*, in der alle von den Menschheitsreligionen verkörperten «Maxima» sich verbinden sollten. Warum sollte nicht auch er, wie der Leibniz'sche «Künstler» bei Moritz, in seinem eigenen Horizont das Ganze der Natur widerspiegeln? Im Februar 1788, nach zwölfjährigem Schweigen, brach es, mitten im Satz, aus Goethes Faust heraus:

> Und was der ganzen Menschheit zugeteilt ist,
> Will ich in meinem innern Selbst genießen,
> Mit meinem Geist das Höchst' und Tiefste greifen,
> Ihr Wohl und Weh auf meinen Busen häufen,
> Und so mein eigen Selbst zu ihrem Selbst erweitern,
> Und, wie sie selbst, am End' auch ich zerscheitern.

Das war zwar, in Wortwahl und Gedanke, die Fortsetzung der maßlosen Pathetik, womit Faust den Erdgeist beschworen hatte. Aber die Zeilen enthielten auch ein ganz neues Programm für die Weiterentwicklung des Dramas nach dieser ersten Nacht der Erscheinungen. Von den fernen und abstrakten Symbolen der Weltordnung im Zeichen des Makrokosmos unberührt, vom Erdgeist von der Teilhabe an den gewaltigen Kräften, welche die Natur erhalten, als zu kümmerlich verstoßen, sah Faust sich statt dessen an das menschliche Tun verwiesen – aber an *alles* menschliche Tun. *Faust* sollte nicht die Geschichte eines Menschen werden, der frei von den Zwängen der Natur, der Moral und der Religion zu leben sucht, sondern die Geschichte eines

Menschen, der danach trachtet, in seiner Brust alle Möglichkeiten und Leistungen des Menschengeschlechts zu fassen, und bestrebt ist, die Humanität mit allen ihren «Maxima» – oder «Kronen», wie er sie hier nennt – in einer einzigen, seiner eigenen Seele zu verkörpern. Wenn das Werk auch nur einen Bruchteil von Fausts Versuchen vorführen sollte, diesem enzyklopädischen Ehrgeiz gerecht zu werden, ist es kein Wunder, daß nunmehr seine Vollendung wie ein Berg vor Goethe lag.

Immerhin bot das Zwiegespräch zwischen Faust und Mephistopheles, das diesem titanenhaften Auftakt folgte, die Aussicht auf Lösung einer der großen Unklarheiten, die im *Urfaust* verblieben waren: der Frage, wie Mephistopheles in das Stück eingeführt werden sollte und wie sein Verhältnis zu Faust beschaffen war. Die Szene sollte sich fast nahtlos an die erste große Szene des Stückes anschließen: In welcher Gestalt genau sich Mephistopheles auch zuerst zeigen würde (das stand noch nicht fest), er wäre, nach dem Makrokosmos und dem Erdgeist, die dritte und prosaischste der vom Magier Faust beschworenen übernatürlichen Kräfte. Hätte Goethe den Plan so ausgeführt, wie er ihm damals vorschwebte, hätte es Fausts Verkauf seiner Seele an den Teufel als förmliche Vereinbarung höchstwahrscheinlich gar nicht gegeben – Faust hätte womöglich Goethes eigenen, mittlerweile vehementen Unglauben an jenes christliche Heilsschema geteilt, das allein einem solchen Handel sein metaphysisches Gewicht gegeben hätte. Statt dessen hätte Faust sich nur bereit erklärt, Mephistopheles als Begleiter an seiner Seite zu dulden, und Mephistopheles hätte sich bereit erklärt, Faust bei der Verwirklichung seiner grandiosen Ambitionen nach Kräften zu helfen. Ein solches lockeres und theologisch unverfängliches Bündnis hätte mit der teilweise modernisierten Version der Faustsage im Einklang gestanden, die der *Urfaust* immer schon geboten hatte. Doch Goethes 98-Zeilen-Dialog zwischen Faust und Mephistopheles stiftet nicht nur dieses Bündnis, sondern leistet mehr: Er skizziert eine neue Art der Grundspannung zwischen diesen beiden Figuren. Im *Urfaust* gereicht der Glaube Fausts an die Möglichkeit eines Lebens jenseits von Gut und Böse und an den Supremat des menschlichen Gefühls ihm und Gretchen zum Verderben: Mephistopheles teilt aus eigenen, guten Gründen diesen Glauben nicht, weiß ihn aber auszunutzen, um Faust und Gretchen noch mehr in seine Macht zu bekommen. In der neuen Szene bleibt ein Meinungsunterschied zwischen Faust und Mephistopheles ebenso vorhanden wie die Gefahr der Vernichtung, sollte Mephistopheles recht behalten; aber diese drohende Vernichtung ist nicht eigentlich sittlicher Art, und sie hat nicht zentral mit Gretchen zu tun. Faust wünscht sich die Möglichkeit, alles zu *sein*, was der Menschheit gegeben ist: Für diesen Ehrgeiz hat Mephistopheles nur Hohn und Spott übrig – wie will Faust in einer Person Tapferkeit und Feigheit, Großmut und Arglist vereinen? –; aber er hält es durchaus für möglich, alle Befriedigungen, die das menschliche Leben bieten kann, zu *haben*, und er versteht sich wie kein anderer darauf, Faust diese Befriedigungen zu verschaffen. Soll Faust sich also «grad' mit in die Welt

hinein» stürzen und glauben, auf die einzig mögliche Weise seinem Ideal der
Ich-Erweiterung näherzukommen – was Mephistopheles ihm in Wirklichkeit
vorsetzen wird, wird leere Lust sein (denn als Nihilist hält der Teufel die Lust
zwar für die einzige Realität, gleichzeitig aber auch für letzten Endes leer).
Bei diesem Schnellkurs in menschlichen Erfahrungen wird Faust, davon ist
Mephistopheles überzeugt, gewiß nicht seinen höheren – oder jedenfalls seinen metaphysicheren – Ehrgeiz befriedigen, ja er wird ihn womöglich ganz
einbüßen auf der ziellosen Suche nach sinnlicher Befriedigung, an der er zuletzt hängenbleiben wird wie ein Vogel an der Leimrute.

Im Frühjahr 1788 war es wahrscheinlich die Gestalt Gretchens, die Goethe
einiges Kopfzerbrechen bereitete. Ihre Geschichte war weder dem Stoff noch
dem Milieu nach erhaben – der Sinn stand ihm nach klassischen Junos, nicht
nach deutschen «Mädgens» – und enthielt für seinen jetzigen Geschmack
zuviel Christliches, vielleicht sogar zuviel Tragisches. Überhaupt war *Faust*
ein zu großangelegtes Werk, als daß es sich in einer Jugendtorheit verlaufen
durfte – die großen Seelen wirkten eben notwendig zerstörerisch auf die
Menschen in ihrer Nähe, und wenn Egmont sein Klärchen brauchte oder
Goethe seine Faustina, dann war das zumindest in *einer* Hinsicht eine Sache
der Biologie, der keine überzeitliche Bedeutung zukam. Die neue Themen-
gebung des Stückes stufte die Gretchen-Intrige in doppelter Weise herunter.
Erstens bedeutete sie, daß die Handlung des Stückes insgesamt nun aus einer
Reihe von Episoden bestand, die in jeweils anderem Kontext von Fausts Griff
nach «der Menschheit Kronen» erzählen würden; unter ihnen würde die
Gretchengeschichte nur eine von mehreren darstellen, anstatt wie bisher die
eine, entscheidende Probe auf Fausts magische Lebensform zu sein. Vielleicht
würde sie nicht mehr den vernichtenden Ausgang wie im *Urfaust* haben. Mit
ziemlicher Sicherheit würde sie nicht die letzte Episode auf Fausts Lebensweg sein. Es konnte gut sein, daß auf sie Szenen folgten, die traditionellerweise zum Fauststoff gehörten, zum Beispiel ein Besuch am Hofe des Kaisers,
der die Handlung in die Welt der Politik führen würde, oder die Beschwörung Helenas, des Inbegriffs antiker Schönheit, die, sofern Karl Philipp Moritz' Bericht zutrifft, Gelegenheit gegeben hätte, Faust zum Künstler werden
zu lassen. Die Geschichte von Faust und Helena hatte es Goethe seit jeher
angetan, war aber im *Urfaust* durch die Geschichte von Faust und Gretchen
ersetzt worden: Vielleicht sah Goethe jetzt die Möglichkeit, seine Unhöflich-
keit gegen eine klassische Königin gutzumachen. – Zweitens würde die dramatische Spannung, die diese verschiedenen Episoden zusammenhielt, nicht
mehr die moralische und religiöse Spannung sein, die den *Urfaust* durchzieht:
welche Vision wird sich als der Wirklichkeit des Menschen gemäßer erweisen:
diejenige Fausts? Oder aber jene, die Gretchen und Mephistopheles, wenn
auch auf ihre so unterschiedene Weise, gemeinsam haben? Statt dessen wird
das dramatische Interesse dem spiruellem Stehvermögen Fausts gelten:
Kann er seine ursprüngliche Vision und Zielsetzung durchhalten, oder wird
er sich zuletzt die mephistophelische Einschätzung darüber zu eigen machen,

was allein im Leben den Besitz lohnt – «der Erde Freuden» nämlich –, und
sich in den Eitelkeiten der Sinne verlieren? Fausts Verhältnis mit Gretchen
wird nicht mehr die Frage aufwerfen, ob er gesündigt hat, sondern ob er ein
Sensualist geworden ist.

Noch mehr als das Zwiegespräch zwischen Faust und Mephistopheles war
die zweite Szene, die Goethe im Frühjahr 1788 schrieb oder doch in Angriff
nahm – viele Jahre später erinnerte er sich, sie im Garten der Villa Borghese
verfaßt zu haben –, darauf angelegt, den Stellenwert der Gretchengeschichte
zu modifizieren. Doch entsprach «Hexenküche» auch einem wichtigen formalen Erfordernis. Da Goethes Plan für das Stück zum damaligen Zeitpunkt
keinen Pakt zwischen Faust und Mephistopheles vorsah (während die Unterzeichnung des Paktes – mit Blut – in den Puppenspielen vom Doktor Faustus
immer eine der längsten und farbigsten Szenen gewesen war), brauchte er zur
Besiegelung ihres gemeinsamen Aufbruchs in die «Welt» etwas Kraftvolleres
und Feierlicheres als ein Gespräch, in dem der eine fragt «Wie fangen wir das
an?» und der andere erwidert «Wir gehen eben fort.» Goethe nahm seine
Zuflucht zu einem Thema, das bis dahin kaum mit der Geschichte Fausts
verbunden worden war und im *Urfaust* fast völlig fehlte (Füssli und Lavater
mögen ihn darauf gebracht haben): zu Hexen und Hexenwesen. Mephistopheles als Hexen-Intimus bringt Faust mit einer seiner diesbezüglichen Bekanntschaften zusammen, die, an einem schäumenden Kessel beschäftigt und
von schmeichelnden Meerkatzen und -katern umringt, einen Zaubertrank zubereitet, der Faust um dreißig Jahre jünger macht und außerdem, oder eben
dadurch, aphrodisisch wirkt. Das Motiv stammt vielleicht von einem Fresko
Annibale Carraccis im Palazzo Farnese, auf dem Kirke Odysseus den Becher
reicht; doch als Goethe den *Faust* wieder aufnahm, war er darauf bedacht,
Ton und Stimmung der ursprünglichen Szenen zu treffen, die freilich alles
andere waren als klassizistisch. Nicht ohne Grund glaubte er, dieses Ziel in
dem Zwiegespräch zwischen Faust und Mephistopheles erreicht zu haben.
Hingegen hat der burleske, aber nicht komische Hokuspokus der Hexenküche weder etwas mit der tiefsinnigen Naturmagie zu Beginn des *Urfaust* noch
mit der wahren, unheimlichen Teuflischkeit des Mephistopheles in den Gretchenszenen zu tun, während die Verse mitunter platt und leer sind oder an
das Reimgeklingel in den jüngst umgeschriebenen Singspielen erinnern. Die
Künstlichkeit ist teilweise beabsichtigt; sie gehört zu der neuen Deutlichkeit,
mit der Mephistopheles sich als der Satan der christlichen Mythologie oder
wenigstens eine seiner Emanationen bekennt – im *Urfaust* äußerte er sich
hierüber noch verdächtig ausweichend. Durch diesen Zugewinn an Über-
natürlichkeit büßt er indes, zumal für ein aufgeklärtes Publikum des 18. Jahrhunderts, seinen überzeugenden Ernst ein, und entsprechend geringer ist die
Bedrohung, die er als Memento der realen Möglichkeit eines moralischen
Zugrundegehens in den späteren Szenen für Faust darstellt.

Der Genuß des Hexentranks besiegelte nach Goethes Plan von 1788 den
Bund zwischen Faust und Mephistopheles: Er versetzte Faust in eine magi-

sche Existenz von unbestimmter Dauer, ohne eine Abmachung über das ewige Schicksal von Fausts Seele zu erfordern, und hatte außerdem den Vorteil, daß er, sollte Goethe seinen Helden zuletzt doch erlösen wollen, jederzeit verschmäht werden konnte, sofern Faust bereit war, auf die verjüngende Wirkung des Zaubertranks zu verzichten und sich dem natürlichen Prozeß des Alterns zu unterwerfen. Die Verjüngung Fausts um dreißig Jahre war ein Motiv, das sich Goethe wohl in erster Linie durch das Gefühl aufdrängte, in Rom eine persönliche und sexuelle «Wiedergeburt» erlebt zu haben. Jedenfalls war sie nicht dramaturgisch notwendig: Goethe hatte dem Text des *Urfaust* nichts hinzugefügt, was den Helden eindeutig älter gemacht hätte, und der Faust, der Gretchen in den Armen hielt, war ersichtlich kein Fünfzigjähriger. In der Tat warf die Verjüngung sogar neue Probleme der inneren Stimmigkeit auf; denn der Faust des Eingangsmonologs war, wie schon bei der Veröffentlichung bemerkt wurde, noch mit seinen fünfzig Jahren ein allzu stürmischer Mann. Was aber schwerer wog – und leider können wir nicht sicher sein, daß Goethe das damals nicht beabsichtigt hat –: die neue Szene entwertete Gretchens Liebe zu Faust; denn sie galt nicht mehr einem leidenschaftlichen jungen Genie, sondern einer belebten Wachspuppe. Aber Goethe war zu jener Zeit viel weniger an der Perspektive Gretchens als an derjenigen Fausts interessiert. Und in doppelter Hinsicht modifizierte die Szene in der Hexenküche Fausts Beziehung zu Gretchen und richtete sie an den neuen Konzepten in dem Zwiegespräch zwischen Faust und Mephistopheles aus, das Goethe gerade geschrieben hatte, ordnete sie aber der umfassenderen, enzyklopädischeren Struktur des Stücks ebenso unter, wie Gretchen selbst den Belangen Fausts untergeordnet wurde. Zum einen entdeckt Faust unter allerlei Hexengerät einen Zauberspiegel, der ihm den Anblick vollkommener weiblicher Schönheit verschafft: dieses Idealbild begeistert ihn so sehr, daß er auf der Stelle losziehen und es aufspüren will, ohne noch den Zaubertrank genossen zu haben. Sein Leben erhält damit einen höchsten Zweck – analog seinem ursprünglichen Ziel, der Menschheit Kronen zu erringen, und weitgehend unabhängig von dem Programm, das Mephistopheles mit ihm vorhat, und von dem Beistand, den er gewähren kann –: die Suche nach einem Inbegriff des Weibes; und Gretchen und Helena sind, so dürfen wir vermuten, von Goethe nur als Stationen auf diesem Wege geplant. Zum anderen zeitigt der Trank ausgeprägte physische Folgen; er durchdringt alle Poren von Fausts Körper und macht, daß in ihm «sich Cupido regt und hin und wider springt». So dient er Mephistopheles' Absicht, dafür zu sorgen, daß Faust nicht «der Erde Freuden überspringt»:

> Du siehst, mit diesem Trank im Leibe,
> Bald Helenen in jedem Weibe.

Jeder Frauenkörper taugt zu den «Freuden», wie Mephistopheles sie versteht, und der Glaube an eine höhere Schönheit und eine höhere Form der Vereinigung mit ihr ist in seinen Augen eine Illusion. Die unterschiedlichen Mei-

nungen Fausts und Mephistopheles' über die Liebe in dieser Szene spiegeln
den Unterschied zwischen ihnen in dem früheren Zwiegespräch wider. Aber
welche Meinung auch die richtige sein mag, Gretchen wird in ihrem Rang
reduziert: In der Intrige, die praktisch unmittelbar nach der Szene in der
Hexenküche beginnt, ist Gretchen entweder eine von mehreren flüchtigen
Verkörperungen eines bleibenden Ideals oder der rein physische Gegenstand
von Fausts künstlich stimulierter Lust. Bestenfalls darf sie hoffen, eine irdische Venus zu sein, die Faust umarmt, dieweil sein Blick auf edlere und klas-
sischere Formen geheftet ist.

Nachdem er am 14. oder 15. März den Brief Carl Augusts erhalten hatte,
muß Goethe die Lust vergangen sein, weiter am *Faust* zu arbeiten. Die zuversichtliche Stimmung verließ ihn – in gewisser Weise für immer –, und
wenn er jetzt von diesem Werk sprach, das im siebenten Band seiner *Schriften*
erscheinen sollte, dann hieß es, er wolle sich die Ausarbeitung für die Wintermonate in Weimar aufsparen. Auf dem Rückweg wollte er sich mit dem
Tasso beschäftigen, der zu Michaeli in Band 6 der *Schriften* erscheinen sollte,
und so wurden «also auf einer Wandrung, die Schicksale eines Mannes dramatisirt, dessen ganzes Leben ein Hin und Herwandern war.» Vor Carl August machte Goethe kaum ein Hehl daraus, daß er sich dem italienischen
Hofdichter seelenverwandt fühle und daß dieses Thema seiner derzeitigen
Seelenlage entspreche: «wie der Reiz der mich zu diesem Gegenstande führte
aus dem Innersten meiner Natur entstand; so schließt sich auch jetzt die Arbeit die ich unternehme um es [das Stück] zu endigen ganz sonderbar ans
Ende meiner italienischen Laufbahn, und ich kann nicht wünschen daß es
anders sein möge.» Gewiß, der Herzog hatte ihm einst von dem Vorhaben
abgeraten, und hätte Goethe es, wie den *Egmont*, nicht bereits in Angriff
genommen, so hätte er sich jetzt kaum dazu entschlossen, es fortzuführen.
Aber er hatte sich von der Vollendung des *Egmont* nicht dadurch abhalten
lassen, daß er von dem Feldzug gegen Holland und dem möglichen Befremden wußte, das das Stück aus diesem Grund bei seinem Fürsten auslösen
konnte, und er war jetzt gewiß nicht in der Stimmung, die Gefühle des Herzogs zu schonen, so gutgelaunt seine Briefe auch klingen mochten. Mit der
Ausarbeitung des *Tasso* unternahm er nicht wie bei *Egmont* und *Faust* den
Versuch, Werke an eine neue Atmosphäre und Phase seines Lebens anzupassen, die unter ganz anderen Umständen konzipiert worden waren; auch wollte er nicht für sich selbst einen möglichen künftigen Lebensstil definieren. Er
wollte ein Werk zu Ende denken, das von Anfang an als Erklärung jenes
Lebens konzipiert war, welches das seine geworden war und in welches er
nun zurückkehrte. Es zwang ihn dazu, zu formulieren, was er über seinen
derzeitigen Zustand dachte und fühlte. Es war die Herausforderung, unter
emotional so belastenden Umständen wie seit zehn Jahren nicht mehr jene
Gefühlskunst aufs neue zu bewähren, durch die sein Name einst bekannt
geworden war: im Alter machte er sich das Urteil eines französischen Kritikers zu eigen und nannte den *Tasso* einen «gesteigerten Werther». Jene «hero-

isch-elegische» Stimmung, die Goethe auf der langsamen Reise zurück nach Weimar so sorgsam in sich gepflegt und genährt hatte, sollte das ganze Werk durchziehen. Als er nach Mailand kam, stand für ihn fest: «Die ersten Akte müssen [dieser Stimmung] fast ganz aufgeopfert werden.» Als er im Frühling die Landschaften Mittel- und Norditaliens durchfuhr, beschaute er sie mit den Augen eines Menschen, der dabei ist, sie zu verlieren. Von seinen Gefühlen durchdrungen, ließ er alles, was er sah, in die Textur seines Stückes einfließen, und so wurde der *Tasso* der poetischste jener «Blicke ins . . . gelobte Land», die er als «Zeugnisse» mitnahm, «daß ich im Paradiese war». Von nun an – verblüffendes Paradox – lag das gelobte Land hinter ihm: Er hatte die Erfüllung – oder was er gewillt war, dafür zu halten – von Hoffnungen genossen, die er seit fünfzehn Jahre gehegt hatte, und was vor ihm lag, war die Trauer um einen Verlust oder bestenfalls der Kampf um Genesung. In Zukunft würde Italien in seinen Gedichten wie in seinen Zeichnungen das Bild eines erinnerten Glücks sein, eines Glücks, das real, aber unerreichbar war. Doch obgleich Goethe sich seines zweiten Aufenthalts in Rom stets als jenes Augenblicks in seinem Leben erinnert hat, der dem Ideal oder dem wahren Glück am unverfälschtesten nahekam, beweist das Zeugnis dessen, was er in dieser Zeit geschrieben hat – die Singspiele, das eine Gedicht, die Überarbeitungen von *Egmont* und *Faust* –, daß er nicht in den Augenblicken des Glücks, sondern fern von diesen Augenblicken – im hoffnungsvollen Vorblick auf ihr Erscheinen oder im erinnernden Rückblick auf ihr Vergangensein – jene Kunst bewähren konnte, die wahrhaft die seine war. *Tasso* gewann in dem Maße neue Gestalt in ihm, wie die Schweizer Berge näherrückten – er sah sie vor sich «wie ein Ufer liegen, an dem ich nach einer wunderlichen Fahrt wieder landen werde» – und wie die Ader der Dichtkunst wieder in ihm zu fließen begann. Das neuentdeckte Thema aber für sein umgebautes Stück, dessen Vollendung ihn noch ein ganzes Jahr kosten sollte, war das Leiden, in dem die Dichtung ihren Ursprung hat:

Ich ermannte mich zu einer freieren poetischen Thätigkeit; der Gedanke an Tasso ward angeknüpft . . . Dort [in Florenz] schrieb ich die Stellen die mir noch jetzt jene Zeit, jene Gefühle unmittelbar zurückrufen. . . . Wie mit Ovid dem Local nach, so konnte ich mich mit Tasso dem Schicksale nach vergleichen. Der schmerzliche Zug einer leidenschaftlichen Seele, die unwiderstehlich zu einer unwiderruflichen Verbannung hingezogen wird, geht durch das ganze Stück.

Achtes Kapitel

Die Wasserscheide
1788–1790

Alte und neue Gesichter:
Juni – Dezember 1788

Das Wetter wurde schlechter. 1788 sollte nördlich der Alpen ein böser Sommer werden; der Mai hatte abwechselnd Hitzewellen und gewittrige Regenfälle gebracht. Goethe passierte mit Kayser die dramatisch enge Schlucht der Via Mala, von der er eine gelungene Zeichnung anfertigte, und gelangte bei strömendem Regen nach Chur. Danach führte der Weg weiter durch das offenere Tal des oberen Rheins und durch Liechtenstein zum Südufer des Bodensees, dem sie bis Konstanz folgten. Hier stiegen sie am Abend des 3. Juni im *Goldenen Adler* ab, wo Goethe eine unangenehme Überraschung erwartete: Er las in der Zeitung, daß Herder, der, wie er wußte, seine eigene Italienreise plante, bereits unterwegs war und bei Goethes Ankunft also nicht in Weimar sein würde, um ihn zu begrüßen. Es schien, als sollten drei Jahre vergehen, ehe die beiden Freunde einander wiedersehen würden, und so schrieb Goethe Herder einen Brief nach Rom voraus, um ihn, neidisch genug, an diesem glücklichen Ort willkommen zu heißen und ihm Künstler zu empfehlen, die er kannte.

Ich weiß nicht, ob ich wache oder träume, da ich dir dieses schreibe. Es ist eine starke Prüfung, die über mich ergeht. ... Wenn du nach Castell Gandolfo kommst, so frage nach einer Pinie, die nicht weit von Herrn Jenkins' Haus, nicht weit vom kleinen Theater steht. Diese hatte ich in den Augen, als ich dich so sehnlich wünschte. Lebe wohl.

Im *Goldenen Adler* hatte Goethe zuletzt 1779 gewohnt, auf dem Rückweg aus der Schweiz, als er sich nach den erquickenden Tagen bei Lavater in Zürich dazu durchgerungen hatte, das Weimarer Leben wieder aufzunehmen. Jetzt sorgte er für eine Reprise dieses frohen Intermezzos, das diesmal freilich ohne die Gesellschaft Lavaters auskommen mußte. Noch von Rom aus hatte er der zum Zürcher Kreis gehörenden Barbara Schulthess, einer schwärmerischen, mütterlichen Frau ohne jeden missionarischen Eifer, vorgeschlagen, sie solle für einige Tage nach Konstanz kommen, so daß Goethe «den Kreis des Propheten» nicht zu berühren brauchte. Am nächsten Tag morgens um neun war sie in Goethes Gasthof, begleitet von einem Neffen und von Dorothea – «Döde» –, der zweiten ihrer drei halbwüchsigen Töchter. Die Schwestern beneideten Döde heftig um diesen Ausflug: Sie waren nicht nur schrecklich neugierig auf den berühmten Freund ihrer Mutter, sie wollten auch unbedingt wissen, wie es dem stillen Herrn Kayser ergehen mochte, der sie einst im Klavierspiel unterrichtet hatte. Goethe präsentierte sich den Frauen schlank und sonnengebräunt, im braunen Anzug und mit eleganten Schuhen, an deren Schnallen Halbedelsteine funkelten: «ach den [Goethe] kan ich nicht genug ansehen so freundlich und artig ist er», schrieb Döde. Die jungen Mädchen unterhielt Goethe mit Geschichten vom römischen Karneval, Frau Schulthess aber verwickelte er in ein Gespräch über italienische Kunst und italienische Künstler, das beide so sehr gefangennahm, daß die Mädchen darüber einschliefen – unbemerkt. Eine ganze Woche lang blieb man beisammen, unternahm Spaziergänge in Konstanz oder am Gestade des Bodensees und führte endlose Gespräche bei den ausgedehnten Mahlzeiten am gemeinsamen Tisch, «wo es», nach Barbara Schulthess, «so haushälterisch zuging, und ich die Hausmutter machte» und wo Döde endlich doch Gelegenheit fand, für ihre ältere Schwester ein Andenken an den großen Mann zu stibitzen: ein paar Brotkrumen, mit denen Goethe beim Abendessen gespielt hatte. Ungefähr so muß Goethe sich seine Rückkehr nach Deutschland erträumt haben: die glückliche Wiedervereinigung mit Familie und Freunden, gutbürgerliche, von jeder Förmlichkeit des Ranges oder des öffentlichen Lebens unbelastete Verhältnisse und ein spontanes und lebhaftes Interesse der Daheimgebliebenen an dem, was er gesehen und erlebt hatte, sowie an seiner Bilanz der Reise. Das war es, was er damals an der Atmosphäre im Hause Lavaters geschätzt hatte, in der ihm einst sein «eingetrocknetes» Herz wieder aufgegangen war. Jetzt trennte ihn von solcher herzerwärmenden Häuslichkeit seine Ablehnung des Christentums, die nicht zuletzt jener Fürstenhof in ihm genährt hatte, dem er nun entgegenreiste und wo ein ganz anderer Empfang auf ihn warten sollte.

Während die Kutsche durch Ulm und ins Fränkische rollte, wappnete Goethe sich innerlich für die Ankunft in Weimar. Stichwortartig notierte er sich einige Maßregeln für sein künftiges Verhalten: «Verbergen – des geg[enwärtigen] Z[ustands] ... Nicht von It[alien] vergleichungsweise zu sprechen ... Eines jeden Existenz zu erkennen ... Nicht hart und kurzgebunden.» Nach einer weiteren Reisewoche, von der drei Tage der Besichtigung Nürnbergs galten, durchfuhren Goethe und Kayser, von Coburg kommend, den Thüringer Wald, wo sie die letzte Nacht in Saalfeld verbrachten. Am nächsten Nachmittag machten sie in Jena Station, und am Mittwoch, dem 18. Juni, abends um zehn, trafen sie beim Schein des Vollmonds in Weimar ein. Am Tag darauf wurde Fritz von Stein, der mit der Rückkehr des «Geheimen Rats» erst am 20. gerechnet hatte, morgens um sechs von der Aufforderung überrascht, sich wieder im Haus am Frauenplan einzufinden, das dreieinhalb Jahre lang sein Zuhause gewesen war. Fritz war jetzt fast 16 und von dem Wiedersehen mit Goethe so überwältigt, daß er kaum ein Wort herauszubringen vermochte. Um acht Uhr besuchte Goethe – der zweifellos auf dem Weg war, dem Herzog und seinen Amtskollegen seine Aufwartung zu machen – die Dienstzimmer der Kammer und umarmte herzlich einen Neuankömmling, Dr. Johann Cornelius Rudolf Ridel (1759–1821), der in seiner Abwesenheit, aber mit seinem Einverständnis zum Erzieher des kleinen Erbprinzen Carl Friedrich ernannt worden war. In Ridel begrüßte Goethe nicht nur ein neues Gesicht, sondern seine eigene Vergangenheit; denn Ridels Verlobte, die 1791 nach Weimar kommen sollte, war niemand anderes als Amalie Buff, ein Kind aus jener Geschwisterschar, die sich einst, im Sommer 1772, in Wetzlar zum Abendbrot um Lotte Kestner gedrängt hatte. Indessen war dieser Tag der Gegenwart, dem Hof gewidmet – «Alles reißt sich jetzt noch um ihn», schrieb Ridel an Schiller, der selbst die Begegnung mit Goethe suchte –, und beim Abendessen war Goethe der Gegenstand «allgemeine[r] Freude und Neugier», zumal von seiten Carl Augusts, der ihn jetzt und noch auf Tage hinaus mit Beschlag belegte. Wenigstens bei dieser Gelegenheit befolgte Goethe die sich selbst verordneten Verhaltensmaßregeln. Auf die anderen Gäste, unter ihnen Prinz August von Sachsen-Gotha sowie ein dänischer Botschafter im Ruhestand, der Rom und den Senator Rezzonico gut kannte, wirkte Goethe höflich, lebhaft, gut gelaunt und gesprächiger als sonst, auch wenn er ernsthaften Fragen diplomatisch auswich und stets das Persönliche seines Standpunkts betonte. Am meisten muß es Goethe gefreut haben, an der Tafel das Gesicht Herders zu erblicken; denn der Domherr Johann Friedrich Hugo von Dalberg, ein jüngerer Bruder des kurmainzischen Statthalters zu Erfurt, der Herder nach Italien mitnahm und sich erboten hatte, für seine Unkosten aufzukommen, reiste nun doch erst in sechs Wochen, nur wenig früher als die Herzoginmutter. Diese war über die Heimkehr von «l'ami Goethe» nicht weniger erfreut als über die Aussicht, ihm eine Reise nachzutun, die er als ganz besonders verlockend geschildert hatte – «nous n'avons entendu qu'Italie et Italie, on n'en peut plus» [es ist nur noch von Italien die Rede – nicht auszuhalten], klagten die Hofdamen –, und: «on dit que la duchesse mère remuera ciel et terre pour l'engager à retourner avec elle en Italie [es heißt, die Herzoginmutter will Himmel und Erde in Bewegung setzen, damit er mit ihr wieder nach Italien geht].»

Die Vorbereitungen dieser beiden Reisen hielten Weimar bis zum August in Atem. Hinzu kam ein Strom von Besuchern, vor allem aus England, die sich bei Hofe vorstellten und gebührend unterhalten sein wollten; dabei bildete Goethe, der jetzt praktisch jeden Tag bei Hofe speiste, natürlich eine der Hauptattraktionen an der Tafel. Im Juli kam der verwitwete Engländer Charles Gore (1729–1807) mit seinen beiden Töchtern Eliza und Emily nach Weimar – die dritte, Lady Hannah Cowper, lebte in Florenz, wo Anna Amalia sie besuchen wollte. Gore hatte sein Vermögen im Schiffsbau gemacht; im Ruhestand hatte er sich auf das Reisen verlegt, und als echter Landsmann von Lawrence Sternes Onkel Toby ritt er auch sein besonderes Steckenpferd: Er nutzte sein amateurhaftes Zeichentalent, um sich eine riesige Sammlung mit Ansichten von Segelschiffen und anderen nautischen Motiven anzulegen, die er alle selbst in Aquarell malte. Bei Engländern sind Vermögen und Kenntnisse allemal gleichbedeutend mit Kultiviertheit, und schon dies wäre Grund genug für Carl August gewesen, die Ansiedlung der Gores in Weimar zu wünschen; doch gab es daneben noch die ebenso romantische wie hoffnungslose Leidenschaft des Herzogs für Emily Gore, in welcher er die ideale Gesellschafterin für seine stubenhockerische Frau gefunden zu haben vorgab. Doch obwohl Eliza sogleich zärtliche Gefühle für Goethe hegte und damit begann, Stellen aus dem *Werther* ins Italienische zu übersetzen, fand Goethe die Gores zwar «recht gut, wenn man in ihrer Art mit ihnen lebt, sie sind aber in sittlichen und in Kunstbegriffen so eingeschränckt, daß ich gewissermassen gar nicht mit ihnen reden kann.»

Aber mit wem dann reden? Goethe, so meinten viele, «a acquis par son voyage et par la liberté dont il jouit et sans doute par l'espoir de retourner en Italie une gaieté qu'il n'a pas eue depuis longtemps [ist durch seine Reise, durch die Freiheit, die er genießt, und zweifellos auch durch die Hoffnung, Italien wiederzusehen, von einer Heiterkeit wie schon lange nicht mehr].» Knebel, der am 18. in Ilmenau gewesen war, hatte nach dem ersten Wiedersehen mit seinem Freund Ende Juni den Eindruck: «Goethe ist so unglücklich nicht hier. Er kennt die Dinge, und weiß, daß man die vergangenen als einen Traum ansehen muß. Indeß, wenn der Traum gut gewesen ist, bleiben doch noch Erinnerungen, die den Zeitpunkt, worinnen wir stehen, glücklich und reich machen können.» Aber mit wem sie teilen, diese köstlichen Erinnerungen, diese glücklichen und reichen Augenblicke? Frau von Stein war, anstatt nach Großkochberg zu fahren, in Weimar geblieben, um Goethe und die Familie Gore zu begrüßen, aber der Herzog war so versessen auf Goethes Gesellschaft gewesen, daß wahrscheinlich erst der Samstagnachmittag, an dem Knebel kam, auch für Frau von Stein das erste längere Wiedersehen mit Goethe brachte. Ihr Urteil fiel weniger optimistisch aus: Sie war, wie sie schrieb, «mit der Herzogin Louise und Herders bei Goethen, der uns einige Kupferstiche von Claude Lorrain, und geschnittene Antiken wies. Wir waren nicht lange bei ihm, als Knebel auch hereintrat, und so war denn unser altes Häußchen zusammen; mit dem alten Geist, glaub' ich schwerlich.» Sie hatte ihre eigenen Gründe, um zu glauben, daß seit 1786 eine Epoche zu Ende gegangen sei: Erst ein Jahr war es her, daß ihr Sohn Ernst mit zwanzig Jahren endlich seiner Krankheit erlegen war – vermutlich handelte es sich um Knochenkrebs –; mit der Gesundheit ihres Gatten, der im Oktober den ersten von mehreren lähmenden Schlaganfällen erleiden sollte, ging es bereits bergab; ihre Schwester Luise von Imhoff war nach Weimar zurückgekehrt, um getrennt von ihrem Mann zu leben, der sich jetzt der Künstlerkolonie in München angeschlossen hatte, wo ihm gerade noch vier Wochen bis zu seinem Tode blieben; und sie selber stand mit 46 Jahren vor ihrer eigenen Lebenswende. Sogar eine altbewährte Nähe, stetig gepflegt und ungestört, wäre da nur ein schwacher Trost gewesen. Frau von Stein aber verwand nicht Goethes Akt der Täuschung am Beginn seiner zweijährigen Treulosigkeit, deren Ende jetzt alle feierten. «Die Ahnung, daß der Kreis der Lieben zerrissen wird und das Häuflein zerstreut, schwebt auch mir im Herzen. Goethe hat auf seinem Gewissen den ersten Schritt dazu gemacht zu haben.» Aber nur in dem Gespräch mit Frau von Stein, das ihn so lange befähigt hatte, sein *dehors* von seinem *dedans* zu unterscheiden, konnte Goethe hoffen, die ganze Wahrheit über seinen Zustand auszusprechen oder zu erörtern: «Dir darf ich wohl sagen», schrieb er ihr, verbunden mit der Bitte, es nicht zu genau zu nehmen mit seinem «zerrißnen Wesen», «daß mein Innres nicht ist wie mein Äußres.» Aber ihr zu gestehen, was sich hinter seinem munteren und geselligen Äußeren verbarg, ihr zu gestehen, was er verloren hatte, als er Italien verließ, hätte geheißen, den tieferen Grund seiner damaligen Flucht nur noch zu bekräftigen: daß ihm Weimar und Frau von Stein zur Last geworden waren und daß er lieber anderswo gewesen wäre. Kein Wunder, daß er sein «Vertrauen darüber unfreundlich genug aufgenommen» sah. «Lust der Gereisten,» hieß es später in einer Aufzeichnung Goethes, «von ihrem Erfahrenen und Bemerkten zu sprechen. Tick der Zuhausegebliebenen mindern Antheil zu zeigen, wodurch das Gefühl dessen was man entbehrt, nur desto lebhafter wird.» Wenn Goethe bemüht war, der Erinnerung an alles Große, das hinter ihm lag, Glück und Fülle abzugewinnen, sprach Frau von Stein von den Streichen ihres Hündchens Lulu. Es «ist nichts als Langeweile zwischen uns ausgewechselt worden», vermerkte sie bewußt desillusioniert. Goethe kam zu dem Schluß: «sie ist verstimmt, und es scheint nicht, daß etwas werden will.»

Frau von Stein fuhr am 22. Juli nach Großkochberg zurück; ein grauer, verregneter Sommer in Thüringen näherte sich seinem Ende. «Ich will so fortleben wie ich kann ob es gleich eine sonderbare Aufgabe ist. Kayser geht mit der Herzoginn wieder fort, das sage nicht weiter, ob ich gleich dencke es ist kein Geheimniß mehr und so schließt sich alle Hoffnung auf die schöne Tonkunst ganz für mich zu. Der trübe Himmel verschlingt alle Farben. Herder geht nun auch . . .» Am 5. August reiste Herder in die Schweiz und nach Italien ab; am 15. folgte ihm die kleine Reisekarawane Anna Amalias. In den beiden Kutschen, die außer der Herzoginmutter und ihrer Kammerfrau noch Fräulein von Göchhausen, Einsiedel, Kayser und Filippo Collina davontrugen, wäre auch für Goethe noch reichlich Platz gewesen. Aber eine so baldige Flucht zurück nach Italien wäre in der Tat Feigheit gewesen, und sie hätte keine Probleme gelöst: Goethes Entscheidung war gefallen, seine Zukunft lag in Weimar, und über kurz oder lang mußte er doch lernen, hier zu leben, es koste, was es wolle; so mochte es denn gleich sein. Dazu kam, daß er die Ausgabe seiner gesammelten Werke vor seinem 40. Geburtstag abzuschließen gedachte, und davon konnte keine Rede sein, wenn er sich jetzt dazu bereit fand, ein ganzes Jahr seines Lebens als reisender Höfling hinzugeben. Das Rom, das er geliebt und zurückgelassen hatte, war ein Rom gewesen, in dem seine eigene literarische und künstlerische Entwicklung im Mittelpunkt gestanden hatte: Das Rom, das er im Gefolge Anna Amalias wiedergesehen hätte, wäre nicht das seine gewesen. Vielleicht spielte für Goethe auch die weniger edle Überlegung eine Rolle, daß die Herzoginmutter, wenn sie denn schon wünschte, von ihm begleitet zu werden, dies bereits im Februar ihrem Sohn deutlicher hätte sagen und damit Goethe die Seelenqualen der letzten fünf Monate ersparen können. Und so blieb er denn, während Weimar sich entvölkerte. Am Tag nach der Abreise der Herzoginmutter zog der Herzog in die Garnison Aschersleben, und auch die Gores, die wenigstens einen Hauch von Exotik verbreitet hatten, gingen für eine Weile fort. Es muß eine Zeit tiefster Niedergeschlagenheit für Goethe gewesen sein, und noch dreißig Jahre später war die damalige bittere Isoliertheit in seiner Erinnerung lebendig; doch darf man auch den Mut nicht übersehen, womit er das bequeme Trostmittel verschmäht hatte, das ihm angeboten worden war:

Aus Italien dem formreichen war ich in das gestaltlose Deutschland zurückgewiesen, heiteren Himmel mit einem düsteren zu vertauschen; die Freunde, statt mich zu trösten und wieder an sich zu ziehen, brachten mich zur Verzweiflung. Mein Entzücken über entfernteste, kaum bekannte Gegenstände, mein Leiden, meine Klagen über das Verlorne schien sie zu beleidigen, ich vermißte jede Teilnahme, niemand verstand meine Sprache. In diesen peinlichen Zustand wußt' ich mich nicht zu finden ...

Goethe fand eine neue Freundin, auch wenn er wohl nicht gleich erkannte, daß es ihr – wie einst der Frau von Stein – bestimmt sein würde, das Erbe aller früheren anzutreten und für gut ein Menschenalter zum Medium seiner Versöhnung mit einer Lage zu werden, die nicht aufhören wollte, peinlich zu sein. Kurz vor dem 11. Juli, kaum zwei Wochen nach dem ersten, unguten Zusammensein des «alten Häußchens», trat im Park an der Ilm, wo er sich erging, eine 23jährige Frau an Goethe heran, Christiane Vulpius (1765–1816), und überreichte eine Bittschrift, in der ihr Bruder August Vulpius (1762–1827) um Unterstützung ersuchte, ein unerfahrener junger Autor, an dem Goethe schon vor der italienischen Reise ein gewisses Interesse bekundet hatte. Die Juristen- und Pastorenfamilie Vulpius (der Name war, humanistischem Gebrauch entsprechend, im 16. Jahrhundert aus dem deutschen «Fuchs» latinisiert worden) war seit langem im südlichen Sachsen und in Weimar selber ansässig. Christianes Großvater Johann Friedrich Vulpius war erfolgreicher Hofadvokat in Weimar gewesen; sein gleichnamiger Sohn jedoch hatte ohne Abschluß von der Universität Jena abgehen müssen und nur eine miserabel bezahlte Stelle als Kopist in fürstlichen Diensten gefunden. Zuletzt brachte er es zum Amtsarchivarius, was als Titel klangvoller, als Arbeit aber nicht viel besser war. Von seinen vier Kindern waren nur August und Christiane am Leben geblieben, aber ihre Mutter war jung gestorben, der Vater hatte zum zweitenmal geheiratet, und aus dieser Ehe gingen wiederum vier Kinder hervor. Ungeachtet der beengten Verhältnisse der Familie studierte August Vulpius in Jena und Erlangen die Rechte (daneben Heraldik, Numismatik und Geschichte) und begann mit der Schriftstellerei. Sein Aufstieg zu einem der erfolgreichsten deutschen Verfasser von Trivialromanen lag freilich noch in weiter Ferne. 1782 wurde Johann Friedrich Vulpius eines Amtsvergehens beschuldigt und vom Geheimen Conseil (dem natürlich auch Goethe angehörte) fristlos entlassen. Man ließ jedoch Milde walten – mit Rücksicht auf seine zahlreiche Familie und vielleicht auch, weil jene Beschuldigung sich als weniger begründet erwies, als man ursprünglich geglaubt hatte –, und Goethe verschaffte Vulpius eine andere Stelle in seiner Wegebaukommission. Wohl nicht zuletzt infolge dieser Affäre war Johann Friedrich Vulpius etwa sechzigjährig 1786 gestorben; am Ende soll er sich dem Trunk ergeben haben, wofür es jedoch keine Anhaltspunkte gibt. Christiane – und ihrer Tante Juliane Vulpius – blieb es überlassen, für die Familie zu sorgen, und so arbeitete sie an vier Tagen in der Woche in der «Blumenfabrik», die Bertuchs Frau fünf Jahre zuvor eingerichtet hatte, um «Mädchen der mittleren Klasse» Nadelgeld und Arbeit zu verschaffen. Es ist denkbar, daß Goethe Christiane Vulpius zum erstenmal bei seiner Inspektion dieses Unternehmens im Sommer 1786 gesehen hat. Unterdessen war August Vulpius, der sich als Privatsekretär bei dem geizigen Freiherrn von Soden in Nürnberg verdingt hatte, in eine verzweifelte Lage geraten, als sein Herr einen Menschen fand, der, anders als August, bereit war, nicht nur als Sekretär, sondern auch als Lakai zu fungieren, und Vulpius entließ. Herder, der gerade durch Nürnberg kam, nahm sich seiner an und fragte Goethe, ob er nicht etwas für ihn tun könne, doch mittlerweile hatte schon Christiane die Bittschrift ihres Bruders überreicht.

Goethe hatte am 11. Juli sogleich an Vulpius geschrieben und seine Hilfe zugesagt; in den nächsten anderthalb Jahren bemühte er sich wiederholt darum, eine passende Stelle für ihn zu finden. Damals suchte Jacobi gerade einen Privatsekretär und Erzieher für seine Kinder, aber wie sich herausstellte, konnte Vulpius nicht genug Französisch, und Goethe zögerte, ihn einem so guten Freund wie Jacobi mit Nachdruck zu empfehlen. Als Vulpius nach Erlangen ging, schickte Goethe ihm Geld und verfaßte ein Empfehlungsschreiben an den dortigen Professor der Theologie; auch das war jedoch ein Schlag ins Wasser, und im April 1789 schickte er Vulpius zehn Taler, damit er sein Glück in Leipzig versuchen konnte: Göschen wurde gebeten, ihn irgendwo in seinem Verlag unterzubringen, und zugleich erklärte sich Goethe bereit, Vulpius weiterhin gelegentlich zu unterstützen. Göschen hielt Vulpius für eine verkrachte Existenz: für ein so mühsames Handwerk wie den Buchverkauf oder das Korrekturlesen war er zu unzuverlässig, für Übersetzungsarbeiten nicht gebildet genug, als Autor noch ein unbeschriebenes Blatt und als Erzieher wegen seiner mangelnden Französisch- und Musikkenntnisse kaum vermittelbar. Trotzdem tat er, was er konnte, und Goethe ging auch Breitkopf um Hilfe an, jenen Musikverleger, der zwanzig Jahre zuvor seine ersten Gedichte herausgebracht hatte. Ein Besuch Goethes in Leipzig im Oktober 1789 dürfte hauptsächlich den Zweck gehabt haben, für Vulpius etwas Dauerhafteres als nur kleine Gelegenheitsarbeiten zu finden – diese Versuche blieben zwar fürs erste erfolglos, doch gab es wenigstens weitere Vorschüsse, und Vulpius konnte mit seiner Schriftstellerei fortfahren.

Christiane war eine resolute, tatkräftige, praktische und geradlinige Frau. Ihr rundes, frisches Gesicht mit der festen, fast männlichen Nase, das damals noch von dichtem braungelocktem Haar eingerahmt wurde, verriet bereits die spätere Neigung zur Aufgedunsenheit. Sie besaß eine gewisse formale Bildung, die jedoch, wie bei den Frauen der damaligen Zeit üblich, nicht über eine gewisse Grundbildung hinausging; zwar war ihre Orthographie noch katastrophaler als die von Goethes Mutter, welcher sie übrigens in vieler Hinsicht ähnelte und zu der sie später ein herzliches und glückliches Verhältnis hatte; aber sie war keine Analphabetin. Sie war es gewöhnt, in einigermaßen kindlichem Vertrauen zu älteren Männern mit kompliziertem Leben aufzuschauen – zu ihrem Bruder, zu ihrem Vater –, aber als sie mit ihrem Bittgesuch an Goethe herantrat, kann diesen nur für einen Augenblick das stärkste aller Aphrodisiaka erregt haben: das Gefühl der Macht. Wie sein andauernder Einsatz für August Vulpius beweist, hat er sich bei allem, was zwischen ihm und Christiane – ausgesprochen oder unausgesprochen – ausgehandelt wurde, gewissenhaft an sein Wort gehalten. Er war allein und fast 39, und er hatte ein halbes Leben lang zugelassen, daß andere Menschen, und vor allem *ein* anderer, sich an seinen dichterischen Werken und den Bekundungen seines rastlos tätigen Geistes, den Früchten seines unerfüllten und aus der Bahn gelenkten Begehrens erfreuten. Er hatte sich dem Fürstenhof so restlos geopfert wie nur jemals Hanswurst nach dem Willen Kilian Brustflecks dem deutschen Publikum, und er sah im Augenblick nicht, daß er großen Dank dafür erntete. Seine Erlebnisse in Rom hatten ihm Mut zu sexuellen Initiativen gemacht, aus denen nicht die Verpflichtung zur Ehe erwuchs, vor der er noch immer zurückschrak, und vielleicht war er ohnedies schon entschlossen, jede Gelegenheit wahrzunehmen, die sich ihm in den ungewissen, gestaltlosen Tagen nach seiner Rückkehr aus Italien bieten mochte, da alte Gewohnheiten noch nicht wieder eingefahren waren und die Form seines neuen Daseins noch nicht feststand. In späteren Jahren begingen Goethe und Christiane den 12. Juli – den Tag nach seinem Brief an August Vulpius – als den Tag, der ihre Verbindung besiegelt hatte. Vielleicht wurde Christiane in das Haus am Frauenplan zitiert – das Gartenhäuschen im Park, das als Treffpunkt besser geeignet war, bewohnte fürs erste noch Knebel –, um sich anzuhören, was der Geheimrat für ihren Bruder getan hatte oder zu tun gedachte. Aber sie war alt genug – und, wie boshafte Zungen später sagten, erfahren genug –, um zu wissen, was er von ihr wollte. Zweifellos erkannte sie ihren eigenen Vorteil und den ihrer Familie; Goethe ließ gewiß seinen unvergleichlichen Charme spielen; Christiane war nicht von Natur aus abgeneigt; und vielleicht gab es sogar damals schon den Keim zu dem, was man Liebe nennt.

Wahrscheinlich wurde eine weitere Verabredung für die kommende Woche getroffen, aber Christine konnte sich an dem vereinbarten Abend nicht freimachen, oder sie fand es, da sie am anderen Ende der kleinen Stadt, in der heutigen Luthergasse nicht weit von Herders Jakobskirche wohnte, unmöglich, unbeobachtet zu Goethe zu kommen. Das Resultat war für Goethe eine durchwachte Nacht und eines der letzten seiner Gedichte von nicht erlangter Erfüllung, «Morgenklagen»: In den ungereimten trochäischen Pentametern, die er in Italien für «Amor als Landschaftsmaler» benutzt hatte, beschreibt er alle Geräusche, die der schlaflose Dichter hört, während die Nacht allgemach in den frühen Morgen einer Marktstadt übergeht, bis die Sonne aufgegangen und von der Liebsten noch immer nichts zu sehen ist. Trotzdem haftet dem poetischen Ich der «Morgenklagen», das sich vor dem Zubettgehen vergewissert, daß die Türangeln nicht quietschen, noch immer etwas Pubertäres und Anakreontisches an. Von größerer erotischer und persönlicher Reife zeugt das Gedicht «Der Besuch»; es ist in demselben Versmaß verfaßt, aber etwas später entstanden; denn der Schauplatz ist diesmal das Gartenhaus im Park, das Knebel am 19. Juli endlich geräumt hatte. Der Dichter stiehlt sich heimlich zu seiner Geliebten in das Häuschen, findet sie aber schlafend vor – Goethe hat die Szene auch mit Bleistift gezeichnet –, und er zügelt die Lust, sie zu wecken, weil ihn die unverstellte Schau ihres Wesens fasziniert, die ihr schlafender Zustand erlaubt. Wachend verzaubert sie ihn mit ihrem Körper, schlafend läßt sie ihn seine Liebe erkennen und reflektieren:

> Wär's ein Irrtum, wie ich von dir denke,
> Wär' es Selbstbetrug, wie ich dich liebe,
> Müßt' ich's jetzt entdecken . . .

Und so schleicht er sachte wieder davon, nachdem er lange in der ruhigen Gewißheit seiner Liebe dagesessen hat, und läßt zwei Pomeranzen und zwei Rosen als Zeichen seines Besuches zurück; für den Augenblick ist sein Begehren unerfüllt, aber er freut sich darauf, daß ihm das Mädchen seine Zartheit noch diese Nacht doppelt vergelten wird. In der vertrauensvollen Gewißheit vergangener und künftiger physischer Befriedigung und im Anklang an Properz, aber auch in dem direkten Bezug auf eine andere Person, der seit dem bemerkenswerten Briefgedicht von 1776 an Frau von Stein («Warum gabst du uns die tiefen Blicke») in Goethes Schriften gefehlt hatte, nimmt «Der Besuch» das Hervorbrechen einer ganz neuartigen Dichtung vorweg, die seit dem Herbst 1788 sechs oder sieben Jahre lang das originellste neue Beginnen Goethes bleiben sollte.

Die Sammlung und Überarbeitung seiner kürzeren Gedichte für den achten Band seiner *Schriften* und die – quälend langsame – Weiterarbeit am *Tasso*, der das Hauptstück des sechsten Bandes bilden sollte, waren Goethes vordringlichste Aufgaben in diesem kühlen, regenreichen Sommer. «Das Wetter», schrieb er dem der Hitze Italiens entgegenreisenden Herder, «ertötet meinen Geist; wenn das Barometer tief steht und die Landschaft keine Farben hat, wie kann man leben? . . . Alles wollt ich gerne übertragen, wenn es nur immer heiter wäre.» So half er sich damit, «wie eine Schnecke, eingezogen ins Haus» zu leben. In Wirklichkeit muß der Regen es Goethe leichter gemacht haben, das Idyll zu verbergen, das sich in seinem Gartenhäuschen an der Ilm entspann und von dem niemand etwas ahnte, nicht einmal der Herzog: Der einzige Trost gegen das trübe Wetter, den Goethe Frau von Stein eingestand, war das Feuer, das er Ende August im Kamin gemacht hatte. Carl August war, nach nur dreitägiger Abwesenheit, schon am 18. wieder in Wei-

mar gewesen, nachdem er sich bei einem Sturz vom Pferd den Fuß verletzt
hatte, aber Goethes fast tägliche Mahlzeiten *à trois* mit dem genesenden Herzog und der geduldig leidenden Herzogin unterbrachen kaum seine Zurückgezogenheit und vermochten ihn jedenfalls nicht in der Überzeugung zu
beirren, daß im Herzogtum «im Politischen . . . nichts zu tun sei». «Ich mache so ein gut Gesicht als möglich und bin in einer innerlichen Verzweiflung,
nicht über diesen besondern Fall, sondern weil dieser Fall wieder sein und
unser ganzes Schicksal repräsentiert.» Die Passion des Herzogs für europäi-
sches Politisieren und Soldatenspielen, der er seine Verletzung zu danken
hatte, war wie seine Leidenschaft für Emily Gore reine Egozentrik, und seine
ungeduldige Unfähigkeit, die privaten Grillen zurückzustellen und einem
langfristigen, konsequenten Plan zur Hebung der eigenen, engen Territorien
unterzuordnen, spiegelte sich in der Ungeduld wider, womit er die Anordnungen des Arztes befolgte, von denen allein Genesung zu hoffen war. Goethe kam sich mitunter wie Epimenides vor, jener Rip van Winkle des Altertums, der aus übernatürlichem Schlaf in eine Welt erwacht, für die er zum
Fremden geworden ist. Seine innerliche Verzweiflung blieb nicht unbemerkt:
«er ist würklich bey allen seinen Glücksumständen und glänzenden Talenten
unglücklich, da ihn eine peinigende Unbehaglichkeit, ein düstrer Spleen
überall verfolgt –.» Die Damen mit ihren scharfen Augen sahen noch mehr:
«Es ist nur schlimm, daß er immer seinen Panzer an hat; manchmal blicke
ich doch durch!»; «Er lebt jetzt, ohne seinem Herzen Nahrung zu geben. Die
Stein meint, er sei sinnlich geworden, und sie hat nicht ganz unrecht. Das
Hofgehen und Hofessen hat etwas für ihn bekommen»; «ehe er nach Italien
ging, war er mir doch lieber; schon der Ausdruck in seinem Gesicht, er hat
an Feinheit verloren.» Frau von Stein hatte natürlich am besten verstanden:
Ihre Unversöhnlichkeit fand nicht ungeteilten Beifall, aber immerhin konnte
sie sehen, daß Goethe sich nicht mehr bereit fand, den Preis für die Versöhnung zu bezahlen. Weil jedoch die Beziehung zwischen den beiden keine
persönliche, sondern eine symbolische war und weil Goethe nicht das schätzte, was Frau von Stein war, sondern das, wofür sie stand – eine Art der Beziehung, mit der Frau von Stein sich seit langem abgefunden, ja die sie vielleicht selbst inauguriert hatte –, hatte keiner von beiden die Kraft oder die
Motivation, einen Kompromiß zu suchen.

In der ersten Septemberhälfte wurde das Wetter besser, und am 5., einem
Tag mit ungetrübtem Sonnenschein, unternahm Goethe mit Fritz, Sophie von
Schardt, Frau von Steins Schwägerin und Caroline Herder, um die Goethe
sich während der Abwesenheit ihres Gatten angelegentlich kümmerte, die
viereinhalbstündige Fahrt über miserable Wege nach Großkochberg. Die erste, die die Ankömmlinge vor dem großen Gutshaus begrüßte, war Charlotte
von Lengefeld (1766–1826); sie hatte ihre Kindheit großenteils als Nenntoch-
ter Frau von Steins im Steinschen Haushalt in Weimar verbracht. Danach
erschien Frau von Stein selber und begrüßte jedermann herzlich, nur Goethe
nicht, der daraufhin den ganzen Tag verstimmt war. Gleichwohl bildete Ita-

lien das Hauptgesprächsthema; den Rest des Vormittags betrachtete man Goethes Zeichnungen, während am Abend die Briefe Herders vorgelesen wurden und einen Gegenstand abgaben, für den sich lebhaft zu interessieren jedermann guten Gewissens bejahen konnte. Am nächsten Tag war das Wetter immer noch schön, und Goethe las einige kleine Abhandlungen aus seinen Reiseaufzeichnungen vor, die er für die Veröffentlichung im *Teutschen Merkur* umarbeitete, darunter auch seine meditative Beschreibung des Altars der hl. Rosalia in Palermo, die gut zu der Stimmung des abendlichen Spaziergangs beim Schein des goldenen Mondes gepaßt haben muß. Allerdings näherte sich Goethes Verehrung des Mondes mittlerweile ihrem Ende: Nach zwei Jahren unter der Sonne Italiens verlor er allgemach den Geschmack an diesem kalten, indirekten, unfruchtbaren Licht, und es sollten über zehn Jahre vergehen, bevor Goethe in seiner Dichtung wieder wie ehedem die symbolische Kraft des Mondes beschwören konnte. In diesem Sommer 1788 und vielleicht sogar um diese Zeit schrieb er für den achten Band von Göschens Werkausgabe jenes Gedicht um, in dem er zehn Jahre zuvor das Symbol des Mondes für das neue Leben mit Frau von Stein gebraucht hatte – ohne Haß vor der Welt verschlossen –, und durch diese Umarbeitung wurde «An den Mond» ein Epitaph auf diese Freundschaft, beredt, zärtlich und so verständnisvoll einfühlsam, wie keiner von beiden es im persönlichen Umgang und Gespräch zu sein vermochte.

Als Goethe in Italien war, hatte Frau von Stein selber die ursprüngliche Version des Gedichts umgeschrieben – die, wie erinnerlich, den einsamen Tod der Christel von Lassberg mit der gegenseitigen Liebe zwischen Goethe und Frau von Stein kontrastierte – und daraus ihre eigene Anrede an den Mond gemacht, worin sie die Treulosigkeit des fernen «Freundes» beklagte. Sie tilgte die Anspielungen auf den Fluß als Ort des Todes und machte aus ihm statt dessen das Gefäß ihrer eigenen stillen Tränen, wobei sie zwei neue Strophen hinzudichtete, die als bedeutendste Leistung ihres ansonsten eher bescheidenen dichterischen Talents gelten müssen und die wie nichts anderes die stumme Qual der kalten Monate und Jahre nach dem Verrat von 1786 laut werden lassen:

> Mischet euch in diesen Fluß!
> Nimmer werd' ich froh,
> So verrauschte Scherz und Kuß
> Und die Treue so.
>
> Jeden Nachklang in der Brust
> Froh- und trüber Zeit
> Wandle ich nun unbewußt
> In der Einsamkeit.

Als Goethe diese neuen Zeilen zu Gesicht bekam – bei dem Besuch in Großkochberg im September oder schon bei einer früheren Gelegenheit –, erkann-

te er die Möglichkeit eines neuen Gedichts, das seiner und Frau von Steins
gegenwärtigen Qual ebenso gerecht wurde, wie die ältere Version der Stimmung jener geheimnisvollen Entsagung gerecht geworden war, in der sie beide Zuflucht beieinander gesucht hatten. Er war einverstanden, daß das lyrische Ich des Gedichts jetzt eine Frau, ja Frau von Stein selbst war, und behielt
daher die neuen Anspielungen auf ihn selbst als den «Freund» bei, der einst
die Macht besessen hatte, ihr Leben zu verändern. Die direkte Erwähnung
seines «Scheidens» war ihm zu ungerecht und wurde fallengelassen, aber den
Vorwurf der Treulosigkeit ließ er stehen – vielleicht im Geiste jener Bußfer-
tigkeit, in dem 1777 der treulose Geliebte Friederike Brions seinen Weislingen vor den Augen der ganzen Welt hatte vergiften lassen. Aber Goethe in-
tegrierte in dieses nun komplexe und vielschichtige Gedicht auch seine
eigenen Gefühle, die Frau von Stein und überhaupt jedermann in seiner Nähe
zu vergessen schien – eben jene Gefühle, die die beiden auseinandertrieben
und die Quelle für Frau von Steins Qualen waren. Nach den wehmütigen
Zeilen über den Verlust des Glücks und das Vergehen der Zeit fügte er eine
Strophe ein, die, mochten sie auch Frau von Steins Verlust des Freundes meinen, ebenso Goethes Verlust des italienischen Glücks und die Erinnerungen
meinten, die ihn bei aller Köstlichkeit und Fülle an das gemahnten, was er
entbehren mußte:

> Ich besaß es doch einmal,
> Was so köstlich ist!
> Daß man doch zu seiner Qual
> Nimmer es vergißt!

Der einzige Nachteil der neuen Fassung besteht darin, daß sie mit dem Chri-
stel-von-Lassberg-Motiv, mit der Todes- und Geisterthematik auch die strenge Logik verloren hat, die ursprünglich den Mond, das Herz des Dichters
und den Fluß in seinen verschiedenen tödlichen oder lebenspendenden Stimmungen miteinander verknüpft hatte. Der Unterschied zwischen dem Fluß
im Winter und dem Fluß im Frühling ist jetzt nur mehr ein dekorativer, während er in der früheren Fassung der Wendepunkt des Gedichts war. Goethe
verdeckte den nunmehr gelockerten Zusammenhang zwischen dem Mond
und dem Fluß durch einen schönen Ritornell-Gedanken, so daß die wiederholten Erwähnungen des Flusses sich verselbständigen, wie eine musikalische
Begleitung, die aber doch mit dem bald lauter, bald leiser vernehmbaren
Hauptthema verbunden bleibt:

> Rausche, Fluß, das Tal entlang
> Ohne Rast und Ruh,
> Rausche, flüstre meinem Sang
> Melodien zu.

Der Augenblick innehaltender Reflexion in dieser Strophe, des Bewußtseins,
daß dies ein «Sang», ein Kunstprodukt ist, nicht einfach eine Gefühlsergie-

ßung, ist in kleinerem Maßstab mit dem opernhaften Augenblick bewußter Künstlichkeit am Ende des *Egmont* zu vergleichen. Die letzten Strophen des Gedichts, die noch folgen, mögen textlich von der ersten Fassung kaum verschieden sein – in ihrem neuen Kontext sind sie nicht mehr die krönende Erkenntnis des Gedichts, vielmehr sind sie bewußtes Zitieren einer früheren oder möglichen Haltung. Ob das Zitat die Hoffnung ausdrückt, daß Freundschaft und Hingabe an die labyrinthischen Geheimnisse des Herzens den Schmerz des Verlustes mildern mögen, oder ob es die schmerzliche Erinnerung an ein Glück enthält, das weder Frau von Stein noch Goethe jemals wieder erleben werden, bleibt ungewiß. Klar ist jedoch, daß der Dichter, der dieses Gedicht komponiert hat, über diesen beiden Möglichkeiten steht und sich von beiden distanziert. Zu jener früheren Zeit, da Goethe mit diesen Worten für seine eigene Person gesprochen hatte, formulierten sie seine Absicht, sich mit dem Dasein bei Hofe dadurch abzufinden, daß er in der monochromen Welt der Frau von Stein und vor ihr als seinem einzigen Publikum jenes Leben des Gefühls weiterlebte, das für die Werthergeneration eine kollektive und öffentliche Angelegenheit gewesen war. Nun, da dieser besondere Kompromiß sich als physisch unerträglich erwiesen hat, muß Goethe entweder rückhaltlos für den Fürstenhof leben und aus seinen Schriften das bekenntnishafte Element gemeinsamen Fühlens tilgen, das ihre Stärke gewesen war, oder aber einen neuen Kompromiß finden, der ihn wieder dem Hof entfremden und ihm Zugang zu einem anderen Publikum verschaffen wird. Vorderhand geht er ersteren Weg, als der souveräne Künstler, der Frau von Stein Worte in den Mund legt, ja buchstäblich aus dem Munde nimmt, nicht um ein Gefühl auszudrücken, sondern um einen «Sang» hervorzubringen. Das Ergebnis ist jedoch etwas überaus Ungewöhnliches in der frühen Lyrik Goethes, etwas, das seine Leistung im vollendeten *Tasso* vorwegnimmt. Denn was das Gedicht auszeichnet, ist nicht das Fehlen jeglichen persönlichen Gefühls, sondern das vollkommene Gleichgewicht in der Gefühlslage zweier verschiedener Menschen. Zwei Stimmen sind vernehmbar, die zwölf Jahre lang ein geistiges und seelisches Zwiegespräch geführt hatten. Keine übertönt die andere, beiden widerfährt gleiches Recht, ja zuzeiten scheinen sie dieselben Worte, wiewohl in unterschiedlicher Intonation, zu äußern; denn der kontrollierende Dichter hat es zu einer Distanziertheit gebracht, die es beiden Parteien gestatten kann, für sich selbst zu sprechen.

Am Sonntag, dem 7. September, fuhr die ganze Gesellschaft von Großkochberg für einen Tag nach Rudolstadt hinunter, einem 3.000-Seelen-Nest im Bergland der oberen Saale und Sitz der Fürsten von Schwarzburg-Rudolstadt. Die Lengefelds – Charlotte, ihre verwitwete Mutter und ihre verheiratete Schwester Caroline von Beulwitz (nachmals von Wolzogen) (1763–1847) mit ihrem Gatten, dem Geheimrat – bewohnten gemeinsam das Haus der Familie in Rudolstadt, und fast täglich war dort in diesem Sommer – von dem Dörfchen Volkstädt herüberwandernd, wo er in ländlicher Abgeschiedenheit fleißig schrieb – Friedrich Schiller zu Gast. Schiller hatte ein dürftiges

Wanderleben geführt, seit 1782 *Die Räuber* Mannheim und Deutschland im Sturm erobert hatten. Auf der Flucht vor der Tyrannei seines heimatlichen Württemberg war er kurze Zeit residierender Theaterdichter am Mannheimer Hof- und Nationaltheater unter dem Intendanten Wolfgang Heribert von Dalberg gewesen, einem anderen jüngeren Bruder des kurmainzischen Statthalters zu Erfurt; aber trotz eines neuerlichen Erfolges mit seinem dritten Stück, dem sozialkritischen *Kabale und Liebe* (1784) – Schillers einzigem Beitrag zum zeitgenössischen Realismus in der Art eines Lenz –, wurde der Mannheimer Vertrag nicht verlängert. Vor der völligen Verarmung retteten ihn unbekannte Bewunderer in Leipzig, Christian Gottfried Körner (1756–1831) und Ludwig Ferdinand Huber (1764–1804), beide Beamte im kurfürstlich-sächsischen Staatsdienst und beide vor der Verehelichung mit den Schwestern Minna und Dora Stock stehend, deren Mutter einst Goethe die Daunen aus den Haaren gekämmt hatte, als er Student in Leipzig gewesen war, und deren Vater ihn in die Kunst des Radierens eingeführt hatte. Körner und Huber luden Schiller ein, für beliebig lange Zeit bei ihnen in Leipzig zu wohnen, und dank ihrer Hilfe konnte er zwischen 1785 und 1787 sein Blankversdrama *Don Carlos* und den ersten Band seiner *Geschichte des Abfalls der vereinigten Niederlande von der spanischen Regierung* sowie als Brotarbeit etwas erzählende Prosa schreiben. Schon 1784 war Schiller eine gefühlvolle Liaison mit Charlotte von Kalb (1761–1843) eingegangen, der schwärmerisch-überspannten Frau eines Bruders des entlassenen Weimarer Kammerpräsidenten, die auf den Gedanken verfallen war, sich von ihrem Mann scheiden zu lassen und Schillers Zukunft dadurch zu sichern, daß sie ihn heiratete und ihr Privatvermögen in die Ehe mit dem Dichter einbrachte. 1786, bei Beginn des langwierigen Scheidungsverfahrens, zog sie nach Weimar, und als Schiller im Sommer 1787 ebenfalls kam, wurde er von ihr in die Gesellschaft eingeführt und vom Weimarer Kreis – etwa bei der Feier von Goethes Geburtstag – als der rechtmäßige Thronfolger akzeptiert. Im Winter, den er ebenfalls in Weimar verbrachte, lernte Schiller jedoch Charlotte von Lengefeld kennen, die bei Charlotte von Steins Schwester Luise (damals verehelichte von Imhoff) wohnte, und als er im Mai nach Volkstädt gezogen war, entspann sich eine komplizierte Beziehung zu beiden Schwestern Lengefeld. Caroline war die feurigere, gefühlvollere und intellektuellere, aber sie war verheiratet; Charlotte liebte die Natur, das Lesen und das Zeichnen, sie war still und praktisch, und sie war alleinstehend. Schiller verstand seine Seele besser als seine Gefühle und schrieb seinen Leipziger Freunden wiederholt, er werde sich zuverlässig in niemanden verlieben und niemandes Nähe suchen, wenn es nicht sowohl mit Charlotte als auch mit Caroline zugleich sein könne: «ich habe meine Empfindungen durch Vertheilung geschwächt, und so ist denn das Verhältnis innerhalb den Grenzen einer herzlichen vernünftigen Freundschaft.»

Schiller, obgleich zehn Jahre jünger als Goethe, befand sich damals, freilich ohne es zu wissen, an einem ungefähr vergleichbaren Punkt der persönlichen

Entwicklung wie dieser: Auch er war der vielen Jahre einsamer Plackerei und Selbstverleugnung müde und suchte Sicherheit und Halt in einer dauerhaften Partnerschaft. Es gab noch andere Parallelen. Nachdem Schiller die unverhohlen politischsten und zugleich bühnenwirksamsten Stücke des Sturm und Drang geschrieben hatte, war er in eine eher empfindsame Phase eingetreten und hatte während der Arbeit an dem formalisierteren *Don Carlos* aus der Freundschaft mit Charlotte von Kalb das Symbol einer geistigen Revolution gemacht, ganz wie Goethe es mit der Freundschaft zu seiner Charlotte getan hatte. Von Wieland ermutigt, dem immer großmütigen Förderer junger Talente, hatte Schiller im *Teutschen Merkur* mehrere anonyme, aber streng selbstkritische *Briefe über Don Carlos* veröffentlicht, seinen Versbau zu verbessern getrachtet und im März 1788 in derselben Zeitschrift das erste reife Beispiel seiner Gedankenlyrik gegeben, und zwar mit «Die Götter Griechenlands», einem Gedicht, das man recht wohl als Manifest des Hellenismus lesen konnte. An sich hatte Schiller wenig antiquarisches Interesse für die Kunst und Kultur der klassischen Welt, doch bewiesen «Die Götter Griechenlands» – dieser Haßgesang auf ein Christentum, das zumal in der rationalen Ausformung durch das 18. Jahrhundert den Humanismus und sinnenfreudigen Polytheismus des Altertums vernichtet hat –, daß Goethe und Schiller auch in ihren religiösen bzw. antireligiösen Anschauungen übereinstimmten. Schiller, der seit den Tagen seines Medizinstudiums eine ungewöhnliche Vorliebe für materialistische Konzeptionen vom Menschen als Tier hegte, verwarf entschieden die Vorstellung von einem Leben nach dem Tode und war auf der Suche nach einem alternativen Absoluten im Spätsommer 1788 bereits dabei, ein weiteres philosophisches Gedicht über die einzigartige Bedeutung der «Kunst» und der «Künstler» zu skizzieren. Er unterschied sich von Goethe natürlich dadurch, daß ihm ein Amt und fürstliche Förderung sowie die privaten Mittel fehlten, um sich unabhängig und frei entscheiden zu können, sollten Amt oder Förderung ihm zufallen; aber dafür hatte er einen womöglich noch höheren Begriff als Goethe von der Würde seiner Berufung. Ihn verzehrte ein Ehrgeiz, den seine Talente rechtfertigten – nach dem ersten Besuch in Weimar schrieb er Huber: «Das Resultat aller meiner hiesigen Erfahrungen ist, daß ich meine Armuth erkenne aber meinen Geist höher anschlage, als bisher geschehen war» –, doch stand Goethe vor ihm als einer, der diesen Ehrgeiz bereits befriedigt hatte, bewundertes Ideal und vernichtend erfolgreicher Rivale in einem: «Die Iphigenia hat mir wieder einen recht schönen Tag gemacht; obschon ich das Vergnügen, das sie mir gibt, mit der niederschlagenden Empfindung büßen muß, nie etwas ähnliches hervorbringen zu können.»

Schiller wußte, daß Frau von Stein nur wenige Kilometer weiter in Großkochberg war, und hatte sich schon mehr als einen Monat lang darauf gefreut, daß Goethe vielleicht nach Rudolstadt kommen würde. Die Lengefelds waren begierig, eine Begegnung «ihrer» beiden Dichter zu arrangieren, und fanden es ein wenig enttäuschend, daß bei dieser Gelegenheit, trotz aller voll-

endeten Freundlichkeit Goethes, der erhoffte elektrische Funkenschlag aus-
blieb. Schiller schrieb:

Sein erster Anblick stimmte die hohe Meinung ziemlich tief herunter, die man mir von
dieser anziehenden und schönen Figur beigebracht hatte. Er ist von mittlerer Größe,
trägt sich steif und geht auch so; sein Gesicht ist verschlossen, aber sein Auge sehr
ausdrucksvoll, lebhaft, und man hängt mit Vergnügen an seinem Blicke. Bei vielem
Ernst hat seine Miene doch viel Wohlwollendes und Gutes. Er ist brünett und scheint
mir älter auszusehen, als er meiner Berechnung nach wirklich seyn kann. Seine Stimme
ist überaus angenehm, seine Erzählung fließend, geistvoll und belebt; man hört ihn mit
überaus viel Vergnügen; und wenn er bei gutem Humor ist, welches diesmal so ziemlich der Fall war, spricht er gern und mit Interesse. Unsere Bekanntschaft war bald
gemacht und ohne den mindesten Zwang; . . . Er spricht gern und mit leidenschaftlichen Erinnerungen von Italien; aber was er mir davon erzählt hat, gab mir die tref-
fendste und gegenwärtigste Vorstellung von diesem Lande und diesen Menschen. Vorzüglich weiß er einem anschaulich zu machen, daß diese Nation mehr als alle andre
europäische in *gegenwärtigen Genüssen* lebt, . . . In Rom ist keine Debauche mit
ledigen Frauenzimmern, aber desto hergebrachter mit verheiratheten. . . . Die Unsau-
berkeit sei einem Fremden fast ganz unausstehlich.

Die Angelica Kaufmann rühmt er sehr; sowohl von seiten ihrer Kunst, als ihres
Herzens. Ihre Umstände sollen äußerst glücklich sein; aber er spricht mit Entzücken
von dem edlen Gebrauch, den sie von ihrem Vermögen macht. . . . Er scheint sehr in
diesem Hause gelebt zu haben, und die Trennung davon mit Wehmuth zu fühlen.

. . . Im Ganzen genommen ist meine in der That große Idee von ihm nach dieser
persönlichen Bekanntschaft nicht vermindert worden; aber ich zweifle, ob wir einander je sehr nahe rücken werden. Vieles, was mir jetzt noch interessant ist, was ich noch
zu wünschen und zu hoffen habe, hat seine Epoche bei ihm durchlebt; er ist mir (an
Jahren weniger, als an Lebenserfahrungen und Selbstentwickelung) so weit voraus, daß
wir unterwegs nie mehr zusammenkommen werden; und sein ganzes Wesen ist schon
von Anfang her anders angelegt, als das meinige, seine Welt ist nicht die meinige, unsere
Vorstellungsarten scheinen wesentlich verschieden. Indessen schließt sichs aus einer
solchen Zusammenkunft nicht sicher und gründlich. Die Zeit wird das Weitere lehren.

Bei einer solchen luchsäugigen Aufmerksamkeit hätten sich wohl nur die
wenigsten Menschen miteinander angefreundet. Die Lengefelds führten den
relativ emotionslosen Verlauf dieser Begegnung auf Goethes ausschließliches
Interesse für das verlorene Italien zurück. Goethe selbst sah die Erklärung
für das zunächst distanzierte Verhältnis zu Schiller darin, daß ihm *Die Räuber* mißfielen – mit ihrer Gewalttätigkeit und Radikalität gehörten sie in eine
Zeit, von der er nichts mehr wissen wollte. Indessen muß ihm damals völlig
klar gewesen sein, daß der Mann, den er da kennenlernte, der Welt der *Räuber* emotional und ästhetisch bereits fernstand, während andererseits der Autor der «Götter Griechenlands» manches mit ihm selbst gemeinsam hatte;
Goethe nahm das Gedicht aus Rudolstadt mit und las es mit Zustimmung.
Dennoch hatte Schiller recht, wenn er die Unterschiede zwischen sich selbst
und Goethe hervorhob; denn in gewisser Hinsicht war er doch immer noch
der Autor der *Räuber*, eines Stückes, das ein stärkeres Echo gefunden hatte
als alles, was Goethe nach dem *Werther* geschrieben hatte: Schiller unterwarf
sein Werk, wie er in der Ankündigung seiner Zeitschrift *Rheinische Thalia*

schrieb, noch immer dem Urteil eines einzigen Tribunals – des Publikums. «Das Publikum ist mir jetzt alles, mein Studium, mein Souverain, mein Vertrauter. Ihm allein gehör ich jetzt an.» 1788 hatte Schiller noch immer die Absicht, vom Schreiben zu leben; in der Tat hatte er gar keine andere Wahl. Solange er sich von dem Gedanken einer sich selbst rechtfertigenden «Kunst» distanzierte, die von einem fürstlichen Gönner uneigennützig gefördert wurde, und solange Goethe, durch seine italienische Reise vom eigentlichen Zweck der Göschenschen Werkausgabe abgelenkt, mißtrauisch gegen das literarische Publikum im zeitgenössischen Deutschland blieb, würden beide Männer weiter in ihren verschiedenen Welten leben. Eine Annäherung konnte erst möglich werden, wenn beide ihren Standpunkt geändert hatten.

Die Begegnung mit Schiller bestimmte Goethe, seine Karten aufzudecken; freilich verpflichtete er jedermann zu strengster Verschwiegenheit, der ihn am 8. September in der Kutsche, die die kleine Gesellschaft von Großkochberg durch das Saaletal nach Jena zurückbrachte, über die «Götter Griechenlands» referieren hörte. Was er so eifersüchtig zu hüten suchte, kann allerdings schwerlich der Plan gewesen sein, das konkrete Anschauungsmaterial für die Theologie des Altertums zu erforschen, nämlich die antike Plastik. Es war nicht eben ein gefährliches Geheimnis, zunächst diejenigen Bildnisse von griechischen Göttern identifizieren und von der weiteren Untersuchung ausschließen zu wollen, die nachweislich nach historischen Vorbildern modelliert waren, und den Rest sodann unter physiognomischen Gesichtspunkten zu betrachten, um die physischen Merkmale zu bestimmen, mit denen die Alten ihre sittlichen und ästhetischen Ideale darstellten. (Nach Goethe gab es keinen menschlichen Wesenszug, der in einem einzelnen wirklichen Individuum jemals rein dargestellt worden wäre: Die vollkommene Menschlichkeit einer Minerva oder eines Apollon müsse viele Vorbilder gehabt haben, nicht nur ein einziges.) Aber noch während er die Möglichkeiten ins Auge faßte, wie sein Projekt zu verwirklichen sei, muß er bemerkt haben, daß seine Phantasie dabei war, mit ihm durchzugehen, und daß er von seinen wahren Wünschen mehr preisgegeben hatte, als klug war. «Er sagte endlich, wenn Ludwig XIV. noch lebte, so glaubte er durch seine Unterstützung die ganze Sache ausführen zu können; er hätte einen Sinn für das Große gehabt; mit 10–12000 Rthlrn. des Jahres könnte ers in zehn Jahren, in Rom allein versteht sichs, ausführen.» Es ist unverfänglich genug, sich zehn Jahre Rom zu wünschen, wenn man soeben zwei gehabt hat, und von 10.000 Reichstalern im Jahr zu träumen, wenn man deren nahezu 2.000 bezieht (Schiller wäre 1789 froh gewesen, auch nur 1.000 zusammenzukratzen); aber sich einen Ludwig XIV. zu wünschen, wenn man einen Carl August hatte – das konnte gefährlich nach Undankbarkeit aussehen.

Geschickt und geistreich zog Goethe in der folgenden Woche den Fuß aus dem Fettnäpfchen. Er verbrachte diese Tage in Gotha, nach einer kurzen Zwischenstation in Weimar, wo er Prinz August abholte; es war sein erster Besuch in dem altvertrauten Schloß nach der Rückkehr aus Italien. Ihm war daran gelegen, das Verhältnis zwischen Herzog Ernst und Tischbein wieder herzustellen, nachdem der Maler offenbar im Begriff war, in neapolitanische Dienste zu entschwinden; er hatte Zeichnungen von Kniep vorzuweisen, in der Hoffnung, diesem neue Aufträge zu sichern; und es gab die Geldsammlung zugunsten der Familie Cagliostros, die er sich vorgenommen hatte. Einen Großteil seiner Zeit verwendete er jedoch auf die letzten neuen Stücke für den achten Band der *Schriften*, an dessen Ende eine Reihe längerer Gedichte zum Thema Dichter und Künstler stehen sollte. 1774 hatte er kurze Zeit geglaubt, *Des Künstlers Erdewallen* mit *Des Künstlers Vergötterung* abrunden zu können, dem Gedicht über einen Maler, der in Gestalt posthumen Ruhms den Lohn für seinen lebenslangen Kampf empfängt, der Kunst zu dienen und zugleich seine Familie zu ernähren. Wenn Goethe jetzt *Künstlers Apotheose* schrieb, so vollendete er nicht nur, was früher bloß flüchtig skizziert worden war, sondern legte zugleich in halb possenhafter Form seinen neuen Plan zur Ausübung und Förderung der Kunst vor – ein ganz anderes Projekt also als jenes, das ihm 1774 vorgeschwebt hatte. Der Künstler des *Erdewallens* ist jetzt tot, aber ein bewundernder Schüler kopiert eifrig seine Werke, um auf diese Weise in seinem Handwerk gewandter zu werden und es verstehen zu lernen. Ein Kunstliebhaber mokiert sich über diese geistlose Nachahmung und verlangt statt dessen «Natur»; aber der Schüler zieht es vor, sich an die Meister zu halten, von denen er lernt, daß es nötig ist, die eigene Urteilskraft zu üben und die Schwächen sogar der größten Meister zu erkennen: «Man muß die Kunst und nicht das Muster lieben. . . . Erkenne, Freund, was er geleistet hat,/Und dann erkenne, was er leisten wollte.» Zu diesen Anklängen an die Lehren, die Goethe aus Rom mitgebracht hatte – Unterscheidung zwischen Natur und Kunst, Notwendigkeit von Studium und Bildung zum Verständnis jener idealen Vollkommenheit, die nur selten im Werk selbst ihren Ausdruck findet –, tritt nun ein neuer Faktor, an den Goethe 1774 noch nicht gedacht hatte: ein fürstlicher Gönner, der jenes Meisterwerk erwirbt, das dem Maler in *Künstlers Erdewallen* mehr bedeutete als alle Aufträge, die er annahm, um sein täglich Brot zu verdienen. Vom Himmel herabsehend, freut sich der Künstler zwar über die Preise, die seine Werke jetzt erzielen, schließt aber mit dem Wunsch, daß künftige Maler sich der Gunst fürstlicher Gönnerschaft schon zu Lebzeiten erfreuen möchten: «Ein Freund . . . Ein Fürst, der die Talente schätzte, Sie haben leider mir gefehlt . . .» Solche Fürsten, die es dem *homme moyen sensuel* ersparen, sich auf dem Markt zu prostituieren, nur um für sein leibliches Wohl zu sorgen, und ihm die Freiheit geben, sich Kunstleistungen zu widmen, die ein künftiges Geschlecht von Kennern zu schätzen wissen wird – sie waren zum Glück in Gotha wie in Weimar zu finden, wohin Goethe am 18. September zurückkehrte, durchaus befriedigt von einer Woche, die «in mehr als einem Sinne fruchtbar» gewesen war.

Die Abmachungen, die Goethe vor der Rückkehr aus Rom mit seinem Fürsten getroffen hatte, waren Bestandteil ihrer Privatkorrespondenz gewesen, und so vermochte man in Weimar nur allmählich die neue Ordnung zu erahnen, die sich hinter dem Revirement verbarg. Noch Mitte November glaubte Schiller, eine Neuigkeit mitzuteilen, wenn er schrieb: «Es ist nun so ziemlich entschieden dass er hier bleibt, aber privatisirt . . ., er ist jezt nur noch bei der Bergwerckscommission als einer bloßen Liebhaberei.» Zwar fand sich Carl August mit gutem Anstand in seine Rolle als Mäzen und war zunächst einmal froh, wenn Goethe «immer als homme de lettre» lebte, so wie Knebel weiterhin «als Natur- und Menschenforscher» lebte; aber es herrschte keineswegs allgemeine Übereinstimmung mit Sophie von Schardt, die da meinte: «il est assez utile au duc, étant son ami, je ne saurais voir l'injustice que le monde y trouve qu'il garde sa pension [er ist dem Herzog nützlich genug, wenn er sein Freund ist, ich kann die Ungerechtigkeit nicht sehen, die alle Welt darin findet, daß er sein Gehalt behält].» Das Bergwerk in Ilmenau, wo die schwierige Aufgabe der Entwässerung nur langsame Fortschritte machte, war fest in den Händen der Brüder Voigt: der ältere war in der Verwaltung in Weimar tätig, der jüngere – der Geologe – vor Ort in den Bergen. Goethes Verantwortung beschränkte sich mehr oder weniger auf die Pflege eines beschwichtigenden Briefwechsels mit Aktionären, die ihm persönlich bekannt waren, wie etwa Jacobi. In Jena war das alte Schloß, mit Büttners Bibliothek im Erdgeschoß, der wissenschaftlichen Instrumentensammlung im zweiten Stock und dem praktischerweise für Gäste freigehaltenen ersten Stock, ein dauernder Anziehungspunkt: zum Teil, weil Knebel hier noch bis Mitte November wohnte, bevor er zur Abwechslung nach Weimar zog; und zum Teil, weil es noch viel über Anatomie bei Loder zu lernen gab, dessen Vorlesungsreihe über die Muskeln Goethe vom 9. bis 21. November besuchte. Einmal in Jena, konnte er sich freilich nicht enthalten, sich in dort anfallende kleine Aufgaben zu mischen: Er kaufte Land, um den unter seiner Leitung 1784 begonnenen Bau von Deichanlagen zum Abschluß zu bringen; er ließ alle Bücher in Büttners Bibliothek neu binden; er sammelte öffentlich und privat geäußerte Anregungen zur Verbesserung der Universität; er organisierte kurzentschlossen eine Personenkontrolle, als sich die Studenten versammelten, um Eichborn zu verabschieden, den einflußreichen Bibelwissenschaftler, der einen Lehrstuhl in Göttingen übernahm. Wenigstens *einer* Aufgabe aber kam höchste Wichtigkeit zu: Möglicherweise auf Anregung des älteren Voigt entschloß sich Goethe Ende November, die Ernennung Schillers zum Professor für Geschichte zu unterstützen. Nominelle Begründung war der Erfolg von Schillers *Geschichte des Abfalls der vereinigten Niederlande*; in Wirklichkeit war wohl eher die offenkundige Attraktivität Schillers für die jüngere Generation ausschlaggebend. Sie mochte wenigstens teilweise den Verlust Eichborns wettmachen, dessen Nachfolger, der nicht minder einflußreiche Heinrich Eberhard Gottlob Paulus (1761–1851), damals noch weithin unbekannt war. Zwar war die Professorenstelle ursprünglich nicht mit einem Gehalt verbunden – die Hörer mußten nur eine Vorlesungsgebühr entrichten –, aber sie gab Schiller prinzipiell die Möglichkeit, die Beamtenlaufbahn einzuschlagen, falls er dies wünschte. Während eines Aufenthaltes in Gotha Anfang Dezember erhielt Goethe die Zustimmung Carl Augusts und des Herzogs Ernst zu dem Vorhaben, und Ende des Jahres war die Sache so gut wie sicher, auch wenn offiziell noch die übrigen sächsischen Herzogtümer ihr Einverständnis erklären mußten. Schiller war Goethe für sein energisches Agieren zu seinen Gunsten dankbar – es verriet jedenfalls Wertschätzung, wenn auch nicht unbedingt für sein literarisches Werk –, aber er hätte sich mehr Zeit gewünscht, um sich vorzubereiten. «[D]ocendo discitur», versetzte Goethe daraufhin herablassend, aber wahrheitsgemäß.

Carl August kam offenkundig dem Ansuchen Goethes nach, von allen offiziellen Pflichten entbunden zu werden, bis die Ausgabe der *Schriften* abgeschlossen war, und bemerkenswerterweise verging sogar der 30. Januar 1789 ohne einen wie immer gearteten Beitrag Goethes zum Geburtstag der Herzogin. Zu *einem* Dienst muß Goethe sich indessen schon ziemlich bald nach seiner Rückkehr bereit erklärt haben, und wahrscheinlich sehr gern: zur inoffiziellen Beaufsichtigung der Entwicklung und Erziehung des nunmehr fünfjährigen Erbprinzen. Nach einer einleitenden Beratung mit Ridel und einer Periode der Vertrauensbildung zwischen ihm und dem Jungen begann Goethe im Herbst 1788 eine Reihe von Gelegenheitsausflügen mit dem Prinzen, gewöhnlich nach Jena (dessen Einwohner er in dem Glauben bestärkte, ihr Prinz könne eines Tages hier studieren, so wie die Söhne Georges III. in Göttingen studierten) und oft in Begleitung von August Herder, einem seiner Patenkinder. «Ich bin so froh, daß er sich um meine Kinder kümmert», sagte Herzogin Louise, «denn er hat eine ganz ausgezeichnete Art, mit Kindern umzugehen», und Carl August fand den Einfluß Goethes auf seinen Sohn «außerordentlich gut». Aber der Umgang mit dem Erbprinzen war im wesentlichen ein Freundschaftsdienst, den Goethe dem Herzog leistete, keine offizielle Pflicht, und so war es auch in seiner Eigenschaft als Freund des Herzogs – und jedenfalls nicht als ehemaliges oder gegenwärtiges Mitglied der fürstlichen Kammer –, daß er einige finanzielle Verhandlungen führte, um dem gemeinsamen Freund Merck zu Hilfe zu kommen. Merck hatte just in dem Moment eine Baumwollspinnerei zur Beschäftigung von Witwen und Waisen eröffnet, als die Preise für Baumwollwaren verfielen. Goethe erreichte, daß der Herzog die Bürgschaft für ein Darlehen des Frankfurter Bankiers Johann Jakob Willemer an Merck in Höhe von 2.000 Talern übernahm, auch wenn beiden Männern aus den Briefen Mercks klar war, daß ihr Freund am Rande der geistigen Umnachtung stand, ein Opfer seiner irrationalen Ängste (Mercks Finanzen fand man bei seinem Tode in guter Ordnung vor) und wohl wissend, daß er dabei war, seinen selbstzerstörerischen Gemütsbewegungen zu erliegen.

Inwieweit dieses Vertrauensverhältnis zwischen dem Herzog und Goethe auch Christiane Vulpius einschloß, ist schwer zu sagen. In einem Brief an Carl August vom Oktober gab es eine erste Andeutung, daß Goethe nicht länger ein Leben führte, in welchem «das natürliche unnatürlich wird», und einen Monat später, nachdem er sich von Knebel einen Band Properz ausgeliehen hatte, begann er, seinen Briefen sogenannte «*Erotica*» beizuschließen, Liebesgedichte von anfangs recht harmloser Art – für gewöhnlich Epigramme und für gewöhnlich in klassischem Versmaß. Falls Goethe mittlerweile den Herzog in sein Geheimnis eingeweiht hatte und sich jetzt vor ihm aufspielen wollte, gäbe es eine Erklärung für sein anstößiges Verhalten bei dem peinlichen *thé dansant* vom 7. November:

Die Schardt erzählte mir . . ., daß er . . . mit keiner gescheidten Frau ein Wort beinah geredet, sondern den Fräuleins nach der Reihe die Hände geküßt, ihnen schöne Sachen gesagt und viel getanzt hätte. Die Kalbin findet das nun abscheulich, daß er die jungen Mädchen auf diese Weise reizt etc. Kurz, er will durchaus nichts mehr für seine Freunde sein. Ich vermuthe, daß er nach Weihnachten bald zu Euch kommt, und dies wäre sehr gut. Für Weimar taugt er nicht mehr; im Gegentheil glaube ich, daß das Gelecke an den jungen Mädchen dem Herzog, der dabei war, nicht eben die besten Eindrücke gibt.

Eine Woche später schrieb Goethe dem Herzog aus Jena und prahlte mit einem Besuch bei dem Gothaschen Minister August Friedrich Carl von Ziegesar (1746–1813) und seinen drei Töchtern – Goethe unterschlägt die vierte Tochter, Silvie, die damals drei war –; er sei auf deren Landsitz gewesen, um «das Zigesarische Blut zu beschauen». «Uns beyde Hagestolzen» – Goethe und Knebel – freute schon die Aussicht auf den Gegenbesuch: «wir werden . . . uns zu empfehlen trachten.» Und weiter: «Ich schäme mich vor Ihnen der Studenten Ader nicht, die sich wieder in mir zu beleben anfängt.» Aus diesen Episoden ist zu schließen, daß Goethe damals die Verbindung mit Christiane noch nicht als endgültig betrachtete und sich nach einer adligen jungen Dame umzusehen begann, die für eine Eheschließung in Frage kam. Bereits im September hatte er Wieland zu verstehen gegeben, daß er künftig regelmäßiger Beiträge für den *Teutschen Merkur* liefern wolle, denn «[o]b ich gleich keine Kinder zu ernähren habe», war ihm etwas mehr Geld doch willkommen, und Caroline Herder hatte erfahren (und taktloserweise ihrem Mann weitererzählt), daß nach Goethes Ansicht alle drei bisher erschienenen Bände von Herders *Ideen* letzten Endes auf das Grundprinzip hinausliefen, «daß ein Mensch ein Hauswesen besäße». Eine intuitive Ahnung von dieser Entwicklung und eine ausgeprägte Eifersucht auf Caroline Herder, die von Goethe nach wie vor mit ausgesuchter und galanter Aufmerksamkeit bedacht wurde, reichen aus, um die unveränderte Kälte Frau von Steins zu erklären: Was immer Goethe dem Herzog erzählt haben mag, es besteht kein Grund zu der Vermutung, Frau von Stein habe schon Ende 1788 irgend etwas Besonderes mit dem Namen Christiane Vulpius verbunden.

Rom in Weimar:
Dezember 1788 – Mai 1789

«Fegefeuer»: so nannte Goethe den Klatsch der Weimarer Damen über sein studentenhaftes Betragen. Sein Vergehen war, daß er, nach zehn Jahren als unverheiratetes Hätschelkind, noch einmal sexuell gefährlich geworden war, ein Jüngling von 39 Jahren. Der ungefährlich eheabstinente Major von Knebel wurde entschieden bevorzugt: «Knebel . . . hat viele Freundinnen», schrieb Charlotte von Kalb, «er ist auch mit wahrer Aufrichtigkeit ihr zärtlicher Verehrer. Wir sind alle hier von seinem Betragen zufrieden, und ihm wird jetzt am öftesten eine Lobrede gehalten.» Aber am 3. Dezember trat ein Rivale Knebels auf und quartierte sich, als am Tag darauf Goethe von einer Besprechung über Schillers Professur aus Gotha zurückkam, bei dem Geheimrat ein: Karl Philipp Moritz. Sein häßliches, kleines Gesicht, mit der Stupsnase und den affenartigen Zügen, seine muntere, jungenhafte Art, der alles sexuell Fordernde fehlte, sein Vergnügen an weiblicher Gesellschaft, zumal wenn er sie unterhalten und belehren konnte, sein Talent als Erzähler und seine (wie Schiller fand) «drollig-interessante» Konversation machten Moritz bald zum neuen Liebling der Damen. Binnen zwei Wochen war er in alle Weimarer Kreise, auch den der Frau von Stein, eingeführt worden und konnte sich rühmen, schon oft und lange beim Herzog gewesen zu sein. Sogar seine atemberaubende Goetheverehrung wirkte hinreißend selbstlos, und in der Tat erklärte er den Damen immer wieder, daß es ein Privileg sei, neben einem Dichter zu leben, der nur mit Shakespeare, Homer oder den griechischen Tragikern zu vergleichen war (welche für die Damen allerdings «vorderhand noch zu hoch» seien). Es sei zwecklos, behauptete Moritz, etwas anderes zu lesen als das Beste – Schillers Werke wurden gnadenlos zergliedert, jeder Hauch von Poesie oder Dramatik ihnen abgesprochen –, während selbst die nach Schillers Ansicht «mittelmäßigen» Hervorbringungen Goethes, darunter natürlich *Egmont*, von Moritz «zu Kanons» gemacht wurden. Herder, der Moritz im September und Oktober in Rom begegnet war, ärgerte sich zwar über das, was ihm seine Frau über den Wirbel schrieb, welchen die Damen um Moritz machten, fand aber, daß Goethes «entsetzlicher Enthusiasmus für . . . ein gedrücktes, krankes Wesen» verständlich sei, wenn man bedenke, daß Moritz «in ihn vernarrt ist und seine ganze Philosophie darauf gerichtet hat, ihn als das Summum der Menschheit zu vergöttern».

Als Moritz in Weimar ankam, in einem dünnen, schäbigen Mantel und ohne einen Pfennig Geld in der Tasche, hatte in Europa ein ungewöhnlich kalter Winter eingesetzt – in Paris sollte die Temperatur später auf – 28 °C sinken, so daß die Behörden an allen Straßenecken öffentliche Wärmefeuer unterhielten –. Goethe kleidete Moritz neu ein und streckte ihm wahrscheinlich auch Geld vor (um sich seine Auslagen später vom Herzog zurückerstatten zu lassen). Moritz war im Oktober aus Rom abgereist, weil er Aussicht auf eine Professur an der Berliner Akademie der Künste hatte und hoffte, die Sache durch seine persönliche Anwesenheit in Berlin forcieren zu können und durch eine Zwischenstation in Weimar auch dort einflußreiche Förderer zu gewinnen. Für Goethe, der schon im Juni versucht hatte, Moritz an Carl August zu empfehlen, kam der neue Gast höchst gelegen: Moritz konnte ihm den ersten nördlichen Winter seit drei Jahren überstehen helfen, indem er neue geistige Anregungen mitbrachte, von seinen Erinnerungen an Italien erzählte und wichtige Hilfestellung durch seine eigenen literarischen Projekte gab. Vor allem *Tasso* gedieh, freilich «wie ein Orangebaum sehr langsam», und Goethe hoffte, daß Moritz bleiben werde, bis das Stück fertig war; worin genau der «Antheil» bestand, den Moritz nach Goethes Auskunft am *Tasso* gehabt hat, muß dahingestellt bleiben, doch ist es unwahrscheinlich, daß er sich nur auf Fragen der Prosodie beschränkte, in denen Goethe schon in Rom von Moritz beraten worden war. Moritz spielte mit einigen eigenen Ideen – er dachte an eine systematische Ästhetik, die Sulzers Lexikon ablösen sollte, und, bescheidener, an einen Aufsatz zum *Werther*, den er dann auch bald nach seinem Weggang von Weimar zu Papier brachte –, aber seine einzige wirkliche Arbeit waren die Englischstunden, die er Carl August gab: Der Herzog wollte Miss Gore unbedingt Komplimente in ihrer Muttersprache machen können und zahlte Moritz das ausnehmend großzügige, wohl als taktvolles Stipendium gemeinte Honorar von 175 Talern. Ihn beeindruckten Moritz' Beobachtungsgabe und seine eigenwillige und unterhaltsame Ausdrucksweise, und er lud ihn häufig ein, mit ihm an der fürstlichen Tafel zu speisen. Auch Schiller, der diesen Winter nur zwei Türen weiter von Goethe wohnte, in der vergeblichen Hoffnung, daß Goethe ihn besuchen werde, traf sich einige Male mit Weimars neuem Stern (dem er schon 1785 kurz begegnet war) und fand, Moritz sei «ein tiefer Denker» und das Gespräch mit ihm sehr angenehm, «weil wir auf meine Lieblingsideen geraten sind». Es mag sich dabei um einige der Ideen handeln, die der *Bildenden Nachahmung des Schönen* wie dem langen philosophischen Gedicht *Die Künstler* gemeinsam sind, das Schiller damals schrieb, das allerdings bei Moritz' Ankunft schon in einem Entwurf vorgelegen hatte: Ideen wie die, daß ein Kunstwerk «sich allein genug» ist, daß menschliche Künstler dem Einen Großen Künstler analog sind oder daß der Tod, von der Notwendigkeit «sanft» verhängt, durch die Kunst verwandelt wird (allerdings ist die in den *Künstlern* auffallende Vorstellung, daß die Religion der Alten auch eine Form von Kunst gewesen sei, in Moritz' Abhandlung nicht anzutreffen und nimmt eher dessen spätere Arbeit über die Mythologie vorweg). Die *Bildende Nachahmung des Schönen* war zwar bereits erschienen, zirkulierte aber in Weimar offenbar nur in Manuskriptform. Trotzdem fand die Arbeit einen weiten Leserkreis. Schiller hatte sein Exemplar von Frau von Stein, studierte den Text sehr genau und hatte eine hohe Meinung von der Fülle der Gedanken, wenn er auch fand, daß «Herderische Vorstellungsarten» darin «sehr ... sichtbar» seien. Herder wiederum, der Moritz die Abhandlung in Rom hatte vorlesen hören und der durch die Briefe an seine Frau zu allen Weimarer Diskussionen, wenngleich mit vierwöchiger Verspätung, seine Kommentare gab, fand den Text «ganz goethisch» und lehnte «diese ganze Philosophie» ab: «sie ist selbstisch, abgöttisch, unteilnehmend und für mein Herz desolirend.» Aber Schiller hatte zweifellos recht: Das einzige, was Herders Ansichten über Tod, Notwendigkeit und höchste Wirklichkeit von denen Moritz' trennte, war ein rational unbegründetes ethisches Wohlwollen, das nur mehr einen nostalgischen Bezug zur christlichen Religion hatte. Moritz und Schiller waren, jeder auf seine Weise, zu hart, um viel Geduld mit der Nostalgie zu haben.

Indessen hatte Herder die Herzogin Louise, Frau von Stein und Knebel auf seiner Seite. Knebel geriet im Januar 1789 zweimal mit Goethe in Streit; beide Male ging es um Moritz, doch lag der Grund für Knebels Reizbarkeit wahrscheinlich tiefer, in dem Gefühl einer Art von Usurpation durch Italien, wie sie auch Frau von Stein verdrossen hatte. Knebel schrieb Herder über Goethe, er habe

nämlich aus Italien eine Menge eingeschränkte Begriffe mitgebracht, so: . . . daß unser Wesen zu eingeschränkt sei, um von der Dinge Dasein und Wesen nur einigen Begriff zu fassen; daß alles absolutissime auf die individuelle Existenz eingeschränkt sei und daß uns also nichts zu denken und zu begreifen übrigbleibe als einzelne Fälle und Untersuchungen oder der Umfang der Kunst usw.

Die meisten dieser «Begriffe» haben in Wahrheit überhaupt nichts mit dem zu tun, was wir als Goethes Hauptinteressen in Italien kennengelernt haben: Das Insistieren auf den Grenzen der Erkenntnis klingt viel eher nach einer ersten Reaktion auf die kritischen Schriften Kants, die Goethe in diesem Winter zu studieren begann – vielleicht glaubte er, nicht länger einen Mann ignorieren zu können, der in Jena so hohes Ansehen genoß und für den die *Allgemeine Literaturzeitung* sich so nachdrücklich einsetzte. Die Beschränkung auf individuelle Existenzen und auf die Kunst als die einzigen völlig begreifbaren Dinge läßt auf den Versuch schließen, dem skeptischen Ansturm Kants durch Zufluchtnahme zu Moritz'schen Begriffen zu begegnen. Knebel sagt: «Diese Sätze [Goethes] wurden mehr und mehr in Gesellschaft des guten Moritz, der ein sehr mikroskopisches Seelenauge hat, zubereitet», und gibt seine eigene Ablehnung von Moritz' Abhandlung als Grund dafür an, daß der Streit immer persönlicher wurde. «Zum Kriege» kam die Sache Ende Januar, als Goethe in der Februarnummer des *Teutschen Merkurs* unter dem Titel «Naturlehre» einen fiktiven Brief erscheinen ließ, worin er hochmütig gewisse Spekulationen abfertigte, die, wie man wußte, Knebel über das Verhältnis der Eiskristallisation an den Fensterscheiben des verschneiten Weimar zum Reich des Vegetabilen angestellt hatte, an das diese Kristallbildungen erinnerten. Goethes ziemlich untypische Behauptung, es sei wichtiger, Unterschiede zwischen Naturerscheinungen aufzufinden als Ähnlichkeiten – ein Prinzip, gegen das er zugibt, selber häufig verstoßen zu haben –, hat zwar eine spezifisch Kantische Färbung, aber Knebel empfand das Abfeuern einer derartigen Breitseite in aller Öffentlichkeit und ohne vorherige Rück-

sprache mit dem Angegriffenen schlicht als Beleidigung. Moritz fungierte als
Vermittler zwischen den streitenden Parteien, und man vereinbarte, daß in
der nächsten Nummer des *Merkur* eine versöhnlich gehaltene Replik Knebels
erscheinen sollte. Gleich darauf führten jedoch die Differenzen um die *Bildende Nachahmung des Schönen* zu einer weiteren Auseinandersetzung, die
erst beigelegt wurde, als Moritz Weimar verlassen hatte. Diesmal war es an
Knebel, sich über die Verwischung entscheidender Unterschiede zu beklagen:
Er war es doch, der die wesentliche Schwäche der Abhandlung in der fehlenden Unterscheidung zwischen dem realen Ganzen der Natur und dem nur
scheinbaren Ganzen eines «Kunstwerks» erkannt hatte. Goethe pflichtete bereitwillig bei, nachdem man sich darauf verständigt hatte, daß hier der Grund
für Knebels Ablehnung des Textes lag und daß das Problem einfach in der
verworrenen Ausdrucksweise Moritz' bestand: Tatsächlich war die höfische
Unterscheidung zwischen Natur und Kunst, welche sich Goethe erstmals in
den ersten Monaten in Rom aufgedrängt hatte, in den späteren Teilen von
Moritz' Argumentation implizit enthalten. Gleichwohl glitten die beiden
Kontrahenten mit ihrer gütlichen Einigung stillschweigend über ein Problem
hinweg: Wenn nämlich in den ersten Teilen von Moritz' Abhandlung die
Unterscheidung zwischen der Ganzheit der Natur und der Ganzheit eines
Kunstwerks zu radikal formuliert wurde, brach in diesen Abschnitten die
ganze Analogie zwischen dem «Künstler» und dem Schöpfergott zusammen;
auf diese Analogie jedoch stützte Moritz seinen Anspruch auf die metaphysische Bedeutung der «Kunst» und auf die soziale Bedeutung des «Künstlers», welcher mehr sein sollte als nur ein spezialisierter Handwerker. Knebel
hatte exakt den Punkt getroffen, an dem Moritz bemüht war, die herkömm-
liche höfische Vorstellung von den Künsten als einem Ornament der Macht
zu modifizieren, und aus ihnen die berufsmäßige Domäne eines neuen, säkularen Priestertums machen wollte. Solche Schärfe des Blicks entspringt immer nur persönlicher Animosität, so trefflich auch Knebel, der Höfling, und
Moritz, der fahrende Geselle, miteinander auszukommen behaupteten. Sobald Moritz fort war, schrieb Goethe eine Zusammenfassung der wichtigsten
Thesen seines Büchleins, die schließlich im *Teutschen Merkur* in Form einer
Rezension erschien, der Knebel nun voll und ganz zustimmen konnte. Da
Goethes Zusammenfassung sich aber weithin auf direkte Zitate aus Moritz'
Original beschränkte, war, wie Caroline Herder bemerkte, nicht recht zu
sehen, woher die ganze Aufregung eigentlich gekommen war. Knebel und
Goethe konnten sich nun beide darauf einigen, daß die Schönheit der Natur
in den regelmäßigen Gesetzen zu sehen war, nach denen das Ganze der Dinge
geordnet ist (eine Empfindung, der Leibniz freudig beigepflichtet hätte); die
Schönheit eines Kunstwerks dagegen fließt aus der persönlichen Ahnung des
Künstlers von der Ganzheit der Dinge, übersetzt in eine sinnlich ansprechen-
de «Gestalt». Das war eine Definition *ad hominem*, die, da sie keine andere
Erklärung mehr für den Bezug zwischen der Ordnung eines Kunstwerks und
der Ordnung des Universums enthielt als die Berufung auf das private und

nicht kommunizierbare Erleben des Künstlers, praktisch die metaphysischen Ambitionen der *Bildenden Nachahmung des Schönen* begrub. Aber zwischen Freunden war das genug, und Knebel glaubte, nun sei die rechte Beziehung zwischen dem «Philosophen» (ihm selbst) und dem «Künstler» (Goethe) gefunden.

Was Moritz anging, so hatte er die Absicht, die er mit dem Aufenthalt in Weimar verbunden hatte, unerwartet glücklich erreicht. Am 1. Februar reiste er nach Berlin ab, begleitet von Carl August, der die Gores besuchte und sich persönlich beim preußischen König für Moritz' Ernennung zum Professor verwendete. Die beiden Monate, die Moritz am Hofe Carl Augusts verbracht hatte, waren ein persönlicher Triumph gewesen, veränderten aber auch dauerhaft das geistige Klima in Weimar, ungeachtet der systematischen Schwächen seiner Schriften. Ein System kann auch ohne innere Kohärenz, nur durch seine einzelnen Bestandteile, Wirkung entfalten, und Moritz' Gedanken über Kunst und über Goethe als Künstler waren eine starke Medizin. Caroline Herder berichtete ihrem Mann, «wie mir Moritzens Abhandlung einen Totalbegriff für die Kunst gegeben hat», und auf einmal ist in ihren Briefen andauernd von «Kunst» und «Künstler», «Dichtung» und «Dichter» die Rede – manchmal werden diese Begriffe gebraucht, als seien sie nahezu synonym. Herder selbst, in Rom der Einflußsphäre Moritz' und Goethes entzogen, benutzte den Begriff «Kunst» noch immer ausschließlich für die bildenden Künste, wenn er, in einem Brief an Goethe, die Renaissance- und Barockmalerei niedermachte, der die beiden Weimarer Ästhetiker ihre Inspiration verdankten, und ihr die klassische Skulptur entgegenstellte, die alles war, was Herder persönlich zu sehen begehrte: «Fast möchte ich sagen, daß ich von der Kunst nie kühler gedacht habe, als hier . . .; einst wars eine schöne Blüte des menschlichen Bestrebens, jetzt aber ists eine Blumenfabrik.» – «Im Grunde sind dies alles für mich Pfützen aus einem toten Meer», war seine aufgebrachte Reaktion, als seine Frau ihm die neueste Weimarer Obsession beschrieb, «sosehr sich auch Goethe den Mund aufreißt, ihre Süßigkeit zu loben.» Herder sah ein, daß Kunst in der antiken Welt keineswegs dasselbe war wie Kunst in der modernen Welt, und konnte Artefakte schätzen, die – wie etwa Darstellungen griechischer Gottheiten – ursprünglich eine religiöse Funktion gehabt hatten; dagegen witterte er an modernen Kunstwerken – jedenfalls in ihrer Deutung durch Moritz – mit Abscheu den Ehrgeiz, der Religion nicht zu dienen, sondern sie zu ersetzen. Er hatte bereits das «Abgöttische» in jener Stilisierung Goethes zum Dichter *par excellence* entdeckt, welche von Goethe selbst in seinem Bekenntnisbrief an Carl August lanciert worden war, welche Knebel übernommen hatte und welche Moritz jetzt nach Kräften propagierte. Es muß für Herder eine harte Probe auf seine geringe Geduld gewesen sein, als seine Frau ihm ihre Bekehrung zu der neuen Sekte eröffnete. Caroline Herder hatte Goethe gefragt, ob die wenig eindrucksvolle Figur der Leonore in dem *Fastnachtsspiel vom Pater Brey*, das jetzt im achten Band der *Schriften* erschienen war, wirklich, wie es gerüchtweise hieß (und in der Tat so ziemlich der Fall war) sie selbst darstellen sollte. Goethe wich einer direkten Antwort aus und berief sich statt dessen auf den Grundsatz, den er bei jener Diskussion in der Kutsche von Großkochberg nach Jena vertreten hatte: «Der Dichter nehme nur soviel von einem Individuum, als notwendig sei, seinem Gegenstand Leben und Wahrheit zu geben; das übrige hole er ja aus sich selbst, aus dem Eindruck der lebenden Welt.» Dasselbe gelte für den *Tasso*, sagte Goethe, bei allem, was das Stück an Bedeutendem über seine eigene Person enthalte. Caroline erklärte sich mit dieser Auskunft vollkommen zufrieden, nun, «da ich mir ihn so ganz als Dichter denke. Er nimmt und verarbeitet in sich aus dem *All der Natur* (wie es Moritz nennt) in das ich auch gehöre, und alle andre Verhältnisse sind dem *Dichter* untergeordnet. Das sehe ich jetzt deutlich, und ich sehe ihn täglich mehr in seinem eigentlichen Licht. Er ist eben ein glücklich Begünstigter von der Natur.» Caroline Herder hatte nicht nur gelernt, damit zu rechnen, daß eine höhere Monade sie zur Darstellung der Totalität in einem «Kunstwerk» nahm und verarbeitete, sie hatte auch begriffen, daß im täglichen Leben der «Künstler» in einem unnormalen Verhältnis zu dem menschlichen «Material» steht, das ihn umgibt, und daß der einfache Jüngling nur bescheidene Ansprüche stellen darf:

Über Goethe habe ich wirklich einen großen Aufschluß bekommen. Er lebt eben wie *der Dichter mit dem Ganzen* oder *das Ganze in ihm*, und da wollen wir als einzelne Individuen nicht mehr von ihm verlangen, als er geben kann. Er fühlt sich als ein höheres Wesen, das ist wahr, aber er ist doch der Beste und Unwandelbarste unter allen. Seitdem ich weiß, was ein Dichter und Künstler ist, seitdem verlange ich kein engeres Verhältnis, und doch, wenn er zu mir kommt, fühle ich, daß ein sehr guter Geist um und in ihm ist.

In diesem Sinne konnte sie nun eines der neuesten Glieder der Gemeinde aufklären, Charlotte von Kalb, die allzu umstandslos die Figuren im *Tasso* mit Carl August, Herzogin Louise, Goethe und Frau von Stein gleichgesetzt hatte:

ich habe sie aber ein wenig darüber berichtigt. Das will ja auch Goethe durchaus nicht so gedeutet haben. Der Dichter schildert einen *ganzen Charakter*, wie er ihm in seiner Seele erschienen ist; einen solchen ganzen Charakter besitzt ja aber ein einzelner Mensch nicht allein. . . . Daß er Züge von seinen Freunden, von den Lebenden um sich her nimmt, ist ja recht und notwendig. Dadurch werden seine Menschen wahr, ohne daß sie eben ein ganzer Charakter lebend sein können oder dürfen.

Es ist verzeihlich, daß Herder das Vernünftige (im wesentlichen auf Goethe Zurückgehende) an manchen dieser Bemerkungen übersah und statt dessen auf die Moritz'schen Absurditäten reagierte:

Hole der Henker den Gott, um den alles ringsumher eine Fratze sein soll, die er nach seinem Gefallen braucht! Oder gelinder zu sagen: ich drücke mich weg von dem großen Künstler, dem einzigen zurückstrahlenden All im All der Natur, der auch seine Freunde und was ihm vorkommt, bloß als Papier ansieht, auf welches er schreibt, oder als Farbe des Paletts, mit dem er malet. Lobpreisungen solcher Art, wie sie Moritz macht, müssen verwöhnen, wenn man sie nicht verachtet.

Und Caroline Herder, von ihrem Gatten zur Ordnung gerufen, bereute von Herzen ihre Verirrung:

> Liebster Engel, Du hast über ihn ganz und vollkommen recht. Du beurteilst ihn Mann gegen Mann. . . . Seine Alleinherrschaft und hundert kleine Eitelkeiten empfinden ja Freunde und Feinde, und meine Abgötterei ist noch nicht so weit gediehen, daß ich sie gar für göttliche Eigenschaften ansehe. . . . ich wollte Dich um alle Güter der Welt nicht um einen eitlen Dichter vertauschen. Daß ich soviel Aufhebens davon gemacht habe, rührt bloß daher, weil ich vom Dichter und der Poesie, vom Künstler und der Kunst noch keinen so anschaulichen Begriff gehabt habe, und ich war eben wie ein Kind, das einen neuen Buchstaben hat kennengelernt. . . . «Tasso» . . . bestätigt, darstellend und ausführend, die ganze Vergötterung des Dichters. . . . O ich möchte alle die Briefe bisher über ihn und die Kunst ungeschrieben machen! Was geht mich der Dichter und die Poesie an!

Moritz' Kunsttheorie sollte in ihrer späteren Rekonstruktion durch Schiller maßgeblichen Einfluß auf die deutsche Ästhetik überhaupt haben: Die Errichtung eines autonomen Reiches der «Kunst» erwies sich für viele Literaten als bedeutsam, als es um die Bestimmung ihres Verhältnisses zu den werdenden politischen Mächten ging. Moritz' Interpretation des Künstlers Goethe selbst, auf den Herder zufolge die ganze Abhandlung «gepaßt und gemacht» war, hatte, wenn überhaupt, eine noch nachhaltigere und gewiß noch weniger wünschenswerte Wirkung. Doch bestand bei allem Hin und Her um den «Künstler», auf das Goethe im Grunde verzichten konnte, weil seine Position in Weimar und in der Gunst des Herzogs von keiner Ideologie abhing, damals eine enge Affinität zwischen den Anschauungen Goethes und Moritz' und jenen Herders, hätte dieser nur den Mut gehabt, es zuzugeben. Für alle drei war die menschliche Kulturleistung eine mögliche Quelle sinnvoller Ordnung in einer Welt, der die providentielle göttliche Führung abhanden gekommen war. In den ersten Monaten des Jahres 1789 bereitete Goethe die in Rom begonnene Beschreibung des Karnevals für den Druck vor – Moritz las, flüchtig genug, die Fahnen -: Von allen Schriften Goethes erfüllt diese am genauesten und vielleicht sogar bewußt die Anforderungen, die Moritz an ein Kunstwerk stellt. Von allen seinen Schriften ist es auch die gottloseste. In Berlin von dem Buchdrucker Johann Friedrich Gottlob Unger (1753–1804) prächtig gedruckt und mit den in Weimar von Georg Melchior Kraus gestochenen und illuminierten Zeichnungen Schütz' versehen, wurde *Das Römische Karnival* zuerst von Bertuch in einer Auflage von 250 Exemplaren herausgebracht, die praktisch sofort vergriffen waren, und dann noch einmal, ohne die Kupfertafeln, 1790 in dem erfolgreichen *Journal des Luxus und der Moden* veröffentlicht, das Bertuch 1786 gegründet hatte. In diesem erlesenen Rahmen präsentiert Goethe einen Mikrokosmos: Der römische Karneval, den er, in einer Reihe von betitelten Abschnitten von unterschiedlicher Länge, in einem kühl distanzierten, durchgängigen Präsens beschreibt, ist eine

Welt für sich. Goethe verzichtet auf den Versuch, eine Beschreibung des normalen römischen Lebens einzuschalten: Sein Thema ist ausschließlich das sa-
turnalische Treiben der maskierten und kostümierten Bürger und die kurze
Aufgipfelung des Tagestaumels in dem Pferderennen auf dem Corso, und
wenn der Aschermittwoch kommt, ist der Karneval zu Ende, und seine Beschreibung ist auch zu Ende. Die Placierung des Geschehens auf dem Corso
und in den benachbarten Straßen ist fast ebenso begrenzt wie die Bühne des
klassizistischen Theaters. Doch gibt es keine individuellen Akteure: es gibt
nur das schiebende, treibende, bunte Gedränge der Kutschen, Pferde und
Menschen, die auf diesem engsten Raum zusammengepfercht sind, aus welchem einzelne Szenen, Gesichter, Episoden, Namen für ein oder zwei Sätze
oder Zeilen auftauchen, um sogleich wieder von einer kollektiven, sich selbst
überlassenen Ordnung oder Unordnung verschlungen zu werden, wenn die
Masse sich formiert, um einem Würdenträger die Durchfahrt oder den Ablauf des Rennens zu ermöglichen, und im nächsten Augenblick wieder ins
Gestaltlose zerfällt. Überall sind sexuelle Anzüglichkeiten und mörderische
Drohungen unterschwellig gegenwärtig oder werden pantomimisch dargestellt, aber die Wachen und die Schnellgalgen, die jede Übertretung unverzüglich zu ahnden drohen, schützen die Menge vor jeglicher Gefahr bis auf
die unvermeidlichen Unfälle auf der Straße und beim Rennen; aber die Masse
ist groß und gleichgültig genug, solche Zwischenfälle hinzunehmen und gar
nicht zu bemerken. Der Erzähler selbst spielt in dem Treiben keine individuelle Rolle, außer der des typischen, anonymen Körpers im Menschenge-
wühl: Er beobachtet nur diese Welt und berichtet über sie für ein ausländi-
sches Publikum, dem alles, was er sagt, fremd ist. Jedenfalls solange, bis er
zu der abschließenden «Aschermittwochsbetrachtung» gelangt, in der deutlich gemacht wird – genau wie es Moritz' Theorie der tragischen Schlüsse
verlangt –, daß das, was wir gesehen haben, die Darstellung nicht *einer* Welt,
sondern *der* Welt ist, des Lebens der Menschheit selbst: Liebe und Geburt
und drangvolles Streben, gespanntes Erwarten und flüchtige Erfüllung und
Tod sind vor uns vorübergezogen, und während die rast- und namenlosen
Akteure in diesem Gepränge es nun, da es zu Ende ist, vergessen haben, als
sei es nie gewesen, haben der Erzähler und sein Publikum ein geordnetes Bild
davon vor Augen und können über seine Bedeutung für sich selbst und ihr
ganzes Geschlecht reflektieren. Diese Bedeutung ist jedoch nicht in den Fa-
sten- und Ostermysterien zu finden, auf die der Karneval das römische Volk
vorbereitet und die Goethe kaum anders andeutet als mit der Bemerkung,
die Geburt Christi habe die vorchristlichen Saturnalien nicht aufzuheben vermocht. Sie ist auch nicht dort zu finden, wo Moritz und sogar Herder sie
gefunden haben mögen: in dem immerwährenden Frühling des wiedererwa-
chenden Lebens, ausgedrückt und gefeiert – zumindest für Moritz – in der
Schönheit des Kunstwerks, das die Tragödie des individuellen Todes gestaltet.
Goethes Schlußfolgerung aus dem römischen Karneval fällt entschieden me-
lancholischer aus; gestützt nunmehr auf das Wissen um Kants Argumente für

die Grenzen unserer möglichen Erkenntnis, verleiht sie jener Stimmung definitiven Ausdruck, die ihn zuerst anderthalb Jahre zuvor befallen hatte, als er von Neapel nach Rom zurückgekommen war und die Umarbeitung des *Egmont* begonnen und mit Moritz die historischen Spekulationen Herders studiert und diskutiert hatte. Die lebhaftesten und höchsten Vergnügen des Lebens, sagt Goethe, seien wie die vorbeifliegenden Pferden bei dem Rennen auf dem Corso, und «da das Leben im ganzen . . . unübersehlich, ungenießbar, ja bedenklich bleibt», sollten wir im Karneval «an die Wichtigkeit jedes augenblicklichen, oft gering scheinenden Lebensgenusses erinnert werden».

Tief verwurzelt war die Leidenschaftlichkeit, die Schiller an Goethes Beschwörung Italiens als der Heimat gegenwärtiger Genüsse aufgefallen war. Abgeschnitten von jenem «Elemente», das ihn in Italien allenthalben mit Genüssen genährt hatte, in Weimar aber zu einer Erinnerung verkürzt war, empfand er mit einer metaphysischen Intensität, die der seines Egmonts nicht nachstand, den Wert jedes einzelnen reichen und glücklichen Augenblicks. Sein Haß auf alle «Lügen, . . . Ahnungen, Sehnsuchten etc.», auf alles, was von den greifbaren Befriedigungen eines gegenwärtigen Erlebens ablenkte, trat klar zutage. Die Aufmerksamkeit Frau von Steins und Caroline Herders auf die Bedeutung ihrer Träume brachte ihn auf; ein falscher Lostopf sei das Traumreich, und: «Man wird selbst zum Traum, zur Niete, wenn man sich ernstlich mit diesen Phantomen beschäftigt», schrieb der Verfasser des Gedichtes «Warum gabst du uns die tiefen Blicke», und in einer kleinen versifizierten Ermahnung, «Frech und froh», verkündete er, daß sein Herz nun die «süßen Schmerzen» der schmachtenden Liebesqual verachte, bei denen man wie ein armer Hund lebe. Er wolle jetzt überhaupt keine Beimischung von Schmerz, Ferne, Sehnsucht mehr:

> Nur vom Tücht'gen will ich wissen,
> Heißem Äuglen, derben Küssen.

Es besteht ein enger Zusammenhang zwischen sexueller Abstinenz und bestimmten Arten von Religiosität. Goethe hatte den Körper entdeckt, seinen eigenen und den einer Frau, und eine Zeitlang schien es für ihn nichts anderes zu geben. Nach dem ersten dauerhaften Erlebnis sexueller Befriedigung verlor er das Gefühl einer unstillbaren Sehnsucht, die in diesem materiellen Leben ein transzendentes Anderssein versinnbillichen und damit den Boden für eine niemals endende symbolische Suche bereiten könnte. Drei Tage vor seinem Geburtstag 1788 erinnerte Caroline Herder ihn an das Geburtstagsgeschenk, das er im Jahr zuvor erhalten hatte: Herders Buch mit Gesprächen über Spinoza und Leibniz. «Da bekam ich . . . den Gott», versetzte er lächelnd, «um dies Jahr an keinen zu glauben.» «Es müssen unangenehme Dinge durch sein Gemüth gehen», kommentierte Caroline. Zufällig las Goethe damals gerade einen Text ihres Mannes: den vierten Teil der *Ideen*, im Manuskript größtenteils fertig, aber erst 1791 veröffentlicht, und speziell das 17. Buch, das die frühchristliche Kirche behandelt. Herder hatte mittler-

weile das Ringen seiner frühen Jahre mehr oder weniger aufgegeben, historisches Christentum und rationale Aufklärung in Einklang zu bringen, und
gab sich mit letzterer zufrieden. Christus war eine Gestalt, über die wenig
bekannt war: als ein menschlicher Lehrer reiner Menschlichkeit hatte er nicht
viel mit dem Religionssystem zu tun, das seinen Namen trug. Vom Christentum sprach Herder zu Christus nicht als «Deiner Religion», sondern als «einer Religion an dich». Er übernahm eine Unterscheidung, die schon Lessing
gepredigt hatte, und schrieb von der gedankenlosen Anbetung der Person
Christi und Seines Kreuzes als dem «trüben Abfluß Deiner reinen Quelle»,
der Religion Christi. Während Goethe den illusionslosen Bericht Herders
über die spirituelle Machtpolitik, mit der die Priesterhierarchie ihre Herrschaft über die Geister Europas errichtet hatte, noch beifällig aufnehmen
konnte, hatte er kein Interesse mehr für derlei vorsichtige Distinktionen, die
es dem liberalen Protestantismus zwei weitere Jahrhunderte lang erlauben
sollten, das Wesen des Christentums von Kanzel und Katheder zu verkünden. Das Christentum erschien Goethe nun als ein recht zufälliges, wenn
auch durchaus wirksames Hindernis auf dem Weg zum geradlinigen Denken
über die eine, solide Welt, die es gab, und als er eine Woche nach seinem
Geburtstag an Herder schrieb, ließ er in seiner Wortwahl die Möglichkeit
offen, daß die beiden Formen der Herderschen Religion gleichermaßen mär-
chenhaft waren:

Das Christentum hast du nach Würden behandelt; ich danke dir für mein Teil. Ich
habe nun auch Gelegenheit, von der Kunstseite es näher anzusehen, und da wirds auch
recht erbärmlich. . . .: das Märchen von Christus ist Ursache, daß die Welt noch 10/m
[= zehntausend] Jahre stehen kann und niemand recht zu Verstand kommt, weil es
ebenso viel Kraft des Wissens, des Verstandes, des Begriffs braucht, um es zu verteidigen als es zu bestreiten. Nun gehen die Generationen durcheinander, das Individuum
ist ein armes Ding, es erkläre sich für welche Partei es wolle, das *Ganze* ist nie ein
Ganzes, und so schwankt das Menschengeschlecht in einer Lumperei hin und wider,
das alles nichts zu sagen hätte, wenn es nur nicht auf Punkte, die dem Menschen so
wesentlich sind, so großen Einfluß hätte.

Wahrhaftig Fragen um Leben und Tod: Was sollte man einem Merck sagen,
der sich seines nahenden Wahnsinns verzweifelt bewußt war und sich nach
einem «Köhlerglauben» sehnte, um beten zu können? Goethe schrieb ihm
vernünftig genug zurück, gewiß sei ihm schon das Schreiben des Briefes eine
Erleichterung gewesen, und versprach auch in Zukunft bereitwilliges Gehör.
Für Herzogin Louise, die nach einer weiteren Totgeburt in tiefen Depressionen versank, hielt Goethe eine Medizin parat, die wunderlicher und bitterer,
aber erprobt war: Er las ihr aus dem Manuskript von Herders *Ideen* den
Bericht über die Ursprünge der römischen Hierarchie vor. Als er im Dezember einen Kondolenzbrief an Friedrich Leopold Stolberg schrieb, dessen Frau
Agnes mit 27 Jahren gestorben war, vermied er sorgfältig alle jenen diffusen
Herzensergießungen, die einst der Inbegriff ihrer Freundschaft gewesen waren. Stolberg aber nahm die versteckte Herausforderung an und erzählte in

seinem Antwortbrief, daß seine Frau sich in den letzten Wochen ihrer Krankheit zunehmend mit der Hoffnung auf ein christliches Leben nach dem Tode getröstet habe. Goethes Erwiderung vom folgenden Februar, unmittelbar nach der Abreise Moritz' geschrieben, war ein Meisterwerk unangebrachter Diplomatie, enthielt aber auch sein offenstes Treuebekenntnis zum epikureischen Atheismus und Materialismus:

> Wenn ich auch gleich für meine Person an der Lehre des Lucrez mehr oder weniger hänge und alle meine Prätensionen in den Kreis des Lebens einschließe; so erfreut und erquickt es mich doch immer sehr, wenn ich sehe daß die allmütterliche Natur für zärtliche Seelen auch zartere Laute und Anklänge in den Undulationen ihrer Harmonien leise tönen läßt und dem endlichen Menschen auf so manche Weise ein Mitgefühl des Ewigen und Unendlichen gönnt.

Goethes Bekehrung zu der Ansicht, daß die einzigen für uns erkennbaren Dinge einzelne materielle Sinnesgegenstände und die einzigen Dinge von Wert einzelne Glücksmomente sind, sollte «von der Kunstseite» tiefere und nachhaltigere Wirkung haben als Moritz' Theorien über die Prozesse der ästhetischen Produktion. In Goethes Einstellung zu den bildenden Künsten war dieser Einfluß am längsten spürbar: zum Teil deshalb, weil sie zwangsläufig weiter von der Erinnerung an seine italienischen Erfahrungen bestimmt war, zum Teil aber auch deshalb, weil im den kommenden zehn Jahren die Kantische Wende im deutschen Geistesleben die bildenden Künste weit weniger erfaßte als die Literatur oder die Naturwissenschaften. Das hauptsächliche Medium, in dem Goethe sein neues Verständnis von Kunstwerken als «gegenwärtigen Genüssen» entfaltete, waren eine Reihe von Abhandlungen, die Ende 1788 und Anfang 1789 im *Teutschen Merkur* erschienen. «Nach meiner Überzeugung», schrieb Goethe an Johann Heinrich Meyer, der gerade in Neapel war, «ist die höchste Absicht der Kunst menschliche Formen zu zeigen, so *sinnlich* bedeutend und schön als möglich ist. Von *sittlichen* Gegenständen soll sie nur diejenige wählen die mit dem sinnlichen innigst verbunden sind und sich durch Gestalt und Gebärde bezeichnen lassen.» Ein erster Punkt der neuen Ästhetik lautet also, daß die Ambitionen der bildenden Künste auf den Kreis des Lebens beschränkt sind; sie sind wesentlich materiell, und zwar im wörtlichsten Sinne: ihr Stoff ist die Materie. Kurz nach seiner Rückkehr nach Weimar schrieb Goethe an den Göttinger Professor und Universitätsbibliothekar Christian Gottlob Heyne (1729–1812), den großen Altphilologen, daß er auf der Grundlage seiner Studien in Italien gerne untersuchen würde,

> inwiefern die Materie, woraus gebildet worden, den klugen Künstler bestimmt, das Werk so und nicht anders zu bilden. . . . Sie sehen daß ich sehr von der Erde anfange und daß es manchem scheinen dürfte, als behandelte ich die geistigste Sache zu irdisch; aber man erlaube mir zu bemerken: daß die Götter der Griechen nicht im siebenten oder zehnten Himmel, sondern auf dem Olymp thronten und nicht von Sonne zu Sonne, sondern allenfalls von Berg zu Berg einen riesenmäßigen Schritt taten.

Eine Skizze dieses Vorhabens erschien denn auch als Essay «Zur Theorie der bildenden Künste» in der Oktobernummer des *Teutschen Merkurs*: Goethe vertrat die These, daß den ägyptischen Granit seine Bruchmuster zum geeigneten Material für Obelisken machten, daß der Übergang von der Verwendung von Kalkstein zur Verwendung von Marmor für den Bau griechischer Tempel den Übergang von der dorischen zur ionischen Säulenordnung bestimmt habe und daß der gotische Stil aus einer unzulässigen Übertragung von Techniken, die nur für kleinmaßstäbliche Holzschnitzereien taugten, auf großmaßstäbliche Steinbauten resultiere (ganz ähnlich, möchte man ergänzen, wie die mit dem gotischen Stil sich identifizierende bürgerliche Literaturbewegung der 1770er Jahre versucht hatte, auf deutsche Geschichte und Gesellschaft jene realistischen und novellistischen Techniken anzuwenden, die nur auf häusliche Miniaturen angemessen oder jedenfalls zulässig waren). Was als Reliquienschrein hübsch ausgearbeitet war, wirkte als Mailänder Dom grotesk. Eine ähnliche Überlegung lag der Absicht zugrunde, den Ausdruck idealer Wesensmerkmale an griechischen Skulpturen zu untersuchen. So wie der Grieche sich seine Götter in einem materiellen und irdischen Himmel lebend dachte, auf einem Berggipfel, den er sehen konnte, so mußten auch die Vollkommenheiten, die sie seiner Vorstellung nach besaßen, den Menschen – und das bedeutete jetzt für Goethe: sichtbaren menschlichen Leibern – angeboren sein. Goethes anatomische Studien in Jena im Herbst 1788 waren, wie er Caroline Herder anvertraute, Teil seiner Vorbereitung auf diese Untersuchung. Die Physiognomik war die wissenschaftliche Erforschung des menschlichen Materials der Kunst, und an Carolines Mann schrieb er zuversichtlich von «physiognomischen Entdeckungen, die sich auf die Bildung idealer Charaktere beziehen» und über die er sich nach seiner Rückkehr wundern werde. Indessen ist von diesen «Entdeckungen» wenig mehr erhalten als eine recht sonderbare Reihe von abgewandelten Studien des kahl werdenden und cholerischen Knebel, der auf einem Blatt die Ohren eines Satyrs erhält, während er auf einem anderen durch wehende apollinische Locken à la Trippel idealisiert wird.

Zu dieser Forderung, daß die Kunst sich mit materiellen Dingen beschäftigen solle, die den Sinnen substantielle Befriedigung geben, kam für Goethe zweitens die Forderung hinzu, daß die Kunst von allen jenen Elementen des Gefühls, der Deutung und letzten Endes der Moral gereinigt werde, die er «sittlich» nannte. Der Ausdruck der Persönlichkeit des Künstlers, seiner Wünsche, Überzeugungen und sonstigen Affekte hat keinen Platz in der Ausübung der Kunst, wie diese in der Abhandlung «Über einfache Nachahmung der Natur, Manier, Stil» definiert wird, die im Februar 1789 im *Teutschen Merkur* erschien. Caroline Herder empfand sie für die Ordnung ihrer neuen Gedanken über die Kunst als «unvergleichliche» Ergänzung zu Moritz' Abhandlung, obgleich die Frage, mit der sich Goethe befaßt, ganz außerhalb von Moritz' Gesichtskreis liegt. Wenn ein Künstler, zum Beispiel ein Blumenmaler, sich mit der «einfachen Nachahmung der Natur» befaßt, konzentriert er sich nach Goethe unbefangen auf die geflissentliche Reproduktion der unmittelbaren und oberflächlichen Erscheinung der Dinge: Eine solche Einstellung hat ihre Grenzen – sie eignet sich am besten für Miniaturen –, kann aber Kunst höchster Qualität hervorbringen. Um den Rahmen der Kunst jedoch so zu erweitern, daß sie zum Beispiel auch eine ganze Landschaft umfaßt, bedarf es eines anderen Ansatzes: Ein so extensiver und komplexer Gegenstand kann nur durch eine Kunst der Abkürzung und Andeutung erfaßt werden, die symbolisch wie eine Sprache ist und die wie eine sprachliche Äußerung stark von der Individualität des Sprechenden geprägt wird. Diese Ebene der Kunstfertigkeit nennt Goethe «Manier», und obgleich er wiederholt versichert, der Ausdruck sei nicht abwertend gemeint, ist «Manier» doch die einzige der drei Ebenen der Kunst, von der es heißt, daß sie in Gefahr ist, unkünstlerische Ergebnisse zu zeitigen und «immer leerer und unbedeutender» zu werden, es wird wenig zu ihrem eigenen Ruhm gesagt, und sie wird als nicht mehr denn als «Mittel» zwischen der Nachahmung und dem höchsten Grad, dem «Stil», definiert – der allerdings auch direkt von der ersten Ebene, der «einfachen Nachahmung», erreicht werden kann, ohne Einwirkung der «Manier». Im «Stil» findet sich die wahre oder jedenfalls vollkommene Vereinigung der Persönlichkeit des Künstlers mit den Naturgegenständen, die er schildert. Goethe kommt noch einmal auf das Beispiel der Blumenmalerei zurück. Wenn der Künstler gleichzeitig Botaniker ist, wenn hinter seiner Reproduktion oberflächlicher Erscheinungen ein langes Studium der Gegenstände selber oder der Faktoren liegt, die sie werden lassen, was sie sind – ihrer Wachstumsprozesse, der Umwelteinflüsse, ihrer Zugehörigkeit zu Arten und Gattungen –, wird das eigentlich «Charakteristische» an ihnen, ihr besonderes Verhältnis zur allgemeinen Ordnung, in seinem Werk offenbar werden. Kurzum, der größte Künstler erscheint in seinen eigenen Werken nicht als Ausdruck gewordenes Gefühl, sondern als angewandter Geist. Zweifellos kam Goethe sich sehr erwachsen vor, als er diese Gedanken über «Stil» formulierte; die eigentliche Bedeutung seiner Abhandlung liegt aber unbestreitbar in dem, was er über «Manier» sagt – jene Stufe der Kunst, die Goethe am Beispiel von Sprache und Landschaft erläutert, den einzigen beiden Medien, in denen er selbst bisher produktiv gewesen war und deren ferneres Schicksal unter einem Regiment des «Stils» undeutlich bleibt. Mit der Unterordnung der «Manier» unter den «Stil» – seinerseits charakterisiert am Beispiel der Botanik, jenes neuen Interessengebietes, in dem er bisher noch nichts geleistet hatte – war Goethe bemüht, einen Wendepunkt in seiner eigenen Entwicklung zu markieren. Er hatte einst die Trennung seines inneren von seinem äußeren Leben akzeptiert, um sich der höfischen Welt anzupassen, aber die Dichtung, die sein Innenleben hervorgebracht hatte, war für ein Publikum bestimmt, das nur aus einer einzigen Frau bestand. Nun, da er danach trachtete, sich dem Hof nicht allein anzupassen, sondern völlig zu assimilieren, und da er sich als Schreibenden um der Kunst willen sah, nicht um eines Publikums willen, und mochte es aus einem einzigen Menschen bestehen – nun war es der Dichtung nicht gestattet, dem Innenleben Asyl zu gewähren: Andeutungen und Wünsche waren des Teufels, die Kunst wie das Leben war ganz Materie und Äußerlichkeit. Goethe war dabei, jene Kunst der Gefühle, die in Kürze den größeren Teil von acht Bänden füllen würde, hinter sich zu lassen oder auf ihren Platz zu verweisen und sie durch eine Kunst der sinnlich wahrgenommenen und unmittelbar genossenen Dinge zu ersetzen. Es blieb abzuwarten, wieviele Bände die neue Kunst zu füllen vermochte und ob sie sich höher aufschwingen würde als zum literarischen Gegenstück der Blumenmalerei.

Der Versuch «Über einfache Nachahmung der Natur . . .» geht nicht auf jenen Streitpunkt ein, der zur Zeit seines Erscheinens Gegenstand intensiver Diskussionen mit Knebel war: der in Moritz' Abhandlung nicht hinreichend deutlichen Unterscheidung zwischen der Ordnung der Natur und der Ordnung der Kunst. Indessen hatte Goethe diese Unterscheidung – den dritten und letzten Aspekt seiner neuen ästhetischen Sichtweise – bereits, und zwar laut, im vergangenen November proklamiert, in einem anderen Versuch, der auf den italienischen Erfahrungen beruhte und im *Teutschen Merkur* veröffentlicht wurde, «Frauenrollen auf dem Römischen Theater durch Männer gespielt». Die im Titel angesprochene Praxis wird von Goethe als Relikt des klassischen Dramas und wichtiger Schlüssel zu dessen Charakter gedeutet. So ausgezeichnet die Darsteller von Frauen auch sein mögen, ihrer Darbietung haftet doch immer ein Element des Künstlichen, bewußt Gemachten an. Dies nun scheint Goethe ein definierendes Merkmal von Kunst überhaupt zu sein:

man empfand hier das Vergnügen, nicht die Sache selbst sondern ihre Nachahmung zu sehen, nicht durch Natur sondern durch Kunst unterhalten zu werden, nicht eine Individualität sondern ein Resultat anzuschauen.

Dieses Gefühl für den Unterschied zwischen der Kunst und dem Leben, zwischem dem Wirklichen und seiner künstlerischen Darstellung ist Goethe zu jener Zeit darum so wichtig, weil es so völlig dem Gefühl entgegensteht, das die damals aufkeimende Kunst der realistischen Literatur, zumal des Romans, zu erwecken suchte: daß es keinen Unterschied zwischen Tatsache und Fiktion gibt und daß wir von exakt denselben Dingen lesen, wenn wir von «Deutschland», «zehntausend pro Jahr» und einer «guten Partie» im *Werther* und in *Mansfield Park* lesen oder in der Zeitung. Kunst, wie Goethe sie nun verstanden wissen will, ist überhaupt kein Bestandteil eines Kommunikationsprozesses – sie erzählt uns nichts, und sie erzählt uns von nichts –, und erst recht ist sie nicht Bestandteil jenes bürgerlichen Kommunikationsprozesses, welcher der Publikationsbetrieb ist. Auch den hat Goethe hinter sich gelassen. Kunst ist etwas für die geschlossene Gesellschaft des Hofes, und sie ist eine Sache des Genusses. Der Künstler teilt nichts mit und drückt nichts aus: Er erschafft etwas, das seinem Gönner Vergnügen bereitet.

Man kann bezweifeln, ob eine solche Auffassung überhaupt konsequent auf Literatur anwendbar ist. Aber indem Goethe nicht die Literatur, sondern

35. C. Küchler, nach
J. C. Reinhart: Schiller (1787)

36. Goethe:
Christiane Vulpius mit
Schultertuch (1788/89)

die bildenden und darstellenden Künste – traditionellerweise und aus verschiedenen sehr einfachen Gründen Gegenstand des höfischen Mäzenatentums – zu seinem Paradigma von Kunst schlechthin wählt, kehrt er die – wesentlich bürgerlichen – Prioritäten um, die Lessing im *Laokoon* gesetzt hatte. Dort werden die bildenden Künste als Kommunikationskanal, als alternative Form von Literatur behandelt. Goethes neue materialistische und höfische Ästhetik wird am vollständigsten in seinem Briefwechsel mit Johann Heinrich Meyer über ein Fresko Annibale Carraccis im Palazzo Farnese entfaltet, das ihm die Augen öffnete für das, was ihn nun das entscheidende Defizit am *Laokoon* dünkte. Carraccis Bild zeigt Kirke, wie sie Odysseus den Zaubertrank reicht – ein am Boden ausgestreckter Gefährte Odysseus' mit einem Schweinekopf erinnert uns an die Wirkung dieses Trankes-; von hinten naht auf Flügelschuhen Hermes, um das Moly in die Schale zu werfen, das Odysseus schützen wird. Meyer machte Goethe darauf aufmerksam, daß auf diesem Bild zwei verschiedene Episoden aus der Odyssee zu einer einzigen zusammengezogen sind: Bei Homer hat Odysseus das Moly schon längst genossen, als er den Palast der Kirke betritt. Goethe erkannte die Tragweite dieses direkten Verstoßes gegen Lessings Regel, daß die Malkunst sich nur mit gleichzeitigen Ereignissen, die Dichtkunst nur mit sukzessiven befassen dürfe. Lessing ging bei seiner Regel davon aus, daß Malkunst und Dichtkunst unterschiedliche Informationsausschnitte aus ein und derselben kontinuierlichen Geschichte darstellten: Der Dichter berichtete von der Schlacht, der Maler gab die Kostüme; der Dichter sollte nicht beschreiben, der Maler nicht erzählen; beides aber waren partielle Darstellungen ein und derselben, ganzen Realität, freilich innerhalb gewisser formaler Schranken. Carraccis Bild nun brachte Goethe auf den Gedanken, daß auch «der Maler dichten soll und kann», weil die Vollkommenheit eines Bildes letztlich nicht darin bestand, daß es etwas Wahres über die reale Welt außerhalb seiner selbst aussagte, sondern darin, daß es ein vollkommen befriedigender – und damit sich selbst genügender – materieller Gegenstand war: Die symmetrische Gestaltung der Figuren auf antiken Vasen war nicht ein Mangel an Wahrscheinlichkeit, sondern ein künstlerisches Verdienst, weil Symmetrie etwas sinnlich Wohlgefälliges und Kunst «ein Zierat» ist. Nach Lessing ist unser Geist niemals bei dem Bild, sondern bei der Geschichte, von der das Bild einen Teil darstellt; dasselbe galt für die christliche Kunst, die Goethe in Italien verworfen hatte: «Nie ein gegenwärtig Interesse, immer etwas phantastisch erwartetes.»

Die Alten sahen das Bild als ein *ab- und ein*geschloßnes Ganze an, sie wollten in dem Raume alles *zeigen*, man sollte sich nicht etwa *bei* dem Bilde denken sondern man sollte *das Bild* denken und *in* demselben alles *sehen*. Sie rückten die verschiednen Epochen des Gedichtes, der Tradition zusammen und stellten uns auf diese Weise die *Sukzession* vor die Augen, denn unsre *leiblichen Augen* sollen das Bild sehen und genießen.

Carraccis Bild befähigte Goethe, die von Moritz betonte Autonomie und Amoralität, «das Unnütze» jenes vollendeten Ganzen, welches das ein

Kunstwerk ist, mit den diversen neuen, materialistischen Strängen seines Denkens zu verknüpfen. *Ulysses bei der Circe* wurde für ihn zu einem Inbegriff der Geisteshaltung, die er jetzt in der klassischen und heidnischen Welt am Werk sah, als Quelle einer Vollkommenheit in der Kunst, die in der modernen Zeit, mit Ausnahme Raffaels, kaum zu finden war: materiell, sinnlich befriedigend, sich selbst genug, unemotional, unrealistisch und höfisch. Ein solches Kunstwerk war Anlaß für einen glücklichen Augenblick gegenwärtigen Genusses. Es war eine Ästhetik, die seiner an Lukrez geschulten Metaphysik entsprach.

Es war aber auch eine Ästhetik, die extrem schwer durchzuhalten war, sofern Goethe nicht radikal von ihrer Anwendung auf seine eigene Dichtkunst absah. Erstens war die Heftigkeit, mit der diese Ästhetik alle Werte des bürgerlichen Lesepublikums bekämpfte, schwerlich mit dem Versuch zu vereinbaren, eben dieses Publikum in einem achtbändigen Publikationsvorhaben anzusprechen. Es galt, eine bessere Lösung für das Problem zu finden, wie der Dichter mit dem Fürstenhof leben sollte, für den er sich durch die Rückkehr aus Italien neuerlich entschieden hatte, und es gelang Goethe schließlich, wieder ein Verhältnis zu seinem Publikum zu finden und seine materialistische Ästhetik auf Künste zu beschränken, die er selbst nicht mehr ernsthaft ausübte. Zweitens aber war dieser Kult des erfüllten und autonomen Augenblicks gegenwärtigen Genusses in sich selber nicht schlüssig: Er hatte nichts über das zu sagen, was in Goethes Erleben seit der Abreise von Rom hartnäckigste Realität gewesen war, die Tatsache nämlich, daß Augenblicke des Glücks vergehen, daß die Freuden der Erinnerung nicht die Freuden gegenwärtiger Befriedigung sind und daß das Begehren, wenn es gestillt worden ist, wiederkehrt. Die symbolische Reise nach Rom hatte mit einer Enttäuschung geendet, aber durch einen außerordentlichen Kraftakt der Umdeutung war es Goethe gelungen, dieser Enttäuschung etwas folgen zu lassen, was als Erfüllung einer zwanzigjährigen Sehnsucht gelten konnte, eine Erfüllung aber, die er nicht in der zerrütteten physischen Realität Roms gefunden hatte, sondern in dessen deutscher Künstlerkolonie – seiner Hausakademie – und in der einfachsten aller sinnlichen Befriedigungen. Diese Erfüllung hatte er auf Weimar zu übertragen begonnen, aber damit verschob er nur die Frage: was nun? Wie war eine symbolische Existenz zusammen mit der Fiktion durchzuhalten, jene Realität, auf welche alle Symbole verwiesen, sei das Ganze der sinnlichen Erfüllung im materiellen Hier und Jetzt? Es war natürlich eine Fiktion, und eben hierin lag schließlich die Antwort auf jene Frage. Sobald das Karnevalstreiben vorüber war, überantwortete Goethe das römische Volk, das nichts anderes als gegenwärtige Genüsse kannte, dem Vergessen – aber er selber blieb mit seinem Geist und in der stummen Gesellschaft des Geistes seiner Leser zurück und fand sich vor einem unübersehlichen, ungenießbaren und bedenklichen «Leben im ganzen». Goethe konnte nicht für immer jenes reflektierende, fühlende Selbst aus seinem Erleben verbannen, das stets etwas anderes denkt und begehrt als das, was ihm leiblich

vor Augen steht. Zu viel Erinnerung, zu viel Verlust lagen sogar hinter den
Befriedigungen, die er aus Italien mitgebracht hatte, und in seinem literarischen Schaffen jener Zeit, freilich nicht in seiner ästhetischen Theorie, leben
Erinnerung und Verlust gleichsam unterirdisch fort. Trotz Goethes bewußtem und eingestandenem Glauben an die Wichtigkeit des Irdischen und trotz
seines Unbehagens angesichts dessen, was er «Manier» nennt, hält ein Bewußtsein für die Fragilität des kostbaren Augenblicks den bekenntnishaften,
autobiographischen Strang in den großen literarischen Projekten der Jahre
1788 und 1789 fest: im *Tasso*, im *Faust* und in den Gedichten, die später als
Römische Elegien bekannt wurden.

In dem einsamen Sommer 1788 und in dem langen Winter, der auf ihn folgte
– erst in der ersten Aprilwoche begannen die Schneemassen zu schmelzen –,
unterhielt Goethe in seinem Geist und zum Teil in seiner Weimarer Umgebung eine gewisse extraterritoriale römische Enklave. Er suche nicht, sich zu
verbergen, wieviel er verloren habe, schrieb er Herder, aber sich auch in Weimar wieder «so viel als möglich» einzurichten: «Ich habe mich schon wieder
eingehamstert.» Er heizte seine Zimmer auf eine Temperatur, die andere unerträglich fanden, und ließ sich trotz Schnee und Himmelsgrau «das Beste von
Kunst und Natur fürtrefflich schmecken» – eine Anspielung entweder auf
seine botanischen Forschungen oder auf seine Konkubine. Die Gegenwart
Moritz' hatte ihm «den beschwerlichsten Theil des Winters . . . überstehen
helfen» und den Januar «geprop[f]t» und fruchtbar werden lassen. Mit Moritz
stellte sich das fleißige Leben am Corso zu einem guten Teil wieder her, entweder in Goethes Stadthaus oder in der Abgeschiedenheit des Gartenhäuschens, und die Arbeit an der Ausgabe seiner *Schriften*, zumal am *Tasso*, war
ihm «die beste Unterhaltung mit meinen entfernten Freunden». Goethe mußte seine eigenen Zeichnungen mit italienischen Landschaften durchsehen, vorführen und mitunter auch aus dem Gedächtnis um improvisierte illustrierende
Skizzen ergänzen; diese oder ein einschlägiges Buch wie Hamiltons Werk
über den Vesuv und den Ätna, *Campi Phlegroei*, boten Gelegenheit, «bey
einem vertraulichen Abend gute Unterhaltung» zu pflegen, wie er es einst,
aus Neapel, Voigt versprochen hatte. Geschenke an Freunde und Kollegen
ließen andere an den goldenen Erinnerungen teilhaben – Voigt selbst erhielt
eine sizilianische Landschaft, Fritsch eine Ansicht Terracinas; und als der
Frühling kam, konnte August Herder, dessen Mutter unter Goethes Anleitung Geschmack an den Früchten des Mittelmeeres gefunden hatte (in Jena
wurden unter Glas Feigen gezogen), seinem Vater hocherfreut schreiben, der
Kiefernzapfen und die italienischen Samen, die Goethe ihm geschenkt hatte,
seien alle angegangen und er, der Vater, möge ihm doch bitte weitere Samen
aus Italien mitbringen, «den[n] d. Geheimrath Goethe sagte, dort röchen alle
Blumen gut.» Doch waren es vor allem Briefe, die Goethe unter seinem nördlichen Himmel einen «Hauch . . . von Süden» zukommen ließen, besonders
die Briefe Meyers, der gewissenhaft und ausführlich schrieb und als der Gebildetste in der deutschen Künstlerkolonie gern als deren Sekretär fungierte.

Meyer pflegte seine Gefühle zu verbergen, aber die freundschaftliche Wärme in den anderen Briefen – die leidenschaftliche Verehrung durch Bury, «das gute Kind», das lange Lamento Angelica Kauffmanns über die Trennung von Goethe, sogar das Ansinnen Hirts, ihm ein Buch zu widmen – muß sich schmerzlich von dem kalten Geschwätz abgehoben haben, das Goethe in Weimar umgab. Er mag sich gefragt haben, wer seine Treue am meisten verdiente. Jedenfalls verwendete er viel Zeit darauf, seine alten Gefährten weiterzuempfehlen. Er veranlaßte Kniep, eine Preisliste seiner Werke – nach Größe geordnet – anzufertigen; dann zeigte er Proben von Knieps Kunst herum, vor allem in Gotha, und konnte ihm schließlich im Februar einen namhaften Auftrag über sechs große, sechs mittlere und sechs kleine Bilder zuleiten, die Hackert bezahlen und nach Deutschland schicken sollte. Bury, der sich schmeichelte, ein Auge für Okkasionen auf dem römischen Kunstmarkt zu haben, und dringend Mittel benötigte, wußte sich ungestraft in Goethes Namen Geld zu leihen, um einige mittelmäßige, aber hochgelobte Gemälde zu erwerben, die denn auch schließlich an den Herzog von Gotha weiterverkauft wurden. Tischbein war ein schwierigerer Fall: Nachdem Goethe noch im September Herzog Ernst in Gotha beschwichtigt hatte, um Tischbein den Rückzug offenzuhalten, falls aus seiner Berufung an die Akademie von Neapel nichts werden sollte, hatte Reiffenstein den Geldgeber Tischbeins von dessen fortdauernden Verbindungen zum neapolitanischen Hof informiert, und Goethe befürchtete, daß Tischbein, dem er selbst nicht mehr trauen konnte, sich zwischen alle Stühle setzen werde. Die Befürchtungen erwiesen sich aber schließlich als unbegründet: Tischbein erhielt seine Berufung.

Solange Herder und die Herzoginmutter in Italien waren und auf Goethes Spuren wandelten, war es nur natürlich und sogar angebracht, daß Goethes Geist zur Hälfte noch in Rom und Neapel verweilte. Leider war Herder auf seiner Reise schon bald in Schwierigkeiten geraten. Dalberg hatte ritterlicherweise der Witwe Siegmund von Seckendorffs, jenes vielseitig talentierten Weimarer Kammerherrn, der 1785 mit 41 Jahren gestorben war, einen Platz in seiner Kutsche angeboten. Eigentlich reiste Madame Seckendorff aus gesundheitlichen Gründen nach Italien, aber schon bald wurde klar, daß sie es auf den Domherrn abgesehen hatte, und dieser Plan gelang ihr nach Wunsch. Herder fand sich überflüssig, ja er wurde sogar – noch schlimmer für einen Mann, der zu Hause Frau und sechs Kinder zu versorgen hatte – um einen Zuschuß zu den Reisekosten gebeten, weil Dalberg seine Börse plötzlich unerwartet strapaziert sah. (Nach Goethes Schätzung war für einen Mann seines Standes die Tour durch Italien nicht unter 2.500 Talern zu machen.) Die Reise mit den beiden Turteltauben war für Herder quälend peinlich. Am 19. September kam er in Rom an und war äußerst erleichtert, als zwei Wochen später Anna Amalia eintraf und er sich ihrer Gesellschaft anschließen konnte. Goethe verfolgte alles aus der Ferne mit und erörterte die Lage mit Caroline Herder, die seine Ratschläge, zumal über finanzielle Aspekte, hilfreich fand. Herder selbst war von deren Wert nicht so überzeugt; er ärgerte sich, weil sich zeigte, daß er nun doch seinen Talar hätte gebrauchen können, den er auf Anraten Goethes zu Hause gelassen hatte und den er sich jetzt für teures Geld neu anfertigen lassen mußte: «Alle seine Ratschläge in Ansehung Roms taugen nicht.» «Wie Goethe hier gelebt hat . . ., kann, mag und will ich nicht leben . . . auch von Goethes Gesellen habe ich eigentlich wenig. Es sind junge Maler, mit denen am Ende doch nicht viel zu tun ist . . . Sie sind alle gutwillige Leute, aber von meinem Kreise zu fern abliegend.» Die Herzoginmutter war unterdessen von Filippo Collina kundig geleitet worden, hatte schon Verona und Mailand gesehen und verbrachte nun ihren ersten Monat in Rom, Goethes Vorschrift gemäß, mit Kunst und Altertümern, in der Gesellschaft von Angelica Kauffmann, Bury, Schütz und Verschaffelt, mit Reiffenstein und später Hirt als Cicerone. Im November gönnte sie sich die Rolle der berühmten Besucherin, doch mied sie, ihre Gesundheit vorschützend, die größeren Bankette; sie hatte eine Privataudienz beim Papst, der ihr ein schönes Mosaik mit dem Konstantinsbogen schenkte, wurde in die Akademie der Arkadier aufgenommen und freundete sich mit Senator Rezzonico an. Sie, Einsiedel und Fräulein von Göchhausen schrieben Goethe begeisterte Briefe über die gelungene Reise, die im Grunde eine stilisierte, gehobene Wiederholung von Goethes eigenem, spontanem Abenteuer war, und sogar Herders Laune hob sich dank einer Exkursion nach Tivoli und der Angewohnheit der Römer, ihn mit «Archeveque [Erzbischof]» zu titulieren. Das winterliche Wetter war jedoch nicht schön – was Herder in der geringen Meinung bestärkte, die er von Goethes Zuverlässigkeit hatte –, und am 1. Januar 1789 brach Anna Amalia ihre Zelte in Rom ab und fuhr mit ihrem Gefolge nach Neapel. Hier traf sie außer Venuti, Hackert und Hamilton auch das von Goethe bevorzugte Trio Tischbein, Kniep und Meyer. Ende Februar kehrte sie nach Rom zurück, um das Ende des Karnevals mitzuerleben (für sie eine ebenso unerfreuliche Erfahrung wie für Goethe 1787). Bis zum 19. Mai bewohnte sie eine Villa in der Gegend der Trinità dei Monti, in der Nähe Angelica Kauffmanns; dann ging sie für den Rest des Jahres wieder nach Neapel, wobei sie Goethes «nach einem Ex Cammerpräsidenten schmeckende» Warnung vor den Kosten in den Wind schlug, und schied damit von Herder, der endlich erleichtert die Heimreise antreten konnte.

Goethe wurde nicht nur von einem Dutzend verschiedener Korrespondenten auf dem laufenden gehalten; er suchte auch Anna Amalias Vergnügen an ihrer Tour dadurch zu steigern, daß er bei Verschaffelt und Kniep Bilder für sie zur Begrüßung in Rom bzw. in Neapel bestellte und ihr nicht nur den achten Band seiner *Schriften*, mit den Gedichten, zuschickte, sobald dieser Anfang 1789 erschienen war, sondern ihr auch, durch Caroline Herder, eine Abschrift der ersten Szenen des *Tasso* zukommen ließ, die Herder dann im Mai der ganzen Gesellschaft in Tivoli vorlas (Schütz hielt den denkwürdigen Augenblick in einem Aquarell fest). Dafür bat Goethe die Herzoginmutter, ihren Teil zum Aufbau seiner italienischen Sammlungen in Weimar beizutragen und ihm Bücher, Noten, Münzen, Stiche von Altertümern und Abdrücke von geschnittenen Steinen, ja sogar Proben sizilianischer Mineralien zu besorgen. Aber diese stellvertretende Verlängerung seiner Vergangenheit war im wesentlichen eine Illusion, und als die Illusion zerplatzte, war die Erinnerung an die Vergangenheit nur um so schmerzlicher. «Die Charwoche», erklärte er der Herzoginmutter nach Ostern, «die mir immer vor den Gedanken lag, brachte mich fast zur Verzweiflung und ich mußte alles thun um meine Gedancken von jenen glücklichen Gegenden wegzuwenden.» Die Musik, die Goethe im Petersdom gehört hatte, war im vortechnologischen Zeitalter ein ebenso unwiederholbares Vergnügen wie die Farben der Claude Lorrains oder Raffaels, die er gesehen hatte. Kayser, seine große musikalische Quelle, hatte sich von Anfang an in der höfischen Reisegesellschaft unwohl gefühlt; in Bozen trennte er sich von der Herzogin und fuhr nach Zürich zurück, was zur Folge hatte, daß nicht nur seine Verbindungen nach Weimar gekappt wurden, sondern daß in Goethes Augen auch «die ungeheure Arbeit» an *Scherz, List und Rache* umsonst gewesen war. Zwar formte sich in jenen Monaten eine neue musikalische Beziehung: der entschieden begabtere Johann Friedrich Reichardt (1752–1814) hatte die neue *Claudine von Villa Bella* vertont und war nach Weimar gereist, um eine künftige Aufführung des Werkes zu erörtern. Aber Reichardt war Kapellmeister an der Königlichen Oper zu Berlin, und so bestand für Goethe keine Hoffnung auf Fortsetzung der musikanalytischen Lektionen, mit denen Kayser 1788 in Rom den Freund auf die Karfreitags- und Osterliturgie vorbereitet hatte.

Hatte Goethe an der neuerlichen Reise Kaysers nach Italien noch ein besonderes Interesse gehabt – er hoffte, Kayser als Günstling des Hofes heimkehren zu sehen, der sich gerne in Weimar niederlassen würde –, so gereichte es ihm kaum zum Trost, als auch Reichardt eine Reise nach Italien antrat, und ebensowenig, daß in demselben Jahr Sophie von La Roche und Knebels jüngster Bruder Max – dieser als Reisegefährte des Markgrafen von Ansbach – dem Beispiel folgten, das er ihnen gegeben hatte. Dasselbe galt für die Tour der Herzoginmutter und Herders. Derlei Imitationen eines Schrittes, der in seinem Falle verborgene Motive gehabt hatte, welche ihm selber kaum bewußt waren, vermochten für ihn ebensowenig fruchtbar zu werden, wie Jahre zuvor das Nachempfinden von Werthers Seelenqualen in den Herzen so vieler Leser seine eigene Pein hatte lindern können. Es zeugte von der Gewalt Goethescher Mythenstiftung, wenn die Herzoginmutter von Weimar 40 bis 45.000 Taler dafür ausgeben durfte, jenes Muster nachzuahmen und in mitunter bemerkenswerten Einzelheiten zu festigen, das Goethe geprägt hatte – so wie ihm selber 1779, als er Carl August in die Schweiz entführt hatte, für seine Suche nach einer sinnvollen Gestaltung seines Lebens indirekt die Ressourcen des ganzen Herzogtums zur Verfügung gestanden hatten. In dem Maße jedoch, wie Goethes Reise selber, durch das emotionale Trauma ihres Vergangenseins und seiner Heimkehr, dem Mittelpunkt seiner Aufmerksamkeit entrückte, stand ihre Wiederholung durch Anna Amalia, oder einen anderen Menschen, zu ihr in demselben Verhältnis wie die *Werther*-Nachahmung zum *Werther*, oder wie Tischbeins Porträt Anna Amalias vor den Ruinen Pompejis zu seinem Porträt Goethes neben den Ruinen der Via Appia: eine steif-befangene, oberflächliche Analogie, in der, vielleicht nicht von ungefähr, das symbolische Beiwerk keine Einheit mit der zentralen Gestalt des Bildes ergibt und zu Stückwerk auseinanderfällt. Nur Herder besaß die geistige Unabhängigkeit, wenigstens teilweise zu begreifen, worauf er sich eingelassen hatte – Moritz begrüßte in einem Brief aus Rom, den er dem abgereisten Goethe hinterherschickte, in Herder den Heiligen Geist, den «Tröster . . ., welcher uns Ihren [Goethes] Frieden bringt» –, und wehrte sich nicht ohne heimlichen Stolz gegen die Zumutung: «übermorgen fängt Trippel meine Büste an, die zu Goethe seiner ein Pendant werden soll, auf des Herzogs Bestellung. O der leidigen Pendants! Goethe hat sich als einen Apollo idealisieren lassen, wie werde ich Armer mit meinem kahlen Kopf dagegen aussehn!»

Man nahm allgemein an, daß Goethe nach Italien zurückgehen werde und daß nur der Zeitpunkt noch nicht feststehe. Zwar schrieb er Meyer: «Ich kann und darf nicht sagen . . ., wie schmerzlich es mir war das schöne Land zu verlassen», aber er verhehlte ihm nicht, daß es «mein eifrigster Wunsch ist Sie dort wieder zu finden». Frau von Stein wußte natürlich um seine Gemütsverfassung: «Sie haben recht», schrieb sie Knebel bissig, «der Charakter des Caesars hat viel Ähnlichkeit mit unserm Freund, deswegen er sich auch mehr in Rom zu Hause fühlt.» Ursprünglich rechnete man damit, daß er sich im Winter 1788/89 der Herzoginmutter anschließen werde, «und dies wäre sehr gut». «Goethe gedeiht am besten in Rom»: eine Meinung, die Herder teilte und Goethe weitererzählte, nicht ohne hinzuzufügen, für ihn selbst gelte das natürlich nicht. Aber der Winter verging, und Goethe weilte noch immer im verschneiten Weimar. Im März 1789 sprach er davon, er wolle im September nach Rom gehen und im Sommer darauf mit Anna Amalia zurückkommen. Wahrscheinlich änderten sich die Reisepläne in dem Maße, wie der Abschluß der *Schriften*, und zumal des *Tasso*, immer weiter hinausrückte; mit diesem Stück ging es Goethe «wie im Traum . . . man ist so nahe am Gegenstand und kann ihn nicht fassen.» Goethes Grundplanung aber scheint sich in dieser Zeit nicht zu ändern: Seine Hauptaufgabe bleibt die Arbeit an Göschens Werkausgabe, was sowohl sein Verweilen in Weimar als auch seinen Rückzug von den meisten Amtspflichten erklärt. Die Hingabe an diese Aufgabe bildet gleichsam eine Parenthese zwischen zwei Besuchen in Italien – sobald er mit ihr fertig sein wird, darf er sich wieder in jenen glücklichen Gefilden der Herzoginmutter anschließen. Goethe blickte jedoch bereits über den Horizont einer zweiten Italienreise hinaus, die schließlich nur wieder mit einer zweiten schmerzlichen Rückkehr enden konnte, und traf – in der Annahme, daß kein Ludwig XIV. erscheinen werde, um ihm zehn Jahre in Rom und 10.000 Taler pro Jahr zu schenken – längerfristige Vorkehrungen, um den römischen Geist nach Weimar zu holen. Der Gang der Dinge kam ihm dabei zu Hilfe.

37. J. H. W. Tischbein: Herzogin Anna Amalia
in den Ruinen Pompejis (1789)

Anfang 1789 äußerte Carl August die Absicht, endlich die Wilhelmsburg wieder aufzubauen, das ausgebrannte fürstliche Schloß. Schon aus finanziellen Gründen war das ein langwieriges Unterfangen, und so setzte man zunächst eine Kommission ein, die einen Baumeister berufen, den Auftrag an ihn entwerfen und schließlich die Bauarbeiten überwachen sollte. Der Herzog bat Goethe – ganz im Geist der im Vorjahr getroffenen Vereinbarung –, als sein persönlicher Vertreter in der Kommission zu fungieren, der außerdem noch Voigt, Wedel und Schmidt angehörten. Zwar sollte diese Aufgabe zunehmend beschwerlich werden – die Kommission trat schon bald jede Woche einmal zusammen, und bei der ersten Sitzung am 25. März 1789 legte ihr der Herzog einen Katalog von vierzig Punkten vor, die es zu beachten gelte –, aber es war eine neue und im Prinzip begrenzte Unternehmung von einer Art, wie sie einem Manne besonders anstehen, ja gar ihm schmeicheln mußte, der soeben ein ganzes Jahr auf das halb und halb professionelle Studium der Künste und der Architektur verwendet hatte. Goethe hatte sich «als Künstler» entdeckt – «artifex» nannte Herder ihn, mit dem lateinischen Wort und ohne Ironie, denn noch wußte er nicht, was im Gange war –, und nun nahm der Herzog diesen «Künstler» Goethe beim Wort (wenn auch in dessen älterer Bedeutung). Gleichwohl fand Goethe es geraten, den Herzog zu warnen: «Wir verstehns ja alle nicht», sagte er ihm; alles, was die Kommission tun könne, sei, die heranzuziehenden Fachleute sorgfältig auszuwählen. Von seinen Argumenten für flachere Dächer im italienischen Stil ließen Goethes Kollegen sich zwar nicht überzeugen, doch erhob sich kein Widerspruch, als er einen Bekannten aus seiner römischen Zeit, Johann August Arens, zum Baumeister des Projekts erkor. Hier war nun endlich Gelegenheit, einen talentierten und vielversprechenden Künstler aus dem richtigen Stall zu verpflichten; vielleicht würde er sogar etwas bauen, das Goethes physische Umgebung in Weimar noch römischer machte: Goethe skizzierte bereits Pläne zu italienischen Brücken in Tiefurt oder einem idealisierten Weimarer Park, wo 1788 drei klassische Säulen errichtet wurden, die einen verfallenen Tempel vorstellten. Aber Arens war vielbeschäftigt und außerdem saumselig, was das Beantworten von Briefen und das Besichtigen der Örtlichkeiten betraf, und so begnügte sich die Kommission fürs erste damit, vom Mauerwerk des alten Schlosses so viel zu retten, wie dem Bauherrn möglich schien, und die alten Burggräben trockenzulegen und zu verfüllen. Endlich, im Juni, erschien Arens in Weimar – «und ich erfreue mich wieder der Nähe eines Künstlers» –, blieb aber lediglich drei Wochen.

Mehr unmittelbaren Erfolg bescherte Goethe ein anderes Mitglied seines römischen Kreises, das er freilich schon viel länger kannte: der Schweizer Kupferstecher Lips, der bereits, zusammen mit Angelica Kauffmann, an den Frontispizen und Titelvignetten für die Werkausgabe bei Göschen arbeitete. Ende März schrieb Goethe an Lips, der jetzt die alten Räume Goethes am Corso bewohnte, und fragte ihn, ob er sich vorstellen könne, nach Weimar zu kommen: der Herzog sei bereit, ein Gehalt von 150 Talern jährlich auszusetzen (das für Kost und Logis ausreichend sei), wenn Lips dafür etwas Unterricht im Kupferstechen an der Zeichenakademie gab, und Bertuch könne für die nächsten Jahre Verlegeraufträge im Wert von 500 Talern garantieren, wobei ihm – Goethe – durchaus bewußt sei, daß Lips nicht seine ganze Zeit mit solchen, wie Lips selber sagte, «für die Kunst unbedeütenderen» Auftragsarbeiten werde verschwenden wollen. Die Nähe von Verlagen in Gotha und namentlich in Leipzig gehörte ebenso wie die weite Verbreitung der *ALZ* von Jena aus zu den Argumenten, mit denen Goethe versuchte, Lips Weimar schmackhaft zu machen; daneben verwies er auf die Kunstsammlungen in Dresden, Berlin, Kassel und Gotha und deutete auch die Möglichkeit sowohl einer Zusammenarbeit mit ihm, Goethe, selber als auch der Bildung einer Gruppe von Schülern an, die viele der Routineaufträge einer Werkstatt übernehmen könnten. In dieser veritablen Werbe-Schrift wird bereits in Umrissen die Vision eines Weimars erkennbar, das die Vorzüge eines fürstlichen Gönners mit denen einer geistig liberalen und wirtschaftlich (wenn auch nicht politisch) aktiven bürgerlichen Gesellschaft verbindet, welche «einem denckenden und freygebohrnen [will sagen: Schweizer] Künstler» gemäß ist. Als Lips im Dezember 1789 nach Weimar kam, bat er denn auch ausdrücklich darum, im Weimarer Almanach nicht als Beamter im Dienst des Herzogs, sondern als freiberufliches Mitglied der Zeichenakademie geführt zu werden. So weit wollte Goethe seinerseits nicht gehen, doch besaßen in seinen Augen die «Künstler», die er ermutigen wollte und zu denen er sich selber zählte, genau diese edle Autonomie, auch wenn sie, ohne davon viel Aufhebens zu machen, für Kost und Logis auf ein staatliches Gehalt angewiesen waren. Goethe war hocherfreut, als Lips Ende April das Angebot bereitwillig annahm: «nun bin ich auf künftigen Winter geborgen», schrieb er; denn *Tasso* war noch nicht fertig, und so mußte er die Hoffnung begraben, im September gen Rom aufbrechen zu können, und bedurfte wieder eines Menschen wie Moritz, der ihm die dunkle Zeit überstehen half.

Bald nach dem Brief an Lips gelang Goethe eine weitere «Acquisition»: Er konnte Meyer ein ähnliches Angebot in Aussicht stellen. Allerdings vermochte er den Vorschlag erst im August zu bestätigen, nachdem Herder aus Rom zurückgekehrt war und ihm Meyers Absichten ausführlich dargelegt hatte. Meyer sollte für die beiden nächsten Jahre, die er noch dem Studium widmen wollte, ein streng geheim zu haltendes Salär von etwa 150 Talern bekommen; wenn er danach ein «ruhiges Plätzchen» suchte, sollte er nach Weimar kommen, wo Goethe dafür sorgen würde, daß er eine Stelle fand. In der Zwischenzeit sollte Meyer weiterhin, wenngleich nicht in dem Umfang wie die Herzoginmutter, das Material sammeln, das zu «einer Existenz in einem nordischen Städtchen» notwendig war. Für Meyers finanzielle Unterstützung sollte der Herzog zuständig sein, doch wenn es um die Förderung heimischer Talente ging, wandte Goethe sich auch an die Herzogin Louise: Der junge Künstler Friedrich Wilhelm Facius (1764–1843) bewies eine ungewöhnliche Begabung für die Stahlgravur, und man schaffte Geld für seine

Ausbildung, in der Hoffnung, er werde einmal Gemmen im klassischen Stil zu schneiden vermögen. Auch die Herzoginmutter wurde von diesen Vorkehrungen unterrichtet, nicht zuletzt, weil Goethe hoffte, sie werde sich hinreichend für Bury interessieren, um ihn mit nach Weimar zu bringen: «so können wir eine artige Akademie aufstellen.» Wäre Goethes Wink befolgt worden und hätten nicht Tischbein und Kayser ihn im Stich gelassen, so hätte er in der Tat die Hausakademie aus der Casa Moscatelli praktisch zur Gänze nach Weimar und Gotha gerettet. «Ohne Künstler kann man nicht leben weder im Süden noch Norden», und Goethe war dabei, den ganzen Hof zu mobilisieren, um solche Künstler ins Land zu holen.

Noch in einer anderen Hinsicht gab es 1789 eine Anähnelung Weimars an das Goethesche Rom – eine Romanisierung, die sehr viel umstrittener, wenn auch weniger kostspielig war als der Einkauf von Künstlern: Anfang März war Goethes Geheimnis entdeckt. Wahrscheinlich ist, nach dem Herzog, Fritz von Stein der erste gewesen, der davon wußte; allerdings hatte er bis dahin eine so streng moralische Erziehung genossen, daß er sich zunächst keinen Reim auf ein «kleines korpulentes Frauenzimmer» zu machen wußte, das er eines Tages zufällig in Goethes Gartenhaus antraf und das behauptete, selber dorthin zu gehören. Am 8. März erzählte Fritzens Mutter die Neuigkeit Caroline Herder: «Er hat die junge Vulpius zu seinem Klärchen und läßt sie oft zu sich kommen usw.» «Sie [Frau von Stein] verdenkt ihm dies sehr», setzte Caroline Herder in dem Brief an ihren Mann hinzu, und auch sie selber war enttäuscht. «Da er ein so vorzüglicher Mensch ist, auch schon 40 Jahr alt ist, so sollte er nichts tun, wodurch er sich zu den andern so herabwürdigt. Was meinst Du hierüber?» Nun war es in den feinen Kreisen Weimars bereits gang und gäbe, Goethe mit Egmont zu vergleichen und wie diesen «careless» zu finden (wobei mit «careless» wohl «carefree» gemeint war [«careless» = nachlässig, «carefree» = sorglos – A. d. Ü.]); aber Egmonts Beziehung zu Klärchen symbolisierte eine frühere Phase der Anpassung Goethes an das höfische Dasein als seine Verbindung mit Christiane Vulpius. Herder in Rom vermochte die Wahrheit zu sehen: «Was Du von Goethens Klärchen schreibst, mißfällt mir mehr, als daß es mich wundern sollte. Ein armes Mädchen – ich könnte mir's um alles nicht erlauben! Aber die Menschen denken verschieden, und die Art, wie er hier auf gewisse Weise unter rohen, obwohl guten Menschen gelebt hat, hat nichts andres hervorbringen können.» Christianes Part in Goethes Leben sollte bald ein anderer werden – dafür würde sie sorgen –, aber vorläufig war sie genau das, was Herders Antwort implizierte: eine deutsche Faustina. Auch sie hatte ihren Stellenwert in der Rezeptur, womit Goethe noch immer versuchte, Sinn aus jenem Ende allen Sinns zu filtern, das ihn bei seiner Ankunft in Rom 1786 überfallen hatte. Der atheistische und materialistische Priester der reinen Kunst verschloß die Augen vor der Wirklichkeit, in der er lebte, und trachtete danach, Weimar zu einem bleibenden Bildnis jenes Ortes, ja jener Zeit umzuerschaffen, da das Begehren geendet hatte, und zu diesem Trachten gehörte neben dem Import von Künstlern nach Weimar und der Neudefinition seiner Beziehung zum Hofe und der Kunst selbst ein sehr irdischer Kopf, und sei es ein deutscher Kopf, der auf dem «verfluchten zweiten Küssen» neben ihm lag.

Die ersten Porträtskizzen Goethes von Christiane Vulpius sind anspruchslos und persönlich; nachdem er jedoch im November 1788 begonnen hatte, die Köpfe auf antiken Münzen zu studieren, zeichnete er eine Reihe von Profilen Christianes, die das Mädchen diesen klassischen Mustern immer mehr und schließlich bis zur Absurdität anzuähneln suchen. Ein vergleichbarer Vorgang ist in den *Erotica* zu beobachten, wie er die von Christiane inspirierten Gedichte nannte. «Morgenklagen» und «Der Besuch», im Sommer 1788 entstanden, sind noch in einem modernen, trochäischen Versmaß geschrieben und haben ungeachtet ihrer anakreontischen Beiklänge Weimar zum Schauplatz. Im Herbst jenes Jahres aber war Goethe wieder von dem Gedanken gefesselt, deutsche Epigramme in klassischem Versmaß zu schreiben, vor allem elegische Distichen: mit dieser Gattung hatte er bereits experimentiert, als er die Inschriften für einige Nymphen des Weimarer Parks verfaßte. Er studierte die Form sorgfältig mit Knebel, der damals gerade Properz übersetzte, befaßte sich mit deutschen Exkursionen auf das Gebiet des gereimten Distichons im frühen 18. Jahrhundert und versuchte sich erfolglos an elfsilbigen Versen. Die unbedeutenden Gedichtchen, die so entstanden und von denen er einige als bessere Lückenbüßer in den achten Band der *Schriften* übernahm, der Ende 1788 zum Druck vorbereitet wurde, rubrizierte er mit Rücksicht auf ihr Sujet ebenfalls als *Erotica*, und es kann nicht verwundern, daß er bei dieser Gelegenheit im Catull und Properz und wahrscheinlich auch in den Liebesgedichten Tibulls und Ovids las und in ihnen gewiß auch nach Mustern suchte. Im Dezember 1788 erwähnt er dann in seinen Briefen ein anderes Werk Ovids, das an diesem Spiel einen ernsteren Aspekt durchblicken läßt, und zwar die *Tristien* – Ovids Klagelieder über seine Verbannung aus Rom. «Daß meine römischen Freunde an mich denken, ist sehr billig», schrieb er Herder, «auch ich kann eine leidenschaftliche Erinnerung an jene Zeiten nicht aus meinem Herzen tilgen. Mit welcher Rührung ich des Ovids Verse oft wiederhole, kann ich dir nicht sagen» – und dann zitiert er aus den *Tristien* des Dichters Beschreibung seiner letzten Nacht in Rom – jene Verse, mit denen er vierzig Jahre später die *Italienische Reise* beschließen sollte. Es ist der erste Hinweis darauf, daß Goethes Lektüre der lateinischen Elegiker Gedichte entstehen lassen könnte, die von Rom nicht allein die Versform, sondern auch den Schauplatz, ja sogar das Sujet beziehen und die Brücke von der sexuellen Erfüllung zu der großen Entbehrung schlagen, die jetzt in seinem emotionalen und geistigen Leben herrschte. Es gibt keine genauen Hinweise darauf, wann Goethe die längeren, weniger epigrammatischen Verse zu schreiben begann, in denen er die Gestalt Christianes mit der Gestalt seiner römischen Geliebten verschmolz, wann er auf den Gedanken kam, diese Gedichte zu einem halb erzählenden Zyklus mit dem Schauplatz Rom zusammenzustellen, und wann und in welcher Reihenfolge die einzelnen Stücke entstanden sind. Die Wahrscheinlichkeit spricht aber dafür, daß die meisten oder alle dieser 22 Gedichte zwischen Herbst 1788 und Winter 1789/90 geschrieben worden sind; einige von ihnen mögen schon in dem Notizbuch gestanden haben, in das Goethe alle seine *Erotica* eintrug und das Karl Philipp Moritz im Dezember 1788 oder Januar 1789 unter dem Gipsabguß von Raffaels Schädel versteckt fand – eine Entdeckung, die ihn sehr erheiterte.

Auch Goethe nennt diese Gedichte oft «Späße»; aber wenn Humor in ihnen steckt, dann der freundliche Humor von Menschen, die sich auf einfache und unschuldige Weise vergnügen. Die hier geschilderte Liebe ist, wie es das Gedicht «Frech und froh» verlangt, ganz frei von jeder Pein und von jeglicher Sehnsucht, die über die körperliche Ungeduld hinausgeht, frei aber auch von jeglicher anakreontischen Koketterie oder Anzüglichkeit. Vorbei ist es mit der unterbrochenen Klimax, mit der gespielten Schamhaftigkeit, womit die Cupidos im Brautgemach den Blick abwenden. Jetzt überläßt Goethe anderen das Fingern und Fummeln an Schmuck und Brokat, Putz und Korsett der Geliebten, das in einer anderen Lyrik dazu hätte dienen können, das Begehren zu steigern oder gar seine Erfüllung zu ersetzen: Hier sind sie nur Verzögerung und Plage.

> Näher haben wir das! Schon fällt dein wollenes Kleidchen
> So wie der Freund es gelöst, faltig zum Boden hinab.
> Eilig trägt er das Kind, in leichter linnener Hülle
> Wie es der Amme geziemt, scherzend aufs Lager hinan.
> Ohne das seidne Gehäng und ohne gestickte Matrazzen,
> Stehet es, zweyen bequem, frey in dem weiten Gemach.
> Nehme dann Jupiter mehr von seiner Juno, es lasse
> Wohler sich, wenn er es kann, irgend ein Sterblicher seyn.
> Uns ergötzen die Freuden des ächten nacketen Amors
> Und des geschaukelten Betts lieblicher knarrender Ton.

Die innerste Mitte der *Elegien*, wie sie zuletzt heißen werden (bis zum November 1789 wird dieser Ausdruck für keines der *Erotica* verwendet), bildet eine vollendete Glückserfahrung, wie sie in keinem anderen Werk Goethes zu finden ist: Zwei außergewöhnlich verschiedene Menschen – ein Dichter, der von Selbstzweifeln und dem öffentlichen Aufruhr um seinen *Werther* geplagt wird, und eine ungebildete, aber temperamentvolle und keineswegs unterwürfige junge Frau aus dem Bürgertum – begegnen einander, wie nur je ein Mann und eine Frau einander begegnen, und entdecken, daß sie zusammen ein «Wir» ausmachen, in einem ganz erfüllten und ungetrübten Sinn, wie ihn dieses – ohnehin relativ seltene – Pronomen in keinem der früheren Gedichte Goethes hat, auch nicht in denen an Frau von Stein (in dem Gedicht «An den Mond» kommt es nicht vor). Die literarische Komplexität, die dieses zentrale Erlebnis umschließt, darf uns nicht den biographischen Kern übersehen lassen, der zu einem guten Teil den Zauber des späteren Zyklus ausmachen wird:

der rasche Beginn der Liebesbeziehung, das ungeduldige Warten auf die Dunkelheit, die Liebenden im Bett, geborgen vor Sturm und Regen, Gespräche über die Kindheit, die Frau, wie sie morgens aufsteht, um die Glut in der Asche zu entfachen (Stoff für eine erotische Metapher), Streit und Versöhnung, das allmähliche Durchsickern des Liebesgeheimnisses bei den Leuten im Ort – es wäre falsch, hierin nur die bekannten Gemeinplätze einer bestimmten Art von Lyrik zu sehen, so wie es falsch wäre, die Züge Christianes auf Goethes idealisierenden Porträts allein von Göttinnen und Münzen herzuleiten. Gerade die Stilisierung, die diese Themen durch Goethe erfahren, verrät uns etwas über seine keineswegs glücklichen Umstände, in welchen ihm das Verhältnis mit Christiane in einer Weise zum Trost und zur Freude gereichte, die auszudrücken ihm niemals ganz gelang oder gelingen sollte. Gerade weil die Verbindung mit Christiane im Winter 1788/89 zu einer wirklichen Beziehung wurde (und nicht bloß ein geschäftliches Arrangement blieb wie die Affäre in Rom), war sie nicht erschöpfend in ihre symbolischen, pseudoklassischen Analogien zu übersetzen, und Goethe hat dies nach den *Elegien* auch nicht mehr versucht. Die Intensität des Bestrebens, in diesen Gedichten die Beziehung zur Geliebten für etwas anderes stehen zu lassen (zum Beispiel für die Wiederentdeckung der alten römischen Einstellung zu Liebe und Schönheit), läßt die Gewalt dieser neuen Gegenwart in seinem Leben ermessen. Die ungewöhnliche metrische Form – Deutschland kannte damals bändeweise Hexameter, aber kaum Distichen – sowie die gekünstelte Diktion und Wortfolge, die sie häufig erfordert, bewirken eine erste, unmittelbare Entfremdung; im Gegensatz etwa zu der gelösten und realistischen Manier des «Besuchs» sind sie deutlicher Ausdruck dafür, daß wir Kunst lesen und nicht eine Nachahmung der Natur. Die Situierung im zeitgenössischen Rom anstatt in Weimar erlaubt (zum Teil) die Übertragung jenes Glücks, das von der sexuellen Begegnung ausgeht, auf die Begegnung mit den Überresten antiker Kunst und Kultur (die in Wahrheit so problematisch gewesen war). Die Maskierung Christianes zur römischen Faustina führt in den Zyklus den Gegensatz zwischen dem deutschen Dichter und seiner angeblich mediterranen Geliebten ein, so daß die Beziehung der beiden Liebenden Goethes eigenes gespaltenes Leben und die gespaltenen Loyalitäten zur Zeit der Niederschrift widerspiegeln kann. Die mehr oder weniger offenen Anspielungen auf die Werke der lateinischen Elegiker lassen erkennen, daß der Dichter bewußt die Präformierung seines Erlebens durch ein literarisches Muster zuläßt – in Parallele (und natürlich als Beitrag) zu Goethes Rekonstruktion einer römischen Enklave in Weimar. So kann selbst die Episode eines körperlichen Liebesaktes zu einem Beispiel jener neuen Ästhetik werden, derzufolge die vollkommene und gegenwärtige sinnliche Befriedigung von einem Material ausgehen muß, das seine eigene, charakteristische Form diktiert:

> Und belehr' ich mich nicht, indem ich des lieblichen Busens
> Formen spähe, die Hand leite die Hüften hinab?

> Dann versteh' ich den Marmor erst recht: ich denk' und vergleiche,
> Sehe mit fühlendem Aug', fühle mit sehender Hand.

In diesem, einem der besten seiner erotischen «Späße», rühmt sich der Dichter sogar, sein persönliches Erleben den Ansprüchen der Kunst untergeordnet zu haben:

> Oftmals hab ich auch schon in ihren Armen gedichtet
> Und des Hexameters Maß leise mit fingernder Hand
> Ihr auf den Rücken gezählt.

Dennoch ist es die Geliebte, die zuletzt lacht; denn die Muße zu derlei kleinen männlichen Eitelkeiten findet der Dichter nur, wenn die Freundin schläft. Wie im «Besuch» ist die schlafende Frau Abbild der neuen Gegenwart in seinem Leben, Symbol der nicht reduzierbaren, unausdrückbaren anderen Identität, die nicht durch Symbole zu beherrschen oder wegzuinterpretieren ist und für die es am Ende nicht mehr gibt als einen Namen: Christiane.

Carl August werde nicht vermuten, schrieb Goethe im Mai 1789 dem Herzog, unter den *Erotica* – allerdings nicht in der halb fiktiven Reihe der späteren *Römischen Elegien* – auch ein Lobgedicht auf sich selbst zu finden. Doch das achtzehnzeilige «Epigramm», das er in jenem Mai am 10. schrieb, konnte als Summe der neuen Einstellungen gelten, welche die *Erotica* ermöglicht hatten; gleichzeitig formuliert es sehr deutlich deren Abhängigkeit von der sozialen und politischen Ordnung, die Goethe in Weimar vorgefunden hatte, und von dem persönlichen Regiment des Herzogs. Der Materialismus, der Goethe getrieben hatte, Herders Philosophie der Geschichte auf das Bedürfnis zu reduzieren, «daß der Mensch ein Hauswesen besäße»: hier und in einem analogen Gedicht wird er mit bewußter Naivität zum Ausdruck gebracht. Goethe zählt die «fünf natürlichen Dinge» auf, die er braucht: leidliches Essen und gutes Trinken, eine Wohnung, Kleidung, Freunde und ein Liebchen, und so könnte es scheinen, daß seine Verehrung des Herzogs durch Bestechung erkauft sei:

> Denn mir hat er gegeben, was Große selten gewähren,
> Neigung, Muße, Vertraun, Felder und Garten und Haus.

Aber als Künstler, der manches bedarf, jedoch von Gelddingen wenig versteht, braucht er eben einen Gönner. Die bürgerliche Welt des kommerziellen Verlagswesens hat ihm wohl einen Erfolg beschert, den er oft verflucht hat, aber nichts Materielleres, weder im In- noch im Ausland:

> Hat mich Europa gelobt, was hat mir Europa gegeben?
> Nichts! Ich habe, wie schwer! meine Gedichte bezahlt.

Nur ein Fürstenhof also kann den Dichter so unterstützen, wie er es bedarf; doch in der deutschsprachigen Welt hat weder Wien noch Berlin, sondern einzig Weimar, das an Ländern und Mitteln beschränkte, jene Funktion übernommen, für die es im alten Rom so erlauchte Vorbilder gibt:

> Niemals frug ein Kaiser nach mir, es hat sich kein König
> Um mich bekümmert, und Er war mir August und Mäcen.

Goethes «Lobgedicht» vom 10. Mai 1789 lief definitiv auf die Erklärung hinaus, daß der dauerhafte Aufbau einer deutschen Nationalkultur – jenes gelobten Landes, wohin es die Intellektuellen um 1770 gezogen hatte und in dem Goethe in seinem römischen Jahr geglaubt hatte zu leben – in Weimar und vielleicht in anderen, vergleichbaren Zentren möglich sei, wenn die absolutistischen Herrscher feudaler Fürstentümer die Künstler mäzenatisch unter ihre Fittiche nähmen. Fünf Tage vor der Niederschrift des Gedichts waren, zum ersten Male seit vor dem Dreißigjährigen Krieg, in Versailles die französischen Generalstände zusammengetreten, und es hatte der Todeskampf des feudalen Europas begonnen.

In der kommenden Krise erwiesen sich von allen Institutionen des absolutistischen Deutschlands die Universitäten als die widerstandsfähigsten, und langfristig fand Goethe in der Welt der Forschung und Gelehrsamkeit ebenso eine Nische wie im Staatsdienst und am Fürstenhof. Sogar Berlin erinnerte sich seiner noch 1789: Im Februar wurde er eingeladen, Mitglied der Berliner Akademie der Künste zu werden – ein Angebot, das zweifellos mehr nach seinem Geschmack war als die Mitgliedschaft in der Schloßbaukommission, der er gerade zugestimmt hatte. «Goethe wirds auch wohler in Jena; er fühlt sich dort zu Hause und hier fremd», schrieb Caroline Herder aus Weimar, und Goethe selbst sagte rückblickend, Jena habe maßgeblichen Anteil an seiner Aussöhnung mit Deutschland nach der Rückkehr aus Italien gehabt. Doch zeichnete sich diese Entwicklung nur langsam ab. Nach den anatomischen Studien bei Loder im November 1788 kam Goethe erst im Juli des folgenden Jahres wieder nach Jena. Er blieb aber aufmerksam für Möglichkeiten der Fortbildung, namentlich in den Naturwissenschaften: Als im Januar 1789 der Jenenser Professor der Mathematik und Physik Johann Ernst Basilius Wiedeburg starb, veranlaßte Goethe den Ankauf seiner Apparate, wobei allerdings nicht allein naturwissenschaftliches Interesse im Spiel war, sondern auch das menschenfreundliche Motiv, Wiedeburgs Witwe und seinen Kindern unter die Arme zu greifen. Vorderhand beschränkte sich Goethes Anteilnahme an der Universität auf Personalfragen, von denen freilich einige von großer Tragweite waren. Die Berufung Schillers war jedoch nicht als Signal zu verstehen, daß Jena nun künftig zum Sammelbecken der einstigen Genies werden sollte; hieran ließ Goethe keinen Zweifel, als ihm während Reichardts Aufenthalt in Weimar im April 1789 der Dichter Gottfried August Bürger einen Besuch abstattete, mit dem er in Briefen einst das vertrauliche Du gewechselt hatte. Bürger hoffte auf das Angebot, in ähnlicher Position wie Schiller von Göttingen nach Jena zu wechseln; Goethe hielt das Gespräch jedoch kurz und dermaßen förmlich, daß dieses Thema gar nicht erst zur

Sprache kommen konnte, und verließ das Vorzimmer bald wieder, um sich von Reichardt seine Vertonung der *Claudine* vorspielen zu lassen. Bürger schnaubte vor Wut über dieses «Minister»-Gebaren seines einstigen Waffengefährten, und vielleicht mit Recht; aber er hatte keine Vorstellung von den komplexen Veränderungen, die der Verlauf von fünfzehn Jahren in Goethe bewirkt hatte – fünfzehn Jahre, in denen Bürger selbst sich praktisch gleich geblieben war. Goethe war damals mehr daran gelegen, Schütz bei Laune zu halten, den Herausgeber der ungemein erfolgreichen *ALZ*, der um eine Erhöhung seines Honorars gebeten hatte. Durch die Umschichtung von Mitteln gelang es Goethe, zusätzliche 200 Taler pro Jahr für Schütz aufzutreiben. Von der großen Bedeutung, die Goethe der Gestalt Schillers beimaß, zeugt die Tatsache, daß er dem Herzog Mitte Mai in demselben Brief von Schillers Übersiedlung nach Jena und der Aufnahme seiner Lehrverpflichtungen erzählte, in dem er ihm den Abstecher Schütz' nach Paris zur Beobachtung der dortigen Ereignisse meldete. Doch was so verheißungsvoll mit der septemberlichen Begegnung in Rudolstadt und mit Goethes Einsatz für die Berufung Schillers begonnen hatte, blieb in Schillers Augen folgenlos: Goethe schien ihn den Winter über zu meiden. Vielleicht mißfiel es Goethe, daß Bellomo noch immer die Sturm-und-Drang-Stücke seines Dichterkollegen regelmäßig im Repertoire führte. Schiller tröstete sich mit einem Brief an Körner:

Öfters um Goethe zu sein, würde mich unglücklich machen. Er hat auch gegen seine nächsten Freunde kein Moment der Ergießung. . . . Ich glaube in der Tat, er ist ein Egoist in ungewöhnlichem Grade. Er besitzt das Talent, die Menschen zu fesseln . . .; aber sich selbst weiß er immer frei zu behalten. Er macht seine Existenz wohltätig kund, aber nur wie ein Gott, ohne sich selbst zu geben. . . . Ein solches Wesen sollten die Menschen nicht um sich herum aufkommen lassen. Mir ist er dadurch verhaßt, ob ich gleich seinen Geist von ganzem Herzen liebe und groß von ihm denke. Ich betrachte ihn wie eine stolze Prüde, der man ein Kind machen muß, um sie vor der Welt zu demütigen. Eine ganz sonderbare Mischung von Haß und Liebe ist es, die er in mir erweckt hat, eine Empfindung, die derjenigen nicht ganz unähnlich ist, die Brutus und Cassius gegen Caesar gehabt haben müssen; . . . Goethe hat auch viel Einfluß darauf, daß ich mein Gedicht [«Die Künstler»] gern recht vollendet wünsche. An seinem Urteil liegt mir überaus viel. . . . Ich will ihn auch mit Lauschern umgeben, denn ich selbst werde ihn nie über mich befragen.

Hinter diesem Ausbruch steckt weit mehr als die Divergenz zweier Persönlichkeiten. Schillers Dreiecksverhältnis zu den Schwestern Lengefeld ging seinen mysteriösen Gang, aber unterschwellig mag ihn der Gedanke an Heirat und die Notwendigkeit eines geregelten Einkommens beschäftigt haben. Die Professur in Jena gab ihm eine Stellung, aber kein Gehalt, ja sie kostete ihn Geld, weil er einen akademischen Grad erwerben und sich einkleiden mußte, und die Vorbereitung der Vorlesungen stahl ihm die Zeit zum Schreiben, das im Augenblick seine einzige Einnahmequelle war. Er fühlte sich von Weimar ausgebeutet und empfand Ungeduld gegen das unzugängliche regierende Genie, dessen Apologeten unfähig waren, für ihre Verehrung Gründe zu nennen: «man hat wahrlich zu wenig *bares* Leben, um Zeit und Mühe daran zu wenden, Menschen zu entziffern, die schwer zu entziffern sind.» – «Dieser Mensch, dieser Goethe, ist mir einmal im Wege, und er erinnert mich so oft, daß das Schicksal mich hart behandelt hat. Wie leicht ward *sein* Genie von seinem Schicksal getragen, und wie muß *ich* bis auf diese Minute noch kämpfen!» Es ist die Klage einer ganzen Generation, ja einer ganzen Klasse über Generationen hinweg, die Klage der deutschen Intelligenz, die, ohne Amt, aber ohne wirtschaftliche Unabhängigkeit, den Blick neidvoll-fasziniert auf die große Ausnahme richtete, der beides zugefallen war. Schiller fühlte einen Druck von sich abfallen, als er nach Jena zog, aber das ihm gemäße Medium war die Universität ebensowenig wie der Fürstenhof. Seine Antrittsvorlesung vom 26. Mai, «Was heißt und zu welchem Ende studiert man Universalgeschichte?» lockte drei- bis vierhundert Zuhörer an (Goethe war nicht unter ihnen), und am Abend wurde ihm, deutschem Studentenbrauch gemäß, dafür ein Ständchen dargebracht, aber sie begann mit einer beißenden Satire auf den «Brotgelehrten», dem Schiller wenig Gewinn aus seinen Vorlesungen verhieß und den «philosophischen Kopf» gegenüberstellte, den Studierenden also, der sich von dem akademischen Unterricht nicht die Sicherung seines Lebensunterhalts versprach und der neugierig genug auf Sinn und Zweck des Ganzen der Geschichte war, um im Verlauf seines Studiums auch den Zusammenbruch eines liebgewordenen dogmatischen und theologischen Gerüsts zu ertragen. Die Vorlesung erschuf sich die Zuhörer, die sie ansprechen wollte, und schmeichelte ihnen, aber sie war nicht geeignet, Schiller seinen Kollegen zu empfehlen. Die einleitenden Bemerkungen; die besondere Würdigung der «Mittelstände» als einzigem Vehikel der Kultur; die bewußt moralistische Erklärung des Gangs der Geschichte, welcher in der Gegenwart gipfele (eine recht primitive Verquickung von Kant mit Herder); und die daraus resultierende Verachtung für ein rein nostalgisches oder antiquarisches Interesse an der Vergangenheit: dies alles ließ nicht die Bereitschaft Schillers erkennen, Kompromisse mit den Institutionen des absolutistischen Staates oder mit der aristokratischen Kultur seiner Beamten zu schließen, die keinen Platz im öffentlichen Bewußtsein suchten und autoritätsgläubig an überholten Mustern hingen. Aber mit diesen Zuständen aber hatte Goethe, und sei es auch privatim, seinen loyalen Frieden gemacht. Schiller sollte schon bald seiner intellektuellen Isolation in Jena gewahr werden, und vielleicht war es nicht zuletzt eine Antwort auf diese Isolation, als er sich im August 1789 heimlich mit Charlotte von Lengefeld verlobte. Dieser Schritt nötigte ihn freilich doch zu Kompromissen: Um heiraten zu können, brauchte er nach seinen Berechnungen tausend Taler jährlich. Seine schriftstellerische Tätigkeit brachte ihm vielleicht 600 Taler, und seine Frau würde jährlich 200 Taler mit in die Ehe bringen; blieben immer noch 200 Taler, die er auftreiben mußte. Ob man Carl August bewegen konnte, für seinen neuen Professor doch ein Besoldung zu bewilligen? Vielleicht konnten Goethe oder Frau von Stein ihren Einfluß geltend machen. Schließlich war es dann wirklich Frau von

Stein, die den Herzog umstimmte. Ohnedies war Carl August glücklich, etwas für die jüngere Lengefeld tun zu können, und im Januar 1790 bot er Schiller bei einem privaten Gespräch in der fürstlichen Residenz eine Rente an, wobei er leise und sichtlich verlegen hinzufügte, mehr als 200 Taler könne er sich leider nicht leisten. Dem Herzog bedeutete das eine gewisse Garantie, daß Schiller nicht bei der erstbesten Gelegenheit wieder gehen würde; dem Dichter war die Eheschließung am 22. Februar 1790 zwanzig Prozent seiner Freiheit wert. –

Jena verlor einen Mann, der mehr als jeder andere Goethe an die Stadt und an die Universität gefesselt hatte, als das Amt des Kanzlers der Universität vakant wurde und der Herzog bei der Regelung der Nachfolge im Oktober 1789 Knebel überging. Knebels Enttäuschung war so groß, daß er zunächst daran dachte, dem Herzogtum ganz den Rücken zu kehren. Goethe überredete ihn jedoch, den Winter über nach Weimar zu ziehen und erst im April 1790 für ein Jahr zu seiner Familie nach Ansbach zu gehen. Die wichtigste Personalfrage aber, die Goethe 1789 beschäftigte, berührte zwar unmittelbar die Zukunft Jenas, betraf aber keine Berufung an die Universität. Goethe riet Herder sogar ausdrücklich ab, das Kanzleramt in Erwägung zu ziehen: damit werde er nur angestammte akademische Interessen gegen sich aufbringen. Aber Herder gehörte mittlerweile zu den Größten der deutschen Theologie und Philosophie, seine Predigten wirkten wie ein Magnet, und jede Universität, der es gelang, Herder für sich zu gewinnen, konnte damit rechnen, konkurrierenden Hochschulen einen erheblichen Teil ihrer Studenten abspenstig zu machen. Anfang 1789 wurde Herder, der noch in Italien war, eine Professur in Göttingen angeboten, dem akademischen Erzrivalen Jenas; man forderte ihn auf, seine Bedingungen zu nennen. Die Offerte wurde ihm durch seine Frau übermittelt, und daher war auch Goethe zur Stelle, um ein Wörtchen mitzureden; sah er doch den Niedergang Jenas und den Verlust seines einzigen geistigen Gefährten voraus, falls Herder das Angebot annahm. Der Rat, den er Caroline Herder und ihrem Gatten gab, war durchaus praktisch, aber zugleich klug berechnet. Herder hatte schon selbst gestanden, er sei «müde ... des Zusammenhanges mit Fürsten und Fürstinnen», die doch nur «immer unverständige Kinder bleiben»; seiner Frau hatte er sogar anvertraut, er zweifle daran, ob Goethe persönlich ihm sehr viel mehr bedeuten könne. In amtlichen Dingen war Goethe ihm nie eine Stütze gewesen, und: «Meine Reise hierher [nach Italien] hat mir seine selbstige, für andre und im Innern unteilnehmende Existenz leider klärer gemacht, als ich's wünschte. ... Es tut wehe, es zu fühlen, daß man einen angenehmen Traum verloren habe.» Göttingen, dessen Lehensherr in beruhigender Ferne in England weilte, war die akademisch professionellste, am wenigsten höfische aller deutschen Universitäten; ihre Bibliothek war schon jetzt so umfangreich, daß Herder sich ausrechnete, mit dem Schatz an Büchern, den er aus diesen Reichtümern heben konnte, das Kapital zu verdienen, das er seinen Kindern vererben wollte: Er fand die Offerte höchst verlockend. Goethes erste Reaktion war entwaffnend

– er begrüßte das Angebot wärmstens. Jetzt endlich könne Herder, gleichgültig, ob er ging oder blieb, eine für ihn befriedigende Einrichtung seines Lebens erreichen. Goethe riet ihm, keine Entscheidung vor der Rückkehr nach Weimar zu treffen und dann die Frage rein unter dem Aspekt des finanziellen Vorteils zu entscheiden; Bedenken des Herzens sollten ganz außer Betracht bleiben: «sein Gemüt bringt er ja überall mit», meinte Goethe zu Caroline Herder und hatte damit zweifellos recht. «[I]n einem Academischen Senat giebts die dummsten, ärgerlichsten Auftritte u. Beschlüße. – Auch gilt auf der Akademie am meisten der Charletan von Professor. Alle Professoren werden *gegen Dich seyn*, da Du ihnen superior bist. Du wirst als Mensch u. Professor ein viel unzufriedeners Leben führen als in Weimar . . .» Goethe gab sich zuversichtlich, daß Carl August alles daran setzen werde, um Herder zu halten, aber ganz sicher kann er seiner Sache nicht gewesen sein – Herders ausgezeichneter Ruf und seine Verbundenheit mit Herzogin Louise überwogen nicht unbedingt die Schwierigkeiten seiner Wesensart. Goethe hatte sich den Zorn Herders zugezogen, als er nicht auf ein Angebot des Herzogs eingegangen war, ihm – Herder – mit Geldmitteln für seine italienische Reise auszuhelfen; Goethe hatte sich auf den Standpunkt gestellt, daß es Dalbergs Pflicht sei, für die Kosten aufzukommen, und man den guten Willen des Herzogs für eine dringendere Gelegenheit aufsparen solle. Carl August scheint gutwillig gewesen zu sein, aber ein wenig Schmeichelei gebraucht zu haben; jedenfalls waren die Bedingungen, unter denen sich Herder schließlich bereit erklärte, zu bleiben, nicht übertrieben großzügig. Er wurde zum Vizepräsidenten des Konsistoriums und damit praktisch zum administrativen und geistlichen Oberhaupt des fürstlichen Kirchen- und Schulwesens befördert, jedoch von den kirchlichen Routineaufgaben entbunden; seine Besoldung stieg um 200 Taler auf 1.800 Taler und entsprach jetzt derjenigen Goethes; in einer geheimen Abmachung verpflichtete sich der Herzog ferner, die ausstehenden Schulden Herders in Höhe von 2.000 Talern zu begleichen und Caroline Herder eine Rente auszusetzen, wenn sie Witwe werden sollte. Das einzige Problem war die Zukunft von Herders Kindern, zumal das Universitätsstudium seiner Söhne, und Goethe versuchte, für sie individuelle Patenschaften aus den Privatschatullen der fürstlichen Familie zu beschaffen. Carl August und Louise trugen ihr Teil dazu bei, aber Anna Amalia in Italien lehnte das ihr vorgelegte, ausgeklügelte Projekt strikt ab. Als Goethe sich noch einmal ins Mittel legte, erklärte sich die Herzoginmutter bereit, im Notfall für ein Kind eine jährliche Summe zu stiften; diese Zusage scheint jedoch später in Vergessenheit geraten zu sein. Am 9. Juli war Herder «guten Humors» wieder in Weimar, und am 24. August wurde seine Berufung an die Spitze des Konsistoriums bekanntgegeben. In Rom hatte er beim Packen noch einmal alle Briefe durchgelesen, die er bekommen hatte; dabei «habe ich so viel wahre Erweise von Goethes männlicher Treue, Freundschaft und Liebe gegen mich gefunden, daran will ich mich halten», und auch Carolines zeitweilige Ernüchterung über den «eitlen Dichter» war durch die ganze

Angelegenheit wie verflogen: «Knebel bleibt ein unstetes, unsichres Rohr ...
Goethe bleibt sich gleich; er steht auf festem Boden.... er ist doch der einzige
rein gute Mensch hier.»

«*Ich bin ein andrer Mensch*»:
Juni – Dezember 1789

Die Demütigung der stolzen Prüden war näher, als Schiller vermuten konnte: Irgendwann zwischen Anfang Mai und Mitte Juni erklärte Christiane
ihrem Geliebten, daß sie im Dezember ein Kind von ihm erwarte. Von diesem Moment an stand Goethe vor privaten Entscheidungen von äußerster
Tragweite, wenn er es auch kaum versäumt haben wird, derartige Überlegungen zumindest theoretisch schon früher anzustellen. Der Stand der damaligen Medizin verlangte während der Schwangerschaft Christianes eine
lange Periode sexueller Enthaltsamkeit von ihm, und so stellte sich die Frage, wieviel ihm die Person seiner Freundin, nicht ihr Körper, bedeutete. Es
gibt keine Anhaltspunkte dafür, daß er jemals daran gedacht hätte, sie einfach auszuzahlen, wie er es in Rom getan hatte: Die *Erotica* zeigen, daß seit
Monaten so viel Gemeinsames in ihrer Beziehung gewachsen war, daß dieser
Ausweg nicht in Betracht kam, auch wenn er in einer kleinen Gesellschaft
wie derjenigen Weimars praktisch gewesen wäre. Die Verbindung mit Christiane war jetzt nicht eine flüchtige Liebelei – wenn sie es überhaupt je
gewesen war. Sollte Goethe seine Freundin nun in einer eigenen Wohnung
unterbringen, wo sie ihr uneheliches Kind (oder deren mehrere) großzog,
während er sich weiter nach einer Braut aus dem Adel umsah, dem er seit
1782 angehörte? Das wäre die höfische Lösung gewesen, zwar skandalös,
aber skandalös in einem vertrauten und insofern akzeptablen Rahmen, und
wenn auch das Kommen und Gehen zwischen Christianes Haus und dem
Haus am Frauenplan ständig beobachtet und boshaft kommentiert worden
wäre, hätte diese Lösung zwischen den beiden Liebenden einen Unterschied
des Lebens und des Standes festgehalten, der die rein physische Funktion
Christianes für jedermann sichtbar gemacht hätte. Diese Möglichkeit muß
schon früh verworfen worden sein – vorausgesetzt, daß Goethe in seiner
Eigenschaft als standesbewußter Bürger gefühlsmäßig überhaupt fähig war,
an eine so vollständige Kapitulation vor dem Sittenbegriff des Adels zu denken, den sein Vater verachtet hatte. Falls Christiane sich gleich, nachdem sie
sich ihrer Schwangerschaft sicher war oder zu sein glaubte, dem Freund
anvertraut hat, mag diese Neuigkeit seinen am 8. Mai gefaßten Entschluß
beeinflußt haben, nicht im September nach Italien zu fahren. Anders als
Carl August, der bei der Niederkunft seiner Frau gewöhnlich abwesend
war, hatte Goethe die Absicht, in dieser Zeit zu Hause zu sein; und diese
Absicht allein verrät schon, wie er jetzt von Christiane dachte. Aber wo
sollte dieses Zuhause sein? Und wenn es nicht zwei getrennte Wohnungen

geben sollte, war dann der lange gefürchtete und verschobene Augenblick der Verehelichung gekommen? Die Ehe mit einer wenig gebildeten, mittellosen bürgerlichen Frau wie Christiane, die sogar in Frankfurt und schon vor seiner Nobilitierung gesellschaftlich niedriger gestanden hätte als Goethe, weil ihr Vater kein Akademiker gewesen war, konnte für Weimar nur zutiefst schockierend sein, während umgekehrt, hier wie anderswo, die Ehe zwischen bürgerlichen Männern und adligen Frauen zulässig war (man denke nur an Schiller und Charlotte von Lengefeld oder an Goethes Großonkel Johann Michael Loen). Aber am Ende wären die von Steins und von Schardts und von Kalbs, und auch die beiden Herzoginnen, doch bereit gewesen, sich mit einer ehelich legitimierten Frau von Goethe an einen Tisch zu setzen – bei aller hochmütigen Verachtung ihrer Konversation und der unaussprechlichen Künste, durch welche sie die Solidarität mit dem weiblichen Geschlecht verraten, ihren Gatten umgarnt und ihn von seiner frommen Verehrung der adligen Damenwelt abgebracht hatte. Was Goethe 1789 von der Ehe abhielt, muß wirklich dieselbe Furcht vor dem «Sein» statt dem «Werden» gewesen sein, an der seine Beziehung zu Friederike Brion und zu Lili Schönemann zerbrochen war, die Furcht vor dem Verlust der Freiheit zu unbeschränkter Selbstdeutung und -umdeutung, die in den Versen jener Zeit als Furcht vor der machtvollen Attraktivität einer Frau erscheint, die er nur im Schlaf zu schildern wagt. Aber es gab noch einen anderen, sogar überzeugenden Grund, den er vor sich selbst und vor anderen ins Treffen führen konnte. Eine Eheschließung war damals in Deutschland nur im Rahmen einer kirchlichen Trauung möglich. Goethe glaubte aber erklärtermaßen weder an Christus noch an Gott; die *Erotica*, die er damals schrieb, führte er in diesen Tagen der Entscheidung gern als Beweis für sein «Heidenthum» an; und nicht ohne Heuchelei konnte er für die privatesten Belange seines Lebens den Segen einer Kirche erbitten, die in seinen Augen durch ihre Mythologie und Hierarchie aus der rationalen Bewältigung menschlicher Dinge einen armseligen Quark gemacht hatte. Carl August hätte zweifellos Sympathie für ein solches Argument gehabt und mag sogar froh gewesen sein, daß Goethe nicht vorhatte, die Geduld des Hofes durch eine offizielle Eheschließung auf die Probe zu stellen; inoffizielle Abmachungen aber mußten nicht notwendig von Dauer sein.

Entweder in der ersten Maiwoche oder nach dem 6. Juni, als Carl August wieder in Weimar war, wird Goethe ihn konsultiert und von ihm die Zusicherung erhalten haben, daß er bei allem, was er tue, auf des Herzogs Toleranz und Unterstützung rechnen dürfe. Es kann sein, daß der Ausbruch von Dankbarkeit, den das «Lobgedicht» vom 10. Mai bezeugt, mit einigen solchen Gesprächen zu tun hat. Am 12. Mai schrieb Goethe dem Herzog: «Und am Ende von allem, was unterscheidet den Mächtigen? als daß er das Schicksal der seinigen macht, es bequem, manigfaltig und im großen machen kann, anstatt daß ein Partikulier sein ganz Leben sich durchdrücken muß, um ein paar Kinder oder Verwandte in einige Aisance zu versetzen.» Vielleicht dachte er dabei an Herder, aber zu derselben Zeit drängte es ihn, endlich mit dem *Tasso* fertig zu werden, «es koste was es wolle», und die 250 Taler, die ihm für den sechsten Band der *Schriften* winkten und ihn befähigen würden, sich als «Partikulier» mit Kindern und Verwandten zu etablieren, wird er nicht gänzlich vergessen haben. Freilich hatte Goethe sich mit dem Entschluß, Christiane nicht fortzuschicken, aber auch nicht zu heiraten, ein besonders schwieriges neues Problem aufgeladen. Christiane konnte nicht einfach zu ihm ziehen, als ob sie seine Frau wäre, und in seiner Wohnung den Weimarer Adel empfangen und, nicht geschützt durch Goethes Adelstitel, seine mitunter illustren Gäste bewirten: zumindest die mit Goethe befreundeten Damen wären seinem Hause einfach ferngeblieben. 1788 ging das Gerücht, Sir William Hamilton habe endlich seine «Miss Hart» geheiratet, und Baron Reiffenstein war sehr erleichtert: Würde es doch nunmehr der Herzoginmutter nicht zur Unehre gereichen, Hamilton in seinem Haus zu besuchen. Das Gerücht erwies sich als unzutreffend, Anna Amalia gab Hamilton trotzdem die Ehre, aber Neapel war weit weg, und Neapel war nicht Weimar. Andererseits konnte man Christiane und ihr Kind im Haus am Frauenplan nicht wie Domestiken verstecken. Goethe hatte in dem Haus nur ein Stockwerk gemietet: Weder gab es dort genug Platz, noch war die Wohnung so geschnitten, daß man sich gegenseitig nicht störte. Er mußte also umziehen. Zum Glück wurden gerade zu dieser Zeit zwei benachbarte Wohnungen im Großen Jägerhaus frei, einem herzoglichen Gebäude, das, nur wenige Meter vom Haus am Frauenplan entfernt, vor den Stadttoren lag, an der Straße zur fürstlichen Sommerresidenz Belvedere und mit Blick auf den Welschen Garten. Bis sich ein geeignetes Haus zum Kauf fand, konnte Goethe, als der unverheiratete Mann, der er von Rechts wegen war und in gewisser Weise zu bleiben wünschte, in einer dieser Wohnungen leben, und in unmittelbarer Nähe mochte sich Christiane mit ihrem kleinen Gefolge einrichten – sie wollte sich nicht von ihrer Tante Juliane und ihrer dreizehnjährigen Halbschwester Ernestine trennen. Goethe meinte, was er sagte, als er für Kinder und Verwandte zu sorgen versprach; indem er Christiane zu sich nahm, übernahm er eine Verantwortung, die nicht geringer war, als sie es in einer legalen Ehe gewesen wäre. Im Sommer wurden die Wohnungen hergerichtet, und im November begann der Umzug. Bei den schwierigen Verhandlungen, die wahrscheinlich im Juni geführt wurden und deren glücklicher Ausgang keineswegs von vornherein feststand – «*in re incerta*», wie er sagte –, hatte Goethe die loyale und diskrete Unterstützung des älteren Voigt, der jetzt sein engster Vertrauter in der Weimarer Verwaltung war. Ende Juni erhielt August Vulpius in Leipzig einen Brief, der wahrscheinlich die neuen Verhältnisse schilderte, so daß zu vermuten steht, daß zu diesem Zeitpunkt alle wesentlichen Entscheidungen bereits getroffen waren. «Ich dencke immer mehr auf die Haus Existenz», erklärte Goethe dem Herzog am 5. Juli.

Zu Beginn dieser kritischen Phase, am 5. Mai, begab sich Charlotte von Stein, deren Gesundheit durch den Verfall ihres Gatten und einen seelisch belastenden Winter stark angegriffen war, zur Kur nach Wiesbaden und Bad Ems. «Der ... Begriff von meinem ehemaligen, vierzehn Jahre lang gewesenen Freund liegt mir ... wie eine Krankheit auf», schrieb sie Charlotte von Lengefeld; Goethe erschien ihr wie ein schöner Stern, der ihr vom Himmel gefallen war. Caroline Herder hatte, wie Herzogin Louise, ursprünglich geglaubt, die Quelle der Verstimmung liege einfach in der italienischen Reise, in Frau von Steins Weigerung, zu vergeben, und Goethes Weigerung, Vergebung zu erbitten. Sobald sie von der Affäre mit Christiane Vulpius erfuhr, war klar, warum sich Frau von Stein «sehr, sehr unglücklich» fühlte: Goethe «hat sein Herz, wie sie glaubt, ganz von ihr gewendet und sich ganz dem Mädchen, die eine allgemeine H- vorher gewesen, geschenkt.» Frau von Stein sagte sich offenbar, daß ihr Schmerz nicht einfach Eifersucht, verletzter Stolz oder der Zorn über den Verrat an unzähligen Beteuerungen ausschließlicher Liebe sei, sondern der Kummer eines Menschen, der zusehen muß, wie ein lieber Freund sich selber, seiner Pflicht und seinen höchsten Idealen untreu wird und immer tiefer im Sumpf versinkt. Unmittelbar vor ihrer Abreise aus Weimar schrieb sie Goethe einen Brief, in dem sie zum erstenmal und mit der ihr eigenen eisernen Bestimmtheit in Dingen der Schicklichkeit und des sittlichen Urteils von der Beziehung sprach, die ihren Freund zu verderben drohe. Wie um den menschenfreundlichen und persönlichen Charakter ihrer Besorgnis zu unterstreichen, machte sie auf dem Weg nach Bad Ems in Frankfurt Station, wo sie zum erstenmal Goethes Mutter begegnete, und sprach in Offenbach mit Sophie von La Roche; denn ihre Ängste waren von einer Art, die anderen Frauen nicht fremd sein konnte. Vielleicht ertastete sie auch die Wurzeln jenes wunderlichen Wesens, das ihr Leben so lange in seinem Bann gehalten hatte. Goethe ließ den Brief zunächst einmal liegen; vielleicht wollte Frau von Stein ihm auch Zeit für seine Antwort lassen und hatte deshalb so knapp vor ihrer Abfahrt geschrieben. Es war wohl eine Zeit, in der Goethe sich ohnehin über seine Pläne besonders unschlüssig war, und außerdem hatte er sich fest vorgenommen, die noch ausstehenden zwei Akte des *Tasso* zu vollenden. So zog er sich am 20. Mai mit dem Erbprinzen und Ridel für zwei Wochen in die stille, im italienischen Geschmack gehaltene Eleganz des Schlosses Belvedere zurück. Hier machte er gute Fortschritte mit dem Stück, er war zufrieden mit dem, was ihm gelungen war, und vielleicht sah er auch die künftige Richtung seines Lebens etwas klarer und zuversichtlicher vorgezeichnet. Von hier konnte er Frau von Stein am 1. Juni einen Brief schreiben, in dem er das beiderseitige emotionale Ermatten ernst, unbeschönigt und überwältigend selbstsicher ausspricht, alle moralisierenden Aperçus zurückweist und schonungslos unnennbare Gefühle bloßlegt, ohne sie beim Namen zu nennen. Goethe schreibt ohne Bosheit, wenn auch nicht mit völliger Aufrichtigkeit über seine Motive, und bei aller Absurdität des letzten Absatzes, in dem Gottvater mit der Stimme eines bezopften Kräuterapostels spricht, ist dies ohne Zweifel einer der schrecklichsten Liebesbriefe, die jemals geschrieben worden sind:

Ich danke dir für den Brief, den du mir zurückließest, wenn er mich gleich auf mehr als eine Weise betrübt hat. Ich zauderte darauf zu antworten, weil es in einem solchen Falle schwer ist aufrichtig zu sein und nicht zu verletzen.

Wie sehr ich dich liebe, wie sehr ich meine Pflicht gegen dich und Fritzen kenne, hab ich durch meine Rückkunft aus Italien bewiesen. Nach des Herzogs Willen wäre ich noch dort, Herder ging hin und da ich nicht voraussah dem Erbprinzen etwas sein zu können, hatte ich kaum etwas anders im Sinne als dich und Fritzen.

Was ich in Italien verlassen habe, mag ich nicht wiederholen, du hast mein Vertrauen darüber unfreundlich genug aufgenommen.

Leider warst du, als ich ankam, in einer sonderbaren Stimmung und ich gestehe aufrichtig: daß die Art wie du mich empfingst, wie mich andre nahmen, für mich äußerst empfindlich war. Ich sah Herdern, die Herzogin verreisen, einen mir dringend angebotnen Platz im Wagen leer, ich blieb um der Freunde willen, wie ich um ihrentwillen gekommen war und mußte mir in demselben Augenblick hartnäckig wiederholen lassen, ich hätte nur wegbleiben können, ich nehme doch keinen Teil an den Menschen usw. Und das alles eh von einem Verhältnis die Rede sein konnte das dich so sehr zu kränken scheint.

Und welch ein Verhältnis ist es? Wer wird dadurch verkürzt? Wer macht Anspruch an die Empfindungen die ich dem armen Geschöpf gönne? Wer an die Stunden die ich mit ihr zubringe?

Frage Fritzen, die Herdern, jeden der mir näher ist, ob ich unteilnehmender, weniger mitteilend, untätiger für meine Freunde bin als vorher? Ob ich nicht vielmehr ihnen und der Gesellschaft erst recht angehöre.

Und es müßte durch ein Wunder geschehen, wenn ich allein zu dir, das beste, innigste Verhältnis verloren haben sollte.

Wie lebhaft habe ich empfunden daß es noch da ist, wenn ich dich einmal gestimmt fand mit mir über interessante Gegenstände zu sprechen.

Aber das gestehe ich gern, die Art wie du mich bisher behandelt hast, kann ich nicht erdulden. Wenn ich gesprächig war hast du mir die Lippen verschlossen, wenn ich mitteilend war hast du mich der Gleichgültigkeit, wenn ich für Freunde tätig war, der Kälte und Nachlässigkeit beschuldigt. Jede meiner Mienen hast du kontrolliert, meine Bewegungen, meine Art zu sein getadelt und mich immer mal a mon aise gesetzt. Wo sollte da Vertrauen und Offenheit gedeihen, wenn du mich mit vorsätzlicher Laune von dir stießest.

Ich möchte gern noch manches hinzufügen, wenn ich nicht befürchtete daß es dich bei deiner Gemütsverfassung eher beleidigen als versöhnen könnte.

Unglücklicherweise hast du schon lange meinen Rat in Absicht des Kaffees verachtet und eine Diät eingeführt, die deiner Gesundheit höchst schädlich ist. Es ist nicht genug daß es schon schwer hält manche Eindrücke moralisch zu überwinden, du verstärkst die hypochondrische quälende Kraft der traurigen Vorstellungen durch ein physisches Mittel, dessen Schädlichkeit du eine Zeitlang wohl eingesehn und das du, aus Liebe zu mir, auch eine Weile vermieden und dich wohl befunden hattest. Möge dir die Kur, die Reise recht wohl bekommen. Ich gebe die Hoffnung nicht ganz auf daß du mich wieder erkennen werdest. Lebe wohl. Fritz ist vergnügt und besucht mich fleißig. Der Prinz befindet sich frisch und munter.

Die Zeit in Wiesbaden – damals, vor dem Umbau zu Beginn des 19. Jahrhunderts, noch ein schäbiger, verwanzter, selten besuchter Kurort – war für Frau von Stein einsam und elend genug gewesen. Die einzige Antwort auf den lange erwarteten Brief war, daß sie an seinen Rand ein zorniges, gequältes, ungläubiges «O!!!» schrieb. Eine Woche nach dieser Breitseite fürchtete

Goethe, der wieder in der Stadt war, er könnte sich zu vehement verteidigt haben, und schrieb noch einmal, in versöhnlicherem Ton:

Es ist mir nicht leicht ein Blatt saurer zu schreiben geworden, als der letzte Brief an dich und wahrscheinlich war er dir so unangenehm zu lesen, als mir zu schreiben. Indes ist doch wenigstens die Lippe eröffnet und ich wünsche daß wir sie nie gegeneinander wieder schließen mögen. Ich habe kein größeres Glück gekannt als das Vertrauen gegen dich, das von jeher unbegrenzt war, sobald ich es nicht mehr ausüben kann, bin ich ein andrer Mensch und muß in der Folge mich noch mehr verändern.

Doch kann er kaum ernstlich an die Erfüllung seiner zögernd vorgebrachten Bitte geglaubt haben, es gemeinschaftlich noch einmal neu zu versuchen, wobei Frau von Stein als Schutzengel darüber zu wachen hätte, daß das Verhältnis zu Christiane nicht «ausarte». Dreizehn Jahre zuvor hatte er sich in den *Geschwistern* eine himmlische Charlotte ausgemalt, die den Bund ihres geliebten Wilhelm mit einer irdischen Mariane guthieß und segnete. Damals wie jetzt war eine solche Lösung «unmöglich» – damals, weil ein einzelner Mensch, Frau von Stein, nicht beide Rollen spielen konnte, jetzt, weil bei einer Verteilung der Rollen auf zwei Menschen die beiden nur Rivalinnen sein konnten.

Goethe wußte, daß das Ende gekommen war, daß er an der Schwelle einer Veränderung stand, wie er sie gravierender in seinem Erwachsenenleben bisher nicht durchgemacht hatte. Es kann ihn nicht verwundert haben, daß als Antwort auf diese Briefe ein tiefes Schweigen folgte, das schon einmal, nach seiner Ankunft in Rom, geprobt worden war. Aus dem gesellschaftlichen Umgang der beiden im letzten Jahr war klar geworden, daß Frau von Stein sich gegen Goethe verschlossen hatte, und als er in ihrem Haus zu ihrer Rückkehr am 6. Juli einen kurzen Willkommensgruß hinterließ – «von einem ehemaligen alten Freund», wie sie sich ausdrückte –, scheint sie ihn entweder keiner Antwort gewürdigt oder die Beendigung des Briefwechsels verlangt zu haben. Falls sie nicht schon vorher ihre Briefe zurückgefordert hatte, so tat sie es jetzt, und Goethe blieb mit seiner Haus-Existenz allein. Es war eine grausame Strafe, die Frau von Stein sich auferlegte: noch im Oktober quälten sie «böse Reminiszenzen»; aber sie «war in eine stille Trauer über ihr Verhältnis mit G[oethe] gesunken, und da schien sie mir wahrer und harmonischer als in der widernatürlichen von Gleichgültigkeit oder Verachtung». Es ist jedoch auffallend, wenn auch verständlich, daß Goethe sogar zu diesem Zeitpunkt weder in Briefen noch in mündlichen Äußerungen – der *Tasso*, der in diesen kritischen Wochen des Mai und Juni praktisch abgeschlossen war, steht auf einem anderen Blatt – zugeben mochte, daß Tieferes im Spiel war als Eifersucht und die festgefahrenen Gefühle, auf die er sich konzentriert hatte, als seine Lippe sich zum erstenmal öffnete. Es war von Frau von Stein nicht zu erwarten, daß sie Goethes sinnliche Verbindung mit einer Bürgerlichen tolerierte oder verstand; gründeten doch ihr ganzes Leben und ihr Selbstverständnis auf der Verleugnung der Sinnlichkeit und auf der fraglosen Anerkennung der höfischen Welt als einem Grundwert des Daseins. Was jenseits der Grenzen dieser Welt lag, sei es in Weimar oder anderswo, interessierte sie nicht, und die Mittelstände wurden ihr nur insoweit bedeutsam, als sie in diese Welt hereinreichten – teils als Intellektuelle, vor allem aber als Staatsbeamte mit der Möglichkeit der Nobilitierung. Christiane Vulpius war nicht nur sozial niedrig, sie war etwas Fremdes; und auch für die Lebensweise eines höfischen Künstlers, wie Goethe sie sich als Ersatz für seine Laufbahn als loyaler, arbeitsamer und aufopferungsvoller Minister aufzubauen begann, gab es im Erfahrungsschatz der Frau von Stein oder ihrer Familie kein Beispiel. Aber Goethe konnte sich nicht zu der Einsicht durchringen, daß er das Unmögliche verlangte, wenn er von Frau von Stein erwartete, die Notwendigkeit seines Zusammenlebens mit Fräulein Vulpius zu akzeptieren; denn hätte er das eingesehen, so hätte er gleichzeitig einsehen müssen, daß in den fast vierzehn Jahren seiner vertrauensvollen Hingabe an sie zugleich eine notwendige Seite seiner Existenz zu kurz gekommen war. Das Vertrauen zu Frau von Stein war nur darum unbegrenzt gewesen, weil Goethe sich, um einen hohen Preis, zunächst einmal in sich selbst begrenzt hatte, um von ihr akzeptiert zu werden. Was zu kurz gekommen war, war nicht nur seine Sexualität gewesen, sondern seine persönliche Verwurzelung im deutschen Bürgertum und der literarische und geistige Bezug zu diesem. Eine dunkle Ahnung von diesen Zusammenhängen mag es gewesen sein, die Frau von Stein in ihrer Seelennot getrieben hatte, zum erstenmal Goethes Mutter aufzusuchen.

Goethe war indessen dabei, zu seinen Wurzeln zurückzukehren, auch wenn er es selbst noch kaum wußte. In den von Frau von Stein dominierten Jahren hatte er gelernt, daß es nur ins Schweigen führte, wenn man seinen Ursprung schlicht verleugnete und unterdrückte und die Befriedigung seiner Bedürfnisse und Ambitionen innerhalb jener Welt suchte, die Frau von Stein genug war. Goethes definitive Entscheidung, sein Leben dem Weimarer Hof zu weihen, machte es unausweichlich, daneben einen Bereich abzugrenzen, in dem er nicht dem Hof gehörte und in dem, wie verquer auch immer, die Welt und Geisteshaltung, aus der er kam und die am Rande des politischen Machtzentrums weiter zu repräsentieren seine Aufgabe blieb, ihre autonome, ja bis zu einem gewissen Grad oppositionelle Existenz behaupten konnte. Carl August gebrauchte eine bewußt vielsagende Metapher, wenn er von Goethe und seiner Zurückgezogenheit im Winter 1788/89 sagte, der Dichter lebe «von den Renten seines großen Kapitals, welches so sicher zu stehen scheint, daß keine äußeren Zufälle oder Mängel ihm Furcht für Schwächung derselben einflößen können.» Dies blieb für eine Reihe von entscheidenden Jahren eine der Funktionen der Beziehung zu Christiane: nicht so sehr das Geltendmachen bürgerlicher Werte – bei aller Wohlgeordnetheit und Privatheit war Goethes Ménage doch schwerlich respektabel zu nennen –, sondern der Anspruch, daß Goethes Leben und Bedeutung nicht in seiner höfischen Rolle aufging. Für die anderthalb Jahre, in denen er an den *Elegien* schrieb, verschaffte ihm ein heimliches, pseudo-italienisches Liebesabenteuer diese notwendige Unabhängigkeit – denn das Wesen der Liebe in diesen Gedichten ist ihre Heimlichkeit, und der Zyklus, zu dem sie sich endlich fügten, endet damit, daß das Abenteuer offenbar wird –; danach zog er seine Unabhängigkeit einfach aus dem Gegensatz zwischen den Erwartungen der Weimarer herrschenden Schicht und dem gesellschaftlichen und rechtlichen Status der Frau, der er die Führung seines Haushalts anvertraut hatte. In seinem späteren Leben hat Goethe indirekt zugegeben, daß diese Jahre eine Zeit großen Leidens waren, hervorgegangen aus der Spannung zwischen der Entscheidung, «außer oder neben dem Gesetz, oder vielleicht gar Gesetz und Herkommen durchkreuzend», zu leben, und der empfundenen Notwendigkeit, «doch zugleich mit uns selbst, mit andern und der moralischen Weltordnung im Gleichgewicht zu bleiben».

Was Goethe indessen nicht zugab – weil dieser Punkt später gegenstandslos wurde –, war, daß er sich damals geistig und emotional nur in seinem Sein erhalten konnte, wenn der Konflikt auf Dauer gestellt wurde und er selbst weiter auf Abstand zu den politischen und gesellschaftlichen Institutionen hielt, die dennoch, wie er nach 1788 erkannte, die Gewähr dafür boten, daß er seine dichterische Mission erfüllen konnte.

»Freye Liebe sie läßt frey uns die Zunge, den Muth», schrieb er zur Verteidigung seiner Ehescheu in den *Erotica*. Erst sobald er ein neues Verhältnis zum Lesepublikum, als Gegengewicht zu seiner höfischen Rolle, hergestellt hatte, war er in der Lage, auch das Verhältnis zu Christiane zu normalisieren. Das soll natürlich nicht heißen, daß er Christiane nicht geliebt oder daß er sie bloß manipuliert hätte (er vernachlässigte weder ihre eigenen noch die Interessen ihres kleinen Familienverbandes). Im Gegenteil, wenn die Liebe zu ihr auch das Medium seiner Freiheit war, so war es doch Liebe, und er bewies es in dem Augenblick, als seine Freiheit auf andere Weise gesichert erschien und er und Christiane endlich vor dem Gesetz werden konnten, was sie physisch und gesellschaftlich schon längst gewesen waren: ein Fleisch. In den erotischen Gedichten aus der zweiten Jahreshälfte 1789 bricht durch die idealisierte Form etwas Persönliches, Spontanes hindurch, und zwar im Zusammenhang mit dem Ereignis, das die große Veränderung bewirken sollte:

> »Ach, mein Hals ist ein wenig geschwollen!» so sagte die Beste
> Ängstlich. – «Stille, mein Kind! still! und vernehme das Wort:
> Dich hat die Hand der Venus berührt; sie deutet dir leise,
> Daß sie das Körperchen bald, ach! unaufhaltsam verstellt.
> Bald verdirbt sie die schlanke Gestalt, die zierlichen Brüstchen,
> Alles schwillt nun, es paßt nirgends das neuste Gewand.
> Sei nur ruhig! es deutet die fallende Blüte dem Gärtner,
> Daß die liebliche Frucht schwellend im Herbste gedeiht.»

Vom 23. Juli bis zum 17. August war Goethe im Eisenacher Gebiet des Herzogtums, wo er dem Erbprinzen das Schloß in Wilhelmsthal zeigte und Vorschläge zum Ausbau des Städtchens Ruhla zu einem Kurort machte: Er probierte das Wasser und entwarf den Plan eines Spazierwegs in die nahen

Wälder. In einem Brief aus Ruhla an Herder, der inzwischen wieder in Weimar war, vernehmen wir zum erstenmal einen neuen Ton, der später im Briefwechsel mit Christiane wiederkehren wird (die ersten erhaltenen Briefe an sie stammen von 1792). Goethe hat Heimweh, aber nicht nach Italien: «Hier sind wir in dem Lande der berühmten Bergnymphen und doch kann ich dir versichern, daß ich mich herzlich nach Hause sehne, meine Freunde und ein gewisses kleines Erotikon wieder zu finden, dessen Existenz die Frau dir wohl wird vertraut haben.»

Immer schneller rückte jetzt ein bedeutungsschwerer Tag heran: Am 28. August 1789 war der 40. Geburtstag Goethes. Daß er diesen Meilenstein in seinem Leben ohne Frau von Stein und als werdender Familienvater passieren würde, kann er bei der heimlichen Abreise nach Italien nicht geahnt haben, aber schon lange war es seine Absicht gewesen, bis zu diesem Tag die Ausgabe seiner *Schriften* vollendet zu sehen, die dem Publikum «meine erste . . . Schriftsteller-Epoche» präsentieren und sie abrunden sollte. Zwar war es im Juni 1789 bereits zu spät, diese Frist präzise einzuhalten, doch tat Goethe am Ende dieses an Entscheidungen reichen Monats einen Schritt, der es ihm ermöglichte, wenigstens mit Ablauf des Kalenderjahrs seinen Verpflichtungen gegenüber sich selbst und Göschen nachzukommen und «nun erst . . . ein freyer Mensch» zu sein. Im Februar war der achte Band der *Schriften* erschienen, die Sammlung der «Vermischten Gedichte» samt kürzeren Stücken wie *Künstlers Apotheose*. *Tasso* war «auf dem Punckte fertig zu werden»; es gab an ihm nur «noch etwas zu retouchiren», und er war so lang geworden, daß es daneben nur noch der *Lila* bedurfte, um den ganzen sechsten Band zu füllen. Die einzige noch unerledigte Aufgabe, das einzige 1786 als Fragment angekündigte Stück, das außer *Elpenor* der Vollendung harrte, war *Faust*. Aber *Faust* war ein Berg, und er war seit jenen römischen Tagen, da Goethe an ihm gearbeitet hatte, nicht kleiner geworden. Nachdem Goethe sich am 5. Juli die Vorhaben des kommenden Jahres vergegenwärtigt hatte, ließ er Carl August wissen, er habe das Problem *Faust* mit einem Gewaltstreich gelöst: «*Faust* will ich als Fragment geben aus mehr als einer Ursache. Davon mündlich.» Obwohl er damit gegen einen Grundsatz verstieß, den er sich nach der erfolgreichen Umarbeitung der *Iphigenie* zu eigen gemacht hatte, nämlich «nichts stückweise und ungeendigt herauszugeben», wußte er es einzurichten, daß *Faust* die einzige Ausnahme von dieser Regel blieb (abgesehen von den *Geheimnissen*), indem er *Elpenor* ganz wegließ und dafür *Scherz, List und Rache* aufnahm, das inzwischen als eigenständiges Opernprojekt begraben worden war. Zusammen mit *Jery und Bätely* und *Scherz, List und Rache* ergäbe *Faust, ein Fragment* einen gewichtigen siebenten Band als Abschluß der *Schriften* – «für dießmal», wie Goethe brieflich verhieß. Wir können über die «mehr als eine Ursache» nur spekulieren, die Goethe im Gespräch mit dem Herzog angedeutet hat: der Wunsch, endlich, zu dem bedeutungsvollen Datum, fertig zu sein, vor der Geburt seines Kindes, rechtzeitig, um zu Anna Amalia nach Italien reisen zu können, jedenfalls auf Biegen und

Brechen, um das Honorar für den letzten Band beanspruchen zu können – dies alles mag eine Rolle gespielt haben, aber es lief auf die Erkenntnis hinaus, daß der *Faust* so, wie er mit den in Rom entstandenen Szenen neu konzipiert worden war, ein Sonderfall blieb, zu groß und zu wichtig für ein provisorisches Ende à la *Egmont* und erweiterungsfähig auf eine noch unabsehbare Weise. Um das Manuskript publizierbar zu machen und es in eine Form zu bringen, die künftige Veränderungen nicht ausschloß, aber auch nicht präjudizierte, mußte Goethe sich den ganzen Oktober und bis in den November hinein regelrecht vergraben (er sei jetzt «presque enterré», hieß es von ihm), und auch so dauerte es noch bis zum 10. Januar 1790, bevor *Faust* glücklich an Göschen abgehen konnte. Aber nach dem Entschluß von Anfang Juli, *Faust* «als Fragment zu geben», war diese Bosselei doch nur als ein besseres Putzen zu bewerten. Die letzte wirklich große Operation, deren es bedurfte, um Goethes Jugend auf acht Kleinoktavbände zurechtzustutzen, blieb schließlich die Arbeit am *Tasso*. Das «Retuschieren» des Stücks nahm den ganzen Sommer in Anspruch, und erst am 27. August konnte Goethe seinem Verleger den endgültigen Text der letzten beiden Akte zuschicken: Die Abgabe des *Tasso* war ihm ein größeres Fest als alles, was am nächsten Tag kommen sollte. Mittags speiste Goethe bei Hofe, und abends bewirtete er einige Freunde im Haus am Frauenplan – Carl August, Prinz August von Gotha, Knebel, der sich über die vielen gesellschaftlichen Verpflichtungen dieser Tage beklagte, Charlotte von Kalb und eine der Hofdamen. Man scheint nichts getan zu haben, um diesen Tag als etwas Besonderes herauszuheben – vielleicht in dem unguten Bewußtsein, daß jede Nachricht von Frau von Stein ausgeblieben war.

Doch der Sommer 1789 ist uns heute nicht nur darum unvergeßlich, weil Goethe vierzig Jahre wurde. Just in dem Augenblick, da er die erste Hälfte seines Lebens bündelte und dabei war, sich in seiner Häuslichkeit, der Gunst seines Fürsten und seiner Berufung zur Kunst einzurichten, zogen Ereignisse herauf, die drastisch demonstrieren sollten – an einem Tag des Jahres 1806 sogar in seiner eigenen Küche –, daß der Mensch nicht nur der Schöpfer, sondern auch das Opfer seines Schicksals und daß die Welt größer und weiter ist als unsere symbolischen Interpretationen von ihr. Man kann natürlich auch den Genius der Koinzidenz, von welchem Goethe sich begleitet sah, mit einer neuen Probe seiner Gewandtheit am Werke sehen, indem er just zu einem Zeitpunkt, da Goethe aus eigenem Antrieb in seiner Entwicklung eine Zäsur setzte, ihm eine Zäsur ganz anderer und unwillkommener Art von außen aufzwang. Doch daß wir heute das Jahr 1789 als Wendepunkt für Goethe betrachten können, ist die Frucht der Arbeit seiner zweiten Lebenshälfte, die er an die Aufgabe wendete, zu verstehen und zu formulieren, was in jenem Jahr mit Frankreich, mit Europa und mit ihm selbst begonnen hatte zu geschehen.

Im Juni gerieten die französischen Generalstände, die einberufen worden waren, nachdem es dem Adel in den vorangegangenen zwei Jahren nicht gelungen war, sich mit der Krone auf wirtschaftliche und soziale Reformen zu einigen, unter den Einfluß des Dritten Standes, nachdem eine beachtliche Zahl von Vertretern des Klerus zur Sache des Bürgertums übergelaufen waren. In Graf Mirabeau (1749–1791), Jean Josèphe Mounier und dem Abbé Sieyès (1748–1836) fand der Dritte Stand mächtige Verteidiger seines Rechtes, selber zunächst die Nationalversammlung und sodann, nach dem Ballhausschwur am 20. Juni und unter Mitwirkung der übrigen Stände, die Verfassunggebende Versammlung zu proklamieren, die sich das Ziel setzte, Frankreich eine geschriebene Verfassung zu geben. Die mittleren Schichten des ganzen Landes waren bereits durch die Diskussionen und Wahlen zur Vorbereitung des Zusammentritts der Generalstände politisiert worden und stellten zum Schutz ihres Lebens und Eigentums die Nationalgarde auf, als der König mit drohender Gebärde das Heer aus Paris abzog und Anstalten traf, die Versammlung gewaltsam aufzulösen. Die Furcht sei's vor einer militärischen Intervention, sei's vor politisch motivierten Aufständen war durchaus begründet; denn auch die ärmeren Schichten, die unter dem fatalen Zustand der französischen Volkswirtschaft am meisten zu leiden hatten, setzten ihre Hoffnung nun auf Reformen, von denen sie sich die Eindämmung der rapide ansteigenden Lebensmittelpreise erwarteten: Dauerinflation und die Mißernte nach einer Reihe verregneter Sommer wirkten zusammen und führten 1789 bei Weizen und Roggen zu einem Preisanstieg von 150 Prozent und mehr. Nach der Entlassung des populären Finanzministers Necker, die unmittelbar zum Sturm auf die Bastille führte, kam es im Juli und August, ausgehend von Paris, überall im Land zu einem Zusammenbruch der öffentlichen Ordnung, zu Akten von Lynchjustiz und der Einsetzung lokaler Revolutionsausschüsse («la grande peur»). Unterdessen setzte die Konstituante ihre theoretischen Debatten fort; nach einer Marathonsitzung in der Nacht des 4. August wurde beschlossen, alle lehensrechtlichen Abgaben und Dienstleistungen abzuschaffen (eine Entscheidung, die für die Armen eher scheinbar als wirklich von Vorteil war, da die Entschädigungszahlungen zum Rückkauf der Feudalrechte nur von denen aufgebracht werden konnten, die ohnehin schon reich waren), und am 26. August nahm die Versammlung die Erklärung der Menschen- und Bürgerrechte an. Im Oktober zogen der König – ungern – und die Versammlung – weniger ungern – von Versailles wieder nach Paris, das damit seine Identität nicht allein als größte Stadt eines feudalen Königreichs, sondern als Sitz der Regierung eines modernen Nationalstaats gewann. In den nächsten beiden Monaten folgte auf dem Weg in die Moderne ein vertrauter Schritt, den schon die Reformation und die Aufklärung angekündigt hatten: die Nationalisierung der Kirchengüter, welche sich zwanglos zur Umverteilung an die Schöpfer der neuen Ordnung anboten. Die Ausgabe von Papiergeld, der sogenannten Assignaten, bei denen es sich um Anweisungen auf diese nationalisierten Güter handelte, trieb die Inflation nur noch weiter in die Höhe.

Eine unmittelbare Reaktion der deutschen Bevölkerung als ganzer auf die Ereignisse in Frankreich war 1789 nicht zu erkennen. Nur die angebliche

Abschaffung des Zehnten und der Feudalabgaben weckte, begreiflich genug, ein gewisses Echo beim Bauernstand. In den kleineren deutschen Staaten, wo noch die ärmsten Menschen häufig bessergestellt waren als das französische Großstadtproletariat, gab es genügend Vertrauen zwischen Herrschern und Beherrschten und eine hinreichend kontrollierte merkantilistische Wirtschaft, um revolutionäre Folgen der Lebensmittelknappheit abzuschwächen. Im Herzogtum Weimar organisierte der ältere Voigt Brotspenden für die Weber von Apolda, die wieder einmal am Rande einer Hungersnot standen. In Bonn wurde, vier Tage vor dem Sturm auf die Bastille, der Kurfürst und Erzbischof von Köln von einer jubelnden Menge bestürmt, die der Obrigkeit für ihre Maßnahmen zur Abwendung einer Hungersnot danken wollte. In der fragmentierten deutschen Nation mit ihrer im wesentlichen mittelalterlichen Verfassung waren die Geburtswehen des modernen Staates in Massengesellschaft und kapitalistischer Wirtschaft nicht zu verspüren. Allein die Intelligenz reagierte sogleich; man erkannte sympathisierend oder feindselig, daß der lange Prozeß der Aufklärung plötzlich praktische Wirksamkeit entfaltete, und zwar durch den großartigen Versuch, Politik und Gesellschaft auf rein rationale Weise zu ordnen. (Wahrscheinlich bewiesen sie damit ein tieferes Verständnis für die ideologische und historische Tragweite der Revolution als die Schwärmer in der englischsprachigen Welt, mit Ausnahme natürlich Tom Paines und, *mutatis mutandis*, Edmund Burkes.) Die Freunde Kants bemerkten, wie eifrig der Philosoph jetzt die Zeitungen las und wie sehr die Revolution das beherrschende Thema seiner früher so vielseitigen Konversation wurde. Als die «größte Handlung dieses Jahrhunderts» begrüßte Klopstock in einer Ode die Einberufung der Generalstände; sie gemahnte ihn, daß die «Franken» am Ende doch Blutsbrüder der freiheitsliebenden Deutschen seien (der Historiker Johannes von Müller (1752–1809) trieb die germanophile Deutung noch weiter und erklärte: «Der 14. Julius zu Paris ist der schönste Tag seit dem Untergang der römischen Weltherrschaft.»). Ähnlich hingerissen waren die anderen mit Klopstock verbundenen Dichter, namentlich Voss, Friedrich Leopold Stolberg und Bürger. Nur wenige standen, wie Matthias Claudius, dem Triumph der Aufklärung ablehnend gegenüber; immerhin hatte Jacobi schon früh seine Zweifel. In Weimar bekannten sich – in Gesprächen, nicht in Publikationen – als die feurigsten Anhänger der Revolution Herder und Knebel (beide wohl zum Teil aufgrund ihrer chronischen Unzufriedenheit mit ihrer eigenen Umgebung) sowie Prinz August von Weimar. Wieland veröffentlichte seine ersten Überlegungen zu dem Thema im Oktober 1789 im *Teutschen Merkur*, und zwar vom Standpunkt des «Weltbürgers»; anfangs äußerte er Mißbilligung, doch im Jahr darauf begann er, sich für die revolutionäre Sache zu erwärmen. Frau von Stein und Herzogin Louise wurden in ihrer Ablehnung der Revolution niemals schwankend. Auch Goethe ließ sich von dem Taumel nicht anstecken, auch wenn er der Erörterung dieses Themas wohl eher auszuweichen trachtete; jedenfalls gibt es aus den sechs Monaten nach der Erstürmung der Bastille so gut wie keine Zeugnisse für seine Ansichten über die Revolution. Die einzige Ausnahme war im November 1789 eine Meinungsverschiedenheit mit dem Komponisten Reichardt, der 1785 Paris besucht hatte und seinem ganzen Temperament nach auf der Seite des Volkes stand. Schiller zeigte sich von Anfang an besorgt über den Gang, den die Ereignisse nehmen mochten, und sagte über Reichardt: «Einen *impertinentern* Menschen findet man schwerlich», und auch Caroline Herder beklagte «schlechte Menschen» wie ihn. Generell gab es an dem Pariser Drama und seinen Akteuren wenig, was Goethe ansprechen konnte. Er war immer noch Frankfurter Bürger genug und erinnerte sich zu gut der Art und Weise, wie ihm nach seiner Ankunft in Weimar die Partei um Görtz begegnet war, um nicht Antipathie gegen einen Adel zu empfinden, der nur auf Wahrung seiner Privilegien bedacht war und seine Pflicht versäumte, zum Wohle des Ganzen zu regieren. Goethe hatte zehn Jahre seines Lebens damit verbracht, sich mit den Widersprüchlichkeiten der zum Herrschen Geborenen abzuquälen, und dabei waren Carl August oder Ernst II. wenigstens guten Willens gewesen: Eine derart vom Eigennutz zerfressene Klasse, die vor der Aufgabe zurückschrak, vor welche die französischen Notabeln 1787 gestellt waren, hatte sich offenkundig die Folgen selber zuzuschreiben, als gegen Ende 1789 die Dominosteine zu fallen begannen. Schon 1785, als er von der Halsbandaffäre erfuhr, hatte Goethe für die Solidität der französischen Führungskaste gefürchtet, und die Lektüre der *Mémoires* Saint-Simons im Mai 1789 muß seine Befürchtungen bestätigt haben. Doch ebensowenig mochte Goethe sich mit denen abgeben, die den Sturz des *ancien régime* betrieben. Mirabeaus Veröffentlichung einiger skandalöser Enthüllungen von seinem Aufenthalt am preußischen Hofe, bei denen auch der Herzog von Weimar nicht unerwähnt blieb, hatten den Grafen in Goethes Augen schon längst diskreditiert, als die nach seinem Tode gefundenen Papiere Mirabeau als Betrüger entlarvten, der ein doppeltes Spiel gespielt und sich für Geld verkauft hatte. Die maßgebliche Rolle, die in den Anfangsphasen der Erhebung der in Sieyès personifizierte und fast vollständig säkularisierte Klerus spielte, mußte für einen Mann wie Goethe besonders provozierend sein, der nicht nur soeben dem Zweiten Stande seine Loyalität gelobt hatte, sondern der sich auch als ehrlichen Atheisten begriff. War es schon bedenklich genug, die eigene Klasse im Namen christlicher Grundsätze zu verraten, wenn man nicht an Christus glaubte, so war es dreifacher Betrug, wenn man das ganze Haus über Menschen zum Einsturz brachte, die mit einem weder den ursprünglichen Glauben noch dessen spätere Relativierung teilten. Die außerordentliche Gewalt, die in diesen Monaten in der Hand von Strohmännern lag, erinnerte Goethe an den nicht minder unheimlichen «Grafen» Cagliostro, der aus dem Nichts eines palermitanischen Hinterzimmers bis zu einem Akteur in der Halsbandaffäre aufgestiegen war und damit, so schien es jetzt, das Vernichtungswerk an der größten Monarchie und volkreichsten Nation Europas in Gang gesetzt hatte. Auf jeden Fall gab es zumindest die Möglichkeit, daß das Netz von politischen Verbindungen, das in Frankreich sowohl während der Wahl zu den Generalständen als auch nach den Wirren des 14. Juli geknüpft worden war, auf irgendeine obskure Weise mit der Freimaurer- und Illuminatenbewegung zusammenhing, die einen Cagliostro hervorgebracht hatte, und so war im April 1789 der heftige Widerstand Goethes gegen das Ansinnen der Freimaurer, in Jena eine neue Loge zu errichten, von mehr als nur seiner generellen Abneigung gegen jeden Obskurantismus diktiert: Sowohl die *ALZ* als auch – durch Vorlesungen über die Geschichte der Freimaurerei – die Universität sollten für eine Aufklärungskampagne gewonnen werden, um den Bann der Geheimhaltung zu brechen, der die stärkste Waffe der Freimaurerei war. Vielleicht war ja das ganze Gerede der Freimaurer von inneren Zirkeln und okkulten Kräften eine ebenso banale Täuschung wie die Behauptung, mit denen Frau von Ziegesar im Februar die Weimarer Gesellschaft schokkierte: daß sie «magnetische» Kräfte besitze und in einem Zustand katatonischer Trance mit ihren Fingern sehen und hören könne. Daß aber von Carl August kolportiert wurde, er sei in Karlsruhe bei einer Demonstration von «Magnetismus» zugegen gewesen, betrachtete Goethe als böse Verleumdung: dergleichen war ein «Nichts, welches für etwas gehalten sein» wollte, und dieses Etwas konnte Throne stürzen. Was Goethe in Frankreich erstmals erlebte, war die Demonstration des Phänomens, daß eine mehr oder minder organisierte öffentliche Meinung die Macht hat, die Energien einer Masse – seien es 600 Abgeordnete einer Versammlung oder 600 Ortsgruppen irgendeiner nationalen Bewegung – so zu lenken, daß die Folgen dieser Massenaktion nicht mehr mit den persönlichen Qualitäten ihrer vermeintlichen Anführer erklärt werden können. 1789 gab es noch nicht solche (bald populär werdenden) Begriffe wie Partei, politische Parole, Öffentlichkeitsarbeit, Kommunikationsmedien oder «Organisation» – im nicht – biologischen Sinne –, aber das Phänomen selbst verstand Goethe sehr gut, auch wenn er es nur mit Wörtern wie «Magie», «Trug» oder «Nichts» zu umschreiben vermochte. Was Goethe an der Revolution in ihren Anfangstagen am meisten verabscheute, war die manische Gewalt, die sie über die geschriebenen und gesprochenen Gedanken und Worte der Menschen ausübte, ihre Usurpation jenes Mediums der Interpretation, das er als Literat sich nach und nach zur symbolischen Verständigung über sein eigenes Leben und Wollen herangebildet hatte. Zu einem nicht mehr genau bestimmbaren Zeitpunkt schrieb er das Eroticon um, das heute die zweite der *Römischen Elegien* bildet: Auch jetzt sieht sich der Dichter geborgen in den Armen der Liebsten – geborgen aber nicht, wie in der ursprünglichen Version, vor der Verfolgung durch die Gestalt des Werther, seinen eigenen literarischen Beitrag zur europäischen Mythologie, sondern geborgen vor «neuer Mähre», vor den endlos und zwecklos wiederholten Meinungen über «wüthende Gallier», vor dem «Sturme . . ., der uns von außen bedroht» und mit uns die Völker Europas und ihre Könige, über die jedermann in der Gesellschaft Zeitung lesen und eine «Meinung» haben soll.

Auf der Liste der Vorhaben für 1789/90, die Goethe Anfang Juli aufgestellt hatte, standen, nach den noch unerledigten Arbeiten für Göschens Ausgabe seiner *Schriften*, außer den *Erotica* nur zwei literarische Projekte. Beides waren Opernlibretti, und beide waren alt: *Die ungleichen Hausgenossen* und *Die Mystifizierten*. Nur letztere fesselten sein Interesse, denn der Cagliostro-Stoff war plötzlich von unheimlicher Aktualität, und emsig arbeitete er daran zusammen mit Reichardt, der bereits lange, bevor der Text vollständig vorlag, mit der Vertonung der Lieder begann, die Goethe zu dem Libretto in Italien geschrieben hatte. Die meisten Punkte auf Goethes Liste indes, soweit sie nicht so profane, aber stets und überall zeitraubende Dinge wie «Meubles» oder «Haußkauf» oder die ewigen Probleme mit Peter im Baumgarten betrafen, waren nicht schreibend, sondern nur lernend zu erledigen: Es ging um die Prinzipien der Kunst, die antike Literatur, zu der nun neben der römischen auch die griechische gehörte, um die griechische Sprache selbst, vor allem aber um das Studium naturwissenschaftlicher Fächer wie Mineralogie, Chemie (wahrscheinlich in mineralogischer Absicht), Mikroskopie, Osteologie und besonders Botanik. Die neue Epoche, die Goethe für sich heraufziehen sah, sollte nicht der Literatur gewidmet sein, oder nur einer Literatur, die «Stil» und nicht «Manier» besaß und auf einem soliden Studium der objektiven Welt gründete. Für ein solches Unterfangen würde Goethe wenig Verständnis bei einer deutschen Öffentlichkeit finden, die besessen war von «Meinungen» über Dinge, die sie nicht betrafen und über die sie kaum etwas wußte. Im Herbst und Winter 1789/90 strebte Goethe, wie im Jahr davor, in seiner italienischen Enklave «die Nebel der Athmosphäre durch das Licht des Geistes zu zerstreuen», und so hatte diese Zeit entscheidende Folgen für sein Forschungen zur Geologie, Botanik und Farbenlehre, wenn dies auch wenig dazu beitrug, ihn mit seinen Lesern zu versöhnen, und kaum Gewinn für seine Dichtung abwarf.

Am 16. und 17. September stattete Abraham Gottlob Werner (1750–1817), der berühmte Professor der Mineralogie an der sächsischen Bergakademie zu Freiberg, Goethe einen Besuch ab, der nicht nur von naturwissenschaftlicher Bedeutung war, sondern auch die in Italien gemachten Erfahrungen Goethes auf erfreuliche Weise vertiefte. Hauptgegenstand der zweitägigen Diskussionen – in Weimar und in den wissenschaftlichen Sammlungen Jenas – war der Vulkanismus; Goethe, der den Ätna und den Stromboli gesehen hatte und auf dem Vesuv und den Phlegräischen Feldern umhergewandert war, kannte Vulkane aus einer eigenen gründlichen Anschauung, um die Professor Werner ihn nur beneiden konnte. Werner war der führende Verfechter der «neptunistischen» Theorie, die die Herkunft der meisten modernen Gesteine aus einem Urmeer lehrte, und Goethe, der es ursprünglich hatte vermeiden wollen, Hypothesen über Vorgänge aufzustellen, die sich der Möglichkeit einer direkten Beobachtung entzogen, ließ sich von der Autorität des großen Mineralogen umstimmen. Schon in Italien hatte er der Ansicht zugeneigt, daß es sich bei Vulkanen um typisch maritime Erscheinungen an der geologischen

Oberfläche handele; entstanden waren sie nicht weit unterhalb der Erdkruste, vielleicht durch das Eindringen von Wasser in glühende Kohleflöze unter dem Meeresboden. Werner bestätigte ihm nun diese Auffassung und entkräftete damit – in seinen Augen überzeugend – die stärksten heute noch sichtbaren Indizien für die Argumente seiner Gegner, die an den Ursprung der uns bekannten Erde aus dem Feuer glaubten. Werners Schüler, der jüngere Voigt droben in Ilmenau, war von der Lehre seines Meisters abgefallen und hatte sich zum «Vulkanismus» bekehrt, aber Goethe glaubte, selbst Voigt werde nun wieder zur Herde zurückfinden müssen, und begann mit der Niederschrift einer Abhandlung, die die Kluft zwischen den beiden Schulen und ihrem gegensätzlichen Anschauungsmaterial überbrücken sollte. Goethe war jetzt geneigt, die Notwendigkeit der Hypothesenbildung in der Naturwissenschaft grundsätzlich zu verteidigen, und schickte sich an, eine eigene Hypothese vorzulegen. Seine Vermutung, die Basalte hätten sich zwar in der Tat aus dem Meer herauskristallisiert, doch sei das Meer zu diesem Zeitpunkt kochend heiß gewesen, verband Elemente beider Theorien, stand aber innerlich dem Vulkanismus näher, als er selber ahnte, wenn man einmal von ihrer mangelhaften chemischen Fundierung absieht. Ein schlechteres Beispiel für seine Hypothese als ausgerechnet den Basalt hätte Goethe nicht wählen können, aber wenn er jetzt meinte, dem Neptunismus zuzuneigen, dann weniger aufgrund einer Voreingenommenheit für das Wasser als aufgrund eines unklaren Bewußtseins von den enormen Zeiträumen, in denen sich geologische Veränderungen vollziehen. Damals mag es nicht mehr als ein zufälliges Zusammentreffen gewesen sein, daß Goethes wachsende Überzeugung, die Erde sei in einem Prozeß langsamer Entwicklung und nicht durch gewaltsame Eruption gebildet worden, ihre Klärung und Formalisierung just zu dem Zeitpunkt erfuhr, da das politische Europa es darauf anzulegen schien, aller Welt zu demonstrieren, daß in menschlichen Dingen die entgegengesetzte Regel galt. Eines Tages aber sollte dieser Zusammenhang ein symbolischer werden.

Einigermaßen halbherzig hatte Goethe nach der Rückkehr aus Italien seine botanischen Forschungen fortgesetzt. Bereits im August und September 1788 erklärte er Caroline Herder, er sei dabei, sein «Pflanzensystem» auszuarbeiten, und bat Göschen, ihm bestimmte Werke Linnés zu besorgen; aber ein Jahr später war dieses «System» immer noch nicht mehr als der Gegenstand von Tischgesprächen mit Herder und Knebel. Vielleicht hatte Goethe den Wunsch, nicht persönlich für jede neue Initiative im Herzogtum verantwortlich gemacht zu werden, als er im Januar 1789 Knebel um den Gefallen bat, die Pläne seines Günstlings Batsch zu einer Botanischen Anstalt in den fürstlichen Gärten in Jena zu fördern. Im Oktober billigte Carl August die Entwürfe; er beauftragte Goethe mit der Errichtung der Anstalt und ernannte Batsch zu deren Leiter. Unmittelbar darauf zwang eine dramatische Wende der Ereignisse Goethe zu engen Konsultationen naturwissenschaftlicher Art mit Batsch und dem Pflanzenkundigen Dietrich. Am 11. November brachte die *ALZ* die Vorankündigung einer demnächst erscheinenden Schrift des Botanikers Christian Conrad Sprengel mit dem Titel *Versuch die Konstruction der Blumen zu erklären*. Die Meldung wirkte auf Goethe in zweifacher Weise elektrisierend. Zum einen beschloß er, sich nicht von Sprengel zuvorkommen zu lassen und seine eigenen botanischen Überlegungen auf eine publizierbare Systematik zu komprimieren, um sie gleichzeitig mit Sprengels Schrift an Ostern 1790 herausbringen zu können. Am 18. Dezember hatte er einen Entwurf in einer Reihe von Abschnitten fertig, die nach damaliger wissenschaftlicher Gepflogenheit aus Gründen bequemerer Zitierbarkeit durchnumeriert waren, und übergab ihn Batsch zur kritischen Lektüre. Am 20. Dezember fuhr er nach Jena, wo er in der früheren Wohnung Knebels blieb, konferierte mit Batsch über die Rohfassung seines Buches und entschloß sich, die Hauptthesen noch ausführlicher herauszuarbeiten und mehr Beispiele und auch Illustrationen zu bringen (die dem Buch am Ende dann doch nicht beigegeben wurden). Zwar mußte erst noch ein Verleger gefunden werden, aber Goethe war zuversichtlich, daß Göschen das Buch herausbringen werde – und sei es nur aus Gefälligkeit gegen seinen renommiertesten Autor –, und mag Bertuch gebeten haben, den Vorschlag weiterzuleiten. – Zum andern aber verdankte Goethe Sprengel den Titel, und damit in gewisser Weise die Hauptthese, seines Buches. Die Vorstellung von einer «Konstruktion der Blumen» hätte Goethe in mehr als einer Hinsicht abgestoßen. Das Wort «Konstruktion» klang zu sehr nach jener theoretischen Deduktion der wirklichen Welt aus ersten Prinzipien, die in einem kantischen – vielleicht müßte man schon sagen: nach-kantischen – Geistesklima immer populärer wurde und die mit der damaligen Überzeugung Goethes vom Primat der Sinne unvereinbar war. «Konstruktion» erinnerte auch zu sehr an «Komposition», ein Wort, das Karl Philipp Moritz – vielleicht schon unter dem Eindruck von Goethes botanischem Denken – in bezug auf Kunstwerke nicht gebraucht wissen wollte, «denn solch ein Werk ist nicht von *außen zusammengesetzt*, es ist von *innen entfaltet*. EIN Gedanke in mehreren Figuren verkörpert.» Die Unterscheidung zwischen Kunst und Natur lag Goethe nicht so sehr am Herzen, daß er ihr zuliebe seinen alten und tief verwurzelten Glauben an die Einheit der Natur und seine Ablehnung einer mechanistischen Naturforschung aufgegeben hätte: Wenn Kunstwerke aus einem einzigen Prinzip hervorwuchsen, dann galt das *a fortiori* auch für die Werke der Natur. – Und endlich wollte Goethe mehr als nur die Formen der Blumen erklären: Er suchte nach einer Erklärung für die Struktur des gesamten pflanzlichen Organismus und damit letztlich des ganzen Pflanzenreichs. So erhielt seine Abhandlung den unmittelbar gegen Sprengel formulierten Titel *Versuch, die Metamorphose der Pflanzen zu erklären*. Der Begriff «Metamorphose» enthält in nuce seine ganze Argumentation, und das mag der Grund dafür gewesen sein, daß Goethe strengstes Stillschweigen über diesen Begriff bewahrte und ihn weder in Gesprächen noch in Briefen erwähnte, bevor der Text im März 1790 gesetzt war; es ist aber auch durchaus möglich, daß Goethe erst beim Nachdenken über ein treffendes Wort, das die Gegenposition zu Sprengel bezeichnete, auf den zentralen Begriff stieß, um welchen sich seine Überlegungen der letzten fünf Jahre schließlich kristallisierten. In der Zoologie war «Metamorphose» natürlich längst ein eingeführtes Konzept, das die einzelnen Wachstumsphasen des Insekts vom Ei über Larve und Puppe bis zur Imago bezeichnete. Wenn Goethe dieses Wort, das freilich bereits bei Linné begegnet, im Titel seiner Schrift gebrauchte, dann in bewußt provokanter Absicht: Es sollte zu verstehen geben, daß derselbe oder ein ähnlicher Prozeß auch in den einzelnen Wachstumsphasen der Pflanzen am Werk sei, die zu definieren Goethe sich anheischig machte. Dieser Aufweis einer regelmäßigen Abfolge verschiedener Formen, die in jeder einzelnen Pflanze ein einheitliches Urprinzip verkörpert oder «von innen entfaltet», würde auch eine Erklärung für die Einheit in der Vielfalt des gesamten Pflanzenreichs bieten, oder doch in jenem Reich der Bedecktsamer, auf das Goethe die Untersuchung beschränkt, das der Zweikeimblättrigen. (Goethe befaßt sich weder mit Pflanzen, die bei der Keimung nur ein einziges Keimblatt hervorbringen, wie beispielsweise Gräser oder Lilien, noch mit Nacktsamern, d. h. mit Pflanzen wie den Koniferen, bei denen, anders als bei den Bedecktsamern, der Samen nicht in einem Fruchtknoten eingeschlossen ist, und übrigens auch nicht mit Pflanzen, die gar keinen Samen hervorbringen, wie den Farnen.) Gemeinsam ist allen von ihm behandelten Pflanzen also nicht mehr eine besondere Struktur, die man irgendwo in ihrer reinen Urform auffinden könnte, sondern eine besondere Formel, nach der die Pflanzen in ihrem Wachstum nacheinander verschiedene Formen durchlaufen. Schon bei der Vorstellung von der Urpflanze als einem «Modell» hatte Goethe sich genötigt gesehen, diesem Modell einen «Schlüssel» oder eine «Formel» zu seiner Anwendung beizugeben: Nunmehr hat er sich des Modells ganz entschlagen, und das Konzept der Metamorphose hat das der Urpflanze völlig verdrängt, die in Goethes *Versuch* keine Rolle mehr spielt.

Der einzige Gedanke, von dem Goethes Erklärung der Pflanzenentwicklung ausgeht, das einzige Prinzip, das eine Pflanze auf unterschiedliche Weise verkörpert, ist das Blatt. «Hypothese. Alles ist Blat», hatte er in Italien geschrieben: «Ein Blat das nur Feuchtigkeit unter der Erde einsaugt nennen wir Wurzel. Ein Blat das von der Feuchtigkeit ausgedehnt wird pp. Zwiebeln.» Wenn eine Pflanze wächst, wird ein einzelnes Organ – das wir der Bequemlichkeit halber generell als Blatt bezeichnen – in verschiedene spezifische Formen «metamorphosiert». Der Vorgang der Metamorphose selbst läßt sich auf zwei entgegengesetzte Möglichkeiten reduzieren, die einander in der Lebensgeschichte der Pflanze abwechseln: Ausdehnung und Zusammenziehung. Wenn wir bei der wachsenden (nicht ruhenden) Pflanze in ihrem zusammengezogensten Zustand beginnen, finden wir einen keimenden Samen mit zwei Kotyledonen, zwei einfachen, innerlich und äußerlich undifferenzierten Blättern. Darauf folgt eine erste Phase der Ausdehnung. Es wachsen weitere Blätter, die größer und prägnanter geformt als die Kotyledonen sind und eine komplexere innere Struktur aufweisen, und in dem Maße, wie die Pflanze von einem Blatt zum nächsten emporwächst, bildet sich zwischen den Blättern der Stengel. An dem Stengel entlang stehen die Blätter nun wechselweise oder spiralförmig, die als Kotyledonen gepaart oder um eine Achse versammelt erschienen. Diese Wachstumsphase nennt Goethe die «sukzessive» Ausbildung der Blätter, und die Pflanze könnte das Sprossen von Blatt zu Blatt im Prinzip bis ins Unendliche fortsetzen und tut dies auch, sofern ihr übermäßige Nahrung zugeführt wird. Ist die Nahrung jedoch karg, hört die Pflanze auf, sich auszudehnen, und eine neue Phase der Zusammenziehung in ihrem Lebenszyklus leitet zur Bildung des Blütenstandes über. Die Blätter des Stengels treten nicht mehr sukzessive auf, es entsteht ein neuer, blattloser und verfeinerter Stengel, an dessen Ende die Blätter in einer neuen Form wiedererscheinen, indem sie nun nicht mehr wechselweise wachsen, sondern sich nebeneinander wie um eine Achse versammeln. Diese ringförmige Anordnung von Blättern, die Goethe als eine Zusammenziehung von linear ausgedehnten Organen erschien, ist der Blütenkelch, der Kranz von gewöhnlich grünen Stengelblättern, der die eigentliche Krone umgibt, welche er anfänglich in einer grünen Knospe einschließt. Eine neue Phase der Ausdehnung führt zur Bildung der eigentlichen Blüte, der Kronenblätter, die gewöhnlich durch ihre glänzende Farbe anzeigen, daß in ihnen das Wachstum der einzelnen Pflanze kulminiert. Aber mit der prächtigen Blüte ist die Geschichte der Pflanze nicht zu Ende; eine neue Phase der Kontraktion zieht die Blütenblätter zu Staubgefäßen und Griffeln zusammen, den Fortpflanzungsorganen in der Mitte der Blüte. Die einigermaßen verworrene Beschreibung, die Goethe vom Vorgang der Befruchtung bei den Pflanzen gibt, soll den Unterschied zwischen geschlechtlicher und vegetativer Fortpflanzung verwischen, damit auch die letzten Phasen der Ausdehnung und Zusammenziehung, wie die vorangegangenen, als Stufen in der Entwicklung derselben einzelnen Pflanze aufgefaßt werden können, von der die Darstellung ausging. Denn die letzte und bei manchen Arten (etwa dem Kürbis) spektakulärste Ausdehnung des Blattes soll die Bildung der Frucht, des Samenbehälters, sein, die letzte und vollständigste Zusammenziehung des Blattes aber die Bildung der Samenkapsel im Innern der Frucht.

Goethes Metamorphosen-Botanik kann als Fortsetzung seiner Arbeit am Zwischenkieferknochen angesehen werden: Sie ließ fast umgehend sein Interesse an der vergleichenden Anatomie wieder aufleben und weist viele der Vorlieben, Stärken und Schwächen auf, die seine ältere, 1789 noch immer unveröffentliche wissenschaftliche Abhandlung auszeichnen. Sie läßt auf den ersten Blick wenig von dem Grundsatz erkennen, den Goethe noch zu Beginn des Jahres so hochmütig gegen Knebel ins Treffen geführt hatte: daß es in den Naturwissenschaften wichtiger sei, Unterschiede zu definieren als Ähnlichkeiten. Im Gegenteil, sie scheint in einem Geist des Widerspruchs gegen Linné geschrieben zu sein, dessen große Leistung es gerade war, Pflanzenarten durch präzise definierte, oft zählbare Merkmale gegeneinander abzugrenzen. Goethes Schrift, so könnte ein Anhänger Linnés einwenden, unterstellt nicht nur, daß jeder Teil einer Pflanze bis auf den Vorgang der Metamorphose mit jedem anderen Teil identisch ist; sie erhebt auch den Anspruch, daß es eine «Erklärung» und nicht vielmehr eine Verunklärung der im Pflanzenreich waltenden Ordnung sei, für diesen Vorgang der Metamorphose eine Formel anzubieten, in bezug auf welche jede Pflanzenart mit jeder anderen Pflanzenart identisch sein müßte. Dieses Interesse an der Einheit in der Mannigfaltigkeit der Naturerscheinungen, an Prozessen des Übergangs und an der Kontinuität scheinbar disparater Identitäten gehört nun aber zu dem Leibniz'schen Erbe, das weitgehend schon Goethes Arbeiten zur Geologie und Anatomie geprägt hatte und das er mit vielen, ja mit den meisten seiner Zeitgenossen teilte – namentlich mit Charles Bonnet (1720–1793), den er 1779 kennengelernt hatte und dessen umfangreiche und informative *Contemplation de la nature* von 1764 er jetzt in einer Ausgabe von 1783 besaß. Gleichzeitig ist die *Metamorphose der Pflanzen* aber mehr als nur das schlichte Wiederkäuen von naturhistorischen Gemeinplätzen des 18. Jahrhunderts. Denn ebenso wichtig wie jede Behauptung einer strukturellen Identität oder Analogie – von Organ zu Organ oder von Pflanze zu Pflanze – ist die Betonung des dynamischen Wandels: Jede Pflanze ist eine eigene Identität, die im Laufe der Zeit gemäß einem ihr innewohnenden Prinzip unterschiedliche Ausformungen annimmt. Eine solche Auffassung steht Leibniz natürlich viel näher als jede statische Seins-Hierarchie, und sie war für Goethe von besonderer Triftigkeit zu einer Zeit, da ihm bewußt war, daß sein eigenes Leben einen radikalen Wandel durchmachte – es trug Früchte, gewiß, aber ob es sich ausdehnte oder sich zusammenzog, war schwer zu sagen. Die damaligen Einstellungen Goethes äußern sich ebensosehr im Individualismus der Abhandlung – ihre Konzentration auf die einzelne Pflanze, unter Ausschluß aller anderen botanischen Kategorien wie Art, Population oder Geschlecht – wie in ihrem Materialismus – die Entwicklung der Pflanze, bestimmt durch das Zusammenwirken von inneren und äußeren Kräften, dient weder einem göttlichen noch sonst irgendeinem Zweck. Doch in zweierlei Hinsicht weist die Abhandlung auch in die Zukunft. Die These, daß das Instrument, durch das die sukzessiven, verschiedenen Formen der Pflanze hervorgebracht werden, eine Kraft sei, die sich in zwei einander ebenbürtigen, aber entgegengesetzten Weisen manifestiert, in diesem Falle als Ausdehnung und Zusammenziehung – diese These bleibt weiterer Ausarbeitung vorbehalten und hat keine erkennbare Entsprechung bei Leibniz. Und die Konzeption des «Blattes» in der *Metamorphose der Pflanzen*, an der die Kommentatoren solchen Anstoß genommen haben, ist die erste, noch unreflektierte Form eines Begriffes, der binnen weniger Jahre zu einem der Fixpunkte in Goethes neuem Wissenschaftsverständnis werden sollte. Was genau ist «das Blatt»? Die Behauptung, daß das Blatt nach entsprechender Modifikation die Wurzel «ist», daß es der Kelch «ist», das Staubgefäß «ist» oder eben das Blatt «ist», muß dem verständnislosen Beobachter als eine Art höherer Blödsinn erscheinen, aus dem keine klar verifizierbaren oder falsifizierbaren Thesen zu gewinnen sind. Und doch herrscht mehr als nur mystisches Dunkel in dem Konzept, das für Goethe die Einheit in der Vielfalt der Formen erschließt, welche uns in der Welt der Pflanzen begegnet. Goethe hätte diese Einheit ja auch dem Wirken irgendeines verborgenen Prinzips zuschreiben können, einer Monade, einer treibenden oder prägenden Kraft oder dem Vorhandensein eines generalisierten Organs, das in irgendeiner metaphysischen Hinsicht allen spezifischen Organen vorangeht. Eine spätere Zeit hat noch die Möglichkeit entdeckt, auf die Zelle als den gemeinsamen Baustein aller Pflanzen oder auf die Herkunft von einer gemeinsamen Stammpflanze zu rekurrieren. Aber alle diese Erklärungen für die unbestreitbare, aber rätselhafte Einheitlichkeit jener Phänomene, der Pflanzenformen, implizieren den Bezug auf irgend etwas außerhalb der Phänomene, die damit auf die bloße Wirkung irgendeiner unsichtbaren und gestaltlosen Ursache reduziert werden. Goethe sucht statt dessen die Phänomene aus sich selbst zu erklären, indem er sich auf eines von ihnen, nämlich das Blatt, als das zentrale oder elementare beruft und unseren Blick auf dessen organisierten Zusammenhang mit den anderen Phänomenen lenkt: «Denn wir können ebensogut sagen: ein Staubwerkzeug sei ein zusammengezogenes Blumenblatt, als wir von dem Blumenblatte sagen können: es sei ein Staubgefäß im Zustande der Ausdehnung; . . .» Eine «Erklärung» des Pflanzenwachstums besteht nicht darin, okkulte Mechanismen zu finden, die erläutern sollen, *warum* Pflanzen die Form haben, die sie haben, sondern darin, genau zu verstehen, *was* diese Formen sind. Goethe bleibt seiner Aufgabe treu, in der Welt, wie sie sich seinen fünf Sinnen darbietet, eine Ordnung zu entdecken, ohne diese Ordnung auf Prozesse zu gründen, die seinen Sinnen nicht zugänglich sind oder zu sein scheinen. Vorläufig entbehrt sein Verfahren jedoch noch der philosophischen Selbstvergewisserung, und so enthält die *Metamorphose der Pflanzen* keine Reflexion über das Wesen der wissenschaftlichen Methode oder die Grundlagen der Erkenntnis – Probleme, die nur implizit aufgeworfen werden. Trotz jener Aspekte, die auf künftige Entwicklungen in Goethes wissenschaftlicher Arbeit verweisen, betrachtet man diese Abhandlung daher am besten als den krönenden Abschluß einer Periode, die mit den mineralogischen und anatomischen Studien der Jahre 1780 und 1781 begonnen hatte und von dem Bemühen beherrscht war, aus den empirischen Details der Naturgeschichte die rationale und analogische Struktur der Leibniz'schen Leiter des Seins zu rekonstruieren.

Die Transformation der naturwissenschaftlichen Studien Goethes sollte die Optik, speziell die Farbenlehre bewirken, doch die zweite Jahreshälfte 1789 sah nur die ersten Vorboten dieser neuen Epoche. Im Juli führte Goethe das Kolorit unter jenen Aspekten der Malerei auf, die er näher zu untersuchen wünschte; schon in Rom hatte er darüber mit Angelica Kauffmann diskutiert, aber eher aus Neugierde als im Ernst. Im Sommer oder Herbst lieh er sich von Büttner in Jena die Prismen, Spiegel, Karten usw., die man für die Standardexperimente zur Demonstration der wichtigsten Thesen

Newtons benötigte. Er brauchte aber auch ein Zimmer mit direkter Sonnen-einstrahlung, das zugleich leicht zu verdunkeln war. Einen solchen Raum konnte das Haus am Frauenplan nicht bieten; dafür gab es im Jägerhaus, in das Goethe Anfang Dezember umgezogen war, ein längliches Zimmer mit Blick nach Südwesten, das sich hervorragend für die Verwandlung in eine Camera obscura eignete. Der Trubel des Umzugs und der Niederkunft Christianes sowie die Beschäftigung mit der botanischen Abhandlung verzöger-ten jedoch die Installation von Büttners optischen Geräten bis weit ins neue Jahr hinein. Sie waren schon lange entliehen, und Büttner drang, vielleicht durch Loder, auf Rückgabe der Apparate, aber er mußte sich gedulden, so wie das Heraufdämmern von Goethes neuer Epoche noch auf sich warten ließ.

Der Umzug selbst war eine langwierige Sache. Zehn Tage lang, von Ende September bis Anfang Oktober, weilte Goethe in Aschersleben, am Fuße des Harzes, um Carl August, der dort als preußischer General in Garnison lag, beim Manöver zuzusehen; er legte ein Interesse für die kleinen Torheiten seines Herzogs an den Tag, wie er es erstmals im Mai bewiesen hatte, in seinem Loblied auf den Mann, dem er sein Haus verdankte. Dann ging er nach Weimar zurück, um sich in den Faust zu «vergraben»; die einzigen Ab-lenkungen waren ein kurzer Ausflug nach Leipzig, wo er die Sache seines künftigen Schwagers August Vulpius förderte, und der Einbau eines Ofens von neuartiger Machart im Jägerhaus, der gut drei Wochen in Anspruch nahm. Goethe besuchte die neuen Räumlichkeiten während ihres Umbaus häufig und freute sich über die freie, luftige Lage des Hauses. Am 2. Novem-ber war *Faust* «fragmentirt» worden, und Goethe konnte mit dem Studium des Griechischen beginnen, das er jedoch schon zwei Wochen später wieder aufgeben mußte, als die Botanik ihre Ansprüche anmeldete. Endlich durfte er schreiben: «Ich maneuvrire mich immer sachte ins neue Quartier. Das schwere Geschütz ist voraus, das Corps ist in Bewegung und ich decke die Arrieregarde» – eine mokante Beschreibung, gerichtet natürlich an die Adres-se des Herzogs und gemünzt auf Christiane, Tante Juliane, Ernestine, die beiden Diener Goethes sowie Lips, der soeben in Weimar angekommen war und fürs erste bei seinem Gönner wohnte. Anfang Dezember zog dann Goe-the selber ins Jägerhaus, gerade rechtzeitig, um den ersten falschen Alarm von Christianes bevorstehenden Wehen mitzuerleben, und war nun, alles in allem genommen, ein verheirateter Mann. «Ich ordne nach und nach meine Besitzthümer», schrieb er Anna Amalia am 14. Dezember, «und erinnere mich der schönen Tage jenseits der Gebirge.» Der neue Ofen sorgte für ita-lienische Temperaturen, aber der Willkommensgruß in den *Erotica* an den unbekannten Erdenbürger, der bald den Kreis der Familie vervollständigen sollte, entschlug sich jeder, oder fast jeder, römischen Gebärde:

> Wonniglich ist's, die Geliebte verlangend im Arme zu halten,
> Wenn ihr klopfendes Herz Liebe zuerst dir gesteht.

Wonniglicher, das Pochen des Neulebendigen fühlen,
  Das in dem lieblichen Schoß immer sich nährend bewegt.
Schon versucht es die Sprünge der raschen Jugend; es klopfet
  Ungeduldig schon an, sehnt sich nach himmlischem Licht.
Harre noch wenige Tage! Auf allen Pfaden des Lebens
  Führen die Horen dich streng, wie es das Schicksal gebeut.
Widerfahre dir, was dir auch will, du wachsender Liebling –
  Liebe bildete dich; werde dir Liebe zuteil!

Dennoch war der Dezember eine angstvolle Zeit. Es schien, als könne es
Komplikationen geben – Weimar sprach mit gelassener Gleichgültigkeit von
der Möglichkeit, daß Christiane sterben könnte, und meinte über Goethe:
«er sieht wieder geistiger aus» –, und Goethe verließ in der ersten Dezem-
berhälfte das Haus nur, wenn er mit dem Herzog über höchst geheime und
gefährliche Staatsangelegenheiten zu konferieren hatte. Die Preußen hatten
Carl August geraten, die Krone Ungarns anzunehmen, die ihm einige
abtrünnige Adlige in der Hoffnung angeboten hatten, von Österreich loszukommen: Zum Glück wußten der Herzog wie sein Ratgeber ein ver-
wegenes Husarenstück als solches zu erkennen und waren nicht geneigt,
darauf einzugehen; aber die Verhandlungen mußten fortgesetzt werden.
Goethe dürfte in diesen Wochen für die Frauen in seiner Familie ein schwieriger Hausgenosse gewesen sein, und so waren sie wohl erleichtert, als er
am 18. Dezember zu seinen botanischen Diskussionen mit Batsch nach Jena
ging. Als er am ersten Weihnachtsfeiertag nach Hause kam, erwartete ihn
die Kunde, daß er an demselben Tag Vater eines Sohnes geworden war.
August Walter Vulpius, benannt nach dem Bruder seiner Mutter, aber zwei-
fellos auch nach dem Herzog, wurde am 27. Dezember in der Sakristei der
Jakobskirche getauft; das Kirchenbuch nennt als einzigen Taufpaten seine
Tante Juliane und erwähnt nicht den Vater. Das Jahresende verlief hektisch.
Goethe speiste jeden Tag bei Hofe – der definitive Verzicht des Herzogs auf
die Krone Ungarns ging am 28. Dezember hinaus – und gab in seinen neuen
Räumen zwei große Empfänge. Im Gedränge der Gäste fand er kaum die
Zeit, mehr als ein paar Worte mit einem 22jährigen Edelmann aus Berlin zu
wechseln: Wilhelm von Humboldt (1767–1835) war von Göttingen, wo er
studierte, zu einem Besuch nach Weimar gekommen und hatte seine künftige Frau Caroline von Dacheröden mitgebracht. Goethe entschuldigte sich
später damit, er sei «in einer sehr unglücklichen Stimmung» gewesen: Vielleicht war das einfach eine Ausrede; vielleicht war immer noch nicht sicher,
daß Mutter und Kind überleben und sich guter Gesundheit erfreuen würden; vielleicht spielte auch ein gewisser Neid auf den Neugeborenen eine
Rolle, der das Leben noch vor sich hatte – es wäre eine ganz normale Empfindung gewesen, aber Goethe verstand es, den gewöhnlichen Empfindungen, die er an sich entdeckte, eine mehr als gewöhnliche Bedeutung beizumessen.

Einst, 1779, hatte Goethe gehofft, durch ein symbolisches Denkmal von der Hand Füsslis sein dreißigstes Lebensjahr besiegelt zu sehen; in jenem Jahr hatte er die *Iphigenie* geschrieben, eine neue Karriere im Staatsdienst begonnen und sein bisheriges Leben rekapituliert, indem er dessen wichtigste Schauplätze dem Herzog vorgeführt hatte. Was mit dreißig mißlungen war, gelang mit vierzig über Erwarten gut: das Jahr hatte im Überfluß symbolische Endpunkte beschert, und von allen der gefühlsmäßig gravierendste war gewiß, wenn auch nicht sogleich sichtbar, die Geburt von Goethes erstem Kind gewesen. Das schmerzliche Kappen des seltsamen Bandes zu Frau von Stein, das veränderte Verhältnis zum Hof, bekundet durch Goethes Umzug aus dem Haus am Frauenplan, wo er anfangs, seit 1782, als strahlendes Faktotum seines Fürsten residiert hatte, in das Jägerhaus vor den Toren der Stadt – das waren Veränderungen, die wohl mit einem Gefühl der Erleichterung einhergingen. Dasselbe galt auch für den Abschluß seiner *Schriften*, in welchen zwanzig Jahre einer autobiographischen Literatur verewigt waren, die 1769 mit den *Mitschuldigen* begonnen hatte: «Nun kann es an andre Sachen gehn», schrieb Goethe, als er das «fragmentierte» Manuskript des *Faust* beiseite legte. Was diese anderen Sachen wert sein mochten und ob Botanik, Griechisch, *Die Mystifizierten*, die Romanisierung Weimars oder auch der unveröffentlichte und schlummernde *Wilhelm Meister* selbst in zwanzig Jahren zu etwas werden konnten, was diesen acht Bänden *Schriften* ebenbürtig war – das waren tief in Goethes Innerem verschlossene Fragen, die in diesem Augenblick zu stellen zu nichts geführt hätte. Der Ausbruch der Gewalt in Frankreich und die immer bizarrer und apokalyptischer werdenden politischen Verlautbarungen der Nationalversammlung gaben zwar – aus der Ferne – Anlaß zur Besorgnis, aber nicht jeder vermochte sie als das zu erkennen, was sie waren: das Signal für den Anbruch einer neuen Zeit. Für den leidenschaftslosen Beobachter war der wahrscheinlichste Gang der kommenden Ereignisse das Versinken des Landes in der Anarchie und die Wiederherstellung der Ordnung durch Waffengewalt, möglicherweise durch die Intervention ausländischer Mächte wie zwei Jahre zuvor in den Niederlanden. In der Zwischenzeit waren die Ansprüche, welche die Revolution an die Teilnahme eines denkenden Menschen stellte, eher ärgerlich als emotional verwirrend. Die Geburt eines kleinen Augusts aber war eine Wasserscheide: Von einem Augenblick auf den anderen sah Goethe sich einer neuen Generation und einer neuen Lebenssituation zugehörig. Andere Seelenfreundinnen als Frau von Stein würden sich finden; noch einmal neue Veränderungen in seinem Verhältnis zu dem Weimarer oder einem anderen Hof waren jederzeit möglich; und daß die Ereignisse in Frankreich unumkehrbar und dazu bestimmt waren, unumkehrbare Folgen für jeden einzelnen Menschen in Europa zu haben, war noch nicht ausgemacht. Sobald aber August einmal geboren war, hatte Goethe ebenso gewiß einen Weg vollendet, den er nicht ein zweites Mal gehen würde, wie das Blatt ihn vollendet hatte, sobald es zur Frucht und zum Samen metamorphosierte. Wie alle Kinder, gab August nachträglich dem bisherigen Leben seiner Eltern Ziel und Bestimmung. In ihm kam sie zur Ruhe, die ganze ziellose, verlockende, qualvolle Suche eines ungebundenen, halb verkannten Eros, die Goethe zwanzig Jahre lang gemartert hatte – fesselnd für die Menschen, die er anzog, zum Ausdruck gebracht durch das stets aufs neue sich verjüngende symbolische Novum seiner literarischen Werke und durch die Abwege und Umwege seiner unberechenbaren und doch rätselhaft logischen Bahn. August war der unausweichliche Beweis, daß das Begehren an sein Ende gelangt war; zu Ende war jedoch auch, wie Goethe der Sammlung seiner *Erotica* anvertraute, die symbolische Existenz, die ihm von früh an die religiöse Sinndeutung seines Lebens ersetzt hatte:

> Ob erfüllt sey was Moses und was die Propheten gesprochen
>   An dem heiligen Christ, Freunde, das weiß ich nicht recht.
> Aber das weiß ich: erfüllt sind Wünsche, Sehnsucht und Träume,
>   Wenn das liebliche Kind süß mir am Busen entschläft.

Auch die Erfüllung ist ein Abschluß; sie macht das Ende fühlbar, indem sie der Anfang eines neuen, anderen Lebens ist. Die Vaterschaft verlangte von Goethe die Einsicht, daß nun die Zeit für ihn gekommen war, nicht das von ihm Begehrte zu besitzen, sondern sich für das ihm Gewährte in neue Arbeit zu stürzen. Um hierfür ganz freie Hand zu haben, galt es endgültig Abschied zu nehmen von dem Wunschdenken, er könne noch länger in der Zeit des Begehrens verweilen, in einem römischen Weimar sich an die symbolischen Erfüllungen klammern, die er sich einstmals selbst erschaffen hatte. Noch am Jahresende 1789 war es die Aufgabe Goethes, sich aus dem Bann Italiens zu befreien.

Summa Summarum:
Abschluß der Werkausgabe

«Alle diese Recapitulationen alter Ideen, diese Bearbeitungen solcher Gegenstände, von denen ich auf immer getrennt zu seyn glaubte, zu denen ich fast mit keiner Ahndung hinreichte, machen mir große Freude», hatte Goethe im Februar 1788 dem Herzog aus Rom geschrieben. «Dieses *Summa Summarum* meines Lebens giebt mir Muth und Freude, wieder ein neues Blat zu eröffnen.» Ihm war immer klar gewesen, daß die geplante Ausgabe seiner *Schriften* für ihn mehr bedeuten würde als nur die Möglichkeit, unveröffentlichte Manuskripte zu drucken oder verstreute Texte in autorisierter Form leichter zugänglich zu machen. Sie war für ihn auch mehr als nur der Ansporn, sich zur Selbstdisziplin zu zwingen und der Kritik Anna Amalias zu begegnen, die zu Herder gesagt hatte, «es sei schade, daß er [Goethe] nichts zustande bringen könne». Die Ausgabe der *Schriften* war zugleich ein entscheidender und – bevor Goethe dazu überging, die Kommentare zu seinen Werken selber zu geben – endgültiger Akt der Selbstdeutung: Sie ordnete die

Mythen, die er sich zur Selbstvergewisserung über seine Erfahrungen erschaffen hatte, einem großen Gesamtplan unter und machte ihn damit zum zweiten Mal von ihnen frei. Die Werkausgabe bei Göschen ist der erste von mehreren solcher Befreiungsakte, und doch enthält sie schon, bis auf wenige Ausnahmen, fast alle Werke, die einst die Nachwelt mit Goethes Namen verbinden sollte, und fast alle haben sich Bearbeitungen gefallen lassen müssen, die sie für zwei oder mehr ganz unterschiedliche Phasen solcher Selbstvergewisserung repräsentativ machen. In einigen Fällen liegen die beiden Stufen der Bearbeitung zeitlich nahe beieinander, aber während im *Götz von Berlichingen* die Komplexität des Werkes hierdurch materiell nichts gewinnt, liegt zwischen den beiden Bearbeitungen der *Mitschuldigen* nichts Geringeres als die Entdeckung der autobiographischen Literatur, und zwischen der ersten Niederschrift der *Proserpina* und ihrer Einfügung in den Rahmen des *Triumphs der Empfindsamkeit* klafft ein Abgrund nicht nur der Zeit, sondern auch der Gesinnung. In der Regel war es die Arbeit an Göschens Werkausgabe zwischen 1786 und 1789, die die Dualität zwischen dem ursprünglichen und dem endgültigen Text bewirkte: zwischen dem Werther, der so erkennbar ein Geschöpf seiner Zeit ist, daß eine ganze Generation sich mit ihm identifizieren konnte, und dem Werther, der eine fensterlose Monade ist und dessen Selbstzerstörung seine Umwelt weitgehend unbeeindruckt läßt; zwischen der Iphigenie, die, von gütigen Göttern getragen, das heilende Prinzip sittlicher Ergebung im Leben des kranken Orest bedeutet, und der Iphigenie, die das opponierende Gegenstück zum späten Werther darstellt, die Figur einer sich selbst setzenden sittlichen Autonomie, die nur gewollt werden muß, um möglich zu sein; zwischen dem Faust als junger Titan, bestimmt zum tragischen Konflikt mit der sittlichen Ordnung, die er verachtet, und dem Faust als Opfer eines enttäuschten Alters, aufbrechend zu einer Odyssee von unbestimmter Dauer zu ungewissem Ziel durch die Welt der Erfahrung. In Egmont sind nicht weniger als drei Schichten unterscheidbar: der politische Märtyrer, das gespaltene Ich und das übermenschliche Zentrum einer tätigen Kraft, die alle verzehrt, die ihr zu nahe kommen. Das vielschichtige Werk, das in jedem einzelnen Fall aus solcher Bearbeitung resultiert, lädt zu allerlei Interpretationsansätzen ein, widersteht aber jedem Versuch der Reduktion auf ein beherrschendes Grundmuster. Was die Einheit seiner Teile sein mag, bleibt so faszinierend und rätselhaft wie die Sphinx oder wie jede menschliche Person, in der sich ein fest umrissener Charakter mit der Fähigkeit zu überraschen verbindet. Die verschiedenen Bedeutungsebenen mögen wie die verschiedenen Phasen von Goethes Leben, in welchen sie ihren Ursprung haben, nicht alle gleichermaßen attraktiv sein, aber das Ganze, zu dem sie mehr oder weniger erfolgreich integriert werden, gibt uns zwar nicht Goethes Persönlichkeit, weder *in toto* noch so, wie sie zu einer bestimmten Zeit war, aber gleichsam das Prinzip von Persönlichkeit überhaupt: eine nicht weiter ausdeutbare Verschmelzung von Notwendigem und Zufälligem, von Gegenwart und Vergangenheit, Sein und Werden. «Inkommensurabel» hat

Goethe später diejenigen seiner Werke genannt, die diese Eigenschaft haben, auch wenn er das zur Zeit der Werkausgabe bei Göschen und unter dem Einfluß einer beschränkteren Kunsttheorie selber nur halb verstand. «Inkommensurabel» kann natürlich ein Euphemismus für «in sich unstimmig» sein: Mitunter gibt es kaum eine oder gar keine Integration der Textebenen, nur schreiende Gegensätze oder einen Akt gewaltsamer Unterwerfung wie die Neufassung der *Claudine*; aber mitunter entsteht auch «das schönste interessanteste Monstrum», ein «selbst nicht selbst», das die ganze innere Dialogstruktur oder Dialektik des modernen Menschseins verkörpert, eingezwängt wie es ist zwischen Religion und Säkularität, Subjektivität und Objektivität, bürgerlicher Gesellschaft und autokratischem Staat. Nur Minuten liegen zwischen den einzelnen Schichten von «Auf dem See», aber Jahre zwischen denen von «An den Mond»; um sein längstes und am meisten inkommensurables Gedicht, den *Faust*, schreiben zu können, waren für Goethe die Kontingenzen eines ganzen Lebens notwendig und wurden von ihm schreibend zur Notwendigkeit gemacht.

Von allen literarischen Gattungen eignet sich das lyrische Gedicht am besten zur Darstellung des inneren Dialogs. Für Goethe war denn auch der achte Band seiner *Schriften* – der Band mit den vermischten Gedichten, der 1788 zusammengestellt worden war und Anfang 1789 herauskam – ein Mikrokosmos der ganzen Ausgabe: «Ein Summa Summarum so mancher Empfindungen eines ganzen Lebens ... ein wunderlich Ding und es konnte noch viel bunter aussehn, ich mußte zu viel weglaßen.» Der Band enthielt das *Jahrmarktsfest zu Plundersweilern* und einige verwandte Schwänke – was Herder mißbilligte, weil dergleichen bloß der Kritik Angriffsflächen biete und «die jugendlichen Fratzen und Späße doch niemals recht für den Druck sind» –, an die sich zwei «Sammlungen» von Gedichten schlossen. Die erste bestand aus knapp fünfzig Liebesgedichten unterschiedlicher Länge, von «Lilis Park» mit acht Seiten (Goethe hatte den Band etwas schmal gefunden und Göschen dringend gebeten, ein großzügiges Layout zu wählen) bis zu dem kürzesten und zahmsten der neuen *Erotica*. Die andere Sammlung bot zunächst ein Dutzend langer, reflektierender Gedichte wie «Mahomets Gesang» oder «Harzreise im Winter», sodann eine Gruppe neuer Epigramme in elegischen Distichen und zuletzt eine Reihe von vierzehn Gedichten über Kunst und Künstler, gipfelnd in «Hans Sachsens poetischer Sendung», den Versen «Auf Miedings Tod» und den Dramoletten *Des Künstlers Erdewallen* und *Künstlers Apotheose*. Der Band, numerisch der letzte der Ausgabe, schloß mit dem Fragment der *Geheimnisse*, deren *Zueignung* den ersten Band eröffnet hatte, so daß die ganze Ausgabe nun von feierlichen Stanzen eingerahmt wurde, aber implizit auf Erweiterung oder Abschluß in der Zukunft angelegt blieb.

Goethe hat den Sommer und Herbst 1788 nicht nur darauf verwendet, seine Gedichte zu sammeln und in eine passende Ordnung zu bringen; er arbeitete auch an ihrer «Feilung». So konnte er das Gedicht «Einschränkung»

nicht gut in der Fassung vom August 1776 bringen, die «Dem Schicksal» (so
der Titel der ersten Niederschrift) die ratlose Frage stellte, was um alles er
und «mein Karl» in der «engen kleinen Welt» Weimars verloren hatten. Die
spätere Fassung ist nicht nur von weniger deutlichem Bezug, sie ist auch in
ihrer Wirkung klarer und einfacher; getilgt sind typische Merkmale von Goethes früher Lyrik wie die direkte Anrede des Schicksals oder Lieblingsvoka-
beln wie «lieb» oder «Dumpfheit». Der Preis für die Glättung ist aber auch
eine Einbuße an psychologischer Komplexität; dasselbe gilt für «Liebebedürfnis», die Umarbeitung der Zeilen «An den Geist des Johannes Secun-
dus», deren elektrisierende freie Rhythmen nunmehr dem Metrum und der
Manier der trochäischen *Erotica* von 1788 weichen müssen. Für uns ist, aus
dem Abstand von zwei Jahrhunderten, das Einmalige jener nicht ganz aus-
lotbaren Augenblicke in den ersten Sommern und Wintern in Weimar ein
größerer Wert als die Reinheit und Regelgemäßheit der Diktion. Indessen
wußte Goethe, wann ihm etwas wirklich Gutes geglückt war, und so nahm
er in der späteren Fassung von «Auf dem See» nur behutsame Änderungen
vor: «Weiche Nebel» ist objektiver, hat weniger «Manier» als «liebe Nebel»,
ist aber nicht evident schlechter, und die neue Fassung der ersten Zeilen wahrt
sowohl den alles entscheidenden Rhythmus als vielleicht auch die Metapher
der Nabelschnur, wenngleich in weniger krasser Form als in der Urfassung
und in entschiedener Unterordnung unter die Metapher des Saugens:

> Und frische Nahrung, neues Blut
> Saug' ich aus freier Welt;
> Wie ist Natur so hold und gut,
> Die mich am Busen hält![1]

Die ursprüngliche Vielfalt der physischen Beziehungen zwischen dem Dichter und der Natur ist jedoch wegrationalisiert worden; das Gefühl des Dichters, am Brennpunkt eines Kräftekomplexes zu stehen, geht verloren, weil
eine zentrifugale Bewegung eingeführt wird, und zwar durch die (an sich
kraftvolle) Veränderung des «wolkenangetan» zu «wolkig himmelan» und
durch die Ersetzung des eher manierierten «entgegnen» durch das richtigere
«begegnen»:

> Die Welle wieget unsern Kahn
> Im Rudertakt hinauf,
> Und Berge, wolkig himmelan,
> Begegnen unserm Lauf.

In diesen verschiedenen kleinen Veränderungen, deren keine wohl von überragender Bedeutung ist, können wir Anzeichen für den Vorrang der Kunst
vor der Persönlichkeit erkennen, den Goethe in der Abhandlung *Über einfache Nachahmung der Natur . . .* vertreten hatte und der ihn in der späteren

---

1 Vgl. die Urfassung des Gedichts oben, S. 242 f.

Fassung von «An den Mond» selbstbewußt von «meinem Sang» hatte sprechen lassen. Es ist nur ein Schritt vom Vorrang der Kunst zum Vorrang des Künstlers, der nach Moritz' Ansicht eine so herrisch überhebliche, ja erotische Gestalt ist wie nur irgend ein Egmont. In der *Bildenden Nachahmung des Schönen* lesen wir: «so wie die Liebe die höchste Vollendung unsres empfindenden Wesens ist, so ist die Hervorbringung des Schönen die höchste Vollendung unsrer thätigen Kraft –», und so, wie Caroline Herder, nach den Worten ihres Mannes, damit rechnen mußte, eine Farbe in der Palette zu sein, mit der Goethe malte, so hatte es für Klärchen der seligste Augenblick ihres Lebens zu sein, vor dem Geliebten zu knien. Dieses Egmont-artige Bild des Künstlers, das *Künstlers Apotheose* durchdringt (und auch in einigen der noch unveröffentlichten *Elegien* wiederkehrt), wirkt sich nachteilig auf eine Reihe von Liebesgedichten der ersten Sammlung aus, in denen die Frau nunmehr, nach der Überarbeitung, zur konventionellen Rolle des Opfers stilisiert wird – am auffälligsten in «Es schlug mein Herz», das nun «Willkommen und Abschied» heißt und dessen letzte Strophe folgendermaßen lautet:

> Doch ach, schon mit der Morgensonne
> Verengt der Abschied mir das Herz:
> In deinen Küssen welche Wonne!
> In deinem Auge welcher Schmerz!
> Ich ging, du standst und sahst zur Erden
> Und sahst mir nach mit nassem Blick:
> Und doch, welch Glück, geliebt zu werden!
> Und lieben, Götter, welch ein Glück![1]

In der Fassung von 1771 ist der Abschied der jungen Leute ein trüber Augenblick, aus dem als einzige Gewißheit nur das sichere Vertrauen in die gegenseitige Liebe hervorstrahlt. Wir erfahren nicht, wie lange die Begegnung gedauert hat oder warum die Frau gehen muß oder warum der Dichter zur Erde sieht – eine Gebärde, die manches unterdrückte Gefühl verraten kann, von Schuld und Trauer bis zu der Weigerung, der Wahrheit ins Gesicht zu sehen. 1788 ist die Situation geklärt und stilisiert zu einem morgendlichen Abschied nach einer Liebesnacht, wobei der Mann geht, die Frau zurückbleibt, was sinnlicher, dramatischer – und zugleich konventioneller ist. Die Rollen der Liebenden sind einfacher differenziert: Der Mann genießt die «Wonne» des sexuellen Sieges, während der Frau der «Schmerz» vorbehalten ist. Die rätselhafte Gebärde in der fünften Zeile ist weitgehend funktionslos geworden; vielleicht schämt sich die Frau der vergangenen Intimitäten oder ihres Gefühls des Bedauerns beim Abschied. Nur sie es ist, die jetzt Tränen in den Augen hat; der Dichter, im jubelnden Auftrumpfen der letzten beiden Zeilen, hat es nicht länger nötig, sich mit dem Gedanken an die Gegenseitigkeit ihrer Zuneigung zu trösten: Statt dessen versichert er der Frau, daß, bei

---

1 Vgl. die Urfassung des Gedichts oben, S. 140.

all ihrem Kummer, entweder er sich freuen kann, zu lieben und von ihr geliebt zu werden, oder sie es als Auszeichnung empfinden kann, lieben und
von ihm geliebt werden zu können. Diese Reduktion eines verworrenen, aber
von beiden geteilten Gefühls auf eine stereotypisierte Differenzierung der
Geschlechterrollen findet sich ähnlich auch in der neuen Fassung des «Heidenrösleins», in der der Widerstand des Rösleins ganz nutzlos ist und der
Knabe überhaupt keinen Schmerz zu leiden hat, und in «Jägers Abendlied»,
der Neufassung von «Jägers Nachtlied», wo der Mann zu einer sexuell dominierenden Gestalt wird, der die Frau «lassen muß», um allein die Welt zu
durchstreifen.

In einem nicht-erotischen Kontext jedoch kann das Feilen Goethes an seinen Gedichten zu einer Steigerung statt zu einer Minderung des Sinngehalts
führen. In letzter Sekunde vor der Drucklegung veränderte Goethe noch ein
einziges Wort in der Entgegensetzung von Göttern und Menschen, mit der
die «Grenzen der Menschheit» schließen, so daß die letzte Strophe nun lautet:

> Ein kleiner Ring
> Begrenzt unser Leben,
> Und viele Geschlechter
> Reihen sich[1] dauernd
> An ihres Daseins
> Unendliche Kette.

Spätestens im Sommer 1788 hatte Goethe, wie er Caroline Herder anvertraute, jeden Glauben an göttliche Mächte verloren, die das menschliche Leben
von außen lenken, und fürchtete erst recht nicht ihre Raubgier. Nur aus eigener Anstrengung, nicht durch das Wirken eines unerforschlichen Geschicks, können die Menschen sich in eine gemeinsame Sinnstruktur, in eine
Kette der Kultur eingliedern, die das Dasein des einzelnen transzendiert. Aus
einer ähnlichen Überlegung heraus tilgte Goethe in dem Gedicht «Das Göttliche»[2], nach der Anrufung jener «unbekannten höhern Wesen, die wir ahnen», die Zeile «Ihnen gleiche der Mensch!», die als einzige in dem Gedicht
den höheren Wesen selbständige Existenz zusprach: Für den an Lukrez geschulten Goethe des Jahres 1788 war die Göttlichkeit des Menschen etwas
Primäres und nicht das Derivat eines äußeren Musters. In «Grenzen der
Menschheit» indes führte die Textrevision eine suggestive Vieldeutigkeit dort
ein, wo vorher keine gewesen war: Ursprünglich war es eindeutig das unendliche Dasein der Götter, das die vielen kleinen aneinandergereihten Menschenleben ausmachten; in der gedruckten Fassung des Gedichts verlangt die
Grammatik des Satzes, daß es die vielen Geschlechter sind, die «sich» an ihres
eigenen Daseins Kette reihen; aber durch die in der Aussage des Gedichts
festgehaltene Entgegensetzung von Göttern und Menschen bleibt auch die

---

1 Vgl. die Urfassung des Gedichts oben, S. 371.
2 Vgl. oben, S. 402 f.

Möglichkeit offen, daß sich die vielen Menschengeschlechter zu der unendlichen Kette des Daseins der *Götter* reihen. Die Frage, ob die Entwicklung der Menschheit Teil eines größeren Prozesses ist oder autonom und aus sich selbst heraus erfolgt, bleibt ungelöst; genauer gesagt, es wird eine Lösung angeboten, derzufolge beides zutrifft: daß es Grenzen der Menschheit gibt *und* daß jenseits dieser Grenzen nicht, wie in der früheren Version, eine geheimnisvolle Macht waltet, sondern das Nichts. Diese bewußt mehrdeutige Lösung führt Goethe an die Schwelle des Kantischen Kritizismus.

In dem Maße, wie der Abschluß der *Summa* in greifbare Nähe rückte, erkannte Goethe zunehmend die Chance, sich in dieser Werkausgabe sein eigenes *monumentum aere perennius* zu errichten. Im achten Band galt seine besondere Aufmerksamkeit der Reihenfolge der Gedichte und ihrem Beginn auf einer linken oder rechten Seite, und zwar «wegen gewisser Verhältnisse» zwischen ihnen. So mußte «Das Göttliche» auf einer linken Seite aufhören, damit ihm rechts zwei ergänzende Epigramme in klassischen Distichen beigegeben werden konnten, «Herzog Leopold von Braunschweig» – ursprünglich als Inschrift für den Tiefurter Park verfaßt – und «Dem Ackermann»: Diese beiden Versuche, eine Haltung zum Tod zu formulieren, stehen im Einklang mit dem ethischen Humanismus der Lebensregeln, die «Das Göttliche» verkündet. Das Epitaph auf den Bruder Anna Amalias, der 1785 bei Rettungsarbeiten nach einer Überschwemmung ertrunken war, deutet an, daß der Herzog – wie Egmont in der endgültigen Version des Stückes – im Tode vergöttlicht wird und als übernatürliche Kraft das hilfreiche Werk vollenden kann, das ihm als Menschen mißlang. Im «Ackermann» variiert Goethe das biblische Gleichnis von dem Weizenkorn, das in den Boden fällt; dabei vermeidet er jeden Hinweis auf ein Auferstehen und bietet statt dessen nur eine vage «Hoffnung». Beide Epigramme geben klar zu erkennen, daß man das vorherige Gedicht so anti-theistisch wie nur möglich zu lesen hat. Solche bewußten interpretatorischen Hilfestellungen sind jedoch die Ausnahme. Generell scheint Goethe bei der Anordnung der Gedichte das Ziel verfolgt zu haben, Ähnlichkeiten, oder auch Gegensätze, der Stimmung oder des Themas hervorzuheben beziehungsweise, bei den Epigrammen nach klassischem Muster, drei oder vier Kürzest-Gedichte zu größeren Gruppen zusammenzufassen. Es soll der Eindruck entstehen, daß jede der beiden «Sammlungen» nach einem Grundprinzip komponiert oder, wie Moritz gesagt haben würde, «entfaltet» ist. Die *Vermischten Gedichte* sind also, trotz des Titels, nicht einfach ein Sammelsurium, sondern selber ein Kunstwerk, und ähnlich muß Goethe über den nächsten Band der *Schriften* gedacht haben, den er in Angriff nahm, nämlich den sechsten, der *Tasso* und *Lila* enthalten sollte. Hier war ihm vor allem daran gelegen, daß Göschen die zahlreichen Druckfehler vermied, die Ungers Ausgabe des *Römischen Karnevals* verunziert hatten: «Bei der höchsten Sorgfalt, die ich auf dieses Stück gewendet, wünsche ich auch, daß es ganz rein in die Hände des Publicums komme.» Schon bei der Manuskriptabgabe ventilierte man Pläne, die aber offenbar nie realisiert worden sind, diesen Band in einer Vorzugsausgabe herauszubringen, gedruckt auf gutem Papier und in einer Antiqua gesetzt (im Gegensatz zu der Fraktur, die für die *Schriften* Verwendung fand). Goethe selbst scheute sich nicht, das von Moritz verpönte Wort zu gebrauchen, um das Maß seiner künstlerischen Gewissenhaftigkeit bei diesem Werk zu bezeichnen, das wie kein zweites eine Frucht der italienischen Reise war: «Dein Beyfall», schrieb er Herder, «ist mir reiche Belohnung für die unerlaubte Sorgfalt mit der ich dies Stück gearbeitet habe. Nun sind wir frey von aller Leidenschaft solch eine konsequente Composition zu unternehmen.»

Torquato Tasso ist ein Werk von distanziertem und bewußtem Kunstwillen, und doch ist sein Thema das tiefe Leiden eines Künstlers; es sollte nach Goethes Absicht die italienische Tugend eines rein unpersönlichen Stils verkörpern, und doch war der Schauplatz Italien von größter Bedeutung für ihn persönlich; Form und Sujet sind streng höfisch, und doch wird hier ein Fürstenhof so vernichtend angeprangert wie kaum in einem anderen Werk Goethes. Thematisch und strukturell ist *Torquato Tasso* das bei weitem komplexeste Stück, das Goethe bis dahin vollendet hatte, und obgleich es Goethes «erste . . . Schriftsteller-Epoche» bilanzieren und abschließen sollte, nimmt es bereits in mancherlei Hinsicht die Kunst seiner mittleren und späten Zeit vorweg. Zumindest oberflächlich betrachtet, ist *Torquato Tasso* eine regelgemäße Tragödie im französisch-neuklassischen höfischen Stil: fünf Aufzüge in Versen – allerdings den modernen fünfhebigen Blankversen der *Iphigenie* –, konzentriert auf die Ereignisse eines einzigen Frühlingstages um 1577 und begrenzt auf einen einzigen Schauplatz, Belriguardo, die Sommerresidenz der Herzöge von Ferrara, jedoch mit Szenenwechseln für jeden Aufzug. Es gibt nur fünf Personen, alle von adliger Abkunft, wobei Tasso selbst nur dem jüngst geschaffenen kleinen Dienstadel entstammt, und die Handlung dreht sich um ein einziges Ereignis: Tassos ausbrechenden Wahnsinn. Die Ankündigung, daß einige oder alle Beteiligten am Abend abreisen wollen, verleiht der Handlung die von der Tradition geforderte Spannung. Innerhalb der einzelnen Aufzüge bleibt die Bühne nie leer («liaisons des scènes»), und jeder neue Auftritt wird gewöhnlich in den letzten Zeilen der vorangehenden Szene angekündigt. Anders als in der *Iphigenie*, wird im *Tasso* die Versform nicht variiert, wohl aber finden sich einige metrische Unregelmäßigkeiten, die fast immer dramatisch oder psychologisch begründet sind. Die Sprache ist gehoben und schicklich, manchmal auch anspielungsreich und steif; die Diskussion persönlicher Dinge erfolgt häufig indirekt, durch verallgemeinernde Sentenzen, deren Austausch (Stychomythie) einem lebendigen Gespräch noch am nächsten kommt. Ansonsten sind die Reden eher lang, und acht der neunzehn Szenen im zweiten bis fünften Aufzug sind Monologe, während nur in zwei Szenen mehr als zwei Sprecher auftreten. Gleichzeitig gibt es gewisse Elemente der Oper oder des Maskenspiels, die den strengsten französischen Traditionen fremd sind: Im ersten wie im fünften Aufzug kommt jeweils ein Augenblick, wo reihum jede Figur etwas zu einem bedeutsamen

Thema äußert, so daß sich ein Chor-Effekt einstellt; Kostüme und Bühnen-requisiten – die Hermen zweier Dichter, ein Lorbeerkranz, ein Degen – spielen eine wichtige Rolle; und an drei oder vier Stellen mündet die physische Aktion auf der Bühne in ein symbolisches Tableau. In Widerspruch zu den Grundsätzen der neoklassischen französischen Tragödie stehen auch die ausschließliche Beschäftigung des Stückes mit den Angelegenheiten und Seelenzuständen eines einzigen, zentralen Charakters, die Fülle der Anspielungen auf politische und literarische Gestalten der italienischen Renaissance und die diskursive Sinnlichkeit einiger Landschaftsschilderungen. Vor allem aber ist *Tasso*, obgleich der Form nach ein Drama, als Buch komponiert: Aufgrund seiner schieren Länge und Statik auf keiner Bühne aufführbar, wie Goethe selber später erkannte, ist das Stück eine großangelegte Meditation über die Kunst der Dichtung, der eigentliche Abschluß und Eckstein der Werkausgabe und jener Hälfte von Goethes Leben, deren Summe diese Ausgabe bilden sollte. Beim Schreiben des *Tasso* war Goethe weit mehr auf die poetische Struktur des Stückes als auf seine dramatische Wirkung bedacht, womit er unwissentlich den Vorrang des geschriebenen vor dem gesprochenen Wort vorwegnahm, zu dem er sich in der zweiten Hälfte seines Lebens spät und widerstrebend durchrang. In vieler Hinsicht ist *Tasso* die Achse, um die sich Goethes gesamtes literarisches Schaffen dreht.

Der erste Aufzug spielt im Gartenplatz des Schlosses Belriguardo, der mit Hermen der epischen Dichter geziert ist. Prinzessin Leonore von Este, Schwester des Herzogs Alfons II. von Ferrara, und Gräfin Leonore Sanvitale, von Tasso in einigen Liebesgedichten besungen, sind damit beschäftigt, Kränze zu winden – die Prinzessin flicht einen Lorbeerkranz, mit dem sie die Herme Vergils schmückt, die Gräfin, die im weiteren nur Leonore genannt wird, einen Kranz aus bunten Blumen, den sie der Herme Ariosts aufsetzt, des Autors ihres Lieblingsepos. Das Gespräch der beiden Frauen wendet sich bald Tasso zu, dem weltfremden jungen Dichter, der, wie wir erfahren, in Wirklichkeit in die Prinzessin verliebt ist, sie aber aus Gründen der Schicklichkeit nur in Gedichten anredet, die scheinbar an ihre Namensvetterin, die Gräfin, gerichtet sind. Zu den Frauen gesellt sich Alfons; er sucht Tasso, der diesem maßvollen und gütigen Lenker der Menschen durch sein übertriebenes Mißtrauen gegen vermeintliche Spione oder böse Ränke Anlaß zur Sorge gibt. Kaum hat er die Hoffnung ausgesprochen, Tassos *opus magnum, Das befreite Jerusalem*, bald vollendet zu sehen, tritt zu seiner Überraschung und Freude der Dichter auf und überreicht ihm persönlich die Handschrift seines Werkes. Aus diesem Anlaß nimmt Alfons den Lorbeerkranz von der Herme Vergils und schmückt mit ihr, trotz dessen Sträubens, seinen Hofdichter; so nimmt er in der Intimität des privaten Kreises die offizielle Krönung des historischen Tasso auf dem Kapitol vorweg, die 1595 bereits vorbereitet war, durch den Tod des Dichters jedoch hinfällig wurde. Die geradezu mystische Ekstase, in die Tasso nach dieser improvisierten Zeremonie verfällt, wird unterbrochen durch den Auftritt von Alfons' Minister Antonio Montecatino, dem aktiv handelnden Weltmenschen in diesem Stück. Soeben von einer schwierigen, aber erfolgreichen diplomatischen Mission aus Rom zurückgekehrt, ist ihm die Krönung Tassos offenkundig zu viel der Ehre für den Ausübenden einer brotlosen Kunst, den von Not und Armut geschlagenen, jungen Waisen, der das verhätschelte Spielzeug der Damen geworden ist. Sofern Dichter überhaupt Lob verdienen, gebührte die Palme nach seiner Ansicht der farbigen und unterhaltsamen Bilderwelt Ariosts, die in Leonores buntem Kranz so sinnfällig zum Ausdruck kommt.

Zum zweiten Aufzug folgen wir den Personen in einen Saal. In der ersten Szene erinnert sich die Prinzessin, noch im Schäferkostüm, an ihre erste Begegnung mit Tasso und will den Dichter bewegen, ein besseres Verhältnis zu ihrem Bruder, zu Antonio und zu Leonore zu suchen. In einer Sprache, die an die «Harzreise im Winter» und an die siebente Römische Elegie gemahnt, zwei Gedichte, die Goethe 1788/89 beschäftigten, warnt sie Tasso vor den Gefahren der Einsamkeit, in der das Gemüt mehr und mehr

> strebt,
> Die goldne Zeit, die ihm von außen mangelt,
> In seinem Innern wieder herzustellen,
> So wenig der Versuch gelingen will.

Leidenschaftlich reagiert Tasso, als die Prinzessin das Goldene Zeitalter erwähnt, das er in seiner Schäferdichtung geschildert hat und an das das Kostüm der Prinzessin noch erinnert; aber auf seine Beschwörung jenes Zeitalters gibt die Prinzessin zu bedenken, daß diese Zeit, falls sie denn je existiert hat, jetzt Vergangenheit ist und daß das einzige goldene Zeitalter, das zählt, dasjenige ist, das die Menschen durch sittliches und schickliches Betragen selber errichten. Diese höchste Form der Kultur ist besonders die Sache der Frauen, und damit erhält Tasso das Stichwort für sein Geständnis, daß alle weibliche Tugend, die sein Epos schildert, sich dem einen Vorbild verdankt, das jetzt vor ihm steht. Zunächst scheint die Prinzessin nicht abgeneigt gegen

> das Geheimnis einer edlen Liebe,
> Dem holden Lied bescheiden anvertraut

– aber als Tasso stürmischer wird, bricht sie das Gespräch ab und mahnt ihn zur Mäßigung. Tasso beschließt, aus seiner Einsamkeit herauszutreten: Als Antonio kommt, stürzt er sich geradezu auf ihn und streckt ihm seine Hand entgegen und bittet darum, von ihm in den «mäßigen Gebrauch des Lebens» eingeweiht zu werden. Der ältere und sozial höherstehende Mann verhält sich zunächst distanziert und vorsichtig, dann gönnerhaft, sarkastisch und offen feindselig, indem er den Wert poetischer Leistungen verkleinert. Unerträglich provoziert und gegen jede höfische – und theatralische – Konvention, zieht Tasso den Degen und fordert seinen Peiniger. Das unvermutete Dazwischentreten des Herzogs kühlt die Gemüter ab, doch verlangt Antonio, einigermaßen tückisch, die strenge Bestrafung Tassos. Der milde Alfons nimmt jedoch Tasso nur das Versprechen ab, so lange auf seinem Zimmer zu bleiben, bis er die Erlaubnis erhält, es zu verlassen. Tasso empfindet diese rein symbolische Strafe mit der ganzen Schwere, die er selber Symbolen beizulegen pflegt, und legt Degen und Kranz vor dem Herzog nieder, weil er beides verwirkt glaubt, nun, da er in Ungnade gefallen ist und aus «[d]er Götter Saal» gewiesen wurde. Allein mit Antonio zurückbleibend, macht Alfons ihm schonend klar, daß in solchen Fällen die Schuld den Klügeren, Erfahreneren trifft. Er meint, daß der Schaden wieder gutgemacht werden kann, wenn zunächst Leonore Sanvitale mit Tasso spricht und dann Antonio ihm die Nachricht von seiner Begnadigung durch den Herzog überbringt und selbst die Freundschaft Tassos sucht.

Im dritten Aufzug schmieden die Prinzessin und Leonore ihre eigenen Pläne zur Rettung Tassos. Leonore glaubt, daß es für Tasso am besten ist, sich für einige Zeit vom Hof zu entfernen, zum Beispiel nach Florenz, wo sie selbst in Kürze sein und so auf neutralem Boden die Möglichkeit haben wird, ihn für sich zu gewinnen. Widerstrebend willigt die Prinzessin ein, den Mann zu verlieren, von dem sie bekennt, er habe in ihr Leben Licht gebracht. Im zweiten Aufzug hörten wir, daß sie, als Kind stets kränkelnd, immer vom lauten Treiben der Stadt und vom ritterlichen Gepränge des Hofe ausgeschlossen war; in diesem Gespräch erfahren wir nun von der verzehrenden Macht der Schönheit, die in ihre eingefriedeten Gärtchen kam, als Tasso dort wie eine Sonne eintrat. Nun soll er ihr entrissen werden, und ihre Welt ist ihr in Nebel eingehüllt. Leonore offenbart in einem Monolog, daß sie die zeitweilige Entfernung Tassos vom Hofe aus Rivalität zu der Prinzessin betreibt, von deren Leidenschaften, die «wie der stille Schein des Monds» nur spärlich brennen, sie fast verächtlich spricht: Hat sie erst einmal Tasso in Florenz an sich gebunden, wird die Welt in der Leonore seiner Lyrik sie selbst erkennen und nicht die Prinzessin. Antonio aber, mit dem Leonore in der nächsten Szene scherzt, ist nicht bereit, an ihrem Ränkespiel mitzuwirken, sondern schickt sie, dem Wunsch des Herzogs gemäß, zu Tasso voraus, um bei ihm gut Wetter für ihn selbst zu machen.

Im vierten Aufzug, dessen Schauplatz das Zimmer ist, wohin der Dichter für kurze Zeit verbannt worden war, ist Tasso in jeder Szene auf der Bühne: Drei Monologe und zwei Dialoge mit Leonore bzw. mit Antonio zeigen sein allmähliches Abgleiten in den Wahnsinn. Als Leonore ihn zu überzeugen sucht, daß Antonio ihn nicht anfeindet, wie es schien, entsinnt sich Tasso erst recht, wie sehr ihm die Besserwisserei und Überlegenheitshaltung dieses Höflings verhaßt ist – «Einen Herrn/Erkenn ich nur, den Herrn der mich ernährt» – und wie bitter, so glaubt er, Antonio ihn um die Gunst der Musen beneidet, die ihm zuteil ward. Tasso ist nicht davon abzubringen, sich wie ein Kind in die Wonne seiner Wut und seines Hasses hineinzusteigern, und in dieser Stimmung kann er den Vorschlag Leonores, nach Florenz zu gehen, nur als versteckten Hinweis auffassen, daß er am Hof nicht mehr erwünscht ist. Leonore versichert ihm, daß niemand am Hof ihn verfolgt oder ihm schaden will: dies alles seien Ausgeburten seiner blühenden dichterischen Phantasie. Als Tasso wieder allein ist, macht er in sarkastischen Sentenzen seiner Empörung über Leonores Ränke Luft. Natürlich haben wir ein gewisses Mitgefühl mit ihm; denn er ist in der Tat das Opfer einer Intrige, wenn auch nicht der Intrige, die er vermutet. Alles um ihn ist Lüge und Täuschung, glaubt er, und der Plan, ihn nach Florenz zu schicken, wo die Medici ihm ihre Gunst erweisen müssen, erscheint ihm als primitive Falle, darauf angelegt, den Beweis für die Richtigkeit der Gerüchte zu erbringen, die von seiner Illoyalität gegen den Hof von Ferrara wissen wollen. Tasso aber will nun listiger sein als die ganze listige Welt, die ihm nachstellt: Da jedermann will, daß er geht, *wird* er gehen – aber nicht nach Florenz. Als Antonio kommt, um seinen Frieden mit Tasso zu machen, bittet ihn Tasso, für ihn beim Herzog die Erlaubnis zu einer Reise nach Rom zu erwirken, wo er sein Epos mit den großen Geistern der ewigen Stadt besprechen und es verändern und es feilen kann; denn wenn er das Gedicht heute auch dem Herzog in einer vorläufig geendeten Form überreicht hat, kann er es doch nicht als wirklich vollendet betrachten. Antonio rät ihm ab, den Hof überhaupt zu verlassen: vielmehr sollte er die augenblickliche Gunst seines Fürsten nach Kräften nützen. Tasso beharrt jedoch auf seinem Wunsch, und Antonio willigt schließlich, unter großen Bedenken, ein, dem Herzog seine Bitte vorzutragen. In der verstockten Logik seines Wahnsinns ist Tasso bereits über den Punkt hinaus, wo er in diesem Zögern noch etwas anderes sehen könnte als einen weiteren Beweis für Antonios Verrat. In seinem letzten Monolog beginnt er sogar, am treuen Sinn des Herzogs und seiner Schwester zu zweifeln. Da er von der Prinzessin bislang kein Wort gehört hat, redet er sich in die Überzeugung hinein, «auch sie» habe sich in die Schar seiner Feinde eingereiht, und auf dem Scheitelpunkt einer neuen Welle des Selbstmitleids hat er zum erstenmal in aller Deutlichkeit die bevorstehende geistige Zerrüttung vor Augen:

> Und eh nun die Verzweiflung deine Sinnen
> Mit ehrnen Klauen auseinander reißt,
> Ja klage nur das bittre Schicksal an,
> Und wiederhole nur, auch *sie*! auch *sie*!

Zum letzten Aufzug begeben wir uns wieder ins Freie, in einen anderen Teil des Gartens. Alfons ist einigermaßen verdrossen über Tassos Begehr: Er sagt zu Antonio, er wolle sich seinen Günstling nicht durch rivalisierende Mäzene in Rom oder Florenz von Ferrara weglocken lassen:

> Ich bin auf ihn als meinen Diener stolz,
> Und da ich schon für ihn so viel getan,
> So möcht ich ihn nicht ohne Not verlieren.

Antonio selbst zeigt sich verärgert über Tassos chaotische Lebensweise, seinen unmäßigen Genuß gewürzter Speisen und starker Getränke und seinen irrationalen Argwohn: alles, was sein rastloser Geist in Rom, Neapel oder wo auch immer aufzusuchen hofft, kann er zu Hause, in Ferrara finden. Alfons behandelt alle diese Wunderlichkeiten mit großmütiger Nachsicht – «Nicht alles dienet uns auf gleiche Weise» – und entschließt sich, Tasso den gewünschten Urlaub zu gewähren. Indessen wird seine Geduld aufs äußerste strapaziert, als der Dichter auch um Rückgabe der Handschrift bittet, mit der er noch so unzufrieden ist. Da er befürchtet, Tasso werde das Gedicht durch allzuvieles Feilen nur verderben oder gar das Manuskript, ist es einmal in seinen Händen, nicht wieder herausgeben, erklärt er sich nur bereit, für Tasso eine Abschrift des Originals anfertigen zu lassen. Er beschwört Tasso, von der unseligen Beschäftigung mit sich selbst abzulassen, die ihn zu zerrütten droht, mag er sie auch seinem Dichten für zuträglich halten. «Der Mensch gewinnt was der Poet verliert.» Tasso hingegen vergleicht sich mit dem Seidenwurm, der aus einem unwiderstehlichen Drang seines Innersten heraus sein Gewebe spinnt. Gewiß, er spinnt sich seinen eigenen Sarg, den Kokon, in dem er seiner gegenwärtigen Existenz abstirbt, aber vielleicht gibt es auch jenseits dieses Grabes ein neues Leben als Schmetterling, vermag Tasso auch nicht zu ahnen, wie es aussehen wird. Allein gelassen, hört er aus allem, was der Herzog gesagt hat, nur den Wiederklang von Antonios Stimme heraus, entdeckt aber, als die Prinzessin naht, daß er sich seiner inneren Loslösung von diesem verhaßten Hofe doch nicht sicher ist. Tassos zweites und letztes Gespräch mit der Prinzessin ist – in einem Stück, das so viel psychologisches Verständnis für die verschiedenen Stufen pathologischen Wahns beweist – die überaus rührende und packende Schilderung eines Geistes, der, nicht nur aus eigener Schuld, den Kontakt gerade zu jenen Menschen verliert, die am verzweifeltsten zu ihm durchzudringen suchen. Auf die harmlose, verlegene Frage «Du gehst nach Rom?» redet sich Tasso, umständlich antwortend, zuletzt in seine größte Angst hinein: daß er sein Gedicht überhaupt nicht mehr so vollenden wird, wie er es sich wünscht. Rasch unterbricht er sich und spricht davon, weiter nach Neapel zu ziehen, und nach Sorrent, in seine Heimatstadt, wo noch seine Schwester Cornelia lebt. Seine Beschreibung verliert sich in immer akribischeren Details, und als die Prinzessin ihn unterbricht, hat er gerade zwei Verse lang geschildert, wie er über die Schwelle von seiner Schwester Haus tritt. Die Prinzessin hat das ganze Ausmaß seines Schwärmens in einer potentiell unendlichen Phantasie durchschaut, und sie versucht, ihn dadurch in die Gegenwart zurückzuholen, daß sie ihn tadelt. Das ist natürlich wirkungslos, aber ein Wort sorgender Teilnahme erreicht doch Tassos Aufmerksamkeit. Nun freilich ergibt sich einer neuen, überschwenglichen Phantasie: In allen Einzelheiten malt er sich ein Leben der stummen Verehrung für die Prinzessin, als Gärtner und Besorger ihres entferntesten Landsitzes aus. So unverkennbar ist hierauf der Jammer der Prinzessin, daß Tasso sein Mißtrauen gegen sie aufgibt und sie um Hilfe bittet; aber die Prinzessin kann nicht mehr tun, als ihn ihrer Freundschaft zu versichern und ihm zu sagen, daß er sich selber helfen muß. Sie bietet das grandios dramatische Bild

einer guten Absicht, die generöser ist als das begrenzte Gemüt, dem sie entsprang, und die daher in der Leere zwischen zwei unterschiedlichen Persönlichkeiten verschwebt:

> Gar wenig ist's was wir von dir verlangen,
> Und dennoch scheint es allzuviel zu sein.
> . . . .
> Du machst uns Freude wenn du Freude hast
> . . . .
> Und wenn du uns auch ungeduldig machst,
> So ist es nur, daß wir dir helfen möchten
> Und, leider! sehn daß nicht zu helfen ist;
> Wenn du nicht selbst des Freundes Hand ergreifst,
> Die, sehnlich ausgereckt, dich nicht erreicht.

Aus diesem archetypisch ratlosen Rat hört Tasso nur die Bekundungen einer
ohnmächtigen Zuneigung heraus, und er deutet sie als offene Erklärung jener Liebe, die bisher zwischen ihnen formell unausgesprochen geblieben ist.
Im Hintergrund sieht man jetzt die anderen drei Personen, die sich dem
Paar allmählich nähern, doch Tasso, hingerissen von dem «Gefühl, das mich
allein/Auf dieser Erde glücklich machen kann» und dem er zu seinem Unglück so lange widerstanden hat, fällt der Prinzessin in die Arme und drückt
sie fest an sich. Dieser unverzeihliche Akt der Majestätsbeleidigung bringt
des Herzogs knappe und endgültige Verurteilung seines ungebärdigen Un-
tertans: «Er kommt von Sinnen, halt ihn fest», und nach dieser momentanen
Gruppierung um die Hauptfigur des Stückes eilt der entsetzte Hof so eilig
weg, wie er gekommen ist; nur Antonio bleibt bei dem umnachteten Tasso
zurück.

Die Katastrophe ist eingetreten, aber es folgt, nach einem langen Schweigen, noch eine Coda, eine ersterbende Kadenz, die die aufgewühlten Emotionen besänftigt. Zuerst rast Tasso gegen jeden einzelnen seiner Freunde:
Antonio aber reagiert nicht auf seine Vorwürfe, sondern bekräftigt, daß er
ihn nicht verlassen werde, und beschwört ihn, sich zu ermannen und von
seiner Identität zu retten, was zu retten ist. Tassos Stimmung schlägt um, und
seine Wut löst sich in Tränen, als er den Staub von den davonfahrenden Kutschen sich erheben sieht und erkennt, daß es zu spät ist, zu retten, was für
immer dahin ist:

> bin ich *nichts*,
> Ganz *nichts* geworden?
> Nein, es ist alles da und ich bin nichts;
> Ich bin mir selbst entwandt, sie ist es mir!

In den letzten Zeilen des Stückes tragen Antonios Ermahnungen Früchte;
Tasso begreift, daß ihm eines «bleibt», der Schrei des Schmerzes und die
Fähigkeit, ihm dichterischen Ausdruck zu geben:

Und wenn der Mensch in seiner Qual verstummt,
Gab mir ein Gott zu sagen, wie ich leide.

Auf Tassos Einsicht hin, was seine einzig wirkliche und bleibende Rolle ist: die körperlose Stimme des menschlichen Schmerzes, ergreift nun endlich Antonio seine Hand, was er früher verweigert hatte, als Tasso sich an ihn hatte anbiedern wollen, und der Vorhang fällt vor dem symbolischen Bild ihrer Umarmung, während Tasso dieser vieldeutigen Beziehung eine letzte, metaphorische Deutung gibt:

So klammert sich der Schiffer endlich noch
Am Felsen fest, an dem er scheitern sollte.

1827 sagte Goethe zu Eckermann über die «Idee» des *Tasso*:

Ich hatte das Leben Tasso's, ich hatte mein eignes Leben, und indem ich zwei so wunderliche Figuren mit ihren Eigenheiten zusammenwarf, entstand in mir das Bild des Tasso, dem ich, als prosaischen Contrast, den Antonio entgegenstellte, wozu es mir auch nicht an Vorbildern fehlte. Die weiteren Hof-, Lebens- und Liebes-Verhältnisse waren übrigens in Weimar wie in Ferrara, und ich kann mit Recht von meiner Darstellung sagen: *sie ist Bein von meinem Bein und Fleisch von meinem Fleisch.*

Das bedeutete nicht, daß Goethe nun nicht länger die Theorie Charlotte von Kalbs bestritten hätte, wonach Alfons als der Herzog Carl August zu nehmen war, Tasso als Goethe, die Prinzessin als Herzogin Louise und Leonore als Frau von Stein. Nichts von dem, was er 1827 sagte, widerspricht seiner Anschauung von 1789, daß Kunstcharaktere keinen einfachen oder einzigen Ursprung in der Natur haben, sondern vom Künstler aus Zügen zusammengesetzt werden, die in Wirklichkeit weit verstreut sein mögen. Umgekehrt kann ein einzelnes reales Vorbild Spuren in mehr als einem fiktiven Charakter hinterlassen. Weil Alfons so offensichtlich Rang und Funktion und die kluge Generosität (nicht aber die militärische Abenteuerlust) mit Carl August gemein hat und weil es in seinem Falle keine möglichen anderen Vorbilder gibt, ausgenommen vielleicht den Herzog Ernst von Gotha, ist es verlockend, auf diesem Weg weiterzugehen und Goethe mit Tasso gleichzusetzen, weil beide es in jungen Jahren zu literarischem Ruhm brachten, beide daraufhin einen fürstlichen Gönner fanden und beide sich die Feindschaft einer älteren Generation von Höflingen zuzogen; auch waren für beide Rom und Neapel Stätten von besonderer Bedeutung – Rom, weil sie dort die Vollendung eines großen literarischen Vorhabens zu vollenden hofften –, und für beide galt vielleicht auch, daß sie in der Ferne suchten, was sie in Wahrheit nur in der Heimat finden würden; beide vertrugen es nicht, wenn man im Vaterton zu ihnen sprach; im übrigen hatten beide, wie Goethe nicht versäumt uns wissen zu lassen, eine Schwester namens Cornelia. Wenn Tasso beim Anblick der auf staubiger Straße davonfahrenden Wagen von Verzweiflung gepackt wird, ist es nur natürlich, an Goethe zu denken, wie er Anna Amalia abreisen sieht, einen leeren Platz in der Kutsche ihr gegenüber. Ist die Gleichsetzung beider Dichter einmal erfolgt, bieten sich irreführende Parallelen (oder allzu einfache Gegensätze) in bezug auf Fragen an, die offenkundig für beide von hervorragender Bedeutung waren: ihre Dichtung, ihre Egozentrik, ihr Verhältnis zum Hof, ihre Liebe zu einer Frau von höchstem Stand. Aber abgesehen von Elementen, die er den Biographien des historischen Tasso entnehmen konnte, kannte Goethe aus eigenem Erleben mehr Vorbilder für die seelische Gestörtheit Tassos als nur sich selbst: So wie er einst im *Werther* Einzelheiten aus dem Leben und Sterben des jungen Jerusalem verarbeitet hatte, so hatte er jetzt als Beispiele vor sich: Plessing aus der «Harzreise im Winter», mit dem er seit 1777 in Kontakt geblieben war und dem er noch immer Widmungsexemplare seiner Werke sandte; vielleicht den kämpferischen jungen Schiller, der die Rechte seiner Kunst gegen eine höfische Existenz verteidigte; und speziell damals Merck, der in seinen traurigen Briefen die Beschreibung lebhafter Ängste, einer unbeherrschbaren Schwermut und eines körperlich gepeinigten Lebens mit einer furchtbaren Hellsicht über seinen Zustand verband. Noch bedeutungsvoller sind indes die Spuren Goethes, denen man in anderen Figuren des Stücks begegnet. Am offenkundigsten ist das bei Antonio der Fall. Zwar erinnert die anfängliche Arroganz Antonios an die Verachtung, die Graf Görtz 1776 für einen bürgerlichen Emporkömmling empfand, und seine Gleichgültigkeit gegen Künstler an den Pragmatismus des Marquis Lucchesini, des Mitgenießers am großen Welttisch mit dem guten moralischen Magen; aber 1789 war Goethe selbst Höfling genug, um aus eigener Erfahrung, zum Beispiel in Braunschweig, die Diplomatie zu kennen, die «manchen bald mit Ungeduld durchharrten,/Bald absichtsvoll verlornen Tag» kostet. Und wenn Merck Tasso war, dann war ihm Goethe sein Antonio, der von «Hilfe» nicht bloß sprach, sondern ihm bedeutende Darlehen beschaffte und in seinen Briefen bot, was er zu bieten hatte: ein williges Ohr und die Ermutigung, er solle durch seinen Verstand herausfinden, welche seiner Übel zu heilen waren und wodurch. Wenn die Prinzessin entschuldigt, was ihr, wie dem Herzog, als untypische Grobheit Antonios bei seinem ersten Zusammentreffen mit Tasso erscheint, dann tut sie es mit Worten, die Goethe ohne Zweifel sehnsuchtsvoll aus dem Munde Frau von Steins über sich selbst zu hören verlangte, oder glaubte, hören zu sollen:

> Es ist unmöglich, daß ein alter Freund,
> Der lang entfernt ein fremdes Leben führte,
> Im Augenblick da er uns wiedersieht
> Sich wieder gleich wie ehmals finden soll.

In einer Stimmung geringeren Selbstmitleids gestaltete Goethe vermutlich die Ungeduld Antonios über Tassos schädliche Ernährungsweise nach seiner eigenen Ungeduld über Frau von Steins Kaffeegenuß. Auch in der Prinzessin spiegeln sich mitunter Goethesche Gefühle wider. In der letzten, verzweifelten Aussprache zwischen ihr und Tasso erhaschen wir vielleicht, in dem fruchtlosen Versuch, Tasso eine Hand hinzustrecken, die er nicht ergreifen will, einen Schatten von Goethes eigenem Kampf um Herstellung der Kommunikation mit einer zum Nicht-hören-wollen entschlossenen Frau von Stein, in einer Krise, in der sie zwangsläufig mehr leiden würde als er. Die Klage der Prinzessin um den Verlust des alten Verhältnisses zu Tasso hat die dreifache Ambiguität der Klage in der endgültigen Fassung des Gedichts «An den Mond» – Klage nicht nur der Frau um den Verlust des Mannes, sondern auch Klage des Mannes um den Verlust der Frau, und endlich Klage um den Verlust jenes anderen, das sie beide symbolisiert und dessen Symbol sie ihrerseits sind, den Verlust Italiens:

> So selten ist es, daß die Menschen finden,
> Was ihnen doch bestimmt gewesen schien,
> So selten, das sie das erhalten, was
> Auch einmal die beglückte Hand ergriff!
> Es reißt sich los, was erst sich uns ergab,
> Wir lassen los, was wir begierig faßten.
> Es gibt ein Glück, allein wir kennen's nicht:
> Wir kennen's wohl, und wissen's nicht zu schätzen.

Wo es also Züge Goethes in Antonio und der Prinzessin gibt, gibt es auch entsprechende Züge Frau von Steins in Tasso – ihre Ernährungsweise, ihr persönlicher Verlust, ihre Weigerung, sich von einem Kurs abbringen zu lassen, der ihr nur Leid bringen konnte. Auch sie hat mehr als einer Figur ihren Stempel aufgedrückt. Abgesehen von ihrer vergleichbaren Stellung bei Hofe ist ihre Gleichsetzung mit Leonore durch Charlotte von Kalb ziemlich unwahrscheinlich; eher wäre ihre Schwägerin Sophie von Schardt ein mögliches Vorbild für diese Figur, oder sogar Frau von Kalb selber, mit ihren durchsichtigen Absichten auf Schiller («Die hiesigen Damen sind ganz erstaunlich empfindsam», meldete Schiller aus Weimar. «Erobern möchten sie gern alle. Da ist zum Beispiel eine Frau von S[chardt] die Du in jeder anderen Gesellschaft für eine ausgelernte *Fille de Joye* erklären würdest, ein feines nicht häßliches Gesicht, lebhafte, aber sehr begehrliche Augen.») Aber natürlich ist Frau von Stein in dem Stück hauptsächlich in der Figur der Prinzessin gegenwärtig. Gewiß dürfen wir den Beitrag der Herzogin Louise zu dieser Gestalt nicht unterschätzen: ihr Rang, ihre Verbundenheit mit dem Herzog als Ko-Patronin der Künste, die Eingezogenheit ihrer Lebensweise und ihre beständig elegische Stimmung, dies alles deutet auf die verschwiegenste und unbesungenste von Goethes Herzensbindungen, und das Begleitstück zum *Tasso* im sechsten Band der *Schriften* war *Lila*, das kleine Werk, das noch am unverhohlensten der Herzogin gewidmet ist, jedenfalls in der überarbeiteten Form, in der Goethe es jetzt erscheinen ließ. Doch ist die Funktion der Prinzessin in Tassos Leben vor allem in Begriffen definiert, die Goethe in seiner Beziehung zur Hofdame der Herzogin gelernt hatte. Tasso fragt die Prinzessin:

wo ist der Mann?
Die Frau? mit der ich wie mit dir
Aus freiem Busen wagen darf zu reden.

Und die Liebe, die in ihrem täglichen Umgang wuchs, war, wie sie sagt, geprägt durch das sich mehrende gegenseitige Kennen und Verstehen, durch Reinheit, Harmonie, Mäßigung und Tugend. «Auch hatt ich einen Freund», sagt sie, fast mit den Worten und in dem Ton des Gedichts «An den Mond», oder der Bemerkungen Frau von Steins über Goethe nach Anfang 1789. Sie sieht sich ihm gegenüber als Vertreterin der «edlen Frauen» und jener Qualität der «Schicklichkeit», die zu bewahren der Frauen Aufgabe ist – ja, so «uneigennützig» ist sie, daß eine Freundin ihr vorgehalten hat, sie könne nicht einmal das Bedürfnis ihrer eigenen Freunde recht empfinden. Auf einer weniger bewußten Ebene fügen sich ihre sinnlich entbehrungsreiche Kindheit und die Kombination von erotischer Verlockung Tassos mit abruptem Rückzug ins Schickliche zu einem Muster, das auch für die Persönlichkeit Frau von Steins kennzeichnend ist. Durch Tasso wird ihre Entbehrung indirekt geheilt, und das aktive Leben, das an sich einen allzu heftigen Reiz für ihre zerbrechliche Konstitution darstellt, kommt ihr durch ihn ganz nahe:

Ich mußt ihn lieben, weil mit ihm mein Leben
Zum Leben ward, wie ich es nie gekannt.

Für Tasso wiederum ist sie die Inspiration seiner Dichtung, und sie ist die Frau, die ihn von den falschen Trieben seines Herzens «geheilt» hat, die Lehrerin und Führerin, der er sich anvertraut. Zwar können wir die Prinzessin nicht stärker mit Frau von Stein gleichsetzen, als wir Tasso mit Goethe gleichsetzen können, aber die Parallelen zwischen beiden Frauen sind weder vordergründig noch unerheblich.

Obgleich es also keinem Zweifel unterliegen kann, daß *Torquato Tasso* Bein von Goethes Bein und Fleisch von seinem Fleisch ist, werden wir die Beziehung zwischen dem *Tasso* und Goethes persönlicher Entwicklung nur verzeichnen, wenn wir eine direkte und ausschließliche Gleichsetzung von Figuren des Stückes mit Personen in seinem Leben vornehmen. Wenn wir die Bedeutsamkeit des Stückes verstehen wollen, müssen wir zunächst einmal seine innere Struktur betrachten. Tassos letzter Aufschrei der Vernichtung – «Ich bin mir selbst entwandt, sie ist es mir!» – ist weit mehr als ein hyperbolischer Epitaph auf die eigentümliche Liebesbeziehung zu Frau von Stein. Zum einen müssen wir uns der Affinitäten zwischen der Prinzessin und Herzogin Louise erinnern. Die Umarmung von Alfons' Schwester ist in Ferrara ebenso unmöglich wie die Umarmung von Carl Augusts Frau in Weimar oder die Umarmung von Zeus' Gemahlin auf dem Olymp, und doch sagt Tasso von diesem unmöglichen Akt der Hybris, der nach Goethes Überzeugung das Verbrechen des Tantalos gewesen ist, er gehöre ganz und gar zu seinem innersten Wesen, so daß die Vereitelung dieses Aktes unmittelbar sein endgültiges Abgleiten in den Wahnsinn zur Folge hat. Tasso begehrt das Unmögliche, und in seinem ersten privaten Gespräch mit der Prinzessin, im ersten Auftritt des zweiten Aufzugs, enthüllt er – für uns, nicht unbedingt für sie –, warum er eben nur sein kann, was er ist, wenn er just das begehrt, was vor der Welt, oder jedenfalls am Hof von Ferrara, sittlich, praktisch und politisch unmöglich ist. Wohin, fragt er da, ist die goldene Zeit entflohen, «[n]ach der sich jedes Herz vergebens sehnt!» Sein Wortgemälde von jenem Zustand der Vollkommenheit, in dem «erlaubt ist, was gefällt», ist weder bloß die Beschwörung einer idealen italienischen Landschaft mit klassischen Figuren, noch ist sie einfach eine Ekphrasis, das In-Worte-Fassen einer arkadischen Szene, gemalt von Poussin oder Claude Lorrain – vielleicht eines Bildes wie Poussins *Landschaft mit zwei Nymphen und Schlange* von 1659 –; es ist auch eine Übung in poetischer Einbildungskraft von starker Sinnlichkeit. Als die Prinzessin sich weigert, Tassos Sehnsucht nach dieser verlorenen Vollkommenheit zu teilen, und seinen Wahlspruch ändert in «Erlaubt ist, was sich ziemt», tut sie es denn auch in Worten, die jedes sinnlichen Schmucks, jedes visuellen Reizes entbehren; sie bestreitet, daß die schöne Zeit, die Tasso gerade so glühend beschworen hat, jemals da war, und tut sie als schmeichelnde Illusion ab, die «der Dichter» nähre. Indem die Prinzessin Tassos Vision einer Welt verwirft, in der es eine vollkommene Harmonie zwischen Sittlichkeit und Sinnlichkeit gibt, indem sie die von Tasso behauptete prästabilierte Wahlverwandtschaft zwischen der Sehnsucht seines Herzens und dem Objekt verwirft, das notwendig – wie er glaubt – dieser Sehnsucht entsprechen muß, verwirft sie die Dichtung selbst. Wenn sich die Prinzessin aber so ausdrücklich weigert, das Streben zu teilen, das für seine Dichtung zentral ist, die wiederum für sein Leben zentral ist: warum liebt er sie dann? Tasso gibt darauf etwas später in der Szene selbst die Antwort: In der Prinzessin «hab ich es gesehn,/Das Urbild jeder Tugend, jeder Schöne». Sie ist die fleischgewordene Manifestation, das Muster – und damit die Garantie für die Realität – aller Eigenschaften seiner erdichteten Heldinnen:

> Es sind nicht Schatten, die der Wahn erzeugte,
> Ich weiß es, sie sind ewig, denn sie sind.

Tassos Kunst der Einbildungskraft entfernt ihn nicht von der Realität, wie wir am deutlichsten sehen, wenn sie im letzten Aufzug mit ihm durchgeht und er sich jede konkrete Einzelheit seiner Reise nach Neapel oder seines Daseins auf einem der Landgüter der Prinzessin ausmalt. Wie die Prinzessin bereits im ersten Auftritt des Stücks bemerkt: « . . . mir scheint auch ihn das Wirkliche/Gewaltsam anzuziehn und fest zu halten». Für die Erfüllung dessen, was ihm vorschwebt – am stärksten und luzidesten ausgedrückt in seiner Beschreibung der Goldenen Zeit –, ist es unabdingbar, daß sie wirklich physisch möglich ist und in der Welt stattfindet, die den Sinnen zugänglich ist. Das Schöne, so, wie er es sich erträumt, ist einfach die Vollkommenheit des

Wirklichen. In der Prinzessin liebt Tasso das Objekt eines jeden (nicht entfremdeten) Subjekts, die Realität, die der in seiner Kunst imaginierten Vollkommenheit ihrer Natur nach zukommen sollte. «O lehre mich das Mögliche zu tun!» beschwört er die Prinzessin, denn es liegt im Wesen seines Ideals, daß dessen Verwirklichung möglich sein muß, auch wenn er die Bedingungen, die die Prinzessin stellt, nicht einzuhalten gewillt ist – die Bedingung der «Mäßigung» und des «Entbehrens» sowie das Artifizielle des höfischen Lebens.

Tassos Kunst ist die Quintessenz der Poesie der Sehnsucht – verwurzelt in der wirklichen Welt, die sie verwandelt sehen will in das Sakrament, das verwirklichte und verwirklichende Symbol, des vollkommenen Glücks, dessen Bild sie in sich trägt. Sie kommt aus dem Leben und kehrt zum Leben zurück, und denen, die die Kunst genießen, schenkt sie doppelten Lebensgenuß. Tasso ist im Hinblick auf seine Kunst so weitgehend, aber nicht völlig identisch mit dem Goethe von 1788/89, wie Werther es mit dem Goethe von 1774 im Hinblick auf seine Empfindsamkeit war. Wenn Goethe *Tasso* «einen gesteigerten Werther» nannte, dann teilweise deshalb, weil er sowohl in dem Roman als auch in dem Stück eine Obsession schilderte, von der er teilweise schon abgerückt war und von der er noch weiter abrücken wollte, wenn auch in beiden Fällen die Obsession zu tief saß und zu eng mit seiner ganzen spirituellen und künstlerischen Identität verquickt war, als daß sie sich durch einen Willensakt oder durch ihre Artikulation in einem einzelnen Kunstwerk hätte bannen lassen. Goethe hat den Werther in sich niemals ganz abgetan, wie der Tasso beweist, und zum Glück für seine Dichtung hat er auch den Tasso in sich niemals ganz abgetan, auch wenn das Stück, das des Dichters Namen trägt, der Versuch ist, eben dies zu tun. Denn *Torquato Tasso* demonstriert uns die Vernichtung, ja die Selbstvernichtung der Poesie der Sehnsucht und unternimmt es auch, uns deren Ersetzung durch eine mehr begrenzte, unpersönliche und objektive Dichtung vorzuführen.

Die Handlung des Stückes beginnt und endet mit einem Akt der Hybris, und es gibt einen Aspekt, unter dem diese beiden Momente identisch sind wie das Blatt und die Blume, so daß der eine die Entfaltung und Explikation des anderen ist. In beiden steckt ein Element der Provokation oder Mittäterschaft durch einen Hof, der Tassos Dichtung nicht versteht oder verstehen will. Der Umarmung der Prinzessin im fünften Aufzug entspricht die Krönung Tassos mit einem Lorbeerkranz im ersten. Genauer gesagt: daß Tasso der Kranz übertragen wird, der genaugenommen seinem Meister Vergil gehört, ist nur die zweite Stufe, die symbolische Manifestation des eigentlichen Aktes der Hybris, der nur der Anlaß für die Geste des Herzogs war: der Erkärung Tassos, sein Gedicht sei vollendet. Denn ein Gedicht, das eine zugleich unbedingte wie vorgeblich wirkliche Vollkommenheit verkörpert, kann nur durch eine Unmöglichkeit vollendet werden, nur dann, wenn rings um das Gedicht die goldene Zeit wiederhergestellt werden kann, so daß seine Beschreibung dessen, was begehrenswert scheint, zugleich die Beschreibung dessen ist, was ist. Vollkommen, das heißt vollkommen schön und vollkommen wahr, kann ein solches Gedicht in einer unvollkommenen Welt nur am Ende aller Zeiten sein. Diese Auffassung wird von den Hofmenschen natürlich nicht geteilt; sie verraten die geringere Meinung, die sie vom Wesen der Dichtkunst haben, sowohl durch die Überzeugung, die Vollendung eines Gedichts sei eine problemlose Sache, als auch durch die frivole Bedenkenlosigkeit, womit sie die Zeremonie der Krönung vornehmen, welche sie Tasso in gewisser Weise aufzwingen. Anders als sie kennt Tasso die wirkliche Bedeutung der von ihnen bemühten Symbole und glaubt an sie, und darum bebt er vor ihnen zurück. Symbole sind für ihn nicht, was sie für Leonore und Antonio sind: ein luftiges Nichts, «nur» Zeichen: Bedeutungen, sagt er, treffen ihn mehr als Geschehnisse. Kaum hat er sein Gedicht für vollendet erklärt, da erkennt er seinen Fehler: Er schrickt vor dem Lorbeerkranz zurück, der nur «Helden» gebührt, jenen, die ein reales und begrenztes Ziel in der realen und begrenzten zeitlichen Welt erreicht haben, und er bittet die Götter, den Kranz in die Wolken zu entführen, als ein Ideal, das ihm für alle Zeiten lockend vorschwebt,

> daß er hoch und höher
> Und unerreichbar schwebe! daß mein Leben
> Nach diesem Ziel ein ewig Wandeln sei!

Eben dies ist sein Ringen mit dem Gedicht bisher gewesen: das Streben nach einem unerreichbaren Ziel; er wollte – denn nichts Geringeres war seine Absicht – in seinem Geist die «letzten Enden aller Dinge . . . zusammen fassen» und so «sein Gedicht zum Ganzen ründen», um damit, wie Moritz es gefordert hatte, das große Ganze der Natur nachzuerschaffen. Kein Wunder, daß Alfons sich bisher unwillig über seinen Günstling beklagen mußte (wie Anna Amalia?); denn Tasso «kann nicht enden, kann nicht fertig werden» und schiebt ständig den Augenblick hinaus, wo sein Publikum das vollendete Werk genießen kann. Ein derartiges Ansinnen aber konnte nur einem völligen Verkennen der Aufgabe entspringen, der Tasso sich verpflichtet glaubt. Für Tasso muß dieser Augenblick immer zu früh kommen, und daß er dem beharrlichen Drängen Alfons' und des Hofes nachgegeben und den Augenblick schließlich für gekommen erklärt hat, muß ihm, sobald die Verwirrung sich gelegt hat, als Akt der Pietätlosigkeit gegen seine eigene Inspiration erscheinen. Derselbe Glaube an die reale Macht und die reale Bedeutung der Dichtung, der ihm seinen in den Augen der Hofmenschen übermäßigen Widerwillen gegen das Mittun bei ihrer verspielten Zeremonie eingibt, gibt ihm auch die in ihren Augen übertrieben strenge Auslegung seiner Verurteilung durch den Herzog im zweiten Aufzug ein. Er betrachtet seinen Zimmerarrest als gerechte Strafe für die vorangegangene Sünde, den Lorbeerkranz angenommen zu haben, und legt die Krone wieder nieder, die «für die Ewigkeit gegönnt mir schien.»

> Zu früh war mir das schönste Glück verliehen,
> Und wird, als hätt ich sein mich überhoben,
> Mir nur zu bald geraubt.

Seinem kurzen Aufenthalt in «[d]er Götter Saal» folgt, wie dem des Tantalos, ein jäher Fall. Er macht Pläne, nach Rom zu gehen, um sein Manuskript zu überarbeiten, nun, da die Illusion von dessen Vollendung verflogen ist, und nimmt so sein ewiges Wandeln nach dem unerreichbaren Lorbeer wieder auf. Antonio pflichtet dieser Deutung der Ereignisse bei:

> So jung hat er zu vieles schon erreicht
> Als daß genügsam er genießen könnte.

Aber der Genuß, den Antonio hier vor Augen hat, ist wie jener, dessen ständigen Aufschub Alfonso beklagt, nicht der absolute und unbedingte Genuß, wie Tasso ihn durch das Gedicht fordert, wie er es versteht – realisierbar nur durch die Wiederherstellung der Welt selbst in einem neuen goldenen Zeitalter und noch einmal festgehalten, als Tasso die Prinzessin an sich drückt: es ist der begrenzte und relative Genuß von «des Lebens Güter[n]», deren Wert nur jene zu schätzen wissen, die, um sie zu erreichen, «des Lebens Mühe» auf sich genommen haben.

Dieses Unverständnis für die wahren Motive Tassos ist allgemein. Als Tasso dem Hof seine Ankündigung macht und Alfons sein Manuskript überreicht, formulieren nacheinander alle auf der Bühne anwesenden Personen in einer Zeile die Bedeutsamkeit dieser Handlung, wie sie sie verstehen. Doch niemand stimmt mit dem Dichter selbst überein. Die Freude über den Abschluß eines fertigen «Werks», über den Dienst an der Allgemeinheit, über den persönlichen Ruhm – Tasso verwirft alle diese partiellen Befriedigungen mit Worten von zugleich höchster Bescheidenheit und hochmütigem Stolz: «Mir ist an diesem Augenblick genug.»

Wenn wirklich der Fall ist, was der um ihn versammelte Hof ihn glauben machen will: daß er sein Gedicht in dem Sinne «vollendet» hat, wie er dieses Unterfangen versteht, dann ist dies in der Tat für ihn die Erfüllung all seines Begehrens. Eine solche Erfüllung ist mehr wert als jedes Kunstwerk; denn kein Kunstwerk, nicht einmal jenes, das er soeben angeblich fertiggestellt hat, kann ein höheres Ziel haben, als einen vollkommen erfüllten Augenblick darzustellen (und damit nachzuschaffen).

Ein Augenblick, den ein Mensch mit Tassos Verständnis von Wirklichkeit und seiner Sehnsucht nach Vollendung für ganz und gar befriedigend erklären kann, muß außerhalb der normalen Vollzüge des Lebens und der Geschichte liegen. Nach seiner Krönung erscheint Tasso wie verzückt von der ekstatischen Vision des Elysiums, eines zeitlosen Paradieses, und die Wörter «gegenwärtig» und «Gegenwart» werden im Text emphatisch wiederholt. Alfons aber bewirkt, in Zeilen, die die Überstürzung der Ereignisse selbst wiedergeben, daß Tassos größter Augenblick vorbeigeht, indem er die Ankunft, nein: die Gegenwart von Tassos größtem Gegner verkündet:

> Er ist gekommen! recht zur guten Stunde.
> Antonio! – Bring ihn her – Da kommt er schon!

Sowohl Antonio als auch Tasso sind Männer des gegenwärtigen Augenblicks. Doch während Tasso in einem einzigen erfüllten Augenblick die Ewigkeit sieht und das ganze Stück hindurch in seinen Loyalitäten und Einstellungen nicht schwankt, sieht Antonio den Augenblick als das einzig Wirkliche im Fluß der Zeit und ist, wie es einem Diplomaten geziemt, ein Virtuose in der Kunst der Wandelbarkeit. Die Grobheit, mit der er Tasso anfangs begegnet, ist nach Meinung aller eigentlich nicht seine Art und wird, wie wir sahen, als Folge der besonderen Konstellation von Umständen im Augenblick seiner Ankunft gedeutet. Doch ist er nicht der Gefangene dieser vorübergehenden Schwäche. Er kann in der Folge lernen, seinen Irrtum einzusehen und sich dafür beim Herzog und auch bei dem Mann, den er gekränkt hat, zu entschuldigen. Am Ende des Stückes kann er auf die neue Notwendigkeit reagieren, die durch die Verschlimmerung in Tassos Zustand eingetreten ist, kann Mitgefühl empfinden und Beistand leisten, ja er kann fest wie ein Felsen erscheinen, weil er es versteht, mit der Zeit umzugehen. Er drängt Tasso, den Augenblick der Gunst zu nutzen, die ihm der Herzog erzeigt, und insistiert zu diesem Zweck auf der Wichtigkeit von Tassos «Gegenwart» in Ferrara; Tasso hingegen verschmäht es, die Dichtung und jene Dinge von zeitloser Wichtigkeit, mit denen sie sich befaßt, von solchen vorübergehenden Zufälligkeiten abhängig zu machen. Antonio weiß, daß die Zeit vergeht, und hat sich längst mit diesem grausamen Faktum abgefunden. Für Tasso ist die Entdeckung, daß «das Gegenwärtige» nicht mehr ist, der größte Schmerz schlechthin, ebenso qualvoll, wie der höchste Augenblick erfüllend war: In den letzten Zeilen des Stückes sieht er den Hof, der ihn gekrönt hat und an den sein Gedicht gerichtet ist, auseinandergehen und davonfahren, ohne ihm auch nur die Möglichkeit eines Abschieds zu geben:

> Laßt mich nur Abschied nehmen,
> Nur Abschied nehmen! Gebt, o gebt mir nur
> Auf einen Augenblick die Gegenwart
> Zurück!

Jetzt ist Tassos einziger Gefährte und Halt der Mann, der an seiner Krönung keinen Teil hatte und dessen Ankunft seine «Gegenwart» für immer unterbrach. Der Kollaborateur mit der Zeit ist sein einziger Schutz vor einem Verlust, der so total ist, daß er sogar den Verlust seines ungetrübten Geistes in sich zu schließen droht.

Zu Caroline Herder sagte Goethe, der Sinn seines Stückes sei «die Disproportion des Talents mit dem Leben». Im allgemeinsten, begrifflichen Sinn besteht ein Mißverhältnis zwischen der Kunst, die in den Dingen der realen

Welt eine unendliche Wichtigkeit, die Fähigkeit zu einer unendlichen Erfüllung des Begehrens sieht, und dem Gesetz des Lebens, wonach diese Dinge mit dem Vergehen der Zeit ins Nichtsein zurückfallen. Im dramatischen Sinn ist es die «Disproportion» zwischen dem Menschen, der die Kunst ausübt, und den Umständen, die es ihm ermöglichen, sie auszuüben, aber auch, im Inneren dieses Menschen, die Disproportion zwischen seiner Kunst und ihm selbst.

Die kulturellen Gegebenheiten Ferraras sind denen in Weimar sehr analog. In einer Nation – es ist Italien, könnte aber ebensogut Deutschland sein –, zwar politisch zersplittert, aber *ein* Vaterland bildend und mit einer Vielzahl konkurrierender kunstliebender Fürsten, existieren, wie das Stück uns sagt, in Volk und Stadt Kräfte, die nach Ausdruck drängen; sie werden jedoch nicht von den Höfen repräsentiert, die vielmehr Zentren einer Kultur sind, die auf absoluter autokratischer Herrschaft basiert und die, wiewohl aristokratischer als die der Städte, doch auch intimer und persönlicher ist. Leonore ist, wie auch sonst, absichtslos die Stimme des *ancien régime*, wenn sie Ferrara mit dem republikanischen Florenz vergleicht:

> Das Volk hat jene Stadt zur Stadt gemacht,
> Ferrara ward durch seine Fürsten groß.

Worauf die Prinzessin eine bedeutsame Einschränkung macht, die der Selbstachtung der Intelligenz entspricht:

> Mehr durch die guten Menschen, die sich hier
> Durch Zufall trafen und zum Glück verbanden.

Ob Zufall oder nicht, Tasso sagt klar und entschieden, daß er Ferrara alles verdankt. Der «Herr, der ihn ernährt», hat ihn vor der Armut gerettet und gewährt diesem Künstler, worum der Protagonist in *Künstlers Apotheose* die Muse bat: die Gönnerschaft schon zu Lebzeiten, anstelle einer fruchtlosen Anerkennung, wenn er tot ist. Zwar zeigen seine ersten aggressiven Begegnungen mit Antonio, daß Tasso nur den Absolutismus seines Mäzens akzeptiert, jedoch nicht die aristokratische Ordnung des sozialen Privilegs, auf der er beruht. Aber er erkennt auch, daß er dem Hof sowohl das Thema seines Gedichts als auch dessen Publikum verdankt. Hätte er die Kenntnis des Kriegshandwerks und der Staatskunst, die sein Epos verrät, mit eigenen Mitteln erreichen, sie aus sich selbst schöpfen können? Wenn seine Kunst in der Wirklichkeit gründen soll, muß der Künstler Zugang haben zu der wirklichen Welt, die er schildert. Das war vielleicht die eine, alles entscheidende Erwägung bei Goethes eigener Übersiedlung von Frankfurt nach Weimar. Es gibt jedoch im *Tasso* keine Spur oder Entsprechung jenes Lesepublikums, das der komplizierende Faktor bei Goethes Entscheidung gewesen war, von der Kunst des Buchdrucks ganz zu schweigen. Statt dessen gibt es Tassos Erklärung seiner ausschließlichen loyalen Verbundenheit mit dem Hof, mit dem Thema seines Gedichts und auch mit seinem einzigen Publikum: «An euch

nur dacht ich wenn ich sann und schrieb». Ihm als dem «Künstler» ersetzt
der kleine Kreis seiner «Freunde» die «Welt», wie für Goethe in seinen ersten
Weimarer Jahren und in der ersten Fassung des Gedichts «An den Mond»:

> Wer nicht die Welt in seinen Freunden sieht
> Verdient nicht daß die Welt von ihm erfahre.
> Hier ist mein Vaterland,
> . . . .
> Hier spricht Erfahrung, Wissenschaft, Geschmack,
> Ja, Welt und Nachwelt seh ich vor mir stehn.
> Die Menge macht den Künstler irr und scheu:
> Nur wer *euch* ähnlich ist, versteht und fühlt,
> Nur der allein soll richten und belohnen!

Ist dies der Ausgangspunkt von Tassos Engagement, so ist die Tiefe der folgenden Tragödie klar. Er wird am Ende des Stückes von denen verlassen und verstoßen, über die und für die er geschrieben hat und die ein Gedicht mitnehmen, das zwar seinen Namen trägt, das er aber nicht mehr als das seine anerkennt. Wir können nicht sagen, daß allein sein labiles Temperament an dieser Katastrophe schuld ist. Schon in der Krönungsszene gibt es Andeutungen, daß der Hof keineswegs das ist, als was er in Tassos schmeichelhafter Schilderung erscheint. Keiner der drei Repräsentanten des Hofes versteht wie Tasso die Vollendung des Gedichts als einen Augenblick, in dem das Leben selbst seine Vervollkommnung erfährt und Subjekt und Objekt zu vollkommener Harmonie gelangen, keiner von ihnen versteht die überragende Bedeutung, die für Tasso der *Wahrheit* dessen zukommt, was er geschrieben hat. Alfons hat uns schon im vorigen Auftritt gesagt, daß er ungeduldig auf die Vollendung des Epos wartet, weil es ihm und seinem Herzogtum Ruhm eintragen wird; sobald er es endlich in Händen hält, betrachtet er es als ein Gut, das ihm gehört, und nennt es «in gewissem Sinne mein»; und in der weiteren Entwicklung des Stücks zeigt er sich vor allem deshalb besorgt, Tasso zu halten, weil er diesen hochgeschätzten, wenn auch exzentrischen Diener nicht an seine Rivalen verlieren will. Leonores Sorge um ihren persönlichen Ruhm durch Tassos literarischen Erfolg wird für sie zum Motiv für die Intrige, an der sich Tassos Argwohn gegen die Menschen um ihn herum entzündet, und sie zeigt nirgends Verständnis oder auch nur Interesse für Tassos Dichtung, außer insoweit, als sie sich auf eine Frau namens Leonore bezieht:

> Wie reizend ist's, in seinem schönen Geiste
> Sich selber zu bespiegeln!

Ihr Lieblingsdichter ist Ariost, und zwar, wie ihr aus bunten Blumen gewundener Kranz vermuten läßt, aus einem ähnlichen Grund, wie Antonio ihn anführt: gerade nicht um der Wahrheit der dichterischen Vision willen, die für Tasso so wichtig ist, sondern um der glänzend illusionistischen Eigen-

schaft seiner phantastischen Erfindungen willen. Ariosts Dichtung wird von
Antonio als unterhaltsamer Schein vorgestellt, und jede Kunst ist nach Antonios Ansicht nur Luxus, allein als Zierde der Staatsmacht von Wert, oder
vielleicht, wie Leonore ihm nahelegt, als Erholung nach den Geschäften des
Tages. Sogar die Prinzessin, obgleich sie mehr Verständnis für Tasso hat als
die anderen und gewiß mehr Liebe für ihn empfindet, benutzt ihn für ihre
Zwecke, wenn auch in einem sehr viel feineren Sinn. Er ist es, der «wie eine
Flamme» Wärme und Licht und Farbe in ihre blasse, zarte Welt bringt, die
durch Krankheit und Entsagung glanzlos geworden ist. Ja, die Art von Liebe,
die sie für Tasso empfindet und von der sie wünscht, er möchte sie für sie
empfinden, ist mit seinem Genie nicht ganz, ja nicht einmal zum größeren
Teil vereinbar. Der sinnliche Reichtum seiner Reden kontrastiert mit der
Fahlheit der ihren, und wenn sie zu seiner flammenden Persönlichkeit, die
sich in seiner Vorliebe für gewürzte Speisen und starke Getränke äußert, die
Sonne und das Sonnenlicht assoziiert, benutzt Leonore das treffend komple-
mentäre Bild für die abgeleitete, reflektierte Kraft, aus der die Prinzessin
selbst lebt:

> Denn ihre Neigung zu dem werten Manne
> Ist ihren andern Leidenschaften gleich.
> Sie leuchten, wie der stille Schein des Monds
> Dem Wandrer spärlich auf dem Pfad zu Nacht;
> Sie wärmen nicht und gießen keine Lust
> Noch Lebensfreud umher.

Tasso, dessen Kunst darin besteht, das Leben, Handeln und Fühlen anderer
Menschen in allen funkelnden Einzelheiten zu imaginieren, kann die «Le-
bensfreude» nicht für immer entbehren. In seinem Gespräch mit der Prinzessin über die goldene Zeit, in ihrer unterschiedlichen Einschätzung des Augenblicks der Erfüllung im ersten Aufzug, in ihrer unterschiedlichen Haltung
zu der Liebeserklärung sehen wir einen Konflikt nicht nur zwischen gesell-
schaftsfeindlichem Übermaß und sittlichem Dekorum, sondern auch zwischen zwei Imaginationen, deren eine, wie sanft und verständnisvoll auch
immer, von der anderen schmarotzt und sie in ihrer Freiheit beschränkt. (Die
umgeschriebene *Lila* wurde im sechsten Band der *Schriften* vielleicht als
schwankhafter Versuch der Heilung einer solchen deprivierten Empfindsamkeit mit *Tasso* gepaart.) Wenn Tasso, am Rande der Katastrophe stehend, den
vierten Aufzug mit dem wiederholten Ausruf «auch sie! auch sie!» beschließt,
dann spricht aus diesen Worten nicht nur seine Wahnvorstellung. Es ist die,
wie immer auch wahnsinnig übertriebene, Einsicht, daß es niemanden in Ferrara gibt, der ihn und seine «Kunst» versteht, daß er trotz der Freundlichkeit,
die ihm dort entgegengebracht worden ist, in Ferrara kein Publikum hat und
daß dieses Fehlen einer objektiven menschlichen Welt, an die seine Imagination sich halten könnte, den Zerfall seiner Dichtung bedeutet. Die Einsamkeit, in der Tasso endet, steht in grimmigem Gegensatz zu der den *Egmont*

beschließenden Vision, die Ausdruck der Zuversicht war, daß die Persönlichkeit ihres Helden noch im Tode eine ganze Nation inspirieren könne. Zwischen den beiden Schlüssen lagen zwei Jahre, in denen Goethes glühender Entschluß, in Weimar eine neue Rolle zu finden, Zeit gehabt hatte, in einer prosaischen Realität und in der Qual von Verlust und persönlicher Erschütterung abzukühlen. Im Sommer 1789 fiel es Goethe nicht schwer, in sich wieder die Empfindung von Beengtheit und Isolation und die Furcht vor der Sterilität wachzurufen, die ihn 1786, wie Tasso, zur Flucht nach Rom getrieben hatten. Seiner eigenen goldenen Zeit in Italien und seiner eigenen mondgleichen Gefährtin beraubt, umgeben von einem trivialen und klatschsüchtigen Hof, der kein Interesse an dem hatte, was er unter «Kunst» verstand, sogar mit der Ausgabe seiner *Schriften* weniger Aufmerksamkeit erregend, als ursprünglich erhofft worden war, mochte er wohl den Eindruck haben, daß er, als er vor all jenen Jahren Frankfurt verließ, dem Schicksal Werthers nur entronnen war, um einem anderen in die Arme zu laufen, das kaum besser war. An Tassos Wiederholung und «Steigerung» der Tragödie Werthers können wir die Bedeutsamkeit des Wendepunktes in Goethes Leben und «Kunst» ermessen, den die zwei Jahre nach seiner Rückkehr aus Italien markierten.

Natürlich kann man vieles an Tassos Leiden, wie an den Leiden Werthers, als selbstverursacht ansehen, und «die Disproportion des Talents mit dem Leben» wird oft als eine Art angeborener Unpraktischkeit der Dichter aufgefaßt, die aus ihnen ungeeignete Höflinge und peinliche Bankettgäste macht. Es ist für Goethes künstlerische Absicht ohne Zweifel wichtig, daß wir Tassos Verhalten als unvernünftig, sein Mißtrauen als übertrieben, seine Ansprüche als manchmal kindisch und sein Selbstmitleid als manchmal unberechtigt ansehen. Aber es liegt genauso sehr in Goethes Plan, daß wir erkennen, welche Gründe der Hof Tasso für sein Mißtrauen gegeben hat, welchen Provokationen er den Dichter ausgesetzt hat, vor allem durch sein Unverständnis, ja seine Verachtung für das, was für Tasso von primärer Wichtigkeit ist – das Wesen der Dichtung. Es kann keinen einfachen Gegensatz zwischen Tassos Kunst und den Forderungen des «Lebens» geben, weil die Vollkommenheit von Tassos Kunst in ihrer Wahrheit gegenüber dem Leben liegt – einem Leben, das der Wunsch nach seiner Vollkommenheit verklärt hat, gewiß; aber dennoch ist es zutiefst beleidigend für Tasso, von Antonio hören zu müssen, die Dichtung sei ein gefälliges Gewebe von Illusionen. Es steckt also nichts zufällig Persönliches in Tassos Abgleiten in den Wahnsinn. Wie der Selbstmord von Werther-Jerusalem steht er in einer symbolischen Beziehung zu Goethes eigenen Sorgen – ja sogar mehr noch als in dem früheren Fall; denn Wahnsinn impliziert die Entartung eben jenes Organs, das es Tassos Dichtung überhaupt erst ermöglicht, lebenswahr zu sein: der Einbildungskraft. Wenn Tasso am Ende des Stückes den Verstand verloren hat, hat sich der Dichter ebenso sicher, wenn auch nicht ebenso blutig vernichtet, wie es Werther mit Alberts Pistolen getan hat. Es ist nicht einfach so, wie Leonore glaubt:

daß Tassos dichterische Phantasie sein Leben überschwemmt und ihn zu dem Wahn verführt, um sich herum die Intrigen und Täuschungen zu sehen, von denen er in seinem Epos schreibt und die nicht Bestandteil der normalen Erfahrung sind. Es gibt einen tieferen Wahnsinn, der die geistigen Kräfte selbst korrumpiert, die Quellen der Dichtung, sofern Dichtung im tiefsten verstanden wird nicht als Medium der Illusion, sondern als Instrument zum Erkennen der Wahrheit. Die erlahmende Kraft von Tassos Vernunft, den Reichtum sensorischer Details zu organisieren, wird in seinem letzten Zwiegespräch mit der Prinzessin – eigentlich einem von Einwürfen begleiteten Monolog – auf erschreckende Weise offenbar. Das Wesen der Debilität ist eine immer engere Fokussierung auf das dem Bewußtsein unmittelbar Gegebene, die sich beim Ausmalen des Hausbesorgerpostens auf dem Landgut der Prinzessin sogar aus jenem narrativen Zusammenhang löst, welcher der Beschreibung Tassos von seiner imaginären Reise nach Neapel noch ansatzweise den Schein des Geordneten verliehen hatte. Diese Restriktion von Tassos Bewußtsein auf sein eines, zentrales Bewußtsein hat sich seit Beginn des Stückes immer stärker ausgeprägt. Eine Darstellung der realen Welt, die diese der Vollkommenheit, der Verwandlung in ein goldenes Zeitalter für fähig hält, hat zwangsläufig, wenn auch stillschweigend, immer einen Bezug zu dem Herzen, das diese Vollkommenheit ersehnt. (Das ist der Grund, warum eine Poesie der Sehnsucht immer zumindest implizit autobiographisch ist.) Wie Werther in den letzten Stadien seines Zusammenbruchs, entflieht Tassos Geist zuletzt in der Distanzierung zu seinen Objekten. Im fünften Aufzug fällt Tasso rapide von der vorsätzlichen Täuschung in die mentale Entgrenzung und endlich in jene Entrücktheit seiner letzten Rede an die Prinzessin – vor der versuchten Umarmung –, welcher die Wirklichkeit nur mehr zu einem dürren Gerüst sich wiederholender Pronomen gerät:

> Nichts gehöret mir
> Von meinem ganzen Ich mir künftig an.
> . . . .
> Du hast mich ganz auf ewig dir gewonnen,
> So nimm denn auch mein ganzes Wesen hin.

Mit diesen Worten erlangt die Poesie der Sehnsucht ihren leeren Höhepunkt – den einzigen, den die Umstände gestatten.

Dennoch ist eine letzte Metamorphose von Tassos Dichtung noch immer möglich, solange keine völlige geistige Erkrankung ausgebrochen ist. Wahnsinn ist die schlimmstmögliche Qual für einen Dichter, weil sie seine Fähigkeit zerstört, sein Leiden zu beklagen oder auch nur auszudrücken. Goethe läßt die Frage offen, ob die letzten Worte des Stückes als die letzten geistig gesunden Worte zu verstehen sind, die Tasso zu äußern vermag, und ob das Schweigen, das daraufhin eintritt, das Schweigen der geistigen Nacht ist – eine Auffassung, für die vieles spricht, nicht zuletzt das Schicksal und der postume Ruhm des historischen Tasso. Aber bevor die Schatten sinken, ge-

winnt Tasso, auf Antonio gestützt, in der Koda, die der Katastrophe des Stükkes folgt, soviel Haltung zurück, daß er für eine kleine Weile noch einmal
Dichter sein kann – so, wie er dieses Wort versteht. Antonios fester, mitleidsvoller Rat befähigt ihn, zu sich zu kommen, zu erkennen, daß er noch immer
ein Mensch ist und daß er noch immer, als Dichter, eine einzigartige Berufung
hat. Er ist nicht – oder noch nicht – vernichtet, aber er ist umgeben von einer
ungesagten, toten Welt, die durch sein Begehren zu einem goldenen Zeitalter
zu erwecken er nicht mehr die Kraft hat. Die Trennung von Subjekt und
Objekt ist total. Doch die reine Persönlichkeit, nach keinen klassischen oder
sonstigen literarischen Vorgängern gebildet, mag noch immer eine Stimme in
der Dichtung finden: Tassos Leiden mag noch immer den Stoff zu einem
«Sang» liefern, zu dem andere, prosaische Menschen sich nicht erheben können. Seine autobiographische Kunst kann, zumindest für kurze Zeit, noch
dauern: zwar nicht mehr als eine Poesie der Sehnsucht nach seiner Prinzessin
und nach der goldenen Zeit, denn beides ist ihm definitiv und tragisch verwehrt; wohl aber als Klage um sie, als eine Dichtung des Verlusts, «Träne»
und «Schrei des Schmerzens», die Stimme der gequälten Kreatur. Und obgleich Antonio, ausdrücklich kein Mann des Wortes, an dieser Stelle nichts
sagen kann, so kann er doch die symbolische Geste der Freundschaft und
Solidarität ausführen; denn zuletzt decken sich seine und Tassos Haltung.
Für Tasso richtet sich die Dichtung nicht länger im Begehren auf einen Augenblick realer Erfüllung; statt dessen spricht die Dichtung, sofern sie überhaupt von Erfüllung spricht, von ihr als einer verlorenen und unwirklichen:
Der glückliche Augenblick vergeht, um niemals mehr wiederzukehren, Tassos «Gegenwart» kann ihm niemals zurückgegeben werden, und im Wissen
um das irreversible Verfließen der Zeit ist Tasso nun mit Antonio einig, dem
Mann des Augenblicks, den jeder Augenblick zu neuem Dasein befreit.

Torquato Tasso trägt den Untertitel *Ein Schauspiel*, doch einmal, als das
Stück praktisch fertig war, hat Goethe es in einem Brief «eine Tragödie» genannt, und großes Gewicht ist auch dem Kommentar zu dem fast vollendeten
Manuskript beizumessen, den Karl Philipp Moritz abgab; mit ihm hatte Goethe das Stück intensiv diskutiert, nachdem der letzte Aufzug bereits in der
endgültigen Fassung vorlag. Moritz bedient sich der Begriffe, die er in seiner
Abhandlung über die *Bildende Nachahmung des Schönen* auf den Schluß
klassischer Tragödien und, wahrscheinlich, auch auf den Schluß des *Egmont*
angewandt hatte. Er schreibt Goethe, daß er

einen Punkt sehe, wo das Qualenvollste und Drückendste der menschlichen Verhältnisse in die mildeste Erscheinung sich vollendet . . . Der Tasso ist nun einmal das
höchste Geistige, die zarteste Menschheit, welche auch von der sanftesten und weich-
sten Umgebung gedrückt, sich ihrer Auflösung nähert; welche den Schwerpunkt verloren hat, der sie an die Wirklichkeit heftet, und daher auch erst in der Erscheinung
ihre eigentliche Vollendung erreichen konnte. Die tragische Darstellung dieses Zarten,
Geistigen, auf dem Punkte, wo es sich jammernd ablöst und in sich selbst versinkt, ist
gewiß das Höchste der Poesie . . .

Moritz erkennt in den letzten Reden Tassos deutlich die Endphasen einer tragischen Introversion, die letzten Wellenringe eines entfremdeten Geistes, der im Nichtsein versinkt. Auch wir sollten zumindest versuchen, das Stück in diesem tragischen Licht zu sehen, und nicht unterstellen, daß Tassos Berufung auf die göttliche Gabe, zu sagen, wie er leidet, in letzter Minute die Erlösung bringt und die Katastrophe abwendet. Das eine Leiden, über das diese göttliche Gabe mit Sicherheit keine Macht hat, ist das Leiden des wirklichen Wahnsinns (im Unterschied zu dem fingierten Wahnsinn der poetischen Tradition!), und 1789 hat Goethe in der Dichtung gewiß nicht den rein persönlichen Schrei des Schmerzens oder die Stimme der Natur gesehen. Die Entdeckung, daß die Dichtung des Begehrens ein neues, metamorphosiertes Dasein als Dichtung des Verlustes führen konnte, war für Goethes künftige Entwicklung von immenser Bedeutung; aber es war eine Entdeckung, die er 1789 noch nicht zu verwerten vermochte. Damals glaubte er noch, es habe die «Manier» dem «Stil» zu weichen und an die Stelle der Dichtung, die in Tasso ihre eigene Zerstörung herbeigeführt hatte, nicht eine Träne oder ein animalischer Schrei, sondern die «Kunst» zu treten. Moritz glaubte, der letzte Eindruck, den *Torquato Tasso* hinterlasse, sei der einer vollendeten Erscheinung, wobei er mit «Erscheinung» wohl so etwas wie «ihrer selbst bewußte Kunst» meinte. Tassos Persönlichkeit, sein persönliches Leiden und die persönliche «Kunst», zu der sein Leiden ihn führt, dies alles wird von einem letzten, harmonischen, symbolischen Tableau aufgesogen, das in sich selbst schön ist und in dem das Persönliche nur mehr eine untergeordnete Komponente ist. Es geht eben um mehr als nur um das abschließende, vieldeutige Bild eines Tasso, der Antonio die Hand gibt, des Schiffers, der sich am Felsen festklammert. Die «Kunst», die für Goethe Tassos autobiographische Poesie der Sehnsucht verdrängt hat, auch in ihrer letzten und abgeschwächtesten Form als Poesie des Verlustes, ist die «Kunst», die sich in der – wie er sich auszudrücken wagte – «Komposition» des ganzen Stückes erweist, eine Kunst, die souverän und unpersönlich ist, mag sie auch persönliche Daten als Stoff heranziehen. Tassos letzter Augenblick der Erleuchtung lenkt unsere Aufmerksamkeit auf die Rolle der Kunst bei der Verklärung eines Leidens wie dem, in welchem er scheitert; aber es ist nicht eine Kunst, die er kennt oder sich ausmalen kann, welche diese Aufgabe an Tasso erfüllt. Von dem Gedicht, das Alfons ihm genommen und der Welt gegeben hat, sagt er sich los – kein begrenztes und konkretes «Werk», wie die Prinzessin es genannt hat, kann die Forderung nach Vollständigkeit erfüllen, die eine Dichtung nach seinem Sinn erhebt. Tassos Dichtung spinnt sich aus ihm heraus, wie der Kokon sich aus dem Seidenwurm herausspinnt, dem er zuletzt zum Sarge werden wird, und indem er dem Wahnsinn erliegt, wird Tasso das Opfer seiner eigenen Dichtung. Tasso weiß nicht, welch ein strahlendes Geschöpf aus dem Sarg erstehen wird, in dem seine Dichtung sich selbst zerstört hat, aber wir wissen es: Der Schmetterling, zu dem Tasso wird, ist ein Stück namens *Torquato Tasso*, und die «Kunst», die an die Stelle der seinen tritt, ist die «Kunst» Goethes. Sie ist verantwortlich für die Dichtung Tassos wie für die Prosa Antonios, die Anti-Dichtung der Prinzessin und das melodramatische Kalkül Leonores, so, wie sie alle diese Figuren aus den Farben gemischt hat, die Weimar ihr auf die Palette legte. Keine Gestalt in dem Stück kann mit irgendeiner Gestalt aus Goethes Leben identifiziert werden, doch mögen Züge einzelner Menschen zur Erschaffung neuer Individuen innerhalb des Kunstwerks umgruppiert worden sein. Es gibt keine Gefühle innerhalb des Stücks, nicht einmal die Gefühle eines Dichters, der von dem Hof, dem er sein Leben geweiht hat, in den Wahnsinn getrieben wird, von denen wir ohne weitere Umstände oder Einschränkungen voraussetzen können, daß sie in Weimar in jenen Kontext gehörten, in dem sie in Ferrara angesiedelt sind; denn anders als Torquato Tasso *hat* Goethe einen literarischen Vorgänger, den er sich zum Vorbild nehmen und durch den er seine Leiden ausdrücken kann, nämlich Torquato Tasso. Es gibt hier viel Paradoxes und viel Selbsttäuschung auf seiten Goethes, und in seinem späteren Leben vermochte er zuzugeben, daß das Stück in Wirklichkeit genauso bekenntnishaft war wie alles andere in den *Schriften* einer Epoche, die mit *Tasso* angeblich zu Ende ging. In der Tat hatte er den Vorwand der Kunst benutzt, um sich ein Reservat zu schaffen, in welchem seine frühere Manier ihre, wie sich später zeigen sollte, wichtigste Verwandlung durchmachen konnte. Aber Goethe konnte sehr hartnäckig im Verteidigen einer falsche Sache sein, und so waren es nicht Gefühlsbekenntnisse, sondern es war *Tassos* teils opernhafte, teils französisch-klassische Form, sein stilisierter Dialog, sein reguläres Versmaß und seine statuarische visuelle Wirkung, ja sogar der sorgfältige, fehlerfreie Druck und die schöne lateinische Schrift, worin er ihn schließlich erscheinen zu sehen hoffte, was Goethe das Muster von «Kunst» in jener neuen Epoche des Schreibens abgab, die für ihn begann, als er, am Tag vor seinem 40. Geburtstag, die letzten Blätter seines Manuskripts an Göschen schickte.

Nach den sorgfältig komponierten Bänden 6 und 8 wurde der siebente Band der *Schriften*, der einzige, der am 28. August noch ausstand, mit einer Eile fertiggestellt, die schon an Hast grenzte. Doch anders als *Jery und Bätely* und *Scherz, List und Rache* bedurfte der *Faust* noch der Revision, bevor er, selbst als Fragment, erscheinen konnte. Während der Arbeit am *Tasso* hatte Goethe offenbar weiter über den neuen Plan zum *Faust* nachgedacht, den er in Rom konzipiert hatte. Antonios Reflexionen über Tassos Untauglichkeit, «des Lebens Güter» zu schätzen, sind vielleicht ein Echo des wahrscheinlich in Italien geschriebenen Monologs des Mephistopheles, in welchem Faust durch sein übereiltes Streben charakterisiert wird, das «[d]er Erde Freuden überspringt», und die Ähnlichkeit zwischen den beiden Figurenpaaren ist hinreichend groß, um es wahrscheinlich zu machen, daß Goethe sich durch die Gestaltung des einen sein Verständnis für das andere erschloß. Wenn Antonio sich bei Alfons über das irrationale und selbstische Verhalten Tassos beklagt und der Herzog darauf mit Toleranz reagiert, gibt es sogar Augenblicke, die wie eine Vorwegnahme der Diskussion zwischen Mephistopheles und dem Herrn im «Prolog im Himmel» klingen, der viele Jahre später dem ersten Teil des *Faust* vorangestellt wurde. Prologe in der Hölle gab es bereits in den alten Puppenspielen vom Doktor Faust und in späteren literarischen Bearbeitungen des Fauststoffes, und im März 1789 kreisten auch Goethes Gedanken um Prologe – er bezeichnete den ersten Auftritt im *Tasso* als «Prologus», den er dem Werk mit Fleiß vorausgeschickt habe –, und so dachte er vielleicht auch für seinen *Faust* schon an einen halb-komischen, kosmologischen Rahmen (was hätte ein Atheist aus der Schule des Lukrez auch anderes schreiben können) und mag sich bereits Dialogteile dazu aufgeschrieben haben. Falls dem so war, hatte er einen Meilenstein auf dem Weg zur Komposition dieses Werkes passiert; denn er hatte begonnen, die metaphysischen Aspekte zu bedenken, auf die das Verhältnis Fausts zu Mephistopheles zurückgeführt werden konnte, und damit zum einen philosophische Möglichkeiten des Stückes umrissen, die mehr zu bieten hatten als jene bloße Aneinanderreihung von Erlebnissen, als welche sich ihm in Italien Fausts Weg dargestellt hatte, und zum anderen den ersten Schritt zu einer gegenüber allen seinen bisherigen Versuchen förmlicheren Fassung des Pakts mit dem Teufel getan. Die Aufgabe bei der Vorbereitung seiner noch immer einigermaßen provisorischen Entwürfe zum Druck bestand darin, nicht nur ihre Sprache nach dem Standard der anderen Bände der Ausgabe zurechtzufeilen, sondern auch ein Ganzes aus ihnen herzustellen, das in sich so kohärent wie möglich war, ohne jedoch eine künftige Weiterentwicklung auszuschließen oder den Autor auf ein Thema oder auf Episoden zu verpflichten, zu denen er sich noch nicht endgültig entschieden hatte. Im Endeffekt hielt er von wesentlichen Teilen des fertigen Manuskriptmaterials nur die letzten drei, überwiegend in Prosa geschriebenen Szenen des *Urfaust* zurück, in denen Faust von Gretchens Verbrechen und Verurteilung erfährt, auf seinem Pferd zu ihr jagt, um sie aus dem Kerker zu retten, jedoch von ihr zurückgestoßen wird und scheinbar dem Mephistopheles verfällt. Die Szenen waren zu endgültig und die in ihnen aufbrechenden Gefühle zu tragisch, als daß sie überzeugend mit dem neuen Plan eines Faust zu vereinbaren waren, der die höchsten Höhen menschlichen Erlebens erstürmen wollte, und Goethe war sich entweder unschlüssig, wie diese Szenen in eine endgültige Fassung integriert werden konnten, oder er erwog, sie überhaupt fallenzulassen. Vielleicht standen sie ihm auch der christlich-moralischen Perspektive der ursprünglichen Faustsage zu nahe: Aus einem ähnlichen Grund tilgte Goethe jetzt die kleine Szene «Landstraße», in der Mephistopheles den Blick vor einem Kreuz am Weg niederschlägt. Solche indirekt sprechenden Hinweise auf die diabolische Natur des Mephistopheles waren in einem Drama fehl am Platze, das nunmehr die derb-frivolen satanistischen Späße der «Hexenküche» enthielt (einer Szene, die zwar in Rom begonnen, aber wohl in Weimar vollendet worden war).

Ohne erklärtes Ende der Handlung und ohne Festlegung auf Funktion oder Umfang des Gretchen-Motivs in der endgültigen Fassung des Stückes stand es Goethe nun frei, das leitende Prinzip zu überdenken, das den weiteren Weg Fausts strukturieren sollte. Möglicherweise hatte er schon in Italien den Eindruck gehabt, daß die lose Verbindung mit Mephistopheles, die durch den im März 1788 geschriebenen Dialog gestiftet worden war, als zentrales Thema nicht hinreichend zwingend war, selbst wenn mit ihr die Frage einherging, ob Faust seinem hohen Streben treu bleiben oder ob er der reinen Sinnlichkeit verfallen würde. Mit dem *Tasso* hatte Goethe jetzt ein Schauspiel von nahezu 3.500 Zeilen Länge geschrieben, in dem die Frage, wie das Leben nach einem Augenblick vollkommener Erfüllung zu leben sei, bereits im ersten Akt gestellt wurde und in dem die beiden männlichen Hauptfiguren sich unter anderem dadurch unterschieden, daß der eine fähig war, in jedem Augenblick des menschlichen Lebens die Möglichkeit zur Vollkommenheit angelegt zu sehen, während der andere fähig war, an jedem Augenblick das zu nutzen, was er bot, und klaglos, vielleicht sogar gedankenlos, zum nächsten überzugehen. Das Wesen des erfüllten Augenblicks und das Vergehen der Zeit, und ferner die Form, die dem menschlichen Leben als einem Ganzen zu geben sei, das alles waren Fragen, die Goethe 1788/89 beschäftigten. Als Goethe im Oktober 1789 die letzte Phase konzentrierter Arbeit am *Faust* begann, war ihm klar, das ein wesentliches Charakteristikum des Stückes nicht bloß die Sehnsucht Fausts sein sollte, «der Menschheit Krone» zu erringen, sondern auch der Ausdruck seines Unbefriedigtseins von dieser Krone – oder ihrem Ersatz – in jener Form, in welcher Mephistopheles sie ihm in jeder einzelnen, womöglich flüchtigen, Episode anbieten würde. Nur so können wir erklären, warum Goethe beim Umgießen der Szene in Auerbachs Keller aus Prosa in Verse – zur Anpassung an alle übrigen zu veröffentlichenden Szenen – Faust auf die Rolle des stummen, passiven, ja sogar gelangweilten Zuschauers reduzierte, während Mephistopheles mit den Zechern plaudert und das Kunststück mit dem Wein zum besten gibt, das in der Urfassung *Faust* vorbehalten war. Es ist jetzt augenscheinlich Mephistopheles' Rolle, Faust mit einzelnen Erfahrungen zu konfrontieren, und Fausts Rolle, ein, wahrscheinlich negatives, Urteil über sie zu fällen. Diese Erfahrungen werden einen «Cursum» ausmachen, wie wir aus Zeilen wissen, die fast mit Sicherheit 1788/89 geschrieben worden sind, einen «neuen Lebenslauf», in dem Faust zuerst die kleine Welt durchmessen wird (ohne Zweifel die Gretchen-Geschichte) und dann die große Welt (vielleicht Szenen bei Hofe und mit Helena, die erst noch zu schreiben waren). Dies gibt dem Stück eine völlig neue Dynamik, welche die moralische Erprobung Fausts, des emanzipierten Genies, ersetzt, die den *Urfaust* zusammenhält. Da sie im Prinzip die unbestimmte Ausweitung auf eine beliebige Zahl von Episoden zuläßt, eignet sie sich vortrefflich für den enzyklopädischen Plan der Handlung, zu dem Goethe sich 1788 entschlossen hatte, den sogleich auszuführen er jedoch 1789 keine Aussicht sah. Es ist ferner möglich, daß Goethe, als er sich zu diesem neuen Muster für die Entwicklung des Stückes entschloß, bereits an dessen natürliche dramatische Einkleidung in die Form einer Wette dachte, zumindest des Versprechens Fausts, auf seiner ziellosen Jagd bei keinem der flüchtigen Objekte der Begierde zu verweilen, die Mephistopheles vor ihn hinstellen würde. In der Szene «Wald und Höhle», die im siebenten Band der *Schriften* zum erstenmal erscheint, reagiert Mephistopheles auf Fausts Vorwurf, mit seiner Aufforderung «zu was neuen» unterbreche er einen Augenblick friedlicher Kontemplation, mit den Worten:

> Nun, nun! ich lass' dich gerne ruhn,
> Du darfst mir's nicht im Ernste sagen.

Die zweite Zeile läßt, wegen der Mehrdeutigkeit des Wortes «dürfen», verschiedene Auslegungen zu; außer der modernen Bedeutung kann auch die ältere gemeint sein: «Du *brauchst* mir das nicht im Ernst zu sagen.» Oder Faust will zu verstehen geben: «Unser Pakt erlaubt dir nicht, mir so etwas im Ernst zu sagen.» Aber wie auch immer wir diese Zeile interpretieren, die Implikation ist klar: Sobald Faust «im Ernst» nach Ruhe verlangt, sobald Mephistopheles ihm etwas Neues geboten hat, wird der Teufel seinen Lohn bekommen. Eine bedingte Abmachung dieser Art kommt wenigstens einer der Formeln sehr nahe, mit denen Goethe bei der Vollendung von *Faust. Der Tragödie erster Teil* seine Partner aneinander zu binden beschloß.

Die Szene «Wald und Höhle» war mit ziemlicher Sicherheit der letzte größere neue Zusatz zu Goethes Manuskript, bevor er einen Schreiber der Weimarer Kanzlei mit der Anfertigung einer Reinschrift von *Faust. Ein Fragment* beauftragte, die als Druckvorlage an Göschen abgehen konnte. Die Bearbeitung von «Auerbachs Keller» war, bei aller Bedeutsamkeit ihrer Implikationen, im wesentlichen redaktioneller Art; dasselbe galt sowohl für die Revision der satirischen Szene zwischen Mephistopheles und dem Schüler – sie wurde gestrafft, in ihrer inneren Organisation verdeutlicht und durch einige gewichtige Zeilen mit der übrigen Handlung verknüpft – als auch für die stilistische Glättung jener Gretchenszenen, die veröffentlicht werden sollten (alles Vorhandene bis zur Szene «Dom», wo Gretchen in Ohnmacht fällt und nach dem Fläschchen der Nachbarin verlangt). In «Wald und Höhle» jedoch traf Goethe eine bedeutsame neue strukturelle Entscheidung, nämlich über die Funktion und Placierung des großen, in Italien entstandenen Blankvers-Monologs, in dem Faust dem Erdgeist dafür dankt, daß er ihm alles gab, worum er bat. Es war vielleicht seit der Konzeption des Monologs nicht klar gewesen, wohin dieser Hymnus der Dankbarkeit gehörte, der verbal die Erfüllung jener Sehnsüchte anklingen ließ, die Faust in seinen ersten Reden formuliert hatte. In Rom scheint Goethe geglaubt zu haben, daß dieser Text ganz außerhalb jenes Teils von Fausts Weg liege, den das bisher Geschriebene abdeckte. Im Oktober 1789 tat er dann zweierlei, um ihn in die dramatische Aussage des *Fragments* einzubinden, und nahm ihn zum Anlaß für die Darlegung dessen, worin er jetzt die hauptsächliche Spannung des Stücks sah. Er stellte einen Zusammenhang zwischen Fausts Hymnus der Erfüllung und der sexuellen Eroberung Gretchens her, indem er den Monolog gleich hinter die Szene «Am Brunnen» setzte, wo Faust und Gretchen schon die Nacht mit-

einander verbracht haben und Gretchen beginnt, Gewissensbisse zu verspüren, weil sie sich einer Liebe ergeben hat, von der sie gleichwohl glaubt, daß
sie im Grunde gut ist. Die Voraussetzung, daß alle Formen des Strebens,
Sehnens und Suchens nach Sinn in der geschlechtlichen Vereinigung Ziel und
Ende fänden, hatte den formvollendeten Frustrationen des *Tasso* nicht minder zugrunde gelegen als der nackten Sprache der *Erotica*. Zweitens aber richtete Goethe es so ein, daß dem Hymnus unmittelbar ein Stimmungs- und
Handlungsumschlag folgt, so daß die Erfüllung, von der er spricht, nur momentan ist. Er entschloß sich, in ein und dieselbe Szene sowohl den Monolog
als auch Dialogteile aus dem *Urfaust* einzubauen, in denen Faust sich einge-
steht, daß er Gretchen ins Verderben stürzen muß, und in einer wilden Anwandlung von Selbsthaß und Verzweiflung Mephistopheles auffordert, ihm
bei seinem letzten kurzen und teuflischen Unternehmen zu helfen. Die Konstruktion eines Übergangs zwischen diesen beiden einander praktisch aus-
schließenden Seelenzuständen stellte erhebliche Anforderungen an Goethes
Erfindungskraft, und vielleicht ist sie ihm nicht völlig geglückt. Er verstörte
die scheinbare Ruhe des Monologs, indem er ihn mit einem weiteren Abschnitt in Blankversen fortsetzte, der in Mephistopheles die Ursache für
Fausts Empfindung sucht, daß es für den Menschen nichts Vollkommenes
gibt, wodurch wir auf die Unterbrechung auch dieser Idylle vorbereitet werden. In dieser zweiten Hälfte des Monologs wird die Rolle des Mephistopheles, den Wert aller Dinge zu Nichts zu machen, in aller Kürze skizziert; wir
erfahren, daß er in Faust das Begehren nach jenem Bild entfacht, das Faust
in dem Zauberspiegel in der Hexenküche erblickt hat – die Andeutung eines
weiblichen Ideals jenseits und hinter der Gestalt Gretchens; und Fausts eigener neuer Weg, von Gipfel zu Gipfel des Erlebens, wird mit den Worten
charakterisiert:

> So tauml' ich von Begierde zu Genuß,
> Und im Genuß verschmacht' ich nach Begierde.

Diese dichten Zeilen sind ganz funktional, ein Programm *in nuce* für das
ganze Stück, und bereiten doch auf bewundernswerte Weise den Auftritt des
Mephistopheles und die unwirschen Beiträge Fausts zu dem anschließenden
Dialog vor. Mephistopheles verteidigt seine Meinung, daß der Mensch keinen
anderen Beweggrund kennt als das sexuelle Begehren, nicht einmal bei einer
scheinbar so ätherischen Sache wie der Betrachtung der Natur, und schreitet
zu einer experimentellen Demonstration seiner These, indem er die bisher
schlummernde Lust Fausts nach Gretchen wieder aufstachelt. Ein halblautes
Beiseite verrät uns, daß er Faust auf diese Weise zu fangen gedenkt, und der
das *Fragment* beschließende Teil aus dem *Urfaust*, in welchen wir nun wieder
versetzt werden, scheint anzudeuten, daß er wahrscheinlich Erfolg haben
wird. Dramatisch gesprochen, ist nicht erkennbar, was Faust über das hinaus,
was er bisher schon getan hat, noch tun kann, um Gretchen ins Verderben
zu stürzen; doch die maskuline Pose, mit der dieses mutwillige Verbrechen

als beiläufige Episode auf dem Wege eines großen Mannes abgetan wird, paßt gut zu den vorherrschenden sensualistischen Vorstellungen in jenen Szenen, die Goethe 1788 in Rom geschrieben hatte. Gedanklich indes und als Selbstdeutung Fausts verstanden, weist die neue Szene subtile Unterschiede zu dem in Rom entstandenen Zwiegespräch zwischen Faust und Mephistopheles auf, das sich seinerseits natürlich sehr von Fausts Selbstdeutungen im *Urfaust* unterscheidet, namentlich in dem amoralischen Auftrittsmonolog und in der zur Reue mahnenden Szene «Trüber Tag. Feld», die im *Fragment* nicht enthalten ist. Die Szene «Wald und Höhle» scheint in der Tat ein wenig mehr in die Richtung der *Urfaust*-Konzeption zu gehen als das Material von 1788: Darauf deutet nicht nur die Übernahme von Fausts wütender Selbstanklage aus dem *Urfaust* – in dem Maße, wie Goethe sich im November 1789 selber der Häuslichkeit näherte, mochte er vielleicht weniger Nachsicht mit Fausts Verbrechen empfinden als noch ein Jahr zuvor, als ungebundener Junggeselle –; darauf deutet auch der Hinweis auf eine neue, an Bedingungen geknüpfte Abmachung, eine Vorform der Wette mit dem Teufel. Eine solche Abmachung würde implizieren, daß Fausts Weg an der Seite des Mephistopheles nicht länger als Versuch angesehen werden soll, der Menschheit eigentliches und höchstes Streben zu erfüllen, sondern als eine unnatürliche Anspannung des Willens, der nur durch allerlei unnatürliche Reize auf seinem Siedepunkt gehalten werden kann. Das Nebeneinander mehrerer unterschiedlicher Schichten in dem Stück, deren jede für die Motive Fausts und Mephistopheles' und die zwischen beiden bestehenden Beziehungen eine mehr oder minder unterschiedliche Erklärung gibt, verleiht dem *Fragment* eine Struktur, die derjenigen von Goethes Leben und Werken insgesamt nicht unähnlich ist: eine Reihe einander überschneidender, aber teilweise selbständiger Deutungen eines zentralen und möglicherweise veränderlichen Geheimnisses. Auf dieser nahen Verwandtschaft des Autors mit dem Stück, nicht in der Verwandtschaft des Autor mit der Hauptfigur des Stückes, beruht der besondere Status, den *Faust* unter den Werken Goethes einnimmt. Während die *Urfaust*-Schicht des *Fragments*, und besonders die Gestalt Gretchens, die Popularität des Stückes – nach dem Erscheinen des siebenten Bandes – beim weiblichen und mehr literarischen Publikum begründete, war die neue Generation der eher philosophisch orientierten jungen Männer besonders fasziniert von den neueren Szenen und dem in ihnen enthaltenen Motiv des Konflikts zwischen dem Geistigen und dem Sinnlichen und des Strebens nach dem Erfassen alles Menschlichen. Obgleich diese Themen jedoch an einen Nerv der Zeit rührten und obgleich sie Goethes Stück mit Erfolg seinem ursprünglichen Plan entwunden und es potentiell für eine Fülle neuen Materials empfänglich gemacht hatten, scheinen sie Goethes Imagination nicht gefesselt oder inspiriert zu haben, und weitere acht Jahre lang machte er keine Fortschritte mit *Faust*. Vielleicht ist es schwer, tragische Sympathie mit einem Menschen zu empfinden, der sich nach ein wenig Begierde sehnt, um die Langeweile des Genusses zu lindern.

Faust war nicht das einzige Fragment, das Goethe im Herbst 1789 beschäftigte. Als er jede Absicht bestritt, eine derartige «konsequente Komposition» nach dem *Tasso* noch einmal zu unternehmen, fügte er hinzu: «Die Fragmenten-Art erotischer Späße behagt mir besser.» Trotzdem haben die *Erotica*, insbesondere diejenigen Gedichte, die später die *Römischen Elegien* bildeten, insofern Ähnlichkeit mit *Tasso*, als eine strenge und artifizielle äußere Form, und eine Außenhaut aus kulturellen und historischen Anspielungen, einen sehr persönlichen und bekenntnishaften Inhalt in sich birgt, ja aus sich hervortreibt. Dieser bekenntnishafte Inhalt fehlt der gleichzeitigen Arbeit am *Faust*, wo die äußeren Zwänge fehlen, und vielleicht gab gerade seine Überzeugung von der Berufung zu einer unpersönlichen «Kunst» Goethe zu dieser Zeit die Freiheit, im *Tasso* und in den *Elegien* Elemente seines Dichtens zu entwickeln, die er auf viele Jahre hinaus weder sich selbst noch anderen eingestehen konnte. Die *Elegien* wurden zwar erst im Winter 1790/91 zu einer eigenen Sammlung zusammengestellt und, mit einer einzigen Ausnahme, erst 1795 veröffentlicht, sie sind aber unabdingbarer Bestandteil jedes vollständigen Bildes von Goethes literarischer Produktion in dem Jahr, in dem so vieles von seinem Leben und Werk, das bis dahin Fragment gewesen war, in den Schein von Ordnung und zumindest momentaner Vollständigkeit gerückt wurde.

Die *Römischen Elegien* werden gelegentlich als Goethes erster Gedichtzyklus bezeichnet, aber im Grunde gebührt dieser Titel der Ersten und Zweiten Sammlung vermischter Gedichte im siebenten Band der *Schriften* oder bestimmten Untergruppen in ihnen, und weder sind sie als Gedichtreihe komponiert worden, noch gelangte Goethe, als er sie endlich ordnete, zu einer wirklich bedeutungsvollen thematischen oder narrativen Reihenfolge, abgesehen von drei oder vier Gedichten, deren gegebener Platz am Beginn und am Ende der Reihe war. Immerhin schrieb Goethe sie mitten unter diversen Versuchen – die sich von 1788 bis 1791 erstreckten –, seine kleineren Gedichte zu größeren Einheiten zu gruppieren: die älteren im achten Band der *Schriften*, die neueren hauptsächlich in den *Erotica*, aus denen Goethe in der Folge verschiedentlich eine Auswahl traf; eine davon sind die *Elegien*. Die von Anfang an herrschende Sorge um den literarischen Kontext, in den ein neu entstandenes Gedicht eingefügt werden könnte, ist nur ein Aspekt eines Selbstbewußtseins, das zu den auffälligsten Merkmalen der *Elegien* gehört, wenn wir sie mit Goethes früherem lyrischen Werk vergleichen. Wiederholt finden wir das Gedicht, den Dichter, den Prozeß des Schreibens oder die poetische Form des elegischen Distichons im Gedicht selbst angesprochen: So befaßt sich die fünfzehnte Elegie mit der Zeit, die der Dichter braucht, um sie zu schreiben, und die er zuwarten muß, bevor die Stunde des Stelldicheins mit der Geliebten gekommen ist. Ein solche eindeutige Selbstreferenz fehlt in Gedichten wie «Es schlug mein Herz», «Auf dem See», «Erlkönig» und sogar «Zueignung»; zum erstenmal sehen wir sie in der späteren Fassung des Gedichts «An den Mond» auftreten, und eine entscheidende Rolle spielt sie in der letzten Szene des *Tasso*. Diese Selbstreferenz ist ein

noch wesentlicheres Merkmal der *Elegien* als ihr klassisches Erbe; denn ob
ob es sich bei diesem um die Versform, eine literarische Reminiszenz oder
eine mythologische Anspielung handelt, immer ist dieses Erbe nicht als Autorität gegenwärtig, der es zu gehorchen oder die es nachzuahmen gilt, sondern als Stoff für eine bewußte Analogie zur Gegenwart:

> Und so gleichen wir euch, o römische Sieger! ...
> Amor schüret die Lamp' indes und denket der Zeiten,
> Da er den nämlichen Dienst seinen Triumvirn getan.[1]

Entgegen einer oft gehörten Behauptung sind die *Elegien* genauso sehr Gedichte über das Denken, wie sie Gedichte über das sinnliche Erleben sind
(Goethe schreibt die achte Elegie nicht über Faustina als Kind, sondern darüber, wie er – und Faustina – sie sich als Kind denken). Das Anstellen von
Vergleichen mit einer vergangenen Kultur, die weitgehend aus Büchern bekannt ist, ebenso sehr wie das Erzählen von «alten Geschichten» (Elegie XIX)
oder der Verweis auf die künftige Publikation der Elegien als der Geschichte
dieses modernen Liebesabenteuers (Elegie XX) sind das Eingeständnis, daß
andere Menschen vor uns gedacht haben und Dichter gewesen sind, daß Erfahrung uns nicht rein begegnet, sondern durchwirkt von literarischen und
anderen vorgeformten symbolischen Mustern und daß der Dichter nicht versuchen kann, und vielleicht nicht versuchen soll, die «symbolische» Komponente seines Daseins *de novo* und mit seinen eigenen Mitteln zu erschaffen.
So ähneln die *Elegien* insofern dem *Tasso*, als sie vergangene Literatur in einem
Ausmaß thematisieren, wie man es in Goethes Werk bisher nicht kannte (im
Werther und im *Triumph der Empfindsamkeit* war Literatur im wesentlichen
als zeitgenössische und satirische präsent), und nehmen künftige Versuche
Goethes wie auch späterer Dichter von Browning bis Pound vorweg, sich die,
oft ironisch gebrochene, Ähnlichkeit oder Unvergleichbarkeit ihres Sujets mit
Material aus einem vergangenen oder sonstwie fremden literarischen Kontext
zunutze zu machen. (Goethe sollte später speziell auf die Literatur nicht nur
Roms und Griechenlands, sondern auch Englands, Persiens sowie, wenngleich in geringerem Umfang, Indiens und Chinas rekurrieren.) Es war eine
Wiedergewinnung der Dichtung nach Jahren der Sterilität und der durch *Tasso* markierten Krise, aber es war nicht die Rückkehr zu jenen schlichten Au-
genblicken unmittelbaren Kontakts zwischen dem Ich und dem Objekt der
Erfahrung, aus denen die einzigartigen Stimmungen von Goethes früheren
Gedichten bis zu «Über allen Gipfeln ist Ruh» entstanden sind.

Zum erstenmal in Goethes Versen wird das erlebende Ich der Elegien regelmäßig als Dichter identifiziert. Der Erzähler ist nicht einfach mehr ein
«Ich», auch nicht der metaphorische Künstler oder Bildhauer, der in den
introspektiveren Werken seit dem *Prometheus*-Drama bis zu *Künstlers Apotheose* für den Schriftsteller gestanden hatte, sondern ausdrücklich ein «Dich-

1 Mit den «Triumvirn» sind Catull, Tibull und Properz gemeint.

ter», ja in der ersten Fassung von Elegie II ausdrücklich der Dichter des *Werther*, und das Handwerkliche und Berufliche des Schreibens – Metrum, Veröffentlichung, Schreibhemmung – wird in den Elegien V, XIII und XX thematisiert. Diese partielle Objektivierung des Ichs zu einer Figur innerhalb der *Elegien* selbst erzeugt einen Ton und eine Wirkung, die in Goethes Versdichtung ganz neu sind und wovon es Spuren nur in *Wilhelm Meisters theatralischer Sendung* gab: eine humorvolle Ironie auf Kosten nicht eines selbstsicheren, eigensüchtigen zentralen «Ichs», denn dieses Charakteristikum etwa des *Satyros* oder der *Vögel* ist nun obsolet geworden, sondern eine Ironie auf Kosten der poetischen Form selbst, eine Bewußtheit von deren Künstlichkeit und deren Grenzen:

> Einem Dichter zuliebe verkürze die herrlichen Stunden,
>   Die mit begierigem Blick selig der Maler genießt

– das ist das Gebet des Dichters, der darauf wartet, daß die Sonne untergeht und die verabredete Stunde herbeikommt, und am Ende der Elegie wird die «Länge [d]ieser Weile», die der Dichter gebraucht hat, um jene kurze Geschichte Roms zu verfassen, die ihre zweite Hälfte ausfüllt, wortspielerisch zur bloßen Langeweile, die ihn von der Geliebten trennt, zu welcher es nun, da wir an den letzten Zeilen angelangt sind, Zeit wird aufzubrechen. Das Schreiben von Gedichten ist ja durchaus etwas anderes als der Beischlaf, und es gibt einen offenbar bewußten Gegensatz zwischen dem gelehrten Ballast, der einige Elegien (namentlich III und XII) befrachtet, und den simplen Freuden hinter den Büschen, zu denen sie vorgeblich die ganz ungebildete Frau verlocken sollen, an die sie gerichtet sind. Ein ähnlich ironischer Wechsel des Tonfalls beschließt Elegie VII: Man vernimmt die Stimme Jupiters, der den Dichter aus dem Traum, in welchem er sich mit Tantalus identifiziert hat und in Gesellschaft der Götter auf dem Gipfel des Olymps wandelt, auf die Erde zurückruft; und eine bewußte Vieldeutigkeit des Sinns und der Wirkung lenkt unsere Aufmerksamkeit darauf, daß diese Gedichte wohlüberlegte Konstruktionen aus Worten, keine spontanen Mitteilungen von Gedanken oder Gefühlen sind. Doppelsinnigkeit ist ein natürliches, humorvolles Element erotischer Dichtung, und es kann kaum einen Zweifel an der versteckten Pointe eines Gedichts (Elegie XI) geben, das mit dem Wunsch endet, es möge in der Werkstatt des Dichters auch eine Statue des Priapus, des ithyphallischen Gottes der Gärten, an der Seite seiner Eltern Bacchus und Venus «stehn». Ein weit komplexerer Effekt wird in Elegie XIII erzielt, wo der Dichter sich beklagt, daß die Morgenstunden, die ihm sonst Inspiration für sein Schreiben zu bringen pflegten, nun anders im Bett zugebracht werden, und ausruft:

> Welch ein freudig Erwachen, erhieltet ihr, ruhige Stunden,
>   Mir das Denkmal der Lust, die in den Schlaf uns gewiegt![1]

---

1 Das Wort «erhieltet» kann konjunktivisch oder indikativisch aufgefaßt werden.

Vielleicht bittet Goethe die Muse, ihm das Geschenk eines literarischen Denkmals für seine Liebe zu gewähren, eines weiteren *Eroticon* im Stil der (unterdrückten) Elegie zum Lobe der leichten linnenen Hülle; eher denkt er wohl, unter den gegebenen Umständen, an einen Obelisken ganz anderer Art. Der Doppelsinn der Worte spiegelt die doppelte Rolle des Sprechers als Dichter und als Liebhaber wider, die das Thema des Gedichts ist.

Bewußtheit, Ambivalenz, Ironie, literarische Indirektheit, das sind Merkmale der *Elegien*, die in Goethes Schreiben wirklich neu sind, nicht aber jene «Beschränkung auf tüchtig erfaßte, sinnlich faßliche Gegenwart», von der die Kritiker mit Vorliebe sprechen. Im Gegenteil, wenn es in den *Elegien* neben der körperlichen Liebe ein Hauptthema gibt, das sie als zeitgleich mit *Tasso*, dem *Römischen Karneval* und den reflektierenden Zusätzen zum *Faust* erweist, dann ist es die Zeit, ihr rätselhaftes Wesen und ihr Vergehen. Fast in der Mitte der Sammlung, in der neunten Elegie, finden wir die unvergleichliche Beschwörung einer Erfüllung, die im Fließen ist, ein Verschmelzen der Erregung sinnlicher Liebe mit dem ungetrübten Verweilen in einem zeitlosen Augenblick, wie es Goethe fast durch Zufall während der Arbeit am *Nausikaa*-Fragment zuteil wurde. Das ganze Gedicht, durchgehend, bis zu den letzten reflektierenden Zeilen, in einem Präsens geschrieben, das die Unterschiede zwischen Gegenwart und Zukunft (und sogar vollendeter Zukunft) aufhebt, ist dem einen Augenblick des Aufflackerns der Flamme gewidmet, die durch das ganze Gedicht hindurch nicht erlischt. Und durch das ganze Gedicht ist die Flamme sowohl das offene Holzfeuer (in Goethes Gartenhaus hochgeschätzt), dessen man in kühlen Herbstnächten in einem Land bedarf, das den deutschen Ofen zum Glück nicht kennt, als auch das Bild für das Aufflammen der körperlichen Liebe:

Herbstlich leuchtet die Flamme vom ländlich geselligen Herde,
   Knistert und glänzet, wie rasch! sausend vom Reisig empor.
Diesen Abend erfreut sie mich mehr; denn eh' noch zur Kohle
   Sich das Bündel verzehrt, unter die Asche sich neigt,
Kommt mein liebliches Mädchen. Dann flammen Reisig und Scheite,
   Und die erwärmete Nacht wird uns ein glänzendes Fest.
Morgen frühe geschäftig verläßt sie das Lager der Liebe,
   Weckt aus der Asche behend Flammen aufs neue hervor.
Denn vor andern verlieh der Schmeichlerin Amor die Gabe,
   Freude zu wecken, die kaum still wie zu Asche versank.

Zwar erinnert uns der reflektierende Charakter der Schlußzeilen daran, daß wir uns noch bei dem Dichter befinden, dessen Mädchen noch nicht gekommen ist; aber die Liebe ist zuversichtlich, so frei von Angst und ihres Gegenstandes so sicher, daß dieses «noch nicht» ohne Bedeutung ist und nicht einmal ausgedrückt werden muß. Der Gemütszustand des Dichters verändert sich ebensowenig, wie das Bild der aufflackernden Flamme sich verändert, gleichgültig, ob sein Geist in der Gegenwart, der Zukunft oder der Vergangenheit weilt.

Doch unmittelbar auf die zeitlos tätige Gegenwart der neunten Elegie folgt das *carpe diem* der zehnten, die spielerisch beginnt, aber in der trüben Stimmung des *Römischen Karnevals* endet:

> Freue dich also, Lebend'ger, der lieberwärmeten Stätte,
> Ehe den fliehenden Fuß schauerlich Lethe dir netzt.

Der Anschein, bloß einen antiken literarischen Gemeinplatz zu variieren, erlaubt es Goethe, für einen Augenblick im Schatten eines Todes zu stehen, der endgültiger ist als alles, was Egmont drohte, dessen Verliebtheit in den Augenblick in Wirklichkeit der Versuch war, ganz ohne das Bewußtsein von Zeit zu leben. Wenn in den *Elegien* Augenblicke kostbar sind, dann darum, weil hier die Dichtung unablässig danach trachtet, und in der Regel dabei scheitert, den Übergang vom «noch immer nicht» zum «niemals wieder» zu erfassen, aus dem das Leben besteht: Die in der vierten Elegie als Muse des Gedichts angerufene Göttin ist die Gelegenheit, die nur einmal ergriffen werden kann. Die erste Elegie spricht von der verklärenden Wirkung der Liebe auf den, der Rom besucht – aber die Liebe muß erst noch kommen, und die Verklärung ist «noch nicht». Der Moment der Gelegenheit, der, in der dritten Elegie, «so schnell» gekommen ist, ist für die Liebenden die Wiederentdeckung eines mythischen goldenen Zeitalters der augenblicklichen Erfüllung:

> In der heroischen Zeit, da Götter und Göttinnen liebten,
> Folgte Begierde dem Blick, folgte Genuß der Begier.

Doch am Ende der vierten Elegie heißt es: «die Zeit ist vorüber.» In Elegie VI ist das Liebesverhältnis bereits in Gefahr, und Elegie VII beginnt zwar mit dem Ausruf «O wie fühl' ich in Rom mich so froh!», aber sie endet in einem Gebet, in welchem einige der intimsten Erinnerungen Goethes an seine letzten Monate in der Stadt mitschwingen. Er bittet Jupiter, nicht aus diesem Paradies verstoßen zu werden, sondern hier verweilen zu dürfen, bis der Tod ihn in die Unterwelt entführt, durch ein Grab, das neben der Cestius-Pyramide liegt. Der Augenblick der Liebesumarmung steht in den Gedichten für gewöhnlich außerhalb oder am Rande der Betrachtung; in der siebzehnten Elegie wird er zugleich erwartet und erinnert, in der sechzehnten ganz vereitelt. Die vierzehnte Elegie scheint denselben Augenblick der Erwartung zu behandeln, mit dem die neunte beginnt und der dort köstlich ununterscheidbar ist von dem Augenblick der Erfüllung, wenn das liebliche Mädchen kommt; aber statt dessen stellt sich heraus, daß er sich restlos, aussichtslos, endlos im «noch nicht» verhakt hat. Der Dichter befiehlt seinem Diener barsch, das Licht anzuzünden, obwohl es noch gar nicht dunkel und die verabredete Stunde noch nicht gekommen ist:

Unglückseliger! geh und gehorch'! Mein Mädchen erwart' ich.
Tröste mich, Lämpchen, indes, lieblicher Bote der Nacht!

In Elegie IX gibt es kein «indes» – dort bezeichnen die Ausdrücke «eh noch» und «kaum» die Zeit –, aber zumal in den späteren Elegien ist es das «indes», das überwiegt. Auch für Egmont gab es kein leeres «indes» zwischen zwei Augenblicken der Fülle, nur das ständige Durchgehen der Sonnenpferde der Zeit. Der Dichter der fünfzehnten Elegie, an welcher er vorgeblich so viel schreibt, um sich die Langeweile zu vertreiben, bevor es Zeit ist, zur Geliebten zu eilen, zeigt sich einer inneren Widersprüchlichkeit seiner Gefühle bewußt, die der reuelosen Übereinstimmung Egmonts mit sich selbst ganz fremd ist, wenn er gleichzeitig darum bittet, er möge noch lange die Sonne sehen, wie sie die großen Bauten Roms bescheint, und das abendliche Stelldichein möge schnell kommen:

Spinne die Parze mir klug langsam den Faden herab.
Aber sie eile herbei, die schön bezeichnete Stunde![1]

Doch die Periode, in der Goethe den Wunsch hatte, und es für möglich hielt, literarische Bilder von mit sich selbst übereinstimmenden und sich selbst genügenden Persönlichkeiten wie Iphigenie und Egmont zu konstruieren, ist vorbei, der Ehrgeiz zuschanden geworden an Tassos Erfahrung von der Realität von Zeit und Begrenzung, wie früher schon an der Erfahrung Werthers. Dichtung scheint nun etwas zu sein, um die Zeit zwischen zwei Erfüllungen nutzbringend anzuwenden, die Zeit für Zustände der Widersprüchlichkeit und Bewußtheit, wie Erwartung und Erinnerung, Sehnsucht und Ironie.

Ein besonders hervorstechendes Thema in einer Reihe von Elegien ist sogar der Gegensatz oder die Unvereinbarkeit von Dichtung und erfüllter Liebe. Die fünfzehnte Elegie schließt mit einer Entschuldigung des Dichters, daß er die Musen so nachlässig behandelt hat; aber er erinnert sie daran, daß sie bei allem Stolz doch immer Amor den Vorrang gegeben haben, so als könnten sie letzten Endes nicht die Gefühle und den Wert der Augenblicks-Ereignisse ausdrücken, aus denen das menschliche Glück eigentlich bestehen soll und zwischen denen das Reich der Dichtung liegt. Die oberflächliche Ästhetik, der Goethe sich 1789 bewußt verschrieb und die ihn noch gut sieben Jahre lang an jeder Weiterentwicklung des in den *Elegien* Erreichten hindern sollte, besagte natürlich, daß das Kunstwerk, und das antike Kunstwerk zumal, einen Augenblick vollkommener sinnlicher Befriedigung darstelle. Die trügerisch schmeichelnden Argumente für diese Ästhetik trägt, im ersten Teil der dreizehnten Elegie, Amor vor, der zum Dichter kommt und ihn auf verschiedene Weise zu ermutigen sucht, als Verliebter zu schreiben: Die großen Werke der Antike, deren Trümmer der Dichter durchwandelt, wurden von sinnlicher Liebe geformt; die «Schule der Griechen» ist noch immer offen für

1 «Schön bezeichnet» wurde die Stunde durch die in den vergossenen Wein geschriebene römische IV.

neue Schüler, und es wird Zeit, daß Goethe etwas in diesem Geist hervorbringt; er muß sich nur verlieben, wie es die klassischen Dichter und Künstler taten, und ihr Geist wird ihn neu beleben – wenn er in seinem Leben die Alten nachahmt, wird er feststellen, daß auch seiner Kunst klassische Qualitäten zuwachsen:

> War das Antike doch neu, da jene Glücklichen lebten!
> Lebe glücklich, und so lebe die Vorzeit in dir!

Aber, so fährt der Dichter fort, eben dadurch, daß Amor ihm den Stoff zu klassizistischer Dichtung gibt – das heißt, indem er ihm ein Liebesabenteuer schenkt –, hindert er ihn, diese Dichtung zu schreiben. Der Dichter hat zwar den Stoff für Gesänge, aber er hat nicht mehr die Zeit, die Kraft und die Besinnung dafür. Die Morgenröte findet jetzt den Dichter nicht schreibend vor, sondern sein Blick ruht auf der schlafenden Gefährtin, und er fürchtet, sie werde erwachen und ihre geöffneten Augen würden ihm diesen «stillen Genuß reiner Betrachtung» rauben. Genau dies geschieht in der letzten Zeile des Gedichts: «Blick' ihr ins Auge! Sie wacht! – Ewig nun hält sie dich fest.»

Die Zeile ist zu atemlos und erregt, als daß man sie nur als reuevolles oder humorvolles Eingeständnis deuten könnte, daß der Dichter sich endlich in die Herrschaft der Frauen gefügt hat und künftig kein Wort mehr wird schreiben können: dafür ist sie viel zu erotisch und zugleich viel zu poetisch. Angesichts der Tatsache, daß eine Reihe anderer Elegien mit dem Augenblick der körperlichen Liebe – oder kurz davor – enden, hat das letzte Wort, «fest», wahrscheinlich auch einen erotischen Beiklang, ebenso wie das «Denkmal der Lust» ein paar Zeilen zuvor. Das Verbum «festhalten» hat aber auch die Bedeutung des literarischen oder bildnerischen Darstellens, wie eben in einem «Denkmal», des Verewigens eines Augenblicks oder eines Anblicks für die Nachwelt; und auch diese Bedeutung mag mitschwingen. Durch den abschließenden Ausblick auf die Ewigkeit wird das Gedicht selbst statuarisch: ein Augenblick, buchstäblich der Blick ins Auge, wird im Wort, dem literarischen Äquivalent zum Marmor, verewigt. Gerade der Umstand, daß der Dichter, durch seine Liebesleidenschaft abgelenkt, nicht länger zu uns sprechen kann, wird höchst geistreich dazu verwendet, die Dauerhaftigkeit eben jener Kunst, von welcher der Dichter sich durch die Liebe ausgeschlossen sieht, zu bestätigen und vielleicht für das Gedicht zu reklamieren. Es gibt hier eine große Ähnlichkeit mit der letzten Szene des *Tasso* und der dortigen Manifestation einer unpersönlichen Kunst durch Schilderung der Grenzen einer Dichtung des persönlichen Erlebens. Die letzten Worte der dreizehnten Elegie suggerieren eine ewige Gefangenschaft des Mannes in den Armen der Frau, eine ewige Liebesumarmung und ewige sexuelle Erregung, und zur gleichen Zeit ein Erstarren, wie vor dem Blick der Gorgo Medusa, zu einem Denkmal der Liebe, *aere perennius*, das noch künftige Zeiten bewundern werden. So geschickt aber Goethe dieses Gedicht seiner Unfähigkeit abgewonnen hat, ein Gedicht zu schreiben: das Ergebnis ist nur möglich, weil das

Gedicht dort abbricht, wo es abbricht: an dem Punkt, wo Liebe und Leben die Dichtung ablösen, wo die Frau selbst aktiv wird und wo uns als den Lesern, die an der Schwelle dieser Beziehung zwischen den Liebenden stehen, der Zutritt zu ihrem Geheimnis höflich verweigert wird. Ruhm und Liebe stehen von jeher in Streit miteinander, wie wir in der neunzehnten Elegie erfahren, und eine Folgerung hieraus ist die Befürchtung – die früher schon in *Des Künstlers Erdewallen* und jetzt in der dreizehnten Elegie, vielleicht auch im *Tasso* ausgesprochen worden ist –, daß der Dichter, der die sexuelle Erfüllung erlangt, seinen Lorbeerkranz niederlegen kann. Eine andere Folgerung aber ist die, daß die Liebe Schutz vor bösem Ruhm verdient – nicht nur vor Klatsch und Tratsch, sondern vor der Öffentlichkeit, die mit der Feier der Liebe in der Dichtung einhergeht. Der Wanderer in der zweiten Elegie findet in der Liebe Zuflucht vor dem – literarischen oder politischen – Geschwätz, das den Zeitungen entstammt, die zwölfte Elegie gefällt sich in privater Zufriedenheit fernab der «Welt», und die achtzehnte appelliert an das Volk Roms, an die «Quiriten», sie möchten den Liebenden ungestört die Geborgenheit ihres Lagers gönnen, wo sie still dem Sturm und dem an die Scheiben prasselnden Regen lauschen. Ist es da nicht paradox, daß der Dichter dieses private Glück in Versen in die Welt hinaussendet?

In der Tat, es *ist* paradox, wie die zwanzigste und letzte Elegie bestätigt: Verschwiegenheit, die Fähigkeit, ein Geheimnis hüten zu können, zeichnet den reifen Mann aus, doch wes das Herz voll ist, des gehet der Mund über, und der Dichter entdeckt in sich das Verlangen, sein «schönes Geheimnis» der ganzen Welt mitzuteilen, wie der Barbier, den es unbezwinglich verlangte, seine Entdeckung hinauszuschreien, daß König Midas Eselsohren hatte, obwohl er sich davor fürchtete, das versprochene Schweigen zu brechen. (Der wenig schmeichelhafte Vergleich entspricht der literarischen Konvention, wonach das Sich-verlieben eine komische Schwäche ist, die sogar – wie uns die neunzehnte Elegie erzählt – Herkules dazu brachte, Frauenkleider anzulegen und den Spinnrocken in die Faust zu nehmen.) Der Barbier behalf sich damit, den Rohren am Fluß sein Geheimnis zu erzählen, und sie flüsterten die Geschichte in die Welt hinaus, wie auch der Dichter die Geschichte seiner Liebe überall verbreitet. Aber auch er tut es, wie der Barbier, indirekt. Er bekennt seine Gefühle nicht direkt seinen Freundinnen und Freunden, nicht einmal durch das Medium, das Goethe wie kein anderer zu dem seinen gemacht hatte, das Medium der Natur:

> Mein Entzücken dem Hain, dem schallenden Felsen zu sagen,
> Bin ich endlich nicht jung, bin ich nicht einsam genug.

Diese Periode seiner Jugend, eine Periode, in der seine Dichtung wie sein Leben gleichermaßen voll von Symbolen der eigenen Begierden waren, ist vorbei: er ist nicht mehr der einsame Narziß. In seinem Leben gibt es jetzt einen anderen Menschen, den er nicht auf seine Begierden und deren symbolische Darstellung reduzieren kann, und in der Dichtung, in der sich das

Herz des reifen Mannes ergießt, wird es stets ein «Geheimnis» geben (fünfmal kommt dieses Wort in Elegie XX vor), ein Bewußtsein dafür, daß das
Gedicht manche Dinge ungesagt läßt und daß das, was es sagt, gewissen Beschränkungen unterliegt, auf die es freilich ironisch, humorvoll oder paradox
hinweisen kann. Zu der neuen Liebe und dem neuen Bewußtsein von der
Andersheit der Geliebten gehört eine neue, formalere und selbstbewußtere
Manier:

> Dir, Hexameter, dir, Pentameter, sei es vertrauet,
>   Wie sie des Tags mich erfreut, wie sie des Nachts mich beglückt.

Die *Elegien* mit ihren klassischen Metren und Anspielungen und bewußten
Stilisierungen sind Kunst, nicht Natur, ein literarisches Spiel, keine Bekennt-
nisdichtung, und dennoch dienen sie am Ende einem bekenntnishaften
Zweck; wie die Rohre am Fluß sind sie das Medium der Indirektheit und
sprechen die Worte des Barbiers, wenn auch nicht mit dessen Stimme. Sie
enthalten die Geliebte, aber schildern sie nicht, sprechen von ihr, aber sagen
uns nichts über sie:

> Zaudre, Luna, sie kommt! damit sie der Nachbar nicht sehe;
>   Rausche, Lüftchen, im Laub! niemand vernehme den Tritt.

Gewiß, die Verse eines reifen Dichters bringen sein Leben und seine Gefühle
an die Öffentlichkeit, aber in dem, was sie bringen, ist ein Geheimnis verborgen, etwas, das just in dem Augenblick seiner Offenbarung doch unausgesprochen bleibt, und zwar darum, weil, im Gegensatz zu dem, was der
Dichter in seiner Jugend gesagt haben mag, das «schöne Geheimnis» nicht
mehr ihm allein gehört, sondern der gemeinsame Besitz des Dichters und
einer anderen ist, die ihre Gefühle nicht für alle Welt publik macht. Die letzten Zeilen der zwanzigsten Elegie, und somit zu gegebener Zeit des ganzen
Zyklus, lauten:

> Und ihr, wachset und blüht, geliebte Lieder
>   . . . .
> Und entdeckt den Quiriten, wie jene Rohre geschwätzig,
>   Eines glücklichen Paars schönes Geheimnis zuletzt.

Wie es so ging, sollten noch etliche Jahre vergehen, bevor Goethe sich in
jenem Verhältnis einer indirekten Intimität mit dem deutschen Publikum
fand, das diese Zeilen vorwegnehmen. Die Elegien sind die unmittelbare poetische Reaktion – eine Reaktion von beeindruckender Kraft und Neuartigkeit
– auf das wichtigste Ereignis in Goethes reifem Leben nach dem Umzug nach
Weimar 1775: das Eingehen einer festen Bindung mit Christiane Vulpius.
Dieses Ereignis erheischte ein völlig neues Überdenken seiner Einstellung zu
seinem Leben und zu seiner Kunst. Unter diesen Umständen wäre der Abschluß der Ausgabe seiner *Schriften*, des Denkmals einer Ära, die nun vergangen war – drei Bände seit Juli 1788, deren jeder wichtige Überarbeitungen

und wesentlich Neues enthielt –, schon für ein gewöhnliches Genie bemerkenswert genug gewesen. Die Fähigkeit Goethes zu gleichzeitiger Erneuerung und Wiedergeburt, die die *Elegien* demonstrieren, ist ohne Beispiel. Doch was im Schmelztiegel der Dichtung für den Augenblick und in «Fragmenten-Art» erreicht worden war, bedurfte noch längerer Zeit, bevor es alle Organe und Zusammenhänge einer einmalig komplexen Existenz durchdrungen hatte. Es gab auch ein paar mehr oder minder zufällige Hindernisse äußerer und innerer Art, die diesen Prozeß aufhielten. Die Werkausgabe bei Göschen war nicht so erfolgreich, daß allein durch sie Goethes Verhältnis zu den deutschen Lesern wiederhergestellt worden wäre. War die Verbindung mit Christiane in Goethes Augen auf Dauer angelegt, so war sie in den Augen der Mitwelt ein Provisorium, und Goethes Beziehungen zum Weimarer Hof sollten fast zwei Jahrzehnte lang gespannt und unklar bleiben. Die Wirren der Französischen Revolution erfaßten bald auch Goethes persönliche Angelegenheiten, woraufhin seine politischen wie seine kulturellen Einstellungen defensiver und unflexibler wurden. Die Erinnerung an Italien, der fortgesetzte Umgang mit mittelmäßigen Künstlern und die entsprechende ästhetische Theorie blieben ein Alpdruck. Erst als, unter dem doppelten Eindruck der politischen Ereignisse in Frankreich und der, wie es schien, nicht minder revolutionären Philosophie Kants eine außerordentliche Welle geistiger Kreativität Mitte des neuen Jahrzehnts ganz Deutschland erfaßte, kam die subtile Kunst der *Römischen Elegien* zu ihrem Recht, als die angemessene Manier für die neue Epoche in Goethes Leben.

Abschied von Italien:
Januar – Juni 1790

In den ersten Wochen des neuen Jahres speiste Goethe fast täglich bei Hofe. Christiane konnte ihren Jungen nicht selbst stillen, und aus dem Umstand, daß er nur langsam zunahm und «die Frauen» vor Ablauf der ersten drei Monate wenig Fortschritte voraussahen, können wir folgern, daß der kleine August an einer Kolik litt. Es wird Goethe unter diesen Umständen nicht allzu sehr nach Hause gezogen haben, zumal er sich zu dieser Zeit dem Herzog besonders verbunden gefühlt haben muß. Carl August konnte von dem unehelichen Sprößling seines Geheimrats nicht offiziell Notiz nehmen, aber privat hatte er zu verstehen gegeben, daß er sich als Taufpate des kleinen August ansehe, und mochte der *ménage* im Jägerhaus auch ungewöhnlich genug sein, so erfüllte es den Herzog doch ohne Zweifel mit Befriedigung, seinen großen Günstling endlich ein natürliches Leben führen zu sehen. Nun, da Goethe sich aus der Pflicht gegen Göschen und die Werkausgabe entlassen sah – und Carl August muß sich ein wenig wie Alfons gefühlt haben, der Tassos Gedicht «in gewissem Sinne mein» nennen durfte –, stand er, wie vereinbart, zur Verfügung, um die Rolle des Beraters, Privatsekretärs und Mi-

nisters ohne Portefeuille zu übernehmen, für die er besser geeignet war als
für die eines Staatsbeamten der Exekutive. Der Herzog hatte ein neues System für die Aufteilung der Zuständigkeiten zwischen sich selbst und dem
Geheimen Conseil, das seine endgültige Fassung in einem Erlaß vom 6. April
fand. Genau diejenigen Bereiche, in denen er sich den meisten Beistand von
Goethe erhoffen konnte – auswärtige Angelegenheiten, die Universität Jena,
neue Bau- und Straßenbauvorhaben sowie ein neues Besteuerungssystem für
die Stände –, blieben ausdrücklich der persönlichen Entscheidung des Herzogs vorbehalten, während das Geheime Conseil freiere Hand in denjenigen
Dingen erhielt, die den Herzog (und Goethe) wenig interessierten – namentlich im Rechts- und im Kirchenwesen. Schon im Januar, unmittelbar nach
der Angelegenheit mit der Krone Ungarns, vertiefte Goethe sich mit Carl
August in die Erörterung der – entfernten – Möglichkeit, daß Weimar Anspruch auf die Thronfolge in der ostelbischen Lausitz haben könnte, und
beriet den Herzog in der von Preußen gewünschten diplomatischen Mission,
um Kursachsen für einen gemeinsamen Krieg gegen Österreich zu gewinnen,
das damals durch den Konflikt mit der Türkei, die fortwährenden Unruhen
in den Niederlanden und die Krankheit Josephs II. geschwächt erschien. Als
Goethe im Februar die Hoffnung aussprach, den Herzog zu den Manövern
begleiten zu können, die im Lauf des Jahres zur Verstärkung des Druckes auf
Österreich geplant waren, bewies er lediglich jene enge persönliche Verbundenheit mit seinem Fürsten, die das tragende Element seiner offiziellen Rolle
geworden war und jetzt schwerer wog als seine alte, noch immer unverhohlene Ablehnung aller militärischen Abenteuer. «Vollenden Sie Ihre Geschäfte
glücklich», schrieb er dem Herzog, der zur ersten Etappe seiner Mission am
17. Januar nach Berlin abgereist war, «und bringen uns die Bestätigung des
lieben Friedens mit. Denn da eigentlich der Zweck des Kriegs nur der Friede
seyn kann; so geziemt es einem Krieger gar wohl wenn er ohne Krieg Friede
machen und erhalten kann.»

Die Aussichten auf Frieden verbesserten sich dramatisch mit dem Tode
Josephs II. am 20. Februar, als auch für Goethe wiederum eine Epoche zu
Ende ging. Maria Theresia und ihr Sohn hatten, einzeln oder gemeinsam, das
Heilige Römische Reich seit 1740 regiert, als Goethe noch längst nicht geboren war. Joseph starb als enttäuschter Mann, der, besorgt über die Ereignisse
in Frankreich und die Unruhe in seinen eigenen Ländern, bereits damit begonnen hatte, die von ihm eingeleiteten Reformen wieder rückgängig zu machen. Sein Nachfolger wurde sein Bruder Leopold, Großherzog von Toskana, der die Fortsetzung seiner aufgeklärten, aber umsichtigen Politik versprach, die Goethe schon in Italien bewundert hatte. Außerdem gab es in
Frankreich noch keinerlei Anzeichen, die auf eine Periode militärischer Expansion schließen ließen. In der ersten Jahreshälfte 1790 befaßte sich die Revolution vielmehr mit ihrer eigenen Konsolidierung, mit dem Zusammen-
schluß der verschiedenen lokalen Nationalgarden zu einer landesweiten politischen Struktur und mit der Konkretisierung und Abschwächung der

Vorschläge zur Abschaffung der Feudalabgaben. Im Mai schwor die Nationalversammlung feierlich jedem Angriffskrieg ab. Aber für Goethe war klar, wo seine Loyalitäten lagen, vielleicht klarer als jemals zuvor, und das mag, unter anderem der Sinn seiner kryptischen Bemerkung in einem Brief an Jacobi von Anfang März sein: «Daß die Französ[si]sche Revolution auch für mich eine Revolution war kannst du denken.» Als der Kommandant von Marie Antoinettes Schweizergarde, der Lyriker Johann Gaudenz von Salis-Seewis, am 8. Februar nach Weimar kam, sah er sich zunächst wie mancher andere von Goethe «mit viel Anstand und Kälte» empfangen, bemerkte dann aber bei Tisch eine Veränderung: Goethe «scherzte viel, parodirte den Ton der Beisitzer der Nationalassemblee – vertheidigte Sophismen mit Laune, Deutschland mit Wärme.» Offenkundig war Goethe bereits zu dem Schluß gekommen, daß die alte deutsche Reichsverfassung, bei aller Gekünsteltheit ihrer Fürstenhöfe, ein zuverlässigerer Garant der praktisch erreichbaren Freiheit war als die rhetorischen und theoretischen Höhenflüge, deren Kunde von der anderen Rheinseite herüberdrang – eine Auffassung, der die loyalen Untertanen in ganz Deutschland mehr und mehr zuneigten. Vorausgesetzt, die Herrscher widmeten sich weiterhin dem Wohlergehen ihres Volkes, konnte eine Ära des friedlichen Wohlstands bevorstehen – in diesem Sinne jedenfalls wußte Goethe im Januar und Februar geschickt das Interesse Carl Augusts an den anderen Gegenständen zu deuten, die in Goethes besondere Zuständigkeit fielen: «Wir haben wenigstens diese Tage her uns mit dem Schloßbau Plane so ernstlich beschäftigt als ob wir dem friedlichen Reiche Salomons entgegen sähen», schrieb er nach einem langen Besuch des Baumeisters Arens. In der Tat verging der Januar zum großen Teil damit, Gespräche mit Arens zu führen und ihn in Erfurt und Gotha bekanntzumachen, wo einige kleine Aufträge auf ihn warteten, die jedoch nicht ausreichten, Goethe seinem Fernziel näherzubringen, den alten Bekannten aus römischen Tagen nach Weimar zu locken. Immerhin machte die Weimarer Schloßbaukommission diesmal soweit Fortschritte, daß der Wiederaufbau der Wilhelmsburg am 9. April offiziell in Angriff genommen werden konnte.

Ein neues Zeichen für Carl Augusts Interesse an den friedlichen Künsten kam für Goethe noch überraschender: «Daß Sie sich, unter den gegenwärtigen Umständen, noch mit der mechanischsten aller Wissenschaften, dem deutschen Theater abgeben mögen, läßt uns andre Verehrer der Irene hoffen daß diese stille Schöne noch eine Zeitlang regieren wird.» Der Vertrag mit Bellomos Truppe lief zwar erst 1792 aus, aber Weimar begann, ihrer überdrüssig zu werden, und Carl August dachte darüber nach, wieder ein ständiges Hoftheater aus Berufsschauspielern einzurichten. Während seines Aufenthaltes in Berlin erörterte er diese Frage mit Kapellmeister Reichardt; aus den Gesprächen entwickelte sich der Gedanke, Weimar möglicherweise zur Heimat einer Truppe zu machen, die den höchsten künstlerischen Anforderungen des Theaters und der Musik gerecht würde; und freudig erregt schrieb Reichardt an Deutschlands renommiertesten Schauspieler und Theaterdirektor Friedrich Ludwig Schröder in Hamburg, um ihn nach seiner Meinung zu fragen. Schröders Antwort, ein Offener Brief an Reichardt, der auch an Goethe und den Herzog weitergeleitet wurde, ist nicht erhalten geblieben, aber sein Grundton einer geschäftsmäßig-praktischen Vernunft ist aus Goethes Bemerkungen zu Reichardt unschwer zu erschließen:

> Ich wußte voraus daß er so antworten würde, da ich seine Verhältnisse kenne. Ein *deutscher* Schauspiel-Direktor wäre törigt anders zu denken. Von Kunst hat unser Publikum keinen Begriff . . .
>
> Die Deutschen sind im Durchschnitt rechtliche, biedere Menschen aber von Originalität, Erfindung, Charakter, Einheit, und Ausführung eines Kunstwerks haben sie nicht den mindesten Begriff. Das heißt mit Einem Worte sie haben keinen Geschmack. Versteht sich auch im Durchschnitt. Den rohen Teil hat man durch Abwechslung und Übertreiben, den gebildetern durch eine Art Honettetät zum besten. Ritter, Räuber, Wohltätige, Dankbare, ein redlicher biederer Tiers-Etat, ein infamer Adel pp. und durchaus eine wohlsoutenierte Mittelmäßigkeit, aus der man nur allenfalls abwärts ins Platte, aufwärts in den Unsinn einige Schritte wagt, das sind nun schon zehen Jahre die Ingredienzien und der Charakter unsrer Romane und Schauspiele. Was ich unter diesen Aspekten von Ihrem Theater hoffe, es mag dirigieren wer will, können Sie denken.

Goethes Staatstreue ergab sich noch immer im wesentlichen aus der persönlichen Loyalität gegen seinen Fürsten. Als Künstler, der er nun in erster Linie zu sein glaubte, fühlte er sich ebenso isoliert, ebenso abgeschnitten von jedem Publikum, ja auch nur von gleichgesinnten Geistern, wie Tasso. Er war Reichardt dankbar für seine Bemühungen um die Vertonung von *Claudine von Villa Bella*, und jetzt von *Erwin und Elmire*, und er war offenkundig enttäuschter von Schröders Absage, als er zugeben mochte, aber es war eine jener Enttäuschungen, gegen die er sich seit der Rückkehr aus Italien gewappnet hatte. Der Fürstenhof konnte dem Künstler vielleicht sein Mäzenatentum bieten, aber ob er ihm auch sein Publikum bieten konnte, war fraglich, jedenfalls bei einem Werk von der Subtilität des *Tasso*. «Zur Vorstellung ist es nicht», urteilte Knebel, als er das Stück in den Korrekturfahnen las – schonungslos, aber zutreffend, denn es dauerte bis 1807, bevor der *Tasso* auf die Bühne kam. In ihrer Art nicht minder verletzend war Göschens Ablehnung des im Januar abgeschlossenen Manuskripts der *Metamorphose der Pflanzen*; sie implizierte, daß Goethe kein Name war, für den er weiteres Kapital riskieren mochte. Es fand sich jedoch ein kleiner Verlag in Gotha, der bereit war, die Abhandlung zur Ostermesse herauszubringen, und Goethe fühlte sich bemüßigt, sowohl Reichardt als auch Jacobi zu schreiben, er trete nun seine «naturhistorische Laufbahn» an – so als wolle er, nach Vollendung seiner acht Bände Werke, wo schon nicht mit der Literatur, so doch mit dem Theater und dem allgemeinen Lesepublikum nichts mehr zu tun haben.

Goethe plante damals schon eine zweite botanische Abhandlung zur Ergänzung der ersten sowie eine Schrift «über die Gestalt der Tiere», um den Metamorphosen-Ansatz, dessen erste Antizipation die Arbeit über den Zwischenkieferknochen gewesen war, auch, beziehungsweise wieder, auf die

Zoologie anzuwenden. Indessen entwickelten sich seine naturwissenschaftlichen Interessen im Februar 1790 in eine ganz neue Richtung von so immenser Bedeutung – ihre Folgen sollten ihn ganz buchstäblich bis zum letzten Tag seines Lebens beschäftigen –, daß man mit Fug und Recht von einem Wendepunkt sprechen kann. Das Wetter war in diesem Winter 1789/90 oft schön, und aus Italien meldete man Goethe «himmlische» Tage: es gab, nach zweimaliger Verschiebung, für ihn noch immer die Chance, Anna Amalia in Italien abzuholen und die Herzoginmutter auf ihrer langsamen – und, wie bei ihm, nur widerwillig angetretenen – Heimreise zu begleiten, und so ließ er im Januar in einem Brief an Einsiedel eine Andeutung fallen, welche, wie er wußte, mit ziemlicher Sicherheit aufgegriffen werden würde: daß er natürlich bereit sei, einer entsprechenden Aufforderung Folge zu leisten. Es war daher zu erwarten, daß er in naher Zukunft wieder auf Reisen sein und damit außerstande sein werde, ernsthaften Gebrauch von den optischen Geräten zu machen, die er sich von Büttner ausgeliehen hatte; so entschloß er sich jetzt, sie zurückzugeben. Bevor er jedoch die Apparate verpackte, wollte er noch rasch einen Blick durch das Prisma werfen, um wieder die Erscheinung der Lichtbrechung zu sehen, die er seit seiner Studentenzeit nicht mehr bewußt wahrgenommen hatte:

Eben befand ich mich in einem völlig geweißten Zimmer; ich erwartete, als ich das Prisma vor die Augen nahm, eingedenk der Newtonischen Theorie, die ganze weiße Wand nach verschiedenen Stufen gefärbt, das von da ins Auge zurückkehrende Licht in so viel farbige Lichter zersplittert zu sehen.

Aber wie verwundert war ich, als die durchs Prisma angeschaute weiße Wand nach wie vor weiß blieb, daß nur da, wo ein Dunkles dran stieß, sich eine mehr oder weniger entschiedene Farbe zeigte, daß zuletzt die Fensterstäbe am allerlebhaftesten farbig erschienen, indessen am lichtgrauen Himmel draußen keine Spur von Färbung zu sehen war. Es bedurfte keiner langen Überlegung, so erkannte ich, daß eine Grenze notwendig sei, um Farben hervorzubringen, und ich sprach wie durch einen Instinkt sogleich vor mich laut aus, daß die Newtonische Lehre falsch sei.

Was Goethe sah, ist mit Newtonschen Prinzipien vollständig erklärbar. Wäre das durch das Prisma fallende Licht aus einer punktförmigen Quelle gekommen, wie in der Camera obscura, und also praktisch ein einzelner Lichtstrahl gewesen, so würde Goethe das Phänomen gesehen haben, das er erwartete: einen Strahl weißen Lichts, aufgefächert in ein Band unterschiedlicher Farben. Wenn viele Lichtstrahlen gleichzeitig durch das Prisma fallen, weil es zum Beispiel gegen ein Fenster gehalten wird, kommt es zu einer Überlagerung der von den einzelnen Strahlen erzeugten Farbspektren, und der ursprüngliche Weißeffekt stellt sich wieder ein. Nur wenn die Lichtquelle begrenzt oder unterbrochen wird – zum Beispiel durch den Fensterrahmen oder die Fensterstäbe –, können die Lichtstrahlen an ihrem Rand ein einzelnes Farbspektrum hervorbringen, das nicht von anderen Spektren überlagert ist und daher für den Beobachter sichtbar bleibt. Goethe berichtet, daß er eben diese Erklärung zu hören bekam, als er sich, mit Rücksicht auf seine mangelnde Erfahrung in diesen Dingen, verpflichtet fühlte, «einen benachbarten Physiker» zu konsultieren – vielleicht Johann Heinrich Voigt, den Nachfolger Wiedeburgs als Professor der Mathematik in Jena. Allein: «Ich mochte dagegen nun einwenden, was ich wollte, . . ., ich mochte mich mit meinen Versuchen und Überzeugungen gebärden, wie ich wollte: immer vernahm ich nur das erste Credo und mußte mir sagen lassen, daß die Versuche in der dunklen Kammer weit mehr geeignet seien, die wahre Ansicht der Phänomene zu verschaffen.» Wieder einmal sah sich Goethe mit Berufsgelehrten konfrontiert, die bereitwillig das Zeugnis ihrer fünf Sinne in den Wind schlugen und den lebendigen Begriff der Sache dem aufopferten, was andere Leute darüber gesagt hatten. Er scheint nicht bemerkt zu haben, daß Sturheit, Dogmatismus und das unerschütterliche Festhalten an einem ersten Credo eher für seine eigene Haltung kennzeichnend waren als für die erstaunlich toleranten Wissenschaftler, gegen die er nach und nach einen vierzig Jahre währenden, schlechterdings nur als besessen zu bezeichnenden Feldzug mit dem Ziel begann, eine nicht-newtonische Farbentheorie zu etablieren. Er glaubte, mit eigenen Augen gesehen zu haben, daß das Experiment, welches angeblich die Zerlegbarkeit von weißem Licht in seine konstituierenden Farben demonstrierte, ein Schwindel war. Nachdem er diese Erfahrung gemacht hatte, konnte er sehen – und glaubte, andere müßten es ebenfalls sehen –, daß es eine offenkundige Absurdität war, zu behaupten, eine beliebige Gruppe von Farben, die ja naturgemäß dunkler als Weiß sind, könne in einer neuen Verbindung etwas ergeben, das heller ist als jede einzelne der Ausgangsfarben. Die Falschheit von Newtons Erklärung der Farbe war, sobald man nur sein Vorurteil ablegte, unvergleichlich viel evidenter als das Vorhandensein eines Zwischenkieferknochens beim Menschen. Wir werden uns später mit der geistigen Reise befassen, die anzutreten Goethe im Begriffe stand, und mit den Wahrheiten, die er unterwegs entdecken sollte; fürs erste brauchen wir uns nur auf den Moment des Beginns dieser Reise zu konzentrieren. Wieder einmal, wie in der Geologie, der vergleichenden Anatomie und bei der botanischen Eingebung auf seinem Strandspaziergang in Neapel, hatte ihm die Offenbarung eines Augenblicks den Ariadnefaden geliefert, der ihn durch das unabsehbare Labyrinth der nun folgenden empirischen Untersuchungen führen würde. Aber dieser Moment war anders. Der Fall war nicht bloß extremer als alle früheren: Goethe erlangte seine Einsicht bei dieser Gelegenheit ohne das mindeste vorherige Studium; und was hier zur Debatte stand, auf eine prinzipiellere und sogar abstraktere Weise als zuvor, war nichts Geringeres, und nichts anderes, als das Zeugnis seiner Sinne. Der Anlaß hatte auch eine ungewöhnliche persönliche Seite: Man hat ihn mehr als einmal mit einem Augenblick der religiösen Bekehrung verglichen, wie er etwa für ein Mitglied jener pietistischen Konventikel, in denen Goethe zwischen 1768 und 1770 für kurze Zeit verkehrte, der normale Eingang zu einem Leben in Christus war. Einer höchst brillanten und überzeugenden Exegese jüngeren Datums zufolge (Albrecht Schöne, *Goethes Farbentheologie*, 1987) entspricht

Goethes unermüdlicher Kampf für eine neue Farbenlehre in ihrer Tiefen-
struktur der Verteidigung des Arianismus – jener Häresie, wonach Christus
nicht Gott war – gegen die tyrannischen Sophismen der etablierten trinitari-
schen Christologie. Das Licht wird gegeißelt, ja gekreuzigt durch die Instru-
mente von Wissenschaftlern, die – wie eine Kirche von Theologen, die über-
kommene Dogmen nachplappern –, die reine Einfachheit der Gottheit in
sieben Farben oder drei Personen oder sonst eine magische Zahl zu zerlegen
suchen, der sie eher trauen als dem, was ihre Augen und ihre Vernunft ihnen
sagen. Es mag nur wenige Monate nach diesem Augenblick seiner Bekehrung
gewesen sein, daß Goethe den Vergleich zog zwischen dem Leiden des Lichts
unter den Händen Newtons und seiner Anhänger und dem Leiden Christi
unter den Händen der Rechtgläubigen:

> «Alles erklärt sich wohl», so sagt mir ein Schüler, «aus jenen
> Theorien, die uns weislich der Meister gelehrt.»
> Habt ihr einmal das Kreuz von Holze tüchtig gezimmert,
> Paßt ein lebendiger Leib freilich zur Strafe daran.

Der Vergleich ist von höchster Bedeutung, wenn es auch auf den ersten Blick
schwer verständlich erscheinen mag, warum Goethe ihn gerade an diesem
Punkt seines Lebens anstellte. Der Jahresbeginn 1790 jedoch war für Goethe
die Zeit einer Sinn- und Identitätskrise. Das symbolische Leben, das er zwanzig Jahre lang als säkularer Sohn des Menschen geführt hatte, nach Verwerfung der orthodoxen Forderung, ein Leben in der Nachfolge des Sohnes Gottes zu führen, war mittlerweile zu Ende. Die Gewalt des natürlichen
Begehrens, aus dem er für sein Leben ein Ziel und für seine Dichtung verführerische Faszination geschöpft hatte, war gezähmt. Das Gesetz und die
Propheten waren erfüllt, aber das Ende vom Lied war die gesellschaftliche
und geistige Isolierung und ein schreiender Säugling im Haus. Da muß die
Auffassung, die Mephistopheles in der Szene «Wald und Höhle» vertritt: daß
der Mensch nichts weiter als ein Tier ist und daß hinter seinen ganzen him-
melstürmenden Gefühlen nichts weiter als animalische Lust steckt, etwas
sehr Plausibles gehabt haben. Gleichzeitig hatten sich, nur allzu begreiflicherweise, Goethes Glaube an eine transzendente göttliche Vorsehung sowie der
letzte Rest seiner Achtung vor dem historischen Christus endgültig verflüch-
tigt, und sein altes Mißtrauen gegen kirchliche Institutionen hatte sich in Haß
und Verachtung verkehrt. Schließlich galten Christiane Vulpius als Geächtete
und er als Exzentriker, weil es keine kirchliche Feier gegeben hatte, und das
irdische Willkommen für seinen Sohn war eine heimlich-hastige Amtshand-
lung gewesen, die aus der schieren Existenz des Kindes eine Peinlichkeit
machte. Wenn aber die großen Sinnstrukturen des Christentums eine Illusion
waren, wenn sogar Liebe und das Gefühl der Einheit mit der Natur nur
Schaum auf der Oberfläche des animalischen Reproduktionsprozesses waren,
was war *er* dann? und wozu war er? – eine Frage, die Goethe in bezug auf
Naturphänomene verwarf, für sich selbst aber nicht verwerfen konnte. Die

abgeschmackten Tröstungen der «Kunst» ergaben in der übervölkerten Einsamkeit Deutschlands keinen großen Sinn, zumal Goethes eigene Kunst, die Kunst der Literatur, auf Bedeutungen und Werte angewiesen war, die von allen geteilt wurden und sich in der Sprache nicht eines einzigen Mannes, sondern einer ganzen Gesellschaft verkörperten:

> Was mit mir das Schicksal gewollt? Es wäre verwegen,
> Das zu fragen: denn meist will es mit vielen nicht viel.
> Einen Dichter zu bilden, die Absicht wär' ihm gelungen,
> Hätte die Sprache sich nicht unüberwindlich gezeigt.

Anfang 1790 war Goethe stark in Versuchung, in seinem Leben ein sinnloses Scheitern zu sehen: Das Dogma von der Erbsünde, grübelte er bitter, war vielleicht doch wahr und er selbst ein verpfuschtes Geschöpf.

In dem Augenblick der Offenbarung, als Goethe durch das Prisma sah, lag zweierlei: das Bewußtsein von dem, was er da, persönlich und unmittelbar, vor sich sah; und das Bewußtsein seiner Opposition gegen eine allgegenwärtige Orthodoxie, das Bewußtsein, «daß die Newtonische Lehre falsch sei». Hier gab es plötzlich eine neue Kirche, die er hassen konnte, mit ihren Päpsten und Inquisitoren, ihren dogmatischen Theologen und ihren starrsinnig einfältigen Gläubigen, den von der Hierarchie Betrogenen. Die Dogmen dieser Kirche galten der materiellen und sinnlichen Welt, nicht dem Gewebe von Illusionen, auf das die christliche Kirche spezialisiert war; sein Leben dem Angriff auf diese Kirche zu weihen bedeutete nicht, sich auf einen Kampf mit Phantomen einzulassen, bei dem «niemand recht zu Verstand kommt»; denn «das Individuum ist ein armes Ding, es erkläre sich für welche Partei es wolle, das *Ganze* ist nie ein *Ganzes*». Hier war eine Schlacht zu schlagen, in der die Sache einer den Kampf lohnenden Wahrheit den Sieg versprach. Wovon aber war diese Newtonsche Wissenschaftskirche der Feind? Welches war die Häresie, die sie ebenso gnadenlos verfolgt hatte, wie die Christen die einfache, ursprüngliche Wahrheit über den Stifter ihres eigenen Glaubens verfolgt und in jedem neuen Ketzer ihren eigenen Christus neu gekreuzigt hatten? Es war nichts anderes als das, was Goethe jetzt vor sich sah, das Zeugnis *seiner* Sinne, das Licht, das rein und ungebrochen in *sein* Auge fiel. Der Christus, den die Newtonianer zum zweitenmal kreuzigten, war die Reinheit und Einfachheit des weißen Lichts, wie sie sich jedem beliebigen, vor allem aber diesem Beobachter zeigte; es war die Integrität und Verläßlichkeit der Wahrnehmungen, die der einzelne macht, das Gefühl seines eigenen Seins und seiner Verbundenheit mit der Welt, die er wahrnimmt. Goethe konnte kein symbolisches Leben mehr führen, dessen Mittelpunkt er als ungedeutete Christusgestalt einzunehmen hätte, aber er hatte in einem Augenblick der Einsicht entdeckt, wie er jenes Muster auf die Welt der naturwissenschaftlichen Betätigung übertragen konnte; die Rolle des leidenden Sohnes übernahmen dabei das beobachtende Bewußtsein, das unschuldig zur Welt kommt, und das reine Licht, das ihm leuchtet. Wenn die Farbentheorie für Goethe später zur Obsession wurde, die paranoide, ja mild psychotische Züge aufwies, dann darum, weil für ihn dieses Thema Zufluchtsort von einem providentiellen, religiösen Weltverständnis wurde, das er für den Rest seiner komplexen Existenz nicht mehr aufbringen konnte. Daß Goethes Befassung mit der Farbenlehre ihren Anfang in einem Augenblick quasi-religiöser Bekehrung in einer dunklen Nacht der Seele hatte und in der Folge zuzeiten einen pathologischen Anstrich gewann, bedeutet jedoch nicht, daß das, was er auf diesem Wissensgebiet gedacht und entdeckt hat, wertlos wäre oder ganz auf die psychologischen Bedürfnisse reduziert werden könnte, die diese Betätigung für ihn erfüllte. Im Gegenteil: Ist seine Farbentheorie auch nicht, wie er am Ende seines Lebens provozierend behauptet hat, wichtiger als alles, was er «als Poet geleistet» hatte, so ist sie jedenfalls wichtiger und origineller als alle seine übrigen naturwissenschaftlichen Arbeiten, und die einzelnen Phasen ihrer Entwicklung verdienen unsere Beachtung in nicht geringerem Maße als jene anderen, mehr literarischen Projekte, deren Vollendung ebenfalls viele Jahre beanspruchen sollte.

Im Februar und Anfang März 1790 war indessen noch gar nicht klar, daß Goethe schon auf dem Weg zu seinem Damaskus war – um die Bildlichkeit eines kleinen Gedichts aus diesen Monaten aufzugreifen, in dem Goethe Christus bittet, wiederzukehren und den Menschen die sinnliche Erfüllung zu bringen, während er sich selbst bereit erklärt, in dieser Mission den Part des Paulus zu übernehmen. Die Optik war offenkundig Goethes neue Schwärmerei, aber zunächst stellte sie begrenzte und überschaubare Forderungen: Goethe behielt Büttners Geräte und begann eine intensive Reihe von Experimenten, aber die wahren Dimensionen des Projekts und die Fähigkeit, seine Kraft und Aufmerksamkeit zu absorbieren, waren noch nicht abzusehen. Was Goethe damals absorbierte – und es zeugt von dem ganzen Ausmaß seiner geistigen Trostlosigkeit, daß dem so war –, war die Sexualität: nicht die körperliche Liebe, deren Glück ihn zu den *Elegien* inspiriert hatte, sondern die unpersönlichen Vorgänge, von denen sich Schuljungen und Pornographen angezogen fühlen. Dem Herzog, dessen Reise nach Berlin nicht nur politische, sondern auch medizinische Gründe hatte, meldete er Anfang Februar die Wiederaufnahme der ehelichen Beziehungen. Weniger spaßig als Goethe dürfte der Herzog die Bemerkung gefunden haben, als braver monogamer Poet, ohne die Verpflichtungen eines Fürsten gegenüber dem schönen Geschlecht als ganzem, vermöge er sein *membrum virile* «purissimum» zu erhalten. Das *membrum* vielleicht, aber nicht das Gemüt. Für den ledigen Prinzen August von Gotha verfaßte er im Februar auf lateinisch eine ungezwungene Erläuterung zu den Funktionen der verschiedenen römischen Gottheiten, die, dem *Gottesstaat* des hl. Augustinus zufolge, für die einzelnen Phasen des Beischlafs zuständig sind, und gleichzeitig und in derselben schlüpfrigen Unklarheit der Gelehrtensprache eine Reihe von Kommentaren zu den *Priapeia* des Schoppius, einer Sammlung obszöner Verse aus dem 17. Jahrhundert. Besonders interessierte ihn die korrekte Deutung eines schematischen Kürzels oder Hieroglyphen für die männlichen Genitalien, auf das in den *Priapeia* angespielt wird und das, von links nach rechts gelesen, aus einem großen E, einem langen Strich und einem großen D bestand. Dieses Symbol findet sich auch in anderen Papieren und Zeichnungen Goethes von Anfang 1790 – er scheint sogar den Versuch unternommen zu haben, dieselbe Struktur in den Fortpflanzungsorganen der Pflanzen wiederzufinden –, und zwei unübersehbar phallische Szenen, samt symbolischer Schlange und Schildkröte, sind wahrscheinlich zu derselben Zeit entstanden. Die gleichzeitige Skizze einer Gartenherme mit monströs erigiertem Penis läßt sich mit zwei *Erotica* an Priapus in Verbindung bringen, die den Gott darum bitten, das Organ des Dichters zu segnen und vor dem Erschlaffen zu bewahren. Wahrscheinlich hatte Goethe diese gelehrte – und experimentelle – Arbeit an den *Priapeia* im Sinn, als er Jacobi über seine Reaktion auf die Französische Revolution schrieb, die auch für ihn eine Revolution gewesen sei: «Übrigens studiere ich die Alten und folge ihrem Beispiel so gut es in Thüringen gehn will.» Goethe war seit langem und blieb zeitlebens gewohnt, über sexuelle Dinge mit gesunder Offenheit zu denken und zu reden, aber die ausschließlich skatologischen Phantasien, die ihn Anfang 1790 beschäftigten und noch einige Monate anhielten, waren eine isolierte Periode und sind Zeugnis zumindest einer ungewöhnlichen Gemütsverfassung, wo nicht gar einer emotionalen und imaginativen Verarmung. Aus den Schriften, Zeichnungen und Briefen dieser Zeit würde man kaum vermuten, daß er einen Sohn hatte, der eben angefangen haben mußte, zu lächeln.

Daß Goethe noch einmal nach Italien gehen sollte, war ein Plan, der wenigstens so alt war wie die Abreise der Herzoginmutter ohne ihn im August 1788, und die ersten Schritte zur Ausführung dieses Plans hatte er im Januar 1790 getan, als er, einen Tag nach Absendung des Manuskripts zu *Faust. Ein Fragment* seine Andeutung gegenüber Einsiedel fallenließ. Gewiß, es hatte sich in den vergangenen anderthalb Jahren so vieles verändert, daß ihm die Motive, gerade jetzt zu reisen, nicht klar gewesen sein können. Doch gab es Ende Februar keinen neuen und konkreten Grund, warum er seinen Plan ändern sollte; Carl August in Berlin kann über Goethes offizielles Ersuchen um Beurlaubung, vom 28. Februar nicht überrascht gewesen sein; und Schiller traf ohne Zweifel akkurat die allgemeine Meinung, wenn er spekulierte, daß Goethe, einmal in Italien, schwerlich wieder nach Weimar zurückkehren werde. «Er sehnt sich aufs neue nach seinem Italien, und will Palmsonntag schon in Venedig sein.» Goethe bedurfte gewiß einer Wiedergeburt, aber er muß zuzeiten gezweifelt haben, ob Italien sie ihm noch einmal schenken konnte. Nachdem er seine Vorbereitungen getroffen hatte, brannte er darauf, abzureisen – nach Arens' Besuch waren seine Untergebenen mit den Plänen für die Wilhelmsburg ausreichend beschäftigt; er hatte einen von Werner empfohlenen Fachmann durch die Ilmenauer Bergwerke geführt, und dessen Ratschläge in bezug auf Entwässerung und den Bau der Zugangsstraße konnten auch in Goethes Abwesenheit in die Tat umgesetzt werden; desgleichen waren einige fiskalische Dinge veranlaßt worden, die nicht seiner persönlichen Gegenwart bedurften; doch das einzige, worauf er sich definitiv gefreut zu haben scheint, war, in den Kirchen Venedigs die Musik zur Karwoche zu hören: «Um als ein Heide von dem Leiden des guten Mannes auch einigen Vorteil zu haben, muß ich die Sängerinnen der Konservatorien notwendig hören und den Doge im feierlichen Zuge sehen.» Vielleicht beabsichtigte er, offen zu bleiben für das Unvorhersehbare – «ich habe so ganz meine eigne Weise nach der ich leben muß oder ganz elend bin» war die Begründung dafür, daß er keinen Freund wie etwa Knebel mitnahm –, doch wurde er diesmal von seinem Hausdiener Johann Georg Paul Götze begleitet, den er von Anfang an dazu anhielt, Tagebuch zu führen und sich für die Kunstwerke zu interessieren, die sie sahen, so als erwarte er sich von dem ganzen Unternehmen nicht mehr als die Wiederholung einer Reise in bekannte Gegenden, die nur durch eine pädagogische Zwecksetzung interessant zu gestalten war. Nachdem er am frühen Morgen des 10. März Weimar verlassen hatte, war er bis zum 12. nicht weiter als bis nach Jena gekommen, und von dort schrieb er Herder, dem er Christiane und den kleinen August anempfahl, falls ihnen etwas zustoßen sollte: «Ich gehe diesmal ungern von Hause, und dieser Stillstand in der Nähe macht mir die Sehnsucht rückwärts noch mehr rege.»

Der Grund für den Aufenthalt war ein dringender Auftrag, den Goethe von seinen Kollegen im Geheimen Conseil erhalten hatte. Am 4. März hatten in Jena einige Weimarer Soldaten unter einem Feldwebel Wachtel, die wegen eines früheren Vorfalls an demselben Tag von ein paar Studenten geneckt worden waren, entgegen ihren Weisungen die Studenten nicht festgenommen, sondern mit der Waffe angegriffen. Nachdem die relativ milden Strafen für die Schuldigen bekannt geworden waren – vierzehn Tage Haft für Wachtel, davon einige bei Wasser und Brot –, hatten die gesamte Studentenschaft sowie einige Professoren bei der Militärbehörde protestiert und eine weitergehende «Satisfaction» verlangt, was ihnen auch zugesagt wurde. Die Wogen der Leidenschaft gingen hoch, und die Loyalitäten wechselten stündlich. Zu fürchten war weniger ein allgemeiner Aufruhr als vielmehr eine Massenabwanderung der Studenten an eine andere Universität; das wäre nicht nur wirtschaftlich verhängnisvoll für das Herzogtum gewesen, es hätte auch der akademischen Zukunft Jenas nachhaltigen Schaden zufügen können. Goethes Aufgabe als Abgesandter der in Abwesenheit des Herzogs höchsten Autorität im Lande war es, die gefällten Urteile zu überprüfen und sie entweder, falls nötig, zu bestätigen oder aber neue Strafen zu verhängen. Ursprünglich hatte er gehofft, die Angelegenheit regeln zu können, ohne sie zur endgültigen Entscheidung an den Herzog weiterleiten zu müssen; doch nach langen Beratungen in einer gereizten Atmosphäre, zu der alte Animositäten der Professoren untereinander sowie deren Klagen über das Militär beitrugen, mußte er diese Hoffnung aufgeben. Die Studenten wurden zwar durch den Umstand besänftigt, daß ein Minister ihnen drei Tage seiner Zeit widmete, sie ließen sich aber nicht von ihrem Vorsatz abbringen, an den Herzog zu appellieren, was ihr gutes Recht war. Goethe schätzte sich zuletzt glücklich, zweimal eine drohende Katastrophe abgewendet zu haben: einmal, als die Soldaten drauf und dran waren, zu meutern, nachdem ihnen Gerüchte zu Ohren gekommen waren, sie sollten streng bestraft werden; und zum anderen, als die Studenten vorschlugen, einen eigenen Wach- und Ordnungsdienst aufzustellen. Auf die erste Krise reagierte Goethe damit, daß er sie ignorierte, und sie ging in der Tat vorbei; den Vorschlag der Studenten aber lehnte er grundsätzlich ab. Wenn dieser Freibrief ausgestellt würde, so dachte er, eingedenk der Ereignisse in Frankreich im vergangenen Juli, dann konnte Jena von Leipzig den Ehrentitel «Klein-Paris» übernehmen. Die ganze Angelegenheit war jedoch vollkommen unpolitisch und bestätigt nur das Muster, nach dem 1789 und 1790 zahllose andere kleine Unruhen in Deutschland verliefen: Die souveräne Macht war in Deutschland auf so viele kleine Territorien verteilt, daß die Ordnung leicht auf lokaler Ebene wiederhergestellt und Klagen und Beschwerden vom Fürsten persönlich angehört werden konnten, während es an Organen einer politischen und publizistischen Vertretung der ganzen Nation fehlte, die einem einzelnen Ereignis symbolische Bedeutung geben oder viele kleine Zwischenfälle zur gemeinsamen Sache aller anschwellen lassen konnten. Für Goethe selbst waren die mißlichen Verhältnisse, deren Ausgleich man von ihm erwartete, ein Greuel: «wenn mir dieser Ort [Jena] verhaßt werden könnte», schrieb er Herder, «so hätt' er es diese Tage werden müssen», und falls er die Gelegenheit benutzt haben sollte, sich mit Professor Voigt über Newtons Farbtheorie zu besprechen, so kann ihm durch das Resultat dieser Unterredungen Jena nicht lieber geworden sein. Er verließ die Stadt am 14. März morgens um dreiviertel sieben, nachdem er ausführliche Berichte an Fritsch und Carl August abgeschickt hatte, und als im April der Herzog aus Berlin zurückkam und der leidigen Sache durch Auspeitschung und unehrenhafte Entlassung Wachtels ein Ende machte, war Goethe schon längst in Italien.

In einer vom Herzog gestellten Kutsche fuhr Goethe ohne Unterbrechung zwei Tage und zwei Nächte über Coburg und Bamberg nach Nürnberg. Das schöne Wetter hatte aufgehört, abwechselnd regnete und schneite es, die Stadt war schmutzig und kalt. Er hielt sich nur wenige Stunden auf, um einige Gemälde Dürers zu besichtigen und ein paar Bücher zu kaufen, und beschloß, nicht den Abstecher nach Ansbach zu machen und Knebels Mutter und Schwester zu besuchen, für die er einen Brief von Knebel bei sich hatte, sondern gleich nach Augsburg weiterzureisen, wo er nach einer weiteren Nachtfahrt am 16. März abends um neun ankam. Offenbar war er gewillt, die Probleme in Jena und etwaige Zweifel an seinem Vorhaben unbedingt von sich fern zu halten. Die freie Reichsstadt Augsburg hatte zwar die Tage ihrer größten Prosperität hinter sich und war als Handelszentrum nicht mit Frankfurt zu vergleichen, aber sie sprach Goethe an, wie ihn 1786 Regensburg angesprochen hatte: Das Heilige Römische Reich, katholisch, aber tolerant (in Augsburg selbst waren beide Konfessionen gleichberechtigt), deutsch und nicht habsburgisch, mit der Bürgerkultur des 15. und 16. Jahrhunderts als ihrem Zenit, war so etwas wie sein Lebenselement, das er um so mehr in Ehren hielt, als es nun – wie alles dergleichen – von den rationalistischen Verfassungstheoretikern Frankreichs in Frage gestellt wurde. «Ich werde noch einige Tage in Augsburg bleiben denn es kommt mir hier der Wohlgeruch der Freyheit, das heißt der größten Constitutionellen Eingeschränktheit entgegen», notierte er sich in dem fragmentarischen Entwurf zu einem Brief, der wahrscheinlich nie abgeschickt worden ist. Das Requiem für den toten Kaiser am 18. März im Dom bestärkte ihn in seinen Gefühlen:

> Aber die Krone mit Flor behangen auf Sammtkissen die Wappen der Reiche und Provinzen auf Pappe gemahlt die vielen Lichter Leuchter Silber und Umstände haben mir in Einem Augenblick ein tieferes Gefühl gegeben Seiner Würde Seines Standes seines Schicksals seiner unglücklichen Willkühr und mächtigkeit als mir durch keine Worte hätte können eingeprägt werden.
> Überhaupt ich fühle wieder hier daß es kein besserer Zustand ist als ein Heide der unter Katholicken wohnt.

Der Katholizismus stand hier selbstredend für mehr als nur die Religion: Er stand für das föderalistische, international gesinnte bürgerliche Deutschland der Städte im Süden und Westen, das ihn geboren hatte und dem er sich gesellschaftlich und politisch zugehörig fühlte; das «Heidentum» meinte sein protestantisch-individualistisches Erbe, sein Bedürfnis, in geistiger Unabhängigkeit von der Gesellschaft zu leben, die ihn umgab. Es ist das bemerkenswerte Treuebekenntnis zu einer politischen Konstellation, die im Niedergang begriffen war und in Deutschland erst wieder 160 Jahre später aufgehen sollte. Der ideale «Zustand» eines freien Mannes in einem bürgerlichen Deutschland, das war es gewesen, was Goethe gesucht und gefunden hatte, als er in Italien glücklich gewesen war, und seine bekenntnishafte Notiz zeigt, worin der eigentliche Unterschied zwischen einem Leben in Rom und einem Leben in Weimar lag, wo er gewiß ein Heide sein konnte, aber nicht «unter Katholiken». Beim Schreiben des Briefentwurfs muß ihm bewußt gewesen sein, daß seine gegenwärtige Reise nicht dazu angetan war, auch nur seine jüngste Vergangenheit zu rekapitulieren: Seine Bindung an Weimar, wie fremd dieser Ort und seine politische Ordnung auch Goethes Ursprüngen sein mochten, war jetzt ebenso vollständig, wie sie unvermeidlich war.

Am 19. März, dem Tag nach dem Requiem, verließ die Kutsche Augsburg und gewann, Füssen durchquerend, das schneebedeckte Tirol. Am 21. März, morgens um zwei, bewegte sich Goethe wieder auf der alten Route von 1786 nach Innsbruck. Diesmal blieb er ein wenig länger als bei seinem ersten Besuch – einen ganzen Tag lang besichtigte er die Schätze in Schloß Ambras –, aber am 22. war er wieder unterwegs. Nur eine halbe Stunde pausierte er am Nachmittag auf dem Brenner, der nun nicht mehr die geheimnisvolle Grenze zur Erfüllung war, erreichte kurz vor Mitternacht Brixen und fuhr gleich weiter, um am nächsten Tag, nachmittags um fünf, in Trient einzutreffen. In Tirol hatte er nur Wolfsmilch am Straßenrand gesehen, während in Trient schon die Obstbäume blühten, und sogar Eidechsen ließen sich sehen. Nach einer Nacht in Rovereto kam Goethe am 25. März in Verona an: Pfirsiche und Kirschen standen in voller Blüte, aber es wehte ein kalter Nordostwind, und das flache Land sah «noch nicht Italiänisch aus». Wäre Goethe bereit gewesen, sich zu beeilen, hätte er spätestens am 28. März in Venedig sein können, aber noch mehr als die Aussicht auf eine christliche Liturgie reizten ihn in Verona die einzigen bedeutenden Altertümer, die es auf seinem Weg zu sehen gab, das Amphitheater und das Museo Lapidario mit seinen ergreifenden Grabreliefs, und so blieb er bis zum Palmsonntag in der Stadt.

Goethe und Götze ließen die Kutsche an ihrem Gasthof stehen und mieteten einen Wagen nach Vicenza und Padua, wo sie sich nach Venedig einschifften; am Nachmittag des 31. März, es war der Mittwoch der Karwoche, fuhren sie in die Lagune ein. Sie fanden ein Quartier am Rialto, nachdem sich herausgestellt hatte, daß das Hotel, welches ihnen Einsiedel empfohlen hatte, nicht existierte, und am Gründonnerstag verfolgten Goethe und sein Diener ungeachtet der Kälte, wie der Doge und der päpstliche Nuntius, der den Osterablaß brachte, in feierlicher Prozession zusammen mit den schwarz und violett gekleideten Senatoren unter Salutschüssen über den Markusplatz schritten. In der Nacht schneite es, und das Fortkommen in dieser Stadt aus Wasser und Kot war noch beschwerlicher als sonst, aber die Reisenden kämpften sich trotzdem am Morgen und am Nachmittag des Karfreitags zum Markusplatz durch, um zuzusehen, wie die Bruderschaft vom hl. Rochus das Bild des Erlösers begrub und dann zum Markusdom zog, um die Phiole mit dem noch immer flüssigen Blut Christi anzubeten. Am Karsamstag besserte sich die Lage etwas. Der Wind legte sich endlich, man besuchte die Schola der Bruderschaft, und Götze wurde mit Goethes Liebling unter den Bauten Palladios bekannt gemacht, der S. Maria della Carità. Es gab noch immer keine Mitteilung von Anna Amalia, wann mit ihrer Ankunft zu rechnen sei, aber es war nicht nur Verstimmung über die Ungewißheit, das schlechte Wetter oder den Triumph des Aberglaubens, was Goethe an diesem Tag an Carl August schreiben ließ:

Übrigens muß ich im Vertrauen gestehen, daß meiner Liebe für Italien durch diese Reise ein tödtlicher Stos versetzt wird. Nicht daß mirs in irgend einem Sinne übel gegangen wäre, wie wollt es auch? aber die erste Blüte der Neigung und Neugierde ist abgefallen und ich bin doch auf oder ab ein wenig Schmelfungischer[1] geworden. Dazu kommt meine Neigung zu dem zurückgelaßnen Erotio[2] und zu dem kleinen Geschöpf in den Windeln . . .

Wenn Goethe mit seinem Liebesverhältnis zu Italien so schnell Schluß machen konnte – kaum zwei Jahre nach seiner Rückkehr nach Italien und knapp zwei Wochen nach der zweiten Brennerüberquerung –, scheidet eine bestimmte Art der Erklärung für diese Liebe mit Sicherheit aus: Es kann nicht so gewesen sein, daß Goethe in Italien auf einmal die Qualitäten der klassi-

---

1 Nach Smelfungus, dem nörgelnden Reisenden in Sternes *Empfindsamer Reise.*
2 Erotion ist der Name einer jungen Sklavin bei Martial.

schen Kunst und die Möglichkeit einer sinnlichen, sonnentrunkenen modernen Existenz in Nachahmung der antiken Welt entdeckt hätte – was alles
seinem Leben fortan eine völlig neue Richtung hätte geben können –, und
wenn es so gewesen wäre, dann wäre es kaum mehr als ein Zufall gewesen,
daß es sich in Italien ereignet hatte. In Wahrheit war es, wie wir sahen, so,
daß die Realitäten des zeitgenössischen und auch des antiken Daseins in Italien wenig mit den Erfahrungen zu tun hatten, die Goethe mit dem Namen
dieses Landes benannte. Sogar die Realität der erhaltenen antiken Artefakte
hatte nur eine oberflächliche Wirkung auf ihn. Kein einziges Werk der Antike, nicht einmal der mittlere Tempel in Paestum, hatte ihn so hingerissen,
daß er den Versuch unternehmen mußte, es in Stein oder Vers nachzubilden,
als er nach Weimar zurückkam, oder es immer wieder zeichnen und beschreiben mußte, so wie es ihm zur Obsession geworden war, die imaginären Landschaften Claude Lorrains oder Hackerts nachzuzeichnen. Knapp einen Monat nach seiner ersten Rückkehr aus Italien hatte er Heyne, dem Nestor der
deutschen Altphilologie in Göttingen, gestanden, daß

es mir sonderbar genug und im Grunde doch ganz natürlich gegangen ist. Ich erkenne
es jetzt selbst erst nach meiner Rückkunft, aus den Briefen die ich von dorther an
meine Freunde schrieb und die mir jetzt wieder zu Gesicht kommen.
Im Anfange hatte ich noch Lust und Mut das Einzelne zu bemerken, es nach meiner
Art zu behandeln und zu beurteilen; allein je weiter ich in die Sachen kam, je mehr ich
den Umfang der Kunst übersehen lernte desto weniger unterstand ich mich zu sagen
und meine letzten Briefe sind eine Art von Verstummen oder, wie Herder sich ausdrückt: Schüsseln, in denen man die Speisen vermißt.
Wenn ich mich werde gesammelt haben, werde ich erst selbst erkennen, was ich mir
erworben habe ... Was ich dem Publiko vorlegen könnte sind Bruchstücke, die wenig
bedeuten und niemand befriedigen. ...
Sollte ich über das was ich an alter und neuer Kunst bemerkt ein allgemeines Glau-
bensbekenntnis hersetzen, so würde ich sagen: daß man zwar nicht genug Ehrfurcht
für das, was uns von alter und neuerer Zeit übrig ist, empfinden kann, daß aber ein
ganzes Leben dazu gehört diese Ehrfurcht recht zu bedingen, den Wert eines jeden
Kunstwerks in seiner Art zu erkennen und davon, als einem Menschenwerke, weder
zu viel zu verlangen, noch auch wieder sich allzuleicht befriedigen zu lassen.

Goethe hat die Jahre von 1786 bis 1788 nicht in Italien verbracht, wie er selbst
viel später zugab, als er ein Motto für das suchte, was wir als *Italienische
Reise* kennen: Er verbrachte sie in Arkadien, in einer Schöpfung seines Kop-
fes und seines Herzens, seiner Bedürfnisse und Sehnsüchte, in die gerade so
viel vom wirklichen Italien eingebracht wurde, wie notwendig war, um ihn
davon zu überzeugen, daß das Objekt seiner Begierden Ort und Wohnung
auf dieser Erde hatte. Als er Heyne schrieb, hatte er das schon einzusehen
begonnen, hatte gelernt, daß das, was er dort wirklich gesehen hatte, wie alles,
was er irgendwo anders wirklich sehen konnte, nicht Götter-, sondern Men-
schenwerk war. Von Karlsbad war er einst mit anderen Erwartungen aufgebrochen, hatte gehofft, zumindest als ein später Tantalus Zugang zum
Wohnsitz der Götter zu finden, zur Heimat der Vollkommenheit, und das

Tagebuch, das er auf dem Weg nach Rom geführt hatte, empfand er, kaum
einen Monat wieder in Weimar, bereits als beschämende «Pudenda ... dummes Zeug, das mich jetzt anstinckt». Als er etwa gleichzeitig Frau von Stein
bat, ihn prüfen zu lassen, ob seine Briefe aus Italien an sie geeignetes Material
für einen Abdruck im *Teutschen Merkur* enthielten, war ihm klar: «Ohne
einen solchen Vorsaz hätte ich die alten Papiere gar nicht wieder ansehen
mögen.» In den beiden Jahren seit Juni 1788 löste Goethe sich allmählich von
dem Mythos Italien, den er sich in den Jahren vor der Reise erdichtet hatte.
Solange er noch in Weimar war, konnte er den Schmerz und die Verwirrung
über den Verlust dieses Arkadiens – in dem Brief an Heyne bereits in gehörige
Worte gefaßt und in den Leiden Tassos mit großer Kraft symbolisiert – auf
die physische Trennung von Italien zurückführen: «Vergiß mein nicht!»
schrieb er auf eine der frühesten Landschaften, die er aus dem Gedächtnis
von den Phlegräischen Feldern zeichnete, und die Menschen in seiner Umgebung waren sich sicher, daß er dort sein Herz verloren hatte. Goethe aber
wußte es bereits, oder argwöhnte es in einem der vielen Geheimfächer seines
Herzens, daß seine physische Gegenwart in Italien ebensowenig der einzige
Anlaß für die Hymnen der Erfüllung in der *Iphigenie* oder in dem majestätischen Monolog des Faust gewesen war wie seine Abwesenheit von Italien
die einzige Ursache für das Gefühl des Verlusts, dem Tasso qualvollen Ausdruck gab. Im Frühjahr 1790 bedurfte es nur weniger Tage jenseits der Alpen,
um die Bedenken, mit denen er aufgebrochen war, zur Gewißheit werden zu
lassen und ihm endgültig Klarheit darüber zu verschaffen, daß bei seiner Liebe zu Italien immer auch ein anderer Faktor mitgespielt hatte als die Faszination eines bestimmten Ortes:

> Das ist Italien, das ich verließ. Noch stäuben die Wege,
> Noch ist der Fremde geprellt, stell' er sich, wie er auch will.
> . . . .
> Schön ist das Land! doch ach, Faustinen find' ich nicht wieder.
> Das ist Italien nicht mehr, das ich mit Schmerzen verließ.

Nicht, daß Goethe plötzlich von Erinnerungen an seine römische Geliebte
heimgesucht worden wäre; sondern als er das erste Mal nach Italien gekommen war, hatte die Reise ihn der Erfüllung seines Begehrens, vielleicht der
Erfüllung schlechthin entgegengeführt, und ihr hatte er den Namen Faustina
verliehen; jetzt lag die Erfüllung – insofern es sie für Menschen, nicht nur für
Götter gab – hinter ihm, in Weimar, und seine Reise führte ihn nur immer
weiter von ihr fort. Fern von Christiane und August hatte er gelernt, die
beiden zu lieben: «sie liegen mir sehr nahe und ich gestehe gern, daß ich das
Mädchen leidenschaftlich liebe. Wie sehr ich an sie geknüpft bin, habe ich
erst auf dieser Reise gefühlt.» Die beiden waren nun seine Faustina, das höchste Objekt und Ziel seiner Begierde, und ohne ihre belebende Gegenwart war
Italien öde und jeder Bedeutung entleert. «Ein wenig intoleranter gegen das
Sauleben dieser Nation als das vorigemal» war Goethe geworden, aber nicht

nur das: «Unter andern löblichen Dingen die ich auf dieser Reise gelernt habe ist auch das: daß ich auf keine Weise mehr allein sein, und nicht außerhalb des Vaterlandes leben kann.» – «Meine Gesinnungen sind häuslicher, als Sie denken.» – «Mich verlangt sehr wieder nach Hause.» Einst hatte es Goethe geschienen, als sei Rom der große «Magnetenberg», der alle Sehnsucht auf sich zog, und vor dem endgültigen Aufbruch nach Italien war er wenigstens fünf Jahre lang krank vor Sehnsucht nach den Schätzen des Südens gewesen – sogar die überstürzte Reise nach Verona 1790 scheint geprägt von der Erinnerung an jene gewaltige Anziehungskraft. Aber plötzlich, binnen Tagen, dämmerte die Erkenntnis, daß diese Kraft nicht mehr in Rom war; sie hatte sich verlagert, ebenso rätselhaft und abrupt wie der Magnetpol; die erste Blüte der Neigung und Neugierde war abgefallen, und seinem Notizbuch, das ihm als Reisetagebuch diente, vertraute Goethe an, daß Szenen, die ihn in Neapel noch angelockt hatten, jetzt keine Macht mehr über ihn hatten:

Glänzen sah ich das Meer, und blinken die liebliche Welle,
    Frisch mit günstigem Wind zogen die Segel dahin.
Keine Sehnsucht fühlte mein Herz; es wendete rückwärts,
    Nach dem Schnee des Gebirgs, bald sich der schmachtende Blick.
Südwärts liegen der Schätze wie viel! Doch einer im Norden
    Zieht, ein großer Magnet, unwiderstehlich zurück.

Was also war Italien nun? Nun, da es nicht mehr die Heimat des großen Magneten, nicht Arkadien mehr war, sondern ein Land staubiger Straßen und unehrlicher Gastwirte? «Ein Jahr lang sei man in sinnlichen Genuß versunken», hörte Professor Heyne von Goethe, als er diesen im Juli 1790 in Weimar besuchte und mehr über seine Erfahrungen in Italien wissen wollte, «aber weiterhin fühle man doch, daß wir mehr bedürfen und daß der geistige Genuß unter *dem* Volk nicht möglich sei.» Um der Mann und der Dichter sein zu können, der er war, brauchte Goethe, wie er nun einsah, zuletzt doch Deutschland, Weimar, Christiane und all die seltsamen gespannten und partiellen Erfüllungen, die sie mit sich brachten. Am Ende war es doch der «Geist», dem seine Treue galt. War Italien dann also ein Fehler gewesen, eine schmeichelhafte Illusion, die nun verworfen wurde, so wie die Prinzessin Tassos Goldenes Zeitalter verworfen hatte? Nicht unbedingt – einmal in Neapel gelebt zu haben, meinte Goethe zu Herder und dachte dabei zweifellos an seinen eigenen Vater, «wird dir ein heller, lichter Blick durchs ganze Leben bleiben.» Der Ort, der verklärt, ja geheiligt worden ist, indem er uns, und sei es nur vorübergehend, sinnliches Vehikel der geistigen Erfüllung gewesen, bleibt für immer als Bild dessen vor uns stehen, was wir jetzt als unerreichbar erkennen. Das Italien, das Goethe zwischen 1786 und 1788 bewohnte, ist nicht mehr: nicht weil Italien sich verändert hätte, sondern weil Goethe sich verändert hat; aber was bleibt, sei es Italien, wie es heute ist, seien es Erinnerungen an die Vergangenheit, ist ein Unterpfand des Glücks, das er nicht aufhören wird zu suchen, so viele seiner Begierden sich auch verwandelt, verlagert, eingeschränkt oder gar erfüllt haben mögen:

> Emsig wallet der Pilger! Und wird er den Heiligen finden?
> Hören und sehen den Mann, welcher die Wunder getan?
> Nein, es führte die Zeit ihn hinweg, du findest nur Reste,
> Seinen Schädel, ein paar seiner Gebeine verwahrt.
> Pilgrime sind wir alle, die wir Italien suchen:
> Nur ein zerstreutes Gebein ehren wir gläubig und froh.

Natürlich kann man dieses Gedicht auch anders lesen: Italien zu *suchen*, den Ort des *gefundenen* Glückes schlechthin, heißt, totes Gebein anstelle lebendiger Menschen zu ehren. 1790 wußte Goethe, daß die Zeit ihm entführt hatte, was ihm einst am wichtigsten gewesen war; aber er war sich unschlüssig, wie er auf diesen Verlust reagieren sollte, und zwar eben darum, weil ihm nun anderes am wichtigsten war. Eine ähnliche Unsicherheit haftet einer Reihe von aus dem Gedächtnis gezeichneten italienischen Landschaften in Form von Medaillons an, die kurz vor oder kurz nach dieser Reise entstanden sind: Verweist das Rundformat auf die Annäherung der Landschaft an eine fröhlich dekorative, womöglich symbolische Zierde, oder betont es den schmerzlichen Abstand zwischen Erinnerung und gegenwärtiger Realität?

Goethe verbrachte über einen Monat der Ungewißheit in Venedig und fand sich recht und schlecht mit der Verschiebung des Kräftegleichgewichts in seinem Leben ab. Es mußten erst zwei Wochen vergehen, bevor er endlich durch Einsiedel von dem geplanten Eintreffen Anna Amalias Ende April erfuhr, das später auf den 7. Mai verschoben wurde; und erst am 23. April erhielt er Post aus Weimar. Es waren nicht einmal gute Nachrichten: Der kleine August war vierzehn Tage ernsthaft krank gewesen, und obwohl Goethe am 3. Mai von Christiane gehört hatte, daß der Junge wieder gesund sei, schrieb er Caroline Herder, die Krankheit habe ihn «sehr beunruhigt, ich bin daran noch nicht gewohnt». (Was er Christiane schrieb oder sie ihm, wissen wir freilich nicht.) Das Wetter blieb bis Ende April kalt und manchmal sehr naß; ganze Tage mußte man im Zimmer verbringen. Am Ostersonntag, nach Böllerschüssen, die morgens um vier begannen, konnte man der Messe in S. Maria della Pietà mit den weiblichen Chorsängern beiwohnen und zwei Prozessionen des Dogen mitverfolgen, und ein oder zwei weitere Tage nahm Goethe seinen Diener mit, um den Gesang in S. Lazzaro dei Mendicanti zu lauschen. Goethes Hauptbeschäftigung nach dem Ende der Osterfeierlichkeiten war jedoch das intensive Studium des Werdegangs der venezianischen Kunst, wie er sich vor allem in den Kirchen der Stadt dokumentierte, angefangen bei den ältesten Mosaiken, die Goethe nichtssagend fand, über die byzantinische Ikone auf der Ikonostasis von San Giorgio dei Greci, worin er noch Überreste klassischer Elemente zu entdecken meinte, bis zu den großen Meisterwerken der Malerei: Tizian, Tintoretto und Veronese. Das Vergnügen verdarben Goethe wie gewöhnlich die Sujets der christlichen Malerei; seine

Einsicht «Pilgrime sind wir alle» sollte er niemals konsequent auf die bildenden Künste anwenden:

Übrigens sieht man die Armuth der christlichen und katholischen Mythologie und die
Erbärmlichkeit der ganzen Martyrer-Geschichte nicht mehr als in den besten Gemähl-
den dieser Meister. Es ist immer ein unsichtbares Nichts was wirckt, und was gewirckt
wird, nur die Nebensachen haben den Künstler beschäftigt und bemächtigen sich des
Auges.

Aber er konnte doch das Muskelspiel der Henker und den Liebreiz der Sün-
derinnen bewundern und sich besonders angelegentlich für die Techniken
der Tempera- und Ölmalerei und die Veränderungen der Farben im Laufe
der Zeit interessieren. Hier und in der einzigartigen Land- und Meeressze-
nerie Venedigs gab es Stoff für sein neues theoretisches Interesse an Farben
– im Augenblick konzentrierte er sich auf Blau. Überall von Götze begleitet,
der eifrig – und zum Teil offenbar nach Diktat – alles notierte, was er lernte,
besuchte Goethe auch die Werkstatt der Gemälderestauratoren im Kloster
SS. Giovanni e Paolo und schloß Bekanntschaft mit den Handwerksmeistern.
Anfang Mai gestand er Caroline Herder: «An Gemälden habe ich mich fast
krank gesehen, und würklich eine Woche pausieren müssen.» Außerdem
wurde das Wetter besser. Schon am 15. April hatte man einen Ausflug zu der
Glasbläserinsel Murano unternommen; am 21. stand ein Besuch des Arsenals
auf dem Programm, wo man die antiken Marmorlöwen aus Piräus bewunderte und zwei auf Werft liegende Kauffahrteischiffe besichtigte. Eine Truppe
von Gauklern bot unerwartete Unterhaltung, besonders ein ungewöhnlich
gelenkiges und zutrauliches kleines Mädchen. Die folgenden Tage verbrachte
man auf dem Lido. Venedig war eine Stadt aus Stein und Wasser, es gab fast
keine Bäume, deren Ergrünen das Herannahen des Frühlings angekündigt
hätte, und so war der Ort für botanische Studien wenig geeignet. Dafür gab
es eine Fülle von Meeresgetier zu beobachten, Fische und Krebse, die rapide
sich vermehrenden Pholaden, die Goethe zuletzt am Jupitertempel bei Pozzuoli gesehen hatte, wo sie die Marmorsäulen angefressen hatten, und andere
Weichtiere, die Goethe an die knochenlose Biegsamkeit der kleinen Akrobatin erinnerten. Seine Gedanken wandten sich wieder der Zoologie und der
geplanten Ergänzung seiner botanischen Metamorphosentheorie zu. Als sie
auf dem Lido über den Judenfriedhof gingen, hob Götze den Schädel eines
Schafes vom Boden auf und präsentierte ihn seinem Herrn als Menschenkopf:
ein grober antisemitischer Scherz, aber für Goethe wieder ein Augenblick
der Einsicht, und zwar in die strukturelle Ähnlichkeit nicht von Menschen-
und Tierknochen überhaupt, denn das war bekanntes Gelände, sondern der
konstituierenden Knochen des Schädels, der ihm soeben in einem ungewohn-
ten Licht gezeigt worden war, mit den Wirbeln, aus denen sie hervorwuchsen.
Seine aufs Papier geworfene Notiz «Eigenschaft eines Jeden Wirbelbeins einen Fortsatz zu haben. Assel» ist der Ausgangspunkt seines Versuchs, die
Tierform auf die Wiederholung und Verwandlung einer einzigen Grundein-

heit zu reduzieren, so wie er die Pflanzenform auf Variationen der Grundeinheit Blatt reduziert hatte. Gesellschaftliche Zerstreuungen gab es in Venedig noch nicht: die konnten warten, bis die Herzoginmutter eingetroffen war, und der einzige ständige Kontakt, den Goethe im ersten Monat unterhielt, scheint der zum Bankier Zucchi gewesen zu sein, dem Schwager Angelica Kauffmanns, der sich in langatmigen und natürlich aktuellen Ausführungen über die alte republikanische Verfassung der Stadt erging. So gab es reichlich Zeit für jene naturwissenschaftlichen Träumereien, in denen Goethe jetzt naturgemäß eine Zuflucht – oder wie ihm schien: ein Ziel – fand, um sich vor lästigen Gefühlen oder vor intellektuellen Ärgernissen wie der Religion oder der Politik zu retten. «Ich kann nicht leugnen, daß manchmal diesen Monat über sich die Ungeduld meiner bemächtigen wollte, ich habe aber auch *gesehen*, *gelesen*, *gedacht*, *gedichtet*, wie sonst nicht in einem Jahr, wenn die Nähe der Freunde und des guten Schatzes mich ganz behaglich und vergnügt macht.»

In demselben Brief, in dem Goethe seinem Herzog meldete, daß seine Liebe für Italien einen tödlichen Stoß erhalten habe, äußerte er die Befürchtung, daß die *Elegien*, denen er wahrscheinlich seit Dezember keine neue mehr hinzugefügt hatte, jetzt ihre höchste Summe erreicht haben könnten: «es ist gleichsam keine Spur dieser Ader mehr in mir.» War Italien nicht mehr das Land seiner Herzenswünsche, gab es offenbar auch keinen Grund mehr, Weimar in ein – antikes oder modernes – Rom zu übersetzen, und seit dem schicksalhaften Augenblick der Familiengründung war Goethe sich seiner eigenen Identität zu unsicher geworden, als daß er das subtile Spiel mit ihr in den *Elegien* hätte fortsetzen können. Doch versprach er seinen Briefpartnern als Entschädigung ein Büchlein Epigramme – kleine satirische Gedichte, die in Venedig so munter und zahlreich hervorgequollen waren wie die Pholaden im Meer. Am 4. Mai gab es ihrer schon hundert, von denen allerdings einige wohl aus der vorhandenen Sammlung der *Erotica* übernommen wurden, als deren Erweiterung das Ganze gedacht war. War der Schutzheilige der *Elegien* Properz, so sollte es bei den *Epigrammen* Martial sein: «Es sind dieses Früchte die in einer großen Stadt gedeihen, überall findet man Stoff und es braucht nicht viel Zeit sie zu machen.» Sie sollten so vielfältig sein wie die Anlässe, die das Stadtleben bot, geistreich, bissig, obszön. In Wirklichkeit ist das thematische Spektrum freilich viel enger als das Vorbild, und es findet sich sehr wenig an persönlicher Satire; die venezianische Gesellschaft kannte Goethe nicht, sie kümmerte ihn auch nicht, und die Weimarer Gesellschaft konnte schwerlich einen Martial vertragen (oder einen Juvenal, dessen Werke sich Goethe am 12. April besorgte). Es gibt Reflexionen über Italien im allgemeinen und über Goethes Beziehung zu diesem Land und zu Christiane, von denen einige schon zitiert worden sind, sowie eine Reihe von Gedichten, die offenkundig das Venedig des Fremden aufs Korn nehmen: Klagen über den Regen, den Schmutz, das Fehlen von Bäumen und Gras; Spott über die Priester und den päpstlichen Nuntius bei den Osterfeierlichkeiten treiben;

die allegorische Überhöhung von Kaffeetrinkern und Schnupftabakkäufern (beide Genußmittel waren Goethe verhaßt) und eines Jojo-Spielers (eine der ersten Erwähnungen dieses Spiels überhaupt); ein Blick auf die Löwen vor dem Arsenal (schlechter Ersatz für Piräus, denken die Löwen), auf Bettler und Prostituierte, auf Gondeln, auf die hinter einem zierlichen Käfig singenden Nonnen in San Lazzaro dei Mendicanti; und mehr als ein Dutzend kleiner Stücke auf die Gaukler, die Goethe am 21. April gesehen hatte, vor allem auf das kleine Mädchen, dem er den (möglicherweise zutreffenden) Namen Bettina gibt. Drei weitere, allgemeinere Themengruppen spiegeln Goethes Besorgnisse in diesen unruhigen Zeiten wider; allerdings ist durch eine strenge Zensur der entscheidende Stellenwert dieser Verse im Gesamtkorpus dessen, was Goethe in Venedig geschrieben hat, lange Zeit verdunkelt worden. Erstens gibt es eine kleine, aber bedeutsame Gruppe von Epigrammen, die sich mit der Französischen Revolution und den durch sie aufgeworfenen Fragen befassen. Vordergründig könnte es scheinen, als drückten sie nicht mehr aus als die moralisierende Selbstgefälligkeit eines unbeteiligten und reaktionären Fremden: «Frankreichs traurig Geschick .. Da war Menge der Menge Tyrann», «Willst du viele befrein, so wag' es, vielen zu dienen», Fürsten und Schwärmer meinen es beide gut, und beide sind mitunter Betrüger – und so weiter. Und doch läßt die Unparteilichkeit dieser Kommentare, in denen die Revolution nicht einfach als absurde oder abstoßende Narretei abgetan wird, durchblicken, daß die Revolutionäre wenigstens in einer Hinsicht die Sympathie des Dichters haben: Gewiß, sagt er, es stimmt, die Schreihälse an jeder französischen Straßenecke sind toll:

> Mir auch scheinen sie toll; doch redet ein Toller in Freiheit
> Weise Sprüche, wenn, ach! Weisheit im Sklaven verstummt.

Die Freiheit der Rede ist die eine revolutionäre Freiheit, deren Wert dieser deutsche Literat und Intellektuelle anerkennen kann, auch wenn er es ansonsten lieber mit der alten deutschen Verfassung hält (auch die alte venezianische Verfassung wird gepriesen). Daß Goethe weiß, wie revolutionär diese Freiheit ist, zeigt ein Epigramm, das zu seinen Lebzeiten unveröffentlicht blieb:

> Dich betrügt der Staatsmann, der Pfaffe, der Lehrer der Sitten,
> Und dieß Kleeblatt wie tief betest du Pöbel es an.
> Leider läßt sich noch kaum was rechtes denken und sagen
> Das nicht grimmig den Staat, Götter und Sitten verletzt.

Betrug ist der allgemeine, korrumpierende Charakterzug der herrschenden gesellschaftlichen und geistigen Ordnung, und der Dichter, der dies alles durchschaut, steht allein. Im Grunde ist dies eher eine religiöse als eine politische Meinung, und Goethe konnte das folgende, ausnehmend blasphemische Epigramm nur darum ungestraft veröffentlichen, weil er es in einen Zu-

sammenhang stellte, in dem es sich scheinbar auf die «Freiheitsapostel», die
Hausierer auf der politischen Bühne, beziehen konnte:

Jeglichen Schwärmer schlagt mir ans Kreuz im dreißigsten Jahre;[1]
Kennt er nur einmal die Welt, wird der Betrogne der Schelm.

Zweitens sind die *Venezianischen Epigramme*, wie sie schließlich genannt
wurden, das erste ausdrücklich und vehement antichristliche Werk Goethes,
und keiner seiner späteren Ausbrüche kann es an Kraßheit mit dieser ersten
Attacke aufnehmen. Das Christentum wird als eine Serie von Illusionen hingestellt, ja als moralischer «Stoizismus», das heißt Deismus – und beides ist
keine Religion, die «freyen Menschen geziemet». Wir können daraus schließ-
en, daß nur der epikureische Materialismus die ganze Wahrheit darüber
kennt, «was Gott und der Mensch und die Welt sei?» – eine Wahrheit, die
nicht schwer zu erlangen, aber außerordentlich unpopulär ist.

Warum treibt sich das Volk so, und schreit? Es will sich ernähren,
Kinder zeugen, und die nähren, so gut es vermag.
Merke dir, Reisender, das und tue zu Hause desgleichen!
Weiter bringt es kein Mensch, stell' er sich, wie er auch will.

Das tiefste Geheimnis des Lebens ist das Leben, und würden dem Dichter
Hunderte und Aberhunderte von Jahren gegönnt, so würde er sich doch das
Morgen nicht anders als das Heute wünschen. Christus war ein närrischer
Schwärmer, der an Leben hingab, was ihm geschenkt war, und andere dazu
brachte, dasselbe zu tun:

Folgen mag ich dir nicht; ich möchte dem Ende der Tage
Als ein vernünftiger Mann, als ein vergnügter mich nahn ...

Seine Jünger, die Schelme, trugen seinen Leichnam aus dem Grab weg, um
das Märlein von der Auferstehung glaubwürdig zu machen, und Christen,
Juden und Mohammedaner sind alle miteinander intolerante und eifernde
Narren. Besonders heftig verspritzt Goethe sein Gift gegen Lavater, den
christlichen Apologeten, den er «Sinn mit Unsinn vermischen» sieht, der also
wie der Einsiedlerkrebs versucht, unter einer erborgten Hülle von Menschen-
vernunft die «nackende Schaam» seines absurden Glaubens zu decken. Auch
Goethe hat sein Puppenspiel geliebt, als er klein war, und es zerschlagen, als
er erwachsen wurde:

So griff Lavater iung nach der gekreuzigten Puppe.
Herz' er betrogen sie noch wenn ihm der Athem entgeht!

---

1 Das heißt, man hätte Christus drei Jahre früher kreuzigen sollen, bevor er zu predigen begann.

Auf die religiöse Frage wohl schlechthin – «was darf ich hoffen?» – gibt Goethe eine kompromißlos materialistische, das heißt erotische Antwort:

Welche Hoffnung ich habe? Nur eine die heut mich beschäftigt,
Morgen mein Liebchen zu sehn das ich acht Tage nicht sah.

Denn der dritte Themenkomplex, der den *Epigrammen* ihren besonderen Charakter verleiht, ist der sexuelle, der mit dem religiösen eng verwandt ist. Die *Epigramme* bilden die direkte Fortsetzung jener priapischen Phase in Goethes Sinnlichkeit, die mit dem Abschluß der *Schriften* und der Geburt seines Sohnes begonnen zu haben scheint und die als weiterer Beweis dafür gesehen werden kann, daß für Goethe die bisher tragenden Sinngebungen seines Lebens zusammengebrochen waren. Hoffen und Begehren sind auf ihre elementarste Form reduziert, den sexuellen Pruritus, die einzige Wirklichkeit hinter allem Priester- und Politikertrug. Sexuelle Ausdrücke oder Anspielungen verleihen einer Reihe von Gedichten rhetorische Wucht, deren Inhalt offenbar religiöser oder politischer Art ist, und wir haben bereits einige Beispiele hierfür kennengelernt. Viele Epigramme sind jedoch hundert Jahre lang ungedruckt geblieben: Sie behandelten unverhüllt so unmögliche Themen wie Nacktheit, Erektion, Masturbation des Mannes und der Frau (bei dieser auch mit der eigenen Zunge), Prostitution, Analverkehr, Geschlechtskrankheiten und die Frustrationen einer zu weiten Vagina, die der Epigrammatiker mit einem venezianischen Kanal vergleicht. Der Dichter bringt, was nicht verwundert, das Christentum mit der Unterdrückung der Sexualität in Zusammenhang, und es heißt, daß Priapus eine bessere Kur gegen die religiöse Hysterie zu bieten habe als Christus.

Das Seltsame und Beispiellose an den *Epigrammen* ist also, daß sie voller Meinungen stecken. Daß diese Meinungen ziemlich zynisch sind, macht das Werk zwar nicht anziehender, ist aber unbeträchtlich. Niemals zuvor in seinen Schriften hat Goethe seine Ansichten in einer so undramatisierten Form zum Ausdruck gebracht, so ohne jedes Spiel mit einer *persona*, die nicht diejenige Goethes an diesem bestimmten Ort zu dieser bestimmten Zeit war. Die *Elegien* stehen hierzu in einem aufschlußreichen Gegensatz. Im Hintergrund der *Epigramme* findet sich keine halb fiktive Erzählung, ob in Italien oder in Weimar; und es fehlt den Gedichten der selbstbewußte Anspruch, das Gesagte gehöre in den Rahmen der Erneuerung einer antiken Form oder einer antiken Lebensweise. Es gibt sogar auffallend wenig mythologische, literarische oder sonstige klassische Anspielungen; der Stoff der *Epigramme* ist die moderne Welt des Kaffees, der Gondeln und der Französischen Revolution, vom Jojo ganz zu schweigen, und nicht die relativ zeitlose symbolische Welt des Weins und der Lampe und des Bettes und der Legende vom König Midas, auf welche die *Elegien* zum großen Teil sich stützen. Goethe spricht mit seiner eigenen Stimme, wie in einem Tagebuch oder Notizbuch, mit Ort und Datum über dem Eingetragenen, und diese Stimme ist eigentümlich gepreßt. Aber natürlich war die einzige literarische Gattung, aus der

Goethe nie etwas gemacht hat, eben das Tagebuch, der reine Monolog. Seine Stärke war der Brief, dieser Monolog mit einem Adressaten, der so zu einem inneren Dialog wird. Aber 1790 war das Gegenüber von Goethes innerem Dialog nicht mehr da:

> Eine Liebe hatt' ich, sie war mir lieber als alles!
> Aber ich hab' sie nicht mehr! Schweig', und ertrag' den Verlust!

In den *Elegien* ist dieses Gegenüber noch da, aber als «Geheimnis», an das die Dichtung nicht rühren kann. In den *Epigrammen* herrscht dort, wo es sonst in der ganzen bisherigen Lyrik Goethes einen Partner anzusprechen oder zu umwerben oder einen Gegenstand (gewöhnlich ein Objekt der Natur) mit Gefühl zu beleben galt, nur mehr Schweigen – abgesehen von diesem kurzen Ausruf und ein oder zwei vergleichbaren –. Es gibt in den *Epigrammen* kein «Du», geschweige denn ein «Wir» von Gewicht, und aus diesem Grund hat auch das «Ich», obgleich in gewissem Sinne fester und konkreter als je zuvor, seine einzigartige Faszinationskraft verloren. Die Ironie auf Kosten der Form, das paradoxe Bewußtsein vom Vergehen und zugleich Nichtvergehen der Zeit im Gedicht, der Sinn für die Zerbrechlichkeit des Augenblicks, ja der Augenblick selbst als dichterisches Thema – diese charakteristischen Merkmale der *Elegien*, in denen eine wache und empfindsame Subjektivität sich ausdrückt und sich in Erwartung eines Tages behauptet, der ihrem Erblühen günstiger ist, sucht man in den *Epigrammen* vergebens.

Dies alles wäre minder wichtig, wenn diese Nachahmungen des Martial wenigstens die formale Präzision und Härte des Originals erreichten. Doch um dies in einer modernen Sprache leisten zu können, müßten sie auf die Mittel eines Pope oder Rochester zurückgreifen können: das gereimte Verspaar. Zwar ist im Distichon eine gewisse verbale Strukturierung möglich (im Deutschen noch eher, weil durch die Flexion die Wortfolge geschmeidiger ist als im Englischen), aber die Symmetrie der zwei Zeilen kann doch nie dieselbe zwingende Schlüssigkeit erreichen wie ein Reim. Entsprechend bleibt auch die rhythmische Wirkung immer und notwendig verschwommen und ungefähr. Ein Haupthindernis bei der Reproduktion klassischer Metren ist im Deutschen wie (in noch größerem Maße) im Englischen der Mangel an Spondeen, das heißt, in einem akzentuierenden Versprinzip, wie es dem Deutschen und dem Englischen großenteils zu eigen ist, der Mangel an Versfüßen mit zwei aufeinanderfolgenden betonten Silben. Im Deutschen läßt sich das Problem teilweise beheben, weil es hier viele Silben mit schwebender Betonung gibt, die je nach metrischem Erfordernis betont oder unbetont (beziehungsweise, quantitativ gesehen, lang oder kurz) ausgesprochen werden können. Die Folge ist jedoch häufig eine metrische Unbestimmtheit, zumal in Goethes Schriften, in denen die Nachbildung antiker Versmaße tendenziell eher impressionistisch als wissenschaftlich-korrekt ist. So kann man die effektvolle, brutale Zeile «So griff Lavater *iung nach der* gekreuzigten Puppe» als den hier geforderten Hexameter nur lesen, wenn man die hervorgehobenen Silben als zwei Spondeen liest. Die natürliche Weise, diese Stelle zu lesen, wäre jedoch eine betonte («lange») Silbe, gefolgt von einem Daktylus, wodurch aus der ganzen Zeile ein hypermetrischer Pentameter wird. Diese metrische Unbestimmtheit spielt keine große Rolle in längeren Gedichten wie den *Elegien*, wo sie zu einem Ton der Konversation und Reflexion beiträgt, wohingegen sie in den *Epigrammen* den beabsichtigten lapidaren Effekt zunichte macht. Wer sich aufs hohe Roß schwingt, muß fest im Sattel sitzen. Es gibt in den *Epigrammen* zu viele Füllsel (der Leser wird die Wiederholung der bedeutungslosen Halbzeile «stell' er sich, wie er auch will» bemerkt haben) und zu viel Unschärfe der Konturen. Es zeichnen sich hier die zweifelhaften Folgen von Goethes Übernahme klassischer Metren ab, die zunächst, als er mit den *Erotica* begann, kaum mehr gewesen war als eine poetische Spielerei, die im Schatten seiner Beschäftigung mit modernen Versformen bei der Arbeit an *Tasso*, *Faust* und der Ausgabe seiner vermischten Gedichte stand. Die *Elegien*, sofern man sie 1790 als Einzelwerk betrachten kann, waren bereits das längste nicht-dramatische Unternehmen Goethes in einer regelmäßigen Versform. Aber gerade die rhythmische Mannigfaltigkeit, die wechselnden Wirkungen und einmaligen Formen waren es gewesen, worin Goethes dichterische Persönlichkeit sich am denkwürdigsten ausgedrückt hatte. Nach dem Abschluß der *Schriften* fällt ein eiserner Vorhang aus Hexametern und Distichen, hinter dem dieser rhythmische Erfindungsreichtum beinahe acht Jahre lang verschwindet. Und am wenigsten eindrucksvoll ist diese neue Manier vielleicht in den recht unepigrammatischen *Venezianischen Epigrammen*, deren einzige poetische Quelle nur zu oft ein vorgeschriebenes Metrum ist, noch dazu unsicher gehandhabt.

Trotzdem ist es möglich, die *Epigramme*, und Goethes Flucht in klassische Versmaße, in einem ganz anderen Licht zu sehen. Jene lyrischen Augenblicke, in denen er einen neuen Rhythmus und ein neues Gedicht erfunden hatte, waren seit etwa 1780 allmählich immer seltener eingetreten – nach dem Gedicht «Das Göttliche» nur ein- oder zweimal –, und in «Zueignung» und den *Geheimnissen* hatte Goethe zum erstenmal gezeigt, daß er nach einer regelmäßigen Form suchte, die geeignet war, ihm die Last der Erfindung abzunehmen. Gleichzeitig – und beide Entwicklungen hängen fraglos aufs engste miteinander zusammen – nahm auch Goethes Fähigkeit oder Bereitschaft ab, symbolische Gestalten als Mittelpunkt umfangreicher Werke der literarischen Kunst zu erschaffen, Bilder des Ichs und zugleich einer Tendenz der Zeit, in reaktivem Bezug zu einer Welt, die um sie herum ins Dasein tritt – Gestalten wie Götz-Weislingen, Werther, Faust, Egmont, Wilhelm Meister, Iphigenie, Tasso. Nach der Konzeption des Tasso 1780 schuf Goethe keine neuen Gestalten dieser Art mehr, sofern wir nicht als Übergangsfall noch den unbenannten und keineswegs gut integrierten Pseudo-Properz heranziehen, der das «Ich» in den *Elegien* ist. Die Werkausgabe bei Göschen markierte praktisch das Ende von Werken, die auf diese Weise konstruiert waren, und das Fortleben Wilhelm Meisters, und vielleicht auch Fausts, in der neuen Ära war nur scheinbar. Eine Veränderung von dieser Größenordnung im schöpferischen Prozeß kann schwerlich einen geringeren Grund gehabt haben – vielleicht gibt es zuletzt keinen stärkeren – als das Alter. Bei Dichtern von minderer Größe und Hartnäckigkeit – und da wir hier von Superlativen handeln, seien Namen wie Wordsworth oder Gerhart Hauptmann genannt – war mit solch einer Veränderung der beste Teil ihres Oeuvres abgeschlossen. Das besondere Genie Goethes war es nicht, daß er an einer Weise festhielt, deren Zeit vorüber war, sondern daß er aus dieser Not, wie aus mancher anderen zuvor und danach, noch eine Tugend machte: daß er die Veränderung nicht leugnete, sondern eine Weise des Schreibens fand, sie auszudrücken. Die *Venezianischen Epigramme* mögen wohl der Beweis sein, daß Goethes jugendliches Seelenleben endgültig dahin war; aber bemerkenswerter sind sie als Beweis dafür, daß er entschlossen war, weiter zu schreiben und die Quellen seines Schreibens weiter zu verjüngen, ungeachtet der Wirkung der Zeit. Er würde befriedigendere Weisen finden, auch ohne zentrale symbolische Gestalt zu schreiben, eine Literatur der Meinungen zu schreiben, epigrammatisch und eine Zeitlang sogar in klassischen Metren, aber mit den *Epigrammen* hatte er zumindest einen ersten Versuch unternommen, Wasser in der Wüste zu finden, und er wußte genau, daß er eben dies tat, als er sie schrieb. Die *Elegien* lassen die Natur seiner künftigen Leistung weit besser erahnen, aber gerade darum vermitteln sie einen geringeren Eindruck von den Entbehrungen und Widrigkeiten, denen diese Leistung abgerungen wurde. Die *Epigramme* waren ausdrücklich als Ersatz für das Versiegen einer poetischen Ader angekündigt worden: Sie pflegen mit den Musen ein «[a]bgerißnes Gespräch, wie es den Wanderer freut». Das Bild des Reisenden, des Menschen, der nicht zu Hause ist, prägt die ganze Sammlung; es erklärt sowohl die Stimmung der Unzufriedenheit mit Venedig als auch das Sehnen zurück, über das Gebirge. Die Erfahrung des Reisens, des Entferntseins von der Stätte wahrer Befriedigung, zwingt diesen pseudo-sensualistischen und -materialistischen Poeten im dritten Epigramm zu dem Eingeständnis, daß es doch eine spirituelle Welt gibt; denn im Geist ist er ganz bei seiner Liebsten und den Wonnen ihrer Nähe, während die Kutsche seinen Körper immer weiter von ihr fortträgt. Die Dichtung, die er jetzt schreiben kann, ist daher nicht wie jene Dichtung in den *Elegien*, deren Inspiration eine Erfüllung war, die den Dichter so sehr absorbierte, daß er sie nicht ausdrücken konnte; statt dessen ist es eine Dichtung, die auch der Erfüllung ermangelt, aber aus einem etwas anderen Grund:

> Alle Neun, sie winkten mir oft, ich meine die Musen;
> Doch ich achtet' es nicht, hatte das Mädchen im Schoos.[1]
> Nun verließ ich mein Liebchen; mich haben die Musen verlassen

---

1 Wie in Elegie XIII.

. . . .
Doch . . . du kamst mich zu retten
Langeweile! du bist Mutter der Musen gegrüßt.

Die *Epigramme* sind die Frucht der Langeweile, die das Fernsein von der
Geliebten bedeutet:

Wißt ihr, wie ich gewiß zu hunderten euch Epigramme
Fertige? Führet mich nur weit von der Liebsten hinweg!

Und so sind sie natürlich gewürzt mit Erinnerung und Hoffnung; diese bei-
den sind «lieblichste Würzen der Welt»: Erinnerung an das Glück mit der
Geliebten und Hoffnung auf die Rückkehr zu ihr. Zwar spricht aus dieser
Bemerkung ein gewisses Wunschdenken, was den wahren Charakter der
Sammlung betrifft, aber es ist auch möglich, hier, in dem eigentlich unwahr-
scheinlichen Kontext der *Venezianischen Epigramme*, die ersten Umrisse von
Goethes künftigem Konzept der Entsagung zu finden.

Es ist nicht anzunehmen, daß nach der ersten Maiwoche noch viele *Epigramme* entstanden sind. Am 2. Mai mußte Götze nach Padua fahren, um
Anna Amalia abzuholen; am 5. Mai kam Meyer, der mit Bury die Herzoginmutter bis an die Grenze Italiens begleitete, nach Venedig. Goethes Einsamkeit war zu Ende, es bestanden gute Aussichten, daß man am Pfingstsonntag,
dem 23. Mai, die Heimreise antreten werde, und seine Stimmung hob sich.
Anna Amalia profitierte davon: Als sie am 6. Mai gegen Abend in Venedig
ankam, schrieb sie in ihr Tagebuch: «ich kan nicht sagen wie mir es zumuthe
war ich wurde traurig u beklomen Die große idee die man so hat fand ich
nicht als ich in die [?] Stadt kam in die Kanäle nahme meine Traurigkeit zu
es kam mir alles melancolisch vor als vor dem Gasthof ausstiegen fand ich
Goethe ich wurde wieder munter.» Am nächsten Tag begann die Stadtbesichtigung mit dem Markusplatz und dem Dom, aber der Regen zwang die Gesellschaft, umzukehren und den Nachmittag und den Abend in der Wohnung
der Herzogin am Canal Grande zu verbringen, wo Zucchi zu Besuch kam
und Goethe aus seinen Epigrammen und aus Knebels Properz-Übersetzun-
gen vorlas. Er hatte nun bekannte Gesichter um sich, er war in Gesellschaft
seiner beiden Malerfreunde und des Kapellmeisters Reichardt, der Name der
Herzogin öffnete alle Türen, und so ließ er zwei Wochen lang noch einmal
die freundlichen Seiten Venedigs auf sich wirken: die Gemälde, die Bauten
Palladios, die Sängerinnen im Mendikantenkloster, den Dogenpalast, das Arsenal, sogar das Gefängnis (Goethe blieb mit den Damen draußen), und Ausflüge zu den Glasbläsern von Murano und nach Pellestrina auf dem Lido,
um den Deich zu inspizieren, den Goethe 1786 bewundert hatte. Und das
alles waren nun nicht mehr unzusammenhängende Anlässe für die Misan-
thropie eines einsamen Reisenden, sondern verklärte sich zu dem letzten Abschnitt einer Kavalierstour, bei dem man gemeinsam den prächtigen Abend-
schein des *ancien régime* genoß. Natürlich wollte *tout le monde* der Herzogin

seine Aufwartung machen: Auch ihr Neffe, der Prinz von Braunschweig, war im Begriff, mit seinem eigenen Gefolge wieder nach Deutschland zu reisen; der Herzog von Sussex, einer der englischen Prinzen, hielt sich mit seinem aus Göttingen stammenden Erzieher in Venedig auf und fand es nicht unter seiner Würde, mit den anderen zusammen in einem Café am Markusplatz ein Eis zu essen; Prinz Rezzonico, der Senator von Rom, kam zu Besuch; der preußische und der kaiserliche Resident machten der Herzogin ihre Aufwartung; der französische Botschafter, Marquis de Bombelles, dessen Gedanken schon fern in seinem Heimatland und bei trüberen Dingen weilten, veranstaltete einen Empfang in seiner majestätischen Residenz am Canal Grande, und natürlich kamen alle mit der Gondel. Am 13. Mai, dem Himmelfahrtstag, war es windig, und die feierliche Vermählung des Dogen mit dem Meer mußte verschoben werden; doch am Sonntag darauf war die See ruhig, und eine strahlende Sonne beschien das glanzvollste Ereignis des venezianischen Jahres. Die Barke des Dogen, der *Bucintoro*, wurde von Schiffen der venezianischen Kriegsmarine und von Hunderten, ja Tausenden von Gondeln eskortiert, der Markusplatz war «gedrängt voll», die Geschütze feuerten und alle Kirchenglocken läuteten. Am Donnerstag, dem 20. Mai, gab der spanische Botschafter für das gesamte diplomatische Corps einen Ball, von dem die Weimarer Gesellschaft erst morgens um zwei nach Hause kam, und am Samstag, dem 22., brach man in aller Frühe auf, um das Schiff von Brenta nach Padua zu nehmen.

Den Pfingstsonntag verbrachte man damit, Erdbeeren mit Milch zu essen und die Universitätseinrichtungen Paduas, das Observatorium, die naturhistorische Sammlung und den botanischen Garten zu besichtigen. Aber Goethe, der offenbar von Einsiedel die Rolle des fürstlichen Reiseleiters übernommen hatte, wußte, was der Herzogin seiner Meinung nach am besten gefallen würde, und arrangierte für den folgenden Tag die Weiterfahrt nach Vicenza, wo man das Werk Palladios bewunderte und eine Exkursion zur Rotonda unternahm. Anderthalb Tage verbrachte man auch in Verona, wo Goethe und Götze das Wiedersehen mit der herzoglichen Kutsche feierten, die sie im März dort zurückgelassen hatten, und besuchte eine mittelmäßige Aufführung im Amphitheater. Von Freitag bis Sonntag, den 30. Mai, bewegte sich Goethe zum einzigen Mal bei dieser Reise auf neuem Gelände: Die Herzogin besuchte Mantua, das, knapp doppelt so groß wie Weimar, damals eine österreichische Festung und arg heruntergekommen war; aber man näherte sich dem Ort auf prächtigen Pappelalleen, und es gab dort eine gute Antikensammlung und ein schönes Altarbild von Mantegna. In Mantua war die Italienische Reise der Herzogin praktisch zu Ende; nach diesem größten Abenteuer ihres Lebens fürchtete Anna Amalia sich vor der Rückkehr in die Weimarer Gesellschaft und in das Alter, aber es mag Goethe nicht schwergefallen sein, sie aufzuheitern, weil er selber ganz anders empfand. «Sehnlich verlange ich nach Hause», schrieb er dem Ehepaar Herder. «Ich bin ganz aus dem Kreise des italienischen Lebens gerückt.» Zwar mußte er hier von Meyer

Abschied nehmen, der zu seiner Familie in die Schweiz zurückkehrte, aber ein künftiges Wirken Meyers in Weimar war jetzt gesichert, und obgleich der tränenüberströmte Bury in Mantua bleiben mußte und dann wieder nach Rom ging, hatte er sich der Herzogin so sehr empfohlen, daß er zuversichtlich auf einen Platz «in der zukünftigen Künstler Republic» hoffen durfte, mit der sich Anna Amalia offenbar zu trösten gedachte, sobald sie wieder in Thüringen war. Einen Tag noch blieb man in Verona, dann ging es im Ernst an die Rückreise. Nach Aufenthalten in Rovereto, Bozen und Südtirol passierte man am 4. Juni den Brenner. Danach blieben die Reisenden für drei Nächte in Innsbruck, wo sie von der Erzherzogin Elisabeth von Österreich empfangen wurden, einer der vielen Schwestern Josephs II. Am 9. Juni erreichten sie Augsburg, und hier wurden sie auf grausige Weise daran erinnert, daß sie wieder in dem Land waren, das einst Werther zur Verzweiflung getrieben hatte: Unter den für sie eingegangenen Briefen befand sich auch die Nachricht, daß Knebel, der im April seinen Urlaub in Ansbach angetreten hatte, vier Wochen zuvor mit seinem Bruder Max spazierengegangen war, hinter sich einen Schuß gehört hatte und entdeckt hatte, daß Max, ein zur Schwermut neigender junger Mensch, sich das Leben genommen hatte. Aber jetzt konnte Goethe sogar Werther trotzen. Ein Treffen mit Knebel war schon in Nürnberg vereinbart worden, und er und seine Schwester, denen Goethe nun den Brief aushändigte, den er im März für sie mitgenommen hatte, schienen den Verlust mit Fassung zu tragen. Das Wiedersehen mit der Herzogin, Einsiedel und Fräulein von Göchhausen muß eine nützliche Ablenkung für die Knebels gewesen sein, und die Tage in Nürnberg vom 12. bis 15. Juni verliefen trotz allem anscheinend fröhlich – jedenfalls fröhlicher als die wenigen Stunden, die Goethe im März hier verbracht hatte – und dürften auch der Herzogin geholfen haben, sich in Deutschland wieder zu Hause zu fühlen. Über Bayreuth und Hof gelangten die Kutschen, nach einiger Verzögerung durch zwei gebrochene Achsen, am 18. Juni nach Jena und fuhren um elf Uhr abends in Weimar ein – auf die Stunde genau zwei Jahre nach Goethes Rückkunft aus Arkadien. Was immer diese Fügung symbolisieren mag, ein Symbol für den Stillstand der Zeit ist sie nicht: Auch wenn man vom Bergrücken noch nicht abgestiegen ist, stellt man fest, daß es auf der anderen Seite der Wasserscheide ganz anders aussieht. «Die Herzogin ist wohl und vergnügt», schrieb Goethe, «wie man ist, wenn man aus dem Paradiese zurückkehrt. Ich habe nun schon eine *Habitude*, und es war mir diesmal recht wohl aus Italien zu gehen.»

ANHANG

Literaturnachweise
(in der alphabetischen Reihenfolge
der benutzten Kurzformen)

Ackerman, *Palladio*: J. S. Ackerman, *Palladio*, Harmondworth 1966.

Andreas, «Vorabend»: W. Andreas, «Goethes Abschied von Carl August am Vorabend der Italienreise», *Goethe* 21 (1959), S. 54–69.

Anecdotes: J. Sutherland (Hrsg.)., *The Oxford Book of Anecdotes*, London 1977.

AS: J. W. Goethe, *Amtliche Schriften*, hrsg. von W. Flach und H. Dahl, Weimar 1950–1972.

Bauer, *Kopf*: K. Bauer, *Goethes Kopf und Gestalt*, Berlin 1908.

Behrends, *Einwohner*: J. A. Behrends, *Der Einwohner in Frankfurt am Mayn in Absicht auf seine Fruchtbarkeit, Mortalität und Gesundheit geschildert*, Frankfurt am Main 1771.

Beutler, *Essays*: E. Beutler, *Essays um Goethe*, hrsg. von C. Beutler, Zürich und München 1980.

Bicknell, *Beauty*: P.Bicknell, *Beauty, Horror and Immensity: Picturesque Landscape in Britain 1750–1850*, Cambridge 1981.

Biedermann-Herwig: *Goethes Gespräche*, hrsg. von F. von Biedermann und W. Herwig, Zürich und Stuttgart 1965–1984.

Binder, *Faust*: W. Binder, *Goethes Faust: Die Szene «Und was der ganzen Menschheit zugeteilt ist»*, Gießener Beiträge zur deutschen Philologie 82, Gießen 1944; Nachdruck Amsterdam 1968.

Blackall, *Emergence*: E. A. Blackall, *The Emergence of German as a Literary Language 1700–1775*, Cambridge 1959.

Blanning, *Reform*: T. C. W. Blanning, *Reform and Revolution in Mainz 1743–1803*, Cambridge 1974.

Blanning, *Revolution*: T. C. W. Blanning, *The French Revolution in Germany: Occupation and Resistance in the Rhineland 1792–1802*, Oxford 1983.

Blunden, «Lenz»: A. Blunden, «J. M. R. Lenz», in: A. Natan und B. Keith-Smith (Hrsg.), *German Men of Letters*, VI, London 1972, S. 207–240.

Blunt, *Poussin*: A. Blunt, *The Paintings of Nicolas Poussin: A Critical Catalogue*, London 1966.

Bode: *Goethe in vertraulichen Briefen seiner Zeitgenossen*, hrsg. von W. Bode, Neuasgabe von R. Otto und P.-G. Wenzlaff, Berlin und Weimar 1979.

Bode, *Bau*: W. Bode, *Goethes Leben: Am Bau der Pyramide seines Daseins.* 1776–1780, Berlin 1925.

Bode, *Flucht*: W. Bode, *Goethes Leben: Die Flucht nach dem Süden.* 1786–1787, Berlin 1923.

Bode, *Garten*: W. Bode, *Goethes Leben im Garten am Stern*, Berlin 1922.

Bode, *Geniezeit*: W. Bode, *Goethes Leben: Die Geniezeit.* 1774–1776, Berlin 1922.

Bode, *Lehrjahre*: W. Bode, *Goethes Leben: Lehrjahre.* 1749–1771, Berlin 1919.

Bode, *Pegasus*: W. Bode, *Goethes Leben: Pegasus im Joche.* 1781–1786, Berlin 1925.

Bode, *Rom*: W. Bode, *Goethes Leben: Rom und Weimar.* 1787–1790, Berlin 1923.

Bode, *Ruhm*: W. Bode, *Goethes Leben: Der erste Ruhm.* 1771–1774, Berlin 1920.

Bode, *Stein*: W. Bode, *Charlotte von Stein*, Berlin 1912.

Boenigk, *Urbild*: O. von Boenigk, *Das Urbild von Goethes Gretchen*, Greifswald 1914.

Böttiger, «Bode's Leben»: K. A. Böttiger, «J. J. C. Bode's literarisches Leben», in: *Michael*

Montaigne's Gedanken und Meinungen..., übersetzt von J. J. C. Bode, VI, Berlin 1795, S. III-CXLIV.

Bougeant, *Femme docteur*: G. H. Bougeant, *La Femme docteur*..., hrsg. von A. Vulliod, Lyon 1912.

Boulby, *Moritz*: M. Boulby, *Karl Philipp Moritz: At the Fringe of Genius*, Toronto und Buffalo, London 1979.

Boyd, *Notes*: J. Boyd, *Notes on Goethe's Poems*, Oxford 1944.

Boyle, «Lessing»: N. Boyle, «Lessing, Biblical Criticism and the Origins of German Classical Culture», *German Life and Letters* 34 (1981), S. 196–213.

Boyle, «Pascal»: N. Boyle, «Pacal, Montaigne, and 'J.-C.': the Centre of the *Pensées*«, *Journal of European Studies* 12 (1982), S. 1–29.

Braun, *Zeitgenossen*: J. W. Braun, *Goethe im Urteil seiner Zeitgenossen*, Berlin 1883–1885.

Bruford, *Culture*: W. H. Bruford, *Culture and Society in Classical Weimar: 1775–1806*, Cambridge 1962.

Bruford, *Germany*: W. H. Bruford, *Germany in the Eighteenth Century: The Social Background of the Literary Revival*, Cambridge 1935.

Bruford, *Theatre*: W. H. Bruford, *Theatre, Drama, and Audience in Goethe's Germany*, London 1950.

Brüggemann, *Gottsched*: *Gottscheds Lebens- und Kunstreform*... (DLER Reihe Aufklärung 3), hrsg. von. F. Brüggemann, Leipzig 1935.

Butler, *Fortunes*: E. M. Butler, *The Fortunes of Faust*, Cambridge 1952.

Carlson, *Theatre*: M. Carlson, *Goethe and the Weimar Theatre*, Ithaca und London 1978.

Carlyle, *Correspondence*: *Correspondence between Goethe and Carlyle*, hrsg. von C. E. Norton, London und New York 1887. [Vgl. dazu: *Goethes Briefwechsel mit Th. Carlyle*, hrsg. von G. Hecht, übers. von I. Bronisch, Dachau 1913.]

CGZ: *Corpus der Goethezeichnungen*, hrsg. von G. Femmel, Leipzig 1958–1973.

Dechent, *Kirchengeschichte*: H. Dechent, *Kirchengeschichte von Frankfurt am Main seit der Reformation*, II, Leipzig und Frankfurt am Main 1921.

Dietrich, *Faust*: *Faust* (Theater der Jahrhunderte. Faust 1. Bd.), hrsg. von M. Dietrich, München und Wien 1970.

DJG: H. Fischer-Lamberg (Hrsg.), *Der junge Goethe*, Berlin 1963–1974.

DKV: Goethe, *Sämtliche Werke*, hrsg. von D. Borchmeyer, Frankfurt, Deutscher Klassiker Verlag, 1985ff.

Durrani, «Love»: O. Durrani, «Love and Money in Lessing's Minna von Barnhelm», *Modern Language Review* 84 (1989), S. 638–651.

Ehrlich, *Wittumspalais*: W. Ehrlich, *Das Wittumspalais in Weimar*, Weimar 1976.

Eliot, «Goethe»: T. S. Eliot, «Goethe as the Sage (1955)», in: *On Poetry and Poets*, London 1957, S. 207–227.

Ephemerides: *Ephemerides Societatis Meteorologicae Palatinae*, Observationes Anni 1787, Mannheim 1789.

Etwas über Frankfurt: (Anonymus), *Etwas über Frankfurt: Aus der Brieftasche eines Reisenden*, o. O. 1791.

Faber, *Frankfurt*: J. H. Faber, *Topographische, politische und historische Beschreibung der Reichs- Wahl- und Handelsstadt Frankfurt am Mayn*, Frankfurt am Main 1788.

Fairley, *Goethe*: B. Fairley, *A Study of Goethe*, Oxford 1947. [Vgl. dazu: *Goethe. Aus dem Engl. übertr. von Fr. Werneke*, München 1953.] Federn, *Christiane*: E. Federn, *Christiane von Goethe*, München 1917.

Fichte, *Werke*: J. G. Fichte, *Sämmtliche Werke*, hrsg. von I. H. Fichte, Berlin 1971 = Berlin 1845/46.

Ford, *Europe*: F. L. Ford, *Europe 1780–1830*, London und New York 1970.

Fowler, «Orest»: F. M. Fowler, «The Problem of Goethe's Orest: New Light on *Iphigenie auf Tauris*«, *Publications of the English Goethe Society*, NS 51 (1980/81), S. 1–26.

Genton, *Promotion*: E. Genton, *Goethes Straßburger Promotion*, Basel 1971.

Gerth, *Intelligenz*: H. Gerth, *Bürgerliche Intelligenz um 1800*, Göttingen 1976.

Goldsmith, *Works*: *The Poetical Works of Oliver Goldsmith*, hrsg. von A. Dobson, London 1906.

Gooch, *Germany*: G. P. Gooch, *Germany and the French Revolution*, London 1920; Nachdruck 1965.

Göttinger Hain: *Der Göttinger Hain*, hrsg. von A. Kelletat, Stuttgart 1967.

Gottsched, *Werke*: J. C. Gottsched, *Ausgewählte Werke*, hrsg. von J. und B. Birke und P. M. Mitchell, Berlin und New York 1968–1987.

Gräf: H. G. Gräf, *Goethe über seine Dichtungen*, Frankfurt am Main 1901–1914.

Grumach: *Goethe. Begegnungen und Gespräche*, hrsg. von E. und R. Grumach, Berlin 1965ff.

Grumach, «Prolog»: E. Grumach, «Prolog und Epilog im Faustplan von 1797», *Goethe* 14/15 (1952/53) (Weimar 1953), S. 63–107.

HA: J. W. Goethe, *Werke*, Hamburger Ausgabe, hrsg. von E. Trunz, München 1988. Verweise ohne Datum beziehen sich auf Seitenzahlen des Textes, die in allen Ausgaben der HA gleich sind. Verweise mit Datum beziehen sich auf den Kommentarteil und treffen z. T. nur für die Ausgabe von 1988 zu.

HABr: J. W. Goethe, *Briefe*, Hamburger Ausgabe, hrsg. von K. R. Mandelkow und Bodo Morawe, München 1988.

HABraG: *Briefe an Goethe*, Hamburger Ausgabe, hrsg. von K. R. Mandelkow, München 1988.

Hagen-Nahler: W. Hagen, I. Jensen und E. und H. Nahler (Hrsg.), *Quellen und Zeugnisse zur Druckgeschichte von Goethes Werken*, Berlin 1966–1986.

Haller, *Alpen*: *Die Alpen und andere Gedichte*, hrsg. von A. Elschenbroich, Stuttgart 1965.

Harnack, *Nachgeschichte*: O. Harnack (Hrsg.), *Zur Nachgeschichte der italienischen Reise*, Schriften der Goethe-Gesellschaft 5, Weimar 1890.

Haskell und Penny, *Taste*: F. Haskell und N. Penny, *Taste and the Antique*, New Haven und London 1981.

Heer, *Leibniz*: F. Heer (Hrsg.), *Gottfried Wilhelm Leibniz*, Frankfurt am Main und Hamburg 1958.

Hegel, *Werke*: G. W. F. Hegel, *Werke in zwanzig Bänden* (Theorie Werkausgabe), hrsg. von E. Moldenhauer und K. M. Michel, Frankfurt 1970.

Henderson, *Novels*: P. Henderson (Hrsg.), *Shorter Novels: Seventeenth Century* (Everyman's Library 841), London 1930.

Herder, *Briefe*: J. G. Herder, *Briefe*, hrsg. von W. Dobbeck und G. Arnold, Weimar 1984–1988.

Herder, *Werke*: *Herders sämtliche Werke*, hrsg. von B. Suphan, Berlin 1877–1913.

Hinrichs, *Preußentum*: C. Hinrichs, *Preußentum und Pietismus*, Göttingen 1971.

Homer, *Odyssee*: Homer, *Die Odyssee*, übers. von W. Schadewaldt, Hamburg 1958.

Istel, *Rousseau*: E. Istel, *Jean-Jacques Rousseau als Komponist seiner lyrischen Szene «Pygmalion»*, Publikationen der Internationalen Musikgesellschaft, Beihefte, 1, Leipzig 1901.

Italienische Reise, ed. Golz: J. W. Goethe, *Italienische Reise*, hrsg. von Jochen Golz, Berlin 1976.

Italienische Reise, ed. von Graevenitz: J. W. Goethe, *Italienische Reise*, hrsg. von G. von Graevenitz, Leipzig 1912.

Jackson, «Air»: P. H. Jackson, «'Air and Angels': The Origenist Compromise in Haller's *Über den Ursprung des Übels*«, *German Life and Letters*, NS 32 (1979), S. 273–292.

Jellicoe, _Gardens_: G. und S. Jellicoe, P. Goode und M. Lancaster (Hrsg.), _The Oxford Companion to Gardens_, Oxford 1986.

Jugler, _Leipzig_: J. H. Jugler, _Leipzig und seine Universität vor hundert Jahren_, Leipzig 1879.

Kalnein, «Architecture»: W. von Kalnein, «Architecture in the Age of Neo-Classicism», _The Age of Neo-Classicism_ (Katalog der 14. Ausstellung des Europarats), London 1972, S. LIII-LXVI.

Kant, _Werke_: I. Kant, _Werke_, hrsg. von W. Weischedel, Frankfurt am Main 1964. (Die Paginierung der zwölfbändigen Ausgabe ist mit der der sechsbändigen identisch. Bei Zitaten werden die Bandnummern beider Ausgaben angegeben.)

Kington, «Mapping»: J. A. Kington, «Daily Weather Mapping from 1781», _Climatic Change_ 3 (1980/81), S. 7–36.

Klopstock, _Oden_: F. G. Klopstock, _Oden_, hrsg. von H. Düntzer, Leipzig 1887.

Klopstock, _Werke_: F. G. Klopstock, _Ausgewählte Werke_, hrsg. von K. A. Schleiden, München 1982.

Krogmann, _Friederikenmotiv_: W. Krogmann, _Das Friederikenmotiv in den Dichtungen Goethes: Eine Motivanalyse_ (Germanische Studien, Heft 113), Berlin 1932.

Krockow, _Warnung_: Christian Graf von Krockow, _Warnung vor Preußen_, Berlin 1981.

LA: J. W. Goethe, _Die Schriften zur Naturwissenschaft_, Leopoldina-Ausgabe, Weimar 1947ff.

Leavis, _Pursuit_: F. R. Leavis, _The Common Pursuit_, London 1952.

Leibniz, _Discours_: G. W. Leibniz, _Discours de métaphysique_ (1686), hrsg. von H. Herring, Hamburg 1958.

Leibniz, _Monadologie_: G. W. Leibniz, _Monadologie_, hrsg. von Hermann Glockner, Stuttgart §1979.

Leibniz, _Théodicée_: G. W. Leibniz, _Essais de Théodicée..._, hrsg. von J. Jalabert, Paris 1962.

Lessing, _Schriften_: G. E. Lessing, _Schriften_, hrsg. von K. Lachmann und F. Muncker, Stuttgart 1886–1924.

Lichtenberg, _Aphorismen_: G. C. Lichtenberg, _Aphorismen_, hrsg. von A. Leitzmann (Deutsche Litteraturdenkmale des 18. und 19. Jahrhunderts, 123, 131, 136, 140, 141), Berlin und Leipzig 1902–1928.

Liljegren, _Sources_: S. B. Liljegren, _The English Sources of Goethe's Gretchen Tragedy: A Study on the Life and Fate of Literary Motives_ (Acta Reg. Soc. Hum. Litt. Lundensis 24), Lund 1937.

Loram, _Publishers_: I. C. Loram, _Goethe and His Publishers_, Lawrence (Kansas) 1963.

Luke, _Elegies_: D. Luke, _Goethe's Roman Elegies_, London 1977.

MA: J. W. Goethe, _Sämtliche Werke nach Epochen seines Schaffens_, Münchner Ausgabe, hrsg. von K. Richter, München 1985ff.

Mandelkow, _Kritiker_: K. R. Mandelkow, _Goethe im Urteil seiner Kritiker_, München 1975–1984.

Metz, _Friederike_: A. Metz, _Friederike Brion_, München 1911.

Meyer, «Haus»: H. Meyer, «Kennst du das Haus?» in: _Euphorion_ 47 (1953), S. 281–294.

Mollberg, _Kulturstätten_: A. Mollberg (Hrsg.), _Weimars klassische Kulturstätten_, Weimar 1926.

Monatsblätter: Göttinger Monatsblätter 80 (Oktober 1980).

Moritz, _Bildende Nachahmung_: K. P. Moritz, _Über die bildende Nachahmung des Schönen_ (Deutsche Litteraturdenkmale des 18. und 19. Jahrhunderts 31), hrsg. von S. Auerbach, Heilbronn 1888.

Moritz, _Werke_: Karl Philipp Moritz, _Werke_, hrsg. von H. Günther, Frankfurt am Main 1981.

Nautical Almanac: The Nautical Almanac and Astronomical Ephemeris for the year 1788, hrsg. im Auftrag der Commissioners of Longitude, London 178[8].

Nettleton, «Books»: G. H. Nettleton, «The Books of Lydia Languish's Circulating Library», *Journal of English and Germanic Philology* 5 (1903–1905), S. 492– 500.

Nietzsche, *Werke*: F. Nietzsche, *Werke*, hrsg. von K. Schlechta, München 1954.

Nisbet, *Tradition*: H. B. Nisbet, *Goethe and the Scientific Tradition*, London 1972.

Nohl, *Möller*: J. Nohl, *Goethe als Maler Möller in Rom*, Weimar 1962.

Nollendorfs, *Urfaust*: V. Nollendorfs, *Der Streit um den Urfaust*, Paris und den Haag 1967.

Parth, *Christiane*: W. W. Parth, *Goethes Christiane*, München 1980.

Pascal, *Sturm und Drang*: R. Pascal, *The German Sturm und Drang*, Manchester 1953.

Petriconi, *Unschuld*: H. Petriconi, *Die verführte Unschuld* (Hamburger Romanistische Studien, Reihe A, XXXVIII), Hamburg 1935.

Pound, *Poems*: E. Pound, *Selected Poems*, hrsg. von T. S. Eliot, London 1959.

Rabelais, *OEuvres*: F. Rabelais, *OEuvres complètes*, hrsg. von P. Jourda, Paris 1962.

Rabener, *Schriften*: G. W. Rabener, *Sämmtliche Schriften: Dritter Theil*, Leipzig 1777.

Reed, «Paths»: T. J. Reed, «Paths Through the Labyrinth: Finding yor Way in the Eighteenth Century», *Publications of the English Goethe Society*, NS 51 (1981), S. 81–113.

Rosenberg, *Bureaucracy*: H. Rosenberg, *Bureaucracy, Aristocracy and Autocracy: The Prussian Experience (1660–1815)*, Cambridge (Massachusetts) 1958.

Rost, *Selbstmord*: H. Rost, *Bibliographie des Selbstmords*, Augsburg 1927.

Rousseau, OEuvres: J.-J. Rousseau, *OEuvres complètes*, o. O. 1792.

Sagarra, *Social History*: E. Sagarra, *A Social History of Germany 1648–1914*, London 1977.

Sauder, «Aspekte»: G. Sauder, «Sozialgeschichtliche Aspekte der Literatur im 18. Jahrhundert», *Internationales Archiv für Sozialgeschichte der deutschen Literatur* 4 (1979), S. 196– 241.

Schiller, *Briefe*: *Schillers Briefe*, hrsg. von F. Jonas, Stuttgart, Leipzig, Berlin und Wien o. J.

Schiller, *Werke*: F. Schiller, *Sämtliche Werke*, hrsg. von G. Fricke und H. G. Göpfert, München 1965.

Schöffler, «Anruf»: H. Schöffler, «Anruf der Schweizer», in: *Deutscher Geist im 18. Jahrhundert: Essays zur Geistes- und Religionsgeschichte*, Göttingen §1967, S. 7– 60.

Schöne, «Auguralsymbolik»: A. Schöne, «Auguralsymbolik», *Goethe-Jahrbuch* 96 (1979), S. 22– 53.

Schöne, *Farbentheologie*: A. Schöne, *Goethes Farbentheologie*, München 1987.

Schöne, *Götterzeichen*: A. Schöne, *Götterzeichen, Liebeszauber, Satanskult: Neue Einblicke in alte Goethetexte*, München 1982.

Schütz, *Illusions*: M. Schütz, *Academic Illusions in the Field of Letters and the Arts*, Chicago 1933.

Shaftesbury, *Characteristics*: Anthony Ashley Cooper, Third Earl of Shaftesbury, *Characteristics . . .*, hrsg. von J. M. Robertson, Gloucester (Massachusetts) 1963 (Reprint der Ausgabe von 1900).

Shelley, *Letters*: *The Letters of Percy Bysshe Shelley*, hrsg. von F. L. Jones, Oxford 1964.

Silk und Stern, *Tragedy*: M. S. Silk und J. P. Stern, *Nietzsche on Tragedy*, Cambridge 1981.

Smith, *Theory*: A. Smith, *The Theory of Moral Sentiments*, London 1759.

Soliday, *Community*: G. Soliday, *A Community in Conflict: Frankfurt Society in the Seventeenth and Early Eighteenth Centuries*, Hanover (New Hampshire) 1974.

Stadt Goethes: Die Stadt Goethes: Frankfurt am Main im XVIII. Jahrhundert, hrsg. von H. Voelcker, Frankfurt am Main 1932.

Staiger, *Goethe*: E. Staiger, *Goethe*, Zürich und Freiburg 1952–1959.

Steiger: *Goethes Leben von Tag zu Tag: Eine dokumentarische Chronik*, hrsg. von R. Steiger, Zürich und München 1982ff.

Stern, *Nietzsche*: J. P. Stern, *A Study of Nietzsche*, Cambridge 1979.

Sterne, *Reise*: L. Sterne, *Tagebuch für Eliza. Empfindsame Reise*, übers. von S. Schmitz, hrsg. von L. Zimmermann, Hamburg 1989 (zuerst München 1963).

Strohschneider-Kohrs, «Künstlerthematik»: I. Strohschneider-Kohrs, «Künstlerthematik und monodramatische Form in Rousseaus Pygmalion», *Poetica* 7 (1975), S. 45–73.

Sturm und Drang: K. Freye (Hrsg.), *Sturm und Drang*, Berlin, Wien und Stuttgart o. J.

Sturm und Drang. Dramatische Schriften: E. Lowenthal und L. Schneider (Hrsg.), *Sturm und Drang. Dramatische Schriften*, Heidelberg 1972.

Sulzer, *Schriften*: J. G. Sulzer, *Vermischte philosophische Schriften*, Leipzig 1773.

Theorie und Technik: D. Kimpel und C. Wiedemann (Hrsg.), *Theorie und Technik des Romans im 17. und 18. Jahrhundert*, II, Tübingen 1970.

Trunz, *Münster*: E. Trunz (Hrsg.), *Goethe und der Kreis von Münster*, Münster 1971.

Ullrich, *Robinson*: H. Ullrich, *Robinson und Robinsonaden*, I. *Bibliographie* (Litterarhistorische Forschungen 7), Weimar 1898.

Veil, *Patient*: W. H. Veil, *Goethe als Patient*, Jena 1946.

Vierhaus, *Absolutismus*: R. Vierhaus, *Deutschland im Zeitalter des Absolutismus (1648–1763)*, Göttingen 1978.

Vulpius, *Goethepark*: W. Vulpius, *Der Goethepark in Weimar*, Weimar 1975.

WA: *Goethes Werke*, Weimarer Ausgabe, Weimar 1887–1919.

Walker, *Home Towns*: M. Walker, *German Home Towns*, Ithaca (New York) und London 1971.

Ward, *Fiction*: A. Ward, *Book Production, Fiction, and the German Reading Public 1740–1800*, Oxford 1974.

Wells, *Development*: G. A. Wells, *Goethe and the Development of Science: 1750–1900*, Alphen 1978.

Wolff, *Humanität*: H. M. Wolff, *Goethes Weg zur Humanität*, München 1951.

Zimmermann, *Weltbild*: R. C. Zimmermann, *Das Weltbild des jungen Goethe*, München 1979.

Zorn, «Führungsschichten»: W. Zorn, «Deutsche Führungsschichten des 17. und 18. Jahrhunderts: Forschungsergebnisse seit 1945», *Internationales Archiv für Sozialgeschichte der deutschen Literatur* 6 (1981), S. 176–197.

Anmerkungen

Die Gespräche mit Eckermann werden nur nach ihrem Datum zitiert, andere Autoren in der im Literaturverzeichnis angegebenen abgekürzten Form.

Erstes Kapitel

Goethezeit?

18 *deutsche Philosophie an den Antipoden:* Carlyle an Goethe, 22. Dezember 1829, Carlyle, *Correspondence*, S. 162.

18 *der letzte Mensch, der Goethe noch gekannt hatte:* Sophie Bettmann, siehe *Monatsblätter*, S. 9.

20 *Überführung eines monarchischen in einen bürokratischen Absolutismus:* siehe Rosenberg, *Bureaucracy*; Zorn, «Führungsschichten».

21 *138 Bände:* in der WA – Teilbände getrennt gerechnet, aber ohne die Registerbände.

21 *«Die Leute wollen immer»:* Biedermann-Herwig, 3.2, S. 792, Nr. 6878.

21 *«Nur für wenige»: Menschliches, Allzumenschliches,* II.2, «Der Wanderer und sein Schatten», Abs. 125, Nietzsche, *Werke*, 928.

21 *«Goethe ist für seine Zeit»:* Eliot, «Goethe», S. 219.

21 «und meistens wird sich der Künstler»: HA 12, 47.

22 *«Je mehr ich über Goethe lerne»:* Eliot, «Goethe», S. 218.

22 *«Wenn mich jemand früge»:* Biedermann-Herwig, 3.1, S. 730, Nr. 5539.

Fürsten, Pietisten, Professoren

23 *20 beziehungsweise 27 Millionen:* Bruford, *Germany,* S. 158 f.

23 *24 Millionen:* Ford, *Europe,* S. 38.

24 *94 weltliche und geistliche Fürsten:* vgl. zu dieser und den folgenden Informationen über das Reich Bruford, *Germany,* S. 7.

24 *1500 Gulden:* Stadt Goethes, S. 66.

24 *16000 Fälle:* Bode, *Ruhm,* S. 70; vgl. HA 9, 530.

26 *im Durchschnitt betrug der Verlust ein Drittel:* Sagarra, *Social History,* S. 5.

26 *nicht die Unternehmer . . . sondern die Fürsten:* Blanning, *Reform,* S. 8–10.

27 *Affinität zum staatlichen Absolutismus:* siehe Krockow, *Warnung,* S. 133–135; Blanning, *Reform,* S. 26–29, beide basierend auf Hinrichs, *Preußentum.*

28 *in Frankfurt . . . hinterließ Spener wenig Spuren:* siehe Dechent, *Kirchengeschichte.*

28 *beiden Hauptprobleme der Philosophie:* Leibniz, *Théodicée,* Préface, S. 30.

28 *Implikationen für die deutsche Gesellschaftsordnung:* «Von dem Verhängnisse», Heer, *Leibniz,* S. 199–203.

29 *nach Pascal der erste:* siehe Boyle, «Pascal».

31 *«Die Seele sollte oft daran denken»:* Leibniz, *Discours,* Abs. 32, S. 82.

31 *neun verschiedene Übersetzungen:* Ullrich, *Robinson,* S. 43–50, 102–139.

31 *Nevilles Isle of Pines:* bequem greifbar in Henderson, *Novels,* S. 225–235.

34 *sprachlicher Erneuerer:* Blackall, *Emergence,* S. 26–48.

34 *«Geschäfte» und «Geschäftsmann»:* HA (1988) 9, 805.

35 *Reglementierung des Dritten Standes:* Gerth, *Intelligenz,* S. 33–38, 44.

35 «*Mehr als alles andere*»: Blanning, *Reform*, S. 14; vgl. Vierhaus, *Absolutismus*, S. 51, 72.

Der literarische Kontext bis 1770

36 *schätzten an England vor allem*: Schöffler, «Anruf», S. 23.
36 *382 Geistliche*: ebd.
36 *1692 das Lateinische* . . . verdrängte: Ward, *Fiction*, S. 31.
37 «*Zu allererst wähle man*»: *Versuch einer Critischen Dichtkunst*, I, 4, Abs. 21, Gottsched, *Werke* 6.1, S. 215.
37 *leidenschaftliche Liebe zur Dichtkunst*: Lob- *und Gedächtnißrede auf* . . . *Martin Opitzen*, Gottsched, *Werke* 9.1, S. 161.
37 *übersetzte* . . . *eine französische Satire*: L. A. Gottsched, *Die Pietisterey im Fischbeinrocke*, z. B. in Brüggemann, *Gottsched*, S. 137–215, benutzt als Vorlage Bougeant, *Femme docteur* (ein Vergleich der beiden Versionen zeigt, daß «die Gottschedin» keinen Anspruch auf Originalität erheben darf; dasselbe gilt im wesentlichen für Gottscheds *Der sterbende Cato*, der aus Übersetzungen aus dem Französischen und Englischen (Addison) zusammengestückelt ist).
40 *Bewegung der Bibelkritik*: siehe Boyle, «Lessing».
41 «*in neuen Symbolen ausdrückt*»: Bruford, *Theatre*, S. 115.
41 «*Seit 1740*»: ebd. 114.
42 *in dem modernen Philosophen den wahren Protestanten erblickte*: Fichte, *Werke* VII, S. 609.
42 «*die Furcht vor den symbolischen Büchern*»: zitiert in Geerth, *Intelligenz*, S. 122, Anm. 291.
42 *das amerikanische Wahlrecht erläutert*: Biedermann-Herwig 3.1, S. 759–763, Nr. 5619, S. 760.
42 «*ebensowenig allfühlend*»: ebd. 761.
42 «*Die deutsche Philosophie*»: ebd. 722, Nr. 5524.
43 «*Amerika, du hast es besser*»: HA 1, 333.
44 «*daß die Seelen im allgemeinen*»: Leibniz, *Monadologie*, S. 33.
44 «second maker»: Shaftesbury, *Characteristics*, I, 136, Treatise III, «Advice to an Author», I, III.
47 «*die Sphäre des Umgangs*»: Stern, *Nietzsche*, S. 127.
47 *Adjektiv* «*empfindsam*» . . ., *das* . . . *Bode* . . . *erfand*: Böttiger, «Bode's Leben», S. III.
47 *Miss Lydia Languish*: Nettleton, «Books».
47 «*Es hatte stets*»: Sterne, *Reise*, Abschnitt Amiens, S. 102.
48 «*Ich setzte mich*»: ebd., «Maria – Moulines», «Bourbonnais», S. 188, 191.
48 «*He watch'd and wept*»: *The Deserted Village*, Z. 166, Goldsmith, *Works*, S. 28.
49 «*Da wir*»: Smith, *Theory*, S. 2.
50 «*Es kann uns nichts geschehen*»: Leibniz, *Discours*, Abs. 14, S. 36.
50 «*Vor allem Äußeren absolut geschützt*»: ebd., Abs. 32, S. 82.
52 *Militär- und Finanzpolitik Friedrichs II.*: Durrani, «Love».
52 «*höfisches Lob*»: «Fürstenlob», Z. 3–9, Klopstock, *Oden*, S. 125 f.
52 «*Die Würde des Gegenstands*»: HA 9, 399.
52 *17 Prozent seines Gesamtverdienstes*: Sauder, «Aspekte», S. 214.
53 «*Was geht mich*»: Klopstock, *Werke*, S. 1052 (*Eine Beurteilung der Winckelmannischen Gedancken über die Nachahmung der griechischen Werke in den schönen Künsten*).
54 «*Die heilige Geschichte*»: ebd.
54 *Heftigkeit seiner Gefühle*: ebd. 209 (*Messias* I, Z. 444–445).
54 *göttliches Ich, das* . . . *davonschwebt*: ebd. 445 (*Messias* XI, Z. 40–43, 53).
54 *Goethe selbst nannte es* «*bizarr*»: HA 9, 270.

Zweites Kapitel

Frankfurt und die Goethes

59 *Als wohlhabende Freie Reichsstadt*: die folgende Darstellung basiert generell auf *Stadt Goethes*; daher werden nur einzelne Punkte speziell nachgewiesen.

60 «*Tage*» auf «*Sprache*»: *Faust*, Z. 6876–6878.

60 «*genug*» auf «*Besuch*»: ebd., Z. 2901–2902.

60 «*Das wäre mir*»: ebd., Z. 10311.

60 *elf ehrfurchtsvolle Adjektive*: Stadt Goethes, S. 56.

60 «*Pfeffersäcke*» und «*Tonnenjunker*»: ebd. 131.

60 *Bibelzitate*: HA 9, 251.

61 *nicht Französisch, sondern Italienisch*: Bode, *Lehrjahre*, S. 73.

61 *Glückwunschgedicht auf jiddisch*: Dechent, *Kirchengeschichte* II, 196.

61 *200 Häuser und eine Synagoge*: Stadt Goethes, S. 27.

61 *hätten Katholiken die Kirchen*: Soliday, *Community*, S. 5.

61 *zwölf lutherische Pastoren*: Dechent, *Kirchengeschichte* II, 265.

61 *Privatkonventikel*: ebd. 224.

61 *drei gewichtige lokale Gründungen*: Stadt Goethes, S. 19.

62 «*fremder Potentaten*»: ebd. 87.

63 *Goethe ein Stadtkind*: vgl. HA 13, 149.

63 *3000 Häuser*: Stadt Goethes, S. 17.

63 *der Durchschnitt lag bei 7,5 m*: ebd. 21.

63 *sich freiwillig in die Löschkette einreihte*: HA 10, 83 f.

64 *der 15jährige*: ebd. 9, 222.

64 *bevor um halb neun die Stadttore geschlossen wurden*: Faber, *Frankfurt*, I, 25–28.

64 *das erste, was einem . . . auffiel*: siehe *Etwas über Frankfurt*.

66 *Pestilenzloch*: Behrends, *Einwohner*, S. 110–119.

66 *dieselbe große Standuhr*: Steiger 1, 20.

68 «*Mit kindlichem, jugendlich-frischem Sinn*»: WA II.12, S. 5–6.

68 *42500 Gulden*: Stadt Goethes, S. 387.

68 *Gehalt seines Schwiegervaters, des Schultheißen Textor*: ebd. 395.

68 *Ein Landpastor konnte damals*: Gerth, *Intelligenz*, S. 28.

68 *drei Tage arbeiten*: Stadt Goethes, S. 396.

68 *Caspar Goethes minuziöse Buchführung*: ebd. 398 f.

69 *die Schreibung seines Familiennamens*: ebd. 367.

69 *die Vermählung des Dogen mit dem Meer*: Steiger 1, 27.

69 *Nachbildung einer venezianischen Gondel*: WA III.1, S. 241.

70 «*Und so war ich denn auch*»: HA 9, 47.

71 *Immer wieder erzählte er seinem Sohn die Begebenheit*: ebd. 75 f.; vgl. ebd. 10, 53–56.

71 *die Zeitungen, die er hielt, waren vehement preußenfeindlich*: Stadt Goethes, S. 403.

71 *Respekt vor dessen Institutionen und Traditionen*: HA 9, 182.

71 «*konnte sich nicht in das Unvermeidliche ergeben*»: ebd. 86.

72 «*unmenschliche Vorurtheil*»: Stadt Goethes, S. 410.

72 *Custine mit seinen vorrückenden Truppen*: ebd. 14.

«*Mehr Plapperwerk als Gründlichkeit*»: *1749–1765*

73 «*Dilettantismus*»: HA 9, 32.

73 *30 Lehrer*: Stadt Goethes, S. 104.

73 *Maria Magdalena Hoff*: Dechent, *Kirchengeschichte* II, 194–197.

73 *Johann Schellhaffer*: Bode, *Lehrjahre*, S. 55.

73 *Privatlehrer*: Stadt Goethes, S. 167, 415 f.

73 Der Lateinlehrer war ein Türke: Scherbius, siehe Dechent, Kirchengeschichte II, 196.
73 ein ehemaliger Dominikanermönch aus Neapel: Giovinazzi, s. ebd.
73 Französischunterricht ein Emigrant: Roland, s. ebd.
73 früherer jüdischer Schreiber: Christfreund (Christamicus), s. ebd. 195.
73 Johann Georg Albrecht: Stadt Goethes, S. 156–158.
73 «Das Konsistorium befiehlt»: Dechent, Kirchengeschichte II, 195.
74 das erste erhaltene Gedicht: HA 1, 7 f.
74 Vermischte Gedichte: ebd. 9, 142.
74 der 7jährige Mozart, den Goethe sah: Grumach 1, 32; Stadt Goethes, S. 333 f.; Bode, Lehrjahre, S. 148 f.
75 daß die beiden Brüder sich kaum verstanden: HA 9, 37.
75 Unmut über den Kummer der Eltern: Grumach 1, 16.
75 Heinrich Philipp Moritz: HA 9, 114.
75 Johann David Balthasar Clauer: Stadt Goethes, S. 385.
75 ein – von einem Zeichenlehrer stark korrigiertes – Porträt Clauers: CGZ I, Nr. 74.
76 vorzugsweise den Unparteiischen: Grumach 1, 20.
76 drei verschiedene Garnituren Kleider: ebd. 41 f.
76 «das Mitteilbare»: HA 10, 131.
76 «zwischen diese Zeilen hineinzulesen»: ebd. 133; vgl. 9, 227–230.
76 spielte . . . den Nero: HA 9, 109.
76 um sich ihre Werke vorzulesen – und Erfrischungen zu sich zu nehmen: Stadt Goethes, S. 412.
77 eine offizielle Untersuchung: Steiger 1, 138 f.
77 vielleicht auf Betreiben des Vaters: ebd. 141 f.
77 «Arcadische Gesellschaft zu Phylandria»: Bode, Lehrjahre, S. 165.
78 «der Ausschweifung . . . sehr ergeben»: Grumach 1, 54.
78 «listiges» Wortgeklingel: ebd. 56.
78 «ein gutes Plapperwerk»: ebd. 55.
78 die grundlegenden juristischen Lehrbücher: HA 9, 145 f.
78 Interesse an der Philosophie: Steiger 1, 144 f.
78 im Frühling lag er krank darnieder: ebd. 154.
78 die Reitstunden waren nicht sonderlich erfolgreich: HA 9, 147 f.
78 das Tanzen lehnte er kategorisch ab: Steiger 1, 159.
78 Einige der frühesten Landschaftszeichnungen: CGZ I, Nr. 1, 2.
79 Sachsen, «dem Land wo man»: Steiger 1, 158.
79 etwas «Fluchtartiges»: ebd. 165.
79 dem er vielleicht kein Geld geliehen hat: Stadt Goethes, S. 420.
79 den verkrüppelten Prinzen von Sachsen: ebd. 368.
79 dem Jungen ein Puppentheater zu schenken: ebd. 412.
80 eine öffentliche Lesung aus Klopstocks Messias: ebd. 401.
80 «Was das Vollbringen betrifft»: HA 9, 145.
80 «Wir gingen in Goethes Haus»: Grumach 1, 223.
80 «O . . ., wenn Sie beobachtet hätten»: Bode I.153, Nr. 228.
81 «Vom Vater hab' ich»: HA 1, 320.
81 «Nun begreife ich recht gut»: Stadt Goethes, S. 437.
81 «mit schönen Geistern vollgepfropft»: ebd. 435.
82 der aufreizende «Vaterton»: Grumach 1, 252.
82 Äußerungen seines Unmuts: das einzige andere ernstzunehmende Beispiel ist ein Brief an Kestner vom 10. November 1772 (DJG 3. 7 f.), dessen Stimmung zwischen Goethes eigenem Mißmut und seiner deutlichen Identifikation mit dem Vater schwankt.
82 «Meinem Vater war sein eigener Lebensgang»: HA 9, 32.

82 sein eigener Wunsch sei gewesen, Geschichte . . . zu studieren: ebd. 241.
82 «einer akademischen Lehrstelle»: ebd.

Ein ausgebrannter Fall?: 1765–1770

83 Klagen der ärmeren Studenten: Jugler, Leipzig, S. 50.
83 rot und hellgrün: ebd. 6.
83 ein Drittel der Fläche: ebd. 5.
83 «das Evangelium des Schönen»: HA 9, 314.
84 Subvention der Truppe in Höhe von 12.000 Gulden: Jugler, Leipzig, S. 80.
84 Rabener nannte als die wichtigsten Fächer: Rabener, Schriften, S. 28.
84 drei bis sechs Vorlesungen: HABr 1, 14, 26.
84 «Zeichnungs-Akademie»: die genaue Bezeichnung der Anstalt lautete: Zeichnungs- Malerey- und Architektur Akademie, Jugler, Leipzig, S. 30.
84 so wenig in Aquarell: CGZ I, S. 46, zu Nr. 97.
85 Porträts von Köpfen: ebd., Nr. 3–10, 17–27, 67–71, VIa, Nr. 36.
85 Theaterszenen: CGZ I, Nr. 75–78.
85 Landschaften: ebd., Nr. 45–48, 63; vgl. 36, VIb, Nr. 1–7.
85 rasch hingeworfene Skizzen: ebd. Nr. 37, 74, 86, 89, 90, 91.
85 «eine schöne Sache um einen solchen Professor»: HABr 1, 13.
85 gewöhnt sich ans Biertrinken: DJG 1, 83; Steiger 1, 173.
85 Gellert gesehen: HABr 1, 16.
85 Gottsched, der mit 65 eine 19jährige geheiratet hat: ebd. 14.
85 Gänse, Schnepfen, Forellen: ebd. 15.
85 Corona Schröter: WA I, S. 228.
85 Singspiel: Steiger 1, 200, 275.
85 dagegen verwahrt, ein «Stutzer» werden zu wollen: HABr 1, 14.
85 kleidete sich . . . modischer ein: HA 9, 250.
85 zumal nicht in denen an Horn: DJG 1, 484.
86 die Böhmes freundlich zu ihm waren: HABr 1, 39.
86 seinen Großeltern ein Neujahrsgedicht schrieb: DJG 1, 94.
86 Hochzeitsgedicht: HA 9, 301.
86 den fünften Akt in Blankversen: HABr 1, 21.
86 Beauties of Shakespeare: Steiger 1, 190.
86 als sein Hochzeitsgedicht einem strengen Verdikt verfiel: HABr 1, 44; vgl. HA 9, 300.
86 «entfiel mir aller Muht»: Steiger 1, 201.
86 Behrisch und «Käthchen» bestimmten sein Dasein: HABr 1, 33.
87 «Er war zu unserer Zeit in Leipzig und ein Geck»: Grumach 1, 86.
87 «habe ich ihm nichts weniger zugetraut»: ebd. 111f.
87 «besoffen wie eine Bestie»: DJG 1, 144.
87 einem einzigen, ganz harmlosen Duell: Grumach 1, 91f.
87 von einem scheuenden Pferd fiel: HABr 1, 61.
87 «Nichtsdestoweniger lebe ich»: ebd. 40.
88 ihren Benutzer verkrüppelte: HA 9, 300.
88 bald war ihm der Ruf dermaßen zuwider: Grumach 1, 81.
88 «daß wir an unserm Goethe»: ebd. 82.
88 «Je partagerai»: HABr 1, 33.
89 Süßigkeiten für den kleinen Hund: Grumach 1, 108f.
89 Etikett für die Firma Schönkopf: CGZ VIb, Nr. 271.
89 an Sonntagen ging er nach dem Mittagessen: HABr 1, 53.
89 eine Liebhaberaufführung leitete: Steiger 1, 255, 257.
89 die Ruinen Dresdens: ebd. 262.

89 *«Ich glaube, es ist jetzo»*: HABr 1, 39.
89 *zwischen September 1766 und Mai 1767 waren es nur fünfzehn*: ebd. 44.
90 Die Laune des Verliebten: Steiger 1, 216.
90 *Klausur, wahrscheinlich vor Behrisch und Horn*: ebd. 227.
90 *Poetische Gedanken*: HA 1, 9–13.
90 *«Dahin den auch Joseph»*: HABr 1, 52.
90 *Erdbeben in Lissabon*: HA 9, 29–31.
90 *aus mineralogischen Stücken einen Altar*: ebd. 43–45.
90 *«besondere Denkungsarten in der Religion»*: Grumach 1, 111.
91 *«Einmal traf es sich nun»*: ebd. 110.
91 *Lessing wurde geschnitten*: HA 9, 327.
91 *Oeser schickte alle Besucher fort*: ebd. 329.
92 *«ob er gleich weiß»*: Grumach 1, 82.
92 *«So leb ich fast ohne Mädgen»*: HABr 1, 55.
92 *«beste Freundinn»*: DJG 1, 265; vgl. HABr 1, 71.
92 *sexuelle Unerfahrenheit*: Bode, *Lehrjahre*, S. 302.
92 *Sein religiöser Standpunkt*: HA 9, 334 f.
93 *eine Tuberkulose zugezogen*: Veil, *Patient*, S. 55 f.
93 *Oden an meinen Freund, 1767*: HA 1, 21–24.
93 *einige kurze Gedichte*: DJG 1, 475–477; vier davon sind in HA 1, 18–20 abgedruckt.
93 *eine kleine Sammlung seiner jüngsten Gedichte*: DJG 1, 193–197.
93 *«Sie sind so lustig»*: Grumach 1, 112 f.
94 *Johann Friedrich Metz*: Steiger 1, 286 f.
94 *ein Porträt ihres englischen Freundes*: ebd. 292 f.
94 *Goethe verglich sein Verhältnis zu den Gläubigen*: HABr 1, 79; vgl. DJG 1, 505.
94 *noch nicht gebessert*: Steiger 1, 303.
94 *Entwurf eines neuen Stückes*: HABr 1, 79; vgl. DJG 1, 505
94 *eine chronische latente Mandelentzündung*: Veil, *Patient*, S. 27.
94 *Tendenz zur Bildung von Nierensteinen*: ebd. 39 f.
94 *«‹Wo ist er denn jetzt?›»*: DJG 1, 273.
94 *Goethes Mutter hatte zur Bibel gegriffen*: Grumach 1, 120.
95 *«Mich hat der Heiland endlich erhascht»*: HABr 1, 84.
95 *«zu sehr Antithese»*: Grumach 1, 114.
95 *höfische Tugend, der «goût»*: ebd. 118.
95 *«Göthe sieht immer noch ungesund aus»*: ebd. 124.
96 *«Mann mag auch noch so gesund und starck seyn»*: DJG 1, 280.
96 *«ich leide keinen Schwager»*: HABr 1, 102.
96 *daß Lessing keine praktische Erfahrung besaß*: ebd. 98; vgl. HABraG 1, 9 f.
96 *die Ansprüche der Dichtkunst übertrieben hatte*: HABr 1, 91.
96 *Seine einzigen wahren Lehrer*: ebd. 104.
98 *Das Ungestüme seiner republikanischen Gesinnung*: DJG 1, 275.
98 *rein verbale Gebärden*: HABr 1, 90.
98 *«Sie schienen mir kalt, trocken»*: HA 9, 349.
98 *250 «erweckte Seelen»*: Dechent, *Kirchengeschichte* II, 211.
99 *Goethe die Herrnhuter Gemeine in Marienborn zeigte*: Grumach 1, 124 f.
99 *«Sie wußte den rechten Weg gewöhnlich anzudeuten»*: HA 10, 57.
99 *Fräulein von Klettenberg*: Dechent, *Kirchengeschichte* II, 187–191, 211–213.
100 *Schöpfungskraft Luzifers*: vgl. HA 9, 351–353.
100 *Voltaires ausführlich zitierter Einschätzung religiöser Dogmen*: DJG 1, 428.
100 *Theorien über eine Erbsünde*: ebd. 435.
100 *Gott und Natur*: ebd. 431.

100 *im Zeichen der Jungfrau*: ebd. 427.
100 *Moses Mendelssohn*: ebd. 437–439.
101 *«meine Bemühung»*: HABr 1, 79.

Erste Schriften

101 *Mit 17 hat Goethe behauptet*: HABr 1, 43.
102 *Energie des sexuellen Begehrens*: ebd. 25.
102 *A Song over The Unconfidence*: ebd. 29 f. (die Orthographie und Zeichensetzung Goethes ist beibehalten; hinzugefügt wurden nur die Anführungszeichen in den Strophen 5, 8 und 10).
104 *«die erste und echteste aller Dichtarten»*: HA 9, 397.
105 *Ballade «Pygmalion»*: DJG 1, 183 f.
106 Die Laune des Verliebten: HA 4, 7–27.
107 *«Du junger Mann»*: DJG 1, 292.
107 *«Gern verlass' ich»*: HA 1, 18.
108 *noch ichbewußter «solcher»*: DJG 1, 476.
108 *«Mein Brief hat eine hübsche Anlage»*: HABr 1, 63.
109 *«Ihr Diener Herr Schönkopf»*: ebd. 68.
109 *Brief vom 30. Oktober 1765*: ebd. 15–17.
110 *«aus der Zeit Ludwigs des vierzehnden» und «ietzt auf allen Parnassen contrebande»*: ebd. 89.
110 Die Mitschuldigen: HA 4, 28–72.
110 *eine zweite Fassung wurde wahrscheinlich im Frühjahr 1769 fertig*: DJG 1, 505; weniger überzeugend plädiert HA (1988) 4, 478, für eine Entstehung zwischen August bis Dezember 1769.
112 *«Ich habe ein Haus»*: HABr 1, 103.
112 *«Denn zwischen Mann und Frau»*: HA 4, 32, Z. 106.
112 *«Dies ist nun alle Lust»*: ebd. 34, Z. 165.
112 *in den Winter 1770/71 vorverlegt*: Es ist Karnevalszeit, vielleicht Januar, ein Jahr, nachdem Sophie und Söller geheiratet haben (Z. 65). 1769 rechnete Goethe damit, daß Käthchen und Kanne sich Anfang 1770 vermählen würden: Wenn die Handlung des Stückes im Dezember 1770 oder Januar 1771 spielt, also ein Jahr nach dieser Katastrophe, wird Sophie, wie Käthchen, 1746 geboren sein (Z. 184), und Alcest wird, wie Goethe, Leipzig im Spätsommer 1768 verlassen haben (Z. 103).
112 *Sophie wird nicht mehr die Schuld gegeben*: vgl. erste Fassung Z. 188, zweite Fassung Z. 520, DJG 1, 324, 389.
113 *Satiriker des modernen Denkens*: HABr 1, 104.
113 *«Rettung»*: DJG 1, 309 f.
113 *alle Bewohner der Hölle*: Grumach, «Prolog»; vgl. Zimmermann, *Weltbild* 2, 279 f. In diesem Zusammenhang von Goethes «metaphysisch-kosmologische[n] Überzeugungen« (S. 281, Hervorhebung von mir) zu sprechen, heißt allerdings, das, was Goethe *glaubte*, mit dem zu verwechseln, was er *kannte* und was er als Stoff für seine Dichtung verwendete.
113 *achtbarste Vertreter der Aufklärung*: Leibniz, *Théodicée* I, Abs. 17–20, S. 116–121 (ferner Abs. 86, S. 268 f., 272); Haller, *Über den Ursprung des Übels* III, Z. 185–190 (Haller, *Alpen*, S. 73); Lessing, *Leibnitz von den ewigen Strafen* (Lessing, *Schriften* XI, 461–487); dagegen Jackson, «Air».
113 *Catharina Maria Flindt*: Boenigk, *Urbild*; Liljegren, *Sources*, S. 31.

Drittes Kapitel

Die Erweckung: 1770–1771

115 «*Nach Italien, Langer!*»: HABr 1, 107.
115 *Wandteppiche nach Raffaels Kartons*: HA 9, 362.
115 *stößt auf Jesaja*: DJG 2, 318 f.
116 «*Dabey müssen wir nichts seyn*»: HABr 1, 114.
116 *Straßburg mit seinen rund 43.000 Einwohnern*: Steiger 1, 357.
116 *sein buntscheckiges Französisch*: HA 9, 479 f.
116 «*Ich hörte nichts als was ich schon wusste*»: Steiger 1, 385.
117 *zusammen mit Weyland*: ebd. 372.
117 «*Gestern waren wir den ganzen Tag geritten*»: HABr 1, 109 f.
118 «*Ich lebe etwas in den Tag hinein*»: ebd. 112.
118 «*so von Herzen langweilig*»: ebd. 115.
118 «*sprach sich ein junger Mensch aus*»: DJG 2, 319.
118 «*Freylich ist*»: DJG 2, 319.
118 *mit Auszeichnung bestand*: ebd. 289.
118 *in der Regel 20 bis 40 Druckseiten lange Doktordissertation*: Steiger 1, 430.
118 «*vortrefflicher Mann*» *mit* «*großen hellen Augen*»: Grumach 1, 148 f.
118 *die Asymmetrie von Goethes Gesicht*: Bauer, *Kopf*, S. 12.
119 «*spatzenmäßige*» *Goethe*: Bode 1, 20, Nr. 21.
119 *mit ihm ringen wie Jakob mit dem Engel des Herrn*: HABr 1, 128.
120 «*Funken zu schlagen, zu einem neuen Geist*»: *Journal meiner Reise im Jahre 1769*, Herder, *Werke* IV, 435.
120 «*Jünglingen, die mich für ihren Christus hielten*»: an Caroline Flachsland, 22. September 1770, Herder, *Briefe* 1, 229.
121 *Idiotismen und Redewendungen*: *Über die neuere deutsche Literatur* I, 6, Herder, *Werke* I, 162–166.
121 «*Wird es bald seyn*»: ebd. I, 17, 217.
121 *das deutsche Gegenstück*: ebd. II, 3, 266.
122 «*Ein Originalschriftsteller*»: ebd. III, 7, 402.
122 «*ob jemand in einer todten Sprache*»: ebd. 406.
122 «*mit warmer heiliger Gegenwart*»: HABr 1, 133.
122 «*muß seinem Boden getreu bleiben*»: *Über die neuere deutsche Literatur* III, 7, Herder, *Werke* I, 405.
122 *persönliche Hingabe*: HA 9, 478.
122 «*die Forderung der Zeit*»: Pound, *Poems*, S. 173, 184.
123 «*Führet keinen Merkur und Apollo*»: *Abhandlung über den Ursprung der Sprache*, Herder, *Werke* V, 51–53.
123 «*mit jedem neuen originalen Autor*»: ebd. 121.
123 «*eine Summe der Würksamkeit*»: ebd. 136.
123 «*hat zu erfinden angefangen*»: ebd.
123 *durch die herrschenden französischen Gebräuche zurückgedrängt*: HA 9, 367.
124 «*der ältesten Müttergens*»: HABr 1, 127.
124 «*Sie waren Ihnen bestimmt*»: ebd.
125 *Herders Fortentwicklung von Robert Lowth*: HA 9, 408.
125 *Die* «*ironische Gesinnung*», *die Goethe entdeckte*: ebd. 429 f.; vgl. HABr 4, 360.
125 «*Gesinnung einer poetischen Welt*»: HA 9, 429 f.; vgl. HABr 4, 360.
126 *richtiger wäre* «*Sessenheim*»: Bode, *Lehrjahre*, S. 376.
126 *Die gesamte Schilderung in* «*Dichtung und Wahrheit*»: Metz, *Friederike*, S. 22 f.
128 «*Die Bursche des Dorfes*»: Grumach 1, 167.

128 «*Es regnet draussen und drinne*»: HABr 1, 122.
128 «*conscia mens*»: ebd. 121.
128 «*Sind nicht die Träume deiner Kindheit alle erfüllt?*»: ebd. 122.
129 *wollte mit Goethe seither nichts mehr zu schaffen haben*: DJG 2, 285.
129 *Anstrengungen der Familie Brion*: ebd. 286.
129 «*Die Zweite Tochter vom Hause*»: HABr 1, 272 f.
130 *Beileidsbrief*: ebd. 119 f.
130 «*Enthusiasmus für die Religion*»: Steiger 1, 433.
130 «*nichts anderes als eine gesunde Politik*»: Bode 1, 17, Nr. 15.
130 *gedruckte lateinische Thesen*: DJG 2, 54–58.
130 «*mit großer Lustigkeit*»: HA 9, 474.
131 «*in seinem Obergebäude einen Sparren zuviel*»: Genton, *Promotion*, S. 17, 19.
131 *es war sogar die Rede von einer akademischen Zukunft*: ebd. 119.
131 *beantragte seine Zulassung als Rechtsanwalt*: HABr 1, 124 f.
132 *im Dezember schrieb er Salzmann*: DJG 2, 70.
132 *rügten offiziell den Ton seiner Eingaben*: Steiger 1, 494.
132 «*Wissenschafften und Künste*»: HABr 1, 154.
132 *14. Oktober, nach protestantischem Kalender der Namenstag*: Bode, *Ruhm*, S. 5.
132 *die er sich mehr als sechs Gulden kosten ließ*: DJG 2, 67, 328.
133 «*Ich fühlte nun erst den Verlust*»: HA 9, 520.
133 *Susanna Margareta Brandt*: Beutler, *Essays*, S. 85–92.
133 «*die Epoche einer düsteren Reue*»; «*hier war ich zum erstenmal schuldig*»: HA 9, 520.
134 «*weil ich[s] taht um Sie drüber zu fragen*»: HABr 1, 130.

Leben und Literatur: Werke, 1770–1771

134 *in fast allen seinen großen literarischen Werken*: Krogmann, *Friederikenmotiv*, S. 120.
135 *Goethe geht dieser Frage in «Dichtung und Wahrheit» nach*: HA 9, 468–471.
135 *eine Erfindung sein dürfte*: Metz, *Friederike*, S. 82–86.
135 *seine Leidenschaft entbrannte nicht in Sesenheim*: HA 9, 499.
135 *dreißig oder mehr Briefe*: DJG 2, 285.
136 «*simbolisch[es] Daseyn*»: HABr 1, 246.
136 «*poetische Antizipation*»: HA 10, 431, 433.
138 *von Lenz abgeschrieben (und durch eigene Interpolationen ergänzt)*: DJG 2, 290–296.
138 «*Erwache, Friederike*»: HA 1, 29 f.
138 «*Es schlug mein Herz*»: ebd. 27 f.; zur fehlenden Einteilung in Strophen siehe *DJG* 2, 32, zur Textgeschichte S. 293–295.
141 «*Es sah' ein Knab'*»: HA (1988) 1, 509 f.
142 *Geschichte Gottfriedens*: *Geschichte Gottfriedens von Berlichingen mit der eisernen Hand, dramatisirt*, DJG 2, 88–227 (die zweite Fassung: *Götz von Berlichingen mit der eisernen Hand. Ein Schauspiel*, HA 4, 73–175).
142 *Herders Meinung*: HABr 1, 133.
142 «*radikale Wiedergeburt*»: ebd. 130.
142 *Herzog von Marlborough*: *Anecdotes*, S. 18, Nr. 16.
142 «*charakteristische Kultur*»: HA 12, 13.
143 «*individualisiertes» Deutschland*: Walker, *Home Towns*, S. 1.
143 *Rede zur Shakespearefeier*: HA 12, 224–227.
143 *Von deutscher Baukunst*: ebd. 7–15.
144 «*den geheimen Punkt*»: ebd. 226.
144 *was Emil Staiger den fehlenden Rahmen nennt*: Staiger, *Goethe*, 1, 95.
144 *kein anderes modernes Drama mit dem «Götz» zu vergleichen*: Bode 1, 48, Nr. 59.
144 «*einen großen Mann*»: HA 4, 82.

145 «*Sag deinem Hauptmann*»: ebd. 139 (der vollständige Text in *DJG* 2, 170, 3, 253).
146 «*Die arme Friedericke*»: *DJG* 3, 46.
147 *sich selbst in Adelheid verliebt*: HA 9, 571.
147 «*Du hast viel Arbeit*»: HA 4, 139.
148 «*Scheltet die Weiber*»: ebd. 116f. (erste Fassung: DJG 2, 141).

Zwischen Empfindsamkeit und Sturm und Drang: 1772–1774

153 *Georg Schlosser*: Beutler, *Essays*, S. 99–107.
154 *Merck, «dieser eigne Mann»*: HA 9, 505.
154 «*ein Kerl von Leder*»: Grumach 1, 317.
154 *ihre Entwicklung vom realistischen Roman wegführten*: J. H. Merck, *Über den Mangel des epischen Geistes in unserm lieben Vaterlande, in Theorie und Technik*, S. 5–10.
154 *das es Herder erschwerte, unzweideutige Ermutigung zu geben*: Bode 1, 41, Nr. 48.
154 *Mercks sarkastische Ermahnung*: HA 9, 572.
155 *Leuchsenring verstand sich*: ebd. 558.
155 *Johann Wilhelm Ludwig Gleim*: ebd. 400.
155 *Thurn und Taxis*: ebd. 558.
155 *1771 kam Gleim nach Darmstadt*: Bode, *Ruhm*, S. 52.
155 «*Gemeinschafft der Heiligen*»: HABr 1, 133.
156 *was der Verleger Deinet mit der «unsichtbaren Kirche» meinte*: Genton, *Promotion*, S. 81.
156 *Shakespeares «Under the greenwood tree»*: Steiger 1, 491.
156 «*eine gewisse Ähnlichkeit*»: ebd. 485.
156 «*voyage de fou*»: Steiger 1, 492.
156 *Luise von Ziegler*: Bode, *Ruhm*, S. 50.
156 «*in den ich ernstlich verliebt*»: Bode 1, 23, Nr. 22.
156 «*Unser vom Himmel gegebener Freund*»: ebd. 27, Nr. 25.
156 «*Wenn Goethe von Adel wäre*»: ebd.
156 *Eine leise Andeutung*: HA 9, 521.
157 *die ästhetischen Schriften Sulzers ablehnte*: DJG 3, 93–97.
157 «*Gott erhalt unsre Sinne*»: DJG 3, 96.
157 *Seine erste Rezension war wahrscheinlich*: Steiger 1, 488.
157 *eine seiner letzten war ein skurriler Angriff auf Johann Georg Jacobi*: DJG 3, 97.
157 «*Vaterlandsgefühl*»: HA 9, 535.
158 «*den Mann in seine[r] Familie*»: DJG 3, 88.
158 «*das Dichter- und Philosophenvolk» war unfähig «zu begreiffen*»: ebd. 91.
158 *mit der* Emilia Galotti: HA 9, 569.
158 *als den wahren Gerichtshof*: HA 9, 535f.
158 «*zwar unschädlich aber doch fruchtlos*»: ebd.
159 *Misthaufen wuchsen*: Bode, *Ruhm*, S. 69–72.
159 *Wetzlar hatte nur 5.000 Einwohner*: ebd.
159 *Praktikanten, von denen es achtzehn gab*: ebd.
160 *Er und Goethe hatten in Leipzig flüchtig Kontakt gehabt*: Grumach 1, 86.
160 «*Er besitzt, was man Genie nennt*»: Bode 1, 36f., Nr. 44.
161 *Jeden Samstagnachmittag verbrachte er*: Steiger 1, 514.
161 «*meinem Mädchen*»: Grumach 1, 201.
161 «*Kleine Brouillerie mit Lottchen*»: Steiger 1, 525.
161 «*Denn was ist Zuneigung*»: Bode, *Ruhm*, S. 102.
161 «*gleichgültig*»: Grumach 1, 202.
162 «*daß er nichts als Freundschaft*»: ebd. 203.
162 *einige Tage in Gießen*: Steiger 1, 528–535.

162 *Wäre er nicht in Wetzlar gewesen*: HA 9, 553.

162 *Aber am 27. August*: Grumach 1, 210.

162 *er hatte allerdings angekündigt*: Steiger 1, 535.

162 *«heute, morgen und übermorgen»*: Steiger 1, 534; HABr 1, 135, (1988) 592.

162 *«Wenn einst»*: DJG 3, 73.

162 *«Er ist fort»*: HABr 1, 134.

163 *Goethe begann, ihr Englischstunden zu geben*: Steiger 1, 595.

164 *«Es hat mir viel Wohl durch meine Glieder gegossen»*: DJG 3, 11.

164 *«recht hängerliche und hängenswerte Gedancken»*: ebd. 8.

164 *«Der arme iunge!»*: HABr 1, 136.

164 *«Aber die Teufel»*: ebd.

166 *«Sie klagen über Einsamkeit!»*: ebd. 137.

166 *Kestner verfertigte über Jerusalems Persönlichkeit*: HA (1988) 6, 521–524; DJG 4, 351–356.

166 *«Da ihm doch alle Tugenden fehlten»*: Bode 1, 41, Nr. 47.

166 *«Es ist bei Merck eine Akademie»*: ebd. 40, Nr. 46.

166 *mit einer von Goethe gezeichneten und gestochenen Vignette*: CGZ VIb, Nr. 272.

167 *«ein recht honettes Stück Arbeit»*: DJG 3, 13.

167 *«Ich verlor mich»*: HA 9, 539.

167 *«ich gehe mit neuen Plans um»*: DJG 3, 12.

167 *Die ausgehandelte Mitgift Cornelias*: Bode, *Ruhm*, S. 210.

167 *«ich sehe einer fatalen Einsamkeit entgegen»*: DJG 3, 47.

168 *«und das sag ich euch»*: HABr 1, 147.

169 *Ein Fastnachtsspiel vom Pater Brey*: DJG 3, 161–174.

169 *sagte Herder gar nicht zu*: ebd. 456; vgl. Steiger 1, 602.

169 *«Meine arme Existenz»*: DJG 3, 33.

169 *um Briefe zu erbitten*: ebd. 50f., wobei ich Steigers Datierung übernehme, Steiger 1, 601.

169 *«Ich binn allein, allein»*: HABr 1, 148.

169 *am 2. Februar trat er dem Graduiertenkollegium bei*: Bode, *Ruhm*, S. 174.

169 *nur einmal eine Versammlung besucht*: Steiger 1, 608.

169 *Mariage-Spiel*: HA 9, 232–236.

169 *im Ernst zu heiraten*: HA 10, 71.

169 *«gar leicht bemerkte man»*: ebd. 9, 234.

170 *«Wenn eine andere Generation»*: Lichtenberg, *Aphorismen*, F 342.

170 *eine zweite Silhouette*: HABr 1, 138.

170 *«so steril wie ein Sandfeld»*: ebd. 145 f.

170 *eine zweite Lotte*: ebd. 145.

170 *«dem kalten Weiberhässer»*: Bode 1, 43, Nr. 51.

170 *Concerto dramatico*: DJG 3, 63–68.

170 *Rabelais' Panurge: Le Tiers Livre*, Kap. 9, 26, 28, Rabelais, *Œuvres* 1, 437–440, 512–514, 521–523; ferner 517, 524.

170 *Des Künstlers Erdewallen*: HA 1, 63–67.

170 *Des Künstlers Vergötterung*: ebd. 67 f.

171 *städtische Verhältnisse, «ich lass es geschehen»*: HABr 1, 154, 151.

171 *Horn, der nun ebenfalls in die Verwaltung eingetreten war*: DJG 3, 49.

171 *«die Talente und Kräffte»*: HABr 1, 156.

171 *Zwo wichtige*: DJG 3, 117–124.

172 *«unsre theologische Kameralisten»*: DJG 3, 124.

172 *«Auf der Höhe der Empfindung»*: ebd. 123.

172 *Brief des Pastors*: HA 12, 228–239.

172 *«die göttliche Liebe»*: ebd. 231.
173 *«wenn ihr Lessingen seht»*: DJG 4, 11.
173 *«daß ihm um seine Seligkeit zu tun ist!»*: HA 12, 237.
173 Goethes *Mahomet gedieh nicht*: DJG 3, 128–133.
173 *dichterische Möglichkeiten*: HA 10, 122.
173 Jahrmarktsfest zu Plundersweilern: DJG 3, 134–147.
174 *«Was hilfts daß wir Religion»*: ebd. 141.
174 *spätestens im Juni*: HABr 1, 149; vgl. Steiger 1, 607, DJG 3, 421.
174 *Merck hatte ihn dazu gebracht*: HA 9, 572.
174 *im April begann man mit dem Druck*: Steiger 1, 599.
174 *in der zweiten Juniwoche eintreffende Exemplare*: HABr 1, 149.
174 *150 Exemplare gingen zum Verkauf*: DJG 4, 4.
175 *mußte nach kurzer Zeit Geld aufnehmen*: ebd. 263.
175 *«Boie! Boie!»*: Bode 1, 44f., Nr. 56.
175 *«Das Kompliment an den Trompeter»*: ebd. 49, Nr. 62.
175 *«etwas von Shakespeares Geist»*: ebd., Nr. 60.
175 *«Der Beifall, den Sie allenthalben finden»*: HABraG 1, 20.
175 *«Als ich meinen Götz herausgab»*: HABr 1, 154.
175 *«Mein bester Wunsch»*: HABr 1, 153.
176 *«das schönste, interessanteste Monstrum»*: HA (1988) 4, 489.
177 *Caspar Goethe erwies sich als bereitwilliger, großzügiger Gastgeber*: Steiger 1, 613; vgl.
HA 10, 92.
177 *«Er ist ein magerer iunger Mann»*: Grumach 1, 239f.
177 *«Goethe und Merck speien vor den Kerls aus«*: Steiger 1, 621.
177 Satyros: HA 4, 188–202.
178 Erwin und Elmire: DJG 3, 36–61.
178 *«die neumodische Erziehung»*: ebd. 37.
178 *«meine Gefühle, meine Ideen»*: ebd. 39.
179 Götter, Helden und Wieland: HA 4, 203–215.
179 *«Als wohlgestalter Mann»*: HA 4, 212.
180 *«Seid Ihr jemals gestorben?»*: ebd. 208f.
181 *hat schon früh Kopien davon angefertigt*: CGZ I, Nr. 301f., 305, VIb, Nr. 239 f.
181 *«Entweder Atheist oder Christ!»*: HABraG 1, 26.
181 Brief des Pastors zu *** *das Werk eines Genies*: Bode 1, 48, Nr. 57.
182 *«Ich bin kein Christ»*: HABraG 1, 17.
182 *«so zeig' ich dir Christus»*: ebd.
182 *riet Lavater im Januar* 1774: ebd. 19.
182 *«Wenn Jesus Christus nicht mein Gott ist»*: ebd. 25.
182 *«Von mir sagen die Leute»*: HABr 1, 149.
182 *«das Wort der Menschen»*: ebd. 159.
182 *«wir sind Symbolen»*: HABraG 1, 16.
183 *«Lieben Sie ihn ferner!»*: Bode 1, 51, Nr. 64.
183 *«ohne eine Spur von Sentimentalität»*: HA 10, 31.
183 *«ich mag ihre Freundschaft nicht»*: HABr 1, 152.
183 *«fou dans sa joie»*: Steiger 1, 632.
183 *«zwischen Heringstonnen und Käse»*: Bode 1, 54, Nr. 68.
183 *daß «ich ihr weit mehr binn»*: DJG 4, 6.
183 *«la petite Madame Brentano»*: Bode 1, 54, Nr. 69.
184 *«eines Aequivalents»*: DJG 4, 6.
184 *Bänke auf Plankenrosten*: Bode, Ruhm, S. 228.
184 *«ist keine Branche meiner Existenz einsam»*: DJG 4, 6.

Die Mine wird entschleudert: 1772–1774

185 *«Ich bin ein Deutscher!»*: F. Stolberg, «Mein Vaterland», in *Göttinger Hain*, S. 188.
186 *«Wenn das ein guter Charakter ist»*: Sturm und Drang, Bd. I, S. LXI.
186 *«Maler Müller hat sich in Frankfurt»*: ebd., S. LXXXI.
187 *«Es ist als wenn unsere Sprachen verwirrt wären»*: Lichtenberg, Aphorismen, F 499 (April-Mai 1777).
187 *«Ach ich nahm mir vor»*: Sturm und Drang. Dramatische Schriften, 1, 417.
187 *Wie die neueste Literaturkritik gezeigt hat*: Blunden, «Lenz».
188 *3.599 Subskribenten*: DJG 4, 335.
188 *«absolut über sich selbst hinaus begehrt»*: Sturm und Drang. Dramatische Schriften 2, 362, 363.
189 *Untersuchung über den Ursprung der angenehmen und unangenehmen Empfindungen*: Sulzer, Schriften, S. 1–98.
189 *«Stärke der Seele»*: «Entwickelung des Begriffes vom Genie», Sulzer, Schriften, S. 307–323, siehe auch S. 317.
189 *«Alle Fähigkeiten der Seele»*: ebd. 309.
190 *«Ihr Edleren»*: Klopstock, Werke, S. 108.
190 *«Schön ist, Mutter Natur»*: ebd. 53.
190 *«Wie herrlich leuchtet»*: «Maifest», HA 1, 30 f.
191 *«Seltsame Hymnen und Dithyramben . . . Halbunsinn»*: HA 9, 521.
191 *«Wandrers Sturmlied»*: HA 1, 33–36.
192 *Die Interpretation dieser Zeilen hat man schwierig gefunden*: z. B. Staiger, Goethe 1, 70, ferner DKV 1.1, S. 864, MA 1.1, S. 849, wo man der hier vorgeschlagenen Interpretation allerdings näherkommt als Zimmermann, Weltbild 2, 108 f. Wie Zimmermann bedenken die meisten modernen Herausgeber nicht die Möglichkeit, daß das Wort «neidgetroffen» sich auf den Gott beziehen könnte, der die Zeder eben darum neidvoll bewundert, weil er seiner wärmenden Kraft nicht bedarf (eine Möglichkeit, die durch den syntaktischen Parallelismus «kalt . . . vorübergleiten . . . neidgetroffen . . . verweilen» noch wahrscheinlicher wird).
192 *«Ganymed»*: HA 1, 46 f.
193 *als pantheistisch bezeichnet*: z. B. DJG 4, 337, Boyd, Notes 1, 63, vgl. S. 39 f., Pascal, Sturm und Drang, S. 113.
193 *Spinoza bis dahin noch nie so methodisch gelesen*: HABr 1, 476.
195 *«demungeachtet alles zusammenpaßt»*: Bode 1, 53, Nr. 67.
195 *ein geistiges Publikum*: HA 9, 576–578; vgl. HABr 1, 150.
195 *«meine Ideale wachsen täglich aus»*: HABr 1, 152.
195 *Hans Matthias Wolff*: Wolff, Humanität, S. 17–28. Jedoch den Beginn der Arbeit schon 1772 anzusetzen, ist eher unwahrscheinlich.
196 *Gegenstand der Ode*: HA 1, 44–46.
197 *«Ich bearbeite meine Situation»*: DJG 3, 41, dagegen Zimmermann, Weltbild 2, 122–126, der mit einigen guten, aber nicht schlüssigen Argumenten für den zeitlichen Vorrang des Dramas plädiert.
198 *das Drama Prometheus*: HA 4, 176–187.
198 *Rousseaus «scène lyrique»*: Pygmalion: DJG 3, 9.
198 *«Ich will nicht»*: HA 4, 176, Z. 1.
198 *«Der Kreis, den meine Wirksamkeit erfüllt!»*: ebd. 178, Z. 77.
199 *«Und du bist»*: ebd. 178 f., Z. 100–109.
199 *Rousseaus Monodrama endet*: Rousseau, Œuvres XVIII. 358 f.
199 *Galatea (diesen Namen hat Rousseau erfunden)*: Istel, Rousseau, S. 9; Strohschneider-Kohrs, «Künstlerthematik», S. 54.
200 *«Wenn . . . all die Sinne dir vergehn»*: HA 4, S. 187, Z. 395–408.

200 «*Und nach dem Tod*»: ebd. Z. 409–414.

201 «*Was das kostet*»: DJG 3, 41.

201 «*Man kann nicht immer* empfinden»: Grumach 1, 257.

201 «*Ich glaube nicht dass ich so bald*»: HABr 1, 150.

201 «*wieder aufbrausen gemacht*»: HABr 1, 147.

202 «*nun hab ich seiner [Jerusalems] Geschichte*»: ebd. 159.

202 «*deutsch Drama*»: DJG 4, 11 (zum Vergleich von *Götz*- und *Werther*-Thematik vgl. HA 9, 540).

202 *Mittelding zwischen Selbstgespräch und Zwiegespräch*: HA 9, 576f.

202 *beriet er gleichzeitig Frau von La Roche*: DJG 4, 7.

202 «*Ich thue mir was drauf zu gute*»: HABr 1, 157.

203 «*von Tausend heiligen Lippen*»: ebd. 173.

204 «*du bist diese ganze Zeit*»: ebd. 157f.

204 «*Die Wirkung dieses Büchleins*»: HA 9, 589f.

204 «*Hier aber ist von solchen Personen*»: ebd. 583.

204 *Die Geschichte Werthers*: wir folgen hier der Erstfassung von 1774 (*DJG* 4, 105–187) (die zweite Fassung findet sich HA 6, 7–124).

205 «*so gut als verlobt*»: DJG 4, 118, Brief vom 16. Juni 1771; vgl. HA 6, 25).

206 «*glühende Ausdruck von Schmerz und Freude*»: HABr 1, 379.

206 «*Hier meine Welt, mein All!*»: HA 4, 178.

206 «*Wenn das liebe Thal*»: DJG 4, 107, Brief vom 10. Mai 1771; vgl. HA 6, 9.

207 «*Mußte denn das so seyn*»: DJG 4, 138f., Brief vom 18. August 1771; vgl. HA 6, 51–53.

207 «*was ich weis*»: DJG 4, 155, Brief vom 9. Mai 1772; vgl. HA 6, 74.

207 *wie einem kranken Kind*: DJG 4, 108, Brief vom 13. Mai 1771; vgl. HA 6, 10.

207 «*Und das Herz ist jetzo tot*»: DJG 4, 161, Brief vom 3. November 1772; vgl. HA 6, 84f.

208 *ob Goethe wußte*: Dr. Boyd Hilton teilt mir mit: «Gelb und Blau scheinen etwa um 1780, zur Zeit von Fox' innerparteilichem Aufstieg, zur Farbe der 'Whigs' – genauer gesagt, der 'Rockingham Whigs' – geworden zu sein.» Die Farbkombination hatte aber bereits durch Washington und die amerikanische Auflehnung gegen England politische Bedeutung erlangt. Es dürfte schwer zu entscheiden sein, wer hier wen beeinflußt hat.

208 *bei dem hohen Bekanntheitsgrad des Romans*: Braun, *Zeitgenossen* I, 148.

210 «*Kritisieren sollt' ich*»: ebd. 64.

210 *das Schicksal Sodoms und Gomorrhas*: ebd. 104.

210 *Selbstmordfälle im Zusammenhang mit einer* «Werther»-*Lektüre*: Rost, *Selbstmord*, S. 316–326.

210 *daß* «*ich selbst in dem Fall war*»: HA 9, 583f.

211 *Die Räuber*: Schiller, *Werke* 1, 481–618.

211 *das Aufbegehren gegen jede Form von väterlicher Autorität und der kompensierende Kult der Blutsbrüderschaft*: Gerth, *Intelligenz*, S. 46f.

212 *Matthias Claudius' Vorschlag*: Mandelkow, *Kritiker* 1, 20.

Der Messias und seine Nation: 1774–1775

213 «*wo man gar nicht liest*»: Bode 1, 115, Nr. 163.

213 «*Er spricht gut*»: Bode 1, 104, Nr. 143.

213 «*Goethe ist ein Mann von wenig Worten*»: Grumach 1, 342.

213 «*zu hoch und entscheidend*»: Bode 1, 131, Nr. 191.

213 «*Chamäleon*» oder «*Proteus*»: siehe die Behandlung dieses Themas bei Fairley, *Goethe*, S. 4–11, 230f., 269.

213 «*Er ist ein Mensch von bezauberndem Umgang*»: Bode 1, 132, Nr. 192.

214 «*Im eifrigsten Gespräche*»: ebd. 108, Nr. 152.
214 «*Seine Tafelreden hätt ich aufzuzeichnen gewünscht*»: ebd. 61, Nr. 87.
214 *ein fünfaktiges Theaterstück*, Clavigo: HA 10, 71.
214 Des Künstlers Erdewallen: *DJG* 4, 231–235.
214 «*so bald man in Gesellschaft [sagte Goethe]*»: Grumach 1, 259.
214 «*einen Menschen, der das Schnupftuch*»: ebd. 270.
214 «*Gartenhäusgen . . . abgebrannt*»: HABr 1, 160.
214 «*Du forderst ein wunderlich Ding*»: ebd. 174.
214 «*den moralischen Schneeball seines Ich*»: *DJG* 5, 4.
214 *kam in Frankfurt an*: Steiger 1, 656.
214 «*wie viel hundert Sachen*»: Grumach 1, 256.
214 «*alles Geist und Wahrheit*»: ebd. 257.
215 *Lavaters Aufzeichnungen vom ersten Reisetag*: Grumach 1, 263–265.
216 *Bürger war froh*: Bode 1, 56, Nr. 75.
216 *um ihre Würde besorgt*: ebd.
216 «*er ist und bleibt ein zügelloser, unbändiger Mensch*»: ebd. 57, Nr. 77.
216 *Zu Wieland blieb das Verhältnis schwierig*: HABr 1, 160.
216 *begann er im Mai einen direkten Briefwechsel*: ebd. 161.
216 «*einige Tropfen Selbständigen Gefühls*»: ebd. 163.
216 «*Bist du, so zeige mir*»: HABraG 1, 27.
216 «*Nicht ein einziges Glaubensbeispiel*»: ebd.
217 *Unterschied des menschlichen Knochenbaus vom tierischen*: *DJG* 5, 366f.
217 *er hatte 30.000 Gulden gesammelt*: Bode, *Ruhm*, S. 305.
217 *delegierte seine Anwaltsgeschäfte an Schlossers Bruder*: Steiger 1, 663.
217 «*da ich . . . nach dem Bade reiße*»: Steiger 1, 663.
217 «*Hoch auf dem alten Turme steht*»: HA 1, 81.
218 «*Und er und ich und ich und er*»: *DJG* 4, 222.
218 *Sonntag, der 24. Juli*: Steiger 1, 668–670.
219 «*Es war ein König in Thule*»: HA 1, 79f.
219 «*Es war ein Buhle frech genung*»: ebd. 81f.
219 *im Verlauf eines mitternächtlichen Gesprächs*: vgl. HA 5, 25 (*Iphigenie*, Z. 673–679).
219 «*Was Goethe und ich einander sein sollten*»: Bode 1, 67, Nr. 93.
219 «*Ich habe Tanten [Johanna Fahlmer] gesehen*»: HABr 1, 165.
220 *sollte sich zeitlebens an den Anblick der vier Körper erinnern*: HA 8, 274–276.
220 «*Nur in solchen Augenblicken*»: *DJG* 4, 222.
220 «*Was ist das Herz des Menschen?*»: *DJG* 4, 245.
220 *Kayserliche Zeitung*: vollständiger Name: *Frankfurter Kayserliche Reichs- Ober- Post-Amts-Zeitung.*
220 «*Herr Klopstock, der Liebling*»: Grumach 1, 296.
220 «*klein, beleibt, zierlich*»: Steiger 1, 682.
220 *Fähigkeit des wahren Diplomaten*: HA 10, 62.
220 «*Inwieweit ist Goethe unser Freund?*»: Bode 1, 84, Nr. 119.
220 «*dessen Herz so groß und edel*»: ebd. 71, Nr. 104.
221 *drei Vorausexemplare an die Kestners*: HABr 1, 170; *DJG* 4, 249.
221 *Kestners Reaktion*: HABraG 1, 36f.
221 «*il est dangereux*»: Bode 1, 103, Nr. 141.
222 «*mußtet Ihr ihn zu so einem Klotze machen*»: HABraG 1, 37.
222 «*Aber dennoch bin ich geneigt*»: Bode 1, 76, Nr. 115.
222 «*Werther muss – muss seyn!*»: HABr 1, 173.
222 *Lessing, erbittert über die vermeintliche Verunglimpfung*: Bode 1, 107, Nr. 151.
222 «*Wenn ich noch lebe*»: HABr 1, 173.

222 «*Und doch braucht man keinen Schlüssel*»: Bode 1, 86, Nr. 122.

222 «*Das ist ein rechtes Nationalbuch*»: ebd. 95, Nr. 137.

222 «*ein Werk für alle Menschen*»: ebd. 158, Nr. 236.

222 «*Wenn Jerusalem auch nicht Werther ist*»: ebd. 110, Nr. 156.

223 «*Glauben Sie wohl daß je ein römischer*»: ebd. 74, Nr. 111.

223 «*Sie kennen meine Liebe zum Englischen*»: ebd. 108 f., Nr. 153.

223 *historisch durchaus angemessen*: HABr 1, 163.

223 *Clavigo ging nach Deinets Worten weg wie die warmen Semmeln*: Bode 1, 68, Nr. 98.

223 «*Alles was ich von Ihnen gelesen habe*»: HABraG 1, 55.

224 «*der furchtbarste und der liebenswürdigste Mensch*»: Grumach 1, 258.

224 «*Je mehr ich's überdenke*»: ebd. 285.

224 «*der größte Mann den die Welt hervorgebracht*»: HABraG 1, 38 f., 40.

224 «*Goethe wäre ein herrliches handelndes Wesen*»: Bode 1, 72, Nr. 107.

224 «*Daß Goethe Götterkraft hat*»: ebd. 135, Nr. 199.

224 «*er [Goethe] ist ein Gott!*»: Steiger 1, 737.

224 «*Dieser Goethe, von dem*»: Grumach 1, 297.

225 «*Goethe ist . . . zu dem Nahmen des Shakespear gekommen*»: Lichtenberg, *Aphorismen* E 69, geschrieben Juli 1775.

225 «*Dichter! Dramatischer Gott!*»: Shakespear, Herder, *Werke* V, 227.

225 «*Mein Busen war*»: HA 1, 61.

225 «*Wenn nur die ganze Lehre Von Christo*»: HABr 1, 182.

226 «*Zwischen Lavater und Basedow*»: HA 1, 90.

226 *Der ewige Jude*: DJG 4, 95–103.

227 «*o mein Geschlecht*»: ebd. 98, Z. 132.

227 «*O Welt voll wunderbarer Wirrung*»: ebd. Z. 136–141.

227 «*Den könnt ihr nun wieder alle nicht fassen*»: *Sturm und Drang. Dramatische Schriften* 2, 40.

228 «*Wer sein Herz*»: *Satyros*, HA 4, 199, Z. 374 f.

228 «*Erklärung eines alten Holzschnittes*»: HA 1, 135–139.

228 «*Er fühlt, daß er eine kleine Welt*»: ebd. 135, Z. 11–14.

228 «*Die spricht:*»: ebd. 136, Z. 39–46.

229 *recht fern gefühlt*: HA 9, 590.

229 *Generalbeichte*: ebd. 588.

229 «*Bei ersterem [Goethe] sieht es vornehm aus*»: Grumach 1, 368.

229 «*Es ist alles in Gährung*»: ebd. 299.

229 «*Noch eins was mich glücklich macht*»: HABr 1, 177.

229 *Das Publikum sei das Echo*: ebd. 175.

229 *Wenn er Wieland, den Herausgeber des* Teutschen Merkur, *befehdete*: Bode 1, 103, Nr. 142; 105, Nr. 146.

229 *würde Goethe zerbrechen*: Bode 1, 57, Nr. 78.

229 «*Man fürchtet, sein Feuer werde ihn verzehren*»: ebd. 68, Nr. 96.

230 «*An Schwager Kronos*»: HA 1, 47 f.

230 «*Ich lag zeither*»: HABr 1, 171.

230 *Es war davon die Rede, er solle hier seinen Weg machen*: HA 10, 69, 112.

230 *vom gemeinen* «*Volck*», *den* «*besten Menschen*»: HABr 1, 161.

230 *das Bürgertum, aus dem, wie er bemerkte*: HA 10, 117.

230 *Adel, dessen Gunst*: ebd. 116.

231 «*eine der außerordentlichen Erscheinungen meines Lebens*»: Bode 1, 91–93, Nr. 133.

231 «*den besten aller Menschen zu genießen*»: Grumach 1, 306.

231 «*radicaliter*» *. . .* «*Mißmut gegen diesen sonderbaren*»: Bode 1, 97, Nr. 139.

232 «*Sie wissen nicht, bis zu welchem Punkte*»: ebd. 101, Nr. 140.

232 *Er hatte nicht glauben wollen:* Steiger 1, 693.
232 *«Sag ihm Adieu»:* Bode 1, 94, Nr. 135.
232 *als Fritz Jacobi . . . zu einer eigenen Form der Goetheschen Verschmelzung:* HABraG 1, 49f.; zu *Eduard Allwill* vgl. *DJG* 5, 250.
232 *Knebel, dem Goethe einige Manuskripte:* Bode 1, 93, Nr. 133.
232 *Kraus hatte eine recht gute Meinung von Goethes Porträts:* ebd. 108, Nr. 152.
232 *Kraus' Zeichnungen und Stiche von Weimar:* HA 10, 171–175.
232 *Wieland brieflich zu der glücklichen Familie gratulierte:* Bode 1, 112, Nr. 161.
232 *die Möbel Wielands zu aufwendig:* Grumach 1, 317.
233 *eine neue Satire auf Wieland:* Bode 1, 112, Nr. 160.
233 *Die Weimarer Prinzen nahmen es übel auf:* ebd. 116, Nr. 165.
233 *für Görtz war es eine «Unfläterei»:* Bode 1, 111, Nr. 159
233 *«Und nun schreiben Sie mir viel»:* HABr 1, 181.
233 *daß Wieland letzten Endes doch auf der falschen Seite stand:* DJG 5, 12.
233 *«Mit mir nimmts kein gut Ende»:* ebd.
233 *«Mir ist's wieder eine Zeit her»:* ebd. 16f.
233 *«das liebe Ding, das sie Gott heissen»:* ebd. 22.
234 *Auguste ihrerseits bemerkte die Ähnlichkeit:* HABr 1, 615.
234 *«Lili», wie Goethe sie nannte:* Beutler, *Essays*, 180–308.
234 *weil der endgültige Bankrott erst 1784 kam:* ebd. 188.
234 *zu Beginn der Fastnachtszeit 1775:* HABr 1, 176f.
234 *«Es war eine durchaus glänzende Zeit»:* HA 10, 106.
234 *eine inoffizielle Verlobung um den 20.* April: Steiger 1, 716f.
236 *«Lili's Park»:* HA 1, 98–101.
236 *«Sie war . . . erste, die ich tief und wahrhaft liebte»:* zu Eckermann, 5. März 1830.
237 *Lili zählte später ihr «Tugendgefühl» unter die «Opfer»:* HABraG 2, 566 (Beutler scheint die naheliegende Bedeutung dieses Geständnisses zu verkennen).
237 *der «Schöpfer ihrer moralischen Existenz»:* ebd. 565.
238 *Hanswursts Hochzeit: DJG* 5, 183–195.
238 *als ihm auch das Haar auszufallen begann:* Grumach 1, 318; vgl. *DJG* 5, 18.
238 *«Die Welt nimmt an euch»: DJG* 5, 185f.
239 *«Mahomets-Gesang»:* HA 1, 42–44.
239 *Salomons Königs von Israel: DJG* 5, 357–359.
239 *«Wir vier sind, bei Gott»:* Bode 1, 124, Nr. 179.
239 *«Werthers Uniform»:* ebd.; CGZ, VI b, Nr. 21
239 *eine Probe auf die Festigkeit ihrer Beziehung:* HA 10, 127.
240 *«Dem Hafen häuslicher Glückseeligkeit»:* HABr 1, 182f.
240 *«Du wirst nicht lange bei ihnen bleiben!»:* HA 10, 128.
240 *«Diese alte Gegend, jetzt wieder so neu»:* HABr 1, 183f.
240 *Er war nun unschlüssig:* Bode 1, 128, Nr. 182.
240 *keine Absprache mit dem Vater:* Steiger 1, 721, «Zur Emmendinger Reise».
240 *wird von zeitgenössischen Quellen nicht gedeckt:* besonders *DJG* 5, 249.
241 *höchstbezahlter Beamter des Markgrafen von Baden:* Beutler, *Essays*, S. 102.
241 *Riet sie ihm wirklich, mit Lili zu brechen?:* HA 10, 133.
241 *das er sogleich Knebel (und damit Carl August) sandte: DJG* 5, 230.
241 *im April «aufgegraben»:* ebd. 20.
241 *«Denn noch, fühl ich, ist der Hauptzweck»:* HABr 1, 184.
241 *Jakob Gujer, genannt «Kleinjogg»:* Bode, *Geniezeit*, S. 116–121.
242 *«Es ist sonderbar, daß ein Deutscher»:* Bode 1, 129, Nr. 185.
242 *«Ich saug' an meiner Nabelschnur»:* HA 1, 102.

244 *doch war er offenbar unter Druck*: Steiger 1, 736; Bode 1, 129, Nr. 186.
244 *«hoher herrlicher Sonnenschein»*: DJG 5, 236.
244 *«allmächtig schröcklich»*: ebd.
245 *«nackter Fels»*: ebd.
245 *Skizze seiner Mansarde*: CGZ VIb, Nr. 174.
245 *sieben Skizzen sind erhalten*: CGZ I, Nr. 106–112.
245 *Sinn für Bewegung in einer Landschaft*: ebd. 117f., 126, 130.
245 *fast zur Abstraktion reduziert*: ebd. 117.
245 *«Standpunkt»*: ebd. 108f.; vgl. 105.
245 *«sich in einem Gemälde gut ausnehmen würde»*: Bicknell, *Beauty*, S. IX, XIII.
245 *hinter einem Ofen oder hinter einer sitzenden Figur*: CGZ I, Nr. 97, 110; vgl. 85, 88,
     VIa, Nr. 37, VIb, Nr. 21.
245 *in Landschaften ist der Blickpunkt emphatisch hoch*: ebd. I, Nr. 106, 108, 113f., 120,
     VIb, Nr. 22.
245 *Hospiz auf dem Sankt Gotthard*: ebd. I, Nr. 121.
245 *Blick auf den Saumpfad*: ebd., Nr. 120.
245 *scharf abknickender Pfad*: ebd., Nr. 130. Siehe Abb. 13.
245 *zufällige Porträts von Köpfen*: ebd., Nr. 111; vgl. VIb, Nr. 259.
245 *Mitarbeiter Lavaters*: ebd. VIb, Nr. 241–246.
247 *«obs auch gleich Menschen sind»*: HABr 1, 185.
247 *«Ich ... habe die Liebe heilige Schweiz»*: DJG 5, 246.
247 *«Mir ist's wohl dass ich ein Land kenne wie die Schweiz»*: ebd. 243.
247 Dritte Wallfahrt nach Erwins Grabe: HA 12, 28–30.
248 *«Sie sieht die Welt wie sie ist»*: DJG 5, 232.
248 *«drei Nächte lang den Schlaf geraubt hat»*: Bode 1, 141, Nr. 208.
248 *wie er Auguste Stolberg schrieb*: HABr 1, 187–189.
248 *«Ich bin wieder scheissig gestrandet»*: DJG 5, 249.
248 *Hochzeitslied für einen calvinistischen Pfarrer*: «Bundeslied einem jungen Paar gesun-
     gen von vieren», HA 1, 93f.
248 *«in der grausamst feyerlichst süsesten Lage»*: HABr 1, 193.
248 *«die glühendsten Tränen der Liebe»*: ebd. 193f.
249 *«und doch zittr' ich vor dem Augenblick»*: ebd. 194.
249 *«Goethe lebt in einem beständigen innerlichen Krieg»*: Bode 1, 92, Nr. 133.
249 *«wenn Gott nicht Wunder an ihm tut»*: ebd. 185f., Nr. 279.
249 *«wie ich die Sonne sah»*: HABr 1, 192f.
249 *«Welch ein Leben»*: HABr 1, 195.
249 *Übersetzung aus dem* Hohen Lied: DJG 5, 360–365.
249 *«Ich bin eine Zeit her wieder fromm»*: ebd. 249.
249 *schrieb Prinzessin Luise einen Brief*: ebd. 503.
249 *brachte sich bei Knebel in Erinnerung*: ebd. 246.
249 *«unserm Herzog»*: ebd.
250 *«wenn ich nach Italien ginge»*: ebd. 249.
250 *«die unsichtbare Geisel der Eumeniden»*: HABr 1, 190.
250 *«Ich passe wieder auf neue Gelegenheit»*: DJG 5, 249.
250 *«sah ich mit eignen Augen»*: Bode 1, 143, Nr. 212.
250 *Goethes Zeichnung des jungen Herrschers*: CGZ VIb, Nr. 232.
250 *Zimmermann selbst – «Ein gemachter Charackter!»*: DJG 5, 262.
250 *«Vater und Mutter sind vors Bett gekommen»*: ebd. 260.
250 *dem Goethe am 3. Oktober schrieb*: ebd. 505.
251 *«Ich packte für Norden»*: ebd. 402f.
251 *«Bin ich denn nur in der Welt»*: ebd. 402.

251 «*Auf Goethen warten wir hier sehnlich*»: Bode 1, 142, Nr. 210.
252 «*Der göttliche Mensch*»: ebd. 145, Nr. 216.

«*Unschuldige Schuld*»: *Werke, 1774–1775*

252 «*O wenn ich ietzt nicht Dramas schriebe*»: HABr 1, 179.
253 Clavigo: HA 4, 260–306.
253 «*Solch einen Quark*»: HA 10, 72.
254 «*Möge deine Seele*»: HA 4, 294.
254 «*Pendant zum* Weislingen»: HABr 1, 162.
254 Claudine von Villa Bella: HA 4, 216–259.
256 «*Was heißt das: aufführen?*»: ebd. 256.
256 «*Wißt ihr die Bedürfnisse*»: ebd.
256 Ehe zu dritt am Hof zu Karlsruhe: DJG 5, 433.
256 Stella: HA 4, 307–347.
258 «*Aber wie's geht*»: ebd. 312.
258 Urfaust: HA 3, 365–420.
258 *nicht so unvollständig, wie immer wieder behauptet wird*: z. B. Petriconi, *Unschuld*, S. 112; siehe auch Nollendorfs, *Urfaust*.
258 «*fast fertig*», «*fertig*»: Grumach 1, 298.
258 «*halbfertig*»: ebd. 392.
258 «*ein Werk für* alle *Menschen in Deutschland*»: Bode 1, 158, Nr. 236.
258 «*Insgemein hat man nur eine Seele*»: ebd. Nr. 153, Nr. 228.
259 «*profunde Unpersönlichkeit*»: Leavis, *Pursuit*, S. 130, zitiert und erörtert in Silk und Stern, *Tragedy*, S. 274.
259 *die Furcht des Todes, nach Hegel: Phänomenologie des Geistes*, B. IV. A. «Selbständigkeit und Unselbständigkeit des Selbstbewußtseins; Herrschaft und Knechtschaft», Hegel, *Werke* 3, 148 f.
260 *In einer berühmten Ausgabe*: Lessing, *Schriften* VIII, 41–44.
260 «*die Gottheit hat dem Menschen*»: ebd. III, 386.
261 «*damit nicht deine [Gottes] Feinde sagen können*»: Dietrich, *Faust*, S. 289.
262 «*the one supremely great tragic drama*»: Schütz, *Illusions*, S. 65.
262 «*Solcher Schwärmereien Ziel*»: Grumach 1, 292.
262 «*Der Faust entstand mit meinem Werther*»: zu Eckermann, 10. Februar 1829.
263 «*Zwar bin ich gescheuter*»: HA 3, 367, Z. 13–16.
263 «*Welch Schauspiel*»: ebd. 369, Z. 101–103.
263 *eine zwischen* 1773 *und* 1775 *entstandene Zeichnung*: CGZ I, Nr. 87.
264 «*In Lebensfluten*»: HA 3, 371, Z. 149–156.
264 «*Du gleichst dem Geist*»: ebd. Z. 159 f.
264 «*Mißhör mich nicht*»: ebd. 406 f., Z. 1123–1153.
266 «*Es steht ihm an der Stirn geschrieben*»: ebd. 408, Z. 1181 f., 1190.
267 «*Ich kann die Bande*»: ebd. 416, Z. 31–33.
268 «*Er sieht sein Schätzel unten an*»: HA 1, 82.
269 «*der Unbehauste*», «*Unmensch*»: HA 3, 415, Z. 1414 f.

Viertes Kapitel

Weimar im Jahre 1775

271 *waghalsige Umwege*: MA 2.2, S. 710.
271 *am 7. November 1775, um fünf Uhr morgens*: zu Einzelheiten von Goethes Ankunft in Weimar siehe Steiger 1, 760 f.

271 *ein großes Schloß*: Bruford, *Culture*, S. 57.
271 *«Redoutenhaus»*: ebd. 121.
272 *Stadtkirche*: ebd. 310.
272 *Wittumspalais*: Ehrlich, *Wittumspalais*.
272 *ein Viertel seiner 6.000 Einwohner*: Bruford, *Culture*, S. 67.
273 *Wechselkurs*: Sagarra, *Social History*, S. 456.
273 *Die Oberschicht «hob sich ab»*: Bruford, *Culture*, S. 62.
273 *Als Lavater zu Besuch kam, blieb sein Schweizerdeutsch*: Grumach 3, 28, 30.
274 *ein Urgroßonkel des englischen Historikers Lord Acton*: Bruford, *Culture*, S. 55.
274 *davon träumte, als Privatmann zu leben*: Bode, *Pegasus*, S. 84.
274 *Die Universität Jena*: Bruford, *Culture*, S. 369 f.
275 *ein Heer mit rund 500 Infanteristen*: ebd. 110 f.
275 *so gut wie keine Industrie*: Bode, *Bau*, S. 6–9.
275 *die Familie von Stein erzielte aus allen ihren Einnahmequellen*: Bode, *Stein*, S. 316.
275 *«So steig ich durch alle Stände aufwärts»*: an Knebel, 17. April 1782, HABr 1, 395.
276 *der Prinz im Triumph der Empfindsamkeit*: WA I.17, S. 5.
276 *pompöse Kanzleistil*: AS 1, 420 f.
276 *Materialsammlung für die Fortsetzung seiner Autobiographie*: WA I.53, S. 383–388, besonders 384.
276 *«bis der König von Frankreich»*: WA I.53, S. 384.
276 *der herzogliche Haushalt*: Bruford, *Culture*, S. 69 f.
276 *es gab auch sechs Pagen*: ebd. 60.
277 *Baron von Imhoff*: Bode, *Pegasus*, S. 296–298; Grumach 2, 542.
277 *keine großen Kirchgänger*: Grumach 2, 434.
277 *in einer gläsernen Kutsche*: Ehrlich, *Wittumspalais*, S. 6.
277 *Kreis von Gästen, in dem nur Geist und Talent*: Grumach 2, 397.
278 *Frau von Stein soll Schlittschuh gelaufen sein*: ebd. 64.
278 *Ein Page als Teufel verkleidet*: ebd. 64 f., vgl 3, 50.

Warum Goethe blieb

279 *Carl August gab 600 Taler für den Kauf aus*: Bode, *Garten*, S. 23, 76.
279 *gab erheblich mehr aus, als er durch sein Gehalt einnahm*: Beutler, *Essays*, S. 399, 401; *Stadt Goethes*, S. 419.
280 *Abonnenten des Teutschen Merkurs*: Bruford, *Culture*, S. 295.
280 *um sich nicht tatenlos in den Hintergrund drängen zu lassen*: ebd. 40.
280 *Binnen Jahresfrist hatte Görtz*: ebd. 69.
281 *Gräfin Görtz und ihre Freundin, Gräfin Giannini*: Auszüge aus Briefen in Grumach 2 und 3 passim.
281 *mit von der Partie, wenn die Herzogin am Spieltisch saß*: das scheint die Pointe der von Böttiger mitgeteilten Anekdote zu sein, die Bruford, *Culture*, S. 82, wiedergibt; vgl. die Datierung bei Grumach 2, 363, 366, und Caroline Herders Bemerkung, S. 378.
281 *der Familie von Stein besonders zugetan*: Bruford, *Culture*, S. 63.
281 *«Sein Gutes kennen Sie»*: Bode 1, 186, Nr. 279.
282 *ging auf die Jagd, ritt aus, kampierte*: Grumach 1, 419 (vgl. 3, 39), 446, 478, 480.
282 *in der Hochzeitsnacht Friedrich Justin Bertuchs*: ebd. 1, 419.
283 *das beruhigende Gefühl eines loyalen Kritikers*: z. B. WA III.1, S. 79.
283 *vermied jede Konfrontation*: vgl. Grumach 2, 412.
283 *der Eckstein der fürstlichen Familie*: vgl. Bode 1, 206, Nr. 321.
283 *1782 schrieb er seiner Mutter*: am 11. August, HABr 1, 368–370.
284 *«Alles deutete»*: HA 10, 174.

284 *Musenhof*: vgl. Hufelands Erinnerungen, Grumach 1, 473 f.
284 *«wenn's möglich ist»*: ebd. 386.
284 *den großen Kupferstecher Chodowiecki*: ebd. 412.
284 *«einen Streich»*: HABr 1, 205.
284 *Anteil an den Aufführungen der Liebhaberbühne einigermaßen übertrieben*: vgl. Bruford, *Culture*, S. 120 f.
285 *«Goethe bleibt nun wohl hier»*: Bode 1, 173, Nr. 260.
285 *kraftgenialisches Treiben von 1776*: Grumach 1, 446, 409, 414.
285 *Carl August soll bemerkt haben*: Bode 1, 210, Nr. 327.
285 *den Herzog «so gesund und kräftig»*: ebd. 229, Nr. 370.
285 *«welche unglaubliche Verdienste»*: Grumach 3, 37.
285 *den Herzog für den einzigen, an dem eine Entwicklung sichtbar wurde*: WA III.1, S. 87.
285 *die Persönlichkeit reifen zu sehen*: ebd. 86.
285 *Merck – «der einzige Mensch»*: ebd. 87.
285 *«Die Hauptsache hat Er zu stande gebracht»*: HABr (1988), 1, 707.
285 *«alle Hof- und politische Händel»*: ebd. 205.
286 *«Wär's auch nur»*: ebd. 207.
286 *weder Befriedigung noch Seelenfrieden*: ebd. 230.
286 *die Verlockung der «Welt»*: HABr 1, 209; WA IV.3, S. 21, 37; WA III.1, S. 94; vgl. auch S. 51 («Regieren!!»).
287 *«Loche»*: HABr 1, 289.
287 *«das schicksaal anbete»*: ebd. 221, 239 (7. November 1777, der zweite Jahrestag seiner Ankunft in Weimar).
287 *«den Menschen ganz verborgen»*: ebd. 277. Das folgende Zitat: ebd. 381.
287 *«Gott helfe weiter»*: WA III.1, S. 94.
287 *«nicht mein Wille»*: HABr 1, 400.
287 *«ich ... begreife immer weniger»*: ebd. 413 f.
287 *«der sicherste, treuste»*: ebd. 238.
287 *«ein böser Genius»*: ebd. 367.
287 *«meine Lage»*: ebd. 368.
287 *«Ich wüsste nicht»*: ebd. 432.
288 *Zeitgenossen, die bereits an Berlin dachten*: vgl. Goethes eigene Bemerkungen im 7. Buch von *Dichtung und Wahrheit*, HA 9, 279–281.
288 *das «Unverhältniß»*: HABr 1, 369.
289 *«Unter dem republikanischen Druk»*: ebd. 312.
289 *seinen Kandidaten für das Bischofsamt*: Fürstenberg, siehe Bode, *Pegasus*, S. 301.
290 *«dégoutantes platitudes»*: Auszüge aus *De la littérature allemande* z. B. in HA (1988) 4, 492f.
290 *Goethe wurde stillschweigend übergangen*: aber gewiß nicht vergessen, wie Bode meint: Bode, *Pegasus*, S. 4.
290 *Möser vertrat seine Sache*: Auszüge aus Möser z. B. in HA (1988) 4, S. 493 f.
290 *Brief an Mösers Tochter*: HABr 1, 361–363; die beiden Zitate ebd. 362.
291 *«Ein Vielgewaltiger»*: ebd. 363.
292 *in 31 Reisestunden*: WA IV.6, S. 296.

Der Minister

293 *niemals einer Sitzung ferngeblieben*: WA IV.6, S. 218.
293 *Akten über die mehr als 600 Sitzungen*: AS 1, S. LXX–LXXVIII; die folgenden Einzelheiten sind aus AS 1.
293 *Protokoll über Goethes mündlichen Diskussionsbeitrag*: AS 1, 49.

293 *Silberbergwerk in Ilmenau:* die folgenden Details im wesentlichen aus Bruford, *Culture,* S. 104–107.

294 *an Goethes Geburtstag 1783 tausend Anteilscheine:* MA 2.2, S. 954.

294 *Februar 1786:* Grumach 3, 4 f.

294 *Ein Sonderausschuß, dem er angehörte:* Bode, *Bau,* S. 10.

294 *Wegebaukommission:* Bruford, *Culture,* S. 107–109.

295 *Darlehen der Stadt Bern:* Bode, *Pegasus,* S. 149; dort auch die folgenden Angaben.

296 *«so steht doch das Ökonomikum»:* HABr 1, 434.

296 *die Aufmerksamkeit Friedrichs des Großen:* Grumach 2, 542 f.

296 *Goethe hatte selbst einen derartigen Bund vorgeschlagen:* AS 1, 54 f.; vgl. S. 50.

296 *hatte erkannt, daß ihm zum Diplomaten:* siehe seine «Selbstschilderung» von 1797, HA 10, 529.

296 *«nicht einen einzigen Fall»:* Grumach 2, 379; 3, 53.

297 *«Der Herzog hat seine Existenz»:* HABr 1, 416.

297 *«wer sich mit der Administration abgiebt»:* ebd. 514.

Frau von Stein

297 *9. Januar 1782:* WA III.1, S. 135.

297 *Ab sieben Uhr:* WA IV.4, S. 235.

298 *«Die Stein hält mich wie ein Korckwamms»:* HABr 1, 381.

298 *wahrscheinlich am 12. November:* Grumach 1, 386, nimmt den 11. November an; man bedenke aber die Bedeutung, die Goethe in den Jahren zwischen 1779 und 1785 dem 12. beimaß.

298 *Silhouette, die ihr nicht gerecht wurde, wie Goethe jetzt fand:* Bode 1, 152 f., Nr. 228.

298 *«sieht die Welt, wie sie ist»:* ebd. 141, Nr. 208.

298 *Pferde und Ochsen:* HABr 1, 318.

298 *hatte wenig Zeit für seine Familie gehabt:* Bode, *Stein,* S. 11 f., 19 f., 22.

298 *ihrer entfernten schottischen Abstammung:* ebd. 7.

298 *die beiden Mohrenknaben:* ebd. 69.

298 *Knebel, der sie gut kannte, sprach:* HABr (1988) 1, 641.

300 *«kein groses Licht»:* Grumach 3, 45.

300 *«Eine Frau von Welt»:* Bode 1, 101, Nr. 140.

300 *«Lieber Engel», «Liebe Frau»:* HABr 1, 206.

300 *«Es drückte mich»:* WA IV.3, 23.

300 *«noch nicht»:* Grumach 1, 405.

300 *«weil es nun eben niemand wie ich zu verstehn weiß»:* Bode 1, 169, Nr. 254. Nicht daß Goethe seinen «Stock» suchen muß, ist eine psychoanalytische Betrachtung wert, sondern die Tatsache, daß Frau von Stein das für erwähnenswert hält.

301 *einige neue Wohnräume:* Bode, *Bau,* S. 95, *Garten,* S. 127.

301 *immer nur von sich zu erzählen:* HABr 1, 307, 321.

302 *Brot aus der Heeresbäckerei:* Bode, *Garten,* S. 259.

302 *vertiefte sich in das Studium Spinozas:* HABr 1, 459.

302 *das Verhältnis zu ihr eine Ehe:* ebd. 350.

302 *die Handschuhe, die er bei seiner Aufnahme in die Freimaurerloge erhalten hatte:* ebd. 307.

302 *bekam er einen goldenen Ring:* ebd. 306.

302 *an die Fritz von Stein sich später als an die glücklichste erinnerte:* Grumach 3, 49.

302 *«nur seine Vertraute»:* Grumach 3, 46.

302 *in einer Hose vergessener Zettel:* ebd. 301.

302 *als Bote zu fungieren:* Bode, *Pegasus,* S. 240; z. B. WA IV.6, S. 349.

302 *auf dem besten freundschaftlichen Fuße:* HABr 1, 318, 377, 445.

303 *weiß er das «Du» wieder einzuführen:* ebd. 350.
303 *zufrieden, daß Charlotte an seine Liebe glaubt:* ebd. 371, 390.
303 *ihren Versuch wehrt er ab:* ebd. 378.
303 *mehr von «Liebe»:* ebd. 355.
303 *die Gefühlsglut der Briefe ist verhaltener:* z. B. ebd. 420, 430.
303 *Töne des Besitzergreifenden, ja der Eifersucht:* Branconi, ebd. 428; Lavater, ebd. 516; Klippen, ebd. 429.
303 *«ich mitten im Glück»:* ebd. 400.
303 *«Ich bin ein armer Sclave der Pflicht»:* ebd. 435.
303 *das Versprechen, das Goethe in den Augen der Frau von Stein gebrochen hatte:* Grumach 3, 48.
303 *der Kreis seiner Freunde ist klein:* HABr 1, 434.
303 *entbehrt ein tröstliches Heim:* ebd. 508.
303 *«und ein langes pppp.»:* ebd.
303 *bittet sie, das Begehren nicht wieder zu wecken:* Bode, *Pegasus,* S. 240, der auch WA I.2, S. 125, zitiert – «Warnung» –.
303 *machte er äußerlich:* Grumach 2, 293, 302, 305, 348, 412, 417, 431, 519.
303 *Kürze des Lebens:* HABr 1, 324, 435, 489.
304 *am Hofe zu Berlin:* ebd. 253.
304 *Menschen, die «Welt» besitzen:* ebd. 348.
304 *arbeitet er zielstrebig daran, seine Umgangsformen zu verbessern:* ebd. 420.
304 *Verkörperung höfischer Tugenden:* Bode, *Stein,* S. 1.
305 *Gegenstand von Goethes Leidenschaft sei die Gemahlin:* Grumach 3, 46 f.
305 *«Ich kann dir versichern»:* HABr 1, 449.
305 *einen geeigneten Felsen auszuhöhlen:* ebd. 248.
305 *«An den Mond»:* HA 1, 128 f.
306 *«Sonst war meine Seele»:* HABr 1, 250.
306 *«ausser der Sonne»:* ebd. 279.
306 *«zu ministermäßig»:* Grumach 2, 318.
306 *«Meine Seele ist wie ein ewiges Feuerwerk»:* HABr 1, 310.
307 *«Ich weiß wohl»:* Bode 1, 308, Nr. 496.
307 *«Sie hat meine Mutter»:* HABr 1, 324.
307 *«wie wenig ich für mich bestehe»:* ebd. 484.
307 *«eben alles ersezen»:* ebd. 504.
307 *«Ich hatte mir vorgenommen»:* ebd. 271.
307 *«Adieu süse Unterhaltung»:* ebd. 349.
307 *«Medium der Liebe»:* Bode 1, 141, Nr. 208.
307 *«Du bist mir»:* HABr 1, 391 f.
307 *«jedes, was erst»:* Bode 1, 301, Nr. 486.
308 *«Das was der Mensch an sich bemerkt»:* HABr 1, 408.
308 *«die Pyramide seines Daseyns»:* ebd. 324.
308 *«Goethe kann gut und brav»:* Bode 1, 244, Nr. 393.
308 *«Sie wollte nicht sagen»:* Bode 1, 249, Nr. 400.
308 *«Goethe habe stets zu viel»:* Grumach 3, 45.
309 *der Tartuffe, als den Jacobi:* Bode 1, 247, Nr. 397, «le pauvre homme».
309 *«Dann ist die grösste Gabe»:* HABr 1, 319.
309 *«Wenn ich doch einem guten Geist»:* ebd. 320.
309 *«Man soll thun»:* ebd.
309 *«Wenn nur meine Gedancken zusammt von heut»:* ebd. 314.
310 *«Über allen Gipfeln»:* HA 1, 142.

Schwierigkeiten eines Staatsmannes mit der Literatur

310 _«nichts Poetisches»_: zu Eckermann, 10. Februar 1829; HABr (1988) 1, 634.

310 _1780 stellte er fest_: ebd. 303.

310 _«meist Conventionsmäsig ausgemünzt»_: ebd.

310 _In dieser Form wurde es in Weimar viermal gegeben_: am 6. und 12. April und 12. August 1779 und am 30. Januar 1781, DKV 1.5, S. 1009–1011.

312 _«kommt es mir vor»_: Bode 1, 289, Nr. 466.

312 _«in unpoetischen Umständen»_: HABr 1, 443.

312 _«Meine Schriftstellerey subordinirt sich»_: ebd. 303; vgl. Grumach 2, 417.

312 _«Er wird viel Gutes schaffen»_: Bode 1, 190, Nr. 289.

312 _seinen bisherigen Werken an die Seite stellte_: ebd. 262, Nr. 421.

313 _«Es ist mir von jeher eine unangenehme Empfindung gewesen»_: HABr 1, 515. Vgl. Grumach 1, 470.

313 _zehn unautorisierte Vorgängerinnen_: HA 10, 613.

313 _saftiges Epigramm_: WA I.5.2, S. 161.

314 _Peter im Baumgarten_: Beutler, Essays, S. 444–458.

315 _«Das Göttliche»_: HA 1, 147.

317 _daß ihm die öffentlichen Reaktionen entgangen waren_: WA IV.7, S. 173.

317 Theater-Kalender: HABr 1, 503.

317 _«hat mich fast zur Verzweiflung gebracht»_: ebd.

317 _Goethe war seit Oktober 1776 nominell verantwortlich_: Bruford, Culture, S. 84.

318 _ungewohnt aufwendige griechische Kostüme_: Grumach 2, 115; Bruford, Culture, S. 120.

318 _«Iph. gespielt»_: WA III.1, S. 84.

318 _«ordentlich prosterniert . . . das höchste Meisterstück»_: Grumach 2, 235.

319 _«Man sagt: man könne»_: HABr 1, 422.

320 _«Glücklich, wenn es ihm noch»_: WA I.17, S. 179.

320 _«Gesellige Zusammenkünfte»_: Bode 1, S. 480 (Tagebuch der Sophie Becker, 16. Dezember 1784).

321 Journal von Tiefurt: Bruford, Culture, S. 136–142.

321 _«Tu m'as isolé»_: HABr 1, 451.

323 _«Einsamkeit»_: HA 1, 204.

324 _«falsche Tendenzen»_: HA 10, 529.

324 _«lebe ich auch in einer Einsamkeit»_: HABr 1, 504.

324 _«mich . . . mit der Phisick geseegnet»_: ebd. 508.

324 _«Die stille, reine»_: ebd. 354.

324 _als Jünger Spinozas_: ebd. 508.

324 _«Abendsegen»_: ebd. 504.

325 _«Kreis meines daseyns»_: ebd. 434.

325 _«Steine und Pflanzen»_: WA IV.3, S. 249.

Fünftes Kapitel

Zuversicht und Unbestimmtheit: 1775–1777

326 _Werthertracht_: Grumach 1, 473, 474.

326 _Studentenleben_: ebd. 467.

326 _durchreisende «Genies»_: ebd. 391.

326 _wie die Räuber in Claudine_: ebd. 398, 477.

326 _alle duzten einander_: ebd. 390.

326 _Goethe spielte den «Hauptmann», wie Lenz erzählt_: ebd. 425.

326 *«Sie sollten nicht glauben»*: HABr 1, 208.
326 *Blindekuh*: Grumach 1, 390.
326 *Goethe machte den Plumpsack*: ebd. 403.
326 *schlugen die Stolbergs zu Rittern*: ebd. 390.
326 *am Heiligen Abend*: HABr 1, 202.
326 *Scharade, die die sieben Todsünden darstellte*: Grumach 1, 406.
326 *weniger geistreiche Streiche*: ebd. 398, 393, 445–447, 478.
326 *«dessen große Kunst von jeher darin bestand»*: ebd. 402 f.
326 *«Es geht da erschrecklich zu»*: Bode 1, 191, Nr. 292.
327 *einen schweren Rheumaanfall*: Bruford, *Culture*, S. 87.
327 *Löscharbeiten*: z. B. WA III.1, S. 11; vgl. CGZ I, Nr. 135, 142, 155; VIb, Nr. 175.
327 *Bleistiftskizzen von Kameraden*: CGZ I, Nr. 153, 287, 295–299; vgl. auch Nr. 293.
327 *setzen auf ihre Weise die Manier der Schweizer Skizzen fort*: ebd. Nr. 296, S. 103, und vgl. Nr. 152.
327 *Köhler, hochgeistige Gespräche*: WA III.1, S. 17.
327 *Inschriften*: Grumach 1, 449, 478.
327 *«Ilmenau»*: HA 1, 107.
327 *«Der Herzog mit dem ich»*: HABr 1, 220.
328 *«Es ist ein wunderbaar Ding»*: ebd. 231.
328 *«rekapituliren»*: ebd. 270.
328 *Zweitwohnung vor den Toren der Stadt*: Stadt Goethes, S. 40.
328 *vorgeführt*: Bode, *Garten*, S. 27 f.
328 *Instandsetzungsarbeiten*: ebd. 72.
328 *eine Mietwohnung*: ebd. 85 f.
328 *«Alles ist so still»*: HABr 1, 216 f.
328 *nachdem er im Finstern*: ebd. 217.
329 *Bleistift, Kohle oder Kreide*: CGZ I, 155–160, VIb, Nr. 27.
329 *Pfannkuchen backen, und um die Osterzeit*: Grumach 1, 481 f.
329 *Eichen und Buchen*: zu Goethes Arbeit im Garten siehe Bode, *Garten*, S. 88 f., 239 f., 137.
329 *hoffen durfte, wachsen zu sehen*: HABr 1, 230.
330 *sich in «Resignation» zu üben*: ebd. 213.
330 *«Wie viel hat nicht die Zeit»*: ebd. 210.
330 *«Es ist als wenn diese Reise»*: ebd. 212.
330 *Es sei, klärte er Goethe auf*: HABraG 1, 58 f.
330 *Goethes vielleicht übertrieben herablassende Antwort*: HABr 1, 215.
330 *Exkommunikation Weimars*: HABraG 1, 59; vgl. Bode 1, 185 f., Nr. 279; 1, 191, Nr. 292.
330 *der Abschied Klingers und Lenz'*: Bode, *Garten*, S. 81.
330 *«Eseley»*: WA III.1, S. 28; vgl. Bode, *Bau*, S. 51.
331 *«Was ist der Mensch»*: WA III.1, S. 26 f.
331 *«seine literarische Laufbahn Lenzen überlassen»*: Grumach 1, 413.

Werke, 1775–1777

331 *«Seefahrt»*: HA 1, 49 f.
332 *gab ihm ein Epitaph bei*: Stadt Goethes, S. 419.
332 *wie es Gottfried August Bürger schien*: Bode 1, 218 f., Nr. 347, 350.
332 *Bürgers Plan*: Grumach 1, 415 f., 462 f.
332 *begann zu diktieren*: WA III.1, S. 34; vgl. jedoch Bode 1, 146, Nr. 220; Wolff, *Humanität*, S. 28–39, 63–65, und im Anschluß an ihn DJG 5, 511–515, scheinen mir einen zu großen Teil des *Ur-Meister* der Frankfurter Zeit zuzuschreiben.

333 «*wie in gewissen Zeiten die Kinder*»: WA I.51, S. 14.
333 Lila: WA I.12, S. 39–86; die drei wichtigsten Fassungen des Textes (von 1777, 1778 und 1788) sind abgedruckt in DKV 1.5, S. 29–34, 35–62, 835–869; siehe auch S. 933f. und MA 2.1, S. 616f.
334 «*Jägers Abendlied*»: HA 1, 121.
334 «*Rastlose Liebe*»: ebd. 124.
334 «*Wandrers Nachtlied*»: ebd. 142.
335 «*Warum gabst du uns die tiefen Blicke*»: ebd. 122f.
335 «*Ich kann mir die Bedeutsamkeit*»: HABr 1, 212.
337 Die Geschwister: HA 4, 352–369.
337 «*mir das Schicksal verjüngt*»: ebd. 354.
338 «*Wilhelm, es ist nicht möglich!*»: ebd. 369.

Tragödie und Symbolik: 1777–1780

338 «*so glücklichen Zeiten*»: HABr 1, 233.
338 *am 8. Juni*: ebd. (1988) 659.
338 «*Dunckler zerrissner Tag*»: WA III.1, S. 40.
338 «*Mit meiner Schwester*»: HABr 1, 240.
338 «*ohne daß man es ihr*»: HA 10, 131.
338 «*Alles gaben*»: HABr 1, 234; HA 1, 142.
339 «*wir sind nur Eynmal so beysammen*»: HABr 1, 234.
339 *In Ilmenau mit dem Herzog*: WA III.1, S. 44–46.
339 *am 4. Juli*: Grumach 2, 23–25.
340 *Peter im Baumgarten mitsamt seiner Pfeife*: Steiger 2, 116; Beutler, *Essays*, S. 449.
340 *Marmorbüste Lavaters*: Grumach 2, 72.
340 *im August 1778*: ebd. 71, vgl. aber Bode, *Bau*, S. 121, 223, und Steiger 2, 153.
341 *er mußte lachen*: WA IV.3, S. 168.
341 «*In den Herzog*»: Bode 1, 221, Nr. 354.
341 «*Ich bin sehr verändert*»: WA IV.3, S. 188.
341 «*Klufft zwischen mir und denen Menschen allen*»: WA III.1, S. 50.
341 *wich einer Begegnung mit dem ungekrönten König aus*: ebd.
341 «*einen tiefdenkenden, ernsthaften*»: Grumach 2, 34.
341 «*Gestern von Ihnen gehend*»: HABr 1, 239; vgl. WA III.1, S. 26f.
342 *am 29. November*: Einzelheiten der Reise nach HABr 1, 241–246.
342 *vage andeutete*: ebd. 246.
342 *eindeutig nachgewiesen*: Schöne, «Auguralsymbolik».
342 *seine poetische Inspiration auszulaugen drohte*: HABr 1, 243.
342 *der junge Plessing, der ihm geschrieben hatte*: Grumach 2, 45–51.
343 *in dreizehn Jahren hatte der Förster noch niemals*: Schöne, *Götterzeichen*, S. 44.
343 *Die Nacht vom 9.*: Grumach 2, 53.
343 «*Da sas ich*»: HABr 1, 247.
343 «*1 viertel nach eins droben*»: WA III.1, S. 56f.
343 «*Das Ziel meines Verlangens*»: HABr 1, 246.
343 *Teufelskanzel und Hexenaltar*: Bode, *Pegasus*, S. 214, Abbildung nach S. 216.
344 «*Du stehst*»: «Harzreise im Winter», HA 1, 52, Z. 82–86.
344 «*[w]underbare Auflösung des Herzens*»: Grumach 2, 54.
344 *nach Beendigung des ersten Buches von* Wilhelm Meister: WA III.1, S. 59.
344 *mit ihm zu Abend aß*: Grumach 2, 73.
345 «*Diese einladende Trauer*»: HABr 1, 248.
345 *das kleine Weimarer Schiffchen*: WA IV.3, S. 215.
346 *Die Maschinerie eines mächtigen Staates, der zum Kriege rüstet*: HABr 1, 250f.

346 «wie die Grosen mit den Menschen»: ebd. 249.
346 stolz und schweigsam: ebd. 253.
346 «Was Wunder also»: Grumach 2, 81.
346 «eiserne Reifen»: HABr 1, 250.
346 «In meinem Thal»: ebd. 251.
346 «In einer ganz andern Lage»: ebd. 250.
346 «die Gegenden von Teutschland unter mir»: ebd. 253.
346 «Traum», dessen Erfüllung die Götter: ebd. 249.
347 Zeichnung mit Blick auf die unteren Stockwerke: CGZ 1, Nr. 197. Siehe Abbildung 17.
347 klassizistisches Tempelchen: ebd. Nr. 199.
347 Tal der Ilm: Mollberg, Kulturstätten, S. 16–18.
347 «die neuen Poëmata . . . Göthens . . . am Wasser»: Grumach 2, 84.
347 Unterhaltung unter offenem Himmel: ebd. 86–92.
348 «Eigentlich bin ich nicht nothwendig hier»: HABr 1, 254.
348 «Schranken/Des ehernen Fadens»: HA 1, 50.
348 «ehmännischer»: HABr 1, 241.
348 feines, lineares Porträt: CGZ I, Nr. 292.
348 resolute Begleiterin: ebd. Nr. 288.
348 «radicale Erklärung»: WA III.1, S. 77.
350 Steifheit der Bewegungen: Grumach 1, 395, 468; 2, 506; 3, 40.
350 ritt von Leipzig nach Weimar: Bode, Garten, S. 92 f.
350 bewußte Ernährungsweise: WA III.1, S. 78.
350 1,76 m: Bauer, Kopf, S. 26.
350 «Möge die Idee des reinen»: WA III.1, S. 94.
350 weckte den anderen mit einem Pantoffel: ebd. IV.3, S. 228.
350 «garstigen» Lage: Grumach 2, 118.
350 Der Conseil verbot jede Diskussion: ebd. 119.
350 Schließung der österreichischen Grenzen: WA III.1, S. 82.
351 «zugefroren gegen alle Menschen»: ebd. 72.
351 «Jezt leb ich mit den Menschen dieser Welt»: HABr 1, 263.
351 «Um die Einsamkeit»: ebd. 264.
351 «Der Druck der Geschäffte»: WA III.1, S. 77.
351 eine seiner wenigen satirischen Zeichnungen: CGZ I, Nr. 307.
351 56 Meter weißes Leinen: Bruford, Culture, S. 120.
351 «man glaubte einen Apollo zu sehen»: Grumach 2, 115.
351 malerisches Interesse am «point de vue»: CGZ I, Nr. 142, 145, 151, 172.
351 Brücke im Weimarer Park: ebd. Nr. 195.
351 Gut in Wörlitz: ebd. Nr. 197. Siehe Abbildung 17.
351 am Gartenzaun: ebd. Nr. 221.
351 Kombination geometrischer Elemente: vgl. auch ebd., Nr. 183, 205.
352 «proto-impressionistisch»: ebd. zu Nr. 221, S. 83, zu Nr. 151, 152, S. 63.
352 «ein wenig zu kavalier»: HABr 1, 265.
352 «alten Schaalen . . . Stiller Rückblick»: WA III.1, S. 93.
352 «Kreuzerhöhung» von Jacobis Roman Woldemar: Grumach 2, 126–128.
353 heftig ausgetragene Auseinandersetzungen: WA III.1, S. 86, 92f., 94f.
353 «ich käme das erstemal»: HABr 1, 267.
353 deren er sich erinnert hatte: ebd. 245.
353 «er ist noch sehr unerfahren»: WA III.1, S. 92.
353 falls man Frau Rat Goethe daran hindern konnte: HABr 1, 268f.
353 «alle meine Freunde und bekannte»: ebd. 268.

354 Getuschel bei Hofe: Grumach 2, 135; Bode 1, 239, Nr. 385.
354 *«Das Publikum»*: Bode ebd.
354 *«durch Eingebung des Engels Gabriel»*: Grumach 2, 140.
354 *wie bald gemunkelt wurde*: ebd. 143.
354 *«die alte Mutter»*: ebd. 142.
354 *«eine herrliche Frau»*: ebd. 141.
354 *«Der 18te September»*: ebd. 141.
356 *«Auf diesem Weege»*: HABr 1, 270.
356 *Friederike, die später einen «guten» Brief schrieb*: WA III.1, S. 111.
356 *«dass ich nun auch wieder»*: HABr 1, 273.
357 *sprach am Nachmittag bei Lili vor*: ebd.
357 *in Emmendingen*: Grumach 2, 147–149.
357 *brachten die Reisenden einen ganzen Monat damit zu*: ebd. 149–171, Bode, *Bau*, S. 266–337, Steiger 2, 220–238.
357 *keine Linie*: WA IV.4, S. 138; vgl. CGZ VIb, Nr. 179, 180.
358 *«Wenn es dort schon so aussähe»*: HABr 1, 282.
358 *«wenn es möglich ist»*: ebd.
358 *am 3. November*: die Reise nach Zürich nach Grumach 2, 171–193, Bode, *Bau*, S. 337–389; Steiger 2, 239–256.
359 *«Es ist die ärgste Strapaz»*: Grumach 2, 186.
359 *auf «dem Gipfel unsrer Reise»*: HABr 1, 283.
359 *«vor vier Jahren mit ganz andern Sorgen»*: WA I.19, S. 299 f.
360 *«mein künftiges Schicksal»*: ebd.
360 *Rekapitulation wieder aufgenommen*: die Reise von Zürich nach Weimar nach Grumach 2, 193–217; Bode, *Bau*, 390–430; Steiger 2, 258–269.
360 *«Siegel und oberste Spizze»*: HABr 1, 284 f.
360 *«der beste größte»*: ebd.
360 *«Erst hier geht mir»*: ebd. 287.
360 *«dass wir unsre Seelen»*: ebd.
360 *Goethe griff wieder zum Zeichenstift*: CGZ VIb, Nr. 37, 38, vgl. 34.
361 *Kosten von insgesamt fast 9.000 Talern*: Bode, *Bau*, S. 430.
361 *Goethe hatte Lavater brieflich*: HABr 1, 287–290.
361 *«dem guten heilsamen Glük»*, *«einem guten Geiste»*: ebd. 288, 289.
361 *«Schaff daß er es macht»*: ebd. 290.

Werke, 1777–1780

361 *«Wer nie sein Brot»*: HA 7, 136.
362 *«Bin ich denn nur in der Welt»*: WA III.1, S. 9.
362 Proserpina: HA 4, 455–462.
363 *Hoffnung strömt in ihr Herz*: Proserpina, Z. 166.
363 *labend wirkt*: ebd. Z. 197.
363 *bestätigt von einem Chor*: ebd. Z. 216 f.
363 *fester denn je zuvor*: ebd. Z. 210.
363 *Königin im Reich der Schatten*: ebd. Z. 221 ff.; vgl. Z. 47–49.
363 *«Leer und immer leer!»*: ebd. Z. 75 f.; vgl. Z. 78–86.
363 *das Essen von der verbotenen Frucht*: ebd. Z. 227.
363 *Angst vor zweifacher Verdammnis*: ebd. Z. 230.
363 *Chor der Parzen unsichtbar*: die entsprechende Bühnenanweisung ist möglicherweise spätere Zutat WA I.17, S. 345.
364 *Der Triumph der Empfindsamkeit*: WA I.17, S. 1–73.
364 *«Grundsuppe»*: ebd. 56.

364 «*dramatische Grille*»: ebd. 1.
365 «*dumme Auslegungen*»: WA III.1, S. 62.
365 «*Hier und über dem Fluß*»: WA I.17, S. 66.
365 *verwechselte Tantalus mit Ixion: Proserpina*, Z. 62; vgl. HA (1988) 4, 621 f.
365 *Augenblick der* «*Hoffnung*»: WA I.17, S. 71.
365 «*Harzreise im Winter*»: HA 1, 50–52.
367 *Kohlezeichnung des Brockens bei Nacht, im Mondlicht*: CGZ I, Nr. 190. Siehe Abbildung 20.
368 *der Liebe, wie er Frau von Stein versicherte, zu ihr*: HABr 1, 449.
370 *nationales Theater*: WA I.51, S. 69.
370 «*ich will's nicht aussagen*»: ebd. 87.
371 «*zur guten Sache*»: ebd. 36.
371 «*Vor 2 Jahren*»: Grumach 2, 84.
371 «*Grenzen der Menschheit*»: HA 1, 146 f.
371 «*Kette der Bildung*»: Herder, Werke V, 134, 142, 586; ebd. XVI, 229.
371 «*Ich bete die Götter an*»: HABr 1, 251.
372 *Iphigenie in Tauris: die erste Fassung, in Prosa, der Iphigenie auf Tauris* in WA I.39, S. 321–404.
372 «*Welcher Stolz*»: HA (1988) 5, 411.
372 *Anders Wieland, der das Stück: Briefe an einen jungen Dichter* 3, Mandelkow, *Kritiker* 1, 97.
374 «*Mich dünkt, ich höre*»: WA I.39, S. 372.
374 *Wie kann sie den Ihren Segen bringen*: ebd. 386.
374 *Mit Plänen zu einem Stück über diesen Stoff*: HA (1988) 5, 430 f.
375 *Iphigenie sich mit ihrer Mutter Klytemnestra identifiziert*: vgl. Fowler, «Orest».
375 «*mir durch ihn*»: WA I.39, S. 371.
376 «*wenn ihr die Wahrhaftigen seid*»: ebd. 393.
376 «*Du weißt, daß du*»: ebd. 394.
376 «*so oft besänftigt*»: ebd. 396.
377 *Eine Veröffentlichung hätte seinem Zweck widersprochen*: Bode 1, 291, Nr. 470.
377 *Inschriften für den Weimarer Park*: Grumach 2, 460.
378 *Jery und Bätely*: WA I.12, S. 1–38 (die Namen sollen schweizerische Kurzformen für Jeremias bzw. Bathilde sein, DKV 1.5, S. 1456).
379 «*Die Gebirgsluft die darinnen*»: WA I.35, S. 7.
379 «*Gesang der Geister über den Wassern*»: HA 1, 143.
379 «*nicht ganz Ihre und meine Religion*»: Bode 1.245, Nr. 395.
379 *Briefe aus der Schweiz*: WA I.19, S. 223–306; die Bezeichnung «Zweite Abtheilung» rührt von Goethes späterer Bearbeitung der Sammlung in den Jahren 1796 und 1808 her.
379 *das er mit Xenophons* Anabasis *verglich*: Grumach 2, 232.
379 «*[Wieland] sieht ganz unglaublich*»: WA III.1, S. 115.
379 «*wenn es mir glückt*»: ebd. IV.4, S. 202.
379 «*der Menschen wenig erwähne*»: ebd. I.19, S. 273.
381 *Der allererste Brief*: ebd. 224 f.
381 «*innerm Wachstum*»: ebd. 225; vgl. 272.
381 «*Mein Auge und meine Seele*»: ebd. 224.
381 *die untergehende Sonne*: ebd. 228.
381 «*man gibt da gern*»: ebd. 238.
381 *was gerade* «*Mode*» *ist*: ebd. 240, 259, 261, 263.
381 *die Wetteraussichten zu beurteilen*: ebd. 236.
381 «*Hier aber ist man*»: ebd. 271 f.

381 «ödesten Gegend der Welt»: ebd. 290.
382 «Ich bin überzeugt»: ebd. 291.
382 «einen der's sähe»: ebd. 247.
382 Carl August in seinem Tagebuch: Grumach 2, 182.
382 Dorf Fiesch: Bode, Bau, S. 369.

Sechstes Kapitel

Zwischen Gesellschaft und Natur: 1780–1784

384 Der Herzog trug das Haar kurzgeschnitten: HABr 1, 297.
384 Goethe erschien jetzt bei Hofe: Grumach 2, 220, 222.
384 «einem Vogel der sich»: HABr 1, 321.
384 langen Badeanzug: Bode, Garten, S. 267.
384 die natürliche nächste Etappe: vgl. HABr 1, 332.
384 «sehr prosaisch»: WA III.1, S. 105.
384 Major von Volgstedt: ebd. 114, 126; ebd. IV.5, S. 29.
384 Im August 1781: WA III.1, S. 130.
385 Fieberkurven seiner Stimmungen: ebd. 112.
385 dem Wein zu entsagen: ebd. 114.
385 Aufnahme in die Freimaurerloge: HABr 1, 294.
385 «irgend für ein Werk»: WA I.17, S. 359.
386 «Kalte Dusche»: CGZ I, Nr. 310.
386 «Ich gebe, seit ich»: HABr 1, 314.
386 beauftragte Voigt: HA 13, 251 f.
386 Friedrich Wilhelm von Trebra: WA III.1, S. 121.
386 nach Darmstadt an Merck: HABr 1, 328–330.
386 Amateurmineralogen in Bern und Zürich: Bode, Bau, S. 481.
386 Akademieprofessoren in Freiberg: WA IV.4, S. 256.
386 seine alte Freundin Sophie von La Roche: HABr 1, 314.
386 Leisewitz zu Besuch: Grumach 2, 255.
386 Zwischenbericht: HABr 1, 337.
387 naturwissenschaftliche Sammlung und Privatbibliothek: AS I, 190, 195; vgl. Bode, Bau, S. 229.
387 Loder, ebenfalls Freimaurer: Grumach 2, 304, 351.
387 Zeichenakademie: Bode, Pegasus, S. 62.
387 blieb ihm in Erinnerung: HABr 1, 390, 439.
387 zum Rückfall neigte: ebd. 316.
387 «in der tiefsten Natur»: ebd. 347.
387 nicht noch einmal eine Reise: WA IV.5, S. 117.
387 schlimmen Streit: HABr 1, 325.
388 auch wenn er Lavater versichert hatte: ebd. 324.
388 ekstatische, wiewohl zurückgenommene Intimität: WA IV.5, S. 92.
388 sie ist ihm nun die «neue»: ebd. 94.
388 «Umkehrens»: ebd. 92.
388 neue Offenheit: ebd. 97.
388 Läuterung soll eingetreten sein: ebd. 87 f.
388 sein altes Wohlwollen: ebd. 97.
388 früher oft bereit, zu verletzen: ebd. 122 f.
388 Täglich erkennt er mehr: HABr 1, 356.
388 «Gott und Satan»: ebd. 355.

388 «*Conzepte die der Mensch*»: ebd. 353.
388 «*was könnte nicht*»: ebd. 355.
388 *das Fragment* Die Natur: HA 13, 45–47.
388 *basiert, wie Goethe selbst bestätigte*: WA IV.6, S. 134.
388 *fängt sehr gut die Stimmung ein*: HA 13, 48.
389 «*humoristisches, sich selbst widersprechendes*»: ebd.
389 «*Sie macht Klüfte*»: ebd. 47.
389 «*Der Becher*»: WA I.2, S. 106 f.
389 «*il déperit*»: Grumach 2, 293.
389 «*sa divine Lotte*»: ebd. 305.
389 *vor August 1781*: WA III.1, S. 129; Bode, *Bau*, S. 467 f.
389 «*Erlkönig*»: HA 1, 154 f.
390 «*bitterer Ernst*»: HA 13, 48.
390 *Beginn seiner anatomischen Vorträge*: Grumach 2, 329.
390 *wurde handelseinig*: ebd. 330.
390 *Gespräch mit Anna Amalia*: ebd. 330 f.
391 *Der Geist der Jugend*: ebd. 344 f.
392 «*ein Mann der von dieser Branche*»: Bode 1, 281, Nr. 454.
392 «*Er ist also jetzt*»: Bode 1, 283, Nr. 456.
392 «*Ich . . . bin überzeugt*»: Grumach 2, 375.
393 «*Nun hab' ich von Johanni an*»: HABr 1, 401.
393 *Johann Christoph Schmidt*: AS I, XXXVII f.
393 «*Wieviel wohler wäre mir's*»: HABr 1, 397.
393 «*Ich binn recht zu einem Privatmenschen*»: ebd. 406.
393 «*Ich richte mich ein*»: ebd. 375.
393 «*politisch moralisch dramatische Tasche*»: ebd. 380.
393 «*zum Schriftsteller gebohren*»: ebd. 405.
394 *Überarbeitung des* Werther: ebd. 426.
394 «*die auf dich vorgespuckt hat*»: ebd. 427.
394 *mit seinen Amtspflichten* «*vermählt*»: ebd. 435.
394 Die Fischerin: WA I.12, S. 87–115.
394 *Gratulationsgedicht*: ebd. 4, S. 222.
394 «*venezianische Karneval*»: Grumach 2, 406–408.
395 «*in Alt Deutscher Tracht*»: ebd.
395 «*ich habe mein politisches*»: HABr 1, 416.
395 «*Ich sehe niemand*»: WA IV.6, S. 298.
395 «*schönste Ordnung*»: HABr 1, 398.
395 «*Ich bin ganz dein*»: ebd. 371.
395 «*bin auch freundlich*»: ebd. 420.
395 *in Ordnung zu bringen*: ebd. 415 f., 398.
395 «*vor Freude blaß*»: Grumach 2, 491.
395 «*blaß wie die Wand*»: ebd. 460.
395 «*um neun Jahre verjüngt*»: ebd.
396 *Empfehlungen an Klopstock*: ebd. 462.
396 «*Eine der vorzüglichsten Glückseligkeiten*»: HABr 1, 433.
396 *Geld für die Künste auszugeben*: ebd. 424.
396 *eine französische und eine englische Mätresse*: Bode, *Pegasus*, S. 156–159.
396 *zu Carl August kein Vertrauen mehr*: Bode 1, 289, Nr. 465.
396 *großes Eiersuchen*: Grumach 2, 418.
396 *zu seiner Geburtstagsfeier bat*: ebd. 423.
396 *ziemlich regelmäßig einmal die Woche*: ebd. 441.

396 *«Welt und Naturgeschichte»*: W IV.6, S. 224.

397 *«der auch in seiner Seele»*: Grumach 2, 441.

397 *«Göthe ... ist im eigentlichen Verstande»*: ebd. 440; angespielt wird nicht nur auf den Doppelsinn des Wortes «honnête homme» (Edelmann und ehrlicher Mann), sondern auch auf den Roman von Goethes Großonkel J. M. von Loen.

397 *«Nur fort! Nur fort!»*: ebd. 429; Wells, *Development*, S. 50 f.

397 *tauschten ihre Erinnerungen aus*: Grumach 2, 427 f.

397 *Lichtenberg*: ebd. 429 f.

397 *«monstrose» Mißwirtschaft*: WA IV.6, S. 213.

398 *«des beweglichsten Teiles»*: HA 13, 255.

398 *«nicht mahlerisch»*: WA IV.6, S. 402.

398 *«Hier ist nichts in seiner ersten»*: HA 13, 257.

398 *Ganz ähnlich hatte Herder*: Ideen, 15. Buch, *Werke* XIV, 204–207; vgl. *Werke* V, 511–513, 584–586.

398 *«Leitfaden»*: HA 13, 257.

399 *Metapher des Ariadnefadens*: Reed, «Paths».

399 *Dieselbe Metapher bestimmte*: HABr 1, 450; vgl. ebd. 1, 464, 511, 514, 515, und HA 1, 199, Z. 1–8.

399 *Mechanik der Gesteinsbildung*: Wells, *Development*, S. 47–49.

399 *von dem wir nicht wissen*: HA 13, 254, doch heißt es LA 1.1, S. 96, er sei beides.

399 *«Der einfache Faden»*: WA IV.6, S. 297 f.

399 *«ein ganz einfach Principium»*: ebd. 308.

399 *«harmonie d'effets»*: ebd. 346.

399 *Felsen, massive Platten*: Wells, *Development*, S. 47–49, Bode, *Pegasus*, S. 212 f., LA 1.1, S. 98.

400 *Trennungen zwischen Gesteinsmassen*: ebd. 100.

400 *einander überlagernde Parallelepipeden*: ebd.

400 *das regelmäßige Netz*: CGZ I, Nr. 276, 280, Vb, Nr. 183, 184, und S. 98, VIb, Nr. N 32.

400 *ein anderes spezifisches Naturphänomen*: HABr 1, 464.

400 *brachte den braven Untertanen Hilfe*: Grumach 2, 447 f., 454 f.

400 *Abriß eines alten Denkmals*: ebd. 456 f.

401 *«damit man mich nicht»*: HABr 1, 440.

401 *Ende Oktober*: Grumach 2, 498.

401 *kurze Abhandlung*: HA 13, 184–196.

401 *«Einem Gelehrten von Profession»*: HABr 1, 475.

401 *Professor G. A. Wells*: Wells, *Development*, S. 16.

401 *Herder im zweiten Buch seiner* Ideen: Herder, *Ideen*, 2. Buch, 4. Kap., *Werke* XIII, 66; allerdings glaubte Herder, daß der Zwischenkieferknochen den Menschen «ewig» vom Affen unterscheide, S. 118.

402 *«es ist wie der Schlußstein»*: HABr 1, 436.

402 *eben jene mineralogischen Abarten*: WA IV.6, S. 354.

402 *«Das Göttliche»*: HA 1, 147–149.

403 *«Taciturnität»*: Grumach 2, 415.

403 *«Goethe lebt in seinen Betrachtungen»*: ebd. 3, 47.

403 *«der beste aller sterblichen»*: HABr 1, 285.

403 *den Herzog zu «salben»*: ebd. 279.

403 *«sittlichen Todt»*: ebd. 287.

403 *zu Spöttereien hingerissen*: ebd. 402.

403 *«Quacksalben»*: ebd. 431.

403 *«thätiger Arzt»*: ebd.

404 *«Kein herzlich, vertraulich Wort»*: ebd. 517.
404 *«Du bist übler dran»*: ebd. 231.
404 *«ich bin ein sehr irdischer Mensch»*: ebd. 279.
404 *«du dein Alles übertragen»*: ebd. 364; vgl. 389.
404 *nur als «wir»*: ebd. 364.
404 *«Paradiesesvogel»*: ebd.
404 *«die wir uns einer ieden»*: ebd.
405 *«Wieland hat dem Herzog»*: Grumach 2, 434.
405 *«dein Reich auf dieser Welt»*: HABr 1, 364 f.
405 *«ich zwar kein Widerkrist»*: ebd. 402.
405 *«mich würde eine vernehmliche Stimme»*: ebd. 403.
405 *der wenig betete*: Grumach 2, 490.
405 *Herders Predigt bei der Taufe*: HABr 1, 424.
405 *Herzogin Louise zu trösten suchte*: WA IV.6, S. 257.
405 *das alte Interesse an dem jüdischen Philosophen*: Grumach 2, 504.
405 *Herder erklärte Jacobi*: Bode, Pegasus, S. 223.
405 *«unserm Heiligen»*: WA IV.6, S. 420.
406 *goût grec*: Kalnein, «Architecture», S. LV.
406 *Katalog der Werke Palladios*: Meyer, «Haus», S. 282 f.
406 *«Je ne suis pas asses habile»*: WA IV.6, S. 347.
406 *Gräfin Görtz ließ sich nicht täuschen*: Grumach 2, 482.
406 *«sie sehen mir zwar nicht mehr»*: HABr 1, 439, 452.
406 *«mich diese Materie»*: ebd. 452.
407 *1782 oder wahrscheinlicher 1783*: möglicherweise am 12. November 1782; WA IV.6, S. 210, doch sieht das Gedicht mehr nach einer späteren Einfügung aus.
407 *«Kennst du das Land»*: HA 7, 145.

Werke, 1780–1784

408 *Egmont*: HA 4, 370–454.
408 *im Herbst 1775*: ebd. 10, 181.
408 *nicht methodisch gefügt*: ebd. 170 f.
408 *«wenn der fatale vierte Ackt»*: HABr 1, 380.
409 *daß ganze Szenen unverändert stehenbleiben konnten*: HA 11, 366.
409 *«das allzuaufgeknöpfte»*: HABr 1, 385.
409 *«Es ist ein wunderbaares Stück»*: ebd.
413 *Wie Goethe in seinem Tagebuch festhält*: WA III.1, S. 72.
414 *«ein verdrießlicher, steifer»*: HA 4, 415.
414 *«ruhig, offen, glücklich»*: ebd.
414 *«den Geheimderath»*: HABr 1, 416.
414 *«gute Erfindung Tasso»*: WA III.1, S. 251.
415 *Zwitterprosa der Iphigenie*: HA (1988) 5, 497 (Tobler).
415 *setzte sich dafür selbst eine Frist*: WA IV.5, S. 4.
415 *An demselben Tag des Jahres 1781*: ebd. 216.
415 *Wie lebt der Dichter, nachdem*: siehe endgültige Fassung, Z. 501–507.
416 *die die Natur als Einen gemeint hatte*: Z. 1704–1706.
416 *erst 1787*: WA IV.7, S. 236 (dagegen der Eintrag zum *Egmont*).
416 *Carl August riet Goethe ab*: HABr 2, 90.
416 *Elpenor*: HA 5, 309–331.
417 *an jenem Menschen rächen*: nichts spricht für die ebd. (1988), 643 f. vertretene Auffassung, daß Elpenor schwört, seinen toten Vater zu rächen.
418 *aller Hader nur unverstandene Harmonie*: Pope, *Essay on Man*, I, Z. 291 f.

420 *Goethes Zeichnung:* CGZ I, Nr. 304.
421 *«die Anfänge des Theaters»:* WA I.51, S. 194.
421 *«der alte Hoffer»:* ebd. 251.
422 *wenn Goethe «je zu Verstande käme»:* Bode 1, 262, Nr. 421.
423 *«Heiß mich nicht reden»:* WA I.51, S. 260; vgl. HA 7, 356 f.
423 *«unwiderstehlicher Sehnsucht»:* WA I.52, S. 3 f.
423 *wie der Liturg bei den Herrnhutern:* ebd. 76.
424 *«Selten, daß der Mensch»:* ebd. 95.
425 *«eine junge, muntere Actrice»:* ebd. 49.
425 *«Viele unsrer Leser»:* ebd. 53.
426 *«Großen dieser Erde»:* ebd. 103.
426 *«völlig auszubilden»:* ebd.
427 *die Schauspieler Hunde und Pferde:* ebd. 144.
428 *«in der würklichen Welt»:* ebd. 162.
428 *«aus dem großen Meere»:* ebd.
428 *«Ich habe es oft mit Ekel»:* ebd. 163.
429 *«wackern Vagabunden, edeln Räubern»:* ebd. 189.
431 *«Auf Miedings Tod»:* HA 1, 114–120.
431 *als Staatsmann:* ebd. Z. 63.
431 *«mit Lust zum Werke»:* Z. 65.
431 *«O Weimar!»:* ebd. 115, Z. 39–42; vgl. Bode 1, 313 f., Nr. 509.
432 *«Ilmenau»:* HA 1, 107–112.
432 *«unschuldig und gestraft»:* ebd. 110, Z. 119.
432 *nicht erklären zu können:* ebd. Z. 112–117.
432 *«dir nicht imstande selbst zu sagen»:* ebd. Z. 97.
432 *die Reise in die Schweiz:* ebd. Z. 166.
432 *«locken alte Reime»:* ebd. Z. 22.
433 *diplomatische Verhandlungen in Braunschweig:* Grumach 2, 478.
433 *«Zueignung»:* HA 1, 149–152.
433 *geologische Expedition:* Grumach 2, 472 f.
435 *die allegorischen Mechanismen:* z. B. Z. 96–104.

«Ich hielt mich für tot»: 1785–1786

435 *nur noch an zwei Sitzungen:* AS I, S. LXXVIII f.
436 *«Ich flicke an dem Bettlermantel»:* WA IV.7, S. 51.
436 *der neue Schacht:* Bode, *Pegasus,* S. 219.
436 *Fördermaschine:* ebd. 271.
436 *Steuerwesen im Amt Ilmenau:* ebd. 30 f.
436 *«Kriegslust»:* HABr 1, 474.
436 *Goethe las die Rechtfertigung Neckers:* ebd. 484.
436 *«unaussprechlichen Eindruck»:* HA 10, 433.
437 *sein «reifendes Gefühl»:* Grumach 2, 518.
437 *«[L]eider ist's da»:* ebd.
437 *«Der Herzog schafft die Hofleute ab»:* HABr 1, 482.
437 *Akziseneinnehmer und einige Juden:* AS I, 395–399.
437 *Scherz, List und Rache:* WA I.12, S. 117–180.
438 *«Als ich das Stück schrieb»:* HABr 1, 477.
438 *«Mangel des Gemüths»:* WA I.35, S. 9.
438 *«die Rührung»:* HABr 1, 495.
438 *«begreiffe die Differenz»:* ebd. 493.
438 *Erfolg der Entführung:* HA 11, 437.

439　Die ungleichen Hausgenossen: WA I.12, S. 223–251.
439　*überhaupt nicht im Bilde war*: WA IV.7, S. 173.
440　*«Abneigung von allen literarischen Händeln»*: HABr 1, 507 f.
441　*«Studie nach Spinoza»*: HA 13, 7–10.
441　*auseinander hervorgebracht*: ebd. 7.
441　*eingestandenermaßen nur flüchtig*: HABr 1, 476.
441　*«abstrusen Allgemeinheiten»*: HA 11, 98.
441　*«wer Wissenschaft und Kunst besitzt»*: HA 1, 367; vgl. HABr 1, 508.
442　*«rebus singularibus»*: HABr 1, 476.
442　*«Wenn du sagst»*: ebd. 508.
442　*«Atheum»*: ebd. 475.
442　*«theissimum ia christianissimum»*: ebd.
442　*Mineralogie ohne chemische Kenntnisse*: WA IV.8, S. 4.
442　*Untersuchungen an Pflanzensamen*: ebd. 7, S. 24.
442　*Friedrich Gottlieb Dietrich*: HA 13, 154.
442　*einheimische Orchideen*: Grumach 2, 530 f.
442　*bisher eher abgestoßen*: HA 13, 160.
442　*«Am meisten freut mich»*: HABr 1, 514.
443　*«iene ersten grosen Begriffe»*: ebd. 496.
443　*«es ist kein Traum»*: ebd. 514.
443　*Satz bei Spinoza*: ebd. 508 und Anm. (1988) S. 758.
443　*40 Louisdor*: WA IV.7, S. 55 f.
443　*alles in allem 530 Taler*: Bode, Pegasus, S. 295.
443　*«toute une Caravane»*: Grumach 2, 517.
444　*«bloß an seinen schönen Augen»*: ebd. 533.
444　*«fainéantise»*: HABr 1, 480.
444　*«die Nothwendigkeit»*: ebd.
444　*Sohn des Grafen Brühl*: Grumach 2, 538.
444　*kleine Gruppen*: ebd. 533–536.
444　*«ich bin dieser Quelle»*: HABr 1, 498.
444　*Verlagsankündigung*: Grumach 2, 23.
444　*«Goethe und ich laden»*: ebd. 2, 547.
444　*«große Gabe der geselligen Unterhaltung»*: ebd. 3, 72.
445　*Gesellschaft von Naturbeobachtern*: ebd. 62.
445　*«seinem Lieblings Plan»*: ebd. 59.
445　*«lebendige Encyklopädische Dicktionair»*: WA IV.7, S. 24.
445　*mit Goethe gern und eifrig diskutierte*: HA 13, 156; Grumach 2, 508.
445　*mindestens zwanzigmal*: Grumach 2 und 3.
445　*«wenn nur einmal»*: HABr 1, 481.
446　*Johann Friedrich August Göttling*: AS I, 362 f.
446　*Gerätschaft des exzentrischen August von Einsiedel*: WA IV.7, S. 15–17.
446　*August Johann Georg Carl Batsch*: ebd. 176 f.
446　*Professorengehälter*: AS I, 364–375.
446　*Visitation*: ebd. 427–436.
446　*Geist an der Universität*: Bruford, Culture, S. 373.
446　*Allgemeine Literatur-Zeitung*: ebd. 300–302.
447　*«nicht das Werck Eines Mannes»*: Grumach 3, 284.
447　*regten Reinhold an*: Bruford, Culture, S. 295, 372.
447　*selbst indirekt so viel beigetragen*: Grumach 3, 55.
447　*die Meinung Kants geteilt*: ebd. 2, 513, 516 f.
447　*«du musst mir eben»*: HABr 1, 504.

447 *«ausser dir und ihm»*: ebd. 517.
448 *«stumm wie ein Fisch»*: ebd. 504.
448 *sein «ganzes Leben»*: ebd. 508.
448 *«der immer Schweigende»*: Bode 1, 318, Nr. 518.
448 *«etwas entsetzlich Steifes»*: Grumach 2, 506.
448 *«nun auch mein»*: WA IV.7, S. 67.
448 *«Nur wer die Sehnsucht kennt»*: ebd. I.52, S. 225f.; HA 7, 240f.
448 *«bei einem Weltmanne»*: Bode, *Pegasus*, S. 263.
448 *«Ach, leider»*: Bode, *Garten*, S. 271.
448 *Schema für seine Schriften*: WA IV.7, S. 235f.
449 *«Egmont, unvollendet»*: ebd., S. 236.
449 *«Da ich mir vornahm»*: WA IV.8, S. 83.
449 *«daß ich in den ersten zehn Jahren»*: zu Eckermann, 3. Mai 1827.
450 *Angebot eines polnischen Grafen*: Grumach 2, 537.
450 *Franz Kobell*: WA IV.5, S. 12; CGZ VIb, Nr. 45.
450 *beschwört den Herzog von Gotha*: HABr 1, 408.
450 *«Schon einige Jahre»*: WA III.1, S. 290.
450 *«daß Sie das Land betreten»*: HABr 1, 443.
450 *«im Italiänischen Geschmack»*: Grumach 2, 505.
450 *«ehrnen Himmel»*: HABr 1, 503.
450 *«Wenn ich noch eine Zeitlang»*: ebd. 489.
450 *Gemälde Tischbeins*: ebd. 491.
451 *auf das Italienische geworfen*: ebd. 503.
451 *«diese barbarische Sprache»*: ebd.
451 *am 5. Mai an Kayser*: ebd. 510.
451 *«Von Juni an»*: ebd. 509.
451 *Italienischstunde*: WA IV.7, S. 220.
451 *Fürstin Gallitzin*: Grumach 2, 548–550.
451 *«ward alles zulezt»*: WA IV.7, S. 103.
451 *so daß «wir ganz natürlich»*: ebd. 109.
451 *«eine gewisse Abkühlung»*: Bruford, *Culture*, S. 165f.; vgl. Trunz, *Münster*, S. 70.
452 *ihr «wieder Freude»*: WA IV.8, S. 10.
452 *nicht vor Ablauf von sechs Wochen*: Bode 1, 319, Nr. 524; wohl auch auf einem Gespräch beruhend, da der Zeitraum in WA IV.8, S. 7, nicht ausdrücklich genannt wird.
452 *wanderte Frau von Stein*: ebd.
452 *«dunkel und unbekannt»*: ebd.
452 *wurde es ihm zu langweilig*: Grumach 3, 49.
452 *Jacobi bekam einen Wink*: HABr 1, 515.
452 *«das Absolute meines Charakters»*: Grumach 3, 45.
453 *am 28. August abzureisen*: WA III.1, S. 147.
453 *«dreysig Jahren Wunsch»*: ebd. 326.
453 *saß am Kamin und aß Kirschkompott*: ebd. IV.7, S. 247.
453 *«fast so überreif»*: HABr 1, 512.
453 *«wie auf einen Orakelspruch compromittiert»*: ebd. 516.
453 *«Diese Tage sind noch»*: ebd.
453 *Caroline und Lavater kamen*: ebd. 517.
453 *«Die Götter wissen besser»*: ebd.
454 *«wenn es der Wille»*: ebd.
454 *dachte ursprünglich an acht Monate*: z. B. WA III.1 S. 296, 327; ebd. IV.8, S. 119.
454 *«Moeller aus Leipzig»*: Grumach 3, 73; vgl. Nohl, *Möller*, S. 10.
454 *Bertuch eröffnete ihm*: Grumach 3, 18f.

468 *auf einer Zeichnung festgehalten*: CGZ I, Nr. 308.
469 «*wir dürfen fast sagen*»: HA 6, 107.
469 «*Sie hätte sich gern*»: ebd.
469 «*Es war zu spät*»: DJG 4, 174.
469 «*das Feuer von Werthers Umarmungen*», «*Unwille*»: ebd. 182; HA 6, 118.
469 *weil die Männer Mißtrauen*: DJG 4, 169.
469 *seine Gegenwart Werther bedrückt*: HA 6, 93.
469 «*vielleicht wäre unser Freund*»: ebd. 119.
470 *abendliche Lesungen unveröffentlichter Werke*: Grumach 3, 66, 65, 70.
471 *dem Herzog «wards wunderlich dabei zumute*»: HABr 2, S. 7.
471 *geistreiche Geburtstagsfeier*: Grumach 3, 67–69.
471 *bat Herder um Rat*: HABr 2, 8.
471 *Aloysia von Lanthieri*: Grumach 3, 69, 71; WA III.1, S. 147.
472 «*Die zehen Weimarische Jahre*»: HABr 2, 10.

Siebtes Kapitel

Der Weg nach Rom

473 *bayerische Chausseen*: WA III.1, S. 148.
473 «*mit unglaublicher Schnelle*»: ebd.
473 «*Wie freut michs*»: ebd. 149.
473 «*Was lass ich nicht alles liegen*»: ebd. 154.
474 *das Ziel seiner Reise nicht auszusprechen*: HABr 2, 16.
474 «*mein Schutzgeist*»: WA III.1, S. 155.
474 *ein weiteres gutes Omen*: ebd. 158.
474 «*So find ich nach und nach*»: ebd. 160.
474 «*aber es lies mir innerlich*»: ebd.
474 «*Von hier fliesen die Wasser*»: ebd. 162.
475 *Addressatin seines inneren Zwiegesprächs*: HABr 2, 12.
475 «*mir ists nur jetzt*»: WA III.1, S. 175.
475 *frisches Obst*: ebd. 150, 154 f.
476 *Tal mit Weingärten*: ebd. 176.
476 *mit Kalk bespritzt*: ebd. 180.
476 «*ich hier gebohren*»: ebd. 177.
476 *der Mantel verschwand*: ebd. 185.
476 *Das Gasthaus*: ebd. 183.
476 *er aß den ganzen Tag Feigen*: ebd. 184.
476 *rückte den Tisch vor die Tür*: ebd. 181.
476 «*es ist gut von statten gegangen*»: ebd. 182.
476 *Georgica*: 2, Z. 159–160.
476 «*Die schönsten und grösten Natur Erscheinungen*»: WA III.1, S. 182.
477 *der Treufreund aus seinen eigenen Vögeln*: ebd. 185.
477 «*ein Garten, eine Meile weit*»: ebd. 186.
477 *altmodische italienische Kutschen*: ebd. 321 f.
477 *Amphitheater*: ebd. 194 f.
478 *eine Art Tennis*: ebd. 196.
478 *Promenade auf der Piazza Brà*: ebd. 212.
478 *Rufen und Singen*: ebd. 201–203.
478 *in Anspielung auf den Chor*: ebd. 215, 217, vgl. auch HABr 2, 13.
479 «*Was war daran zumahlen*»: ebd. 201.

479 «*Da ist ein Mann*»: ebd. 199 f.
479 «*Diese Reise ist würklich*»: ebd. IV.8, S. 29.
479 *Die Weinlese hatte begonnen*: ebd. III.1, S. 215 f.
480 «*lebendig Publikum*»: ebd. 222.
480 «*Die Vicentiner muß ich loben*»: ebd. 217.
480 *eine öffentliche Disputation*: ebd. 222 f.
480 *wenn er in einen Buchladen ging*: ebd. 230.
480 «*ich muß auch darum*»: ebd. 224.
480 «*Wenn man diese Werke nicht*»: ebd. 213.
480 *Teatro Olimpico*: ebd. 214.
480 «*Palladio ist ein recht innerlich*»: ebd. 213 f.
480 *Villa Rotonda*: ebd. 218.
481 *Säulen an der Loggia*: ebd.
481 *unklassische Elemente*: Ackerman, *Palladio*, S. 123, vgl. auch CGZ III, Nr. 2.
481 «*Die größte Schwürigkeit*»: WA III.1, S. 214.
481 «*Dann verdient man wenig Dank*»: ebd. 214 f.
481 *katholische Religion, die so wesentlich*: ebd. 228.
482 «*Gegen Abend*»: ebd. 220 f.
482 «*eine grüne See*»: ebd. 234.
482 «*Was in den Bildern*»: ebd. 240.
482 *Krönung Mariens*: ebd. 207.
484 *im Botanischen Garten*: ebd. 237.
484 *Blätter der Palmyra-Palme*: HA 13, 163.
484 «*wie billig*»: WA III.1, S. 220.
484 *Villa Valmarana*: ebd. 227. Zum «Burchiello» siehe Abbildung 20.
484 «*So stand es denn in dem Buche*»: ebd. 241.
484 *bleiben, bis die* Iphigenie *beendet war*: ebd. IV.8, S. 29; ebd. III.1, S. 242.
484 *wie das Hausmädchen monierte*: ebd. 248.
485 *in das Ghetto*: ebd. 249, 284.
485 *die Kanäle*: ebd., 252, 287.
485 *Feilschen auf dem Fischmarkt*: zu diesen venezianischen Szenen siehe ebd. 248, 249 f.,
256, 264, 276 f. 278–292,
485 *das Theater, das Goethe fleißig besuchte*: ebd. 255 f., 259 f., 269–271, 275, 295, 291 f.
485 *Verse von Ariost und Tasso*: ebd. 279–281.
485 «*Gesang eines Einsamen*»: ebd. 281.
485 «*das alles so gar leer*»: ebd. 276.
485 *nicht für die Aufführung auf der Bühne*: ebd. 275.
485 *Kirchenmusik*: ebd. 252 f., 284.
486 *Geschmacklosigkeit der Sujets*: ebd. 282 f., 246, 257.
486 *Palladios Lehrmeister Vitruv*: ebd. 290.
486 «*fallen mir wie Schuppen*»: ebd. 250.
486 *Il Redentore*: ebd. 257.
486 *S. Maria della Carità*: ebd. 254 f., 268, 292–294.
486 «*wie weit ich in diesen Kenntnißen*»: ebd. 261.
486 *Anpassung alter Prinzipien*: ebd. 268 f.
486 «*Palladio war so*»: ebd. 257.
486 *vom Markusturm*: ebd. 249.
486 *das Arsenal*: ebd. 265 f.
487 «*Schade schade*»: ebd. 266.
487 *mit dem Diener, den er angeheuert hatte*: ebd. 262.
487 *nach Lido*: ebd. 271 f.

487 *den ganzen 9. Oktober*: ebd. 285–288.
487 *«Was ist doch* ein lebendiges»: ebd. 288.
487 *künstliche Welt Venedigs*: ebd. 285.
487 *höhere Ingeniosität des Lebendigen*: vgl. in dem eben angeführten Zitat die Hervorhebung des Wortes «lebendiges», die in HA 11, 93 getilgt ist.
487 *nach dem Vorbild eines Riesenkrebses*: WA III.1, S. 246.
487 *Vorbehalte gegen republikanische Verfassungen*: ebd. 278; vgl. 268.
488 *Qualität der «Ganzheit»*: ebd. 323, vgl. 320.
488 *«das mittägige Clima»*: ebd. 251, 289.
488 *«Die erste Epoche meiner Reise»*: ebd. 296, mit dem Versprechen, Frau von Stein bis Ende November das Tagebuch der zweiten Epoche zu schicken.
488 *versprach Seidel*: ebd. IV.8, S. 35.
488 *immer noch hoffte, die* Iphigenie: ebd. III.1, S. 315.
488 *«mich abergläubischen Menschen»*: HABr 2, 15.
488 *«Hegire»*: ebd.
488 *mit dem Kurierschiff*: WA III.1, S. 298 f.
489 *«Wenn ich meiner Ungedult folgte»*: ebd. 302.
489 *«Mir läuft die Welt»*: ebd. 305.
489 *«Ich habe keinen Genuß»*: ebd. 303.
489 *«eine Sehnsucht von 30 Jahren»*: ebd. 302.
489 *schon am 1. November in Rom*: ebd. 303.
489 *«Was sagt man»*: ebd. 306 f.
490 *von der antiken Zivilisation geheiligte Stätten*: vgl. ebd. 182, 241.
491 *Am nächsten Tag freute er sich*: ebd. 300, 311.
491 *Loiano und Montecarelli*: ebd. 313.
491 *«mit einer sogenannten Schwester»*: Grumach 3, 84.
491 *Graf Cesarei*: ebd.
491 *Plan zu* Ulysses auf Phäa: WA III.1, S. 315.
491 *«Che pensa»*: ebd. 319.
491 *drei Stunden in Florenz*: ebd. 316; ebd. IV.8, S. 37.
492 *«dem verschiednen Gelde»*: ebd. III.1, S. 321.
492 *«geheiligten Galgenberg»*: ebd. 323.
492 *«ich wollte mir wie der Cardinal Bembo»*: ebd.
492 *der es vermied, die Bibel zu lesen*: vgl. ebd. 235.
492 *S. Maria sopra Minerva*: ebd. 323–325.
492 *«das schöne heilige Werck»*: ebd. 323, 325.
492 *wie «in einer Homerischen Haushaltung»*: ebd. 322.
492 *«wie die Hochzeit von Kana»*: ebd.
492 *«nach dreysig Jahren»*: ebd. 326.
492 *schlief in seinen Kleidern*: ebd. 329.
492 *«das dritte Werck»*: ebd. 327.
492 *«Noch zwey Nächte!»*: ebd. 328.
494 *Übergang vom Kalkgebirge*: ebd. 330.
494 *Porta del Popolo*: HABr 2, 16.
494 *«dieser Hauptstadt der alten Welt»*: WA IV.8, S. 37.
494 *Dante, Rabelais, Montaigne*: HA (1988) 11, 614.
494 *sein erster Gedanke galt «dem Himmel»*: WA III.1, S. 331.
494 *«ich bin hier»*: ebd. 331.

«Soviel Mühe als Genuß»: Oktober 1786 – Februar 1787

494 *Tischbein suchte noch am selben Abend*: Grumach 3, 87.
494 *«ich bin Goethe!»*: ebd.
494 *vier Wochen*: WA III.1, S. 327.
494 *Der anderthalb Kilometer lange Corso*: HA 11, 485 f.
495 *Kutscher des Kardinals Carafa*: Nohl, Möller, S. 10; WA IV.8, S. 352.
495 *«Das Gesetz und die Propheten»*: ebd. 42.
495 *«initiiert»*: ebd. III.1, S. 331.
495 *«ich bins!»*: ebd. IV.8, S. 38.
495 *«das neue lebendige Rom»*: ebd. 139.
495 *160.000 Einwohner*: Bode, *Flucht*, S. 185.
495 *280 Klöster*: ebd. 195.
495 *7.000 Priester*: ebd.
495 *«um mir die Immagination»*: WA IV.8, S. 139.
496 *sprach deutsch*: Bode 1, 364, S. 615.
496 *aus den Briefen Shelleys*: Shelley, *Letters*, S. 58–60, 84–90.
496 *«Ein saures und trauriges»*: WA IV.8, S. 46.
496 *«von der Idee»*: ebd. 83.
496 *«wo man genießen möchte»*: ebd. 123.
496 *am «Ziel meiner Wünsche»*: HABr 2, 20.
496 *«weniger genießend als bemüht»*: WA IV.8, S. 177.
496 *bis 9 Uhr*: Bode 1, 322, Nr. 529.
496 *300 Kirchen und über 800 Palazzi*: Bode, *Flucht*, S. 218.
498 *Goethe konnte selbst Besucher führen*: WA IV.8, S. 135.
498 *der Eintritt kostete*: Bode, *Flucht*, S. 249.
498 *an Allerseelen*: HA 11, 126–130.
498 *«ein ehrlicher Schweizer»*: WA IV.8, S. 83.
498 *«ernst, derb und kurz entschlossen»*: Nohl, Möller, S. 15 f.
499 *italienische Spitznamen*: WA I.32, S. 451.
499 *«der Baron»*: HA 11, 134.
499 *«Fast kann ich sagen»*: WA IV.8, S. 188.
499 *«Wasserleitungen, Bäder»*: HABr 2, 22.
499 *ging er mit Tischbein*: Grumach 3, 167; zum Datum WA IV.8, S. 49, 51.
500 *das «größte Werck»*: ebd. 45.
500 *«die meine ganze Verehrung hat»*: ebd. 130, 145.
500 *Fresken der Carraccis*: HA 11, 352; WA IV.8, S. 54.
500 *Galatea in der Villa Farnesina*: ebd. 55; HA 11, 368.
500 *«Das Vergnügen des ersten Eindrucks»*: WA IV.8, S. 45.
500 *«da ists als wenn man»*: ebd.
500 *Cäcilienfest*: ebd. 63.
501 *«ich bin in dem Augenblicke»*: ebd. 71.
501 *Vorzüge der beiden Maler*: Nohl, Möller, S. 32–34.
501 *die Partei Michelangelos*: HA 11, 373.
501 *Streit aus dem Weg gegangen*: ebd.390.
501 *«wie die Natur»*: ebd. 454.
501 *«das ängstliche Starren»*: WA IV.8, S. 100.
501 *Christnacht*: Grumach 3, 101; WA IV.8, S. 104.
501 *«Die Zeremonien scheinen mir»*: HABr 2, 41.
501 *Wohlklang der griechischen Sprache*: WA IV.8, S. 131.
502 *«wie ein Stern in der Nacht»*: ebd.
502 *«für dieß Hockuspockus»*: ebd. 158.

502 *«der Pfaffen Mummerey»*: ebd.

502 *der Papst einfach der beste*: HABr 2, 48.

502 *«Ich lese den Vitruv»*: ebd. 22 f.

502 *mit Bury und Schütz*: Nohl, *Möller*, S. 22.

502 *Moritz war bereits hervorgetreten*: WA IV.8, 68.

502 Anton Reiser: HABr 2, 34.

502 *«die schönsten Träume»*: Grumach 3, 91 f.

504 *Hang zur Homosexualität*: Boulby, *Moritz*, S. 140, 264.

504 *den er «Gott» nannte*: Grumach, 3, 268.

504 *«und zwar nicht ganz»*: ebd.

504 *Abhandlung über deutsche Prosodie*: Boulby, *Moritz*, S. 147–150.

504 *Tag am Meer in Fiumicino*: Grumach 3, 96–99.

504 *Goethe sorgte dafür*: ebd. 98.

504 *aufgebunden werden konnte*: WA IV.8, S. 115.

504 *«als Beichtvater»*: ebd.

504 *«erzählte mir wenn ich»*: HABr 2, 28 f.

504 *«Moritz wird mir wie»*: ebd. 45.

504 *«Tischbein und Moritz»*: ebd. 33.

505 *«Wie verlangt mich»*: WA IV.8, S. 74.

505 *scheint sich erkundigt zu haben*: WA IV.8, S. 79, 93; Bode, *Stein*, S. 261; Bode, *Flucht*, S. 281.

505 *«Das war also alles»*: WA IV.8, S. 79.

505 *das schroffe «Blätgen»*: ebd.

505 *«in Rom ist er zuweilen»*: Grumach 3, 242.

505 *die sinnverwirrende Umgebung*: HABr 2, 29.

505 *«es wird mir immer wahrscheinlicher»*: ebd. 31 f.

505 *verzweifelte Sorge*: ebd. 33 f.

505 *«ich kämpfte selbst»*: ebd. 34.

506 *dieser «bitter-süßen» Briefe*: ebd. 39.

506 *«Seit dem Tode meiner Schwester»*: ebd. 43.

506 *ein «neuer Mensch»*: ebd. 18.

506 *seine «Wiedergeburt»*: ebd. 20, 25, 26, 27.

507 *Gefühl für die Solidität*: ebd. 19.

507 *um der «Größe» willen*: ebd. 22.

507 *«einer der Italien»*: WA IV.8, S. 125.

507 *«daß ich so viel»*: HABr 2, 33.

507 *«Ich bin wie ein Baumeister»*: ebd. 34.

507 *«Ich bin von einer ungeheuren»*: WA IV.8, S. 119.

507 *nicht «einzeln sagen»*: HABr 2, 43.

507 *«Du kennst meine alte»*: WA IV.8, S. 66.

508 *«bequemer und leichter»*: HABr 2, 31.

508 *«Das geringste Produkt»*: ebd.

508 *Minerva Giustiniani*: WA IV.8, S. 130.

508 *«das gute Weib»*: ebd.

509 *«ist [es] nicht allein»*: HABr 2, 33.

509 *«wenn die französischen Einflüsse»*: ebd. 48.

509 Fanny Hill *zur Lektüre*: WA I.32, S. 436.

510 *«Es ist entsetzlich»*: HABr 2, 50.

510 *«Mit dem schönen Geschlechte»*: ebd. 47.

510 *«da man zu so viel soliden»*: WA IV.8, S. 190.

510 *«mein Auge und meinen Geist»*: ebd. 137.

510 «die Style der verschiednen»: ebd.
510 «Dann übe ich mich»: ebd. 153.
510 «aus meiner Verschantzung»: ebd. 153 f.
510 Arkadische Gesellschaft: HABr 2, 39.
511 «per causa della»: ebd.
511 Abendgesellschaften: Grumach 3, 112 f.
511 «Efigenia»: z. B. Bode 1, 322, Nr. 529.
511 Egmont, Tasso, Faust: WA IV.8, S. 143.
511 «mit dem Eintritt»: ebd. 178.
511 womöglich eine zehnbändige Ausgabe: ebd. 198.
511 zu viel Zeit kostete: ebd. 157.
511 «kleinliche deutsche Art»: HABr 2, 48.
511 rasche Fortschritte: WA IV.1, S. 184.
511 zehn kolorierte Ansichten: ebd. 202; siehe CGZ II, Nr. 54–58, VIb, Nr. 55–56, 186;
    vgl. auch CGZ II, Nr. 47.
511 durch ihre Spitzel: Bode 1, 333 f., Nr. 550 f.
511 Ernennung zum Koadjutor: ebd.
511 Carl August hinter den Kulissen: Steiger 2, 614.
511 auch Hirt wurde porträtiert: von F. G. Weitsch, Nohl, Möller, Abbildung 8, neben
    S. 65.
513 «über das Schicksal»: Bode 1, 322, Nr. 529.
513 «Die erste Zeit»: WA IV.8, S. 196 f.
513 «Doch bleibt am Ende»: ebd.
514 «übrigens ists Zeit»: ebd. 159.
514 der Vesuv wieder ausgebrochen: HABr 2, 23.
514 im neuen Jahr nach Neapel: ebd. 28; vgl. WA IV.8, S. 83.
514 zu den Osterfeierlichkeiten: HABr 2, 35.
514 großzügigen und verständnisvollen Brief: Andreas, «Vorabend», S. 69.
514 verschiedene Reiserouten: WA IV.8, S. 120.
514 Ätna: ebd. 160.
514 «vor Weihnachten»: HABr 2, 45; vgl. IV.8, S. 177.
514 im April und Mai einschieben: WA IV.8, S. 163.
514 Frau von Stein lehnte es ab: ebd. 202.
514 «die zerstückte Welt»: ebd. 194.
514 «froherer Welt»: ebd. 188.
514 «das unaussprechlich schön»: ebd. 204.
515 «ein wenig kleinstädtisch»: HABr 2, 44.
515 verließ sie «gerne»: WA IV.8, S. 188.
515 «ein Fest»: HA 11, 484.
515 «das Leben der Römer»: WA IV.8, S. 197.
515 Ungehobeltes, Plebejisches: Boulby, Moritz, S. 153.
515 Abschlachtung von tausend Schweinen: HABr 2, 38.
515 Wettrennen der Pferde: Bode, Flucht, S. 307.
515 «abgeschmackter Spas»: WA IV.8, S. 183.
515 mehr als genug: ebd. 188.
515 «mich ein merckwürdiger Naturschauspiel»: ebd. 197.
515 «wieder Lust»: ebd. 204.
515 «unglaublich und unsäglich»: ebd. 185.
515 die Mandelbäume in voller Blüte: ebd. 187.
515 Krokusse und Adonisröschen: ebd. 159.
516 das fragmentarische Tasso-Manuskript: ebd. 204.

Vorschein der Erfüllung: Iphigenie und «Wald und Höhle»

517 «*Der mißversteht*»: Iphigenie auf Tauris (HA 5, 7–67), Z. 523 f.

517 «*er dichtet*»: Z. 524 f.

517 *hatte in Prosa nur gesagt: «unsre Rückkehr hängt an einem»*: WA I.39, S. 371.

517 «*unsre Rückkehr hängt an zarten*»: Z. 1139 f.

518 «*Rettet mich*»: Z. 1716 f.

518 «*[n]ach Lebensfreud*»: Z. 1364.

518 *Thoas fragt ausdrücklich*: Z. 327.

518 «*ehern Band*»: Z. 331.

518 *persönlichen sittlichen Mängeln*: Z. 332–334.

518 «*die Achse des Stücks*»: HA 11, 205.

518 *Gebet um Erlösung*: Z. 1330.

518 «*Es löset*»: Z. 1358.

519 «*Befreiung*»: Z. 2115; vgl. Z. 2117 f.

519 «*nur durch unser Herz*»: Z. 494.

521 «*So steigst du denn*»: Z. 1094–1124.

522 «*denn mein Verlangen*»: WA I.39, S. 323.

523 «*Denn ach!*»: Z. 10–14.

523 «*Den gelben matten*»: WA I.39, S. 365.

523 «*Durch Rauch*»: Z. 1142 f.

523 «*Einige halbe Verse*»: HABr 2, 42.

524 «*Wie gärend*»: Z. 1052–1055.

524 «*Doppelt wird*»: Z. 1525–1531; durch Goethes Interpunktion bleibt die grammatikalische Struktur dieser Sätze ganz vieldeutig.

526 «*Keine andere, als die Muse*»: HA 5, 412.

526 *vollkommen «Griechisches*»: ebd.

526 «*Man kann dieses Stück*»: ebd. 413.

526 *Monolog des Faust*: ebd. 3, 103 f.

526 *auf den Januar 1787 datiert*: WA I.32, S. 483.

526 *Stücke zu vollenden*: WA IV.8, S. 83.

526 «*Erhabner Geist*»: Z. 3217 f.

527 *eine Wendung, die an Goethes Briefe*: WA IV.8, S. 83, 159.

527 *den viel blasseren Schlußteil*: Z. 3240–3250.

Das beunruhigende Paradies

527 *die letzten Szenen von* Faust – Zweiter Teil: Z. 11559.

527 *Dem Maler Tischbein*: HA 11, 355.

527 *sogenannte «Poststation*»: abgebildet in *Italienische Reise*, ed. Golz, Nr. 58, S. 185.

528 *nach dem Mignon sich gesehnt*: HA 11, 181.

528 *versuchsweise festzuhalten*: CGZ II, Nr. 67–80.

528 «*Essen wir doch Krebse*»: Grumach 3, 17.

528 «*um eine kleine körperliche*»: HA 11, 185.

528 «*Wenn man in Rom*»: ebd. 208.

528 «*Man mag sich hier an Rom*»: ebd. 189.

528 «*nie ganz unglücklich werden*»: ebd. 186.

530 «*Eine Wasserfahrt bis Pozzuoli*»: ebd. 187.

530 *in wilder, fast expressionistischer*: CGZ II, Nr. 87–91, 97–105. Siehe Abbildung 37.

530 «*Wenn ich Worte schreiben will*»: HA 11, 209, vielleicht nachträgliche Erfindung.

530 *das prachtvolle Panorama*: ebd. 220.

530 *in seinem Skizzenbuch festzuhalten*: ebd. 196; CGZ II, Nr. 126 f.

530 *Postschiff nach Sizilien*: HA 11, 189.

530 *das Keimen der Küchenbohne*: CGZ Vb, Nr. 51–57.
530 *Agave und Sprossenbildung*: ebd. Nr. 63–66.
530 *«Fülle einer fremden»*: HA 13, 162.
530 *«Erleuchtung über botanische»*: ebd. 11, 222.
531 *Grundprinzip*: WA I.31, S. 338, «Urpflanze»; vgl. HA 11, 205.
531 *auch er jetzt in Arkadien*: Harnack, *Nachgeschichte*, S. 232–234.
531 *Garten des Paradieses*: HA 11, 184, 207, 211, 216.
531 *trotz der frühen Jahreszeit*: ebd. 223.
531 *Eingang zur Hölle*: ebd. 211, 216.
531 *den Vesuv zu ersteigen*: ebd. 188 f.
531 *Die nächste Besteigung*: ebd. 192–195.
531 *dritter Besuch*: WA III.1, S. 332 f.; HA 11, 214–216; Steiger 2, 591.
532 *Ausgrabungen in Herculaneum*: Haskell und Penny, *Taste*, S. 74.
532 *Helfershelfer bei der Aktion*: ebd. 76.
532 *Enge und Kleinheit*: HA 11, 198f.; WA I.47, S. 235.
532 *«wunderlichen, halb unangenehmen»*: HA 11, 199.
532 *Torre Annunziata*: Grumach 3, 121; HA 11, 204.
532 *Besuch Herculaneums*: ebd. 211 f.
532 *«alle diese Dinge»*: ebd. 211.
533 *«Wie alles durcheinander strömt»*: ebd. 211.
533 *Mietkaleschen*: ebd. 333.
533 *Straßenhändler mit Zitronen*: ebd. 335.
533 *tiefe Bratpfannen*: ebd. 341 f.
533 *Kinder sammelten Sägemehl*: ebd. 333 f.
533 *um eine Stelle kauerten*: ebd. 200.
533 *Blumenkohl, Korinthen, Nüsse, Feigen*: WA IV.8, S. 208.
533 *«um den Zirkel der Vegetation»*: HA 11, 334.
533 *trotz großen Gewerbefleißes*: ebd. 336.
533 *im «nordischen» Sinne*: ebd. 338.
533 *«sie sogar bei der Arbeit»*: ebd.
533 *«deutsche Sinnesart»*: ebd. 216.
534 *«für mich ist es»*: ebd. 209.
534 *«nie ein gleichgültiges»*: ebd. 203.
534 *den Werken Vicos*: ebd. 192.
534 *Rauferei am Strand*: Grumach 3, 120f.; vgl. *Italienische Reise*, ed. von Graevenitz, Nr. 51, neben S. 120.
534 *Als Tischbein in Venutis Haus*: HA 11, 205 f.
534 *«wenn sie auch nichts»*: ebd. 205.
534 *«den Gipfel aller»*: ebd. 209.
535 *lebendes Bild*: ebd. 331.
535 *«Miss Hart» als Iphigenie*: *Italienische Reise*, ed. von Graevenitz, Nr. 56 vor S. 125.
535 *Ungeachtet des ironischen Tons*: HA 11, 209, 330.
535 *«eine schöne Existenz gemacht»*: ebd. 217.
535 *Menschen, die «studieren»*: ebd. 208.
535 *«will man hier»*: ebd.
535 *«Neapel ist ein Paradies»*: ebd. 207.
535 *diesmal in kurzen Abständen*: WA IV.8, S. 419.
535 *zum allgemeinen Gebrauch*: Bode 1, 336, Nr. 557.
535 *«nur einiges im Detail»*: WA IV.8, S. 212.
535 *«Masse von Kenntnissen»*: ebd. 208.
535 *Stoff für die Erinnerung*: HA 11, 204, «Bild in der Seele».

536 *«So schön und herrlich»*: WA IV.8, S. 210.
536 *«das erste Mal in meinem Leben»*: HA 11, 190.
536 *«Welch ein Unterschied»*: ebd. 207.
536 *«Die vielen Kenntnisse»*: ebd.
536 *in Sepia gearbeitet*: CGZ II, Nr. 3.
537 *«Sie haben Anlage»*: HA 11, 206 f.
537 *Christoph Heinrich Kniep*: Grumach 3, 125 f.; die *Italienische Reise* stellt ihn zu Unrecht als jugendlichen Anfänger hin.
537 *«beständigen Gesellschafter»*: HA 11, 213.
537 *in einem Rock zu speisen*: Grumach 3, 155.
537 *rahmte das Blatt ein*: HA 11, 218; vgl. Grumach 3, 156.
537 *Horizont mit dem Lineal*: CGZ II, Nr. 146.
537 *immer wieder spitzte er*: HA 11, 218; vgl. Grumach 3, 156.
537 *Am 23. März*: WA IV.8, S. 210; vgl. HA 11, 217.
537 *Einwände gegen die neue* Iphigenie: HA 11, 208; WA IV.8, S. 213.
538 *symbolische Form*: ebd. 212.
538 *«Siehe Neapel und stirb!»*: HA 11, 189.
538 *«deutet mir nach Asien»*: ebd. 222.
538 *«auf dem wundersamen Punkte»*: ebd.
538 *«Reisen lern' ich»*: ebd. 223.
538 *Mit Kniep wurde verabredet*: ebd. 218.
538 *von hektischer Geschäftigkeit*: ebd. 223.
538 *Besuch der antiken Tempel in Paestum*: WA IV.8, S. 210; in der *Italienischen Reise* versucht Goethe, den Besuch Paestums vor die Abreise nach Sizilien zu legen, doch der tatsächliche Besuch am 15.–17. Mai oder 21.–23. Mai hinterläßt noch seine Spuren, so daß der Eindruck erweckt wird, als ob Goethe zweimal in Paestum gewesen sei.
538 *dieses Projekt mußte warten*: HA 11, 222, «soll manches nachgeholt werden».

Die Gärten des Alkinoos

538 *«Ein Tagebuch womöglich»*: WA I.31, S. 340.
539 *Aufbau des Tasso*: HA 11, 226–228.
539 *er deliriere stark*: Grumach 3, 129 f.
539 *die Küste Siziliens*: HA 11, 228.
539 *ein Meer, dunkel wie Wein*: ebd. 230.
539 *«Ich wünschte dir»*: WA IV.8, S. 211.
539 *«was ich aus eignen Erfahrungen»*: HA 11, 300.
539 *«Wie sie uns empfangen hat»*: ebd. 231.
539 *Palermo, eine Stadt von der Größe Roms*: Bode, *Flucht*, S. 384.
539 *«Ich bin vielleicht in meinem Leben»*: WA IV.8, S. 211.
540 *Villa Giulia*: HA (1988) 11, 646.
540 *Andachtsort der heiligen Rosalia*: HA 11, 237–240.
540 *«der, zu meiner Zeit»*: ebd. 242.
540 *war Statella wieder in Weimar*: Grumach 3, 132.
540 *einen Abstecher nach Malta*: HA 11, 281.
540 *mit Paketbooten bequem zu erreichen*: für diese Hinweise danke ich Prof. R. C. Paulin.
541 *Antonio Vivona*: Grumach 3, 135.
541 *am Nachmittag des 16. April*: Steiger 2, 600.
541 *Goethe wußte, daß er*: HA 11, 264.
541 *erzählte er in Weimar*: WA I.31, S. 301.
542 *«ein Nichts, welches»*: HA 11, 242.
542 *im griechischen Original*: WA I.31, S. 339, nicht mit Sicherheit zuverlässig.

543 *«Was rufen mich»*: HA 5, 69, Z. 23–29.
543 *Geschichte Friederike Brions*: HA (1988) 5, 482; Staiger, *Goethe* 2, 46.
544 *«Dann werde ich auch dort zu dir»*: Homer, Odyssee, S. 105.
544 *«die weite Ferne, die Abwesenheit»*: HABr 2, 51.
544 *«unsäglich schöne[n] Land»*: ebd.
544 *«Wie viel Freude»*: ebd.
544 *«Urpflanze»*: HA 11, 266.
546 *wiederholte Abfolge von Elementen*: CGZ Vb, Nr. 58.
546 *«so sublimiert»*: HA 11, 222.
546 *Gärten des Alkinoos*: HA 11, 267.
546 *«Wendepunkt des ganzen Abenteuers»*: HABr 3, 419.
546 *«nun meine Reise»*: ebd. 2, 51.
546 *Selinunt, die er alle überging*: es gibt keine zeitgenössischen Belege für einen Besuch Selinunts, trotz Bode, *Flucht*, S. 409.
546 *«Daß ich Sizilien gesehen»*: HABr 2, 52, 54.
546 *«überklassischen»*: HA 11, 300.
547 *«eine dramatische Konzentration»*: ebd. 298.
547 *ignorierte das Normannische und Byzantinische*: ebd. 241, 247, 249, 273 und Anmerkungen.
547 *«Nun versteh' ich erst»*: ebd. 231.
547 *ein Schatz an erinnerter Landschaft*: ebd.
547 *«poetischen Stimmung»*: ebd. 300.
547 *«das wilde Gebüsch»*: WA III.1, S. 337.
547 *«Die Lage ist sonderbar»*: ebd. 341.
548 *Girgenti hieß und 20.000 Einwohner*: Bode, *Flucht*, S. 412.
548 *die wenigen Zeichnungen*: CGZ II, Nr. 160 f.; III. Nr. 31 (VIb, Nr. 188 ist wahrscheinlich später), und vgl. HA 11, 278.
548 *die ursprünglich geplante*: HABr 2, 51, «Küsten».
548 *«ersten Absicht»*: HA 11, 222.
550 *nach Griechenland und Dalmatien*: ebd. 223.
550 *«wüste Fruchtbarkeit»*: ebd. 282.
550 *«dergestalt verschüttet»*: ebd. 296.
550 *Freitag, dem 4. Mai*: zu den Daten siehe WA I.32, S. 476; Steiger 2, 605–607.
551 *«Restaurationstalent»*: HA 11, 296.
551 *«Setzt man sich»*: ebd. 296 f.
551 *Montag in Taormina*: Knieps Zeichnung in *Italienische Reise*, ed. von Graevenitz, Nr. 87, nach S. 176.
551 *Seine Gedanken wanderten*: HA 11, 298.
551 *auf ein einzelnes Blatt Papier*: WA I.10, S. 414f., 422f., dagegen HA (1988) 5, 481. Die Datierung ist aber nicht entscheidend.
552 *«Ein weißer Glanz»*: HA 5, 72, Z. 135 f.
552 *Homer im sechsten Buch der Odyssee*: Z. 41
«sondern Himmelsheitre ist durchaus ausgebreitet, wolkenlos, und ein weißer Glanz läuft darüber hin.»
552 *mit allem vergleichbar, was Valéry*: z. B. «Fermé, sacré, plein d'un feu sans matière/Fragment terrestre offert à la lumière».
553 *trennten sich von ihrem Führer*: WA I.32, S. 476, Datierung wie in Steiger 2, 608.
553 *«ein wunderlicher Anblick»*: HABr 2, 55.
553 *auf Goethes eigener Zeichnung*: CGZ II, Nr. 176.
553 *«die horizontale Stellung»*: HA 11, 314.
553 *Faraglione-Felsen*: Steiger 2, 610.

553 *«Meeresstille»* und *«Glückliche Fahrt»*: HA 1, 242.
553 in den Fleischbänken leckere Sachen: HA 11, 341.
554 *«das Geistliche, ja das Heilige»*: ebd. 237.
554 er genoß dieses Treiben: WA IV.8, S. 219.
554 *«hier immer fauler»*: HABr 2, 57.
554 Verkehr in Adelskreisen: WA IV.8, S. 216.
554 *«auf alle Fälle zu alt»*: HABr 2, 54.
554 Konzerte beim österreichischen Botschafter: Grumach 3, 163 f.
554 Abendessen bei Hamilton: HA 11, 330 f.
554 *«nicht so heftig»*: ebd. 325.
554 in Pozzuoli: ebd. 13, 287–295; Wells, Development, S. 68 f.
555 *«das Alpha und Omega»*: HABr 2, 57.
555 *«an freudigem Kunstsinn»*: ebd.
555 über Salerno nach Paestum: HA 11, 218–220.
555 *«der erste Eindruck»*: ebd. 219.
555 *«Doch nahm ich mich»*: ebd. 219 f.
555 *«die letzte»*: ebd. 323.
556 *«von Gipfel zu Gipfel»*: HABr 2, 54.
556 am 24. Mai ausgehändigt: Steiger 2, 611.
556 außer etlichen Briefen von Fritz: WA IV.8, S. 219, 215; HABr 2, 53.
556 zu seinem Geburtstag in Frankfurt: WA IV.8, S. 217.
556 bei seiner Mutter: HABr 2, 55.
556 langen Brief an den Herzog: ebd. 53–57.
556 *«zu dem ich nicht»*: ebd. 56.
556 *«zu Ihrer und zu vieler»*: ebd.
556 *«Geben Sie mich»*: ebd.
557 *«meine Existenz erheitert»*: ebd.
557 *«Ich habe so ein großes»*: ebd.
557 *«Wie das Leben»*: ebd. 59.
557 Marquis Lucchesini: Steiger 2, 614.
557 Weltmenschen: HABr 2, 57 f.
557 *«Er scheint mir»*: ebd. 57.
557 *«Aber noch vierzehn Tage»*: ebd.
558 *«mit Einem Blick»*: ebd. 58.

In der hohen Schule der Kunst: 1787–1788

558 schrieb er Frau von Stein: HABr 2, 59.
558 *«Ich bin nun einmal»*: ebd. 58.
558 *«Rom ist der einzige Ort»*: ebd. 59.
558 in Tivoli und den Albaner Bergen: Steiger 2, 618 f.
559 drei Arten von Blättern: Italienische Reise, ed. von Graevenitz, Nr. 53, zwischen S. 122
     und 123.
559 Tasso und Faust: Grumach 3, 165.
559 seine *«kleinen Talente»*: WA IV.8, S. 236.
559 Seiner Mutter hatte er: ebd. 420.
559 übertraf alles, was man aus Spanien: HA 11, 369.
559 den meteorologischen Aufzeichnungen zufolge: Ephemerides, S. 432.
559 Zitherklänge und fröhlichen Lärm: WA IV.8, S. 234.
560 Berninis Pumpraum: Steiger 2, 620.
560 Brauch der Siesta verschmähte: Grumach 3, 236.
560 Trajanssäule: HA 11, 371.

560 *«fast alle Tage»*: Grumach 3, 174.
560 *die Antwort Carl Augusts*: Bode, Rom, 49.
560 *in dem einigermaßen unklaren Verhältnis*: HABr 2, 62; vgl. ebd. 86.
561 *Maximilian von Verschaffelt*: Steiger 2, 624.
561 *Reisebeschreibungen gelesen*: HA 11, 348.
561 *nach herculaneischem Vorbild*: Bode, Flucht, S. 367.
561 *angegriffene Gesundheit*: Bode 1, 339, Nr. 560.
561 *Feier im Gartenhaus*: ebd. 339 f., Nr. 561 f.
561 *das Werther-Dasein*: Bode, Garten, S. 298, «mein Öfchen», S. 299.
562 *Menschen, die zweifelten*: Bode 1, 330, Nr. 543.
562 *nicht mehr ganz richtig im Kopf*: WA IV.8, S. 308, 264.
562 *«Goethes Zurückkunft ist ungewiß»*: Bode 1, 344, Nr. 574.
562 *«man pfuscht wohl auch einmal»*: WA IV.8, S. 264.
563 *zuverlässige Stellvertreter*: HABr 2, 86.
563 *neue Buchführungsverfahren*: WA IV.8, S. 289–291.
563 *ein tödlicher Unfall*: ebd., 165, 274, 339; Bode, Rom, S. 103 f.
563 *Erziehung des halbwüchsigen Fritz*: WA IV.8, S. 327, 335.
563 *Filippo Collina*: ebd. 288.
563 *geraten, die Reise aufzuschieben*: HABr 2, 70.
563 *damit er selbst genügend Zeit*: HA 11, 429 f.
563 *«Ariadnischer Faden»*: HABr 2, 65.
563 *Zahlenformeln für die Proportionen*: vgl. CGZ III, Nr. 121 f., 138 und S. 54 f.; HA 11, 386.
563 *auf dem päpstlichen Thron*: HA 11, 390.
563 Egmont *war fertig*: ebd. 394.
563 *«unsäglich schwere[n] Aufgabe»*: ebd. 431 f.
563 *erste herbstliche Regen*: Bode, Rom, S. 64.
564 *Kayser selber hatte vor*: WA IV.8, S. 255.
564 *Die Albaner Berge, vulkanischen Ursprungs*: HABr 2, 68.
564 *«einem der schönsten Plätze»*: WA IV.8, S. 273.
564 *sprach mehr Italienisch*: Bode, Rom, 67.
564 *in Castelgandolfo sogar in die Komödie*: HA 11, 415.
564 *«ein wertherähnliches Schicksal»*: ebd. 427.
564 *«Amor als Landschaftsmaler»*: ebd. 1, 235–237.
564 *Angelica Kauffmann*: ebd. 11, 419.
565 *Angelica Kauffmann hatte sein Porträt gemalt*: Italienische Reise, ed. von Graevenitz, Nr. 109, zwischen S. 210 und 211.
565 *«ein hübscher Bursche»*: HA 11, 353.
565 *«Goethes Bild»*: Italienische Reise, ed. von Graevenitz, S. 353.
565 *die von Trippel modellierte Büste*: HA 11, 397.
565 *«ich habe nichts dagegen»*: ebd.
565 *Sommerausstellung der französischen Akademie*: HA 11, 387 f., 391. Die Rekonstruktion hat man nicht ausfindig machen können; sie mag eine spätere Erfindung Goethes sein.
565 *diese* villeggiatura: CGZ II, Nr. 250–325, VIb, Nr. 69–89. Siehe auch Abbildung 33.
566 *wie der Beginn eines neuen Semesters*: HABr 2, 79.
566 *«so wird Rom»*: WA IV.8, S. 286.
566 *«die Kunst eine ernsthafte Sache»*: ebd. 261; vgl. HABr 2, 66.
566 *«Ich begab mich in die Schule»*: HABr 2, 79.
566 *«davon man ausser Rom»*: WA IV.8, S. 320.
566 *«vorher, gleichsam wie von dem Glanz»*: HABr 2, 79.

566 *diesen «Cursum»*: ebd. 80.
566 *Gilles Adrian Camper*: ebd. 76.
566 *Kurs über perspektivisches Zeichnen*: Bode, *Rom*, S. 86.
566 *Johann August Arens*: Grumach 3, 185 f.
566 *Meyer und der junge Bury*: HABr 2, 80.
566 *auch Kayser eintraf*: HA 11, 435.
566 *«unsere Hausakademie»*: ebd. 444.
566 *«Ganz unter fremden»*: HABr 2, 79.
568 *konnte er Goethe seine Kunst erschließen*: ebd. 70.
568 *Kayser machte sich in Rom daran*: WA IV.8, S. 351 f. (dagegen Bode, *Rom*, S. 81; vgl. WA IV.8, S. 257).
568 *weiteren Werken den Weg bahnen*: WA IV.8, S. 244.
568 *Göschen hatte sich*: ebd. 279.
568 *Projekt einer Cagliostro-Oper*: ebd. 244 f.
568 *von dem Honorar mußte er die Heimreise*: HABr 2, 81.
568 *«nur der Nahme»*: WA IV.8, S. 342.
568 *ließ Goethe die Absicht fallen*: ebd.; vgl. ebd. 347, 367.
568 *«Wer Rom verläßt»*: HABr 2, 77.
569 *«Ich bin schon zu alt»*: HA 11, 434. Die ursprüngliche Emendation durch Trunz (Einfügung eines «nicht») wurde in der Ausgabe von 1988 mit Recht getilgt (vgl. 517; HABr 2, 73).
569 *«Ich darf wohl sagen»*: HABr 2, 85.
570 *Römische Verwaltungsdinge*: WA IV.8, S. 287; Grumach 3, 192.
570 *sein «Paradies» nannte*: HABr 2, 61, 88; vgl. WA IV.8, S. 340.
570 *zur Beobachtung der Menschen*: HABr 2, 64, 69.
570 *die Galerie Borghese besichtigte*: HA 11, 526.
570 *Betrachtungen über die Bedrohung Italiens*: HABr 2, 71 f., vgl. 76, 78.
570 *«allem Andringen»*: ebd. 73 f.; vgl. HA 11, 385.
570 *sich nicht entschließen konnte*: WA IV.8, S. 334 f.
571 *«Dieses macht den Aufenthalt»*: HABr 2, 62 f.
571 *«die Erfüllung aller meiner Wünsche»*: ebd. 61.
571 *«in dem gelobten Land»*: ebd. 88.
571 *Entwurf einer Deutschen Nationalakademie*: Herder, *Werke* XVI, 600–616.
571 *die intellektuelle Klasse*: ebd. 613 (daß die Akademie der Ersatz für frühere Träume von einem deutschen Nationaltheater ist, wird auf S. 607 festgestellt).
572 *«einen lebhafteren Curs der Litteratur»*: WA IV.8, S. 286.
572 *schlechten Aufnahme seiner Schriften*: ebd. 246, Loram, *Publishers*, S. 21.
572 *1.000 Subskribenten*: Loram, *Publishers*, S. 153.
572 *«das A und O aller Kunst»*: HABr 2, 64.
572 *«als Künstler zu leben»*: ebd. 79.
572 *«vernünftig» wie niemals zuvor*: HA 11, 530.
572 *wie Lessing schon gesagt hatte*: Bode 1, 262, Nr. 421.
572 *«Keim von Wahnsinn»*: HA 11, 531.
573 *«die Poesie der Musick»*: WA IV.8, S. 245.
573 *Seidel erhob Einwände*: ebd. 354 f.
573 *solle zu Musikbegleitung gesungen werden*: ebd. 336.
574 *«ich glaube Egmont wird»*: ebd. 244.
574 *Moritz' kurze Abhandlung*: Boulby, *Moritz*, S. 164.
574 *aus ihren Unterhaltungen hervorgegangen*: HA 11, 534.
575 *«mit der Denkweise des Jahrhunderts»*: ebd.
575 *Ein Labsal war die Post*: ebd. 387 f.

575   *«substanzielle Kräfte»*: Herder, *Werke* XVI, 451.
575   *verschlang es mit leidenschaftlicher*: HA 11, 393.
575   *«im großen Ganzen der Natur»*: Moritz, *Bildende Nachahmung*, S. 14.
575   *Und während für Leibniz*: Leibniz, *Monadologie*, Abs. 83.
576   *«Wem also von der Natur selbst»*: Moritz, *Bildende Nachahmung*, S. 14.
577   *entchristlichte Monadenlehre übernommen*: vgl. HA 11, 395.
577   *oder ist es Goethe?*: «Kunst» wird in diesem allgemeinen Sinn nicht in der Abhandlung
        gebraucht, die Moritz' Ausgangspunkt war (*Versuch einer Vereinigung aller schönen
        Künste und Wissenschaften unter dem Begriff des in sich selbst Vollendeten*, erschienen
        in *Berlinische Monatsschrift* 5, Berlin 1785, S. 225 ff., wieder abgedruckt von S. Auer-
        bach in Moritz, *Bildende Nachahmung*, S. 38 ff.). Der Begriff wurde jedoch in diesem
        Sinne in Weimar schon vor Moritz' Besuch vielfach gebraucht (z. B. Knebel an Herder,
        7. November 1788, Steiger 2, 690). Noch 1793 kannte die dritte Auflage von Sulzers
        Allgemeiner Theorie diesen Sprachgebrauch nicht und widmete 25 Seiten dem Stich-
        wort «Künste; Schöne Künste», aber nur zwei dem Stichwort «Kunst; Künstlich».
577   *in einem kurzen Aufsatz*: siehe vorige Anmerkung.
577   *Hervorbringungen der «Kunst»*: Moritz, *Bildende Künste*, S. 18.
578   *«Als Künstler!»*: HABr 2, 85.
579   *«Du bist eben ein prosaischer»*: WA IV.8, S. 354 f.
580   *«meiner Harmonia Plantarum»*: HABr 2, 64.
580   *«Hen kai pan»*: HA 11, 395.
580   *ein einziges, universales*: ebd. 389.
580   *Experimente, die Seidel unternahm*: WA IV.8, S. 320.
580   *«Modell» in Verbindung mit einem «Schlüssel»*: HABr 2, 60.
580   *«Formel», die zu «erklären» vermag*: ebd. 67.
580   *Nelken, aus der andere hervorwachsen*: ebd. 64 f., 67; vgl. HA 13, 166, 95 f., CGZ Vb,
        Nr. 67 f.
580   *Interesse an der Physiognomik*: HA 11, 386.
581   *über einige Modulationen*: CGZ VIa, Nr. 47, III, Nr. 170, 177, 216; vgl. ebd. Vb,
        Nr. 77 f.
581   *Lippenformen*: ebd. III, Nr. 121 f.
581   *«sehr schöne Anblicke»*: HABr 2, 58.
581   *«die schönsten und solidesten»*: ebd.
581   *«unzerstörlicher» Schatz*: ebd. 54.
581   *auf sein ganzes Leben*: HA 11, 323.
581   *umzeichnete und retuschierte*: vgl. CGZ VIb, S. 34, Nr. 82.
582   *die «vier zarten Bändchen»*: HA 11, 399.
582   *war «kein Buchstabe drin»*: ebd.
582   *warf die Heimreise ihren Schatten voraus*: ebd. 435; vgl. HABr 2, 77.
582   *typisch für das ganze menschliche Leben*: WA IV.8, S. 307.
582   *«Periamo noi»*: Grumach 3, 206; vgl. WA I.32, S. 451.
582   *den Goethe «herrlich» fand*: HA 11, 419.
582   *Moritz «ganz außer sich»*: ebd. 477.
582   *die Trostgründe Leibniz'*: *Das Universum kennt keinen Tod*: Herder, *Werke* XVI,
        S. 565 f.; vgl. Leibniz, *Monadologie*, Abs. 69, 73; ferner Herder, *Werke* XVI, 541, 540.
582   *«das immerwährende Leben des Weltgeistes»*: Herder, *Werke* XVI, 540.
582   *«Ist es nicht die immerwährende Zerstörung»*: Moritz, *Bildende Nachahmung*, S. 34.
582   *Gesetze der harmonischen Bewegung*: Herder, *Werke* XIV, 225.
582   *«Maximum»*: ebd. 229 f., 247.
583   *die von Kant vorgebrachten Einwände*: Kant, *Werke* 12 (6), S. 791 f., 800, 804–806.
583   *«von der großen Weltordnung»*: Herder, *Werke* XVI, 540.

583 *Kontrast zum römischen «Babylon»*: HA 11, 387.
583 *Ideen als das wahre «Evangelium»*: ebd. 415, 417.
583 *die Apologeten bezwingen*: ebd. 416.
583 *«keinen Messias zu erwarten»*: ebd. 415.
583 *«daß der Moment alles ist»*: HA 11, 419. Daß die Bemerkung keine Interpolation, oder falls doch, kein Anachronismus ist, zeigt die aus Moritz' *Reisen* zitierte Parallele. Vgl. auch den Schluß des *Römischen Karnevals*, nicht später als Anfang 1789, vielleicht sogar schon 1788 entworfen, die Notiz *«Ergreifen des Moments»*, die während Goethes Rückreise entstand (WA I.32, S. 461), und unsere Analyse des *Egmont*. Das Wort «vernünftigen» mag ein späterer Zusatz sein (vgl. Bode 1, 358, Nr. 601).
583 *«ein Freund der Lügen»*: HA 11, 413.
583 *von der «schwebenden Geistigkeit»*: WA IV.8, S. 304.
583 *«ein heiliges Gelübde»*: Karl Philipp Moritz: *Werke* 2, S. 474; vgl. Harnack, *Nachgeschichte*, S. 62.
584 *«ich habe dich diese ganze Zeit»*: HABr 2, 77.
584 *«nichts Gemeines»*: ebd. 69.
584 *«Der Mensch bedarf wenig»*: ebd.
584 *«Wenn ich nach Deutschland zurückdenke»*: ebd. 65; vgl. WA IV.8, S. 252; HABr 2, 82.
584 *Seine Wilhelmiade*: ebd. 81.
584 *ein Darlehen zurückfordern*: WA IV.8, S. 247.
584 *«Das Ende meiner Bemühungen»*: ebd. 302.
584 *«Das Herz wird»*: HABr 2, 82.
584 *«Magnetenberge»*: WA IV.8, S. 371.
584 *«dieser Stadt der Musen»*: HABr 2, 89.
584 *«unbedingt glücklich»*: ebd. 94.
584 *«Summa Summarum»*: WA IV.8, S. 348.
584 *«wieder ein neues Blat»*: ebd.
584 *«Nur leider daß die Zeit»*: ebd. 320.
584 *Der Herzog, bereits wieder auf der Rückkehr*: Steiger 2, 650.
585 *bezog Goethe auf Hämorrhoiden*: WA IV.8, S. 336.
585 *Ausführlichkeit und Promptheit*: HABr 2, 78–83; vgl. WA IV.8, S. 324–336.
585 *Gazzanigas Oper Don Giovanni*: Steiger 2, 652.
585 *«denn ich bringe die Abende»*: HABr 2, 76.
585 *mit Bertuch vereinbart*: WA IV.8, S. 319.
585 *zu der Schütz die Illustrationen liefern*: HA 11, 520.
586 *um das Geschehen zu beobachten*: WA IV.8, S. 338f.
586 *zu Fuß in der Menge*: Steiger 2, 652.
586 *«gar zu lärmende Tage»*: WA IV.8, S. 340.
586 *in Landsknechtsmanier*: ebd. 314f.
586 *konnte Goethe nicht dienen*: ebd. 262.
586 *erwiderte der Herzog*: ebd. 346 f.
586 *Beschäftigung Goethes mit sich selbst*: HABr 2, 79.
586 *ein kleines reimloses Gedicht*: HA 1, 237.
586 *Zeichnungen von Hero und Leander*: CGZ III, Nr. 259, 259 Rs, 260.
587 *«daß er [Goethe] gegen seine Freunde»*: Bode 1, 348, Nr. 577.
587 *nüchterne Berichte*: viele Briefe fehlen; wahrscheinlich hat Goethe sie 1829 vernichtet.
587 *bevor er den folgenschweren Brief erhielt*: vgl. die Wendung «die horizontale Lage» aus *Tristram Shandy*, HABr 2, 78.
587 *Faustina Antonini*: Bode, *Rom*, S. 100.
587 *ein Rendezvous zu verabreden*: Grumach 3, 206.

587 *vermutlich nannte er sich*: WA IV.8, S. 370.
587 *mit Wein eine römische «IV»*: HA 1, 168.
587 *wie er sie dem Herzog am 29. Dezember*: HABr 2, 75.
587 *«könnte schon von einigen»*: WA IV.8, S. 347.
588 *«verschiedene Maßregeln»*: HA 11, 528.
588 *Lorbeer, Viburnum, Buchsbaum*: HABr 2, 89.
588 *den alten Freund herzlich aufgenommen*: HA 11, 521 f.
588 *Carl Pieck*: Nohl, Möller, S. 117.
588 *neues Laub des Efeus*: HABr 2, 89.
588 *blühende Gartensäle*: HA 11, 544.
588 *seine eigene Galerie*: ebd. 544–547; vgl. Steiger 2, 656.
588 *Tiere von einem der Obeliske*: HA 11, 393.
589 *vom Olymp zum Orkus*: HA 1, 162.
589 *zeichnete er sein eigenes Grab*: CGZ II, Nr. 332 f.
589 *«Der schönste, feierlichste»*: Shelley, *Letters* 2, 60.
589 *Konsultationen mit Anna Amalia*: Bode, *Rom*, S. 122.
589 *Der Herzog war einverstanden*: HABr 2, 501 f. Der Inhalt der Briefe vom Herzog und von Herder wurden aus Bemerkungen in Goethes Briefen rekonstruiert, wobei ich im wesentlichen Bode, *Rom*, S. 122, folge.
589 *wurde Bertuch übertragen*: WA IV.8, S. 368.
590 *«Ihren freundlichen, herzlichen»*: HABr 2, 84–88.
590 *gab der Herzog die neuen Ernennungen*: Steiger 2, 659.
590 *würde sich glücklich geschätzt haben*: HABr 2, 115.
590 *sie habe darauf gedrungen*: Grumach 3, 214.
590 *«eine Prolongation»*: Bode 1, 349, Nr. 579.
591 *«dem Winke unsers gnädigsten»*: HABr 2, 88.
591 *«Böse Geist»*: WA IV.9, S. 32.
591 *«hold Quartierchen ... herausgejagt»*: HABr 2, 103.
591 *«bei einer sonderbaren»*: ebd. 85.
591 *«vielerlei Fäden»*: ebd.
591 *Unverzüglich gingen Briefe*: WA IV.8, S. 422.
591 *«den Kreis des Propheten»*: HABr 2, 92.
591 Nathanael: Bode, *Rom*, S. 141–143.
591 *schrieb bis zum Kardienstag*: HABr 2, 84. Abgesehen von dem regelmäßigen Brief an Frau von Stein und einer Notiz an Göschen wegen einer Fahnenkorrektur war dies der einzige Brief, der in dieser Woche geschrieben wurde (WA IV.8, S. 422).
592 *was er sah*: HA 11, 530 f.
592 *«der Augenblick»*: ebd. 530.
592 *«Ich hätte in dieser Stunde»*: HABr 2, 91.
592 *Schädel Raffaels*: ebd. 87.
593 *dieser «zweite Fritz»*: WA IV.8, S. 350.
593 *unter Tränen*: Grumach 3, 199.
593 *«Der Abschied aus Rom»*: HABr 2, 92.
593 *«wie ein Kind geweint»*: Grumach 3, 223.
593 *Überweisung auf ein Sonderkonto*: WA IV.8, S. 370; ebd. I.32, S. 457, Z. 7; 458, Z. 5–7.
593 *beleuchtete der Vollmond*: Vollmond war am Sonntag, dem 20. April, *Nautical Almanac*, S. 37; vgl. HA 11, 554.
593 *im stillen gelobt*: Bode, *Rom*, S. 148.
593 *Geschenk für den Herzog*: WA IV.8, S. 372.
593 *«durchdrang mir Herz»*: Grumach 3, 199.
593 *versammelten sich an der Kutsche*: ebd. 199 f.

593 *Moritz zeigte sich*: Biedermann-Herwig 3.1, S. 113, Nr. 4681.
593 *«In der letzten römischen Zeit»*: HABr 2, 93 (vgl. WA I.32, S. 459, Z. 33).
593 *«jede Stunde wenigstens siebenerlei»*: HABr 2, 92.
594 *Viterbo passiert*: Steiger 2, 665.
594 *«einem geübten Auge»*: WA IV.9, S. 122.
594 *«fast alles . . . was Florenz»*: ebd. 8, S. 371.
594 *strahlend schön geworden*: ebd. 370, 372.
594 *bemerkenswerte Privatsammlung*: Grumach 3, 207 f.
594 *Bekanntschaft mit Giotto*: Steiger 2, 665.
595 *«ein rechter Schlußstein»*: HABr 2, 93.
595 *am schönen Himmel, «am Obste»*: ebd. 92.
595 *«Nun wittre ich wieder»*: ebd. 93 f.
595 *«In Rom wurde»*: ebd. 94.
595 *«an den Felsen pochen»*: ebd.
595 *mit seinem Innern beschäftigt*: HA (1988) 11, 704 f.
595 *«Doch scheute ich mich»*: ebd.
595 *das erste neue Material*: z. B. ein erster Entwurf des Gesprächs über das verlorene Goldene Zeitalter, WA I.32, S. 461.
595 *am Tag nach der Abfahrt*: CGZ II, Nr. 343.
595 *«Eckgen»*: CGZ II, S. 10, zu Nr. 1.
596 *geometrische, ja symmetrische Bildaufbau*: ebd. Nr. 71, 74, vgl. Nr. 21.
596 *Skizzen von April und Mai*: ebd. Nr. 343, 345, 355, 372.
596 *starke Gefühle*: ebd. Nr. 354, 357, 360.
596 *drei winzige Baumstudien*: ebd. Nr. 361–363. Siehe Abbildung 34.
596 *Am 28. Mai verließen sie Mailand*: Steiger 2, 668.
596 *zwanzig Ansichten vom Seeufer*: CGZ II, Nr. 373–391.
596 *Vorgriff auf Turner*: z. B. ebd. Nr. 374.
596 *zu erfassen und festzuhalten*: vgl. WA I.32, S. 461, Z. 23 f.

Die große Seele: Werke 1787–1788

597 *«Daß ich meine älteren Sachen»*: HABr 2, 63.
597 *«unschätzbare Augenblicke»*: WA IV.8, S. 279.
598 *der einen «großen Seele»*: HA 5, 36, Z. 1076.
598 *In der ersten Szene*: HA 4, 373, andere Beispiele für das Pferdmotiv: S. 423 f., 426, 430, 433, 438.
599 *von Klärchen erwähnt*: ebd. 387.
599 *«Nun endigt sich»*: ebd. 451.
599 *«Leb ich nur»*: ebd. 399.
599 *manifestiert sich als Zerstörung*: Moritz, *Bildende Nachahmung*, S. 25.
599 *«den silbernen Bogen»*: ebd. 34 f.
600 *mit ziemlicher Sicherheit in Rom*: nicht nur ist das Thema römisch, sondern diese und die folgende Rede Egmonts sind auch ohne weiteres aus ihrem dramatischen Kontext zu lösen, von dem sie sich rhetorisch deutlich abheben.
600 *«Wie von unsichtbaren Geistern gepeitscht»*: HA 4, 400 f.
600 *Moritz sagte zu Caroline Herder*: ebd. (1988) S. 589 f.
600 *«Die Jugend und die schöne Liebe»*: ebd. 411.
600 *«So laß mich sterben»*: ebd. 415.
601 *«Ich stehe hoch»*: ebd. 401.
601 *«. . . zu endigen»*: Egmont WA IV.8, S. 239, von Steiger (2, 618 f.) auf den 30. Juni 1787 datiert. Es könnte aber auch der Brief an Herder vom 23. Juni sein (WA IV.8, S. 420).
601 *Klärchen sucht das Volk zu sammeln*: HA 4, 435.

602 ihre «unglaubliche Sorglosigkeit»: WA III.1, S. 321.

602 «meine Lage»: HABr 2, 45.

602 «auf dem höchsten Punkte»: Moritz, Bildende Nachahmung, S. 25.

603 «Ich höre auf»: HA 4, 451.

603 Beispiel dessen, wofür sie leben: ebd. 430 (Übertragung des Pferdmotivs auf das Volk).

603 «Ich sterbe für die Freiheit»: ebd. 453 f.

603 «Höher . . . kann die Menschheit»: Moritz, Bildende Nachahmung, S. 31.

604 «Ich lebe dir»: HA 4, 450.

604 schrieb eine ausführliche Kritik: HABr 2, 90.

604 die jüngsten Zusätze zum letzten Aufzug: HA 11, 432, 458 f.

604 Schiller in einer höchst scharfsinnigen: Schiller, Werke 5, S. 932–942.

604 «den sittlichen Theil»: WA IV.9, S. 37.

605 «der unpoetische»: HA 11, 458.

605 «ein ideeller Bezug»: ebd. 454.

605 «Den Traum hab ich»: Bode 1, 349, Nr. 580.

605 «nun steht das Stück da»: HABr 2, 90.

605 Figuren der Olimpia und des Bernardo: WA IV.7, S. 168.

606 «Ohne Thräne»: ebd. I.11, S. 329, Z. 885 f.

606 entging ihm eine Namensverwechslung: ebd. IV.8, S. 363.

606 «fast nichts als der Hügel»: WA IV.8, S. 347.

607 Reflexion über Fausts Blankversmonolog: Moritz, Bildende Nachahmung, S. 25 f.

608 das Stück bis Ostern 1789: Steiger 2, 661.

609 «es dreht sich immer»: HA 4, 399.

609 Im Februar 1788: Binder, Faust, S. 112, 10. Ich schließe mich weitgehend Binder an. Jedoch verstehe ich das «unbedingt» in Z. 1855 (HA 3, S. 61) als Bestätigung Mephistopheles', daß kein Vertrag im herkömmlichen Sinn geschlossen worden ist (ähnlich hätten die Zeilen 1866 f., falls sie um diese Zeit geschrieben wurden, ohne metrische Probleme auch im Indikativ stehen können). Binder übersieht, daß der Hauptgrund für Mephistopheles' Verteidigung von «Vernunft und Wissenschaft» (Z. 1851 f.) die Vorbereitung der folgenden Schülerszene ist (vor allem Z. 2047).

609 «Und was der ganzen Menschheit»: Z. 1770–1775.

610 oder «Kronen», wie er sie: Z. 1804; vgl. WA I.14, S. 258.

610 Zwiegespräch zwischen Faust und Mephistopheles: Z. 1776–1867.

610 Die Szene sollte sich fast nahtlos: Binder, Faust, besonders S. 39.

610 alles zu sein, was der Menschheit: Z. 1774.

610 alle Befriedigungen zu haben: Z. 1825.

611 «grad' mit in die Welt hinein»: Z. 1829.

611 Vogel an der Leimrute: Z. 1862.

611 der Sinn stand ihm nach klassischen Junos: Grumach 3, 169.

612 «der Erde Freuden»: Z. 1859.

612 die zweite Szene, die Goethe: Steiger 2, 656, zu Eckermann, 10. April 1829.

612 «Wie fangen wir das an»: Z. 1834.

612 Füssli und Lavater: vgl. CGZ I, Nr. 302 f., 305 f., VIb, Nr. 216, und WA IV.8, S. 239.

612 Fresko Carraccis: siehe Abbildung 35.

612 Ton der ursprünglichen Szenen: HA 11, 525.

612 tiefsinnige Naturmagie: Butler, Fortunes, S. 157.

612 Verse mitunter platt: z. B. Z. 2436 f., 2575 f.

612 mit der Mephistopheles sich als Satan bekennt: Z. 2481–2515, vgl. 1783, 1866.

613 wie schon bei der Veröffentlichung: Gräf 2.2, S. 136.

613 «sich Cupido regt»: Z. 2598.

613 «Du siehst»: Z. 2603 f.

614 *für die Wintermonate aufsparen:* HABr 2, 91.
614 *«also auf einer Wandrung»:* WA IV.8, S. 369.
614 *dem Hofdichter seelenverwandt:* HABr 2, 90f.; vgl. HA (1988) 11, 705.
614 *wie den* Egmont: HABr 1, 385.
614 *von dem Feldzug gegen Holland wußte:* ebd. 2, 15f.
615 *«gesteigerten Werther»:* HA (1988) 5, 504, zu Eckermann, 3. Mai 1827.
615 *«heroisch-elegische» Stimmung:* vgl. HA 11, 555 (1988), 705.
615 *«Die ersten Akte müssen»:* HABr 2, 94.
615 *«Blicke ins . . . gelobte Land»:* ebd. 88.
615 *«wie ein Ufer»:* ebd. 92.
615 *«Ich ermannte mich»:* HA (1988) 11, 705.

Achtes Kapitel

Alte und neue Gesichter: Juni–Dezember 1788

616 *Wetter wurde schlechter:* Bode, *Rom,* S. 161.
616 *Zeichnung der Via Mala:* CGZ II, Nr. 401.
616 *gelangte nach Chur:* Steiger 2, 668.
616 *schrieb Goethe Herder:* HABr 2, 94f.
616 *«Ich weiß nicht»:* ebd.
616 *war sie in Goethes Gasthof:* Grumach 3, 209–213.
617 *schlank und sonnengebräunt:* ebd. 215.
617 *«Verbergen des geg[enwärtigen]»:* WA I.32, S. 460; vgl. Steiger 2, 671.
617 *trafen sie in Weimar ein:* Grumach 3, 214.
618 *«Alles reißt sich jetzt»:* ebd. 215.
618 *«nous avons entendu»:* ebd.
618 *«on dit que la duchesse»:* ebd. 214.
618 *Gore hatte sein Vermögen:* Bode, *Rom,* S. 189f.
619 *Stellen aus dem* Werther *zu übersetzen:* Bode 1, 357, Nr. 600.
619 *«recht gut»:* WA IV.9, S. 10.
619 *«a acquis par son voyage»:* Grumach 3, 242.
619 *Knebel, der in Ilmenau:* Bode 1, 354, Nr. 592.
619 *«Goethe ist so unglücklich»:* Grumach 3, 217.
619 *«mit der Herzogin Louise»:* ebd. 216f.
619 *eine Epoche zu Ende gegangen:* Bode, *Stein,* S. 309, 312, 300f.
619 *«Die Ahnung»:* Steiger 2, 675.
620 *«Dir darf ich wohl»:* HABr 2, 95.
620 *«sein Vertrauen darüber»:* ebd. 115.
620 *«Lust der Gereisten»:* Grumach 3, 216.
620 *Hündchen Lulu:* Bode, *Stein,* S. 277f.
620 *«ist nichts als Langeweile»:* Steiger 2, 675f.
620 *«sie ist verstimmt»:* Bode 1, 358, Nr. 602.
620 *«Ich will so fortleben»:* WA IV.9, S. 5.
621 *«Aus Italien dem formreichen»:* HA 13, 102.
621 *von der Universität Jena abgehen:* Parth, *Christiane,* S. 25.
622 *«Mädchen der mittleren Klasse»:* Federn, *Christiane,* S. 12.
622 *daß Goethe Christiane Vulpius zum erstenmal:* vgl. *«Der neue Pausias und sein Blu-menmädchen»* (WA I.1, S. 272–280) und Parth, *Christiane,* S. 17.
622 *Herder, der durch Nürnberg kam, nahm sich seiner an:* Grumach 3, 230.
622 *sogleich an Vulpius geschrieben:* WA IV.9, S. 385.

622 *suchte einen Privatsekretär und Erzieher*: ebd. 20–22, 38, 45 f.
622 *schickte Goethe ihm Geld*: ebd. 61 f.
622 *schickte er Vulpius zehn Taler*: ebd. 104.
622 *Göschen wurde gebeten*: ebd. 107 f., 134 f.
622 *verkrachte Existenz*: ebd. 355 f.
622 *ging auch Breitkopf um Hilfe an*: ebd. 151 f.
622 *Leipzig im Oktober 1789*: Steiger 3, 44.
623 *begingen Goethe und Christiane den 12. Juli*: Steiger 2, 674.
623 *«Morgenklagen»*: HA 1, 239–241 (vielleicht ist das Gedicht nur eine Phantasie).
624 *«Der Besuch»*: ebd. 237–239.
624 *Bleistiftskizze der Szene*: CGZ IVb, Nr. 65.
624 *«Das Wetter ertötet»*: HABr 2, 100; WA IV.9, S. 19.
624 *der Hitze Italiens*: HBraG 1, 104.
624 *«wie eine Schnecke»*: WA IV.9, S. 38; vgl. ebd. 46.
624 *Feuer im Kamin*: ebd. 13.
625 *«im Politischen . . . nichts zu tun»*: Bode 1, 357, Nr. 600.
625 *«Ich mach so ein gut Gesicht»*: HABr 2, 98.
625 *reine Egozentrik*: ebd. 99.
625 *kam sich wie Epimenides vor*: ebd. 103.
625 *«er ist würklich . . . unglücklich»*: Grumach 3, 242.
625 *«es ist nur schlimm»*: ebd. 245.
625 *«Er lebt jetzt, ohne»*: ebd. 225.
625 *«ehe er nach Italien ging»*: Steiger 3, 51 f.
625 *Ihre Unversöhnlichkeit*: Bode 1, 360, Nr. 606.
625 *nach Großkochberg*: Grumach 3, 231.
626 *hatte Frau von Stein selber das Gedicht umgeschrieben*: HA (1988) 1, 545 f. Die Reihenfolge der verschiedenen Fassungen ist umstritten, aber die Besonderheiten von Frau von Steins Version sind nur verständlich, wenn sie von der ersten Fassung Goethes ausging, nicht von der zweiten (z. B. der Gebrauch von «veracht» in der letzten Strophe).
627 *die Möglichkeit eines neuen Gedichts*: ebd. 129 f.
627 *die ältere Version*: siehe oben, S. 502.
629 *Schiller war eine gefühlvolle Liaison*: Bode, Stein, S. 204–206.
629 *Charlotte von Lengefeld, die bei*: ebd. 302.
629 *«ich habe meine Empfindungen»*: an Körner, 14. November 1788, Schiller, *Briefe* 2, 145.
630 *verwarf entschieden die Vorstellung von einem Leben nach dem Tod*: z. B. Schiller, *Werke* 1, 130–133, 162.
630 *ein Ehrgeiz, den seine Talente*: ebd. 1818.
630 *«Das Resultat aller meiner Erfahrungen»*: an Huber, 28. August 1787, Schiller, *Briefe* 1, 394.
630 *«Die Iphigenia hat mir wieder»*: an C. J. R. Ridel, 7. Juli 1788, ebd. 85.
630 *Schiller hatte sich schon gefreut*: Bode 1, 357, Nr. 599.
631 *«Sein [= Goethes] erster Anblick»*: Grumach 3, 233 f., an Körner, 12. September 1788, Schiller, *Briefe* 2, 115–117.
631 *Die Lengefelds führten*: Grumach 3, 234 f.
631 *von der er nichts mehr wissen wollte*: HA 10, 538.
631 *Goethe nahm die «Götter Griechenlands» mit*: Grumach 3, 235.
631 *las mit Zustimmung*: Bode 1, 382, Nr. 645.
632 *«Das Publikum ist mir jetzt alles»*: Schiller, *Werke* 5, 856.
632 *die Absicht, vom Schreiben zu leben*: an Körner, 7. Januar 1788, Schiller, *Briefe* 2, 4 f.

632 *über die «Götter Griechenlands» referieren*: Grumach 3, 235 f.

632 *«Er sagte endlich»*: ebd. 235.

633 Künstlers Apotheose: HA 1, 68–77.

633 *Anklänge an die Lehren*: das Gespräch vom 8. September (Grumach 3, 235 f.) spiegelt auch die Überzeugung wider, daß kein einzelner Künstler die Vollkommenheit der Kunst besitzen kann (Z. 135 f.).

633 *«in mehr als einem Sinne fruchtbar»*: Grumach 3, 238.

634 *«Es ist nun so ziemlich entschieden»*: ebd. 251.

634 *«immer als homme de lettre»*: ebd. 255.

634 *«il est assez utile au duc»*: ebd. 308.

634 *Ilmenau, wo die schwierige Aufgabe*: WA IV.9, S. 36.

634 *In Jena war das alte Schloß*: Steiger 3, 36.

634 *Er kaufte Land*: WA IV.9, S. 39.

634 *ließ alle Bücher neu binden*: ebd. 38.

634 *sammelte öffentlich und privat*: ebd. 56.

634 *organisierte eine Personenkontrolle*: ebd. 34.

634 *teilweise den Verlust Eichhorns*: Grumach 3, 258.

635 *«[D]ocendo discitur»*: ebd.

635 *Erziehung des Erbprinzen*: vgl. HABr 2, 115; Grumach 3, 219.

635 *Gelegenheitsausflüge*: ebd. 241, 245.

635 *könne eines Tages hier studieren*: ebd. 252.

635 *«Ich bin so froh»*: Steiger 2, 692.

635 *finanzielle Verhandlungen, um Merck*: HABr 2, 105, 109.

635 *Bürgschaft für ein Darlehen*: WA IV.9, S. 23.

635 *in welchem «das natürliche unnatürlich»*: ebd. 37.

636 *einen Band Properz ausgeliehen*: Steiger 2, 691.

636 *sogenannte «Erotica»*: WA IV.9, S. 46, 57.

636 *«Die Schardt erzählte mir»*: Grumach 3, 250.

636 *prahlte mit einem Besuch*: WA IV.9, S. 58.

636 *«das Zigesarische Blut»*: ebd.

636 *«Uns beide Hagestolzen»*: ebd.

636 *sich nach einer adligen jungen Dame umzusehen begann*: vgl. auch Grumach 3, 213.

636 *«[O]b ich gleich keine Kinder»*: WA IV.9, S. 15.

636 *«daß ein Mensch»*: Grumach 3, 225.

636 *ausgeprägte Eifersucht*: Bode 1, 366, 368, Nr. 620, 625.

Rom in Weimar: Dezember 1788 – Mai 1789

637 *«Fegefeuer»*: WA IV.9, S. 59.

637 *«Knebel . . . hat viele Freundinnen»*: Bode 1, 379, Nr. 643.

637 *am 3. Dezember*: Boulby, *Moritz*, S. 185.

637 *Vergnügen an weiblicher Gesellschaft*: HABr 2, 107.

637 *«drollig-interessant»*: Bode 1, 381, Nr. 645.

637 *in alle Weimarer Kreise eingeführt*: Steiger 2, 694–696.

637 *atemberaubende Goetheverehrung*: Bode 1, 378 f., Nr. 642.

637 *«vorderhand noch zu hoch»*: ebd.

637 *«mittelmäßigen» Hervorbringungen*: ebd. 381, Nr. 645.

637 *«zu Kanons»*: ebd.

637 *«entsetzlicher Enthusiasmus»*: ebd. 383, Nr. 647.

637 *Moritz kam ohne einen Pfennig Geld*: Boulby, *Moritz*, S. 185.

637 *in Paris sollte die Temperatur*: Kington, «Mapping», S. 32.

638 *schon versucht hatte, Moritz zu empfehlen*: Steiger 2, 673.

638 *«wie ein Orangebaum»*: WA IV.9, S. 86.

638 *hoffte, daß Moritz bleiben werde*: Grumach 3, 256, 263.

638 *Moritz' «Antheil»*: Steiger 3, 17.

638 *spielte mit einigen Ideen*: Grumach 3, 260.

638 *die Englischstunden*: Boulby, *Moritz*, S. 185 f.

638 *Ihn beeindruckten Moritz' Beobachtungsgabe*: Grumach 3, 261.

638 *«ein tiefer Denker»*: Bode 1, 371, Nr. 630.

638 *«weil wir auf meine Lieblingsideen»*: ebd. 381, Nr. 645.

638 *«sich allein genug»: Die Künstler, Z.* 157 (Schiller, *Werke* 1, 178).

638 *dem Einen großen Künstler analog*: ebd. Z. 329–335, S. 183.

638 *der Tod, «sanft» verhängt*: ebd. Z. 312–315, S. 182.

638 *durch die Kunst verwandelt*: ebd. Z. 210–219, S. 179.

638 *einen weiten Leserkreis*: Boulby, *Moritz*, S. 18.

638 *«Herderische Vorstellungsarten»*: Bode 1, 375, Nr. 640.

639 *«ganz goethisch»*: ebd. 387, Nr. 654.

639 *Herder hatte die Herzogin Louise*: ebd. 388, Nr. 654; vgl. auch Boulby, *Moritz*, S. 189.

639 *«nämlich aus Italien»*: Bode 1, 379f., Nr. 644.

639 *erste Reaktion auf Kants*: Steiger 3, 13.

639 *«Diese Sätze»*: Bode 1, 380, Nr. 644.

639 *«Zum Kriege»*: Bode 1, 379, Nr. 644.

639 Naturlehre: WA II.13, S. 427–429.

640 *eine versöhnlich gehaltene Replik Knebels*: die Verfasserschaft der *«Antwort»* (ebd. 429–431) ist unklar; vgl. Bode 1, 381, Nr. 644, und DKV 1.25, S. 871 «Goethe . . . nahm Knebels Plan einer gedruckten Antwort für sich selbst auf.»

640 *der die wesentliche Schwäche . . . erkannt hatte*: Grumach 3, 271 f.

640 *im* Teutschen Merkur *in Form einer Rezension*: WA I.47, S. 84–90.

640 *woher die ganze Aufregung eigentlich*: Grumach 3, 286.

641 *«wie mir Moritzens Abhandlung»*: Bode 1, 385, Nr. 650.

641 *in ihren Briefen andauernd von «Kunst»*: z. B. ebd. 384 f., 391, 394f., Nr. 650, 659, 667.

641 *«Fast möchte ich sagen»*: HABraG 1, 114.

641 *«Im Grunde sind dies alles»*: Bode 1, 390, Nr. 658.

641 *Stilisierung Goethes zum Dichter*: vgl. Steiger 2, 690.

642 *«Der Dichter nehme nur»*: Bode 1, 384, Nr. 650.

642 *«da ich mir ihn so ganz»*: ebd.

642 *«Über Goethe habe ich wirklich»*: Bode 1, 390f., Nr. 659.

642 *«ich habe sie aber ein wenig»*: ebd. 393f., Nr. 666.

642 *«Hole der Henker»*: Bode 1, 391, Nr. 661.

643 *«Liebster Engel»*: Bode 1, 394f., Nr. 667.

643 *auf Goethe «gepaßt und gemacht»*: Bode 1, 390, Nr. 658.

643 *Moritz las, flüchtig genug*: WA IV.9, S. 117.

643 Das Römische Karneval: HA 11, 484–515.

643 *Auflage von 250 Exemplaren*: Steiger 3, 50.

645 *wie die vorbeifliegenden Pferde*: HA 11, 515.

645 *«da das Leben im ganzen»*: ebd.

645 *Abgeschnitten von jenem «Elemente»*: Steiger 2, 677.

645 *«Lügen . . . Ahnungen»*: HA 11, 413.

645 *«Man wird selbst zum Traum»*: HABr 2, 107.

645 *«Frech und froh»*: HA 1, 241.

645 *«Da bekam ich den Gott»*: Grumach 3, 228.

646 *nicht «Deiner Religion»*: Herder, *Werke* XIV, 291.

646 *«trüben Abfluß»*: ebd. 291.

646 «*Das Christentum hast du*»: HABr 2, 99.

646 «*das Märchen von Christus*»: entweder generell «das ganze christliche Märchen» oder speziell «die Religion von Christus, die die Kirchenväter erfunden hatten, im Gegensatz zu der Lehre Christi selbst»; vgl. oben S. 368.

646 «*Köhlerglauben*»: HABraG 1, 110.

646 *Herzogin Louise . . . in tiefen Depressionen*: Grumach 3, 29.

646 *Als er im Dezember an Stolberg schrieb*: HABr 2, 104 f., geschrieben am Tag nach Moritz' Ankunft, «in einer freudigen Stunde».

647 «*Wenn ich auch gleich*»: ebd. 109.

647 «*Nach meiner Überzeugung*»: ebd. 113.

647 «*inwiefern die Materie*»: ebd. 97 f.

648 «*Zur Theorie der bildenden Künste*»: WA I.47, S. 60–66.

648 *anatomische Studien in Jena*: Bode 1, 369, Nr. 628.

648 «*physiognomischen Entdeckungen*»: HABr 2, 106 f.

648 *Studien des kahl werdenden Knebel*: CGZ IVb, Nr. 23–29, 44 f.

648 «*Über einfache Nachahmung*»: HA 12, 30–34.

648 «*unvergleichliche*» *Ergänzung*: Bode 1, 385, Nr. 650.

649 «*immer leerer und unbedeutender*»: HA 12, 34.

649 *das eigentlich «Charakteristische*»: ebd. 32.

650 «*Frauenrollen auf dem Römischen Theater*»: WA I.47, S. 269–274.

650 «*man empfand hier*»: ebd. 274.

652 *Briefwechsel mit Meyer über ein Fresko*: siehe Harnack, *Nachgeschichte*, S. 81 f.; HABr 2, 102, 109 f.; HABraG 1, 100 f.

652 *Kirke reicht Odysseus*: siehe Abbildung 35.

652 «*der Maler dichten*»: HABr 2, 102.

652 *Gestaltung der Figuren auf antiken Vasen*: ebd. 109.

652 «*ein Zierat*»: ebd.

652 «*Nie ein gegenwärtig Interesse*»: WA III.1, S. 307.

652 «*Die Alten sahen*»: HABr 2, 110.

653 *Geisteshaltung, die er jetzt*: ebd. 109 f.

654 «*so viel als möglich*»: ebd. 106.

654 «*Ich habe mich schon wieder*»: ebd. 112.

654 *heizte seine Zimmer*: Bode, *Stein*, S. 443.

654 «*den beschwerlichsten Theil*»: WA IV.9, S. 106.

654 «*gepfrop[f]t*»: HABr 2, 108.

654 «*die beste Unterhaltung*»: ebd. 96.

654 *improvisierte illustrierende Skizzen*: Grumach 3, 271.

654 *Campi Phlegroei*: ebd. 279.

654 «*bey einem vertraulichen Abend*»: WA IV.8, S. 210.

654 *Geschenke an Freunde*: ebd. 9, S. 63, 66.

654 *Geschmack an den Früchten des Mittelmeeres*: Grumach 3, 242.

654 *Kiefernzapfen und italienische Samen*: ebd. 277.

654 «*den[n] d. Geheimrath Goethe sagt*»: ebd. 281.

654 «*Hauch von Süden*»: HABr 2, 113.

654 *der Gebildetste in der deutschen Künstlerkolonie*: WA IV.9, S. 30.

655 *Bury, «das gute Kind*»: ebd. S. 83.

655 *das Ansinnen Hirts*: ebd. 68.

655 *Preisliste seiner Werke*: ebd. 28–31.

655 *Proben von Knieps Kunst*: Harnack, *Nachgeschichte*, S. 134 f.

655 *einen namhaften Auftrag*: WA IV.9, S. 75 f.

655 *in Goethes Namen Geld*: Harnack, *Nachgeschichte*, S. 111–113.

655 *Tischbein war ein schwierigerer:* HABr 2, 111 f.
655 *Herder auf seiner Reise:* Bode, *Rom,* S. 215–217.
655 *nicht unter 2.500 Talern:* WA IV.9, S. 133.
655 *die seine Ratschläge hilfreich fand:* ebd. 94 f.
656 *nun doch seinen Talar:* Bode 1, 364, Nr. 616.
656 *«Alle seine Ratschläge»:* ebd.
656 *«Wie Goethe hier gelebt»:* ebd. 367, Nr. 623.
656 *von Filippo Collina kundig geleitet:* WA IV.9, S. 47.
656 *ihren ersten Monat in Rom:* Harnack, *Nachgeschichte,* S. 102.
656 *und später Hirt:* ebd. 116.
656 *Papst, der ihr ein schönes Mosaik:* HABraG 1, 113.
656 *schrieben begeisterte Briefe:* Harnack, *Nachgeschichte,* S. 95, 102, 93.
656 *Herders Laune hob sich:* ebd. 91.
656 *ihn mit «Archeveque»:* ebd. 106.
656 *das Wetter war nicht schön:* Harnack, *Nachgeschichte,* S. 120.
656 *Venuti, Hackert und Hamilton:* ebd. 146.
656 *bewohnte eine Villa:* ebd. 116.
656 *am 19. Mai wieder nach Neapel:* ebd. 169.
656 *«nach einem Ex Cammerpräsidenten»:* WA IV.9, S. 106.
656 *Bilder für sie bestellte:* ebd. 48, 31.
656 *Schütz hielt den Augenblick fest:* Reproduktion in Bode, *Rom,* zwischen S. 216 und 217.
656 *Bücher, Noten, Münzen zu besorgen:* WA IV.9, S. 81–83, 167, 156, 141, 143.
657 *«Die Charwoche»:* ebd. 105.
657 *unwohl gefühlt:* Harnack, *Nachgeschichte,* S. 86 f.
657 *«die ungeheure Arbeit»:* WA IV.9, S. 157.
657 *war nach Weimar gereist:* Steiger 3, 25.
657 *Sophie von La Roche:* WA IV.9, S. 133.
657 *Knebels jüngster Bruder Max:* Grumach 3, 310.
657 *40 bis 45.000 Taler:* Harnack, *Nachgeschichte,* S. 244.
658 *Tischbeins Porträt Anna Amalias:* siehe Abbildung 37.
658 *in Herder den «Tröster»:* HABraG 1, 107.
658 *«übermorgen fängt Trippel»:* Bode 1, 388, Nr. 654.
658 *«Ich kann und darf nicht sagen»:* HABr 2, 102.
658 *«mein eifrigster Wunsch»:* ebd.
658 *«Sie haben recht»:* Bode 1, 363, Nr. 610.
658 *rechnete man damit, daß er sich:* ebd. 360, Nr. 607.
658 *«und dies wäre sehr gut»:* ebd. 370, Nr. 628.
658 *«Goethe gedeiht am besten»:* ebd.
658 *Meinung, die Herder teilte:* Harnack, *Nachgeschichte,* S. 119.
658 *im September nach Rom:* Grumach 3, 278.
658 *mit Tasso ging es Goethe «wie im Traum . . .»:* WA IV.9, S. 119.
660 *die Absicht, endlich die Wilhelmsburg wieder aufzubauen:* ebd. 89.
660 *der außerdem noch Voigt, Wedel und Schmidt angehörten:* Steiger 3, 21 f.
660 *Sitzung am 25. März:* Grumach 3, 280 f.
660 *«artifex» nannte Herder ihn:* Harnack, *Nachgeschichte,* S. 119.
660 *«Wir verstehns ja alle nicht»:* W IV.9, S. 89.
660 *skizzierte Pläne zu italienischen Brücken:* CGZ VIa, Nr. 181; IVb, Nr. 187.
660 *1788 drei klassische Säulen:* Jellicoe, *Gardens,* S. 269; Vulpius, *Goethepark,* S. 22.
660 *vom Mauerwerk so viel zu retten:* Bode, *Rom,* S. 283 f.
660 *Endlich erschien Arens:* Steiger 3, 31–36.

660 «*und ich erfreue mich wieder der Nähe eines Künstlers*»: HABr 2, 117.
660 *schrieb Goethe an Lips:* WA IV.9, S. 97–99.
661 «*für die Kunst unbedeütenderen*»: Harnack, Nachgeschichte, S. 159; vgl. WA IV.9, S. 115.
661 «*einem denckenden und freygebohrnen Künstler gemäß*»: WA IV.9, S. 99.
661 *im Weimarer Almanach:* Steiger 3, 50.
661 «*nun bin ich auf künftigen Winter*»: WA IV.9, S. 111.
661 *eine weitere* «*Acquisition*»: ebd. 115.
661 *Meyer ein ähnliches Angebot:* ebd. 110.
661 *konnte er den Vorschlag erst im August bestätigen:* ebd. 149–151.
661 «*ruhiges Plätzchen*»: ebd. 149.
661 *das zu* «*einer Existenz in einem nordischen Städtchen*»: ebd. 150.
661 *Friedrich Wilhelm Facius:* ebd. 139, 156.
662 «*so können wir eine artige Akademie aufstellen*»: ebd. 167.
662 «*Ohne Künstler kann man nicht leben*»: ebd.
662 «*kleines korpulentes Frauenzimmer*»: Steiger 3, 20.
662 «*Er hat die junge Vulpius zu seinem Klärchen*»: Bode 1, 392, Nr. 662.
662 «*Sie [Frau von Stein] verdenkt ihm*»: ebd.
662 «*careless*»: ebd. 385, Nr. 651.
662 «*Was du*»: ebd. 395, Nr. 668.
663 *im November 1788:* CGZ IVb, S. 13 zu Nr. 16.
663 *die Köpfe auf antiken Münzen zu studieren:* ebd., Nr. 14–17.
663 *immer mehr anzuähneln:* ebd. Nr. 38–43.
663 *studierte die Form sorgfältig mit Knebel:* WA IV.9, S. 102, 111.
663 *versuchte sich an elfsilbigen:* ebd. 112.
663 *bessere Lückenbüßer:* ebd. 60 f.
663 *wahrscheinlich Tibull:* Steiger 2, 691.
663 «*Daß meine römischen*»: HABr 2, 106.
664 *unter dem Gipsabguß von Raffaels Schädel:* WA IV.9, S. 103.
664 «*Späße*»: HABr 2, 119.
664 «*Näher haben wir das!*»: WA I.53, S. 4.
664 *bis zum November 1789:* ebd. IV.9, S. 162.
664 *von Selbstzweifeln und dem öffentlichen Aufruhr:* Elegien 2, Z. 7, 6 (erste Fassung HA (1988) 1, 585). Sofern nicht anders vermerkt, wird der publizierte Text der *Römischen Elegien* nach HA 1, 157–173, zitiert.
665 *der rasche Beginn der Liebesbeziehung:* zu diesen und den folgenden Details *Elegien* 3, 14–15, 18, 8, 9, 6, 19–20.
665 «*Und belehr' ich*»: ebd. 5, Z. 7–10.
666 *Carl August werde nicht vermuten:* WA IV.9, S. 115, 120.
666 *das achtzehnzeilige* «*Epigramm*»: HA 1, 178, Nr. 17.
666 *in einem analogen Gedicht:* ebd. Nr. 16.
666 «*fünf natürlichen Dinge*»: HA 1, 178, Nr. 16.
666 «*Denn mir*»: ebd. Nr. 17.
666 «*Hat mich Europa*»: ebd.
667 «*Niemals frug*»: ebd.
667 «*Lobgedicht*»: WA IV.9, S. 115, 120.
667 *Mitglied der Berliner Akademie der Künste zu werden:* Steiger 3, 19.
667 «*Goethe wirds auch*»: Grumach 3, 247.
667 *Aussöhnung mit Deutschland:* Steiger 3, 13.
667 *Ankauf seiner Apparate:* WA IV.9, S. 70, 96.
667 *Gottfried August Bürger:* Grumach 3, 287–290.

668   «Minister»-Gebaren: ebd.
668   Schütz bei Laune zu halten: WA IV.9, S. 88.
668   dem Herzog von Schillers Übersiedlung: ebd. 117.
668   Bellomo noch regelmäßig Sturm-und-Drang-Stücke: Steiger 3, 17; Bode, Rom, S. 281.
668   «Öfters um Goethe zu sein»: Bode 1, 381 f., Nr. 645.
669   «man hat wahrlich zu wenig»: ebd.389, Nr. 656.
669   «Dieser Mensch»: Bode 1, 392, Nr. 663.
669   «Was heißt»: Schiller, Werke 4, 749–767.
669   drei- bis vierhundert Zuhörer: Steiger 3, 30.
669   der «Brotgelehrte», der «philosophische Kopf»: Schiller, Werke 4, 750.
669   Zusammenbruch eines theologischen Gerüsts: ebd. 752.
669   «Mittelstände»: ebd. 759.
670   bot er Schiller: Bode, Stein, S. 330–336.
670   Jena verlor einen Mann: WA IV.9, S. 155, 357.
670   Goethe riet Herder ausdrücklich ab, das Kanzleramt: Grumach 3, 292.
670   seine Predigten wirkten wie ein Magnet: Bruford, Culture, S. 309 f.
670   sah er doch den Niedergang Jenas: Steiger 3, 24 f.
670   einzige geistige Gefährte: Bode 1, 357, Nr. 600.
670   «müde des Zusammenhanges»: ebd. 396–399, Nr. 672.
670   «Meine Reise hierher»: ebd. 383, Nr. 647.
670   ihre Bibliothek war schon jetzt so umfangreich: Grumach 3, 307 f.
670   fand die Offerte: Bode 1, 400 f., Nr. 676.
671   «[I]n einem Academischen Senat»: Grumach 3, 306.
671   den Zorn Herders: Bode 1, 372, Nr. 633; 386, Nr. 654; WA IV.9, S. 32.
671   ein wenig Schmeichelei gebraucht: WA IV.9, S. 118.
671   die ausstehenden Schulden Herders zu begleichen: Bode 1, 402, Nr. 680.
671   Carl August und Louise trugen ihr Teil dazu bei: Grumach 3, 307.
671   das ihr vorgelegte, ausgeklügelte Projekt: WA IV.9, S. 131 f., 142.
671   erklärte sich die Herzoginmutter bereit: Harnack, Nachgeschichte, S. 187; vgl. Grumach 3, 307.
671   «guten Humors»: WA IV.9, S. 139.
671   wurde seine Berufung bekanntgegeben: ebd. 356.
671   «habe ich so viel wahre Erweise»: Bode 1, 399, Nr. 675.
672   «Knebel bleibt»: ebd. 401, Nr. 676.

«Ich bin ein andrer Mensch»: Juni – Dezember 1789

672   lange Periode sexueller Enthaltsamkeit: vgl. WA IV.9, S. 173.
672   die höfische Lösung: z. B. bei Carl Augusts späterem Verhältnis mit Caroline Jagemann.
672   gleich, nachdem sie sich ihrer Schwangerschaft sicher war: Steiger 3, 26.
672   am 8. Mai gefaßte Entschluß: WA IV.9, S. 111.
673   Beweis für sein «Heidenthum»: ebd.
673   in der ersten Maiwoche oder nach dem 6. Juni: vgl. Grumach 3, 291, 295.
673   «Lobgedicht»: siehe oben, S. 1109.
673   «Und am Ende von allem»: WA IV.9, S. 118.
674   «es koste was es wolle»: ebd. 111.
674   Hamilton habe endlich geheiratet: Harnack, Nachgeschichte, S. 115.
674   Bis sich ein geeignetes Haus: Steiger 3, 34.
674   sie wollte sich nicht von ihrer Tante Juliane trennen: ebd. 37.
674   «in re incerta»: WA IV.9, S. 134.
674   erhielt August Vulpius einen Brief: ebd. 135.

674 *«Ich dencke immer mehr»*: ebd. 138.
675 *«Der Begriff von meinem»*: Bode 1, 396, Nr. 670.
675 *Quelle der Verstimmung*: ebd. 388, Nr. 655.
675 *«sehr, sehr unglücklich»*: ebd. 402, Nr. 679.
675 *Unmittelbar vor ihrer Abreise aus Weimar schrieb sie Goethe*: Steiger 3, 27.
676 *«Ich danke»*: HABr 2, 115 f.
677 *«Es ist»*: ebd. 117.
677 *«von einem ehemaligen alten Freund»*: Bode 1, 404, Nr. 685.
677 *«böse Reminiszenzen»*: ebd. 406, Nr. 690.
677 *«war in eine stille Trauer»*: ebd. Nr. 692.
678 *«von den Renten»*: ebd. 374, Nr. 636.
679 *«außer oder neben dem Gesetz»*: HABr 4, 19; vgl. Steiger 3, 53.
679 *«Freye Liebe»*: WA I.53, S. 13, Nr. 28.
679 *«‹Ach, mein Hals›»*: HA 1, 183, Nr. 41, möglicherweise das «nagelneue Erotikon», das Goethe Knebel am 8. Mai angekündigt hatte, WA IV.9, S. 112.
680 *«Hier sind wir»*: HABr 2, 119.
680 *«meine erste . . . Schriftsteller-Epoche»*: ebd. 63; vgl. WA IV.8, S. 178.
680 *«nun erst»*: WA IV.9, S. 160.
680 *«auf dem Puncte»*: ebd. 137.
680 *«noch etwas zu retouchiren»*: ebd. 135.
680 *daneben nur noch der Lila*: ebd. IV.18, S. 38, 39.
680 *«Faust will ich als Fragment»*: ebd. 9, S. 139.
680 *«nichts stückweise und ungeendigt»*: Hagen-Nahler 1.55, Nr. 94.
680 *«für dießmal»*: WA IV.9, S. 159, 160.
681 *«presque enterré»*: Grumach 3, 315.
681 *bevor* Faust *abgehen konnte*: WA IV.9, S. 393.
681 *seinem Verleger den endgültigen Text zuschicken*: Steiger 3, 41; vgl. Grumach 3, 305.
681 *bewirtete einige Freunde*: ebd.
683 *ein gewisses Echo beim Bauernstand*: Blanning, *Revolution*, S. 52.
683 *organisierte der ältere Voigt Brotspenden*: WA IV.9, S. 162.
683 *Kurfürst und Erzbischof von Köln von einer jubelnden Menge*: Blanning, *Revolution*, S. 56 f.
683 *Die Freunde Kants bemerkten*: Gooch, *Germany*, S. 264.
683 *die «größte Handlung dieses Jahrhunderts»*: Klopstock, «Die Etats Généraux», Z. 13.
683 *«Der 14. Julius»*: Johannes von Müller, *Sämmtliche Werke*, 5. Theil. Hrsg. von J. G. Müller, Stuttgart und Tübingen 1822, 269.
683 *die anderen mit Klopstock verbundenen Dichter*: Gooch, *Germany*, S. 118–141.
683 *Nur wenige, wie Matthias Claudius*: ebd. 54 f.
683 *die feurigsten Anhänger*: ebd. 163, 448–453.
683 *im Oktober 1789 im Teutschen Merkur*: ebd. 145.
683 *Weltbürger*: Wieland, «Kosmopolitische Adresse», *Sämmtliche Werke* (Leipzig 1853/58) 31 (1857), S. 31–58.
683 *Frau von Stein und Herzogin Louise*: Gooch, *Germany*, 446 f.
684 *im November 1789 eine Meinungsverschiedenheit*: Steiger 3, 47 f.
684 *1785 Paris besucht*: Gooch, *Germany*, S. 381.
684 *besorgt über den Gang*: ebd. 214, 383.
684 *«Einen impertinentern Menschen»*: Schiller, *Briefe* 2, 283.
684 *«schlechte Menschen»*: Grumach 3, 290.
684 *Lektüre Saint-Simons*: WA IV.9, S. 117.
684 *bei denen auch der Herzog von Weimar nicht unerwähnt blieb*: Steiger 3, 19.
685 *in Jena eine neue Loge*: Grumach 3, 282–285.

685 «*magnetische*» *Kräfte*: ebd. 270f.
685 *böse Verleumdung*: ebd. 284.
685 *schrieb er das Eroticon um, das heute die zweite*: WA I.1, S. 412f.
685 «*neuer Mähre*»: Elegien 2, Z. 19.
685 «*wüthende Gallier*»: ebd. Z. 18.
685 «*Sturme . . ., der uns von außen bedroht*»: WA I.1, S. 413.
686 *Liste der Vorhaben für 1789/90*: ebd. III.2, S. 323f.
686 «*die Nebel der Athmosphäre*»: ebd. IV.9, S. 168.
686 *Besuch Abraham Gottlob Werners*: Steiger 3, 42.
686 *Erscheinungen an der geologischen Oberfläche*: WA III.1, S. 342.
687 *wieder zur Herde zurückfinden*: ebd. IV.9, S. 153.
687 *Abhandlung, die die Kluft*: LA 1.11, S. 37f.
687 *die Notwendigkeit der Hypothesenbildung*: ebd. S. 35f. (zur Datierung vgl. DKV 1.25,
       S. 875).
687 *sein «Pflanzensystem» auszuarbeiten*: Bode 1, 359, Nr. 604.
687 *bestimmte Werke Linnés zu besorgen*: WA IV.18, S. 31.
687 *Tischgespräche*: Grumach 3, 309.
687 *die Pläne seines Günstlings Batsch*: ebd. 265.
687 *ernannte Batsch zu deren Leiter*: Steiger 3, 45.
687 *Konsultationen naturwissenschaftlicher Art*: ebd. 52.
688 *Schrift des Botanikers Sprengel*: WA IV.9, S. 358 (die Abhandlung erschien schließlich
       unter einem anderen Titel 1793, LA 2.9A, S. 537).
688 *Entwurf in einer Reihe von Abschnitten*: WA IV.9, S. 169.
688 *Am 20. Dezember fuhr er nach Jena*: Steiger 3, 50f.
688 *daß Göschen das Buch herausbringen werde*: Hagen-Nahler 1, 191.
688 «*denn solch ein Werk*»: HABr 2, 109.
688 *ihn weder in Gesprächen noch in Briefen erwähnte*: ebd. 121.
689 *bereits bei Linné*: LA 2.9A, S. 539f.; zur Analogie von Pflanzen- und Insektenstruktur
       siehe CGZ Vb, Nr. 86 aus etwa derselben Zeit.
689 *dem «Modell» einen «Schlüssel» beizugeben*: HABr 2, 60.
689 «*Hypothese*»: WA II.7, S. 282f.
689 *in verschiedene spezifische Formen «metamorphosiert*»: HA 13, 101, Abs. 120.
691 *in einer Ausgabe von 1783 besaß*: Nisbet, Tradition, S. 8–11.
691 *daß das Blatt die Wurzel «ist*»: Wells, Development, S. 44f.
692 «*Denn wir können*»: HA 13, 101, Abs. 120.
692 *was diese Formen sind*: vgl. ebd., 11, 389.
692 *mit Angelica Kauffmann*: Steiger 2, 624.
692 *lieh er sich von Büttner*: Steiger 3, 38.
693 *im Jägerhaus, in das Goethe umgezogen war*: ebd. 48.
693 *vielleicht durch Loder*: nicht durch Knebel (ebd. 48), der in diesem Winter in Weimar,
       nicht in Jena war.
693 *erstmals im Mai bewiesen*: WA IV.9, S. 116.
693 *Einbau eines Ofens*: ebd. 155, 162.
693 *freie, luftige Lage*: ebd. 162.
693 *Faust «fragmentirt*»: ebd. 160.
693 «*Studium des Griechischen*»: ebd. 161.
693 «*Ich maneuvriere mich*»: Steiger 3, 47.
693 *eine mokante Beschreibung*: ebd.
693 «*Ich ordne nach und nach*»: WA IV.9, S. 168.
693 «*Wonniglich ist's*»: HA 1, 183f., Nr. 42.
694 *daß Christiane sterben könnte*: Grumach 3, 319.

694 «*er sieht wieder geistiger aus*»: ebd.
694 *die Krone Ungarns:* AS 2, 1, S. 161–165.
694 *benannt nach dem Bruder seiner Mutter:* Bode, *Rom*, S. 300.
694 «*in einer sehr unglücklichen Stimmung*»: Grumach 3, 322.
695 «*Nun kann es an andre Sachen gehn*»: WA IV.9, S. 160.
695 *das Versinken des Landes in der Anarchie:* vgl. Gooch, *Germany*, S. 214.
696 «*Ob erfüllt sey*»: WA I.53, S. 18.

Summa Summarum: Abschluß der Werkausgabe

696 «*Alle diese Recapitulationen*»: WA IV.8, S. 347f.
696 «*es sei schade*»: Bode 1, 403, Nr. 681.
697 «*inkommensurabel*»: z. B. zu Eckermann, 13. Februar 1831.
698 «*Ein Summa Summarum*»: WA IV.9, S. 44.
698 «*die jugendlichen Fratzen*»: Bode 1, 391, Nr. 661.
698 *zwei «Sammlungen» von Gedichten:* in ihrer ursprünglichen Form abgedruckt in DKV 1.1, S. 277–368.
698 «*Feilung*»: Grumach 3, 234.
698 «*Einschränkung*»: HA 1, 132.
699 «*Liebebedürfnis*»: ebd. 140f.
699 *in der späteren Fassung von «Auf dem See»:* ebd. 102f.
700 «*so wie die Liebe*»: Moritz, *Bildende Nachahmung*, S. 30.
700 *in einigen der noch unveröffentlichten Elegien wiederkehrt:* Elegien 2, Z. 28; vgl. WA I.53, S. 12, Nr. 23.
700 «*Willkommen und Abschied*»: HA 1, 128f.
701 *in der neuen Fassung des «Heidenrösleins»:* ebd. 78 (Z. 18, 19).
701 *und in «Jägers Abendlied»:* ebd. 121f. (Z. 2, 9–12).
701 «*Grenzen der Menschheit*»: ebd. 147, (1988) 558f.
701 «*Ihnen gleiche der Mensch!*»: ebd. 147f., (1988) 560.
701 *führte die Textrevision eine suggestive Vieldeutigkeit ein:* von Loeper (WA I.2, S. 314) hält irrigerweise die erste Fassung für vieldeutig, weil er sie im Sinne der zweiten zu lesen sucht; das «sie» kann sich jedoch nur auf «Götter» beziehen.
702 «*wegen gewisser Verhältnisse*»: WA IV.18, S. 32.
702 *auf einer linken Seite aufhören:* ebd. 33.
702 «*Herzog Leopold von Braunschweig*»: ebd. I.2, S. 123.
702 «*Dem Ackermann*»: ebd.
702 «*Bei der höchsten Sorgfalt*»: ebd. IV.9, S. 134.
703 *Vorzugsausgabe:* ebd. 18, S. 37f.
703 «*Dein Beyfall*»: ebd. 9, S. 147.
703 *Torquato Tasso:* HA 5, 73–167 (Zeilenangaben nach dieser Ausgabe).
703 «*erste Schriftstellerepoche*»: HABr 2, 63.
703 *Beteiligten am Abend abreisen wollen:* Z. 42f., 346–362.
703 *anspielungsreich und steif:* Z. 1310–1315.
705 «*strebt,/Die goldne Zeit*»: Z. 974–977.
705 «*das Geheimnis*»: Z. 1107f.
705 «*[z]um mäßigen Gebrauch*»: Z. 1267f.
706 «*[d]er Götter Saal*»: Z. 1558.
706 «*wie der stille Schein des Monds*»: Z. 1956.
706 «*Einen Herrn*»: Z. 2302f.
707 «*Und eh nun*»: Z. 2826–2829.
707 «*Ich bin auf ihn*»: Z. 2851–2853.
708 «*Nicht alles dienet*»: Z. 2939.

716 «*für die Ewigkeit gegönnt*»: Z. 1573.
717 «*Zu früh war mir*»: Z. 1574–1576.
717 «*[d]er Götter Saal*»: Z. 1557–1559.
717 *ein jäher Fall*: ebd.
717 «*So jung hat er*»: Z. 2950 f.
717 «*des Lebens Güter*», «*des Lebens Mühe*»: Z. 2948 f.
717 *eines* «*Werks*»: Z. 440.
717 «*Mir ist an diesem*»: Z. 443.
718 «*Er ist gekommen!*»: Z. 564 f.
718 *Tassos* «*Gegenwart*»: Z. 2613.
718 «*Laßt mich nur Abschied nehmen*»: Z. 3395–3398.
718 «*die Disproportion des Talents mit dem Leben*»: Bode 1, 393, Nr. 666.
719 *politisch zersplittert, aber Ein Vaterland*: Z. 821–828.
719 «*Das Volk hat jene Stadt*»: Z. 54–57.
719 *der* «*Herr, der ihn ernährt*»: Z. 2303.
719 *Künstler*: Z. 282.
719 *fruchtlose Anerkennung*: Z. 466–469.
719 *Absolutismus seines Mäzens*: Z. 2302–2304.
719 *dem Hof verdankt er*: Z. 428–439.
719 «*An euch nur*»: Z. 444.
720 «*Wer nicht*»: Z. 447–456.
720 *auf die Vollendung des Epos wartet, weil es ihm Ruhm*: Z. 291.
720 *nennt es* «*in gewissem Sinne mein*»: Z. 394.
720 «*Wie reizend ist's*»: Z. 1928 f.
720 *um der glänzend illusionistischen Eigenschaft . . . willen*: Z. 711–741.
721 *Kunst ist nach Antonios Ansicht*: Z. 665–671.
721 *Erholung nach den Geschäften des Tages*: Z. 2005–2010.
721 «*wie eine Flamme*»: Z. 1841.
721 *Welt, durch Krankheit glanzlos geworden*: Z. 856–859.
721 «*Denn ihre Neigung*»: Z. 1954–1959.
723 «*Nichts gehöret mir*»: Z. 3276–3283.
724 *Antonios fester, mitleidsvoller Rat*: Z. 3362, 3406, 3420.
724 «*Träne*», «*Schrei des Schmerzens*»: Z. 3427 f.
724 *in einem Brief* «*eine Tragödie*» *genannt*: WA IV.18, S. 37.
724 *daß er* «*einen Punkt sehe*»: HABraG 1, 115.
725 *fingierter Wahnsinn der poetischen Tradition*: Z. 731–733.
726 «*des Lebens Güter*»: *Tasso, Z.* 2948 f.
726 «*[d]er Erde Freuden überspringt*»: *Faust, Z.* 1859.
726 *Augenblicke, die wie eine Vorwegnahme: Tasso, Z.* 2933 f.
726 *der Herzog mit Toleranz reagiert*: Z. 2939–2941.
727 *den ersten Auftritt im* Tasso *als* «*Prologus*»: WA IV.9, S. 94.
728 *einen* «*Cursum*»: Z. 2052–2054, 2072 (Zeilen aus *Faust. Ein Fragment* werden nach der Zählung des *Faust I* in der Hamburger Ausgabe nachgewiesen).
728 «*neuen Lebenslauf*»: Z. 2072.
729 «*zu was Neuen!*»: Z. 3254.
729 «*Nun, nun!*»: Z. 3257 f.
729 *wenigstens einer der Formeln*: Z. 1692–1697.
729 *einen Schreiber der Weimarer Kanzlei*: WA IV.9, S. 160.
730 «*So tauml' ich*»: Z. 3249 f.
731 *die Popularität des Stückes*: Bode 1, 415 f., Nr. 712–714; 417 f., Nr. 716 f., siehe auch Ludens Erinnerungen, Gräf 2.2, S. 122–160, besonders 123–127.

732 *«Die Fragmenten-Art»*: HABr 2, 119.
732 *und, mit einer Ausnahme: Elegien* 13, veröffentlicht 1793, WA I.1, S. 411.
732 *im Gedicht selbst angesprochen: Elegien* 2 (erste Fassung), 5, 7, 13, 15, 20.
733 *Elegien* 4.
733 *«Amor schüret»: Elegien* 5.
733 *ausdrücklich ein «Dichter»: Elegien* 7, 11, 15.
734 *«Einem Dichter zuliebe»: Elegien* 15.
734 *die ganz ungebildete Frau: Elegien* 2.
734 *Ein weit komplexerer Effekt:* die Interpretation folgt Luke, *Elegies*, S. 98 f.
735 *«Beschränkung auf tüchtig erfaßte»:* F. Klingner, in HA (1988) 1, 584.
736 *das Liebesverhältnis bereits in Gefahr : Elegien* 6, Z. 22.
736 *die Verklärung ist «noch nicht»: Elegien* 1, Z. 7.
736 *Der Augenblick der Liebesumarmung: Elegien* 5, 9, 11, 12, 17 und die unterdrückten Gedichte WA I.53, S. 3–6.

Abschied von Italien: Januar – Juni 1790

741 *Christiane konnte ihren Jungen:* WA IV.9, S. 173.
741 *daß er sich als Taufpate verstehe:* ebd.
742 *Erlaß vom 6. April:* AS 2.1, S. 63–65.
742 *Anspruch auf die Thronfolge in der ostelbischen Lausitz:* ebd. 165–168, 170 f.
742 *diplomatische Mission:* ebd. 163–165.
742 *den Herzog zu den Manövern begleiten:* WA IV.9, S. 179.
742 *«Vollenden Sie»:* ebd. 174 f.
743 *«Daß die Französ[si]sche Revolution»:* HABr 2, 121.
743 *«mit viel Anstand und Kälte»:* Grumach 3, 326.
743 *«scherzte viel»:* ebd.
743 *die loyalen Untertanen in ganz Deutschland:* Blanning, *Revolution*, S. 47.
743 *«Wir haben wenigstens»:* WA IV.9, S. 173.
743 *ihn in Erfurt und Gotha einzuführen:* Steiger 3, 56.
743 *am 9. April offiziell in Angriff genommen:* Bode, *Rom*, S. 84.
743 *«Daß Sie sich»:* WA IV.9, S. 173.
743 *Weimar begann, ihrer überdrüssig zu werden:* Carlson, *Theatre*, S. 55 f.
743 *ständiges Hoftheater aus Berufsschauspielern:* WA IV.9, S. 177, 179.
744 *«Ich wußte voraus»:* HABr 2, 120.
744 *«Zur Vorstellung»:* Bode 1, 411, Nr. 702.
744 *Göschens Ablehnung:* Hagen-Nahler 1, 191, 195 f.
744 *«naturhistorische Laufbahn»:* HABr 2, 120 f.
744 *«über die Gestalt der Tiere»:* ebd. 121.
745 *Das Wetter war oft schön:* WA IV.9, S. 171.
745 *«himmlische» Tage:* ebd. 174.
745 *Brief an Einsiedel:* Steiger 3, 55; vgl. WA IV.9, S. 178.
745 *Erscheinung der Lichtbrechung:* Steiger 1, 265 f.
745 *«Eben befand ich mich»:* HA 14, 259.
746 *«einen benachbarten Physiker»:* ebd. 260.
746 *vielleicht Johann Heinrich Voigt:* Grumach 3, 328.
746 *«Ich mochte dagegen»:* HA 14, 261.
746 *Einer höchst brillanten Exegese zufolge:* Schöne, *Farbentheologie*.
747 *Vergleich zwischen dem Leiden des Lichts:* ebd. 177 f. auf «Frühjahr 1790» datiert, jedoch ohne weitere Begründung.
747 *«Alles erklärt sich»:* WA I.1, S. 325.
748 *«Was mit mir»:* HA 1, 181, Nr. 30.

748 *in seinem Leben ein sinnloses Scheitern zu sehen:* WA I.53, S. 12, Nr. 20.
748 *«niemand recht zu Verstand kommt»:* HABr 2, 99.
748 *«es erkläre sich»:* ebd.
749 *alles, was er «als Poet geleistet»:* zu Eckermann, 19. Februar 1829; vgl. Schöne, *Far-bentheologie,* S. 8.
749 *auf dem Weg zu seinem Damaskus:* WA I.53, S. 8, Nr. 1.
749 *Wiederaufnahme der ehelichen Beziehungen:* ebd. IV.9, S. 173.
749 membrum virile *«purissimum»:* Steiger 3, 61.
749 *Für den ledigen Prinzen August:* WA I.53, S. 492, 497.
749 *auf lateinisch eine freimütige Erläuterung:* ebd. 203–207.
749 *eine Reihe von Kommentaren:* ebd. 197–202.
750 *Dieses Symbol findet sich auch:* WA I.53, S. 428; CGZ VIa, Nr. 66 f.
750 *dieselbe Struktur in den Fortpflanzungsorganen der Pflanzen:* WA II.13, S. 32.
750 *zwei unübersehbar phallische Szenen:* CGZ IVb, Nr. 51 f.
750 *Gartenherme mit monströs erigiertem Penis:* ebd. VIa, Nr. 65.
750 *zwei* Erotica an Priapus: WA I.53, S. 6 f., Nr. 3, 4 (es gibt jedoch keine Anhaltspunkte dafür, daß diese beiden Gedichte jemals zur Aufnahme in den Zyklus der *Elegien* bestimmt waren).
750 *«Übrigens studiere ich»:* HABr 2, 121.
750 *schwerlich wieder nach Weimar zurückkehren werde:* Grumach 3, 334.
750 *«Er sehnt sich»:* ebd. 330.
750 *seine Untergebenen ausreichend beschäftigt:* WA IV.9, S. 178 f.
750 *einen Fachmann durch die Bergwerke geführt:* Grumach 3, 327 f.; Steiger 3, 60.
751 *«Um als ein Heide»:* HABr 2, 123.
751 *«ich habe so ganz»:* ebd. 122.
751 *«Ich gehe diesmal»:* ebd.
751 *sondern mit der Waffe angegriffen:* Steiger 3, 63; WA IV.9, S. 188–195.
751 *als Abgesandter der höchsten Autorität:* AS 2.1, S. 171 f.
751 *ohne sie weiterleiten zu müssen:* WA IV.9, S. 185.
752 *das Muster, nach dem zahllose andere kleine Unruhen:* Blanning, *Revolution,* S. 53 f.
752 *«wenn mir dieser Ort»:* HABr 2, 122.
752 *morgens um dreiviertel sieben:* WA III.2, S. 1.
752 *Auspeitschung und unehrenhafte Entlassung:* Bode, *Rom,* S. 289.
752 *fuhr ohne Unterbrechung zwei Tage und zwei Nächte:* WA I.32, S. 490.
753 *«Ich werde noch einige Tage»:* ebd. 491.
753 *«Aber die Krone»:* ebd.
754 *«noch nicht Italiänisch»:* ebd. IV.9, S. 197.
754 *«Übrigens muß ich»:* ebd. 197 f.
755 *«es mir sonderbar genug»:* HABr 2, 97.
756 *«Pudenda . . . dummes Zeug»:* WA IV.9, S. 9.
756 *«Ohne einen solchen Vorsaz»:* ebd. 14.
756 *«Vergiß mein nicht!»:* CGZ IVa, Nr. 1.
756 *«Das ist Italien»:* HA 1, 175, Nr. 4.
756 *«sie liegen mir sehr nahe»:* HABr 2, 127 f.
756 *«Ein wenig intoleranter»:* WA IV.9, S. 198.
757 *«Unter andern löblichen Dingen»:* HABr 2, 124.
757 *«Meine Gesinnungen sind häuslicher»:* ebd. 126.
757 *«Mich verlangt sehr»:* WA IV.9, S. 201.
757 *Rom der große Magnetstein:* ebd. 8, S. 371.
757 *«Glänzen sah ich»:* HA 1, 182, Nr. 38.
757 *«Ein Jahr lang sei man»:* Grumach 3, 351.

757 *«wird dir ein heller, lichter Blick»*: WA IV.9, S. 93.
758 *«Emsig wallet»*: HA 1, 177, Nr. *11*.
758 *in Form von Medaillons*: CGZ IVa, Nr. 2–7, VIb, Nr. 98.
758 *«sehr beunruhigt»*: HABr 2, 127.
758 *ganze Tage mußte man im Zimmer verbringen*: WA III.2, S. 17 f.
758 *Am Ostersonntag*: ebd. 16 f.
758 *Studium des Werdegangs der venezianischen Kunst*: ebd. I.47, S. 211–223.
759 *«Übrigens sieht man»*: ebd. 427.
759 *konzentrierte sich auf Blau*: LA 2.3, S. 18–21.
759 *«An Gemälden habe ich mich»*: HABr 2, 126.
759 *Truppe von Gauklern*: Steiger 3, 78.
759 *fast keine Bäume*: HABr 2, 125.
759 *Meeresgetier zu beobachten*: ebd.
759 *die knochenlose Biegsamkeit der kleinen Akrobatin*: WA I.1, S. 317, Nr. 37.
759 *ein grober antisemitischer Scherz*: HABr 2, 126.
759 *«Eigenschaft eines Jeden Wirbelbeins»*: WA II.13, 237.
760 *Bankier Zucchi*: HABr 2, 126.
760 *«Ich kann nicht leugnen»*: ebd. 125.
760 *seit Dezember keine neue mehr hinzugefügt*: «das erste Eroticon«, WA IV.9, S. 174; vgl. ebd. I.53, S. 430, «Emsig fand ich heute».
760 *ihre höchste Summe*: HABr 2, 124.
760 *«es ist gleichsam keine Spur dieser Ader»*: WA IV.9, S. 199.
760 *so zahlreich wie die Pholaden*: ebd. 201.
760 *Am 4. Mai gab es ihrer schon hundert*: HABr 2, 125.
760 *«Es sind dieses Früchte»*: ebd. 124.
760 *kannte Goethe nicht, sie kümmerte ihn auch nicht*: WA I.1, S. 325, Nr. 75.
760 *Klagen über den Regen*: HA 1, 177, Nr. *12*.
760 *den Schmutz*: WA I.1, S. 312 f., Nr. 23–25.
760 *das Fehlen von Bäumen*: ebd. 310, Nr. 13.
760 *Aufwand, den die Priester*: ebd. 309 f., Nr. 9, 11.
760 *der päpstliche Nuntius*: HA 1, 176, Nr. 7.
761 *Kaffeetrinker*: WA I.53, S. 15, Nr. 36.
761 *Schnupftabakkäufer*: ebd. 1, S. 311, Nr. 18.
761 *Jojo*: HA 1, 182, Nr. *35*.
761 *Löwen vor dem Arsenal*: WA I.1, S. 312, Nr. 20.
761 *Bettler*: ebd. 314, Nr. 30–32.
761 *Prostituierte*: ebd. 323 f., Nr. 67–70.
761 *Gondeln*: ebd. 309, Nr. 5, 8.
761 *hinter einem Käfig singende Mädchen*: ebd. 53, S. 13, Nr. 26.
761 *auf die Gaukler*: ebd. 1, S. 316–319, Nr. 30–45, 47; ebd. 53, S. 14 f., Nr. 30–35, S. 350 f., Paral. 13.
761 *«Frankreichs traurig Geschick»*: HA 1, 180, Nr. *22*.
761 *«Willst du viele befrein»*: ebd. 179, Nr. *20*.
761 *Fürsten und Schwärmer*: WA I.1, S. 320, Nr. 51.
761 *beide sind mitunter Betrüger*: HA 1, 180, Nr. *25*.
761 *«Mir auch scheinen sie toll»*: WA I.1, S. 321, Nr. 57.
761 *die alte venezianische Verfassung*: ebd. 311, Nr. 19.
761 *«Dich betrügt»*: ebd. 53, S. 10, Nr. 8.
762 *«Freiheitsapostel»*: HA 1, 179, Nr. *20*.
762 *«Jeglichen Schwärmer»*: HA 1, 179, Nr. *21*.
762 *keine Religion, die «freyen Menschen geziemet»*: WA I.53, S. 11, Nr. *12*.

762 «*Stoizismus*»: ebd.
762 «*was Gott und der Mensch*»: ebd. 1, S. 322, Nr. 65.
762 «*Warum treibt sich*»: HA 1, 176, Nr. 8.
762 *Das tiefste Geheimnis*: ebd. 182, Nr. 37.
762 «*Folgen mag ich dir nicht*»: WA I.53, S. 10, Nr. 10.
762 *Seine Jünger trugen den Leichnam weg*: ebd. Nr. 11.
762 *alle miteinander intolerant*: ebd. S. 11, Nr. 13.
762 «*Sinn mit Unsinn vermischen*»: ebd. 348, Paral. 6.
762 «*nackende Schaam*»: ebd. S. 9, Nr. 5.
762 «*So griff Lavater*»: ebd. Nr. 6.
763 «*Welche Hoffnung*»: ebd. S. 17, Nr. 43.
763 *unmögliche Themen*: ebd. S. 17, Nr 45; S. 14, Nr 33; S. 8, 14f., Nr. 1, 34f.; S. 15, Nr. 36f.; S. 15f., Nr. 38, 40; S. 16, Nr. 39; S. 349, Paral. 9.
763 *bringt das Christentum mit der Unterdrückung in Zusammenhang*: ebd. S. 8, Nr. 1, 2.
764 «*Eine Liebe hatt' ich*»: ebd. 1, S. 309, Nr. 7.
766 «*[a]bgerißnes Gespräch*»: HA 1, 174, Nr. 2.
766 *im dritten Epigramm*: HA 1, 174f., Nr. 3.
766 «*Alle Neun*»: WA I.1, S. 313, Nr. 27.
767 «*Wißt ihr*»: ebd. 320, Nr. 49.
767 «*lieblichste Würzen*»: HA 1, S. 184, Nr. 43.
767 «*ich kan nicht sagen*»: Grumach 3, 340.
767 *Am nächsten Tag begann die Stadtbesichtigung*: ihre einzelnen Stationen nach Steiger 3, 81–86.
768 *Am 13. Mai*: Grumach 3, 522.
768 *Den Pfingstsonntag verbrachte man*: die Rückreise nach Steiger 3, 86–92.
768 *knapp doppelt so groß wie Weimar*: Bode, *Rom*, S. 337.
768 «*Sehnlich verlange ich*»: HABr 2, 128.
769 «*in der zukünftigen Künstler Republic*»: Grumach 3, 343.
769 *mit seinem Bruder Max spazierengegangen war*: Bode, *Rom*, S. 343f.
769 «*Die Herzogin ist wohl*»: WA IV.9, S. 209.

Personen- und Ortsregister

Briefempfänger sind in der Regel nicht verzeichnet. Unter dem Stichwort Goethe, J. W. von, werden hier nur die Lebensdaten aufgeführt. Persönlichkeit sowie geistige und kulturelle Anschauungen Goethes werden in das Register zum 2. Band aufgenommen werden. Verweise auf Goethes Werke beziehen sich auf das separate Werkregister, das auch Goethes zeichnerische Arbeiten vermerkt.

Werkregister

Bestimmte bzw. unbestimmte Artikel bleiben bei der alphabetischen Einordnung unberücksichtigt. Gedichte werden nach ihrem Titel aufgeführt, wenn ein solcher existiert und von Goethe gewollt ist, andernfalls nach der ersten Zeile.

1. Schriften

2. Zeichnen etc.

Abbildungsnachweis

Geschichte und Kultur der Goethezeit

Thomas Nipperdey
Deutsche Geschichte 1800–1866
Bürgerwelt und starker Staat
51. Tausend. 1994. 838 Seiten mit 36 Tabellen. Leinen

Hans-Ulrich Wehler
Deutsche Gesellschaftsgeschichte
in vier Bänden
Band 1: 1700–1815. Vom Feudalismus des Alten Reiches bis zur Defensiven
Modernisierung der Reformära
2. Auflage. 1989. XII, 676 Seiten. Leinen
Band 2: 1815–1845/49. Von der Reformära bis zur industriellen und
politischen «Deutschen Doppelrevolution»
2. Auflage. 1989. XII, 914 Seiten. Leinen

Werner Hofmann
Das entzweite Jahrhundert
Kunst zwischen 1750 und 1830
1995. Etwa 720 Seiten mit 562 Abbildungen, davon 329 in Farbe. Leinen

Geschichte der deutschen Literatur
Herausgegeben von Helmut de Boor und Richard Newald

Band 6:
Aufklärung, Sturm und Drang, Frühe Klassik (1740–1789)
Von Sven Aage Jørgensen, Klaus Bohnen und Peter Øhrgaard.
1990. XIII, 665 Seiten. Leinen

Band 7:
Die deutsche Literatur zwischen Französischer Revolution und Restauration
(1789–1830)
Von Gerhard Schulz.
1. Teil: Das Zeitalter der Französischen Revolution (1789–1806)
1983. XIII, 763 Seiten. Leinen
2. Teil: Das Zeitalter der napoleonischen Kriege und der Restauration
(1806–1830)
1989. XIV, 912 Seiten. Leinen

Michael A. Meyer
Von Moses Mendelssohn zu Leopold Zunz
Jüdische Identität in Deutschland 1749–1824
Aus dem Englischen übersetzt von Ernst-Peter Wieckenberg
1994. 284 Seiten. Leinen

Verlag C. H. Beck München

Johann Wolfgang von Goethe
Werke. Hamburger Ausgabe

Dünndruckausgabe in 14 Leinenbänden
Herausgegeben von Erich Trunz, unter Mitarbeit von Stuart Atkins,
Lieselotte Blumenthal, Herbert von Einem, Eberhard Haufe,
Wolfgang Kayser, Dorothea Kuhn, Dieter Lohmeier, Waltraud Loos,
Marion Robert, Hans Joachim Schrimpf, Carl Friedrich von Weizsäcker und
Benno von Wiese. Rund 11 000 Seiten, davon rund 3 500 Seiten
Kommentar und Register. 14 Leinenbände in Kassette
Band 1: Gedichte und Epen 1
1993. 804 Seiten
Band 2: Gedichte und Epen 2
1994. 792 Seiten
Band 3: Dramatische Dichtungen 1
1993. 776 Seiten
Band 4: Dramatische Dichtungen 2
1994. 686 Seiten
Band 5: Dramatische Dichtungen 3
1994. 780 Seiten
Band 6: Romane und Novellen 1
1993. 797 Seiten
Band 7: Romane und Novellen 2
1994. 828 Seiten
Band 8: Romane und Novellen 3
1994. 711 Seiten
Band 9: Autobiographische Schriften 1
1994. 875 Seiten
Band 10: Autobiographische Schriften 2
1994. 807 Seiten
Band 11: Autobiographische Schriften 3
1994. 830 Seiten mit 40 Abbildungen
*Band 12: Schriften zur Kunst, Schriften zur Literatur,
Maximen und Reflexionen*
1994. 805 Seiten
Band 13: Naturwissenschaftliche Schriften 1
1994. 671 Seiten
Band 14: Naturwissenschaftliche Schriften 2
Materialien, Register
1994. 807 Seiten

Verlag C. H. Beck München